CÓDIGO DE DEFESA DO CONSUMIDOR

Arts. 1° ao 60 – Direito material e sanções administrativas

DOUTRINA E JURISPRUDÊNCIA PARA UTILIZAÇÃO PROFISSIONAL

Coleção

USO PROFISSIONAL

Organizadores
Leonardo Garcia
Roberval Rocha

Leonardo Garcia

CÓDIGO DE DEFESA DO CONSUMIDOR

Arts. 1° ao 60 – Direito material e sanções administrativas

DOUTRINA E JURISPRUDÊNCIA PARA UTILIZAÇÃO PROFISSIONAL

Colaborador:
VITOR GUGLINSKI

2ª edição
revista, ampliada
e atualizada

2020

EDITORA JusPODIVM
www.editorajuspodivm.com.br

EDITORA
JusPODIVM
www.editorajuspodivm.com.br

Rua Território Rio Branco, 87 – Pituba – CEP: 41830-530 – Salvador – Bahia
Tel: (71) 3045.9051
• Contato: https://www.editorajuspodivm.com.br/sac

Capa e Diagramação: Marcelo S. Brandão *(santibrando@gmail.com)*

C669 Código de defesa do consumidor/ Leonardo Garcia – Salvador: Editora JusPodivm, 2019.
992 p. (Uso Profissional/ coordenadores Leonardo Garcia, Alessandro Dantas e Roberval Rocha)

Índice.
ISBN 978-85-442-2604-9.

1. Direito do Consumidor. 2. Códigos. I. Garcia, Leonardo. II. Dantas, Alessandro. III. Rocha, Roberval. IV. Título.

CDD 342.5

APRESENTAÇÃO

O livro *CÓDIGO DE DEFESA DO CONSUMIDOR para utilização profissional* veio para suprir antiga demanda dos operadores do direito que militam nas causas de consumidores. Como a doutrina que aborda temas envolvendo consumidores é muito esparsa (diversos livros e revistas) e os manuais de Direito do Consumidor não tratam, em regra, de assuntos específicos (isso ocorre porque o CDC é principiológico e de cláusulas gerais), o profissional do direito tem dificuldade de encontrar embasamento doutrinário e jurisprudencial para as peças processuais, consultas jurídicas, pareceres, sentenças, acórdãos etc.

Assim, este livro foi trabalhado e pensado, durante anos, para que os profissionais encontrem, de maneira rápida e abrangente, citações que facilitarão o seu trabalho no dia a dia.

O livro contempla mais de 1300 julgados relevantes do Superior Tribunal de Justiça, uma vez que é o órgão responsável pela padronização da legislação federal. Foram evitadas decisões muito antigas, desatualizadas e que não possuem mais utilização prática. Algumas decisões antigas, por se tratarem de verdadeiros *leading cases* e por serem precedentes que podem ser utilizados, foram mantidas.

No tocante aos temas que o STJ ainda não enfrentou, foram colacionados precedentes de tribunais estaduais e, quando não encontrados, citamos julgados das turmas recursais dos juizados especiais. A ideia do livro é contemplar o maior número de casos específicos envolvendo diversas temáticas nas relações de consumo.

As citações doutrinárias e jurisprudenciais foram separadas com indicadores específicos (▶ para doutrina e ◙ para jurisprudências e súmulas), facilitando a visualização pelo leitor. No caso das súmulas do STJ e STF, o destaque foi ainda maior (negrito e sublinhado). Em várias oportunidades, foram contemplados entendimentos no mesmo sentido do exposto ou em sentido contrário, ampliando ou reforçando o debate sobre o tema em questão.

Cumpre também esclarecer que foram retirados das ementas dos julgados os parágrafos e trechos que não são relevantes para hipótese tratada. Assim, ao invés de ler toda a ementa para entender do que se trata a decisão, o leitor encontrará somente a parte que interessa. Em hipóteses raras, quando a ementa for relevante em sua totalidade, foi citado o seu inteiro teor.

Todas as hipóteses comtempladas no livro foram resumidas com título em negrito, o que visa facilitar a busca e o entendimento do que está sendo tratado, evitando a perda de tempo do leitor que não precisará ler o comentário ou a jurisprudência para entender o assunto. A simples leitura do título em negrito será suficiente.

O livro ainda contém amplo e detalhado índice remissivo, em que o leitor poderá fazer a busca do que realmente precisa de modo fácil e prático.

Trata-se do primeiro livro do mercado abordando o Código de Defesa do Consumidor e sua aplicação.

Espero que este livro seja útil em sua jornada diária.

Fico no aguardo de suas considerações e sugestões. Nada melhor do que o próprio profissional que milita no dia a dia com a temática do consumidor para dizer sobre o que é necessário conter no livro.

Julho de 2019.

Leonardo Garcia
Instagram: @professorleonardogarcia

ENTENDENDO MELHOR A ESTRUTURA DO LIVRO

A estrutura do livro foi pensada para facilitar, ao máximo, a utilização pelo profissional do direito.

Vejamos:

1. Conectores que distinguem as citações doutrinárias (►) das citações jurisprudenciais (◙) com títulos em negrito resumindo o que foi tratado.

► **CDC como norma de sobredireito.** "O CDC criou uma sobre-estrutura jurídica multidisciplinar, normas de sobredireito aplicáveis em toda e qualquer área do direito onde ocorrer uma relação de consumo (CAVALIERI FILHO, Sérgio. Programa de Responsabilidade Civil. 8ª edição. São Paulo, Atlas, 2009, p. 467).

◙ **Não cabe prisão por dívida. Aplicação do princípio da dignidade da pessoa humana.** "Não cabe prisão civil do devedor que descumpre contrato garantido por alienação fiduciária. (STJ, Corte Especial, Resp 149.518/GO, DJU 28.2.2000, Rel. Min. Ruy Rosado de Aguiar, J. 5.5.1999)

2. Citações doutrinárias e jurisprudenciais *"no mesmo sentido"* ou em *"sentido contrário"* do exposto, referendando ou demonstrando a controvérsia.

◙ **Responsabilidade solidária da agência de turismo que comercializa pacote de viagens.** "Esta eg. Corte tem entendimento no sentido de que a agência de turismo que comercializa pacotes de viagens responde solidariamente, nos termos do art. 14 do Código de Defesa do Consumidor, pelos defeitos na prestação dos serviços que integram o pacote" (STJ, REsp nº 888751/BA, Rel. Ministro Raul Araújo, Quarta Turma, DJe 27/10/2011). ◙ **No mesmo sentido, respondendo por voo fretado.** "RESPONSABILIDADE CIVIL. AGÊNCIA DE TURISMO. Se vendeu "pacote turístico", nele incluindo transporte aéreo por meio de vôo fretado, a agência de turismo responde pela má prestação desse serviço." (STJ, Resp 783016, Rel. Min. Ari Pargendler, DJ 5.6.2006) ◙ **Em sentido contrário, não respondendo a agência de turismo que só vende passagens áereas.** "1. A jurisprudência deste Tribunal admite a responsa

bilidade solidária das agências de turismo apenas na comercialização de pacotes de viagens. 2. No caso, o serviço prestado pela agência de turismo foi exclusivamente a venda de passagens aéreas, circunstância que afasta a sua responsabilidade pelo efetivo cumprimento do contrato de transporte aéreo e autoriza o reconhecimento da sua ilegitimidade para figurar no polo passivo da ação indenizatória decorrente de cancelamento de voo. 3. Agravo regimental não provido." (STJ, AgRg no REsp 1453920/CE, Rel. Ministro Ricardo Villas Bôas Cueva, Terceira Turma, DJe 15/12/2014)

3. Destaque das citações das Súmulas do STJ em negrito e sublinhado com o texto em itálico, facilitando a visualização do leitor para estes entendimentos.

◙ Súmula 563 do STJ. *"O Código de Defesa do Consumidor é aplicável às entidades abertas de previdência complementar, não incidindo nos contratos previdenciários celebrados com entidades fechadas".*

4. Compilação de alguns temas importantes, facilitando a visualização pelo leitor.

◙ DANO MORAL ENVOLVENDO O DIRETO À SAÚDE

◙ DANO MORAL ENVOLVENDO IMÓVEIS

◙ DANO MORAL ENVOLVENDO BANCOS

◙ DANO MORAL ENVOLVENDO ADMINISTRADORAS DE CARTÕES DE CRÉDITO

◙ DANO MORAL ENVOLVENDO VIAGENS E TRANSPORTE

◙ DANO MORAL ENVOLVENDO VEÍCULOS

◙ DANO MORAL ENVOLVENDO INTERNET

◙ DANO MORAL ENVOLVENDO BANCOS DE DADOS E CARTÓRIOS DE PROTESTO

◙ DANO MORAL ENVOLVENDO PERICULOSIDADE E NOCIVIDADE DOS PRODUTOS E SERVIÇOS

◙ DANO MORAL ENVOLVENDO EDUCAÇÃO

◙ DANO MORAL ENVOLVENDO PUBLICIDADE ENGANOSA OU ABUSIVA

◙ DANO MORAL ENVOLVENDO SERVIÇOS PÚBLICOS

◙ DANO MORAL ENVOLVENDO OUTRAS HIPÓTESES

5. **Quando a citação (doutrinária ou jurisprudencial) encontra-se recuada, é porque está relacionada com o tópico (título) acima sem o recuo, permitindo que o leitor visualize vários aspectos sobre o tema tratado.**

► **Teoria Finalista mitigada ou aprofundada – análise da vulnerabilidade no caso concreto.** O STJ superou a discussão acerca do alcance da expressão "destinatário final" constante do art. 2º do CDC, consolidando a teoria finalista como aquela que indica a melhor diretriz para a interpretação do conceito de consumidor, admitindo, entretanto, certo abrandamento (relativização) dessa teoria quando se verificar uma vulnerabilidade (técnica, jurídica, econômica ou informacional) no caso concreto.

► **Pequenas empresas que utilizam insumos na sua cadeia de produção. Provada a vulnerabilidade, aplica-se o CDC.** "Naqueles casos considerados difíceis em que litigam pequenas empresas que utilizam insumos na sua cadeia de produção, mas não em sua área de *expertise* ou até mesmo em uma utilização mista em que não seja possível definir exatamente se compõe essa cadeia ou não, provada a vulnerabilidade, aplica-se o Código de Defesa do Consumidor" (OLIVEIRA, Júlio Moraes. *Consumidor-empresário: a defesa do finalismo mitigado*. Belo Horizonte: Arraes Editores, 2012, p. 61)

> ◙ "AÇÃO INDENIZATÓRIA. RELAÇÃO DE CONSUMO. TEORIA FINALISTA MITIGADA. VULNERABILIDADE. (...) A jurisprudência desta Corte tem mitigado a teoria finalista para autorizar a incidência do Código de Defesa do Consumidor nas hipóteses em que a parte (pessoa física ou jurídica), embora não seja tecnicamente a destinatária final do produto ou serviço, se apresenta em situação de vulnerabilidade, o que foi configurado na hipótese dos autos (...)" (STJ, AgRg no AREsp 837871/SP, Terceira Turma, Rel. Min. Marco Aurélio Bellizze, DJe 29/04/2016).
>
> ◙ **Agricultor que adquire bem móvel com a finalidade de utilizá-lo em sua atividade produtiva:** "O agricultor que adquire bem móvel com a finalidade de utilizá-lo em sua atividade produtiva, deve ser considerado destinatário final, para os fins do artigo 2º do Código de Defesa do Consumidor." (STJ, AgRg no REsp 1209271/MT, Rel. Min. Luis Felipe Salomão, Quarta Turma, DJ 01/02/2016).

◙ "SERVIÇO DE RASTREAMENTO E COMUNICAÇÃO DE DADOS. FALHA. ROUBO DE VEÍCULO. RESCISÃO CONTRATUAL. 2. APLICAÇÃO DO CDC. RELAÇÃO DE CONSUMO. TEORIA FINALISTA MITIGAÇÃO. (...) 2. A jurisprudência desta Corte Superior tem mitigado a teoria finalista para aplicar a incidência do Código de Defesa do Consumidor nas hipóteses em que a parte, pessoa física ou jurídica, apesar de não ser tecnicamente a destinatária final do produto ou serviço, se apresenta em situação de vulnerabilidade" (STJ, AgRg no AREsp, Terceira Turma, Rel. Min. Marco Aurélio Belizze, DJE 21/05/2015).

▶ **Legitimidade para execução.** . A competência para executar as multas ou débitos oriundos de decisões do Tribunal de Contas é do próprio ente prejudicado, de maneira que não cabe nem ao próprio Tribunal de Contas, nem ao Ministério Público a sua execução. ◙ **No mesmo sentido:** "Agravo regimental em agravo de instrumento. 2. Legitimidade para executar multa imposta pelo Tribunal de Contas do Estado (TCE). 3. O artigo 71, § 3º, da Constituição Federal não outorgou ao TCE legitimidade para executar suas decisões das quais resulte imputação de débito ou multa. 4. Competência do titular do crédito constituído a partir da decisão – o ente público prejudicado. (...)". (STF, AI 826676 AgR, Rel. Min. Gilmar Mendes, Segunda Turma, j. 08/02/2011, DJe 24/02/2011) ◙ **No mesmo sentido**, em recurso com repercussão geral reconhecida: "Recurso extraordinário com agravo. Repercussão geral da questão constitucional reconhecida. Reafirmação de jurisprudência. 2. Direito Constitucional e Direito Processual Civil. Execução das decisões de condenação patrimonial proferidas pelos Tribunais de Contas. *Legitimidade para propositura da ação executiva pelo ente público beneficiário. 3. Ilegitimidade ativa do Ministério Público, atuante ou não junto às Cortes de Contas, seja federal, seja estadual.* (...)" (STF, ARE 823347-RG, Rel. Min. Gilmar Mendes, j. 02/10/2014, acórdão eletrônico repercussão geral, DJe 28/10/2014) ◙ **No mesmo sentido:** "PROCESSUAL CIVIL. ADMINISTRATIVO. RECURSO ESPECIAL. (...) EXECUÇÃO DE TÍTULO EXTRAJUDICIAL PROVENIENTE DE DECISÃO DO TRIBUNAL DE CONTAS. LEGITIMIDADE ATIVA DO ENTE PÚBLICO BENEFICIÁRIO DA CONDENAÇÃO. ILEGITIMIDADE ATIVA DO MINISTÉRIO PÚBLICO. TEMA ANALISADO PELO STF EM REPERCUSSÃO GERAL (ARE 823.347 RG/MA, TRIBUNAL PLENO, REL. MIN. GILMAR MENDES, DJE DE 28.10.2014). RECURSO ESPECIAL PARCIALMENTE CONHECIDO E, NESSA PARTE, PROVIDO. (...) 4. A Primeira Seção desta Corte Superior, no julgamento do REsp 1.119.377/SP (Rel. Min. Humberto Martins, DJe de 4.9.2009) pacificou o entendimento no sentido de que

6. Remissão à outras partes do livro sobre assuntos tratados nos julgados e/ou doutrina.

◙ **Responsabilidade da agência de turismo por atraso na conclusão de viagem causado pela substituição injustificada do transporte aéreo pelo terrestre.** (***sobre dano moral, ver art. 6º, VI***) "RESPONSABILIDADE CIVIL. AGÊNCIA DE TURISMO. PACOTE TURÍSTICO. SERVIÇO PRESTADO COM DEFICIÊNCIA. DANO MORAL. CABIMENTO. PROVA. QUANTUM. RAZOABILIDADE. RECURSO PROVIDO. I – A prova do dano moral se satisfaz, na espécie, com a demonstração do fato que o ensejou e pela experiência comum. Não há negar, no caso, o desconforto, o aborrecimento, o incômodo e os transtornos causados pela demora imprevista, pelo excessivo atraso na conclusão da viagem, pela substituição injustificada do transporte aéreo pelo terrestre e pela omissão da empresa de turismo nas providências, sequer diligenciando em avisar os parentes que haviam ido ao aeroporto para receber os ora recorrentes, segundo reconhecido nas instâncias ordinárias. II – A indenização por danos morais, como se tem salientado, deve ser fixada em termos razoáveis, não se justificando que a reparação enseje enriquecimento indevido, com manifestos abusos e exageros. III – Certo é que o ocorrido não representou desconforto ou perturbação de maior monta. E que não se deve deferir a indenização por dano moral por qualquer contrariedade. Todavia, não menos certo igualmente é que não se pode deixar de atribuir à empresa-ré o mau serviço prestado, o descaso e a negligência com que se houve, em desrespeito ao direito dos que com ela contrataram" (STJ, REsp 304.738/SP, Rel. Ministro Sálvio De Figueiredo Teixeira, Quarta Turma, DJ 13/08/2001).

7. "Corte" nas emendas jurisprudenciais e doutrinárias através do "(...)", somente inserindo o que importa para o assunto tratado. Assim, por exemplo, aspectos processuais contidos nas emendas (aplicação da súmula 7 do STJ ou se havia contradição ou omissão para fins de embargos declaratórios), bem como aspectos materiais não relacionados com o título em negrito foram retirados.

▣ **Tarifa de renovação de cadastro.** "TARIFA DE RENOVAÇÃO DE CADASTRO. COBRANÇA. LEGALIDADE DA CLÁUSULA CONTRATUAL. (...) 7. É válida a cláusula contratual que prevê a cobrança da tarifa de renovação de cadastro (TRC) nos contratos bancários celebrados no período de vigência da Circular n. 3.371/2007 do Banco Central do Brasil." (STJ, REsp 1303646/RJ, Rel. Ministro João Otávio de Noronha, Terceira Turma, DJe 23/05/2016)

8. Sumário descritivo detalhando os assuntos tratados no livro, facilitando a pesquisa do leitor.

Art. 1°

9. Amplo e detalhado índice remissivo, permitindo que o leitor encontre com facilidade o assunto procurado.

ABREVIATURAS E SIGLAS

A

ABNT – Associação Brasileira de Normas Técnicas
ACP – ação civil pública
ADCT – Atos das Disposições Constitucionais Transitórias
ADIn – Ação Declaratória de Inconstitucionalidade
ANAC – Agência Nacional de Aviação Civil
ANATEL – Agência Nacional de Telecomunicações
ANEEL – Agência Nacional de Energia Elétrica
ANP – Agência Nacional do Petróleo, Gás Natural e Biocombustíveis
ANTT – Agência Nacional de Transportes Terrestres
art. – artigo
Ag. – agravo
AgRg – agravo regimental
AGRMC – agravo regimental na medida cautelar
AGV – agravo interno
AREsp – agravo em recurso especial
AI – agravo de instrumento
Ap. Cív. – apelação cível

B

BACEN – Banco Central do Brasil
BNH – Banco Nacional da Habitação
BRASILCON – Instituto Brasileiro de Política e Direito do Consumidor

C

CADE – Conselho Administrativo de Defesa Econômica

CBA – Código Brasileiro de Aeronáutica
CC – Código Civil
CCF – Cadastro de Emitentes de Cheques sem Fundos
CDC – Código de Defesa do Consumidor
CEF – Caixa Econômica Federal
CF – Constituição Federal
CJF – Conselho da Justiça Federal
CMN – Conselho Monetário Nacional
CNJ – Conselho Nacional de Justiça
CNSP – Conselho Nacional de Seguros Privados
CP – Código Penal
CONAR – Conselho Nacional de Autorregulamentação Publicitária
CPC – Código de Processo Civil
CPP – Código de Processo Penal

D

DECON – Delegacia do Consumidor
Dec. Lei – Decreto-Lei
Des. – Desembargador
DETRAN – Departamento de Trânsito
DJ – Diário da Justiça
DJe – Diário da Justiça Eletrônico
DJU – Diário Oficial da Justiça da União
DOU – Diário Oficial da União
DPDC – Departamento de Proteção e Defesa do Consumidor

E

EC – emenda constitucional
ed. – edição
ECA – Estatuto da Criança e do Adolescente
EDcl – embargos de declaração

Eg. – egrégio, egrégia

F

FCVS - Fundo de Compensação das Variações Salariais

G

H

HC – *habeas corpus*

HD – *habeas data*

I

IBGE – Instituto Brasileiro de Geografia e Estatística

ICMS – Imposto sobre Circulação de Mercadorias e Serviços

INMETRO – Instituto Nacional de Metrologia, Qualidade e Tecnologia

INPC – Índice Nacional de Preços ao Consumidor

INSS – Instituto Nacional do Seguro Social

J

J. - julgado

L

LACP – Lei da Ação Civil Pública (L 7347/85)

LC – lei complementar

M

MEC – Ministério da Educação

Min. – Ministro, Ministra

MF – Ministério da Fazenda

MJ – Ministério da Justiça

MP – Ministério Público

MPCON – Associação Nacional do Ministério Público do Consumidor

MS – mandado de segurança

N

n. – número

O

OMC – Organização Mundial do Comércio

OAB – Ordem dos Advogados do Brasil

P

p. – página

PLANDEC - Plano Nacional de Consumo e Cidadania

PNRC – Política Nacional de Relações de Consumo

PROCON – Programa de Proteção e Defesa do Consumidor

R

Rcl – reclamação

RE – recurso extraordinário

Rel. – relator, relatora

RDC – Revista de Direito do Consumidor (periódico) (RT)

RDPRIV – Revista de direito Privado (periódico) (RT)

REsp – recurso especial

RT – Revista dos Tribunais (periódico) (RT)

S

SATI – Serviço de Assessoria Técnica Imobiliária

SCR – Sistema Central de Risco de Crédito

SENACON – Secretaria Nacional do Consumidor

SELIC – Sistema Especial de Liquidação

SFH – Sistema Financeiro da Habitação

SINDEC – Sistema Nacional de Defesa do Consumidor
STF – Supremo Tribunal Federal
STJ – Superior Tribunal de Justiça
Súm. – súmula
SUSEP – Superintendência de Seguros Privados

T

T. – turma
TA – Tribunal de Alçada (extintos – EC 45/04)
TAC – Tarifa de Abertura de Crédito
TBF – Taxa Básica financeira
TEC – Tarifa de Emissão de Carnê
TJ – Tribunal de Justiça
TJAC – Tribunal de Justiça do Acre
TJAL – Tribunal de Justiça de Alagoas
TJAM – Tribunal de Justiça do Amazonas
TJAP – Tribunal de Justiça do Amapá
TJBA – Tribunal de Justiça da Bahia
TJCE – Tribunal de Justiça do Ceará
TJDF – Tribunal de Justiça do Distrito Federal
TJES – Tribunal de Justiça do Espírito Santo
TJGO – Tribunal de Justiça de Goiás
TJLP – Taxa de juros de Longo Prazo
TJMA – Tribunal de Justiça do Maranhão
TJMG – Tribunal de Justiça de Minas Gerais
TJMS – Tribunal de Justiça do Mato Grosso do Sul
TJMT – Tribunal de Justiça do Mato Grosso
TJRJ – Tribunal de Justiça do Rio de Janeiro
TJPA – Tribunal de Justiça do Pará
TJPB – Tribunal de Justiça da Paraíba
TJPE – Tribunal de Justiça de Pernambuco
TJPI – Tribunal de Justiça do Piauí

TJPR – Tribunal de Justiça do Paraná
TJRN – Tribunal de Justiça do Rio Grane do Norte
TJRO – Tribunal de Justiça de Rondônia
TJRR – Tribunal de Justiça de Roraima
TJRS – Tribunal de Justiça do Rio Grande do Sul
TJSC – Tribunal de Justiça de Santa Catarina
TJSE – Tribunal de Justiça de Sergipe
TJSP – Tribunal de Justiça de São Paulo
TJTO – Tribunal de Justiça do Tocantins
TR – taxa referencial
TRF – Tribunal Regional Federal
TRT – Tribunal Regional do Trabalho

V

Vol. – volume
VRG – Valor Residual Garantido

SUMÁRIO

TÍTULO I – DOS DIREITOS DO CONSUMIDOR

CAPÍTULO I – Disposições Gerais

Art. 1°

Art. 2°

Art. 3°

CAPÍTULO II – DA POLÍTICA NACIONAL DE RELAÇÃO DE CONSUMO

Art. 4º

Art. 5°

CAPÍTULO III – DOS DIREITOS BÁSICOS DO CONSUMIDOR

Art. 6º

DANO MORAL ENVOLVENDO O DIREITO À SAÚDE

Art. 9°

Art. 10.

Art. 11. (Vetado).

Art. 12.

Art. 15. (Vetado).

Art. 16. (Vetado).

Art. 17.

Art. 18.

Art. 19.

Art. 20.

Art. 21.

Art. 22.

Art. 23.

Art. 24.

Art. 25.

Art. 26.

Art. 27.

Art. 28.

Art. 31.

Art. 33.

Art. 34.

Art. 37.

Art. 40.

Art. 44.

Art. 50.

Art. 52.

TÍTULO I
DOS DIREITOS DO CONSUMIDOR

CAPÍTULO I
Disposições Gerais

Art. 1° O presente código estabelece normas de proteção e defesa do consumidor, de ordem pública e interesse social, nos termos dos arts. 5°, inciso XXXII, 170, inciso V, da Constituição Federal e art. 48 de suas Disposições Transitórias.

► **CDC na Constituição Federal.** Além da inserção da figura do consumidor nos arts. 5°, inciso XXXII, 170, inciso V, da Constituição Federal e art. 48 de suas Disposições Transitórias, outros dispositivos também merecem destaque: o art. 24, inciso VIII, que atribui competência concorrente a União, Estados e Distrito Federal para legislar sobre produção e consumo, e seus respectivos danos; o art. 150, § 5º, determina que a lei estabeleça "*medidas para que os consumidores sejam esclarecidos acerca dos impostos que incidam sobre mercadorias e serviços*"; o art. 175, parágrafo único, e inciso II, determinando à lei dispor sobre usuários de serviços públicos; o art. 220, § 4º, dispõe sobre a propaganda comercial de tabaco, bebidas alcoólicas, agrotóxicos, medicamentos e terapias nos meios de comunicação; o art. 221, sobre as diretrizes a serem observadas na produção e na difusão de programas de rádio e televisão.

► **Indisponibilidade e inafastabilidade das normas de ordem pública.** "As normas de ordem pública estabelecem valores básicos e fundamentais de nossa ordem jurídica, são normas de direito privado, mas de forte interesse público, daí serem indisponíveis e inafastáveis através de contratos. O Código de Defesa do Consumidor é claro, em seu art. 1.º, ao dispor que suas normas se dirigem à proteção prioritária de um grupo social, os consumidores, e que se constituem em normas de ordem pública, inafastáveis, portanto, pela vontade individual. São normas de interesse social, pois as leis de ordem pública são aquelas que interessam mais diretamente à sociedade que aos particulares, daí poderem encontrar aplicação *ex officio*, em especial como a sanção do CDC é a da nulidade taxativa absoluta (art. 128, in fine, do CPC c/c o parágrafo único do art. 168 e art. 166, VII, do CC/2002)." (BENJAMIN, Antônio Herman V.; MARQUES, Cláudia Lima; BESSA, Leonardo Roscoe. *Manual de Direito do Consumidor.* 7ª edição. São Paulo, Revista dos Tribunais, 2016, p. 73).

► **O CDC concentra-se no sujeito de direitos (consumidor).** "O CDC brasileiro concentra-se justamente no sujeito de direitos, visa proteger a este sujeito, sistematiza suas normas a partir desta ideia básica de proteção de apenas um sujeito "diferente" da sociedade de consumo: o consumidor. É um Código especial para "desiguais", para "diferentes" em relações mistas, entre um consumidor e um fornecedor. É Código (todo construído sistemático) de Proteção (ideia básica instrumental e organizadora do sistema de normas oriundas de várias disciplinas necessárias ao reequilíbrio e efetivação desta defesa e tutela especial) do Consumidor (sujeito de direitos protegido)." (MARQUES, Cláudia Lima; BENJAMIN, Antônio Herman; MIRAGEM, Bruno. *Comentários ao Código de Defesa do Consumidor*. RT, 4ªed. pág. 71-72)

► **Intervenção do Estado para proteção do consumidor encontra autorização constitucional.** A Constituição Federal, também de forma inovadora, introduziu a figura do consumidor como agente econômico e social, estabelecendo de forma expressa como princípio da ordem econômica a "defesa do consumidor" (art. 170, V), possibilitando a intervenção do Estado nas relações privadas, de modo a garantir os direitos fundamentais dos cidadãos. ◙ **No mesmo sentido:** "A intervenção do Estado na atividade econômica encontra autorização constitucional quando tem por finalidade proteger o consumidor." (STJ, MS 4251/SP, J. 23/09/1998, Rel. Min. José Delgado, DJU 18.12.1998)

► **Aplicação do CDC. Amparo à parte mais fraca nas relações jurídicas.** Ao estabelecer "*normas de proteção e defesa do consumidor*", o presente Código pretende intervir nas relações de consumo para a proteção de um sujeito especial, vulnerável, desigual em sua relação com o fornecedor, de modo a manter o equilíbrio e a igualdade nas contratações. Cumpre registrar que, nada obstante o reconhecimento da vulnerabilidade de todos os consumidores, há grupos que demonstram uma fragilidade ainda maior em relação aos fornecedores de produtos e serviços, isto é, pessoas ainda mais vulneráveis à atuação desse sujeito da relação de consumo. São os consumidores hipervulneráveis, isto é, aqueles que, em razão de sua especial condição, como idosos, crianças, portadores de necessidades especiais, analfabetos e semi-analfabetos, pessoas sensíveis ao consumo de certas substâncias, entre outros, ficam ainda mais expostos às práticas comerciais, à periculosidade e nocividade de certos produtos, enfim, a toda atividade desempenhada pelos fornecedores no mercado de consumo. ◙ **No mesmo sentido:** "O Código de Defesa do Consumidor veio amparar a parte mais fraca nas relações jurídicas. Nenhuma decisão judicial pode amparar o enriquecimento sem justa causa. Toda decisão há de ser justa." (STJ, REsp 90366/MG, DJU 2.6.1997, Rel. Min. Luiz Vicente Cernicchiaro)

► **CDC como microssistema jurídico**. Trata-se de um verdadeiro microssistema jurídico, em que o objetivo não é tutelar os iguais, cuja proteção já é encontrada no Direito Civil, mas justamente tutelar os desiguais, tratando-os de maneira desigual em relação aos fornecedores com o fito de alcançar a igualdade. O CDC constitui um microssistema jurídico multidisciplinar na medida em que possui normas que regulam todos os aspectos da proteção do consumidor, coordenadas entre si, permitindo a visão de conjunto das relações de consumo. Por força do caráter interdisciplinar, o Código de Defesa do Consumidor outorgou tutelas específicas ao consumidor nos campos civil (arts. 8º a 54), administrativo (arts. 55 a 60 e 105/106), penal (arts. 61 a 80) e jurisdicional (arts. 81 a 104).

► **CDC como norma de sobredireito.** "O CDC criou uma sobre-estrutura jurídica multidisciplinar, normas de sobredireito aplicáveis em toda e qualquer área do direito onde ocorrer uma relação de consumo (CAVALIERI FILHO, Sérgio. Programa de Responsabilidade Civil. 8ª edição. São Paulo, Atlas, 2009, p. 467).

► **Lei composta por normas oriundas de vários ramos do direito tradicional.** "O Código de Defesa do Consumidor é lei composta por normas oriundas de vários ramos do direito tradicional: civil, comercial, econômico, administrativo, penal, processual civil, processual penal etc. Tem natureza de microssistema, isto é, de lei que procura regular, tanto quanto possível, completamente a matéria de que se ocupa. Havendo lacuna no microssistema, deve ser preenchida com os mecanismos próprios, desde que a aplicação de norma subsidiária seja compatível com o microssistema. Assim, não se poderia aplicar, por exemplo, norma subsidiária de lei especial, que trate de responsabilidade subjetiva, quando o Código de Defesa do Consumidor tem como princípio fundamental a responsabilidade objetiva." (JUNIOR, Nelson Nery. *A defesa do consumidor no Brasil.* RDPRIV 18/218).

► **Norma de ordem pública. Norma imperativa.** "A determinação da lei como de ordem pública, revela um status diferenciado à norma que, uma ordem pública de proteção em razão da vulnerabilidade reconhecida ao consumidor que, embora não a torne hierarquicamente superior às demais, lhe outorga um caráter preferencial. De outra parte, na medida em que realiza o conteúdo de um direito fundamental, de matriz constitucional, retira da esfera de autonomia privada das partes a possibilidade de derrogá-la (norma imperativa)". (MIRAGEM, Bruno. *Curso de Direito do Consumidor.* 7ª ed. São Paulo: RT, 2018, p. 71)

► **Norma de interesse social.** As normas do CDC também são de interesse social, o que significa dizer que as normas de proteção aos consumidores possuem importância relevante para a sociedade como um todo, não interessando somente às partes, consumidores e fornecedores. Nos dizeres de Cláudia Lima Marques, as leis consumeristas são "leis de função social", pois não só procuram assegurar uma série de novos direitos aos consumidores, mas também possuem a função de transformar a sociedade de modo a se comportar de maneira equilibrada e harmônica nas relações jurídicas.

► **Respeito de toda a sociedade aos princípios do CDC.** "Na verdade, esta é uma forma de dar, genericamente falando, um caráter de direito público às leis de defesa dos consumidores. Retirar as relações de consumo do mundo meramente privado importa em dar um caráter de relevância social a essa relação, na exata medida em que será essencial a toda a sociedade o respeito aos princípios básicos que a regulam." (SODRÉ, Marcelo Gomes. *A construção do direito do consumidor. Um estudo sobre as origens das leis principiológicas de defesa do consumidor.* São Paulo: Atlas, 2009, p. 199/200)

► **Participação obrigatória do MP em todas as ações coletivas sobre lides de consumo.** "Ser de interesse social significa, em termos práticos, que o, encontrando-se legitimado para defender, em juízo, os direitos individuais homogêneos (art. 81, par. ún., III, do CDC) do consumidor, pois como são de interesse social ex lege (art. 1.º, do CDC), essa defesa atende à finalidade institucional do MP (art. 127, caput, da CF/1988 – "(...) interesses sociais e individuais indisponíveis"), como autorizado pelo art. 129, IX, da CF/1988. As ações coletivas (art. 81, par. ún., do CDC; art. 91, da LACP e ss) 3 foram criadas pela lei em razão do interesse público e social. A falta de previsão constitucional expressa para a defesa coletiva, pelo MP, dos direitos individuais homogêneos (art. 129, III, da CF/1988), ocorreu também porque a categoria foi criada por lei posterior (art. 81, par. ún., III, do CDC), mas a legitimação do MP está assegurada pela autorização do art. 129, IX, da CF/1988, que permite à lei federal, a atribuição ao MP de outras funções que sejam compatíveis com sua finalidade institucional. Como a defesa coletiva de interesses sociais, como o são os do consumidor (art. 1.º, do CDC), é função institucional do MP (art. 127, caput, da CF/1988), a legitimação dada ao Parquet pelo art. 82, do CDC, para a tutela em juízo dos direitos individuais homogêneos, está em perfeita consonância com o sistema constitucional brasileiro." (JUNIOR, Nelson Nery. *A defesa do consumidor no Brasil.* RDPRIV vol. 18, pg.218)

► **Norma principiológica.** "O microssistema do Código de Defesa do Consumidor é lei de natureza principiológica. Não é nem lei geral nem lei especial. Estabelece os fundamentos sobre os quais se erige a relação jurídica de consumo, de modo que toda e qualquer relação de consumo deve submeter-se à principiologia do Código de Defesa do Consumidor. Conseqüentemente, as leis especiais setorizadas (v.g. seguros, bancos, calçados, transportes, serviços, automóveis, alimentos etc.) devem disciplinar suas respectivas matérias em consonância e em obediência aos princípios fundamentais do Código de Defesa do Consumidor. Não seria admissível, por exemplo, que o setor de transportes fizesse aprovar lei que regulasse a indenização por acidente ou por vício do serviço, fundada no critério subjetivo (dolo ou culpa), pois isso contraria o princípio da responsabilidade objetiva, garantido pelo art. 6.º, VI, do CDC. Como o Código de Defesa do Consumidor não é lei geral, havendo conflito aparente entre suas normas e a de alguma lei especial, não se aplica o princípio da especialidade (*lex specialis derogat generalis*): prevalece a regra principiológica do Código de Defesa do Consumidor sobre a da lei especial que o desrespeitou. Caso algum setor queira mudar as regras do jogo, terá de fazer modificações no Código de Defesa do Consumidor e não criar lei à parte, desrespeitando as regras principiológicas fundamentais das relações de consumo, estatuídas no Código de Defesa do Consumidor. (JUNIOR, Nelson Nery. *A defesa do consumidor no Brasil.* RDPRIV 18/218)

► **CDC como norma superior em relação às demais legislações de mesma hierarquia.** "Ademais, por se tratar de mandamento constitucional, o microssistema de proteção e defesa do consumidor apresenta superioridade em relação às demais legislações de mesma hierarquia, o que também é extraído de seu caráter principiológico." (SANTOS, Fabíola Meira de Almeida. Informação como instrumento para amenizar riscos na sociedade de consumo. *Revista de Direito do Consumidor.* São Paulo: RT, Vol.107, Ano 2016, p. 364)

► **Direito do Consumidor como direito fundamental.** A inclusão da defesa do consumidor como direito fundamental na CF vincula o Estado e todos os demais operadores a aplicar e efetivar a defesa deste ente vulnerável, considerado mais fraco na sociedade. É o que chamamos de "*força normativa da Constituição*", na expressão de Konrad Hesse, em que a Constituição, ou os direitos nela assegurados, em especial os direitos fundamentais, não são meros programas ou discursos a serem seguidos, mas apresentam força de norma (norma jurídica), passível de ser executada e exigível. A Constituição, sob o novo enfoque que se dá ao direito privado, funciona como centro irradiador e marco de reconstrução de um direito privado brasileiro mais social e preocupado com os vulneráveis. Na belíssima expressão trazida do direito alemão por Cláudia Lima Marques, a Constituição seria a garantia e o limite de um direito privado construído sob seus valores (principalmente os direitos fundamentais), transformando-o em um "*direito privado solidário*".

► **Eficácia horizontal dos direitos fundamentais.** Atualmente, os direitos fundamentais penetram nas relações privadas, sendo observados os princípios constitucionais nas tratativas *inter partes*. É o que chamamos de teoria da "*eficácia horizontal dos direitos fundamentais*" em contraposição à "*eficácia vertical dos direitos fundamentais*", em que se observa o respeito aos direitos fundamentais nas relações entre indivíduo e Estado.

◙ **Decreto de prisão civil da devedora que deixou de pagar dívida bancária.** "Princípio constitucional da dignidade da pessoa humana. Direitos fundamentais de igualdade e liberdade. Cláusula geral dos bons costumes e regra de interpretação da lei segundo seus fins sociais. Decreto de prisão civil da devedora que deixou de pagar dívida bancária assumida com a compra de um automóvel-táxi, que se elevou, em menos de 24 meses, de R$ 18.700,00 para R$ 86.858,24, a exigir que o total da remuneração da devedora, pelo resto do tempo provável de vida, seja consumido com o pagamento dos juros. Ofensa ao princípio constitucional da dignidade da pessoa humana, aos direitos de liberdade de locomoção e de igualdade contratual e aos dispositivos da LICC sobre o fim social da aplicação da lei e obediência aos bons costumes" (STJ, *HC* nº 12547, Rel. Min. Ruy Rosado de Aguiar, *DJ* 12/02/2001)

> ◙ **Não cabe prisão por dívida. Aplicação do princípio da dignidade da pessoa humana.** "Não cabe prisão civil do devedor que descumpre contrato garantido por alienação fiduciária. (STJ, Corte Especial, Resp 149.518/GO, DJU 28.2.2000, Rel. Min. Ruy Rosado de Aguiar, J. 5.5.1999)
>
> ◙ **Súmula Vinculante nº 25 do STF** – "É ilícita a prisão civil de depositário infiel, qualquer que seja a modalidade do depósito".
>
> ◙ **Súmula nº 419 do STJ** – "*Descabe a prisão civil do depositário judicial infiel.*"

► **A proteção e defesa do consumidor como cláusula pétrea.** "O Código de Defesa do Consumidor, por ser legislação complementar à Constituição, criou direitos que já definitivamente pertencem ao patrimônio de todo consumidor, de modo que nenhuma lei que venha a alterar *in pejus* tal situação jurídica ou restringir esses direitos consagrados será recepcionada pelo ordenamento jurídico, e muito menos com ele viverá". (FURTADO DE OLIVEIRA, José Ernesto. Reformatio in pejus do Código de Defesa do Consumidor: impossibilidade em face das garantias constitucionais de proteção. *Revista de Direito do Consumidor*. São Paulo: RT, Vol.42, Ano 2002, p. 147)

► **Norma de ordem pública: inafastáveis pela vontade individual.** As normas contidas no CDC são de ordem pública e interesse social, sendo, portanto, cogentes e inderrogáveis pela vontade das partes. ► **No mesmo sentido:** "Ordem pública: As normas de ordem pública estabelecem valores básicos e fundamentais de nossa ordem jurídica, são normas de direito privado, mas de forte interesse público, daí serem indisponíveis e inafastáveis através de contratos. O Código de Defesa do Consumidor é claro, em seu artigo 1º, ao dispor que suas normas dirigem-se à proteção prioritária de um grupo social, os consumidores, e que constituem-se em normas de ordem pública, inafastáveis, portanto, pela vontade individual." (MARQUES, Cláudia Lima. *Comentários ao Código de Defesa do Consumidor.* 2ª ed., São Paulo: Revista dos Tribunais, 2006. p. 60) ◙ **No mesmo sentido:** "O caráter de norma pública atribuído ao Código de Defesa do Consumidor derroga a liberdade contratual para ajustá-la aos parâmetros da lei (...)." (STJ, REsp 292942/MG, DJU 7.5.2001, Rel. Min. Sálvio de Figueiredo Teixeira, J. 3.4.2001, 4ª T.) ◙ **No mesmo sentido:** "As normas de proteção e defesa do consumidor têm índole de "ordem pública e interesse social". São, portanto, indisponíveis e inafastáveis, pois resguardam valores básicos e fundamentais da ordem jurídica do Estado Social, daí a impossibilidade de o consumidor delas abrir mão ex ante e no atacado." (STJ, REsp 586.316/MG, Rel. Ministro Herman Benjamin, Segunda Turma, julgado em 17/04/2007, DJe 19/03/2009)

◙ **Conhecimento de ofício das norma de ordem pública.** "Questões de ordem pública contempladas pelo Código de Defesa do Consumidor, independentemente de sua natureza, podem e devem ser conhecidas, de ofício, pelo julgador. Por serem de ordem pública, transcendem o interesse e se sobrepõem à vontade das partes. Falam por si mesmas e, por isso, independem de interlocução para serem ouvidas." (STJ, Ac. no AgRg no REsp nº 720.439 – RS, 3ª Turma, rel. Ministro Castro Filho, J. 2.8.2005).

► **O juiz pode aplicar o *reformatio em pejus* por ser norma de ordem pública.** "O tribunal pode, inclusive, decidir contra o único recorrente, reformando a decisão recorrida para pior, ocorrendo assim o que denominamos de *reformatio in pejus* permitida, já que se trata de matéria de ordem pública a cujo respeito a lei não exige a iniciativa da parte, mas, ao contrário, determina que o juiz a examine de ofício." (JUNIOR, Nelson Nery. Os princípios gerais do Código Brasileiro de Defesa do Consumidor. *Revista de Direito do Consumidor*, São Paulo: RT, v. 3, set.-dez. 1992, p. 51/52)

◙ **Não haverá julgamento extra, infra ou ultra petita quando o juiz ou tribunal pronunciar-se de ofício.** "Não haverá julgamento extra petita quando o juiz ou tribunal pronunciar-se de ofício sobre matérias de ordem pública, entre as quais se incluem as cláusulas contratuais consideradas abusivas (arts. 1º e 51 do CDC)." (REsp 1013562/SC, Rel. Ministro Castro Meira, Segunda Turma, julgado em 07/10/2008, DJe 05/11/2008). ◙ **No mesmo sentido:** "Quando o juiz tiver de decidir independentemente de pedido da parte ou interessado, o que ocorre, por exemplo, com as matérias de ordem pública, não incide a regra da congruência. Isso quer significar que não haverá julgamento extra, infra ou ultra petita quando o juiz ou tribunal pronunciar-se de ofício sobre as referidas matérias de ordem pública. 4. Alguns exemplos de matérias de ordem pública: a) substanciais: cláusulas contratuais abusivas (CDC, 1º e 51); cláusulas gerais (CC 2035 par. ún) da função social do contrato (CC 421), da função social da propriedade (CF art. 5º XXIII e 170 III e CC 1228, § 1º), da função social da empresa (CF 170; CC 421 e 981) e da boa-fé objetiva (CC 422); simulação de ato ou negócio juridico (CC 166, VII e 167);b) processuais: condições da ação e pressupostos processuais (CPC 3º, 267, IV e V; 267, § 3º; 301, X; 30, § 4º); incompetência absoluta (CPC 113, § 2º); impedimento do juiz (CPC 134 e 136); preliminares alegáveis na contestação (CPC 301 e

§ 4º); pedido implícito de juros legais (CPC 293), juros de mora (CPC 219) e de correção monetária (L 6899/81; TRF-4ª 53); juízo de admissibilidade dos recursos (CPC 518, § 1º (...)" (In Nelson Nery Junior - Código de Processo Civil Comentado - 10ª edição - página 669 - comentários ao artigo 460) 5. Inexiste ofensa ao art. 535, I e II, CPC, quando o Tribunal de origem pronuncia-se de forma clara e suficiente sobre a questão posta nos autos, cujo decisum revela-se devidamente fundamentado. 6. Agravo Regimental desprovido. (STJ, AgRg no REsp 841.942/RJ, Rel. Ministro Luiz Fux, Primeira Turma, DJe 16/06/2008)

◙ **No sentido de não admitir, em grau recursal, o conhecimento de ofício das cláusulas abusivas nos contratos bancários. Posicionamento da 2ª Seção do STJ.** "RECURSO ESPECIAL. AÇÃO REVISIONAL. CONTRATO DE ARRENDAMENTO MERCANTIL. DESCARACTERIZAÇÃO. EXAME DE OFÍCIO. JUROS REMUNERATÓRIOS. CAPITALIZAÇÃO MENSAL. - Descaracterização do contrato. Incidência do verbete n. 293 da Súmula/STJ. - Exame de ofício de cláusulas contratuais pelo Tribunal de origem. Impossibilidade, por ofensa ao art. 515 do CPC. Princípio "*tantum devolutum quantum appelattum.*" Precedentes. - Não estando as instituições financeiras sujeitas à limitação da Lei de Usura, a abusividade da pactuação dos juros remuneratórios deve ser cabalmente demonstrada em cada caso, com a comprovação do desequilíbrio contratual ou de lucros excessivos, sendo insuficiente o só fato de a estipulação ultrapassar 12% ao ano ou de haver estabilidade inflacionária no período (REsp's ns. 271.214/RS, 407.097/RS e 420.111/RS). - Capitalização mensal. Inadmissibilidade na hipótese. - Recurso parcialmente conhecido e, nessa extensão, provido."(REsp 541153/RS; Min. Rel. César Asfor Rocha, Segunda Seção, DJ 14.09.2005)

► Posteriormente, no REsp. 1061530/RS, julgado através do incidente de processo repetitivo, o STJ pacificou a questão e editou a Orientação no 5: "ORIENTAÇÃO 5 - DISPOSIÇÕES DE OFÍCIO - É vedado aos juízes de primeiro e segundo graus de jurisdição julgar, com fundamento no art. 51 do CDC, sem pedido expresso, a abusividade de cláusulas nos contratos bancários."Assim, o STJ vedou também a atuação do juiz de primeiro grau, estancando a dúvida. Em relação a tal posicionamento, foram vencidos a Mina. Nancy Andrighi (relatora deste processo) e o Min. Luis Felipe Salomão. A Orientação no 5 acabou se transformando na Súmula nº 381.

◙ **Súmula 381 do STJ:** "*Nos contratos bancários, é vedado ao julgador conhecer, de ofício, da abusividade das cláusulas.*" ► **Análise da súmula 381 do STJ:** Houve um retrocesso no posicionamento do STJ. As normas do CDC são de ordem pública e o art. 51 é expresso ao declarar que são "nulas de pleno direito" as cláusulas abusivas nas relações de consumo. O consumidor é vulnerável na relação com o fornecedor e por isso é necessário permitir que o magistrado intervenha na relação, de ofício, para manter o equilíbrio contratual. ► **No sentido de que a Súmula 381 do STJ merece ser superada.** "Não aplicar o CDC em relação de consumo, por exemplo, em contrato bancário frente a consumidor, significaria, pois, desrespeitar o mandamento constitucional (ADIn 2.591) e violar lei federal (arts. 1.º e 51 do CDC), daí por que a Súmula 381 do e. STJ (considerada inconstitucional por Trajano, RDC 73, p. 65 e ss.) merece ser superada, conforme a proposta de atualização da Comissão de Juristas do Senado Federal". (BENJAMIN, Antônio Herman V.; MARQUES, Cláudia Lima; BESSA, Leonardo Roscoe. *Manual de Direito do Consumidor*. 7ª edição. São Paulo, Revista dos Tribunais, 2016, p. 62-63).

◙ **No sentido de que os direitos dos consumidores são direitos disponíveis. Possibilidade da revelia.** "PROCESSUAL - AÇÃO RESCISÓRIA - CÓDIGO DO CONSUMIDOR - DIREITOS DISPONÍVEIS - REVELIA - CLÁUSULAS CONTRATUAIS - APRECIAÇÃO EX OFFICIO - PRINCÍPIO - DISPOSITIVO - IMPOSSIBILIDADE. I - Ao dizer que as normas do CDC são 'de ordem pública e interesse social", o Art 1º da Lei 8.078/90 não faz indisponíveis os direitos outorgados ao consumidor – tanto que os submete à decadência e torna prescritíveis as respectivas pretensões. II - Assim, no processo em que se discutem direitos do consumidor, a revelia induz o efeito previsto no Art. 319 do Código de Processo Civil. III - Não ofende o Art 320, II do CPC, a sentença que, em processo de busca e apreensão relacionado com financiamento garantido por alienação fiduciária, aplica os efeitos da revelia. IV - Em homenagem ao método dispositivo (CPC, Art. 2º), é defeso ao juiz rever de ofício o contrato para, com base no Art. 51, IV, do CDC anular cláusulas que considere abusivas (Eresp 702.524/RS). V - Ação rescisória improcedente." (REsp 767.052/RS, Rel. Ministro Humberto Gomes de Barros, Terceira Turma, julgado em 14/06/2007, DJ 01/08/2007)

► **Cláusula de eleição de foro como sendo competência absoluta. Possibilidade de declaração de ofício pelo juiz.** "A mais importante conseqüência decorrente dessa norma (CDC, artigo 1º, que fala da ordem pública), em nosso entender, é a caracterização da competência para as ações oriundas das relações de consumo, caso verificada a abusividade da cláusula de eleição do foro, como sendo competência absoluta e não relativa. (...) Na verdade, dizer que a cláusula, do ponto de vista tão somente do direito material é nula, porque abusiva, é resolver pela metade o problema. O consumidor que obtivesse, a seu favor, a declaração da nulidade da cláusula, teria conquistado uma vitória de PIRRO, pois, teria contra si, até que eventualmente se saísse vencedor na exceção de incompetência, a cláusula gerando plenos efeitos práticos. Isto porque, ampliando-se as regras de direito processual civil tradicional, o juiz poderia ex officio nulificar a cláusula, mesmo antes da citação do réu, mas deveria aguardar atitude do demandado que quisesse argüir a incompetência territorial e, portanto, relativa. No entanto, caso assim procedêssemos, estaríamos dando operatividade ainda que parcialmente, à cláusula nula de eleição de foro e, por outro ângulo, estaríamos negando conseqüência à caracterização das normas do CDC como sendo de ordem pública (art. 1º do CDC). " (NERY, Rosa Maria Barreto Borriello de Andrade. *Competência Relativa de Foro e a Ordem Pública*. São Paulo: Revista dos Tribunais, p. 693-114). ◙ **No mesmo sentido:** "(...) O magistrado pode, de ofício, declinar de sua competência para o juízo do domicílio do consumidor, porquanto a Jurisprudência do STJ reconheceu que o critério determinativo da competência nas ações derivadas de relações de consumo é de ordem pública, caracterizando-se como regra de competência absoluta. 5. O microssistema jurídico criado pela legislação consumerista busca dotar o consumidor de instrumentos que permitam um real exercício dos direitos a ele assegurados e, entre os direitos básicos do consumidor, previstos no art. 6º, VIII, está a facilitação da defesa dos direitos privados. 6. A possibilidade da propositura de demanda no foro do domicílio do consumidor decorre de sua condição pessoal de hipossuficiência e vulnerabilidade. 7. Não há respaldo legal para deslocar a competência de foro em favor de interesse de representante do consumidor sediado em local diverso ao do domicílio do autor. 8. Recurso especial parcialmente conhecido e provido." (STJ, REsp 1032876 / MG, DJe 09/02/2009, Rel. Min. João Otávio de Noronha, J. 18.12.2008). ◙ **No mesmo sentido:** "APLICAÇÃO DO CDC. FORO DE ELEIÇÃO. RELAÇÃO DE CONSUMO. COMPETÊNCIA ABSOLUTA. DECLARAÇÃO DE OFÍCIO. (...) 2. A competência do juízo em que reside o consumidor é absoluta, devendo ser declarada de ofício pelo juízo." (STJ, AgRg no Ag 644513 / RS, DJ 11/09/2006 p. 253, Rel. Min. Humberto Gomes de Barros, J. 24.08.08)

◙ **Não incidência do CDC aos contratos celebrados antes de sua vigência - entendimento do STF e STJ:** "Sendo constitucional o princípio de que a lei não pode prejudicar o ato jurídico perfeito, ele se aplica também às leis de ordem pública. De outra parte, se a cláusula relativa à rescisão com a perda de todas as quantias já pagas constava do contrato celebrado anteriormente ao Código de Defesa do Consumidor, ainda quando a rescisão tenha ocorrido após a entrada em vigor deste, a aplicação dele para se declarar nula a rescisão feita de acordo com aquela cláusula fere, sem dúvida alguma, o ato jurídico perfeito, porquanto a modificação dos efeitos futuros de ato jurídico perfeito caracteriza a hipótese de retroatividade mínima que também é alcançada pelo disposto no art. 5°, XXXVI, da Carta Magna." (STF, RE 205.999-4-SP, 1ª T., J. 16.11.1999, Rel. Min. Moreira Alves, DJU 3.3.2000) ◙ **No mesmo sentido:** "Em nosso sistema jurídico, a regra de que a lei nova não prejudicará o direito adquirido, o ato jurídico perfeito e a coisa julgada, por estar inserida no texto da Carta Magna (art. 5º, XXXVI), tem caráter constitucional, impedindo, portanto, que a legislação infraconstitucional, ainda quando de ordem pública, retroaja para alcançar o direito adquirido, o ato jurídico perfeito ou a coisa julgada, ou que o Juiz a aplique retroativamente. E a retroação ocorre ainda quando se pretende aplicar de imediato a lei nova para alcançar os efeitos futuros de fatos passados que se consubstanciem em qualquer das referidas limitações, pois ainda nesse caso há retroatividade – a retroatividade mínima -, uma vez que se a causa do efeito é o direito adquirido, a coisa julgada, ou o ato jurídico perfeito, modificando-se seus efeitos por força da lei nova, altera-se essa causa que constitucionalmente é infensa a tal alteração." (STF, RE 188.366/SP, Rel. Min. Moreira Alves, J. 19.10.1999, Primeira Turma , DJU. 19.11.1999) ◙ **No mesmo sentido:** "Conquanto o CDC seja norma de ordem pública, não pode retroagir para alcançar o contrato que foi celebrado e produziu seus efeitos na vigência da lei anterior, sob pena de afronta ao ato jurídico perfeito". (STJ, REsp 248155/SP, j.07/08/2000, p. 14, Rel. Min. Sálvio de Figueiredo Teixeira, DJU 23/05/2000, 4a T.)

► **No sentido de que deve o CDC receber aplicação imediata aos contratos assinados antes de sua entrada em vigor.** "Particularmente continuo a considerar que, na solução dos casos concretos, deve o CDC receber aplicação imediata ao exame da validade e eficácia atual dos contratos assinados antes de sua entrada em vigor, seja porque norma de ordem pública, seja porque concretiza também uma garantia constitucional, ou simplesmente porque positiva princípios e patamares éticos de combate a abusos existentes no direito brasileiro antes mesmo de sua entrada em vigor." (MARQUES, Cláudia Lima. *Contratos no Código de Defesa do Consumidor*. 3ª. ed. São Paulo: Revista dos Tribunais, 1998. p. 277)

◼ **Nos contratos de execução diferida, de longa duração, celebrados anteriormente à vigência do CDC, vem sendo admitida a incidência da norma consumerista pelo STJ, uma vez que o contrato é renovado a cada pagamento efetuado.** "O contrato de previdência privada, de fato, é de trato sucessivo, de execução continuada, sendo que, com relação à primeira ré (...) o contrato prosseguiu sob a égide do Código de Defesa do Consumidor, renovando-se o contrato a cada pagamento efetuado, não havendo razão para descartar a aplicação do referido Código se o contrato de execução continuada prosseguiu já durante a sua vigência, considerando que se trata de contrato de prazo indeterminado, como é da natureza mesma dos contratos de previdência privada. Parece-me, portanto, que não é possível descartar no que concerne à primeira ré a incidência do Código de Defesa do Consumidor" (STJ, Resp 331.860/RJ, Rel. Min. Carlos Alberto Menezes Direito, J. 5.8.2002) ► **No mesmo sentido:** "Tratando-se de contratos de execução diferida ou de trato sucessivo, não há que se cogitar da existência de direitos adquiridos a efeitos futuros, sendo legítima a intervenção legislativa que venha a alcançá-los." (TEPEDINO, Gustavo. *Revista de Direito da Câmara Municipal do Rio de Janeiro*. v. 9, n. 14, jan./dez. 2005. p. 92)

Art. 2º Consumidor é toda pessoa física ou jurídica que adquire ou utiliza produto ou serviço como destinatário final.

► **Elementos que compõem o conceito de consumidor.** São três os elementos que compõem o conceito de consumidor segundo a redação supracitada. O primeiro deles é o *subjetivo* (pessoa física ou jurídica), o segundo é o *objetivo* (aquisição ou utilização de produtos ou serviços) e o terceiro e último é o *teleológico* (a finalidade pretendida com a aquisição de produto ou serviço) caracterizado pela expressão *destinatário final*.

► **Consumidor pode ser aquele que somente utiliza o produto e/ou serviço.** Importante verificar que consumidor, nos termos da lei, é também aquele que "utiliza" o produto ou serviço. Assim, aquele que não adquiriu mas utilizou o produto e/ou serviço também é consumidor, fazendo jus à proteção da lei (ex: pai que comprou um telefone celular e deu de presente para o filho ou a pessoa que deu o microondas usado para o outro colega – este último, mesmo não tendo adquirido o microondas, pode reclamar por vícios ocultos do aparelho, por exemplo). ► **No mesmo sentido:** "O consumidor, mesmo não contratando diretamente com o fabricante, produtor, construtor ou importador, pode acioná-los". (BENJAMIN, Antônio Herman V.; MARQUES, Cláudia Lima; BESSA, Leonardo Roscoe. *Manual de Direito do Consumidor.* 7ª edição. São Paulo, Revista dos Tribunais, 2016, p. 176). ► **No mesmo sentido:** "A primeira condição, isto é, a aquisição, posse ou utilização de um bem ou serviço, serve para ampliar o conceito, libertando-o da tradicional tendência de assimilar o consumidor tão-somente ao comprador de um bem ou serviço." (ROCHA, Silvio Luís Ferreira da. *Responsabilidade* *civil do fornecedor pelo fato do produto no direito brasileiro.* 2ª ed. São Paulo: RT, 2000, p. 68) ▶ **No mesmo sentido:** "Com efeito, a qualidade de consumidor não pode estar reservada apenas à pessoa que aceita contratar. Alguém pode entrar na posse de certos bens ou se beneficiar de certas prestações fora de toda relação contratual, ou seja, o ato de consumo pode se manifestar pelo simples ato material de utilização do bem ou do serviço. Isto é, a norma define como consumidor tanto quem efetivamente adquire (obtém) o produto ou o serviço, como aquele que, não o tendo adquirido, utiliza-o ou o consome.Esse núcleo protege aquelas pessoas que, apesar de não adquiri-los, têm contato com bens e com serviços, utilizando-os." (CRUZ, Guilherme Ferreira da. *Teoria geral das relações de consumo.* São Paulo: Saraiva, 2014, p. 51/52)

▶ **Art. 2º, caput – consumidor *stricto sensu* ou standard.** A definição estampada no *caput* deste artigo é denominada pela doutrina de "*consumidor stricto sensu*" ou "*standard*", em contraposição aos consumidores equiparados definidos no parágrafo único do art. 2º e nos arts. 17 e 29.

> ▶ "No conceito standard, há o vínculo estabelecido com o elemento teleológico, isto é, o uso como destinatário final. Para que o adquirente de um produto ou utilizador de um serviço seja considerado como consumidor há a necessidade de que dê uma destinação privada a eles, sendo suas utilidades fruídas pelo consumidor. À evidência, se o destino dado ao produto ou serviço for a sua integração à vida profissional do suposto consumidor, sendo de relevância como verdadeiro instrumento de trabalho seu, permitindo-lhe fruição de lucros com o seu uso, já se apartaria dessa idéia, não ensejando a formação da relação de consumo objeto da tutela desse Código." (QUEIROZ, Odete Novais Carneiro. *Da responsabilidade por vício do produto e do serviço.* v. 11. São Paulo: Revista dos Tribunais, Biblioteca de Direito do Consumidor. p. 94)

▶ **Bem utilizado dentro da cadeia produtiva – insumo.** "Quando um bem é utilizado dentro da cadeia produtiva não se trata de utilização final, não havendo portanto relação de consumo. Neste caso o bem atua como insumo, ou seja, componente da cadeia produtiva utilizado para dar origem a um novo produto, este sim destinado a uma utilização final." (GOMES, Marcelo Kokke. *Responsabilidade civil: dano e defesa do consumidor.* São Paulo: Del Rey, 2001. p. 89)

◙ **Insumos. Não aplicação do CDC.** "A utilização de serviços ou aquisição de produtos com o fim de incremento da atividade produtiva não se caracteriza como relação de consumo, mas de insumo, a afastar as normas protetivas do Código de Defesa do Consumidor." (STJ, AgRg no Ag 958.160/MG, Rel. Ministra Maria Isabel Gallotti, Quarta Turma, DJe 22/03/2012) ◙ **No mesmo sentido:** "PRODUTOR RURAL.COMPRA E VENDA DE INSUMOS AGRÍCOLAS. CÓDIGO DE DEFESA DO CONSUMIDOR. NÃO APLICAÇÃO. DESTINAÇÃO FINAL INEXISTENTE. INVERSÃO DO ÔNUS DA PROVA. IMPOSSIBILIDADE. PRECEDENTES. Esta Corte Superior consolidou o entendimento no sentido de que no contrato de compra e venda de insumos agrícolas, o produtor rural não pode ser considerado destinatário final, razão pela qual, nesses casos, não incide o Código de Defesa do Consumidor." (STJ, AgRg no AREsp 86.914/GO, Rel. Ministro Luis Felipe Salomão, Quarta Turma, julgado em 21/06/2012, DJe

28/06/2012) ◙ **No mesmo sentido:** "DIREITO DO CONSUMIDOR. PESSOA JURÍDICA. INSUMOS. NÃO INCIDÊNCIA DAS NORMAS CONSUMERISTAS. *In casu*, a recorrente, empresa fornecedora de gás, ajuizou na origem ação contra sociedade empresária do ramo industrial e comercial, ora recorrida, cobrando diferenças de valores oriundos de contrato de fornecimento de gás e cessão de equipamentos, em virtude de consumo inferior à cota mínima mensal obrigatória, ocasionando também a rescisão contratual mediante notificação. (...) A Turma entendeu que a recorrida não se insere em situação de vulnerabilidade, porquanto não se apresenta como sujeito mais fraco, com necessidade de proteção estatal, mas como sociedade empresária, sendo certo que não utiliza os produtos e serviços prestados pela recorrente como sua destinatária final, mas como insumos dos produtos que manufatura. (STJ, REsp 932.557-SP, Quarta turma, Rel. Min. Luis Felipe Salomão, julgado em 7/2/2012).

► **Empresas que utilizam insumos para a sua produção, mas não em sua área de expertise. Provada a vulnerabilidade, aplica o CDC.** "Em casos difíceis envolvendo pequenas empresas que utilizam insumos para a sua produção, mas não em sua área de expertise ou com uma utilização mista, principalmente na área de serviços; provada a vulnerabilidade, conclui-se pela destinação final de consumo prevalente. Assim, por exemplo, um automóvel pode servir para prestar os serviços da pequena empresa, comprado ou em leasing, mas também é o automóvel do consumidor. Ou, de forma semelhante ao caso francês do sistema de alarme, uma empresa de alimentos contrata serviços de informática, que não serão usados em sua linha de "produção" a não ser indiretamente, e a jurisprudência tende a considerar estes usuários mistos, ou consumidores finais diretos, como consumidores, uma vez que a interpretação da dúvida sobre a destinação final e sobre sua caracterização é resolvida, de acordo com os arts. 4º, I e 47 do próprio CDC, a favor do consumidor. Esta nova linha, em especial do STJ, tem utilizado, sob o critério finalista e subjetivo, expressamente a equiparação do art. 29 do CDC, em se tratando de pessoa jurídica que comprova ser vulnerável e atua fora do âmbito de sua especialidade, como hotel que compra gás." (MARQUES, Cláudia Lima. *Comentários ao Código de Defesa do Consumidor.* 2ª ed. São Paulo: Revista dos Tribunais, 2005. p. 85. ◙ **No mesmo sentido:** "É sempre a situação do caso em concreto que será hábil a demonstrar se existe ou não relação de consumo, sendo o emprego final do produto determinante para conferir à pessoa jurídica a qualidade de consumidora, tendo como parâmetro, além da utilização de insumo imprescindível à atividade, também a sua vulnerabilidade." (STJ, REsp 1176019/RS, Rel. Ministro Luis Felipe Salomão, Quarta Turma, DJe 17/11/2015)

► **Teoria Finalista. Destinatário fático e econômico do bem ou serviço.** A doutrina finalista (ou subjetiva), partindo do conceito econômico de consumidor, propõe que a interpretação da expressão destinatário final seja restrita, fundamentando-se no fato de que somente o consumidor, parte mais vulnerável na relação contratual, merece a especial tutela. Assim, consumidor seria o não profissional, ou seja, aquele que adquire ou utiliza um produto para uso próprio ou de sua família.

► "Destinatário final é aquele destinatário fático e econômico do bem ou serviço, seja ele pessoa jurídica ou física. Logo, segundo esta interpretação teleológica não basta ser destinatário fático do produto, retirá-lo da cadeia de produção, levá-lo para o escritório ou residência, é necessário ser destinatário final econômico do bem, não adquiri-lo para revenda, não adquiri-lo para o uso profissional, pois o bem seria novamente um instrumento de produção cujo preço será incluído no preço final do profissional que o adquiriu. Neste caso não haveria a exigida destinação final do produto ou serviço". (MARQUES, Cláudia Lima. *Contratos no Código de Defesa do Consumidor*. 4ª ed. São Paulo: Revista dos Tribunais, 2002. p. 53.)

► **Teoria Finalista. Interpretação da expressão "Destinatário Final" de maneira restrita.** "A definição de consumidor é o pilar que sustenta a tutela especial, agora concedida aos consumidores. Esta tutela só existe porque o consumidor é a parte vulnerável nas relações contratuais no mercado, como afirma o próprio CDC no art. 4.º, inciso I. Logo, conviria delimitar claramente quem merece esta tutela e quem não necessita dela, quem é consumidor e quem não é. Os finalistas propõem, então, que se interprete a expressão "destinatário final" do art. 2.º de maneira restrita, como requerem os princípios básicos do CDC, expostos nos arts. 4.º e 6.º" (BENJAMIN, Antônio Herman V.; MARQUES, Cláudia Lima; BESSA, Leonardo Roscoe. *Manual de Direito do Consumidor.* 7ª edição. São Paulo, Revista dos Tribunais, 2016, p. 103).

◙ **Teoria Finalista. Financiamento obtido por empresário – não caracterização como consumidor**. "Tratando-se de financiamento obtido por empresário, destinado precipuamente a incrementar a sua atividade negocial, não se podendo qualificá-lo, portanto, como destinatário final, inexistente é a pretendida relação de consumo. Inaplicação no caso do Código de Defesa do Consumidor." (STJ, REsp 218505/MG, DJU 14/02/2000, p. 41, Rel. Min. Barros Monteiro, J. 16.9.1999, 4ª T). ◙ **No mesmo sentido:** "A empresa recorrida, pessoa jurídica com fins lucrativos, utilizou-se de crédito fornecido pelo banco recorrido, ligado à montadora de veículos, com a finalidade única de incrementar sua própria atividade produtiva, a comercialização de automóveis. Dessarte, a Turma, diante dos precedentes, entendeu reafirmar a prevalência da teoria finalista ou subjetiva para a definição de relação de consumo no âmbito deste Superior Tribunal. Logo, caracterizada a recorrida como consumidora intermediária e sequer cogitada sua hipossuficiência, não há como afastar o foro de eleição previsto no contrato ao fundamento de que incidente o CDC." (STJ, REsp 701.370-PR, Rel. Min. Jorge Scartezzini, J. 16.8.2005)

◙ **Aquisição de bens ou serviços para incrementar a atividade negocial – não aplicação do CDC.** "Na hipótese de aquisição de bens ou de utilização de serviços, por pessoa natural ou jurídica, com o escopo de implementar ou incrementar atividade negocial, inexiste relação de consumo, razão pela qual descabe a aplicação do CDC. Súmula n. 83 do STJ." (STJ, AgRg no REsp 1049012/MG, Rel. Min. João Otávio de Noronha, Quarta Turma, unânime, DJe 08/06/2010) ◙ **No mesmo sentido:** "É inaplicável o Código de Defesa do Consumidor a relação em que o consumidor final adquire produto a ser utilizado em sua atividade empresarial. Súmula n. 83/STJ." (STJ, AgRg no AREsp 155.559/SP, Rel. Ministro João Otávio de Noronha, Terceira Turma, DJe 04/09/2013)

◙ **Mútuo bancário para obtenção de capital de giro**. "PROCESSUAL CIVIL. CONTRATO BANCÁRIO. MÚTUO BANCÁRIO PARA OBTENÇÃO DE CAPITAL DE

GIRO. INAPLICABILIDADE DO CDC.A empresa que celebra contrato de mútuo bancário com a com a finalidade de obtenção de capital de giro não se enquadra no conceito de consumidor final previsto no art. 2º do CDC." (STJ, AgRg no AREsp 71.538/SP, Rel. Ministro Antonio Carlos Ferreira, Quarta Turma, julgado em 28/05/2013, DJe 04/06/2013)

◙ **Outros exemplos da teoria finalista aplicada pelo STJ:** ◙ Resp nº. 264.126/RS, Rel. Min. Barros Monteiro, Quarta Turma, unânime, DJ 27/08/2000, o qual considerou não ser a pessoa jurídica "Flash do Brasil Química Ltda" destinatária final de serviço de crédito tomado junto a instituição financeira, porquanto "as sucessivas operações celebradas entre as partes que terminaram por consolidar o total do débito, agora representado pelo instrumento de confissão de dívida acostado à peça exordial, denotam que o financiamento se deu para fins de incrementação das atividades produtivas daquela empresa." ◙ Resp nº. 475220/GO, Rel. Min. Paulo Medina, Sexta Turma, unânime, DJ 15/09/2003, o qual considerou não ser a pessoa jurídica revendedora de produtos combustíveis destinatária final fática ou econômica dos produtos fornecidos pelo distribuidor: "o posto revendedor de combustíveis não se enquadra dentro do conceito de consumidor final, haja vista estar o contrato que celebrou com a Shell do Brasil diretamente vinculado à sua atividade lucrativa, motivo porque inaplicável, nas relações que mantém entre si, o disposto no Código de Defesa do Consumidor".

► **Teoria Maximalista. Destinatário fático do bem ou serviço.** Para teoria maximalista, o destinatário final seria somente o destinatário fático, pouco importando a destinação econômica que lhe deva sofrer o bem. Para os maximalistas, a definição de consumidor é puramente objetiva, não importando a finalidade da aquisição ou do uso do produto ou serviço, podendo até mesmo haver intenção de lucro. ► **No mesmo sentido:** "Destinatário final seria o destinatário fático do produto, aquele que o retira do mercado e o utiliza, consome, por exemplo, a fábrica de toalhas que compra algodão para reutilizar e a destrói". (BENJAMIN, Antônio Herman V.; MARQUES, Cláudia Lima; BESSA, Leonardo Roscoe. *Manual de Direito do Consumidor.* 7ª edição. São Paulo, Revista dos Tribunais, 2016, p. 105).

> ► "Os maximalistas vêem nas normas do CDC o novo regulamento do mercado de consumo brasileiro, e não normas orientadas para proteger somente o consumidor-não-profissional. O CDC seria um código geral sobre o consumo, um código para a sociedade de consumo, o qual institui normas e princípios para todos os agentes do mercado, os quais podem assumir os papéis ora de fornecedores ora de consumidores. A definição do art. 2º deve ser interpretada o mais extensamente possível, para que as normas do CDC possam ser aplicadas a um número cada vez maior de relações no mercado. Consideram que a definição do art. 2º é puramente objetiva, não importando se a pessoa física ou jurídica tem ou não fim de lucro quando adquire um produto ou utiliza um serviço. Destinatário final, então, seria o destinatário fático do produto, aquele que retira do mercado e o utiliza, o consome, por exemplo, a fábrica de celulose que compra carros para o transporte dos visitantes, o advogado que compra uma máquina de escrever para o seu escritório". (MARQUES, Cláudia Lima. *Contratos no Código de Defesa do Consumidor.* 4ª ed. Revista dos Tribunais: São Paulo, 2002. p. 254)

► **Teoria Maximalista. Vulnerabilidade de cocontratante em métodos massificados de contratação.** "Diante de métodos contratuais massificados, como o uso de contratos de adesão, todo e qualquer contratante seria considerado vulnerável". (BENJAMIN, Antônio Herman V.; MARQUES, Cláudia Lima; BESSA, Leonardo Roscoe. *Manual de Direito do Consumidor.* 7ª edição. São Paulo, Revista dos Tribunais, 2016, p. 105).

◙ **Teoria Maximalista. Produtor agrícola na compra de adubo – caracterização como consumidor.** "Código de Defesa do Consumidor. Destinatário final: conceito. Compra de adubo. A expressão "destinatário final", constante da parte final do art. 2º do Código de Defesa do Consumidor, alcança o produtor agrícola que compra adubo para o preparo do plantio, à medida que o bem adquirido foi utilizado pelo profissional, encerrando-se a cadeia produtiva respectiva, não sendo objeto de transformação ou beneficiamento." (STJ, REsp 208793/MT, DJU 01/08/2000, Rel. Min. Carlos Alberto Menezes Direito, J. 18.11.1999, 3ª T) ◙ **Em sentido contrário:** "CIVIL. AÇÃO DECLARATÓRIA. CONTRATO DE PERMUTA. SACAS DE ARROZ POR INSUMO AGRÍCOLA (ADUBO). APLICAÇÃO DO CÓDIGO DE DEFESA DO CONSUMIDOR. DESTINAÇÃO FINAL INEXISTENTE. I. A Segunda Seção disciplinou que "A aquisição de bens ou a utilização de serviços, por pessoa natural ou jurídica, com o escopo de implementar ou incrementar a sua atividade negocial, não se reputa como relação de consumo e, sim, como uma atividade de consumo intermediária" (REsp n. 541.867-BA, Rel. para acórdão Min. Barros Monteiro, DJU de 16/05/2005).II. Recurso especial não conhecido "(STJ, REsp 1014960 / RS, DJe 29/09/2008 Rel. Min. Aldir Passarinho Junior, J.02/09/2008). ◙ "DIREITO CIVIL – PRODUTOR RURAL DE GRANDE PORTE – COMPRA E VENDA DE INSUMOS AGRÍCOLAS – REVISÃO DE CONTRATO – CÓDIGO DE DEFESA DO CONSUMIDOR – NÃO APLICAÇÃO – DESTINAÇÃO FINAL INEXISTENTE – (...) Tratando-se de grande produtor rural e o contrato referindo-se, na sua origem, à compra de insumos agrícolas, não se aplica o Código de Defesa do Consumidor, pois não se trata de destinatário final, conforme bem estabelece o art. 2º do CDC, in verbis: "Consumidor é toda pessoa física ou jurídica que adquire ou utiliza produto ou serviço como destinatário final". (...) O grande produtor rural é um empresário rural e, quando adquire sementes, insumos ou defensivos agrícolas para o implemento de sua atividade produtiva, não o faz como destinatário final, como acontece nos casos da agricultura de subsistência, em que a relação de consumo e a hipossuficiência ficam bem delineadas. (STJ, REsp 914.384/MT, Rel. Ministro Massami Uyeda, Terceira Turma, julgado em 02/09/2010, DJe 01/10/2010)

◙ **Outros exemplos da Teoria Maximalista adotada pelo STJ.** Resp 329.587/SP, Rel. Min. Carlos Alberto Menezes Direito, Terceira Turma, unânime, DJ 24/06/2002, o qual considerou existir relação de consumo entre a pessoa jurídica contratante do serviço de transporte aéreo e a transportadora, tendo por objeto o transporte de lote de peças de reposição de propriedade daquela. ◙ Resp 286.441/RS, Rel. Min. Antonio de Pádua Ribeiro, Rel. p/ac. Min. Carlos Alberto Menezes Direito, Terceira Turma, maioria, DJ 03/02/2003, o qual considerou existir relação de consumo entre Transroll Navegação S/A e Outro e Faprol Indústria de Alimentos Ltda., por ser esta adquirente e destinatária final do serviço de transporte marítimo prestado por aquela, tendo por objeto o transporte internacional de coalho alimentício em pó: "No caso presente, a recorrente contratou o serviço da transportadora, detentora do navio, encerrada a relação de consumo com a efetivação do transporte. O que é feito com o produto transportado não tem, a meu ver, peso algum na definição de quem foi o 'destinatário final' do serviço de transporte". ◙ Resp 488.274/MG, Rel. Min. Nancy Andrighi, Terceira Turma, unânime, DJ 23/06/2003, o qual considerou existir relação de consumo entre Pastifício Santa Amália Ltda e Baan Brasil Sistemas de Informática Ltda., porquanto aquela adquiriu, como destinatária final, programas de computador distribuídos por esta, com o intuito de melhor gerenciar o seu estoque de produtos: "Extrai-se dos autos que a recorrente é qualificada como destinatária final, já que se dedica à produção de alimentos e que se utiliza dos serviços de software, manutenção e suporte oferecidos pela recorrida, apenas para controle interno de produção. Deve-se, portanto, distinguir os produtos adquiridos pela empresa que são meros bens de utilização interna da empresa daqueles que são, de fato, repassados aos consumidores". ◙ Resp 468.148/SP, Rel. Min. Carlos Alberto Menezes Direito, Terceira Turma, unânime, DJ 28/10/2003, o qual considerou ser consumidora a pessoa jurídica SBC Serviços de Terraplanagem Ltda, ao adquirir crédito bancário para a compra de tratores a serem utilizados em sua atividade econômica; ◙ Resp 445.854/MS, Rel. Min. Castro Filho, Terceira Turma, unânime, DJ 19/12/2003, o qual considerou ser consumidor o agricultor Francisco João Andrighetto, ao adquirir crédito bancário para a compra de colheitadeira a ser utilizada em sua atividade econômica; ◙ Resp 235.200/RS, Rel. Min. Carlos Alberto Menezes Direito, Terceira Turma, DJ 04/12/00, Resp 248424/RS, Rel. Min. Carlos Alberto Menezes Direito, Terceira Turma, DJ 05/02/01 e Resp 263721/MA, Rel. Min. Carlos Alberto Menezes Direito, Terceira Turma, DJ 09/04/01, os quais reconheceram a existência de relação de consumo em contrato de arrendamento mercantil, ainda que o arrendatário, pessoa jurídica ou não, utilize o bem, como destinatário final, para o desenvolvimento de sua atividade econômica; ◙ Resp 263.229/SP, Rel. Min. José Delgado, Primeira Turma, unânime, DJ 09/04/2001, o qual considerou ser a pessoa jurídica Golfinho Azul Indústria, Comércio E Exportação Ltda. consumidora dos serviços de fornecimento de água, prestados pela SABESP, para a utilização em sua atividade econômica, a produção pesqueira: "A recorrente, na situação em exame, é considerada consumidora porque não utiliza a água como produto a ser integrado em qualquer processo de produção, transformação ou comercialização de outro produto. O fornecimento de água é para o fim específico de ser consumida pela empresa como destinatária final, utilizando-a para todos os fins de limpeza, lavagem e necessidades humanas. O destino final do ato de consumo está bem caracterizado, não se confundindo com qualquer uso do produto para intermediação industrial ou comercial".

► **Teoria Finalista mitigada ou aprofundada – análise da vulnerabilidade no caso concreto.** O STJ superou a discussão acerca do alcance da expressão "destinatário final" constante do art. 2º do CDC, consolidando a teoria finalista como aquela que indica a melhor diretriz para a interpretação do conceito de consumidor, admitindo, entretanto, certo abrandamento (relativização) dessa teoria quando se verificar uma vulnerabilidade (técnica, jurídica, econômica ou informacional) no caso concreto.

► **Pequenas empresas que utilizam insumos na sua cadeia de produção. Provada a vulnerabilidade, aplica-se o CDC.** "Naqueles casos considerados difíceis em que litigam pequenas empresas que utilizam insumos na sua cadeia de produção, mas não em sua área de *expertise* ou até mesmo em uma utilização mista em que não seja possível definir exatamente se compõe essa cadeia ou não, provada a vulnerabilidade, aplica-se o Código de Defesa do Consumidor" (OLIVEIRA, Júlio Moraes. *Consumidor-empresário: a defesa do finalismo mitigado*. Belo Horizonte: Arraes Editores, 2012, p. 61)

◙ "AÇÃO INDENIZATÓRIA. RELAÇÃO DE CONSUMO. TEORIA FINALISTA MITIGADA. VULNERABILIDADE. (...) A jurisprudência desta Corte tem mitigado a teoria finalista para autorizar a incidência do Código de Defesa do Consumidor nas hipóteses em que a parte (pessoa física ou jurídica), embora não seja tecnicamente a destinatária final do produto ou serviço, se apresenta em situação de vulnerabilidade, o que foi configurado na hipótese dos autos (...)" (STJ, AgRg no AREsp 837871/SP, Terceira Turma, Rel. Min. Marco Aurélio Bellizze, DJe 29/04/2016).

◙ **Agricultor que adquire bem móvel com a finalidade de utilizá-lo em sua atividade produtiva:** "O agricultor que adquire bem móvel com a finalidade de utilizá-lo em sua atividade produtiva, deve ser considerado destinatário final, para os fins do artigo 2º do Código de Defesa do Consumidor." (STJ, AgRg no REsp 1209271/MT, Rel. Min. Luis Felipe Salomão, Quarta Turma, DJ 01/02/2016).

◙ "SERVIÇO DE RASTREAMENTO E COMUNICAÇÃO DE DADOS. FALHA. ROUBO DE VEÍCULO. RESCISÃO CONTRATUAL. 2. APLICAÇÃO DO CDC. RELAÇÃO DE CONSUMO. TEORIA FINALISTA MITIGAÇÃO. (...) 2. A jurisprudência desta Corte Superior tem mitigado a teoria finalista para aplicar a incidência do Código de Defesa do Consumidor nas hipóteses em que a parte, pessoa física ou jurídica, apesar de não ser tecnicamente a destinatária final do produto ou serviço, se apresenta em situação de vulnerabilidade" (STJ, AgRg no AREsp, Terceira Turma, Rel. Min. Marco Aurélio Belizze, DJE 21/05/2015).

◙ **Aquisição de veículo zero-quilômetro para utilização profissional como táxi**: "DIREITO CIVIL. CÓDIGO DE DEFESA DO CONSUMIDOR. AQUISIÇÃO DE VEÍCULO ZERO-QUILÔMETRO PARA UTILIZAÇÃO PROFISSIONAL COMO TÁXI. DEFEITO DO PRODUTO. INÉRCIA NA SOLUÇÃO DO DEFEITO. AJUIZAMENTO DE AÇÃO CAUTELAR DE BUSCA E APREENSÃO PARA RETOMADA DO VEÍCULO, MESMO DIANTE DOS DEFEITOS. SITUAÇÃO VEXATÓRIA E HUMILHANTE. DEVOLUÇÃO DO VEÍCULO POR ORDEM JUDICIAL COM RECONHECIMENTO DE MÁ-FÉ DA INSTITUIÇÃO FINANCEIRA DA MONTADORA. REPOSIÇÃO DA PEÇA DEFEITUOSA, APÓS DIAGNÓSTICO PELA MONTADORA. LUCROS CESSANTES. IMPOSSIBILIDADE DE UTILIZAÇÃO DO VEÍCULO PARA O DESEMPENHO DA ATIVIDADE PROFISSIONAL DE TAXISTA. ACÚMULO DE DÍVIDAS. NEGATIVAÇÃO NO SPC. VALOR DA INDENIZAÇÃO. 1. A aquisição de veículo para utilização como táxi, por si só, não afasta a possibilidade de aplicação das normas protetivas do CDC. 2. A constatação de defeito em veículo zero-quilômetro revela hipótese de vício do produto e impõe a responsabilização solidária da concessionária (fornecedor) e do fabricante, conforme preceitua o art. 18, caput, do CDC. 3. Indenização por dano moral devida, com redução do valor. 4. Recurso especial parcialmente provido." (STJ, REsp. 611.872, Quarta Turma, Rel. Min. Antônio Carlos Ferreira, DJE 23/10/2012).

◼ **A lei consumerista incide sobre situações em que, apesar do produto ou serviço ser adquirido no curso do desenvolvimento de uma atividade empresarial, haja vulnerabilidade de uma parte frente à outra.** "RELAÇÃO DE CONSUMO. CARACTERIZAÇÃO. DESTINAÇÃO FINAL FÁTICA E ECONÔMICA DO PRODUTO OU SERVIÇO. ATIVIDADE EMPRESARIAL. MITIGAÇÃO DA REGRA. VULNERABILIDADE DA PESSOA JURÍDICA. PRESUNÇÃO RELATIVA. (...) – A jurisprudência consolidada pela 2ª Seção deste STJ entende que, a rigor, a efetiva incidência do CDC a uma relação de consumo está pautada na existência de destinação final fática e econômica do produto ou serviço, isto é, exige-se total desvinculação entre o destino do produto ou serviço consumido e qualquer atividade produtiva desempenhada pelo utente ou adquirente. Entretanto, o próprio STJ tem admitido o temperamento desta regra, com fulcro no art. 4º, I, do CDC, fazendo a lei consumerista incidir sobre situações em que, apesar do produto ou serviço ser adquirido no curso do desenvolvimento de uma atividade empresarial, haja vulnerabilidade de uma parte frente à outra. – Uma interpretação sistemática e teleológica do CDC aponta para a existência de uma vulnerabilidade presumida do consumidor, inclusive pessoas jurídicas, visto que a imposição de limites à presunção de vulnerabilidade implicaria restrição excessiva, incompatível com o próprio espírito de facilitação da defesa do consumidor e do reconhecimento de sua hipossuficiência, circunstância que não se coaduna com o princípio constitucional de defesa do consumidor, previsto nos arts. 5º, XXXII, e 170, V, da CF. Em suma, prevalece a regra geral de que a caracterização da condição de consumidor exige destinação final fática e econômica do bem ou serviço, mas a presunção de vulnerabilidade do consumidor dá margem à incidência excepcional do CDC às atividades empresariais, que só serão privadas da proteção da lei consumerista quando comprovada, pelo fornecedor, a não vulnerabilidade do consumidor pessoa jurídica. – Ao encampar a pessoa jurídica no conceito de consumidor, a intenção do legislador foi conferir proteção à empresa nas hipóteses em que, participando de uma relação jurídica na qualidade de consumidora, sua condição ordinária de fornecedora não lhe proporcione uma posição de igualdade frente à parte contrária. Em outras palavras, a pessoa jurídica deve contar com o mesmo grau de vulnerabilidade que qualquer pessoa comum se encontraria ao celebrar aquele negócio, de sorte a manter o desequilíbrio da relação de consumo. A "paridade de armas" entre a empresa-fornecedora e a empresa-consumidora afasta a presunção de fragilidade desta. Tal consideração se mostra de extrema relevância, pois uma mesma pessoa jurídica, enquanto consumidora, pode se mostrar vulnerável em determinadas relações de consumo e em outras não. Recurso provido." (STJ, RMS 27512 / BA, DJe 23/09/2009, Rel. Min. Nancy Andrighi, J. 20/08/2009)

◼ **Profissional freteiro adquirente de caminhão – Caracterização em decorrência da vulnerabilidade.** "Processo civil e Consumidor. Rescisão contratual cumulada com indenização. Fabricante. Adquirente. Freteiro. Hipossuficiência. Relação de consumo. Vulnerabilidade. Inversão do ônus probatório.– Consumidor é a pessoa física ou jurídica que adquire produto como destinatário final econômico, usufruindo do produto ou do serviço em beneficio próprio. – Excepcionalmente, o profissional freteiro, adquirente de caminhão zero quilômetro, que assevera conter defeito, também poderá ser considerado consumidor, quando a vulnerabilidade estiver caracterizada por alguma hipossuficiência quer fática, técnica ou econômica. – Nesta hipótese esta justificada a aplicação das regras de proteção ao consumidor, notadamente a concessão do benefício processual da inversão do ônus da prova. (...)" (STJ, DJe 17/08/2009, Rel. Min. Nancy Andrighi, J. 10/02/2009)

◙ **Acidente de consumo envolvendo aeronave que realiza transporte aéreo de malotes. Abrandamento do rigor técnico do critério finalista.** "CÓDIGO DE DEFESA DO CONSUMIDOR. ACIDENTE AÉREO. TRANSPORTE DE MALOTES. RELAÇÃO DE CONSUMO. CARACTERIZAÇÃO. RESPONSABILIDADE PELO FATO DO SERVIÇO. VÍTIMA DO EVENTO. EQUIPARAÇÃO A CONSUMIDOR. ARTIGO 17 DO CDC. I – Resta caracterizada relação de consumo se a aeronave que caiu sobre a casa das vítimas realizava serviço de transporte de malotes para um destinatário final, ainda que pessoa jurídica, uma vez que o artigo 2º do Código de Defesa do Consumidor não faz tal distinção, definindo como consumidor, para os fins protetivos da lei, "... toda pessoa física ou jurídica que adquire ou utiliza produto ou serviço como destinatário final". Abrandamento do rigor técnico do critério finalista. (...)" (STJ, REsp 540235 / TO, DJ 06/03/2006 p. 372, Rel. Min. Castro Filho, J. 07/02/2006)

◙ **Sociedade empresária que utiliza cartão de crédito como meio de pagamento.** "Processo civil. Conflito de competência. Contrato. Foro de eleição. Relação de consumo. Contratação de serviço de crédito por sociedade empresária. Destinação final caracterizada. – Aquele que exerce empresa assume a condição de consumidor dos bens e serviços que adquire ou utiliza como destinatário final, isto é, quando o bem ou serviço, ainda que venha a compor o estabelecimento empresarial, não integre diretamente – por meio de transformação, montagem, beneficiamento ou revenda – o produto ou serviço que venha a ser ofertado a terceiros. – O empresário ou sociedade empresária que tenha por atividade precípua a distribuição, no atacado ou no varejo, de medicamentos, deve ser considerado destinatário final do serviço de pagamento por meio de cartão de crédito, porquanto esta atividade não integra, diretamente, o produto objeto de sua empresa" (STJ, CC 41.056, Rel. p/ Acórdão Ministra Nancy Andrighi, 2ª S., DJ 20.9.2004).

► **Tipos de vulnerabilidade.** Verificar Art. 4°, I.

► **Consumidor intermediário.** "Na transição da corrente maximalista para a finalista, o STJ passou a empregar a expressão "consumidor intermediário". O conceito refere-se a agentes econômicos que, não sendo consumidores em sentido estrito, apresentam vulnerabilidade, ficando em situação de desvantagem frente ao outro contratante. Isso aparece em alguns dos acórdãos citados, entre outros. A nova expressão veio acompanhada da justificativa de se tratar de um abrandamento da teoria finalista, de modo a admitir a aplicação do Código de Defesa do Consumidor de modo mais amplo do que ela propugnava inicialmente, sem chegar aos propósitos da teoria maximalista." (PASQUALOTTO, Adalberto. O destinatário final e o "consumidor intermediário". *Revista de Direito do Consumidor* , vol. 74, p. 7, 2010.

◙ **O consumidor intermediário, desde que provada sua vulnerabilidade, poderá sofrer a aplicação do CDC.** "O consumidor intermediário, ou seja, aquele que adquiriu o produto ou o serviço para utilizá-lo em sua atividade empresarial, poderá ser beneficiado com a aplicação do CDC quando demonstrada sua vulnerabilidade técnica, jurídica ou econômica frente à outra parte". (STJ, AgRg no Ag 1316667/RO, Rel. Ministro Vasco Della Giustina (Desembargador convocado do TJ/RS), Terceira Turma, DJe 11/03/2011) ◙ **Nesse sentido, aplicando para o transporte de carga:** "DIREITO CIVIL E DIREITO DO CONSUMIDOR. TRANSPORTE AÉREO INTERNACIONAL DE CARGAS. ATRASO. CDC. AFASTAMENTO. CONVENÇÃO DE VARSÓVIA. APLICAÇÃO .A jurisprudência do STJ se encontra consolidada no sentido de que a determinação da qualidade de consumidor deve, em regra, ser feita mediante aplicação da teoria finalista, que, numa exegese restritiva do art. 2º do CDC, considera destinatário final tão somente o destinatário fático e econômico do bem ou serviço, seja ele pessoa física ou jurídica. 2. Pela teoria finalista, fica excluído da proteção do CDC o consumo intermediário, assim entendido como aquele cujo produto retorna para as cadeias de produção e distribuição, compondo o custo (e, portanto, o preço final) de um novo bem ou serviço. Vale dizer, só pode ser considerado consumidor, para fins de tutela pela Lei nº 8.078/90, aquele que exaure a função econômica do bem ou serviço, excluindo-o de forma definitiva do mercado de consumo. 3. Em situações excepcionais, todavia, esta Corte tem mitigado os rigores da teoria finalista, para autorizar a incidência do CDC nas hipóteses em que a parte (pessoa física ou jurídica), embora não seja tecnicamente a destinatária final do produto ou serviço, se apresenta em situação de vulnerabilidade. 4. Na hipótese em análise, percebe-se que, pelo panorama fático delineado pelas instâncias ordinárias e dos fatos incontroversos fixados ao longo do processo, não é possível identificar nenhum tipo de vulnerabilidade da recorrida, de modo que a aplicação do CDC deve ser afastada, devendo ser preservada a aplicação da teoria finalista na relação jurídica estabelecida entre as partes. 5. Recurso especial conhecido e provido. (STJ, REsp 1358231/SP, Rel. Ministra Nancy Andrighi, Terceira Turma, julgado em 28/05/2013, DJe 17/06/2013)

► **Pessoa jurídica pode ser considerada consumidora.** O CDC contemplou expressamente também como consumidor as pessoas jurídicas e o fez justamente para estancar qualquer tipo de discussão que pudesse surgir com relação à sua inclusão no sistema. No caso concreto, a pessoa jurídica pode agir como consumidor comum e sua proteção reflete grande avanço na sociedade moderna.

> ► "A lei, ao incluir a pessoa jurídica no conceito de consumidor, pretendeu referir-se àquela pessoa jurídica que, mesmo sendo fornecedora, ao inserir-se no polo ativo da relação jurídica de consumo, na qualidade de 'consumidor-destinatário final', estaria a fazê-lo como qualquer outro consumidor, ou seja, sem possuir qualquer poder de barganha sobre seu 'fornecedor', estando a aceitar as cláusulas contratuais impostas sem que lhe fosse conferida a possibilidade de discutir seu conteúdo; enfim, encontrar-se-ia revestido com a mesma vulnerabilidade que qualquer pessoa comum se encontraria ao realizar aquele mesmo contrato, apresentando-se, nessa relação de consumo, o mesmo desequilíbrio que se apresentaria se fosse realizado por qualquer outro consumidor-vulnerá-

vel". (DONATO, Maria Antonieta Zanardo. *Proteção do Consumidor*: Conceito e extensão. São Paulo: Revista dos Tribunais, 1993. p. 104.)

► **Presunção da vulnerabilidade da pessoa jurídica.** Interessante notar que a vulnerabilidade do consumidor pessoa física é presumida pela lei, enquanto que a da pessoa jurídica deve ser demonstrada no caso concreto.

► "A presunção absoluta de vulnerabilidade milita em favor do consumidor pessoa física. Há mitigação do princípio quando se tratar de pessoa jurídica, exigindo-se a demonstração da situação de fato que comprove a desigualdade." (MIRAGEM, Bruno. Fundamento e finalidade da aplicação do Código de Defesa do Consumidor às instituições financeiras – comentários à súmula 297 do STJ. *Revista de Direito do Consumidor*, vol. 82, p. 359.) ◙ **Nesse sentido:** "AGRAVO DE INSTRUMENTO – INVERSÃO DO ÔNUS DA PROVA – RELAÇÃO JURÍDICA TRAVADA ENTRE PESSOAS JURÍDICAS – Presunção de que não há relação de consumo – Não submissão às regras do CDC – Regime de provas regulado pelo CPC – Recurso conhecido e improvido. – Na trilha da corrente finalista, a regra é de que a relação jurídica entre pessoas jurídicas não se submete ao CDC, por isso que o contratante profissional presumidamente não se equipara a consumidor, salvo prova em contrário; em consequência, o regime de provas a ser aplicado nos processo em que ocorre tal hipótese é aquele previsto no Código de Processo Civil, não havendo falar em inversão do ônus da prova, pelo art. 6º, vIII, do CDC; -Recurso improvido." (TJSE, AI 1433/2003 – (Proc. 7908/2003) – (20042921) – 1ª C.Cív. – Rel. Des. Manoel Cândido Filho, J. 13.9.2004)

◙ **No sentido de que há presunção de vulnerabilidade inclusive para pessoas jurídicas:** "Uma interpretação sistemática e teleológica do CDC aponta para a existência de uma vulnerabilidade presumida do consumidor, inclusive pessoas jurídicas, visto que a imposição de limites à presunção de vulnerabilidade implicaria restrição excessiva, incompatível com o próprio espírito de facilitação da defesa do consumidor e do reconhecimento de sua hipossuficiência, circunstância que não se coaduna com o princípio constitucional de defesa do consumidor, previsto nos arts. 5º, XXXII, e 170, V, da CF. Em suma, prevalece a regra geral de que a caracterização da condição de consumidor exige destinação final fática e econômica do bem ou serviço, mas a presunção de vulnerabilidade do consumidor dá margem à incidência excepcional do CDC às atividades empresariais, que só serão privadas da proteção da lei consumerista quando comprovada, pelo fornecedor, a não vulnerabilidade do consumidor pessoa jurídica. – Ao encampar a pessoa jurídica no conceito de consumidor, a intenção do legislador foi conferir proteção à empresa nas hipóteses em que, participando de uma relação jurídica na qualidade de consumidora, sua condição ordinária de fornecedora não lhe proporcione uma posição de igualdade frente à parte contrária. Em outras palavras, a pessoa jurídica deve contar com o mesmo grau de vulnerabilidade que qualquer pessoa comum se encontraria ao celebrar aquele negócio, de sorte a manter o desequilíbrio da relação de consumo. A "paridade de armas" entre a empresa-fornecedora e a empresa-consumidora afasta a presunção de fragilidade desta. Tal consideração se mostra de extrema relevância, pois uma mesma pessoa jurídica, enquanto consumidora, pode se mostrar vulnerável em determinadas relações de consumo e em outras não." (STJ, MS 27512 / BA, Min. Nancy Andrighi, DJe 23/09/2009)

Parágrafo único. Equipara-se a consumidor a coletividade de pessoas, ainda que indetermináveis, que haja intervindo nas relações de consumo.

► **Equiparação pelo art. 2º, parágrafo único.** O parágrafo único equipara a consumidor a coletividade de pessoas, determináveis ou indetermináveis, que haja intervindo nas relações de consumo. É necessário, portanto, que a coletividade de pessoas tenha participado, de alguma forma, da relação de consumo. Ao contrário, o art. 29 não exige tal requisito, bastando que a coletividade se encontre, potencialmente, na iminência de sofrer algum dano, como por exemplo, a exposição à publicidade enganosa. Assim, as pessoas de uma casa que sofreram dano decorrente da utilização de algum produto contaminado comprado por apenas um deles, embora não possam ser caracterizadas como consumidores stricto sensu, equiparam-se a consumidor, beneficiando-se das normas protetivas do CDC. Desse modo, o CDC equipara a coletividade lesada ao consumidor *stricto sensu*, viabilizando a tutela dos interesses difusos e coletivos, cujos direitos podem ser defendidos pelos órgãos legitimados para tal função (art. 82).

> ► "O parágrafo único do art. 2º do Código do Consumidor equipara a consumidor a coletividade de pessoas, ainda que indetermináveis, que haja intervindo nas relações de consumo. Estão sob o alcance desta norma todas as pessoas que venham a sofrer danos em razão de defeito do produto ou serviço fornecido, ainda que não os tenham adquirido nem recebido como presente. Nesse sentido, são consumidores todos os convidados de uma festa em face do fornecedor do buffet que serve alimento intoxicado; também o são bystanderos vizinhos e transeuntes feridos na explosão do paiol de uma fábrica de fogos de artifício. Esse entendimento é ratificado pelo art. 17, segundo o qual_"equiparam-se aos consumidores todas as vítimas do evento". (LEITE, Roberto Basilone. *Introdução ao direito do consumidor.* São Paulo: LTR, 2002. p. 51).

► "O parágrafo único do art. 2.º do CDC é das normas de extensão a mais geral, equiparando a consumidor a coletividade de pessoas, ainda que indetermináveis, que haja intervindo nas relações de consumo. Assim, apesar de não se caracterizar como consumidor *stricto sensu*, a criança, filha do adquirente, que ingere produto defeituoso e vem a adoecer por fato do produto, é consumidor-equiparado e se beneficia de todas as normas protetivas do CDC aplicáveis ao caso. (BENJAMIN, Antônio Herman V.; MARQUES, Cláudia Lima; BESSA, Leonardo Roscoe. Manual de Direito do Consumidor. 7ª edição. São Paulo, Revista dos Tribunais, 2016, p. 120).

► **O parágrafo único do art. 2° permite o enquadramento de conjunto de pessoas, mesmo que não sejam pessoas jurídicas.** "Assim, a regra do parágrafo sub examine permite o enquadramento de universalidade ou conjunto de pessoas, mesmo que não se constituam em pessoa jurídica. Por exemplo, a massa falida pode figurar na relação de consumo como consumidora ao adquirir produtos, ou então, o condomínio, quando contrata serviços. Imagine-se um condomínio que contrate uma empresa de limpeza de fachada. Durante a prestação dos serviços, a fornecedora acaba danificando as pastilhas do revestimento externo pelo uso demasiado de ácido na solução utilizada, causando danos às partes comuns e a determinadas unidades autônomas (serviço defeituoso). Ressai, pois, à evidência, que a controvérsia será resolvida pela Lei 8.078/90, pois o condomínio, consumidor equiparado, aglutina os interesses de todos os condôminos (consumidores próprios). Essencial, aqui, é que a coletividade intervenha nas relações de consumo, adquirindo ou utilizando produtos e serviços; ao contrário das outras duas figuras equiparadas que são estranhas ao vínculo consumerista originário, apenas suportando ou assimilando seus reflexos." (CRUZ, Guilherme Ferreira da. *Teoria geral das relações de consumo.* São Paulo: Saraiva, 2014, p. 56/57)

◙ **Condomínio de adquirentes de unidades imobiliárias equiparado a consumidor.** "RECURSO ESPECIAL. CONSUMIDOR E PROCESSUAL CIVIL. DEMANDA ENVOLVENDO CONDOMÍNIO DE ADQUIRENTES DE UNIDADES IMOBILIÁRIAS E A CONSTRUTORA/INCORPORADORA. PATRIMÔNIO DE AFETAÇÃO. RELAÇÃO DE CONSUMO. COLETIVIDADE DE CONSUMIDORES. POSSIBILIDADE DE INVERSÃO DO ÔNUS DA PROVA. DISTRIBUIÇÃO DINÂMICA DO ÔNUS PROBATÓRIO. PRECEDENTES DO STJ (...) O condomínio equipara-se ao consumidor, enquanto coletividade que haja intervindo na relação de consumo. Aplicação do disposto no parágrafo único do art. 2º do CDC (...)" (STJ, REsp 1560728/MG, Terceira Turma, Rel. Min. Paulo de Tarso Sanseverino, DJe 27/10/2016).

Art. 3° Fornecedor é toda pessoa física ou jurídica, pública ou privada, nacional ou estrangeira, bem como os entes despersonalizados, que desenvolvem atividade de produção, montagem, criação, construção, transformação, importação, exportação, distribuição ou comercialização de produtos ou prestação de serviços.

► **Máxima amplitude ao conceito de fornecedor.** O código optou por dar uma máxima amplitude ao conceito de fornecedor, mas somente contemplou aqueles que participam do fornecimento de produtos e serviços no mercado de consumo de modo a satisfazer às demandas dos consumidores no exercício habitual do comércio. Desse modo, estariam excluídas da tutela consumerista os contratos firmados entre dois consumidores não profissionais ou com o comerciante que não atue em sua atividade-fim, por não fazê-lo com habitualidade, aplicando a estes, o Código Civil. No fornecimento de produtos ou serviços, podem ser considerados como fornecedores tanto pessoa jurídica (o que é mais comum) como também a pessoa física, bastando se enquadrar nos ditames do artigo. As pessoas jurídicas públicas também poderão ser enquadradas como fornecedores quando do fornecimento de serviços ou produtos em que haja uma contraprestação direta pelos consumidores (serviços de água, luz, telefone, etc.)

> ▶ "O art. 3.º do CDC bem especifica que o sistema de proteção do consumidor considera como fornecedores todos os que participam da cadeia de fornecimento de produtos e da cadeia de fornecimento de serviços (o organizador da cadeia e os demais partícipes do fornecimento direto e indireto, mencionados genericamente como "toda pessoa física ou jurídica, pública ou privada, nacional ou estrangeira, bem como os entes despersonalizados, que desenvolvem atividades de (...) prestação de serviços"), não importando sua relação direta ou indireta, contratual ou extracontratual, com o consumidor". (BENJAMIN, Antônio Herman V.; MARQUES, Cláudia Lima; BESSA, Leonardo Roscoe. *Manual de Direito do Consumidor.* 7ª edição. São Paulo, Revista dos Tribunais, 2016, p. 128).

▶ **Desenvolver atividade: praticar uma atividade com habitualidade.** A chave para se encontrar a figura do fornecedor está na expressão "*desenvolvem atividade*". Ou seja, somente será fornecedor o agente que pratica determinada atividade com habitualidade. Nesse sentido, quando a escola oferece cursos não gratuitos no mercado, por praticar (desenvolver) a atividade de ensino, será considerada fornecedor. Agora, quando essa mesma escola resolve vender o veículo que serve para transportar professores, não estará atuando com habitualidade, pois não desenvolve a atividade de compra e venda de veículos. Nesse caso, ainda que se tenha do outro lado uma pessoa física adquirindo o veículo, a escola não será considerada fornecedora, não se estabelecendo, portanto, uma relação de consumo.

> ▶ "Fornecedor é não apenas quem produz ou fabrica, industrial ou artesanalmente, em estabelecimentos industriais centralizados ou não, como também quem vende, ou seja, comercializa produtos nos milhares e milhões de pontos-de-venda espalhados por todo o território. Nesse ponto, portanto, a definição de fornecedor se distancia da de consumidor, pois, enquanto este há de ser o destinatário final, tal exigência já não se verifica quanto ao fornecedor, que pode ser o fabricante originário, o intermediário ou o comerciante, bastando que faça disso sua profissão ou atividade principal". (ALMEIDA, João Batista. *A proteção jurídica do consumidor.* 2ª ed. São Paulo: Saraiva: 2000. p. 41)
>
> ▶ "O critério caracterizador é desenvolver atividades tipicamente profissionais, como a comercialização, a produção, a importação, indicando também a necessidade de certa habitualidade, como a transformação, a distribuição de produtos. Essas características vão excluir da aplicação das normas do CDC todos os contratos firmados entre dois consumidores, não profissionais, que são relações puramente civis às quais se aplica o CC/2002". (BENJAMIN, Antônio Herman V.; MARQUES, Cláudia Lima; BESSA, Leonardo Roscoe. Manual de Direito do Consumidor. 7ª edição. São Paulo, Revista dos Tribunais, 2016, p. 124).
>
> ◙ **Agência de viagem, quando vende veículo próprio, não atua como fornecedor. Não "desenvolve atividade de venda de veículos".** "As normas do Código de Defesa do Consumidor não se aplicam às relações de compra e venda de

objeto totalmente diferente daquele que não se reveste da natureza do comércio exercido pelo vendedor. No caso, uma agência de viagem. Assim, quem vendeu o veículo não pode ser considerado fornecedor à luz do CDC" (STJ, AGA 150829/DF, Rel. Min. Waldemar Zveiter, *DJ* 11/05/1998).

► **Teoria do Fornecedor Equiparado:** "Aquele terceiro na relação de consumo, um terceiro apenas intermediário ou ajudante da relação de consumo principal, mas que atua frente a um consumidor (aquele que tem seus dados cadastrados como mau pagador e não efetuou sequer uma compra) ou a um grupo de consumidores (por exemplo, um grupo formado por uma relação de consumo principal, como a de seguro de vida em grupo organizado pelo empregador e pago por este), como se fornecedor fosse (comunica o registro no banco de dados, comunica que é estipulante nos seguro de vida em grupo etc.)". (BENJAMIN, Antônio Herman V.; MARQUES, Cláudia Lima; BESSA, Leonardo Roscoe. *Manual de Direito do Consumidor.* 7ª edição. São Paulo, Revista dos Tribunais, 2016, p. 129).

► **Fornecedor equiparado (Estatuto do Torcedor).** O Estatuto do Torcedor, Lei 10.671/2003, no art. 3º, equipara a fornecedor a entidade responsável pela organização da competição, bem como a entidade de prática desportiva detentora do mando de jogo. Assim, sendo as entidades envolvidas com as atividades esportivas equiparadas a fornecedores, os torcedores também serão considerados consumidores. A lei 9.615/98, que institui normas gerais sobre o desporto (chamada de Lei Pelé), preconiza no art. 42, § 3º que "o espectador pagante, por qualquer meio, de espetáculo ou evento desportivo equipara-se, para todos os efeitos legais, ao consumidor, nos termos do art. 2º da Lei nº 8.078, de 11 de setembro de 1990."

◙ **Fornecedor aparente. Marca de renome global.** "RECURSO ESPECIAL - AÇÃO DE INDENIZAÇÃO - DANOS MATERIAL E MORAL - RELAÇÃO DE CONSUMO - DEFEITO DO PRODUTO - FORNECEDOR APARENTE - MARCA DE RENOME GLOBAL - LEGITIMIDADE PASSIVA - RECURSO ESPECIAL DESPROVIDO. INSURGÊNCIA RECURSAL DA EMPRESA RÉ. Hipótese: A presente controvérsia cinge-se a definir o alcance da interpretação do art. 3º do Código de Defesa do Consumidor, a fim de aferir se na exegese de referido dispositivo contempla-se a figura do fornecedor aparente – e, consequentemente, sua responsabilidade -, entendido como aquele que, sem ser o fabricante direto do bem defeituoso, compartilha a mesma marca de renome mundial para comercialização de seus produtos. 1. A adoção da teoria da aparência pela legislação consumerista conduz à conclusão de que o conceito legal do art. 3º do Código de Defesa do Consumidor abrange também a figura do fornecedor aparente, compreendendo aquele que, embora não tendo participado diretamente do processo de fabricação, apresenta-se como tal por ostentar nome, marca ou outro sinal de identificação em comum com o bem que foi fabricado por um terceiro, assumindo a posição de real fabricante do produto perante o mercado consumidor. 2. O fornecedor aparente em prol das vantagens da utilização de marca internacionalmente reconhecida, não pode se eximir dos ônus daí decorrentes, em atenção à teoria do risco da atividade adotada pelo Código de Defesa do Consumidor. Dessa forma, reconhece-se a responsabilidade solidária do fornecedor aparente para arcar com os danos causados pelos bens comercializados sob a mesma identificação (nome/marca), de modo que resta configurada sua legitimidade passiva para a respectiva ação de indenização em razão do fato ou vício do produto ou serviço. 3. No presente caso, a empresa recorrente deve ser caracterizada como fornecedora aparente para fins de responsabilização civil pelos danos causados pela comercialização do produto defeituoso que ostenta a marca TOSHIBA, ainda que não tenha sido sua fabricante direta, pois ao utilizar marca de expressão global, inclusive com a inserção da mesma em sua razão social, beneficia-se da confiança previamente angariada por essa perante os consumidores. É de rigor, portanto, o reconhecimento da legitimidade passiva da empresa ré para arcar com os danos pleiteados na exordial. 4. Recurso especial desprovido." (STJ, REsp 1580432/SP, Rel. Ministro Marco Buzzi, Quarta Turma, DJe 04/02/2019)

APLICAÇÃO DO CDC

► **Aplicação do CDC *ex officio*.** "As normas do CDC, em especial as de nulidade absoluta e taxativa (art. 166, VII, do CC/2002), devem ser aplicadas *ex officio* pelo julgador e sempre interpretadas conforme o mandamento constitucional, isto é, a favor do consumidor (art. 7.º do CDC), mesmo que as partes estejam representadas coletivamente, pois o interesse social é o prevalente." (BENJAMIN, Antônio Herman V.; MARQUES, Cláudia Lima; BESSA, Leonardo Roscoe. Manual de Direito do Consumidor. 7ª edição. São Paulo, Revista dos Tribunais, 2016, p. 62-63)

► **A aplicação do CDC se dá a partir da identificação dos sujeitos da relação de consumo.** "A abrangência do microssistema do direito do consumidor foi definida pelo legislador brasileiro a partir da definição dos sujeitos da relação de consumo – consumidor e fornecedor – e do seu objeto – o produto ou serviço. No caso, trata-se de conceitos relacionais, ou seja, a identificação de um consumidor em dada posição jurídica depende da existência de um fornecedor na mesma relação, sendo que um só existirá, quando existir o outro". (MIRAGEM, Bruno. *Curso de Direito do Consumidor.* 7ª ed. São Paulo: RT, 2018, p. 56) ► **No mesmo sentido:** "O campo de aplicação do CDC ou a relação de consumo (contratual e extracontratual) é sempre entre um consumidor e um fornecedor, é um campo de aplicação relacional". (BENJAMIN, Antônio Herman V.; MARQUES, Cláudia Lima; BESSA, Leonardo Roscoe. *Manual de Direito do Consumidor.* 7ª edição. São Paulo, Revista dos Tribunais, 2016, p. 101).

► **O objeto da relação de consumo é amplo.** "O objeto da relação de consumo é amplo, incluindo qualquer bem (aqui como gênero significando produtos e serviços) transferido no mercado de consumo, vale dizer, de um fornecedor para um consumidor". (BENJAMIN, Antônio Herman V.; MARQUES, Cláudia Lima; BESSA, Leonardo Roscoe. *Manual de Direito do Consumidor.* 7ª edição. São Paulo, Revista dos Tribunais, 2016, p. 176).

► **Aplicação Simultânea do CDC e Código Civil.** "Na aplicação simultânea das duas leis, uma lei pode servir de base conceitual para a outra (diálogo sistemático de coerência), especialmente se uma lei é geral e a outra especial, se uma é a lei central do sistema e a outra um microssistema específico, não completo materialmente, apenas com completude subjetiva de tutela de um grupo da sociedade". (BENJAMIN, Antônio Herman V.; MARQUES, Cláudia Lima; BESSA, Leonardo Roscoe. *Manual de Direito do Consumidor.* 7ª edição. São Paulo, Revista dos Tribunais, 2016, p. 141).

► **Aplicação excepcional do CC em matéria de danos causados por produtos ou serviços de consumo.** "O Código Civil, em matéria de danos causados por produtos ou serviços de consumo, é afastado, de maneira absoluta, pelo regime especial do Código de Defesa do Consumidor. Só excepcionalmente aplica-se o Código Civil, ainda assim quando não contrarie o sistema e a principiologia (art. 4.º) do Código de Defesa do Consumidor". (BENJAMIN, Antônio Herman V.; MARQUES, Cláudia Lima; BESSA, Leonardo Roscoe. *Manual de Direito do Consumidor.* 7ª edição. São Paulo, Revista dos Tribunais, 2016, p. 168).

◙ **Canal de televisão e seu público.** "TELEVISÃO. "SHOW DO MILHÃO". Código de Defesa do Consumidor. Prática abusiva. A emissora de televisão presta um serviço e como tal se subordina às regras do Código de Defesa do Consumidor. Divulgação de concurso com promessa de recompensa segundo critérios que podem prejudicar o participante. Manutenção da liminar para suspender a prática." (STJ, REsp 436135/SP, Rel. Min. Ruy Rosado de Aguiar, J 12.8.2003)

> ◙ **Retransmissora.** "A retransmissora, tal qual a emissora, se enquadram ao conceito de fornecedor de serviços, nos moldes do disposto no artigo 3º, § 2º, do Código de Defesa do Consumidor." (STJ, REsp 946.851/PR, Rel. Ministro LUIS FELIPE SALOMÃO, QUARTA TURMA, julgado em 17/04/2012, DJe 15/05/2012)

◙ **Corretagem de valores e títulos imobiliários.** "CONSUMIDOR E PROCESSUAL CIVIL. RECURSO ESPECIAL. CORRETAGEM DE VALORES E TÍTULOS MOBILIÁRIOS. OMISSÃO, CONTRADIÇÃO OU OBSCURIDADE. NÃO OCORRÊNCIA. RELAÇÃO DE CONSUMO. INCIDÊNCIA DO CDC. – Recurso especial interposto em 16/12/2015 e distribuído a este gabinete em 25/08/2016. Cinge-se a controvérsia à incidência do CDC aos contratos de corretagem de valores e títulos mobiliários. – Na ausência de contradição, omissão ou obscuridade, não existe violação ao art. 535, II, do CPC/73. – O valor operação comercial envolvida em um determinado contrato é incapaz de retirar do cidadão a natureza de consumidor a ele conferida pela legislação consumerista. – É incabível retirar a condição de consumidor de uma determinada pessoa em razão da presunção de seu nível de discernimento comparado ao da média dos consumidores. – Impõe-se reconhecer a relação de consumo existente entre o contratante que visa a tender necessidades próprias e as sociedades que prestam de forma habitual e profissional o serviço de corretagem de valores e títulos mobiliários. – Recurso especial conhecido e provido". (STJ, REsp 1599535/RS, Terceira Turma, Rel. Ministra Nancy Andrighi, DJe 21/03/2017)

◙ **Cedente e cessionária em contrato de participação financeira atrelados a serviço de telefonia.** "RECURSO ESPECIAL. EXCEÇÃO DE INCOMPETÊNCIA. INADIMPLEMENTO CONTRATUAL. SUBSCRIÇÃO DE AÇÕES. CESSÃO. CONTRATOS DE PARTICIPAÇÃO FINANCEIRA. MILHARES. RELAÇÃO DE CONSUMO. INEXISTÊNCIA. CARACTERÍSTICAS PESSOAIS DO CEDENTE. TRANSFERÊNCIA.

IMPOSSIBILIDADE. VULNERABILIDADE. HIPOSSUFICIÊNCIA. NÃO IDENTIFICAÇÃO. COMPETÊNCIA. LOCAL DE CUMPRIMENTO DAS OBRIGAÇÕES. DOMICÍLIO DO DEVEDOR. 1. É firme a jurisprudência do Superior Tribunal de Justiça no sentido de que o Código de Defesa do Consumidor é aplicável às ações que têm como objeto o cumprimento de contratos de participação financeira, pois diretamente atrelados ao serviço de telefonia. 2. Na hipótese, a recorrida é cessionária de milhares de contratos de participação financeira, os quais já foram objeto de negociações anteriores. Não está presente nenhum vínculo com a situação originária do adquirente da linha telefônica, interessado na utilização do sistema de telefonia. 3. As condições personalíssimas do cedente não se transmitem ao cessionário. Assim, a condição de consumidor do promitente-assinante não se transfere aos cessionários do contrato de participação financeira. Precedente. 4. A situação dos autos retrata transações havidas entre sociedades empresárias, de índole comercial, não se identificando quer a vulnerabilidade, quer a hipossuficiência do cessionário. 5. Incide, na hipótese, a regra geral de competência, visto não haver convenção em sentido diverso e o contrário não decorrer da natureza da obrigação e das circunstâncias do caso. 6. O domicílio da pessoa jurídica é o local de sua sede, não sendo possível o ajuizamento da ação em locais nos quais a recorrente mantém suas filiais se a obrigação não foi contraída em nenhuma delas. 7. Recurso especial provido". (STJ, REsp 1608700/PR, Terceira Turma, Rel. Ministro Ricardo Villas Bôas Cueva, DJe 31/03/2017)

◙ **Arrendamento mercantil – equipamento médico.** "O Código de Defesa do Consumidor incide sobre a relação jurídica de arrendamento mercantil de equipamento médico, daí a competência do respectivo juízo especializado." (STJ, REsp 680.571-BA, Rel. Min. Carlos Alberto Menezes Direito, J. 12.4.2005)

◙ **Arrendamento mercantil/ Leasing.** "(...) O contrato de arrendamento mercantil está subordinado ao regime do CDC, não desqualificando a relação de consumo o fato de o bem arrendado destinar-se às atividades comerciais da arrendatária."(STJ, AGA 357358/PR, DJU 04/06/2001, Rel. Min. Nancy Andrighi, J. 19.3.2001, 3ª T). ◙ **No mesmo sentido:**"O Código de Defesa do Consumidor, na linha de precedente da 3ª Turma, aplica-se aos contratos de arrendamento mercantil, já que caracterizada a prestação de serviços pela arrendadora e estabelecida uma relação de consumo." (STJ, REsp 263721/MA, DJU 09/04/2001, Rel. Min. Carlos Alberto Menezes Direito, J. 13.2.2001, 3ª T.)

◙ **Previdência privada.** "AGRAVO REGIMENTAL. AGRAVO DE INSTRUMENTO. PREVIDÊNCIA PRIVADA. APLICAÇÃO DO CDC. FORO DE ELEIÇÃO. RELAÇÃO DE CONSUMO. COMPETÊNCIA ABSOLUTA. DECLARAÇÃO DE OFÍCIO.1. Firme a jurisprudência do STJ ao afirmar que as entidades de previdência privada estão sujeitas às normas de proteção do consumidor. (...)"(STJ, AgRg no Ag 644513 / RS, DJ 11/09/2006 p. 253, Rel. Min. Humberto Gomes de Barros, 24/08/2006)

> ◙ Súmula 563 do STJ. *"O Código de Defesa do Consumidor é aplicável às entidades abertas de previdência complementar, não incidindo nos contratos previdenciários celebrados com entidades fechadas".*
>
> ◙ **Súmula 321 do STJ (cancelada):** O verbete tinha o seguinte enunciado: *"O Código de Defesa do Consumidor é aplicável à relação jurídica entre a entidade*

de previdência privada e seus participantes". Contudo, a súmula foi cancelada, por ocasião do julgamento do REsp 1.536.786/MG.

◙ **Previdência Social.** "Trata-se de ação civil pública ajuizada pelo Ministério Público Federal objetivando obrigar o INSS a aceitar pedidos de aposentadoria especial, sem a exigência do requisito do limite de idade. Ocorre que os beneficiários da Previdência Social de tais aposentadorias não estão enquadrados na definição de consumidores, *ex vi* art. 2º, parágrafo único, da Lei nº 8.090/1990 (CDC). Sendo assim, o direito pleiteado nesta ação, embora invocado por um grupo de pessoas, não atinge a coletividade como um todo, nem contém aspecto de interesse social o que torna inaplicável o art. 21 da Lei nº 7.347/1985. Trata-se de direito individual disponível que os titulares podem dele dispor, logo o Ministério Público não tem legitimidade *ad causam* para propor a ação civil pública (art. 6º da LC nº 75/1993)" (STJ, REsp. 143.092-PE, Rel. Min. Jorge Scartezzini, j. 24/4/2001, *Informativo* 93).

► **Bancos.** Os bancos, quando apresentam seus produtos e serviços aos consumidores, enquadram-se no conceito de fornecedores, devendo, portanto, seus contratos serem regidos pelo Código Consumerista.

> ◙ "BANCO – CDC – APLICABILIDADE. Os bancos, como prestadores de serviços especialmente contemplados no artigo 3º, § 2º da Lei n. 8078/90, estão submetidos às disposições do Código de Defesa do Consumidor." (STJ, AGA 152497/SP, DJU 28/05/2001, Rel. Min. Nancy Andrighi, J. 29.3.2001, 3ª T.)
>
> ◙ Organizações da Sociedade Civil de Interesse Público (OSCIP) ligada ao Programa Nacional de Microcrédito Produtivo Orientado (PNMPO) não são equiparadas as instituições financeiras. "RECURSO ESPECIAL. CIVIL E PROCESSUAL CIVIL. NEGATIVA DE PRESTAÇÃO JURISDICIONAL. INEXISTÊNCIA. ALIENAÇÃO FIDUCIÁRIA EM GARANTIA. BUSCA E APREENSÃO. RITO DO DECRETO-LEI Nº 911/1969. LEGITIMIDADE ATIVA. INSTITUIÇÕES FINANCEIRAS E SOCIEDADES EQUIPARADAS. ORGANIZAÇÃO DA SOCIEDADE CIVIL DE INTERESSE PÚBLICO – OSCIP. INSTITUIÇÃO DE MICROCRÉDITO PRODUTIVO ORIENTADO. CLASSIFICAÇÃO OU EQUIPARAÇÃO COM INSTITUIÇÃO FINANCEIRA. IMPOSSIBILIDADE. CRIME EM TESE. ENVIO DE PEÇAS AO MINISTÉRIO PÚBLICO. REVERSÃO. INVIABILIDADE. SÚMULAS Nº 284/STF E Nº 7/STJ. (...) A organização da sociedade civil de interesse público – OSCIP -, mesmo ligada ao Programa Nacional de Microcrédito Produtivo Orientado – PNMPO, não pode ser classificada ou equiparada à instituição financeira, carecendo, portanto, de legitimidade ativa para requerer busca e apreensão de bens com fulcro no Decreto-Lei nº 911/1969. (...)". (STJ, REsp 1311071/SC, Terceira Turma, Rel. Ministro Ricardo Villas Bôas Cueva, DJe 24/03/2017)
>
> ◙ **Contrato de fiança bancária acessório a contrato administrativo.** "Inaplicabilidade do Código de Defesa do Consumidor aos contratos administrativos, tendo em vista as prerrogativas já asseguradas pela lei à Administração Pública. Julgado específico desta Corte Superior. 5. Inaplicabilidade também, por exten-

são, ao contrato de fiança bancária acessório ao contrato administrativo. 6. Impossibilidade de aplicação da Súmula 297/STJ a contrato bancário que não se origina de uma relação de consumo. 7. Competência do foro do domicílio do réu para o julgamento da demanda, tendo em vista a inaplicabilidade do Código de Defesa do Consumidor à espécie." (STJ, REsp 1745415/SP, Rel. Ministro Paulo de Tarso Sanseverino, Terceira Turma, DJe 21/05/2019)

◙ **Financiamento bancário.** "CONTRATO DE FINANCIAMENTO BANCÁRIO. NULIDADE DE CLÁUSULAS. APLICAÇÃO DO CÓDIGO DE DEFESA DO CONSUMIDOR. Tratando-se de empréstimo tomado por consumidor final, a operação creditícia realizada pelo banco submete-se às disposições do Código de Defesa do Consumidor, na qualidade de prestador de serviços especialmente contemplado no art. 3º, § 2º, do citado diploma legal." (STJ, REsp 213825/RS, DJU 27.11.2000, Rel. Min. Barros Monteiro, J. 22.8.2000, 4ª T.)

◙ **Contratos de depósitos em caderneta de poupança.** "O Código de Defesa do Consumidor é aplicável aos contratos de depósitos em caderneta de poupança firmados entre as instituições financeiras e seus clientes." (STJ, REsp 141678/SP, DJU 25/06/2001, Rel. Min. Barros Monteiro, J. 17.4.2001, 4ª T.)

◙ **Súmula 297 do STJ.** *"O Código de Defesa do Consumidor é aplicável às instituições financeiras"*

◙ **Súmula 285 do STJ.** *"Nos contratos bancários posteriores ao Código de Defesa do Consumidor incide a multa moratória nele prevista"*

◙ **Na ADI 2.591, o STF pacificou que é aplicável o CDC às relações bancárias.** "ART. 3º, § 2º, CÓDIGO DE DEFESA DO CONSUMIDOR - ART. 5º, XXXII DA CB/88 - ART. 170, V, DA CB/88 -AÇÃO DIRETA JULGADA IMPROCEDENTE 1. As instituições financeiras estão, todas elas, alcançadas pela incidência das normas veiculadas pelo Código de Defesa do Consumidor. 2. "Consumidor", para os efeitos do Código de Defesa do Consumidor, é toda pessoa física ou jurídica que utiliza, como destinatário final, atividade bancária, financeira e de crédito. 3. O preceito veiculado pelo art. 3º, § 2º, do Código de Defesa do Consumidor deve ser interpretado em coerência com a Constituição." (STF, Adin 2591, Rel. Min. Carlos Velloso, DJ 29/09/2006, com ementa modificada em Emb. Decl, J. 14.12.2006)

◙ **Alienação Fiduciária.** "Código de Defesa do Consumidor. Banco. Alienação fiduciária. A atividade bancária de conceder financiamento e obter garantia mediante alienação fiduciária é atividade que se insere no âmbito do Código de Defesa do Consumidor." (STJ, REsp 201195/SP, DJU 07/05/2001, Rel. Min. Ruy Rosado de Aguiar, J. 7.12.2000, 4ª T.)

◙ **Fundo de investimento.** "O CDC é aplicável aos contratos firmados entre as instituições financeiras e seus clientes referentes a aplicações em fundos de investimento, entendimento esse que encontrou acolhida na Súmula 297/STJ." (REsp 1164235/RJ, Rel. Ministra NANCY ANDRIGHI, TERCEIRA TURMA, julgado em 15/12/2011, DJe 29/02/2012)

◙ Os contratos de outorga de crédito rural, ainda que a obtenção do crédito seja destinado à atividade produtiva, sujeitam-se à disciplina do CDC. "DIREITO COLETIVO E DIREITO DO CONSUMIDOR. ASSOCIAÇÃO. AÇÃO CIVIL PÚBLICA. RENEGOCIAÇÃO DE DÉBITOS ORIUNDOS DE CONTRATO DE CÉDULA DE CRÉDITO RURAL. DIREITOS INDIVIDUAIS HOMOGÊNEOS. INCIDÊNCIA DO CÓDIGO DE DEFESA DO CONSUMIDOR. (...) 6. É torrencial a jurisprudência do STJ reconhecendo a incidência do Código do Consumidor nos contratos de cédula de crédito rural. 7. O próprio CDC estabelece (art. 52) que a outorga de crédito ou concessão de financiamento caracteriza típica relação de consumo entre quem concede e quem o recebe, pois o produto fornecido é o dinheiro ou crédito, bem juridicamente consumível. 7. A norma que institucionaliza o crédito rural (Lei n. 4.829/1965) estabelece como um dos objetivos específicos do crédito rural (art. 3°) é o de 'possibilitar o fortalecimento econômico dos produtores rurais, notadamente pequenos e médios' (inciso III) e o de 'incentivar a introdução de métodos racionais de produção, visando ao aumento da produtividade e à melhoria do padrão de vida das populações rurais, e à adequada defesa do solo' (inciso IV). 8. Dessarte, mesmo que o financiamento por meio de cédula de crédito rural se destine ao desenvolvimento da atividade rural, há, em regra, presunção de vulnerabilidade do contratante produtor, equiparando-o ao consumidor stricto sensu, dando-se prevalência à destinação fática para fins de qualificação do consumidor. Precedentes. 9. Conforme jurisprudência consolidada no STJ, 'nas cédulas de crédito rural, comercial e industrial, não se admite a cobrança de comissão de permanência. Precedentes' (AgRg no AREsp 129.689/RS, Rel. Min. Antonio Carlos Ferreira, 4ª T., DJe 11.4.2014). 10. Recurso especial não provido" (STJ, REsp 1166054/RN, Rel. Min. Luis Felipe Salomão, 4ª T., DJe 18.6.2015).

◙ **Cooperativa de crédito.** "A cooperativa de crédito integra o sistema financeiro nacional, estando sujeita às normas do CDC." (STJ, AgRg no Ag 1224838 / DF, Rel. Min. Nancy Andrighi, DJe 15/03/2010)

◙ **Se a cooperativa de crédito atua captando consumidores no mercado, equipara-se a instituição financeira ordinária.** "(...) quando a cooperativa de crédito busca consumidores no mercado, isto é, aqueles que não são cooperados, atua como se fosse uma instituição financeira ordinária." (STJ, REsp 1468567/ES, Rel. Ministra Nancy Andrighi, Terceira Turma, DJe 10/08/2018)

► **Internet.** O vínculo jurídico entre os consumidores e os provedores de acesso à Internet é um contrato de consumo, submetido às regras da Lei 8.078/90. (Conclusão Aprovada no 4º Congresso Brasileiro de Direito do Consumidor – "A sociedade de serviços e a proteção do consumidor no mercado global")

◙ " A exploração comercial da internet sujeita as relações de consumo daí advindas à Lei nº 8.078/90." (STJ, REsp 1193764/SP, Rel. Ministra Nancy Andrighi, Terceira Turma, julgado em 14/12/2010, DJe 08/08/2011)

◙ **Provedor de pesquisa.** "CIVIL E CONSUMIDOR. RECURSO ESPECIAL. 1. INTERNET. PROVEDOR DE PESQUISA. EXIBIÇÃO DE RESULTADOS. POTENCIAL OFENSIVO. AUSÊNCIA. DANO MORAL. AFASTADO. 2. RELAÇÃO DE CONSUMO. INCIDÊNCIA DO CDC. GRATUIDADE DO SERVIÇO. INDIFERENÇA. CORRESPONDÊNCIA ENTRE OS RESULTADOS E A PESQUISA. AUSÊNCIA. EXPECTATIVA RAZOÁVEL. FALHA DO SERVIÇO. CONFIGURAÇÃO. 3. OBRIGAÇÃO DE FAZER PERSONALÍSSIMA. DECISÃO JUDICIAL. INÉRCIA RENITENTE. MULTA COMINATÓRIA. FIXAÇÃO DE PATAMAR ESTÁTICO. INSUFICIÊNCIA RECONHECIDA. 4. RECURSOS ESPECIAIS PARCIALMENTE PROVIDOS.1. Recurso especial em que se debate a responsabilidade civil decorrente da discrepância entre o resultado de busca e a alteração do conteúdo danoso inserido em sítio eletrônico, bem como a obrigatoriedade de atualização dos resultados de busca conforme o novo conteúdo disponível no momento da consulta. 2. Nos termos da jurisprudência desta Corte Superior, os provedores de pesquisa fornecem ferramentas para localização, dentro do universo virtual, de acesso público e irrestrito, de conteúdos relacionados aos termos informados para pesquisa. 3. Não contém aptidão para causar dano moral a exibição dos resultados na forma de índice, em que se relacionam links para páginas em que há conteúdos relacionados aos termos de busca, independente do potencial danoso do conteúdo em si ou dos termos da busca inseridos pelos internautas. 4. Os provedores de pesquisa podem ser excepcionalmente obrigados a eliminar de seu banco de dados resultados incorretos ou inadequados, especialmente quando inexistente relação de pertinência entre o conteúdo do resultado e o critério pesquisado. 5. A ausência de congruência entre o resultado atual e os termos pesquisados, ainda que decorrentes da posterior alteração do conteúdo original publicado pela página, configuram falha na prestação do serviço de busca, que deve ser corrigida nos termos do art. 20 do CDC, por frustrarem as legítimas expectativas dos consumidores.(...)" (STJ, REsp 1582981/RJ, Rel. Ministro Marco Aurélio Bellizze, Terceira Turma, julgado em 10/05/2016, DJe 19/05/2016)

◙ **Plano de saúde. <u>Súmula 469 do STJ (cancelada)</u>:** *"Aplica-se o Código de Defesa do Consumidor aos contratos de plano de saúde."*

◙ **Plano de saúde. <u>Súmula 608 do STJ:</u>** *"Aplica-se o Código de Defesa do Consumidor aos contratos de plano de saúde, salvo os administrados por entidades de autogestão."*

◙ **Plano de saúde administrado por entidade de autogestão:** "Não se aplica o Código de Defesa do Consumidor ao contrato de plano de saúde administrado por entidade de autogestão, por inexistência de relação de consumo." (STJ, REsp 1285483/PB, Rel. Ministro Luis Felipe Salomão, Segunda Seção, DJe 16/08/2016)

◙ **No sentido da aplicação subsidiária do CDC nos planos de saúde na modalidade de autogestão.** "DIREITO DO CONSUMIDOR – AÇÃO COMINATÓRIA – APELAÇÃO – GASTROPLASTIA – CONSEQUÊNCIAS – RE-CONSTRUÇÃO DA MAMA COM PRÓTESE E/OU EXPANSOR – NECESSIDADE – PROCEDIMENTO REPARADOR – CONTINUIDADE DO PROCEDIMEN-

TO BARIÁTRICO – RECURSO – DANO MORAL – PRESUNÇÃO – DEVER DE IN-DENIZAR – QUANTUM INDENIZATÓRIO – RECURSO DESPROVIDO.1. Da conjugação da norma inserida no ar-tigo 1º, § 2º, com o 35-G da Lei 9.656/98 decorre que, ainda que a operadora do plano de saúde constitua entidade fechada sem finalidade lucrativa, cujo plano seja operado na modalidade de autogestão, as normas inscritas no Código de Defesa do Consumidor aplicam-se subsidiariamente às relações jurídicas firmadas entre a seguradora e os segurados. (...)" (TJDF, Acórdão n. 1013507, Rel. Desª. Leila Arlanch, 7ª Turma Cível, DJe: 3/5/2017.)

◙ **Plano de saúde coletivo:** "A jurisprudência desta Corte Superior é no sentido de que não se aplica o Código de Defesa do Consumidor nos contratos coletivos de plano/saúde." (STJ, AgRg no REsp 1477859/SP, Rel. Ministro Raul Araújo, Quarta Turma, DJe 25/05/2015)

◙ **Serviços médicos.** "(...) A operadora de serviços de assistência à saúde que presta serviços remunerados à população tem sua atividade regida pelo Código de Defesa do Consumidor, pouco importando o nome ou a natureza jurídica que adota." (STJ, REsp 267530/SP, DJU 12/03/2001, Rel. Min. Ruy Rosado de Aguiar, J. 14.12.2000, 4ª T.)

◙ **Sociedades sem fins lucrativos.** "Sociedade civil sem fins lucrativos de caráter beneficente e filantrópico. Prestação de serviços médicos, hospitalares, odontológicos e jurídicos a seus associados. Relação de consumo caracterizada. Possibilidade de aplicação do código de defesa do consumidor." (STJ, REsp 519.310-SP, Rel. Min. Nancy Andrighi, DJ 24.5.2004)

◙ **Sociedade de beneficência e filantropia que presta serviços médico-hospitalares mediante contribuição.** "(...) a qualificação de uma pessoa física ou jurídica ou de um ente despersonalizado como fornecedor atende a critérios puramente objetivos, sendo irrelevante a natureza jurídica adotada por eles ou a espécie dos serviços que presta. Basta que desenvolvam atividade no mercado de consumo, mediante remuneração, para que sejam qualificados como fornecedores de serviços e conseqüentemente se sujeitem às normas do CDC". (STJ, REsp 519.310-SP, Rel. Min. Nancy Andrighi, J. 20.4.2004).

◙ **SFH – Sistema Financeiro da Habitação.** "Aplica-se o Código de Defesa do Consumidor ao contrato de mútuo do Sistema Financeiro Habitacional para aquisição de imóvel, eis que retrata uma relação de consumo existente entre os mutuários e o agente financeiro do SFH." (STJ, REsp 688397/PR; Rel. Min. Castro Meira, DJ 23.5.2005). ◙ **No mesmo sentido:** "Há relação de consumo entre o agente financeiro do SFH, que concede empréstimo para aquisição de casa própria, e o mutuário. Ao operar como os demais agentes de concessão de empréstimo do SFH, a associação age na posição de fornecedora de serviços aos seus associados, então caracterizadora como consumidores. (...)"(STJ, Resp 436815/DF, Rel. Fátima Nancy Andrighi, J. 17.9.2002, 3ª T.)

◙ Sistema Financeiro da Habitação (SFH) – contrato de mútuo com cláusula de FCVS (Fundo de Compensação de Variação Salarial) – presença da garantia do Governo em relação ao saldo devedor – não aplicação do CDC. "O CDC é aplicável aos contratos do Sistema Financeiro da Habitação, incidindo sobre contratos de mútuo. Entretanto, nos contratos de financiamento do SFH vinculados ao Fundo de Compensação de Variação Salarial – FCVS, pela presença da garantia do Governo em relação ao saldo devedor, aplica-se a legislação própria e protetiva do mutuário hipossuficiente e do próprio Sistema, afastando-se o CDC, se colidentes as regras jurídicas. Os litígios oriundos do SFH mostram-se tão desiguais que as Turmas que compõem a Seção de Direito Privado examinam as ações sobre os contratos sem a cláusula do FCVS, enquanto as demandas oriundas de contratos com a cláusula do FCVS são processadas e julgadas pelas Turmas de Direito Público." (STJ, REsp 489701/SP, Rel. Min. Eliana Calmon, DJ 16.4.2007)

◙ **Financiamento para aquisição de Taxi**. "O CDC incide sobre contrato de financiamento celebrado entre a CEF e o taxista para aquisição de veículo." (STJ, REsp 231208/PE, DJU 19.3.2001, Rel. Min. Ruy Rosado de Aguiar, J. 7.12.2000, 4ª T.)

◙ **Contrato de incorporação.** "O contrato de incorporação, no que tem de específico, é regido pela lei que lhe é própria (lei 4.591/64), mas sobre ele também incide o Código de Defesa do Consumidor, que introduziu no sistema civil princípios gerais que realçam a justiça contratual, a equivalência das prestações e o princípio da boa-fé objetiva." (STJ, REsp 80036/SP, DJU 25.3.1996, Rel. Min. Ruy Rosado de Aguiar, J. 12.2.1996, 4ª T.)

◙ **Administradora de cartão de crédito.** "O art. 14 do CDC estabelece regra de responsabilidade solidária entre os fornecedores de uma mesma cadeia de serviços, razão pela qual as 'bandeiras'/marcas de cartão de crédito respondem solidariamente com os bancos e as administradoras de cartão de crédito pelos danos decorrentes da má prestação de serviços." (STJ, REsp 1029454/RJ, Rel. Ministra Nancy Andrighi, Terceira Turma, julgado em 01/10/2009, DJe 19/10/2009)

◙ **Serviços de crédito e equipamentos ao lojista.** "COMPETÊNCIA. RELAÇÃO DE CONSUMO. UTILIZAÇÃO DE EQUIPAMENTO E DE SERVIÇOS DE CRÉDITO PRESTADO POR EMPRESA ADMINISTRADORA DE CARTÃO DE CRÉDITO. DESTINAÇÃO FINAL INEXISTENTE. – A aquisição de bens ou a utilização de serviços, por pessoa natural ou jurídica, com o escopo de implementar ou incrementar a sua atividade negocial, não se reputa como relação de consumo e, sim, como uma atividade de consumo intermediária.(...)" (STJ, REsp 541867 / BA, Rel. Min. Antonio de Pádua Ribeiro, DJ 16/05/2005)

◙ **Contratos de empreitada celebrados entre a CEF e a empresa contratada para construir as residências.** "O CDC não encontra aplicação para os contratos de empreitada celebrados entre a CEF, na condição de operacionalizadora do Programa de Arrendamento Residencial – PAR, e a empresa contratada para construir as residências que serão posteriormente objeto de contrato de arrendamento entre a mesma instituição financeira e as pessoas de baixa renda, para as quais o programa se destina." (STJ, REsp 1073962/PR, Rel. Ministra Nancy Andrighi, Terceira Turma, julgado em 20/03/2012, DJe 13/06/2012)

◙ **Contrato de prestação de serviços entre Correios e empresa.** "ADMINISTRATIVO. EMPRESA BRASILEIRA DE CORREIOS E TELÉGRAFOS - ECT. CONTRATO DE PRESTAÇÃO DE SERVIÇOS. NATUREZA ADMINISTRATIVA. Contrato de prestação de serviços firmado, após procedimento licitatório, entre a ECT e as recorrentes para a construção de duas agências dos Correios. Paralisação das obras. Alegação de desequilíbrio econômico-financeiro do contrato. Natureza da relação jurídica contratual entre a Empresa Brasileira de Correios e Telégrafos e as Construtoras prestadoras de serviços. Pleito recursal visando a aplicação das normas de Direito Privado relativas ao Direito do Consumidor com o objetivo de evitar prática contratual considerada abusiva. A ECT é empresa pública que, embora não exerça atividade econômica, presta serviço público da competência da União Federal, sendo por esta mantida. (...) À luz do art. 37, XXI, da Constituição Federal, a natureza do vínculo jurídico entre a ECT e as empresas recorrentes, é de Direito Administrativo, sendo certo que a questão sub judice não envolve Direito Privado, tampouco de relação de consumo. Aliás, apenas os consumidores, usuários do serviço dos correios é que têm relação jurídica de consumo com a ECT." (STJ, Resp 527137/PR, Rel. Min. Luiz Fux, 1ª T, J. 11/05/2004, DJU 31.5.2005).

◙ **Usuário de serviços dos correios.** "À luz do art. 37, XXI, da Constituição Federal, a natureza do vínculo jurídico entre a ECT e as empresas recorrentes, é de Direito Administrativo, sendo certo que a questão sub judice não envolve Direito Privado, tampouco de relação de consumo. Aliás, apenas os consumidores, usuários do serviço dos correios é que têm relação jurídica de consumo com a ECT. (STJ, REsp 527137/PR, Rel. Ministro Luiz Fux, Primeira Turma, julgado em 11/05/2004, DJ 31/05/2004, p. 191)

◙ **Clube de investimento e cotista para liberação integral de ações.** "Clube de investimentos da CSN. Ações obtidas em decorrência do processo de privatização. Art. 1.009 do Código Civil e Código de Defesa do Consumidor. Não há entre o cotista e o clube de investimento relação de débito e crédito que autorize a aplicação do art. 1.009 do Código Civil. Participando o cotista do clube de investimento, no caso, da própria administração, como membro de sua assembléia geral, podendo ser eleito até para o conselho deliberativo, não há falar em relação de consumo para efeito da liberação integral de suas ações, o que ocorrerá na forma do que estabelece o estatuto." (STJ, REsp 290954/RJ, DJU 03/09/2001, p. 221, Rel. Min. Carlos Alberto Menezes Direito, J. 26.6.2001, 3ª T.)

◙ **Financiamento para compras de ações.** "RECURSO ESPECIAL EM AGRAVO DE INSTRUMENTO (ART. 522 DO CPC) - DEMANDA DE PRESTAÇÃO DE CONTAS - MÚTUO OBTIDO PERANTE INSTITUIÇÃO FINANCEIRA, PARA FUTURA AQUISIÇÃO DE AÇÕES - (...) 2. APLICABILIDADE DO CÓDIGO DE DEFESA DO CONSUMIDOR AO CASO CONCRETO (SÚMULA N. 297 DO STJ) - PARA FIXAR A EXISTÊNCIA DA RELAÇÃO DE CONSUMO EM AJUSTE DE MÚTUO, FIRMADO ENTRE O TOMADOR E A CASA BANCÁRIA, É IRRELEVANTE, NA ESPÉCIE CONTRATUAL, A DESTINAÇÃO DADA À QUANTIA OBTIDA - 3. NULIDADE DA CLÁUSULA DE ELEIÇÃO DE FORO, FIXANDO-SE O JUÍZO ONDE ESTABELECIDO O DOMICÍLIO DA PARTE HIPOSSUFICIENTE PARA PROCESSAMENTO E JULGAMENTO DA LIDE - 4. RECURSO PARCIALMENTE PROVI-

DO." (STJ, REsp 1194627/RS, Rel. Ministro Marco Buzzi, Quarta Turma, julgado em 01/12/2011, DJe 19/12/2011)

◙ **Avalista.** "O Recorrente apenas garantiu, como avalista de notas promissórias, o contrato firmado entre a empresa e o banco. Não pode, então, ser considerado consumidor e merecer a aplicação do CDC, pela determinação expressa da lei. Não há que se falar em ofensa ao Decreto 2.181/97, eis que o serviço aqui, qual seja, o empréstimo, foi prestado pelo banco à empresa contratante, figurando o Agravante apenas como garantidor das promissórias." (STJ, AGA 269614/SP, DJU 26/06/2000, p. 69, Rel. Min. Waldemar Zveiter, J. 15.05.2000, 3ª T.)

◙ **Objeto diferente do comércio exercido pelo vendedor.** "As normas do Código de Defesa do Consumidor não se aplicam as relações de compra e venda de objeto totalmente diferente daquele que não se reveste da natureza do comércio exercido pelo vendedor. No caso, uma agência de viagem. Assim, quem vendeu o veículo não pode ser considerado fornecedor a luz do CDC."(STJ, AGA 150829/DF, DJU 11/05/1998, p. 95, Rel. Min. Waldemar Zveiter, J. 19.3.1998, 3ª T.)

◙ **Locação predial urbana.** "LOCAÇÃO. CÓDIGO DE DEFESA DO CONSUMIDOR. INAPLICABILIDADE. Consoante iterativos julgados desse Tribunal, as disposições contidas no Código de Defesa do Consumidor não são aplicáveis ao contrato de locação predial urbana, que se regula por legislação própria – Lei 8.245/91." (STJ, REsp 280577/SP, DJU 23/04/2001, Rel. Min. Vicente Leal, J. 26.3.2001, 6ª T.) ◙ **No mesmo sentido:** "A Lei nº 8.078/90 – Cód. de Defesa do Consumidor – não se aplica às locações de imóveis urbanos, regidas pela Lei nº 8.245/91. Jurisprudência da 5ª e 6ª Turmas." (STJ, AgRg no Ag 590.802/RS, Rel. Ministro Nilson Naves, Sexta Turma, julgado em 30/05/2006, DJ 14/08/2006, p. 340)

> ► **Contrato de aluguel celebrado através de administradora.** Embora o STJ, reiteradamente, considera que os contratos de locação predial urbana não são regidos pelo CDC, é importante fazer a distinção quando este contrato é celebrado através da intermediação de uma administradora (o que é muito comum nos dias atuais). Isto porque, os contratos celebrados através da administradora são contratos de adesão, não havendo razão para descartar a aplicação do CDC. O STJ já possibilitou, em caso concreto, que o Ministério Público pudesse, via ação coletiva, questionar as abusividades inseridas em contratos de locação, permitindo que a administradora respondesse a ação. Nesta ocasião, o STJ, por se deparar com um contrato de adesão, entendeu que o Ministério Público seria legítimo para questionar as cláusulas, justamente por que se tratava de uma relação de consumo. O Min. Félix Fischer considerou que "esta Corte vem reiteradamente entendendo pela possibilidade de o Ministério Público propor ações civis em face de empresas imobiliárias que prestam serviços de locação e utilizam-se de contratos padrões desobedientes às normas e princípios estabelecidos no Código de Defesa do Consumidor. Isto, pelo motivo de que tais serviços se enquadram na definição de relações de consumo disposta no Estatuto de Defesa do Consumidor e, portanto, passíveis de defesa pelo Ministério Público por se tratarem de interesses individuais homogêneos. Consequentemente, tais empresas

imobiliárias uma vez responsáveis pela elaboração de tais contratos locatícios, são os legitimados a integrarem o pólo passivo de demandas como a presente." (STJ, REsp 614981 / MG, Rel. Min. Félix Fischer, DJ 26.09.2005) Mas, o tema não é pacífico no STJ. No AgRg no Ag 590802 / RS, Rel. Min. Nilson Naves, DJ 14.08.2006, ficou estampado que "o Superior Tribunal de Justiça tem entendido que o Ministério Público é parte legítima para ajuizar ação civil pública com o fim de proteger e cuidar de interesses sociais difusos ou coletivos, os quais não se confundem com direitos individuais privados e disponíveis, como ocorre nos autos em análise. Aqui se pretende declarar a nulidade de cláusulas abusivas constantes de contratos de locação." Ao final, ainda concluiu que "quanto à aplicabilidade do Cód. de Defesa do Consumidor às relações locatícias, as Turmas que compõem a Terceira Seção têm jurisprudência no sentido de que as disposições contidas na Lei nº 8.078/90 não são aplicáveis ao contrato de locação predial urbana, que se regula por legislação própria, a saber, a Lei nº 8.245/91."

◙ **Condomínio e condômino.** "(...) Conforme reiterada jurisprudência desta Corte, não é relação de consumo a que se estabelece entre os condôminos e o Condomínio, referente às despesas para manutenção e conservação do prédio e dos seus serviços. (...)" (STJ, REsp 441873 / DF, DJ 23/10/2006, Rel. Min. Castro Filho, J. 19/09/2006)

◙ **Relação entre condomínio e concessionária de serviço público.** "A Turma conheceu do recurso e deu-lhe provimento ao argumento de que é inaplicável o Código de Defesa do Consumidor às relações entre os condôminos e o condomínio quanto às despesas de manutenção desse. Existe relação de consumo entre o condomínio de quem é cobrada indevidamente taxa de esgoto e a concessionária de serviço público". (STJ, REsp 650.791-RJ, Rel. Min. Castro Meira, J. 6.4.2006).

◙ **Relação entre o contador e o condômino.** "Segundo a jurisprudência, não há relação de consumo entre condômino e condomínio para litígios envolvendo cobrança de taxas, muito menos poderíamos cogitar da existência de tal relação entre o profissional contratado pelo condomínio para controlar tais cobranças e um dos condôminos tal como no caso. O réu, contador, foi contratado pelo condomínio, para prestar serviços, cabendo ao contratante a publicidade ou não do rol de inadimplentes fornecida por ele. Por simples análise do caso, conclui-se inexistir relação de consumo entre o condômino e o contador, há entre o condomínio e seu contratado, o contador. Apenas o condomínio, nesta condição, pode ser caracterizado como consumidor, pois a prestação do serviço de contadoria fora destinada àquele como um fim em si mesmo, e não, individualmente, a cada um dos condôminos. Não há, portanto, como se vislumbrar qualquer relação de consumo entre o contador e o condômino, ou qualquer responsabilidade do contador em relação direta ao condômino, pela publicidade do seu nome no rol dos inadimplentes, publicação que, segundo se afirma, sequer chegou a acontecer" (STJ, REsp. 441.873-DF, Rel. Min. Castro Filho, j. 19/9/2006. *Informativo* 297).

◙ **Contrato de franquia.** "FRANQUIA. CONTRATO. FIANÇA. CDC. A Turma decidiu que não se aplica o CDC em contratos de franquia, porquanto a relação entre franqueador e franqueado é regida pelo direito comercial, razão pela qual prevalece a multta contratada, descabendo a isenção da fiança." (STJ, REsp 687.322-RJ, Rel Min. Carlos Alberto Menezes Direito, J. 21.9.2006).

◙ **Serviços Notariais.** "TABELIONATO DE NOTAS. SERVIÇOS NOTARIAIS. A atividade notarial não é regida pelo CDC (Vencidos a Ministra Nancy Andrighi e o Ministro Castro Filho) (STJ, REsp. 625144/SP, Relª. Minª. Nancy Andrighi, *DJ* 29/05/2006). Ressaltou-se que, no caso, não se aplica o Código de Defesa do Consumidor, pois não se trata de relação de consumo, mas de uma relação de serviço público. O notário ou tabelião de notas é um profissional do Direito, dotado de fé pública, a quem é delegado pelo poder público o exercício da atividade notarial" (*Informativo* 277).

> ► ***Observação:*** curiosamente, no REsp 1163652 / PE, Rel. Min. Herman Benjamin, DJe 01/07/2010, há expressa menção na ementa do acórdão de que "*o Código de Defesa do Consumidor aplica-se à atividade notarial*", dando a entender que o STJ alterou o entendimento ou que, ao menos, há uma divergência atual entre as turmas. No entanto, ao analisar o inteiro teor do referido julgamento, não há qualquer discussão sobre a aplicabilidade do CDC aos serviços notariais, ou seja, a aplicação do CDC aos serviços dos notários não foi objeto do julgamento.

◙ **Crédito educativo.** "O crédito educativo (Lei nº 8.436/1992) não é serviço bancário, mas programa governamental custeado pela União, no qual a CEF figura como espécie de preposta ou delegada, não havendo subsídio de seus cofres. Dessarte, não são aplicáveis as regras do CDC, por não haver qualquer relação de consumo" (STJ, REsp. 479.863-RS, Relª. Minª. Eliana Calmon, 3/8/2004, *Informativo* 216).

◙ **Execução Fiscal.** "O Código de Defesa do Consumidor não é aplicável às execuções fiscais. Precedentes desta Corte: Resp 261.367, Rel. Min. Humberto Gomes de Barros, DJ de 09.04.2001 e AGRESP 671494/RS, 1ª Turma, Min. Luiz Fux, DJ de 28.03.2005." (STJ, REsp 641541/RS, Rel. Min. Teori Albino Zavascki, J. 3.4.2006)

◙ **Seguro empresarial.** "É considerada consumidora, a teor do art. 2º da Lei n. 8.078/1990 (Código de Defesa do Consumidor), a pessoa jurídica que contratou um seguro contra eventuais danos que venha a sofrer, dentre os quais roubo e furto de seu patrimônio. Na espécie, o contrato de seguro objetiva a proteção do seu próprio patrimônio e não dos clientes para os quais presta serviço. A proteção objeto do seguro não integra, de forma alguma, os serviços prestados por ela". (STJ, REsp 733.560-RJ, Rel. Min. Nancy Andrighi, J. 11.4.2006). ◙ **No mesmo sentido:** "Há relação de consumo no seguro empresarial se a pessoa jurídica o firmar visando a proteção do próprio patrimônio (destinação pessoal), sem o integrar nos produtos ou serviços que oferece, mesmo que seja para resguardar insumos utilizados em sua atividade comercial, pois será a destinatária final dos serviços securitários. Situação diversa seria se o seguro empresarial fosse contratado para cobrir riscos dos clientes, ocasião em que faria parte dos serviços prestados pela pessoa jurídica, o que configuraria consumo intermediário, não protegido pelo CDC." (STJ, REsp 1352419/SP, Rel. Ministro Ricardo Villas Bôas Cueva, Terceira Turma, DJe 08/09/2014)

◙ **Contratação de seguro por microempresa.** "O art. 2º do Código de Defesa do Consumidor abarca expressamente a possibilidade de as pessoas jurídicas figurarem como consumidores, sendo relevante saber se a pessoa, física ou jurídica, é "destinatária final" do produto ou serviço. Nesse passo, somente se desnatura a relação consumerista se o bem ou serviço passa a integrar uma cadeia produtiva do adquirente, ou seja, posto a revenda ou transformado por meio de beneficiamento ou montagem. É consumidor a microempresa que celebra contrato de seguro com escopo de proteção do patrimônio próprio contra roubo e furto, ocupando, assim, posição jurídica de destinatária final do serviço oferecido pelo fornecedor." (STJ, REsp 814060 / RJ, Rel. Min. Luis Felipe Salomão, DJe 13/04/2010)

◙ **Consórcio.** "Tendo em vista as características do contrato associativo de consórcio, há dois feixes de relações jurídicas que podem ser autonomamente considerados. A relação entre os consorciados e a administradora, regulada pelo CDC, e a relação dos consorciados entre si, não regulada por esse diploma legal." (STJ, REsp 1269632/MG, Rel. Ministra Nancy Andrighi, Terceira Turma, julgado em 18/10/2011, DJe 03/11/2011)

◙ **Serviços funerários.** "DIREITO FUNERÁRIO E DO CONSUMIDOR. CEMITÉRIO PARTICULAR. CONTRATO DE CESSÃO DO USO DE JAZIGOS E PRESTAÇÃO DE OUTROS SERVIÇOS FUNERÁRIOS.APLICABILIDADE DO CDC RECONHECIDA. (...) Aplicabilidade do Código de Defesa e Proteção do Consumidor à relação travada entre os titulares do direito de uso dos jazigos situados em cemitério particular e a administradora ou proprietária deste, que comercializa os jazigos e disponibiliza a prestação de outros serviços funerários." (STJ, REsp 1090044/SP, Rel. Ministro Paulo de Tarso Sanseverino, Terceira Turma, DJe 27/06/2011)

◙ **Doação de sangue.** "A coleta de sangue de doador, exercida pelo hemocentro como parte de sua atividade comercial, configura-se como serviço para fins de enquadramento no Código de Defesa do Consumidor, de sorte que a regra de foro privilegiado prevista no art. 101, I, se impõe para efeito de firmar a competência do foro do domicílio da autora para julgar ação indenizatória por dano moral em razão de alegado erro no fornecimento de informação sobre doença inexistente e registro negativo em bancos de sangue do país. II. Recurso conhecido e provido." (STJ, REsp 540922/PR, Rel. Ministro Aldir Passarinho Junior, Quarta Turma, julgado em 15/09/2009, DJe 13/10/2009)

◙ **Contratos firmados entre postos e distribuidores de combustível.** "A relação existente entre distribuidores e revendedores de combustíveis, em regra, não é de consumo, sendo indevida a aplicação de dispositivos do Código de Defesa do Consumidor, especialmente para admitir a postergação do pagamento de mercadorias. Recursos especiais parcialmente conhecidos para, na extensão, dar parcial provimento apenas ao da Distribuidora, para reconhecer como indevida a aplicação do Código de Defesa do Consumidor e, por conseguinte, afastar a possibilidade de postergação, pelo autor, do pagamento de combustíveis." (STJ, REsp 782852/SC, Rel. Ministro Luis Felipe Salomão, Quarta Turma, DJe 29/04/2011)

◙ **Relação entre representante comercial autônomo e a empresa.** "A relação jurídica que se estabelece entre o representante comercial autônomo e a sociedade representada é regulada por disciplina jurídica própria, não se aplicando as regras protetivas do

Código de Defesa do Consumidor." (STJ, REsp 761557 / RS, Rel. Min. Sidnei Beneti, DJe 03/12/2009)

◙ **O fato de o consumidor ser sócio da empresa não afasta, por si só, a relação de consumo.** "O Código de Defesa do Consumidor incide na relação jurídica posta a exame, porquanto, não basta que o consumidor esteja rotulado de sócio e formalmente anexado a uma Sociedade Anônima para que seja afastado o vínculo de consumo". (STJ, REsp n. 600.784/RS, Relatora Ministra Nancy Andrighi, Terceira Turma, julgado em 16/6/2005, DJ 1º/7/2005).

◙ **Contrato administrativo.** "ADMINISTRATIVO – RECURSO ORDINÁRIO EM MANDADO DE SEGURANÇA – CONTRATO ADMINISTRATIVO – PRESTAÇÃO DE SERVIÇO DE PUBLICIDADE – INEXISTÊNCIA DE RELAÇÃO DE CONSUMO – INCOMPETÊNCIA DO PROCON – NULIDADE DA MULTA APLICADA. 1. Em se tratando de contrato administrativo, em que a Administração é quem detém posição de supremacia justificada pelo interesse público, não incidem as normas contidas no CDC, especialmente quando se trata da aplicação de penalidades. 2. Somente se admite a incidência do CDC nos contratos administrativos em situações excepcionais, em que a Administração assume posição de vulnerabilidade técnica, científica, fática ou econômica perante o fornecedor, o que não ocorre na espécie, por se tratar de simples contrato de prestação de serviço de publicidade. 3. Incompetência do PROCON para atuar em relação que não seja de consumo. 4. Recurso ordinário em mandado de segurança provido." (STJ, RMS 31.073/TO, Rel. Ministra Eliana Calmon, Segunda Turma, DJe 08/09/2010)

◙ **FGTS. Multa por descumprimento.** "A multa por descumprimento das obrigações concernentes ao FGTS possui disciplina específica, que deve prevalecer sobre as regras da Lei 9.298/1996, pois não se trata de relação de consumo." (STJ, AgRg no REsp 535013 / PR, DJe 25/05/2009, Rel. Min. Herman Benjamin, J. 12/05/2009)

◙ **Serviços advocatícios. Entendendo pela não aplicação do CDC.** "As relações contratuais entre clientes e advogados são regidas pelo Estatuto da OAB, aprovado pela Lei n. 8.906/94, a elas não se aplicando o Código de Defesa do Consumidor. Precedentes." (STJ, REsp 1228104/PR, Rel. Ministro Sidnei Beneti, Terceira Turma, julgado em 15/03/2012, DJe 10/04/2012) ◙ **Entendendo pela aplicação do CDC.** "A Turma explicitou estar correta a aplicação pelo Tribunal a quo do art. 51, IV, do CDC ao contrato de prestação de serviços advocatícios, que reduziu a quantia executada ao considerá-la abusiva por imputar onerosidade excessiva à contratante. Pois os serviços prestados por profissionais liberais são regulados pelas disposições do CDC, que apenas os excluiu da responsabilidade objetiva, ex vi o art. 14, § 4º, do citado Código." (STJ, REsp 364.168-SE, Rel. Min. Antônio de Pádua Ribeiro, J. 20.4.2004).

◙ **Compra e venda de imóvel licitado por empresa pública** "(...) CONTRATO DE COMPRA E VENDA DE IMÓVEL LICITADO POR EMPRESA PÚBLICA (TERRACAP). REGIME JURÍDICO (ART. 37, XXI, DA CF/88, E LEI 8.666/93). PRINCÍPIO DA VINCULAÇÃO AO INSTRUMENTO CONVOCATÓRIO. INEXISTÊNCIA DE RELAÇÃO DE CONSUMO ENTRE O LICITANTE E A ADMINISTRAÇÃO. INAPLICABILIDADE DO CÓDIGO DE DEFESA DO CONSUMIDOR. (...) III – O Código de

Defesa do Consumidor não se aplica ao contrato de compra e venda de imóvel licitado pela TERRACAP, tampouco pode ser considerada abusiva a cláusula penal pactuada, seja em razão dos princípios que norteiam esse tipo de contratação, seja pela não-caracterização de relação de consumo. IV – À luz do disposto nos arts. 2º, 3º e 22 do CDC, inexiste relação de consumo entre a recorrente e a TERRACAP, porque esta não é fornecedora de produtos ou serviços ao consumidor, mas empresa pública que, na qualidade de sucessora da Companhia Urbanizadora da Nova Capital do Brasil (NOVACAP), executa as atividades imobiliárias de interesse do Distrito Federal, objeto de utilização, aquisição, administração, disposição, incorporação, oneração ou alienação de bens (Lei 5.861/72, art. 2º)." (STJ, AgInt no REsp 1542114/DF, Rel. Ministra Regina Helena Costa, Primeira Turma, DJe 26/06/2019)

◙ **Factoring.** "CONTRATO DE FACTORING. RECURSO ESPECIAL. CARACTERIZAÇÃO DO ESCRITÓRIO DE FACTORING COMO INSTITUIÇÃO FINANCEIRA. DESCABIMENTO. APLICAÇÃO DE DISPOSITIVOS DO CÓDIGO DE DEFESA DO CONSUMIDOR À AVENÇA MERCANTIL, AO FUNDAMENTO DE SE TRATAR DE RELAÇÃO DE CONSUMO. INVIABILIDADE. 1. As empresas de factoring não são instituições financeiras, visto que suas atividades regulares de fomento mercantil não se amoldam ao conceito legal, tampouco efetuam operação de mútuo ou captação de recursos de terceiros. Precedentes. 2. "A relação de consumo existe apenas no caso em que uma das partes pode ser considerada destinatária final do produto ou serviço. Na hipótese em que produto ou serviço são utilizados na cadeia produtiva, e não há considerável desproporção entre o porte econômico das partes contratantes, o adquirente não pode ser considerado consumidor e não se aplica o CDC, devendo eventuais conflitos serem resolvidos com outras regras do Direito das Obrigações". (REsp 836.823/PR, Rel. Min. SIDNEI BENETI, Terceira Turma, DJ de 23.8.2010). 3. Com efeito, no caso em julgamento, verifica-se que a ora recorrida não é destinatária final, tampouco se insere em situação de vulnerabilidade, porquanto não se apresenta como sujeito mais fraco, com necessidade de proteção estatal, mas como sociedade empresária que, por meio da pactuação livremente firmada com a recorrida, obtém capital de giro para operação de sua atividade empresarial, não havendo, no caso, relação de consumo. 4. Recurso especial não provido." (STJ, REsp 938979/DF, Rel. Ministro Luis Felipe Salomão, Quarta Turma, julgado em 19/06/2012, DJe 29/06/2012)

◙ **Empresa que adquire avião para uso próprio.** "COMPRA DE AERONAVE POR EMPRESA ADMINISTRADORA DE IMÓVEIS. AQUISIÇÃO COMO DESTINATÁRIA FINAL. EXISTÊNCIA DE RELAÇÃO DE CONSUMO. 1. Controvérsia acerca da existência de relação de consumo na aquisição de aeronave por empresa administradora de imóveis. 2. Produto adquirido para atender a uma necessidade própria da pessoa jurídica, não se incorporando ao serviço prestado aos clientes. 3. Existência de relação de consumo, à luz da teoria finalista mitigada." (STJ, AgRg no REsp 1321083/PR, Rel. Ministro Paulo de Tarso Sanseverino, Terceira Turma, julgado em 09/09/2014, DJe 25/09/2014)

◙ **Leiloeiro. Dependerá se houver fornecedor e consumidor nos polos da relação. Leiloeiro somente responde pelos vícios do serviço prestado.**"A proteção do Código de Defesa do Consumidor à venda pública promovida pelo leiloeiro depende do tipo de comércio praticado. Se se trata de venda de bens particulares, de colecionadores, etc. a produtores ou colecionadores e particulares, a exemplo da venda de obras de artes, joias de família, bens de espólio e até de gado, aplicam-se as regras do Código Civil. Na hipótese, como a dos autos, em que o proprietário dos bens vendidos é inequivocamente um fornecedor de produtos para o mercado de consumo, se houver, na outra ponta de relação, a figura do consumidor, a relação é de consumo. Essa relação afeta o leiloeiro na medida da pretensão do consumidor. Se se trata de pretensão decorrente de fato ou vício do produto, apenas o fornecedor é chamado a responder; sendo a pretensão fundada em vício na prestação de serviços, tal como omissão na entrega de documentos de veículos arrematados em leilão, pode o leiloeiro responder solidariamente com o proprietário dos bens." (REsp 1234972/RJ, Rel. Ministro João Otávio de Noronha, Terceira Turma, DJe 30/03/2015)

◙ **Contrato de transporte internacional de mercadoria destinada a incrementar a atividade comercial da contratante.**" As normas do CDC não são aplicáveis à aquisição e à importação de aparelho de raio X por entidade hospitalar, não hipossuficiente nem vulnerável, no intuito de incrementar sua atividade, ampliar a gama de serviços e aumentar os lucros. Igualmente, não se aplica o referido diploma ao transporte aéreo internacional de respectivo equipamento, por representar mera etapa do ato complexo de importar." (STJ, REsp 1162649/SP, Rel. Ministro Luis Felipe Salomão, Rel. p/ Acórdão Ministro Antonio Carlos Ferreira, Quarta Turma, DJe 18/08/2014)

◙ **Não aplicação do CDC ao transporte aéreo internacional no tocante aos danos materiais. Prevalência da Convenção de Varsóvia.** ""Recurso extraordinário com repercussão geral. 2. Extravio de bagagem. Dano material. Limitação. Antinomia. Convenção de Varsóvia. Código de Defesa do Consumidor. 3. Julgamento de mérito. É aplicável o limite indenizatório estabelecido na Convenção de Varsóvia e demais acordos internacionais subscritos pelo Brasil, em relação às condenações por dano material decorrente de extravio de bagagem, em voos internacionais. 5. Repercussão geral. Tema 210. Fixação da tese: "Nos termos do art. 178 da Constituição da República, as normas e os tratados internacionais limitadores da responsabilidade das transportadoras aéreas de passageiros, especialmente as Convenções de Varsóvia e Montreal, têm prevalência em relação ao Código de Defesa do Consumidor". 6. Caso concreto. Acórdão que aplicou o Código de Defesa do Consumidor. Indenização superior ao limite previsto no art. 22 da Convenção de Varsóvia, com as modificações efetuadas pelos acordos internacionais posteriores. Decisão recorrida reformada, para reduzir o valor da condenação por danos materiais, limitando-o ao patamar estabelecido na legislação internacional. 7. Recurso a que se dá provimento." (STF, Rext nº 636.331/RJ, Rel. Min. Gilmar Mendes, DJ 13/11/2017)

◙ **Não se aplica o CDC aos contratos de transporte internacional de insumos.** "RECURSO ESPECIAL. CIVIL E EMPRESARIAL. CONTRATO DE TRANSPORTE INTERNACIONAL DE CARGA. INSUMOS. RELAÇÃO DE CONSUMO. INOCORRÊNCIA. VINCULAÇÃO ENTRE O CONTRATO PRINCIPAL E O CONTRATO ACESSÓRIO DE TRANSPORTE. 1 Controvérsia acerca da aplicabilidade do Código de Defesa do Consumidor a um contrato internacional de transporte de insumos. 2. Não caracterização de relação de consumo no contrato de compra e venda de insumos para a indústria de autopeças (teoria finalista). 3. Impossibilidade de se desvincular o contrato de compra e venda de insumo do respectivo contrato de transporte. 4. Inaplicabilidade do Código de Defesa do Consumidor à espécie, impondo-se o retorno dos autos ao Tribunal de origem. 5. Prejudicialidade das demais questões suscitadas. 6. Doutrina e jurisprudência sobre o tema. 7. Recurso especial provido". (STJ, REsp 1442674/PR, Terceira Turma, Rel. Ministro Paulo de Tarso Sanseverino, DJe 30/03/2017)

▣ **Lojistas e Administradores de Shopping Center.** "Conquanto a relação entre lojistas e administradores de Shopping Center não seja regulada pelo CDC, é possível ao Poder Judiciário reconhecer a abusividade em cláusula inserida no contrato de adesão que regula a locação de espaço no estabelecimento, especialmente na hipótese de cláusula que isente a administradora de responsabilidade pela indenização de danos causados ao lojista." (STJ, REsp 1259210/RJ, Rel. Ministro Massami Uyeda, Rel. p/ Acórdão Ministra Nancy Andrighi, Terceira Turma, DJe 07/08/2012)

▣ **Pessoa jurídica que contrata uso de software de vendas on line.** "No caso dos autos, em que pessoa jurídica contrata uso de software de vendas on line, não há como se reconhecer a existência de relação de consumo, uma vez que o programa teve o propósito de fomento da atividade empresarial exercida, não havendo, pois, relação de consumo entre as partes." (STJ, AgRg nos EDcl no AREsp 245.697/PR, Rel. Ministro Sidnei Beneti, Terceira Turma, DJe 07/06/2013)

▣ **Serviço que compõe a cadeia produtiva da empresa.** "A relação estabelecida entre as partes não é regida pelo microssistema normativo do CDC, pois o serviço prestado pelo recorrido "compõe a cadeia produtiva da empresa, sendo essencial à consecução do seu negócio." (STJ, REsp 1414391/DF, Rel. Ministro Paulo de Tarso Sanseverino, Terceira Turma, julgado em 10/05/2016, DJe 17/05/2016)

▣ **Controvérsia entre jogador de futebol e empresa de material esportivo.** "Em sendo paritária e, assim, simétrica a relação negocial estabelecida entre conhecido jogador de futebol e empresa multinacional do ramo dos artigos esportivos, contrato cujo objeto, ademais, relaciona-se à cessão dos direitos de uso de imagem do atleta, não é possível qualificá-la como relação de consumo para efeito de incidência das normas do Código de Defesa do Consumidor." (STJ, REsp 1518604/SP, Rel. Ministro Paulo de Tarso Sanseverino, Terceira Turma, julgado em 15/03/2016, DJe 29/03/2016)

▣ **Contrato firmado entre duas pessoas jurídicas, com o escopo de atender às necessidades financeiras de uma delas.** "Tendo sido o contrato firmado entre duas pessoas jurídicas, com o escopo de atender às necessidades financeiras de uma delas, não se pode inferir dos autos a hipossuficiência da compromitente cedente. Trata-se de relação mercantil e não consumerista." (STJ, AgRg no CC 144.124/SP, Rel. Ministro Marco Aurélio Bellizze, Segunda Seção, julgado em 09/03/2016, DJe 01/04/2016)

▣ **Agricultor na compra de produto para a atividade rural.** "É possível enquadrar o agricultor como destinatário final para fins de incidência do Código de Defesa do Consumidor quando os produtos são utilizados na produção agrícola." (STJ, (AgRg no Ag 1370994/MT, Rel. Ministra Maria Isabel Gallotti, Quarta Turma, julgado em 01/03/2016, DJe 07/03/2016)

◙ **Superior Tribunal de Justiça Desportiva.** "(...) por ser o Superior Tribunal de Justiça Desportiva, nos termos do art. 52 da Lei 9.615/1998, órgão integrante da Justiça Desportiva com competência para processar e julgar as questões previstas nos Códigos da Justiça Desportiva, constata-se que ele não se enquadra nem no conceito de fornecedor previsto no art. 3º do CDC nem no conceito de fornecedor por equiparação previsto no art. 3º do Estatuto do Torcedor" (STJ, CC 133244, Segunda Seção, Rel. Min. Sidnei Beneti, DJE 01/07/2014).

◙ **Contribuinte X consumidor.** "TRIBUTÁRIO - CONTRIBUINTE DO IPTU - CONTRA-PRESTAÇÃO DO ESTADO AO RECOLHIMENTO DO IMPOSTO - INEXISTÊNCIA DE PREVISÃO LEGAL - CONCEITOS DE CONTRIBUINTE E CONSUMIDOR - EQUIPARAÇÃO - IMPOSSIBILIDADE - CÓDIGO DE DEFESA DO CONSUMIDOR - INAPLICABILIDADE IN CASU." (STJ, REsp 478958 / PR, DJ 04/08/2003 p. 237, Rel. Min. Luiz Fux, J. 24/06/2003)

► **Contribuinte não se confunde com consumidor.** "Não há de se confundir, por outro lado os referidos tributos com as *"tarifas"*, estas sim , inseridas no contexto dos *"serviços"* ou, mais particularmente *"preço público"*, prestados diretamente pelo Poder Público, ou então mediante sua concessão ou permissão pela iniciativa privada. O que se pretende dizer é que o *"contribuinte"* não se confunde com *"consumidor" (...)"* (GRINOVER, Ada Pellegrini et al. *Código brasileiro de defesa do consumidor: comentado pelos autores do anteprojeto.* 8. ed. Rio de Janeiro: Forense, 2004)

◙ **Taxa de iluminação pública.** "PROCESSUAL CIVIL. AÇÃO CIVIL PÚBLICA. TAXA DE ILUMINAÇÃO PÚBLICA.(...) Contribuintes não são consumidores, não havendo como se vislumbrar sua equiparação aos portadores de direitos difusos ou coletivos. (...)" (STJ, AgRg no REsp 969087 / ES, DJe 09/02/2009, Rel. Min. Castro Meira, J. 18/12/2008)

◙ **AIRBNB. Site de reserva de apartamentos.**"APELAÇÕES CÍVEIS. AÇÃO INDENIZATÓRIA. CONTRATO DE PRESTAÇÃO DE SERVIÇO DE RESERVA DE HOSPEDAGEM. Os Autores imputam à Ré a responsabilidade pelos danos materiais e morais que sofreram em razão da impossibilidade de hospedagem em apartamento previamente reservado por meio da plataforma digital por ela mantida. Aduziram que a Demandada não lhes prestou o devido auxilio e não solucionou o problema, tendo sido obrigados a buscar hospedagem em hotéis. Falha na prestação de serviço da Ré que não diligenciou previamente junto aos proprietários do imóvel objeto da reserva para confirmá-la, obrigando os Autores a buscarem hospedagem em hotéis. Ré que deverá ressarcir as despesas contraídas pelos Autores com o pagamento das diárias de hospedagem, com o abatimento do valor que foi reembolsado. Fatos que tiveram o condão de provocar danos morais, cujo quantum foi corretamente arbitrado em patamar. Provimento parcial do recurso da ré e desprovimento do apelo adesivo dos autores." (TJ-RJ - APL: 00008370820168190061 Rio de Janeiro Teresopolis 1 Vara Civel, Relator: Leila Maria Rodrigues Pinto de Carvalho e Albuquerque, Data de Julgamento: 29/03/2017, Vigésima Quinta Câmara Cível Consumidor, Data de Publicação: 30/03/2017)

◙ **Site *Decolar.com*.** "APELAÇÃO CÍVEL. RELAÇÃO DE CONSUMO. INTERMEDIAÇÃO NA COMPRA DE PASSAGEM AÉREA. "DECOLAR.COM". SOLIDARIEDADE DOS FORNECEDORES. RISCO DO EMPREENDIMENTO. FALHA NA PRESTAÇÃO DO SERVIÇO. Cinge a controvérsia na análise da falha na prestação de serviço de intermediação na compra de passagem aérea e os danos daí advindos. Sustenta a parte Ré sua ilegitimidade passiva, afirmando ser apenas mediadora da relação jurídica formada entre o consumidor e a Companhia Aérea escolhida. Contudo, a parte autora adquiriu o bilhete aéreo no site da Ré, sendo certo que a DECOLAR.COM atua como uma agência de viagens e turismo e como tal, pode ser responsabilizada por atrasos e cancelamentos de voos, tendo em vista a co-responsabilidade entre todos os integrantes da cadeia de consumo, conforme previsão legal estampada no artigo 7º, § único, e artigo 25, § 1º, do Código de Defesa do Consumidor. (TJRJ, Ap. Cív. 0241068-84.2013.8.19.0001, Vigésima Sexta Câmara Cível, Rel. Des. Denise Nicoll Simões, julgado em 18/02/2016).

◙ **Site de reservas de hotéis *Booking.com*.** "Apelação Cível. Relação de consumo. Compra de hospedagem em hotel realizada por intermédio de site da internet denominado Booking.com. Alega a parte autora que o hotel, na data reservada, encontrava-se em obras, obrigando-a a se hospedar em outro local. Sentença de improcedência. Reforma que se impõe. Parte autora, senhora idosa, que apresenta versão dos fatos de forma verossímil. Inversão do ônus da prova deferida, implicando no dever da parte ré em comprovar a plena disponibilidade do local na época dos fatos, o que não foi feito. Procedência parcial do pedido que se impõe, com a devolução das diárias pagas, na forma simples, bem como a reparação do dano moral suportado, arbitrado na quantia de R$3.000,00. Provimento parcial do apelo." (TJRJ, Apelação Cível nº 0468409-38.2012.8.19.0001 – Desembargadora Maria Teresa Pontes Gazineu – Julgamento: 13/05/2015 – Vigésima Sétima Câmara Cível Consumidor)

◙ **O fato da pessoa ter um nível de discernimento acima das demais não retira sua condição de consumidora.** "É incabível retirar a condição de consumidor de uma determinada pessoa em razão da presunção de seu nível de discernimento comparado ao da média dos consumidores.". (STJ, REsp 1599535/RS, Terceira Turma, Rel. Ministra Nancy Andrighi, DJe 21/03/2017)

◙ **Não responsabilidade do jornal que publica produtos ou serviços defeituosos nos classificados.** " Ao publicar anúncios em caderno de classificados, a empresa jornalística atua como mera divulgadora de ofertas elaboradas por terceiros, não assumindo, por isso, a condição de fornecedora dos produtos e/ou serviços que ali são efetivamente oferecidos por seus anunciantes. 4. A editora responsável pela publicação de jornais não responde objetivamente pela reparação de eventuais prejuízos causados a consumidores por vício do produto ou defeito na prestação de serviços anunciados na seção de classificados dos referidos periódicos, sendo completamente descabido pretender inseri-la na cadeia de fornecimento de seus anunciantes."(STJ, REsp 1427314/RS, Rel. Ministra Nancy Andrighi, Rel. p/ Acórdão Ministro Ricardo Villas Bôas Cueva, Terceira Turma, DJe 11/10/2018)

■ **Motorista de aplicativo e UBER.** " PRESTAÇÃO DE SERVIÇOS - INTERMEDIAÇÃO DIGITAL PARA TRANSPORTE DE PASSAGEIROS POR MEIO DE APLICATIVO UBER - RELAÇÃO DE CONSUMO ENTRE MOTORISTA PARCEIRO - INEXISTÊNCIA - Ao revés do deduzido pelo autor/recorrente, o pacto existente entre as partes tem como escopo a intermediação digital para transporte de passageiros, ou seja, o motorista utiliza-se da plataforma da ré/ recorrida com o fito de obter clientes em sua atividade autônoma. Assim sendo, não se insere no conceito de destinatário final, constante do artigo 2º do Código de Defesa do Consumidor." (TJSP; Apelação Cível 1005747-51.2018.8.26.0011; Relator (a): José Augusto Genofre Martins; Órgão Julgador: 31ª Câmara de Direito Privado; Foro Regional XI - Pinheiros - 3ª Vara Cível; Data do Julgamento: 05/04/2019; Data de Registro: 05/04/2019)

■ **Proprietário do imóvel e AIRBNB.** "Apelações Cíveis. Ação Indenizatória (dano material e moral). Locação de imóvel por temporada, através de plataforma colaborativa (Airbnb). Alegação de falha na prestação do serviço. Cancelamento da hospedagem. Relação envolvendo a anfitriã e a empresa, que atua como uma espécie de "imobiliária on line" (Airbnb). Sentença de procedência parcial. Irresignação de ambas as partes. Reforma do julgado com a improcedência da pretensão autoral. *Possibilidade de incidência das regras do CDC. Relação de consumo evidenciada.*"(TJ-RJ - APL: 02999036020168190001, Relator: Des(a). Regina Lucia Passos, Data de Julgamento: 29/01/2019, Vigésima Primeira Câmara Cível)

► **Sobre outras hipóteses de aplicação do CDC, especificamente envolvendo consumidores por equiparação, ver art. 2°, art. 17 e art. 29.**

§ 1° Produto é qualquer bem, móvel ou imóvel, material ou imaterial.

► **Produto no CDC. Definição ampla.** Produto é definido de modo bem amplo pela lei, sendo qualquer bem, móvel ou imóvel, material ou imaterial. Ainda no CDC, o produto é considerado defeituoso quando não oferece a segurança que dele legitimamente se espera, levando em consideração as circunstancias relevantes, entre as quais: I – sua apresentação; II – o uso e os riscos que razoavelmente dele se esperam; III – a época em que foi colocado em circulação. ► **No mesmo sentido:** "Pelo § 1° do art. 3º do Código, temos que "produto é qualquer bem, móvel ou imóvel, material ou imaterial", não oferecendo tal definição qualquer dificuldade, já que abarca toda e qualquer espécie de bem que pode ser objeto de consumo". (NOVAIS, Alinne Arquette Leite. *A Teoria Contratual e o Código de Defesa do Consumidor*. Biblioteca de Direito do Consumidor. v. 17, São Paulo: Revista dos Tribunais, 2001).

► **Bens considerados fora de comércio.** "Os bens considerados fora de comércio, ou "*extra commercium*", tais como os bens da união, Estados e Municípios, não pertencem à categoria dos produtos aqui considerados". (MELLO, Sonia Maria Vieira. *O Direito do Consumidor na era da globalização*: a descoberta da cidadania, Rio de Janeiro: Renovar, 1998. p. 29)

► **Crédito bancário como produto.** "Os que pretendem estreitar o âmbito de incidência do Código de Defesa do Consumidor aferram-se à noção econômica de produto e ao aspecto finalístico – produto adquirido por destinatário final – e concluem que o financiamento bancário se destina a outra atividade (capital de giro, financiamento de safras, etc.), logo é atividade intermediária e não final. Não é isto o que resulta da lei. Se o produto é todo bem jurídico, não há negar-se que o crédito é um bem jurídico que é fornecido pelo banco (fornecedor) ao tomador do crédito (consumidor), como destinatário final (do crédito, enquanto crédito). O mutuário só não seria destinatário final do crédito – enquanto crédito – se, em vez de 'consumi-lo', ele o repassasse a terceiros. Por isto é que, diante da interpretação lógica e sistemática do art. 2º e do §1º, do art. 3º, do Código de Defesa do Consumidor, não vejo como deixar de incluir o crédito bancário entre as relações por ele tuteladas" (PUGGINA, Márcio Oliveira. Âmbito de incidência do código de Defesa do consumidor. *Revista Ajuris*. v. 50. Porto Alegre, p. 200-206).

§ 2° Serviço é qualquer atividade fornecida no mercado de consumo, mediante remuneração, inclusive as de natureza bancária, financeira, de crédito e securitária, salvo as decorrentes das relações de caráter trabalhista.

► **Serviço puramente gratuito X Serviço aparentemente gratuito.** Serviço é qualquer atividade fornecida no mercado de consumo, mediante remuneração. Segundo o artigo, estariam excluídas da tutela consumerista aquelas atividades desempenhadas a título gratuito, como as feitas de favores ou por parentesco (*serviço puramente gratuito*). Mas é preciso ter cuidado para verificar se o fornecedor não está tendo uma remuneração indireta na relação (*serviço aparentemente gratuito*). Assim, alguns serviços, embora sejam gratuitos, estão abrangidos pelo CDC, uma vez que o fornecedor está de alguma forma sendo remunerado pelo serviço.

◙ **Remuneração indireta.** "Inexiste violação ao art. 3º, § 2º, do Código de Defesa do Consumidor, porquanto, para a caracterização da relação de consumo, o serviço pode ser prestado pelo fornecedor mediante remuneração obtida de forma indireta." (STJ, REsp 566468 / RJ, DJ 17/12/2004 p. 561, Rel. Min. Jorge Scartezzini, J. 23/11/2004)

► **Aplicativos para chamar táxis.** "Exemplos contemporâneos típicos de serviços aparentemente gratuitos são os aplicativos para chamar táxis, em que o usuário instala em tablets e smartphones uma ferramenta de aplicação de internet que serve para que taxistas cadastrados junto ao respectivo operador recebam chamadas de passageiros próximos ao local em que aqueles se encontram. Ao navegar pelos sites dessas operadoras/administradoras é possível perceber que elas firmam parcerias junto a bares, restaurantes, casas de entretenimento etc., de modo a oferecerem descontos nas corridas de táxi ao consumidor que frequenta tais estabelecimentos. Assim, percebe-se que serviços dessa natureza são sustentados por empresas parceiras, fazendo com que a remuneração seja indireta e, portanto, sejam apenas aparentemente gratuitos. Sendo assim, aplica-se o CDC à relação entre o usuário do aplicativo e a respectiva operadora/administradora do serviço" (GUGLINSKI, Vitor Vilela. Primeiras impressões sobre a responsabilidade civil das empresas desenvolvedoras e administradoras de aplicativos para chamar táxis. De Fato e De Direito – *Revista Jurídica da Universidade do Sul de Santa Catarina*, v. 6, n. 10, janeiro a junho de 2015, p. 167-179).

► **Aplicação do CDC ao UBER.** "Neste contexto é clarividente que, se a economia compartilhada e as inovações impõem desafios à interpretação e à aplicação do direito, pelo menos no caso do serviço prestado por meio do UBER, que não tem a mesma natureza do serviço de táxi, embora ambos sejam evidentemente concorrentes, incide o Código de Defesa do Consumidor, porquanto a relação entre o motorista e a UBER e o usuário, passageiro, é uma relação de consumo, uma relação remunerada entre o destinatário final e o fornecedor." (MARQUES, Alessandra Garcia. Inovação e direitos fundamentais: o impacto do aplicativo UBER no mercado consumidor brasileiro. *Revista de Direito do Consumidor*. São Paulo: RT, Vol.107, Ano 2016, p. 75)

◙ **Provedor de serviço de internet.** "INTERNET. GRATUIDADE DO SERVIÇO. (...) A exploração comercial da Internet sujeita as relações de consumo daí advindas à Lei nº 8.078/90. O fato de o serviço prestado pelo provedor de serviço de Internet ser gratuito não desvirtua a relação de consumo, pois o termo "mediante remuneração", contido no art. 3º, § 2º, do CDC, deve ser interpretado de forma ampla, de modo a incluir o ganho indireto do fornecedor." (STJ, REsp 1316921/RJ, Rel. Ministra Nancy Andrighi, Terceira Turma, julgado em 26/06/2012, DJe 29/06/2012)

◙ **Transporte desinteressado. Súmula 145 do STJ:** *"No transporte desinteressado, de simples cortesia, o transportador só será civilmente responsável por danos causados ao transportado quando incorrer em dolo ou culpa grave."*

◙ **Serviço de estacionamento. Súmula 130 do STJ.** *"A empresa responde, perante o cliente, pela reparação de dano ou furto de veículo ocorridos em seu estacionamento".*

> ► Para aplicação da Sum. 130, a jurisprudência do STJ não faz distinção entre o consumidor que efetua compra e aquele que apenas vai ao local sem nada dispender. Em ambos os casos, entende-se pelo cabimento da indenização em decorrência do furto ou dano causado ao veículo. Ademais, a responsabilidade pela indenização não decorre de contrato de depósito, mas da obrigação de zelar pela guarda e segurança dos veículos estacionados no local, presumivelmente seguro.

◙ **Responsabilidade de estacionamento de shopping – Assalto à mão armada, tentativa de estupro e morte da vítima fora do estabelecimento.** "Responsabilidade civil. Ação de conhecimento sob o rito ordinário. Assalto à mão armada iniciado dentro de estacionamento coberto de hipermercado. Tentativa de estupro. Morte da vítima ocorrida fora do estabelecimento, em ato contínuo. Relação de consumo. Fato do serviço. Força maior. Hipermercado e shopping center. Prestação de segurança aos bens e à integridade física do consumidor. Atividade inerente ao negócio. Excludente afastada.

Danos materiais. Julgamento além do pedido. Danos morais. Valor razoável. Fixação em salários-mínimos. Inadmissibilidade. Morte da genitora. Filhos. Termo final da pensão por danos materiais. Vinte e quatro anos. – A prestação de segurança aos bens e à integridade física do consumidor é inerente à atividade comercial desenvolvida pelo hipermercado e pelo shopping center, porquanto a principal diferença existente entre estes estabelecimentos e os centros comerciais tradicionais reside justamente na criação de um ambiente seguro para a realização de compras e afins, capaz de induzir e conduzir o consumidor a tais praças privilegiadas, de forma a incrementar o volume de vendas. – Por ser a prestação de segurança e o risco ínsitos à atividade dos hipermercados e shoppings certers, a responsabilidade civil desses por danos causados aos bens ou à integridade física do consumidor não admite a excludente de força maior derivada de assalto à mão arma ou qualquer outro meio irresistível de violência.(...)" (STJ, REsp 419059 / SP, DJ 29/11/2004, Min. Rel. Nancy Andrighi, J. 19/10/2004)

► **Relações entre empregado e empregador (trabalhista).** As relações havidas entre patrão (empresa ou não) e empregado estão, por força de lei, excluídos da apreciação do Código, havendo legislação específica (CLT) para este caso.

◙ **Água e Esgoto.** "(...) A remuneração pelo fornecimento de água e esgotamento sanitário não tem natureza jurídica tributária (taxa), mas constitui tarifa cujo valor deve guardar relação de proporcionalidade com o serviço efetivamente prestado, sob pena de enriquecimento sem causa. (STJ, REsp 655130 / RJ, DJ 28/05/2007 p. 287, Rel. Min. Denise Arruda, J. 03/05/2007)

◙ **Pedágio. Caracterização como preço público. (...)** CONCESSÃO DE SERVIÇO PÚBLICO. RODOVIA. EXIGÊNCIA DE TARIFA (PEDÁGIO) PELA PRESTAÇÃO DO SERVIÇO CONCEDIDO QUE PRESCINDE, SALVO EXPRESSA DETERMINAÇÃO LEGAL, DA EXISTÊNCIA DE IGUAL SERVIÇO PRESTADO GRATUITAMENTE PELO PODER PÚBLICO. (STJ, REsp 417804 / PR, DJ 16/05/2005 p. 230, Rel. Min. Teori Albino Zavascki) .

◙ **Investidor e banco. Relação de consumo configurada em razão da prestação de serviço realizada.** "AGRAVO REGIMENTAL NO AGRAVO DE INSTRUMENTO – AÇÃO INDENIZATÓRIA – DECISÃO MONOCRÁTICA CONHECENDO DO AGRAVO PARA DAR PARCIAL PROVIMENTO AO APELO EXTREMO – INSURGÊNCIA RECURSAL DA REQUERIDA (...) 2. Esta Corte posicionou-se no sentido de que entre o investidor e a instituição financeira administradora de fundos de investimentos existe uma típica relação de consumo, ante a inafastável prestação de serviços que a entidade bancária/instituição financeira realiza, sendo aplicável, portanto, o disposto no § 2º do artigo 3º do Código de Defesa do Consumidor. Incidência, na espécie, o teor da Súmula 83 do STJ" (STJ, AgRg no Ag 1140811/RJ, Rel. Min. Marco Buzzi, 4ª T., DJe 26.2.2016).

CAPÍTULO II
DA POLÍTICA NACIONAL DE RELAÇÃO DE CONSUMO

Art. 4º A Política Nacional das Relações de Consumo tem por objetivo o atendimento das necessidades dos consumidores, o respeito à sua dignidade, saúde e segurança, a proteção de seus interesses econômicos, a melhoria da sua qualidade de vida, bem como a transparência e harmonia das relações de consumo, atendidos os seguintes princípios:

► **Importância do art. 4º.** O artigo 4º é um dos artigos mais importantes do código consumerista. Isso porque traz os objetivos a serem perseguidos pela política de proteção ao consumidor, assim como enumera os princípios que deverão ser observados na busca de tais objetivos.

◙ **Objetivos da PNRC**. "A Política Nacional de Relações de Consumo tem por objetivo, dentre outros, a prestação adequada de serviços ao consumidor, o respeito aos seus direitos e a racionalização do serviço público." (STJ, REsp 51813/RO, DJU 26/05/1997, Rel. Min. Sálvio de Figueiredo Teixeira, J. 28.4.1997, 4ª T)

I – reconhecimento da vulnerabilidade do consumidor no mercado de consumo;

► **Todo consumidor é, por natureza, vulnerável.** A vulnerabilidade deve se fazer presente para que o consumidor possa ser tutelado pelo CDC. Todo consumidor é, por natureza, vulnerável perante o fornecedor. A vulnerabilidade do consumidor foi mundialmente reconhecida no ano de 1985, durante a 106ª Sessão Plenária da ONU, que, através da Resolução nº 39/248, estabeleceu o *princípio da vulnerabilidade do consumidor*, reconhecendo-o como a parte mais fraca na relação de consumo, e por isso tornando-o merecedor de tutela jurídica especial, exemplo esse que foi seguido pelas principais legislações consumeristas do mundo, inclusive pela brasileira.

► **Vulnerabilidade. Traço universal de todos os consumidores.** "A vulnerabilidade é um traço universal de todos os consumidores, ricos ou pobres, educadores ou ignorantes, crédulos ou espertos." (BENJAMIN, Antônio Herman de Vasconcellos. *Comentário ao Código de Proteção ao Consumidor*, coordenação de Juarez de Oliveira. São Paulo: Ed. Saraiva 1991).

► **Submissão ao poder de controle dos empresários.** "O consumidor, certamente, é aquele que não dispõe de controle sobre os bens de produção e, por conseguinte, consumidor é, de modo geral, aquele que se submete ao poder de controle dos titulares de bens de produção, isto é, os empresários". (COMPARATTO, Fábio Konder. A proteção ao consumidor: importante capítulo do Direito Econômico. *Revista de Direito Mercantil, Industrial, Econômico e Financeiro*, vol.. 13, n. 15/16, ano XIII, 1974.)

◙ **Propositura de demanda no foro do domicílio do consumidor decorre de sua condição de vulnerável.** "A possibilidade da propositura de demanda no foro do domicílio do consumidor decorre de sua condição pessoal de hipossuficiência e vulnerabilidade." (STJ, REsp 1032876 / MG, DJe 09/02/2009, Rel. Min. João Otávio Noronha, J. 18/12/2008)

► **A vulnerabilidade justifica o tratamento diferenciado dispensado pelo CDC.** "A Constituição Federal consagra o princípio da isonomia no art. 5º, *caput,* inserto no título II, que versa sobre direitos e garantias fundamentais. O reconhecimento legal da desigualdade entre o consumidor e o fornecedor no mercado de consumo não ofende a igualdade preconizada pela Constituição Federal, pois o que informa a regra constitucional em referência é buscar efetiva e real isonomia. A partir do momento que o Código de Defesa do Consumidor protege o elo mais fraco, revela o objetivo de equilibrar materialmente as forças dos partícipes da relação de consumo e, como em decorrência, promove a efetividade do princípio constitucional da igualdade." (SANTANA, Hector Valverde. Dano Moral no direito do consumidor – São Paulo : Editora Revista dos Tribunais, 2009.)

◙ **Impossibilidade de intervenção de terceiros após a sentença condenatória.** "Intervenção de terceiro que prejudicaria a consecução imediata do direito material do consumidor. Enaltecimento do princípio da vulnerabilidade do consumidor. Ordem pública." (STJ. AgRg no Ag 184616 / RJ, DJ 28/05/2001 p. 159, Rel. Min. Nancy Andrighi, J. 29/03/2001)

► **Tipos de vulnerabilidades identificáveis.** A técnica, a jurídica (ou científica) e a fática (ou sócio-econômica). A vulnerabilidade técnica seria aquela na qual o comprador não possui conhecimentos específicos sobre o produto ou o serviço, podendo, portanto, ser mais facilmente iludido no momento da contratação. A vulnerabilidade jurídica seria a própria falta de conhecimentos jurídicos, ou de outros pertinentes à relação, como contabilidade, matemática financeira e economia. Já a vulnerabilidade fática é a vulnerabilidade real diante do parceiro contratual, seja em decorrência do grande poderio econômico deste último, seja pela sua posição de monopólio, ou em razão da essencialidade do serviço que presta, impondo, numa relação contratual, uma posição de superioridade.

► **Vulnerabilidade Técnica.** "A vulnerabilidade técnica do consumidor se dá em face da hipótese na qual o consumidor não possui conhecimentos especializados sobre o produto ou serviço que adquire ou utiliza em determinada relação de consumo. O fornecedor, por sua vez, presume-se que tenha conhecimento aprofundado sobre o produto ou serviço que ofereça. É dele que se exige a expertise e o conhecimento mais exato das características essenciais do objeto da relação de consumo. O que determina a vulnerabilidade, neste caso, é a falta de conhecimentos específicos pelo consumidor e, por outro lado, a presunção ou exigência destes conhecimentos pelo fornecedor". (MIRAGEM, Bruno. *Curso de Direito do Consumidor.* 7ª ed. São Paulo: RT, 2018, p. 137) ► **No mesmo sentido**: "Na vulnerabilidade técnica, o comprador não possui conhecimentos específicos sobre o objeto que está adquirindo e, portanto, é mais facilmente enganado quanto às características do bem ou quanto à sua utilidade, o mesmo ocorrendo em matéria de serviços. A vulnerabilidade técnica, no sistema do CDC, é presumida para o consumidor não profissional, mas também pode atingir excepcionalmente o profissional, destinatário final fático do bem". (BENJAMIN, Antônio Herman V.; MARQUES, Cláudia Lima; BESSA, Leonardo Roscoe. *Manual de Direito do Consumidor.* 7ª edição. São Paulo, Revista dos Tribunais, 2016, p. 109).

► **Vulnerabilidade jurídica.** "A vulnerabilidade jurídica, a nosso ver, se dá na hipótese da falta de conhecimentos, pelo consumidor, dos direitos e deveres inerentes à relação de consumo que estabelece, assim como a ausência da compreensão sobre as consequências jurídicas dos contratos que celebra (...). A vulnerabilidade jurídica é presumida com relação ao consumidor não especialista, pessoa natural, não profissional, a quem não se pode exigir a posse específica destes conhecimentos. Todavia, com relação ao consumidor pessoa jurídica, ou o consumidor profissional, é razoável exigir-lhe o conhecimento da legislação e das consequências econômicas dos seus atos, daí porque a presunção neste caso, ainda que se trate de presunção relativa (*iuris tantum*) é de que deva possuir tais informações". (MIRAGEM, Bruno. *Curso de Direito do Consumidor.* 7ª ed. São Paulo: RT, 2018, p. 138) ► **No mesmo sentido:** "É a falta de conhecimentos jurídicos específicos, conhecimentos de contabilidade ou de economia. Essa vulnerabilidade, no sistema do CDC, é presumida para o consumidor não profissional e para o consumidor pessoa física. Quanto aos profissionais e às pessoas jurídicas, vale a presunção em contrário, isto é, que devem possuir conhecimentos jurídicos mínimos e sobre a economia para poderem exercer a profissão, ou devem poder consultar advogados e profissionais especializados antes de obrigar-se". (BENJAMIN, Antônio Herman V.; MARQUES, Cláudia Lima; BESSA, Leonardo Roscoe. *Manual de Direito do Consumidor.* 7ª edição. São Paulo, Revista dos Tribunais, 2016, p. 111-112).

► **Vulnerabilidade fática.** "Já a vulnerabilidade fática é espécie ampla, que abrange, genericamente, diversas situações concretas de reconhecimento da debilidade do consumidor. A mais comum, neste caso, é a vulnerabilidade econômica do consumidor em relação ao fornecedor. No caso, a fraqueza do consumidor situa-se justamente na falta dos mesmos meios ou do mesmo porte econômico do consumidor (suponha-se um consumidor pessoa natural, não profissional, contratando com uma grande rede de supermercados, ou com uma empresa multinacional). Por outro lado, a vulnerabilidade fática também abrange situações específicas relativas a alguns consumidores. Assim é vulnerável faticamente, ou duplamente vulnerável, o consumidor-criança ou o consumidor-idoso, os quais podem ser, em razão de suas qualidades específicas (reduzido discernimento, falta de percepção), mais suscetíveis aos apelos dos fornecedores. Também neste caso, podemos indicar o consumidor-analfabeto, a quem faltará, certamente, a possibilidade de pleno acesso a informações sobre a relação de consumo que estabeleça. Ou o consumidor-doente, que apresenta espécie de vulnerabilidade fática especial em vista de sua situação de debilidade física (neste caso, considere-se a relação entre o paciente e o médico, a instituição hospitalar, ou ainda, o plano de saúde privado). Neste sentido, depreende-se daí como subespécie, a vulnerabilidade informacional, característica da atual sociedade, conhecida como sociedade da informação, em que o acesso às informações do produto, e a confiança despertada em razão da comunicação e da publicidade, colocam o consumidor em uma posição passiva e sem condições, a priori, de atestar a veracidade dos dados, bem como suscetível aos apelos do marketing dos fornecedores". (MIRAGEM, Bruno. *Curso de Direito do Consumidor.* 7ª ed. São Paulo: RT, 2018, p. 138) ► **No mesmo sentido:** "Onde o ponto de concentração é o outro parceiro contratual, o fornecedor que, por sua posição de monopólio, fático ou jurídico, por seu grande poder econômico ou em razão da essencialidade do serviço, impõe sua superioridade a todos que com ele contratam, por exemplo, quando um médico adquire um automóvel, através do sistema de consórcios, para poder atender suas consultas, e se submete às condições fixadas pela administradora de consórcios, ou pelo próprio Estado." (BENJAMIN, Antônio Herman V.; MARQUES, Cláudia Lima; BESSA, Leonardo Roscoe. *Manual de Direito do Consumidor.* 7ª edição. São Paulo, Revista dos Tribunais, 2016, p. 113).

► **Vulnerabilidade informacional.** Recentemente, Cláudia Lima Marques ainda aponta outro tipo de vulnerabilidade: a informacional. Embora reconheça-a como espécie de vulnerabilidade técnica, a autora dá destaque à necessidade de informação na sociedade atual. Para ela, as informações estão cada vez mais valorizadas e importantes e, em contrapartida, o déficit informacional dos consumidores está cada vez maior. Assim, de modo a compensar este desequilíbrio, deve o fornecedor procurar dar o máximo de informações ao consumidor sobre a relação contratual, bem como sobre os produtos e serviços a serem adquiridos. Nesse sentido, hoje em dia, algumas informações não podem deixar de acompanhar a relação de consumo, seja sendo prestada de forma clara e precisa pelo fornecedor diretamente ao consumidor, seja acompanhando o produto nas embalagens. ► "É a vulnerabilidade básica do consumidor, intrínseca e característica deste papel na sociedade. Hoje merece ela uma menção especial, pois na sociedade atual são de grande importância a aparência, a confiança, a comunicação e a informação. Nosso mundo de consumo é cada vez mais visual, rápido e de risco, daí a importância da informação". (BENJAMIN, Antônio Herman V.; MARQUES, Cláudia Lima; BESSA, Leonardo Roscoe. *Manual de Direito do Consumidor.* 7ª edição. São Paulo, Revista dos Tribunais, 2016, p. 117).

► **Consumidores desfavorecidos chamados de hipossuficientes.** "A doutrina brasileira defende, igualmente, que os consumidores desfavorecidos (ou pobres) podem ser chamados de hipossuficientes, criando assim uma graduação (econômica) da vulnerabilidade em direito material". (BENJAMIN, Antônio Herman V.; MARQUES, Cláudia Lima; BESSA, Leonardo Roscoe. *Manual de Direito do Consumidor.* 7ª edição. São Paulo, Revista dos Tribunais, 2016, p. 115).

◙ **Mutuário do Sistema Financeiro da Habitação (SFH) como vulnerável faticamente frente ao agente financeiro.** "Nos contratos regidos pelo Sistema Financeiro da Habitação há de se reconhecer a sua vinculação, de modo especial, além dos gerais, aos seguintes princípios específicos: a)- o da transparência, segundo o qual a informação clara e correta e a lealdade sobre as cláusulas contratuais ajustadas, deve imperar na formação do negócio jurídico; b)- o de que as regras impostas pelo SFH para a formação dos contratos, além de serem obrigatórias, devem ser interpretadas com o objetivo expresso de atendimento às necessidades do mutuário, garantindo-lhe o seu direito de habitação, sem afetar a sua segurança jurídica, saúde e dignidade; c)- o de que há de ser considerada a vulnerabilidade do mutuário, não só decorrente da sua fragibilidade financeira, mas, também, pela ânsia e necessidade de adquirir a casa própria e se submeter ao império da parte financiadora, econômica e financeiramente muitas vezes mais forte; d)- o de que os princípios da boa-fé e da eqüidade devem prevalecer na formação do contrato." (STJ, Resp 85.521/PR, Rel. Min. José Delgado, J. 3.6.1996)

◙ **Vulnerabilidade do consumidor. Abusividade de seguro que limita cobertura a furto apenas qualificado.** "RECURSO ESPECIAL - CONTRATO DE SEGURO - RELAÇÃO DE CONSUMO - CLÁUSULA LIMITATIVA - OCORRÊNCIA DE FURTO QUALIFICADO - ABUSIVIDADE - IDENTIFICAÇÃO, NA ESPÉCIE - VIOLAÇÃO AO DIREITO DE INFORMAÇÃO AO CONSUMIDOR - RECURSO ESPECIAL PROVIDO. I – Não há omissão no aresto a quo, tendo sido analisadas as matérias relevantes para solução da controvérsia. II – A relação jurídica estabelecida entre as partes é de consumo e, portanto, impõe-se que seu exame seja realizado dentro do microssistema protetivo instituído pelo Código de Defesa do Consumidor, observando-se a vulnerabilidade material e a hipossuficiência processual do consumidor. III – A circunstância de o risco segurado ser limitado aos casos de furto qualificado exige, de plano, conhecimentos do aderente quanto às diferenças entre uma e outra espécie de furto, conhecimento esse que, em razão da sua vulnerabilidade, presumidamente o consumidor não possui, ensejando-se, por isso, o reconhecimento da falha no dever geral de informação, o qual constitui, é certo, direito básico do consumidor, nos termos do artigo 6º, inciso III, do CDC. IV – A condição exigida para cobertura do sinistro – ocorrência de furto qualificado – por si só, apresenta conceituação específica da legislação penal, cujo próprio meio técnico-jurídico possui dificuldades para conceituá-lo, o que denota sua abusividade. Precedente da eg. Quarta Turma. V – Recurso especial provido." (REsp 1293006/SP, Rel. Ministro Massami Uyeda, Terceira Turma, julgado em 21/06/2012, DJe 29/06/2012)

◙ **Pessoa jurídica como consumidora. Somente se há vulnerabilidade.** " Incidência do Código de Defesa do Consumidor somente nas hipóteses em que a pessoa jurídica se apresenta em situação de vulnerabilidade." (STJ, AgRg no Ag 1409273/RS, Rel. Ministro Paulo de Tarso Sanseverino, Terceira Turma, DJe 29/02/2012) ◙ **No mesmo sentido:** "A pessoa jurídica adquirente de um produto ou serviço pode ser equiparada à condição de consumidora (art. 29 do CDC), por ostentar, frente ao fornecedor, alguma vulnerabilidade que, frise-se, é o princípio-motor da política nacional das relações de consumo (art. 4º, I, do CDC). Aplicação temperada da teoria finalista frente às pessoas jurídicas, processo denominando pela doutrina como finalismo aprofundado – Precedentes. 2. Consignada no acórdão a hipossuficiência e a desproporção de forças entre as partes, fica evidenciada a existência de relação de consumo, exigindo a inversão do julgado o vedado reexame do acervo fático-probatório" (STJ, AgRg no AREsp 735249/SC, Terceira Turma, Rel. Min. Ricardo Villas Bôas Cueva, DJe 04/02/2016).

► **Hipervulnerabilidade ou vulnerabilidade agravada.** A vulnerabilidade agravada a que é acometida o consumidor em algumas circunstâncias é chamada de hipervulnerabilidade. Enquanto a vulnerabilidade é a condição geral de todo consumidor (art.

4º, I), a hipervulnerabilidade é a situação social fática e objetiva de agravamento da vulnerabilidade da pessoa física consumidora, seja permanente (deficiência física ou mental) ou temporária (doença, gravidez, turista, analfabetismo, crianças, idosos, etc). Exemplificando, atualmente são comuns as práticas abusivas de oferta de crédito aos idosos, aproveitando das dificuldades dos mesmos para aferirem todos os contornos da contratação. As financeiras, aproveitando da dificuldade de discernimento dos idosos, impingem-lhes diversos contratos de créditos (entre eles o crédito consignado de aposentado), sem a devida cautela e informação necessária.

► **Hipervulnerabilidade da criança e publicidade.** "Indubitável a chamada hipervulnerabilidade da criança, tipifica, pois, o legislador consumerista como abusiva toda e qualquer publicidade que 'se aproveite da deficiência de julgamento e experiência da criança" (art. 37, § 2º, do CDC)". (DIAS, Lúcia Ancona Lopes de Magalhães. Publicidade e hipervulneráveis: limitar, proibir ou regular? *Revista de Direito do Consumidor*, vol. 99, São Paulo: RT, maio-jun.2015, p. 287)

> ◙ **Hipervulnerabilidade – Crianças:** "A possibilidade de confusão ou associação entre as marcas fica nítida no caso, pois, como é notório e as próprias embalagens dos produtos da marca "CHEE.TOS" e "CHEESE.KI.TOS" reproduzidas no corpo do acórdão recorrido demonstram, o público consumidor alvo do produto assinalado pelas marcas titularizadas pelas sociedades empresárias em litígio são as crianças, que têm inegável maior vulnerabilidade, por isso denominadas pela doutrina – o que encontra supedâneo na inteligência do 37, § 2º, do Código de Defesa do Consumidor – como consumidores hipervulneráveis. (STJ, REsp 1188105/RJ, Rel. Ministro Luis Felipe Salomão, Quarta Turma, DJe 12/04/2013)

► **Hipervulnerabilidade – idosos.** A vulnerabilidade do consumidor idoso é demonstrada a partir de dois aspectos principais: a) a diminuição ou perda de determinadas aptidões físicas ou intelectuais que o torna mais suscetível e débil em relação à atuação negocial dos fornecedores; b) a necessidade e catividade em relação a determinados produtos ou serviços no mercado de consumo, que o coloca numa relação de dependência em relação aos seus fornecedores". (MIRAGEM, Bruno. *Curso de Direito do Consumidor*, 7ª ed. São Paulo: RT, 2018, p. 142)

> ► **Hipervulnerabilidade – Idosos.** "Não é difícil afirmar que a fragilidade psíquica dos idosos acarreta uma vulnerabilidade especial para lidar com situações que antes eram identificadas como corriqueiras, e que na idade avançada acabam por ter uma dimensão alargada, gerando uma vulnerabilidade mais acentuada. Na busca pelo tratamento com igualdade, a vulnerabilidade física, psíquica e social fundamentam uma vulnerabilidade jurídica. Quando existe desigualdade constatada, as normas jurídicas não podem ser iguais para todos. Aos que são considerados diferentes, em razão do envelhecimento, precisa ser assegurada a igualdade jurídica com o objetivo de mitigar sua desigualdade material em relação aos demais cidadãos. Cuidou, então, o ordenamento jurídico de definir quem é o idoso para fins de sua tutela. O Estatuto do Idoso optou por definir como tal a pessoa que possui mais de sessenta anos, em seu art. 1º: É instituído o Estatuto do Idoso, destinado a regular os direitos assegurados às pessoas com

idade igual ou superior a 60 (sessenta) anos. Diante desta realidade, impõe-se o reconhecimento de uma hipervulnerabilidade do consumidor idoso. Em se tratando de relação de consumo, a igualdade a ser buscada pelo microssistema do CDC em conjunto com o Estatuto do Idoso passa pela necessidade de reconhecimento do idoso como consumidor como a parte mais fraca da relação de consumo. Deve-selhe aplicar as normas que regem as relações de consumo, e verificar o grau de vulnerabilidade do idoso, buscando subsídios no Estatuto do Idoso a fim de que seja alcançada a realização final de justiça." (PINHEIRO, Rosalice Fidalgo, DETROZ, Derlayne. A hipervulnerabilidade e os direitos fundamentais do idoso no direito brasileiro. *Revista Luso-Brasileira de Direito do Consumo* – vol. II, nº 4, dez/2012, p. 137) ◙ **Hipervulnerabilidade do consumidor idoso como causa de nulidade do contrato.** "APELAÇÃO CÍVEL. AÇÃO DECLARATÓRIA DE NULIDADE CONTRATUAL C/ DANOS MORAIS. EMPRÉSTIMO CONSIGNADO CONTRAÍDO POR ERRO. ANULAÇÃO DO NEGÓCIO JURÍDICO. RETORNO DAS PARTES AO STATUS QUO ANTE. DANO MORAL E REPETIÇÃO DO INDÉBITO. NÃO CABIMENTO. AUSÊNCIA DE DOLO OU MÁ-FÉ. SUCUMBÊNCIA RECÍPROCA MANTIDA. 01 – É passível de nulidade o contrato de mútuo bancário firmado por consumidor idoso, amparado em sua hipervulnerabilidade, eis que a pactuação se dera por engano próprio." (TJGO, Ap. Civ. 04157113720148090042, Rel. Marcus da Costa Ferreira – Juiz de Direito Substituto em 2º Grau, DJ 23/02/2017)

◙ **Hipervulnerabilidade – Pessoas com deficiências físicas, mentais ou sensoriais:** "A categoria ético-política, e também jurídica, dos sujeitos vulneráveis inclui um subgrupo de sujeitos hipervulneráveis, entre os quais se destacam, por razões óbvias, as pessoas com deficiência física, sensorial ou mental." (STJ, REsp 931.513/RS, Rel. p/ Acórdão Ministro Herman Benjamin, Primeira Seção, DJe 27/09/2010)

◙ **Hipervulnerabilidade – Indígenas:** "O status de índio não depende do local em que se vive, já que, a ser diferente, estariam os indígenas ao desamparo, tão logo pusessem os pés fora de sua aldeia ou Reserva. Mostra-se ilegal e ilegítimo, pois, o discrímen utilizado pelos entes públicos na operacionalização do serviço de saúde, ou seja, a distinção entre índios aldeados e outros que vivam fora da Reserva. Na proteção dos vulneráveis e, com maior ênfase, dos hipervulneráveis, na qual o legislador não os distingue, descabe ao juiz fazê-lo, exceto se for para ampliar a extensão, o grau e os remédios em favor dos sujeitos especialmente amparados." (STJ, REsp 1064009/SC, Rel. Ministro Herman Benjamin, Segunda Turma, DJe 27/04/2011)

◙ **Hipervulnerabilidade – Pessoas com restrição ao glúten:** "Ao Estado Social importam não apenas os vulneráveis, mas sobretudo os hipervulneráveis, pois são esses que, exatamente por serem minoritários e amiúde discriminados ou ignorados, mais sofrem com a massificação do consumo e a "pasteurização" das diferenças que caracterizam e enriquecem a sociedade moderna. Ser diferente ou minoria, por doença ou qualquer outra razão, não é ser menos consumidor, nem menos cidadão, tampouco merecer direitos de segunda classe ou proteção apenas retórica do legislador. O fornecedor tem o dever de informar que o produto ou serviço pode causar malefícios a um grupo de pessoas, embora não seja prejudicial à generalidade da população, pois o que o ordenamento pretende resguardar não é somente a vida de muitos, mas também a vida de poucos." (STJ, REsp 586.316/MG, Rel. Ministro Herman Benjamin, Segunda Turma, DJe 19/03/2009)

◙ **Hipervulnerabilidade – Doentes:** "Cuida-se de ação por danos morais proposta por consumidor ludibriado por propaganda enganosa, em ofensa a direito subjetivo do consumidor de obter informações claras e precisas acerca de produto medicinal vendido pela recorrida e destinado à cura de doenças malignas, dentre outras funções. (...) A vulnerabilidade informacional agravada ou potencializada, denominada hipervulnerabilidade do consumidor, prevista no art. 39, IV, do CDC, deriva do manifesto desequilíbrio entre as partes." (STJ, REsp 1329556/SP, Rel. Ministro Ricardo Villas Bôas Cueva, Terceira Turma, DJe 09/12/2014)

► **Vulnerabilidade ambiental.** "Por sua vez, os consumidores, como vulneráveis na relação, não possuem co-nhecimentos sobre a possível nocividade e periculosidade dos produtos ao meio ambiente. Como não conhecem o modo como foram produzidos os produtos e como são prestados os serviços, bem como são feitos os descartes dos produtos, o con-sumidor não tem como avaliar quais fornecedores apresentam responsabilidade socioambiental. Constata-se, assim, a chamada vulnerabilidade ambiental. Em razão justa-mente desta vulnerabilidade é que se sustenta, conforme analisamos anteriormen-te, que a responsabilidade compartilhada do consumidor somente pode ocorrer quando há ampla e larga informação. Somente o consumidor informado pode agir de forma consciente e ser responsabilizado pelos danos ambientais causados pelos resíduos sólidos. Também, conforme veremos, a informação ambiental dos produtos e serviços será importante e essencial ferramenta para a promoção do consumo sustentável." (GARCIA, Leonardo de Medeiros. *Consumo Sustentável. A proteção do meio ambiental no Código de Defesa do Consumidor.* Salvador: Juspodivm, 2016, p. 99/100)

► **Vulnerabilidade política ou legislativa, biológica ou psíquica.** "Paulo Valério Dal Pai Moraes, em excelente trabalho sobre o tema, distingue além destas, outras espécies de vulnerabilidade, como é o caso da vulnerabilidadec política ou legíslativa, a vulnerabilidade biológica ou psiquica e a vulnerabilidade ambiental. No caso da vulnerabilidade política e legislativa, identifica a ausência ou debilidade de poder do consumidor em relação ao lobby dos fornecedores nas casas parlamentares e demais autoridades públicas, pressionando para aprovação de leis favoráveis a seus interesses. Por outro lado, a vulnerabilidade biológica ou psíquica identifica-se como sendo a que caracteriza o consumidor frente às modernas técnicas de marketíng adotadas pelos fornecedores, e seus efeitos sobre a decisão de consumir, do consumidor." (MIRAGEM, Bruno. *Curso de Direito do Consumidor*, 6ª ed. São Paulo: RT, p. 130).

► **Vulnerabilidade do acesso.** "O Código de Defesa do Consumidor reconhece a vulnerabilidade do consumidor no mercado de consumo, consistente nas vulnerabilidades técnica, jurídica, fática e informacional. No entanto, quando falamos em consumidor com deficiência há uma outra espécie de vulnerabilidade que é a vulnerabilidade do acesso. Um dos princípios gerais do Estatuto da Pessoa com Deficiência é a acessibilidade, o que denota o reconhecimento da vulnerabilidade do acesso das pessoas com deficiência." (ARAÚJO, Luiz Alberto David; NISHIYAMA, Adolfo Mamoru. O estatuto da pessoa com deficiência e a tutela do consumidor: novos direitos? *Revista de Direito do Consumidor.* São Paulo: RT, Vol.105, Ano 2016, p. 103 - 121)

II – ação governamental no sentido de proteger efetivamente o consumidor:

a) por iniciativa direta;

b) por incentivos à criação e desenvolvimento de associações representativas;

c) pela presença do Estado no mercado de consumo;

d) pela garantia dos produtos e serviços com padrões adequados de qualidade, segurança, durabilidade e desempenho.

► **Autorização para a atuação do Estado.** Em decorrência do reconhecimento da vulnerabilidade do consumidor, surge a necessidade do Estado promover a proteção deste elo mais fraco, por seus meios legislativos e administrativos, visando a garantir o equilíbrio e a harmonia nas relações de consumo. Essa autorização para a atuação do Estado (ação governamental) como verdadeiro poder/dever é feita, seja através de atuação direta do Estado, instituindo órgãos públicos de defesa do consumidor (ex: PROCONs), ou através de incentivo à criação de associações destinadas a defesa de tais interesses.

◙ "A intervenção do Estado na atividade econômica encontra autorização constitucional quando tem por finalidade proteger o consumidor." (STJ, MS 4138/DF, DJ 21/10/1996, Rel. Min. José Delgado)

◙ **Legitimidade dos PROCONs para o exercício de controle de legalidade e interpretação de cláusulas contratuais:** "ADMINISTRATIVO. CONSUMIDOR. PROCEDIMENTO ADMINISTRATIVO. PLANO 'NET VIRTUA'. CLÁUSULAS ABUSIVAS. TRANSFERÊNCIA DOS RISCOS DA ATIVIDADE AO CONSUMIDOR. PROCON. ATIVIDADE ADMINISTRATIVA DE ORDENAÇÃO. AUTORIZAÇÃO PARA APLICAÇÃO DE SANÇÕES VIOLADORAS DO CDC. CONTROLE DE LEGALIDADE E INTERPRETAÇÃO DE CLÁUSULAS CONTRATUAIS. ATIVIDADE NÃO EXCLUSIVA DO JUDICIÁRIO. 1. O Código de Defesa do Consumidor é zeloso quanto à preservação do equilíbrio contratual, da equidade contratual e, enfim, da justiça contratual, os quais não coexistem ante a existência de cláusulas abusivas. 2. O art. 51 do CDC traz um rol meramente exemplificativo de cláusulas abusivas, num conceito aberto que permite o enquadramento de outras abusividades que atentem contra o equilíbrio entre as partes no contrato de consumo, de modo a preservar a boa-fé e a proteção do consumidor. 3. O Decreto n. 2.181/1997 dispõe sobre a organização do Sistema Nacional de Defesa do Consumidor – SNDC e estabelece as normas gerais de aplicação das sanções administrativas, nos termos do Código de Defesa do Consumidor (Lei n. 8.078/1990). 4. O art. 4º do CDC (norma principiológica que anuncia as diretivas, as bases e as proposições do referido diploma) legitima, por seu inciso II, alínea "c", a presença plural do Estado no mercado, tanto por meios de órgãos da administração pública voltados à defesa do consumidor (tais como o Departamento de Proteção e Defesa do Consumidor, os Procons estaduais e municipais), quanto por meio de órgãos clássicos (Defensorias Públicas do Estado e da União, Ministério Público Estadual e Federal, delegacias de polícia especializada, agências e autarquias fiscalizadoras, entre outros). 5. O PROCON, embora não detenha jurisdição, pode interpretar cláusulas contratuais, porquanto a Administração Pública, por meio de órgãos de julgamento administrativo, pratica controle de legalidade, o que não se confunde com a função jurisdicional propriamente dita, mesmo porque 'a lei não excluirá da apreciação do Poder Judiciário lesão ou ameaça a direito' (art. 5º, XXXV, da CF). 6. A motivação sucinta que permite a exata compreensão do decisum não se confunde com motivação inexistente. 7. A sanção administrativa aplicada pelo PROCON reveste-se de legitimidade, em virtude de seu poder de polícia (atividade administrativa de ordenação) para cominar multas relacionadas à transgressão da Lei n. 8.078/1990, esbarrando o reexame da proporcionalidade da pena fixada no enunciado da Súmula 7/STJ. 8. 'Não se conhece do recurso especial pela divergência, quando a orientação do Tribunal se firmou no mesmo sentido da decisão recorrida' (Súmula 83/STJ). Recurso especial conhecido em parte e improvido (STJ, REsp 1279622, Segunda Turma, Rel. Min. Humberto Martins, DJe 17/08/2015).

■ Competência do INMETRO para fiscalizar aspectos de conformidade e metrologia dos produtos colocados no mercado *(sobre o dever de informação, ver art. 6º, III)*. "ADMINISTRATIVO – REGULAÇÃO – PODER DE POLÍCIA ADMINISTRATIVA – FISCALIZAÇÃO DE RELAÇÃO DE CONSUMO – INMETRO – COMPETÊNCIA RELACIONADA A ASPECTOS DE CONFORMIDADE E METROLOGIA – DEVERES DE INFORMAÇÃO E DE TRANSPARÊNCIA QUANTITATIVA – VIOLAÇÃO – AUTUAÇÃO – ILÍCITO ADMINISTRATIVO DE CONSUMO – RESPONSABILIDADE SOLIDÁRIA DOS FORNECEDORES – POSSIBILIDADE. 1. A Constituição Federal/88 elegeu a defesa do consumidor como fundamento da ordem econômica pátria, inciso V do art. 170, possibilitando, assim, a criação de autarquias regulatórias como o INMETRO, com competência fiscalizatória das relações de consumo sob aspectos de conformidade e metrologia. 2. As violações a deveres de informação e de transparência quantitativa representam também ilícitos administrativos de consumo que podem ser sancionados pela autarquia em tela. 3. A responsabilidade civil nos ilícitos administrativos de consumo tem a mesma natureza ontológica da responsabilidade civil na relação jurídica base de consumo. Logo, é, por disposição legal, solidária. 4. O argumento do comerciante de que não fabricou o produto e de que o fabricante foi identificado não afasta a sua responsabilidade administrativa, pois não incide, in casu, o § 5º do art. 18 do CDC. Recurso especial provido. (STJ, REsp 1118302/SC, Rel. Ministro Humberto Martins, Segunda Turma, DJe 14/10/2009).

► **Intervenção para corrigir distorções.** "No campo da ação efetiva no mercado, cabe ainda ao Estado regulá-lo quer mediante a assunção de faixas de produção não atingida pela iniciativa privada, quer intervindo quando haja distorções, sem falar-se no zelo pela qualidade, segurança, durabilidade e desempenho dos produtos e serviços oferecidos ao público consumidor." (GRINOVER, Ada Pellegrini et al. *Código brasileiro de defesa do consumidor: comentado pelos autores do anteprojeto.* 8. ed. Rio de Janeiro: Forense, 2004)

◙ **Possibilidade de edição de portarias para controle e fiscalização nas relações de consumo.** "A intervenção do estado na atividade econômica encontra autorização constitucional quando tem por finalidade proteger o consumidor. A edição de regras de polícia ostentados pelos arts. 11 e 18, respectivamente, das portarias ministeriais 61/1995 e 63/1995, estão autorizados pelos princípios insculpidos nos arts. 5, XXIX, XXXII e 170, II e V, da CF/1988. O Código de proteção ao consumidor (arts. 4., I, III e IV, 6., IV e 55) dá sustentação jurídica para a edição das portarias referidas, além do D. n. 395, de 27/04/1938, da lei n. 2004, de 03/10/1953 e legislação posterior que reestruturou o Ministério das Minas e Energia e fixou as suas atribuições. A liberdade de "bandeira" para a comercialização de combustível, relação considerado de utilidade pública, não atende aos interesses de se proteger o bem comum e as relações de consumo." (STJ, MS 4138/DF, DJU 21/10/1996, Rel. Min. José Delgado, J. 28.8.1996)

III – harmonização dos interesses dos participantes das relações de consumo e compatibilização da proteção do consumidor com a necessidade de desenvolvimento econômico e tecnológico, de modo a viabilizar os princípios nos quais se funda a ordem econômica (art. 170, da Constituição Federal), sempre com base na boa-fé e equilíbrio nas relações entre consumidores e fornecedores;

► **Harmonização dos interesses.** O objetivo da Política Nacional das Relações de Consumo deve ser a harmonização dos interesses entre consumidores e fornecedores, compatibilizando a necessidade de desenvolvimento econômico e tecnológico com a defesa do consumidor. Assim, novos produtos com tecnologias inovadoras somente serão aceitas no mercado de consumo desde que não apresentem riscos à saúde e segurança dos consumidores, bem como apresentem eficiência adequada.

► **Diferenciando a boa-fé subjetiva da objetiva**. "A primeira diz respeito a dados internos, fundamentalmente psicológicos, atinentes diretamente ao sujeito; a segunda a elementos externos, a normas de conduta que determinam como ele deve agir. Num caso está de boa-fé quem ignora a real situação jurídica; no outro, está de boa-fé quem tem motivos para confiar na contraparte. Uma é boa-fé estado, a outra, boa-fé princípio." (NORONHA, Fernando. *Os direitos dos contratos e seus princípios fundamentais.* São Paulo: Saraiva, 1994. p. 132)

► **Boa-fé objetiva. Conjunto de padrões éticos de comportamento aferíveis objetivamente.** A boa fé objetiva constitui um conjunto de padrões éticos de comportamento, aferíveis objetivamente, que devem ser seguidos pelas partes contratantes em todas as fases da existência da relação contratual, desde a sua criação, durante o período de cumprimento e, até mesmo, após a sua extinção.

► "O princípio da boa-fé objetiva representa um nível mínimo e objetivo de cuidados, de respeito e de tratamento leal com a pessoa do parceiro contratual e seus dependentes. Esse patamar de lealdade, cooperação, informação e cuidados com o patrimônio e a pessoa do consumidor é imposto por norma legal, tendo em vista a aversão do direito ao abuso e aos atos abusivos, praticados pelo contratante mais forte, o fornecedor, com base na liberdade assegurada pelo princípio da autonomia privada" (MARQUES, Cláudia Lima. Expectativas legítimas dos consumidores nos planos e seguros privados de saúde e os atuais projetos de lei. *Revista de Direito do Consumidor*. n. 20, p. 74).

◙ "A boa-fé objetiva se apresenta como uma exigência de lealdade, modelo objetivo de conduta, arquétipo social pelo qual impõe o poder-dever de que cada pessoa ajuste a própria conduta a esse modelo, agindo como agiria uma pessoa honesta, escorreita e leal. Não tendo o comprador agido de forma contrária a tais princípios, não há como inquinar seu comportamento de violador da boa-fé objetiva. Recurso especial conhecido e provido." (STJ, REsp 803.481/GO, Rel. Ministra Nancy Andrighi, Terceira Turma, DJ 01/08/2007)

► **Boa-fé e contratos de adesão.** "Toda estipulação que implicar qualquer limitação do direito do consumidor, bem como a que indicar desvantagem ao aderente, deverá vir singularmente exposta, do ponto de vista físico, no contrato de adesão. Sobre os destaques, ganha maior importância o dever de o fornecedor informar o consumidor sobre o conteúdo do contrato (art. 46, CDC). Deverá chamar a atenção do consumidor para as estipulações desvantajosas para ele, em nome da boa-fé que deve presidir as relações de consumo" (NERY JÚNIOR, Nelson. *Código Brasileiro de Defesa do Consumidor Comentado pelos Autores do Anteprojeto.* 6ª ed. Rio de Janeiro: Forense Universitária, 2000 p. 459).

► **Funções da boa-fé objetiva e o Código Civil.** "A boa-fé é multifuncional. Para fins didáticos, é interessante delimitar as três áreas de operatividade da boa-fé no Novo Código Civil: desempenha papel de paradigma interpretativo na teoria dos negócios jurídicos (art. 113); assume caráter de controle, impedindo o abuso do direito subjetivo, qualificando-o como ato ilícito (art. 187); e, finalmente, desempenha atribuição integrativa, pois dela emanam deveres que serão catalogados pela reiteração de precedentes jurisprudenciais (art. 422 do CC)". (ROSENVALD, Nelson. *Direito das Obrigações.* 3ª ed. Rio de Janeiro: Impetus, 2004. p. 33.)

► "Podemos identificar três funções básicas do princípio da boa-fé objetiva, quais sejam as de que serve como padrão teleológico, apresentando critérios para uma melhor interpretação; serve como criador de deveres secundários ou anexos; exerce função limitadora de direitos, evitando as teses voluntaristas, que pregam a liberdade contratual total, possam levar a maiores situações de desequilíbrio social". (BONATTO, Cláudio; MORAES; Paulo Valério Dal Pai. *Ques-*

tões Controvertidas no Código de Defesa do Consumidor. 2ª ed. Porto Alegre: Livraria do Advogado, 1999. p. 42.)

► "No intuito de delimitar a amplitude do princípio, é possível atribuir-lhe três funções essenciais, quais sejam: I) norma interpretativo-integrativo; II) norma de criação de deveres jurídicos laterais e III) para os fins que ora interessam, funciona a boa-fé como norma de limitação ao exercício de direitos subjetivos. No que toca à função limitadora de direitos subjetivos, interessante consignar que: "a boa-fé funciona como parâmetro de valoração do comportamento dos contratantes com a finalidade de proscrever aqueles exercícios considerados arbitrários e irregulares. Nesses casos, o comportamento formalmente lícito de um dos contratantes não resiste à avaliação de sua conformidade com a boa-fé e, como tal, deixa de merecer a tutela do ordenamento jurídico" (TEPEDINO, Gustavo et. al. *Código Civil Interpretado Conforme a Constituição da República*. v.. II. 2006. p. 20).

► **Boa-fé objetiva. Deveres anexos. Função interpretativa.** A função interpretativa da boa-fé, a mais utilizada pela jurisprudência, serve de orientação para o juiz, devendo este sempre prestigiar, diante de convenções e contratos, a teoria da confiança, segundo a qual as partes agem com lealdade na busca do adimplemento contratual.

► "O dever de interpretar os negócios conforme a boa-fé objetiva encontra-se irremediavelmente informado pelos quatro princípios fundamentais para a atividade econômica privada: 1) A dignidade da pessoa humana (art. 1º, III, CF); 2) O valor social da livre iniciativa (art. 1º, IV, CF); 3) A solidariedade social (art. 3º, I, CF); 4) A igualdade substancial (art. 3º, III, CF). Os dois primeiros encontram-se inseridos no Texto Maior como fundamento da República, enquanto os últimos são objetivos da República." (TEPEDINO, Gustavo. *A Parte Geral do Novo Código Civil.* Estudos na perspectiva Civil-Constitucional. 2ª ed. Rio de Janeiro: Renovar, 2003. p. 31.)

► **Boa-fé objetiva. Deveres anexos. Função de controle.** A função de controle da boa-fé visa evitar o abuso do direito subjetivo, limitando condutas e práticas comerciais abusivas, reduzindo, de certa forma, a autonomia dos contratantes. A noção de atos abusivos tem relação com a teoria do abuso do direito, encampada pelo art. 187 do CC. Art. 187, CC: "*Também comete ato ilícito o titular de um direito que, ao exercê-lo, excede manifestamente os limites impostos pelo seu fim econômico ou social, pela boa-fé ou pelos bons costumes*". Dessa forma, não se admite no ordenamento brasileiro o exercício de direito de modo absoluto. O direito somente será reconhecido quando exercido de modo leal, não frustrando as legítimas expectativas criadas em outrem, sem desvio de finalidade. Caso contrário, será considerado ato ilícito ainda que o titular não ofenda a norma em si (legalidade estrita), mas ofenda a sua valoração.

► **Boa-fé objetiva. Deveres anexos. Função integrativa.** A função integrativa desse princípio insere novos deveres para as partes diante das relações de consumo, pois além da verificação da obrigação principal, surgem novas condutas a serem também observadas. São os assim denominados "deveres anexos" ou "deveres laterais" pela doutrina e jurisprudência. A violação a qualquer dos deveres anexos implica em inadimplemento contratual.

◙ "O princípio da boa-fé se aplica às relações contratuais regidas pelo CDC, impondo, por conseguinte, a obediência aos deveres anexos ao contrato, que são decorrência lógica deste princípio. O dever anexo de cooperação pressupõe ações recíprocas de lealdade dentro da relação contratual. A violação a qualquer dos deveres anexos implica em inadimplemento contratual de quem lhe tenha dado causa." (STJ, RESP 595631/SC; Rel. Nancy Andrighi, DJ 02.08.2004, J. 8.6.2004, 3ª T.)

► **Princípio da transparência. Boa-fé objetiva.** "O princípio da transparência, por sua vez, "significa informação clara e correta sobre o produto a ser vendido, sobre o contrato a ser firmado, significa lealdade e respeito nas relações entre fornecedor e consumidor, mesmo na fase pré-contratual, isto é, na fase negocial dos contratos de consumo (...) transparência é clareza, é informação sobre os temas relevantes da futura relação contratual. (MARQUES, Cláudia Lima. *Contratos no Código de Defesa do Consumidor*. 2ª ed. São Paulo: Revista dos Tribunais, 1995. p. 207-208)

◙ **O direito à informação é uma das expressões do os Princípios da Transparência, da Boa-fé Objetiva e da Confiança.** "O direito à informação, abrigado expressamente pelo art. 5º, XIV, da Constituição Federal, é uma das formas de expressão concreta do Princípio da Transparência, sendo também corolário do Princípio da Boa-fé Objetiva e do Princípio da Confiança, todos abraçados pelo CDC." (STJ, REsp 586316 / MG, DJe 19/03/2009, Rel. Min. Herman Benjamin, J. 17/04/2007)

► ***Duty to mitigate the loss.* Dever de cooperação.** Ao versar sobre o dever de cooperação e lealdade, a doutrina moderna, inspirada no dogma da eticidade que deve reinar nas relações jurídicas, acentua a existência do dever anexo de o credor mitigar as próprias perdas em virtude do inadimplemento do devedor. É o chamado *duty to mitigate the loss* em matéria contratual. Foi disposto no Enunciado 169 da III Jornada de Direito Civil: "o princípio da boa fé objetiva deve levar o credor a evitar o agravamento do próprio prejuízo". É inspirado no art. 77 da Convenção de Viena de 1980 sobre a venda internacional de mercadorias que dispõe: "A parte que invoca a quebra do contrato deve tomar as medidas razoáveis, levando em consideração as circunstâncias, para limitar a perda, nela compreendido o prejuízo resultante da quebra. Se ela negligencia em tomar tais medidas, a parte faltosa pode pedir a redução das perdas e danos, em proporção igual ao montante da perda que poderia ter sido diminuída."

► "[...] Já o Código Civil brasileiro de 2002, em seu artigo 422, aproxima-se da idéia do legislador da Convenção de Viena de 1980, ao impor certo comportamento a ambos os contratantes. Assim, segundo o mencionado dispositivo legal, Os contratantes são obrigados a guardar assim na conclusão do contrato, como em sua execução, os princípios de probidade e boa-fé (grifo nosso). Isto posto, surge a indagação: seria possível o direito privado nacional recepcionar o conceito do duty to mitigate the loss em matéria contratual? Acreditamos ser possível esta recepção. Antes, porém, necessitamos realizar uma série de indagações, para chegar ao fundamento desta, por ora, apenas mera possibilidade de acolhimento do conceito pela doutrina e pelos tribunais brasileiros. O esforço deve valer a pena, pois inúmeras vezes nos deparamos, na prática do foro com situações em que o credor se mantém inerte face o descumprimento por parte do devedor, cruzando, literalmente, os braços, vendo crescer o prejuízo, sem procurar evitar ou, ao menos, minimizar sua própria perda. [...] Não cumprindo o dever de mitigar o próprio prejuízo, o credor poderá sofrer sanções, seja com base na proibição de venire contra factum proprium , seja em razão de ter incidido em abuso de direito, como ocorre em França. No âmbito do direito brasileiro, existe o recurso à invocação da violação do princípio da boa fé objetiva, cuja natureza de cláusula geral permite um tratamento individualizado de cada caso, a partir de determinados elementos comuns: a prática de uma negligência, por parte do credor, ensejando um dano patrimonial, um comportamento conduzindo a um aumento do prejuízo, configurando, então, uma culpa, vizinha daquela de natureza delitual. A consideração do dever de mitigar como dever anexo, justificaria, quando violado pelo credor, o pagamento de perdas e danos. Como se trata de um dever e não de obrigação, contratualmente estipulada, a sua violação corresponde a uma culpa delitual. [...]" (FRADERA, Véra Maria Jacob. Pode o credor ser instado a diminuir o próprio prejuízo? in: Revista trimestral de direito civil. RTDC, v. 5, n.19, jul/set, 2004, pág. 110 e 118)

◙ **Credor que deixa devedor na posse do imóvel por muito tempo sem ajuizar a ação possessória.** "DIREITO CIVIL. CONTRATOS. BOA-FÉ OBJETIVA. STANDARD ÉTICO-JURÍDICO. OBSERVÂNCIA PELAS PARTES CONTRATANTES. DEVERES ANEXOS. DUTY TO MITIGATE THE LOSS. DEVER DE MITIGAR O PRÓPRIO PREJUÍZO. INÉRCIA DO CREDOR. AGRAVAMENTO DO DANO. INADIMPLEMENTO CONTRATUAL. RECURSO IMPROVIDO. 1. Boa-fé objetiva. Standard ético-jurídico. Observância pelos contratantes em todas as fases. Condutas pautadas pela probidade, cooperação e lealdade. 2. Relações obrigacionais. Atuação das partes. Preservação dos direitos dos contratantes na consecução dos fins. Impossibilidade de violação aos preceitos éticos insertos no ordenamento jurídico. 3. Preceito decorrente da boa-fé objetiva. *Duty to mitigate the loss*: o dever de mitigar o próprio prejuízo. Os contratantes devem tomar as medidas necessárias e possíveis para que o dano não seja agravado. A parte a que a perda aproveita não pode permanecer deliberadamente inerte diante do dano. Agravamento do prejuízo, em razão da inércia do credor. Infringência aos deveres de cooperação e lealdade. 4. Lição da doutrinadora Véra Maria Jacob de Fradera. Descuido com o dever de mitigar o prejuízo sofrido. O fato de ter deixado o devedor na posse do imóvel por quase 7 (sete) anos, sem que este cumprisse com o seu dever contratual (pagamento das prestações relativas ao contrato de compra e venda), evidencia a ausência de zelo com o patrimônio do credor, com o consequente agravamento significativo das perdas, uma vez que a realização mais célere dos atos de defesa possessória diminuiriam a extensão do dano. 5. Violação ao princípio da boa-fé objetiva. Caracterização de inadimplemento contratual a justificar a penalidade imposta pela Corte originária, (exclusão de um ano de ressarcimento). 6. Recurso improvido. (REsp 758.518/PR, Rel. Ministro Vasco Della Giustina (Desembargador Convocado do TJ/RS), Terceira Turma, julgado em 17/06/2010, REPDJe 01/07/2010, DJe 28/06/2010)

◙ **Incidência de taxa de ocupação no período anterior ao leilão extrajudicial de imóvel ocupado por mutuário inadimplente (SFH).** "RECURSO ESPECIAL. CIVIL. SISTEMA FINANCEIRO DA HABITAÇÃO - SFH. REINTEGRAÇÃO DE POSSE. TAXA DE OCUPAÇÃO. INCIDÊNCIA ANTES D A ALIENAÇÃO EXTRAJUDICIAL DO IMÓVEL. DESCABIMENTO. ART. 37-A DA LEI 9.514/97. DISTINÇÃO ENTRE PROPRIEDADE FIDUCIÁRIA E PROPRIEDADE PLENA. 'DUTY TO MITIGATE THE LOSS'. HIPÓTESE DE LEILÃO FRUSTRADO. 1. Controvérsia acerca da incidência de taxa de ocupação no período anterior ao leilão extrajudicial de imóvel ocupado por mutuário inadimplente. 2. Previsão expressa no art. 37-A da Lei 9.514/97 de que a taxa de ocupação somente começa a incidir depois da alienação do imóvel. 3. Distinção entre propriedade fiduciária e propriedade plena. 4. Afetação da propriedade fiduciária ao propósito de garantia, não dispondo o credor fiduciário do 'jus fruendi', enquanto não realizada a garantia. 5. Dever da instituição financeira de promover o leilão extrajudicial no prazo de 30 (trinta) dias da consolidação da propriedade (cf. art. 27 da Lei 9.514/97), com o objetivo de evitar o crescimento acentuado da dívida. 6. Dever de mitigação das perdas do devedor (mutuário), atendendo aos deveres impostos pelo princípio da boa-fé objetiva ("duty to mitigate the loss"). 7. Extinção compulsória da dívida na hipótese de leilão frustrado (cf. art. 27, § 5º, da Lei 9.514/97). 8. Incidência da taxa de ocupação somente após a extinção da dívida. Julgado específico da Quarta Turma. 9. Recurso especial provido, em parte." (STJ, REsp 1401233/RS, Rel. Ministro Paulo de Tarso Sanseverino, Terceira Turma, julgado em 17/11/2015, DJe 26/11/2015)

► **Enunciado n. 169 do Conselho da Justiça Federal, na III Jornada de Direito Civil:** "O princípio da boa-fé objetiva deve levar o credor a evitar o agravamento do próprio prejuízo."

◙ **Boa-fé objetiva. Aplicação a todos os participantes da relação.** "A boa-fé objetiva, alçada à condição de princípio geral de direito, transita incessantemente em duplo sentido, exigindo a conduta leal e cooperada, na relação de consumo entre consumidores e fornecedores" (STJ, REsp 1411136/RS, Terceira Turma, Rel. Min. Marcoa Aurélio Bellizze, DJE 10/03/2015). ◙ **No mesmo sentido:** "O princípio da boa-fé objetiva se aplica a todos os partícipes da relação obrigacional, inclusive daquela originada de relação de consumo. No que diz respeito ao devedor, a expectativa é a de que cumpra, no vencimento, a sua prestação." (STJ, REsp 1058114/RS, Rel. Ministra Nancy Andrighi, Rel. p/ Acórdão Ministro João Otávio de Noronha, Segunda Seção, julgado em 12/08/2009, DJe 16/11/2010)

◙ **Boa-fé objetiva. Aplicação em todo ordenamento jurídico.** "O princípio da boa-fé objetiva ecoa por todo o ordenamento jurídico, não se esgotando no campo do Direito Privado, no qual, originariamente, deita raízes. Dentre os seus subprincípios, destaca-se o duty to mitigate the loss. A bem do dever anexo de colaboração, que deve empolgar a lealdade entre as partes no processo, cumpriria ao paciente e sua Defesa informar ao juízo o endereço atualizado, para que a execução pudesse ter o andamento regular, não se perdendo em inúteis diligências para a sua localização. 4. Habeas corpus não conhecido." (STJ, HC 137.549/RJ, Rel. Ministra Maria Thereza de Assis Moura, Sexta Turma, DJe 20/02/2013)

◙ **Boa-fé objetiva. A proteção da boa-fé não pode propiciar favorecimento indevido ao consumidor.** "O reconhecimento da vulnerabilidade do consumidor nas relações de consumo deve sempre almejar o desejável equilíbrio da relação estabelecida entre o consumidor e o fornecedor. A proteção da boa-fé nas relações de consumo não equivale a favorecer indiscriminadamente o consumidor, em detrimento de direitos igualmente outorgados ao fornecedor." (STJ, REsp 1120113/SP, Rel. Ministra Nancy Andrighi, Terceira Turma, julgado em 15/02/2011, DJe 10/10/2011)

◙ **Boa-fé objetiva. Cobrança de comissão de concessão de crédito mensalmente ao mutuário.** "A comissão de concessão de crédito, cobrada pela instituição financeira para fornecer crédito ao mutuário, incide apenas uma vez, no início do contrato. Qualquer outra cobrança do referido encargo é ilícita. A cobrança mensal do referido encargo viola preceitos de boa-fé objetiva, razão pela qual não deve ser admitida." (STJ, REsp 908835 / SP, Rel. Nancy Andrighi, J. 27/05/2008, 3º T.)

◙ **Boa-fé objetiva. Impossibilidade de cobrança de encargos bancários em conta corrente inativa.** "RECURSO ESPECIAL. CIVIL E PROCESSUAL CIVIL. NEGÓCIOS JURÍDICOS BANCÁRIOS. AÇÃO DECLARATÓRIA DE INEXIGIBILIDADE DE DÉBITO EM CONTRATO DE ABERTURA DE CRÉDITO EM CONTA-CORRENTE. VIOLAÇÃO AO PRINCÍPIO DA BOA-FÉ OBJETIVA. ENRIQUECIMENTO SEM JUSTA CAUSA. 1. Incidência dos encargos de manutenção de conta-corrente inativa por cerca de três anos, ensejando a inscrição do nome do correntista nos cadastros de devedores inadimplentes. 2. Pretensão de declaração da inexigibilidade do débito e de retirada da negativação nos órgãos de proteção ao crédito. 3. Mesmo ausente a prova formal do pedido de encerramento da conta or parte do correntista, não é cabível a cobrança de qualquer taxa ou encargo, em razão da necessidade de observância do dever de lealdade derivado do princípio da boa-fé objetiva" (STJ, REsp 1337002/RS, Terceira Turma, Rel. Min. Paulo de Tarso Sanseverino, DJe 03/02/2015).

◙ **Boa-fé objetiva. Cláusula que estabelece o reajuste das prestações pela variação do dólar.** "Direito do consumidor. Recurso especial. Ação de conhecimento sob o rito ordinário. Cessão de crédito com anuência do devedor. Prestações indexadas em moeda estrangeira (dólar americano). Crise cambial de janeiro de 1999. Onerosidade excessiva. Caracterização. Boa-fé objetiva do consumidor e direito de informação. – O preceito insculpido no inciso V do artigo 6º do CDC dispensa a prova do caráter imprevisível do fato superveniente, bastando a demonstração objetiva da excessiva onerosidade advinda para o consumidor. – A desvalorização da moeda nacional frente à moeda estrangeira que serviu de parâmetro ao reajuste contratual, por ocasião da crise cambial de janeiro de 1999, apresentou grau expressivo de oscilação, a ponto de caracterizar a onerosidade excessiva que impede o devedor de solver as obrigações pactuadas. – A equação econômico-financeira deixa de ser respeitada quando o valor da parcela mensal sofre um reajuste que não é acompanhado pela correspondente valorização do bem da vida no mercado, havendo quebra da paridade contratual, à medida que apenas a sociedade de fomento ao crédito estará assegurada quanto aos riscos da variação cambial. – É ilegal a transferência de risco da atividade financeira ao consumidor, ainda mais quando não observado o seu direito à informação." (REsp 417.927/SP, Rel. Ministra Nancy Andrighi, Terceira Turma, julgado em 21/05/2002, DJ 01/07/2002, p. 339)

◙ **Boa-fé objetiva. Contrato de serviço financeiro que prevê incidência de juros remuneratórios, mas não os determina.** "Na hipótese de o contrato prever a incidência de juros remuneratórios, porém sem lhe precisar o montante, está correta a decisão que considera nula tal cláusula porque fica ao exclusivo arbítrio da instituição financeira o preenchimento de seu conteúdo. A fixação dos juros, porém, não deve ficar adstrita ao limite de 12% ao ano, mas deve ser feita segundo a média de mercado nas operações da espécie. Preenchimento do conteúdo da cláusula de acordo com os usos e costumes, e com o princípio da boa fé (arts. 112 e 133 do CC/02)." (STJ, REsp 715894 / PR, DJ 19/03/2007 p. 284, Rel. Min. Nancy Andrighi, J. 26/04/2006)

◙ **Boa-fé objetiva. Recusa em exibir documentos/extratos.** "O dever de informação e, por conseguinte, o de exibir a documentação que a contenha, é obrigação decorrente de lei, de integração contratual compulsória. Não pode ser objeto de recusa nem de condicionantes, em face do princípio da boa-fé objetiva." (STJ, RESP 330261/SC, Rel. Ministra Nancy Andrighi, J. 8.4.02, 3ª T.) ◙ **No mesmo sentido:** "A obrigação da instituição financeira de exibir os extratos bancários necessários à comprovação das alegações do correntista decorre de lei, já que se trata de relação jurídica tutelada pelas normas do Código do Consumidor, de integração contratual compulsória, não podendo ser objeto de recusa nem de condicionantes, em face do princípio da boa-fé objetiva." (STJ, REsp 1133872/PB, Rel. Ministro Massami Uyeda, Segunda Seção, DJe 28/03/2012)

◙ **Boa-fé objetiva. Autorização de realização de angioplastia com negativa de fornecimento de *stent*.** – "A cláusula geral de boa-fé objetiva, implícita em nosso ordenamento antes da vigência do CDC e do CC/2002, mas explicitada a partir desses marcos legislativos, impõe deveres de conduta leal aos contratantes e funciona como um limite ao exercício abusivo de direitos. – O direito subjetivo assegurado em contrato não pode ser exercido de forma a subtrair do negócio sua finalidade precípua. Assim, se determinado procedimento cirúrgico está incluído na cobertura securitária, não é legítimo exigir que o segurado se submeta a ele, mas não instale as próteses necessárias para a plena recuperação de sua saúde." (STJ, REsp 735168 / RJ, Rel. Nancy Andrighi, J. 11/03/2008, 3º T.)

◙ **Boa-fé objetiva. Limitação de internação. <u>Súmula 302 do STJ</u>:** *"É abusiva a cláusula contratual de plano de saúde que limita no tempo a internação hospitalar do segurado".*

◙ **Boa-fé objetiva. Alienação de carteira de clientes por parte de operadora de plano de saúde. Dever da alienante e da adquirente de manter a cobertura securitária originalmente contratada pelo consumidor.** "RECURSO ESPECIAL. CIVIL. CONSUMIDOR. PROCESSUAL CIVIL. VIOLAÇÃO A DISPOSITIVOS CONSTITUCIONAIS. INVIABILIDADE DE EXAME NO ESPECIAL. CERCEAMENTO DE DEFESA.

AUSÊNCIA DE PREQUESTIONAMENTO. RECURSO NÃO CONHECIDO NESSA PARTE. MÉRITO: PLANO DE SAÚDE. ALIENAÇÃO VOLUNTÁRIA DE CARTEIRAS. PROCEDIMENTO REGULADO PELA RESOLUÇÃO NORMATIVA 112/2005, DA ANS. MANUTENÇÃO PELA OPERADORA ADQUIRENTE DOS PRESTADORES DE SERVIÇO CREDENCIADOS PELA ALIENANTE. ALTERAÇÃO. POSSIBILIDADE. OBSERVÂNCIA DOS REQUISITOS ESTABELECIDOS NO ART. 17 DA LEI 9.656/1998. RECURSO ESPECIAL PARCIALMENTE CONHECIDO E, NESSA EXTENSÃO, IMPROVIDO. 1. As operadoras de plano de saúde que pretendam alienar, voluntariamente, todas ou algumas de suas carteiras devem, observados os procedimentos estabelecidos pelas normas editadas pela Agência Nacional de Saúde Suplementar, sobretudo o disposto na Resolução Normativa n. 112/2005, formular requerimento, instruindo-o com a documentação exigida, perante a ANS, que, analisando o preenchimento dos requisitos necessários, poderá aprovar a transferência de carteiras. Após a aprovação, a operadora adquirente deve notificar todos os beneficiários que possuam contratos na carteira alienada por meio de comunicação individual e de publicação na imprensa. 2. A Resolução Normativa n. 112/2005, editada pela ANS, exige, na alienação voluntária de carteiras de plano de saúde, que a nova operadora mantenha em relação aos beneficiários da carteira transferida as mesmas condições contratuais vigentes, sem lhes restringir direitos ou causar-lhes prejuízos (art. 4º, caput). Visa, com isso, a resguardar o direito do consumidor de ter mantido, nos mesmos termos em que ajustado originariamente, o contrato que celebrou com a operadora alienante da carteira de plano de saúde da qual faz parte. 3. O art. 4º, caput e § 2º, da aludida resolução normativa estabelece que, em regra, deve ser mantida a mesma rede de serviços de assistência à saúde credenciados, referenciados ou contratados que a operadora alienante oferecia à época da transferência de carteiras, somente autorizando sua alteração se forem observadas as diretrizes estabelecidas no art. 17 da Lei 9.656/1998. 4. Em observância ao princípio da boa-fé objetiva e visando à proteção das legítimas expectativas do consumidor quanto à qualidade, à quantidade, à localização, entre outros critérios, dos serviços prestados pela operadora de plano de saúde no momento da contratação, tanto a operadora originariamente contratada pelo consumidor, por força do art. 17 da Lei 9.656/1998, como a nova operadora adquirente das carteiras alienadas, com base no disposto no art. 4º, § 2º, da RN 112/2005-ANS, devem respeitar a regra de manutenção, durante a vigência dos contratos celebrados com os beneficiários, dos prestadores de serviço de saúde já credenciados, referenciados ou contratados. 5. A substituição do prestador de serviço de saúde em sentido amplo (incluindo hospitais, clínicas, profissionais de saúde, laboratórios e serviços correlatos), durante a vigência do contrato de plano de assistência à saúde, é legítima e possível, mas desde que observadas as seguintes condições: (I) substituição por profissional ou estabelecimento equivalente (art. 17, § 1º, da Lei 9.656/1998); (II) comunicação à ANS e aos consumidores com, no mínimo, trinta dias de antecedência (art. 17, § 1º, da Lei 9.656/1998); e (III) manutenção de eventual internação de beneficiário iniciada antes da substituição (art. 17, § 2º, da Lei 9.656/1998). Tais requisitos devem ser observados tanto pelas operadoras de plano de saúde originariamente contratadas pelo consumidor como pelas operadoras adquirentes de carteiras alienadas (art. 4º, § 2º, da RN n. 112/2005-ANS). 6. No caso concreto, segundo informações colhidas pelas instâncias ordinárias, soberanas na análise do conjunto fático-probatório dos autos, foram observados todos os requisitos exigidos pelos arts. 17, § 1º, da Lei n. 9.656/1998 e 4º da RN 112/2005 para a substituição dos prestadores de serviços de saúde que faziam parte da rede credenciada à Golden Cross, ocorrida em razão da alienação das carteiras individual e familiar à Unimed Rio. 7. Recurso especial parcialmente conhecido e, nessa extensão, improvido. (STJ, REsp 1545315/PE, Rel. Ministro Marco Aurélio Bellizze, Terceira Turma, DJe 10/11/2016). ◙ **No mesmo sentido:** "APELAÇÃO CÍVEL DIREITO CIVIL – CONSUMIDOR PLANO DE SAÚDE ALIENAÇÃO DE CARTEIRA DE CLIENTES DESCREDENCIAMENTO – NEGATIVA DE COBERTURA DE TRATAMENTO MÉDICO DE CONFIANÇA DO BENEFICIÁRIO DEVER DE CONTINUIDADE DA PRESTAÇÃO DOS SERVIÇOS ASSUMIDOS DANO MORAL IN RE IPSA. O beneficiário de plano de saúde que fora objeto de alienação não pode ser prejudicado pelo negócio entabulado entre as operadoras. A operadora adquirente da carteira de planos deve disponibilizar aos clientes oriundos da transação o mesmo atendimento que lhes era assegurado pela antiga operadora. Em caso de negativa de continuidade de tratamento médico de confiança do segurado, iniciado antes da alienação, ambas as operadoras estão obrigadas a disponibilizar ao beneficiário o mesmo atendimento que lhe era garantido. A dor e o sofrimento psíquico experimentados com a indevida recusa de cobertura do tratamento pelo plano de saúde, o qual só foi realizado mediante determinação judicial, caracteriza o dano moral indenizável (R$ 3.000,00). Negou-se provimento ao apelo da ré" (TJDFT, Ap. Cív. 20130111623924, Quarta turma Cível, Rel. Des. Sérgio Rocha, DJe 14/07/2015).

◙ **Boa-fé objetiva. Corte no fornecimento de energia elétrica por dívida ínfima.** "Comete ato ilícito o titular de um direito que, ao exercê-lo, excede manifestamente os limites impostos pelo seu fim econômico ou social, pela boa-fé ou pelos costumes (art. 187 do Código Civil). 4. A recorrente, ao suspender o fornecimento de energia elétrica em razão de um débito de R$ 0,85, não agiu no exercício regular de direito, e sim com flagrante abuso de direito. Aplicação dos princípios da razoabilidade e proporcionalidade." (STJ, REsp 811690 / , DJ 19/06/2006 p. 123, Rel. Min. Denise Arruda, J. 18/05/2006).

◙ **Boa-fé objetiva. Contrato de honorários advocatícios.** "Advogado que recomenda providência judicial onerosa para o cliente e benéfica a ele, estipulando-a no contrato de honorários, age com deslealdade, violando o princípio da boa-fé contratual, consagrado genericamente no Código Civil e, especificamente, no Projeto de Código Civil de 1975 (art. 422) e no Código de Defesa do Consumidor (arts. 4º, III e 51, IV). Nulidade do pacto e procedência dos embargos à execução." (TARS, Ap. 194.045.472, 9ª Câm.Cív., Rel. Antônio Guilherme Tanger Jardim, J 26.4.1994)

◙ **Boa-fé objetiva. No contrato de compra e venda de imóvel a referencia à área não pode ser meramente enunciativa.** "(...) Venda por medida. Má-fé. Abuso do poder econômico. Equilíbrio contratual. Boa-fé objetiva. – A referência à área do imóvel nos contratos de compra e venda de imóvel adquiridos na planta regidos pelo CDC não pode ser considerada simplesmente enunciativa, ainda que a diferença encontrada entre a área mencionada no contrato e a área real não exceda um vigésimo (5%) da extensão total anunciada, devendo a venda, nessa hipótese, ser caracterizada sempre como por medida, de modo a possibilitar ao consumidor o complemento da área, o abatimento proporcional do preço ou a rescisão do contrato. (...) – Somente a preponderância da boa-fé objetiva é capaz de materializar o equilíbrio ou justiça contratual. Recurso especial conhecido e provido." (STJ, REsp 436853/DF, Rel. Min. Nancy Andrighi, J. 27.11.2006)

◙ **Boa-fé objetiva. A contratação expressa da capitalização de juros deve ser clara.** "CIVIL. BANCÁRIO. RECURSO ESPECIAL. AÇÃO DE REVISÃO CONTRATUAL. CAPITALIZAÇÃO DE JUROS. CONTRATAÇÃO EXPRESSA. NECESSIDADE DE PREVISÃO. DESCARACTERIZAÇÃO DA MORA. 1. A contratação expressa da capitalização de juros deve ser clara, precisa e ostensiva, não podendo ser deduzida da mera divergência entre a taxa de juros anual e o duodécuplo da taxa de juros mensal. 2. Reconhecida a abusividade dos encargos exigidos no período de normalidade contratual, descaracteriza-se a mora. 3. Recurso especial não provido." (STJ, REsp 1302738/SC, Rel. Ministra Nancy Andrighi, Terceira Turma, DJe 10/05/2012)

◙ **Boa-fé objetiva. Repasse do custo do serviço a maior.** "1. O repasse ao consumidor do custo do serviço prestado é direito do fornecedor. 2. Configura, porém, abuso de direito o repasse a maior do valor do frete pago à transportadora, desprovido de informação clara e adequada ao adquirente do veículo, acerca dessa prática comercial. 3. Afronta aos deveres de lealdade e de informação, consectários do princípio da boa-fé objetiva." (STJ, REsp 901.548/RS, Rel. Ministro Paulo de Tarso Sanseverino, Terceira Turma, DJe 10/05/2012)

◙ **Boa-fé objetiva. Dever de comunicar individualmente o descredenciamento de médicos e hospitais.** "CONSUMIDOR. PLANO DE SAÚDE. REDE CONVENIADA. ALTERAÇÃO. DEVER DE INFORMAÇÃO ADEQUADA. COMUNICAÇÃO INDIVIDUAL DE CADA ASSOCIADO. NECESSIDADE. 1. Os arts. 6º, III, e 46 do CDC instituem o dever de informação e consagram o princípio da transparência, que alcança o negócio em sua essência, na medida em que a informação repassada ao consumidor integra o próprio conteúdo do contrato. Trata-se de dever intrínseco ao negócio e que deve estar presente não apenas na formação do contrato, mas também durante toda a sua execução. 2. O direito à informação visa a assegurar ao consumidor uma escolha consciente, permitindo que suas expectativas em relação ao produto ou serviço sejam de fato atingidas, manifestando o que vem sendo denominado de consentimento informado ou vontade qualificada. Diante disso, o comando do art. 6º, III, do CDC, somente estará sendo efetivamente cumprido quando a informação for prestada ao consumidor de forma adequada, assim entendida como aquela que se apresenta simultaneamente completa, gratuita e útil, vedada, neste último caso, a diluição da comunicação efetivamente relevante pelo uso de informações soltas, redundantes ou destituídas de qualquer serventia para o consumidor. 3. A rede conveniada constitui informação primordial na relação do associado frente à operadora do plano de saúde, mostrando-se determinante na decisão quanto à contratação e futura manutenção do vínculo contratual. 4. Tendo em vista a importância que a rede conveniada assume para a continuidade do contrato, a operadora somente cumprirá o dever de informação se comunicar individualmente cada associado sobre o descredenciamento de médicos e hospitais. 5. Recurso especial provido. (REsp 1144840/SP, Rel. Ministra Nancy Andrighi, Terceira Turma, julgado em 20/03/2012, DJe 11/04/2012)

◙ **Boa-fé objetiva. Descredenciamento que diminui a qualidade os serviços contratados.** "O descredenciamento de estabelecimento de saúde efetuado sem a observância dos requisitos legalmente previstos configura prática abusiva e atenta contra o princípio da boa-fé objetiva que deve guiar a elaboração e a execução de todos os contratos. O consumidor não é obrigado a tolerar a diminuição da qualidade dos serviços contratados e não deve ver frustrada sua legítima expectativa de poder contar, em caso de necessidade, com os serviços colocados à sua disposição no momento da celebração do contrato de assistência médica." (STJ, REsp 1119044/SP, Rel. Ministra Nancy Andrighi, Terceira Turma, julgado em 22/02/2011, DJe 04/03/2011)

◙ **Boa-fé objetiva. Alteração unilateral do contrato de plano de saúde.** "1. A operadora do plano de saúde está obrigada ao cumprimento de uma boa-fé qualificada, ou seja, uma boa-fé que pressupõe os deveres de informação, cooperação e cuidado com o consumidor/segurado. 2. No caso, a empresa de saúde realizou a alteração contratual sem a participação do consumidor, por isso é nula a modificação que determinou que a assistência médico hospitalar fosse prestada apenas por estabelecimento credenciado ou, caso o consumidor escolhesse hospital não credenciado, que o ressarcimento das despesas estaria limitado à determinada tabela. (...)" (STJ, AgRg no REsp 1025797 / RS, Rel. Min. Sidnei Benetti, J. 10/06/2008)

◙ **Boa-fé objetiva. Não é possível a seguradora invocar prazo de carência contratual para restringir o custeio dos procedimentos de emergência com risco à vida para o consumidor.** "SEGURO DE SAÚDE. RECURSO ESPECIAL. APRECIAÇÃO ACERCA DE VIOLAÇÃO À RESOLUÇÃO. DESCABIMENTO. NATUREZA DA RELAÇÃO JURÍDICA. CONSUMO. PRAZO CONTRATUAL DE CARÊNCIA PARA COBERTURA SECURITÁRIA. POSSIBILIDADE. CONSUMIDOR QUE, MESES APÓS A ADESÃO DE SEU GENITOR AO CONTRATO DE SEGURO, VÊ-SE ACOMETIDO POR TUMOR CEREBRAL E HIDROCEFALIA AGUDA. ATENDIMENTO EMERGENCIAL. SITUAÇÃO-LIMITE EM QUE O BENEFICIÁRIO NECESSITA, COM PREMÊNCIA, DE PROCEDIMENTOS MÉDICOS-HOSPITALARES COBERTOS PELO SEGURO. INVOCAÇÃO DE CARÊNCIA. DESCABIMENTO, TENDO EM VISTA A EXPRESSA RESSALVA CONTIDA NO ARTIGO 12,V, ALÍNEA "C", DA LEI 9.656/98 E A NECESSIDADE DE SE TUTELAR O DIREITO FUNDAMENTAL À VIDA. 1. "Lídima a cláusula de carência estabelecida em contrato voluntariamente aceito por aquele que ingressa em plano de saúde, merecendo temperamento, todavia, a sua aplicação quando se revela circunstância excepcional, constituída por necessidade de tratamento de urgência decorrente de doença grave que, se não combatida a tempo, tornará inócuo o fim maior do pacto celebrado, qual seja, o de assegurar eficiente amparo à saúde e à vida". (REsp 466.667/SP, Rel. Ministro Aldir Passarinho Junior, Quarta Turma, julgado em 27/11/2007, DJ 17/12/2007, p. 174) 2. Diante do disposto no artigo 12 da Lei 9.656/98, é possível a estipulação contratual de prazo de carência, todavia o inciso V, alínea "c", do mesmo dispositivo estabelece o prazo máximo de vinte e quatro horas para cobertura dos casos de urgência e emergência. 3. Os contratos de seguro e assistência à saúde são pactos de cooperação e solidariedade, cativos e de longa duração, informados pelos princípios consumeristas da boa-fé objetiva e função social, tendo o objetivo precípuo de assegurar ao consumidor, no que tange aos riscos inerentes à saúde, tratamento e segurança para amparo necessário de seu parceiro contratual. 4. Os artigos 18, § 6º, III, e 20, § 2º, do Código de Defesa do Consumidor preveem a necessidade da adequação dos produtos e serviços à legítima expectativa que o Consumidor tem de, em caso de pactuação de contrato oneroso de seguro de assistência à saúde, não ficar desamparado, no que tange à procedimento médico premente e essencial à preservação de sua vida. 5. Portanto, não é possível a Seguradora invocar prazo de carência contratual para restringir o custeio dos procedimentos de emergência, relativos a tratamento de tumor cerebral que acomete o beneficiário do seguro. 6. Como se trata de situação-limite em que há nítida possibilidade de violação ao direito fundamental à vida, "se o juiz não reconhece, no caso concreto, a influência dos direitos fundamentais sobre as relações privadas, então ele não apenas lesa o direito constitucional objetivo, como também afronta direito fundamental considerado como pretensão em face do Estado, ao qual, enquanto órgão estatal, está obrigado a observar".(RE 201819, Relator(a): Min. ELLEN GRACIE, Relator(a) p/ Acórdão: Min. GILMAR MENDES, Segunda Turma, julgado em 11/10/2005, DJ 27-10-2006 PP-00064 EMENT VOL-02253-04 PP-00577 RTJ VOL-00209-02 PP-00821) 7. Recurso especial provido para restabelecer a sentença." (STJ, REsp 962.980/SP, Rel. Ministro Luis Felipe Salomão, Quarta Turma, julgado em 13/03/2012, DJe 15/05/2012)

◙ **Boa-fé objetiva. Cobrança de mensalidade independentemente do número de disciplinas cursadas.** "A jurisprudência do STJ não admite cobrança de mensalidade de serviço educacional pelo sistema de valor fixo, independentemente do número de disciplinas cursadas. Notadamente no caso em julgamento, em que o aluno cursou novamente apenas as disciplinas em que reprovou, bem como houve cobrança integral da mensalidade, mesmo quando era dispensado de matérias cumpridas em faculdade anterior. 2. Com efeito, a previsão contratual e/ou regimental que imponha o pagamento integral da mensalidade, independentemente do número de disciplinas que o aluno cursar, mostra-se abusiva, por ferir o equilíbrio e a boa-fé objetiva." (STJ, REsp 927.457/SP, Rel. Ministro Luis Felipe Salomão, Quarta Turma, julgado em 13/12/2011, DJe 01/02/2012)

◙ **No sentido da não aplicação da teoria do adimplemento substancial nos contratos de alienação fiduciária regidos pelo Decreto-Lei 911/69.** "RECURSO ESPECIAL AÇÃO DE BUSCA E APREENSÃO. CONTRATO DE FINANCIAMENTO DE VEÍCULO, COM ALIENAÇÃO FIDUCIÁRIA EM GARANTIA REGIDO PELO DECRETO-LEI 911/69. INCONTROVERSO INADIMPLEMENTO DAS QUATRO ÚLTIMAS PARCELAS (DE UM TOTAL DE 48). EXTINÇÃO DA AÇÃO DE BUSCA E APREENSÃO (OU DETERMINAÇÃO PARA ADITAMENTO DA INICIAL, PARA TRANSMUDÁ-LA EM AÇÃO EXECUTIVA OU DE COBRANÇA), A PRETEXTO DA APLICAÇÃO DA TEORIA DO ADIMPLEMENTO SUBSTANCIAL. DESCABIMENTO. 1. ABSOLUTA INCOMPATIBILIDADE DA CITADA TEORIA COM OS TERMOS DA LEI ESPECIAL DE REGÊNCIA. RECONHECIMENTO. 2. REMANCIPAÇÃO DO BEM AO DEVEDOR CONDICIONADA AO PAGAMENTO DA INTEGRALIDADE DA DÍVIDA, ASSIM COMPREENDIDA COMO OS DÉBITOS VENCIDOS,

VINCENDOS E ENCARGOS APRESENTADOS PELO CREDOR, CONFORME ENTENDIMENTO CONSOLIDADO DA SEGUNDA SEÇÃO, SOB O RITO DOS RECURSOS ESPECIAIS REPETITIVOS (REsp n. 1.418.593/MS). 3. INTERESSE DE AGIR EVIDENCIADO, COM A UTILIZAÇÃO DA VIA JUDICIAL ELEITA PELA LEI DE REGÊNCIA COMO SENDO A MAIS IDÔNEA E EFICAZ PARA O PROPÓSITO DE COMPELIR O DEVEDOR A CUMPRIR COM A SUA OBRIGAÇÃO (AGORA, POR ELE REPUTADA ÍNFIMA), SOB PENA DE CONSOLIDAÇÃO DA PROPRIEDADE NAS MÃOS DO CREDOR FIDUCIÁRIO. 4. DESVIRTUAMENTO DA TEORIA DO ADIMPLEMENTO SUBSTANCIAL, CONSIDERADA A SUA FINALIDADE E A BOA-FÉ DOS CONTRATANTES, A ENSEJAR O ENFRAQUECIMENTO DO INSTITUTO DA GARANTIA FIDUCIÁRIA. VERIFICAÇÃO. 5. RECURSO ESPECIAL PROVIDO. 1. A incidência subsidiária do Código Civil, notadamente as normas gerais, em relação à propriedade/titularidade fiduciária sobre bens que não sejam móveis infugíveis, regulada por leis especiais, é excepcional, somente se afigurando possível no caso em que o regramento específico apresentar lacunas e a solução ofertada pela 'lei geral' não se contrapuser às especificidades do instituto regulado pela lei especial (ut Art. 1.368-A, introduzido pela Lei n. 10931/2004). 1.1 Além de o Decreto-Lei n. 911/1969 não tecer qualquer restrição à utilização da ação de busca e apreensão em razão da extensão da mora ou da proporção do inadimplemento, é expresso em exigir a quitação integral do débito como condição imprescindível para que o bem alienado fiduciariamente seja remancipado. Em seus termos, para que o bem possa ser restituído ao devedor, livre de ônus, não basta que ele quite quase toda a dívida; é insuficiente que pague substancialmente o débito; é necessário, para esse efeito, que quite integralmente a dívida pendente. 2. Afigura-se, pois, de todo incongruente inviabilizar a utilização da ação de busca e apreensão na hipótese em que o inadimplemento revela-se incontroverso desimportando sua extensão, se de pouca monta ou se de expressão considerável, quando a lei especial de regência expressamente condiciona a possibilidade de o bem ficar com o devedor fiduciário ao pagamento da integralidade da dívida pendente. Compreensão diversa desborda, a um só tempo, do diploma legal exclusivamente aplicável à questão em análise (Decreto-Lei n. 911/1969), e, por via transversa, da própria orientação firmada pela Segunda Seção, por ocasião do julgamento do citado Resp n. 1.418.593/MS, representativo da controvérsia, segundo a qual a restituição do bem ao devedor fiduciante é condicionada ao pagamento, no prazo de cinco dias contados da execução da liminar de busca e apreensão, da integralidade da dívida pendente, assim compreendida como as parcelas vencidas e não pagas, as parcelas vincendas e os encargos, segundo os valores apresentados pelo credor fiduciário na inicial. 3. Impor-se ao credor a preterição da ação de busca e apreensão (prevista em lei, segundo a garantia fiduciária a ele conferida) por outra via judicial, evidentemente menos eficaz, denota absoluto descompasso com o sistema processual. Inadequado, pois, extinguir ou obstar a medida de busca e apreensão corretamente ajuizada, para que o credor, sem poder se valer de garantia fiduciária dada (a qual, diante do inadimplemento, conferia-lhe, na verdade, a condição de proprietário do bem), intente ação executiva ou de cobrança, para só então adentrar no patrimônio do devedor, por meio de constrição judicial que poderá, quem sabe (respeitada o ordem legal), recair sobre esse mesmo bem (naturalmente, se o devedor, até lá, não tiver dele se desfeito). 4. A teoria do adimplemento substancial tem por objetivo precípuo impedir que o credor resolva a relação contratual em razão de inadimplemento de ínfima parcela da obrigação. A via judicial para esse fim é a ação de resolução contratual. Diversamente, o credor fiduciário, quando promove ação de busca e apreensão, de modo algum pretende extinguir a relação contratual. Vale-se da ação de busca e apreensão com o propósito imediato de dar cumprimento aos termos do contrato, na medida em que se utiliza da garantia fiduciária ajustada para compelir o devedor fiduciante a dar cumprimento às obrigações faltantes, assumidas contratualmente (e agora, por ele, reputadas ínfimas). A consolidação da propriedade fiduciária nas mãos do credor apresenta-se como consequência da renitência do devedor fiduciante de honrar seu dever contratual, e não como objetivo imediato da ação. E, note-se que, mesmo nesse caso, a extinção do contrato dá-se pelo cumprimento da obrigação, ainda que de modo compulsório, por meio da garantia fiduciária ajustada. 4.1 É questionável, se não inadequado, supor que a boa-fé contratual estaria ao lado de devedor fiduciante que deixa de pagar uma ou até algumas parcelas por ele reputadas ínfimas mas certamente de expressão considerável, na ótica do credor, que já cumpriu integralmente a sua obrigação , e, instado extra e judicialmente para honrar o seu dever contratual, deixa de fazê-lo, a despeito de ter a mais absoluta ciência dos gravosos consectários legais advindos da propriedade fiduciária. A aplicação da teoria do adimplemento substancial, para obstar a utilização da ação de busca e apreensão, nesse contexto, é um incentivo ao inadimplemento das últimas parcelas contratuais, com o nítido propósito de desestimular o credor – numa avaliação de custo-benefício – de satisfazer seu crédito por outras vias judiciais, menos eficazes, o que, a toda evidência, aparta-se da boa-fé contratual propugnada. 4.2. A propriedade fiduciária, concebida pelo legislador justamente para conferir segurança jurídica às concessões de crédito, essencial ao desenvolvimento da economia nacional, resta comprometida pela aplicação deturpada da teoria do adimplemento substancial. 5. Recurso Especial provido". (STJ, REsp 1622555/MG, Segunda Seção, Rel. Ministro Marco Buzzi, Rel. p/ Acórdão Ministro Marco Aurélio Bellizze, DJe 16/03/2017)

■ **Boa-fé objetiva. Teoria do adimplemento substancial. Manutenção no plano.** "DIREITO CIVIL. PREVIDÊNCIA PRIVADA. PLANO DE PECÚLIO POR MORTE. NATUREZA DO CONTRATO. SEGURO DE VIDA. SEMELHANÇA. MORA DO CONTRATANTE. CANCELAMENTO AUTOMÁTICO. IMPOSSIBILIDADE. AUSÊNCIA DE INTERPELAÇÃO. JURISPRUDÊNCIA FIRME DA SEGUNDA SEÇÃO. TEORIA DO ADIMPLEMENTO SUBSTANCIAL. APLICABILIDADE. TENTATIVA DE PURGAÇÃO DA MORA ANTES DO FATO GERADOR (SINISTRO). RECUSA DA ENTIDADE DE PREVIDÊNCIA. CONDUTA DO CONSUMIDOR PAUTADA NA BOA-FÉ. RELEVÂNCIA. PAGAMENTO DEVIDO. 1. O contrato de previdência privada com plano de pecúlio por morte se assemelha ao seguro de vida, podendo também as normas aplicáveis às sociedades seguradoras estender-se, no que coUBER, às entidades abertas de previdência privada (art. 73, LC n. 109/2001). 2. Portanto, à pretensão de recebimento de pecúlio devido por morte, aplica-se a jurisprudência da Segunda Seção relativa a contratos de seguro, segundo a qual "o mero atraso no pagamento de prestação do prêmio do seguro não importa em desfazimento automático do contrato, para o que se exige, ao menos, a prévia constituição em mora do contratante pela seguradora, mediante interpelação" (REsp 316.552/SP, Rel. Min. Aldir Passarinho Junior, Segunda Seção, julgado em 9/10/2002, DJ 12/4/2004, p. 184). 3. Ademais, incide a teoria do adimplemento substancial, que visa a impedir o uso desequilibrado do direito de resolução por parte do credor, em prol da preservação da avença, com vistas à realização dos princípios da boa-fé e da função social do contrato. 4. No caso, embora houvesse mora de 90 (noventa) dias no pagamento da mensalidade do plano, antes da ocorrência do fato gerador (morte do contratante) tentou-se a purgação, ocasião em que os valores em atraso foram pagos pelo de cujus, mas a ele devolvidos pela entidade de previdência privada, com fundamento no cancelamento administrativo do contrato ocorrido 6 (seis) dias antes.5. Com efeito, depreende-se que o inadimplemento do contrato – a par de ser desimportante em face do substancial adimplemento verificado durante todo o período anterior – não pode ser imputado exclusivamente ao consumidor. Na verdade, o evitável inadimplemento decorreu essencialmente do arbítrio injustificável da recorrida – entidade de previdência e seguros – em não receber as parcelas em atraso, antes mesmo da ocorrência do sinistro, não agindo assim com a boa-fé e cooperação recíproca que são essenciais à harmonização das relações civis. 6. A entidade de previdência obstou a purgação da mora por motivo injustificado, antes mesmo da ocorrência do fato gerador, somando-se a isso a inequívoca conduta pautada na boa-fé do consumidor, por isso incabível a negativa de pagamento do pecúlio depois de verificada morte do contratante. Incidência do art. 21, § 3º, da Lei n. 6.435/77. 7. Recurso especial provido." (STJ, REsp 877.965/SP, Rel. Ministro Luis Felipe Salomão, Quarta Turma, julgado em 22/11/2011, DJe 01/02/2012)

◙ **Boa-fé objetiva. Possibilidade de revisão das cláusulas contratuais pactuadas.** "A jurisprudência do STJ pacificou-se no sentido de que, aplicável o Código de Defesa do Consumidor aos casos que envolvem relação de consumo, é permitida a revisão das cláusulas contratuais pactuadas, diante do fato de que o princípio do pacta sunt servanda vem sofrendo mitigações, mormente ante os princípios da boa-fé objetiva, da função social dos contratos e do dirigismo contratual." (STJ, AgRg no AREsp 32.884/SC, Rel. Ministro Raul Araújo, Quarta Turma, julgado em 17/11/2011, DJe 01/02/2012)

◙ **Boa-fé objetiva. Se já houve a aceitação de parte do prêmio, não pode a vigência do seguro ficar sujeita à vontade unilateral da seguradora, condicionada à emissão da respectiva apólice.** "Tendo o consumidor realizado a vistoria prévia, assinado proposta e pago a primeira parcela do prêmio, pressupõe-se ter havido a aceitação da seguradora quanto à contratação do seguro, não lhe sendo mais possível exercer a faculdade de recusar a proposta." (STJ, REsp 1077911/SP, Rel. Ministra Nancy Andrighi, Terceira Turma, julgado em 04/10/2011, DJe 14/10/2011) ◙ **No mesmo sentido:** "(...) a procrastinação da seguradora no que diz respeito à entrega de cópia da apólice ao segurado não pode lhe trazer benefícios, levando o consumidor de boa-fé à perda do seu direito de ação" (REsp 1.176.628/RS, 3ª Turma, Rel. Ministra Nancy Andrighi, DJe de 04.10.2010).

◙ **Boa-fé objetiva. Reajustes das mensalidades de planos de saúde em razão da mudança da faixa etária.** (...) Nesse contexto, deve-se admitir a validade de reajustes em razão da mudança de faixa etária, desde que atendidas certas condições, quais sejam: a) previsão no instrumento negocial; b) respeito aos limites e demais requisitos estabelecidos na Lei Federal nº 9.656/98; e c) observância ao princípio da boa-fé objetiva, que veda índices de reajuste desarrazoados ou aleatórios, que onerem em demasia o segurado. 6. Sempre que o consumidor segurado perceber abuso no aumento de mensalidade de seu seguro de saúde, em razão de mudança de faixa etária, poderá questionar a validade de tal medida, cabendo ao Judiciário o exame da exorbitância, caso a caso." (REsp 866.840/SP, Rel. Ministro Luis Felipe Salomão, Rel. p/ Acórdão Ministro Raul Araújo, Quarta Turma, julgado em 07/06/2011, DJe 17/08/2011)

◙ **Boa-fé objetiva. Mudança abruta das condições do seguro.** "No moderno direito contratual reconhece-se, para além da existência dos contratos descontínuos, a existência de contratos relacionais, nos quais as cláusulas estabelecidas no instrumento não esgotam a gama de direitos e deveres das partes. 2. Se o consumidor contratou, ainda jovem, o seguro de vida oferecido pela recorrida e se esse vínculo vem se renovando desde então, ano a ano, por mais de trinta anos, a pretensão da seguradora de modificar abrutamente as condições do seguro, não renovando o ajuste anterior, ofende os princípios da boa fé objetiva, da cooperação, da confiança e da lealdade que deve orientar a interpretação dos contratos que regulam relações de consumo. 3. Constatado prejuízos pela seguradora e identificada a necessidade de modificação da carteira de seguros em decorrência de novo cálculo atuarial, compete a ela ver o consumidor como um colaborador, um parceiro que a tem acompanhado ao longo dos anos. Assim, os aumentos necessários para o reequilíbrio da carteira têm de ser estabelecidos de maneira suave e gradual, mediante um cronograma extenso, do qual o segurado tem de ser cientificado previamente. Com isso, a seguradora colabora com o particular, dando-lhe a oportunidade de se preparar para os novos custos que onerarão, ao longo do tempo, o seu seguro de vida, e o particular também colabora com a seguradora, aumentando sua participação e mitigando os prejuízos constatados. 4. A intenção de modificar abruptamente a relação jurídica continuada, com simples notificação entregue com alguns meses de antecedência, ofende o sistema de proteção ao consumidor e não pode prevalecer. 5. Recurso especial conhecido e provido. (REsp 1073595/MG, Rel. Ministra Nancy Andrighi, Segunda Seção, DJe 29/04/2011). **No mesmo sentido:** "SEGURO DE VIDA. NÃO RENOVAÇÃO. FATOR DE IDADE. OFENSA AOS PRINCÍPIOS DA BOA-FÉ OBJETIVA, DA COOPERAÇÃO, DA CONFIANÇA E DA LEALDADE. Na hipótese em que o contrato de seguro de vida é renovado ano a ano, por longo período, não pode a seguradora modificar subitamente as condições da avença nem deixar de renová-la em razão do fator de idade, sem que ofenda os princípios da boa-fé objetiva, da cooperação, da confiança e da lealdade." (STJ, EDcl no Ag 1427345/RS, Rel. Ministro João Otávio de Noronha, Terceira Turma, julgado em 27/08/2013, DJe 05/09/2013)

◙ **Boa-fé objetiva. A recusa de tratamento de doenças preexistentes somente se houver má-fé do consumidor na omissão de informações. A seguradora pode requerer exames médicos para detectar as doenças.** "DIREITO CIVIL E DO CONSUMIDOR. RECURSO ESPECIAL. SEGURO SAÚDE. COBERTURA. RECUSA. MÁ-FÉ DO SEGURADO AO INFORMAR DOENÇAS PREEXISTENTES. PRÉVIA SOLICITAÇÃO DE EXAMES MÉDICOS. DEVER DA SEGURADORA. OBESIDADE MÓRBIDA JÁ EXISTENTE NA DATA DA CONTRATAÇÃO. VÍCIO DA MANIFESTAÇÃO DE VONTADE. AUSÊNCIA. 1. Provado nos autos que, no ato de assinatura do contrato, o recorrente já era portador de obesidade mórbida, os respectivos riscos certamente foram levados em consideração e aceitos pela seguradora ao admiti-lo como segurado, não se podendo falar em vício na manifestação de vontade. Ademais, diante do quadro de obesidade mórbida, era razoável supor que o segurado apresentasse problemas de saúde dela decorrentes – inclusive diabetes, hipertensão e cardiopatia – de sorte que, em respeito ao princípio da boa-fé, a seguradora não poderia ter adotado uma postura passiva, de simplesmente aceitar as negativas do segurado quanto à existência de problemas de saúde, depois se valendo disso para negar-lhe cobertura. 2. Antes de concluir o contrato de seguro saúde, pode a seguradora exigir do segurado a realização de exames médicos para constatação de sua efetiva disposição física e psíquica, mas, não o fazendo e ocorrendo sinistro, não se eximirá do dever de indenizar, salvo se comprovar a má-fé do segurado ao informar seu estado de saúde. Precedentes. 3. A má-fé do segurado somente implicará isenção de cobertura caso tenha tido o condão de ocultar ou dissimular o próprio risco segurado, isto é, a omissão do segurado deve ter sido causa determinante para a seguradora assumir o risco da cobertura que se pretende afastar. 4. Somente se pode falar em vício da livre manifestação de vontade caso o comportamento do segurado tenha efetivamente influenciado a análise do risco, afetando de forma decisiva o desígnio da seguradora.5. O princípio da boa-fé contratual, contido nos arts. 422 do CC/02 e 4º, III, do CDC, inclui o dever de não se beneficiar da má-fé da parte contrária. Ter-se-á caracterizada, nessa situação, o dolo recíproco ou bilateral, previsto no art. 150 do CC/02, consistente e tirar proveito da leviandade da outra parte para obter vantagem indevida no negócio. 6. Recurso especial provido." (STJ, REsp 1230233/MG, Rel. Ministra Nancy Andrighi, Terceira Turma, julgado em 03/05/2011, DJe 11/05/2011)

◙ **Boa-fé objetiva. SFH. Cláusula de exclusão por doença preexistente. Necessidade de prévio exame médico.** "Nos contratos de seguro, o dever de boa-fé e transparência torna insuficiente a inserção de uma cláusula geral de exclusão de cobertura; deve-se dar ao contratante ciência discriminada dos eventos efetivamente não abrangidos por aquele contrato. – O fato do seguro ser compulsório não ilide a obrigatoriedade de uma negociação transparente, corolário da boa-fé objetiva inerente a qualquer relação contratual, em especial aquelas que caracterizam uma relação de consumo. – No seguro habitacional, é crucial que a seguradora, desejando fazer valer cláusula de exclusão de cobertura por doença preexistente, dê amplo conhecimento ao segurado, via exame médico prévio, sobre eventuais moléstias que o acometam no ato de conclusão do negócio e que, por tal motivo, ficariam excluídas do objeto do contrato. Essa informação é imprescindível para que o segurado saiba, de antemão, o alcance exato do seguro contratado, inclusive para que, no extremo, possa desistir do próprio financiamento, acaso descubra estar acometido de doença que, não abrangida pelo seguro, possa a qualquer momento impedi-lo de dar continuidade ao pagamento do mútuo, aumentando sobremaneira os riscos do negócio. Assim, não se coaduna com o espírito da norma a exclusão desse benefício nos casos de doença preexistente, porém não diagnosticada ao tempo da contratação. Em tais hipóteses, ausente a má-fé do mutuário-segurado, a indenização securitária deve ser paga. Recurso especial não conhecido." (STJ, REsp 1074546/RJ, Rel. Ministro Massami Uyeda, Terceira Turma, julgado em 22/09/2009, DJe 04/12/2009)

■ **Boa-fé objetiva. Proteção do investidor-consumidor. Investimento feito pela instituição bancária sem autorização expressa do consumidor.** "O princípio da boa-fé e seus deveres anexos devem ser aplicados na proteção do investidor-consumidor que utiliza os serviços de fornecedores de serviços bancários, o que implica a exigência, por parte desses, de informações adequadas, suficientes e específicas sobre o serviço que está sendo prestado com o patrimônio daquele que o escolheu como parceiro. 4. O redirecionamento das aplicações do recorrente ao fundo gerido pelo Banco Santos S/A. configura-se operação realizada pela instituição bancária fora de seu compromisso contratual e legal, que extrapola, por essa razão, a alea natural do contrato. Essa situação não pode ser equiparada, a título exemplificativo, ao risco de que o real se desvalorize frente ao dólar ou de que determinada ação sofra uma queda abrupta na bolsa de valores, pois não se pode chamar de risco, a desonerar a instituição bancária de sua responsabilidade, o que foi sua própria escolha, elemento volitivo, com o qual o conceito de risco é incompatível. 5. Não estando inserida na alea natural do contrato a aplicação junto ao Banco Santos S/A do capital investido pelo recorrente enquanto correntista da instituição financeira recorrida, a mera presunção de conhecimento ou anuência acerca desses riscos não é fundamento para desonerar a instituição bancária da obrigação de ressarcir ao consumidor-investidor os valores aplicados. Deve restar demonstrada a autorização expressa quanto à finalidade pretendida, ônus que cabe ao banco e do qual, na espécie, não se desincumbiu. 6. Recurso especial provido para condenar o recorrido a restituir ao recorrente os valores depositados. Ônus da sucumbência que se inverte." (STJ, REsp 1131073/MG, Rel. Ministra Nancy Andrighi, Terceira Turma, julgado em 05/04/2011, DJe 13/06/2011)

■ **Boa-fé objetiva. A prática da conferência de mercadorias pelos estabelecimentos comerciais, após a venda, é lícita.** "A prática da conferência indistinta de mercadorias pelos estabelecimentos comerciais, após a consumação da venda, é em princípio lícito e tem como base o exercício do direito de vigilância e proteção ao patrimônio, razão pela qual não constitui, por si só, prática abusiva. Se a revista dos bens adquiridos é realizada em observância aos limites da urbanidade e civilidade, constitui mero desconforto, a que atualmente a grande maioria dos consumidores se submete, em nome da segurança." (STJ, REsp 1120113/SP, Rel. Ministra Nancy Andrighi, Terceira Turma, DJe 10/10/2011)

■ **Boa-fé objetiva. Não se pode presumir que a autoria da fraude no medidor de energia elétrica seja do consumidor.** "Não se pode presumir que a autoria da fraude no medidor seja do consumidor em razão somente de considerá-lo depositário de tal aparelho e por este situar-se à margem de sua casa, como entendeu a Corte de origem. (...) A boa-fé no CDC é o princípio orientador das condutas sociais, estreitamente ligado ao principio da razoabilidade, dele se deduzindo o comportamento em que as partes devem se pautar. Sob essa nova perspectiva contratual, não há espaço para presumir a má-fé do consumidor em fraudar o medidor." (STJ, REsp 1135661/RS, Rel. Ministro Herman Benjamin, Segunda Turma, DJe 04/02/2011)

■ **Boa-fé objetiva. A alteração do domicílio do consumidor durante o desenvolvimento do contrato deve ser informada ao fornecedor.** "A alteração do domicílio do consumidor durante o desenvolvimento do contrato deve ser informada ao fornecedor, dando-se máxima efetividade ao princípio da boa-fé e aos deveres anexos que dela dimanam. 3. Necessária a suscitação do incidente respectivo pelo próprio interessado, manifestando o interesse em ver declinada a competência – e evitando a prorrogação – e comprovando eventual comunicação à instituição financeira da alteração de domicílio, de forma a evidenciar o pleno atendimento dos referidos deveres." (STJ, CC 109.203/SC, Rel. Ministro Paulo de Tarso Sanseverino, Segunda Seção, DJe 04/10/2010)

■ **Boa-fé objetiva. Deve ser remetida cópia da apólice contratada ao segurado, ainda que a celebração do contrato tenha se dado por via telefônica** "Deve ser remetida cópia da apólice contratada ao segurado, ainda que a celebração do contrato tenha se dado por via telefônica. Conforme determina o art. 6º, III, do CDC, o fornecedor ou prestador de serviços tem o dever de informar devidamente o consumidor sobre os termos do contrato oferecido, prestando os esclarecimentos necessários para a perfeita compreensão quanto aos direitos e obrigações deles oriundas, especialmente quando a contratação é feita por telefone. (...) A procrastinação da seguradora no que diz respeito à entrega de cópia da apólice ao segurado não pode lhe trazer benefícios, levando o consumidor de boa-fé à perda de seu direito de ação. É preceito consuetudinário, com respaldo na doutrina e na jurisprudência, que a parte a quem aproveita não pode tirar proveito de um prejuízo que ela mesma tenha causado." (STJ, REsp 1176628/RS, Rel. Ministra Nancy Andrighi, Terceira Turma, julgado em 16/09/2010, DJe 04/10/2010)

■ **Boa-fé objetiva. Princípio da informação. Assinatura de paciente em termo de consentimento informado**. "Age com cautela e conforme os ditames da boa-fé objetiva o médico que colhe a assinatura do paciente em "termo de consentimento informado", de maneira a alertá-lo acerca de eventuais problemas que possam surgir durante o pós-operatório." (STJ, REsp 1180815/MG, Rel. Ministra Nancy Andrighi, Terceira Turma, julgado em 19/08/2010, DJe 26/08/2010)

■ **Boa-fé objetiva. Sonegação de informação.** "A sonegação de informação no ato da contratação, a respeito de mudança da legislação, da qual já tinha conhecimento a contratada, fere o princípio da boa-fé, constante tanto no Código Civil quanto no Código de Defesa do Consumidor." (STJ, REsp 910.389/RN, Rel. Ministro Sidnei Beneti, Terceira Turma, julgado em 25/05/2010, DJe 18/06/2010)

■ **Boa-fé objetiva. O princípio deve ser analisado contextualmente (julgamento envolvendo responsabilidade das empresas de tabaco).** "A boa-fé não possui um conteúdo per se, a ela inerente, mas contextual, com significativa carga histórico-social. Com efeito, em mira os fatores legais, históricos e culturais vigentes nas décadas de cinquenta a oitenta, não há como se agitar o princípio da boa-fé de maneira fluida, sem conteúdo substancial e de forma contrária aos usos e aos costumes, os quais preexistiam de séculos, para se chegar à conclusão de que era exigível das indústrias do fumo um dever jurídico de informação aos fumantes. Não havia, de fato, nenhuma norma, quer advinda de lei, quer dos princípios gerais de direito, quer dos costumes, que lhes impusesse tal comportamento." (STJ, REsp 1113804/RS, Rel. Ministro Luis Felipe Salomão, Quarta Turma, julgado em 27/04/2010, DJe 24/06/2010)

■ **Boa-fé objetiva. Empresa que somente fornece caixa postal para comunicação.** "Em hipóteses nas quais a empresa só fornece, nos documentos e correspondências enviados aos seus consumidores, o endereço de uma caixa postal, dificultando-lhes a sua localização, é válida a citação judicial enviada, por correio, para o endereço dessa caixa postal, notadamente tendo em vista a afirmação, contida no acórdão recorrido, de que esse expediente é utilizado para que a empresa se furte do ato processual. – O dever de informação e de boa-fé devem ser sempre colocados em primeiro plano, tanto no desenvolvimento da relação de consumo, como no posterior julgamento de processos relacionados à matéria. – Se a caixa postal é apresentada como único endereço para o qual o consumidor possa se dirigir para expor as questões que de seu interesse, é incoerente pensar que tal endereço não sirva, em contrapartida, para alcançar a empresa nas hipóteses em que é o interesse dela que está em jogo. – A revelia da empresa citada na caixa postal é apenas mais um indício do descaso com que trata as correpondências que recebe nesse endereço." (STJ, REsp 981.887/RS, Rel. Ministra Nancy Andrighi, Terceira Turma, julgado em 23/03/2010, DJe 01/07/2010)

◙ **Boa-fé objetiva. Recusa de cheque sob o falso argumento de que não havia provisão de fundos.** "Após recusa da sociedade empresária em receber cheque emitido pelo consumidor, sob o falso argumento de que não havia provisão de fundos, o pagamento da mercadoria foi efetuado mediante cartão de débito em conta corrente. – Embora o cheque não seja título de crédito de aceitação compulsória no exercício da atividade empresarial, a sociedade empresária, ao possibilitar, inicialmente, o pagamento de mercadoria por meio desse título, renunciou sua mera faculdade de aceitação e se obrigou a demonstrar justa causa na recusa, sob pena de violação ao princípio da boa-fé objetiva. – Na hipótese julgada, não foi demonstrada justa causa para a recusa do cheque, sobretudo porque na data da emissão deste havia provisão de fundos em conta corrente, bem como o nome da recorrente não estava inscrito em cadastros de proteção ao crédito. – Dessarte, a recusa indevida de cheque, sob a alegação inverídica de que não há provisão de fundos, ocasiona danos morais in re ipsa. Ademais, a utilização de outra forma de pagamento e a posterior realização do negócio jurídico não ilidiram a conduta ilícita já consumada. Recurso especial provido." (STJ, REsp 981.583/PR, Rel. Ministra Nancy Andrighi, Terceira Turma, julgado em 23/03/2010, DJe 01/07/2010)

◙ **Boa-fé objetiva. Seguro de automóvel. Consumidor deve informar local de uso habitual do veículo.** "Civil e consumidor. Recurso Especial. Ação de indenização por danos materiais. Cláusula limitativa de seguro que prevê a localidade de circulação habitual do veículo. Validade. Furto do veículo. Informação falsa e omissão relevante. Violação ao princípio da boa-fé objetiva. – Hipótese em que o contrato de seguro de veículo prevê isenção de responsabilidade do segurador, quando o segurado omite ou presta informação falsa a respeito da localidade de circulação habitual do veículo. – É válida cláusula contratual que isenta a responsabilidade da seguradora, quando o veículo circula, habitualmente, em região distinta da declarada no contrato de seguro, pois é com base nas informações prestadas pelo segurado, que a seguradora avalia a aceitação dos riscos e arbitra o valor da prestação a ser paga. – De acordo como o princípio da boa-fé objetiva, deve-se esperar do segurado a prestação de informações que possam influenciar na aceitação do contrato e na fixação do prêmio. Na presente hipótese, o segurado, ao firmar contrato em localidade diversa da circulação habitual do veículo e ali indicar endereço residencial, certamente, omitiu informação relevante. Recurso especial conhecido e provido." (STJ, REsp 988.044/ES, Rel. Ministra Nancy Andrighi, Terceira Turma, julgado em 17/12/2009, DJe 02/02/2010)

◙ **Boa-fé objetiva. Dever de informação das agências de viagens.** "Direito do consumidor. Recurso especial. Ação de indenização por danos morais e materiais. Viagem ao exterior. Passageira boliviana que adquiriu bilhete aéreo com destino à França e teve seu ingresso negado naquele país por não possuir visto consular. Fornecedor que não prestou informação adequada sobre a necessidade de obtenção do visto. Vício do serviço configurado. (...) Na hipótese, em que as consumidoras adquiriram passagens aéreas internacionais com o intuito de juntas conhecer a França, era necessário que a companhia aérea se manifestasse de forma escorreita acerca das medidas que deveriam ser tomadas pelas passageiras para viabilizar o sucesso da viagem, o que envolve desde as advertências quanto ao horário de comparecimento no balcão de "check-in" até mesmo o alerta em relação à necessidade de obtenção do visto. – Verificada a negligência da recorrida em fornecer as informações necessárias para as recorrentes, impõe-se o reconhecimento de vício de serviço e se mostra devida a fixação de compensação pelos danos morais sofridos." (STJ, REsp 988595/SP, Rel. Ministra Nancy Andrighi, Terceira Turma, julgado em 19/11/2009, DJe 09/12/2009)

◙ **Boa-fé objetiva. Inexistência de vantagem exagerada em cobrança por carnê ou boleto bancário.** " "(...) No caso, o consumidor, antes de formalizar o negócio jurídico com a Editora Abril (fornecedora), na fase pré-contratual, foi informado da faculdade de optar por uma das três formas de pagamento oferecidas pela empresa: boleto bancário, débito em conta e débito no cartão de crédito. Inexiste vantagem exagerada em decorrência da cobrança por carnê, em especial porque o boleto bancário não é imposto pelo fornecedor, mas, ao contrário, propicia ao consumidor uma comodidade, realizando a liberdade contratual e o dever de informação. 5. Ausente a onerosidade excessiva, porquanto mantidos o equilíbrio contratual, a proporcionalidade do acréscimo cobrado do consumidor e a boa-fé objetiva do fornecedor" (STJ, REsp 1339097/SP, Terceira Turma, Rel. Min. Ricardo Villas Bôas Cueva, DJe 09/02/2015).

► **Contratos relacionais ou cativos de longa duração. Proteção especial em face da boa-fé.** "Trata-se de uma série de novos contratos ou relações contratuais que utilizam os métodos de contratação de massa (através de contratos de adesão ou de condições gerais dos contratos) para fornecer serviços especiais no mercado, criando relações jurídicas complexas de longa duração (Nota: A expressão longa duração ou *larga duracióné* usada por LORENZETTI, p. 113, ss. de seu belíssimo *Tratado*-I), envolvendo uma cadeia de fornecedores organizados entre si e com uma característica determinante: a posição de "catividade" ou "dependência" dos clientes, consumidores. (...) Os exemplos principais destes contratos cativos de longa duração são as novas relações banco-cliente, os contratos de seguro-saúde e de assistência médico-hospitalar, os contratos de previdência privada, os contratos de uso de cartão de crédito, os seguros em geral, os serviços de organização e aproximação de interessados (como os exercidos pelas empresas de consórcio e imobiliárias), os serviços de transmissão de informações e lazer por cabo, telefone, televisão, computadores, assim como os conhecidos serviços públicos básicos, de fornecimento de água, luz e telefone por entes públicos ou privados" (MARQUES. Cláudia Lima. *Contratos no Código de Defesa do Consumidor*, S. Paulo, Ed. Revista dos Tribunais, 5ª Ed., 2006, p. 91-92).

► "A boa-fé tem o relevante papel de encorajar a continuidade das relações contratuais. Isto porque as normas de integração não são apenas a promessa ou a vantagem e dependência em razão da confiança ("*reliance*"), mas também a reciprocidade, a implementação do planejamento, a efetivação do consenso, a restituição e a confiança ("trust"), a função de integridade, solidariedade e equilíbrio de poder e harmonzação com a matriz social, conforme visto até agora. Conforme aponta REITER ("*Good Faith in Contracts*", *Valparaiso Law Review*, vol. 17, p. 726): "A teoria dos contratos relacionais oferece regras sobre contratos num nível geral que a boa-fé exige, produzindo para tanto a elaboração de regras mais específicas para as áreas especializadas em termos das mesmas normas, mas aplicáveis a cada especialidade" (Ronaldo Porto Macedo Jr, *Contratos Relacionais e Defesa do Consumidor*, S. Paulo, Ed. Max Limonad, 1998, p. 230).

▣ **Contratos relacionais. Mudança abrupta das condições do seguro.** "No moderno direito contratual reconhece-se, para além da existência dos contratos descontínuos, a existência de contratos relacionais, nos quais as cláusulas estabelecidas no instrumento não esgotam a gama de direitos e deveres das partes. 2. Se o consumidor contratou, ainda jovem, o seguro de vida oferecido pela recorrida e se esse vínculo vem se renovando desde então, ano a ano, por mais de trinta anos, a pretensão da seguradora de modificar abrutamente as condições do seguro, não renovando o ajuste anterior, ofende os princípios da boa fé objetiva, da cooperação, da confiança e da lealdade que deve orientar a interpretação dos contratos que regulam relações de consumo. 3. Constatado prejuízos pela seguradora e identificada a necessidade de modificação da carteira de seguros em decorrência de novo cálculo atuarial, compete a ela ver o consumidor como um colaborador, um parceiro que a tem acompanhado ao longo dos anos. Assim, os aumentos necessários para o reequilíbrio da carteira têm de ser estabelecidos de maneira suave e gradual, mediante um cronograma extenso, do qual o segurado tem de ser cientificado previamente. Com isso, a seguradora colabora com o particular, dando-lhe a oportunidade de se preparar para os novos custos que onerarão, ao longo do tempo, o seu seguro de vida, e o particular também colabora com a seguradora, aumentando sua participação e mitigando os prejuízos constatados. 4. A intenção de modificar abruptamente a relação jurídica continuada, com simples notificação entregue com alguns meses de antecedência, ofende o sistema de proteção ao consumidor e não pode prevalecer. 5. Recurso especial conhecido e provido. (REsp 1073595/MG, Rel. Ministra Nancy Andrighi, Segunda Seção, DJe 29/04/2011). **No mesmo sentido:** "SEGURO DE VIDA. NÃO RENOVAÇÃO. FATOR DE IDADE. OFENSA AOS PRINCÍPIOS DA BOA-FÉ OBJETIVA, DA COOPERAÇÃO, DA CONFIANÇA E DA LEALDADE. Na hipótese em que o contrato de seguro de vida é renovado ano a ano, por longo período, não pode a seguradora modificar subitamente as condições da avença nem deixar de renová-la em razão do fator de idade, sem que ofenda os princípios da boa-fé objetiva, da cooperação, da confiança e da lealdade." (STJ, EDcl no Ag 1427345/RS, Rel. Ministro João Otávio de Noronha, Terceira Turma, julgado em 27/08/2013, DJe 05/09/2013)

IV – educação e informação de fornecedores e consumidores, quanto aos seus direitos e deveres, com vistas à melhoria do mercado de consumo;

► **Princípio da educação e informação dos consumidores.** Por este princípio é dever de todos, Estado, entidades privadas de defesa do consumidor, empresas, etc., informar e educar o consumidor a respeito de seus direitos e deveres, para que possa atuar de maneira mais consciente no mercado de consumo, acarretando, consequentemente, uma sociedade mais justa e equilibrada.

► **Educação e informação para os dois polos da relação.** O interessante é que o art. 4º, IV, coloca lado a lado a educação e informação de fornecedores e consumidores, denotando a sua complementaridade. Assim, quanto maior for o grau de informação existente, menor será o índice de conflitos nas relações de consumo, o que justifica a preocupação com a conscientização de ambos os polos da relação de consumo.

► **O artigo 6º, II do CDC** prevê expressamente que é direito básico do consumidor *"a educação e divulgação sobre o consumo adequado dos produtos e serviços, asseguradas a liberdade de escolha e a igualdade nas contratações"*.

► **Lei nº 10.962, de 11 de outubro de 2004** - Dispõe sobre a oferta e as formas de afixação de preços de produtos e serviços para o consumidor.

► **Lei n° 12.291/2010** - Tornou obrigatória a manutenção de exemplar do Código de Defesa do Consumidor nos estabelecimentos comerciais e de prestação de serviço.

V – incentivo à criação pelos fornecedores de meios eficientes de controle de qualidade e segurança de produtos e serviços, assim como de mecanismos alternativos de solução de conflitos de consumo;

► **Princípio do incentivo ao autocontrole.** Para maior proteção do consumidor e de modo a garantir maior eficácia nas relações de consumo, a política nacional prevê a necessidade de o Estado incentivar os próprios fornecedores a tomarem medidas e providências tendentes a solucionar eventuais conflitos. Com isso, as empresas devem manter o controle de qualidade não só de seus produtos e serviços, mas também do atendimento aos consumidores.

► **Arbitragem como mecanismo alternativo de solução de conflitos. Possibilidade nas relações de consumo.** O CDC vedou somente a adoção prévia e compulsória da arbitragem no momento da celebração do contrato. Porém, quando já configurado o conflito, é possível que seja instaurado o procedimento arbitral, caso haja consenso entre fornecedor e consumidor. Ou seja, somente é admissível a convenção da arbitragem pós-dano, momento em que o consumidor poderá, de forma mais consciente, optar pelo melhor meio de solução do litígio. ► **No mesmo sentido.** "O juízo arbitral é importante fator de composição dos litígios de consumo, razão por que o Código não quis proibir sua constituição pelas partes do contrato de consumo. A interpretação a contrario sensu da norma sob comentário indica que, não sendo determinada compulsoriamente, é possível instituir-se a arbitragem. Existem vários dispositivos no Código dos quais exsurge clara a regra sistêmica de que as deliberações referentes à relação jurídica de consumo não podem ser tomadas unilateralmente por qualquer das partes. (...) A LArb estipula regra específica quanto à cláusula compromissória nos contratos de adesão [...] Esse dispositivo da Larb não é incompatível com o CDC, art. 51, VII, razão pela qual ambos os dispositivos legais permanecem vigorando plenamente. Com isso queremos dizer que é possível, nos contratos de consumo, a instituição de cláusula de arbitragem, desde que obedecida, efetivamente, a bilateralidade na contratação e a forma da manifestação da vontade, ou seja, de comum acordo (gré à gré)."(JUNIOR, Nelson Nery. Código de defesa do consumidor comentado pelos autores do anteprojeto. Rio de Janeiro: Forense, 2011, p. 586-591)

► **A escolha da via arbitral é do consumidor.** "Não se deve ter qualquer receio, pois, de inclusão da cláusula de arbitragem em contratos de adesão, regendo relação de consumo, uma vez que sempre caberá ao consumidor ditar a última palavra. Descortina-se assim importante caminho legal para que o consumidor possa encontrar solução mais rápida e eficiente para a satisfação de seu direito, sobretudo naquelas situações nas quais o objeto do litígio ostenta significativo valor econômico."(TUCCI, José Rogério Cruz e. Nova arbitragem preserva autonomia da vontade do consumidor. Disponível em <http://www.conima.org.br/arquivos/3313. Acesso em: 25 de fev. 2016)

◙ **Arbitragem. Havendo consenso entre as partes (consumidor e fornecedor), pode ser instaurar o procedimento arbitral.** "DIREITO PROCESSUAL CIVIL E CONSUMIDOR. CONTRATO DE ADESÃO. CONVENÇÃO DE ARBITRAGEM. LIMITES E EXCEÇÕES. ARBITRAGEM EM CONTRATOS DE FINANCIAMENTO IMOBILIÁRIO. CABIMENTO. LIMITES. 1. Com a promulgação da Lei de Arbitragem, passaram a conviver, em harmonia, três regramentos de diferentes graus de especificidade: (i) a regra geral, que obriga a observância da arbitragem quando pactuada pelas partes, com derrogação da jurisdição estatal; (ii) a regra específica, contida no art. 4º, § 2º, da Lei nº 9.307/96 e aplicável a contratos de adesão genéricos, que restringe a eficácia da cláusula compromissória; e (iii) a regra ainda mais específica, contida no art. 51, VII, do CDC, incidente sobre contratos derivados de relação de consumo, sejam eles de adesão ou não, impondo a nulidade de cláusula que determine a utilização compulsória da arbitragem, ainda que satisfeitos os requisitos do art. 4º, § 2º, da Lei nº 9.307/96. 2. O art. 51, VII, do CDC se limita a vedar a adoção prévia e compulsória da arbitragem, no momento da celebração do contrato, mas não impede que, posteriormente, diante de eventual litígio, havendo consenso entre as partes (em especial a aquiescência do consumidor), seja instaurado o procedimento arbitral. 3. As regras dos arts. 51, VIII, do CDC e 34 da Lei nº 9.514/97 não são incompatíveis. Primeiro porque o art. 34 não se refere exclusivamente a financiamentos imobiliários sujeitos ao CDC e segundo porque, havendo relação de consumo, o dispositivo legal não fixa o momento em que deverá ser definida a efetiva utilização da arbitragem. 4. Recurso especial a que se nega provimento." (STJ, REsp 1169841/RJ, Rel. Ministra Nancy Andrighi, Terceira Turma, julgado em 06/11/2012, DJe 14/11/2012)

◙ **Arbitragem. Direito do consumidor de ajuizar a ação mesmo tendo cláusula compromissória:** "DIREITO PROCESSUAL CIVIL E CONSUMIDOR. CONTRATO DE FINANCIAMENTO IMOBILIÁRIO. CONTRATO DE ADESÃO. CONVENÇÃO DE ARBITRAGEM. POSSIBILIDADE, RESPEITADOS DETERMINADAS EXCEÇÕES. 1. Um dos nortes a guiar a Política Nacional das Relações de Consumo é exatamente o incentivo à criação de mecanismos alternativos de solução de conflitos de consumo (CDC, art. 4º, § 2º), inserido no contexto de facilitação do acesso à Justiça, dando concretude às denominadas "ondas renovatórias do direito" de Mauro Cappelletti. 2. Por outro lado, o art. 51 do CDC assevera serem nulas de pleno direito "as cláusulas contratuais relativas ao fornecimento de produtos e serviços que: VII – determinem a utilização compulsória de arbitragem". A mens legis é justamente proteger aquele consumidor, parte vulnerável da relação jurídica, a não se ver compelido a consentir com qualquer cláusula arbitral. 3. Portanto, ao que se percebe, em verdade, o CDC não se opõe a utilização da arbitragem na resolução de conflitos de consumo, ao revés, incentiva a criação de meios alternativos de solução dos litígios; ressalva, no entanto, apenas, a forma de imposição da cláusula compromissória, que não poderá ocorrer de forma impositiva. 4. Com a mesma ratio, a Lei n. 9.307/1996 estabeleceu, como regra geral, o respeito à convenção arbitral, tendo criado, no que toca ao contrato de adesão, mecanismos para proteger o aderente vulnerável, nos termos do art. 4º, § 2º, justamente porque nesses contratos prevalece a desigualdade entre as partes contratantes. 5. Não há incompatibilidade entre os arts. 51, VII, do CDC e 4º, § 2º, da Lei n. 9.307/96. Visando conciliar os normativos e garantir a maior proteção ao consumidor é que entende-se que a cláusula compromissória só virá a ter eficácia caso este aderente venha a tomar a iniciativa de instituir a arbitragem, ou concorde, expressamente, com a sua instituição, não havendo, por conseguinte, falar em compulsoriedade. Ademais, há situações em que, apesar de se tratar de consumidor, não há vulnerabilidade da parte a justificar sua proteção. 6. Dessarte, a instauração da arbitragem pelo consumidor vincula o fornecedor, mas a recíproca não se mostra verdadeira, haja vista que a propositura da arbitragem pelo policitante depende da ratificação expressa do oblato vulnerável, não sendo suficiente a aceitação da cláusula realizada no momento da assinatura do contrato de adesão. Com isso, evita-se qualquer forma de abuso, na medida em o consumidor detém, caso desejar, o poder de libertar-se da via arbitral para solucionar eventual lide com o prestador de serviços ou fornecedor. É que a recusa do consumidor não exige qualquer motivação. Propondo ele ação no Judiciário, haverá negativa (ou renúncia) tácita da cláusula compromissória. 7. Assim, é possível a cláusula arbitral em contrato de adesão de consumo quando não se verificar presente a sua imposição pelo fornecedor ou a vulnerabilidade do consumidor, bem como quando a iniciativa da instauração ocorrer pelo consumidor ou, no caso de iniciativa do fornecedor, venha a concordar ou ratificar expressamente com a instituição, afastada qualquer possibilidade de abuso. 8. Na hipótese, os autos revelam contrato de adesão de consumo em que fora estipulada cláusula compromissória. Apesar de sua manifestação inicial, a mera propositura da presente ação pelo consumidor é apta a demonstrar o seu desinteresse na adoção da arbitragem – não haveria a exigível ratificação posterior da cláusula -, sendo que o recorrido/fornecedor não aventou em sua defesa qualquer das exceções que afastariam a jurisdição estatal, isto é: que o recorrente/consumidor detinha, no momento da pactuação, condições de equilíbrio com o fornecedor – não haveria vulnerabilidade da parte a justificar sua proteção; ou ainda, que haveria iniciativa da instauração de arbitragem pelo consumidor ou, em sendo a iniciativa do fornecedor, que o consumidor teria concordado com ela. Portanto, é de se reconhecer a ineficácia da cláusula arbitral. 9. Recurso especial provido." (STJ, REsp 1189050/SP, Rel. Ministro Luis Felipe Salomão, Quarta Turma, julgado em 01/03/2016, DJe 14/03/2016)

► **Consumidor.gov.br.** Visando incentivar mecanismos alternativos de solução de conflitos de consumo, foi criado pela Secretaria Nacional do Consumidor (Senacon/MJ) uma plataforma tecnológica de informação, interação e compartilhamento de dados chamada de *Consumidor.gov.br*, permitindo, através da internet, a interlocução direta entre consumidores e empresas. Basicamente, o consumidor registra a reclamação contra a empresa cadastrada no sistema e acompanha a resposta sobre o seu problema. O *Consumidor.gov.br* apresenta o perfil das empresas participantes, com informações sobre a quantidade de reclamações finalizadas por empresa, percentual de solução, percentual de satisfação com o atendimento recebido, percentual e prazo médio de respostas. Assim, além de propiciar, de modo virtual, a interlocução direta das reclamações dos consumidores aos fornecedores, fornece ao Estado informações essenciais à elaboração e implementação de políticas públicas de defesa dos consumidores, contribuindo para o aprimoramento das relações de consumo no país. A participação das empresas fornecedoras no *Consumidor.gov.br* é voluntária, mediante assinatura de termo no qual se comprometem a conhecer, analisar e investir todos os esforços disponíveis para a solução dos problemas apresentados pelos consumidores.

O Decreto 8.573 de 19 de novembro de 2015 dispõe sobre o *Consumidor.gov.br*, estipulando os objetivos a serem perseguidos e instituindo um comitê gestor para coordenar a gestão e manutenção do sistema.

► **Enunciados aprovados na I Jornada *"Prevenção e Solução Extrajudicial de Litígios"*, promovida pelo Conselho da Justiça Federal (CJF):**

Enunciado n. 9 – O poder público, os fornecedores e a sociedade deverão estimular a utilização de mecanismos como a plataforma CONSUMIDOR. GOV. BR, política pública criada pela Secretaria Nacional do Consumidor – Senacon e pelos Procons, com vistas a possibilitar o acesso, bem como a solução dos conflitos de consumo de forma extrajudicial, de maneira rápida e eficiente.

Enunciado n. 12 – O Estado e a sociedade deverão estimular soluções consensuais nos casos de superendividamento ou insolvência do consumidor pessoa física, a fim de assegurar a sua inclusão social, o mínimo existencial e a dignidade da pessoa humana.

VI – coibição e repressão eficientes de todos os abusos praticados no mercado de consumo, inclusive a concorrência desleal e utilização indevida de inventos e criações industriais das marcas e nomes comerciais e signos distintivos, que possam causar prejuízos aos consumidores;

► **Princípio da coibição e repressão de abusos no mercado.** A política nacional de consumo procura coibir e, principalmente, reprimir as práticas abusivas cometidas pelos fornecedores no mercado de consumo, permitindo a atuação livre e consciente do consumidor na relação. Ao prever a repressão sobre "a concorrência desleal e utilização indevida de inventos e criações industriais das marcas e nomes comerciais e signos distintivos" o que se quer, em última análise, é a proteção da ordem econômica prevista no art. 170 da CF. Assim, ao possibilitar uma concorrência leal e livre, o que se estará garantindo, de forma mediata, serão os direitos dos consumidores.

◙ **Proteção à concorrência desleal. Deve-se considerar o consumidor desatento.** "Em nenhum momento a Lei exige que a semelhança entre as marcas seja grande a ponto de confundir até mesmo o observador atento. Para a Lei, basta que os produtos sejam parecidos a ponto de gerar confusão. Naturalmente, uma pessoa atenta percebe a diferença entre duas marcas, ainda que sejam quase idênticas. Entretanto, é necessário que se tenha em mente que não se trata de um "jogo de sete erros". A Lei se destina, não ao consumidor atento, mas justamente ao consumidor que, por qualquer motivo, não se encontra em condições de diferenciar os produtos similares. Não se pode descurar o fato de que, muitas vezes, o consumidor não pode ler a embalagem de um produto ou, ao menos, tem dificuldade de fazê-lo, seja por seu grau de instrução, por problemas de saúde ocular ou mesmo por pressa. Nesses casos, tudo o que o consumidor distinguirá será a forma da embalagem, as características gerais do produto, as cores apresentadas e assim por diante. Ora, ao observar as fotografias dos produtos com a marca "Brilhante" e dos produtos com a marca "BioBrilho" que constam do processo, é nítida a possibilidade de confusão. Num olhar rápido, as embalagens são muito parecidas. Assim, é imperativo que se reconheça a imitação alegada na petição inicial." (STJ, REsp 698855/RJ, Rel. Min. Nancy Andrighi, J. 29/10/2007)

◙ **Concorrência desleal. Dano ao consumidor. Recondicionamento de produtos sem a anuência do titular da marca.** "DIREITO MARCÁRIO. RECURSOS ESPECIAIS. MARCA. BEM IMATERIAL COMPONENTE DO ESTABELECIMENTO. USO SEM A ANUÊNCIA DO TITULAR. IMPOSSIBILIDADE. CONCORRÊNCIA DESLEAL. RECONHECIMENTO DA VIOLAÇÃO DO DIREITO DE PROPRIEDADE INDUSTRIAL. OBRIGAÇÃO DE INDENIZAR. APURAÇÃO DA EXTENSÃO DOS DANOS EM LIQUIDAÇÃO DE SENTENÇA. POSSIBILIDADE. IMPORTAÇÃO PARALELA E RECONDICIONAMENTO DOS PRODUTOS SEM A ANUÊNCIA DO TITULAR DA MARCA. IMPOSSIBILIDADE. 1. A marca é importante elemento do aviamento, sendo bem imaterial, componente do estabelecimento do empresário, de indiscutível feição econômica. 2. Como o Tribunal de origem reconhece a existência de violação do direito de uso da marca, em observância ao artigo 209 da Lei 9.279/96, independentemente de ter sido demonstrada a exata extensão dos prejuízos experimentados pela autora, descabe o julgamento de improcedência dos pedidos exordiais, pois a apuração pode ser realizada em liquidação de sentença. Precedentes. 3. A marca é fundamental instrumento para garantia da higidez das relações de consumo. Desse modo, outra noção importante a ser observada quanto à marca é o seu elemento subjetivo, que permite ao consumidor correlacionar a marca ao produto ou serviço, evitando, por outro lado, o desleal desvio de clientela. 4. As importações paralelas lícitas são contratos firmados com o titular da marca no exterior, ou com quem tem o consentimento deste para comercializar o produto. Tendo o Tribunal de origem apurado não haver autorização, pela titular da marca, para a importação dos produtos, o artigo 132, inciso III, da Lei 9.279/96, não socorre a recorrente. 5. Tolerar que se possa recondicionar produtos, sem submissão ao controle e aos padrões adotados pelo titular da marca - que também comercializa o produto no mercado -, significaria admitir a inequívoca confusão ocasionada ao consumidor que, ao adquirir produto da marca, espera obter bem de consumo que atenda a determinado padrão de qualidade e confiabilidade que associa ao signo. 6. Conduta que, por outro lado, não atende aos objetivos da Política Nacional de Relações de Consumo, consoante disposto no artigo 4º, incisos I, III e VI, do Código de Defesa do Consumidor, que sobrelevam aos interesses da parte. 7. Recursos especiais parcialmente conhecidos para, na extensão, dar parcial provimento apenas ao da autora, para restabelecer o decidido na sentença, inclusive no que tange aos ônus sucumbenciais, devendo a extensão dos danos ser apurada em liquidação por artigos. Negado provimento ao recurso da ré." (STJ, REsp 1207952/AM, Rel. Ministro Luis Felipe Salomão, Quarta Turma, julgado em 23/08/2011, DJe 01/02/2012)

◙ **Finalidade da proteção ao uso das marcas.** "A finalidade da proteção ao uso das marcas - garantida pelo disposto no art. 5º, XXIX, da CF/88 e regulamentada pelo art. 129 da LPI - é dupla: por um lado protegê-la contra usurpação, proveito econômico parasitário e o desvio desleal de clientela alheia e, por outro, evitar que o consumidor seja confundido quanto à procedência do produto (art.4º, VI, do CDC)." (STJ, REsp 1105422/MG, Rel. Ministra Nancy Andrighi, Terceira Turma, julgado em 10/05/2011, DJe 18/05/2011)

◙ **Dumping. O combate às práticas anticoncorrenciais é medida que se insere, concomitantemente, nos microssistemas do consumidor (CDC) e da concorrência. Legitimidade do Procon para atuar por prática de dumping.** "PROCESSUAL CIVIL. EMBARGOS DE DIVERGÊNCIA. MULTA APLICADA PELO PROCON POR PRÁTICA DE DUMPING. CONFLITO ENTRE OS MICROSSISTEMAS LEGAIS DE PROTEÇÃO DO CONSUMIDOR E DA CONCORRÊNCIA. DIÁLOGO DAS FONTES. AUSÊNCIA DE SIMILITUDE FÁTICA ENTRE OS ARESTOS CONFRONTADOS. PEDIDO DO CADE PARA INGRESSO NO FEITO COMO ASSISTENTE DA EMBARGANTE. INDEFERIMENTO. ARTS. 4º, VI, E 6º, IV, DO CÓDIGO DE DEFESA DO CONSUMIDOR. 1. Hipótese em que o aresto recorrido consignou que "não há como se afastar a legitimidade do PROCON na hipótese sub judice, tendo em conta, principalmente, a determinação contida no Código de Defesa do Consumidor no sentido de coibir de forma eficiente todos os abusos praticados no mercado de consumo, inclusive a concorrência desleal". 2. Tal conclusão não é infirmada pelo acórdão paradigmático, que também legitima a atuação do Procon ao aduzir que, "em razão de a recorrente firmar relações de consumo com seus clientes, está submetida à incidência das regras do Código de Defesa do Consumidor e, por isso, sofre a fiscalização do Procon nesse aspecto." 3. Com efeito, inexiste semelhança fática ou dissídio jurisprudencial nas decisões trazidas como destoantes, pois o acórdão recorrido tratou de multa aplicada pelo Procon em virtude de prática de dumping por revendedora de combustíveis, enquanto o aresto-paradigma analisou multa administrativa aplicada pelo Procon à empresa seguradora. 4. Houve pedido do Cade de ingresso no feito como assistente da embargante, protocolizado posteriormente à decisão monocrática que indeferiu liminarmente o Recurso, sob a alegação de que apenas o Conselho tem legitimidade para aplicar multa com fundamento na Lei 8.884/1994. 5. Muito embora o art. 50, parágrafo único, do CPC estabeleça que a assistência pode ocorrer em qualquer dos tipos de procedimento e em todos os graus de jurisdição, os Embargos de Divergência não são recurso de ampla revisão do julgamento da Turma (que constitui o pedido do Cade), mas têm por finalidade estrita a uniformização da jurisprudência por meio do confronto de teses jurídicas objetivamente abstraídas. 6. O Código de Defesa do Consumidor previu, como um dos princípios da Política Nacional das Relações de Consumo, "a coibição e repressão eficientes de todos os abusos praticados no mercado, inclusive a concorrência desleal" (art. 4º, VI, grifo adicionado), assegurando como direito básico do consumidor a proteção contra "métodos comerciais desleais" no fornecimento de produtos ou serviços (art. 6º, IV). 7. A proteção da livre concorrência não consta do rol constitucional das matérias reservadas, privativamente, à esfera legislativa da União (art. 22). Ao contrário, o constituinte de 1988 atribui, simultaneamente, também aos Estados, o poder para legislar sobre "direito econômico" (art. 24, I). Se é assim no que tange à competência legislativa, com maior razão se justifica a intervenção dos Estados e Distrito Federal no âmbito da competência de implementação da legislação vigente. 8. O combate às práticas anticoncorrenciais é medida que se insere, concomitantemente, nos microssistemas do consumidor (CDC) e da concorrência (Lei 8.884/94). Daí a legitimidade concorrente e competência ratione materiae dos órgãos de defesa do consumidor (inclusive os estaduais) para, em favor da incolumidade das relações jurídicas de consumo, exercitarem o poder de polícia que a lei lhes confere.

9. Diálogo das fontes que, além de aplicável no contexto das normas ou microssistemas envolvidos, deve, pelas mesmas razões, iluminar o poder de polícia e as competências dos órgãos incumbidos da implementação legal. 10. Agravo Regimental da Esso não provido. Pedido de assistência formulado pelo Cade indeferido." (STJ, AgRg nos EREsp 938.607/SP, Rel. Ministro Herman Benjamin, Primeira Seção, julgado em 14/04/2010, DJe 06/03/2012)

◙ **Multa aplicada por Procon em decorrência de prática de dumping.** "(...) Não há como se afastar a legitimidade do PROCON na hipótese sub judice, tendo em conta, principalmente, a determinação contida no Código de Defesa do Consumidor no sentido de coibir de forma eficiente todos os abusos praticados no mercado de consumo, inclusive a concorrência desleal." (STJ, REsp 938607 / SP, DJ 08/10/2007 p. 234, Rel. Min. Francisco Falcão, J. 04/09/2007).

◙ **Marcas semelhantes em produtos da mesma classe induzem o consumidor a erro.** "DIREITO COMERCIAL. PROPRIEDADE INDUSTRIAL. USO DE MARCA COM ELEMENTOS SEMELHANTES. NOMES QUE, EMBORA COMUNS, DISTINGUEM MARCA DE PRODUTO ESPECÍFICO CONSAGRADO NO MERCADO. EXCLUSIVIDADE DE USO. PROVIMENTO. I – A exclusividade da marca "Leite de Rosas" é violada pelo uso da expressão "Desodorante Creme de Rosas", mormente em embalagem semelhante II – Embora composta por palavras comuns, a marca deve ter distinção suficiente no mercado de modo a nomear um produto específico. Marcas semelhantes em produtos da mesma classe induzem o consumidor a erro e violam direito do titular da marca original. III - Recurso Especial provido. (REsp 929604/SP, Rel. Ministro Sidnei Beneti, Terceira Turma, DJe 06/05/2011)

► **Publicidade comparativa. Conceito e possibilidade de utilização.** "Entende-se por publicidade comparativa como aquela que identifica de maneira implícita ou explícita um concorrente de produtos ou serviços afins. Para David I.C. Thompson, "a propaganda comparativa é valiosa, não resta dúvida, porque permite a abertura do mercado para novos produtos, proporcionando informações aos consumidores. Para Alberto Camelier, membro da Comissão de Direitos Autorais da Associação Brasileira de Propriedade Intelectual (ABPI), "em um ordenamento jurídico como o do Brasil, a propaganda comparativa já é um dos mais comuns e lícitos processos de publicidade, desde que observados os princípios e limites delineados pelo art. 32 do estatuto do Conar". Tal prática entende-se como encorajadora à competição e se apresenta como uma importante fonte de informação aos consumidores em suas decisões de compra."(Priscila Romero Gimenez. *Propriedade imaterial: direitos autorais, propriedade industrial e bens de personalidade.* ABRÃO, Eliane Yachoub (org.). São Paulo: Senac São Paulo, 2006, p. 272)

► **Hipóteses de irregularidades na publicidade comparativa.** "No Brasil, a rigor, irregularidade na publicidade comparativa, frente ao direito industrial, somente existe em duas hipóteses: 1 ª) se, ao mencionar a marca ou marcas da concorrência, o empresário anunciante as imita em seus produtos ou serviços ou, de qualquer forma, induz em confusão os destinatários da mensagem (esta é, inclusive, a conduta tipificada como "crime contra a marca": LPI, art. 189, I); 2ª) se a publicidade comparativa pode contribuir para a degenerescência da marca (LPI, arts. 130, III, e 131; Cap. 6, item 7.3). Se não ocorrem tais circunstâncias, porém, a comparação não ofende direito de propriedade industrial. A publicidade comparativa não é proibida. Ela, no entanto, como qualquer outra publicidade, deverá atender às regras da Lei da Propriedade Industrial e do Código de Defesa do Consumidor; para que não se caracterize concorrência desleal, usurpação de marca ou lesão a direito do consumidor."(COELHO, Fábio Ulhoa. Curso de direito comercial. V. 1. 17ª ed. São Paulo: Saraiva, 2013, p. 438)

► **Publicidade comparativa. Permitida pelo CDC desde que apresente dados objetivos.** A publicidade comparativa é permitida, mas tem que observar algumas regras estabelecidas no Código Brasileiro de Autorregulamentação Publicitária (CBAP), além dos princípios instituídos do CDC. **No mesmo sentido ►** "É aceita a publicidade comparativa, isto é, aquela em que o anúncio mostra seu produto ou serviço na relação com o de seu(s) concorrente(s).[...] Já dissemos que a técnica da publicidade comparativa não está proibida de ser utilizada. Mas, para fazê-lo, o anunciante, tem de seguir os limites impostos pelo Código de Defesa do Consumidor naquilo que pode gerar publicidade enganosa ou abusiva, assim, como deve respeitar também as normas do Código Brasileiro de Autorregulamentação Publicitária."(NUNES, Rizzatto. *Comentários ao código de defesa do consumidor.* 7. ed. rev. atual. e ampl. São Paulo: Saraiva, 2013, p. 525-590) **No mesmo sentido ►** "Em síntese: a tendência atual é no sentido de permitir a publicidade comparativa desde que ela seja objetiva, isto é, que se mostre sem enganosidade ou abusividade, confrontando dados e características que não sejam de apreciação exclusivamente subjetiva. Os dados constantes dos cadastros públicos de reclamações contra um concorrente podem ser utilizados em publicidade comparativa." (BENJAMIN, Antônio Herman. *Código Brasileiro de defesa do consumidor: comentado pelos autores do anteprojeto.* Ada Pellegrini Grinover [et al.] 9ª. ed. Rio de Janeiro: Forense Universitária, 2007, p. 358) ► **No mesmo sentido, tendo a publicidade comparativa efeitos positivos, estimulando a concorrência e melhoria dos produtos ofertados no mercado.** "Não se desconhece – conforme aduz a melhor doutrina – que toda publicidade comparativa tem em si certa agressividade, ao confrontar direta ou indiretamente o concorrente, ou seus produtos e serviços. Contudo, é inegável que a possibilidade de comparação entre produtos, mediante uso de informações verdadeiras e objeitvas e desde que não sirva para causar confusão entre as marcas para o consumidor, tem efeitos claramente positivos, estimulando a concorrência e melhoria dos produtos ofertados no mercado." (MIRAGEM, Bruno. *Curso de Direito do Consumidor*, 6ª ed. São Paulo: RT, p. 288).

◙ **Publicidade comparativa. Observância ao princípio da veracidade das informações, seja objetiva e não abusiva.** "DIREITO MARCÁRIO E DO CONSUMIDOR. PROPAGANDA PUBLICITÁRIA COMPARATIVA ENTRE PRODUTOS. ESCLARECIMENTO OBJETIVO DO CONSUMIDOR. POSSIBILIDADE. 1. A propaganda comparativa é forma de publicidade que identifica explícita ou implicitamente concorrente de produtos ou serviços afins, consagrando-se, em verdade, como um instrumento de decisão do público consumidor. 2. Embora não haja lei vedando ou autorizando expressamente a publicidade comparativa, o tema sofre influência das legislações consumerista e de propriedade industrial, tanto no âmbito marcário quanto concorrencial. 3. A publicidade comparativa não é vedada pelo Código de Defesa do Consumidor, desde que obedeça ao princípio da veracidade das informações, seja objetiva e não abusiva. 4. Para que viole o direito marcário do concorrente, as marcas devem ser passíveis de confusão ou a referência da marca deve estar cumulada com ato depreciativo da imagem de seu produto/serviço, acarretando a degenerescência e o consequente desvio de clientela. 5. Conforme ressaltado em outros julgados desta Corte, a finalidade da proteção ao uso das marcas – garantida pelo disposto no art. 5º, XXIX, da Constituição da República e regulamentada pelo art. 129 da LPI – é dupla: por um lado, protegê-las contra usurpação, proveito econômico parasitário e o desvio desleal de clientela alheia e, por outro, evitar que o consumidor seja confundido quanto à procedência do produto (art. 4º, VI, do CDC) (REsp 1.105.422/MG, Rel. Ministra Nancy Andrighi, Terceira Turma, DJe 18/05/2011 e REsp 1320842/PR, Rel. Ministro Luis Felipe Salomão, Quarta Turma, DJe 01/07/2013). 6. Propaganda comparativa ilegal é aquela que induz em erro o consumidor, causando confusão entre as marcas, ocorrendo de maneira a depreciar a marca do concorrente, com o consequente desvio de sua clientela, prestando informações falsas e não objetivas. 7. Na espécie, consoante realçado pelo acórdão recorrido, as marcas comparadas não guardam nenhuma semelhança, não sendo passíveis de confusão entre os consumidores. Ademais, foram prestados esclarecimentos objetivos sem denegrir a marca da concorrente, pelo que não se verifica infração ao registro marcário ou concorrência desleal. 8. Recurso especial não provido." (STJ, REsp 1377911/SP, Rel. Ministro Luis Felipe Salomão, Quarta Turma, DJe 19/12/2014)

VII – racionalização e melhoria dos serviços públicos;

► **Princípio da racionalização e melhoria dos serviços públicos.** Da mesma forma que a iniciativa privada, o Poder Público, quando atua como fornecedor em uma relação de consumo, principalmente através da prestação de serviços (v. g. transportes coletivos, energia elétrica, telefonia, água, etc.), deverá respeitar a regra geral do sistema de proteção do consumidor. Aliás, isso deverá se dar com muito mais razão, já que se trata de um serviço público, em que os destinatários têm o direito subjetivo público de exigir o seu efetivo cumprimento com qualidade, presteza, segurança, adequação, pontualidade, etc. Nesse sentido, o art. 6º, X, do CDC considera como direito básico do consumidor *"a adequada e eficaz prestação dos serviços públicos em geral."*

► **Interrupção dos serviços públicos.** Sobre a discussão a respeito da possibilidade ou não do corte de fornecimento de serviço público em caso de inadimplemento por parte do consumidor, bem como o entendimento jurisprudencial aplicado, conferir comentários ao art. 22.

VIII – estudo constante das modificações do mercado de consumo.

► **Princípio do estudo das modificações do mercado.** Em razão da permanente evolução social, o estudo constante das modificações ocorridas no mercado de consumo evita que as normas instituídas para regrar as relações de consumo se tornem ultrapassadas e sem eficácia.

Art. 5° Para a execução da Política Nacional das Relações de Consumo, contará o poder público com os seguintes instrumentos, entre outros:

► **Especialização dos órgãos.** No que se refere à criação de promotorias, delegacias, juizados de pequenas causas (agora denominado Juizado Especial Cível) e varas, todos especializados nas relações de consumo, a ideia do legislador foi, em razão da especialidade desse tema, proporcionar ao consumidor instrumentos e profissionais qualificados (promotores, delegados ou juízes), proporcionando um equilíbrio nas relações de consumo.

► **Decreto n° 2.181, de 20 de março de 1997. Dispõe sobre o Sistema Nacional de Defesa do Consumidor – SNDC.** "Art. 2º Integram o SNDC a Secretaria Nacional do Consumidor do Ministério da Justiça e os demais órgãos federais, estaduais, do Distrito Federal, municipais e as entidades civis de defesa do consumidor."

◙ **Fiscalização pela Anvisa.** "PROCESSUAL CIVIL. ADMINISTRATIVO. ANVISA. PODER DE POLÍCIA DE REGULAMENTAR, CONTROLAR E FISCALIZAR SER-

VIÇOS QUE ENVOLVAM RISCOS À SAÚDE. USO DE EQUIPAMENTOS PARA BRONZEAMENTO ARTIFICIAL. PROIBIÇÃO. ILICITUDE NÃO CONFIGURADA. AUSÊNCIA DE IMPUGNAÇÃO A FUNDAMENTO AUTÔNOMO. DEFICIÊNCIA NA FUNDAMENTAÇÃO. SÚMULAS 283 E 284/STF. REEXAME DO CONJUNTO FÁTICO-PROBATÓRIO. IMPOSSIBILIDADE. SÚMULA 7/STJ. DISSÍDIO JURISPRUDENCIAL. ALÍNEA "C". NÃO DEMONSTRAÇÃO DA DIVERGÊNCIA. 1. Hipótese em que o Tribunal local consignou: "Segundo estabelece o art. 6º da Lei 9.782/99, compete à ANVISA 'promover a proteção da saúde da população, por intermédio do controle sanitário da produção e da comercialização de produtos e serviços submetidos à vigilância sanitária, inclusive dos ambientes, dos processos, dos insumos e das tecnologias a eles relacionados, bem como o controle de portos, aeroportos e de fronteiras'. Por outro lado, os arts. 7º e 8º atribuem à referida agência o poder normativo-regulamentar necessário ao cumprimento de tal finalidade institucional. Assim, no exercício de suas atribuições legais e tendo constatado que a utilização de câmaras de bronzeamento, para fins meramente estéticos, oferece efetivo risco à saúde de seus usuários, não contrabalançado por qualquer vantagem significativa que justificasse a mera limitação do uso, para o qual não existe margem segura, a agência editou a Resolução da Diretoria Colegiada da ANVISA – RDC nº 56, de 09.11.2009, que em seu artigo 1º estatuiu: Art.1º Fica proibido em todo o território nacional a importação, recebimento em doação, aluguel, comercialização e o uso dos equipamentos para bronzeamento artificial, com finalidade estética, baseados na emissão de radiação ultravioleta. Estabeleceu ainda o § 2º do citado artigo 1º, que 'a proibição não se aplica aos equipamentos com emissão de radiação ultravioleta, registrado ou cadastrado na ANVISA, conforme regulamento sanitário aplicável, destinados a tratamento médico ou odontológico supervisionado'. A jurisprudência desta Casa tem reconhecido a legalidade da ação normativa da entidade reguladora.Isso porque o ato normativo já referido não foi motivado por meras hipóteses ou informações infundadas, mas, sim, em razão de reavaliação realizada por órgão ligado à Organização Mundial da Saúde e especializado na pesquisa sobre o câncer (International Agency for Research on Cancer – IARC), que incluiu a exposição a raios ultravioletas na lista de práticas e produtos carcinogênicos para humanos, indicando, ainda, que o bronzeamento artificial aumenta em 75% o risco de desenvolvimento de melanoma em pessoas que se submetem ao procedimento até os 30 anos de idade, conforme se verifica nos documentos de fls.58/60. Sendo esta o quadro, se é que a parte autora está amargando prejuízos com a edição da resolução proibitiva, já que impossibilitada de utilizar comercialmente equipamento para bronzeamento artificial com finalidade estética, não há como deixar de reconhecer a supremacia do bem maior que se encontra ameaçado, qual seja a saúde de incontáveis seres humanos submetidos a tal procedimento.Há diversos precedentes das 3ª e 4ª Turmas desta Corte afirmando a higidez da ação normativa: (...) Legítima a ação regulatória da administração, não se pode afirmar caracterizado ato estatal ensejador de dano ao particular, devendo ser mantida a sentença de improcedência, a inadmitir o direito à indenização por danos materiais e morais (fls. 503-504, e-STJ). 2. Depreende-se da leitura do acórdão acima transcrito que o Tribunal local utilizou, corretamente, os seguintes argumentos para embasar seu decisum: a) a Anvisa possui o dever de regulamentar, controlar e de fiscalizar serviços que envolvam riscos à saúde pública; b) a legalidade da RDC/ANVISA 56/09 estaria estribada no seu poder de polícia, consistente no interesse de proteção à vida, saúde e segurança dos consumidores; e c) apenas prova técnica amplamente fundamentada e justificada poderia descaracterizar as conclusões dos órgãos supracitados, o que não existe nos autos. Trata-se, como visto, de argumentos irrespondíveis, juridicamente arrazoados. 3. De toda sorte, deve-se salientar que a fundamentação utilizada pelo Tribunal a quo para firmar seu convencimento não foi inteiramente atacada pela parte recorrente e, sendo apta, por si só, para manter o decisum combatido, permite aplicar na espécie, por analogia, os óbices das Súmulas 284 e 283 do STF, ante a deficiência na motivação e a ausência de impugnação de fundamento autônomo. 4. No mais, a revisão do entendimento adotado no acórdão recorrido implica reexame de fatos e provas, obstado pelo teor da Súmula 7/STJ. 5. Com relação ao dissídio jurisprudencial, a divergência deve ser comprovada, cabendo a quem recorre demonstrar as circunstâncias que identificam ou assemelham os casos confrontados, com indicação da similitude fática e jurídica entre eles. 6. Recurso Especial não provido. (STJ, REsp 1635384/RS, Rel. Ministro Herman Benjamin, Segunda Turma, DJe 19/12/2016).

◙ **Fiscalização de relação de consumo pelo Instituto Nacional de Metrologia, Normalização e Qualidade Industrial - Inmetro. Possibilidade.** "ADMINISTRATIVO - REGULAÇÃO - PODER DE POLÍCIA ADMINISTRATIVA - FISCALIZAÇÃO DE RELAÇÃO DE CONSUMO - INMETRO - COMPETÊNCIA RELACIONADA A ASPECTOS DE CONFORMIDADE E METROLOGIA - DEVERES DE INFORMAÇÃO E DE TRANSPARÊNCIA QUANTITATIVA - VIOLAÇÃO - AUTUAÇÃO - ILÍCITO ADMINISTRATIVO DE CONSUMO - RESPONSABILIDADE SOLIDÁRIA DOS FORNECEDORES - POSSIBILIDADE. 1. A Constituição Federal/88 elegeu a defesa do consumidor como fundamento da ordem econômica pátria, inciso V do art. 170, possibilitando, assim, a criação de autarquias regulatórias como o INMETRO, com competência fiscalizatória das relações de consumo sob aspectos de conformidade e metrologia. (...)" (STJ, REsp 1118302, DJe. 14/10/2009, Rel. Min. Humberto Martins, J. 01/10/09).

◙ **A proteção das relações de consumo deve ser feita pelos membros do SNDC.** "ADMINISTRATIVO. PODER DE POLÍCIA. APLICAÇÃO DE MULTA PELO PROCON À EMPRESA PÚBLICA FEDERAL. POSSIBILIDADE. 1. A proteção da relação de consumo pode e deve ser feita pelo Sistema Nacional de Defesa do Consumidor - SNDC - conforme dispõem os arts. 4º e 5º do CDC, e é de competência do Procon a fiscalização das operações, inclusive financeiras, no tocante às relações de consumo com seus clientes, por incidir o referido diploma legal. "(STJ. REsp 1103826 / RN, DJe 06/08/2009, Rel. Min. Mauro Campbell Marques, J. 23/06/2009)

◙ **Seguro. Fiscalização pelo Procon.** "As Seguradoras Privadas, inobstante submetidas à normatização da Superintendência de Seguros Privados - SUSEP (Decreto nº 73/66) subsumem-se à fiscalização do PROCON. 2. O PROCON possui legitimidade para a aplicação de sanção de título de capitalização, uma vez as mesmas encontram-se na posição de fornecedoras (artigo 3º, da Lei nº 8.078/90). Precedentes do STJ: RMS 24708/BA, Primeira Turma, DJ de 30/06/2008; RMS 25065/BA, Primeira turma, DJ de 05/05/2008; RMS 26397/BA, Segunda Turma, DJ de 11/04/2008; e RMS 25115/

BA, Segunda Turma, DJ de 28/03/2008." (STJ, RMS 24711 / BA, DJe 19/02/2009, Rel. Min. Luiz Fux, J. 18/12/2008)

◙ **Empresa Pública Federal. Aplicação de multa pelo Procon.** "ADMINISTRATIVO. AGRAVO REGIMENTAL. PODER DE POLÍCIA. APLICAÇÃO DE MULTA PELO PROCON À EMPRESA PÚBLICA FEDERAL. POSSIBILIDADE. A jurisprudência desta Corte Superior de Justiça é no sentido de que o PROCON é órgão competente para aplicar multa à Caixa Econômica Federal em razão infração às normas de proteção do consumidor, pois sempre que condutas praticadas no mercado de consumo atingirem diretamente os consumidores, é legítima sua atuação na aplicação das sanções administrativas previstas em lei, decorrentes do poder de polícia que lhe é conferido." (STJ, AgRg no REsp 1148225/AL, Segunda Turma, Rel. Min. Mauro Campbell Marques, DJe 21/11/2012).

◙ **Empresa de seguro privado. Aplicação de multa pelo Procon.** "ADMINISTRATIVO. SEGURADORA PRIVADA. RELAÇÃO DE CONSUMO. PROCON. EXERCÍCIO DO PODER DE POLÍCIA. IMPOSIÇÃO DE MULTA. LEGITIMIDADE. 1. As Seguradoras Privadas, inobstante submetidas à normatização da Superintendência de Seguros Privados – SUSEP (Decreto nº 73/66), subsumem-se à fiscalização do PROCON. 2. O PROCON possui legitimidade para a aplicação de sanção às seguradoras privadas, em sede de reclamação movida por consumidor versando proposta de subscrição de título de capitalização, uma vez as mesmas encontram-se na posição de fornecedoras (artigo 3º, da Lei 8.078/90)" (STJ, RMS 24.711, 1ª T., DJ 19.2.2009).

◙ **Não caracterização de *Bis in Idem*. Aplicação de multa pelo Procon.** "ADMINISTRATIVO E CONSUMIDOR – PUBLICIDADE ENGANOSA – MULTA APLICADA POR PROCON A SEGURADORA PRIVADA – ALEGAÇÃO DE BIS IN IDEM, POIS A PENA SOMENTE PODERIA SER APLICADA PELA SUSEP – NÃO-OCORRÊNCIA – SISTEMA NACIONAL DE DEFESA DO CONSUMIDOR – SNDC – POSSIBILIDADE DE APLICAÇÃO DE MULTA EM CONCORRÊNCIA POR QUALQUER ÓRGÃO DE DEFESA DO CONSUMIDOR, PÚBLICO OU PRIVADO, FEDERAL, ESTADUAL, MUNICIPAL OU DISTRITAL. (...) Não se há falar em bis in idem ou enriquecimento sem causa do Estado porque à Susep cabe apenas a fiscalização e normatização das operações de capitalização pura e simples, nos termos do Decreto n. 73/66. Quando qualquer prestação de serviço ou colocação de produto no mercado envolver relação de consumo, exsurge, em prol da Política Nacional das Relações de Consumo estatuída nos arts. 4º e 5º do Código de Defesa do Consumidor (Lei n. 8.078/90), o Sistema Nacional de Defesa do Consumidor – SNDC (STJ, RMS 26397 / BA, DJe 11/04/2008, Rel. Min. Humberto Martins, J. 01/04/2008."

◙ **A atividade fiscalizadora e normativa das agências reguladoras não exclui a atuação dos Procons** "[...] o sistema jurídico pátrio atribui competência sancionadora ao Sistema Nacional de Defesa do Consumidor, tal como reconhecido pelo acórdão recorrido e pela decisão agravada. Repito os termos da decisão agravada [...]: 'Quanto à competência do PROCON para lavrar auto de infração, o recurso especial merece conhecimento, porquanto a matéria federal restou devidamente prequestionada, ainda que implicitamente. Contudo, quanto ao mérito da pretensão, não prospera o inconformismo. Com efeito, quando qualquer prestação de serviço ou colocação de produto no mercado envolver relação de consumo, exsurge, em prol da Política Nacional das Relações de Consumo estatuída nos arts. 4º e 5º do Código de Defesa do Consumidor (Lei 8.078/90), o Sistema Nacional de Defesa do Consumidor - SNDC, que, nos termos do art. 105 do Código de Defesa do Consumidor, é integrado por órgãos federais, estaduais, municipais e do Distrito Federal, além das entidades privadas que têm por objeto a defesa do consumidor. Nesse sentido, os arts. 3º e 4º, I, II, III e IV, do Decreto n. 2.181/97, combinado com os arts. 105 e 106, VIII e IX, do Código de Defesa do Consumidor, conferem aos órgãos de proteção e defesa do consumidor, como é o caso do PROCON municipal, a atribuição para fiscalizar as relações de consumo, podendo aplicar as sanções por qualquer descumprimento aos direitos básicos do consumidor, como é o caso do problema inerente à linha telefônica de consumidor descrito nos autos. Assim, a atividade fiscalizadora e normativa das agências reguladoras não exclui a atuação de outros órgãos federais, municipais, estaduais ou do Distrito Federal, como é o caso dos PROCON's ou da própria Secretaria de Direito Econômico do Ministério da Justiça, por meio de seu Departamento de Proteção e Defesa do Consumidor, que podem fiscalizar, apenas, qualquer pessoa física ou jurídica que se enquadre como fornecedora na relação de consumo, nos termos do art. 3º e parágrafos do Código de Defesa do Consumidor. Vale lembrar, ainda, que a legitimidade do PROCON para a aplicação da multa também se valida no caso dos autos em razão do atributo da imperatividade inerente a todo ato administrativo."' (STJ, AgRg no REsp 1135832 RJ, Rel. Ministro Humberto Martins, Segunda Turma, julgado em 24/08/2010, DJe 08/09/2010)

◙ **PROCON. Legitimidade para proteção de direitos individuais homogêneos.** "O PROCON - Coordenadoria de Proteção e Defesa do Consumidor, por meio da Procuradoria Geral do Estado, tem legitimidade ativa para ajuizar ação coletiva em defesa de interesses individuais homogêneos, assim considerados aqueles direitos com origem comum, divisíveis na sua extensão, variáveis individualmente, com relação ao dano ou à responsabilidade. São direitos ou interesses individuais que se identificam em função da origem comum, a recomendar a defesa coletiva, isto é, a defesa de todos os que estão presos pela mesma origem. No caso, o liame está evidenciado, alcançando os candidatos a inquilinos que são cobrados de taxas indevidas. (STJ, Resp 200827/SP, Rel. Min. Carlos Alberto Menezes Direito, J. 26.8.2002, 3ª T)

◙ **Não cabe ao Poder Judiciário compelir munícpios a criarem PROCONs.** "AÇÃO CIVIL PÚBLICA. PROCON. INSTALAÇÃO. ORÇAMENTO. POLÍTICAS PÚBLICAS. A afetação de recursos orçamentários municipais para a instalação e manutenção de órgão de proteção e defesa do consumidor constitui-se em função típica de governo, a quem cabe escolher as medidas e as prioridades para fazer frente às necessidades do Sistema de Defesa do Consumidor em âmbito municipal. Recurso desprovido." (Tribunal de Justiça do RS, Apelação Cível Nº 70043257393, Vigésima Segunda Câmara Cível, , Relator: Maria Isabel de Azevedo Souza, Julgado em 28/07/2011)

◙ **Órgão público sem personalidade jurídica** - Legitimidade para a ação coletiva. "Quando constatada a relevância social objetiva do bem jurídico tutelado, o órgão público, mesmo se desprovido de personalidade jurídica própria, está legitimado a promover ação civil pública para a defesa de direitos individuais homogêneos, por disposição expressa do art. 82, III, do CDC. Precedente. (...)" (STJ, REsp 1658568/RJ, Rel. Ministra Nancy Andrighi, Terceira Turma, DJe 18/10/2018)

I – manutenção de assistência jurídica, integral e gratuita para o consumidor carente;

► **Assistência jurídica gratuita para o consumidor carente.** No caso da assistência jurídica gratuita para o consumidor carente, a qual é prestada pelas Defensorias Públicas (ou advogados nomeados por juízes para este mister), não só deverá haver a devida orientação aos consumidores, mas também, se necessário, a devida representação em juízo. Este instrumento encontra suporte na própria Constituição Federal, na qual dispõe no art. 5o, LXXIV que "*o Estado prestará assistência jurídica integral e gratuita aos que comprovarem insuficiência de recurso*".

► **Defensoria Pública. Legitimidade para a defesa de interesses da coletividade de consumidores.** Como a Defensoria Pública compõe a administração pública direta do Estado, perfaz a condição expressa no art. 82, III, do CDC, possuindo também legitimidade para propor ações coletivas na defesa dos direitos dos consumidores. A Lei nº 11.448/2007 alterou a Lei nº 7.347/1985 (Lei da Ação Civil Pública) para incluir expressamente a Defensoria Pública como legitimada para as ações coletivas. **Nesse sentido.** ◙ (...) No que se refere à defesa dos interesses do consumidor por meio de ações coletivas, a intenção do legislador pátrio foi ampliar o campo da legitimação ativa, conforme se depreende do artigo 82 e incisos do CDC, bem assim do artigo 5º, inciso XXXII, da Constituição Federal, ao dispor, expressamente, que incumbe ao "Estado promover, na forma da lei, a defesa do consumidor". III - Reconhecida a relevância social, ainda que se trate de direitos essencialmente individuais, vislumbra-se o interesse da sociedade na solução coletiva do litígio, seja como forma de atender às políticas judiciárias no sentido de se propiciar a defesa plena do consumidor, com a consequente facilitação ao acesso à Justiça, seja para garantir a segurança jurídica em tema de extrema relevância, evitando-se a existência de decisões conflitantes. (STJ, REsp 555111 / RJ, DJ 18/12/2006 p. 363, Rel. Min. Castro Filho, J. 05/09/2006) **Nesse sentido.** ◙ "PROCESSUAL CIVIL. AÇÃO CIVIL PÚBLICA. LEGITIMIDADE DA DEFENSORIA PÚBLICA. ART. 5º, INCISO II, DA LEI N. 7.347/85 (REDAÇÃO DADA PELA LEI N. 11.448/2007). DISPOSITIVOS CONSTITUCIONAIS. IMPOSSIBILIDADE DE ANÁLISE. APLICAÇÃO DE MULTA. ART. 557, § 2º, CPC. 1. A Defensoria Pública tem legitimidade ativa ad causam para propor ação civil pública com o objetivo de defender interesses individuais homogêneos de consumidores lesados em virtude de relações firmadas com as instituições financeiras." (STJ, AgRg no REsp 1000421/SC, Rel. Ministro João Otávio de Noronha, Quarta Turma, julgado em 24/05/2011, DJe 01/06/2011)

◙ **Defensoria Pública. O STJ tem exigido como requisito para a Defensoria Pública propor a ação coletiva que os beneficiados se enquadrem na condição jurídica de "necessitados" (econômicos e jurídicos).** "LEGITIMIDADE DA DEFENSORIA PÚ-

BLICA PARA A PROPOSITURA DE AÇÃO CIVIL PÚBLICA EM FAVOR DE IDOSOS. PLANO DE SAÚDE. REAJUSTE EM RAZÃO DA IDADE TIDO POR ABUSIVO. TUTELA DE INTERESSES INDIVIDUAIS HOMOGÊNEOS. DEFESA DE NECESSITADOS, NÃO SÓ OS CARENTES DE RECURSOS ECONÔMICOS, MAS TAMBÉM OS HIPOSSUFICIENTES JURÍDICOS.'A expressão 'necessitados' (art. 134, caput, da Constituição), que qualifica, orienta e enobrece a atuação da Defensoria Pública, deve ser entendida, no campo da Ação Civil Pública, em sentido amplo, de modo a incluir, ao lado dos estritamente carentes de recursos financeiros – os miseráveis e pobres -, os hipervulneráveis (isto é, os socialmente estigmatizados ou excluídos, as crianças, os idosos, as gerações futuras), enfim todos aqueles que, como indivíduo ou classe, por conta de sua real debilidade perante abusos ou arbítrio dos detentores de poder econômico ou político, 'necessitem' da mão benevolente e solidarista do Estado para sua proteção, mesmo que contra o próprio Estado. Vê-se, então, que a partir da ideia tradicional da instituição forma-se, no Welfare State, um novo e mais abrangente círculo de sujeitos salvaguardados processualmente, isto é, adota-se uma compreensão de minus habentes impregnada de significado social, organizacional e de dignificação da pessoa humana." (STJ, REsp 1.264.116/RS, Segunda Turma, Rel. Min. Herman Benjamin, DJe 13/04/2012).

■ **A simples declaração do consumidor autoriza a concessão do benefício da assistência judiciária gratuita.** "JUSTIÇA GRATUITA – Pedido indeferido em primeiro grau - Recurso – Entendimento do STJ no sentido de que para fins de concessão do benefício da justiça gratuita em favor das pessoas naturais, basta a simples afirmação de se tratar de pessoa necessitada, porque presumida, juris tantum, a condição de pobreza, nos termos do artigo 4º da Lei nº 1.060/50 – Recurso provido." (Tribunal de Justiça de SP, Agravo de Instrumento nº2243109-27.2015.8.26.0000, Trigésima Oitava Câmara de Direito Privado, Relator: Achile Alesina, Julgado em 02/03/2016)

II – instituição de Promotorias de Justiça de Defesa do Consumidor, no âmbito do Ministério Público;

■ **A defesa dos direitos do consumidor insere-se nas funções institucionais do Ministério Público.** "A defesa dos direitos do consumidor insere-se nas funções institucionais do Ministério Público. Os serviços e produtos oferecidos pelas instituições financeiras são considerados do gênero consumo, ex vi do art. 3º, § 2º, do CDC. Logo, quando na defesa dos direitos dos usuários de tais produtos e serviços, lícito é ao Ministério Público requisitar documentos, tais como cópias de contratos de adesão utilizados pela instituição e informações sobre os encargos financeiros cobrados, dados esses que não se enquadram entre os protegidos pelo sigilo bancário, porque acessíveis a todos os clientes." (STJ, REsp 209259 DF, Rel. Ministro José Arnaldo da Fonseca, Quinta Turma, DJ 05/03/2001)

■ **Legitimidade do Ministério Público para a defesa de interesses individuais homogêneos.** "AÇÃO CIVIL PÚBLICA. TURISMO E LAZER. CARTÃO VIAGEM. PA-

COTES TURÍSTICOS. HOSPEDAGEM EM HOTÉIS NO BRASIL E NO EXTERIOR. TÉCNICAS ABUSIVAS DE VENDA. PUBLICIDADE ENGANOSA. SERVIÇOS DEFEITUOSOS. Legitimidade Ativa do Ministério Público: Interpretação das normas infraconstitucionais do CDC à luz da Constituição Federal (art. 127) levada a efeito pelo Excelso Pretório no RE 631.111. Reconhecimento de que: a) os direitos individuais disponíveis, ainda que homogêneos, estão, em princípio, excluídos do âmbito da tutela pelo Ministério Público (CF, art. 127); b) Existem certos interesses individuais – de pessoas privadas ou de pessoas públicas – que, quando visualizados em seu conjunto, em forma coletiva e impessoal, têm a força de transcender a esfera de interesses puramente individuais e passar a representar, mais que a soma de interesses dos respectivos titulares, verdadeiros interesses da comunidade em seu todo. É o que ocorre com os direitos individuais homogêneos dos consumidores e dos poupadores, cuja defesa pelo Ministério Público tem expressa chancela em lei ordinária; c) A legitimação ativa do Ministério Público se limita à ação civil coletiva destinada a obter sentença genérica sobre o núcleo de homogeneidade dos direitos individuais homogêneos. Caso concreto: Busca-se 'preservar um bem maior, uma instituição, um valor jurídico ou moral que a todos diz respeito e que foi atingido ou está ameaçado', nas palavras do e. Min. Teori, pois o Ministério Público protege, aqui, o consumidor lesado e o mercado consumidor de empresas que se utilizam de práticas agressivas de venda, desacatos e humilhações, coação para assinatura de contratos, e pretende, ainda, indenizar a frustração de expectativas geradas mediante ardil e fraude. Inegável, assim, a legitimidade ativa do Ministério Público" (STJ, REsp 1558086/SP, Segunda Turma, Rel. Min. Humberto Martins, DJe 15/04/2016). ◙ **Em sentido contrário:** "AÇÃO CIVIL PÚBLICA. TAXA DE EXPEDIÇÃO DE DIPLOMA DE ENSINO SUPERIOR. DIREITO INDIVIDUAL HOMOGÊNEO DIVISÍVEL E DISPONÍVEL. ILEGITIMIDADE DO MINISTÉRIO PÚBLICO. 1. A hipótese dos autos versa sobre a legitimidade do Ministério Público Federal para propor ação civil pública visando reconhecer a ilegalidade da cobrança de taxa para a expedição de diploma universitário. 2. A jurisprudência desta Corte já se manifestou no sentido de que "o Parquet somente tem legitimidade para promover ação civil pública visando a defesa de direitos individuais homogêneos e disponíveis em casos restritos, quando houver interesse público relevante, o que não se configura no caso em apreço, porquanto essa traz consequências tão somente a um grupo específico de indivíduos"(Resp 683.705, 1ª T., 21.11.2005), no caso, os graduandos da Faculdade de Ciências Humanas de Olinda – Facho e Faculdade Franssinetti do Recife – Fafire. 3. Na hipótese dos autos, a presente ação cuida de interesses com características de divisibilidade e disponibilidade, na salvaguarda de direitos de um determinado número de sujeitos ativos, quais sejam, formandos de instituições de ensino superior, sendo que estes devem obter a tutela de seus interesses por meio de ação própria" (STJ, REsp 1115112, 1ª T., DJ 21.10.2009).

◙ **Legitimidade do Ministério Público para ação coletiva visando afastar venda casada em contratos de telefonia fixa e internet.** "AGRAVO INTERNO NO AGRAVO EM RECURSO ESPECIAL. PROCESSUAL CIVIL. NEGATIVA DE PRESTAÇÃO JURISDICIONAL. NÃO OCORRÊNCIA. AÇÃO CIVIL PÚBLICA. TELEFONIA FIXA E ACESSO À INTERNET. VENDA CASADA. LEGITIMIDADE ATIVA DO MINISTÉRIO PÚBLICO. DIREITOS INDIVIDUAIS HOMOGÊNEOS. RELEVÂNCIA SO-

CIAL EVIDENCIADA. LEGITIMIDADE CONFIGURADA. ADEQUAÇÃO DA VIA ELEITA. 1. Não há falar em negativa de prestação jurisdicional se o tribunal de origem motiva adequadamente sua decisão, solucionando a controvérsia com a aplicação do direito que entendeu cabível à hipótese. 2. O Ministério Público tem legitimidade processual para a propositura de ação civil pública objetivando a defesa de direitos individuais homogêneos, mormente se evidenciada a relevância social na sua proteção. 3. No caso em apreço, a discussão transcende a esfera de interesses individuais dos efetivos contratantes, tendo reflexos em uma universalidade de potenciais consumidores que podem ser afetados pela prática apontada como abusiva. 4. Agravo interno não provido" (STJ, AgInt no AREsp 961.976/MG, Rel. Ministro Ricardo Villas Bôas Cueva, Terceira Turma, DJe 03/02/2017).

◙ **Direito à saúde. Legitimidade ativa do Ministério Público para questionar abusividade de cláusulas contratuais.** "CONSUMIDOR, CIVIL E PROCESSUAL CIVIL. RECURSO ESPECIAL. AÇÃO CIVIL PÚBLICA. PLANO DE SAÚDE. ABUSIVIDADE DE CLÁUSULA CONTRATUAL. LEGITIMIDADE ATIVA DO MINISTÉRIO PÚBLICO. RECONHECIMENTO. DIREITO À SAÚDE. RELEVANTE INTERESSE SOCIAL. O Ministério Público é parte legítima para figurar no polo ativo de ação civil pública e de ações coletivas contra operadoras de planos de saúde para questionar cláusulas contratuais tidas por abusivas, seja em face da indisponibilidade do direito à saúde, seja em decorrência da relevância da proteção e do alcance social" (STJ, REsp 1554448/PE, Terceira Turma, Rel. Min. João Otávio de Noronha, DJe 26/02/2016).

◙ **Transporte público. Legitimidade ativa do Ministério Público para questionar o valor da tarifa.** "ADMINISTRATIVO E PROCESSUAL CIVIL. CONCESSÃO DE TRANSPORTE URBANO DE PASSAGEIROS. TARIFA FIXADA POR DECRETO DO PREFEITO MUNICIPAL. LEGITIMIDADE ATIVA DO MINISTÉRIO PÚBLICO PARA QUESTIONAR O SEU VALOR. AÇÃO CIVIL PÚBLICA. REVOGAÇÃO DA TARIFA POR ATO JUDICIAL. INCABIMENTO DO DEVER DE RESTITUIR, POR PARTE DA EMPRESA CONCESSIONÁRIA, OS VALORES COBRADOS NO PERÍODO DE VIGÊNCIA DO DECRETO MUNICIPAL FIXADOR DA TARIFA. PRESUNÇÃO DE VALIDADE DOS ATOS DO PODER PÚBLICO. BOA-FÉ OBJETIVA. RECURSO ESPECIAL CONHECIDO E PROVIDO. 1. O Ministério Público tem legitimidade subjetiva ativa para promover Ação Civil Pública ou Coletiva para tutelar não apenas direitos difusos ou coletivos de consumidores, mas também direitos individuais homogêneos, inclusive quando decorrentes da prestação de serviços públicos" (STJ, REsp 929792/SP, Primeira Turma, Rel. Min. Napoleão Nunes Mais Filho, DJe 31/03/2016).

◙ **Telefonia móvel. Legitimidade ativa do Ministério Público para questionar cláusula contratual de fidelização do consumidor à operadora do serviço.** "PROCESSUAL CIVIL. ADMINISTRATIVO. AÇÃO CIVIL PÚBLICA. TELEFONIA MÓVEL. CLÁUSULA DE FIDELIZAÇÃO. DIREITO CONSUMERISTA. LEGITIMIDADE ATIVA DO MINISTÉRIO PÚBLICO (...). 1. O Ministério Público ostenta legitimidade para a propositura de Ação Civil Pública em defesa de direitos transindividuais, como sói ser a pretensão de vedação de inserção de cláusulas de carência e fidelização, que obrigam a permanência do contratado por tempo cativo, bem como a cobrança de multa ou valor decorrente de cláusula de fidelidade (nos contratos vigentes) celebrados pela empresa concessionária com os consumidores de telefonia móvel, ante a ratio essendi do art. 129, III, da Constituição Federal, arts. 81 e 82, do CDC e art. 1º, da Lei 7.347/85. Precedentes do STF (AGR no RE 424.048, DJ 25.11.2005) e S.T.J (REsp 806304, 1ª T., DJ 17.12.2008; REsp 520548, 1ª T., DJ 11.5.2006; REsp 799.669, 1ª T., DJ 18.2.2008; REsp 684712, 1ª T., DJ 23.11.2006 e AgRg no REsp 633.470, 3ª T., DJ 19.12.2005). 2. In casu, a pretensão veiculada na Ação Civil Pública ab origine relativa à vedação de inserção de cláusulas de carência e fidelização, que obrigam a permanência do contratado por tempo cativo, bem como a cobrança de multa ou valor decorrente de cláusula de fidelidade (nos contratos vigentes) celebrados pela Concessionária com os consumidores de telefonia móvel, revela hipótese de interesses nitidamente transindividuais e por isso apto à legitimação do Parquet. 3. A nova ordem constitucional erigiu um autêntico 'concurso de ações' entre os instrumentos de tutela dos interesses transindividuais e, a fortiori, legitimou o Ministério Público para o manejo dos mesmos. 4. O novel art. 129, III, da Constituição Federal habilitou o Ministério Público à promoção de qualquer espécie de ação na defesa de direitos difusos e coletivos não se limitando à ação de reparação de danos. 5. Hodiernamente, após a constatação da importância e dos inconvenientes da legitimação isolada do cidadão, não há mais lugar para o veto da legitimatio ad causam do MP para a Ação Popular, a Ação Civil Pública ou o Mandado de Segurança coletivo. 6. Em consequência, legitima-se o Parquet a toda e qualquer demanda que vise à defesa dos interesses difusos e coletivos, sob o ângulo material ou imaterial. 7. Deveras, o Ministério Público está legitimado a defender os interesses transindividuais, quais sejam os difusos, os coletivos e os individuais homogêneos. 8. Nas ações que versam interesses individuais homogêneos, esses participam da ideologia das ações difusas, como sói ser a ação civil pública. A despersonalização desses interesses está na medida em que o Ministério Público não veicula pretensão pertencente a quem quer que seja individualmente, mas pretensão de natureza genérica, que, por via de prejudicialidade, resta por influir nas esferas individuais. 9. A assertiva decorre do fato de que a ação não se dirige a interesses individuais, mas a coisa julgada in utilibus poder ser aproveitada pelo titular do direito individual homogêneo se não tiver promovido ação própria. 10. A ação civil pública, na sua essência, versa interesses individuais homogêneos e não pode ser caracterizada como uma ação gravitante em torno de direitos disponíveis. O simples fato de o interesse ser supra-individual, por si só já o torna indisponível, o que basta para legitimar o Ministério Público para a propositura dessas ações (...)" (STJ, REsp 700.206, 1ª T., DJ 19.3.2010).

◙ **Transporte coletivo. Legitimidade ativa do Ministério Público para a apuração de lesões a direitos dos consumidores.** "PROCESSUAL CIVIL. ADMINISTRATIVO. RECURSO ESPECIAL. AUSÊNCIA DE PREQUESTIONAMENTO. SÚMULAS 282/STF E 211/STJ. FUNDAMENTAÇÃO DEFICIENTE. SÚMULA 284/STF. AÇÃO CIVIL PÚBLICA. TRANSPORTE PÚBLICO COLETIVO. LEGITIMIDADE DO MINISTÉRIO PÚBLICO. INTERESSES TRANSINDIVIDUAIS. DESPROVIMENTO DO RECURSO ESPECIAL. (...) 3. O "Ministério Público está legitimado a promover ação civil pública ou coletiva, não apenas em defesa de direitos difusos ou coletivos de consumidores, mas também de seus direitos individuais homogêneos, nomeadamente de serviços públicos, quando a lesão deles, visualizada em sua dimensão coletiva, pode comprometer interesses sociais relevantes. Aplicação dos arts. 127 e 129, III, da Constituição Federal, e

81 e 82, I, do CDC" (excerto da ementa do REsp 417.804, 1ª T., DJ 16.5.2005, p. 230). 4. Recurso especial desprovido" (STJ, REsp 610.235, 1ª T., DJ 23.4.2007).

◙ **Cobrança de encargos adicionais em cartão de crédito. Legitimidade ativa do Ministério Público para apurar eventual ilicitude.** "PROCESSUAL CIVIL. CARTÃO DE CRÉDITO. COBRANÇA DO SERVIÇO DE PROTEÇÃO ADICIONAL. DIREITOS COLETIVOS. INDIVISIBILIDADE AÇÃO CIVIL PÚBLICA MINISTÉRIO PÚBLICO. LEGITIMAÇÃO. 1. A cobrança unilateral do serviço denominado "proteção adicional" aos proprietários de cartão de crédito confere legitimidade ao Ministério Público para o ajuizamento de ação civil pública, na apuração de pretensa ilicitude, diante da existência do interesse coletivo, conforme estatuído pelo art. 129, III, da Constituição da República Federativa do Brasil, combinado com os arts. 81 e 82 do CDC, com o fito de salvaguardar os direitos (interesses) difusos, coletivos e individuais homogêneos" 2. (STJ, REsp 556.618, 4ª T., DJ 16.8.2004).

III – criação de delegacias de polícia especializadas no atendimento de consumidores vítimas de infrações penais de consumo;

► **As Delegacias de Polícia de Defesa do Consumidor são órgãos da estrutura da Polícia Civil**. As Delegacias de Polícia de Defesa do Consumidor são órgãos da estrutura da Polícia Civil que investigam e reprimem infrações penais ao direito do consumidor, a partir da denúncia de atos ilegais, *v. g.*, publicidade enganosa, fraudes contra o consumidor e venda de produtos impróprios para o consumo. Havendo indício de algum ato ilegal, o delegado inicia a apuração das infrações penais de consumo, por meio do inquérito policial ou do termo circunstanciado de ocorrência (TCO). Uma vez concluído o inquérito policial, seu resultado é enviado ao Poder Judiciário, que abre vista dos autos ao Ministério Público. Comprovada a ocorrência de ilícito penal, inicia-se a fase processual. Caso contrário, o procedimento será arquivado. A capital federal e a maioria das capitais dos estados da Federação já contam com delegacias especializadas na defesa do consumidor, como São Paulo, Rio de Janeiro, Florianópolis, Palmas, Salvador, Natal, Porto Alegre, Manaus, Macapá, Curitiba, Teresina, João Pessoa, Belém, Cuiabá, Campo Grande, São Luís, Goiânia e Vitória.

IV – criação de Juizados Especiais de Pequenas Causas e Varas Especializadas para a solução de litígios de consumo;

◙ **Vara especializada do consumidor.** "[...] aplica-se aos contratos de arrendamento mercantil. 2. A distribuição da competência prevista nas leis de organização judiciária em virtude da matéria deve ser imperativamente observada, devendo, no caso, o feito ser processado e julgado em vara especializada do consumidor." (STJ, REsp 664351 BA, Rel. Ministro Carlos Alberto Menezes Direito, DJ 29/06/2007)

V – concessão de estímulos à criação e desenvolvimento das Associações de Defesa do Consumidor.

◙ **Associações. Legitimidade ativa *ad causam* para a defesa dos consumidores.** "RECURSOS ESPECIAIS. ASSOCIAÇÃO BRASILEIRA BENEFICENTE DE ASSISTÊNCIA PROTEÇÃO E DEFESA DOS CONSUMIDORES E BENEFICIÁRIOS DE PLANOS E APÓLICES. AÇÃO CIVIL PÚBLICA. LEGITIMIDADE. NATUREZA DO PEDIDO.CONTRATO DE SEGURO. SEGURO DE VIDA EM GRUPO. ESTIPULANTE E GRUPO DE SEGURADOS. RELAÇÃO DE MANDATO. DECISÃO PROFERIDA EM AÇÃO CIVIL PÚBLICA. ALCANCE TERRITORIAL DE SEUS EFEITOS. Conforme entendimento consolidado no âmbito do STJ, as entidades sindicais e as associações têm legitimidade ativa ad causam na defesa, em juízo, dos direitos coletivos ou individuais homogêneos de toda a categoria que representa ou de apenas parte dela" (STJ, REsp 1170855/RS, Quarta Turma, Rel. Min. Luis Felipe Salomão, DJe 16/12/2015).

◙ **Associações. Legitimidade ativa *ad causam* para o ajuizamento de ação declaratória de nulidade de cláusulas contratuais.** "AÇÃO CIVIL PÚBLICA AJUIZADA POR ASSOCIAÇÃO DE DEFESA DO CONSUMIDOR, PLEITEANDO A NULIDADE DE DISPOSIÇÃO CONTRATUAL EXISTENTE EM CONTRATO DE CARTÃO DE CRÉDITO. O Superior Tribunal de Justiça tem entendimento firmado acerca da legitimidade das associações civis de defesa do consumidor, para ajuizarem ação civil pública, com o intuito de declarar a nulidade de cláusula contratual inserida em contratos de adesão" (STJ, REsp 1084640/SP, Segunda Seção, Rel. Min. Marco Buzzi, DJe 29/09/2015).

◙ **Associações. Legitimidade *ad causam* dos "Centros Acadêmicos" para o ajuizamento de ação coletiva em defesa dos direitos dos estudantes.** AÇÃO CIVIL PÚBLICA. CENTRO ACADÊMICO DE DIREITO. LEGITIMIDADE. ASSOCIAÇÃO CIVIL REGULARMENTE CONSTITUÍDA. REPRESENTAÇÃO ADEQUADA. LEI N.º 9.870/99. EXEGESE SISTEMÁTICA COM O CDC. 1. Os "Centros Acadêmicos", nomenclatura utilizada para associações nas quais se congregam estudantes universitários, regularmente constituídos e desde que preenchidos os requisitos legais, possuem legitimidade para ajuizar ação civil pública em defesa dos direitos individuais homogêneos, de índole consumerista, dos estudantes do respectivo curso, frente à instituição de ensino particular. Nesse caso, a vocação institucional natural do centro acadêmico, relativamente aos estudantes de instituições de ensino privadas, insere-se no rol previsto nos arts. 82, IV, do CDC, e art. 5º da Lei n.º 7.347/85. 2. A jurisprudência do STF e do STJ reconhece que, cuidando-se de substituição processual, como no caso, não é de exigir-se autorização ad hoc dos associados para que a associação, regularmente constituída, ajuíze a ação civil pública cabível. 3. Por outro lado, o art. 7º da Lei 9.870/99, deve ser interpretado em harmonia com o art. 82, IV, do CDC, o qual é expresso em afirmar ser "dispensada a autorização assemblear" para as associações ajuizarem a ação coletiva. 4. Os centros acadêmicos são, por excelência e por força de lei, as entidades representativas de cada curso de nível superior, mercê do que dispõe o art. 4º da Lei n.º 7.395/85, razão pela qual, nesse caso, o "apoio" a que faz menção o art. 7º, da Lei n.º 9.870/99 deve ser presumido. 5. Ainda que assim não fosse, no caso houve assembléia especificamente convocada para o ajuizamento das ações previstas na Lei n.º 9.870/99 (fls. 76/91), havendo sido colhidas as respectivas assinaturas dos alunos, circunstância em si bastante para afastar a ilegitimidade aventada pelo acórdão recorrido. 6. Recurso especial provido" (REsp 1189273, 4ª T., DJ 4.3.2011).

▣ **Associações. Legitimidade ativa *ad causam* para discutir abusividade de cláusulas contratuais.** "AÇÃO CIVIL PÚBLICA. DIREITOS E INTERESSES COLETIVOS. ILEGALIDADE DE CLÁUSULAS CONTRATUAIS ESTIPULADAS EM CONTRATO DE ADESÃO (CARTÃO DE CRÉDITO). LEGITIMIDADE DE PARTE. – A 'Adcon – Associação Brasileira de Defesa do Consumidor, da Vida e dos Direitos Civis' tem legitimidade para, em ação civil pública, pleitear o reconhecimento da alegada abusividade de cláusulas insertas em contrato de cartão de crédito que estipulem a cobrança de juros acima de 12% ao ano" (STJ, REsp 575.102, 4ª T., DJ 7.11.2005).

▣ **Associações. Legitimidade ativa *ad causam* de associação de pais e alunos para a discussão acerca de mensalidades escolares.** "Ação coletiva. Mensalidades escolares. Inconstitucionalidade da Medida Provisória nº 550/94. Legitimidade ativa das associações de pais de alunos. 1. O fato de ter sido declarada a inconstitucionalidade de dispositivo da Medida Provisória nº 550/94, não acarreta qualquer óbice para que a associação de pais de alunos possa ingressar em Juízo com o objetivo de defender seus associados com relação ao pagamento de mensalidades escolares. 2. Nos termos do art. 82, IV, do CDC, as associações devidamente constituídas possuem legitimidade ativa para defender os interesses de seus associados, estando ínsita a autorização para tanto" (STJ, REsp 132.906, 3ª T., DJ 25.8.2003).

§ 1º (Vetado).

§ 2º (Vetado).

CAPÍTULO III
DOS DIREITOS BÁSICOS DO CONSUMIDOR

Art. 6º São direitos básicos do consumidor:

► **Rol de direitos exemplificativo.** Ao elencar os direitos do consumidor, o legislador fez questão de ressaltar que se tratam dos básicos, ou seja, aqueles que irão servir de base na orientação e instrumentalização das relações de consumo. Não há dúvidas de que os consumidores possuem um sem número de direitos não elencados no art. 6º de forma expressa, mas que nem por isto não possam ser usados em sua defesa.

I – a proteção da vida, saúde e segurança contra os riscos provocados por práticas no fornecimento de produtos e serviços considerados perigosos ou nocivos;

▶ **Sobre a proteção à saúde e segurança dos consumidores, ver arts. 8º ao 10.**

▶ **Sobre a periculosidade e nocividade dos produtos e serviços, ver arts. 8º ao 10.**

▶ **A segurança contra os riscos abrange conteúdo patrimonial também.** "A 'Segurança contra os riscos provocados por praticas no fornecimento de produtos e serviços considerados perigosos ou nocivos' (art. 6, I) abrange não somente os riscos contra a vida, saúde e integridade física do consumidor, mas diz também respeito ao patrimônio dos consumidores, ensejando-se afirmar que o conceito de direito à segurança possui abrangência mais ampla do que os conceitos de direito à vida ou direito à incolumidade física ou mesmo psíquica, pois engloba além desses elementos pessoais conteúdo patrimonial". (MARTINS, James. *Responsabilidade da empresa pelo fato do produto*. v. 5. Biblioteca de Direito do Consumidor. São Paulo: Revista dos Tribunais, p. 50-51).

▶ **A proteção abrange desde o momento da introdução do produto no mercado de consumo até a fase de descarte.** "Por direito básico à segurança do consumidor, podemos entender como o que assegura a proteção do consumidor contra riscos decorrentes do oferecimento do produto ou do serviço, desde o momento de sua introdução no mercado de consumo, abrangendo o efetivo consumo, até a fase de descarte de sobras, embalagens e demais resíduos do mesmo. A proteção legal abrange, no caso, tanto riscos pessoais quanto riscos patrimoniais, considerando-se o direito à segurança como espécie de direito geral de não sofrer danos, ao qual corresponde o dever geral de proteção à vida, à pessoa e ao patrimônio do consumidor". (Bruno Miragem, *Curso de Direito do Consumidor*, 3ª Edição, Editora Revista dos Tribunais, págs. 165-166)

▶ **O direito básico à proteção da saúde e à segurança do consumidor está intimamente vinculado com a proteção do direito à vida.** "(...) O direito básico à proteção da saúde e à segurança do consumidor está intimamente vinculado, como é intuitivo, com a proteção do direito à vida. Constam inclusive, na mesma disposição normativa, do artigo 6º, I, do CDC. Por direito à saúde podemos considerar o direito a que se seja assegurado ao consumidor no oferecimento de produtos e serviços, assim como no consumo e utilização dos mesmos, todas as condições adequadas à preservação de sua integridade física e psíquica. Já no que diz respeito ao direito à segurança, consiste basicamente em direito que assegura proteção contra riscos decorrentes do mercado de consumo." (Bruno Miragem, *Curso de Direito do Consumidor*, 3ª Edição, Editora Revista dos Tribunais, págs. 165)

◙ **Dever do poder público e de seus concessionários e permissionários prestar serviço adequado, eficiente e seguro.** "É dever do Poder Público e de seus concessionários e permissionários prestar serviço adequado e eficiente, atendendo aos requisitos necessários para segurança, integridade física, e saúde dos usuários, tudo conforme os arts. 6º, I e X, do CDC c/c 6º da Lei n. 8.987/95." (STJ, REsp 470675 SP, Rel. Ministro Humberto Martins, Segunda Turma, julgado em 16/10/2007, DJ 29/10/2007)

◙ **A disponibilização de produto em condições impróprias para o consumo afeta a segurança que rege as relações consumeristas.** "RECURSO ESPECIAL. DIREITO DO CONSUMIDOR. DANO PRESUMIDO. DIREITOS INDIVIDUAIS HOMOGÊNEOS E DIFUSOS. PRODUTO INDEVIDO. RISCO À SAÚDE E À SEGURANÇA. PRETENSÃO INDENIZATÓRIA. ARTIGO 6º, I E VI DO CDC. CABIMENTO. DIREITOS INDIVIDUAIS HOMOGÊNEOS E DIFUSOS. FIXAÇÃO GENÉRICA. LIQUIDAÇÃO. 1. A disponibilização de produto em condições impróprias para o consumo não apenas frustra a justa expectativa do consumidor na fruição do bem, como também afeta a segurança que rege as relações consumeristas. 2. No caso, houve violação do direito básico do consumidor à incolumidade da saúde do consumidor (art. 6º, I, do CDC) ante a potencialidade de lesão pelo consumo do produto comercializado: leite talhado. 3. Necessidade de reparação dos prejuízos causados aos consumidores efetivamente lesados e à sociedade como um todo, na forma dos artigos 95 do CDC e 13 da Lei nº 7.347/1985 visto que a conduta dos réus mostrou-se nociva à saúde da coletividade, enquanto potencialmente consumidora do produto deteriorado. 4. Inafastável a condenação genérica quanto aos danos morais e materiais, a ser fixada em liquidação" (STJ, REsp 1334364/RS, Terceira Turma, Rel. Min. Ricardo Villas Bôas Cueva, DJe 23/02/2016).

II – a educação e divulgação sobre o consumo adequado dos produtos e serviços, asseguradas a liberdade de escolha e a igualdade nas contratações;

► **Educação formal e informal.** O art. 6º, II, do CDC prevê expressamente que é direito básico do consumidor "*a educação e divulgação sobre o consumo adequado dos produtos e serviços, asseguradas a liberdade de escolha e a igualdade nas contratações*". Nesse sentido, a educação deve ser encarada sob dois aspectos: a) *educação formal*, que é aquela ministrada no primeiro grau das escolas públicas e privadas, abordando o tema em disciplinas como a educação moral e cívica (aspectos legais e institucionais), ciências (onde se cuidará da qualidade da água e dos alimentos) etc.; b) *educação informal*, de responsabilidade dos próprios fornecedores, procurando bem informar o consumidor em relação às características dos produtos e serviços colocados no mercado de consumo.

► **Educação pelos órgãos públicos e entidades privadas.** Vale ressaltar, também, o importante papel desempenhado pelos órgãos públicos de proteção e defesa do consumidor, bem como pelas entidades privadas, que, através de cartilhas, realização de debates e pesquisas de mercado, procuram informar e conscientizar os consumidores de seus direitos.

► **Direito de livre escolha e de igualdade nas contratações.** "A tendência atual do mercado é de portabilidade, a assegurar maior liberdade de escolha, e de combate à discriminação, por idade, como no diálogo do CDC com o Estatuto do Idoso e a Lei de Planos de Saúde. O Código de Defesa do Consumidor já reconhece a importância das novas técnicas de vendas, muitas delas agressivas, do marketing e do contrato como forma de informação do consumidor, protegendo o seu direito de escolha e sua autonomia racional, através do reconhecimento de um direito mais forte de informação (arts. 30, 31, 34, 46, 48 e 54) e um direito de reflexão (art. 49)". (BENJAMIN, Antônio Herman V.; MARQUES, Cláudia Lima; BESSA, Leonardo Roscoe. *Manual de Direito do Consumidor.* 7ª edição. São Paulo, Revista dos Tribunais, 2016, p. 78).

► **Sobre a venda casada como ofensa ao direito de escolha do consumidor, ver art. 39, I.**

◙ **Venda casada. Obrigatoriedade de contratar seguro habitacional diretamente do agente financeiro. Cerceamento da liberdade de escolha.** "SFH. SEGURO HABITACIONAL. CONTRATAÇÃO FRENTE AO PRÓPRIO MUTUANTE OU SEGURADORA POR ELE INDICADA. DESNECESSIDADE. INEXISTÊNCIA DE PREVISÃO LEGAL. VENDA CASADA. – Discute-se neste processo se, na celebração de contrato de mútuo para aquisição de moradia, o mutuário está obrigado a contratar o seguro habitacional diretamente com o agente financeiro ou com seguradora por este indicada, ou se lhe é facultado buscar no mercado a cobertura que melhor lhe aprouver. (...) – Ademais, tal procedimento caracteriza a denominada "venda casada", expressamente vedada pelo art. 39, I, do CDC, que condena qualquer tentativa do fornecedor de se beneficiar de sua superioridade econômica ou técnica para estipular condições negociais desfavoráveis ao consumidor, cerceando-lhe a liberdade de escolha." Recurso especial não conhecido." (STJ, REsp 804202 / MG,DJe 03/09/2008 , Rel. Min. Nancy Andrighi,J. 19/08/2008)

◙ **Venda casada. Violação da liberdade do direito de escolha do consumidor.** "OPERAÇÃO DENOMINADA 'VENDA CASADA' EM CINEMAS. CDC, ART. 39, I. VEDAÇÃO DO CONSUMO DE ALIMENTOS ADQUIRIDOS FORA DOS ESTABELECIMENTOS CINEMATOGRÁFICOS. [...] consagrou-se ao consumidor no seu ordenamento primeiro a saber: o Código de Defesa do Consumidor Brasileiro, dentre os seus direitos básicos 'a educação e divulgação sobre o consumo adequado dos produtos e serviços, asseguradas a liberdade de escolha e a igualdade nas contratações' (art. 6º, II, do CDC). 3. A denominada 'venda casada', sob esse enfoque, tem como ratio essendi da vedação a proibição imposta ao fornecedor de, utilizando de sua superioridade econômica ou técnica, opor-se à liberdade de escolha do consumidor entre os produtos e serviços de qualidade satisfatório e preços competitivos. 4. Ao fornecedor de produtos ou serviços, consectariamente, não é lícito, dentre outras práticas abusivas, condicionar o fornecimento de produto ou de serviço ao fornecimento de outro produto ou serviço (art. 39, I do CDC). 5. A prática abusiva revela-se patente se a empresa cinematográfica permite a entrada de produtos adquiridos na suas dependências e interdita o adquirido alhures, engendrando por via oblíqua a cognominada 'venda casada', interdição inextensível ao estabelecimento cuja venda de produtos alimentícios constituiu a essência da sua atividade comercial como, verbi gratia, os bares e restaurantes. 6. O juiz, na aplicação da lei, deve aferir as finalidades da norma, por isso que, in casu, revela-se manifesta a prática abusiva. [...]" (STJ, REsp 744602 RJ, Rel. Ministro Luiz Fux, Primeira Turma, julgado em 01/03/2007, DJ 15/03/2007)

III – a informação adequada e clara sobre os diferentes produtos e serviços, com especificação correta de quantidade, características, composição, qualidade, tributos incidentes e preço, bem como sobre os riscos que apresentem;

► **Sobre o dever de informar na oferta de produtos e serviços, ver art. 31.**

► **Sobre o princípio da informação, verificar julgados sobre a boa-fé objetiva no art. 4º, III.**

► **O dever de informar deve ser exigido em todas as etapas da relação de consumo:.** "Este dever de prestar informação não se restringe à fase pré-contratual, da publicidade, práticas comerciais ou oferta (...) mas inclui o dever de informar através do contrato (...), e de informar durante o transcorrer da relação (...) informar é mais do que cumprir com o dever de anexo de informação – é cooperar e ter cuidado com o parceiro contratual, evitando danos morais e agindo com lealdade (pois é o fornecedor quem detém a informação)". (MARQUES, Cláudia Lima. *Comentários ao CDC:* arts. 1º a 74: aspectos materiais. São Paulo: Revista dos Tribunais, 2003. p. 150.) ► **No mesmo sentido**: "(...) o dever de informar deve ser exigido em todas as etapas da relação de consumo: (i) no oferecimento do produto ou serviço no mercado (momento este em que a informação já deverá ser cumprida em sua totalidade, a teor do princípio da integridade), (ii) durante a fase contratual, ou seja, no momento da efetiva aquisição e fruição do bem, quando podem surgir, inclusive, novas obrigações de informar, além das informações prévias, (iii) nas etapas pós-contratuais, por exemplo, durante a vigência de garantia legal ou contratual, durante o tempo de vida útil até a extinção efetiva do produto ou serviço e que venha a "quebrar" qualquer nexo de causalidade entre um fato e a colocação do produto no mercado, ainda que não mais exista relação entre fabricante e consumidor, como na hipótese em que o adquirente já tenha vendido a terceiro, um veículo objeto de recall, por exemplo. (SANTOS, Fabíola Meira de Almeida. Informação como instrumento para amenizar riscos na sociedade de consumo. *Revista de Direito do Consumidor*. São Paulo: RT, Vol.107, Ano 2016, p. 374)

► **O direito à informação é imposto a todos os fornecedores**. "O direito à informação no âmbito do direito do consumidor é direito de prestação positiva oponível a todo aquele que fornece produtos e serviços no mercado de consumo. Não se dirige negativamente ao poder político, mas positivamente ao agente da atividade econômica". (KRETZMANN, Renata Pozzi. Informação nas relações de consumo: o dever de informar do fornecedor e suas repercussões jurídicas. Belo Horizonte: Casa do Direito, 2019, p. 39)

► **Dever de informar do fornecer deve considerar todos os consumidores envolvidos e não o indivíduo "médio".** "Sobre a importância da 'informação', o Brasil, um país de grandes diferenças culturais, ainda registra índices muito altos de analfabetismo. Nesse contexto, a informação como forma de mitigar riscos contempla, por óbvio, apenas a informação que leva em conta todo o mercado de consumo, todos os indivíduos envolvidos e não apenas aquela que considere o indivíduo "médio" do mercado. A sociedade em que o indivíduo está envolvido é que pode ser considerada como válida para gerenciamento de risco." (SANTOS, Fabíola Meira de Almeida. Informação como instrumento para amenizar riscos na sociedade de consumo. *Revista de Direito do Consumidor*. São Paulo: RT, Vol.107, Ano 2016, p. 368). ► **No mesmo sentido:** "O direito à informação (ou de ser informado) é do cidadão, um direito difuso de que são titulares todos os destinatários da informação. Por isso, quem informa tem compromisso com a verdade. O recebedor da informação (o cidadão) necessita do fato objetivamente ocorrido para estabelecer a sua cognição pessoal e para que possa elaborar a sua percepção sobre o mesmo fato, de modo a formar sua convicção sem qualquer interferência." (CAVALIERI FILHO, Sergio. *Programa de responsabilidade civil.* 11.ed. São Paulo: Atlas, 2014, p. 144/145)

► **Dever de informação do *expert* em relação ao consumidor.** "A informação do *expert* em relação ao consumidor é um dever qualificado, há que se pressupor que ele é um leigo, há dever de esclarecer, aconselhar, explicar dados que seriam banais e pressupostos entre dois empresários, mas não entre um profissional e um leigo". (BENJAMIN, Antônio Herman V.; MARQUES, Cláudia Lima; BESSA, Leonardo Roscoe. *Manual de Direito do Consumidor.* 7ª edição. São Paulo, Revista dos Tribunais, 2016, p. 144).

► **Não basta ao fornecedor entregar ao consumidor uma enorme quantidade de informações**. "A completude da informação não se realiza com um excesso de informações. Na verdade, não basta ao fornecedor entregar ao consumidor uma enorme quantidade de informações – contratos, manuais ou regulamentos com páginas e páginas – sobre os produtos ou serviços [...] Não se trata de exigir do fornecedor o impossível, mas apenas de impor-se a ele a obrigação de informar aquilo que interessa ao consumidor sobre o produto ou serviço, nem mais, nem menos." (MALFATTI, Alexandre David. *O direito de informação no Código de Defesa do Consumidor.* São Paulo: Alfabeto Jurídico, 2003, p. 255) ► **No mesmo sentido:** "(...) a informação hipereficiente pode ser considerada defeito de informação, o que nos leva à conclusão de que não são todas as informações que merecem destaque por parte do fornecedor. Os contornos do direito à informação são, destarte, dados pelo CDC 6.º III, em que se especifica exatamente como deve ser a oferta e apresentação do produto ou serviço. Assim, o nosso sistema de direito consumerista prevê o direito do consumidor de ser informado e o dever do fornecedor de informar adequada, clara e ostensivamente sobre as informações que se fazem relevantes para que a compra do produto ou serviço ofertado seja feita de maneira consciente." (NERY, Rosa Maria de Andrade e NERY, Nelson Nery Junior. *Instituições de Direito Civil,* Vol. I, Tomo I, Teoria Geral do Direito Privado, São Paulo: Editora Revista dos Tribunais, 2014, p. 501).

► **O direito à informação abrange várias fases da relação de consumo.** "O direito básico à informação do consumidor, estabelecido no artigo 6º, III, do CDC, é acompanhado de uma série de deveres específicos de informação ao consumidor, imputados ao fornecedor nas diversas fases da relação de consumo, como é o caso dos artigos 8º e 10 (informação sobre riscos e periculosidade), 12 e 14 (defeitos de informação), 18 e

20 (vícios de informação), 30, 31, 33, 34 e 35 (eficácia vinculativa da informação, sua equiparação à oferta e proposta, e as consequências da violação do dever de informar), 36 (o dever de informar na publicidade), 46 (a ineficácia em relação ao consumidor, das disposições contratuais não informadas), 51 (abrangência pelo conceito de cláusula abusiva, daquelas que não foram suficientemente informadas ao consumidor), 52 e 54 (deveres específicos de informação nos contratos), todos do CDC. Refira-se, ainda, que a Lei 12.741/2012 incluiu no inciso III do art. 6º do CDC, dentre as informações que devem ser oferecidas ao consumidor, ao lado da especificação correta de quantidade, características, composição, qualidade e riscos, também as relativas aos tributos incidentes sobre o preço." (MIRAGEM, Bruno. *Curso de Direito do Consumidor*, 7ª ed. São Paulo: RT, 2018, p. 224-225).

► **A falha no dever à informação afeta a essência do negócio jurídico.** "No CDC, a informação deve ser clara e adequada (arts. 12, 14, 18, 20, 30, 31, 33, 34, 46, 48, 52 e 54), esta nova transparência rege o momento pré-contratual, rege a eventual conclusão do contrato, o próprio contrato e o momento pós-contratual. É mais do que um simples elemento formal, afeta a essência do negócio, pois a informação repassada ou requerida integra o conteúdo do contrato (arts. 30, 33, 35, 46 e 54), ou, se falha, representa a falha (vício) na qualidade do produto ou serviço oferecido (arts. 18, 20 e 35). Da mesma forma, se é direito do consumidor ser informado (art. 6.º, III), este deve ser cumprido pelo fornecedor e não fraudado (art. 1.º)." (BENJAMIN, Antônio Herman V.; MARQUES, Cláudia Lima; BESSA, Leonardo Roscoe. Manual de Direito do Consumidor. 7ª edição. São Paulo, Revista dos Tribunais, 2016, p. 80).

◙ **O direito à informação visa assegurar ao consumidor uma escolha consciente.** "O direito à informação visa a assegurar ao consumidor uma escolha consciente, permitindo que suas expectativas em relação ao produto ou serviço sejam de fato atingidas, manifestando o que vem sendo denominado de consentimento informado ou vontade qualificada. Diante disso, o comando do art. 6º, III, do CDC, somente estará sendo efetivamente cumprido quando a informação for prestada ao consumidor de forma adequada, assim entendida como aquela que se apresenta simultaneamente completa, gratuita e útil, vedada, neste último caso, a diluição da comunicação efetivamente relevante pelo uso de informações soltas, redundantes ou destituídas de qualquer serventia" (STJ, REsp 1.144.840/SP, Rel. Ministra Nancy Andrighi, Terceira Turma, DJe 11/4/2012).

◙ **Importância da aferição daquilo que o consumidor razoalmente pode esperar de um serviço para análise do dever de informar.** "A aferição daquilo que o consumidor razoalmente pode esperar de um serviço está intimamente ligada com a observância do direito do consumidor à informação, previsto no inciso III do art. 6º do CDC. – Além de claras e precisas, as informações prestadas pelo fornecedor devem conter as advertências necessárias para alertar o consumidor a respeito dos riscos que, eventualmente, podem frustrar a utilização do serviço contratado. – Para além de constituir direito básico do consumidor, a correta prestação de informações revela-se, ainda, consectário da lealdade inerente à boa-fé objetiva e constitui o ponto de partida a partir do qual é possível determinar a perfeita coincidência entre o serviço oferecido e o efetivamente prestado." (STJ, REsp 988.595/SP, Rel. Ministra Nancy Andrighi, Terceira Turma, DJe 09/12/2009)

◙ **O dever de informação como medida de precaução deve ser sobrepor a eventual dúvida sobre o risco real.** "Civil e processo civil. Recurso especial. Ação civil pública proposta pelo PROCON e pelo Estado de São Paulo. Anticoncepcional Microvlar. Acontecimentos que se notabilizaram como o 'caso das pílulas de farinha'. Cartelas de comprimidos sem princípio ativo, utilizadas para teste de maquinário, que acabaram atingindo consumidoras e não impediram a gravidez indesejada.(...) A empresa fornecedora descumpre o dever de informação quando deixa de divulgar, imediatamente, notícia sobre riscos envolvendo seu produto, em face de juízo de valor a respeito da conveniência, para sua própria imagem, da divulgação ou não do problema, Ocorreu, no caso, uma curiosa inversão da relação entre interesses das consumidoras e interesses da fornecedora: esta alega ser lícito causar danos por falta, ou seja, permitir que as consumidoras sejam lesionadas na hipótese de existir uma pretensa dúvida sobre um risco real que posteriormente se concretiza, e não ser lícito agir por excesso, ou seja, tomar medidas de precaução ao primeiro sinal de risco." (STJ, REsp 866636 / SP, Rel. Min. Nancy Andrighi, J. 29.11.07)

◙ **Discriminação de ligações em fatura de telefonia.** "(...) É que a expressa dicção do art. 6.º, III, do CDC, torna induvidoso o direito básico do consumidor à informação adequada e precisa sobre os diferentes produtos e serviços, com especificação correta de quantidade, características, composição, qualidade e preço, bem como sobre os riscos que apresentem, devendo ser conciliado com a vigente legislação especial aplicável aos serviços de telecomunicação. (...)" (STJ, AgRg no REsp 911532 / MG, DJe 08/10/2009, Rel. Min. Luiz Fux, J.03/09/2009) ◙ **No mesmo sentido:** "As empresas que exploram os serviços concedidos de telecomunicações não estavam obrigadas a discriminar todos os pulsos nas contas telefônicas, especialmente os além da franquia, bem como as ligações de telefone fixo para celular, até o dia 01 de janeiro de 2006, quando entrou em vigor o Decreto n. 4.733/2003, art. 7º." (STJ, REsp 925523 / MG, Rel. Min. José Delgado, DJ 30.08.2007)

◙ **Empresa de telefonia. Dever de prestar informações. Ação de exibição de documentos.** "Dentre os princípios consagrados na Lei Consumerista, encontra-se a necessidade de transparência, ou seja, o dever de prestar informações adequadas, claras e precisas acerca do produto ou serviço fornecido (artigo 6º, inciso III, 20, 31, 35 e 54, § 5º). Dever de exibir documentos." (STJ, AgRg no AREsp 593.888/MG, Rel. Ministro Luis Felipe Salomão, Quarta Turma, DJe 05/05/2015)

◙ **Transferência de risco da atividade financeira ao consumidor. Impossibilidade.** "(...) É ilegal a transferência de risco da atividade financeira, no mercado de capitais, próprio das instituições de crédito, ao consumidor, ainda mais que não observado o seu direito de informação (art. 6°, III, e 10, "caput", 31 e 52 do CDC)." (STJ, REsp 299501/ MG, DJU 22.10.2001, Rel. Min. Nancy Andrighi, J. 11.9.2001, 3ª T.)

► **É obrigatória a manutenção de exemplar do Código de Defesa do Consumidor nos estabelecimentos comerciais.** A Lei nº 12.291/2010 tornou obrigatória a manutenção de exemplar do Código de Defesa do Consumidor nos estabelecimentos comerciais e de prestação de serviço. Com isso, o consumidor poderá exigir o CDC nos estabelecimentos comerciais, podendo verificar os seus direitos antes de realizar as transações comerciais, evitando possíveis abusos praticados pelos fornecedores.

► **Informação ao consumidor na comercialização de veículos automotores novos ou usados.** A Lei 13.111, de 25 de março de 2015, dispôs sobre a obrigatoriedade de os empresários que comercializam veículos automotores novos ou usados prestarem informações ao consumidor, inclusive através de cláusulas nos contratos de compra e venda, sobre: o valor dos tributos incidentes sobre a comercialização do veículo; a situação de regularidade do veículo quanto a: a) furto; b) multas e taxas anuais legalmente devidas; c) débitos de impostos; d) alienação fiduciária; ou e) quaisquer outros registros que limitem ou impeçam a circulação do veículo.

► **Venda de meia-entrada pela internet. Informações necessárias.** A Lei 13.179, de 22 de outubro de 2015, visou assegurar o direito do consumidor adquirir ingressos de meia-entrada para evento cultural nas compras feita pela internet, bem como assegurar que sejam prestadas as informações necessárias, no site e na entrada do evento, para que o consumidor possa exercer plenamente este direito (ex: os documentos que serão aceitos para que se comprove o direito à meia-entrada). A Lei 12.933, de 26 de dezembro de 2013, regulou o benefício do pagamento de meia-entrada para estudantes, pessoas portadoras com deficiência e jovens de 15 a 29 anos comprovadamente carentes, especificando quais os documentos serão aceitos para comprovação do direito à meia- entrada, bem como impondo a necessidade do fornecedor disponibilizar 40% (quarenta por cento) do total de ingressos disponíveis para cada evento. Porém, a Lei 12.933 somente gerou efeitos a partir do Decreto 8.537 de 5 de outubro de 2015, que regulamentou a referida lei.

► **Informação ao consumidor do preço por unidade de medida.** A Lei 13.175, de 21 de outubro de 2015, acrescentado o artigo 2º-A à Lei 10.962/2004, dispôs sobre a oferta e as formas de afixação de preços de produtos e serviços para o consumidor, obrigando a divulgação da informação do preço por unidade de medida na comercialização de produtos fracionados em pequenas quantidades. Estipulou referida lei que "na venda a varejo de produtos fracionados em pequenas quantidades, o comerciante deverá informar, na etiqueta contendo o preço ou junto aos itens expostos, além do preço do produto à vista, o preço correspondente a uma das seguintes unidades fundamentais de medida: capacidade, massa, volume, comprimento ou área, de acordo com a forma habitual de comercialização de cada tipo de produto." Este "novo" dever do fornecedor somente não se aplica aos medicamentos.

► **Informação nas embalagens e rótulos dos equipamentos e produtos de limpeza sobre o risco de escassez e de incentivo ao consumo moderado de água.** A Lei 13.233, de 29 de dezembro de 2015, impôs que as embalagens e rótulos dos equipamentos e produtos de limpeza cujo uso implicar consumo de água conterão mensagem de advertência sobre o risco de escassez e de incentivo ao consumo moderado de água, dispondo que a mensagem será inserida em destaque e de forma legível nas embalagens e rótulos, utilizando-se a expressão *"Água: pode faltar. Não desperdice."*.

► **Informação nos rótulos e embalagens de medicamentos de uso infantil.** A Lei 13.236, de 29 de dezembro de 2015, alterando a Lei 6.360/1976 (Lei de Vigilância Sanitária sobre Produtos Farmacêuticos), buscou evitar erros de administração e de uso de medicamentos, através da melhor informação ao consumidor. Para isso, impôs, por exemplo, que os produtos destinados ao público infantil deverão ter características de rotulagem e de embalagem que possibilitem a sua imediata e precisa distinção daqueles destinados ao uso adulto (parágrafo único do art. 4º da Lei 6.360/1976). Também dispôs que os produtos de que trata a lei não poderão ter nomes, designações, rótulos ou embalagens que induzam a erro o consumidor e que os rótulos de medicamentos, de drogas e de produtos correlatos deverão possuir características que os diferenciem claramente entre si e que inibam erros de dispensação e de administração, trocas indesejadas ou uso equivocado.

◙ **Informação sobre o risco. A mera alteração da bula não é suficiente para dar conhecimento acerca do risco do medicamento.** "O aumento da periculosidade do medicamento deveria ser amplamente divulgado nos meios de comunicação. A mera alteração da bula e do controle de receitas na sua comercialização, não são suficientes para prestar a adequada informação ao consumidor." (STJ, REsp 971845 / DF, DJe 01/12/2008 , Rel. Min. Nancy Andrighi, J.21/08/2008)

◙ **Ofensa ao direito de informação. Abusividade de seguro que limita cobertura a furto apenas qualificado.** "A circunstância de o risco segurado ser limitado aos casos de furto qualificado exige, de plano, conhecimentos do aderente quanto às diferenças entre uma e outra espécie de furto, conhecimento esse que, em razão da sua vulnerabilidade, presumidamente o consumidor não possui, ensejando-se, por isso, o reconhecimento da falha no dever geral de informação, o qual constitui, é certo, direito básico do consumidor, nos termos do artigo 6º, inciso III, do CDC. IV – A condição exigida para cobertura do sinistro – ocorrência de furto qualificado – por si só, apresenta conceituação específica da legislação penal, cujo próprio meio técnico-jurídico possui dificuldades para conceituá-lo, o que denota sua abusividade. Precedente da eg. Quarta Turma. V – Recurso especial provido. (STJ, REsp 1293006/SP, Rel. Ministro Massami Uyeda, Terceira Turma, julgado em 21/06/2012, DJe 29/06/2012)

◙ **Descumprimento do dever de informação. Instituição de ensino não autorizada pelo MEC.**"A instituição de ensino que oferece curso de bacharelado em Direito sem salientar a inexistência de chancela do MEC, resultando na impossibilidade de aluno, aprovado no exame da OAB, obter inscrição definitiva de advogado, responde objetivamente, nos termos do art. 14 do CDC, pelo descumprimento do dever de informar, por ocultar circunstância que seria fundamental para a decisão de se matricular ou não no curso. 3. O art. 6º, III, do CDC institui o dever de informação e consagra o princípio da transparência, que alcança o negócio em sua essência, porquanto a informação repassada ao consumidor integra o próprio conteúdo do contrato. Trata-se de dever intrínseco ao negócio e que deve estar presente não apenas na formação do contrato, mas também durante toda a sua execução. 4. O direito à informação visa a assegurar ao consumidor uma escolha consciente, permitindo que suas expectativas em relação ao produto ou serviço sejam de fato atingidas, manifestando o que vem sendo denominado de consentimento informado ou vontade qualificada. 5. Não exclui a responsabilidade da instituição de ensino perante o aluno a possível discussão frente ao Conselho Profissional a respeito da exigibilidade, ou não, por este, da comprovação do reconhecimento do curso pelo MEC, reservando-se a matéria para eventual direito de regresso." (STJ, REsp 1121275/SP, Rel. Ministra Nancy Andrighi, Terceira Turma, julgado em 27/03/2012, DJe 17/04/2012)

■ **Capitalização diária de juros em contrato bancário . Dever de informar.** "CÉDULA DE CRÉDITO BANCÁRIO. CAPITALIZAÇÃO DIÁRIA. TAXA NÃO INFORMADA. DESCABIMENTO. VIOLAÇÃO A DISPOSITIVOS CONSTITUCIONAIS. DESCABIMENTO. 1. Controvérsia acerca da capitalização diária em contrato bancário. 2. Comparação entre os efeitos da capitalização anual, mensal e diária de uma dívida, havendo viabilidade matemática de se calcular taxas de juros equivalentes para a capitalização em qualquer periodicidade (cf. REsp 973.827/RS). 3. Discutível a legalidade de cláusula de capitalização diária de juros, em que pese a norma permissiva do art. 5º da Medida Provisória 2.170-36/2001. Precedentes do STJ. 4. Necessidade, de todo modo, de fornecimento pela instituição financeira de informações claras ao consumidor acerca da forma de capitalização dos juros adotada. 5. Insuficiência da informação a respeito das taxas equivalentes sem a efetiva ciência do devedor acerca da taxa efetiva aplicada decorrente da periodicidade de capitalização pactuada. 6. Necessidade de se garantir ao consumidor a possibilidade de controle 'a priori' do contrato, mediante o cotejo das taxas previstas, não bastando a possibilidade de controle 'a posteriori'. 7. Violação do direito do consumidor à informação adequada. 8. Aplicação do disposto no art. 6º, inciso III, combinado com os artigos 46 e 52, do Código de Defesa do Consumidor(-CDC). 9. Reconhecimento da abusividade da cláusula contratual no caso concreto em que houve previsão de taxas efetivas anual e mensal, mas não da taxa diária". (STJ, REsp 1334364/RS, Terceira Turma, Rel. Min. Ricardo Villas Bôas Cueva, DJe 23/02/2016).

■ **Telefonia móvel. Oscilação de sinal durante acesso à internet por meio de tecnologia 3G. Dever de informar.** "AGRAVO REGIMENTAL NO AGRAVO EM RECURSO ESPECIAL. AÇÃO CIVIL PÚBLICA. OPERADORA DE TELEFONIA MÓVEL. DEVER DE INFORMAÇÃO. OSCILAÇÃO NO SINAL DO SERVIÇO DE ACESSO À INTERNET. TECNOLOGIA 3G. 1. De acordo com o entendimento desta Corte, o pedido formulado deve ser examinado a partir de uma interpretação lógico-sistemática, com análise ampla e detida da relação jurídica posta. Desse modo, não configura julgamento extra petita, quando o órgão julgador, respeitando os limites objetivos da pretensão inicial, concede providência dentre as interpretações possíveis. 2. Na espécie, a condenação da ré a prestar os esclarecimentos "na mesma fonte e tamanho da letra utilizada no restante da propaganda" não desrespeita o princípio da congruência, porquanto se insere dentro da pretensão de informação adequada e clara e, também, porque o pedido foi baseado na norma do art. 6º, III, do CDC. 3. O Tribunal de origem concluiu que a ré falhou no seu dever de prestar precisas informações sobre o serviço de acesso à internet ofertado ao consumidor. Rever essa conclusão demandaria reexame de provas, o que é vedado em sede de recurso especial (Súmula 7/STJ). 4. Agravo regimental a que se nega provimento". (STJ, AgRg no AREsp 557197/RJ, Quarta Turma, Rel. Min. Luis Felipe Salomão, DJe 06/11/2015).

■ **Publicidade de produto. Omissão quanto ao preço e forma de pagamento. Dever de informar.** ***(sobre publicidade enganosa, ver art. 37, §1º)*** "CONSUMIDOR. AÇÃO COLETIVA. PUBLICIDADE DE PRODUTOS EM CANAL DA TV FECHADA. OMISSÃO

DE INFORMAÇÃO ESSENCIAL. PREÇO E FORMA DE PAGAMENTO OBTIDOS SOMENTE POR MEIO DE LIGAÇÃO TARIFADA. PUBLICIDADE ENGANOSA POR OMISSÃO. NÃO OBSERVÂNCIA DO DEVER POSITIVO DE INFORMAR. MULTA DIÁRIA FIXADA NA ORIGEM. AUSÊNCIA DE EXORBITÂNCIA. REDUÇÃO. IMPOSSIBILIDADE. DIVERGÊNCIA JURISPRUDENCIAL INCOGNOSCÍVEL. 1. Na origem, a Comissão de Defesa do Consumidor da Assembleia Legislativa do Estado do Rio de Janeiro propôs ação coletiva contra Polimport Comércio e Exportação Ltda. (Polishop), sob a alegação de que a ré expõe e comercializa seus produtos em um canal da TV fechada, valendo-se de publicidade enganosa por omitir o preço e a forma de pagamento, os quais somente podem ser obtidos mediante ligação telefônica tarifada e onerosa ao consumidor, independentemente de este adquirir ou não o produto. 2. O Juízo de primeiro grau julgou procedente o pedido para condenar a ré à obrigação de informar elementos básicos para que o consumidor, antes de fazer o contato telefônico, pudesse avaliar a possível compra do produto, com destaque para as características, a qualidade, a quantidade, as propriedades, a origem, o preço e as formas de pagamento, sob pena de multa diária por descumprimento. O Tribunal de origem, em sede de agravo interno, manteve a sentença. 3. O direito à informação, garantia fundamental da pessoa humana expressa no art. 5°, inciso XIV, da Constituição Federal, é gênero que tem como espécie o direito à informação previsto no Código de Defesa do Consumidor. 4. O Código de Defesa do Consumidor traz, entre os direitos básicos do consumidor, a "informação adequada e clara sobre os diferentes produtos e serviços, com especificação correta de quantidade, características, composição, qualidade e preço, bem como sobre os riscos que apresentam" (art. 6º, inciso III). 5. O Código de Defesa do Consumidor atenta-se para a publicidade, importante técnica pré-contratual de persuasão ao consumo, trazendo, como um dos direitos básicos do consumidor, a "proteção contra a publicidade enganosa e abusiva" (art. 6º, IV). 6. A publicidade é enganosa por comissão quando o fornecedor faz uma afirmação, parcial ou total, não verdadeira sobre o produto ou serviço, capaz de induzir o consumidor em erro (art. 37, § 1º). É enganosa por omissão a publicidade que deixa de informar dado essencial sobre o produto ou o serviço, também induzindo o consumidor em erro exatamente por não esclarecer elementos fundamentais (art. 37, § 3º). 7. O caso concreto é exemplo de publicidade enganosa por omissão, pois suprime algumas informações essenciais sobre o produto (preço e forma de pagamento), as quais somente serão conhecidas pelo consumidor mediante o ônus de uma ligação tarifada, mesmo que a compra não venha a ser concretizada. 8. Quando as astreintes são fixadas conforme a capacidade econômica, a redução da multa diária encontra óbice no reexame do conjunto fático-probatório dos autos (Súmula 7/STJ). Ressalvam-se os casos de fixação de valor exorbitante, o que não ocorre no caso concreto. 9. A inexistência de similitude fática e jurídica entre os acórdãos confrontados impede o conhecimento do recurso especial com fundamento na divergência jurisprudencial. Recurso especial conhecido em parte e improvido". (STJ, REsp 1428801/RJ, Segunda Turma, Rel. Min. Humberto Martins, DJe 13/11/2015).

◙ **Contrato de cartão de crédito. Dever de informar sobre os encargos contratados, ainda que o consumidor possa obter cópia do contrato na internet.** "Ainda que possível a obtenção de contrato de cartão de crédito em sites da internet, é cabível a ação cautelar de exibição de documentos na hipótese em que frustrada a tentativa consensual em obter os documentos necessários à compreensão dos encargos contratados. Isso porque o modelo a que se tem acesso pela rede mundial de computadores pode ser modificado pela instituição financeira a qualquer instante. Ademais, por se tratar de contrato de adesão, há o interesse do consumidor no conhecimento detalhado e específico das cláusulas contratuais a que se submeteu, principalmente porque se cuida de relação marcada pela desigualdade técnica e jurídica entre as partes, o que só intensifica a incidência do direito fundamental à ampla, adequada e clara informação acerca dos produtos e serviços, conforme previsto no art. 6º, III, do Código de Defesa do Consumidor". (STJ, AgRg no AREsp 656551/RS, Terceira Turma, Rel. Min. Marco Aurélio Bellizze, DJe 14/08/2015).

◙ **Maquiagem dos produtos. Diminuição do volume ou quantidade. Dever de informar.**"VÍCIO DE QUANTIDADE. VENDA DE REFRIGERANTE EM VOLUME MENOR QUE O HABITUAL. REDUÇÃO DE CONTEÚDO INFORMADA NA PARTE INFERIOR DO RÓTULO E EM LETRAS REDUZIDAS. INOBSERVÂNCIA DO DEVER DE INFORMAÇÃO. DEVER POSITIVO DO FORNECEDOR DE INFORMAR. VIOLAÇÃO DO PRINCÍPIO DA CONFIANÇA. PRODUTO ANTIGO NO MERCADO. FRUSTRAÇÃO DAS EXPECTATIVAS LEGÍTIMAS DO CONSUMIDOR. MULTA APLICADA PELO PROCON. POSSIBILIDADE.(...) 1. No caso, o Procon estadual instaurou processo administrativo contra a recorrente pela prática da infração às relações de consumo conhecida como "maquiagem de produto" e "aumento disfarçado de preços", por alterar quantitativamente o conteúdo dos refrigerantes "Coca Cola", "Fanta", "Sprite" e "Kuat" de 600 ml para 500 ml, sem informar clara e precisamente aos consumidores, porquanto a informação foi aposta na parte inferior do rótulo e em letras reduzidas. Na ação anulatória ajuizada pela recorrente, o Tribunal de origem, em apelação, confirmou a improcedência do pedido de afastamento da multa administrativa, atualizada para R$ 459.434,97, e majorou os honorários advocatícios para R$ 25.000,00. 2. Hipótese, no cível, de responsabilidade objetiva em que o fornecedor (lato sensu) responde solidariamente pelo vício de quantidade do produto. (...) O dever de informação positiva do fornecedor tem importância direta no surgimento e na manutenção da confiança por parte do consumidor. A informação deficiente frustra as legítimas expectativas do consumidor, maculando sua confiança. A sanção administrativa aplicada pelo Procon reveste-se de legitimidade, em virtude de seu poder de polícia (atividade administrativa de ordenação) para cominar multas relacionadas à transgressão da Lei n. 8.078/1990, esbarrando o reexame da proporcionalidade da pena fixada no enunciado da Súmula 7/STJ." (STJ, REsp 1364915/MG, Rel. Ministro Humberto Martins, Segunda Turma, DJe 24/05/2013)

◙ **Contratação de seguro. Dever de envio de cópia da apólice ao consumidor.** "(...) 1. Deve ser remetida cópia da apólice contratada ao segurado, ainda que a celebração do contrato tenha se dado por via telefônica. Conforme determina o art. 6º, III, do CDC, o fornecedor ou prestador de serviços tem o dever de informar devidamente o consumidor sobre os termos do contrato oferecido, prestando os esclarecimentos necessários para a perfeita compreensão quanto aos direitos e obrigações deles oriundas, especialmente quando a contratação é feita por telefone" (...). (STJ, REsp 1176628, 3ª T., DJ 4.10.2010).

◙ **Telefonia. Dever de informar ao consumidor as mudanças na legislação que rege a prestação do serviço.** "Direito do Consumidor. Contrato de prestação de serviços. Telefonia móvel. Falta de informações no ato da contratação. Alteração de regras pela ANATEL. Vício na vontade do consumidor. (...) Violação de dispositivos do CDC. (...) 4. A sonegação de informação no ato da contratação, a respeito de mudança da legislação, da qual já tinha conhecimento a contratada, fere o princípio da boa-fé, constante tanto no Código Civil quanto no CDC. 5. Recurso Especial improvido" (STJ, REsp 910.389, 3ª T., DJ 18.6.2010).

◙ **Extinção de curso superior. Consumidora que foi devidamente informada sobre tal possibilidade através de cláusula contratual.** "RECURSO ESPECIAL - AÇÃO ANULATÓRIA DE CLÁUSULA CONTRATUAL C/C INDENIZAÇÃO POR DANOS MORAIS E MATERIAIS - NÃO FORMAÇÃO DE NOVAS TURMAS DE CURSO SUPERIOR (EXTINÇÃO DE CURSO UNIVERSITÁRIO) - TRANSFERÊNCIA DE ALUNA PARA OUTRA INSTITUIÇÃO DE ENSINO - RESPONSABILIDADE CIVIL DA UNIVERSIDADE RECONHECIDA PELAS INSTÂNCIAS ORDINÁRIAS, AO ENTENDEREM CONFIGURADOS E COMPROVADOS OS DANOS ALEGADOS, NÃO OBSTANTE O AFASTAMENTO DA ARGUIDA ABUSIVIDADE DA CLÁUSULA CONTRATUAL QUE FACULTA À UNIVERSIDADE A EXTINÇÃO DO CURSO POR AUSÊNCIA DE VIABILIDADE ECONÔMICO-FINANCEIRA - AUTONOMIA UNIVERSITÁRIA (ART. 207 DA CF/88) - POSSIBILIDADE DE EXTINÇÃO DE CURSO SUPERIOR, NOS TERMOS DO ARTIGO 53, INCISO I, DA LEI N. 9.394/96 – RECURSO ESPECIAL PROVIDO, A FIM DE JULGAR IMPROCEDENTE O PEDIDO CONDENATÓRIO. INSURGÊNCIA DA INSTITUIÇÃO EDUCACIONAL (...) 4. O art. 6º, III, do CDC que institui o dever de informação e consagra o princípio da transparência, alcançou o negócio jurídico entabulado entre as partes, porquanto a aluna/consumidora foi adequadamente informada acerca da possibilidade de extinção do curso em razão de ausência de quorum mínimo, tanto em razão de cláusula contratual existente no pacto, quanto no manual do discente. 5. No caso, não se verifica o alegado defeito na prestação de serviços, haja vista que a extinção de cursos é procedimento legalmente previsto e admitido, não sendo dado atribuir-se a responsabilização à universidade por evento sobre o qual não há qualquer participação ou influência da desta (ausência de alunos e não obtenção, pela aluna, de aprovação), mormente quando cumpre todos os deveres ínsitos à boa-fé objetiva. Na relação jurídica estabelecida com seu corpo discente, consoante atestado pelas instâncias ordinárias, a instituição de ensino forneceu adequada informação e, no momento em que verificada a impossibilidade de manutenção do curso superior, ofereceu alternativas à aluna, providenciando e viabilizando, conforme solicitado por esta, a transferência para outra faculdade. 6. Recurso especial provido para julgar improcedente os pedidos da inicial" (STJ, REsp 1094769/SP, Rel. Ministro Marco Buzzi, Quarta Turma, DJe 15/08/2014).

► **Tributos incidentes.** A Lei 12.741, de 8 de dezembro de 2012, dispôs sobre as medidas de esclarecimento ao consumidor sobre os tributos incidentes nos preços dos produtos e serviços, de que trata o § 5º do artigo 150 da Constituição Federal ; alterando o inciso III do art. 6º do CDC. O art. 1º da Lei nº12.741/2012 determina que "emitidos por ocasião da venda ao consumidor de mercadorias e serviços, em todo território nacional, deverá constar, dos documentos fiscais ou equivalentes, a informação do valor aproximado correspondente à totalidade dos tributos federais, estaduais e municipais, cuja incidência influi na formação dos respectivos preços de venda."

► **Dever de informação na seara médica.** "Há um dever na Medicina que deve ser obedecido pelo médico. Tem ele o dever de informar o paciente, ou sua família, de seu estado, da metodologia e técnica a serem utilizadas, dos riscos e possibilidades de cura." (VENOSA, Sílvio de Salvo. *Responsabilidade Civil.* 4ª ed. São Paulo: Atlas, 2004. p. 110).

◙ **Descredenciamento de clínica médica sem prévia comunicação ao consumidor.** ***(sobre dano moral, ver art. 6°, VI)*** "RECURSO ESPECIAL. CIVIL. PLANO DE SAÚDE. RESPONSABILIDADE CIVIL. DESCREDENCIAMENTO DE CLÍNICA MÉDICA. COMUNICAÇÃO PRÉVIA AO CONSUMIDOR. AUSÊNCIA. VIOLAÇÃO DO DEVER DE INFORMAÇÃO. PREJUÍZO AO USUÁRIO. SUSPENSÃO REPENTINA DE TRATAMENTO QUIMIOTERÁPICO. SITUAÇÃO TRAUMÁTICA E AFLITIVA. DANO MORAL. CONFIGURAÇÃO. 1. Ação ordinária que busca a condenação da operadora de plano de saúde por danos morais, visto que deixou de comunicar previamente a consumidora acerca do descredenciamento da clínica médica de oncologia onde recebia tratamento, o que ocasionou a suspensão repentina da quimioterapia. 2. Apesar de os planos e seguros privados de assistência à saúde serem regidos pela Lei nº 9.656/1998, as operadoras da área que prestam serviços remunerados à população enquadram-se no conceito de fornecedor, existindo, pois, relação de consumo, devendo ser aplicadas também, nesses tipos contratuais, as regras do Código de Defesa do Consumidor (CDC). Ambos instrumentos normativos incidem conjuntamente, sobretudo porque esses contratos, de longa duração, lidam com bens sensíveis, como a manutenção da vida. São essenciais, portanto, tanto na formação quanto na execução da avença, a boa-fé entre as partes e o cumprimento dos deveres de informação, de cooperação e de lealdade (arts. 6º, III, e 46 do CDC). 3. O legislador, atento às inter-relações que existem entre as fontes do direito, incluiu, dentre os dispositivos da Lei de Planos de Saúde, norma específica sobre o dever da operadora de informar o consumidor quanto ao descredenciamento de entidades hospitalares (art. 17, § 1º, da Lei nº 9.656/1998). 4. É facultada à operadora de plano de saúde substituir qualquer entidade hospitalar cujos serviços e produtos foram contratados, referenciados ou credenciados desde que o faça por outro equivalente e comunique, com trinta dias de antecedência, os consumidores e a Agência Nacional de Saúde Suplementar (ANS). 5. O termo "entidade hospitalar" inscrito no art. 17, § 1º, da Lei nº 9.656/1998, à luz dos princípios consumeristas, deve ser entendido como gênero, a englobar também clínicas médicas, laboratórios, médicos e demais serviços conveniados. De fato, o usuário de plano de saúde tem o direito de ser informado acerca da modificação da rede conveniada (rol de credenciados), pois somente com a transparência poderá buscar o atendimento e o tratamento que melhor lhe satisfaz, segundo as possibilidades oferecidas. 6. O descumprimento do dever de informação (descredenciamento da clínica médica de oncologia sem prévia comunicação) somado à situação traumática e aflitiva suportada pelo consumidor (interrupção repentina do tratamento quimioterápico com reflexos no estado de saúde), capaz de comprometer a sua integridade psíquica, ultrapassa o mero dissabor, sendo evidente o dano moral, que deverá ser compensado pela operadora de plano de saúde. 7. Recurso especial não provido. (STJ, REsp 1349385/PR, Rel. Min. Ricardo Villas Bôas Cueva, 3ª T., DJe 2.2.2015)

◙ **Informação sobre necessidade de obtenção de visto para o país onde o voo de retorno faria breve conexão.** "RECURSO ESPECIAL. TRANSPORTE AÉREO. CONSUMIDOR. DEVER DE INFORMAÇÃO. NECESSIDADE DE VISTO DE CONEXÃO EM VOO INTERNACIONAL. DEFEITO NA PRESTAÇÃO DE SERVIÇO. INOCORRÊNCIA DE CULPA EXCLUSIVA OU CONCORRENTE DA VÍTIMA. INDENIZAÇÃO POR DANO MATERIAL E MORAL. 1. Polêmica em torno da responsabilidade civil de empresa de viagens credenciada por companhia aérea ao emitir bilhetes de viagem internacional (Estados Unidos), através do programa de milhagem, sem informar aos consumidores adquirentes acerca da necessidade obtenção de visto também do país onde o voo de retorno faria breve conexão (Canadá). 2. Necessidade de prestação de informações completas aos consumidores, inclusive acerca da exigência de obtenção de visto de trânsito para hipótese de conexão internacional por parte de empresa que emite as passagens aéreas. 3. Informações adequadas e claras acerca do serviço a ser prestado constituem direito básico do consumidor (art. 6º, III, do CDC). 4. Informações insuficientes ou inadequadas tornam o serviço defeituoso, ensejando responsabilidade pelo fato do serviço (art. 14, caput, do CDC) e a obrigação de reparar os danos causados aos consumidores. 5. Não caracterização da culpa exclusiva ou concorrente dos consumidores demandantes por não terem obtido visto do país em que ocorreria conexão do voo de retorno (Canadá). 6. Procedência da demanda, restabelecendo-se as parcelas indenizatórias concedidas pelo acórdão que julgou a apelação. 7. Precedente jurisprudencial específico desta Terceira Turma. 8. Recurso especial provido." (STJ, REsp 1562700/SP, Rel. Ministro Paulo de Tarso Sanseverino, Terceira Turma, DJe 15/12/2016)

◙ **No mesmo sentido, envolvendo falta de informação sobre a necessidade de obtenção de visto de trânsito à passageira boliviana que adquiriu bilhete aéreo com destino à França.** "Direito do consumidor. Recurso especial. Ação de indenização por danos morais e materiais. Viagem ao exterior. Passageira boliviana que adquiriu bilhete aéreo com destino à França e teve seu ingresso negado naquele país por não possuir visto consular. Fornecedor que não prestou informação adequada sobre a necessidade de obtenção do visto. Vício do serviço configurado. (...) – Na hipótese, em que as consumidoras adquiriram passagens aéreas internacionais com o intuito de juntas conhecer a França, era necessário que a companhia aérea se manifestasse de forma escorreita acerca das medidas que deveriam ser tomadas pelas passageiras para viabilizar o sucesso da viagem, o que envolve desde as advertências quanto ao horário de comparecimento no balcão de "check-in" até mesmo o alerta em relação à necessidade de obtenção do visto. – Verificada a negligência da recorrida em fornecer as informações necessárias para as recorrentes, impõe-se o reconhecimento de vício de serviço e se mostra devida a fixação de compensação pelos danos morais sofridos. Recurso especial provido para condenar a recorrida a pagar às recorrentes R$ 20.000,00 (vinte mil reais) a título de compensação por danos morais. Ônus sucumbenciais redistribuídos." (STJ, REsp 988595/SP, Rel. Ministra Nancy Andrighi, Terceira Turma, DJe 09/12/2009)

◙ **Constitucionalidade de lei estadual que obrigue planos de saúde a informar as razões da recusa.** "É constitucional lei estadual que obrigue os planos de saúde a fornecerem aos consumidores informações e documentos justificando as razões pelas quais houve recusa de algum procedimento, tratamento ou internação." (STF. Plenário. ADI 4512/MS, Rel. Min. Cármen Lúcia, julgado em 7/2/2018)

IV – a proteção contra a publicidade enganosa e abusiva, métodos comerciais coercitivos ou desleais, bem como contra práticas e cláusulas abusivas ou impostas no fornecimento de produtos e serviços;

► **Sobre publicidade enganosa e abusiva, ver art. 37.**

► **Sobre práticas abusivas, ver art. 39.**

► **Sobre cláusulas abusivas, ver art. 51.**

V – a modificação das cláusulas contratuais que estabeleçam prestações desproporcionais ou sua revisão em razão de fatos supervenientes que as tornem excessivamente onerosas;

► **Sobre a revisão/modificação das cláusulas nos contratos bancários, ver art. 51, *caput*.**

► **Sobre a revisão/modificação das cláusulas nos contratos de planos de saúde, ver art. 51, *caput*.**

► **Lesão.** De acordo com o inciso V, primeira parte, a lesão possibilita a "*modificação das cláusulas contratuais que estabeleçam prestações desproporcionais...*" ou seja, ela é verificada em decorrência da quebra do sinalagma genético da relação contratual, pois se afere um desequilíbrio desde a formação do contrato. Para se aplicar tal instituto, basta provar a quebra da comutatividade, não sendo necessária à demonstração da necessidade ou inexperiência do consumidor.

> ► **Lesão no Código Civil - art. 157.** "*Ocorre a lesão, quando uma pessoa, sob premente necessidade, ou por inexperiência, se obriga a prestação manifestamente desproporcional ao valor da prestação oposta*".
>
> ► **Diferença da lesão no CDC e CC.** Diferentemente do CDC, o CC contempla dois elementos, um objetivo, qual seja, uma desproporção significativa entre as prestações acarretando um desequilíbrio entre prestação e contraprestação, e outro subjetivo, qual seja, a lesão decorra do aproveitamento da situação de premente necessidade ou por inexperiência, tendo a pessoa que provar ao juiz que foi lesada por esses motivos (necessidade ou inexperiência).Já para a confi-

guração da lesão no CDC, conforme afirmado, basta somente a demonstração do elemento objetivo (a desproporcionalidade das prestações).

► **Teoria da base objetiva do negócio jurídico.** No que tange à segunda parte do inciso V, que contempla *a revisão das cláusulas contratuais em razão de fatos supervenientes que as tornem excessivamente onerosas*, ocorrendo uma quebra no sinalagma funcional do contrato, no qual o desequilíbrio surge no decorrer da execução contratual, cabe ressaltar que muitos doutrinadores e juízes entendem que o dispositivo se refere à teoria da imprevisão. No entanto, não concordamos com tal entendimento, filiando à corrente majoritária, que entende tratar-se da teoria da base objetiva do negócio jurídico. ► **No mesmo sentido:** A norma do art. 6.º do CDC avança, em relação ao Código Civil (arts. 478-480 – Da resolução por onerosidade excessiva), ao não exigir que o fato superveniente seja imprevisível ou irresistível. Apenas exige a quebra da base objetiva do negócio, a quebra de seu equilíbrio intrínseco, a destruição da relação de equivalência entre prestações, o desaparecimento do fim essencial do contrato. Em outras palavras, o elemento autorizador da ação modificadora do Judiciário é o resultado objetivo da engenharia contratual, que agora apresenta a mencionada onerosidade excessiva para o consumidor, resultado de simples fato superveniente, fato que não necessita ser extraordinário, irresistível, fato que podia ser previsto e não foi." (BENJAMIN, Antônio Herman V.; MARQUES, Cláudia Lima; BESSA, Leonardo Roscoe. *Manual de Direito do Consumidor*. 7ª edição. São Paulo, Revista dos Tribunais, 2016, p. 84-85).

◙ **Maxidesvalorização do real frente ao dólar. Teoria da base objetiva do negócio jurídico só pode ser utilizada quando há relação de consumo.** "RECURSO ESPECIAL. CIVIL. AÇÃO REVISIONAL DE CONTRATO DE COMPRA E VENDA. DÓLAR AMERICANO. MAXIDESVALORIZAÇÃO DO REAL. AQUISIÇÃO DE EQUIPAMENTO PARA ATIVIDADE PROFISSIONAL. AUSÊNCIA DE RELAÇÃO DE CONSUMO. TEORIAS DA IMPREVISÃO. TEORIA DA ONEROSIDADE EXCESSIVA. TEORIA DA BASE OBJETIVA. INAPLICABILIDADE. (...) A intervenção do Poder Judiciário nos contratos, à luz da teoria da imprevisão ou da teoria da onerosidade excessiva, exige a demonstração de mudanças supervenientes das circunstâncias iniciais vigentes à época da realização do negócio, oriundas de evento imprevisível (teoria da imprevisão) e de evento imprevisível e extraordinário (teoria da onerosidade excessiva), que comprometa o valor da prestação, demandando tutela jurisdicional específica. 4. O histórico inflacionário e as sucessivas modificações no padrão monetário experimentados pelo país desde longa data até julho de 1994, quando sobreveio o Plano Real, seguido de período de relativa estabilidade até a maxidesvalorização do real em face do dólar americano, ocorrida a partir de janeiro de 1999, não autorizam concluir pela imprevisibilidade desse fato nos contratos firmados com base na cotação da moeda norte-americana, em se tratando de relação contratual paritária. 5. A teoria da base objetiva, que teria sido introduzida em nosso ordenamento pelo art. 6º, inciso V, do Código de Defesa do Consumidor – CDC, difere da teoria da imprevisão por prescindir da previsibilidade de fato que determine oneração excessiva de um dos contratantes. Tem por pressuposto a premissa de que a celebração de um contrato ocorre mediante consideração de determinadas circunstâncias, as quais, se modificadas no curso da relação contratual, determinam, por sua vez, consequências diversas daquelas inicialmente estabelecidas, com repercussão direta no equilíbrio das obrigações pactuadas. Nesse contexto, a intervenção judicial se daria nos casos em que o contrato fosse atingido por fatos que comprometessem as circunstâncias intrínsecas à formulação do vínculo contratual, ou seja, sua base objetiva. 6. Em que pese sua relevante inovação, tal teoria, ao dispensar, em especial, o requisito de imprevisibilidade, foi acolhida em nosso ordenamento apenas para as relações de consumo, que demandam especial proteção. Não se admite a aplicação da teoria do diálogo das fontes para estender a todo direito das obrigações regra incidente apenas no microssistema do direito do consumidor, mormente com a finalidade de conferir amparo à revisão de contrato livremente pactuado com observância da cotação de moeda estrangeira. 7. Recurso especial não provido." (STJ, REsp 1321614/SP, Rel. Ministro Paulo de Tarso Sanseverino, Rel. p/ Acórdão Ministro Ricardo Villas Bôas Cueva, Terceira Turma, julgado em 16/12/2014, DJe 03/03/2015)

◙ **A superveniente desvalorização da moeda justifica a revisão do contrato, cuja base objetiva ficou substancialmente alterada.** "CIVIL. PROMESSA DE COMPRA E VENDA. AÇÃO DE REVISÃO DO CONTRATO. CORREÇÃO MONETÁRIA. NÃO-PACTUAÇÃO. IRRELEVÂNCIA. FATO SUPERVENIENTE. PLANO CRUZADO. (...) I – Nos termos do entendimento da Turma, "celebrado o contrato de promessa de compra e venda, com prestações diferidas, sem cláusula de correção monetária, durante o tempo de vigência do plano Cruzado, quando se esperava debelada a inflação, a superveniente desvalorização da moeda justifica a revisão do contrato, cuja base objetiva ficou substancialmente alterada, para atualizar as prestações de modo a refletir a inflação acontecida depois da celebração do negócio" (REsp nº 135.151-RJ). II – Sendo a correção monetária mero mecanismo para evitar a corrosão do poder aquisitivo da moeda, sem qualquer acréscimo do valor original, impõe-se que o valor devido seja atualizado, mesmo nos casos de não constar do contrato cláusula específica. III – É entendimento consolidado da Corte que a evolução dos fatos econômicos tornou insustentável a não-incidência da correção monetária, sob pena de prestigiar-se o enriquecimento sem causa do devedor, constituindo ela imperativo econômico, jurídico e ético indispensável à plena indenização dos danos e ao fiel e completo adimplemento das obrigações." (STJ, REsp 94.692/RJ, Rel. Min. Salvio de Figueiredo Teixeira, Quarta Turma, julgado em 25/06/1998, DJ 21/09/1998) ◙ **No mesmo sentido:** "PROMESSA DE COMPRA E VENDA. FATO SUPERVENIENTE. AÇÃO DE MODIFICAÇÃO DO CONTRATO. PLANO CRUZADO. CORREÇÃO MONETÁRIA. CELEBRADO O CONTRATO DE PROMESSA DE COMPRA E VENDA, COM PRESTAÇÕES DIFERIDAS, SEM CLÁUSULA DE CORREÇÃO MONETÁRIA, DURANTE O TEMPO DE VIGÊNCIA DO PLANO CRUZADO, QUANDO SE ESPERAVA DEBELADA A INFLAÇÃO, A SUPERVENIENTE DESVALORIZAÇÃO DA MOEDA JUSTIFICA A REVISÃO DO CONTRATO, CUJA BASE OBJETIVA FICOU SUBSTANCIALMENTE ALTERADA, PARA ATUALIZAR AS PRESTAÇÕES DE MODO A REFLETIR A INFLAÇÃO ACONTECIDA DEPOIS DA CELEBRAÇÃO DO NEGOCIO. PRECEDENTE. RECURSO CONHECIDO E PROVIDO." (STJ, 4ª T., Resp. 135151/RJ, Rel.: Min. Ruy Rosado; j. em 08/10/1997 e publicado em 10/11/1997).

► **No CDC, não precisa analisar a imprevisibilidade do evento.** Na teoria do rompimento da base objetiva do negócio jurídico, ao contrário da teoria da imprevisão, é despiciendo investigar sobre a previsibilidade do fato econômico superveniente. ► **No mesmo sentido:** "Já se vê que o âmbito de abrangência da teoria da quebra da base é bem maior do que o da imprevisão. É pela ausência de requerer-se a imprevisibilidade do fato superveniente que se sustenta adotada, no direito brasileiro, via Código de Defesa do Consumidor, a presente teoria. O art. 6º, V, 2a parte, refere-se à possibilidade de modificação por tornar-se excessiva a prestação por eventos futuros. Não se faz a exigência da imprevisibilidade do evento futuro. Isto aproxima a dicção legal mais da base do que da imprevisão, eis que amputado o elemento diferenciador entre as duas figuras, em favor daquela". (SILVA, Luis Renato Ferreira . Causas de revisão judicial dos contratos. *Revista de Direito do Consumidor*. São Paulo: Revista dos Tribunais, n. 26, p. 33, abr./jun.,1998). ◼ **No mesmo sentido:** "O preceito insculpido no inciso V do artigo 6º do CDC dispensa a prova do caráter imprevisível do fato superveniente, bastando a demonstração objetiva da excessiva onerosidade advinda para o consumidor." (STJ, REsp 370598/RS, DJU 01/04/2002, p. 186, Rel. Min. Nancy Andrighi, J. 26/02/2002, 3ª T.) ◼ **No mesmo sentido**: "Direito do consumidor. Recurso especial. Ação de conhecimento sob o rito ordinário. Cessão de crédito com anuência do devedor. Prestações indexadas em moeda estrangeira (dólar americano). Crise cambial de janeiro de 1999. Onerosidade excessiva. Caracterização. Boa-fé objetiva do consumidor e direito de informação. – O preceito insculpido no inciso V do artigo 6º do CDC dispensa a prova do caráter imprevisível do fato superveniente, bastando a demonstração objetiva da excessiva onerosidade advinda para o consumidor. [...]" (REsp 417927 SP, Rel. Ministra Nancy Andrighi, Terceira Turma, julgado em 21/05/2002, DJ 01/07/2002)

► **Os direitos previstos no CDC não podem ser utilizados a favor do fornecedor.** Os direitos contemplados pelo código são somente para proteção do ser vulnerável (consumidor), não podendo ser utilizado pelo fornecedor a seu favor. Assim, a título de exemplo, o fornecedor não poderá suscitar o art. 6º, V, para solicitar a modificação ou a revisão do contrato, causando prejuízos ao consumidor. ► **No mesmo sentido:** "Prevê o inciso V do art. 6.º do CDC a possibilidade da revisão judicial da cláusula de preço, que era equitativa quando do fechamento do contrato, mas que em razão de fatos supervenientes tornou-se excessivamente onerosa para o consumidor. A onerosidade excessiva e superveniente que permite o recurso a esta revisão judicial é unilateral, pois o art. 6.º do CDC institui direitos básicos apenas para o consumidor." (BENJAMIN, Antônio Herman V.; MARQUES, Cláudia Lima; BESSA, Leonardo Roscoe. *Manual de Direito do Consumidor*. 7ª edição. São Paulo, Revista dos Tribunais, 2016, p. 84). ◼ **No mesmo sentido:** "O art. 6º, V, do CDC, disciplina, não uma obrigação, mas um direito do consumidor à modificação de cláusulas consideradas excessivamente onerosas ou desproporcionais. Assim, referida norma não pode ser invocada pela administradora de consórcios para justificar a imposição de modificação no contrato que gere maiores prejuízos ao consumidor."(STJ, REsp 1269632/MG, Rel. Ministra Nancy Andrighi, Terceira Turma, DJe 03/11/2011) ◼ **No mesmo sentido:** "Não se admite a aplicação da teoria do diálogo das fontes para estender a todo direito das obrigações regra incidente apenas no microssistema do direito do consumidor, mormente com a finalidade de conferir amparo à revisão de contrato livremente pactuado com observância da cotação de moeda estrangeira." (STJ, REsp 1321614/SP, Rel. Ministro Paulo de Tarso Sanseverino, Rel. p/ Acórdão Ministro Ricardo Villas Bôas Cueva, Terceira Turma, julgado em 16/12/2014, DJe 03/03/2015)

◙ **Variação do dólar. Possibilidade de revisão.** "O Código de Defesa do Consumidor aplica-se aos contratos de arrendamento mercantil. O abandono do sistema de bandas para cotação da moeda americana, que resultou em considerável aumento de seu valor perante o real, constitui fato superveniente capaz de ensejar a revisão do contrato de arrendamento mercantil atrelado ao dólar, haja vista ter colocado o consumidor em posição de extrema desvantagem. A instituição financeira arrendadora deve provar que os recursos em moeda estrangeira foram efetivamente captados no mercado externo e exclusivamente empregados na operação bancária firmada com o arrendatário." (STJ, REsp 367144/RJ, DJU 22/04/2002, Rel. Min. Nancy Andrighi, J. 26.2.2002, 3ª T.)

◙ **Divisão do ônus da variação cambial. Reajuste das prestações pela metade da variação cambial.** "AGRAVO REGIMENTAL. RECURSO ESPECIAL. CONTRATO DE ARRENDAMENTO MERCANTIL. VARIAÇÃO CAMBIAL. ONEROSIDADE EXCESSIVA. 1.– Tendo em vista a onerosidade excessiva havida em decorrência da mudança na política cambial do país, nos contratos de arrendamento mercantil com previsão de reajuste das prestações com base na variação cambial do dólar, o reajuste das prestações, a partir de janeiro de 1999, deverá ser feito pela metade da variação cambial, nos termos do REsp 472.594/SP, julgado pela Segunda Seção. 2.– Agravo Regimental improvido."(STJ, AgRg no REsp 1260016/SP, Rel. Ministro Sidnei Beneti, Terceira Turma, julgado em 17/11/2011, DJe 05/12/2011) ◙ **No mesmo sentido:** "Esta Corte firmou entendimento no sentido de dividir, por metade, as diferenças resultantes da maxidesvalorização do real, ocorrida em janeiro de 1999." (STJ, AgRg no REsp 727.832/SP, Rel. Ministro Paulo de Tarso Sanseverino, Terceira Turma, julgado em 26/10/2010, DJe 09/11/2010)

◙ **Arrendamento mercantil reajustado com base na variação cambial. Necessidade de comprovação de captação de recursos do exterior.** "A orientação jurisprudencial da Terceira Turma desta Corte no sentido de que a divisão igualitária do ônus da brusca variação cambial ocorrida em janeiro de 1999, depende, necessariamente, da comprovação da captação de recursos no exterior, porquanto 'não basta a presunção de que: se houve um contrato de arrendamento mercantil reajustado com base na variação cambial, necessariamente, houve captação de recursos provenientes do exterior para autorizá-lo." (REsp 802.062/RS)." (STJ, AgRg no REsp 944.571/SP, Rel. Ministro Paulo de Tarso Sanseverino, Terceira Turma, julgado em 14/04/2011, DJe 26/04/2011)

◙ **Ônus da prova de captação específica de recursos provenientes de empréstimo em moeda estrangeira é do fornecedor.** "Cabe à arrendadora desincumbir-se do ônus da prova de captação específica de recursos provenientes de empréstimo em moeda estrangeira, quando impugnada a validade da cláusula de correção pela variação cambial. Esta prova deve acompanhar a contestação (art. 297 e 396 do CPC), uma vez que os negócios jurídicos entre a instituição financeira e o banco estrangeiro são alheios ao consumidor, que não possui meios de averiguar as operações mercantis daquela, sob pena de violar o art. 6º da Lei n. 8.880/94. – A adoção de reajuste com base na variação cambial somente se justifica porque o arrendatário capta os recursos no exterior. Denotado pelas instâncias ordinárias não haver prova da origem estrangeira dos recursos financeiros, a manutenção da mencionada cláusula se apresenta insustentável. Ir além esbarra no óbice da Súmula nº 07 do STJ. – Não basta a presunção de que: se houve um contrato de arrendamento mercantil reajustado com base na variação cambial, necessariamente, houve captação de recursos provenientes do exterior para autorizá-lo. Recurso especial parcialmente provido e, nessa parte, provido." (STJ, REsp 802062/RS, Rel. Ministro Ari Pargendler, Rel. p/ Acórdão Ministra Nancy Andrighi, Terceira Turma, julgado em 16/09/2008, DJe 01/12/2008)

◙ **Possibilidade de revisão de contratos pagos.** "CONTRATOS BANCÁRIOS. CONTRATO DE ADESÃO. REVISÃO. CONTINUIDADE NEGOCIAL. CONTRATOS PAGOS. O fato de o obrigado cumprir com a sua prestação prevista em contrato de adesão não o impede de vir a Juízo discutir a legalidade da exigência feita e que ele, diante das circunstâncias, julgou mais conveniente cumprir. (...)" (STJ, REsp nº 293778/RS; DJU 20/08/2001, Rel. Min. Ruy Rosado de Aguiar; J. 29.5.2001; 4ª T).

◙ **Possibilidade de discutir a legalidade ou abusividade das cláusulas nos autos da ação de busca e apreensão.** "[...] o entendimento das Turmas componentes desta Seção tem-se inclinado no sentido de abrandar as disposições previstas no referido art. 3.°, a fim de permitir ao devedor que discuta, nos próprios autos da ação de busca e apreensão, a legalidade ou abusividade das cláusulas contratuais. [...] A despeito das restrições previstas no Decreto-lei, entendo que, após o advento do CDC, princípios fundamentais tais como o reconhecimento da vulnerabilidade do consumidor e a necessidade de equalização desta relação (art. 4.°, I e III), ou o direito à modificação das cláusulas excessivamente onerosas (art. 6.°, V), passaram a permear todas as relações econômicas abrangidas por tal sistema, de modo a temperar as interpretações referentes ao tema." (STJ, REsp 267758 MG, Rel. Ministro Ari Pargendler, Rel. p/ Acórdão Ministro Aldir Passarinho Junior, Segunda Seção, julgado em 27/04/2005, DJ 22/06/2005, p. 222)

◙ **Possibilidade de revisar os juros remuneratórios nos contratos bancários.** "Os negócios bancários estão sujeitos ao Código de Defesa do Consumidor, inclusive quanto aos juros remuneratórios; a abusividade destes, todavia, só pode ser declarada, caso a caso, à vista de taxa que comprovadamente discrepe, de modo substancial, da média do mercado na praça do empréstimo, salvo se justificada pelo risco da operação." (STJ, REsp 402261 RS, Rel. Ministro Antônio de Pádua Ribeiro, Rel. p/ Acórdão Ministro Ari Pargendler, Segunda Seção, julgado em 26/03/2003, DJ 06/12/2004)

◙ **Cláusula penal que prevê a retenção de 50% do valor do contrato em caso de desistência do consumidor. Possibilidade de revisão para reduzir a multa a 20%.** "CIVIL. CONSUMIDOR. CONTRATO DE PRESTAÇÃO DE SERVIÇOS DE LOCAÇÃO DE ESPAÇO PARA EVENTOS E BUFFET. CANCELAMENTO POR INICIATIVA DA PARTE CONSUMIDORA. CONFIRMADA A PROPORCIONAL REDUÇÃO DA CLÁUSULA PENAL I. O recorrido,na qualidade de consumidor, tem em seu favor os direitos básicos tutelados no Art. 6º da legislação de regência (Lei n. 8078/90), entre eles, a modificação de cláusulas contratuais que estabeleçam prestações desproporcionais (Art. 6º, V). II. Nesse quadro, é de se confirmar o reconhecimento da abusividade da cláusula penal (cláusula 10 – ID 892601; p. 6, fls. 71) que fixa em 50% do valor do contrato, a quantia a ser paga pela parte consumidora, na hipótese de cancelamento, mormente se o fornecedor não demonstra que o desfazimento do contrato causou outros prejuízos (contrato celebrado em 23.3.2015; evento programado para 24.9.2016; comunicada a intenção de cancelamento no início de 2016 – ID 892597; p. 2, fls. 78; notificação extrajudicial da rescisão, em março de 2016, inclusive com anuência do consumidor à retenção de 20% do valor pago – ID 892596, p. 1/3; inequívoca ciência da fornecedora, que apresentou cálculo do valor a ser restituído, com base na retromencionada cláusula penal, além de solicitação de conta para depósito do valor que entendia devido, em abril de 2016 – ID 892572 , p. 1/2; fls. 96/97; ausência de contratos com terceiros ou outras despesas, a justificar a retenção, pela recorrente, de R$ 14.725,00), de sorte que o percentual fixado na sentença recorrida (20% sobre o valor do contrato – R$ 5.890,00) mostra-se suficiente e justo ao caso concreto. III. No mais, a circunstância de se encontrar rescindido o contrato não constitui óbice à modificação da cláusula abusiva, tampouco à pretensão ressarcitória (Precedente: TJDFT, 3ª Turma Cível, Acórdão n.872815, DJE: 12/06/2015), de modo que a recorrente deverá, nos exatos moldes da sentença, restituir ao recorrido a diferença entre o valor retido a título de cláusula penal (R$ 14.725,00) e o quantum ora fixado como devido (R$ 5.890,00), a totalizar R$ 8.835,00 (oito mil, oitocentos e trinta e cinco reais). Recurso conhecido e improvido. Sentença confirmada por seus fundamentos. Condenada a parte recorrente ao pagamento das custas processuais e dos honorários advocatícios, fixados em 10% do valor da condenação (Lei n. 9099/95, Arts. 46 e 55)" (TJDFT, Recurso Inominado 0705830-66.2016.8.07.0003, Rel. Fernando Antônio Tavernard Lima, DJ 13/12/2016).

VI – a efetiva prevenção e reparação de danos patrimoniais e morais, individuais, coletivos e difusos;

► "Com relação aos fornecedores, são duas as espécies de deveres correspondentes ao direito do consumidor de prevenção de danos: deveres positivos e deveres negativos. Com relação aos primeiros, avulta o dever de informar aos consumidores sobre os riscos dos produtos e serviços introduzidos no mercado (artigos 6º, III, 8º e 9º), assim como às autoridades, quando os riscos se tornem conhecidos após a introdução do produto no mercado (artigo 10, § 1º). Por outro lado, dentre os deveres negativos (deveres de abstenção), destaca-se o de não introduzir no mercado produtos que sabe ou deveria saber apresentar alto grau de nocividade ou periculosidade à saúde e à segurança dos consumidores (artigo 10, caput)." (MIRAGEM, Bruno. *Curso de Direito do Consumidor.* 7ª ed. São Paulo: RT, 2018, p. 236).

► **Efetiva reparação. Princípio da *restitutio in integrum*.** Outro dispositivo que se destaca no art. 6º é o inciso VI, o qual prevê a possibilidade do consumidor ser ressarcido integralmente dos danos que venha a sofrer (princípio da *restitutio in integrum*). Em algumas leis como, por exemplo, o Código Brasileiro de Aeronáutica (Lei no 7.565/1986), estabelece-se limitações para indenizações por danos decorrentes de transporte aéreo a passageiros, perda de bagagens e cargas etc. Entretanto, em decorrência do CDC, tais limitações ou tarifações não mais prevalecem, tendo o consumidor direito ao ressarcimento integral e não limitado. No CDC o ressarcimento integral deverá se dar tanto em relação ao dano patrimonial e/ou moral, seja a título individual, seja a título coletivo.

► "Para o Código, de fato, a reparação é ampla, cobrindo todos os danos sofridos pela vítima, patrimoniais (diretos ou indiretos) e morais, inclusive aqueles causados no próprio bem de consumo defeituoso". (BENJAMIN, Antônio Herman V.; MARQUES, Cláudia Lima; BESSA, Leonardo Roscoe. *Manual de Direito do Consumidor.* 7ª edição. São Paulo, Revista dos Tribunais, 2016, p. 175-176).

► **Possibilidade de cumulação de danos morais e materiais.** "É possível cumular os danos morais e patrimoniais, tanto em casos contratuais, como extracontratuais. O ressarcimento do dano moral foi assegurado ao consumidor pelo art. 6.º, VI, do CDC, mas não se limita ao ressarcimento de danos morais em relações extracontratuais. No novo sistema de direito brasileiro, a jurisprudência está aceitando a cumulação de pretensões de indenização de danos materiais (entrega de produto falho) e de danos morais (envio do nome do cliente para o SPC durante as conversações para o conserto do produto ou durante discussão judicial da dívida). Reconhece-se, assim, que a origem de ambos os danos pode ser violações de deveres principais (prestação adequada) e deveres anexos (por exemplo, de cuidado)." (BENJAMIN, Antônio Herman V.; MARQUES, Cláudia Lima; BESSA, Leonardo Roscoe. *Manual de Direito do Consumidor.* 7ª edição. São Paulo, Revista dos Tribunais, 2016, p. 91).

► **Enunciado n. 411 do Conselho da Justiça Federal, na V Jornada de Direito Civil.** "O descumprimento de contrato pode gerar dano moral quando envolver valor fundamental protegido pela Constituição Federal de 1988".

► **Enunciado n. 445 do Conselho da Justiça Federal na V Jornada de Direito Civil.** "O dano moral indenizável não pressupõe necessariamente a verificação de sentimentos humanos desagradáveis como dor ou sofrimento".

► **A verificação de simples inadimplemento contratual deve levar em conta a natureza do produto ou serviço para afastar a ocorrência de dano moral.** Entendemos que o reconhecimento da responsabilidade do fornecedor por dano moral, em caso de mero inadimplemento contratual, deve levar em conta a natureza do produto ou serviço que está sendo adquirido ou contratado pelo consumidor, bem como sua destinação. Assim, apenas para ilustrar, no âmbito da aquisição de produtos, o atraso na entrega de móveis e eletrodomésticos destinados a guarnecer a residência do consumidor afeta a fruição adequada e confortável de um imóvel, especialmente se for considerado que a legítima expectativa do consumidor de receber esses produtos a tempo e modo após a compra o induz a se desfazer dos bens antigos, até mesmo por razões de ocupação de espaços no imóvel. Por sua vez, nos casos envolvendo a contratação de serviços, o atraso na instalação de grades e portões numa casa, por exemplo, interfere diretamente na segurança do consumidor e de sua família.

■ **Extravio de mercadoria. Não aplicação do regime tarifado.** "Com o advento do Código de Defesa do Consumidor, a indenização pelo extravio de mercadoria não está sob o regime tarifado, subordinando-se ao princípio da ampla reparação, configurada a relação de consumo" (STJ, REsp. 209527/RJ, Rel. Min. Carlos Alberto Menezes Direito, DJ 05/03/2001).

◙ **Acidente aéreo. Indenização decorrente de morte de passageiro. Reparação integral.**"ACIDENTE AÉREO – CULPA GRAVÍSSIMA – IMPOSSIBILIDADE DE LIMITAÇÃO DA INDENIZAÇÃO. Responsabilidade Civil – Acidente aéreo – Pedido indenizatório – Culpa gravíssima – Aplicação da legislação comum. A indenização decorrente da morte de passageiro em acidente aéreo, causada por culpa grave dos pilotos, equiparável ao dolo, não sofre a limitação tarifada, devendo ser arbitrada com base nas regras da legislação comum. Recurso Especial não conhecido". (STJ, 3ª T.; REsp nº 23.875-SP; Rel. Min. Castro Filho; J. 14.2.2006).

► **Dano moral. Conceito.** Sobre a perspectiva constitucional, que consagrou a dignidade humana como um dos fundamentos do nosso Estado Democrático de Direito, dano moral vem a ser a lesão de interesses não patrimoniais de pessoa física ou jurídica, provocada pelo fato lesivo, ou seja, é a violação aos direitos da personalidade.

> ► "Danos morais são aqueles atributos valorativos ou virtudes da pessoa como ente social integrado à sociedade, vale dizer, os elementos que o individualizam como ser, de que se destacam a honra, a reputação e as manifestações do intelecto. Qualificam-se como morais os danos em razão da subjetividade, ou do plano valorativo da pessoa na sociedade em que repercute o fato violador. Assim, os danos morais plasmam-se, no plano fático, como lesões às esferas da personalidade humana situadas no âmbito do ser como entidade pensante, reagente e atuante nas interações sociais" (...) "danos morais são lesões sofridas pelas pessoas, físicas ou jurídicas, em certos aspectos de sua personalidade, em razão de investidas injustas de outrem. São aqueles que atingem a moralidade e a afetividade da pessoa, causando-lhe constrangimento, vexames, dores, enfim, sentimentos e sensações negativas. Contrapõem-se aos danos denominados materiais, que são prejuízos suportados no âmbito patrimonial do lesado" (BITTAR, Carlos Alberto. *Danos morais: critérios para sua fixação,* Repertório IOB de Jurisprudência, n. 15/93, 1ª quinzena de agosto/93, p. 293.)

◙ **Mero aborrecimento não caracteriza dano moral.** O STJ tem entendido que o mero aborrecimento, dissabor, mágoa, irritação ou sensibilidade exarcebada estão fora da órbita do dano moral. Nesse sentido: "Se a descrição dos fatos para justificar o pedido de danos morais está no âmbito de dissabores, sem abalo à honra e ausente situação que produza no consumidor humilhação ou sofrimento na esfera de sua dignidade, o dano moral não é pertinente." (STJ, REsp 554876 / RJ, Rel. Min. Carlos Alberto Menezes Direito, DJ 3.5.2004)

► **Dano *in re ipsa*.** No dano moral não há necessidade de se provar o prejuízo, se operando em decorrência do fato lesivo (in re ipsa), pois provada a ofensa, o dano moral será uma presunção natural decorrente das regras da experiência comum.

► "Deriva inexoravelmente do próprio fato ofensivo, de tal modo que, provada a ofensa, ipso facto está demonstrado o dano moral à guisa de uma presunção natural, uma presunção hominis ou facti, que decorre das regras da experiência comum" (FILHO, Sérgio Cavalieri. *Programa de Responsabilidade Civil*, 9ª edição, Editora Atlas, p. 90)

■ **Exemplos de dano moral *in re ipsa*.**

■ **Negativa indevida.** (STJ, REsp 786239/SP, Rel. Ministro Sidnei Beneti, Terceira Turma, julgado em 28/04/2009, DJe 13/05/2009)

■ **Inscrição indevida no Sistema Central de Risco de Crédito (SCR).**(STJ, AgInt no AREsp 851585/SP, Terceira turma, Rel. Min. João Otávio de Noronha, DJe 23/06/2016)

■ **Manutenção do nome do consumidor em cadastros de inadimplentes**. (STJ, AgRg no AREsp 838709/SP, Rel. Min. Raul Araújo, DJe 13/04/2016)

■ **Protesto indevido.** (STJ, AgRg nos EDcl no REsp 1189823/RS, Rel. Ministro Humberto Martins, Segunda Turma, DJe 13/09/2011)

■ **Responsabilidade bancária por fraude de terceiros.** (STJ, REsp 1087487/MA, Rel. Ministro Sidnei Beneti, Terceira Turma, julgado em 03/03/2009, DJe 04/08/2009)

■ **Retenção da totalidade do salário depositado em conta corrente** (STJ, AgRg no AREsp 159.654/RJ, Rel. Ministro Sidnei Beneti, Terceira Turma, julgado em 22/05/2012, DJe 01/06/2012)

■ **Saques irregulares efetuados em conta corrente**. (STJ, AgRg no REsp 1138861/RS, Rel. Ministro Paulo de Tarso Sanseverino, Terceira Turma, julgado em 03/05/2012, DJe 10/05/2012)

■ **Compensação de cheques fraudados.** (STJ, AgRg no Ag 1402363/RJ, Rel. Ministro Luis Felipe Salomão, Quarta Turma, julgado em 02/08/2011, DJe 10/08/2011)

■ **Recusa indevida de cheques por falta de provisão de fundos.** (STJ, REsp 981.583/PR, Rel. Ministra Nancy Andrighi, Terceira Turma, DJe 01/07/2010)

■ **Atraso de voo.** (STJ, EDcl no 1280372/SP, Terceira Turma, Rel. Min. Ricardo Villas Bôas Cueva, DJe 31/03/2015)

■ **Extravio de bagagem.** (STJ, AgRg no Ag 1389642/RJ, Rel. Ministro Ricardo Villas Bôas Cueva, Terceira Turma, julgado em 15/09/2011, DJe 20/09/2011)

■ **Overbooking.** (STJ, AgRg no REsp 810.779/RJ, Rel. Ministra Maria Isabel Gallotti, Quarta Turma, julgado em 28/06/2011, DJe 03/08/2011)

■ **Diploma não reconhecido pelo MEC** (STJ, REsp 631204/RS, Rel. Ministro Castro Filho, Rel. p/ Acórdão Ministra Nancy Andrighi, Terceira Turma, julgado em 25/11/2008, DJe 16/06/2009)

◙ **Inclusão indevida de nomes de médicos em guia orientador de plano de saúde.** (STJ, REsp 1020936/ES, Rel. Ministro Luis Felipe Salomão, Quarta Turma, julgado em 17/02/2011, DJe 22/02/2011)

◙ **Anúncio em lista telefônica com informação equivocada.** (STJ, AgRg no Ag 1371645/DF, Rel. Min. Paulo de Tarso Sanseverino, Terceira Turma, DJe 16/03/2012)

◙ **Injusta recusa de cobertura securitária médica.** (STJ, AgRg nos EDcl no REsp 1236875/RS, Rel. Ministro Ricardo Villas Bôas Cueva, Terceira Turma, julgado em 16/02/2012, DJe 24/02/2012)

◙ **Negativa de cobertura de exame pelo plano de saúde.** (STJ, AgRg no REsp 1546908/RS, Terceira turma, Rel. Min. Moura Ribeiro, DJe 03/05/2016)

◙ **Ilegalidade de cobrança e corte de fornecimento de água**. (STJ, AgRg no Ag 1271858/RJ, Rel. Ministro Mauro Campbell Marques, Segunda Turma, julgado em 06/04/2010, DJe 16/04/2010)

◙ **Roubo sofrido em estacionamento de supermercado.** (STJ, REsp 582.047/ RS, Rel. Ministro Massami Uyeda, Terceira Turma, DJe 04/08/2009)

◙ **Responsabilidade civil dos Correios por extravio de carta registrada.** (STJ, EREsp 1097266/PB, Rel. Ministro Ricardo Villas Bôas Cueva, Segunda Seção, julgado em 10/12/2014, DJe 24/02/2015)

◙ **Função punitiva-compensatória.** "O valor do dano moral tem sido enfrentado no STJ com o escopo de atender a sua dupla função: reparar o dano buscando minimizar a dor da vítima e punir o ofensor, para que não volte a reincidir." (STJ, REsp 715320 / SC, Rel. Min. Eliana Calmon, DJ 11.9.2007) ◙ **No mesmo sentido:** "É pacífica a jurisprudência da Segunda Seção no sentido de reconhecer a existência do dano moral nas hipóteses de recusa pela operadora de plano de saúde, em autorizar tratamento a que estivesse legal ou contratualmente obrigada, sem que, para tanto, seja necessário o reexame de provas. 2.– A fixação dos danos morais no patamar de R$ 5.000,00 (cinco mil reais), e honorários advocatícios de R$ 1.000,00 (um mil reais), cumprem, no presente caso, a função pedagógico- punitiva de desestimular o ofensor a repetir a falta, sem constituir, de outro lado, enriquecimento indevido. 3.– Agravos Regimentais improvidos." (STJ, AgRg no AREsp 46.590/SP, Rel. Ministro Sidnei Beneti, Terceira Turma, julgado em 18/10/2011, DJe 07/11/2011) ◙ **No mesmo sentido o STF**: "Necessária correlação entre o caráter punitivo da obrigação de indenizar e a natureza compensatória para a vítima" (STF, Rel. Min. Celso de Mello, Agravo de Instrumento n. 455846, j. 11/10/04). A emenda do julgado expressamente consignou: "(...) dupla função da indenização civil por dano moral (reparação-sanção): a) caráter punitivo ou inibitório ('*exemplary or punitive damages*') e b) natureza compensatória ou reparatória".

► **Função preventiva.** A função punitiva encontra respaldo no inciso VI do art. 6º do CDC, que elenca como direito básico do consumidor "*a efetiva prevenção e reparação de danos patrimoniais e morais, individuais, coletivos e difusos.*" Nesse sentido, modernamente tem-se falado na função preventiva do dano moral. Diante de reiteradas condutas danosas praticadas pelo fornecedor contra o consumidor, o juiz deve promover a "efetiva prevenção dos danos", condenando o fornecedor a pagar quantia suficiente para servir de desestímulo à perpetuação da conduta, evitando, portanto, a ocorrência de futuros danos.

► **Critérios para aferição do *quantum*.** De um modo geral, são três os critérios avaliados na quantificação do dano moral: grau de culpa do ofensor; gravidade e repercussão da ofensa e situação econômica do ofensor e do ofendido.

◙ "Como cediço, o valor da indenização sujeita-se ao controle do Superior Tribunal de Justiça, sendo certo que, na sua fixação, recomendável que o arbitramento seja feito com moderação, proporcionalmente ao grau de culpa, ao nível socioeconômico dos autores e, ainda, ao porte econômico dos réus, orientando-se o juiz pelos critérios sugeridos pela doutrina e pela jurisprudência, com razoabilidade, valendo-se de sua experiência e do bom senso, atento à realidade da vida e às peculiaridades de cada caso." (STJ, AgRg no Ag 657289 / BA, Rel. Min. Jorge Scartezzini, DJ 5.2.2007)

◙ **Razoabilidade no quantum indenizatório.** Quanto ao valor do ressarcimento, a autorizada jurisprudência acerca do tema tem fixado o entendimento de que os parâmetros não podem se distanciar da razoabilidade, de modo excessivo ou aviltante. Neste sentido: 3ª Turma, REsp n. 603.331/MT, Rel. Min. Carlos Alberto Menezes Direito, unânime, DJU de 23.05.2005; e 4ª Turma, REsp n. 480.625/DF, Rel. Min. Barros Monteiro, unânime, DJU de 24.05.2004 e REsp n. 540.944/RS, Rel. Min. Jorge Scartezzini, unânime, DJU de 17.12.2004.

► **Método bifásico.** Interessante foi o método bifáfico adotado pelo Ministro do STJ Paulo de Tarso Sanseverino no julgamento do Resp 959780/ES, DJe 06/05/2011. Este julgado tem servido de parâmetro para os demais Ministros do STJ. O Ministro, após discorrer sobre o problema da reparação dos danos morais (extrapatrimoniais), expôs que a determinação da quantificação (quantum) constitui um dos problemas mais delicados da prática forense na atualidade, em face da dificuldade de fixação de critérios objetivos para o seu arbitramento. Assim, para o Ministro, uma forma de se estabelecer um critério razoalmente objetivo para a operação de arbitramento da indenização por dano moral seria adotar o critério bifásico, procurando compatibilizar o interesse jurídico lesado com as circunstâncias do caso concreto. Neste caso seriam adotadas duas fases. Segundo o Ministro, "na primeira fase, arbitra-se o valor básico ou inicial da indenização, considerando-se o interesse jurídico lesado, em conformidade com os precedentes jurisprudenciais acerca da matéria (grupo de casos). Assegura-se, com isso, uma exigência da justiça comutativa que é uma razoável igualdade de tratamento para casos semelhantes, assim como que situações distintas sejam tratadas desigualmente na medida em que se diferenciam. Na segunda fase, procede-se à fixação definitiva da indenização, ajustando-se o seu montante às peculiaridades do caso com base nas suas circunstâncias. Partindo-se, assim, da indenização básica, eleva-se ou reduz-se esse valor de acordo com as circunstâncias particulares do caso (gravidade do fato em si, culpabilidade do agente, culpa concorrente da vítima, condição econômica das partes) até se alcançar o montante definitivo. Procede-se, assim, a um arbitramento efetivamente eqüitativo, que respeita as peculiaridades do caso. Chega-se, com isso, a um ponto de equilíbrio em que as vantagens dos dois critérios estarão presentes. De um lado, será alcançada uma razoável correspondência entre o valor da indenização e o interesse jurídico lesado, enquanto, de outro lado, obter-se-á um montante que corresponda às peculiaridades do caso com um arbitramento equitativo e a devida fundamentação pela decisão judicial."

▪ **Possibilidade de pedido genérico do dano moral.** "DIREITO PROCESSUAL CIVIL. RECURSO ESPECIAL. APLICAÇÃO DO CPC/1973. AÇÃO DE INDENIZAÇÃO POR DANO MATERIAL E COMPENSAÇÃO POR DANO MORAL. COBRANÇAS INDEVIDAS. INSCRIÇÃO EM CADASTRO DE INADIMPLENTES. PEDIDO GENÉRICO. POSSIBILIDADE. INDIVIDUALIZAÇÃO DA PRETENSÃO AUTORAL. VALOR DA CAUSA. QUANTIA SIMBÓLICA E PROVISÓRIA. (...) 3. É pacífica a jurisprudência desta Corte quanto à possibilidade de formulação de pedido genérico de compensação por dano moral, cujo arbitramento compete exclusivamente ao juiz, mediante o seu prudente arbítrio. 4. Na hipótese em que for extremamente difícil a imediata mensuração do quantum devido a título de dano material – por depender de complexos cálculos contábeis -, admite-se a formulação de pedido genérico, desde que a pretensão autoral esteja corretamente individualizada, constando na inicial elementos que permitam, no decorrer do processo, a adequada quantificação do prejuízo patrimonial. 5. Em se tratando de pedido genérico, o valor da causa pode ser estimado em quantia simbólica e provisória, passível de posterior adequação ao valor apurado na sentença ou no procedimento de liquidação. 6. Recurso especial parcialmente provido. (STJ, REsp 1534559/SP, Rel. Ministra Nancy Andrighi, Terceira Turma, DJe 01/12/2016).

▪ **Impossibilidade de revisão do valor do dano moral em Recurso Especial - Súmula 7/STJ**: "Não é cabível, em recurso especial, examinar a justiça do valor fixado na indenização, uma vez que tal análise demanda incursão à seara fático-probatória dos autos, atraindo a incidência da Súmula 7/STJ. Precedentes: (REsp 686050/RJ, 1ª Turma, Min. Luiz Fux, DJ de 27.06.2005; AgRg no Ag 605927/BA, Min. Denise Arruda, DJ 4.4.2005). ▪ **No sentido da revisão pelo STJ quando o valor for exorbitante ou irrisório.** "A revisão do valor arbitrado a título de indenização por danos morais somente é viável nas hipóteses em que o montante fixado pelas instâncias ordinárias for exorbitante ou irrisório." Nesse sentido: STJ, AG 605927/BA, Rel. Min.Denise Arruda, DJ de 04.04.2005; AgRg AG 641166/RS, Relatora Ministra Nancy Andrighi, DJ de 07.03.2005; AgRg no AG 624351/RJ, Relator Ministro Jorge Scartezzini, DJ de 28.02.2005; RESP 604801/RS, Relatora Ministra Eliana Calmon, DJ de 07.03.2005; RESP 530618/MG, Relator Ministro Aldir Passarinho Júnior, DJ de 07.03.2005; AgRg no AG 641222/MG, Relator Ministro Fernando Gonçalves, DJ de 07.03.2005 e RESP 603984/MT, Relator Ministro Francisco Falcão, DJ de 16.11.2004.

▪ **Súmulas do STJ:**

▪ **<u>Súmula 420 do STJ</u>**. "*Incabível, em embargos de divergência, discutir o valor de indenização por danos morais.*"

■ **Súmula 402 do STJ.** "O contrato de seguro por danos pessoais compreende os danos morais, salvo cláusula expressa de exclusão."

■ **Súmula 388 do STJ.** "*A simples devolução indevida de cheque caracteriza dano moral.*"

■ **Súmula 387 do STJ.** "*É lícita a cumulação das indenizações de dano estético e dano moral.*"

■ **Súmula 385 do STJ.** "*Da anotação irregular em cadastro de proteção ao crédito, não cabe indenização por dano moral, quando preexistente legítima inscrição, ressalvado o direito ao cancelamento.*"

■ **Súmula 370 do STJ.** "*Caracteriza dano moral a apresentação antecipada de cheque pré-datado.*"

■ **Súmula 362 do STJ.** "*A correção monetária do valor da indenização do dano moral incide desde a data do arbitramento.*"

■ **Súmula 326 do STJ.** "*Na ação de indenização por dano moral, a condenação em montante inferior ao postulado na inicial não implica sucumbência recíproca.*"

■ **Súmula 281 do STJ.** "*A indenização por dano moral não está sujeita à tarifação prevista na Lei de Imprensa.*"

■ **Súmula 227 do STJ.** "*A pessoa jurídica pode sofrer dano moral.*"

■ **Súmula 37 do STJ.** "*São cumuláveis as indenizações por dano material e dano moral oriundos do mesmo fato.*"

► **Dano moral coletivo.** O dano moral coletivo, embora apresente divergências na doutrina quanto à existência, também foi expressamente previsto no art. 6º, incisos VI e VII, do CDC e mais recentemente, após a alteração introduzida pela Lei nº 8.884/1994 ao art. 1º da Lei nº 7.347/1985 (Lei da Ação Civil Pública). Configura o dano moral coletivo a injusta lesão à esfera moral de certa comunidade; a violação a determinado círculo de valores coletivos. Os valores coletivos não se confundem com os valores dos indivíduos que formam a coletividade. Com isso, percebe-se que a coletividade é passível de ser indenizada pelo abalo moral, independentemente dos danos individualmente considerados. Como exemplo, temos o dano moral gerado por propaganda enganosa ou abusiva. Recentemente, tivemos o chamado "apagão aéreo", gerando descrédito quanto ao sistema de aviação civil no Brasil. De forma ampla, a coletividade foi lesada, independentemente dos danos que cada indivíduo teve pessoalmente com os atrasos e contratempos causados.

► **O ponto chave para a aceitação do chamado dano moral coletivo está na ampliação de seu conceito.** "As lesões aos interesses difusos e coletivos não somente geram danos materiais, mas também podem gerar danos morais. O ponto chave para a aceitação do chamado dano moral coletivo está na ampliação de seu conceito, deixando de ser o dano moral um equivalente da dor psíquica, que seria exclusividade de pessoas físicas. (...) Com isso, vê-se que a coletividade é passível de ser indenizada pelo abalo moral, o qual, por sua vez, não necessita ser a dor subjetiva ou estado anímico, que caracterizam o dano moral na pessoa física, podendo ser o desprestígio do serviço público, do nome social, a boa-imagem de nossas leis, ou mesmo o desconforto da moral pública, que inexiste no meio social." (RAMOS, André de Carvalho. Ação civil pública e o dano moral coletivo. *Revista Direito do Consumidor.* São Paulo: Revista dos Tribunais, Nº 25. p. 82-83.)

◙ **Aplicação do dano moral coletivo pelo STJ.** "No que diz respeito à transindividualidade do direito tutelado, a jurisprudência desta Corte firmou-se no sentido do cabimento da condenação por danos morais coletivos em sede de ação civil pública." (STJ, EDcl no AgRg no REsp 1526946/RN, Rel. Min. Humberto Martins, DJe de 13/11/2015.) **No mesmo sentido**: REsp 1397870/MG, Rel. Ministro Mauro Campbell Marques, Segunda Turma, julgado em 02/12/2014, DJe 10/12/2014; AgRg no AREsp 181435/MG, Rel. Min. Ricardo Villas Bôas Cueva, DJe de 16/03/2015; REsp 1291213/SC, Rel. Min. Sidnei Beneti, DJe de 25/09/2012; REsp 1197654/MG, Rel. Ministro Herman Benjamin, Segunda Turma, julgado em 01/03/2011, DJe 08/03/2012; REsp 1269494/MG, Rel. Ministra Eliana Calmon, Segunda Turma, julgado em 24/09/2013, DJe 01/10/2013.

◙ **É cabível a condenação de dano moral coletivo em sede de ação civil pública.** "RECURSO ESPECIAL – DANO MORAL COLETIVO – CABIMENTO – AÇÃO CIVIL PÚBLICA – ARTIGO 6º, VI, DO CÓDIGO DE DEFESA DO CONSUMIDOR (...) A dicção do artigo 6º, VI, do Código de Defesa do Consumidor é clara ao possibilitar o cabimento de indenização por danos morais aos consumidores, tanto de ordem individual quanto coletivamente. (...) (STJ, REsp 1221756/RJ, Rel. Ministro Massami Uyeda, Terceira Turma, DJe 10/02/2012) ◙ **No mesmo sentido:** "Esta Corte possui entendimento quanto ao cabimento de danos morais coletivos em sede de ação civil pública. Precedentes: EDcl no AgRg no REsp 1526946/RN, Rel. Ministro Humberto Martins, Segunda Turma, julgado em 05/11/2015, DJe 13/11/2015; REsp 1397870/MG, Rel. Ministro Mauro Campbell Marques, Segunda Turma, julgado em 02/12/2014, DJe 10/12/2014." (STJ, AgRg no REsp 1.485.610/PA, Rel. Ministro Mauro Campbell Marques, Segunda Turma, julgado em 18/02/2016, DJe de 29/02/2016). ◙ **No mesmo sentido:** "RECURSOS DE APELAÇÃO CÍVEL. AÇÃO COLETIVA DE CONSUMO. FABRICAÇÃO E COMERCIALIZAÇÃO, NO ANO DE 2012, DE DUAS VERSÕES DO VEÍCULO GOL ANO-MODELO 2012/2013, A PRIMEIRA DAS VERSÕES LANÇADA EM MARÇO E A SEGUNDA, 'REESTILIZADA', EM JULHO. FABRICAÇÃO DA PRIMEIRA VERSÃO ENCERRADA NO ANO SEGUINTE. PRÁTICA COMERCIAL ABUSIVA E DESTOANTE DA PRÁTICA COMUM PRESENTE NO MERCADO AUTOMOBILÍSTICO. ABALO À HARMONIA DAS RELAÇÕES DE CONSUMO. LESÃO A DIREITOS DIFUSOS. CABIMENTO DA CONDENAÇÃO DA MONTADORA PELO DANO MORAL COLETIVO, PRESUMÍVEL A PARTIR DO FATO ILÍCITO (...) Sobre a influência que a informação tivera sobre a demanda relativa aos veículos Gol e Voyage versão antiga, veja-se a informação trazida pela parte demandada: a partir de agosto de 2012, mês seguinte ao lançamento da nova versão, a venda dos veículos da versão anterior caiu a menos da metade, despencando a partir de setembro até quase chegar a zero. Dessa conduta ilícita, ressaem danos de dupla ordem: (I) danos morais coletivos, derivados do abalo à harmonia das relações de consumo, com lesão a interesses e direitos difusos pertencentes à coletividade indeterminada (e indeterminável) de consumidores, presumíveis a partir da conduta ilícita da parte demandada apurada neste feito; e (II) danos individuais homogêneos, decorrentes de interesses e direitos individuais homogêneos, causados pela parte demandada aos consumidores que adquiriram a versão mais antiga dos veículos Gol e Voyage ano-modelo 2012/2013 até o lançamento da segunda versão em 2012 (quando a informação passou a ser por todos conhecida), correspondentes à depreciação 'artificial' causada pelo lançamento abrupto e inesperado da nova versão, em valor a ser apurado na fase de liquidação da sentença coletiva. Valor da indenização pelos danos morais coletivos majorado para R$ 1.000.000,00 (um milhão de reais). Condenação genérica da parte demandada ao pagamento de indenização pelos danos individuais causados aos consumidores, em valor a ser apurado em liquidação da sentença coletiva. APELO DO MP PARCIALMENTE PROVIDO. APELO DA DEMANDADA VOLKSWAGEN DESPROVIDO" (TJRS, Ap. Cív. 70064163181, Décima Sexta Câmara Cível, Rel. Des. Catarina Rita Krieger Martins, DJE 18/11/2016).◙ **No mesmo sentido:** "PROCESSUAL CIVIL. RESPONSABILIDADE CIVIL. CONSUMIDOR. AÇÃO CIVIL PÚBLICA. JOGO DE AZAR ILEGAL. BINGO. INEXISTÊNCIA DE LEGISLAÇÃO QUE AUTORIZE A ATIVIDADE. INDENIZAÇÃO POR DANO MORAL COLETIVO. CABIMENTO. 1. Na hipótese dos autos, o Ministério Público Federal promoveu Ação Civil Pública visando à condenação dos réus ao pagamento de indenização por dano moral coletivo, por exploração de bingo ilegal. 2. No caso concreto, prevalece o interesse social na tutela coletiva. A necessidade de correção das indigitadas lesões às relações de consumo transcende os interesses individuais dos frequentadores das casas de jogos ilegais para dizer respeito ao interesse público na prevenção da reincidência da suposta conduta lesiva por parte dos exploradores dos jogos de azar, de onde exsurge o direito da coletividade a danos morais coletivos, ante a exploração comercial de uma atividade que, por ora, não encontra guarida na legislação. (REsp 1.509.923/SP, Rel. Ministro Humberto Martins, Segunda Turma, julgado em 6/10/2015, DJe 22/10/2015). 3. O dano moral sofrido pela coletividade decorre do caráter altamente viciante de jogos de azar, passíveis de afetar o bem-estar do jogador e desestruturar o ambiente familiar. A responsabilidade civil é objetiva, respondendo os réus, "independentemente da existência de culpa, pela reparação dos danos causados aos consumidores" (art. 12, caput, do CDC). 4. O dano moral coletivo prescinde da comprovação de dor, de sofrimento e de abalo psicológico, pois tal comprovação, embora possível na esfera individual, torna-se inaplicável quando se cuida de interesses difusos e coletivos. (REsp 1.410.698/MG, Rel. Ministro Humberto Martins, Segunda Turma, DJe 30/6/2015; REsp 1.057.274/RS, Rel. Ministra Eliana Calmon, Segunda Turma, DJe 26/2/2010). 5. Recurso Especial provido" (STJ, REsp 1464868/SP, Rel. Ministro Herman Benjamin, Segunda Turma, DJe 30/11/2016).

◙ **Não é qualquer infortúnio que caberá dano moral coletivo.** "Todavia, não é qualquer atentado aos interesses dos consumidores que pode acarretar dano moral difuso. É preciso que o fato transgressor seja de razoável significância e desborde os limites da tolerabilidade. Ele deve ser grave o suficiente para produzir verdadeiros sofrimentos, intranquilidade social e alterações relevantes na ordem extrapatrimonial coletiva." (STJ, REsp 1221756/RJ, Rel. Ministro Massami Uyeda, Terceira Turma, DJe 10/02/2012)

◙ **Dano moral coletivo. Necessidade de subir 23 degraus em agência bancária para acesso à caixa convencional. Atendimento prioritário a idosos, gestantes, deficientes físicos e pessoas com dificuldade de locomoção.** "Não é razoável submeter aqueles que já possuem dificuldades de locomoção, seja pela idade, seja por deficiência física, ou por causa transitória, à situação desgastante de subir lances de escadas, exatos 23 degraus, em agência bancária que possui plena capacidade e condições de propiciar melhor forma de atendimento a tais consumidores. IV – Indenização moral coletiva fixada de forma proporcional e razoável ao dano, no importe de R$ 50.000,00 (cinquenta mil reais)." (STJ, REsp 1221756/RJ, Rel. Ministro Massami Uyeda, Terceira Turma, DJe 10/02/2012)

◙ **Dano moral coletivo. Jogos de azar, bingos, caça-níqueis e afins.** "PROCESSO COLETIVO E CONSUMIDOR. AÇÃO CIVIL PÚBLICA. JOGOS DE AZAR. BINGOS, CAÇA-NÍQUEIS E AFINS. SÚMULA VINCULANTE 2/STF. VEDAÇÃO PELA LEI 9.981/2000. INEXISTÊNCIA, POR ORA, DE LEGISLAÇÃO QUE AUTORIZE A ATIVIDADE. INDENIZAÇÃO POR DANO MORAL COLETIVO. CABIMENTO. 1. Na origem, o Ministério Público Federal e a União promoveram ação civil pública contra casas de bingos, caça-níqueis e demais jogos de azar, pleiteando a condenação em obrigações de fazer e não fazer atinentes à interdição da atividade, além de indenização por dano moral coletivo a ser revertida para o Fundo de Defesa dos Direitos Difusos. 2. A sentença de primeiro grau julgou procedente o pedido relativo às interdições, bem como apontou os efeitos dos jogos ilegais não só para o consumidor como também para a família, a coletividade, a economia e a saúde pública, também condenou as rés à indenização por dano moral coletivo, a ser apurada na fase de liquidação, sob o parâmetro de 20% da média arrecadada a partir da expiração das autorizações a elas concedidas até a efetiva interdição das atividades. O Tribunal de origem, em agravo regimental, reformou a sentença de primeiro grau para afastar a condenação das rés ao pagamento de dano moral coletivo. 3. É competência privativa da União legislar sobre sistemas de consórcios e sorteios. Nesse sentido, a Súmula Vinculante 2 considera "inconstitucional a lei ou ato normativo Estadual ou Distrital que disponha sobre sistemas de consórcios e sorteios, inclusive bingos e loterias" (STF, DJe 31, de 6/6/2007). 4. A exploração de casas de bingo chegou a ser permitida pela Lei 9.615/1998 (arts. 59 a 81), mas tais dispositivos legais foram revogados pela Lei 9.981/2000, a partir de 31/12/2001, "respeitando-se as autorizações que estiverem em vigor até a data da sua expiração" (art. 2º). A União detém a exploração direta de loterias federais ("jogos autorizados") e o Decreto 50.954/1961 incumbe a administração das loterias federais à Caixa Econômica Federal. Portanto, enquanto não sobrevier legislação que a autorize a exploração comercial de jogos de bingo e de demais jogos de azar não encontra amparo no ordenamento jurídico pátrio vigente." (STJ, REsp 1509923/SP, Segunda Turma, Rel. Min. Humberto Martins, DJe 22/10/2015)

◙ **Dano moral coletivo. Interrupção de fornecimento de energia elétrica** "CIVIL E PROCESSUAL CIVIL. AÇÃO CIVIL COLETIVA. INTERRUPÇÃO DE FORNECIMENTO DE ENERGIA ELÉTRICA. LEGITIMIDADE ATIVA DO MINISTÉRIO PÚBLICO. NEXO DE CAUSALIDADE. DANO MORAL COLETIVO. DEVER DE INDENIZAR. 1. Cuida-se de Recursos Especiais que debatem, no essencial, a legitimação para agir do Ministério Público na hipótese de interesse individual homogêneo e a caracterização de danos patrimoniais e morais coletivos, decorrentes de frequentes interrupções no fornecimento de energia no Município de Senador Firmino, culminando com a falta de eletricidade nos dias 31 de maio, 1º e 2 de junho de 2002. Esse evento causou, entre outros prejuízos materiais e morais, perecimento de gêneros alimentícios nos estabelecimentos comerciais e nas residências; danificação de equipamentos elétricos; suspensão do atendimento no hospital municipal; cancelamento de festa junina; risco de fuga dos presos da cadeia local; e sentimento de impotência diante de fornecedor que presta com exclusividade serviço considerado essencial. 2. A solução integral da controvérsia, com fundamento suficiente, não caracteriza ofensa ao art. 535 do CPC. 3. O Ministério Público tem legitimidade ativa para atuar em defesa dos direitos difusos, coletivos e individuais homogêneos dos consumidores. Precedentes do STJ. 4. A apuração da responsabilidade da empresa foi definida com base na prova dos autos. Incide, in casu, o óbice da Súmula 7/STJ. 5. O dano moral coletivo atinge interesse não patrimonial de classe específica ou não de pessoas, uma afronta ao sentimento geral dos titulares da relação jurídica-base. 6. O acórdão estabeleceu, à luz da prova dos autos, que a interrupção no fornecimento de energia elétrica, em virtude da precária qualidade da prestação do serviço, tem o condão de afetar o patrimônio moral da comunidade. Fixado o cabimento do dano moral coletivo, a revisão da prova da sua efetivação no caso concreto e da quantificação esbarra na Súmula 7/STJ." (STJ, REsp 1197654/MG, Rel. Ministro Herman Benjamin, Segunda Turma, julgado em 01/03/2011, DJe 08/03/2012)

◙ **Dano moral coletivo em direitos individuais homogêneos. Pílula de farinha Microvlar.** "Civil e processo civil. Recurso especial. Ação civil pública proposta pelo PROCON. Anticoncepcional Microvlar. Acontecimentos que se notabilizaram como o 'caso das pílulas de farinha'. Cartelas de comprimidos sem princípio ativo, utilizadas para teste de maquinário, que acabaram atingindo consumidoras e não impediram a gravidez indesejada. Pedido de condenação genérica, permitindo futura liquidação individual por parte das consumidoras lesadas. Discussão vinculada à necessidade de respeito à segurança do consumidor, ao direito de informação e à compensação pelos danos morais sofridos. (...) Sustenta a recorrente ausência de dever de compensar os danos morais, porque a gravidez resultante da ineficácia do anticoncepcional trouxe, necessariamente, sentimentos positivos pelo surgimento de uma nova vida. Deve-se ressaltar, porém, que o produto em questão é um anticoncepcional, cuja única utilidade é a de evitar uma gravidez; portanto, a mulher que toma tal medicamento tem a intenção de utilizá-lo como meio a possibilitar sua escolha quanto ao momento de ter filhos. Nesse contexto, a falha do remédio frustra a opção da mulher, e nisso reside a necessidade de compensação pelos danos morais, em liquidação posterior. Recurso especial não conhecido." (STJ, REsp 866636/SP, Rel. Min. Nancy Andrighi, DJ 6.12.2007)

◙ **Dano moral coletivo. Venda casada. Oferecimento de linha telefônica com tarifas mais interessantes condicionada a aquisição do aparelho de telefone.** "Trata-se de ação civil pública apresentada ao fundamento de que a empresa de telefonia estaria efetuando venda casada, consistente em impor a aquisição de aparelho telefônico aos consumidores que demonstrassem interesse em adquirir o serviço de telefonia.(...) A prática de venda casada por parte de operadora de telefonia é capaz de romper com os limites da tolerância. No momento em que oferece ao consumidor produto com significativas vantagens – no caso, o comércio de linha telefônica com valores mais interessantes do que a de seus concorrentes – e de outro, impõe-lhe a obrigação de aquisição de um aparelho telefônico por ela comercializado, realiza prática comercial apta a causar sensação de repulsa coletiva a ato intolerável, tanto intolerável que encontra proibição expressa em lei." (STJ, REsp 1397870/MG, Rel. Ministro Mauro Campbell Marques, Segunda Turma, DJe 10/12/2014)

◙ **Dano moral coletivo. Oferecimento de plano de telefonia sem alertar os consumidores acerca das limitações ao uso na referida adesão.** "RECURSO ESPECIAL – AÇÃO CIVIL PÚBLICA – EMPRESA DE TELEFONIA – PLANO DE ADESÃO – LIG MIX – OMISSÃO DE INFORMAÇÕES RELEVANTES AOS CONSUMIDORES – DANO MORAL COLETIVO – RECONHECIMENTO – ARTIGO 6º, VI, DO CÓDIGO DE DEFESA DO CONSUMIDOR – PRECEDENTE DA TERCEIRA TURMA DESTA CORTE – OFENSA AOS DIREITOS ECONÔMICOS E MORAIS DOS CONSUMIDORES CONFIGURADA – DETERMINAÇÃO DE CUMPRIMENTO DO JULGADO NO TOCANTE AOS DANOS MATERIAIS E MORAIS INDIVIDUAIS MEDIANTE REPOSIÇÃO DIRETA NAS CONTAS TELEFÔNICAS FUTURAS – DESNECESSÁRIOS PROCESSOS JUDICIAIS DE EXECUÇÃO INDIVIDUAL – CONDENAÇÃO POR DANOS MORAIS DIFUSOS, IGUALMENTE CONFIGURADOS, MEDIANTE DEPÓSITO NO FUNDO ESTADUAL ADEQUADO.1.– A indenização por danos morais aos consumidores, tanto de ordem individual quanto coletiva e difusa, tem seu fundamento no artigo 6º, inciso VI, do Código de Defesa do Consumidor.(...) 3.– No presente caso, contudo restou exaustivamente comprovado nos autos que a condenação à composição dos danos morais teve relevância social, de modo que, o julgamento repara a lesão causada pela conduta abusiva da ora Recorrente, ao oferecer plano de telefonia sem, entretanto, alertar os consumidores acerca das limitações ao uso na referida adesão. O Tribunal de origem bem delineou o abalo à integridade psico-física da coletividade na medida em que foram lesados valores fundamentais compartilhados pela sociedade. 4.– Configurada ofensa à dignidade dos consumidores e aos interesses econômicos diante da inexistência de informação acerca do plano com redução de custo da assinatura básica, ao lado da condenação por danos materiais de rigor moral ou levados a condenação à indenização por danos morais coletivos e difusos. 5.– Determinação de cumprimento da sentença da ação civil pública, no tocante à lesão aos participantes do "LIG-MIX", pelo período de duração dos acréscimos indevidos: a) por danos materiais, individuais por intermédio da devolução dos valores efetivamente cobrados em telefonemas interurbanos e a telefones celulares; b) por danos morais, individuais mediante o desconto de 5% em cada conta, já abatido o valor da devolução dos participantes de aludido plano, por período igual ao da duração da cobrança indevida em cada caso; c) por dano moral difuso mediante prestação ao Fundo de Reconstituição de Bens Lesados do Estado de Santa Catarina; d) realização de levantamento técnico dos consumidores e valores e à operacionalização dos descontos de ambas as naturezas; e) informação dos descontos, a título de indenização por danos materiais e morais, nas contas telefônicas. 6.– Recurso Especial improvido, com determinação (n.

5 supra). (STJ, REsp 1291213/SC, Rel. Ministro Sidnei Beneti, Terceira Turma, julgado em 30/08/2012, DJe 25/09/2012)

◘ **Dano moral coletivo. Publicidade abusiva de cigarro para o público infanto-juvenil.** "RECURSO ESPECIAL – AÇÃO CIVIL PÚBLICA – DANO MORAL COLETIVO – DIVULGAÇÃO DE PUBLICIDADE ILÍCITA – INDENIZAÇÃO – SENTENÇA QUE ACOLHEU O PEDIDO INICIAL DO MPDFT FIXANDO A REPARAÇÃO EM R$ 14.000.000,00 (QUATORZE MILHÕES DE REAIS) E DETERMINOU A ELABORAÇÃO DE CONTRAPROPAGANDA, SOB PENA DE MULTA DIÁRIA – INCONFORMISMOS DAS RÉS – APELAÇÃO PARCIALMENTE PROVIDA PARA REDUZIR O QUANTUM INDENIZATÓRIO E EXCLUIR DA CONDENAÇÃO OBRIGAÇÃO DE FAZER CONTRAPROPAGANDA, BEM COMO A MULTA MONITÓRIA PARA A HIPÓTESE DE DESCUMPRIMENTO. IRRESIGNAÇÃO DAS RÉS – OGILVY BRASIL COMUNICAÇÃO LTDA. E DA SOUZA CRUZ S/A – E DO MINISTÉRIO PÚBLICO DO DISTRITO FEDERAL E TERRITÓRIOS. (...) A teor dos artigos 36 e 37, do CDC, nítida a ilicitude da propaganda veiculada. A uma, porque feriu o princípio da identificação da publicidade. A duas, porque revelou-se enganosa, induzindo o consumidor a erro porquanto se adotasse a conduta indicada pela publicidade, independente das conseqüências, teria condições de obter sucesso em sua vida. (...) 1.5.3. Em razão da inexistência de uma mensagem clara, direta que pudesse conferir ao consumidor a sua identificação imediata (no momento da exposição) e fácil (sem esforço ou capacitação técnica), reputa-se que a publicidade ora em debate, de fato, malferiu a redação do art 36, do CDC e, portanto, cabível e devida a reparação dos danos morais coletivos. (...) 1.6.1. Atentando-se para as peculiaridades do caso concreto, deve-se tanto quanto possível, procurar recompor o dano efetivo provocado pela ação ilícita, sem desprezar a capacidade econômica do pagador e as necessidades do seu destinatário, que, no caso, é toda sociedade, faz-se mister, portanto, a redução da indenização por danos morais coletivos ao valor de R$ 1.000.000,00 (hum milhão de reais), devidamente corrigidos. (STJ, REsp 1101949/DF, Rel. Ministro Marco Buzzi, Quarta Turma, DJe 30/05/2016)

◘ **Dano moral coletivo. Ineficiência dos serviços de call center da concessionária de telefonia.** "PROCESSUAL CIVIL E ADMINISTRATIVO. VIOLAÇÃO DO ART. 535 DO CPC. NÃO OCORRÊNCIA. PERDA DO OBJETO DA AÇÃO. INEXISTÊNCIA. OPERADORA DE SERVIÇO MÓVEL PESSOAL. LEI N. 9.472/97. CONCESSIONÁRIA DE SERVIÇO. PONTOS DE ATENDIMENTO PESSOAL AOS USUÁRIOS PARA FINS DE RECEBIMENTO E PROCESSAMENTO DE PEDIDO DE RESCISÃO CONTRATUAL. INSTALAÇÃO. OBRIGAÇÃO DA CONCESSIONÁRIA. DIREITO DOS USUÁRIOS AO SERVIÇO DE ATENDIMENTO ADEQUADO E EFICIENTE. INSUFICIÊNCIA DO SISTEMA DE "CALL CENTER". DANO MORAL COLETIVO. CONFIGURAÇÃO. (...) 3. A edição da Resolução 477/2007, que regulamenta instalação de "Postos de Atendimento", não autoriza a conclusão de perda do objeto. O objeto processual se extingue, em geral, quando um dos elementos do binômio utilidade-necessidade ofusca-se, atingindo, portanto, o interesse processual. (...) 7. A prática de reiterado descumprimento das normas de proteção ao consumidor por parte de operadora de telefonia é capaz de romper com os limites da tolerância.

No momento em que se oferece serviço público deficiente e insatisfatório de forma repetida, realiza-se prática comercial apta a causar sensação de repulsa coletiva a ato intolerável." (STJ, REsp 1408397/CE, Rel. Ministro Humberto Martins, Segunda Turma, DJe 14/09/2015)

◙ **Dano moral coletivo. Confecção dos contratos bancários em método braile para os deficientes visuais.** "RECURSO ESPECIAL. AÇÃO CIVIL PÚBLICA. AÇÃO DESTINADA A IMPOR À INSTITUIÇÃO FINANCEIRA DEMANDADA A OBRIGAÇÃO DE ADOTAR O MÉTODO BRAILLE NOS CONTRATOS BANCÁRIOS DE ADESÃO CELEBRADOS COM PESSOA PORTADORA DE DEFICIÊNCIA VISUAL. 1. FORMAÇÃO DE LITISCONSÓRCIO PASSIVO NECESSÁRIO. DESCABIMENTO, NA HIPÓTESE. 2. DEVER LEGAL CONSISTENTE NA UTILIZAÇÃO DO MÉTODO BRAILLE NAS RELAÇÕES CONTRATUAIS BANCÁRIAS ESTABELECIDAS COM CONSUMIDORES PORTADORES DE DEFICIÊNCIA VISUAL. EXISTÊNCIA. NORMATIVIDADE COM ASSENTO CONSTITUCIONAL E LEGAL. OBSERVÂNCIA. NECESSIDADE. 3. CONDENAÇÃO POR DANOS EXTRAPATRIMONIAIS COLETIVOS. CABIMENTO. 4. IMPOSIÇÃO DE MULTA DIÁRIA PARA O DESCUMPRIMENTO DAS DETERMINAÇÕES (...) No caso, a relutância da instituição financeira demandada em utilizar o método Braille nos contratos bancários de adesão estabelecidos com pessoas portadoras de deficiência visual, conferindo-se-lhes tratamento manifestamente discriminatório, tem o condão de acirrar sobremaneira as inerentes dificuldades de acesso à comunicação e à informações essenciais dos indivíduos nessa peculiar condição, cuja prática, para além de consubstanciar significativa abusividade contratual, encerrar verdadeira afronta à dignidade do próprio grupo, coletivamente considerado. 4. Não obstante, consideradas: i) a magnitude dos direitos discutidos na presente ação, que, é certo, restaram, reconhecidamente vilipendiados pela instituição financeira recorrente; ii) a reversão da condenação ao Fundo de Defesa de Direitos Difusos, a ser aplicado em políticas que fulminem as barreiras de comunicação e informação enfrentadas pelas pessoas portadoras de deficiência visual, o que, em última análise, atende ao desiderato de reparação do dano; iii) o caráter propedêutico da condenação; e iv) a capacidade econômica da demandada; tem-se que o importe da condenação fixado na origem afigura-se exorbitante, a viabilizar a excepcional intervenção desta Corte de Justiça." (STJ, REsp 1315822/RJ, Rel. Ministro Marco Aurélio Bellizze, Terceira Turma, DJe 16/04/2015) ◙ **No sentido da não condenação em dano moral coletivo.** "RECURSO ESPECIAL. AÇÃO CIVIL PÚBLICA. CONSUMIDOR. PESSOA PORTADORA DE DEFICIÊNCIA VISUAL. HIPERVULNERÁVEL. CONTRATOS BANCÁRIOS.CONFECÇÃO NO MÉTODO BRAILLE. NECESSIDADE. DEVER DE INFORMAÇÃO PLENA E ADEQUADA. EFEITOS DA SENTENÇA. TUTELA DE INTERESSES DIFUSOS E COLETIVOS STRICTO SENSU. (...) DANO MORAL COLETIVO. INOCORRÊNCIA. (...) 5. É cabível, em tese, por violação a direitos transindividuais, a condenação por dano moral coletivo, como categoria autônoma de dano, a qual não se relaciona necessariamente com aqueles tradicionais atributos da pessoa humana (dor, sofrimento ou abalo psíquico). 6. Na hipótese, apesar de a forma de linguagem, por meio da leitura do contrato, não ser apta a exaurir a informação clara e adequada, não decorreram outras consequências lesivas além daquelas experimentadas por quem, concretamente, teve o tratamento embaraçado ou por aquele que se sentiu pessoalmente constrangido ou discriminado, haja vista que a instituição financeira seguiu as diretrizes emanadas pelo próprio Estado, conforme Resolução n. 2.878/2001 do Bacen." (STJ, REsp 1349188/RJ, Rel. Ministro Luis Felipe Salomão, Quarta Turma, DJe 22/06/2016)

◙ **Dano moral coletivo. Serviços de telefonia cobrados e não solicitados.** "Cuida-se de recurso especial no qual se busca reformar acórdão que, em síntese, ampliou os termos da sentença que condenou em parte a empresa de telecomunicações. A condenação original consistiu-se, basicamente, na obrigação de não fazer, referente à coibição de cobrança de qualquer serviço acessório do denominado "pacote inteligente", sem a anuência prévia dos usuários, sob pena de multa, bem como determinou o pagamento de indenização por dano coletivo, a ser fixada na execução. O acórdão recorrido incluiu a fixação de um valor ao dano moral coletivo, consistente de R$ 100.000,00 (cem mil reais), bem como fixou a publicação da decisão judicial em três jornais de grande circulação.(...) A atribuição do valor da multa por dano moral coletivo foi devidamente justificada e fundamentada pelo Tribunal de origem, e não se apresenta como exorbitante, tampouco irrisória; logo, a revisão de tal valor está vedada pelo teor da Súmula 07/STJ. Precedentes. 8. Quanto às demais penalidades, consistentes na multa aplicada por dano moral coletivo, bem como a obrigação de publicar o teor da decisão em jornais, cabe notar que a recurso fundou-se em dispositivos não prequestionados. Recurso especial parcialmente conhecido e improvido." (STJ, REsp 1203573/RS, Rel. Ministro Humberto Martins, Segunda Turma, DJe 19/12/2011)

◙ **Dano moral coletivo. Comercialização de leite com vício de qualidade.** "AÇÃO CIVIL PÚBLICA. COMERCIALIZAÇÃO DE LEITE EM DESACORDO COM AS NORMAS REGULAMENTARES. VIOLAÇÃO A DIREITO DO CONSUMIDOR. DECISÃO QUE RESTABELECEU A SENTENÇA QUE CONDENOU A EMPRESA A PAGAR INDENIZAÇÃO POR DANOS MORAIS À COLETIVIDADE NO IMPORTE DE R$ 20.000,00. GRAVIDADE DA CONDUTA. 1. Esta Corte já se manifestou no sentido de que atentado aos interesses dos consumidores que seja de razoável significância e desborde os limites da tolerabilidade gera dano coletivo, como ocorre no presente caso, dada a comprovada comercialização de leite com vício de qualidade". (STJ, AgRg no REsp 1283434/GO, Primeira Turma, Rel. Min. Napoleão Nunes Maia Filho, DJe 15/04/2016)

◙ **Condenação em dano moral coletivo como meio de dar efetividade aos postulados do CDC.** " Afastar, da espécie, o dano moral difuso, é fazer tabula rasa da proibição elencada no art. 39, I, do CDC e, por via reflexa, legitimar práticas comerciais que afrontem os mais basilares direitos do consumidor." (STJ, REsp 1397870/MG, Rel. Ministro Mauro Campbell Marques, Segunda Turma, DJe 10/12/2014).

◙ **Dano moral coletivo. Publicidade enganosa envolvendo o fornecimento de acesso à internet por operadora de telefonia móvel.** "CIVIL. CONSUMIDOR. AÇÃO CIVIL PÚBLICA. TIM CELULAR. OFERTA DE INTERNET. PUBLICIDADE ENGANOSA. OCORRÊNCIA. DANO MORAL COLETIVO. CONDENAÇÃO. DEVOLUÇÃO AO

CONSUMIDOR DO VALOR PAGO AO CONSUMIDOR PARA O RESTABELECIMENTO DA VELOCIDADE DE CONEXÃO (...) 3. São direitos básicos do consumidor, considerado individualmente ou no plano difuso ou coletivo, a prevenção e a reparação dos danos patrimoniais e morais que porventura tenham experimentado em razão de uma conduta abusiva do fornecedor. Desse modo, o Código de Defesa do Consumidor trouxe tanto a tutela individual do consumidor como a tutela coletiva da comunidade consumidora, que também pode ser vítima de uma prática abusiva de um fornecedor, o que enseja o dever de reparar o dano coletivo experimentado. Ressalta-se que o dano moral coletivo não significa a somatória dos danos individuais suportados pelos consumidores pela violação de um direito pessoal desses, mas uma nova modalidade de dano, o qual tem por objeto a violação de um direito da coletividade considerada em si mesma na hipótese de ser vítima de uma ação danosa de um fornecedor. Não se pode esquecer que um dos valores do Estado Democrático de Direito brasileiro é a defesa do consumidor, contida tanto no rol dos direitos fundamentais do artigo 5º do texto constitucional como nos princípios da ordem econômica enunciados no artigo 170 da Carta da República, de maneira que, considerado em sua dimensão objetiva, é um direito da comunidade em si mesmo e passível de violação, uma vez desatendidos os ditames legais prescritos pelo legislador ordinário por determinação do poder constituinte, ensejando a devida compensação coletiva. Nesse diapasão, tem-se que a dimensão objetiva traz uma carga transindividual, comunitária, a qual tanto o Estado como os indivíduos devem obedecer e promover considerando a eficácia vertical e horizontal dos direitos fundamentais, sob pena de se incorrer em omissão legislativa e/ou dano coletivo. 4. Como concretização coletiva e individual de defesa do consumidor, regulamentou a publicidade sobre os produtos e serviços ofertados pelos fornecedores nos artigos 36 e seguintes do Código de Defesa do Consumidor, tornando ilícita e passível de reparação nos dois planos – individual e coletivo – a publicidade enganosa e abusiva. Desse modo, constata-se que a publicidade enganosa ou abusiva pode tanto afetar o consumidor individual como toda a coletividade que está exposta a essa forma de atrativo comercial, razão pela qual se pode falar em duas esferas de lesados. No caso, a publicidade apresentada pela TIM se mostrou enganosa, haja vista ser inverídica e levar os consumidores a adquirem seu produto por erro, o que enseja a reparação tanto individual como coletiva. Não se pode perder de vista que o alcance geográfico da publicidade enganosa, a qual tinha o caráter nacional, e o tipo de serviço ofertado, acesso à internet, o que atinge atualmente a toda a população nacional, de crianças a idosos, haja vista que a grande maioria da população brasileira utiliza dos serviços de internet diariamente. Assim, está evidente que a publicidade enganosa apresentada pela TIM afetou a toda a coletividade em si mesmo considerada, pois houve a violação da dimensão objetiva do direito fundamental à defesa do consumidor, concretizado na proibição de publicidade enganosa. Tal proceder ocasionou dano moral coletivo indenizável, o qual, em razão das particularidades já tratadas acima – alcance e natureza do serviço -, fixo em R$ 1.000.000,00 (um milhão de reais). 5. Aos consumidores que pagaram um complemento para que a velocidade fosse restabelecida, é dever de a TIM reembolsá- los do valor pago a maior, haja vista que ela deveria garantir a velocidade em razão da publicidade enganosa disponibilizada. 6. Recursos conhecidos, provido o do Ministério Público e parcialmente provido o da TIM CELULAR S/A" (TJDFT, Ap. Cív. 20120110925097, Quinta turma Cível, Rel. Des. Maria Ivatônia, Dje 24/08/2016).

◙ **Dano moral coletivo. Espera em fila de banco por tempo excessivo.** "RECURSO ESPECIAL. CONSUMIDOR. TEMPO DE ATENDIMENTO PRESENCIAL EM AGÊNCIAS BANCÁRIAS. DEVER DE QUALIDADE, SEGURANÇA, DURABILIDADE E DESEMPENHO. ART. 4º, II, "D", DO CDC. FUNÇÃO SOCIAL DA ATIVIDADE PRODUTIVA. MÁXIMO APROVEITAMENTO DOS RECURSOS PRODUTIVOS. TEORIA DO DESVIO PRODUTIVO DO CONSUMIDOR. DANO MORAL COLETIVO. OFENSA INJUSTA E INTOLERÁVEL. VALORES ESSENCIAIS DA SOCIEDADE. FUNÇÕES. PUNITIVA, REPRESSIVA E REDISTRIBUTIVA. (...) 9. Na hipótese concreta, a instituição financeira recorrida optou por não adequar seu serviço aos padrões de qualidade previstos em lei municipal e federal, impondo à sociedade o desperdício de tempo útil e acarretando violação injusta e intolerável ao interesse social de máximo aproveitamento dos recursos produtivos, o que é suficiente para a configuração do dano moral coletivo. 10. Recurso especial provido." (STJ, REsp 1737412/SE, Rel. Ministra Nancy Andrighi, Terceira Turma, DJe 08/02/2019)

◙ **Não admitindo o dano moral coletivo.** "Processual civil. Ação civil pública. Dano ambiental. Dano moral coletivo. Necessária vinculação do dano moral à noção de dor, de sofrimento psíquico, de caráter individual. incompatibilidade com a noção de transindividualidade (indeterminabilidade do sujeito passivo e indivisibilidade da ofensa e da reparação). Recurso especial improvido." (STJ, REsp 598281/MG, Rel. Min. Luiz Fux; Rel. p/ Acórdão Min. Teori Albino Zavascki, DJ 1.6.2006) ◙ **No mesmo sentido:** "AGRAVO REGIMENTAL EM RECURSO ESPECIAL. ADMINISTRATIVO. AÇÃO CIVIL PÚBLICA. SERVIÇO DE TELEFONIA. POSTOS DE ATENDIMENTO. REABERTURA. DANOS MORAIS COLETIVOS. INEXISTÊNCIA. PRECEDENTE. AGRAVO IMPROVIDO. 1. A Egrégia Primeira Turma firmou já entendimento de que, em hipóteses como tais, ou seja, ação civil pública objetivando a reabertura de postos de atendimento de serviço de telefonia, não há falar em dano moral coletivo, uma vez que "Não parece ser compatível com o dano moral a ideia da 'transindividualidade' (= da indeterminabilidade do sujeito passivo e da indivisibilidade da ofensa e da reparação) da lesão" (REsp nº 971.844/RS, Relator Ministro Teori Albino Zavascki, in DJe 12/2/2010). 2. No mesmo sentido: REsp nº 598.281/MG, Relator p/ acórdão Ministro Teori Albino Zavascki, in DJ 1º/6/2006 e REsp nº 821.891/RS, Relator Ministro Luiz Fux, in DJe 12/5/2008. 3. Agravo regimental improvido." (STJ, AgRg no REsp 1109905/PR, Rel. Ministro Hamilton Carvalhido, Primeira Turma, julgado em 22/06/2010, DJe 03/08/2010)

◙ **Não caracteriza dano moral coletivo a mera infringência à lei ou ao contrato. O reconhecimento da abusividade de cláusula contratual que exclui a cobertura de prótese em contrato anteriores à Lei 9.656/98 não gera dano moral coletivo.** "RECURSO ESPECIAL. AÇÃO CIVIL PÚBLICA. PLANO DE SAÚDE. CIRURGIA DE CATARATA. FALTA DE COBERTURA DE LENTES INTRAOCULARES. CONTRATOS ANTIGOS E NÃO ADAPTADOS. ABUSIVIDADE. DANO MORAL COLETIVO. NÃO OCORRÊNCIA. CONDUTA RAZOÁVEL. ENTENDIMENTO JURÍDICO DA ÉPOCA DA CONTRATAÇÃO. TECNOLOGIA MÉDICA

E TÉCNICAS DE INTERPRETAÇÃO DE NORMAS. EVOLUÇÃO. OMISSÃO DA ANS. NÃO CONFIGURAÇÃO. PRETENSÃO DE REEMBOLSO DOS USUÁRIOS. PRESCRIÇÃO. DEMANDA COLETIVA. PRAZO QUINQUENAL. RESSARCIMENTO AO SUS. AFASTAMENTO. OBSERVÂNCIA DE DIRETRIZES GOVERNAMENTAIS. (...) 2. O dano moral coletivo, compreendido como o resultado de uma lesão à esfera extrapatrimonial de determinada comunidade, se dá quando a conduta agride, de modo totalmente injusto e intolerável, o ordenamento jurídico e os valores éticos fundamentais da sociedade em si considerada, a provocar repulsa e indignação na consciência coletiva (arts. 1º da Lei nº 7.347/1985, 6º, VI, do CDC e 944 do CC, bem como Enunciado nº 456 da V Jornada de Direito Civil). 3. Não basta a mera infringência à lei ou ao contrato para a caracterização do dano moral coletivo. É essencial que o ato antijurídico praticado atinja alto grau de reprovabilidade e transborde os lindes do individualismo, afetando, por sua gravidade e repercussão, o círculo primordial de valores sociais. Com efeito, para não haver o seu desvirtuamento, a banalização deve ser evitada. (...)" (STJ, REsp 1473846/SP, Terceira Turma, Rel. Min. Ricardo Villas Bôas Cueva, DJe 24/02/2017).

DANO MORAL ENVOLVENDO O DIREITO À SAÚDE

◙ **Dano moral. Recusa injustificada de cobertura de tratamento prescrito por médico.** "PROCESSUAL CIVIL. AGRAVO REGIMENTAL EM RECURSO ESPECIAL. AÇÃO DE REPARAÇÃO DE DANOS. RECUSA INJUSTIFICADA DO PLANO DE SAÚDE EM OFERECER O TRATAMENTO RECOMENDADO PELO MÉDICO. DANO MORAL CONFIGURADO. 1. Na linha dos precedentes desta Corte, porém, a recusa injustificada do plano de saúde em cobrir o tratamento recomendado pelo médico e requerido pelo consumidor para cura de doença prevista no contrato não constitui mero descumprimento contratual, mas ilícito apto a ensejar danos morais passíveis de reparação. 2. Agravo regimental não provido" (STJ, AgRg no REsp 1553060/PR, Terceira Turma, Rel. Min. Moura Ribeiro, DJe 01/03/2017).

◙ **Dano moral. Negativa injustificada de cobertura de tratamento de saúde. Cirurgia bariátrica** "PLANO DE SAÚDE. COBERTURA. RECUSA INJUSTIFICADA. DANO MORAL. Segundo a jurisprudência do STJ, é causa de dano moral indenizável a recusa injustificada da seguradora a cobrir o tratamento de saúde requerido pelo segurado. Tendo a recusa recaído sobre cirurgia bariátrica, mostra-se justa e razoável a indenização fixada em R$ 12.000,00 (doze mil reais), considerando a intensidade dos abalos psíquicos sofridos pela consumidora". (STJ, AgRg no REsp 1277418/RS, Quarta Turma, Rel. Min. Antônio Carlos Ferreira, DJe 09/04/2016)

◙ **Dano Moral. Negativa de cobertura de materiais indispensáveis ao melhor desempenho de procedimento cirúrgico.** "PLANO DE SAÚDE. EXCLUSÃO DE COBERTURA. DANO MORAL. 2. Caracteriza-se o dano moral pela recusa injusta de cobertura securitária médica dos meios e materiais indispensáveis ao melhor desempenho do procedimento cirúrgico. (STJ, AgRg no REsp 1580176/PB, Terceira Turma, Rel. Min. Ricardo Villas Bôas Cueva, DJe 17/05/2016)

◙ **Dano moral. Recusa de custeio de exame Esclerose Múltipla Perfil Fleury**. "PLANO DE SAÚDE. CUSTOS DE PROCEDIMENTO MÉDICO. EXAME ESCLEROSE MÚLTIPLA PERFIL – FLEURY. RECUSA INJUSTIFICADA. DANO MORAL IN RE IPSA. CONFIGURAÇÃO. QUANTUM INDENIZATÓRIO RAZOÁVEL. PRECEDENTES.2. A orientação desta Corte Superior é de que a recusa indevida ou injustificada pela operadora de plano de saúde em autorizar a cobertura financeira de tratamento médico a que esteja legal ou contratualmente obrigada, gera direito de ressarcimento a título de dano moral, em razão de tal medida agravar a situação tanto física quanto psicologicamente do beneficiário. Caracterização de dano moral in re ipsa". (STJ, AgRg no REsp 1513505/RS, Terceira Turma, Rel. Min. Moura Ribeiro, DJe 29/03/2016)

◙ **Dano moral. Negativa de cobertura de exame (Pet Scan).** "PLANO DE SAÚDE. TRATAMENTO ONCOLÓGICO. NEGATIVA DE COBERTURA DE EXAME (PET SCAN). ABUSIVIDADE COMPROVADA. DANO MORAL IN RE IPSA. CONFIGURAÇÃO. (...) A orientação desta Corte Superior é de que a recusa indevida ou injustificada pela operadora de plano de saúde em autorizar a cobertura financeira de tratamento médico a que esteja legal ou contratualmente obrigada, gera direito de ressarcimento a título de dano moral, em razão de tal medida agravar a situação tanto física quanto psicologicamente do beneficiário. Caracterização de dano moral in re ipsa". (STJ, AgRg no REsp 1546908/RS, Terceira turma, Rel. Min. Moura Ribeiro, DJe 03/05/2016)

◙ **Dano moral. Negativa de tratamento domiciliar. Câncer de pulmão**. "PLANO DE SAÚDE. NEGATIVA DE TRATAMENTO DOMICILIAR. RECUSA INDEVIDA. CLÁUSULA CONTRATUAL ABUSIVA. DANO MORAL. RECUSA INJUSTIFICADA. CARACTERIZAÇÃO. 1. No caso em exame, a operadora de plano de saúde recusou-se, indevidamente, a proceder ao pagamento do medicamento apto a dar continuidade ao tratamento de beneficiário portador de câncer pulmonar, por se tratar de uso domiciliar. 2. Ainda que admitida a possibilidade de o contrato de plano de saúde conter cláusulas limitativas dos direitos do consumidor, revela-se abusivo o preceito excludente do custeio dos meios e materiais necessários ao melhor desempenho do tratamento clínico ou do procedimento cirúrgico coberto ou de internação hospitalar. 3. Nas hipóteses em que há recusa injustificada de cobertura por parte da operadora do plano de saúde para tratamento do segurado, como ocorrido no presente caso, o STJ é assente quanto à caracterização de dano moral, não se tratando apenas de mero aborrecimento". (STJ, AgInt no REsp 1390449/SP, Quarta Turma, Rel. Min. Raul Araújo, DJe 09/11/2015)

◙ **Dano moral. Negativa de cobertura relativa a *stent*.** "DIREITO CIVIL E PROCESSUAL CIVIL. RECURSO ESPECIAL. AÇÃO DE INDENIZAÇÃO POR DANOS MATERIAIS E COMPENSAÇÃO POR DANOS MORAIS. PLANO DE SAÚDE. EX-

CLUSÃO DE COBERTURA RELATIVA A STENT. ABUSIVIDADE. DANO MORAL. – É nula a cláusula contratual que exclua da cobertura órteses, próteses e materiais diretamente ligados ao procedimento cirúrgico a que se submete o consumidor. – Embora o mero inadimplemento contratual não seja causa para ocorrência de danos morais, é reconhecido o direito à compensação dos danos morais advindos da injusta recusa de cobertura de seguro saúde, pois tal fato agrava a situação de aflição psicológica e de angústia no espírito do segurado, uma vez que, ao pedir a autorização da seguradora, já se encontra em condição de dor, de abalo psicológico e com a saúde debilitada. – Recurso especial provido." (STJ, REsp 1364775/MG, Rel. Ministra Nancy Andrighi, Terceira Turma, julgado em 20/06/2013, DJe 28/06/2013)

◙ **Dano moral. Erro médico em cirurgia plástica embelezadora**. "AGRAVO REGIMENTAL. AÇÃO DE INDENIZAÇÃO. DANOS MORAIS E MATERIAIS. ERRO MÉDICO. CIRURGIA PLÁSTICA EMBELEZADORA. OBRIGAÇÃO DE RESULTADO. De acordo com vasta doutrina e jurisprudência, a cirurgia plástica estética é obrigação de resultado, uma vez que o objetivo do paciente é justamente melhorar sua aparência, comprometendo-se o cirurgião a proporcionar-lhe o resultado pretendido. [...] No caso vertente, verifica-se que o Tribunal de origem arbitra o quantum indenizatório em R$ 50.000,00 (cinquenta mil reais), pelos danos morais que a recorrida experimentou em decorrência do erro médico produzido pelo recorrente, que além de ter contrariado as expectativas da paciente com os resultados alcançados na cirurgia íntima de natureza estética a que foi submetida, gerou-lhe prejuízos em sua saúde." (STJ, AgRg nos EDcl no AREsp 328.110/RS, Rel. Ministro Luis Felipe Salomão, Quarta Turma, julgado em 19/09/2013, DJe 25/09/2013)

◙ **Dano moral. Paciente que teve três exames de HIV com falso resultado positivo.** "CIVIL E PROCESSUAL CIVIL. RECURSO ESPECIAL. AÇÃO DE COMPENSAÇÃO POR DANO MORAL. RESPONSABILIDADE CIVIL. EXAME CLÍNICO. HIV. (...) Reconhece-se a responsabilidade do hospital que emite exame com laudo positivo de HIV, repetido e confirmado, ainda que com a ressalva de que poderia ser necessário exame complementar. Precedentes. 4. Defeito no fornecimento do serviço, com exame repetido e confirmado, causa sofrimento a paciente, enquanto que o laboratório assumiu obrigação de realizar exame com resultado veraz, o que não aconteceu, pois o realizado depois em outro laboratório foi negativo." (STJ, REsp 1291576/RS, Rel. Ministra Nancy Andrighi, Terceira Turma, DJe 28/06/2012)
◙ **No mesmo sentido:** "DIREITO CIVIL E DIREITO PROCESSUAL CIVIL – RESPONSABILIDADE CIVIL – ERRO DIAGNÓSTICO – HIV – RESPONSABILIDADE OBJETIVA DO FORNECEDOR DE SERVIÇOS – DANOS MORAIS – CARÁTER COMPENSATÓRIO – REDUÇÃO DO QUANTUM INDENIZATÓRIO – PROVIMENTO PARCIAL – O trato diário com pacientes que se submetem às mais diversas formas de exames laboratoriais precisa ser acompanhado de extremo cuidado e diligência por parte da empresa que se propõe a fornecer tais serviços. Ciente da margem de erro existente no método empregado, jamais poderia o laboratório liberar o resultado positivador do vírus HVI, sem efetuação de técnica de confir-

mação mais segura, incidindo, portanto, o comando do art. 14 do CDC. Enquanto não desfeito o impreciso diagnóstico, o apelado sofreu inevitável impacto emocional, vez que, devido a ausência de cura, o portador do HIV passa a conviver com a possibilidade real e concreta do óbito, dia após dia. (...)" (TJPE, AC 85495-3 – Rel. Des. Jones Figueiredo, J. 17.8.2005)

■ **Paciente que descobriu por acaso ter AIDS não tem direito a dano moral.** ""RECURSO ESPECIAL - AÇÃO DE INDENIZAÇÃO POR DANOS MORAIS E MATERIAIS DECORRENTES DA REALIZAÇÃO DE EXAME DE HIV NÃO SOLICITADO, POR MEIO DO QUAL O PACIENTE OBTEVE A INFORMAÇÃO DE SER SOROPOSITIVO - VIOLAÇÃO AO DIREITO À INTIMIDADE - NÃO OCORRÊNCIA - INFORMAÇÃO CORRETA E SIGILOSA SOBRE SEU ESTADO DE SAÚDE - FATO QUE PROPORCIONA AO PACIENTE A PROTEÇÃO A UM DIREITO MAIOR, SOB O ENFOQUE INDIVIDUAL E PÚBLICO - RECURSO ESPECIAL IMPROVIDO.I – O direito à intimidade, não é absoluto, aliás, como todo e qualquer direito individual. Na verdade, é de se admitir, excepcionalmente, a tangibilidade ao direito à intimidade, em hipóteses em que esta se revele necessária à preservação de um direito maior, seja sob o prisma individual, seja sob o enfoque do interesse público. Tal exame, é certo, não prescinde, em hipótese alguma, da adoção do princípio da dignidade da pessoa humana, como princípio basilar e norteador do Estado Democrático de Direito, e da razoabilidade, como critério axiológico;II – Sob o prisma individual, o direito de o indivíduo não saber que é portador do vírus HIV (caso se entenda que este seja um direito seu, decorrente da sua intimidade), sucumbe, é suplantado por um direito maior, qual seja, o direito à vida, o direito à vida com mais saúde, o direito à vida mais longeva e saudável;III – Mesmo que o indivíduo não tenha interesse ou não queira ter conhecimento sobre a enfermidade que lhe acomete (seja qual for a razão), a informação correta e sigilosa sobre seu estado de saúde dada pelo Hospital ou Laboratório, ainda que de forma involuntária, tal como ocorrera na hipótese dos autos, não tem o condão de afrontar sua intimidade, na medida em que lhe proporciona a proteção a um direito maior;IV – Não se afigura permitido, tão-pouco razoável que o indivíduo, com o desiderato inequívoco de resguardar sua saúde, após recorrer ao seu médico, que lhe determinou a realização de uma série de exames, vir à juízo aduzir justamente que tinha o direito de não saber que é portador de determinada doença, ainda que o conhecimento desta tenha se dado de forma involuntária. Tal proceder aproxima-se, em muito, da defesa em juízo da própria torpeza, não merecendo, por isso, guarida do Poder Judiciário;V – No caso dos autos, o exame efetuado pelo Hospital não contém equívoco, o que permite concluir que o abalo psíquico suportado pelo ora recorrente não decorre da conduta do Hospital, mas sim do fato de o recorrente ser portador do vírus HIV, no que o Hospital-recorrido, é certo, não possui qualquer responsabilidade;VI – Sob o enfoque do interesse público, assinala-se que a opção de o paciente se submeter ou não a um tratamento de combate ao vírus HIV, que, ressalte-se, somente se tornou possível e, certamente, mais eficaz graças ao conhecimento da doença, dado por ato involuntário do Hospital, é de seu exclusivo arbítrio. Entretanto, o comportamento destinado a omitir-se sobre o conhecimento da doença, que, em última análise, gera condutas igualmente omissivas quanto à prevenção e disseminação do vírus HIV, vai de encontro aos anseios sociais;VII – Num momento em que o Poder Público, por meio de exaustivas campanhas de saúde, incentiva a feitura do exame anti HIV como uma das principais formas de prevenção e controle da disseminação do vírus HIV, tem-se que o comando emanado desta augusta Corte, de repercussão e abrangência nacional, no sentido de que o cidadão teria o direito subjetivo de não saber que é soropositivo, configuraria indevida sobreposição de um direito individual (que, em si não se sustenta, tal como demonstrado) sobre o interesse público, o que, data maxima venia, não se afigura escorreito; VII – Recurso Especial improvido." (STJ, REsp 1195995/SP, Rel. Ministra Nancy Andrighi, Rel. p/ Acórdão Ministro Massami Uyeda, Terceira Turma, DJe 06/04/2011)

◙ **Indevida indenização por danos morais por falta de notificação de exame positivo para HIV por doador de sangue que forneceu endereço errado.** "RECURSO ESPECIAL. INDENIZAÇÃO POR DANOS MORAIS. DOAÇÃO DE SANGUE. DOADOR PORTADOR DE VÍRUS. AUSÊNCIA DE NOTIFICAÇÃO NA ÉPOCA. DESCONHECIMENTO DO ENDEREÇO DO DOADOR. CIÊNCIA POSTERIOR DA CONTAMINAÇÃO. DANO MORAL NÃO CONFIGURADO. 1. O autor doou sangue em 1993, mas não retornou ao hemocentro para tomar ciência do resultado do exame de controle em sua amostra de sangue. Não forneceu, na época, telefone próprio e o endereço indicado estava errado. Em 1997, voltando para nova doação, tomou ciência do resultado positivo para HIV. Alega dano moral, em virtude do sofrimento causado pela possibilidade de contaminação de sua companheira (também autora da ação) e filhos concebidos após a data da primeira doação. 2. Inexistência de dano moral causado pelo Hemocentro réu. O sofrimento causado pela ciência da contaminação em 1997 teria ocorrido igualmente em 1993. Não houve consequências danosas decorrentes do período de desconhecimento do vírus, entre 1993 e 1997. Não se alega tenha o autor tido eventual tratamento prejudicado pela demora na ciência do vírus. Sequer se sabe se nele se desenvolveu a moléstia. Resultado negativo do exame ao qual se submeteu sua companheira. 3. Ausência de ilegalidade ou culpa na conduta do réu. 4. Recurso especial a que se dá provimento." (STJ, REsp 619.185/PR, Rel. Ministra Maria Isabel Gallotti, Quarta Turma, DJe 01/02/2012)

◙ **Dano moral. Utilização pela farmácia de injeção usada.** "Demanda indenizatória ajuizada por consumidora contra farmácia, alegando que seu preposto teria utilizado seringa já usada anteriormente para ministrar injeção de medicamento anticoncepcional, obrigando-a a se submeter ao tratamento preventivo contra AIDS e Sifilis, e, assim, ocasionando danos morais. 2. Acórdão recorrido que, dando provimento à apelação da farmácia, reformou a sentença de procedência da demanda por não reconhecer a presença de prova idônea acerca da existência do alegado serviço defeituoso ou inseguro. 3. Prequestionamento implícito da regra do art. 14, § 3º, I, do CDC, acerca da inversão do ônus da prova, pois a parte recorrente prequestionara expressamente apenas o art. 6º, VIII, do CDC. 4. Reconhecimento da responsabilidade civil pelo fato do serviço em face da não comprovação pelo fornecedor da excludente da inexistência de defeito na prestação de serviço. 5. Verossimilhança da versão dos fatos apresentada pela autora, jovem cirurgiã-dentista, conforme reconhecido na sentença pela Magistrada que presidiu a instrução do processo. 6. Recurso especial provido." (STJ, REsp 1131385/rj, rel. Ministro Paulo de Tarso Sanseverino, Terceira Turma, dje 28/08/2012)

◙ **Dano moral. Apresentação antecipada de cheque caução pelo hospital.** "Enseja dano moral a conduta do hospital que exige do filho cheque caução para o custeio do tratamento emergencial da mãe – o que, hoje, configura crime punido com detenção e multa -, e realiza o depósito do título no dia seguinte, antes mesmo de a paciente receber alta, causando a indevida devolução por ausência de provisão de fundos." (STJ, REsp 1297904/RS, Rel. Ministra Nancy Andrighi, Terceira Turma, DJe 19/08/2014)

◙ **Dano Moral. Recusa de internação em UTI.** "PLANO DE SAÚDE. RECUSA INJUSTIFICADA DE PROCEDER INTERNAÇÃO EM UTI. COMA. DESCUMPRIMENTO DE NORMA CONTRATUAL A GERAR DANO MORAL INDENIZÁVEL. RECURSO ESPECIAL PROVIDO. 1. A recusa injustificada para a internação de associado de Plano de Saúde, em estado de coma, configura abuso de direito e descumprimento de norma contratual, capaz de gerar dano moral indenizável. 2. A angústia experimentada pelo esposo e filhos da paciente, em face do medo de óbito, o temor em não conseguir obter o numerário necessário ás despesas de sua internação, acarretando a venda de bem imóvel familiar, caracterizam situações que vão além de mero aborrecimento e desconforto. 3. As cláusulas restritivas ao direito do consumidor devem ser interpretadas da forma mais benéfica a este, não sendo razoável a seguradora se recusar a prestar a cobertura solicitada, principalmente existindo o risco de morte. 4. Recurso especial provido" (REsp 907.655, 4ª T., DJ 9.12.2010).

◙ **Dano moral. Dependência adquirida de remédio que era livremente vendido nas farmácias e que depois teve restrição para casos de depressão.** "DIREITO DO CONSUMIDOR. CONSUMO DE SURVECTOR, MEDICAMENTO INICIALMENTE VENDIDO DE FORMA LIVRE EM FARMÁCIAS. POSTERIOR ALTERAÇÃO DE SUA PRESCRIÇÃO E IMPOSIÇÃO DE RESTRIÇÃO À COMERCIALIZAÇÃO. RISCO DO PRODUTO AVALIADO POSTERIORMENTE, CULMINANDO COM A SUA PROIBIÇÃO EM DIVERSOS PAÍSES. RECORRENTE QUE INICIOU O CONSUMO DO MEDICAMENTO À ÉPOCA EM QUE SUA VENDA ERA LIVRE. DEPENDÊNCIA CONTRAÍDA, COM DIVERSAS RESTRIÇÕES EXPERIMENTADAS PELO PACIENTE. DANO MORAL RECONHECIDO. – É dever do fornecedor a ampla publicidade ao mercado de consumo a respeito dos riscos inerentes a seus produtos e serviços. – A comercialização livre do medicamento SURVECTOR, com indicação na bula de mero ativador de memória, sem efeitos colaterais, por ocasião de sua disponibilização ao mercado, gerou o risco de dependência para usuários. – A posterior alteração da bula do medicamento, que passou a ser indicado para o tratamento de transtornos depressivos, com alto risco de dependência, não é suficiente para retirar do fornecedor a responsabilidade pelos danos causados aos consumidores. – O aumento da periculosidade do medicamento deveria ser amplamente divulgado nos meios de comunicação. A mera alteração da bula e do controle de receitas na sua comercialização, não são suficientes para prestar a adequada informação ao consumidor. – A circunstância de o paciente ter consumido o produto sem prescrição médica não retira do fornecedor a obrigação de indenizar. Pelo sistema do CDC, o fornecedor somente se desobriga nas hipóteses de culpa exclusiva do consumidor (art. 12, §3º, do CDC), o que não ocorre na hipótese, já que a própria bula do medicamento não indicava os riscos associados à sua administração, caracterizando culpa concorrente do laboratório. – A caracterização da negligência do fornecedor em colocar o medicamento no mercado de consumo ganha relevo à medida que, conforme se nota pela manifestação de diversas autoridades de saúde, inclusive a OMC, o cloridrato de amineptina, princípio ativo do SURVECTOR, foi considerado um produto com alto potencial de dependência e baixa eficácia terapêutica em diversas partes do mundo, circunstâncias que inclusive levaram a seu banimento em muitos países. – Deve ser mantida a indenização fixada, a título de dano moral, para o paciente que adquiriu dependência da droga. Recurso especial conhecido e provido." (STJ, REsp 971.845/DF, Rel. Ministro Humberto Gomes de Barros, Rel. p/ Acórdão Ministra Nancy Andrighi, Terceira Turma, DJe 01/12/2008)

◙ **Descredenciamento de clínica médica sem prévia comunicação ao consumidor.** "(...) O descumprimento do dever de informação (descredenciamento da clínica médica de oncologia sem prévia comunicação) somado à situação traumática e aflitiva suportada pelo consumidor (interrupção repentina do tratamento quimioterápico com reflexos no estado de saúde), capaz de comprometer a sua integridade psíquica, ultrapassa o mero dissabor, sendo evidente o dano moral, que deverá ser compensado pela operadora de plano de saúde." (STJ, REsp 1349385/PR, Rel. Min. Ricardo Villas Bôas Cueva, 3ª T., DJe 2.2.2015)

◙ **Dano moral. Aplicação de vacina vencida.** AGRAVO INTERNO NO AGRAVO INTERNO NO AGRAVO EM RECURSO ESPECIAL. AÇÃO DE INDENIZAÇÃO. APLICAÇÃO DE VACINA VENCIDA. DEFICIÊNCIA NA PRESTAÇÃO DO SERVIÇO. AUSÊNCIA DE DEMONSTRAÇÃO, NO CASO, DO DANO MORAL INDENIZÁVEL. AGRAVO IMPROVIDO. 1. Conforme o entendimento desta Corte, ainda que a responsabilidade seja objetiva, é imprescindível a comprovação do dano e do nexo de causalidade pelo consumidor para que haja a condenação a danos morais. 2. No caso em espécie, conforme consta do acórdão recorrido, apesar de terem sido aplicadas vacinas vencidas e ineficientes aos autores, o que configura defeito na prestação do serviço, os danos foram apenas presumidos. De outro lado, eles foram revacinados, assim que constatada a irregularidade, inclusive, sem nenhum custo adicional. Além disso, não foi retratado nenhum efeito colateral proveniente daquelas vacinas. 3. In casu, a aplicação de vacina vencida, por si só, não é capaz de ensejar a reparação por danos morais, uma vez que não foi constatada nenhuma intercorrência que pudesse abalar a honra dos autores ou causar-lhes situação de dor, sofrimento ou humilhação. Embora seja inquestionável o aborrecimento e dissabor por que passaram os ora recorrentes, estes não foram suficientes para atingir os direitos de personalidade, enquanto consumidores, a ponto de justificar o dever indenizatório. 4. Agravo interno a que se nega provimento. (STJ, AgInt no AgInt no AREsp 869188/RS, Terceira Turma, Rel. Ministro Marco Aurélio Bellizze, DJe 21/03/2017)

◙ **Não há dano moral quando a recusa na cobertura da utilização de stent não compromete a saúde do consumidor.** "RECURSO ESPECIAL. PLANO DE SAÚDE. CIRURGIA CARDÍACA. NEGATIVA DE COBERTURA DA UTILIZAÇÃO DE STENTS. ABUSIVIDADE DA CLÁUSULA CONTRATUAL RECONHECIDA PELAS INSTÂNCIAS ORDINÁRIAS. AUTOR QUE SOMENTE TEVE CONHECIMENTO DA RECUSA PELA OPERADORA DE SAÚDE APÓS ALTA HOSPITALAR. MERO INADIMPLEMENTO CONTRATUAL. AUSÊNCIA DE DANOS MORAIS. RECURSO DESPROVIDO. 1. Cinge-se a controvérsia quanto à ocorrência ou não de dano moral em razão da recusa, considerada indevida pelas instâncias ordinárias, da operadora de plano de saúde em arcar com o pagamento da colocação de stents utilizados em cirurgia cardíaca realizada pelo autor (recorrente). 2. A negativa indevida de cobertura de plano de saúde, por si, não acarreta dano moral, devendo-se verificar, pelas especificidades de cada caso, se a conduta ilícita transbordou o mero inadimplemento contratual ensejando significativo abalo a direitos da personalidade do segurado. Logo, não se trata de dano moral in re ipsa (presumido). 3. Não se pode olvidar, ainda, que 'há situações em que existe dúvida jurídica razoável na interpretação de cláusula contratual, não podendo ser reputada ilegítima ou injusta, violadora de direitos imateriais, a conduta de operadora que optar pela restrição de cobertura sem ofender, em contrapartida, os deveres anexos do contrato, tal qual a boa-fé, o que afasta a pretensão de compensação por danos morais' (AgInt no AREsp n. 1.134.706/SC, Relator o Ministro Ricardo Villas Bôas Cueva, DJe de 23/11/2017). 4. Na hipótese, o procedimento cirúrgico foi realizado sem qualquer empecilho por parte da operadora de plano de saúde, sendo que o autor somente tomou conhecimento da negativa de cobertura dos stents utilizados quando teve alta hospitalar. Dessa forma, conquanto tenha sido reconhecida pelas instâncias ordinárias a abusividade na respectiva negativa de cobertura do procedimento, tal fato não comprometeu a saúde do recorrente, tampouco acarretou atrasos ou embaraços em seu tratamento, o que afasta a ocorrência de dano moral. 5. Recurso especial desprovido". (STJ, REsp 1800758/SP, Rel. Ministro Marco Aurélio Bellizze, Terceira Turma, DJe 10/05/2019).

DANO MORAL ENVOLVENDO IMÓVEIS

◙ **Dano moral. Atraso na entrega de imóvel.** "AGRAVO REGIMENTAL NO AGRAVO REGIMENTAL NO AGRAVO EM RECURSO ESPECIAL. CIVIL, PROCESSUAL CIVIL (CPC/1973) E CONSUMIDOR. ATRASO NA ENTREGA DA UNIDADE IMOBILIÁRIA. DANO MORAL CONFIGURADO". (STJ, AgRg no AgRg no AREsp 725637/RJ, Terceira Turma, Rel. Min. Paulo de Tarso Sanseverino, DJe 30/05/2016) ◙ **Em sen-**

tido contrário, considerando dano moral inexistente. Atraso na entrega de imóvel por prazo ínfimo (5 meses). "PROCESSUAL CIVIL E CIVIL. RECURSO ESPECIAL. AÇÃO DE REPARAÇÃO DE DANOS MATERIAIS E COMPENSAÇÃO DE DANOS MORAIS. PREQUESTIONAMENTO. AUSÊNCIA.SÚMULA 282/STF. ATRASO NA ENTREGA DE IMÓVEL. CURTO PERÍODO. MERO INADIMPLEMENTO CONTRATUAL. DANO MORAL AFASTADO. 1. A ausência de decisão acerca dos dispositivos legais indicados como violados impede o conhecimento do recurso especial. 2. Cinge-se a controvérsia em determinar se o atraso da recorrente na entrega de unidade imobiliária, objeto de contrato de compra e venda firmado entre as partes, gera dano moral ao recorrido, hábil a ser compensado. 3. Muito embora o entendimento de que o simples descumprimento contratual não provoca danos morais indenizáveis, tem-se que, na hipótese de atraso na entrega de unidade imobiliária, o STJ tem entendido que as circunstâncias do caso concreto podem configurar lesão extrapatrimonial. 4. Na hipótese dos autos, contudo, em razão de lapso temporal não considerável a ponto de se considerar afetado o âmago da personalidade do recorrido - até mesmo porque este vendeu o imóvel após cinco meses do atraso na entrega do imóvel - não há que se falar em abalo moral indenizável. 5. Recurso especial parcialmente conhecido e, nesta parte, provido" (STJ, REsp 1634847/SP, Rel. Ministra Nancy Andrighi, Terceira Turma, DJe 29/11/2016).

◙ **Dano moral. Desocupação compulsória da residência e concreto risco de vida ocasionados por expressivo vazamento de gás.** " Hipótese em que se pretende o ressarcimento pelos prejuízos de ordem moral suportados em virtude do vazamento de gás liquefeito de petróleo, ensejando a retirada de todos os moradores de suas residências temporariamente. Embora tenham reconhecido a existência de responsabilidade solidária e objetiva das empresas demandadas pelo vazamento de gás, as instâncias ordinárias julgaram improcedente a ação, por entenderem não restar caracterizado qualquer dano moral. 1. A partir dos contornos fáticos fixados pelas instâncias ordinárias, imutáveis na presente via especial, restam caracterizados os danos de ordem moral, que, na hipótese dos autos, revelam-se inerentes à própria conduta injusta (in re ipsa) 2. Sobressai, como corolários do princípio da dignidade humana, a liberdade de permanecer, ir e vir, a paz interior de cada qual, a inviolabilidade da moradia, bem como a legítima expectativa de, no âmbito de seu lar, exercer, com segurança e tranquilidade, seu direito à intimidade e ao descanso. Dos fatos apurados, dimana ter a recorrente, efetivamente, sido privada de tais direitos. 3. Os moradores, abruptamente, foram obrigados a deixar seus lares, ou obstados de a eles retornarem, ante a real possibilidade de uma explosão de grandes proporções. Os transtornos suportados pela recorrente não se resumem no fato de passar uma noite sem poder adentrar, legitimamente, em sua residência. Ressalte-se que esta circunstância, no contexto dos autos, por si só, não pode ser reputada de somenos importância, pois, como assinalado, consubstancia afronta a relevantes aspectos da dignidade humana, tais como a liberdade de permanecer, ir e vir e o direito à moradia, concebida como verdadeiro porto-seguro do indivíduo. 4. O sentimento de angústia e de insegurança que, certamente, acometeu os moradores daquela região, em relação à incolumidade de seus lares e bens materiais, mas também, e, principalmente, de seus próprios familiares (ao menos quando da notícia), não pode ser classificado como um mero dissabor, ou um inconveniente próprio do risco de se viver em grandes centros. Na realidade, afigura-se inerente à conduta injustamente praticada o comprometimento da paz interior do indivíduo, assim como de sua legítima expectativa de, no âmbito de seu lar, exercer, com segurança e tranquilidade, seu direito à intimidade e ao descanso, a configurar abalo moral a ser compensado, sim, a partir das peculiaridades do caso. 5. Na hipótese em foco, o isolamento da área afetada, com a desocupação compulsória dos lares, deu-se, inegavelmente, em virtude da possibilidade concreta de uma explosão, a considerar o expressivo vazamento de gás. Tais medidas, embora imprescindíveis e eficazes a evitar um mal ainda maior, não podem ser reputadas preventivas. Quando da tomada de tais providências, o significativo vazamento de material altamente inflamável, há muito, tinha transcorrido. 6. Assim, concretizado o dano, a correção do procedimento adotado pela Petrobrás, ao determinar a imediata desocupação da área afetada pelo vazamento, assim como o tempo levado para restabelecer o status quo ante, são circunstâncias que devem ser consideradas, mas para efeito de arbitramento da compensação pecuniária, tão-somente, e, não para excluir o dano. 7. Recurso Especial provido." (STJ, REsp 1110505/SP, Rel. Ministro Luis Felipe Salomão, Rel. p/ Acórdão Ministro Marco Buzzi, Quarta Turma, julgado em 25/06/2013, DJe 14/10/2013)

◙ **Dano moral. Entrega de imóvel sem vista para o mar.** "Na hipótese dos autos, contudo, em razão de lapso temporal não considerável a ponto de se considerar afetado o âmago da personalidade do recorrido não há que se falar em abalo moral indenizável. 5. Quanto à entrega da unidade imobiliária em conformação distinta da contratada – já que as chaves entregues referiam-se à unidade sem vista para o mar e sem uma suíte – impossível não se reconhecer a existência de abalo moral compensável, pois ultrapassa o simples descumprimento contratual. 6. A ausência de entrega do imóvel na data acordada em contrato gera a presunção relativa da existência de danos materiais na modalidade lucros cessantes. Precedentes. 7. Recurso especial conhecido e não provido". (STJ, REsp 1634751/SP, Terceira Turma, Rel. Ministra Nancy Andrighi, DJe 16/02/2017)

◙ **Não há dano moral quando o atraso na entrega da unidade imobiliária envolve imóvel adquirido para investimento.** "RECURSO ESPECIAL. DIREITO CIVIL E PROCESSUAL CIVIL. CPC/2015. INCORPORAÇÃO IMOBILIÁRIA. ATRASO NA ENTREGA DO IMÓVEL. SOBRESTAMENTO. TEMA 971/STJ. INAPLICABILIDADE. INDENIZAÇÃO POR DANOS MORAIS. DESCABIMENTO. IMÓVEL ADQUIRIDO COMO INVESTIMENTO. LUCROS CESSANTES. TERMO 'AD QUEM'. DATA DA DISPONIBILIZAÇÃO DAS CHAVES AOS ADQUIRENTES. EXCEÇÃO DO CONTRATO NÃO CUMPRIDO. REJEIÇÃO. (...) Inocorrência de dano moral na hipótese de atraso na entrega de imóvel adquirido para fim de investimento imobiliário, em virtude da inexistência de ofensa a direito da personalidade, limitando-se a lesão ao âmbito do patrimônio da adquirente. (...)(STJ, REsp 1796760/RJ, Rel. Ministro Paulo de Tarso Sanseverino, Terceira Turma, DJe 05/04/2019)

DANO MORAL ENVOLVENDO BANCOS

◘ **Dano moral. Responsabilidade bancária por fraude de terceiros. Extravio de talonário de cheques.** "O banco é responsável pelos danos morais causados por deficiência na prestação do serviço (art. 14 do CDC), consistente em extravio de talonários de cheques, que posteriormente vêm a ser utilizados fraudulentamente por terceiros e são devolvidos, causando situação de desconforto e abalo psíquico à correntista. IV – Em casos que tais, o dano é considerado in re ipsa, isto é, não se faz necessária a prova do prejuízo, que é presumido e decorre do próprio fato e da experiência comum. V – A exclusão da responsabilidade da instituição financeira por ato de terceiro pressupõe a ausência de defeito na prestação do serviço, o que não se verifica nos autos." (STJ, REsp 1087487/MA, Rel. Ministro Sidnei Beneti, Terceira Turma, julgado em 03/03/2009, DJe 04/08/2009)

◘ **Dano moral. Saque em conta corrente por terceiros.** "Recurso especial. Responsabilidade civil. Ação de indenização por danos morais e materiais. Terceiro não autorizado que, portando o cartão do correntista e sua senha, realiza saques diretamente no caixa do banco. Negligência da instituição financeira caracterizada. Dano moral. Ocorrência. I – Cabe indenização por danos morais na hipótese em que o banco, por negligência, permita que terceiro de má-fé solicite a concessão de crédito e realize saques em conta-corrente e poupança do correntista que havia fornecido seus dados pessoais ao estelionatário. II – A propósito do dano moral, prevalece no Superior Tribunal de Justiça o entendimento no sentido de que a responsabilidade do agente decorre da comprovação da falha na prestação do serviço, sendo desnecessária a prova do prejuízo em concreto. III – O esvaziamento da conta da correntista é ato objetivamente capaz de gerar prejuízo moral, pelo sentimento de angústia que causa ao consumidor" (STJ, REsp. 835531 / MG, Rel. Min. Sidnei Beneti, DJ 27/02/2008).

◘ **Dano moral. Retenção da totalidade do salário depositado em conta corrente** "Conforme já decidido por esta Turma, ainda que expressamente ajustada, a retenção integral do salário de correntista com o propósito de honrar débito deste com a instituição bancária enseja a reparação moral. (REsp 1021578/SP)." (STJ, AgRg no AREsp 159.654/RJ, Rel. Ministro Sidnei Beneti, Terceira Turma, julgado em 22/05/2012, DJe 01/06/2012)

◘ **Dano moral. Saques irregulares efetuados em conta corrente**. "AGRAVO REGIMENTAL NO RECURSO ESPECIAL. RESPONSABILIDADE CIVIL. INSTITUIÇÃO FINANCEIRA. VALORES INDEVIDAMENTE SACADOS DE CONTA CORRENTE, VIA INTERNET, DE FORMA FRAUDULENTA POR TERCEIRO. DEFEITO NA PRESTAÇÃO DE SERVIÇO. FALHA NA SEGURANÇA LEGITIMAMENTE ESPERADA PELO CORRENTISTA. OBRIGAÇÃO DE INDENIZAR. DANO MORAL IN

RE IPSA." (STJ, AgRg no REsp 1138861/RS, Rel. Ministro Paulo de Tarso Sanseverino, Terceira Turma, julgado em 03/05/2012, DJe 10/05/2012)

◙ **Dano moral. Compensação de cheques fraudados.** "Revela-se inviável a pretensão do recorrente, tendo em vista que o Tribunal a quo é enfático ao consignar a inexistência de culpa exclusiva do consumidor ou de terceiro, capaz de elidir a responsabilidade da instituição financeira, pelos danos (in re ipsa) causados pelos serviços bancários precariamente prestados." (STJ, AgRg no Ag 1402363/RJ, Rel. Ministro Luis Felipe Salomão, Quarta Turma, julgado em 02/08/2011, DJe 10/08/2011)

◙ **Dano moral. Recusa indevida de cheques por falta de provisão de fundos.** "Após recusa da sociedade empresária em receber cheque emitido pelo consumidor, sob o falso argumento de que não havia provisão de fundos, o pagamento da mercadoria foi efetuado mediante cartão de débito em conta corrente. – Embora o cheque não seja título de crédito de aceitação compulsória no exercício da atividade empresarial, a sociedade empresária, ao possibilitar, inicialmente, o pagamento de mercadoria por meio desse título, renunciou sua mera faculdade de aceitação e se obrigou a demonstrar justa causa na recusa, sob pena de violação ao princípio da boa-fé objetiva. – Na hipótese julgada, não foi demonstrada justa causa para a recusa do cheque, sobretudo porque na data da emissão deste havia provisão de fundos em conta corrente, bem como o nome da recorrente não estava inscrito em cadastros de proteção ao crédito. – Dessarte, a recusa indevida de cheque, sob a alegação inverídica de que não há provisão de fundos, ocasiona danos morais in re ipsa. Ademais, a utilização de outra forma de pagamento e a posterior realização do negócio jurídico não ilidiram a conduta ilícita já consumada. Recurso especial provido." (STJ, REsp 981.583/PR, Rel. Ministra Nancy Andrighi, Terceira Turma, DJe 01/07/2010)

◙ **Dano moral. Ilicitude no ato de reter salário para pagamento de cheque especial.** "DANO MORAL. RETENÇÃO DE SALÁRIO – ILICITUDE – INDENIZAÇÃO DEVIDA. Dano moral. Retenção do salário para pagamento de cheque especial vencido. Ilicitude. Mesmo com cláusula contratual permissiva, a apropriação do salário do correntista pelo banco-credor para pagamento de cheque especial é ilícita e dá margem a reparação por dano moral. Recurso não conhecido." (STJ, Resp 507.044, 3ª T., Rel. Min. Humberto Gomes de Barros, DJU, 3.5.2004).

◙ **Dano moral. Travamento de porta giratória.** "TRAVAMENTO DE PORTA GIRATÓRIA EM AGÊNCIA BANCÁRIA. INDENIZAÇÃO. DANOS MORAIS. INOCORRÊNCIA. NÃO COMPROVAÇÃO. (...) 1. O Tribunal de origem julgou que, quando do travamento da porta giratória que impediu o ingresso do ora recorrente na agência bancária, "as provas carreadas aos autos não comprovam que o preposto do banco tenha agido de forma desrespeitosa com o autor", e que "o fato em lide poderia ser evitado pelo próprio suplicante, bastando que se identificasse junto ao vigilante; trata-se de caso de mero aborrecimento que não autoriza a indenização moral pretendida" (Acórdão, fls.213). 2. Como já decidiu esta Corte, "mero aborrecimento, mágoa, irritação ou sensibilidade exacerbada, estão fora da órbita do dano moral"". (REsp 689213/RJ, Rel. Min. Jorge Scartezzini, DJ 11.12.2006)

◙ **Dano moral. Má-gestão de fundo de investimento.** "O CDC é aplicável aos contratos firmados entre as instituições financeiras e seus clientes referentes a aplicações em fundos de investimento, entendimento esse que encontrou acolhida na Súmula 297/STJ. Incide na espécie, portanto, a Súmula 83/STJ. 4. A observância, na gestão do fundo, da conduta proba imposta pelo CDC a todas as relações de consumo, em especial a atenção ao dever de informação, tem o condão de amenizar até mesmo os prejuízos ocorridos em razão da maxidesvalorização do real, ocorrida em janeiro de 1999. Não há se falar, portanto, em ofensa ao art. 1.058 do CC/16. 5. A má-gestão, consubstanciada pelas arriscadas e temerárias operações com o capital do investidor, como na hipótese em exame, ultrapassa a razoabilidade prevista no art. 14, §1º, II, do CDC, a justificar a excludente do nexo de causalidade, ainda que se trate de aplicações de risco. 6. Sendo a relação havida entre as partes de consumo, incide na hipótese o art. 7º, parágrafo único, do CDC, que estabelece a responsabilidade solidária entre os integrantes da cadeia de consumo." (STJ, REsp 1164235/RJ, Rel. Ministra Nancy Andrighi, Terceira Turma, julgado em 15/12/2011, DJe 29/02/2012)

◙ **Fila em banco. O simples excesso do tempo permitido na legislação não é suficiente para o dano moral.** "A espera por atendimento em fila de banco quando excessiva ou associada a outros constrangimentos, e reconhecida faticamente como provocadora de sofrimento moral, enseja condenação por dano moral. A só invocação de legislação municipal ou estadual que estabelece tempo máximo de espera em fila de banco não é suficiente para desejar o direito à indenização, pois dirige a sanções administrativas, que podem ser provocadas pelo usuário." (STJ, REsp 1218497/MT, Rel. Ministro Sidnei Beneti, Terceira Turma, DJe 17/09/2012)

DANO MORAL ENVOLVENDO ADMINISTRADORAS DE CARTÕES DE CRÉDITO

◙ Simples remessa de fatura de cartão de crédito para a residência do consumidor com cobrança indevida. Não configuração do dano moral *in re ipsa*. "RECURSO ESPECIAL. RESPONSABILIDADE CIVIL. CARTÃO DE CRÉDITO. COBRANÇA INDEVIDA. PAGAMENTO NÃO EFETUADO. DANO MORAL. NÃO OCORRÊNCIA. MERO TRANSTORNO. 1. Não configura dano moral in re ipsa a simples remessa de fatura de cartão de crédito para a residência do consumidor com cobrança indevida. Para configurar a existência do dano extrapatrimonial, há de se demonstrar fatos que o caracterizem, como a reiteração da cobrança indevida, a despeito da reclamação do consumidor, inscrição em cadastro de inadimplentes, protesto, publicidade negativa do nome do suposto devedor ou cobrança que o exponha a ameaça, coação, constrangimento. 2. Recurso conhecido e provido." (STJ, REsp 1550509/RJ, Rel. Ministra Maria Isabel Gallotti, Quarta Turma, julgado em 03/03/2016, DJe 14/03/2016)

◙ **Não configura dano moral o bloqueio do cartão de crédito por falta de pagamento e o desbloqueio somente após o terceiro dia útil após o pagamento pelo consumidor.** "DIREITO CIVIL E DO CONSUMIDOR. AÇÃO DE INDENIZAÇÃO. DANOS MORAIS. CLÁUSULA QUE PERMITE O BLOQUEIO TEMPORÁRIO DE CARTÃO DE CRÉDITO POR FALTA DE PAGAMENTO. ABUSIVIDADE E POTESTATIVIDADE. INEXISTÊNCIA. OBSERVAÇÃO, PELA ADMINISTRADORA, DO TEMPO RAZOÁVEL PARA DESBLOQUEIO APÓS A QUITAÇÃO DO DÉBITO. 1.– É válida a cláusula contratual que permite o bloqueio temporário do cartão de crédito após a verificação de descumprimento contratual pelo consumidor, pois não o coloca em situação de sujeição ao puro arbítrio da administradora (art. 122 do CC), porquanto o bloqueio decorre do fato de o consumidor não cumprir com suas obrigações contratuais, sendo que, "nos contratos bilaterais, nenhum dos contratantes, antes de cumprida a sua obrigação, pode exigir o implemento da do outro" (art. 476 do CC/2002). 2.– A liberação do uso do cartão no terceiro dia útil após o pagamento do débito, observa prazo razoável para compensação bancária do pagamento e repasse à Recorrente e dentro da previsão contratual, que é de 5 dias no caso (cláusula 16.4), de modo que não configurada abusividade por parte da administradora. Recurso Especial conhecido e provido, julgado improcedente a ação." (STJ, REsp 770.053/MA, Rel. Ministro Sidnei Beneti, Terceira Turma, DJe 13/11/2009)

◙ **Dano moral. Cartão de Crédito. Cancelamento indevido.** "DIREITO DO CONSUMIDOR. CANCELAMENTO INDEVIDO DE CARTÃO DE CRÉDITO. AUSÊNCIA DE CERCEAMENTO DE DEFESA. DANOS MORAIS. (...)– A hipótese dos autos revela que, desde o ajuizamento da ação,estava claro para a autora que o defeito existiu na prestação do serviço contratado e oferecido pela administradora de cartões de crédito(...)" (STJ, REsp 866359 / ES, Rel. Min. Nancy Andrighi, J. 05.05.09)

◙ **Dano moral. Envio de cartão de crédito não solicitado pelo consumidor com cobranças de faturas de anuidade.** "RECURSO ESPECIAL. RESPONSABILIDADE CIVIL. AÇÃO DE INDENIZAÇÃO POR DANOS MORAIS. ENVIO DE CARTÃO DE CRÉDITO NÃO SOLICITADO E DE FATURAS COBRANDO ANUIDADE. DANO MORAL CONFIGURADO. I. Para se presumir o dano moral pela simples comprovação do ato ilícito, esse ato deve ser objetivamente capaz de acarretar a dor, o sofrimento, a lesão aos sentimentos íntimos juridicamente protegidos. II. O envio de cartão de crédito não solicitado, conduta considerada pelo CDC como prática abusiva (art. 39, III), adicionado aos incômodos decorrentes das providências notoriamente dificultosas para o cancelamento cartão causam dano moral ao consumidor, mormente em se tratando de pessoa de idade avançada, próxima dos cem anos de idade à época dos fatos, circunstância que agrava o sofrimento moral" (STJ, REsp 1061500, 3ª T., DJ 20.11.2008).

◙ **Cartão de crédito não solicitado. Prática abusiva que dá ensejo a dano moral.** <u>**Súmula 532 do STJ:**</u> *"Constitui prática comercial abusiva o envio de cartão de crédito sem prévia e expressa solicitação do consumidor, configurando-se ato ilícito indenizável e su-jeito à aplicação de multa administrativa".*

DANO MORAL ENVOLVENDO VIAGENS E TRANSPORTE

◼ **Dano moral. Atraso de voo.** "RESPONSABILIDADE CIVIL. DANO MORAL. ATRASO DE VÔO. INDENIZAÇÃO. VALOR. 1. O valor da indenização por danos morais pode ser revisto neste Tribunal quando contrariar a lei ou o senso médio de justiça, mostrando-se irrisório ou exorbitante. Contudo, tal situação não se verifica na hipótese dos autos. 2. Os limites previstos na Convenção de Varsóvia não se aplicam às relações regidas pelo Código de Defesa do Consumidor. Agravo regimental improvido". (STJ, AgRg no Ag 588.156/MG, Rel. Ministro Barros Monteiro, Quarta Turma, DJ 12.12.2005, J. 11.10.2005) ◼ **No mesmo sentido:** "AÇÃO DE INDENIZAÇÃO. ATRASO DE VÔO. RELAÇÃO DE CONSUMO. RESPONSABILIDADE SOLIDÁRIA. DANOS MORAIS. 1. A responsabilidade civil das companhias aéreas em decorrência da má prestação de serviços é regulada pelo Código de Defesa do Consumidor, o que implica a solidariedade entre todos os responsáveis pelo dano sofrido pelo consumidor. Precedentes. 2. Atraso de vôo de nove horas, que impediu a chegada do autor a tempo de presenciar as últimas horas de vida de seu pai. Dano moral gravíssimo. 3. Agravo regimental parcialmente provido." (STJ, AgRg no AgRg no REsp 689.257/PR, Rel. Ministra Maria Isabel Gallotti, Quarta Turma, DJe 05/09/2012) ◼ **No mesmo sentido:** "O dano moral decorrente de atraso de vôo, prescinde de prova, sendo que a responsabilidade de seu causador opera-se, in re ipsa em virtude do desconforto, da aflição e dos transtornos suportados pelo passageiro.." (STJ, EDcl no 1280372/SP, Terceira Turma, Rel. Min. Ricardo Villas Bôas Cueva, DJe 31/03/2015)

◼ **Dano moral. Overbooking.** "A jurisprudência do Superior Tribunal de Justiça firmou-se no sentido de que o dano moral oriundo de "overbooking" prescinde de prova, configurando-se in re ipsa, visto que é presumido e decorre da própria ilicitude do fato e da experiência comum." (STJ, AgRg no REsp 810.779/RJ, Rel. Ministra Maria Isabel Gallotti, Quarta Turma, julgado em 28/06/2011, DJe 03/08/2011)

◼ **Negativa de embarque de menor. Observância dos requisitos legais. Negativa de dano moral.** "CIVIL. RECURSO ESPECIAL. VIAGEM INTERNACIONAL DE MENOR DE IDADE ACOMPANHADA APENAS DA GENITORA. SIMPLES AUTORIZAÇÃO EXPRESSA DO GENITOR PERANTE A POLICIA FEDERAL AMPARADA EM PORTARIA DA JUSTIÇA DA INFÂNCIA E JUVENTUDE LOCAL. NEGATIVA DE EMBARQUE EM CONFORMIDADE COM O ESTATUTO DA CRIANÇA E DO ADOLESCENTE. NÃO OCORRÊNCIA DE ATO ILÍCITO. DANO MORAL. INEXISTENTE. 1.Não enseja compensação por danos morais a negativa de embarque por parte de companhia aérea de menor acompanhado de um dos pais, desprovido de autorização judicial ou autorização do outro genitor com firma reconhecida, em observância ao art. 84 da Estatuto da Criança e do Adolescente. 2.A atuação do funcionário da companhia aérea revelou prudência e observância à expressa disposição legal, não ficando configurada prática de ato ilícito indenizável. 3.Recurso especial provido."

(STJ, REsp 1249489/MS, Rel. Ministro Luis Felipe Salomão, Quarta Turma, julgado em 13/08/2013, DJe 23/09/2013)

◙ **Dano moral. Desembarque de menor desacompanhado em cidade errada.** "DANOS MORAIS - DESEMBARQUE DE MENOR DESACOMPANHADO EM CIDADE ERRADA. Transporte – Ação indenizatória por danos morais – Viagem de menor desacompanhado – Companhia aérea que desembarca o menor em cidade errada – Majoração da verba indenizatória arbitrada em Primeira Instância. "(...) O valor arbitrado pelo magistrado singular – R$ 5.250,00 – equivalente a 15 (quinze) salários mínimos, não é suficiente a ressarcir os danos morais provocados nos autores". Pernoitou o menor em cidade estranha, acompanhado por funcionário da companhia aérea, longe de seus pais ou conhecidos, quando deveria ter sido entregue ao final da viagem diretamente à sua mãe. Também não é de pequeno grau a ofensa perpetrada à progenitora que, aguardando a chegada de seu filho, recebe a notícia de que ele foi desembarcado em outra localidade e se encontra aos cuidados de pessoa que não é de sua confiança pessoal. (...)" (TJRS, 12ª Câm. Cível; ACi nº 70017405184-Porto Alegre-RS; Rel. Des. Naele Ochoa Piazzeta; J. 7.12.2006).

◙ **Dano moral. Falta de informação da empresa de turismo sobre a necessidade de obtenção do visto.** "Na hipótese, em que as consumidoras adquiriram passagens aéreas internacionais com o intuito de juntas conhecer a França, era necessário que a companhia aérea se manifestasse de forma escorreita acerca das medidas que deveriam ser tomadas pelas passageiras para viabilizar o sucesso da viagem, o que envolve desde as advertências quanto ao horário de comparecimento no balcão de "check-in" até mesmo o alerta em relação à necessidade de obtenção do visto. Verificada a negligência da recorrida em fornecer as informações necessárias para as recorrentes, impõe-se o reconhecimento de vício de serviço e se mostra devida a fixação de compensação pelos danos morais sofridos.Recurso especial provido para condenar a recorrida a pagar às recorrentes R$ 20.000,00 (vinte mil reais) a título de compensação por danos morais. Ônus sucumbenciais redistribuídos." (STJ, REsp 988595/SP, Rel. Ministra Nancy Andrighi, Terceira Turma, DJe 09/12/2009)). ◙ **No mesmo sentido:** "APELAÇÃO CÍVEL – Ação de indenização por danos materiais e morais – Sentença de parcial procedência– Inconformismo das partes – Rescisão contratual por culpa da empresa ré,que não informou os consumidores a respeito dos riscos de impossibilidade do cumprimento contratual, em razão da restrição constante no visto da autora, bem como da vinculação do autor a outra instituição de ensino Infringência ao dever de informação – Falha na prestação de serviços que enseja o dever de indenizar – Dano moral configurado. Fixação em R$ 10.000,00 (dez mil reais) para cada autor, em atenção aos crité-rios de razoabilidade e proporcionalidade." (TJSP, Ap. Cív. 10758680220168260100, Décima Sexta Câma-ra de Direito Privado, Rel. Des. Daniela Menegatti Milano, DJE 22/09/2017)

◙ **Atraso na viagem por ter a cia aérea encaminhado o passageiro para setor médico. Não configuração de dano moral.** "TRANSPORTE AÉREO – ATRASO – PASSAGEIRO ENCAMINHADO AO SETOR MÉDICO DO AEROPORTO – EXCESSO DE

ZELO. – A recusa da companhia aérea em transportar passageiro, para não o expor à risco de vida, não caracteriza a falha na prestação do serviço." (STJ, REsp 879.719/RS, Rel. Ministro Humberto Gomes de Barros, Terceira Turma, DJ 27/08/2007)

◙ **Dano moral. Revista de mala da consumidora. Constrangimento em abordagem.** "PROCESSUAL CIVIL – PRELIMINAR – INTEMPESTIVIDADE DO RECURSO – REJEIÇÃO – CIVIL – CONSUMIDOR – ESTABELECIMENTO COMERCIAL – ABORDAGEM E REVISTAS EM MALA DE CONSUMIDORA – ENTRADA LIVRE – ANTEVÉSPERA DE NATAL – REVISTA NA SAÍDA – CONSTRANGIMENTOS – DISSABORES EM PÚBLICO – DANO MORAL CONFIGURADO. (...)". (TJDF, ACJ 20050710020412 – 2ª T.R.J.E. – Rel. Des. Alfeu Machado, DJU 5.9.2005)

◙ **Perda de vôo por consumidor chamado pelo sistema de som do aeroporto. Ausência de defeito na prestação de serviço.** "ATRASO DE VÔO INFORMADO PELA EMPRESA DE AVIAÇÃO.(...) Não se mostra razoável que a Companhia Aérea percorra todo o Aeroporto em busca de seus clientes. Embarque realizado oportunamente pelos demais passageiros. Autor deveria adotar maior cautela quanto a possível decolagem. Passageiros que foram chamados pelo sistema de som do Aeroporto. Procedimento que se apresentou suficiente. Ausência de defeito na prestação de serviço. Improcedência do pleito exordial que se impõe. Negado provimento". (TJRJ, 4ª Câm. Cível; ACi nº 2006.001.45384/06-RJ; Rel. Des. Sidney Hartung Buarque; J. 24.10.2006).

◙ **Perda de voo por antecipação do horário de partida sem aviso prévio.** "AÇÃO INDENIZATÓRIA. DANOS MORAIS. TRANSPORTE AÉREO. PERDA DO VOO. 1. A intermediária na venda da passagem aérea responde pelos danos causados ao consumidor, decorrentes da perda do voo por antecipação do horário de partida sem aviso prévio. Preliminar de ilegitimidade passiva afastada. 2. A requerida responde pela deficiência de informação que ocasionou a perda do voo. 3. A perda do voo contratado gera, em si, abalo psíquico, frustrando as expectavas daquele que se preparou para uma viagem aérea e ocasionando, em consequência, danos morais "in re ipsa". 4. A indenização por danos morais arbitrada em R$ 5.000,00 (cinco mil reais) não é irrisória e nem excessiva. R. sentença mantida. Recursos de apelação não providos." (TJSP, Relator(a): Roberto Mac Cracken; Comarca: São Paulo; Órgão julgador: 22ª Câmara de Direito Privado; Data do julgamento: 30/03/2017)

◙ **Cancelamento unilateral de voo de volta de passageiro que não embarcou no voo de ida.** ""A previsão de cancelamento unilateral da passagem de volta, em razão do não comparecimento para embarque no trecho de ida (no show), configura prática rechaçada pelo Código de Defesa do Consumidor, nos termos dos referidos dispositivos legais, cabendo ao Poder Judiciário o restabelecimento do necessário equilíbrio contratual. 4.1. Com efeito, obrigar o consumidor a adquirir nova passagem aérea para efetuar a viagem no mesmo trecho e hora marcados, a despeito de já ter efetuado o pagamento, configura obrigação abusiva, pois coloca o consumidor em desvantagem exagerada, sendo, ainda, incompatível com a boa-fé objetiva, que deve reger as relações contratuais (CDC, art. 51, IV). Ademais, a referida prática também configura a chamada "venda casada", pois condiciona o fornecimento do serviço de transporte aéreo do "trecho de volta" à utilização do "trecho de ida" (CDC, art. 39, I). 4.2. Tratando-se de relação consumerista, a força obrigatória do contrato é mitigada, não podendo o fornecedor de produtos e serviços, a pretexto de maximização do lucro, adotar prática abusiva ou excessivamente onerosa à parte mais vulnerável na relação, o consumidor.". (STJ, REsp 1699780/SP, Rel. Ministro Marco Aurélio Bellizze, Terceira Turma, DJe 17/09/2018)

■ **Dano moral. Má prestação de serviços por agência de viagens.** "RESPONSABILIDADE CIVIL. INDENIZAÇÃO POR DANOS MORAIS. PACOTE DE VIAGEM INCLUINDO INGRESSOS PARA OS JOGOS DA COPA DO MUNDO DE FUTEBOL. MÁ PRESTAÇÃO DOS SERVIÇOS. LEGITIMIDADE DA AGÊNCIA QUE COMERCIALIZA O PACOTE. ALTERAÇÃO DOS DANOS MORAIS. DESCABIMENTO. 1. A agência de viagens que vende pacote turístico responde pelo dano decorrente da má prestação dos serviços (...)" (STJ, AgRg no REsp 850.768, 3ª T., DJ 23.11.2009).

■ **Dano moral. Morte de passageiro durante viagem aérea.** "Ação de indenização. Acidente aéreo. Vôo doméstico. Morte de passageiros. Danos pessoais. Recibo de quitação. Seguro obrigatório. Danos morais. I – O recibo de quitação de sinistro referente a seguro de risco aéreo, de natureza obrigatória, não exclui a pretensão de recebimento de indenização pelo direito comum. Precedente desta Corte. II – A garantia de reparação do dano moral tem estatura constitucional. Assim, a aplicação de indenização tarifada prevista no Código Brasileiro de Aeronáutica se refere a danos materiais, não excluindo aquela relativa a danos morais. Ademais, esta Corte também tem admitido a indenização por danos morais e afastado a limitação de tarifa prevista no Código Brasileiro do Ar, tendo em vista o disposto no Código de Defesa do Consumidor. III – A morte do pai dos autores em acidente aéreo, quando contava apenas 37 anos de idade, causou-lhes sofrimento intenso, somando-se ainda à perda de amparo material e emocional, faltando-lhes, da parte do ente querido, carinho e orientação, sobretudo no caso dos autos. Indenização por danos morais corretamente concedido. IV – Recurso especial não conhecido" (STJ, REsp 245.465/MG, Rel. Ministro Antônio De Pádua Ribeiro, Terceira Turma, DJ 20/06/2005).

■ **AIRBNB. Site de reserva de apartamentos.**"APELAÇÕES CÍVEIS. AÇÃO INDENIZATÓRIA. CONTRATO DE PRESTAÇÃO DE SERVIÇO DE RESERVA DE HOSPEDAGEM. Os Autores imputam à Ré a responsabilidade pelos danos materiais e morais que sofreram em razão da impossibilidade de hospedagem em apartamento previamente reservado por meio da plataforma digital por ela mantida. Aduziram que a Demandada não lhes prestou o devido auxilio e não solucionou o problema, tendo sido obrigados a buscar hospedagem em hotéis. Falha na prestação de serviço da Ré que não diligenciou previamente junto aos proprietários do imóvel objeto da reserva para confirmá-la, obrigando os Autores a buscarem hospedagem em hotéis. Ré que deverá ressarcir as despesas contraídas pelos Autores com o pagamento das diárias de hospedagem, com o abatimento do valor que foi reembolsado. Fatos que tiveram o condão de provocar danos morais, cujo quantum foi corretamente arbitrado em patamar. Provimento parcial do recurso da ré e desprovimento do apelo adesivo dos autores." (TJ-RJ – APL: 00008370820168190061 Rio de Janeiro Teresopolis 1 Vara Civel, Relator: Leila Maria Rodrigues Pinto de Carvalho e Albuquerque, Data de Julgamento: 29/03/2017, Vigésima Quinta Câmara Cível Consumidor, Data de Publicação: 30/03/2017)

DANO MORAL ENVOLVENDO VEÍCULOS

◙ **Vício em automóvel não gera indenização automática por dano moral.** "CONSUMIDOR E PROCESSUAL CIVIL. RECURSO ESPECIAL. AÇÃO DE COMPENSAÇÃO POR DANOS MORAIS. AUTOMÓVEL COM NECESSIDADE DE CONSERTO. LEGITIMIDADE ATIVA. AUSÊNCIA. DANO MORAL. NÃO CONFIGURADO. (...) Inadimplemento contratual ou vício do produto não causa, por si, danos morais (...)" (STJ, REsp 1634824, Terceira turma, rel. Min. Nancy Andrighi, DJ 14/12/2016).

◙ **O Recall não gera por si só dano moral**. "(...) o aresto estadual tachou de sem relevância jurídica a tese de a recorrente ter sofrido "choque emocional", a Turma anotou que não convence a defesa de que o recall teria o condão de causar dano moral à compradora de veículo, pois essa prática é, sim, favorável ao consumidor, não podendo ser aceita como instrumento de oportunismo a alimentar infundados pleitos indenizatórios." (STJ, AgRg no Ag 675453 PR – 4ª T – Rel. Min. Aldir Passarinho Junior, J. 14.02.2006). ◙ **No mesmo sentido:** "INDENIZAÇÃO. DANOS MORAIS E MATERIAIS. CONVOCAÇÃO PARA TROCA DE EQUIPAMENTOS ATRAVÉS DE RECALL. IMPOSSIBILIDADE DE REPARAÇÃO DE DANO HIPOTÉTICO OU POTENCIAL. Não há se falar em dano moral ou material em decorrência de convocação da autora para troca de equipamentos em seu veículo através de RECALL pela simples preocupação advinda com a ciência do defeito ou pelo não abatimento do valor do carro no momento da compra. Não existe reparação de dano hipotético ou potencial" (TJRS, Ap. Cív. 70004786117, Quinta Câmara Cível, Rel. Des. Marco Aurélio dos Santos Caminha, julgado em 25/09/2003).

◙ **Veículo novo com defeito. Mero aborrecimento. Não há danos morais.** "A jurisprudência do STJ, em hipóteses de aquisição de veículo novo com defeito, orienta-se no sentido de que não cabe indenização por dano moral quando os fatos narrados estão no contexto de meros dissabores, sem humilhação, perigo ou abalo à honra e à dignidade do autor."5. Hipótese em que o defeito, reparado no prazo legal pela concessionária, causou situação de mero aborrecimento ou dissabor não suscetível de indenização por danos morais." (STJ, REsp 1232661/MA, Rel. Ministra Maria Isabel Gallotti, Quarta Turma, julgado em 03/05/2012, DJe 15/05/2012). ◙ **No sentido de indenizar quando o defeito no veículo ocasiona vários retornos à concessionária.** "CIVIL E PROCESSUAL. VIOLAÇÃO AO ART. 535 DO CPC. INEXISTÊNCIA. AÇÃO DE INDENIZAÇÃO. REPARO DE VEÍCULO NOVO. DEFEITOS DE FÁBRICA. EXECUÇÕES INADEQUADAS. SUCESSIVAS TENTA-

TIVAS PELA CONCESSIONÁRIA. ILEGITIMIDADE AFASTADA. ART. 18 DO CDC. RESPONSABILIDADE SOLIDÁRIA DO FABRICANTE E DO FORNECEDOR. SUBSTITUIÇÃO POR VEÍCULO NOVO. ART. 18. § 1º, I, DO CDC. OPÇÃO DO CONSUMIDOR. DANO MORAL CONCEDIDO PELAS INSTÂNCIAS ORDINÁRIAS. RECURSOS ESPECIAIS QUE DISCUTEM O INCABIMENTO. AUSÊNCIA DOS PRESSUPOSTOS ENSEJADORES DO DANO MORAL. EXCLUSÃO." (STJ, REsp 912772/RS, Rel. Ministro ALDIR PASSARINHO JUNIOR, QUARTA TURMA, julgado em 26/10/2010, DJe 11/11/2010).◙ "DIREITO DO CONSUMIDOR. RESPONSABILIDADE CIVIL. AQUISIÇÃO DE VEÍCULO. VÍCIO OCULTO. DANO MORAL. AQUISIÇÃO DE VEÍCULO ZERO QUILÔMETRO QUE RETORNA DIVERSAS VEZES PARA CONSERTO. Configura dano moral, suscetível de indenização, quando o consumidor de veículo zero quilômetro necessita retornar à concessionária por diversas vezes para reparo de defeitos apresentados no veículo adquirido". (STJ, AgInt no AREsp 821945/PI, Terceira Turma, Rel. Min. Marco Aurélio Bellizze, DJe 01/07/2016)

◙ **Dano moral. Acidente de veículo ocasionado por objeto sobre a pista com pedágio.** "RESPONSABILIDADE CIVIL. ACIDENTE DE VEÍCULO. RODOVIA PEDAGIADA. COLISÃO COM OBJETO SOBRE A PISTA DE ROLAMENTO – PARAPLEGIA DO CONDUTOR . FALHA NA PRESTAÇÃO DO SERVIÇO. [...] Em razão da presença de tronco de madeira sobre a pista de rolamento, o Agravado sofreu acidente de veículo que acarretou paraplegia e incapacitação para o exercício do ofício de motorista de caminhão, foi fixado o valor de indenização em R$ 300.000,00 (trezentos mil reais), a título de danos morais. Decorre o pensionamento, previsto pelo Código Civil, da perda da capacidade laborativa pela vítima como consequência do ato ilícito praticado, sendo irrelevante a circunstância da manutenção da renda do lesado, seja pela percepção de benefício previdenciário ou por qualquer motivo alheio à causa em exame.[...]" (STJ, AgRg no AREsp 25.260/PR, Rel. Ministro Sidnei Beneti, Terceira Turma, julgado em 26/06/2012, DJe 29/06/2012)

◙ **O indevido acionamento do air bag não gera dano moral.** "O indevido acionamento de air bag constitui fato do produto e, portanto, a empresa deve indenizar o consumidor pelos danos materiais daí advindos. – Não cabe indenização por dano moral quando os fatos narrados estão no contexto de meros dissabores, sem humilhação, perigo ou abalo à honra e à dignidade do autor. – A despeito da existência de frustração, o indevido acionamento de air bag não é causa ensejadora de compensação por danos morais." (STJ, REsp 1329189/RN, Rel. Ministra Nancy Andrighi, Terceira Turma, DJe 21/11/2012) ◙ **No sentido de que há indenização por danos morais na hipótese de falha de air bag em acidente de trânsito, quando constatado que o impacto seria suficiente para acionar o dispositivo.** "RECURSOS ESPECIAIS. DIREITO DO CONSUMIDOR. RESPONSABILIDADE CIVIL. ACIDENTE DE TRÂNSITO. FALHA DE ACIONAMENTO DO 'AIR BAG'. DANO MORAL. 1. Polêmica em torno da ocorrência de danos morais decorrentes da falha de acionamento dos quatro "air bags" do veículo Citroen Xsara em colisão frontal de trânsito contra um caminhão no perímetro urbano, tendo sido o demandante levado para o hospital local inconsciente em face das lesões sofridas na cabeça (choque encefálico) e no rosto (trauma na face e edema mandibular), mas sem sequelas mais graves. 2. Caracterização de dano moral indenizável decorrente da falha de acionamento dos quatro 'air bags' do veículo em colisão frontal de trânsito, colocando em risco a vida e a saúde do motorista. (...) Distinção entre a hipótese dos autos e os casos de acionamento indevido do dispositivo durante o curso regular do veículo." (STJ, REsp 1384502/SC, Rel. Ministro Paulo de Tarso Sanseverino, Terceira Turma, DJe 25/05/2015)

◙ **Dano moral. Defeito na mangueira de alimentação do combustível podendo causar incêndio.** "CIVIL. PROCESSUAL CIVIL. RECURSO ESPECIAL. DIREITO DO CONSUMIDOR. VEÍCULO COM DEFEITO. RESPONSABILIDADE DO FORNECEDOR. INDENIZAÇÃO. DANOS MORAIS. VALOR INDENIZATÓRIO. REDUÇÃO DO QUANTUM. PRECEDENTES DESTA CORTE. 1. Aplicável à hipótese a legislação consumerista. O fato de o recorrido adquirir o veículo para uso comercial - taxi - não afasta a sua condição de hipossuficiente na relação com a empresa-recorrente, ensejando a aplicação das normas protetivas do CDC. 2. Verifica-se, in casu, que se trata de defeito relativo à falha na segurança, de caso em que o produto traz um vício intrínseco que potencializa um acidente de consumo, sujeitando-se o consumidor a um perigo iminente (defeito na mangueira de alimentação de combustível do veículo, propiciando vazamento causador do incêndio). Aplicação da regra do artigo 27 do CDC." (STJ, REsp 575.469/RJ, Rel. Ministro Jorge Scartezzini, Quarta Turma, julgado em 18/11/2004, DJ 06/12/2004)

◙ **Dano moral. Concessionária que condiciona a entrega de veículo ao consumidor à desistência de demanda judicial proposta por este.** "CUMPRIMENTO DE CONTRATO. DANO MORAL. ENTREGA DE VEÍCULO. 1. Incorre em mora a concessionária que se recusa a entregar o veículo adquirido e pago pelo consumidor, enquanto ele não desistir da demanda contra ela proposta, observando-se que não houve acordo nesse sentido. 2. A recusa causou dano moral" (TJDF, Ap. Cív. 20130110195863, Quarta turma Cível, Rel. Des. Fernando Habibe, DJe 16/06/2016).

◙ **Dano moral. Demora excessiva no conserto de veículo.** "AGRAVO INTERNO. AGRAVO EM RECURSO ESPECIAL. CIVIL. REPARO DE VEÍCULO. DEMORA ANORMAL E INJUSTIFICADA. DANO MORAL. VÍCIO DO PRODUTO. FORNECEDOR E FABRICANTE. RESPONSABILIDADE SOLIDÁRIA. FUNDAMENTAÇÃO DEFICIENTE. SÚMULA N. 284/STF. 1. O atraso injustificado na reparação de veículo pode caracterizar dano moral decorrente da má prestação do serviço ao consumidor. Precedentes. 2. A jurisprudência do STJ se firmou no sentido de que são solidariamente responsáveis o fabricante e o comerciante que aliena o veículo automotor, e a demanda pode ser direcionada contra qualquer dos coobrigados." (STJ, AgInt no AREsp 490543/AM, Quarta Turma, Rel. Ministra Maria Isabel Gallotti, DJe 18/04/2017).

◙ **Demora excessiva no conserto de veículo por ausência de peças de reposição. Dano moral.** "AÇÃO DE INDENIZAÇÃO – PRESTAÇÃO DE SERVIÇOS – VEÍCULO SINISTRADO EM ACIDENTE AUTOMOBILÍSTICO – LEGITIMIDADE PASSIVA 'AD CAUSAM' DA SEGURADORA CARACTERIZADA – REPAROS SUBMETIDOS À PRÉVIA AUTORIZAÇÃO – SOLIDARIEDADE – INCIDÊNCIA DO CÓDIGO DE DEFESA DO CONSUMIDOR – VEÍCULO QUE PERMANECEU NA CONCESSIONÁRIA POR APROXIMADAMENTE QUATRO MESES AGUARDANDO PEÇA DE REPOSIÇÃO – AFRONTA AO ART. 32 DO CDC – DEMORA ATRIBUÍDA À FABRICANTE – DANOS MATERIAIS – DESPESAS COM TÁXI BEM DEMONSTRADAS – ACOLHIMENTO PARCIAL – DANOS MORAIS – CARACTERIZAÇÃO – DEMORA EXCESSIVA PARA SOLUÇÃO DOS PROBLEMAS QUE ULTRAPASSA O MERO DISSABOR OU DESCONFORTO – RECURSO PARCIALMENTE PROVIDO" (TJSP, Ap. Cív. 00046474120138260565, Trigésima Primeira Câmara de Direito Privado, Rel. Des. Francisco Casconi, DJ 23/02/2017). ◙ **No mesmo sentido:** "APELAÇÃO CÍVEL: AÇÃO DE INDENIZAÇÃO POR DANOS MORAIS. CONCESSIONÁRIA. DEMORA EXCESSIVA NO CONSERTO DE VEÍCULO. FALTA DE PEÇAS DE REPOSIÇÃO. DANO MORAL CONFIGURADO. 1. Demora excessiva no conserto de veículo, estando comprovado nos autos que houve um intervalo de cinco meses entre a entrega do automóvel na concessionária, para conserto, e a efetiva devolução. Dano moral comprovado. 2. A alegação de que a demora se deu em razão da espera de peças de reposição não são idôneas a excluir a responsabilidade da concessionária, nem tão pouco elidir o dano moral sofrido pelo autor. 3. Recurso desprovido. 4. Sentença mantida" (TJRR, Ap. Cív. 0010099189101, Câmara Única, Rel. Des. Almiro Padilha, DJe 27/05/2014).

DANO MORAL ENVOLVENDO INTERNET

◙ **Dano moral. Provedor de compartilhamento de vídeos. Fiscalização prévia de conteúdo ofensivo.** "CIVIL E CONSUMIDOR. INTERNET. RELAÇÃO DE CONSUMO. INCIDÊNCIA DO CDC. PROVEDOR DE COMPARTILHAMENTO DE VÍDEOS. VERIFICAÇÃO PRÉVIA E DE OFÍCIO DO CONTEÚDO POSTADO POR USUÁRIOS. DESNECESSIDADE. IMAGEM DE CONTEÚDO OFENSIVO. DANO MORAL. RISCO NÃO INERENTE AO NEGÓCIO. CIÊNCIA DA EXISTÊNCIA DE CONTEÚDO ILÍCITO OU OFENSIVO. RETIRADA DO AR EM 24 HORAS. DEVER. DISPONIBILIZAÇÃO DE MEIOS PARA IDENTIFICAÇÃO DE CADA USUÁRIO. DEVER, DESDE QUE INFORMADO O URL. DISPOSITIVOS LEGAIS ANALISADOS: ARTS. 5º, IV E IX, 220 DA CF/88; 6º, III, 14 E 84, § 4º, DO CDC; 461, § 1º, DO CPC; E 248 E 927, PARÁGRAFO ÚNICO, DO CC/02 (...) 3. O provedor de compartilhamento de vídeos é uma espécie do gênero provedor de conteúdo, pois se limita a disponibilizar as imagens postadas pelos usuários, sem nenhuma participação na criação ou na edição dos arquivos digitais. 4. A verificação de ofício do conteúdo das imagens postadas por cada usuário não constitui atividade intrínseca ao serviço prestado pelos provedores de compartilhamento de vídeos, de modo que não se pode reputar defeituoso, nos termos do art. 14 do CDC, o site que não exerce esse controle. 5. O dano moral decorrente de mensagens com conteúdo ofensivo inseridas no site pelo usuário não constitui risco inerente à atividade dos provedores de compartilhamento de vídeos, de modo que não se lhes aplica a responsabilidade objetiva prevista no art. 927, parágrafo único, do CC/02. 6. Não se pode exigir do provedor de compartilhamento de vídeos a fiscalização antecipada de cada novo arquivo postado no site, não apenas pela impossibilidade técnica e prática de assim proceder, mas sobretudo pelo risco de tolhimento da liberdade de pensamento. Não se pode, sob o pretexto de dificultar a propagação de conteúdo ilícito ou ofensivo na web, reprimir o direito da coletividade à informação. Sopesados os direitos envolvidos e o risco potencial de violação de cada um deles, o fiel da balança deve pender para a garantia da liberdade de criação, expressão e informação, assegurada pelo art. 220 da CF/88, sobretudo considerando que a Internet representa, hoje, importante veículo de comunicação social de massa. 7. Ao ser comunicado de que determinada imagem postada em seu site possui conteúdo potencialmente ilícito ou ofensivo, deve o provedor de compartilhamento de vídeos removê-lo preventivamente no prazo de 24 horas, até que tenha tempo hábil para apreciar a veracidade das alegações do denunciante, de modo a que, confirmando-as, exclua definitivamente o vídeo ou, tendo-as por infundadas, restabeleça o seu livre acesso, sob pena de responderem solidariamente com o autor direto do dano em virtude da omissão praticada. 8. O cumprimento do dever de remoção preventiva de imagens consideradas ilegais e/ou ofensivas fica condicionado à indicação, pelo denunciante, do URL da página em que estiver inserido o respectivo vídeo. 9. Ao oferecer um serviço por meio do qual se possibilita que os usuários divulguem livremente vídeos, deve o provedor de compartilhamento ter o cuidado de propiciar meios para que se possa identificar cada um desses usuários, coibindo o anonimato e atribuindo a cada imagem uma autoria certa e determinada. Sob a ótica da diligência média que se espera do provedor, do dever de informação e do princípio da transparência, deve este adotar as providências que, conforme as circunstâncias específicas de cada caso, estiverem ao seu alcance para a individualização dos usuários do site, sob pena de responsabilização subjetiva por culpa in omittendo. 10. Recurso especial a que se nega provimento" (STJ, REsp 1403749/GO, Rel. Min. Nancy Andrighi, 3ª T., DJe 25.3.2014).

◙ **Dano moral. Mensagens de e-mail com conteúdo ofensivo não constitui risco inerente à atividade dos provedores.** "4. A fiscalização prévia, pelo provedor de correio eletrônico, do conteúdo das mensagens enviadas por cada usuário não é atividade intrínseca ao serviço prestado, de modo que não se pode reputar defeituoso, nos termos do art. 14 do CDC, o site que não examina e filtra os dados e imagens encaminhados.5. O dano moral decorrente de mensagens com conteúdo ofensivo enviadas pelo usuário via e-mail não constitui risco inerente à atividade dos provedores de correio eletrônico, de modo que não se lhes aplica a responsabilidade objetiva prevista no art. 927, parágrafo único, do CC/02." (STJ, REsp 1300161/RS, Rel. Ministra Nancy Andrighi, Terceira Turma, julgado em 19/06/2012, DJe 26/06/2012)

■ **Dano moral. Provedores de internet que após notificados não retiraram o conteúdo ofensivo da página da rede social.** "Possuem responsabilidade subjetiva por omissão os provedores de internet que, após serem notificados sobre a existência de página com conteúdo ofensivo, permanecem inertes. 3. No caso concreto, o Tribunal de origem, analisando a prova dos autos, concluiu pela configuração do dano moral, em virtude da inércia da recorrente em bloquear a página da rede social com conteúdo ofensivo, condenando-a ao pagamento de danos morais. [...]" (STJ, AgRg no AREsp 137.944/RS, Rel. Ministro Antonio Carlos Ferreira, Quarta Turma, julgado em 21/03/2013, DJe 08/04/2013)

■ **Não há dano moral por envio de spam erótico a internauta.** "Não obstante o inegável incômodo, o envio de mensagens eletrônicas em massa – SPAM – por si só não consubstancia fundamento para justificar a ação de dano moral, notadamente em face da evolução tecnológica que permite o bloqueio, a deletação ou simplesmente a recusada de tais mensagens. 3 – Inexistindo ataques a honra ou a dignidade de quem o recebe as mensagens eletrônicas, não há que se falar em nexo de causalidade a justificar uma condenação por danos morais." (STJ, REsp 844736/DF, Rel. Ministro Luis Felipe Salomão, Rel. p/ Acórdão Ministro Honildo Amaral de Mello Castro, Quarta Turma, DJe 02/09/2010)

■ **Dano moral. Produto adquirido pela internet e não entregue à consumidora.** "Encontra-se devidamente comprovado nos autos, por meio de documento e por confirmação da apelante, que as mercadorias compradas e pagas não foram entregues à apelada. Tal situação comprova a falha na prestação do serviço, passível de indenização por danos materiais e morais. 3. No que pertine aos danos materiais, entendo que o caso requer a repetição de indébito, uma vez que a apelada comprou uma mercadoria que se encontrava disponibilizada no site, pagando integralmente pela mesma. Logo, agiu com acerto a magistrada de base. 4. Quanto ao dano moral, tenho que o atraso ocorrido no caso em questão, de mais de três meses, ultrapassa os limites da razoabilidade, excedendo a esfera do mero aborrecimento do cotidiano" (TJMA, Ap. Cív. 0502572014, Quinta Câmara Cível, Rel. Des. Maria das Graças de Castro Duarte Mendes, DJ 31/08/2015).

■ **Dano moral. Mercado Livre. Aquisição de câmera digital que não foi entregue ao consumidor.** "RESPONSABILIDADE CIVIL. RELAÇÃO DE CONSUMO. DEFEITO NA PRESTAÇÃO DO SERVIÇO. Consumidor que adquiriu câmera digital fotográfica pela 'Internet', no sítio eletrônico Mercado Livre em 04/05/2012. Produto não entregue. Devida a reparação dos danos morais decorrentes da perda de oportunidade de trabalho. Responsabilidade objetiva do fornecedor pelos danos causados ao consumidor, decorrentes da má prestação de serviços (art. 14, do CDC). Indenização por danos morais fixada em R$ 2.000,00. Indenização por danos materiais em dobro por pagamento indevido. RECURSO DA RÉ NÃO PROVIDO" (TJSP, Ap. Cív. 00003150520138260315, Vigésima Oitava Câmara de Direito Privado, Rel. Des. Berenice Marcondes Cesar, DJ 10/08/2015).

◙ **Mercado Livre. Não condenação em dano moral por vício em produto eletrônico.** "APELAÇÃO CÍVEL. DIREITO DO CONSUMIDOR. COMPRA DE ELETRÔNICO USADO POR MEIO DO SITE MERCADO LIVRE. ALEGAÇÃO DA AUTORA DE VÍCIO DO PRODUTO. SENTENÇA QUE DETERMINOU A RESCISÃO DO CONTRATO COM A DEVOLUÇÃO DO VALOR PAGO. IMPROCEDÊNCIA DO PEDIDO DE DANO MORAL. RECURSO DO VENDEDOR RÉU E DA AUTORA ADESIVAMENTE. DESPROVIMENTO DE AMBOS OS RECURSOS." (TJRJ. Processo 0045309-58.2008.8.19.0002. 23ª Câmara Cível. Relator Des. Marcos André Chut. DJ de 14/9/15).

◙ **Mercado Livre. Não responsabilização pelo atraso na entrega de produto adquirido pela internet. Mero aborrecimento.** "AGRAVO EM APELAÇÃO (ART. 557, § 1º, DO CPC). RESPONSABILIDADE CIVIL. AÇÃO DE INDENIZAÇÃO POR DANOS MORAIS. REVELIA. COMPRA PELA INTERNET. ATRASO NA ENTREGA CÓDIGO DE DEFESA DO CONSUMIDOR. DANO MORAL NÃO CONFIGURADO. MERO DISSABOR. Trata-se de ação indenizatória por danos morais decorrentes do alegado atraso na entrega de mercadoria adquirida na internet, bem como pelo fato de ter sido esta entregue ao porteiro do prédio e após o pedido de cancelamento da compra (...). A relação entre a demandante e a ré é de consumo, na forma do art.14 do Código de Defesa do Consumidor, de tal modo que responde a parte ré de forma objetiva pelos danos perpetrados à autora decorrentes de defeitos na prestação do serviço. Precedentes desta Corte. A entrega da mercadoria em prazo levemente superior ao contratado não constitui falha grave na prestação do serviço. O simples descumprimento contratual por parte do réu, com a frustração da expectativa da autora quanto à aquisição da mercadoria no tempo acertado, não é fato suficiente para gerar abalo moral indenizável, salvo situações excepcionais. Não configurado o suposto abalo sofrido pela requerente. Episódios dessa natureza, em regra, não passam de dissabores ligados ao cotidiano da vida moderna, não refletindo na ordem psíquica e/ou moral do sujeito que se vê afetado. Em outras palavras, não há ofensa a honra, a dignidade, a imagem, elementos integrantes do patrimônio moral. Sentença de improcedência mantida. AGRAVO DESPROVIDO. (TJRS, Agravo 70068235415, Nona Câmara Cível, Rel. Des. Tasso Caubi Soares Delabary, DJ 22/03/2016). ◙ **No mesmo sentido**: "AGRAVO INTERNO. REDISCUSSÃO DA MATÉRIA. RECURSO MANIFESTAMENTE INFUNDADO. ENTREGA DE PRODUTO ADQUIRIDO VIA INTERNET. A falha na entrega de mercadoria adquirida pela internet configura, em princípio, mero inadimplemento contratual, não ensejando indenização por dano moral, por ausência de desdobramentos da conduta e pelo modo como ocorreu o caso concreto" (TJRO, Agravo Interno 00115582620138220001, Segunda Câmara Cível, Rel. Des. Alexandre Miguel, DJ 30/11/2015).

◙ **AliExpress é parte legítima para responder por dano moral em razão de produto não entregue ao consumidor.** "RECURSO INOMINADO. INDENIZATÓRIA. LEGITIMIDADE PASSIVA DO RECORRENTE. ALIEXPRESS – EBANX. COMPRA PELA INTERNET. PRODUTO NÃO ENTREGUE. AUSÊNCIA DE SOLUÇÃO ADMINISTRATIVA PARA O PROBLEMA. DESCASO E DESRESPEITO AO CONSU-

MIDOR. DANO MORAL CONFIGURADO. QUANTUM INDENIZATÓRIO QUE COMPORTA REDUÇÃO PARA SE ADEQUAR AO CASO CONCRETO. SENTENÇA PARCIALMENTE REFORMADA. 1. A recorrente tem legitimidade passiva para responder a presente demanda, pois, nos termos do artigo 18, caput do Código de Defesa do Consumidor, todos os envolvidos na cadeia de fornecedores são solidariamente responsáveis pelos vícios do produto ou do serviço. Por certo que tal legitimidade passiva não exclui eventual direito de regresso, em ação própria, em face dos demais integrantes da cadeia de fornecedores. 2. A ausência de solução administrativa para o problema causa dano moral, em razão do descaso e desrespeito ao consumidor que, muito embora efetuando o pagamento, não recebeu o produto adquirido (...)" (TJPR, Recurso Inominado 001370964.201681601820, Primeira Turma Recursal - Curitiba, Rel. Giani Maria Moreschi, DJ 07.02.2017).

◙ **Dano moral. Aquisição de produto (máquina fotográfica) pela internet. Inexistência do produto em estoque e posterior cancelamento da compra pelo fornecedor.** "APELAÇÃO CÍVEL. DIREITO PRIVADO NÃO ESPECIFICADO. AÇÃO INDENIZATÓRIA. RELAÇÃO DE CONSUMO. AQUISIÇÃO DE MÁQUINA FOTOGRÁFICA POR MEIO DA INTERNET. POSTERIOR CANCELAMENTO DA COMPRA POR INEXISTÊNCIA DO PRODUTO EM ESTOQUE. DESCUMPRIMENTO CONTRATUAL QUE NÃO ULTRAPASSA O MERO DISSABOR. DANO MORAL NÃO CONFIGURADO. Nos dias atuais, a compra e venda de produtos por meio da internet é prática que se torna cada vez mais assente. Nesta esteira, os problemas decorrentes das relações negociais praticadas nesta esfera acompanham em número de grau e proporção a comercialização dos produtos. Deste modo, o consumidor está sujeito a sofrer aborrecimentos decorrentes da falha na prestação dos serviços pelos fornecedores. Todavia, somente nos casos em que o dano sofrido ultrapasse o mero dissabor é que cabe indenização por danos morais. No presente caso, contudo, não verifico a ocorrência de acontecimento que transborde a um transtorno ao qual todos estamos sujeitos na vida cotidiana, tampouco a ocorrência de constrangimento ou angústia que tenham ultrapassado a esfera do mero dissabor. APELO DESPROVIDO. (TJRS, Ap. Cív. 70073255168, Décima Sétima Câmara Cível, Rel. Des. Marta Borges Ortiz, Julgado em 29/06/2017)

DANO MORAL ENVOLVENDO BANCOS DE DADOS E CARTÓRIOS DE PROTESTO

◙ **Dano moral. Basta a inscrição indevida nos órgãos de proteção ao crédito.** "O banco que promove a indevida inscrição de devedor no SPC e em outros bancos de dados responde pela reparação do dano moral que decorre dessa inscrição. A exigência de prova de dano moral (extrapatrimonial) se satisfaz com a demonstração da existência da inscrição irregular. Já a indenização pelo dano material depende de prova de sua existência, a ser produzida ainda no processo de conhecimento, recurso conhecido e provido em parte." (STJ, Resp 51158/DF, Rel. Ruy Rosado Aguiar, J. 27.3.95) ◙ **No**

mesmo sentido: "Esta Corte tem entendimento no sentido de que o Banco é responsável pelos danos morais causados por deficiência na prestação do serviço, consistente na inclusão indevida do nome de correntista nos órgãos de proteção ao crédito, causando-lhe situação de desconforto e abalo psíquico." (STJ, REsp 1346050/SP, Rel. Ministro Sidnei Beneti, Terceira Turma, julgado em 20/11/2012, DJe 06/12/2012) ◙ **No mesmo sentido:**"O banco é responsável pelos danos morais causados por deficiência na prestação do serviço, consistente na inclusão indevida do nome de correntista nos órgãos de proteção ao crédito, causando-lhe situação de desconforto e abalo psíquico. II – Em casos que tais, o dano é considerado in re ipsa, isto é, não se faz necessária a prova do prejuízo, que é presumido e decorre do próprio fato e da experiência comum." (STJ, REsp 786239/SP, Rel. Ministro Sidnei Beneti, Terceira Turma, julgado em 28/04/2009, DJe 13/05/2009)

◙ Se o consumidor possui negativação anterior, não cabe dano moral por uma nova inscrição indevida. O consumidor somente terá direito ao cancelamento da inscrição indevida. Súmula nº 385 do STJ: "*Da anotação irregular em cadastro de proteção ao crédito, não cabe indenização por dano moral, quando preexistente legítima inscrição, ressalvado o direito ao cancelamento.*"

◙ Dano moral. Inscrição indevida no Sistema Central de Risco de Crédito (SCR). "RESPONSABILIDADE CIVIL. SISBACEN. CADASTRO RESTRITIVO DE CRÉDITO. NATUREZA. INSCRIÇÃO INDEVIDA. DANOS MORAIS DEVIDOS. O Sistema Central de Risco de Crédito é instituição restritiva de crédito por avaliar a capacidade de pagamento do consumidor. Assim, é cabível a condenação por danos morais *in re ipsa* da instituição financeira que promove a inclusão indevida do nome de consumidor nesse sistema de informação". (STJ, AgInt no AREsp 851585/SP, Terceira turma, Rel. Min. João Otávio de Noronha, DJe 23/06/2016)

◙ Dano moral. Ausência de comunicação ao consumidor sobre a negativação. "A ausência de prévia comunicação ao consumidor da inscrição do seu nome em cadastros de proteção ao crédito, prevista no art. 43 , § 2º do CDC, enseja o direito à compensação por danos morais, salvo quando preexista inscrição desabonadora regularmente realizada." (STJ, AgRg no REsp 1165394/RS, Rel. Ministra Nancy Andrighi, Terceira Turma, DJe 19/06/2012)

◙ Dano moral. Inscrição no CCF. Obrigação de manter saldo em conta somente no período do prazo de apresentação. "TÍTULOS DE CRÉDITO. CHEQUE. PRAZO DE APRESENTAÇÃO. DEVOLUÇÃO DE CHEQUE PRESCRITO POR FALTA DE FUNDOS. MOTIVO INDEVIDO. INSCRIÇÃO EM CADASTRO DE INADIMPLENTES. DANO MORAL CONFIGURADO. 1.– O prazo estabelecido para a apresentação do cheque (30 dias, quando emitido no lugar onde houver de ser pago e de 60 dias, quando emitido em outra praça) serve, entre outras coisas, como limite temporal da obrigação que o emitente tem de manter provisão de fundos em conta bancária, suficiente para a compensação do título. 2.– Ultrapassado o prazo de apresentação, não se justifica a devolução do cheque pelos "motivos 11 e 12" do Manual Operacional da COMPE.

Isso depõe contra a honra do sacador, na medida em que ele passa por inadimplente quando, na realidade, não já que não tinha mais a obrigação de manter saldo em conta. 3.– Tal conclusão ainda mais se reforça quando, além do prazo de apresentação, também transcorreu o prazo de prescrição, hipótese em que o próprio Manual determinada a devolução por motivo diverso ("motivo 44"). 4.– No caso concreto, a devolução por motivo indevido ganhou publicidade com a inclusão do nome do consumidor no Cadastro de Emitentes de Cheques sem Fundo – CCF, gerando direito à indenização por danos morais. 5.– Recurso Especial provido." (STJ, REsp 1297353/SP, Rel. Ministro Sidnei Beneti, Terceira Turma, DJe 19/10/2012)

■ Dano moral. Manutenção do nome do consumidor em cadastros de inadimplentes. "PROCESSUAL CIVIL E CONSUMIDOR. MANUTENÇÃO INDEVIDA NO CADASTRO DE INADIMPLENTES. DANO IN RE IPSA. REEXAME DE PROVAS. SÚMULA 7/STJ. AGRAVO IMPROVIDO. Esta eg. Corte pacificou o entendimento de que a inscrição ou manutenção indevida do nome do consumidor em cadastro negativo de crédito configura, por si só, dano *in re ipsa*, o que implica responsabilização por danos morais". (STJ, AgRg no AREsp 838709/SP, Rel. Min. Raul Araújo, DJe 13/04/2016)

■ Dano moral. Protesto indevido. "PROTESTO INDEVIDO DE TÍTULO. DANO MORAL. INDENIZAÇÃO. DISPENSÁVEL PROVA DO DANO. AFASTADA A APLICAÇÃO DA SÚMULA 7/STJ.1. O Superior Tribunal de Justiça consolidou o entendimento de que, em se tratando de protesto indevido de título de crédito, o dano moral configura-se in re ipsa, sendo dispensável a prova do prejuízo.2. Não requer reapreciação de matéria fática aplicar a jurisprudência do STJ no sentido de que é dispensável a prova do dano decorrente de protesto indevido, para efeito de condenação em indenização por danos morais. Logo, não incide a Súmula 7 do STJ, ao afastar entendimento do Tribunal de origem contrário a matéria pacificada nesta Corte." (STJ, AgRg nos EDcl no REsp 1189823/RS, Rel. Ministro Humberto Martins, Segunda Turma, DJe 13/09/2011)

■ Instalação de linha não solicitada. Falta de cautela por parte da prestadora. "CIVIL – DIREITO DO CONSUMIDOR – LINHA TELEFÔNICA INSTALADA SEM AUTORIZAÇÃO – FRAUDE – INCLUSÃO INDEVIDA EM CADASTRO DE INADIMPLENTES – DANO MORAL CONFIGURADO – RESPONSABILIDADE OBJETIVA DA EMPRESA DE TELEFONIA – VALOR DA COMPENSAÇÃO – 1) a inscrição do nome do recorrido no serviço de proteção ao crédito não decorreu de causa legítima, mas sim de uma possível fraude que se efetivou por negligência da própria recorrente, que não procedeu com as devidas cautelas ao realizar a venda de seus serviços, permitindo que terceiros utilizassem criminosamente o nome e os dados pessoais do recorrido na contratação dos serviços. 2) a inclusão indevida em cadastro de devedores é suficiente para configuração do dano moral. (...)" (TJDF, ACJ 20050610015712 – 2ª T.R.J.E. – Rel. Des. César Laboissiere Loyola, DJU 10.8.2005)

■ Fatura de serviço telefônica não enviada. Inclusão do nome do consumidor em cadastro de inadimplentes. Negligência da prestadora. "(...) o protesto, e a conseqüente inclusão da assinante nos cadastros de inadimplentes, se originou da negligência da prestadora no envio correto da fatura, inclusive em não diligenciar na localização da devedora, cujo endereço poderia ser obtido até mesmo por telefone, atraindo a incidência do art. 14 do Código de Defesa do Consumidor." (STJ, REsp 327420/DF, DJU 4.2.2002, Rel. Min. Sálvio de Figueiredo Teixeira, J. 23.10.2001, 4ª T.)

◙ O simples erro no valor da inscrição não gera danos morais "O simples erro no valor inscrito da dívida, em órgão de proteção ao crédito, não tem o condão de causar dano moral ao devedor, haja vista que não é o valor do débito que promove o dano moral ou o abalo de crédito, mas o registro indevido, que, no caso, não ocorreu, uma vez que a dívida existe, foi reconhecida pelo autor e comprovada, expressamente, pelo acórdão recorrido. (STJ, REsp. 831162 / ES, Rel. Min. Jor-ge Scartezzini, DJ 21/08/2006)

◙ Negativação em decorrência de ação de execução indevidamente ajuizada. Só há dano moral se compravada má-fé. "CIVIL E PROCESSUAL. EXECUÇÃO SEM LIQUIDEZ. REGISTRO EM BANCO DE DADOS POR ÓRGÃO MANTENEDOR. PLEITO DE INDENIZAÇÃO POR DANO MORAL CONTRA A PRETENSA EXEQUENTE. (...) Portanto, o cabimento da execução era um tanto duvidoso, mas não há sinais de má-fé, nem sequer tal ponto foi aventado pelas instâncias ordinárias. Por outro lado, também não se pode concluir que a execução em comento é ilegal ou temerária e, por conseguinte, não há falar em responsabilidade da exequente. 8. Outrossim, o acórdão recorrido asseverou que, no caso vertente, a recorrente não se desincumbiu de demonstrar "que a inclusão de seu nome foi determinada pela Norvape e não pelo próprio Serasa, que da publicidade às execuções existentes"." (STJ, REsp 1229528/PR, Rel. Ministro Luis Felipe Salomão, Quarta Turma, DJe 08/03/2016)

◙ **Se a dívida já foi reconhecida como inexistente, o envio de carta ameaçando a inscrição gera danos morais.** "CIVIL -RECONHECIMENTO DE INEXISTÊNCIA DO DÉBITO EM FEITO ANTERIOR - ENVIO DE MISSIVA PREVISTA NO ART. 43, PARÁGRAFO 2º DO CDC - AMEAÇA DE INSCRIÇÃO DO NOME DA CONSUMIDORA NOS ARQUIVOS DE INADIMPLENTES - DANO MORAL - 1 - Em ação anteriormente aviada pela consumidora foi declarada a inexistência de débito entre as partes, inclusive com sentença transitada em julgado. 2 - Referido débito originou-se da prestação de serviços de telefonia móvel, cujo aparelho foi habilitado em nome da recorrida, mediante fraude, vez que a apelada não fez nenhum requerimento nesse sentido. 3 - Todavia, a empresa de telefonia prosseguiu na cobrança da dívida, endereçando à consumidora a comunicação prevista no art. 43, parágrafo 2º da Lei nº 8.078/90, alertando-a para a futura inscrição do nome da apelada nos cadastros de inadimplentes, caso não quitasse o débito. 4 - O envio de tal correspondência, porque divorciado de respaldo material e legal, mostra-se irregular e, por isso, é bastante para caracterizar dano moral passível de reparação em pecúnia. 5 - Recurso conhecido e improvido. Sentença mantida". (TJDF, ACJ 20040710241770 - 1ª T.R.J.E. - Relª Desª Leila Cristina Garbin Arlanch, DJU 2.9.2005)

DANO MORAL ENVOLVENDO PERICULOSIDADE E NOCIVIDADE DOS PRODUTOS E SERVIÇOS

◙ **Presença de corpo estranho nos alimentos. Se não houve consumo do produto, não cabe dano moral.** "RECURSO ESPECIAL DIREITO DO CONSUMIDOR. RESPONSABILIDADE CIVIL. PRESENÇA DE CORPO ESTRANHO EM ALIMENTO. EMBALAGEM DE REFRIGERANTE LACRADA. TECNOLOGIA PADRONIZADA. AUSÊNCIA DE INGESTÃO. DANO MORAL INEXISTENTE. MERO DISSABOR. ÂMBITO INDIVIDUAL. (...) 2. No âmbito da jurisprudência do STJ, não se configura o dano moral quando ausente a ingestão do produto considerado impróprio para o consumo, em virtude da presença de objeto estranho no seu interior, por não extrapolar o âmbito individual que justifique a litigiosidade, porquanto atendida a expectativa do consumidor em sua dimensão plural (...)" (STJ, REsp 1395647/SC, Rel. Ministro Ricardo Villas Bôas Cueva, Terceira Turma, DJe 19/12/2014) ◙ **No mesmo sentido:** "O dano moral não é pertinente pela simples aquisição de refrigerante com inseto, sem que seu conteúdo tenha sido ingerido, por se encontrar no âmbito dos dissabores da sociedade de consumo, sem abalo à honra, ausente situação que produza no consumidor humilhação ou represente sofrimento em sua dignidade. Com esse entendimento, a Turma deu provimento ao recurso da sociedade empresarial, invertendo o ônus da sucumbência." (STJ, REsp. 747396-DF, Rel. Min. Fernando Gonçalves, julgado em 9/3/2010. Info. 426.) ◙ **No mesmo sentido:** "RESPONSABILIDADE CIVIL. PRODUTO IMPRÓPRIO PARA O CONSUMO. OBJETO METÁLICO CRAVADO EM BOLACHA DO TIPO "ÁGUA E SAL". OBJETO NÃO INGERIDO. DANO MORAL INEXISTENTE.1. A simples aquisição de bolachas do tipo "água e sal", em pacote no qual uma delas se encontrava com objeto metálico que a tornava imprópria para o consumo, sem que houvesse ingestão do produto, não acarreta dano moral apto a ensejar reparação. Precedentes. 2. Verifica-se, pela moldura fática apresentada no acórdão, que houve inequivocamente vício do produto que o tornou impróprio para o consumo, nos termos do art. 18, caput, do CDC. Porém, não se verificou o acidente de consumo, ou, consoante o art. 12 do CDC, o fato do produto, por isso descabe a indenização pretendida. 3. De ofício, a Turma determinou a expedição de cópias à agência sanitária reguladora para apurar eventual responsabilidade administrativa. 4. Recurso especial principal provido e adesivo prejudicado. (STJ, REsp 1131139/SP, Rel. Min. Luis Felipe Salomão, DJe de 01.12.2010). ◙ **No mesmo sentido:** "A indenização por dano moral objetiva atenuar o sofrimento, físico ou psicológico, decorrente do ato danoso, que atinge aspectos íntimos esociais da personalidade humana. Na presente hipótese, a simples aquisição do produto danificado, uma garrafa de refrigerante contendo um objeto estranho no seu interior, sem que se tenha ingerido o seu conteúdo, não revela, a meu ver, o sofrimento descrito pelos recorrentes como capaz de ensejar indenização por danos morais." (STJ, 3ª Turma, AgRg noAG n.º 276671/SP, Rel. Min. Carlos Alberto Menezes Direito, DJU de 08.05.2000) ◙ **Se houve o consumo do produto, cabe dano moral.** "A aquisição de lata de leite condensado contendo inseto em seu interior, vindo o seu conteúdo a ser parcialmente ingerido pelo consumidor, é fato capaz de provocar dano moral indenizável." (STJ, REsp 1239060/MG, Rel. Ministra Nancy Andrighi, Terceira Turma, DJe

18/05/2011) ◙ **No sentido de que a simples disponibilização de alimento com a presença de um corpo estranho causa dano moral.** "CÓDIGO DE DEFESA DO CONSUMIDOR. RESPONSABILIDADE CIVIL. PRESENÇA DE CORPO ESTRANHO EM ALIMENTO. EXPOSIÇÃO DO CONSUMIDOR A RISCO DE LESÃO À SUA SAÚDE E SEGURANÇA. DANO MORAL EXISTENTE. A disponibilização de produto considerado impróprio para consumo em virtude da presença de objeto estranho no seu interior afeta a segurança que rege as relações consumeristas na medida que expõe o consumidor a risco de lesão à sua saúde e segurança e, portanto, dá direito à compensação por dano moral" (STJ, AgRg no REsp 1380274, Terceira Turma, Rel. Min. João Otávio de Noronha, DJe 19/05/2016). ◙ **No mesmo sentido:** "RECURSO ESPECIAL. DIREITO DO CONSUMIDOR. AÇÃO DE COMPENSAÇÃO POR DANO MORAL. AQUISIÇÃO DE GARRAFA DE REFRIGERANTE CONTENDO CORPO ESTRANHO EM SEU CONTEÚDO. NÃO INGESTÃO. EXPOSIÇÃO DO CONSUMIDOR A RISCO CONCRETO DE LESÃO À SUA SAÚDE E SEGURANÇA. FATO DO PRODUTO. EXISTÊNCIA DE DANO MORAL. VIOLAÇÃO DO DEVER DE NÃO ACARRETAR RISCOS AO CONSUMIDOR. OFENSA AO DIREITO FUNDAMENTAL À ALIMENTAÇÃO ADEQUADA. ARTIGOS ANALISADOS: 4º, 8º, 12 e 18, CDC e 2º, Lei 11.346/2006. (...) 2. Discute-se a existência de dano moral na hipótese em que o consumidor adquire garrafa de refrigerante com corpo estranho em seu conteúdo, sem, contudo, ingeri-lo. 3. A aquisição de produto de gênero alimentício contendo em seu interior corpo estranho, expondo o consumidor à risco concreto de lesão à sua saúde e segurança, ainda que não ocorra a ingestão de seu conteúdo, dá direito à compensação por dano moral, dada a ofensa ao direito fundamental à alimentação adequada, corolário do princípio da dignidade da pessoa humana. 4. Hipótese em que se caracteriza defeito do produto (art. 12, CDC), o qual expõe o consumidor à risco concreto de dano à sua saúde e segurança, em clara infringência ao dever legal dirigido ao fornecedor, previsto no art. 8º do CDC." (REsp 1424304/SP, Rel. Ministra Nancy Andrighi, Terceira Turma, DJe 19/05/2014) ◙ **No mesmo sentido:** "A aquisição de produto de gênero alimentício contendo em seu interior corpo estranho, expondo o consumidor ao risco concreto de lesão à sua saúde e segurança, ainda que não ocorra a ingestão completa de seu conteúdo, dá direito à compensação por dano moral, dada a ofensa ao direito fundamental à alimentação adequada, corolário do princípio da dignidade da pessoa humana. 3. Hipótese em que se caracteriza defeito do produto (art. 12, CDC), o qual expõe o consumidor a risco concreto de dano à sua saúde e segurança, em clara infringência ao dever legal dirigido ao fornecedor, previsto no art. 8º do CDC, ensejando a reparação por danos patrimoniais e morais (art. 6º do CDC)." (STJ, AgRg no REsp 1454255/PB, Rel. Ministra Nancy Andrighi, Terceira Turma, DJe 01/09/2014)

◙ **Preservativo encontrado em lata de extrato de tomate.** "DIREITO CIVIL. DANO MORAL. PRESERVATIVO ENCONTRADO EM LATA DE EXTRATO DE TOMATE. PROVA. RESPONSABILIDADE OBJETIVA. PERÍCIA REQUERIDA PELO FORNECEDOR INDEFERIDA. PRECLUSÃO. DANO MORAL. EXISTÊNCIA. ENTREVISTA POSTERIOR. IRRELEVÂNCIA" (STJ, REsp 1.317.611-RS, Terceira Turma, Min. Rel. Nancy Andrighi, julgado em 12/6/2012)

◼ **Dano moral. Produto impróprio para o consumo. Leite talhado.** "A disponibilização de produto em condições impróprias para o consumo não apenas frustra a justa expectativa do consumidor na fruição do bem, como também afeta a segurança que rege as relações consumeristas. 2. No caso, houve violação do direito básico do consumidor à incolumidade da saúde do consumidor (art. 6º, I, do CDC) ante a potencialidade de lesão pelo consumo do produto comercializado: leite talhado. 3. Necessidade de reparação dos prejuízos causados aos consumidores efetivamente lesados e à sociedade como um todo, na forma dos artigos 95 do CDC e 13 da Lei nº 7.347/1985 visto que a conduta dos réus mostrou-se nociva à saúde da coletividade, enquanto potencialmente consumidora do produto deteriorado. 4. Inafastável a condenação genérica quanto aos danos morais e materiais, a ser fixada em liquidação" (STJ, REsp 1334364/RS, Terceira Turma, Rel. Min. Ricardo Villas Bôas Cueva, DJe 23/02/2016).

◼ **Dano moral. Não há dano moral por produto com larvas consumido após data de validade.** "RECURSO ESPECIAL – AÇÃO DE INDENIZAÇÃO POR DANOS MORAIS – BOMBONS – LARVAS – EXISTÊNCIA – PRODUTO CONSUMIDO APÓS A DATA DE VALIDADE – ROMPIMENTO DO NEXO DE CAUSALIDADE – EXIGÊNCIA – GARANTIA DO PRODUTO – SEGURANÇA E QUALIDADE – CÓDIGO DE DEFESA DO CONSUMIDOR – PRAZO – ESTUDOS BIOLÓGICOS E QUÍMICOS – VALIDADE DETERMINADA PELO FABRICANTE – RECURSO IMPROVIDO. I – Ainda que as relações comerciais tenham o enfoque e a disciplina determinadas pelo Código de Defesa do Consumidor, tal circunstância não afasta, para fins de responsabilidade civil, o requisito da existência de nexo de causalidade, tal como expressamente determina o artigo 12, § 3º e incisos, do Código de Defesa do Consumidor. II – O fabricante ao estabelecer prazo de validade para consumo de seus produtos, atende aos comandos imperativos do próprio Código de Defesa do Consumidor, especificamente, acerca da segurança do produto, bem como a saúde dos consumidores. O prazo de validade é resultado de estudos técnicos, químicos e biológicos, a fim de possibilitar ao mercado consumidor, a segurança de que, naquele prazo, o produto estará em plenas condições de consumo.III – Dessa forma, na oportunidade em que produto foi consumido, o mesmo já estava com prazo de validade expirado. E, essa circunstância, rompe o nexo de causalidade e, via de consequência, afasta o dever de indenizar. IV – Recurso especial improvido.(STJ, REsp 1252307/PR, Rel. Ministra Nancy Andrighi, Rel. p/ Acórdão Ministro Massami Uyeda, Terceira Turma, DJe 02/08/2012)

DANO MORAL ENVOLVENDO EDUCAÇÃO

◼ **Curso superior não reconhecido pelo MEC. Não há dano moral quando informado previamente o consumidor sobre a falta de reconhecimento.** "DIREITO CIVIL E CONSUMIDOR. CURSO SUPERIOR NÃO RECONHECIDO PELO MEC. CIRCUNSTÂNCIA PREVIAMENTE INFORMADA AOS ALUNOS. POSSIBILIDADE DE EXERCER A PROFISSÃO COM REGISTRO PROVISÓRIO DO ALUNO NO CONSELHO PROFISSIONAL REGIONAL. DANO MORAL. [...] 2. Essa Corte reconhece a responsabilidade objetiva da instituição de ensino e o direito à compensação por danos morais a aluno de curso não reconhecido pelo Ministério da Educação quando violado o dever de informação ao consumidor. 3. Na hipótese, a situação do curso era conhecida pelos alunos e as providências quanto ao seu reconhecimento oficial, após a conclusão da primeira turma, foram tomadas pela instituição. 4. A demora no reconhecimento do curso pelo MEC, não impediu que a recorrente fosse contratada por duas empresas do ramo farmacêutico, ou seja, não impediu que ela exercesse sua atividade profissional. 5. Como já eram previsíveis os aborrecimentos e dissabores por quais passou até o reconhecimento oficial do curso pelo MEC porque a recorrente foi informada da situação pela instituição de ensino, não ficou demonstrada a ocorrência do dano moral passível de compensação." (STJ, REsp 1230135/MT, Rel. Ministra Nancy Andrighi, Terceira Turma, julgado em 04/12/2012, DJe 11/12/2012) ◙ **No sentido de que há dano moral quando não informado os consumidores sobre o não reconhecimento pelo MEC.** "DIREITO CIVIL. INDENIZAÇÃO. DANOS MORAIS E MATERIAIS. CURSO NÃO AUTORIZADO PELO MINISTÉRIO DA EDUCAÇÃO E CULTURA. – Não tendo a instituição de ensino alertado os alunos, entre eles as recorrentes, acerca do risco (depois concretizado) de impossibilidade de registro do diploma quando da conclusão do curso, o dano moral daí decorrente pode – e deve – ser presumido. – Não há como negar o sentimento de frustração e engodo daquele que, após anos de dedicação, entremeado de muito estudo, privações, despesas etc., descobre que não poderá aspirar a emprego na profissão para a qual se preparou, tampouco realizar cursos de especialização, pós-graduação, mestrado ou doutorado, nem prestar concursos públicos; tudo porque o curso oferecido pela universidade não foi chancelado pelo MEC. Some-se a isso a sensação de incerteza e temor quanto ao futuro, fruto da possibilidade de jamais ter seu diploma validado. Há de se considerar, ainda, o ambiente de desconforto e desconfiança gerados no seio social: pais, parentes, amigos, conhecidos, enfim, todos aqueles que convivem com o aluno e têm como certa a diplomação. A demora, na hipótese superior a 02 (dois) anos, expõe ao ridículo o "pseudo-profissional", que conclui o curso mas vê-se impedido de exercer qualquer atividade a ele correlata. – O Código Civil exige dano material efetivo como pressuposto do dever de indenizar, cuja existência deve ser demonstrada nos próprios autos e no curso da ação. Recurso especial parcialmente conhecido e, nessa parte, provido." (STJ, REsp 631204/RS, Rel. Ministro Castro Filho, Rel. p/ Acórdão Ministra Nancy Andrighi, Terceira Turma, julgado em 25/11/2008, DJe 16/06/2009)

◙ **Curso superior que não habilita para o exercício da profissão.** "CIVIL. CONSUMIDOR. CONTRATO DE PRESTAÇÃO DE SERVIÇOS EDUCACIONAIS. CURSO SUPERIOR DE FARMÁCIA-BIOQUÍMICA. EXPEDIÇÃO DE DIPLOMA COM FORMAÇÃO GENERALISTA, SEM O REGISTRO DE ESPECIALIZAÇÃO EM BIOQUÍMICA. PROPAGANDA ENGANOSA. DANO MORAL CONFIGURADO. MAJORAÇÃO PROPORCIONAL DO VALOR DA CONDENAÇÃO (...) A oferta ao apelante de curso superior de farmácia com o título de farmacêutico-Bioquímico, não obstante alterações normativas à Resolução CNE/CES 02/2002 instituídas pela Resolução do Conselho Federal de Farmácia n.º 514/2009 (título de Farmacêutico-Bioquímico exige curso de especialização em análises clínicas e o título de especialista expedido pela Sociedade Brasileira de Análises Clínicas/SBAC), e a expedição de diploma a atestar ao diplomado título de farmacêutico-bioquímico (Id 1449086), evidencia a negligência da instituição quanto à informação prestada sobre o curso. V. Nessa linha de raciocínio, a situação delineada supera os limites do mero dissabor decorrentes de erros ou atraso na emissão do diploma e caracteriza dano moral passível de compensação, por violar os atributos da personalidade do consumidor.". (TJDFT, Recurso Inominado 07389376220168070016, Terceira Turma Recursal dos Juizados Especiais do Distrito Federal, Rel. Fernando Antônio Tavernard Lima, DJe 23/05/2017)

DANO MORAL ENVOLVENDO PUBLICIDADE ENGANOSA OU ABUSIVA

▣ **Dano moral. Publiciadade enganosa. Venda de rede hoteleira sem autorização para funcionamento.** "DIREITO DO CONSUMIDOR. PUBLICIDADE ENGANOSA. OCULTAÇÃO DELIBERADA DE INFORMAÇÃO PELO FORNECEDOR. ANULAÇÃO DO NEGÓCIO JURÍDICO. INDENIZAÇÃO POR LUCROS CESSANTES E POR DANOS MORAIS DEVIDA. O direito à informação, no Código de Defesa do Consumidor, é corolário das normas intervencionistas ligadas à função social e à boa-fé, em razão das quais a liberdade de contratar assume novel feição, impondo a necessidade de transparência em todas as fases da contratação: o momento pré-contratual, o de formação e o de execução do contrato e até mesmo o momento pós-contratual. O princípio da vinculação da publicidade reflete a imposição da transparência e da boa-fé nos métodos comerciais, na publicidade e nos contratos, de modo que o fornecedor de produtos ou serviços obriga-se nos exatos termos da publicidade veiculada, sendo certo que essa vinculação estende-se também às informações prestadas por funcionários ou representantes do fornecedor. Se a informação se refere a dado essencial capaz de onerar o consumidor ou restringir seus direitos, deve integrar o próprio anúncio, de forma precisa, clara e ostensiva, nos termos do art. 31 do CDC, sob pena de configurar publicidade enganosa por omissão. No caso concreto, desponta estreme de dúvida que o principal atrativo do projeto foi a sua divulgação como um empreendimento hoteleiro – o que se dessume à toda vista da proeminente reputação que a Rede Meliá ostenta nesse ramo -, bem como foi omitida a falta de autorização do Município para que funcionasse empresa dessa envergadura na área, o que, à toda evidência, constitui publicidade enganosa, nos termos do art. 37, caput e § 3º, do CDC, rendendo ensejo ao desfazimento do negócio jurídico, à restituição dos valores pagos, bem como à percepção de indenização por lucros cessantes e por dano moral. [...]" (STJ, REsp 1188442/RJ, Rel. Ministro Luis Felipe Salomão, Quarta Turma, julgado em 06/11/2012, DJe 05/02/2013)

DANO MORAL ENVOLVENDO SERVIÇOS PÚBLICOS

▣ **Dano moral. Ilegalidade de cobrança e corte de fornecimento de água**. "Em segundo lugar, a leitura do acórdão combatido revela que foram três os argumentos pela ilegalidade da cobrança e do corte de fornecimento de água no caso concreto: (i) comprovação de adimplência em favor do consumidor, (ii) inexistência de descrição acerca da origem do débito no caso concreto e (iii) incompatibilidade entre o valor médio de consumo e o valor de consumo de determinado mês. (...) 5. Mesmo que assim não fosse, pacificou-se nesta Corte Superior o entendimento segundo o qual o dano moral é in re ipsa, ou seja, dispensa comprovação acerca da real experimentação do prejuízo não patrimonial por parte de quem o alega, bastando, para tanto, que se demonstre a ocorrência do fato ilegal. Neste sentido, v.: REsp 299.532/SP, Rel. Des. Honildo Amaral de Mello Castro, Quarta Turma, DJe 23.11.2009, e REsp 786.239/Sp, Rel. Min. Sidnei Benetti, Terceira Turma, DJe 13.5.2009." (STJ, AgRg no Ag 1271858/RJ, Rel. Ministro Mauro Campbell Marques, Segunda Turma, julgado em 06/04/2010, DJe 16/04/2010)

◙ **Dano moral.. Responsabilidade civil dos Correios por extravio de carta registrada.** "EMBARGOS DE DIVERGÊNCIA EM RECURSO ESPECIAL. RESPONSABILIDADE CIVIL OBJETIVA. CONSTITUIÇÃO FEDERAL. CÓDIGO DE DEFESA DO CONSUMIDOR. CORREIOS. CARTA REGISTRADA. EXTRAVIO. DANOS MORAIS. IN RE IPSA. 1. As empresas públicas prestadoras de serviços públicos submetem- se ao regime de responsabilidade civil objetiva, previsto no art. 37, § 6º, da Constituição Federal e nos arts. 14 e 22 do Código de Defesa do Consumidor. 2. No caso, a contratação de serviços postais oferecidos pelos Correios, por meio de tarifa especial, para envio de carta registrada, que permite o posterior rastreamento pelo próprio órgão de postagem revela a existência de contrato de consumo, devendo a fornecedora responder objetivamente ao cliente por danos morais advindos da falha do serviço quando não comprovada a efetiva entrega." (STJ, EREsp 1097266/PB, Rel. Ministro Ricardo Villas Bôas Cueva, Segunda Seção, julgado em 10/12/2014, DJe 24/02/2015)

◙ **Não há falha dos correios se a entrega do produto depende de desembaraço aduaneiro pelo comprador.** "ECT. VESTIDO DE NOIVA IMPORTADO DA CHINA. COMPRA REALIZADA PELA INTERNET. ENCOMENDA POSTAL INTERNACIONAL. A MERCADORIA SÓ INGRESSA NO PAÍS APÓS O DESEMBARAÇO ADUANEIRO. INEXISTÊNCIA DE COMPROVAÇÃO DE LIBERAÇÃO ALFANDEGÁRIA. CONDIÇÃO NECESSÁRIA PARA QUE OS CORREIROS PUDESSEM EFETUAR A ENTREGA. INEXISTÊNCIA DE NEXO DE CAUSALIDADE. FALHA DO SERVIÇO NÃO CARACTERIZADA. 1. Ação ajuizada objetivando a condenação da EMPRESA BRASILEIRA DE CORREIOS E TELÉGRAFOS - ECT, ao pagamento de indenização por danos materiais e morais, em razão do alegado extravio de vestido de casamento adquirido no sítio eletrônico internacional AliExpress. 2. Das provas colacionadas aos autos, conforme informação do site da ECT, verifica-se que o vestido de noiva foi importado da China pelo site AliExpress, e enviado para o Brasil por meio de frete gratuito, com data de postagem em 09/07/2014, tendo chegado ao Brasil (Curitiba) em 08/08/2014, mas o produto não foi localizado no fluxo postal porque os objetos recebidos do exterior que apresentam código iniciado por R, não possuem rastreamento ponto a ponto, tendo prazo estimado para entrega de 50 dias úteis, a partir da liberação da alfândega. 3. A importação compreende as mercadorias importadas e remetidas ao País pelos correios, inclusive, compras realizadas pela Internet. Na remessa postal internacional, qualquer volume é admitido à postagem para transporte, podendo ser objeto de correspondência, mala M, encomenda ou remessa expressa. Na categoria postal, entre outras, encontram-se as pequenas encomendas – petit paquet – PP, remessa cujo peso máximo é de até 2 kg (dependendo do país de origem) e a encomenda postal internacional – colis postaux– CP, remessa com peso de até 30 kg, acompanhada de Boletim de Expedição e da Declaração para a Alfândega. 4. No caso trata-se de encomenda postal internacional, uma vez que o vestido de noiva foi importado da China, de modo que a mercadoria só ingressa regularmente no país após o desembaraço aduaneiro com o recolhimento dos impostos que forem devidos. Assim, ainda que a responsabilidade das pessoas jurídicas de direito privado que prestam serviços públicos seja objetiva, na modalidade risco administrativo (art. 37, § 6.º, da CF/88), não 1 havendo comprovação da liberação alfandegária, não há como afirmar a existência de nexo de causalidade entre a conduta da ECT e a não entrega ou o alegado extravio o vestido de noiva, uma vez que não restou demonstrado o cumprimento da condição necessária para que os Correios pudessem efetuar a entrega. 5. Remessa e recurso de apelação não providos" (TRF-2, Ap. Cív. 00044966420144025117, Sexta Turma Especializada, Rel. Des. Salete Maccalóz, julgado em 28/07/2016).

◙ **Dano moral. Existência de cadáver em avançado estágio de decomposição no reservatório do qual a concessionária de serviço público extrai a água fornecida à população.** "ADMINISTRATIVO. RESPONSABILIDADE CIVIL DO ESTADO. AUSÊNCIA DE OMISSÃO NO ACÓRDÃO. SERVIÇO DE ÁGUA E ESGOTO. CADÁVER EM DECOMPOSIÇÃO NO RESERVATÓRIO. DANO MORAL. CONFIGURADO. OMISSÃO. NEGLIGÊNCIA. FALHA NA PRESTAÇÃO DO SERVIÇO. DANO MORAL IN RE IPSA. 1. Fica configurada a responsabilidade subjetiva por omissão da concessionária decorrente de falha do dever de efetiva vigilância do reservatório de água, quando nele foi encontrado um cadáver humano. 2. De outro lado, também, ficou caracterizada a falha na prestação do serviço, indenizável por dano moral, quando a COPASA não garantiu a qualidade da água distribuída à população. 3. Ainda, há que reconhecer a ocorrência in re ipsa, o qual dispensa comprovação do prejuízo extrapatrimonial, sendo suficiente a prova da ocorrência de ato ilegal, uma vez que o resultado danoso é presumido. Recurso especial provido." (STJ, REsp 1492710/MG, Rel. Ministro Humberto Martins, Segunda Turma, DJe 19/12/2014) ◙ **No sentido de não admitir o dano moral.** "ADMINISTRATIVO. AGRAVO REGIMENTAL NO RECURSO ESPECIAL. RESPONSABILIDADE CIVIL. CADÁVER ENCONTRADO NO RESERVATÓRIO DE ÁGUA DA CIDADE. QUALIDADE DA ÁGUA APROVADA EM EXAME DE POTABILIDADE. DANO MORAL NÃO CARACTERIZADO. (...)1. As instâncias ordinárias, soberanas na análise do conjunto fático-probatório dos autos, afastaram a responsabilidade civil da concessionária por não vislumbrar dano moral em razão da descoberta de cadáver em reservatório da cidade de São Francisco, já que nenhuma alteração se verificou na qualidade da água distribuída aos consumidores." (STJ, AgRg no REsp 1550118/MG, Rel. Ministro Sérgio Kukina, Primeira Turma, DJe 25/09/2015)

■ **Dano moral por morte causada por corte no fornecimento de energia elétrica.** "PROCESSUAL CIVIL E ADMINISTRATIVO. RESPONSABILIDADE CIVIL. CORTE NO FORNECIMENTO DE ENERGIA ELÉTRICA.MORTE DO CONSUMIDOR POR FALTA DE FUNCIONAMENTO DE APARELHO ELETRÔNICO. INDENIZAÇÃO POR DANO MORAL. REVISÃO. SÚMULA 7/STJ. Hipótese em que o Tribunal de origem fixou a indenização por dano moral no montante de R$ 100.000,00, tendo em vista a ocorrência do evento morte (por ausência de funcionamento de aparelho eletrônico indispensável à vida do consumidor), vinculado ao corte no fornecimento de energia elétrica." (STJ, AgRg no AREsp 295.230/CE, Rel. Ministro Herman Benjamin, Segunda Turma, DJe 30/09/2013)

■ **Não configura dano moral a interrupção no fornecimento de energia elétrica pelo prazo de 5 (cinco) dias.** "AÇÃO DE COMPENSAÇÃO DE DANOS MORAIS. (...) INTERRUPÇÃO NO FORNECIMENTO DE ENERGIA ELÉTRICA PELO PRAZO DE 5 (CINCO) DIAS. DANO MORAL AFASTADO. (...) O propósito recursal é definir se há dano moral a ser compensado pela recorrente em razão da interrupção do fornecimento de energia elétrica à residência do recorrido e demora no restabelecimento do serviço após temporal ocorrido no município. (...) 5. A jurisprudência do STJ vem evoluindo, de maneira acertada, para permitir que se observe o fato concreto e suas circunstâncias, afastando o caráter absoluto da presunção de existência de danos morais indenizáveis. 7. Na espécie, não obstante admitida a responsabilidade da recorrente pelo evento danoso, a fixação do dano moral está justificada somente nos supostos transtornos causados pela falta de energia elétrica em sua residência, sem ter sido traçada qualquer nota adicional que pudesse ensejar a violação de direito de personalidade a ponto de causar grave sofrimento ou angústia, que caracteriza o dano moral. 8. Na hipótese dos autos, em razão de não ter sido invocado nenhum fato extraordinário que tenha ofendido o âmago da personalidade do recorrido, não há que se falar em abalo moral indenizável. 9. Recurso especial parcialmente conhecido e, nesta parte, provido." (STJ, REsp 1705314/RS, Rel. Ministra Nancy Andrighi, Terceira Turma, DJe 02/03/2018)

DANO MORAL ENVOLVENDO OUTRAS HIPÓTESES

■ **Dano moral. Pessoa jurídica.** "Dano moral: pessoa jurídica. (...) a jurisprudência da Corte está consolidada no sentido de admitir o dano moral à pessoa jurídica." (STJ, REsp 149161/RS, DJU 19/04/1999, p. 35, Rel. Min. Carlos Alberto Menezes Direito, J. 15.10.1998, 3ª T.)

■ **Dano moral a pessoa jurídica exige prova.** "PROCESSUAL CIVIL. RECURSO ESPECIAL. AÇÃO RESCISÓRIA. EMBARGOS DE DECLARAÇÃO OMISSÃO, CONTRADIÇÃO OU OBSCURIDADE. NÃO OCORRÊNCIA. REEXAME DE FATOS E PROVAS. INADMISSIBILIDADE. DANO MORAL. PESSOA JURÍDICA. DEMONSTRAÇÃO. AUSÊNCIA. (...). Para a pessoa jurídica, o dano moral é fenômeno distinto daquele relacionado à pessoa natural. Não se aceita, assim, o dano moral em si mesmo, isto é, como uma decorrência intrínseca à existência de ato ilícito. Necessidade de demonstração do prejuízo extrapatrimonial.– Na hipótese dos autos, não há demonstração apta de prejuízo patrimonial alegadamente sofrido pela recorrida. Recurso especial parcialmente conhecido e, nesta parte, provido". (STJ, REsp 1497313/PI, Terceira Turma, Rel. Ministra Nancy Andrighi, DJe 10/02/2017)

◙ **Dano moral. Soar falso de alarme antifurto.** "O soar falso do alarme magnetizado na saída da loja, a indicar o furto de mercadorias do estabelecimento comercial, causa constrangimento ao consumidor, vítima da atenção pública e forçado a mostrar os seus pertences para comprovar o equívoco. Dano moral que deve ser indenizado. Precedentes da Quarta Turma." (STJ, REsp 710876 / RJ, Rel. Min. Fernando Gonçalves, DJ 1.2.2006). ◙ **No sentido de não gerar danos morais.** "Dano moral. Alarme falso. Ausência de tratamento abusivo pelo segurança da loja como destacado no acórdão. 1. Se soa o alarme e não há indicação de que houve tratamento abusivo de nenhum empregado da loja, no caso, o segurança, sequer objeto da queixa da autora, não se pode identificar a existência de constrangimento suficiente para deferir o dano moral. (...)"(STJ – REsp 658975 – RS – 3ª T. – Rel. Min. Carlos Alberto Menezes, DJ. 26.2.2007)

◙ **Dano moral. Inclusão indevida de nomes de médicos em guia orientador de plano de saúde.** " A inclusão equivocada dos nomes de médicos em "Guia Orientador" de Plano de Saúde, sem expressa autorização, constitui dano presumido à imagem, gerador de direito à indenização, inexistindo necessidade de comprovação de qualquer prejuízo. Vale dizer, o dano é a própria utilização indevida da imagem com fins lucrativos, sendo dispensável a demonstração do prejuízo material ou moral." (STJ, REsp 1020936/ES, Rel. Ministro Luis Felipe Salomão, Quarta Turma, julgado em 17/02/2011, DJe 22/02/2011)

◙ **Dano moral. Anúncio em lista telefônica com informação equivocada.** "AGRAVO REGIMENTAL NO AGRAVO DE INSTRUMENTO. RESPONSABILIDADE CIVIL. DANO MORAL. ANÚNCIO EM LISTA TELEFÔNICA COM INFORMAÇÃO EQUIVOCADA. ONDE DEVERIA CONSTAR "MENOR PREÇO, MELHOR QUALIDADE; CONSTOU "MENOR PREÇO, MENOR QUALIDADE". EMPRESA DE PEQUENO PORTE QUE EXPLORA COMERCIALIZAÇÃO DE EXTINTORES DE INCÊNDIO. DANO PRESUMÍVEL. INAPLICABILIDADE DA SÚMULA 07/STJ. AGRAVO REGIMENTAL DESPROVIDO." (STJ, AgRg no Ag 1371645/DF, Rel. Min. Paulo de Tarso Sanseverino, Terceira Turma, DJe 16/03/2012)

◙ **Dano moral. Consumidor hipervulnerável. Assinatura de revistas não solicitadas com lançamento indevido de débito no cartão de crédito do consumidor.** "RECURSO ESPECIAL. RESPONSABILIDADE CIVIL. AÇÃO DE INDENIZAÇÃO POR DANOS MATERIAIS E MORAIS. ASSINATURAS DE REVISTAS NÃO SOLICITADAS. REITERAÇÃO. DÉBITO LANÇADO INDEVIDAMENTE NO CARTÃO DE CRÉDITO. DANO MORAL CONFIGURADO (...) I. Para se presumir o dano moral pela simples comprovação do ato ilícito, esse ato deve ser objetivamente capaz de acarretar a dor, o sofrimento, a lesão aos sentimentos íntimos juridicamente protegidos. II. A reiteração de assinaturas de revistas não solicitadas é conduta considerada pelo CDC como prática abusiva (art. 39, III). Esse fato e os incômodos decorrentes das providências notoriamente dificultosas para o cancelamento significam sofrimento moral de monta, mormente em se tratando de pessoa de idade avançada, próxima dos 85 anos de idade à época dos fatos, circunstância que agrava o sofrimento moral" (STJ, REsp 1102787, 3ª T., DJ 29.3.2010).

◙ **Dano moral. Roubo sofrido em estacionamento de supermercado.** "É dever de estabelecimentos como shoppings centers e hipermercados zelar pela segurança de seu ambiente, de modo que não se há falar em força maior para eximi-los da responsabilidade civil decorrente de assaltos violentos aos consumidores; II – Afastado o fundamento jurídico do acórdão a quo, cumpre a esta Corte Superior julgar a causa, aplicando, se necessário, o direito à espécie; III – Por se estar diante da figura do "damnum in re ipsa", ou seja, a configuração do dano está ínsita à própria eclosão do fato pernicioso, despicienda a comprovação do dano."(STJ, REsp 582.047/RS, Rel. Ministro Massami Uyeda, Terceira Turma, DJe 04/08/2009)

◙ **Dano moral. Não gera dano moral a torcedor o erro não intencional de arbitragem em partida de futebol.** "É sabido que a Fifa tem vedado a utilização de recursos tecnológicos, por isso que o árbitro de futebol, para a própria fluidez da partida e manutenção de sua autoridade em jogo, tem a delicada missão de decidir prontamente, valendo-se apenas de sua acuidade visual e da colaboração dos árbitros auxiliares. O art. 30 da Lei n. 10.671/2003 (Estatuto do Torcedor), atento à realidade das coisas, não veda o erro de fato não intencional do árbitro, pois prescreve ser direito do torcedor que a arbitragem das competições desportivas seja independente, imparcial, previamente remunerada e isenta de pressões. Destarte, não há falar em ocorrência de ato ilícito. A derrota de time de futebol, ainda que atribuída a erro "de fato" ou "de direito" da arbitragem, é dissabor que também não tem o condão de causar mágoa duradoura a ponto de interferir intensamente no bem-estar do torcedor, sendo recorrente em todas as modalidades de esporte que contam com equipes competitivas." (STJ, REsp 1296944/RJ, Rel. Ministro Luis Felipe Salomão, Quarta Turma, DJe 01/07/2013)

◙ **Dano moral. Morte em micareta.** "Ação de compensação por danos morais. Falecimento de menor em bloco participante de micareta. (...) Deficiência na prestação do serviço de segurança oferecido pelo bloco constatada. Não ocorrência de culpa exclusiva de terceiro.(...) Nos termos do art. 14, § 1º, CDC, considera-se defeituoso o serviço que não fornece a segurança que o consumidor dele pode esperar. – Nas micaretas, o principal serviço que faz o associado optar pelo bloco é o de segurança, que, uma vez não oferecido da maneira esperada, como ocorreu na hipótese dos autos, em que não foi impedido o ingresso de pessoa portando arma de fogo no interior do bloco, apresenta-se inequivocamente defeituoso." (STJ, REsp 878265/PB, Rel. Ministra Nancy Andrighi, Terceira Turma, DJe 10/12/2008)

◙ **O simples inadimplemento contratual não gera, em regra, danos morais.** "CONSUMIDOR E PROCESSUAL CIVIL. RECURSO ESPECIAL. AÇÃO DE COMPENSA-

ÇÃO POR DANOS MORAIS E MATERIAIS. PREQUESTIONAMENTO. AUSÊNCIA. SÚMULA 282/STF. REEXAME DE FATOS E PROVAS. INADMISSIBILIDADE. DANO MORAL. AUSÊNCIA DOS REQUISITOS. NÃO CONFIGURADO. (...) 4. Dano moral: agressão à dignidade da pessoa humana. Necessidade de reavaliação da sensibilidade ético-social comum na configuração do dano moral. Inadimplemento contratual ou vício do produto não causa, por si, danos morais (...)" (STJ, REsp 1426710/RS, Rel. Ministra Nancy Andrighi, Terceira Turma, DJe 09/11/2016). ◙ **No mesmo sentido:** "O simples inadimplemento contratual não gera, em regra, danos morais, por caracterizar mero aborrecimento, dissabor, envolvendo controvérsia possível de surgir em qualquer relação negocial, sendo fato comum e previsível na vida social, embora não desejável. No caso em exame, não se vislumbra nenhuma excepcionalidade apta a tornar justificável essa reparação." (STJ, REsp 827.833/MG, Rel. Ministro Raul Araújo, Quarta Turma, DJe 16/05/2012). ◙ **No mesmo sentido:** "OBRIGAÇÃO DE FAZER CUMULADA COM INDENIZATÓRIA. CONTRATO DE COMPRA E VENDA DE MÓVEIS PLANEJADOS. INADIMPLEMENTO CONTRATUAL. ATRASO NA ENTREGA DOS MÓVEIS. DANO MORAL NÃO CONFIGURADO. (...). 1. Na hipótese, o cumprimento tardio do contrato de compra e venda, com a demora na entrega de móveis planejados, não configura dano moral indenizável, porquanto não houve demonstração de que o fato tenha extrapolado o mero aborrecimento decorrente do inadimplemento contratual, atingindo de forma significativa algum direito da personalidade do comprador (bem extrapatrimonial). 2. A jurisprudência desta Corte Superior é no sentido de que o simples inadimplemento contratual, em regra, não configura dano moral indenizável, devendo haver consequências fáticas capazes de ensejar o sofrimento psicológico. (...)". (STJ, AgInt no AREsp 1327979/SP, Rel. Ministro Raul Araújo, Quarta Turma, DJe 16/10/2018)

◙ **Dano moral. Tumulto em estádio de futebol. Venda excessiva de ingressos aos torcedores do time adversário.** "RESPONSABILIDADE CIVIL – DANO MORAL E MATERIAL – TUMULTO EM ESTÁDIO DE FUTEBOL – LESÃO CORPORAL EM TORCEDOR – A Lei nº 10.671/03 (Estatuto de Defesa do Torcedor) foi editada em complementação à Lei nº 8.078/90, razão pela qual as respectivas normas devem ser aplicadas em conjunto. Por conseqüência, a responsabilidade da entidade desportiva, por danos causados ao torcedor, é objetiva, a teor do art. 14 do CDC. Havendo prova de que o serviço foi mal prestado, do dano e do nexo de causalidade, há o dever de reparação. Falha na prestação do serviço que está consubstanciada na venda excessiva de ingressos aos torcedores do time adversário e da visível desorganização do clube diante dessa situação."(...) (TJRS, APC 70010299618 – 5ª C.Cív. – Rel. Des. Leo Lima, J. 10.3.2005)

◙ **Dano moral. Privação de uso de eletrodoméstico (máquina de lavar-roupas) por longo período.** "EMENTA: DANO MORAL – MÁQUINA DE LAVAR DEFEITUOSA – VÍCIO OCULTO – SITUAÇÃO QUE ULTRAPASSA A ESFERA DO MERO DISSABOR – DANO MORAL CONFIGURADO. Há dano moral a reclamar ressarcimento no caso de consumidor que, tendo adquirido uma máquina de lavar, se vê obstado de seu uso, por longo tempo, em razão de defeito por ele apresentado, não sanado a tempo e modo" (TJMG, Ap. Cív. 1.0295.10.002785-9/001, Primeira Câmara Cível, Rel. Des. Evandro Lopes da Costa Teixeira, publicado em 06/09/2016).

◙ **Pulseira de relógio que deixou de ser fabricada e prazo razoável enre a aquisição e a retirada do mercado. Não cabimento de danos morais.** "AÇÃO INDENIZATÓRIA – FALHA NA PRESTAÇÃO DE SERVIÇOS – RELAÇÃO DE CONSUMO – INDISPONIBILIDADE DE PRODUTO PARA SUBSTITUIÇÃO – PULSEIRA DE RELÓGIO QUE DEIXOU DE SER FABRICADO – PERÍODO RAZOÁVEL ENTRE AQUISIÇÃO E RETIRADA DO MERCADO – DESGASTE NATURAL – EXEGESE DO ARTIGO 32 E PARÁGRAFO ÚNICO DO CDC – INEXISTÊNCIA DE DANOS MATERIAIS – HIPÓTESE QUE NÃO REVELA O SOFRIMENTO DESCRITO COMO CAPAZ DE ENSEJAR INDENIZAÇÃO POR DANOS MORAIS – RECURSO IMPROVIDO" (TJSP – Ap. Cív. 10006475820158260161, Trigésima Primeira Câmara de direito Privado, Rel. Des. Francisco Casconi, DJ 11/07/2016)

◙ **AliExpress é parte legítima para responder por dano moral em razão de produto não entregue ao consumidor.** "RECURSO INOMINADO. INDENIZATÓRIA. LEGITIMIDADE PASSIVA DO RECORRENTE. ALIEXPRESS – EBANX. COMPRA PELA INTERNET. PRODUTO NÃO ENTREGUE. AUSÊNCIA DE SOLUÇÃO ADMINISTRATIVA PARA O PROBLEMA. DESCASO E DESRESPEITO AO CONSUMIDOR. DANO MORAL CONFIGURADO. QUANTUM INDENIZATÓRIO QUE COMPORTA REDUÇÃO PARA SE ADEQUAR AO CASO CONCRETO. SENTENÇA PARCIALMENTE REFORMADA. 1. A recorrente tem legitimidade passiva para responder a presente demanda, pois, nos termos do artigo 18, caput do Código de Defesa do Consumidor, todos os envolvidos na cadeia de fornecedores são solidariamente responsáveis pelos vícios do produto ou do serviço. Por certo que tal legitimidade passiva não exclui eventual direito de regresso, em ação própria, em face dos demais integrantes da cadeia de fornecedores. 2. A ausência de solução administrativa para o problema causa dano moral, em razão do descaso e desrespeito ao consumidor que, muito embora efetuando o pagamento, não recebeu o produto adquirido (...)" (TJPR, Recurso Inominado 001370964.201681601820, Primeira Turma Recursal – Curitiba, Rel. Giani Maria Moreschi, DJ 07.02.2017).

◙ **O simples descumprimento da oferta não causa dano moral.** "Compra e venda de imóvel – Cumprimento forçado – A consumidora firmou proposta de compra de imóvel com corretor, que não repassou documento à construtora, impossibilitando conclusão do negócio – Fornecedor responsável por atos de representantes autônomos (art. 34 CDC) – Proposta equivale a oferta suscetível de cumprimento forçado (art. 35 I CDC) – Inexistência de dano moral – Recurso parcialmente provido" (TJSP, Ap. Cív. 02093105720118260100, Sétima Câmara de Direito Privado, Rel. Des. Luiz Antônio Costa, DJ 06/04/2015). ◙ **Em sentido contrário, causando dano moral:** "CIVIL – CDC – OFERTA VEICULADA PELA INTERNET – PRINCÍPIO DA VINCULAÇÃO – RECUSA DO FORNECEDOR DE CUMPRIR A OFERTA – DIREITO DO CONSUMIDOR DE EXIGIR O CUMPRIMENTO FORÇADO DA OBRIGAÇÃO –

OBRIGAÇÃO DE FAZER QUE SE IMPÕE - DANO MORAL CARACTERIZADO - QUANTUM MANTIDO - HONORÁRIOS ADVOCATÍCIOS REDUZIDOS - RECURSO PARCIALMENTE PROVIDO. 1. Segundo o art. 30 do CDC, a legislação consumerista adotou o princípio da vinculação, pelo qual o fornecedor que utiliza os meios de comunicação para fazer uma oferta a ela fica vinculado. O art. 35, I do mesmo instrumento legal, determina que é direito do consumidor, em recusando o fornecedor a cumprir o que publicara, exigir o cumprimento forçado da obrigação nos termos da oferta. 2. In casu, há dano moral indenizável, pois a empresa apelante, enquanto fornecedora de serviços, possui responsabilidade objetiva, consoante dispõe o art. 14 do CDC, sendo que nesta hipótese a mesma não logrou comprovar quaisquer das hipóteses excludentes do dever objetivo de indenizar dispostos no art. 14, § 3º do CDC (...)" (TJMA, Ap. Cív. 0607852013, Terceira Câmara Cível, Rel. Des. Jamil de Miranda Gedeon Neto, DJ 10/04/2014).

◙ **Dano moral. Fotografia de pessoa falecida divulgada por empregado de funerária.** "(...) RESPONSABILIDADE CIVIL. FOTOGRAFIA DE PESSOA FALECIDA DIVULGADA PELO EMPREGADO DA FUNERÁRIA EM GRUPO DE WHATSAPP. OFENSA AO DIREITO À IMAGEM DE PESSOA MORTA. DANO MORAL CONFIGURADO. QUANTUM INDENIZATÓRIO. MAJORAÇÃO. Caso dos autos em que o conjunto probatório demonstrou a responsabilidade dos demandados pela realização de fotografia da genitora dos autores durante a realização dos procedimentos que antecederam a preparação do corpo para o velório. A fotografia estilo selfie foi feita mostrando o rosto do codemandado, funcionário da funerária, e o corpo da falecida nua, sobre uma mesa e com a cânula para fazer a aspiração em sua barriga. Algo extremamente estarrecedor e sem nenhum fundamento e justificativa plausível, que, sem sobra de dúvidas, atingiu os autores, em momento muito delicado da vida, pois ficaram sabendo que a fotografia de sua mãe estava circulando em grupo de WhatsApp ainda durante o velório, configurando danos morais in re ipsa. (...)". (TJRS, Apelação Cível Nº 70078383692, Nona Câmara Cível, Tribunal de Justiça do RS, Relator: Tasso Caubi Soares Delabary, DJ 09/08/2018)

► **Indenização pela perda do tempo livre (tempo útil).** Outra forma interessante de indenização por dano moral que tem sido admitida pela jurisprudência é a indenização pela perda do tempo livre do consumidor. Muitas situações do cotidiano nos trazem a sensação de perda de tempo: o tempo em que ficamos "presos" no trânsito; o tempo para cancelar a contratação que não mais nos interessa; o tempo para cancelar a cobrança indevida do cartão de crédito; a espera de atendimento em consultórios médicos etc. A maioria dessas situações, desde que não cause outros danos, deve ser tolerada, uma vez que faz parte da vida em sociedade. Ao contrário, a indenização pela perda do tempo livre trata de situações intoleráveis, em que há desídia e desrespeito aos consumidores, que muitas vezes se veem compelidos a sair de sua rotina e perder o tempo livre para solucionar problemas causados por atos ilícitos ou condutas abusivas de fornecedores. Tais situações fogem do que usualmente se aceita como "normal", em se tratando de espera por parte do consumidor. São aqueles famosos casos de call center em que se espera durante 30 minutos ou mais, sendo transferido de um atendente para outro. Nesses casos, percebe-se claramente o desrespeito ao consumidor, que é prontamente atendido quando da contratação, mas, quando busca o atendimento para resolver qualquer impasse, é obrigado, injustificadamente, a perder seu tempo livre.

◙ **Perda do tempo livre. Demora na substituição de modem pela operadora de serviço de internet.** "APELAÇÃO CÍVEL. AÇÃO DE INDENIZAÇÃO POR DANOS MORAIS.SITUAÇÃO FÁTICA. CONTRATO DE PRESTAÇÃO SERVIÇO DE TELEFONIA FIXA E INTERNET. MORA DA CONCESSIONÁRIA EM SUBSTITUIR O EQUIPAMENTO MODEM. SUSPENSÃO DOS SERVIÇOS DE INTERNET. SENTENÇA DE IMPROCEDÊNCIA. INSURGÊNCIA DOS AUTORES.INVERSÃO DO ÔNUS DA PROVA. NÃO CONHECIMENTO.FALTA DE INTERESSE DE AGIR.LEGITIMIDADE ATIVA. RECONHECIMENTO. FILHA DO CONSUMIDOR CONTRATANTE. USUÁRIA DO SERVIÇO. CONSUMIDOR POR EQUIPARAÇÃO. INTELIGÊNCIA DO ARTIGO 17 DO CDC. DANO MORAL. OCORRÊNCIA. SUSPENSÃO INJUSTIFICADA DO SERVIÇO DE INTERNET POR 19 (DEZENOVE) DIAS. ABALOS QUE SUPERARAM OS MEROS DISSABORES E CONTRATEMPOS DO COTIDIANO. APLICAÇÃO DA TEORIA DA PERDA DO TEMPO LIVRE. COMPENSAÇÃO PELO ABALO MORAL DEVIDA.ÔNUS SUCUMBENCIAL. INVERSÃO.RECURSO PARCIALMENTE CONHECIDO E, NA PARTE CONHECIDA, PROVIDO PARA RECONHECER A LEGITIMIDADE DA APELANTE DAIANE, CONDENAR A REQUERIDA AO PAGAMENTO DE INDENIZAÇÃO POR DANOS MORAIS (R$ 10.000,00) E INVERTER O ÔNUS SUCUMBENCIAL" (TJPR, Ap. Cív. 15703843, Décima Primeira Câmara Cível, Rel. Des. Lenice Bodstein, DJ 24/01/2017).

◙ **Perda do tempo útil. Inadimplemento contratual. Consumidores impedidos de assistir à partida de futebol.** "APELAÇÕES CÍVEIS. AÇÃO INDENIZATÓRIA. FALHA NA PRESTAÇÃO DE SERVIÇO. EVENTO ESPORTIVO. IMPOSSIBILIDADE DE INGRESSAR NO ESTÁDIO. DANO MATERIAL CONFIGURADO. DANO MORAL. PERDA DO TEMPO ÚTIL DO CONSUMIDOR. VALOR. PROPORCIONALIDADE. SENTENÇA REFORMADA PARCIALMENTE. – O art. 13-A, I do Estatuto do Torcedor elenca o ingresso como condição de acesso ao estádio. Adquirido o ingresso e frustrada a presença no jogo, a falha na prestação de serviços equivale ao inadimplemento total, razão pela qual se impõe a devolução do valor do ingresso. – Embora consagrada a orientação de que o inadimplemento contratual não revela ocorrência de dano moral, a falha no serviço que provoca a perda considerável do tempo útil do consumidor enseja reparação por dano extrapatrimonial" (TJMG, Ap. Cív. 10452130019881001, Décima Sexta Câmara Cível, Rel. Des. José Marcos Vieira, DJ 02/12/2016).

◙ **Perda do tempo útil. Cobrança indevida não solucionada na esfera administrativa.** "Cabe condenar ao pagamento de indenização por danos morais a parte que não procede à paralisação das cobranças das prestações de um contrato de empréstimo do cliente, mesmo após a quitação do débito, obrigando o consumidor, com evidente perda de tempo útil, a tentar resolver a questão na esfera administrativa e, depois, a ajuizar ação para ver resguardado seu direito, frontalmente agredido pela má-fé gerencial". (TJMG, Ap. Cív. 10145150265133001, Décima Sétima Câmara Cível, Rel. Des. Evandro Lopes da Costa Teixeira, DJ 12/07/2016).

◙ **Perda do tempo útil. Demora na solução extrajudicial de demanda de consumo. Necessidade de propositura de ação judicial.** "APELAÇÃO CÍVEL. TELEFONIA. COBRANÇAS EM DESACORDO COM A OFERTA. TENTATIVAS INCONTROVERSAS DE SOLUÇÃO EXTRAJUDICIAL. PERDA DE TEMPO ÚTIL. DANO MORAL. RECURSO PARCIALMENTE PROVIDO. 1. Considerando a inércia da concessionária em comprovar que os valores cobrados correspondem efetivamente ao plano contratado pela autora, eis que inexiste nos autos contrato, proposta, oferta ou qualquer outro documento nesse sentido, não obstante a inversão do ônus da prova e o deferimento de prazo para a juntada de prova documental suplementar (e-fl. 115), entendo que a falha na prestação do serviço foi corretamente reconhecida pelo magistrado sentenciante. 2. O dano moral no presente deve ser reconhecido em razão da perda de tempo útil experimentada pela consumidora para a regularização das cobranças, o que foi obtido somente após decisão judicial. Cabe frisar que a verdadeira via crucis narrada para obter a solução extrajudicialmente constitui fato incontroverso, eis que não foi objeto de impugnação específica". (TJRJ, Ap. Cív. 00107759720138190007, Vigésima Quarta Câmara Cível, Rel. Des. Tula Corrêa de Mello Barbosa, DJ 11/12/2015)

◙ **Perda do tempo útil. Interrupção do serviço de telefone e internet. Reclamação não solucionada na via administrativa.** "RELAÇÃO DE CONSUMO. CONCESSIONÁRIA DE SERVIÇO PÚBLICO. AÇÃO DE OBRIGAÇÃO DE FAZER C/C INDENIZAÇÃO POR DANOS MATERIAIS E MORAIS C/C ANTECIPAÇÃO DOS EFEITOS DA TUTELA. TELEFONIA FIXA E INTERNET BANDA LARGA. INDEVIDA INTERRUPÇÃO. RECLAMAÇÕES ADMINISTRATIVAS NÃO SOLUCIONADAS. PERDA DO TEMPO ÚTIL DO CONSUMIDOR, ATRAVÉS DE DIVERSOS PROTOCOLOS DE ATENDIMENTOS TELEFÔNICOS NÃO RESOLVIDOS. DEMANDADA NÃO SE DESINCUMBIU DO ÔNUS DE COMPROVAR FATO IMPEDITIVO, MODIFICATIVO OU EXTINTIVO DO DIREITO DO AUTOR. FALHA NA PRESTAÇÃO DO SERVIÇO. SENTENÇA CONDENATÓRIA. RESSARCIMENTO EM DOBRO PELOS DANOS MATERIAIS COMPROVADOS. DANOS MORAIS ARBITRADOS EM R$ 2.000,00 (DOIS MIL REAIS). APELAÇÃO PRINCIPAL. RÉ QUE PRETENDE A REFORMA INTEGRAL DO JULGADO, POR AUSÊNCIA DO DEVER DE INDENIZAR, AO FUNDAMENTO DE INEXISTÊNCIA DA PRÁTICA DE ATO ILÍCITO. SUBSIDIARIAMENTE, REQUER A REDUÇÃO DA VERBA IMATERIAL. RECURSO ADESIVO DA AUTORA. PEDIDO DE MAJORAÇÃO DO QUANTUM EXTRAPATRIMONIAL. DANOS MATERIAIS DEVIDAMENTE COMPROVADOS. DEVOLUÇÃO EM DOBRO. INCIDÊNCIA DO PARÁGRAFO ÚNICO DO ARTIGO 42 DO DIPLOMA CONSUMERISTA. MÁ-FÉ NAS COBRANÇAS, EFETIVADAS MESMO APÓS VÁRIAS RECLAMAÇÕES DO DEMANDANTE, REGISTRANDO A INTERRUPÇÃO DO FUNCIONAMENTO DO TELEFONE E DA INTERNET". (TJRJ, Ap. Cív. 02579825820158190001, Vigésima Quarta Câmara Cível, Rel. Des. Luiz Roldão de Freitas Gomes Filho, julgado em 22/06/2016).

◙ **Perda do tempo útil. Compra pela internet. Atraso na coleta de produto defeituoso e posterior liberação do crédito em favor do consumidor.** "Sentença que acolheu os pedidos autorais, fixando em R$ 1.500,00 (mil e quinhentos reais) o reparo aos danos extrapatrimoniais suportados pelo comprador. Apelação dos autores pela majoração do valor indenizatório arbitrado, e pela determinação de indenizar danos imateriais alegados pela segunda autora, mãe do comprador, como destinatária da mercadoria. Dinâmica e duração da falha no serviço (81 dias para o efetivo recebimento da mercadoria sem defeito) e essencialidade do produto (bomba de água) que devem influenciar na fixação da indenização. Perda do tempo útil e abuso quanto à disponibilidade do consumidor para coleta do produto defeituoso. Quantum indenizatório que merece ser majorado para R$3.000,00, de modo a se alinhar à Jurisprudência da Câmara e para observar a razoabilidade. Extensão subjetiva do reparo ao dano extrapatrimonial que não encontra respaldo no caso concreto. Não se demonstrou participação ativa da mãe do comprador no processo de compra ou resolução do problema. Não se reconhece a figura do consumidor por equiparação na hipótese. Inexistência de nexo causal entre o lamentável sofrimento pela falta de abastecimento de água (agravado pela idade e estado de saúde da segunda recorrente) e a conduta danosa da ora demandada". (TJRJ, Ap. Cív. 00158937120158190205, Vigésima Terceira Câmara Cível, Rel. Des. Celso Silva Filho, julgado em 15/06/2016).

◙ **Perda do tempo livre. Ausência de solução extrajudicial de cobrança indevida.** "APELAÇÃO CÍVEL. AÇÃO DE OBRIGAÇÃO DE FAZER C/C REPETIÇÃO DE INDÉBITO E COMPENSAÇÃO POR DANO MORAL. INDENIZAÇÃO POR DANOS MORAIS DECORRENTE DE COBRANÇAS INDEVIDAS CUJA CESSAÇÃO OU RESSARCIMENTO NÃO FOI OBTIDA EXTRAJUDICIALMENTE NEM COM A INTERVENÇÃO DO PROCON. TEORIA DA PERDA DO TEMPO LIVRE QUE IMPÕE A COMPENSAÇÃO PELO ABALO MORAL SOFRIDO.PRECEDENTES. VIOLAÇÃO À BOA-FÉ OBJETIVA PÓS- CONTRATUAL E AO PRINCÍPIO DA COOPERAÇÃO ENTRE OS CONTRATANTES (CC, ART. 422). SENTENÇA REFORMADA. RECURSO PROVIDO. (TJPR, Ap. Cív. 1512885-5, Décima Primeira Câmara Cível, Região Metropolitana de Maringá – Foro Regional de Mandaguaçu, Rel. Des. Mario Nini Azzolini, DJ 27/06/2016)

◙ **Perda do tempo útil. Ausência de entrega de mercadoria devidamente paga.** "Cabe condenar ao pagamento de indenização por danos morais a empresa que não procede à entrega da mercadoria adquirida em sítio eletrônico e devidamente paga, bem como que não efetua o cancelamento, muito menos o estorno do valor, mesmo havendo pedido idôneo para tanto, obrigando o consumidor, a mais de uma vez, com evidente perda de tempo útil, a tentar resolver a questão na esfera administrativa e, depois, a ajuizar ação para ver resguardado seu direito, frontalmente agredido pela má-fé gerencial". (TJMG, Ap. Cív. 10431130055186001, Décima Sétima Câmara Cível, Rel. Des. Evandro Lopes da Costa Teixeira, DJ 29/03/2016).

◙ **Perda do tempo útil. Geladeira que apresenta vício.** "RELAÇÃO DE CONSUMO. AÇÃO INDENIZATÓRIA. VÍCIO DO PRODUTO. GELADEIRA. PRODUTO EN-

VIADO À ASSISTÊNCIA TÉCNICA. AUSÊNCIA DE DEVOLUÇÃO DO PRODUTO OU DE TROCA. FALHA NA PRESTAÇÃO DO SERVIÇO PÓS CONTRATUAL. PERDA DE TEMPO ÚTIL. BEM ESSENCIAL. DANO MORAL CONFIGURADO. VALOR RAZOÁVEL FACE ÀS CIRCUNSTÂNCIAS DO CASO (R$ 31.520,00). SENTENÇA MANTIDA POR SEUS PRÓPRIOS FUNDAMENTOS". (TJES, Recurso Inominado 00044178220158080030, Colégio Recursal – 1º Gabinete – Turma Norte, Rel. Carlos Magno Telles, julgado em 21/03/2016)

◙ **Perda do tempo útil. Falha no sistema informatizado de instituição bancária.** "AÇÃO DECLARATÓRIA DE INEXIGIBILIDADE DE DÉBITO – INDENIZAÇÃO POR DANOS MORAIS – PRESTAÇÕES DO FINANCIAMENTO DE VEÍCULO – PERDA DO TEMPO ÚTIL DO CONSUMIDOR – Autor que, equivocadamente, pagou em novembro de 2014, a prestação que se venceria em novembro de 2015. Após contato com o banco réu, este orientou o autor a lavrar um termo de ajuste de parcela paga, o que foi efetivamente feito – Mesmo seguindo a orientação do banco, este deixou de dar baixa em seu sistema, promovendo a cobrança da parcela que reputou como inadimplida, além de ameaçar com a negativação e busca e apreensão do veículo financiado – Danos morais configurados – Abuso na cobrança e negligência do banco na correção do sistema, gerando a perda do tempo útil do consumidor – Valor da indenização fixado em R$ 8.000,00, que se mostra adequado ao caso em tela – RECURSOS DESPROVIDOS". (TJSP, Ap. Cív. 10043557720158260562, Vigésima Terceira Câmara de Direito Privado, Rel. Des. Sérgio Shimura, DJ 19/02/2016)

◙ **Perda do tempo útil e desvio produtivo do consumidor. Espera em fila de banco por tempo superior ao estabelecido em lei local.** "CIVIL E DIREITO DO CONSUMIDOR. FILA DE BANCO. DEMORA INJUSTIFICADA NO ATENDIMENTO. ESPERA SUPERIOR AO TEMPOESTIPULADO NAS LEGISLAÇÕES REGULADORAS DA MATÉRIA. AÇÃO DE INDENIZAÇÃO POR DANOS MORAIS JULGADA IMPROCEDENTE. APELO PROVIDO. ATO ILÍCITO CONFIGURADO. RESPONSABILIDADE CIVIL PELA TEORIA DA PERDA DO TEMPO ÚTIL/LIVRE. FALHA NA PRESTAÇÃO DO SERVIÇO. DANO MORAL CONFIGURADO. QUANTUM INDENIZATÓRIO FIXADO COM BASE NA RAZOABILIDADE E NA PROPORCIONALIDADE. DECISÃO POR MAIORIA DE VOTOS. 1. Consta dos autos que a instituição financeira ré, sem qualquer justificativa plausível, demorou para atender a autora, forçando-a a permanecer na fila bancária por mais de 1 (uma) hora. 2. A responsabilidade civil do banco réu restou caracterizada com base na teoria da perda do tempo útil/livre na medida em que o fornecedor/prestador de serviços impôs ao consumidor/cliente a perda de considerável parcela do seu tempo na solução de uma demanda de consumo, configurando assim falha na prestação do serviço ensejadora do dever de indenizar. Precedentes Jurisprudenciais. 3. O valor da indenização deve proporcionar à vítima satisfação na justa medida do abalo sofrido, produzindo no agente causador do ilícito impacto suficiente para dissuadi-lo de cometer novamente o mesmo ato, forçando-o a agir sempre com cautela e prudência" (TJPE, Ap. Cív. 4034771, Quinta Câmara Cível, Rel. Des. Agenor Ferreira de Lima Filho, DJ 27/01/2016).

◙ **Perda do tempo útil. Demora no envio de boleto ao consumidor para quitação de débito.** "APELAÇÃO CÍVEL – AÇÃO INDENIZATÓRIA – FALHA NA PRESTAÇÃO DE SERVIÇOS POR INSTITUIÇÃO FINANCEIRA – COMPROVAÇÃO – BOLETO PARA QUITAÇÃO ANTECIPADA DE FINANCIAMENTO – ENVIO AO CONSUMIDOR – DEMORA INJUSTIFICADA – INOBSERVÂNCIA DO PRAZO LEGAL – CONDUTA ILÍCITA – CONFIGURAÇÃO – REPETIÇÃO DE INDÉBITO EM DOBRO – DESCABIMENTO – DANOS MORAIS – EXISTÊNCIA – DEMASIADA PERDA DE TEMPO ÚTIL – MONTANTE – CRITÉRIOS DE ARBITRAMENTO – PROPORCIONALIDADE E RAZOABILIDADE – CONSECTÁRIOS LEGAIS – TERMO INICIAL – ÔNUS DA SUCUMBÊNCIA – REDISTRIBUIÇÃO. Para a configuração da responsabilidade civil, é imprescindível a demonstração do ato ilícito, do dano efetivo e do nexo de causalidade entre tais elementos. A demora injustificada e em prazo muito superior ao previsto legalmente para a emissão de boleto para quitação antecipada de financiamento configura conduta ilícita praticada pela instituição financeira, por falha na prestação de serviços. (...) O dano moral tem caráter imaterial, logo, para sua comprovação, deve ser possível presumir a potencialidade ofensiva das circunstancias e dos fatos concretos e a repercussão no patrimônio subjetivo da vítima. A situação fática de demasia perda de tempo útil por consumidor na busca da solução extrajudicial de controvérsia motivada por desídia do fornecedor extrapola o mero dissabor e resulta em efetivo dano moral. (...)." (TJMG, Ap. Cív. 10145140237275001, Décima Sétima Câmara Cível, Rel. Des. Leite Praça, DJ 01/12/2015).

◙ **Perda do tempo livre. Espera excessiva em diversas filas em agência de atendimento de concessionária de energia elétrica.** "RECURSO INOMINADO. AÇÃO DE INDENIZAÇÃO POR DANOS MORAIS E PERDA DE TEMPO LIVRE. 1. O autor possuía uma fatura em atraso com vencimento em 07/03/2014; 2. Conforme cobrança de fl. 12, só poderia ser quitada junto à própria CEEE; 3. Embora tenha procurado a ré por três vezes não conseguiu pagar o débito de R$ 15,05, eis que os funcionários estiveram em greve no período de 31/03/2014 até 02/05/2014, inscrevendo o autor no cadastro de proteção ao crédito durante o mês de abril de 2014. CONSIDERANDO A PECULIARIDADE DO CASO O DANO MORAL FOI ARBITRADO EM R$ 1.500,00 (MIL E QUINHENTOS REAIS). SENTENÇA MANTIDA. NEGARAM PROVIMENTO AO RECURSO. (TJRS, Recurso Cível 71005137948, Quarta Turma Recursal Cível, Turmas Recursais, Relator: Léo Romi Pilau Júnior, Julgado em 27/02/2015).

◙ **Perda do tempo livre. Espera por mais de 4 horas em fila de banco.** "APELAÇÃO CÍVEL. DIREITO DO CONSUMIDOR. ESPERA EM FILA DE BANCO SUPERIOR A QUATRO HORAS. DANOS MORAIS CONFIGURADOS. FALHA NA PRESTAÇÃO DO SERVIÇO. DEVER DE INDENIZAR.PRECEDENTES. SENTENÇA REFORMADA. APELO PROVIDO1. Na hipótese, o Apelante permaneceu na fila de espera por cerca de 04h30 (quatro horas e meia) para realizar um pagamento, extrapolando qualquer limite do razoável. Tal espera, por si só, enseja muito mais que um mero aborrecimento e as intempéries da convivência social do diaadia. 2. O juiz a quo, ao julgar improcedente o pedido do apelante se fundamentou apenas em um julgado do STJ que considera insuficiente o dano moral fundamentado apenas no tempo mínimo de espera fixado em legislação local. Ora essa não é a hipótese doa autos, pois além de descumprido o mínimo de tempo de espera estabelecido pela Febraban, que é de 30 minutos em dias normais e de 40 minutos em dias de pico, descumpriu também a lei municipal do Município de Pesqueira, a qual estabelece o tempo mínimo de espera em 15 minutos. O município de Pesqueira possui legislação própria referente ao tempo de espera em instituições bancárias (Lei 1001/2005). 3. Na hipótese, não foi só o prazo que fora descumprido, mas a irrazoabilidade de espera por um período de 04h30, espera esta que não se configura apenas como mero aborrecimento, visto que o apelante comprovou que é um profissional servidor do Instituto Federal de Pernambuco (IFPE), antiga escola técnica, onde coordena o setor de piscicultura, deixando de comparecer no seu trabalho no período em que permanecia na fila à espera de atendimento bancário. A perda de uma tarde de trabalho para um servidor público que coordena um setor do ensino público, para além de mero aborrecimento atinge o âmago de sua responsabilidade causando angústia e sofrimento por esta ausente de seu trabalho, por circunstância alheia a sua vontade. 4. A responsabilidade civil do banco réu restou caracterizada com base na teoria da perda do tempo útil/livre na medida em que o fornecedor/prestador de serviços impôs ao consumidor/cliente a perda de considerável parcela do seu tempo na solução de uma demanda de consumo, configurando assim falha na prestação do serviço ensejadora do dever de indenizar. Em se tratando de relação de consumo e de falha no atendimento, o banco responde independentemente da existência de culpa pela reparação dos prejuízos experimentados (art. 14 do CDC).5. Não é possível compactuar com o descaso e a falha na prestação do serviço do ente financeiro, que tem como principal característica de sua atividade o lucro e, mesmo assim, mantém inúmeras agências do país com um número de servidores inferior ao necessário, impondo aos consumidores verdadeiras odisseias para conseguir o acesso aos serviços desejados, como ocorrido na hipótese.6. Sem perder de vista os postulados da razoabilidade e proporcionalidade, a capacidade econômica das partes e, ainda, o caráter pedagógico de tais indenizações, a indenização no patamar de R$ 2.000,00 (dois mil reais) atende às circunstâncias do caso concreto. 7. Sentença reformada.8. Apelo provido.9. Decisão unânime" (TJPE, Ap. Cív. 4252662, Primeira Câmara Regional de Caruaru, Rel. Des. José Viana Ulisses Filho, DJ 15/07/2016)

◙ **Perda do tempo livre. Demora excessiva em efetuar troca do aparelho.** "Direito do consumidor. Alegação de aquisição de aparelho de home theater defeituoso. Sentença que condenou a ré a restituir o valor pago pelo produto. Autora que, durante dez meses, tentou efetuar a troca do aparelho, deixando-o na loja para análise e não obtendo qualquer resposta. Tempo despendido pela autora tentando solucionar o problema que não pode ser desconsiderado. Comprovação das inúmeras ligações efetuadas para a loja da ré. Perda do tempo livre. Dano moral configurado, fixada a verba compensatória em R$ 1.000,00 (mil reais). Provimento do recurso." (TJRJ – Apelação: APL 100961720078190037, Re. Des. Alexandre Camara, Jul.18/05/2011 , Publicação 20/05/2011)

◙ **Perda do tempo livre. Demora injustificada de reparo em vício na televisão.** "APELAÇÕES CÍVEIS. COMPRA PELA INTERNET. DEFEITO NO PRODUTO. DEMORA INJUSTIFICADA DE REPARO. PRAZO DE GARANTIA VIGENTE. MÁ PRESTAÇÃO DE SERVIÇO. DANOS MORAIS CONFIGURADOS. REDUÇÃO.In casu, o consumidor se viu obrigado a recorrer ao Poder Judiciário para pleitear o conserto de um aparelho de televisão e o reconhecimento de danos morais. A demora exagerada no conserto ou troca do produto que desempenha na vida cotidiana importante papel, somada à perda do tempo livre do consumidor, gera direito à percepção de danos morais. Quantum indenizatório que se reduz. Recursos providos em parte, na forma do art. 557 § 1º-A do CPC, para reduzir a verba indenizatória.557§ 1º-ACPC." (TJRJ, 328366120098190210 RJ 0032836-61.2009.8.19.0210, Relator: Des. Cherubin Helcias Schwartz, Data de Julgamento: 06/06/2011, Decima Segunda Camara Civel, Data de Publicação: 14/06/2011)

◙ **Perda do tempo livre. Cobrança indevida não corrigida em tempo hábil e em razão da qual o consumidor necessitou ir a juízo para exclusão.** "DIREITO DO CONSUMIDOR. VICIO NA PRESTAÇÃO DO SERVIÇO. COBRANÇA INDEVIDA. RESPONSABILIDADE OBJETIVA. PERDA DO TEMPO ÚTIL. DANO IN RE IPSA. DANO MORAL CONFIGURADO. RECURSO CONHECIDO E PROVIDO. CONDENAÇÃO EM DANOS MORAIS IMPOSTA" (TJAM, Ap. Cív. 06248482620148040001, Primeira Câmara Cível, Rel. Des. Yedo Simões de Oliveira, DJ 11/07/2016).

► **Desvio produtivo do consumidor.** Ainda dentro da proposta de compensação do dano ocasionado pela perda do tempo do consumidor na solução de demandas de consumo, merece referência a tese do "Desvio Produtivo do Consumidor", de autoria de Marcos Dessaune. Segundo o autor, "*o desvio produtivo caracteriza-se quando o consumidor, diante de uma situação de mau atendimento, precisa desperdiçar o seu tempo e desviar as suas competências — de uma atividade necessária ou por ele preferida — para tentar resolver um problema criado pelo fornecedor, a um custo de oportunidade indesejado, de natureza irrecuperável. Em outra perspectiva, o desvio produtivo evidencia-se quando o fornecedor, ao descumprir sua missão e praticar ato ilícito,independentemente de culpa, impõe ao consumidor um relevante ônus produtivo indesejado pelo último ou, em outras palavras, onera indevidamente os recursos produtivos dele (consumidor)*". (DESSAUNE, Marcos. Desvio Produtivo do Consumidor: o prejuízo do tempo desperdiçado. São Paulo: RT, 2011, p. 377)

◙ **Desvio Produtivo do consumidor. Cobrança indevida.** "PRESTAÇÃO DE SERVIÇOS – Cancelamento incontroverso – Cobrança indevida – Dano moral caraterizado – No caso concreto, descumprimento contratual que se afasta da normalidade – Indenização pelo desvio produtivo do consumidor. Recurso parcialmente provido" (TJSP, Ap. Cív. 10154385820148260002, Trigésima Terceira Câmara de Direito Privado, Rel. Des. Sá Moreira de Oliveira, DJ 13/02/2017).

◙ **Desvio produtivo do consumidor. Frustração na entrega de presente.** APELAÇÃO – AÇÃO INDENIZATÓRIA – CÓDIGO DE DEFESA DO CONSUMIDOR –

DESCUMPRIMENTO CONTRATUAL - FALHA NO SERVIÇO - DANO MORAL - LUCRO ILÍCITO - DESVIO PRODUTIVO DO CONSUMIDOR. - Falha do serviço, frustrada a entrega de produto da lista de presentes, que importa no reconhecimento do dever de indenizar - inteligência dos artigos 186 e 927 do Código Civil. O descumprimento contratual pode, excepcionalmente, caracterizar dano extrapatrimonial - descumprimento da avença que viola elemento extrapatrimonial, constituindo dano. Responsabilidade civil que tem o condão de punir condutas ilícitas, especialmente quando reiteradamente adotadas por justificativas econômicas ("lucro ilícito") e caracterizadas pelo desvio produtivo do consumidor; - Indenização arbitrada de acordo com os paradigmas jurisprudenciais e com a extensão do dano (art. 944, CC) - R$3.000,00; RECURSO PROVIDO". (TJSP, Ap. Cív. 10014418720158260320, Trigésima Câmara de Direito Privado, Rel. Des. Maria Lúcia Pizzotti, Julgado em 07/07/2016)

◙ **Desvio produtivo do consumidor. Cartão de crédito. Resistência injustificada da administradora para cancelar cobrança indevida.** "RESPONSABILIDADE CIVIL. Danos morais. Cartão de crédito. Efetivação de prévio bloqueio do dispositivo pela consumidora, por suspeita de clonagem. Utilização do cartão no comércio, a despeito das providências adotadas pela autora. Legitimidade passiva da ré configurada. Responsabilidade objetiva e solidária da empresa detentora da bandeira do cartão e da instituição financeira administradora. Hipótese em que, para evitar restrição cadastral a seu nome, viu-se a autora compelida a entrar em contato, por diversas vezes, com a central de atendimento. Situação que extrapolou o mero aborrecimento do cotidiano ou dissabor por insucesso negocial. Recalcitrância injustificada em cancelar os gastos não realizados pela consumidora. Adoção, no caso, da teoria do "Desvio Produtivo do Consumidor", tendo em vista que a autora foi privada de tempo relevante para dedicar-se ao exercício de atividades que melhor lhe aprouvessem, submetendo-se, em função do episódio em cotejo, a intermináveis percalços para a solução de problemas oriundos de má prestação do serviço. Danos morais indenizáveis configurados. Indenização arbitrada e preservada em oito mil reais. Admissibilidade da eventual conversão da obrigação de fazer [cancelamento dos débitos das faturas impugnadas] em perdas e danos (CPC, 633). Pedido inicial julgado parcialmente procedente. Sentença mantida. Preliminar repelida. Recurso improvido". (TJSP, Ap. Cív. 10542480220148260100, Décima Nona Câmara de Direito Privado, Rel. Des. João Camillo de Almeida Prado Costa, DJ 17/12/2015)

◙ **Desvio produtivo do consumidor. Vício do produto. Demora no conserto de tablet.** "REPARAÇÃO DE DANOS MORAIS E MATERIAIS - VÍCIO DO PRODUTO - DESVIO PRODUTIVO DO CONSUMIDOR - PRAZO DE GARANTIA - VALOR DA INDENIZAÇÃO. 1 - Consumidor que ganhou o produto de presente e cerca de seis meses depois não pôde mais dele se utilizar em razão de vício não solucionado pela assistência técnica, arrastando-se o problema por período posterior para que o reembolso fosse efetuado, o que jamais ocorreu; 2 - Aplicável a tese do desvio produtivo do consumidor. Referida teoria, difundida por renomados doutrinadores, prevê que é vedado ao fornecedor impor ao consumidor uma situação que o faça "perder tempo" em filas, em espera excessiva por atendimento, em SAC e demais "call centers", em retorno às lojas para consertos de bens recém-adquiridos, em espera em aeroportos por voos atrasados ou pelo envio de uma mercadoria. Tais esperas desnecessárias podem ocasionar um desperdício injusto, ilegítimo e, consequentemente, danoso ao consumidor, que poderia se utilizar melhor de seu tempo realizando outras atividades, seja trabalhando, seja estudando, seja em seu momento de lazer; 3 – Tablet que foi dado de presente para consumidor, que com seis meses de uso não podia mais se utilizar do produto. Levado para a assistência técnica competente, esta constatou que o problema era de difícil ou inútil solução, tendo início uma intensa e demorada negociação para que o ressarcimento fosse realizado, o que jamais ocorreu. O magistrado entendeu por bem fixar indenização em quantia equivalente a R$ 5.000,00 quantia que, de fato, comporta aumento, considerando o valor do produto, as peculiaridades do caso, o porte da empresa, não se tratando de mero dissabor ou aborrecimento. Majoração para quantia equivalente a R$ 15.000,00, suficiente para reparar os danos causados e impingir ao fornecedor o dever de aprimorar a prestação de seus serviços. RECURSO DA RÉ MOTOROLA IMPROVIDO. RECURSO DA AUTORA PROVIDO". (TJSP, Ap. Cív. 40073935620138260161, Trigésima Câmara de Direito Privado, Rel. Des. Maria Lúcia Pizzotti, DJ 09/10/2015)

◙ **Desvio produtivo do consumidor. Espera por tempo excessivo em fila de banco.** "RECURSO ESPECIAL. CONSUMIDOR. TEMPO DE ATENDIMENTO PRESENCIAL EM AGÊNCIAS BANCÁRIAS. DEVER DE QUALIDADE, SEGURANÇA, DURABILIDADE E DESEMPENHO. ART. 4º, II, "D", DO CDC. FUNÇÃO SOCIAL DA ATIVIDADE PRODUTIVA. MÁXIMO APROVEITAMENTO DOS RECURSOS PRODUTIVOS. TEORIA DO DESVIO PRODUTIVO DO CONSUMIDOR. DANO MORAL COLETIVO. OFENSA INJUSTA E INTOLERÁVEL. VALORES ESSENCIAIS DA SOCIEDADE. FUNÇÕES. PUNITIVA, REPRESSIVA E REDISTRIBUTIVA. (...) 8. O desrespeito voluntário das garantias legais, com o nítido intuito de otimizar o lucro em prejuízo da qualidade do serviço, revela ofensa aos deveres anexos ao princípio boa-fé objetiva e configura lesão injusta e intolerável à função social da atividade produtiva e à proteção do tempo útil do consumidor. 9. Na hipótese concreta, a instituição financeira recorrida optou por não adequar seu serviço aos padrões de qualidade previstos em lei municipal e federal, impondo à sociedade o desperdício de tempo útil e acarretando violação injusta e intolerável ao interesse social de máximo aproveitamento dos recursos produtivos, o que é suficiente para a configuração do dano moral coletivo. 10. Recurso especial provido. (STJ, REsp 1737412/SE, Rel. Ministra Nancy Andrighi, Terceira Turma, DJe 08/02/2019). ◙ **No mesmo sentido:** "DIREITO DO CONSUMIDOR. APELAÇÃO. INDENIZAÇÃO POR DANOS MORAIS. RESPONSABILIDADE CIVIL. FILA DE INSTITUIÇÃO BANCÁRIA. DEMORA NO ATENDIMENTO. TEMPO SUPERIOR AO FIXADO POR LEGISLAÇÃO LOCAL. DESVIO PRODUTIVO DO CONSUMIDOR. PERDA DE TEMPO ÚTIL. DANO MORAL. CARACTERIZAÇÃO. I – Hipótese na qual restou comprovada a espera excessiva em fila de banco, contrariando a Lei municipal nº 4.330/2005 e a Lei Estadual nº 7.806/2002, que estipulam em 30 minutos o prazo máximo de atendimento nos estabelecimentos bancários. II

– O "desvio produtivo do consumidor", que se configura quando este, diante de uma situação de mau atendimento, é obrigado desperdiçar o seu tempo útil e desviar-se de seus afazeres, gera o direito à reparação civil (APELAÇÃO CÍVEL Nº 11.379/2014 – IMPERATRIZ, Segunda Câmara Cível, Rel. Des. Antonio Guerreiro Júnior, j. 24 de junho de 2014)." (TJMA, Ap. Cív. 0417742015, Segunda Câmara Cível, Rel. Des. Marcelo Carvalho Silva, DJ 01/10/2015). **No mesmo sentido:** "DIREITO CIVIL. APELAÇÃO CÍVEL. AÇÃO DE INDENIZAÇÃO. FILA DE INSTITUIÇÃO BANCÁRIA. DEMORA NO ATENDIMENTO. LEI ESTADUAL. TEMPO SUPERIOR AO FIXADO POR LEGISLAÇÃO. DESVIO PRODUTIVO DO CONSUMIDOR. PERDA DE TEMPO ÚTIL. DANO MORAL. CARACTERIZAÇÃO. SENTENÇA MANTIDA. APELAÇÃO A QUE SE NEGA PROVIMENTO. 1. Hipótese na qual restou comprovada a espera excessiva em fila de banco de mais duas horas, contrariando a lei estadual que estipula 30 (trinta) minutos com prazo máximo de atendimento. 2. O "desvio produtivo do consumidor", se configura quando este, diante de uma situação de mau atendimento, é obrigado desperdiçar o seu tempo útil e desviar-se de seus afazeres, gera o direito à reparação civil. 3. Para a fixação do quantum indenizatório, cabe ao magistrado tomar todas as cautelas para que a indenização não seja fonte de enriquecimento sem causa, nem seja meramente simbólica, de modo a manter-se o valor de R$2.000,00, importância razoável à espécie. 4. Apelação a que se nega provimento à unanimidade". (TJPE, Ap. Cív. 3554316, Terceira Câmara Cível, Rel. Des. Francisco Eduardo Gonçalves Sertório Canto, Julgado em 22/06/2015).

◙ **Desvio produtivo do consumidor. Cobertura de plano de saúde. Necessidade de vários telefonemas para tentativa de solução da demanda.** "PLANO DE SAÚDE – Não inclusão de beneficiária em contrato de assistência médico-hospitalar – Responsabilidade solidária entre administradora de benefícios e plano de saúde pela falha na prestação de serviços – Atuação conjunta na cadeia de consumo – Art. 7º, parágrafo único, do CDC – Dano moral – Ocorrência – Ausência de cobertura, além de inarredável Desvio Produtivo do consumidor – Verba indenizatória fixada em dez salários mínimos que não comporta redução, porquanto arbitrada em observância ao caso concreto e, aos princípios da razoabilidade e equidade – Art. 252, do RITJSP – Mantidos os fundamentos da sentença – Recursos improvidos". (TJSP, Ap. Cív. 00066684620138260223, Quinta Câmara de Direito Privado, Rel. Des. Fábio Podestá, DJ em 16/03/2015)

◙ **Desvio produtivo do consumidor. Consumidor que foi privado do uso de telefone celular por mais de 6 meses.** "APELAÇÃO CÍVEL. DIREITO CIVIL E DIREITO DO CONSUMIDOR. CONTRATO DE PRESTAÇÃO DE SERVIÇO DE TELEFONIA. RECORRENTE QUE TEVE SEU NÚMERO IMPOSSIBILITADO DE RECEBER E ORIGINAR CHAMADAS POR MAIS DE 6 (SEIS) MESES. ATO ILÍCITO INCONTROVERSO NOS AUTOS. NECESSIDADE DE MAJORAÇÃO DO VALOR FIXADO PARA R$ 6.000,00 (SEIS MIL REAIS). RECURSO CONHECIDO E PROVIDO. I Na demanda em estudo, tornou-se incontroverso o ato ilícito da fornecedora-recorrida, a saber: deixou de fornecer, por cerca de 6 meses, o serviço de telefonia contrato pelo recorrente. Deste modo, o único objeto de discussão no presente recurso é o valor da indenização. II Sendo certo que o montante da indenização se mede pela extensão dos danos, não se pode cerrar os olhos para o fato de que impedir que um consumidor tenha acesso ao serviço de telefonia móvel por meio ano provoca abalo psicológico grave, de modo que impõe-se a majoração do valor arbitrado a título de danos morais para o equivalente a R$ 6.000,00 (seis mil reais). III Recurso conhecido e provido". (TJPA, Ap. Cív. 201130121118, Primeira Câmara Cível, Rel. Des. Maria do Céo Maciel Coutinho, julgado em 19/05/2014)

◙ **Desvio produtivo do consumidor. TV a cabo. Perda do tempo para cancelamento de cobrança indevida.** "RECURSO INOMINADO. CONSUMIDOR. TV A CABO. SKY. COBRANÇA APÓS O CANCELAMENTO DO SERVIÇO. AGRAVAMENTO DA CONDIÇÃO DE VULNERABILIDADE DO CONSUMIDOR. 'DESVIO PRODUTIVO DOCONSUMIDOR' PELO TEMPO DESPERDIÇADO NA TENTATIVA DE RESOLVER O PROBLEMA. DANO EXTRA REM. DANO MORAL CONFIGURADO. QUANTUM FIXADO MINORADO. 1. Caso em que o autor cancelou os serviços de TV a cabo, sendo que a requerida continuou emitindo cobranças nas faturas de cartão de crédito do autor. A documentação acostada aos autos comprova claramente toda a narrativa da inicial, comprovado que débitos continuaram sendo lançados após o término do contrato, situação que ocorreu mais de uma vez, totalizando o valor de R$ 714,10, que deverá ser restituído em dobro ao autor, uma vez que o serviço já não estava mais disponível, tratando-se, assim, de valores pagos indevidamente. 2. A recorrente limitou-se a alegar a existência de erro no sistema. 3. Dano extrapatrimonial reconhecido, ante os abalos sofridos pela parte autora, em face da cobrança de serviço após o cancelamento, evidenciando o descaso e o desrespeito da ré para com o consumidor. Ainda, em razão da não resolução do problema dentro do prazo previsto em lei, obrigando o consumidor a dispor de seu tempo na tentativa de resolução da questão, gerando o agravamento da condição de vulnerabilidade. 4. Quantum indenizatório reduzido para se adequar aos parâmetros recentemente adotados pelas Turmas Recursais para casos análogos". (TJRS, Recurso Cível 71004406427, Terceira Turma Recursal Cível, Turmas Recursais, Rel. Fabio Vieira Heerdt, DJ 17/12/2013)

◙ **Incabível reclamação contra fixação de dano moral pelo juizado que segue parâmetros do STJ.** "CIVIL. AGRAVO REGIMENTAL NA RECLAMAÇÃO. RESPONSABILIDADE CIVIL. DANO MORAL. VALOR ARBITRADO MODERADAMENTE. AGRAVO IMPROVIDO. I. Incabível a reclamação que buscar reverter decisão de juizado cível que, na fixação do dano moral, encontra-se em sintonia com a orientação jurisprudencial do STJ. II. Agravo improvido." (STJ, AgRg na Rcl 5243/MT, Rel. Ministro Aldir Passarinho Junior, Segunda Seção, DJe 21/03/2011)

VII – o acesso aos órgãos judiciários e administrativos com vistas à prevenção ou reparação de danos patrimoniais e morais, individuais, coletivos ou difusos, assegurada a proteção Jurídica, administrativa e técnica aos necessitados;

► **Sobre dano moral, ver art. 6°, VI.**

► **Tutela coletiva como meio eficaz de proteção à sociedade.** A visão individualista do processo passou, então, a ceder espaço para a concepção coletiva, de modo a propiciar a proteção e a realização dos direitos metaindividuais. Com efeito, a utilização da tutela coletiva é uma das formas mais eficazes de reduzir o afogamento do aparelho judiciário, seja evitando o abarrotamento de ações individuais, seja evitando decisões conflitantes sobre o mesmo fato. Não bastasse, caso não fosse possível a tutela coletiva, muitos abusos deixariam de ser levados ao judiciário em razão do diminuto valor financeiro. Como exemplo, imaginemos que determinado fornecedor coloque um produto "maquiado" com 10 gramas a menos do indicado na embalagem. Ora, nesse caso, o dano individualmente considerado é sobremaneira irrisório, fazendo com que os indivíduos que adquiriram o produto não tenham interesse em promover a reparação devida, uma vez que a indenização seria inexpressiva. Assim, a tutela coletiva caracteriza-se como o meio mais eficaz de proteger a coletividade, uma vez que o dano pode até ser irrelevante se considerado individualmente, mas será relevante quando aferido coletivamente.

◙ **Acesso à Justiça como direito básico do consumidor.** "[...] o CDC, não obstante apenas vedar, de forma expressa, no art. 88 a denunciação da lide quando se discute responsabilidade do comerciante por fato do produto, estabelece, como direitos básicos do consumidor, o acesso à Justiça e a facilitação da defesa de seus direitos (art. 6º, VII e VIII)." (STJ, REsp 590336 SC, Rel. Ministra Nancy Andrighi, Terceira Turma, julgado em 07/12/2004, DJ 21/02/2005, p. 175)

◙ **Acesso à Justiça. A execução individual em demanda coletiva pode se feita no foro da comarca de seu domicílio.** "A Terceira Turma deste Sodalício, levando em consideração os efeitos da sentença proferida na aludida ação, bem como aplicando os princípios da instrumentalidade das formas e do amplo acesso à Justiça, passou a entender não haver obrigatoriedade das execuções individuais serem propostas no mesmo Juízo ao qual distribuída a demanda coletiva, podendo o consumidor fazer uso do foro da comarca de seu domicílio." (STJ, AgRg no Ag 633.994/PR, Rel. Ministro Vasco Della Giustina (Desembargador Convocado do TJ/RS), Terceira Turma, julgado em 08/06/2010, DJe 24/06/2010)

VIII – a facilitação da defesa de seus direitos, inclusive com a inversão do ônus da prova, a seu favor, no processo civil, quando, a critério do juiz, for verossímil a alegação ou quando for ele hipossuficiente, segundo as regras ordinárias de experiências;

► **Inversão do ônus da prova. Busca do equilíbrio processual.** A inversão do ônus da prova procura restabelecer a igualdade e o equilíbrio na relação processual em razão do fornecedor, geralmente, dispor de melhores condições técnicas e econômicas para a disputa judicial.

◙ **Inversão visa o equilíbrio processual. Não pode causar indevida vantagem para o consumidor.** "O Código de Defesa do Consumidor contempla a reciprocidade, eqüidade e moderação, devendo sempre ser buscada a harmonização dos interesses em conflito, mantendo a higidez das relações de consumo. 2. A inversão do ônus da prova é instrumento para a obtenção do equilíbrio processual entre as partes, não tendo por fim causar indevida vantagem, a ponto de conduzir o consumidor ao enriquecimento sem causa, vedado pelo artigo 884 do Código Civil." (STJ, REsp 1256703/SP, Rel. Ministro Luis Felipe Salomão, Quarta Turma, DJe 27/09/2011)

► **A prova deve ser imputada à parte que tem as melhores condições de produzi-la.** "Em direito do consumidor, afirmar qual das partes poderá suportar o risco pela falta de prova de um fato pertinente, mesmo que a instrução seja regida pelo princípio da instrução por iniciativa das partes, deve levar em conta as condições subjetivas das partes, uma leiga e vulnerável, outra expert e em poder e controle dos segredos do produto ou serviço (guarda da estrutura da coisa ou da cessão de direitos sobre o serviço). Assim que a prova deve ser imputada à parte que tem as melhores condições de produzi-la. Se ao final da instrução, com ou sem suficiência de provas, o juiz tem que decidir a lide e para evitar o *non liquet*, quando há falta de provas, o juiz pode onerar a parte que não se desincumbiu do ônus de provar as alegações sobre os fatos que são pressupostos das normas que lhe são favoráveis. Este é o sentido do ônus objetivo da prova como regra de julgamento." (BENJAMIN, Antônio Herman V.; MARQUES, Cláudia Lima; BESSA, Leonardo Roscoe. *Manual de Direito do Consumidor*. 7ª edição. São Paulo, Revista dos Tribunais, 2016, p. 93).

► **Distribuição dinâmica do ônus da prova no CDC e no CPC/15.** O CDC adotou a regra da distribuição dinâmica do ônus da prova, uma vez que o magistrado tem o poder de redistribuição (inversão) do ônus probatório, caso verificado certas circunstâncias (verossimilhança e hipossuficiência). No novo CPC/15 a regra adotada, ao contrário do CPC/73, também foi a distribuição dinâmica, uma vez que o juiz poderá atribuir o ônus probatório de maneira diversa, caso haja excessiva dificuldade para a parte cumprir o encargo ou haja maior facilidade para parte adversa fazer prova do fato contrário (§1° do art. 373 do novo CPC/15).

◙ **Possibilidade de aplicação da distribuição dinâmica em qualquer ação mesmo antes da entrada em vigor do Novo CPC.** "Com base na teoria da distribuição dinâmica, o ônus da prova recai sobre quem tiver melhores condições de produzi-la, conforme as circunstâncias fáticas de cada caso. Embora não tenha sido expressamente contemplada no CPC, uma interpretação sistemática da nossa legislação processual, inclusive em bases constitucionais, confere ampla legitimidade à aplicação dessa teoria, levando-se em consideração, sobretudo, os princípios da isonomia (arts. 5º, caput, da CF, e 125, I, do CPC), do devido processo legal (art. 5º, XIV, da CF), do acesso à justiça (art, 5º XXXV, da CF), da solidariedade (art. 339 do CPC) e da lealdade e boa-fé processual (art. 14, II, do CPC), bem como os poderes instrutórios do Juiz (art. 355 do CPC)." (voto da Min. Nancy Andrighi) (STJ, REsp 1084371/RJ, Rel. Ministra Nancy Andrighi, Terceira Turma, DJe 12/12/2011) ► **Nesse sentido:** "Conforme as particularidades da causa e segundo a evolução do processo, o Juiz pode deparar-se com situações fáticas duvidosas em que a automática aplicação da distribuição legal do onus probandi não se mostra razoável para conduzi-lo a uma segura convicção acerca da verdade real" (Humberto Theodoro. *Curso de direito processual civil*, vol. II. Rio de Janeiro: Forense, 43ª ed., 2008, p. 191). ◙ **Aplicando a distribuição dinâmica do ônus da prova no processo monitório antes da vigência do CPC/15.** "O processo monitório não encerra mudança na regra geral de distribuição do ônus da prova contida no art. 333 do CPC. O fato de, na ação monitória, a defesa ser oferecida em processo autônomo, não induz a inversão do ônus da prova, visto que essa inversão se dá apenas em relação à iniciativa do contraditório. 5. O documento que serve de base para a propositura da ação monitória gera apenas a presunção de existência do débito, a partir de um juízo perfunctório próprio da primeira fase do processo monitório. Trazendo o réu-embargante elementos suficientes para contrapor a plausibilidade das alegações que levaram à expedição do mandado de pagamento, demonstrando a existência de fato impeditivo, modificativo ou extintivo do direito invocado na inicial, caberá ao autor-embargado superar os óbices criados, inclusive com a apresentação de documentação complementar, se for o caso. 6. Apesar de seguir a regra geral de distribuição do ônus da prova, o processo monitório admite a incidência da teoria da distribuição dinâmica do ônus da prova. 7. Recurso especial parcialmente conhecido e, nessa parte, provido." (STJ, REsp 1084371/RJ, Rel. Ministra Nancy Andrighi, Terceira Turma, , DJe 12/12/2011)

◙ **A inversão do ônus da prova não pode se dar em prejuízo do consumidor. Não há como presumir a má-fé do consumidor em fraudar o medidor.** "ADMINISTRATIVO. PROCESSUAL CIVIL. FRAUDE NO MEDIDOR DE ENERGIA ELÉTRICA. COMPROVAÇÃO DA AUTORIA. NECESSIDADE. ÔNUS DA PROVA. 1. Recurso Especial em que se discute a possibilidade de responsabilização de consumidor de energia elétrica por débito de consumo, sem a comprovação inequívoca de sua autoria na fraude do medidor. 2. A empresa concessionária não tem direito à inversão do ônus da prova pelo Código de Defesa do Consumidor, porquanto não ostenta a qualidade de consumidor, mas de fornecedor do serviço. 3. In casu, constatou-se por prova técnica que o medidor encontrava-se fraudado, e contra isso não se insurgiu o consumidor. A empresa constituiu um título com o qual buscou pagar-se do preço, imputando, contudo, a autoria da fraude ao consumidor sponte sua. 4. Não se pode presumir que a autoria da fraude no medidor seja do consumidor em razão somente de considerá-lo depositário de tal aparelho e por este situar-se à margem de sua casa, como entendeu a Corte de origem. 5. A empresa concessionária, além de todos os dados estatísticos acerca do regular consumo, ainda dispõe de seu corpo funcional, que, mês a mês, verifica e inspeciona os equipamentos. Não é razoável que deixe transcorrer considerável lapso de tempo para, depois, pretender que o ônus da produção inverta-se em dano para o cidadão. 6. A inversão do ônus da prova em prejuízo do consumidor equivale a tornar objetiva sua responsabilidade, hipótese inaceitável nas relações de direito do consumidor, pois este se encontra em posição de inferioridade econômica em relação à concessionária, 7. A boa-fé no CDC é o princípio orientador das condutas sociais, estreitamente ligado ao principio da razoabilidade, dele se deduzindo o comportamento em que as partes devem se pautar. Sob essa nova perspectiva contratual, não há espaço para presumir a má-fé do consumidor em fraudar o medidor. 8. Recurso Especial provido." (STJ, REsp 1135661/RS, Rel. Ministro Herman Benjamin, Segunda Turma, DJe 04/02/2011)

◙ **Não cabe inversão do ônus da prova se o autor consumidor puder realizar a prova facilmente.** "A inversão do ônus probatório tem como pressuposto a verossimilhança da alegação ou a hipossuficiência do consumidor, conceito este ligado à dificuldade de produção da prova pelo consumidor e à possibilidade de sua produção pelo prestador do serviço. Não cabe atribuir ao fornecedor o ônus de comprovar o rompimento de contratos entre o consumidor e terceiros, fato que poderia ser comprovado com facilidade pelo autor." (STJ, REsp 1141675/MG, Rel. Ministra Maria Isabel Gallotti, Quarta Turma, DJe 19/12/2011)

► **Vulnerabilidade X Hipossuficiência.** Importante destacar a diferença efetuada pela doutrina no tocante aos termos "vulnerabilidade" e "hipossuficiência", sendo a primeira um fenômeno de direito material com presunção absoluta – *jure et de juris* (art. 4º, I – o consumidor é reconhecido pela lei como um ente "vulnerável"), enquanto a segunda, um fenômeno de índole processual que deverá ser analisado casuisticamente (art. 6º, VIII – a hipossuficiência deverá ser averiguada pelo juiz segundo as regras ordinárias de experiência).

► **Hipossuficiente. Conceito.** O conceito de hipossuficiente envolve, segundo parte da doutrina, aspectos econômicos e técnico-científicos: o primeiro relacionado à carência econômica do consumidor face ao fornecedor de produtos ou serviços e, o segundo, pertinente ao desconhecimento técnico-científico que o consumidor geralmente enfrenta, na aquisição do produto ou serviço. Nesse sentido, a inversão do ônus da prova no CDC respeita tanto à dificuldade econômica, quanto à técnica do consumidor em provar os fatos constitutivos de seu direito.

► "A hipossuficiência seria, portanto, condição aferível apenas dentro de uma relação de consumo concreta, na qual estivesse configurada situação de flagrante desequilíbrio, em detrimento do consumidor, de quem não seria razoável exigir, por extremamente dificultosa, a comprovação da veracidade do fato constitutivo de seu direito." (ANDRADE, André Gustavo C. A inversão do ônus da prova no Código de Defesa do Consumidor: o momento em que se opera a inversão e outras questões. *Revista de Direito do Consumidor*, São Paulo, ano 12, n. 48. p. 89-14, outubro-dezembro 2003.)

► **Necessidade da verossimilhança ou da hipossuficiência.** "Sem basear-se na verossimilhança das alegações do consumidor ou na sua hipossuficiência, a faculdade judicial não pode ser manejada em favor do consumidor, sob pena de configurar-se ato abusivo, com quebra do devido processo legal." (JÚNIOR, Humberto Theodoro. *Direitos do Consumidor*. 2ª ed. Rio de janeiro: Forense, 2001, p. 134). ◙ **No mesmo sentido:**"O tema relativo à inversão do ônus da prova foi decidido pelo acórdão recorrido em conformidade com a jurisprudência do STJ sobre o tema, no sentido de que a referida inversão não decorre de modo automático, demandando a verificação, em cada caso, da presença dos requisitos autorizadores, a saber: verossimilhança das alegações ou hipossuficiência do consumidor." (STJ, AgRg no Ag 1360186/RS, Rel. Ministro Raul Araújo, Quarta Turma, julgado em 26/04/2011, DJe 10/05/2011)

► **A inversão do ônus da prova não é automática. Inversão *ope judicis*.** A inversão do ônus da prova não constitui princípio absoluto, não é automática e não depende apenas da invocação da condição de consumidor, pois esse conceito não é sinônimo necessário de hipossuficiência, tampouco de verossimilhança. A inversão do ônus da prova somente é possível quando verossímeis as alegações do consumidor, de cobrança indevida, ou quando clara sua dificuldade de acesso a determinado meio probatório. Sobre o tema, já se encontra consolidada no STJ a tese de que *"A inversão do ônus da prova, nos termos do art. 6º, VIII, do CDC, não ocorre ope legis, mas ope iudicis, vale dizer, é o juiz que, de forma prudente e fundamentada, aprecia os aspectos de verossimilhança das alegações do consumidor ou de sua hipossuficiência".* ◼ **No mesmo sentido:** "Para que haja a inversão do ônus da prova (art. 6º, VIII, do CDC) é necessário que o juiz analise as peculiaridades do caso concreto e, no contexto, facilite a atuação da defesa do consumidor. A inversão não é automática, devendo o juiz justificar devidamente se presentes os pressupostos da referida norma, para, aí sim, deferir a inversão da prova". (STJ, REsp 284.995-SE, Rel. Min. Fernando Gonçalves, J. 26.10.2004) ◼ **No mesmo sentido:** " A inversão do ônus da prova, prevista no artigo 6º, VIII, do CDC exige apreciação acerca da sua necessidade pelo juiz que, de forma prudente e fundamentada, deve avaliar, no caso concreto, a necessidade da redistribuição da carga probatória." (STJ, REsp 927.457/SP, Rel. Ministro Luis Felipe Salomão, Quarta Turma, DJe 01/02/2012)

◼ **Inversão do ônus da prova no direito ambiental.** "PROCESSUAL CIVIL E AMBIENTAL. AÇÃO CIVIL PÚBLICA. RESPONSABILIDADE CIVIL AMBIENTAL. CONTAMINAÇÃO COM MERCÚRIO. ART. 333 DO CÓDIGO DE PROCESSO CIVIL. ÔNUS DINÂMICO DA PROVA. CAMPO DE APLICAÇÃO DOS ARTS. 6º, VIII, E 117 DO CÓDIGO DE DEFESA DO CONSUMIDOR. PRINCÍPIO DA PRECAUÇÃO. POSSIBILIDADE DE INVERSÃO DO ONUS PROBANDI NO DIREITO AMBIENTAL. PRINCÍPIO IN DUBIO PRO NATURA. 1. Em Ação Civil Pública proposta com o fito de reparar alegado dano ambiental causado por grave contaminação com mercúrio, o Juízo de 1º grau, em acréscimo à imputação objetiva estatuída no art. 14, § 1º, da Lei 6.938/81, determinou a inversão do ônus da prova quanto a outros elementos da responsabilidade civil, decisão mantida pelo Tribunal a quo. 2. O regime geral, ou comum, de distribuição da carga probatória assenta-se no art. 333, caput, do Código de Processo Civil. Trata-se de modelo abstrato, apriorístico e estático, mas não absoluto, que, por isso mesmo, sofre abrandamento pelo próprio legislador, sob o influxo do ônus dinâmico da prova, com o duplo objetivo de corrigir eventuais iniquidades práticas (a probatio diabólica, p. ex., a inviabilizar legítimas pretensões, mormente dos sujeitos vulneráveis) e instituir um ambiente ético-processual virtuoso, em cumprimento ao espírito e letra da Constituição de 1988 e das máximas do Estado Social de Direito. 3. No processo civil, a técnica do ônus dinâmico da prova concretiza e aglutina os cânones da solidariedade, da facilitação do acesso à Justiça, da efetividade da prestação jurisdicional e do combate às desigualdades, bem como expressa um renovado due process, tudo a exigir uma genuína e sincera cooperação entre os sujeitos na demanda. 4. O legislador, diretamente na lei (= ope legis), ou por meio de poderes que atribui, específica ou genericamente, ao juiz (= ope judicis), modifica a incidência do onus probandi, transferindo-o para a parte em melhores condições de suportá-lo ou cumpri-lo eficaz e eficientemente, tanto mais em relações jurídicas nas quais ora claudiquem direitos indisponíveis ou intergeracionais, ora as vítimas transitem no universo movediço em que convergem incertezas tecnológicas, informações cobertas por sigilo industrial, conhecimento especializado, redes de causalidade complexa, bem como danos futuros, de manifestação diferida, protraída ou prolongada. 5. No Direito Ambiental brasileiro, a inversão do ônus da prova é de ordem substantiva e ope legis, direta ou indireta (esta última se manifesta, p. ex., na derivação inevitável do princípio da precaução), como também de cunho estritamente processual e ope judicis (assim no caso de hipossuficiência da vítima, verossimilhança da alegação ou outras hipóteses inseridas nos poderes genéricos do juiz, emanação natural do seu ofício de condutor e administrador do processo). 6. Como corolário do princípio in dubio pro natura, "Justifica-se a inversão do ônus da prova, transferindo para o empreendedor da atividade potencialmente perigosa o ônus de demonstrar a segurança do empreendimento, a partir da interpretação do art. 6º, VIII, da Lei 8.078/1990 c/c o art. 21 da Lei 7.347/1985, conjugado ao Princípio Ambiental da Precaução" (REsp 972.902/RS, Rel. Min. Eliana Calmon, Segunda Turma, DJe 14.9.2009), técnica que sujeita aquele que supostamente gerou o dano ambiental a comprovar "que não o causou ou que a substância lançada ao meio ambiente não lhe é potencialmente lesiva" (REsp 1.060.753/SP, Rel. Min. Eliana Calmon, Segunda Turma, DJe 14.12.2009). 7. A inversão do ônus da prova, prevista no art. 6º, VIII, do Código de Defesa do Consumidor, contém comando normativo estritamente processual, o que a põe sob o campo de aplicação do art. 117 do mesmo estatuto, fazendo-a valer, universalmente, em todos os domínios da Ação Civil Pública, e não só nas relações de consumo (REsp 1049822/RS, Rel. Min. Francisco Falcão, Primeira Turma, DJe 18.5.2009). 8. Destinatário da inversão do ônus da prova por hipossuficiência – juízo perfeitamente compatível com a natureza coletiva ou difusa das vítimas – não é apenas a parte em juízo (ou substituto processual), mas, com maior razão, o sujeito-titular do bem jurídico primário a ser protegido. 9. Ademais, e este o ponto mais relevante aqui, importa salientar que, em Recurso Especial, no caso de inversão do ônus da prova, eventual alteração do juízo de valor das instâncias ordinárias esbarra, como regra, na Súmula 7 do STJ. "Aferir a hipossuficiência do recorrente ou a verossimilhança das alegações lastreada no conjunto probatório dos autos ou, mesmo, examinar a necessidade de prova pericial são providências de todo incompatíveis com o recurso especial, que se presta, exclusivamente, para tutelar o direito federal e conferir-lhe uniformidade" (REsp 888.385/RJ, Segunda Turma, Rel. Min. Castro Meira, DJ de 27.11.2006. No mesmo sentido, REsp 927.727/MG, Primeira Turma, Rel. Min. José Delgado, DJe de 4.6.2008). 10. Recurso Especial não provido." (STJ, REsp 883.656/RS, Rel. Ministro Herman Benjamin, Segunda Turma, julgado em 09/03/2010, DJe 28/02/2012) ◙ **No mesmo sentido:** "A Lei nº 6.938/1981 adotou a sistemática da responsabilidade objetiva, que foi integralmente recepcionada pela ordem jurídica atual, de sorte que é irrelevante, na espécie, a discussão da conduta do agente (culpa ou dolo) para atribuição do dever de reparação do dano causado, que, no caso, é inconteste. 2. O princípio da precaução, aplicável à hipótese, pressupõe a inversão do ônus probatório, transferindo para a concessionária o encargo de provar que sua conduta não ensejou riscos para o meio ambiente e, por consequência, para os pescadores da região." (STJ, AgRg no AREsp 183.202/SP, Rel. Ministro Ricardo Villas Bôas Cueva, Terceira Turma, DJe 13/11/2015)

◙ **Demonstração de fato impeditivo, modificativo ou extintivo. Não ocorrência da inversão.** "Não se verifica a ocorrência de inversão do ônus da prova na hipótese em que o Tribunal de origem determina ao réu demonstração de fato impeditivo, modificativo ou extintivo do direito do autor." (STJ, AgRg no AREsp 154.040/GO, Rel. Ministro Benedito Gonçalves, Primeira Turma, DJe 18/06/2012)

◙ **Não faz sentido discutir a possibilidade ou impossibilidade de inversão do ônus da prova se não houve o *non liquet*** "Não faz sentido discutir a possibilidade ou impossibilidade de inversão do ônus da prova se não houve non liquet. Se o julgador entende suficientemente provados os fatos necessários à prolação de uma decisão e se, no processo civil vige o princípio da comunhão das provas, apenas faria sentido perguntar a que parte cabia provar isso ou aquilo quando admitido que as provas colhidas não eram suficientes para formar a convicção do julgador. A alegação de que era necessário inverter o ônus da prova, nessa medida, esbarra na Súmula 7/STJ." (STJ, AgRg no REsp 1310051/RS, Rel. Ministro Sidnei Beneti, Terceira Turma, DJe 04/06/2012)

◙ **Ministério Público. Inversão do ônus da prova.** "A jurisprudência do Superior Tribunal de Justiça é pacífica no entendimento de que o Ministério Público, no âmbito de ação consumerista, faz jus à inversão do ônus da prova. Agravo regimental improvido." (STJ, AgRg no REsp 1300588/RJ, Rel. Ministro Cesar Asfor Rocha, Segunda Turma, julgado em 03/05/2012, DJe 18/05/2012)

► **Ações coletivas. Possibilidade da inversão do ônus da prova.** "[...] são aplicáveis às ações ajuizadas com fundamento na LACP as disposições processuais que encerram todo o Tít. III do CDC, bem como as demais disposições processuais que se encontram pelo corpo do CDC, como, por exemplo, a inversão do ônus da prova (CDC 6º VI). Este instituto, embora se encontre topicamente no Tít. I do Código, é disposição processual e, portanto, integra ontológica e teologicamente o Tít. III, isto é, a defesa do consumidor em juízo. Há, portanto, perfeita sintonia e interação entre os dois sistemas processuais, para a defesa dos direitos difusos, coletivos e individuais homogêneos." (NERY JR., Nelson; NERY, Rosa Maria Andrade. *Código de Processo Civil Comentado.* 4ª ed. São Paulo: Revista dos Tribunais, 1999. p. 1.547) ◙ **No mesmo sentido:** "Não há óbice a que seja invertido o ônus da prova em ação coletiva – providência que, em realidade, beneficia a coletividade consumidora -, ainda que se cuide de ação civil pública ajuizada pelo Ministério Público. 2. Deveras, "a defesa dos interesses e direitos dos consumidores e das vítimas" – a qual deverá sempre ser facilitada, por exemplo, com a inversão do ônus da prova – "poderá ser exercida em juízo individualmente, ou a título coletivo" (art. 81 do CDC)." (STJ, REsp 951.785/RS, Rel. Ministro Luis Felipe Salomão, Quarta Turma, DJe 18/02/2011)

◙ **Exibição de extratos. Inversão.** "É cabível a inversão do ônus da prova em favor do consumidor para o fim de determinar às instituições financeiras a exibição de extratos bancários, enquanto não estiver prescrita a eventual ação sobre eles, tratando-se de obrigação decorrente de lei e de integração contratual compulsória, não sujeita à recusa ou condicionantes, tais como o adiantamento dos custos da operação pelo correntista e a prévia recusa administrativa da instituição financeira em exibir os documentos, com a ressalva de que ao correntista, autor da ação, incumbe a demonstração da plausibilidade da relação jurídica alegada, com indícios mínimos capazes de comprovar a existência da contratação, devendo, ainda, especificar, de modo preciso, os períodos em que pretenda ver exibidos os extratos." (STJ, REsp 1133872/PB, Rel. Min. Massami Uyeda, Segunda Seção, DJe 28/03/2012).

◙ **Inversão do ônus da prova. Análise pelas instâncias ordinárias. Vedação de análise em sede de Recurso Especial.** "Cabe às instâncias ordinárias, a análise de aspectos ligados ao conjunto probatórios dos autos, a ensejar, ou não, a inversão do ônus da prova." (STJ, AgRg no AREsp 60.594/SP, Rel. Ministro Marco Aurélio Bellizze, Quinta Turma, DJe 13/06/2012) ◙ **No mesmo sentido**:"O Tribunal de origem se firmou no sentido de que as alegações autorais não se mostraram verossímeis diante dos elementos fáticos colacionados nos autos, de forma mínima o suficiente para a inversão do ônus da prova. Inviável, pois, em sede de recurso especial, a desconstituição da convicção formada, em face da necessidade de revolvimento dos elementos informativos dos autos, motivo pelo qual a pretensão recursal enseja o óbice da Súmula 7/STJ.". (STJ, EDcl no AREsp 695789/RJ, Quarta Turma, Rel. Min. Raul Araújo, DJe 03/08/2015).

◙ **Saques não autorizados na conta do consumidor. Inversão do ônus da prova.** "CONSUMIDOR. RECURSO ESPECIAL. AÇÃO DE REPARAÇÃO POR DANOS MATERIAIS E DE COMPENSAÇÃO POR DANOS MORAIS. OCORRÊNCIA DE SAQUES INDEVIDOS DE NUMERÁRIO DEPOSITADO EM CONTA POUPANÇA. INVERSÃO DO ÔNUS DA PROVA. ART. 6º, VIII, DO CDC. POSSIBILIDADE. HIPOSSUFICIÊNCIA TÉCNICA RECONHECIDA. RESPONSABILIDADE OBJETIVA DO FORNECEDOR DE SERVIÇOS. ART. 14 DO CDC. 1. Trata-se de debate referente ao ônus de provar a autoria de saque em conta bancária, efetuado mediante cartão magnético, quando o correntista, apesar de deter a guarda do cartão, nega a autoria dos saques. 2. O art. 6º, VIII, do CDC, com vistas a garantir o pleno exercício do direito de defesa do consumidor, estabelece que a inversão do ônus da prova será deferida quando a alegação por ele apresentada seja verossímil ou quando for constatada a sua hipossuficiência. 3. Reconhecida a hipossuficiência técnica do consumidor, em ação que versa sobre a realização de saques não autorizados em contas bancárias, mostra-se imperiosa a inversão do ônus probatório. 4. Considerando a possibilidade de violação do sistema eletrônico e tratando-se de sistema próprio das instituições financeiras, a retirada de numerário da conta bancária do cliente, não reconhecida por esse, acarreta o reconhecimento da responsabilidade objetiva do fornecedor do serviço, somente passível de ser ilidida nas hipóteses do § 3º do art. 14 do CDC. 5. Recurso especial não provido." (STJ, REsp 1155770/PB, Rel. Ministra Nancy Andrighi, Terceira Turma, julgado em 15/12/2011, DJe 09/03/2012)

◙ **Consumidor deve demonstrar indícios mínimos. Impossibilidade de inversão do ônus da prova.** "O Tribunal local afastou a inversão do ônus probatório, por entender que não se juntou à inicial nenhum documento que comprovasse ter a autora utilizado linha telefônica, inexistindo qualquer verossimilhança a amparar o pleito de inversão da prova." (STJ, AgRg no Ag 1260584/RJ, Rel. Ministro Luis Felipe Salomão, Quarta Turma, DJe 29/11/2011) ◙ **No mesmo sentido:** "A pretendida inversão do ônus da prova exige do autor a demonstração da plausibilidade da relação jurídica alegada, pelo menos, com indícios mínimos capazes de comprovar a própria existência da contratação da conta poupança. Isso porque cabe ao autor provar o fato constitutivo de seu direito." (STJ, AgRg nos EDcl no REsp 1133347/RS, Rel. Ministro Luis Felipe Salomão, Quarta Turma, DJe 10/03/2011)

▶ **Inversão *ope legis* e *ope judicis*.** A inversão do ônus da prova instituída no art. 6º, VIII, do CDC é chamada pela doutrina de inversão do ônus da prova *ope judicis*, ou seja, pelo juiz. Isso por que, a inversão aqui não é automática, dependendo de manifestação expressa do juiz. Ao contrário, o CDC adotou três hipóteses da chamada inversão do ônus da prova *ope legis*, ou seja, pela lei (art. 12, § 3º, II; 14, § 3º, I e art. 38 do CDC). Aqui, ao contrário do art. 6º, VIII, do CDC, não depende de manifestação do juiz para inverter a regra geral instituída pelo art. 373 do CPC/15. A própria lei é que já distribui o ônus da prova diferentemente do previsto no art. 373 do CPC/15.

◙ "A inversão do ônus da prova pode decorrer da lei ('ope legis'), como na responsabilidade pelo fato do produto ou do serviço (arts. 12 e 14 do CDC), ou por determinação judicial ('ope judicis'), como no caso dos autos, versando acerca da responsabilidade por vício no produto (art. 18 do CDC). Inteligência das regras dos arts. 12, § 3º, II, e 14, § 3º, I, e. 6º, VIII, do CDC." (STJ, REsp 802.832/MG, Rel. Ministro Paulo de Tarso Sanseverino, Segunda Seção, DJe 21/09/2011)

◙ **Inversão do ônus da prova ope legis. Defeito em ar bag do veículo.** "DIREITO DO CONSUMIDOR. RECURSO ESPECIAL. FATO DO PRODUTO. ACIDENTE AUTOMOBILÍSTICO. NÃO ACIONAMENTO DO AIR BAG. REGRAS DE INVERSÃO DO ÔNUS DA PROVA. FATO DO PRODUTO. INVERSÃO OPE LEGIS. PROVA PERICIAL EVASIVA. INTERPRETAÇÃO EM FAVOR DO CONSUMIDOR. (...) a hipótese, o Tribunal a quo, com relação ao ônus da prova, inferiu que caberia à autora provar que o defeito do produto existiu, isto é, que seria dever da consumidora demonstrar a falha no referido sistema de segurança. 4. Ocorre que diferentemente do comando contido no art. 6º, inciso VIII do CDC, que prevê a inversão do ônus da prova "a critério do juiz", quando for verossímil a alegação ou hipossuficiente a parte, o § 3º do art. 12 do mesmo Código estabelece – de forma objetiva e independentemente da manifestação do magistrado – a distribuição da carga probatória em desfavor do fornecedor, que "só não será responsabilizado se provar: I – que não colocou o produto no mercado; II – que, embora haja colocado o produto no mercado, o defeito inexiste; III– a culpa exclusiva do consumidor ou de terceiro". É a diferenciação já clássica na doutrina e na jurisprudência entre a inversão ope judicis (art. 6º, inciso VIII, do CDC) e inversão ope legis (arts.12, § 3º, e art. 14, § 3º, do CDC). Precedentes. 5. No presente caso, o "veículo Fiat Tempra atingiu a parte frontal esquerda (frontal oblíqua), que se deslocou para trás (da esquerda para direita, para o banco do carona)", ficando muito avariado; ou seja, ao que parece, foram preenchidos os dois estágios do choque exigidos para a detecção do air bag, mas que, por um defeito no produto, não acionou o sistema, causando danos à consumidora. Em sendo assim, a conclusão evasiva do expert deve ser interpretada em favor do consumidor vulnerável e hipossuficiente. 6. Destarte, enfrentando a celeuma pelo ângulo das regras sobre a distribuição da carga probatória, levando-se em conta o fato de a causa de pedir apontar para hipótese de responsabilidade objetiva do fornecedor pelo fato do produto, não havendo este se desincumbido do ônus que lhe cabia, inversão ope legis, é de se concluir pela procedência do pedido autoral com o reconhecimento do defeito no produto. 7. Recurso especial provido." (STJ, REsp 1306167/RS, Rel. Ministro Luis Felipe Salomão, Quarta Turma, DJe 05/03/2014)

► **Prova pericial na assistência judiciária gratuita. A inversão do ônus da prova não tem o condão de obrigar a produção de provas requeridas pelo autor. No entanto, sofre o fornecedor os efeitos de sua não produção.** "(...) regra probatória, quando a demanda versa sobre relação de consumo, é a da inversão do respectivo ônus. Daí não se segue que o réu esteja obrigado a antecipar os honorários do perito; efetivamente não está, mas, se não o fizer,presumir-se-ão verdadeiros os fatos afirmados pelo autor" (REsp nº466.604/RJ, Relator o Ministro Ari Pargendler, DJ de 2/6/03). ◘ No mesmo sentido, o REsp nº 443.208/RJ, Relatora a Ministra Nancy Andrighi, DJ de 17/3/03, destacou que a "inversão do ônus da prova não tem o efeito de obrigar a parte contrária a arcar com as custas da prova requerida pelo consumidor. No entanto, sofre as conseqüências processuais advindas de sua não produção". ◘ "No caso concreto, configurada a hipossuficiência do consumidor, inclusive com o reconhecimento do benefício de assistência judiciária gratuita em seu favor, e sendo imprescindível a produção de prova pericial para a solução da lide segundo o juízo que a designou, de ofício, não deve a parte autora arcar com as despesas de sua produção."(STJ, REsp 843963 / RJ, Rel. Min. José Delgado, J. 12.09.2006)

► **Prova dos fatos negativos.** "Não é exato, como outrora se ensinava, que a negativa não exige prova, de forma que o *ônus probandi* é sempre de quem afirma. [...] Certa, pois, a conclusão de Eduardo Couture de que tanto 'a doutrina como a jurisprudência superaram a complexa construção do direito antigo acerca da prova dos fatos negativos. Nenhuma regra positiva ou lógica dispensa o litigante de produzir prova de suas alegações.'" (cfr. José Frederico Marques, *Manual de direito processual civil*, 2.º volume, processo de conhecimento, 1.ª parte; 10ª ed. São Paulo: Saraiva 1989, p. 195-196). No mesmo sentido, ainda: Nelson Nery Jr. e Rosa M. A. Nery, *Código de Processo Civil Comentado e legislação processual civil extravagante em vigor*, 7.ª ed., rev. e ampl., São Paulo: Revista dos Tribunais, 2003, p. 724. ◘ **Sempre que for possível provar uma afirmativa ou um fato contrário àquele deduzido pela outra parte, tem-se como superada a alegação de "prova negativa", ou "impossível".** "Tanto a doutrina como a jurisprudência superaram a complexa construção do direito antigo acerca da prova dos fatos negativos, razão pela qual a afirmação dogmática de que o fato negativo nunca se prova é inexata, pois há hipóteses em que uma alegação negativa traz, inerente, uma afirmativa que pode ser provada. Desse modo, sempre que for possível provar uma afirmativa ou um fato contrário àquele deduzido pela outra parte, tem-se como superada a alegação de "prova negativa", ou "impossível"." (STJ, REsp 422.778/SP, Rel. Ministro Castro Filho, Rel. p/ Acórdão Ministra Nancy Andrighi, Terceira Turma, julgado em 19/06/2007, DJ 27/08/2007, p. 220)

► **Regra de procedimento X Regra de julgamento**. A doutrina e a jurisprudência divergem sobre qual o momento adequado para se aplicar as regras de inversão do ônus da prova. Alguns aduzem que seria no despacho saneador, de forma a preservar o princípio do contraditório e da ampla defesa. Nesse caso, a inversão do ônus da prova seria uma regra de procedimento. Já outros, entendem que o momento correto seria o da prolação da sentença, sustentando, pois, que a inversão do ônus da prova seria uma regra de julgamento.

► **A inversão do ônus da prova como regra de julgamento.** "A inversão do ônus da prova é direito de facilitação da defesa e não pode ser determinada senão após o oferecimento e valoração da prova, se e quando o julgador estiver em dúvida." (FILOMENO, José Geraldo Brito. *Código brasileiro de defesa do consumidor: comentado pelos autores do anteprojet.*, 7.ª ed. Rio de Janeiro: Forense Universitária, 2001, p. 130). Nesse sentido: ► **No mesmo sentido:** "As regras de distribuição do ônus da prova são regras de juízo e orientam o juiz, quando há um 'non liquet' em matéria de fato, a respeito da solução a ser dada à causa. (...) Somente após a instrução do feito, no momento da valoração das provas, estará ao juiz habilitado a afirmar se existe ou não situação de 'non liquet', sendo caso ou não, conseqüentemente, de inversão do ônus da prova. Dizê-lo em momento anterior será o mesmo que proceder ao prejulgamento da causa, o que é de todo inadmissível"" (WATANABE, Kazuo. *Código brasileiro de defesa do consumidor:* comentado pelos autores do anteprojeto. 7.ª ed. Rio de Janeiro: Forense Universitária, 2001. p. 735)

► **A inversão do ônus da prova como regra de procedimento (instrução).** "O deferimento da inversão deverá ocorrer entre a propositura da ação e o despacho saneador, sob pena de prejuízo para a defesa do réu". (ALMEIDA, João Batista. *Manual de Direito do Consumidor*. São Paulo: Saraiva, 2003. p. 78.) ◙ **No mesmo sentido:** "De fato, como já assinalei em outra oportunidade, "não tem nenhum sentido o juiz deixar para apreciar na sentença o pedido de inversão do ônus da prova. Como é curial, a decisão alterará todo o sistema de provas no curso do processo" (REsp nº 195.760/PR, Relator o Ministro Eduardo Ribeiro, DJ de 23/8/1999), o que reiterei quando do julgamento do REsp nº 442.854/SP, Relatora a Ministra Nancy Andrighy, DJ de 7/4/2003, afirmando que é própria a inversão no momento da dilação probatória." (Voto proferido pelo Min. Carlos Alberto Menezes Direito no REsp 598620 /MG, J. 07/12/2004, DJU 18.4.2005, 3ª T). ◙ **No mesmo sentido:** "Hipótese em que o acórdão recorrido considera a inversão do ônus da prova prevista no art. 6º, inciso VIII, do CDC regra de julgamento e o acórdão paradigma trata o mesmo dispositivo legal como regra de instrução. Divergência configurada. 3. A regra de imputação do ônus da prova estabelecida no art. 12 do CDC tem por pressuposto a identificação do responsável pelo produto defeituoso (fabricante, produtor, construtor e importador), encargo do autor da ação, o que não se verificou no caso em exame. 4. Não podendo ser identificado o fabricante, estende-se a responsabilidade objetiva ao comerciante (CDC, art. 13). Tendo o consumidor optado por ajuizar a ação contra suposto fabricante, sem comprovar que o réu foi realmente o fabricante do produto defeituoso, ou seja, sem prova do próprio nexo causal entre ação ou omissão do réu e o dano alegado, a inversão do ônus da prova a respeito da identidade do responsável pelo produto pode ocorrer com base no art. 6º, VIII, do CDC, regra de instrução, devendo a decisão judicial que a determinar ser proferida "preferencialmente na fase de saneamento do processo ou, pelo menos, assegurando-se à parte a quem não incumbia inicialmente o encargo, a reabertura de oportunidade" (RESP 802.832, STJ 2ª Seção, DJ 21.9.2011). 5. Embargos de divergência a que se dá provimento." (STJ, EREsp 422.778/SP, Rel. Ministro João Otávio de

Noronha, Rel. p/ Acórdão Ministra Maria Isabel Gallotti, Segunda Seção, julgado em 29/02/2012, DJe 21/06/2012) ◙ **No mesmo sentido**: "A distribuição do ônus da prova, além de constituir regra de julgamento dirigida ao juiz (aspecto objetivo), apresenta-se também como norma de conduta para as partes, pautando, conforme o ônus atribuído a cada uma delas, o seu comportamento processual (aspecto subjetivo). Doutrina. Se o modo como distribuído o ônus da prova influi no comportamento processual das partes (aspecto subjetivo), não pode a a inversão 'ope judicis' ocorrer quando do julgamento da causa pelo juiz (sentença) ou pelo tribunal (acórdão). Previsão nesse sentido do art. 262, §1º, do Projeto de Código de Processo Civil. A inversão 'ope judicis' do ônus probatório deve ocorrer preferencialmente na fase de saneamento do processo ou, pelo menos, assegurando-se à parte a quem não incumbia inicialmente o encargo, a reabertura de oportunidade para apresentação de provas. Divergência jurisprudencial entre a Terceira e a Quarta Turma desta Corte. (STJ, Resp 802832/MG, Rel. Ministro Paulo de Tarso Sanseverino, Segunda Seção, DJe 21/09/2011)

► **Regra de procedimento e o novo CPC.** O novo CPC/15 adotou a regra de procedimento, estipulando no art. 357 que o juiz deverá, na decisão de saneamento e de organização do processo, distribuir o ônus da prova (inciso III). Ademais, o art. 373 do novo CPC/15 afasta por completo a regra de julgamento ao prever que sempre que for alterado o ônus da prova, a parte deverá ter a oportunidade de se desincumbir do encargo. Como a regra de julgamento permite a inversão na sentença, não fornecendo mais oportunidade da parte se desincumbir do ônus probatório, não poderá mais ser adotada pela nova sistemática do CPC.

◙ **Cirurgia para fins estéticos. Obrigação de resultado. Inversão do ônus da prova.** "Em procedimento cirúrgico para fins estéticos, conquanto a obrigação seja de resultado, não se vislumbra responsabilidade objetiva pelo insucesso da cirurgia, mas mera presunção de culpa médica, o que importa a inversão do ônus da prova, cabendo ao profissional elidi-la de modo a exonerar-se da responsabilidade contratual pelos danos causados ao paciente, em razão do ato cirúrgico." (STJ, REsp 985.888/SP, Rel. Ministro Luis Felipe Salomão, Quarta Turma, DJe 13/03/2012)

◙ **Tratamento ortodôntico. Obrigação de resultado. Inversão do ônus da prova.** "RESPONSABILIDADE CIVIL. RECURSO ESPECIAL. TRATAMENTO ODONTOLÓGICO. APRECIAÇÃO DE MATÉRIA CONSTITUCIONAL. INVIABILIDADE. TRATAMENTO ORTODÔNTICO. EM REGRA, OBRIGAÇÃO CONTRATUAL DE RESULTADO. REEXAME DE PROVAS. INADMISSIBILIDADE. 1. As obrigações contratuais dos profissionais liberais, no mais das vezes, são consideradas como "de meio", sendo suficiente que o profissional atue com a diligência e técnica necessárias, buscando a obtenção do resultado esperado. Contudo, há hipóteses em que o compromisso é com o "resultado", tornando-se necessário o alcance do objetivo almejado para que se possa considerar cumprido o contrato. 2. Nos procedimentos odontológicos, mormente os ortodônticos, os profissionais da saúde especializados nessa ciência, em regra, comprometem-se pelo resultado, visto que os objetivos relativos aos tratamentos, de cunho estético e funcional, podem ser atingidos com previsibilidade. 3. O acórdão recorrido registra que, além de o tratamento não ter obtido os resultados esperados, "foi equivocado e causou danos à autora, tanto é que os dentes extraídos terão que ser recolocados". Com efeito, em sendo obrigação "de resultado", tendo a autora demonstrado não ter sido atingida a meta avençada, há presunção de culpa do profissional, com a consequente inversão do ônus da prova, cabendo ao réu demonstrar que não agiu com negligência, imprudência ou imperícia, ou mesmo que o insucesso se deu em decorrência de culpa exclusiva da autora. 4. A par disso, as instâncias ordinárias salientam também que, mesmo que se tratasse de obrigação "de meio", o réu teria "faltado com o dever de cuidado e de emprego da técnica adequada", impondo igualmente a sua responsabilidade. 5. Recurso especial não provido." (STJ, REsp 1238746/MS, Rel. Ministro Luis Felipe Salomão, Quarta Turma, DJe 04/11/2011)

◙ **A responsabilidade subjetiva do médico não exclui a possibilidade de inversão do ônus da prova.** "A responsabilidade subjetiva do médico (CDC, art. 14, §4º) não exclui a possibilidade de inversão do ônus da prova, se presentes os requisitos do art. 6º, VIII, do CDC, devendo o profissional demonstrar ter agido com respeito às orientações técnicas aplicáveis. Precedentes deste Tribunal." (STJ, AgRg no Ag 969.015/SC, Rel. Ministra Maria Isabel Gallotti, Quarta Turma, DJe 28/04/2011)

◙ **Não é cabível a inversão do ônus da prova em demanda judicial que tenha por objeto contrato do Sistema Financeiro de Habitação, com cobertura do Fundo de Compensação de Variações Salariais.** "A jurisprudência do STJ firmou-se no sentido de que, aos contratos do Sistema Financeiro de Habitação, com cobertura do FCVS, como a hipótese dos autos, não se aplicam as regras do Código de Defesa do Consumidor." (STJ, AgRg no REsp 1243956/RS, Rel. Ministro Cesar Asfor Rocha, Segunda Turma, DJe 29/02/2012)

◙ **Ônus da prova do organizador do bingo demonstrar quais foram os números sorteados.** "SORTEIO. Telebingo. Prova. Código de Defesa do Consumidor. A adquirente da cartela que afirma ter sido sorteada deve instruir o seu pedido com esse documento, cabendo ao organizador da promoção demonstrar que foram outros os números sorteados. Aplicação do CDC para atribuir ao organizador o ônus de provar os fatos do sorteio." (STJ, REsp 316316/PR, DJU 12/11/2001, p. 156, Rel. Min. Ruy Rosado de Aguiar, J. 18.9.2001, 4ª T.)

◙ **Inversão do ônus da prova para o fabricante provar que não foi o responsável pelo dano.** "Não podendo ser identificado o fabricante, estende-se a responsabilidade objetiva ao comerciante (CDC, art. 13). Tendo o consumidor optado por ajuizar a ação contra suposto fabricante, sem comprovar que o réu foi realmente o fabricante do produto defeituoso, ou seja, sem prova do próprio nexo causal entre ação ou omissão do réu e o dano alegado, a inversão do ônus da prova a respeito da identidade do responsável pelo produto pode ocorrer com base no art. 6º, VIII, do CDC, regra de instrução, devendo a decisão judicial que a determinar ser proferida "preferencialmente na fase de saneamento do processo ou, pelo menos, assegurando-se à parte a quem não incumbia inicialmente o encargo, a reabertura de oportunidade" (RESP 802.832, STJ 2ª Seção, DJ 21.9.2011)." (STJ, EREsp 422778/SP, Rel. Ministro João Otávio de Noronha, Rel. p/ Acórdão Ministra Maria Isabel Gallotti, Segunda Seção, julgado em 29/02/2012, DJe 21/06/2012)

◙ **Inversão do ônus da prova. Demora no conserto de veículo por concessionária.** "DEMORA NO CONSERTO DE VEÍCULO POR CONCESSIONÁRIA. BAIXA QUALIDADE DO SERVIÇO. NECESSIDADE DE NOVOS REPAROS POR DIVERSAS VEZES. FALHA NA PRESTAÇÃO DE SERVIÇO. ALEGADAS OFENSAS VERBAIS E FÍSICAS. DANO MORAL. INVERSÃO DO ÔNUS DA PROVA. A oficina é parte legítima para responder por ação em que se pleiteia indenização por danos morais em razão da falha na prestação de serviços e das ofensas perpetradas por um de seus representantes contra os autores. O eg. Tribunal a quo, à luz das circunstâncias fáticas da causa, reconheceu estarem presentes os pressupostos legais para a inversão do ônus da prova (art. 6º, VIII, do CDC), vale dizer, verossimilhança das alegações e hipossuficiência. (STJ, AgRg no AgRg nos EDcl no AREsp 566483/DF, Quarta Turma, Rel. Min. Raul Araújo, DJe 04/11/2015).

IX – (Vetado);

X – a adequada e eficaz prestação dos serviços públicos em geral.

► **Com relação aos serviços públicos, ver art. 22.**

◙ **Prestação inadequada dos serviços públicos afeta a confiança do consumidor.** "PRESTAÇÃO ADEQUADA DO SERVIÇO PÚBLICO. MULTA PREVISTA NO ARTIGO 56 DO CDC. PUNIÇÃO PELA PRÁTICA DE ATO ILEGAL. PREVENÇÃO. REITERAÇÃO. AGRAVO REGIMENTAL NÃO PROVIDO. A Lei 8.078/1990 (CDC) garante ao consumidor o direito básico de receber prestação adequada e eficaz de serviços públicos (art. 6º). As constantes intermitências, a quebra da expectativa quanto à prestação e o recebimento á contento do serviço afetam de sobremaneira a confiança do consumidor. A jurisprudência desta Corte adota a compreensão de que a multa prevista no artigo 56 do CDC não visa a reparação do dano sofrido pelo consumidor, senão a punição pela prática de ato ilegal, cuja finalidade é coibir a sua reiteração." (STJ, AgRg no AREsp 65916/SP, Primeira Turma, Rel. Min. Olindo Menezes [Desembargador Convocado do TRF-1ª Região], DJe 03/12/2015).

Parágrafo único. A informação de que trata o inciso III do caput deste artigo deve ser acessível à pessoa com deficiência, observado o disposto em regulamento.

► **Objetiva o novo Estatuto garantir à pessoa com deficiência que efetivamente tenha acesso às informações constantes nos produtos e serviços.** O Estatuto da pessoa com deficiência (Lei 13.146 de 6 julho de 2015) acrescentou parágrafo único ao art. 6° do CDC para asseverar que a informação de que trata o inciso III do art. 6° do CDC (*a informação adequada e clara sobre os diferentes produtos e servi-*

ços, com especificação correta de quantidade, características, composição, qualidade, tributos incidentes e preço, bem como sobre os riscos que apresentem) deve ser acessível à pessoa com deficiência, observado o disposto em regulamento. Assim, objetiva o novo Estatuto garantir à pessoa com deficiência que efetivamente tenha acesso às informações constantes nos produtos e serviços, podendo, sem auxílio de terceiros, entre outros, escolher os produtos e serviços que deseja, verificar e comparar os preços, observar os riscos que eles apresentam, etc. Em vários momentos o estatuto assegura os direitos fundamentais das pessoas com deficiência, promovendo a inclusão social no mercado de consumo por meio do acesso à informação e à comunicação (ver Capítulo II da Lei 13.146/2015).

► **Vulnerabilidade do acesso do consumidor.** "Podemos dizer que quando estamos tratando dos consumidores com deficiência há outra espécie de vulnerabilidade que deve ser observada e que merece proteção: a vulnerabilidade do acesso. Poderia se argumentar que esta vulnerabilidade do acesso está absorvida pela vulnerabilidade informacional, mas não é isto que acontece. O direito do acesso engloba todos os aspectos que vão desde o acesso às lojas, passando pela informação adequada e finalizando com a utilização do produto ou do serviço." (ARAÚJO, Luiz Alberto David; NISHIYAMA, Adolfo Mamoru. O estatuto da pessoa com deficiência e a tutela do consumidor: novos direitos? *Revista de Direito do Consumidor.* São Paulo: RT, Vol.105, Ano 2016, p. 103 - 121)

Art. 7° Os direitos previstos neste código não excluem outros decorrentes de tratados ou convenções internacionais de que o Brasil seja signatário, da legislação interna ordinária, de regulamentos expedidos pelas autoridades administrativas competentes, bem como dos que derivem dos princípios gerais do direito, analogia, costumes e eqüidade.

► **Integração com outras normas.** O CDC não exclui as demais normas protetoras dos interesses do consumidor, ao contrário, recebe-as como normas importantes à consecução de seus objetivos, possibilitando uma abertura do sistema para outros direitos constantes de leis, tratados e regras administrativas, no intuito de aplicarem as normas mais favoráveis ao consumidor.

► **Diálogo das fontes.** "É o atual e necessário 'diálogo das fontes' (dialogue de sources), a permitir a aplicação simultânea, coerente e coordenada das plúrimas fontes legislativas convergentes. 'Diálogo' porque há influências recíprocas, 'diálogo' porque há aplicação conjunta das duas normas ao mesmo tempo e ao mesmo caso, seja complementarmente, seja subsidiariamente, seja permitindo a opção voluntária das partes sobre a fonte prevalente (...) ou mesmo permitindo uma opção por uma das leis em conflito abstrato. Uma solução flexível e aberta, de interpretação ou mesmo a solução mais favorável aos mais fracos da relação (tratamento diferente dos diferentes)". (MARQUES. Cláudia Lima. *Comentários ao Código de Defesa do Consumidor*. São Paulo: Revista dos Tribunais, 2003. p. 24-25.)

► **Aplicação Simultânea do CDC e Código Civil.** "Na aplicação simultânea das duas leis, uma lei pode servir de base conceitual para a outra (diálogo sistemático de coerência), especialmente se uma lei é geral e a outra especial, se uma é a lei central do sistema e a outra um microssistema específico, não completo materialmente, apenas com completude subjetiva de tutela de um grupo da sociedade". (BENJAMIN, Antônio Herman V.; MARQUES, Cláudia Lima; BESSA, Leonardo Roscoe. *Manual de Direito do Consumidor.* 7ª edição. São Paulo, Revista dos Tribunais, 2016, p. 141).

► **Aplicação Coordenada do CDC e Código Civil. Uma lei complementa a aplicação da outra.** "Na aplicação coordenada das duas leis, uma lei pode complementar a aplicação da outra, a depender de seu campo de aplicação no caso concreto (diálogo sistemático de complementaridade e subsidiariedade em antinomias aparentes ou reais), a indicar a aplicação complementar tanto de suas normas, quanto de seus princípios, no que couber, no que for necessário ou subsidiariamente". (BENJAMIN, Antônio Herman V.; MARQUES, Cláudia Lima; BESSA, Leonardo Roscoe. *Manual de Direito do Consumidor.* 7ª edição. São Paulo, Revista dos Tribunais, 2016, p. 141).

◙ **Aplicação mais favorável ao consumidor. Diálogo das fontes.** "CONSUMIDOR E CIVIL. ART. 7º DO CDC. APLICAÇÃO DA LEI MAIS FAVORÁVEL. DIÁLOGO DE FONTES. RELATIVIZAÇÃO DO PRINCÍPIO DA ESPECIALIDADE. RESPONSABILIDADE CIVIL. TABAGISMO. RELAÇÃO DE CONSUMO. AÇÃO INDENIZATÓRIA. PRESCRIÇÃO. PRAZO. – O mandamento constitucional de proteção do consumidor deve ser cumprido por todo o sistema jurídico, em diálogo de fontes, e não somente por intermédio do CDC. – Assim, e nos termos do art. 7º do CDC, sempre que uma lei garantir algum direito para o consumidor, ela poderá se somar ao microssistema do CDC, incorporando-se na tutela especial e tendo a mesma preferência no trato da relação de consumo. – Diante disso, conclui-se pela inaplicabilidade do prazo prescricional do art. 27 do CDC à hipótese dos autos, devendo incidir a prescrição vintenária do art. 177 do CC/16, por ser mais favorável ao consumidor. – Recente decisão da 2ª Seção, porém, pacificou o entendimento quanto à incidência na espécie do prazo prescricional de 05 anos previsto no art. 27 do CDC, que deve prevalecer, com a ressalva do entendimento pessoal da Relatora. Recursos especiais providos ." (STJ, REsp 1009591/RS, Rel. Ministra Nancy Andrighi, Terceira Turma, DJe 23/08/2010)

◙ **Integração entre CC e CDC.**"O microssistema introduzido pelo Código de Defesa do Consumidor não pode ser desvinculado dos demais princípios e normas que orientam o direito pátrio, notadamente o Código Civil. Ao contrário, o que deve haver é a integração entre esses sistemas." (STJ, EREsp 702524/RS, Rel. Min. Nancy Andrighi, Rel. p/ acórdão Min. Humberto Gomes de Barros, DJ 9.10.2006)

◙ **Integração entre o CDC, a lei dos planos de saúde (lei nº 9.656/1998) e o Estatuto do Idoso (lei nº 10.741/2003), de modo a evitar o aumento abusivo de mensalidades**. "O interesse social que subjaz do Estatuto do Idoso, exige sua incidência aos contratos de trato sucessivo, assim considerados os planos de saúde, ainda que firmados anteriormente à vigência do Estatuto Protetivo. – Deve ser declarada a abusividade e consequente nulidade de cláusula contratual que prevê reajuste de mensalidade de plano de saúde calcada exclusivamente na mudança de faixa etária – de 60 e 70 anos respectivamente, no percentual de 100% e 200%, ambas inseridas no âmbito de proteção do Estatuto do Idoso. – Veda-se a discriminação do idoso em razão da idade, nos termos do art. 15, § 3o, do Estatuto do Idoso, o que impede especificamente o reajuste das mensalidades dos planos de saúde que se derem por mudança de faixa etária; tal vedação não envolve, portanto, os demais reajustes permitidos em lei, os quais ficam garantidos às empresas prestadoras de planos de saúde, sempre ressalvada a abusividade." (STJ, REsp 989380/ RN, Rela. Mina. Nancy Andrighi, DJ 20/11/2008).

◙ **Diálogo das fontes. Microssistema Processual Coletivo.** "A lei de improbidade administrativa, juntamente com a lei da ação civil pública, da ação popular, do mandado de segurança coletivo, do Código de Defesa do Consumidor e do Estatuto da Criança e do Adolescente e do Idoso, compõem um microssistema de tutela dos interesses transindividuais e sob esse enfoque interdisciplinar, interpenetram-se e subsidiam-se."(STJ, Resp 510.150/MA, Rel. Min. Luiz Fux, DJ. 29.3.2004)

◙ **Convivência entre o regramento do sistema financeiro e o CDC**. "Não há, a priori, por que falar em exclusão formal entre essas espécies normativas, mas, sim, em 'influências recíprocas', em 'aplicação conjunta das duas normas ao mesmo tempo e ao mesmo caso, seja complementarmente, seja subsidiariamente, seja permitindo a opção voluntária das partes sobre a fonte prevalente." (STF, Adin 2591, voto do Min. Joaquim Barbosa, DJ 29.9.2006)

◙ **Decreto 2.681/12 x CDC. Conflito Aparente de normas. Persiste aplicação da Súmula 187/STF** "Responsabilidade civil. Contrato de transporte. Acidente sofrido por passageiro. Vítima fatal. Código de Defesa do Consumidor. Dec. n. 2.681/12. Fato de terceiro. Fator de exclusão de responsabilidade. Inevitabiliadade e Imprevisibilidade. Reexame de Prova. Conflito Aparente de Normas. Dano moral. É dever da transportadora conduzir o passageiro incólume até o local de destino. Falecendo passageiro em razão de acidente em estrada há culpa presumida da empresa de transporte interestadual, somente elidida pela demonstração de caso fortuito, força maior ou culpa exclusiva da vítima (art. 17 do Decreto 2.681/12). O Decreto 2.681/12 não se encontra revogado pelo CDC no que tange a responsabilidade das estradas de ferro e, por analogia, das rodovias, e suas excludentes. Persiste assim, aplicável a Súmula 187/STF que determina que "a responsabilidade contratual do transportador, pelo acidente com o passageiro, não é elidida por culpa de terceiro, contra o qual tem ação regressiva" . Inserindo-se o fato de terceiro nos riscos próprios do deslocamento e estabelecendo o acórdão a quo não ter sido imprevisível o sinistro não é este fator excludente da responsabilidade da transportadora." (STJ, REsp 293292/SP, DJU 08/10/2001, p. 214, Rel. Min. Nancy Andrighi, J. 20.8.2001, 3ª T.)

◙ **Convenção de Varsóvia X CDC. Nas relações de consumo, prioriza o CDC.** "Código de Defesa do Consumidor. Convenção de Varsórvia. Editada lei específica, em atenção à Constituição (Art. 5º, XXXII), destinada a tutelar os direitos do consumidor, e mostrando-se irrecusável o reconhecimento da existência de relação de consumo, suas disposições devem prevalecer. Havendo antinomia, o previsto em tratado perde eficácia, prevalecendo a lei interna posterior que se revela com ele incompatível." (STJ, REsp 169000/RJ, DJU 14/08/2000, p. 64, Rel. Min. Paulo Costa Leite , DJU 4.4.2000, 3ª T.)

◙ **No mesmo sentido:** "CONTRATO DE TRANSPORTE AÉREO DE PASSAGEIROS - ATRASO - DESCUMPRIMENTO CONTRATUAL - DANO MORAL - SÚMULA 7/STJ - APLICAÇÃO DO CÓDIGO DE DEFESA DO CONSUMIDOR EM DETRIMENTO DA CONVENÇÃO DE VARSÓVIA - VALOR INDENIZATÓRIO - RAZOABILIDADE.I - Esta Superior Corte já pacificou o entendimento de que não se aplica, a casos em que há constrangimento provocado por erro de serviço, a Convenção de Varsóvia, e sim o Código de Defesa do Consumidor, que traz em seu bojo a orientação constitucional de que o dano moral é amplamente indenizável." (STJ, AgRg no Ag 903969 ,Rel. Min. Sidnei Beneti, J.09.12.2008) ◙ **No mesmo sentido:** "A jurisprudência desta Corte firmou o entendimento de que a responsabilidade civil das companhias aéreas em decorrência da má prestação de serviços após a entrada em vigor da Lei nº 8.078/90 não é mais regulada pela Convenção de Varsóvia e suas posteriores modificações (Convenção de Haia e Convenção de Montreal) ou pelo Código Brasileiro de Aeronáutica, subordinando-se ao Código de Defesa do Consumidor." (STJ, AgRg no AREsp 607.388/RJ, Rel. Ministro Moura Ribeiro, Terceira Turma, DJe 23/06/2016)

◙ **Código Brasileiro de Aeronáutica X CDC. Nas relações de consumo, prioriza o CDC.** "O conflito entre o Código de Defesa do Consumidor e o Código Brasileiro de Aeronáutica - que é anterior à CF/88 e, por isso mesmo, não se harmoniza em diversos aspectos com a diretriz constitucional protetiva do consumidor -, deve ser solucionado com prevalência daquele (CDC), porquanto é a norma que melhor materializa as perspectivas do constituinte no seu desígnio de conferir especial proteção ao polo hipossuficiente da relação consumerista. Precedente do STF. 4. Recurso especial provido" (STJ, REsp 1.281.090, Quarta Turma, Rel. Min. Luiz Felipe Salomão, DJE 15/03/2012). ◙ **No mesmo sentido:** "Direito do Consumidor. Lei nº 8.078/90 e Lei nº 7565/86. Relação de consumo. Incidência da primeira. Serviço de entrega rápida. Entrega não efetuada no prazo contratado. Dano material. Indenização não tarifada. Não prevalecem as disposições do Código Brasileiro de Aeronáutica que conflitem com o Código de Defesa do Consumidor. As disposições do Código de Defesa do Consumidor incidem sobre a generalidade das relações de consumo, inclusive as integradas por empresas aéreas. Quando o fornecedor faz constar de oferta ou mensagem publicitária a notável pontualidade e eficiência de seus serviços de entrega, assume os eventuais riscos de sua atividade, inclusive o chamado risco aéreo, com cuja conseqüência não deve arcar o consumidor." (STJ, REsp 196031/MG, DJU 11.6.2001, Rel. Min. Antônio de Pádua Ribeiro , DJU 24.4.2001, 3ª T.)

◙ **Lei nº 6.024/74 (liquidação extrajudicial de instituições financeiras) X CDC** ."Lei nº 6.024/74. Código de Defesa do Consumidor. Resgate de aplicações financeiras de instituição sob o regime de liquidação extrajudicial. A Lei nº 6.024/74 não conflita com o Código de Defesa do Consumidor, sendo certo, na forma de precedente da Corte, que a liberação dos valores depositados em instituição financeira sob regime de liquidação extrajudicial obedece ao rito próprio nela estabelecido." (STJ, REsp 239704/BA, DJU 5.2.2001, Rel. Min. Carlos Alberto Menezes Direito, J. 23.11.2000, 3ª T.)

◙ **Lei 8.245/91 x CDC. Contrato de locação administrado por imobiliária.** "Ação civil pública. Direitos individuais homogêneos. Cobrança de taxas indevidas. Candidatos a inquilinos. Administradoras de imóveis. Legitimidade ativa do PROCON - Coordenadoria de Proteção e Defesa do Consumidor, por meio da Procuradoria Geral do Estado para ajuizar ação coletiva para proteção de direitos individuais homogêneos. Prescrição. Multa do art. 84, § 4º, do Código de Defesa do Consumidor. Repetição em dobro. Multa do art. 538, parágrafo único, do Código de Processo Civil. Súmula n° 07 da Corte. Precedentes."(STJ, REsp 200827 / SP, Rel. Min. Carlos Alberto Menezes Direito, T3, J. 26.08.02)

◙ **Julgamento por equidade nas relações de consumo.** "EQÜIDADE. Código de Defesa do Consumidor. – É possível o julgamento por eqüidade na relação de consumo." (STJ, Resp. 225.322/DF, Rel. Min. Ruy Rosado de Aguiar, DJU 10.3.2003). *Voto-vista do Min. Ruy Rosado de Aguiar:* "Já o julgamento por eqüidade não vulnerou a regra do art. 127 do CPC. As relações de consumo são reguladas por princípios gerais que tratam de assegurar a realização da justiça material no caso concreto, entre eles o do julgamento por eqüidade. Assim é que: "Art. 7° Os direitos previstos neste código não excluem outros decorrentes de tratados ou convenções internacionais de que o Brasil seja signatário, da legislação interna ordinária, de regulamentos expedidos pelas autoridades administrativas competentes, bem como dos que derivem dos princípios gerais do direito, analogia, costumes e eqüidade." Mais adiante, ao versar sobre as relações contratuais, novamente refere-se à eqüidade: "Art. 51. São nulas de pleno direito as cláusulas... que estabeleçam obrigações consideradas iníquas, abusivas, que coloquem o devedor em desvantagem exagerada, ou sejam incompatíveis com a boa-fé ou a eqüidade". Portanto, não há ofensa à lei no julgamento por eqüidade, em se cuidando de relação de consumo."

Parágrafo único. Tendo mais de um autor a ofensa, todos responderão solidariamente pela reparação dos danos previstos nas normas de consumo.

► **Sobre a responsabilidade solidária envolvendo prepostos e representantes autônomos, ver art. 34.**

► **Princípio da solidariedade. Parágrafo único do art. 7º.** O princípio da solidariedade está também presente nos arts. 18 e 19 (responsabilidade por vício do produto e do serviço); no art. 25, ao prever que "tendo mais de um autor a ofensa, todos responderão solidariamente pela reparação dos danos previstos nas normas de consumo" e no art. 34, ao estabelecer que o fornecedor do produto ou serviço é solidariamente responsável pelos atos de seus prepostos ou representantes autônomos.

◙ **O consumidor poderá escolher o fornecedor para incluir no polo passivo.** "No sistema do CDC, fica a critério do consumidor a escolha dos fornecedores solidários que irão integrar o polo passivo da ação. Poderá exercitar sua pretensão contra todos ou apenas contra alguns desses fornecedores, conforme sua comodidade e/ou conveniência." (STJ, REsp 1058221/PR, Rel. Ministra Nancy Andrighi, Terceira Turma, DJe 14/10/2011)

◙ **Os integrantes da cadeia de fornecedores não podem alegar que o dano foi gerado por culpa exclusiva de um dos seus integrantes.** "Os integrantes da cadeia de consumo, em ação indenizatória consumerista, também são responsáveis pelo danos gerados ao consumidor, não cabendo a alegação de que o dano foi gerado por culpa exclusiva de um dos seus integrantes. "(STJ, AgRg no AREsp 207.708/SP, Rel. Ministro Marco Buzzi, Quarta Turma, DJe 03/10/2013)

◙ **Protesto indevido de cheques. Responsabilidade solidária da instituição financeira.** "O Tribunal estadual concluiu pela responsabilidade solidária da instituição financeira pelo dano moral sofrido pelo Agravado, com base no artigo 7º, parágrafo único, e 25 do Código de Defesa do Consumidor." (STJ, (AgRg no REsp 1302623/SP, Rel. Ministro Sidnei Beneti, Terceira Turma, DJe 07/05/2012)

◙ **Responsabilidade solidária entre médicos e hospitais por erro médico.** "RESPONSABILIDADE CIVIL – ERRO MÉDICO – HOSPITAL – RESPONSABILIDADE SOLIDÁRIA – DECISÃO MONOCRÁTICA QUE NEGOU PROVIMENTO AO RECURSO. IRRESIGNAÇÃO DA CASA DE SAÚDE. 1. Nos termos do art. 14 do CDC, quando houver uma cadeia de fornecimento para a realização de determinado serviço, ainda que o dano decorra da atuação de um profissional liberal, verificada culpa deste, nasce a responsabilidade solidária daqueles que participam da cadeia de fornecimento do serviço, como é o caso dos autos. Precedentes. 2. Agravo regimental desprovido. (STJ, AgRg no AREsp 209.711/MG, Rel. Min. Marco Buzzi, 4ª T., DJe 22.4.2016).

◙ **Responsabilidade solidária das Unimed`s.** "PROCESSO CIVIL E DIREITO DO CONSUMIDOR. PLANO DE SAÚDE. SOCIEDADES COOPERATIVAS UNIMED. LEGITIMIDADE PASSIVA AD CAUSAM. (...) 2. A publicidade do Sistema Unimed busca instigar o indivíduo à contratação mediante a convicção de que se trata de uma entidade única com atuação em âmbito nacional, não sendo informado ao filiado sobre a autonomia e a independência de suas unidades, o que só faz reforçar nele a ideia de que esse sistema lhe oferece uma maior gama de serviços e facilidades. (...) 4. Dessarte, o fato de várias sociedades explorarem uma mesma marca, ainda que com personalidades jurídicas distintas – por não ter havido a informação clara ao consumidor acerca de eventuais diferenças no conteúdo dos serviços ou na cobertura oferecida por cada uma -, traz como consequência a possibilidade de serem acionadas a responder solidariamente pelas obrigações contratadas por qualquer delas." (STJ, REsp 1377899/SP, Rel. Ministro Luis Felipe Salomão, Quarta Turma, DJe 11/02/2015)

► **Responsabilidade solidária do plano de saúde e dos médicos e hospitais próprios e credenciados.** "A entidade privada de assistência à saúde, que associa interessados através de planos de saúde e mantém hospitais ou credencia outros para a prestação dos serviços a que está obrigada, tem ela responsabilidade solidária pela reparação dos danos decorrentes de serviços médicos ou hospitalares credenciados". (AGUIAR JR, Ruy Rosado. *Responsabilidade Civil do Médico: Direito e medicina*. São Paulo: Del Rey, 2000. Coordenador Sálvio de Figueiredo Teixeira, p. 166) ◙ **No mesmo sentido:** "Em caso de erro cometido por médico credenciado à empresa prestadora do plano de assistência à saúde, esta é parte legítima para figurar no pólo passivo da ação indenizatória movida pelo associado, respondendo solidariamente pela má prestação do serviço médico." (STJ, AgRg no REsp 1.037.348/SP, Terceira Turma, Rel. Min. Massami Uyeda, DJe de 17/8/2011) ◙ **No mesmo sentido, envolvendo tratamento odontológico:** "A empresa prestadora do plano de assistência à saúde é parte legitimada passivamente para a ação indenizatória movida por filiado em face de erro verificado em tratamento odontológico realizado por dentistas por ela credenciados, ressalvado o direito de regresso contra os profissionais responsáveis pelos danos materiais e morais causados. Inexistência, na espécie, de litisconsórcio passivo necessário." (STJ, Resp 328309/RJ, Rel. Min. Aldir Passarinho Júnior, DJ 17.3.2003). ◙ **No mesmo sentido:** "AGRAVO REGIMENTAL EM RECURSO ESPECIAL - AÇÃO DE INDENIZAÇÃO POR ERRO DE DIAGNÓSTICO FORNECIDO PRO LABORATÓRIO CREDENCIADO - FALHA NA PRESTAÇÃO DOS SERVIÇOS - RESPONSABILIDADE SOLIDÁRIA. INSURGÊNCIA DA OPERADORA DO PLANO 1. Evidenciado que o erro na análise de material colhido para exame por parte do laboratório réu provocou o diagnóstico equivocado de presença de tumor maligno e fez com que a parte autora fosse submetida desnecessariamente a procedimento cirúrgico, tem-se por configurada a falha na prestação do serviço apta a caracterizar ato ilícito passível de causar abalo de ordem moral e a consequente indenização 2. 'Se o contrato é fundado na prestação de serviços médicos e hospitalares próprios e/ou credenciados, no qual a operadora de plano de saúde mantém hospitais e emprega médicos ou indica um rol de conveniados, não há como afastar sua responsabilidade solidária pela má prestação do serviço'. (REsp 866371/RS, Rel. Ministro Raul Araújo, Quarta Turma, julgado em 27/03/2012, DJe 20/08/2012) 3. A operadora do plano responde perante o consumidor, solidariamente, pelos defeitos na prestação de serviços médicos e de diagnóstico, seja quando os fornece por meio de hospital próprio e médicos contratados ou por meio de médicos e hospitais credenciados (hipótese dos autos), nos termos dos arts. 2º, 3º, 14 e 34 do Código de Defesa do Consumidor. 4. Agravo regimental desprovido" (STJ, AgRg no REsp 1442794/DF, Rel. Ministro Marco Buzzi, Quarta Turma, DJe 19/12/2014). ◙ **No mesmo sentido**: "RECURSO ESPECIAL. PROCESSUAL CIVIL. CONSUMIDOR. CIVIL. RESPONSABILIDADE SOLIDÁRIA DAS OPERADORAS DE PLANO DE SAÚDE. ERRO MÉDICO. DEFEITO NA PRESTAÇÃO DO SERVIÇO. DANO MORAL RECONHECIDO. VALOR DA INDENIZAÇÃO. MAJORAÇÃO. RECURSO PROVIDO. (...) 3. A operadora do plano de saúde, na condição de fornecedora de serviço, responde perante o consumidor pelos defeitos em sua prestação, seja quando os fornece por meio de hospital próprio e médicos contratados ou por meio de médicos e hospitais credenciados, nos termos dos arts. 2º, 3º, 14 e 34 do Código de Defesa do Consumidor, art. 1.521, III, do Código Civil de 1916 e art. 932, III, do Código Civil de 2002. Essa responsabilidade é objetiva e solidária em relação ao consumidor, mas, na relação interna, respondem o hospital, o médico e a operadora do plano de saúde nos limites da sua culpa (...)" (STJ, REsp 866.371/RS, Rel. Ministro Raul Araújo, Quarta Turma, DJe 20/08/2012).

◙ **Responsabilidade solidária entre seguradora e corretores de seguros pela cobertura securitária.** ***(sobre a responsabilidade solidária de prepostos e representantes autônomos, ver art. 34)*** "CONSUMIDOR. CONTRATO. SEGURO. APÓLICE NÃO EMITIDA. ACEITAÇÃO DO SEGURO. RESPONSABILIDADE. SEGURADORA E CORRETORES. CADEIA DE FORNECIMENTO. SOLIDARIEDADE. 1. A melhor exegese dos arts. 14 e 18 do CDC indica que todos aqueles que participam da introdução do produto ou serviço no mercado devem responder solidariamente por eventual defeito ou vício, isto é, imputa-se a toda a cadeia de fornecimento a responsabilidade pela garantia de qualidade e adequação. 2. O art. 34 do CDC materializa a teoria da aparência, fazendo com que os deveres de boa-fé, cooperação, transparência e informação alcancem todos os fornecedores, direitos ou indiretos, principais ou auxiliares, enfim todos aqueles que, aos olhos do consumidor, participem da cadeia de fornecimento. 3. No sistema do CDC fica a critério do consumidor a escolha dos fornecedores solidários que irão integrar o polo passivo da ação. Poderá exercitar sua pretensão contra todos ou apenas contra alguns desses fornecedores, conforme sua comodidade e/ou conveniência. 4. O art. 126 do DL nº 73/66 não afasta a responsabilidade solidária entre corretoras e seguradoras; ao contrário, confirma-a, fixando o direito de regresso destas por danos causados por aquelas. 5. Tendo o consumidor realizado a vistoria prévia, assinado proposta e pago a primeira parcela do prêmio, pressupõe-se ter havido a aceitação da seguradora quanto à contratação do seguro, não lhe sendo mais possível exercer a faculdade de recusar a proposta. 6. Recurso especial não provido. (STJ, REsp 1077911/SP, Rel. Min. Nancy Andrighi, 3ª T., DJe 14.10.2011).

◙ **Responsabilidade solidária da Cooperativa e do médico cooperativado.** "A Cooperativa que mantém plano de assistência à saúde é parte legitimada passivamente para ação indenizatória movida por associada em face de erro médico originário de tratamento pós-cirúrgico realizado com médico cooperativado." (STJ, Resp 309760, Min. Rel. Aldir Passarinho Júnior, DJ 18.3.2002)

◙ **Responsabilidade solidária da agência de turismo que comercializa pacote de viagens.** "Esta eg. Corte tem entendimento no sentido de que a agência de turismo que comercializa pacotes de viagens responde solidariamente, nos termos do art. 14 do Código de Defesa do Consumidor, pelos defeitos na prestação dos serviços que integram o pacote" (STJ, REsp n° 888751/BA, Rel. Ministro Raul Araújo, Quarta Turma, DJe 27/10/2011). ◙ **No mesmo sentido, respondendo por voo fretado.** "RESPONSABILIDADE CIVIL. AGÊNCIA DE TURISMO. Se vendeu "pacote turístico", nele incluindo transporte aéreo por meio de vôo fretado, a agência de turismo responde pela má prestação desse serviço." (STJ, Resp 783016, Rel. Min. Ari Pargendler, DJ 5.6.2006) ◙ **Em sentido contrário, não respondendo a agência de turismo que só vende passagens aéreas.** "1. A jurisprudência deste Tribunal admite a responsabilidade solidária das agências de turismo apenas na comercialização de pacotes de viagens. 2. No caso, o serviço prestado pela agência de turismo foi exclusivamente a venda de passagens aéreas, circunstância que afasta a sua responsabilidade pelo efetivo cumprimento do contrato de transporte aéreo e autoriza o reconhecimento da sua ilegitimidade para figurar no polo passivo da ação indenizatória decorrente de cancelamento de voo. 3. Agravo regimental não provido." (STJ, AgRg no REsp 1453920/CE, Rel. Ministro Ricardo Villas Bôas Cueva, Terceira Turma, DJe 15/12/2014) ◙ **No mesmo sentido da não responsabilidade da agência de turismo que não vende pacote de viagens:** "Não se tratando, in casu, de pacote turístico, hipótese em que a agência de viagens assume a responsabilidade de todo o roteiro da viagem contratada, e tendo, portanto, inexistido qualquer defeito na prestação de serviço pela empresa de viagens, posto que as passagens aéreas foram regularmente emitidas, incide, incontroversamente, as normas de exclusão de responsabilidade previstas no art. 14, § 3º, I e II, do CDC. Reconhecimento da ilegitimidade passiva *ad causam* da empresa de viagens, ora recorrente.3.

Recurso conhecido e provido'" (STJ, REsp 758184/PR, Rel. Ministro Jorge Scartezzini, Quarta Turma, DJ 6/11/2006)

◘ **Responsabilidade solidária de Clube de Turismo (Bancorbrás) por má prestação de serviço em hotel conveniado.** "AÇÃO DE INDENIZAÇÃO POR DANOS MORAIS AJUIZADA EM FACE DA BANCORBRÁS. DEFEITO DE SER-VIÇO PRESTADO POR HOTEL CONVENIADO. LEGITIMIDADE PASSIVA AD CAUSAM. 1. O "Clube de Turismo Bancorbrás" funciona mediante a oferta de títulos aos consumidores, que, após o pagamento de taxas de adesão e de manutenção mensal, bem como a observância de prazo de carência, adquirem o direito não cumulativo de utilizar 7 (sete) diárias, no período de um ano, em qualquer um dos hotéis pré-selecionados pela Bancorbrás no Brasil e no exterior ("rede conveniada"). 2. Em se tratando de relações consumeristas, o fato do produto ou do serviço (ou acidente de consumo) configura-se quando o defeito ultrapassar a esfera meramente econômica do consumidor, atingindo-lhe a incolumidade física ou moral, como é o caso dos autos, em que a autora, no período de lazer programa-do, fora – juntamente com seus familiares (marido e filha de quatro meses) – submetida a desconforto e aborrecimen-tos desarrazoados, em virtude de alojamento em quarto insalubre em resort integrante da rede conveniada da Bancorbrás. (...) 6. Extrai-se do contexto fático delineado pelas instâncias ordinárias que a Bancorbrás não funciona como mera intermediadora entre os hotéis e os adquirentes do título do clube de turismo. Isso porque a escolha do adquirente do título fica limitada aos estabelecimentos previamente credenciados e contratados pela Bancorbrás, que, em seu próprio regimento interno, prevê a necessidade de um padrão de atendimento e de qualidade dos servi-ços prestados. Ademais, na campanha publicitária da demandada, consta a promessa da segurança e conforto da-queles que se hospedarem em sua rede conveniada. 7. Desse modo, evidencia-se que os prestadores de serviço de hospedagem credenciados funcionam como verdadeiros prepostos ou representantes autônomos da Bancorbrás, o que atrai a incidência do artigo 34 do CDC. Mutatis mutandis: REsp 1.209.633/RS, Rel. Ministro Luis Felipe Salo-mão, Quarta Turma, julgado em 14.04.2015, DJe 04.05.2015." (STJ, REsp 1378284/PB, Rel. Ministro Luis Felipe Salomão, Quarta Turma, DJe 07/03/2018)

◘ **Agência de turismo que revende pacotes oferecidos por outra operadora responde por cancelamento de viagem.** "APELAÇÕES CÍVEIS (1) E (2). AÇÃO DECLARATÓRIA DE INEXISTÊNCIA DE DÉBITO C/C DANOS MORAIS E REPETIÇÃO DE INDEBITO. CANCELAMENTO DE VIAGEM E DESCONTO DE CHEQUE PARTE DO PAGAMENTO DO PACOTE TURÍSTICO. 1. ILEGITIMIDADE PASSIVA AGÊNCIA DE VIAGENS E CULPA EXCLUSIVA DE TERCEIRO. 2. CULPA EXCLUSIVA DO AUTOR. NÃO COMPROVADA. 3. DANOS MORAIS. RESPONSABILIDADE OBJETIVA. 4. QUANTUM INDENIZATÓRIO. 5. SUCUMBÊNCIA. 1. Art. 34, do CDC – 'O fornecedor do produto ou serviço é solidariamente responsável pelos atos de seus prepostos ou representantes autônomos'. 2. A culpa exclusiva do consumidor é uma das excludentes de responsabilidade do prestador de serviços, prevista pelo art. 14, § 3º, II, do CDC, a qual impede a formação do nexo causal. Entretanto, no caso examinado a atribuição da culpa exclusiva ao autor não restou demonstrada, pois esbarra na desídia das rés, as quais não prestaram qualquer informação da concretização ou não pacote contratado, bem como descontaram cheque dado pelo autor como parte do pagamento sem proceder a efetiva contratação. (...)" (TJPR, Ap. Cív. 9778381, Décima Quinta Câmara Cível, Rel. Des. Hayton Lee Swain Filho, julgado em 28/11/2012).

■ **Operadora de turismo responde pelas más condições da hospedagem incluída no pacote que comercializa.** "APELAÇÃO. CONSUMIDOR. AÇÃO DE INDENIZAÇÃO POR DANOS MATERIAIS E MORAL. PACOTE TURÍSTICO. RESPONSABILIDADE OBJETIVA DA RÉ. EXCLUDENTE DE RESPONSABILIZAÇÃO AFASTADA. INTELIGÊNCIA DO ART. 14 DO CÓDIGO DE DEFESA DO CONSUMIDOR (CDC). NO CASO, HOUVE FALHA NA PRESTAÇÃO DE SERVIÇOS RELACIONADO À INSTALAÇÃO DO QUARTO DO HOTEL COM VÍSIVEL UMIDADE NAS PAREDES QUE EXALAVA FORTE ODOR DE MOFO, TRAZENDO PREJUÍZO À SAÚDE DO APELADO E SEUS FAMILIARES QUE APRESENTAM QUADRO DE RINITE CRÔNICA. IMPOSSIBILIDADE DE USUFRUIR DOS SERVIÇOS CONTRATADOS. CABÍVEL O RESSARCIMENTO DE DESPESAS DESEMBOLSADAS NA AQUISIÇÃO DE PASSAGENS AÉREAS DE RETORNO E DO PACOTE. APLICAÇÃO DO ART. 34 DO CDC. RECURSO IMPROVIDO. 1.– O autor adquiriu pacote turístico envolvendo a contratação de serviço de hospedagem, transporte aéreo e traslados. O inadimplemento contratual alegado pelo consumidor voltou-se pela falta de condições de habitação do quarto do hotel, na medida em que possuía umidade na parede, exalando forte odor de mofo, o que por certo acarretaria problemas de saúde aos filhos do autor, portadores de rinite crônica. 2.– Não comprovou a ré ter ofertado ao autor e sua família imediata substituição de quarto, bem como a troca de hotel, forçando o consumidor a tomar providências que abrandassem o dano causado sem repercutir na esfera de tutela dos seus direitos. Retornaram para sua cidade, mas precisaram desembolsar valores para o transporte aéreo, cabendo, assim, o devido ressarcimento. (...)". (TJSP, Ap. Cív. 00487313420118260554, Trigésima Primeira Câmara Cível, Rel. Des. Adilson de Araujo, DJ 16/04/2014).

■ **Solidariedade reconhecida entre cia. aérea e "Decolar.com".** "APELAÇÃO CÍVEL. RELAÇÃO DE CONSUMO. INTERMEDIAÇÃO NA COMPRA DE PASSAGEM AÉREA. "DECOLAR.COM". SOLIDARIEDADE DOS FORNECEDORES. RISCO DO EMPREENDIMENTO. FALHA NA PRESTAÇÃO DO SERVIÇO. Cinge a controvérsia na análise da falha na prestação de serviço de intermediação na compra de passagem aérea e os danos daí advindos. Sustenta a parte Ré sua ilegitimidade passiva, afirmando ser apenas mediadora da relação jurídica formada entre o consumidor e a Companhia Aérea escolhida. Contudo, a parte autora adquiriu o bilhete aéreo no site da Ré, sendo certo que a DECOLAR.COM atua como uma agência de viagens e turismo e como tal, pode ser responsabilizada por atrasos e cancelamentos de voos, tendo em vista a co-responsabilidade entre todos os integrantes da cadeia de consumo, conforme previsão legal estampada no artigo 7º, § único, e artigo 25, § 1º, do Código de Defesa do Consumidor. (TJRJ, Ap. Cív. 0241068-84.2013.8.19.0001, Vigésima Sexta Câmara Cível, Rel. Des. Denise Nicoll Simões, julgado em 18/02/2016).

■ **Solidariedade entre agência de intercâmbio e empresa estrangeira que seleciona trabalhadores.** "Apelação Cível. Relação de consumo. Ação Indenizatória por Danos Morais e Materiais. Intercâmbio cultural. Sentença de improcedência. Reforma. Irresignação da parte autora, que se sustenta em parte. Empresas que são solidárias pelas falhas na prestação de seus serviços, posto que se coligam para explorar a atividade econômica. Inteligência do art. 7º, parágrafo único e o art. 25, § 1º, do CDC. Falha na prestação do serviço. Parte ré que não se desincumbiu do ônus probatório do art. 333, II, do CPC. Cabimento de dano moral (...)" (TJRJ, Ap. Cív. 0028829-36.2012.8.19.0205, Vigésima Quarta Câmara Cível, Rel. Des. Regina Lúcia Passos, julgado em 02/09/2015).

◙ **Operadora de turismo por falhas na recepção em aeroporto, traslado e passeios contratados no pacote turístico.** "APELAÇÃO. CONSUMIDOR. AÇÃO DE INDENIZAÇÃO POR DANOS MATERIAIS E MORAL. PACOTE TURÍSTICO. RESPONSABILIDADE OBJETIVA DA RÉ. EXCLUDENTE DE RESPONSABILIZAÇÃO AFASTADA. INTELIGÊNCIA DO ART. 14 DO CÓDIGO DE DEFESA DO CONSUMIDOR. NO CASO, HOUVE FALHA NA PRESTAÇÃO DE SERVIÇOS RELACIONADO À RECEPÇÃO, TRANSFERÊNCIA E A NÃO REALIZAÇÃO DE PASSEIOS ANTECIPADAMENTE CONTRATADOS. CABÍVEL O RESSARCIMENTO DE DESPESAS DESEMBOLSADAS COM TÁXI, TAXAS DE EMBARQUES E CONTRATAÇÃO PESSOAL DE OUTROS PROGRAMAS TURÍSTICOS PELOS AUTORES. APLICAÇÃO DO ART. 34 DO CDC. RECURSO IMPROVIDO. 1.– Os autores adquiriram pacote turístico envolvendo a contratação de serviço de transporte na chegada e saída, recepção no aeroporto, além de passeios turísticos. O inadimplemento contratual alegado pelos consumidores na falta de receptivo, 'transfer', assistência ao turista e a não realização de roteiro previamente acertado não foi afastado. Cabia à apelante fazer tal prova, ônus do qual não desincumbiu. 2.– Sem qualquer amparo, os autores precisaram desembolsar valores para a locomoção de táxi, taxas de embarques, além da contratação de outros programas, cabendo, assim, o devido ressarcimento. (...)". (TJSP, Ap. Cív. 00575295420128260002, Trigésima Primeira Câmara Cível, Rel. Des. Adilson de Araujo, DJ 23/04/2013).

◙ **Pacote turístico. Responsabilidade solidária da operadora e da seguradora.** "DIREITO CIVIL E DO CONSUMIDOR. AÇÃO DE INDENIZAÇÃO POR DANOS MATERIAIS. PACOTE TURÍSTICO. MÁ PRESTAÇÃO DE SERVIÇO. RESPONSABILIDADE OBJETIVA DA OPERADORA. ART. 14 DO CDC. CONTRATO DE SEGURO SAÚDE PARA VIAGEM. CONTRATAÇÃO CASADA. NEGATIVA INDEVIDA DE COBERTURA NO EXTERIOR. CADEIA DE CONSUMO. SOLIDARIEDADE LEGAL ENTRE A OPERADORA E A SEGURADORA. ART. 7º DO CDC. RESSARCIMENTO DAS DESPESAS COM TRANSPORTE EM UTI AÉREA PARA O BRASIL E DEMAIS DESPESAS MÉDICAS. CABIMENTO. 1.– O Tribunal de origem, analisando os fatos concluiu tratar-se de má prestação de um serviço, sendo a operadora de turismo, portanto, prestadora de serviço, como tal responde, independentemente de culpa pela reparação dos danos causados aos consumidores, nos termos do art. 14 do Código de Defesa do Consumidor. 2.– Acresce que o parágrafo único do art. 7º do Código consumerista adotou o princípio da solidariedade legal para a responsabilidade pela reparação dos danos causados ao consumidor, podendo, pois, ele escolher quem acionará. E, por tratar-se de solidariedade, caberá ao responsável solidário acionado, depois de reparar o dano, caso queira, voltar-se contra os demais responsáveis solidários para se ressarcir ou repartir os gastos, com base na relação de consumo existente entre eles.

3.– Desse modo, a distinção que pretende a recorrente fazer entre a sua atuação como operadora dissociada da empresa que contratou o seguro de viagem não tem relevância para a solução do caso e não afastaria jamais a sua responsabilidade. 4.– Recurso Especial improvido." (REsp 1102849/RS, Rel. Ministro Sidnei Beneti, Terceira Turma, julgado em 17/04/2012, DJe 26/04/2012). ◙ **No mesmo sentido em razão da negativa de cobertura médica no exterior:** "DIREITO CIVIL E DO CONSUMIDOR. AÇÃO DE INDENIZAÇÃO POR DANOS MATERIAIS. PACOTE TURÍSTICO. MÁ PRESTAÇÃO DE SERVIÇO. RESPONSABILIDADE OBJETIVA DA OPERADORA. ART. 14 DO CDC. CONTRATO DE SEGURO SAÚDE PARA VIAGEM. CONTRATAÇÃO CASADA. NEGATIVA INDEVIDA DE COBERTURA NO EXTERIOR. CADEIA DE CONSUMO. SOLIDARIEDADE LEGAL ENTRE A OPERADORA E A SEGURADORA. ART. 7º DO CDC. RESSARCIMENTO DAS DESPESAS COM TRANSPORTE EM UTI AÉREA PARA O BRASIL E DEMAIS DESPESAS MÉDICAS. CABIMENTO (...) (STJ, REsp 1.102.849/RS, Rel. Ministro Sidnei Beneti, Terceira Turma, DJe de 26.4.2012)

◙ **Atraso de voo. Responsabilidade solidária.** "A responsabilidade civil das companhias aéreas em decorrência da má prestação de serviços é regulada pelo Código de Defesa do Consumidor, o que implica a solidariedade entre todos os responsáveis pelo dano sofrido pelo consumidor. Atraso de vôo de nove horas, que impediu a chegada do autor a tempo de presenciar as últimas horas de vida de seu pai. Dano moral gravíssimo." (STJ, AgRg no AgRg no REsp 689.257/PR, Rel. Ministra Maria Isabel Gallotti, Quarta Turma, DJe 05/09/2012)

◙ **Defeito em aparelho celular. Responsabilidade solidária entre fabricante e operadora.** "CIVIL – CONSUMIDOR – PROCESSO CIVIL – RESPONSABILIDADE OBJETIVA E SOLIDÁRIA DA EMPRESA FORNECEDORA – LEGITIMIDADE PASSIVA AD CAUSAM PRESENTE – DEFEITO EM APARELHO CELULAR – VIOLAÇÃO DO DIREITO DO CONSUMIDOR A INFORMAÇÕES CORRETAS E VERDADEIRAS – DANO MORAL – 1. Quanto à existência do dano moral, caminhou bem o em. Julgador ao condenar ambas as recorrentes neste sentido e solidariamente, nos termos do parágrafo único do art. 7º, CDC, e tendo em vista as frustrações e constrangimentos advindos da má prestação do serviço de telefonia celular da recorrente. (...)" (TJDF, ACJ 20040110708843 – 2ª T.R.J.E. – Rel. Des. Alfeu Machado, DJU 8.8.2005)

◙ **Responsabilidade solidária do fabricante e concessionária por veículo novo adquirido com problemas no funcionamento**. "Código de Defesa do Consumidor. Compra de veículo novo com defeito. Incidência do art. 18 do Código de Defesa do Consumidor. Responsabilidade solidária do fabricante e do fornecedor. Indenização por danos materiais e morais. Precedentes da Corte. 1. Comprado veículo novo com defeito, aplica-se o art. 18 do Código de Defesa do Consumidor e não os artigos 12 e 13 do mesmo Código, na linha de precedentes da Corte. Em tal cenário, não há falar em ilegitimidade passiva do fornecedor. (...)" (STJ, REsp nº 554.876/RJ, rel. Min. Carlos Alberto Menezes Direito, DJ 3.5.2004, J. 17.2.2004). ◙ **No mesmo sentido:** "AGRAVO REGIMENTAL NO AGRAVO EM RECURSO ESPECIAL. AÇÃO DESCONSTITUTIVA DE NEGÓCIO JURÍDICO CUMULADA COM INDENIZATÓRIA. DEFEITO EM VEÍCULO ZERO. RESPONSABILIDADE SOLIDÁRIA DA MONTADORA E DA CONCESSIONÁRIA. ILEGITIMIDADE PASSIVA AFASTADA. (...) Segundo a jurisprudência desta Corte, a responsabilidade do fornecedor e do fabricante, nos casos em que comprovado o vício do produto, é solidária. Precedentes." (STJ, AgRg no AREsp. 661.420, Terceira Turma, Rel. Min. Marco Aurélio Belizze, DJE 10/06/2015). ◼ **No mesmo sentido:** "A constatação de defeito em veículo zero-quilômetro revela hipótese de vício do produto e impõe a responsabilização solidária da concessionária (fornecedor) e do fabricante, conforme preceitua o art. 18, caput, do CDC." (STJ, REsp 611872/RJ, Rel. Ministro Antonio Carlos Ferreira, Quarta Turma, DJe 23/10/2012) ◼ **No sentido de que a responsabilidade solidária não impede que se possa analisar o nexo de causalidade e responsabilizar somente um dos fornecedores.** "COMPRA DE AUTOMÓVEL. CONCESSIONÁRIA. RESPONSABILIDADE SOLIDÁRIA DO FABRICANTE. 1.– Em princípio, considerando o sistema de comercialização de automóvel, através de concessionárias autorizadas, são solidariamente responsáveis o fabricante e o comerciante que aliena o veículo. 2.– Tratando-se de responsabilidade solidária, a demanda pode ser direcionada contra qualquer dos co-obrigados. A existência de solidariedade, no entanto, não impede que seja apurado, no caso concreto, o nexo de causalidade entre as condutas dos supostos responsáveis para concluir-se pela responsabilidade de apenas um deles." [...] (REsp 1155730/SP, Rel. Ministro Sidnei Beneti, Terceira Turma, julgado em 16/08/2011, DJe 09/09/2011)

◼ **Responsabilidade solidária da seguradora por conserto realizado por oficina credenciada.** "RECURSO ESPECIAL. CIVIL E CONSUMIDOR. CONTRATO DE SEGURO DE RESPONSABILIDADE CIVIL. SINISTRO EM AUTOMÓVEL. COBERTURA. CONSERTO REALIZADO POR OFICINA CREDENCIADA OU INDICADA PELA SEGURADORA. DEFEITO NO SERVIÇO PRESTADO PELA OFICINA. RESPONSABILIDADE SOLIDÁRIA DA SEGURADORA E DA OFICINA CREDENCIADA. RECONHECIMENTO. DANOS MATERIAIS ACOLHIDOS. DANOS MORAIS REJEITADOS. RECURSO PARCIALMENTE PROVIDO. 1. A seguradora de seguro de responsabilidade civil, na condição de fornecedora, responde solidariamente perante o consumidor pelos danos materiais decorrentes de defeitos na prestação dos serviços por parte da oficina que credenciou ou indicou, pois, ao fazer tal indicação ao segurado, estende sua responsabilidade também aos consertos realizados pela credenciada, nos termos dos arts. 7º, parágrafo único, 14, 25, § 1º, e 34 do Código de Defesa do Consumidor. 2. São plenamente aplicáveis as normas de proteção e defesa do consumidor, na medida em que se trata de relação de consumo, em decorrência tanto de disposição legal (CDC, art. 3º, § 2º) como da natureza da relação estabelecida, de nítida assimetria contratual, entre o segurado, na condição de destinatário final do serviço securitário, e a seguradora, na qualidade de fornecedora desse serviço. 3. O ato de credenciamento ou de indicação de oficinas como aptas a proporcionar ao segurado um serviço adequado no conserto do objeto segurado sinistrado não é uma simples gentileza ou comodidade proporcionada pela seguradora ao segurado. Esse credenciamento ou indicação se faz após um prévio acerto entre a seguradora e a oficina, em que certamente ajustam essas sociedades empresárias vantagens recíprocas, tais como captação de mais clientela pela oficina e concessão por esta de descontos nos preços dos serviços de reparos cobrados das seguradoras. Passa, então, a existir entre a seguradora e a oficina credenciada ou indicada uma relação institucional, de trato duradouro, baseada em ajuste vantajoso para ambas." (REsp 827.833/MG, Rel. Ministro Raul Araújo, Quarta Turma, julgado em 24/04/2012, DJe 16/05/2012)

◙ **Responsabilidade solidária da montadora e da concessionária pela entrega do veículo zero.** "DIREITO DO CONSUMIDOR. COMPRA DE VEÍCULO AUTOMOTOR ZERO KM. NÃO ENTREGA DO PRODUTO COMPRADO PELA CONCESSIONÁRIA. RESPONSABILIDADE SOLIDÁRIA DA MONTADORA. 1. A montadora de veículos responde pelo inadimplemento da concessionária credenciada que deixa de entregar veículo comprado e totalmente pago pelo consumidor. A posição jurídica da fornecedora de veículos automotores para revenda – montadora concedente – enquadra-se perfeitamente no que preceitua o art. 34 do CDC, segundo o qual o "fornecedor do produto ou serviço é solidariamente responsável pelos atos de seus prepostos ou representantes autônomos", norma essa que consagra a responsabilidade de qualquer dos integrantes da cadeia de fornecimento que dela se beneficia, pelo descumprimento dos deveres de boa-fé, transparência, informação e confiança. 3. A utilização de marca de renome – utilização essa consentida até por força de Lei (art. 3º, inciso III, da Lei n. 6.729/1979) – gera no consumidor legítima expectativa de que o contrato é garantido pela montadora, razão pela qual deve esta responder por eventuais desvios próprios dos negócios jurídicos celebrados nessa seara.4. De resto, os preceitos da Lei n. 6.729/1979 (Lei Ferrari), que regem a relação jurídica entre concedente e concessionária, não podem ser aplicados em desfavor do consumidor, por força do que dispõe o art. 7º do CDC, que permite a interpretação integrativa ou analógica apenas no que diga respeito aos "direitos" daqueles. 5. Recurso especial não provido." (STJ, REsp 1309981/SP, Rel. Ministro Luis Felipe Salomão, Quarta Turma, DJe 17/12/2013).

◙ **Fundos de investimento. Responsabilidade solidária.** "O CDC é aplicável aos contratos firmados entre as instituições financeiras e seus clientes referentes a aplicações em fundos de investimento, entendimento esse que encontrou acolhida na Súmula 297/STJ. Incide na espécie, portanto, a Súmula 83/STJ. 4. A observância, na gestão do fundo, da conduta proba imposta pelo CDC a todas as relações de consumo, em especial a atenção ao dever de informação, tem o condão de amenizar até mesmo os prejuízos ocorridos em razão da maxidesvalorização do real, ocorrida em janeiro de 1999. Não há se falar, portanto, em ofensa ao art. 1.058 do CC/16. 5. A má-gestão, consubstanciada pelas arriscadas e temerárias operações com o capital do investidor, como na hipótese em exame, ultrapassa a razoabilidade prevista no art. 14, §1º, II, do CDC, a justificar a excludente do nexo de causalidade, ainda que se trate de aplicações de risco. 6. Sendo a relação havida entre as partes de consumo, incide na hipótese o art. 7º, parágrafo único, do CDC, que estabelece a responsabilidade solidária entre os integrantes da cadeia de consumo." (REsp 1164235/RJ, Rel. Ministra Nancy Andrighi, Terceira Turma, julgado em 15/12/2011, DJe 29/02/2012)

◙ **Responsabilidade solidária. Empresa de seguros vinculada a instituição financeira.** "Na esteira de precedentes desta Corte, a oferta de seguro de vida por companhia seguradora vinculada a instituição financeira, dentro de agência bancária, implica responsabilidade solidária da empresa de seguros e do Banco perante o consumidor." (STJ, REsp 1300116/SP, Rel. Ministra Nancy Andrighi, Terceira Turma, DJe 13/11/2012)

◘ **Veículo novo defeituoso. Responsabilidade solidária da instituição financeira (banco da montadora) e da concessionária.** "RECURSO ESPECIAL. CONSUMIDOR. RESPONSABILIDADE POR VÍCIO DO PRODUTO. VEÍCULO NOVO DEFEITUOSO. RESPONSABILIDADE SOLIDÁRIA DO "BANCO DA MONTADORA" INTEGRANTE DA CADEIA DE CONSUMO. APLICAÇÃO DO ART. 18 DO CDC. VOTOS VENCIDOS. 1 – Demanda movida por consumidor postulando a rescisão de contrato de compra e venda de um automóvel (Golf) em razão de vício de qualidade, bem como de arrendamento mercantil firmado com o "banco da montadora" para financiamento do veículo. 2 – Responsabilidade solidária da instituição financeira vinculada à concessionária do veículo ("banco da montadora"), pois parte integrante da cadeia de consumo. 3 – Distinção em relação às instituições financeiras que atuam como "banco de varejo", apenas concedendo financiamento ao consumidor para aquisição de um veículo novo ou usado sem vinculação direta com o fabricante. 4 – Aplicação do art. 18 do CDC. 5 – Recurso especial a que se nega provimento por maioria, com dois votos vencidos. (REsp 1379839/SP, Rel. Ministra Nancy Andrighi, Rel. p/ Acórdão Ministro Paulo de Tarso Sanseverino, Terceira Turma, DJe 15/12/2014). ◘ **No sentido de que a instituição financeira não responde pelo defeito do produto.** "DIREITO CIVIL. CONTRATO DE COMPRA E VENDA DE VEÍCULO. ALIENAÇÃO FIDUCIÁRIA EM GARANTIA. CONTRATO ACESSÓRIO. CÓDIGO DE DEFESA DO CONSUMIDOR. DEFEITO NO PRODUTO. RESPONSABILIDADE DO FORNECEDOR. 1. O Código de Defesa do Consumidor é aplicável às instituições financeiras (Súmula n. 297), mas apenas em relação aos serviços atinentes à atividade bancária. Por certo que o banco não está obrigado a responder por defeito de produto que não forneceu tão-somente porque o consumidor adquiriu-o com valores obtidos por meio de financiamento bancário. Se o banco fornece dinheiro, o consumidor é livre para escolher o produto que lhe aprouver. No caso de o bem apresentar defeito, o comprador ainda continua devedor da instituição financeira. 2. Não há relação de acessoriedade entre o contrato de compra e venda de bem de consumo e o de financiamento que propicia numerário ao consumidor para aquisição de bem que, pelo registro do contrato de alienação fiduciária, tem sua propriedade transferida para o credor. 3. Recurso especial conhecido e provido." (STJ, REsp 1014547/DF, Rel. Ministro João Otávio de Noronha, Quarta Turma, DJe 07/12/2009)

◘ **Financiamento de veículos. A instituição financeira responde solidariamente por fraude praticada pela revendedora de veículos que aliena o mesmo bem para pessoas distintas.** "RESCISÃO CONTRATUAL COM REPARAÇÃO DE DANOS. RESPONSABILIDADE SOLIDÁRIA DA FINANCEIRA E DA REVENDEDORA DO VEÍCULO. INTELIGÊNCIA DO ART. 34 DO CDC. FRAUDE. DANOS COMPROVADOS. INDENIZAÇÃO QUE DEVE TER EM CONTA TANTO O CARÁTER COMPENSATÓRIO QUANTO PUNITIVO DO INSTITUTO, SEM QUE SE CONVERTA EM ENRIQUECIMENTO INDEVIDO. VALOR FIXADO MANTIDO RECURSOS, PRINCIPAL E ADESIVO, DESPROVIDOS. 1. Nos negócios de compra e venda de veículo, com pagamento financiado, a atividade da instituição financeira não se desenvolve de modo isolado, separada da venda do carro, devendo, em razão disso, ser analisada como parte de um conjunto, de um negócio complexo: 'compra e venda de veículo com financiamento'. 2. A instituição financeira tem responsabilidade em relação às parceiras comerciais que estabelece, devendo estar atenta à conduta do seu comparte, como forma de garantir a perfeita extinção do contrato. (STJ. REsp 1201140, Min. Rel. Sidnei Beneti, DJe 03/09/2010)". (TJPR, Ap. Cív. 8298142, Décima Oitava Câmara Cível, Rel. Carlos Mansur Arida, DJ 26/09/2012). ◙ **No mesmo sentido:** "APELAÇÃO CÍVEL - AÇÃO ANULATÓRIA DE NEGÓCIO JURÍDICO C/C DANOS MORAIS - RELAÇÃO DE CONSUMO - FRAUDE EM FINANCIAMENTO DE VEÍCULO - RESPONSABILIDADE SOLIDÁRIA DA FINANCEIRA E DA REVENDEDORA DO VEÍCULO - APLICAÇÃO DO ART. 34 DO CDC - SÚMULA 479 DO STJ - INSCRIÇÃO EM CADASTRO DE DEVEDORES - DANO MORAL - MAJORAÇÃO DO QUANTUM INDENIZATÓRIO - POSSIBILIDADE - DECISÃO UNÂNIME". (TJPE, Ap. Cív. 3109617, Sexta Câmara Cível, Rel. Des. José Carlos Patriota Malta, DJ 04/11/2013).

◙ **Responsabilidade solidária entre o agente financeiro e a construtora por vícios de construção no SFH.** "RECURSO ESPECIAL. SISTEMA FINANCEIRO DA HABITAÇÃO. VÍCIOS NA CONSTRUÇÃO DE IMÓVEL CUJA OBRA FOI FINANCIADA. LEGITIMIDADE DO AGENTE FINANCEIRO. 1. Em se tratando de empreendimento de natureza popular, destinado a mutuários de baixa renda, como na hipótese em julgamento, o agente financeiro é parte legítima para responder, solidariamente, por vícios na construção de imóvel cuja obra foi por ele financiada com recursos do Sistema Financeiro da Habitação. Precedentes. 2. Ressalva quanto à fundamentação do voto-vista, no sentido de que a legitimidade passiva da instituição financeira não decorreria da mera circunstância de haver financiado a obra e nem de se tratar de mútuo contraído no âmbito do SFH, mas do fato de ter a CEF provido o empreendimento, elaborado o projeto com todas as especificações, escolhido a construtora e negociado diretamente, dentro de programa de habitação popular. 3. Recurso especial improvido." (REsp 738.071/SC, Rel. Ministro LUIS FELIPE SALOMÃO, QUARTA TURMA, julgado em 09/08/2011, DJe 09/12/2011) ◙ **Nesse sentido:** STJ - AgRg no Ag 1061396-PE, AgRg no Ag 932006-SC, AgRg no Ag 683809-SC, REsp 579464-DF, REsp 331340-DF, REsp 289155-RJ, REsp 51169-RS, AG 1265951-SP, AG 1193580-PB, AG 759324-SP, RESP 1092123-SC, RESP 1065290-RJ.

◙ **A franqueadora pode ser solidariamente responsabilizada pelos danos causados pela franqueada aos consumidores.** "Aos olhos do consumidor, trata-se de mera intermediação ou revenda de bens ou serviços do franqueador – fornecedor no mercado de consumo, ainda que de bens imateriais. 3. Extrai-se dos arts. 14 e 18 do CDC a responsabilização solidária de todos que participem da introdução do produto ou serviço no mercado, inclusive daqueles que organizem a cadeia de fornecimento, pelos eventuais defeitos ou vícios apresentados. Precedentes. 4. Cabe às franqueadoras a organização da cadeia de franqueados do serviço, atraindo para si a responsabilidade solidária pelos danos decorrentes da inadequação dos serviços prestados em razão da franquia. 5. Recurso especial não provido." (STJ, REsp 1426578/SP, Rel. Ministro Marco Aurélio Bellizze, Terceira Turma, DJe 22/09/2015). ◙ **No mesmo sentido:** "AGRAVO INTERNO NO AGRAVO EM RECURSO ESPECIAL. AÇÃO DE REPARAÇÃO DE DANOS DECORRENTES DE PROCEDIMENTO ESTÉTICO REALIZADO POR EMPRESA FRANQUEADA. RESPONSABILIDADE SOLIDÁRIA DA FRANQUEADORA. CDC, ARTS. 14 E 18." (STJ, AgInt no AREsp 278.198/SP, Rel. Ministro Raul Araújo,

Quarta Turma, DJe 28/06/2019) ◙ **No mesmo sentido:** "RESTITUIÇÃO DE VALORES PAGOS POR CURSO DE FORMAÇÃO PROFISSIONAL NÃO REALIZADO. PRAZO PRESCRICIONAL DE 03 (TRÊS) ANOS POR SE TRATAR DE RESSARCIMENTO DE ENRIQUECIMENTO SEM CAUSA. ART. 206, § 3º, DO CC/02. LEGITIMIDADE PASSIVA DA FRANQUEADORA, POR SER SOLIDARIAMENTE RESPONSÁVEL PELOS ATOS DA FRANQUEADA, NOS TERMOS DO ART. 34, DO CDC E DA LEI 8.955/94. PERSONALIDADES JURÍDICAS QUE SE CONFUNDEM PERANTE TERCEIROS. TEORIA DA APARÊNCIA. RESTITUIÇÃO DEVIDA. SENTENÇA MANTIDA.RECURSO IMPROVIDO". (TJRS, Recurso Cível 71000881003, Terceira Turma Recursal Cível, Rel. Maria José Schmitt Sant Anna, DJ 24/03/2006)

◙ **Implante de prótese peniana. Responsabilidade solidária do importador.** "CIVIL E CONSUMIDOR. RECURSOS ESPECIAIS. DANO MORAL E MATERIAL. RESPONSABILIDADE POR VÍCIO DO PRODUTO. IMPLANTE E RETIRADA DE DUAS PRÓTESES PENIANAS DEFEITUOSAS E QUE SE MOSTRARAM IMPRÓPRIAS PARA O FIM A QUE SE DESTINAVAM (...) 5. Tratando-se de hipótese de responsabilidade por vício do produto, pois ele não correspondeu à legítima expectativa do consumidor quanto à sua utilização e fruição e como sobre isso não se insurgiu o recorrente, presente está a responsabilidade solidária do fornecedor prevista no art. 18 do CDC. Incidência, também, da 2ª parte do art. 942 do CC/02 e do art. 7º, parágrafo único, do CDC. 6. A jurisprudência desta Corte, nos casos em que fica comprovado o vício do produto com base no art. 18 do CDC, entende que a responsabilidade do fornecedor e do fabricante é solidária, cabendo ao consumidor a escolha dos fornecedores solidários que irão integrar o polo passivo da demanda. Precedentes (...)" (STJ, REsp 1505263/RS, Rel. Ministro Moura Ribeiro, Terceira Turma, DJe 13/05/2015)

◙ **Anúncio erótico falso publicado em sites de classificados na internet. Responsabilidade de todos da cadeia de consumo.** "RESPONSABILIDADE CIVIL. RECURSO ESPECIAL. ANÚNCIO ERÓTICO FALSO PUBLICADO EM SITES DE CLASSIFICADOS NA INTERNET. DEVER DE CUIDADO NÃO VERIFICADO. SERVIÇOS PRESTADOS EM CADEIA POR MAIS DE UM FORNECEDOR. SITE DE CONTEÚDO QUE HOSPEDA OUTRO. RESPONSABILIDADE CIVIL DE TODOS QUE PARTICIPAM DA CADEIA DE CONSUMO.1. No caso, o nome do autor foi anunciado em sites de classificados na internet, relacionando-o com prestação de serviços de caráter erótico e homossexual, tendo sido informado o telefone do local do seu trabalho. O sítio da rede mundial de computadores apontado pelo autor como sendo o veiculador do anúncio difamante – ipanorama.com – é de propriedade da ré TV Juiz de Fora Ltda., a qual mantinha relação contratual com a denunciada, Mídia 1 Publicidade Propaganda e Marketing, proprietária do portal O Click, que se hospedava no site da primeira ré e foi o disseminador do anúncio. Este último (O Click) responsabilizava-se contratualmente pela "produção de quaisquer dados ou informações culturais, esportivas, de comportamento, serviços, busca, classificados, webmail e outros serviços de divulgação". 2. Com efeito, cuida-se de relação de consumo por equiparação, decorrente de evento relativo a utilização de provedores de conteúdo na rede mundial de computadores, organizados para fornecer serviços em cadeia para os usuários, mediante a hospedagem do site "O click" no site "ipanorama.com". 3. Assim, a solução da controvérsia deve partir da principiologia do Código de Defesa do Consumidor fundada na solidariedade de todos aqueles que participam da cadeia de produção ou da prestação de serviços. Para a responsabilização de todos os integrantes da cadeia de consumo, apura-se a responsabilidade de um deles, objetiva ou decorrente de culpa, caso se verifiquem as hipóteses autorizadoras previstas no CDC. A responsabilidade dos demais integrantes da cadeia de consumo, todavia, não decorre de seu agir culposo ou de fato próprio, mas de uma imputação legal de responsabilidade que é servil ao propósito protetivo do sistema. 4. No caso em apreço, o site O click permitiu a veiculação de anúncio em que, objetivamente, comprometia a reputação do autor, sem ter indicado nenhuma ferramenta apta a controlar a idoneidade da informação. Com efeito, é exatamente no fato de o veículo de publicidade não ter se precavido quanto à procedência do nome, telefone e dados da oferta que veiculou, que reside seu agir culposo, uma vez que a publicidade de anúncios desse jaez deveria ser precedida de maior prudência e diligência, sob pena de se chancelar o linchamento moral e público de terceiros. 5. Mostrando-se evidente a responsabilidade civil da empresa Mídia 1 Publicidade Propaganda e Marketing, proprietária do site O click, configurada está a responsabilidade civil da TV Juiz de Fora, proprietária do site ipanorama.com, seja por imputação legal decorrente da cadeia de consumo, seja por culpa in eligendo. 6. Indenização por dano moral arbitrada em R$ 30.000,00 (trinta mil reais). 7. Recurso especial provido. (STJ, REsp 997.993/MG, Rel. Ministro Luis Felipe Salomão, Quarta Turma, , DJe 06/08/2012)

◙ **Uso do cartão de crédito por terceiro não autorizado pelo consumidor. Responsabilidade solidária de toda cadeia de fornecedores (proprietárias das bandeiras, adquirentes e estabelecimentos comerciais).** "Cabe às administradoras, em parceria com o restante da cadeia de fornecedores do serviço (proprietárias das bandeiras, adquirentes e estabelecimentos comerciais), a verificação da idoneidade das compras realizadas com cartões magnéticos, utilizando-se de meios que dificultem ou impossibilitem fraudes e transações realizadas por estranhos em nome de seus clientes, independentemente de qualquer ato do consumidor, tenha ou não ocorrido roubo ou furto. (STJ, REsp 1058221/PR, Rel. Ministra Nancy Andrighi, Terceira Turma, DJe 14/10/2011) ◙ **No mesmo sentido:** "DIREITO CIVIL E DO CONSUMIDOR. RESPONSABILIDADE CIVIL. CARTÃO DE CRÉDITO ROUBADO. DANOS MORAIS E MATERIAIS. RESPONSABILIDADE SOLIDÁRIA DA SOCIEDADE TITULAR DA BANDEIRA. 1.– Todos os que integram a cadeia de fornecedores do serviço de cartão de crédito respondem solidariamente em caso de fato ou vício do serviço. Assim, cabe às administradoras do cartão, aos estabelecimentos comerciais, às instituições financeiras emitentes do cartão e até mesmo às proprietárias das bandeiras, verificar a idoneidade das compras realizadas com cartões magnéticos, utilizando-se de meios que dificultem ou impossibilitem fraudes e transações realizadas por estranhos em nome de seus clientes. Precedentes. 2.– Agravo Regimental improvido" (STJ, PET no AgRg no REsp 1391029/SP, Rel. Ministro Sidnei Beneti, Terceira Turma, DJe 17/02/2014).

► **Sobre dano moral envolvendo administradoras de cartões de crédito, ver art. 6º, VI**

◙ **Responsabilidade solidaria das entidades organizadoras com os clubes e seus dirigentes pelos danos causados a torcedor.** "RECURSOS ESPECIAIS. RESPONSABILIDADE CIVIL. QUEDA DE TORCEDOR DE RAMPA DE ACESSO A ESTÁDIO DE FUTEBOL. DANOS FÍSICOS E MORAIS. SEGURANÇA LEGITIMAMENTE ESPERADA. RESPONSABILIDADE SOLIDÁRIA ENTRE A FEDERAÇÃO E O CLUBE DETENTOR DO MANDO DE JOGO PELOS DANOS SOFRIDOS PELO TORCEDOR. 1. O serviço é defeituoso quando não apresenta a segurança legitimamente esperada pelo consumidor (art. 14, § 1.º, do CDC). 2. Concorre para o evento danoso (queda do torcedor de rampa de acesso ao estádio devido a aglomeração de torcedores) a entidade que disponibiliza quantia de ingressos superior ao espaço reservado à torcida rival. 3. Reconhecida a concorrência de responsabilidade dos réus para a implementação do evento danoso. 4. Inaplicabilidade da excludente do fato exclusivo de terceiro, prevista no inciso II do parágrafo 3.º do artigo 14 do CDC, pois, para sua configuração, seria necessária a exclusividade de outras causas não reconhecida na origem. Súmula 07/STJ. 5. Responsabilidade objetiva e solidaria, nos termos do art. 14 do CDC, das entidades organizadoras com os clubes e seus dirigentes pelos danos causados a torcedor que decorram de falhas de segurança nos estádios, mesmo antes da entrada em vigor do Estatuto do Torcedor (Lei 10.671/2003). 6. RECURSOS ESPECIAIS DESPROVIDOS." (STJ, REsp 1513245/SP, Rel. Ministro Paulo de Tarso Sanseverino, Terceira Turma, DJe 16/03/2015)

◙ **Responsabilidade solidária de canal televisivo pela falta de entrega de produto. Publicidade veiculada através dos próprios apresentadores do canal SBT.** "APELAÇÃO CÍVEL. AÇÃO DE DE INDENIZAÇÃO POR DANOS MATERIAIS E MORAIS. AQUISIÇÃO DE PRODUTO PELA INTERNET, QUE NUNCA FOI ENTREGUE. SENTENÇA DE PARCIAL PROCEDÊNCIA. 1. RECURSO DA AUTORA. 1.1. AVENTADA LEGITIMIDADE PASSIVA DA EMISSORA DE TELEVISÃO QUE VEICULOU ANÚNCIOS DA LOJA VIRTUAL, INDUZINDO A CONSUMIDORA A CRER NA IDONEIDADE DA ANUNCIANTE. PARTICIPAÇÃO DIRETA DA EMISSORA, POR MEIO DE SEUS APRESENTADORES. CONFIGURAÇÃO DE CADEIA DE FORNECIMENTO. PRELIMINAR ACOLHIDA. 1.2. APLICABILIDADE DO CÓDIGO DE DEFESA DO CONSUMIDOR. 1.3. RESPONSABILIDADE SOLIDÁRIA DOS INTEGRANTES DA CADEIA DE FORNECEDORES. 1.4. COMPRA DE APARELHO TELEVISOR PELA INTERNET. MERCADORIA NÃO ENTREGUE. CONSUMIDORA QUE PROCUROU A FORNECEDORA E O PROCON, VÁRIAS VEZES, NA TENTATIVA DE SOLUCIONAR O PROBLEMA. DESÍDIA DA LOJA. ESTRESSE QUE ULTRAPASSA O DISSABOR COTIDIANO. DANO MORAL CARACTERIZADO. 1.5. QUANTUM INDENIZATÓRIO. VALOR ARBITRADO EM R$3.000,00 (TRÊS MIL REAIS), EM CONSONÂNCIA COM OS PRINCÍPIOS DA RAZOABILIDADE E PROPORCIONALIDADE. OBSERVÂNCIA DO CARÁTER INDENIZATÓRIO E PEDAGÓGICO DA VERBA. 1.6. HONORÁRIOS ADVOCATÍCIOS. MONTANTE QUE DEVE SER MAJORADO PARA 15% (QUINZE POR CENTO) DO VALOR DA CONDENAÇÃO, EM CONSONÂNCIA COM OS PARÂMETROS DO ARTIGO 85, § 2º, DO CÓDIGO DE PROCESSO CIVIL DE 2015. 2. RECURSO CONHECIDO E PARCIALMENTE PROVIDO" (TJSC, Ap. Cív. 0003200-64.2014.8.24.0039, Primeira Câmara Cível, Rel. Des. Raulino Jacó Brüning, julgado em 30/06/2016).

◙ **Não admtindo a responsabilidade solidária da administradora de cartão de crédito no comércio eletrônico: Produto não entregue ao consumidor. Inexistência de solidariedade entre a loja virtual e a administradora de cartão de crédito.** "DIREITO DO CONSUMIDOR. COMPRA REALIZADA PELA INTERNET. PRODUTO NÃO ENTREGUE. RESPONSABILIDADE CIVIL DA ADMINISTRADORA DO CARTÃO DE CRÉDITO. INEXISTÊNCIA. 1. Na responsabilidade pelo fato do serviço a empresa administradora de cartão de crédito, que atua como intermediária do pagamento, não responde solidariamente por dano moral pelo descumprimento contratual de estabelecimento comercial que deixa de entregar a mercadoria adquirida em loja virtual, porquanto não teve participação direta no descumprimento contratual, sendo certo ainda que não se recusou a promover o estorno do pagamento. Inteligência do artigo 7º, parágrafo único, e 25, § 1º, DO CDC" (TJPE, Ap. Cív. 4285830 PE, Primeira Câmara Regional de Caruaru, Rel. Des. Fábio Eugênio Dantas de Oliveira Lima, DJ 21/06/2016). ◙ **No sentido de admitir a responsabilidade solidária da administradora de cartão de crédito no comércio eletrônico: Cobrança indevida de passagem aérea cuja compra foi cancelada pelo consumidor.** "INDENIZAÇÃO POR DANOS MORAIS E MATERIAIS. AQUISIÇÃO DE PASSAGENS AÉREAS NA INTERNET. CANCELAMENTO DA OPERAÇÃO PELO PRÓPRIO CONSUMIDOR. DESCONTOS EM SEU CARTÃO DE CRÉDITO REALIZADOS. PROCEDÊNCIA INTEGRAL. RESPONSABILIDADE SOLIDÁRIA DE TODOS AQUELES QUE FIGURAM NA CADEIA DE FORNECIMENTO E AUFEREM LUCRO, DIRETA OU INDIRETAMENTE. ART. 7, PARÁGRAFO ÚNICO, DO CDC. LEGITIMIDADE." (TJSC, Ap. Cív. 20150847679, Terceira Câmara de Direito Civil, Rel. Des. Gilberto Gomes de Oliveira, julgado em 08/03/2016).

◙ **Responsabilidade solidária. Bandeiras/marcas de cartão de crédito e bancos e administradoras de cartões de crédito.** "PROCESSUAL CIVIL E CONSUMIDOR. AÇÃO DECLARATÓRIA DE INEXISTÊNCIA DE DÉBITO C/C COMPENSAÇÃO POR DANOS MORAIS. VÍCIO NA PRESTAÇÃO DE SERVIÇO. 'BANDEIRA' DO CARTÃO DE CRÉDITO. RESPONSABILIDADE SOLIDÁRIA. 2. Segundo a orientação jurisprudencial desta Corte Superior, o art. 14 do CDC estabelece regra de responsabilidade solidária entre os fornecedores de uma mesma cadeia de serviços, razão pela qual as 'bandeiras'/marcas de cartão de crédito respondem solidariamente com os bancos e as administradoras de cartão de crédito pelos danos decorrentes da má prestação de serviços". (STJ, AgRg no AREsp 596237/SP, Terceira Turma, Rel. Min. Marco Aurélio Bellizze, DJe 12/02/2015).

◙ **Responsabilidade solidária do site de buscas Buscapé:** "REPARAÇÃO DE DANOS MORAIS – AQUISIÇÃO DE PRODUTO PELA INTERNET – INTERMEDIAÇÃO POR SITE – LEGITIMIDADE PASSIVA 1 – Legitimidade passiva 'ad causam' – incontroversa relação de direito material, "intermediadora" inserida na relação de consumo, que fundamenta a pretensão processual – inteligência do art. 7º, parágrafo único, do Código de Defesa do Consumidor; 2 – O site de 'classificados' virtual exerce intermediação relevante e remunerada (indiretamente) na aproximação entre consumidor e fornecedor, de forma que integra a cadeia de consumo (art. 3º, da Lei n. 8.078, de 1990)– evento danoso que integra o risco da atividade exercida – precedentes – responsabilidade, art. 389, do Código Civil; 3 – Notebook foi entregue com rachaduras, evidentemente usado, sem embalagem, causando uma série de problemas ao adquirente, que não se utilizou do bem adquirido e ainda viu seu nome ser indevidamente inserido no rol de inadimplentes, vendo-se obrigado a ajuizar demanda judicial para solver a problemática, que se arrasta até os dias atuais. 4 – Diante disso, o magistrado a quo fixou indenização por danos morais em quantia equivalente a R$ 10.000,00, quantia que deve ser mantida, e apenas não será majorada por não ter a parte interessada interposto o recurso respectivo." (TJSP, Ap. Cív. 00097774720108260361, Trigésima Câmara de Direito Privado, Rel. Des. Maria Lúcia Pizzotti, DJ 02/10/2015).

◙ **Responsabilidade solidária entre engenheiro e construtora por desmoronamento de estrutura metálica em obra.** "(...) DESMORONAMENTO DE ESTRUTURA METÁLICA EM CONSTRUÇÃO - RESPONSABILIDADE SOLIDÁRIA DA CONSTRUTORA E DO ENGENHEIRO POR PROBLEMAS NA EDIFICAÇÃO - PROJETO SUBDIMENSIONADO - CONSTRUTURA QUE NÃO OBEDECEU OS PARÂMETROS ESTABELECIDOS NO PROJETO - ENGENHEIRO QUE, ADEMAIS, CONSTA COMO RESPONSÁVEL TÉCNICO PELA OBRA NA ART (ANOTAÇÃO DE RESPONSABILIDADE TÉCNICA) - VÍCIO DO PROJETO E FALHAS NA EXECUÇÃO CONSTATADOS PELA PROVA PERICIAL - DANO MATERIAL DEVIDO - DEVER DE INDENIZAR - SOLIDARIEDADE ENTRE O AUTOR DO PROJETO E O EXECUTOR DA OBRA - INTELIGÊNCIA DOS ARTIGOS 7º, DO CÓDIGO DE DEFESA DO CONSUMIDOR E ARTIGO 942, DO CÓDIGO CIVIL (...)" (TJPR, Ap. Cív. 13497175, Rel. Des. Domingos José Perfetto, Nona Câmara Cível, DJ 06/10/2015).

► **UBER. Responsabilidade solidária da empresa e do motorista.** "E mais, é claro que, no Brasil, a responsabilidade entre o motorista que usa o UBER e a empresa é solidária em face do consumidor do serviço, porque a relação jurídica entre o usuário do serviço de transporte e o motorista e a empresa UBER é de consumo e regida pelo Código de Defesa do Consumidor." (MARQUES, Alessandra Garcia. Inovação e direitos fundamentais: o impacto do aplicativo UBER no mercado consumidor brasileiro. *Revista de Direito do Consumidor*. São Paulo: RT, Vol.107, Ano 2016, p. 76)

◙ **Canal de TV que veicula publicidade de produto fraudulento. Responsabilidade solidária.** "RECURSO ESPECIAL. CONSUMIDOR. RESPONSABILIDADE CIVIL. ANÚNCIO PUBLICITÁRIO FRAUDULENTO VEICULADO EM CANAL DE TELEVISÃO. DEFEITO DO SERVIÇO PRESTADO. NÃO RECONHECIMENTO DO FATO EXCLUSIVO DE TERCEIRO PELAS INSTÂNCIAS DE ORIGEM. CONCORRÊNCIA DA CONDUTA DO FORNECEDOR PARA O EVENTO DANOSO. SÚMULA 07/STJ. 1. Demanda indenizatória movida contra canal televisivo por consumidor lesado pela veiculação de anúncio publicitário fraudulento. 2. Responsabilidade solidária da empresa detentora do canal de televisão reconhecida pelas instâncias de origem por não ter o serviço por ela prestado apresentado a segurança legitimamente esperada pelo público consumidor. 3. Não acolhimento da excludente do fato exclusivo de terceiro, prevista no inciso II do parágrafo 3.º do art. 14 do CDC, por não ter sido reconhecida pelas instâncias de origem a exclusividade do ato ilícito perpetrado pelos terceiros fraudadores como causa do evento danoso." (STJ, REsp 1391084/RJ, Rel. Ministro Paulo de Tarso Sanseverino, Terceira Turma, DJe 25/02/2014)

▣ **Responsabilidade solidária entre as diversas entidades que compõem o cadastro nacional de serviço de proteção ao crédito. Dever de notificação.** CIVIL. AÇÃO DE INDENIZAÇÃO. DANO MORAL. INSCRIÇÃO DE NOME EM BANCO DE DADOS. PREQUESTIONAMENTO AUSENTE DE PARTE DAS QUESTÕES LEGAIS ORDINÁRIAS. SÚMULAS N. 282 E 356-STF. AUSÊNCIA DE COMUNICAÇÃO. CDC, ART. 43, § 2º. RESPONSABILIDADE DA CDL (SPC). REGISTRO EMPRESTADO DE OUTRA ENTIDADE COMPONENTE DO MESMO SISTEMA NACIONAL. LEGITIMIDADE PASSIVA. EXISTÊNCIA. (...) É parte legítima para a causa a entidade que se utiliza de cadastro aberto por outro banco de dados, porque dele aufere vantagens na sua área de atuação, devendo a inscrição ser comunicada com antecedência do devedor, nos termos do art. 43, § 3º, do CPC." (STJ, REsp 793926/RS, Rel. Ministro Aldir Passarinho Junior, Quarta Turma, DJe 28/10/2008)

▣ **Vício oculto em veículo zero quilômetro. Responsabilidade solidária do fabricante.** "Veículo. Indenização. Alegação de defeito ou vício oculto em veículo zero quilômetro. Decisão que, dentre outras deliberações, afastou preliminar de ilegitimidade passiva da agravante, determinou a realização de perícia, inverteu o ônus da prova e carreou às rés o recolhimento dos honorários provisórios do perito. Fabricante que responde solidariamente pelo vício do produto (art. 18 CDC), bem como por atos de seus prepostos e representantes autônomos (arts. 7º e 34 do CDC). Perícia direta que, a princípio, resta prejudicada ante a troca dos itens que apresentaram defeito. Inversão do ônus da prova. Regra de julgamento. Custo da Perícia que deve ser carreado à autora, que requereu a produção da prova. Exegese do artigo 33 do CPC. Decisão parcialmente reformada. Recurso parcialmente provido" (TJSP, AI 22099794620158260000, Trigésima Segunda Câmara de Direito Privado, Rel. Des. Francisco Occhiuto Júnior, DJ 19/02/2016).

▣ **Contratos imobiliários. Todas as sociedades empresárias que participam da negociação do imóvel são solidariamente responsáveis pela restituição das parcelas pagas e da comissão de corretagem.** "Compra e venda de imóvel em construção. Comissão de corretagem. Ilegitimidade passiva. 1 – O fornecedor do produto ou serviço é solidariamente responsável pelos atos de seus prepostos ou representantes autônomos (art. 34, CDC). São partes legítimas para figurarem no polo passivo da ação em que se pretende a rescisão do contrato, restituição das parcelas pagas e devolução da comissão de corretagem, com a qual não anuiu, as empresas que participaram da negociação do imóvel objeto do contrato de promessa de compra e venda. (...)" (TJDF, Ap. Cív. 20150110364320, Sexta Turma Cível, Rel. Des. Hector Valverde Santanna, DJE 16/06/2015).

▣ **A sociedade empresária administradora de plano de saúde não responde solidariamente com a operadora do plano, por expressa proibição, prevista em norma da ANS, de atuar como representante, mandatária ou prestadora de serviço desta.** "PLANO DE SAÚDE – Manutenção do contrato coletivo cancelado pela operadora do plano de saúde contratado – Ação proposta contra esta e contra a administradora do plano – Aplicação do CDC ao caso – Súmula 469 do C. STJ – Hipótese, contudo, em que a responsabilidade solidária de toda a cadeia de fornecimento do serviço prevista no referido diploma legal se refere ao dano causado ao consumidor em relação aos casos de acidente de consumo decorrentes de falhas na sua execução por não oferecer a segurança que dele se espera, bem como de vício do serviço, de qualidade ou quantidade, hipóteses não verificadas no presente caso, em que se discute a continuidade no fornecimento dos serviços – Art. 34 do diploma consumerista que dispõe sobre a solidariedade passiva entre fornecedor do produto ou do serviço e seus prepostos ou representantes autônomos, condição de que não trata a agravante, proibida de assim atuar pela Resolução Normativa – RN Nº 196, de 14 de julho de 2009, da ANS – Possibilidade apenas de figurar na condição de participante ou de representante, mas mediante formalização de instrumento específico– Art. 4º da referida norma – Hipótese não verificada no caso – Ilegitimidade da administradora reconhecida – Extinção do processo, sem resolução de mérito, em relação a esta – Recurso provido, por maioria" (TJSP, AI 21950986420158260000, Primeira Câmara de direito Privado, Rel. Des. Rui Cascaldi, DJ 10/11/2015). ◙ **Em sentido contrário:** "APELAÇÕES CÍVEIS. AÇÃO DE OBRIGAÇÃO DE FAZER C/C DANOS MORAIS. OFERTA DE PLANO DE SAÚDE. ILEGITIMIDADE PASSIVA NÃO CONFIGURADA. TEORIA DA APARÊNCIA. VINCULAÇÃO À PROPOSTA. DANOS MORAIS NÃO CARACTERIZADOS. SENTENÇA MANTIDA. 1. Nos termos do art. 34 do CDC, a empresa Sul América Seguro Saúde S.A figura na cadeia de fornecedores do serviço, de modo que deve responder solidariamente pelos danos eventualmente causados pela empresa Qualicorp S.A, que administra os benefícios. 2. Em atenção à teoria da aparência, a seguradora responde pelos atos de seus prepostos ou representantes autônomos (art. 34 do CDC). (...) (TJDF, Ap. Cív. 20130710322632, Terceira turma Cível, Rel. Des. Fátima Rafael, DJE 06/07/2015).

◙ **Planos de saúde. Responsabilidade solidária entre sociedades empresárias que operam e administram o plano em razão da negativa de cobertura de procedimento de angioplastia e custeio de *stent*.** "CIVIL E PROCESSUAL CIVIL. CONSUMIDOR. APELAÇÃO. AÇÃO DE OBRIGAÇÃO DE FAZER COM PEDIDO DE DANOS MORAIS. IMPOSSIBILIDADE DE SUSPENSÃO DO FEITO. DECLARAÇÃO DE INSOLVÊNCIA QUE SOMENTE SUSPENDE AS EXECUÇÕES. LEGITIMIDADE PASSIVA. RESPONSABILIDADE SOLIDÁRIA. CUSTEIO DE ANGIOPLASTIA E FORNECIMENTO DE STENT. INDEVIDA RECUSA. DANOS MORAIS CONFIGURADOS. QUANTUM MANTIDO. (...) 3. No caso dos autos, não há que se falar em ilegitimidade passiva do Instituto Mutsaúde ou da Medial, porquanto, nos termos do art. 34 do CDC, o fornecedor do produto ou serviço é solidariamente responsável pelos atos de seus prepostos ou representantes autônomos. 3.1 Aliás, A responsabilidade solidária estabelecida neste artigo 34, do Código do Consumidor, existente entre fornecedor do produto ou do serviço e seus prepostos ou representantes autônomos, é a passiva, em face do consumidor. Esta pode resultar tanto de atos lícitos, como ilícitos (...)"(TJDF, Ap. Cív. 20100110545379, Quinta Turma Cível, Rel. Des. João Egmont, DJE 18/12/2014).

◙ **Móveis planejados. A fabricante e a sociedade empresária parceira que comercializa e instala o mobiliário respondem solidariamente pela ausência de entrega dos produtos.** "DIREITO DO CONSUMIDOR. APELAÇÃO. AÇÃO DE RESCISÃO DE CONTRATO C/C REPARAÇÃO DE DANOS. CONFECÇÃO E INSTALAÇÃO DE MÓVEIS PLANEJADOS. AUSÊNCIA DE ENTREGA. PRELIMINAR DE ILEGITIMIDADE PASSIVA REJEITADA. SOLIDARIEDADE ENTRE OS FORNECEDORES DE

SERVIÇOS. DANOS MORAIS. INEXISTÊNCIA. RECURSO PARCIALMENTE PROVIDO. (...) 2. Diante da correspondência entre as partes da relação jurídica material e processual, patente a legitimidade do fabricante dos móveis planejados para figurar no pólo passivo da ação indenizatória, máxime quando a relação jurídica material está sujeita aos preceitos da legislação consumerista. 2.1 Enfim. O art. 34 do Código de Defesa do Consumidor estabelece, de forma estreme de dúvidas, a responsabilidade solidária entre o fornecedor de produtos ou serviços e seus prepostos ou representantes autônomos, razão pela qual se impõe a rejeição da preliminar de ilegitimidade passiva. 3. Restando incontroverso que o autor não recebeu os móveis adquiridos pela primeira ré (A Sua Casa Móveis Planejados), que atuava em parceria comercial com a segunda (Móveis Carraro), vendendo os produtos por ela fabricados, correta a sentença que condenou o comerciante e fabricante, de forma solidária, na restituição dos valores pagos pelos produtos não entregues (artigos 7º e 18, CDC). (...)" (TJDF, Ap. Cív. 20120410112638, Segunda Turma Cível, Rel. Des. João Egmont, DJE 22/01/2016). ◘ **No mesmo sentido:** "Agravo de instrumento – Compra e venda de móveis. Descumprimento contratual. Responsabilidade solidária da revendedora e da indústria fornecedora. Tutela antecipada bem concedida. Inteligência do art. 34 do CDC – Decisão mantida Recurso desprovido". (TJSP, AI 1159772620128260000, Vigésima Sexta Câmara de Direito Privado, Rel. Des. Reinaldo Caldas, DJ 29/06/2012).

◘ **Serviços funerários. Responsabilidade solidária entre sociedade empresária proprietária de cemitério, concessionária que comercializa jazigos e prestadora de serviços funerários.** "PRESTAÇÃO DE SERVIÇOS FUNERÁRIOS ILEGITIMIDADE PASSIVA DAS CORRÉS ALEGAÇÃO DE TER SIDO A PRESTAÇÃO DOS SERVIÇOS CONTRATADA COM TERCEIRA EMPRESA DESCABIMENTO CONTRATO DE PRESTAÇÃO DE SERVIÇOS INTERLIGADO AOS CONTRATOS DE AQUISIÇÃO DO DIREITO DE USO DE JAZIGO COMPLEXO NEGOCIAL ÚNICO E HOMOGÊNEO RESPONSABILIDADE SOLIDÁRIA DAS CONTRATANTES PERANTE O CONSUMIDOR INTELIGÊNCIA DO ART. 34 DO CDC INADIMPLEMENTO PARCIAL DAS OBRIGAÇÕES CONTRATUAIS RECONHECIDO RESCISÃO DOS CONTRATOS DESCABIMENTO DANOS MORAIS RECONHECIDOS INDENIZAÇÃO DEVIDA APELAÇÃO PARCIALMENTE PROVIDA". (TJSP, Ap. Cív. 00147363220088260361, Trigésima Câmara de Direito Privado, Rel. Des. Andrade Neto, DJ 12/05/2014)

◘ **Compra e venda de veículos. A fabricante responde civilmente pela ausência de entrega de automóvel em caso de falência da distribuidora.** "APELAÇÃO. CIVIL. CONSUMIDOR. AUTOMÓVEL.COMPRA DE CARRO NOVO EM DISTRIBUUIDORA. PAGAMENTO FEITO. NÃO ENTREGA. FALÊNCIA DA DISTRIBUIDORA. RESPONSABILIDADE SOLIDÁRIA DA FABRICANTE. ART. 34 DO CDC. NECESSIDADE.RECURSO DA RÉ IMPROVIDO. Estabelecida a relação jurídica entre a fabricante de veículos e sua distribuidora, a primeira responde pela não entrega por esta de automóvel novo comprado e pago pelo consumidor, dada a incidência da legislação consumerista. (...)". (TJSP, Ap. Cív. 989631000, Trigésima Primeira Câmara de Direito Privado, Rel. Des. Adilson de Araujo, DJ 14/07/2008).

◘ **Responsabilidade solidária entre concessionária e importadora de veículos pela ausência de peças de reposição.** "APELAÇÃO CÍVEL – HONORÁRIOS ADVOCA-

TÍCIOS - PEDIDO DE MAJORAÇÃO - LEGITIMIDADE DA PARTE - RECURSO ADESIVO - PROTOCOLIZAÇÃO EM DIA POSTERIOR AO DO PROTOCOLO DAS CONTRARRAZÕES DE RECURSO - IRRELEVÂNCIA - PRECLUSÃO CONSUMATIVA - NÃO OCORRÊNCIA - FALTA DE PEÇAS DE REPOSIÇÃO - RESPONSABILIDADE SOLIDÁRIA DA CONCESSIONÁRIA E DA IMPORTADORA - HONORÁRIOS DE ADVOGADO - AUMENTO - CABIMENTO - MONTANTE QUE NÃO ATENDE AOS DITAMES LEGAIS PERTINENTES (...) Há responsabilidade solidária entre a concessionária de veículos e a importadora no caso de atraso nos reparos de veículos em virtude de ausência de peças de reposição (...)" (TJMG, Ap. Cív. 10024112936000003, Décima Sétima Câmara Cível, Rel. Des. Evandro Lopes da Costa Teixeira, DJ 03/12/2013).

◙ **Ausência de solidariedade entre banco cooperado e cooperativa de crédito.** "Não há solidariedade passiva entre banco cooperativo e cooperativa de crédito quanto às operações bancárias por esta realizadas, uma vez que o sistema de crédito cooperativo funciona de molde a preservar a autonomia e independência - e consequente responsabilidade - de cada um dos órgãos que o compõem." (STJ, REsp 1468567/ES, Rel. Min. Nancy Andrighi, Terceira Turma, DJe 10/08/2018)

◙ **O fornecedor aparente responde solidariamente por fato ou vício de produto de marca global.** "RECURSO ESPECIAL - AÇÃO DE INDENIZAÇÃO - DANOS MATERIAL E MORAL - RELAÇÃO DE CONSUMO - DEFEITO DO PRODUTO - FORNECEDOR APARENTE - MARCA DE RENOME GLOBAL - LEGITIMIDADE PASSIVA - RECURSO ESPECIAL DESPROVIDO. INSURGÊNCIA RECURSAL DA EMPRESA RÉ. Hipótese: A presente controvérsia cinge-se a definir o alcance da interpretação do art. 3º do Código de Defesa do Consumidor, a fim de aferir se na exegese de referido dispositivo contempla-se a figura do fornecedor aparente - e, consequentemente, sua responsabilidade -, entendido como aquele que, sem ser o fabricante direto do bem defeituoso, compartilha a mesma marca de renome mundial para comercialização de seus produtos. 1. A adoção da teoria da aparência pela legislação consumerista conduz à conclusão de que o conceito legal do art. 3º do Código de Defesa do Consumidor abrange também a figura do fornecedor aparente, compreendendo aquele que, embora não tendo participado diretamente do processo de fabricação, apresenta-se como tal por ostentar nome, marca ou outro sinal de identificação em comum com o bem que foi fabricado por um terceiro, assumindo a posição de real fabricante do produto perante o mercado consumidor. 2. O fornecedor aparente em prol das vantagens da utilização de marca internacionalmente reconhecida, não pode se eximir dos ônus daí decorrentes, em atenção à teoria do risco da atividade adotada pelo Código de Defesa do Consumidor. Dessa forma, reconhece-se a responsabilidade solidária do fornecedor aparente para arcar com os danos causados pelos bens comercializados sob a mesma identificação (nome/marca), de modo que resta configurada sua legitimidade passiva para a respectiva ação de indenização em razão do fato ou vício do produto ou serviço. 3. No presente caso, a empresa recorrente deve ser caracterizada como fornecedora aparente para fins de responsabilização civil pelos danos causados pela comercialização do produto defeituoso que ostenta a marca TOSHIBA, ainda que não tenha sido sua fabricante direta, pois ao utilizar marca de expressão global, inclusive com a inserção da mesma em sua razão social, beneficia-se da confiança previamente angariada por essa perante os consumidores. É de rigor, portanto, o reconhecimento da legitimidade passiva da empresa ré para arcar com os danos pleiteados na exordial. 4. Recurso especial desprovido. (STJ, REsp 1580432/SP, Rel. Ministro Marco Buzzi, Quarta Turma, DJe 04/02/2019)

CAPÍTULO IV
Da Qualidade de Produtos e Serviços, da Prevenção e da Reparação dos Danos

SEÇÃO I
Da Proteção à Saúde e Segurança

Art. 8° Os produtos e serviços colocados no mercado de consumo não acarretarão riscos à saúde ou segurança dos consumidores, exceto os considerados normais e previsíveis em decorrência de sua natureza e fruição, obrigando-se os fornecedores, em qualquer hipótese, a dar as informações necessárias e adequadas a seu respeito.

► **Risco inerente. "Normais e previsíveis".** Os produtos e serviços oferecidos no mercado de consumo não poderão acarretar riscos à saúde e à segurança dos consumidores, salvo aqueles que, pela sua própria natureza, apresentam em si um risco inerente – considerados pelo código no art. 8º, caput, como "normais e previsíveis" (v.g. remédios, bebidas alcoólicas, agrotóxicos, fogos de artifício, etc.). Uma faca de cozinha, por exemplo, se quiser ser eficiente (afiada), terá que ser naturalmente perigosa. Para aplicação do que seja "normal e previsível", o magistrado deverá, no caso concreto, verificar se a insegurança está de acordo com a legítima expectativa do consumidor. Como critérios, dois requisitos deverão ser analisados: um objetivo, exigindo que a existência da periculosidade esteja de acordo com o tipo específico de produto ou serviço (v.g. que a faca corta; que o agrotóxico possui substâncias que causam intoxicação, etc.); e outro subjetivo, analisando se o consumidor tinha condições para prever a periculosidade, ou seja, se o risco não o surpreende.

► **O direito só atua quando a insegurança ultrapassa o patamar da normalidade e da previsibilidade do risco.** "O direito, de regra, só atua quando a insegurança ultrapassa o patamar da normalidade e da previsibilidade do risco, consubstanciando-se em verdadeiro defeito." (BENJAMIN, Antônio Herman V. *Manual de Direito do Consumidor*. São Paulo: Revista dos Tribunais, 2007. p. 115).

► **Normalidade e previsibilidade são as características do risco inerente, pelo qual não responde o fornecedor por não ser defeituoso.** "Em suma, normalidade e previsibilidade são as características do risco inerente, pelo qual não responde o fornecedor por não ser defeituoso um bem ou serviço nessas condições. Cabe-lhe apenas informar o usuário a respeito desses riscos inevitáveis, podendo por eles responder, caso não se desincumba desse dever, hipótese em que poderá resultar configurado o defeito de comercialização por informação deficiente quanto à periculosidade do produto ou serviço, ou quanto ao modo de utilizá-lo" (Carlos Alberto Menezes Direito e Sérgio Cavalieri Filho, *Comentários ao novo Código Civil,* Rio de Janeiro: Forense, 2004, vol. XIII, p. 187)

► **Dever de informar no risco notório.** "É incontroverso que, mesmo se tratando de risco notório, há o dever de informar, pois a lei não distingue entre notoriedade do risco ou não." (COSTA, Judith Martins. Ação indenizatória. Dever de informar do fabricante sobre os riscos do tabagismo. In: LOPEZ, Teresa Ancona (Coord.). *Estudos e pareceres sobre livre-arbítrio, responsabilidade e produto de risco inerente – O paradigma do tabaco – Aspectos civis e processuais*, p. 300.)

► **A análise do conteúdo das expressões "normais" e "previsíveis" gravita em torno da adequabilidade das informações.** "A análise do conteúdo das expressões "normais" e "previsíveis", adotadas pelo art. 8º do Código de Defesa do Consumidor para qualificar os riscos admitidos do fornecimento, gravita em torno da adequabilidade das informações prestadas pelo fornecedor. Em outros termos, abstraindo-se daqueles produtos e serviços já amplamente conhecidos no mercado, o fornecedor deve prestar informações com tal eficiência que possibilite ao consumidor antever todo o potencial de periculosidade emergente do bem ou comodidade adquiridos. Informações adequadas sobre os riscos são aquelas que capacitam o consumidor na previsibilidade dos riscos oferecidos pelo fornecimento, de modo a torna-os normais." (COELHO, Fabio Ulhoa. *O empresário e os direitos do consumidor.* São Paulo: Saraiva, 1994, p. 74.)

► **A lei não exige que o produto ofereça uma segurança absoluta**. "A lei não exige que o produto ofereça uma segurança absoluta, mas apenas a segurança que se possa legitimamente esperar. Por isso, na valoração do caráter defeituoso do produto devem se atender não só às expectativas subjetivas da vítima, a segurança com que ela pessoalmente contava, mas as expectativas objetivas do público em geral, isto é a segurança esperada e tida por normal nas concepções do tráfico do respectivo setor de consumo [...]". (ROCHA, Silvio Luiz Ferreira da. *Responsabilidade civil do fornecedor pelo fato do produto no direito brasileiro.* São Paulo: RT, 1992, p. 95-96.)

► **Aspectos da teoria da qualidade.** "A teoria da qualidade (...) comporta dois aspectos distintos: a proteção do patrimônio do consumidor (com o tratamento dos vícios de qualidade por inadequação) e a proteção da saúde do consumidor (com o tratamento dos vícios de qualidade por insegurança). Logo, a teoria da qualidade tem um pé na órbita da tutela da incolumidade físico-psíquica do consumidor e outro na tutela de sua incolumidade econômica". (BENJAMIN, Antônio Herman V.; MARQUES, Cláudia Lima; BESSA, Leonardo Roscoe. *Manual de Direito do Consumidor.* 7ª edição. São Paulo, Revista dos Tribunais, 2016, p. 164).

► **Objetivos da teoria dos vícios de qualidade por insegurança e teoria dos vícios de qualidade por inadequação.** "A teoria dos vícios de qualidade por insegurança tem objetivos diferenciados da teoria dos vícios de qualidade por inadequação: 'Aquela visa proteger a integridade pessoal do consumidor e dos seus bens; esta o interesse (da equivalência entre a prestação e a contraprestação) subjacente ao cumprimento perfeito' (João Calvão da Silva, Responsabilidade civil do produtor, p. 635). (BENJAMIN, Antônio Herman V.; MARQUES, Cláudia Lima; BESSA, Leonardo Roscoe. *Manual de Direito do Consumidor.* 7ª edição. São Paulo, Revista dos Tribunais, 2016, p. 165).

► **O mesmo produto ou serviço pode trazer um vício de qualidade por inadequação e de qualidade por insegurança.** "A noção de vício de qualidade por insegurança relaciona-se diretamente com a de acidente de consumo. Não podemos esquecer, porém, que, em diversos casos, o mesmo produto ou serviço, ao apresentar um vício de qualidade por inadequação (vício redibitório no direito tradicional), também traz consigo um vício de qualidade por insegurança, ou vice-versa". (BENJAMIN, Antônio Herman V.; MARQUES, Cláudia Lima; BESSA, Leonardo Roscoe. *Manual de Direito do Consumidor.* 7ª edição. São Paulo, Revista dos Tribunais, 2016, p. 165).

► **Obrigação do fornecedor de advertir se não presentes os requisitos da periculosidade inerente.** "Cabe ao fornecedor a obrigação de advertir os consumidores (dever de informar) dos riscos inevitáveis. Tal modalidade de periculosidade manifesta-se em produtos de uso diário, como facas (cortam), cordas (podem "queimar" as mãos quando atritadas), sacos plásticos e travesseiros (podem sufocar crianças)". (BENJAMIN, Antônio Herman V.; MARQUES, Cláudia Lima; BESSA, Leonardo Roscoe. *Manual de Direito do Consumidor.* 7ª edição. São Paulo, Revista dos Tribunais, 2016, p. 173).

◙ **Risco Inerente. Não basta a mera informação genérica da possibilidade de danos.** "RESPONSABILIDADE CIVIL DO FORNECEDOR. Fato do Produto. Risco Inerente. Informação Insuficiente. Dever de Indenizar. Se o produto é potencialmente nocivo ou perigoso (risco inerente), o fornecedor tem o dever de informar de maneira ostensiva e adequada a respeito da sua nocividade ou periculosidade, sob pena de responder pelos danos que vier a causar ao consumidor. O produto, no caso, embora apresentado na embalagem, com letras grandes e coloridas, como amaciante e relaxante capilar; fórmula suave, totalmente sem cheiro, que não agride os cabelos, surpreendeu a consumidora, pois, após ser aplicado, causou-lhe queda dos cabelos e lesão semelhante à de uma queimadura. Para cumprir o dever de informar no caso de produto ou serviço com risco inerente, não basta a mera indicação genérica da possibilidade de danos ou riscos, contida nas instruções de uso do produto. Provimento do recurso." (TJRJ, Apelação Cível nº 20.030/2008, Rel. Dês. Sérgio Cavalieri Filho, J.16.07.08, 13º Câmara Cível)

► **Requisitos da periculosidade inerente.** "Para que a periculosidade seja reputada inerente, dois requisitos devem estar presentes: a normalidade e a previsibilidade. Têm eles a ver com a expectativa legítima dos consumidores". (BENJAMIN, Antônio Herman V.; MARQUES, Cláudia Lima; BESSA, Leonardo Roscoe. *Manual de Direito do Consumidor.* 7ª edição. São Paulo, Revista dos Tribunais, 2016, p. 173).

► **Danos de periculosidade inerente não dão ensejo ao dever de indenizar.** "Os danos decorrentes de periculosidade inerente não dão ensejo ao dever de indenizar. Por exemplo, o fabricante da faca de cozinha não está obrigado a reparar os danos sofridos pela consumidora ao utilizá-la nas suas atividades domésticas". (BENJAMIN, Antônio Herman V.; MARQUES, Cláudia Lima; BESSA, Leonardo Roscoe. *Manual de Direito do Consumidor.* 7ª edição. São Paulo, Revista dos Tribunais, 2016, p. 173).

► **Impossibilidade de eliminação total da periculosidade inerente.** "Não há como eliminar totalmente a periculosidade inerente de certos produtos e serviços, a não ser com a supressão do próprio bem de consumo, ou, em outros casos, com a destruição de uma ou algumas de suas qualidades essenciais". (BENJAMIN, Antônio Herman V.; MARQUES, Cláudia Lima; BESSA, Leonardo Roscoe. *Manual de Direito do Consumidor.* 7ª edição. São Paulo, Revista dos Tribunais, 2016, p. 173).

◙ **Cigarro. Periculosidade inerente.** "RECURSO ESPECIAL. RESPONSABILIDADE CIVIL E CONSUMIDOR. AÇÃO DE REPARAÇÃO DE DANOS MORAIS E MATERIAIS. TAGABISMO. EX-FUMANTE. DOENÇA E USO DE CIGARRO. RISCO INERENTE AO PRODUTO. PRECEDENTES. IMPROCEDÊNCIA DO PEDIDO. RECURSO PROVIDO.1. "O cigarro é um produto de periculosidade inerente e não um produto defeituoso, nos termos do que preceitua o Código de Defesa do Consumidor, pois o defeito a que alude o Diploma consubstancia-se em falha que se desvia da normalidade, capaz de gerar uma frustração no consumidor ao não experimentar a segurança que ordinariamente se espera do produto ou serviço." (REsp 1.113.804/RS, Relator em. Min.Luis Felipe Salomão, DJe de 24/6/2010).2. Recurso especial provido." (STJ, REsp 1197660/SP, Rel. Ministro Raul Araújo, Quarta Turma, , DJe 01/08/2012)

◙ **A informação sobre os riscos deve considerar o homem médio, consumidor padrão do serviço.** "O fornecedor de serviços que causem riscos, normais e previsíveis, aos consumidores, tem o dever de dar as informações necessárias e adequadas a seu respeito, ou seja, acerca da natureza e fruição dos serviços, considerando, para tanto, o conhecimento do homem médio, consumidor-padrão. 3. No investimento em fundos derivativos, principalmente os vinculados ao dólar-americano, é ínsito o alto grau de risco, tanto para grandes ganhos, como para perdas consideráveis. Aqueles que se encorajam a investir em fundos arrojados, estão cientes dos riscos do negócio. 4. Recurso a que se nega provimento." (STJ, REsp 1003893/RJ, Rel. Ministro Massami Uyeda, Terceira Turma, DJe 08/09/2010)

► **Periculosidade adquirida.** Os produtos e serviços de periculosidade adquirida tornam-se perigosos em decorrência da existência de um defeito que apresentam. Caso fosse sanado o defeito que trazem, o produto ou serviço não apresentaria risco superior àquele legitimamente esperado pelo consumidor. Com relação aos defeitos, que irão caracterizar a periculosidade adquirida, temos: defeitos de fabricação; defeitos de concepção (design ou projeto) e os defeitos de comercialização (também englobados os de informação ou de instrução).

> ► "Produtos ou serviços de periculosidade adquirida tornam-se perigosos em decorrência de um defeito que, por qualquer razão, apresentam. São bens de consumo que, se ausente o vício de qualidade por insegurança que trazem, não manifestam risco superior àquele legitimamente esperado pelo consumidor. (...) A característica principal da periculosidade adquirida é exatamente a sua imprevisibilidade para o consumidor. É impossível (ou, quando possível, inútil) qualquer modalidade de advertência, já que esta não tem o condão de eliminá-la". (BENJAMIN, Antônio Herman V.; MARQUES, Cláudia Lima; BESSA, Leonar-

do Roscoe. *Manual de Direito do Consumidor.* 7ª edição. São Paulo, Revista dos Tribunais, 2016, p. 173-174).

◙ **Explosão de garrafa de refrigerante gaseificada. Periculosidade adquirida.** "Responsabilidade civil - Fabricante - Fornecimento de produto - Periculosidade adquirida - Risco imprevisível - Defeito do produto - Explosão de garrafa de refrigerante gaseificada - O fabricante de refrigerante gaseificado acondicionado em garrafa responde pelos danos causados ao consumidor decorrente da sua explosão em razão da ausência de informação quanto à possibilidade deste risco em caso de manutenção inadequada. O defeito do produto se deve ao fato de que a periculosidade, no caso, desborda da expectativa legítima do consumidor. Recurso provido em parte" (TJRS - APC 595124314 - 5a C.Cív. - Rela Desa Maria Isabel de Azevedo Souza - j. 28/09/1995).

► **Periculosidade exagerada.** "Seu potencial danoso é tamanho que o requisito da previsibilidade não consegue ser totalmente preenchido pelas informações prestadas pelos fornecedores. Por isso mesmo, não podem, em hipótese alguma - em face da imensa desproporção entre custos e benefícios sociais de sua produção e comercialização - ser colocados no mercado. São considerados defeituosos por ficção. É o caso de um brinquedo que apresente grandes possibilidades de sufocação da criança. A informação, nestes casos, é de pouca valia em decorrência dos riscos excessivos do produto ou serviço. Em linguagem econômica: os riscos não compensam os benefícios." (BENJAMIN, Antônio Herman V. *Manual de Direito do Consumidor*. São Paulo: Revista dos Tribunais, 2007. p. 119)

◙ **Produto colocado no mercado com finalidade do desentupimento de pias e ralos domésticos que provoca intensa queimadura química. Periculosidade exagerada.** "Ação de reparação de dano moral cumulada com dano estético. Furacão Negro Dakron. Produto colocado no mercado na finalidade do desentupimento de pias e ralos domésticos. Consumidora que, não obstante a adoção das precauções regulares, vem a sofrer intensa queimadura química, com a consequência de lesões que justificam cirurgia estético-reparadora. Produto perigoso. Produtos e serviços que apresentem periculosidade exagerada, de modo a não advertirem suficientemente o consumidor (unreasonably dangerous) não devem ser colocados no mercado de consumo. Inteligência do art. 10 do CDC." (TJRS - APC 70003095759 - 9a C.Cív. - Rela Desa Ana Lúcia Carvalho Pinto Vieira - DJRS 27/11/2002).

► **Sobre o dever de informar sobre os riscos dos produtos e serviços, ver art. 6°, III.**

§ 1º Em se tratando de produto industrial, ao fabricante cabe prestar as informações a que se refere este artigo, através de impressos apropriados que devam acompanhar o produto.

► **Informação sobre os riscos e devida utilização.** Em qualquer hipótese e em decorrência do princípio da informação, o legislador garantiu ao consumidor o direito de ser informado, de maneira ostensiva e adequada, sobre a periculosidade ou nocividade do que vai adquirir. Caso contrário, em decorrência da falta de informação, o produto será defeituoso e, se causar qualquer tipo de dano ao consumidor, poderá ser pleiteada indenização frente ao fornecedor.

◙ **Informação sobre risco de medicamento.** "RISCO DO PRODUTO AVALIADO POSTERIORMENTE, CULMINANDO COM A SUA PROIBIÇÃO EM DIVERSOS PAÍSES. RECORRENTE QUE INICIOU O CONSUMO DO MEDICAMENTO À ÉPOCA EM QUE SUA VENDA ERA LIVRE. DEPENDÊNCIA CONTRAÍDA, COM DIVERSAS RESTRIÇÕES EXPERIMENTADAS PELO PACIENTE. DANO MORAL RECONHECIDO. – É dever do fornecedor a ampla publicidade ao mercado de consumo a respeito dos riscos inerentes a seus produtos e serviços.(...)" (STJ, REsp 971845 / DF, Rel. Min. Humberto Gomes de Barros, J. 21.08.08, 3T.)

◙ **Informação da presença de glúten nos rótulos para os consumidores celíacos.** "É fundamental assegurar os direitos de informação e segurança ao consumidor celíaco, que está adstrito à dieta isenta de glúten, sob pena de graves riscos à saúde, o que, em última análise, tangencia a garantia a uma vida digna." (STJ, REsp 1479616/GO, Rel. Ministro Ricardo Villas Bôas Cueva, Terceira Turma, DJe 16/04/2015)

§ 2º O fornecedor deverá higienizar os equipamentos e utensílios utilizados no fornecimento de produtos ou serviços, ou colocados à disposição do consumidor, e informar, de maneira ostensiva e adequada, quando for o caso, sobre o risco de contaminação.

► **Desnecessidade de inclusão do § 2º pela Lei 13.486/2017.** A Lei 13.486 de 3 de outubro de 2017 acrescentou o parágrafo segundo ao art. 8º (o antigo parágrafo único tornou-se o parágrafo primeiro), estipulando a obrigação de o fornecedor higienizar os equipamentos e utensílios utilizados no fornecimento de produtos ou serviços, informando de maneira ostensiva e adequada, quando for o caso, sobre os riscos de contaminação. O exemplo dado no projeto de lei justificando a necessidade de inclusão desta obrigatoriedade é que as pesquisas mostram que equipamentos como carrinhos de supermercados e mouses usados em computadores de cybercafés são os objetos usados no dia a dia mais contaminados por bactérias. Embora o argumento do projeto de lei seja no sentido de aumentar a proteção dos consumidores, ampliando a norma "de modo a alcançar não apenas os produtos e serviços colocados no mercado, mas também os equipamentos e utensílios utilizados no fornecimento de produtos ou serviços ou colocados à disposição do consumidor", a referida inclusão se torna desnecessária e, ao contrário do afirmado, em vez de fortalecer a proteção dos consumidores, acaba enfraquecendo. Isso porque, o CDC é principiológico e dotado de normas gerais. O CDC visa à proteção da saúde e segurança dos consumidores (em especial através dos arts. 8º ao 10º) em sua totalidade, incluindo, inclusive, os equipamentos e utensílios utilizados na prestação de serviços e fornecimento de produtos que possam causar danos aos consumidores. Assim, quando a norma especifica e detalha algo que o CDC já protegia ampla e largamente (principalmente sob o argumento de ampliação da norma para alcançar novas situações), pode levar o intérprete à impressão de que antes da alteração da norma o fornecedor não se responsabilizaria pela contaminação causada e nem mesmo era obrigado a informar sobre os riscos de contaminação, o que não é verdade.

Art. 9° O fornecedor de produtos e serviços potencialmente nocivos ou perigosos à saúde ou segurança deverá informar, de maneira ostensiva e adequada, a respeito da sua nocividade ou periculosidade, sem prejuízo da adoção de outras medidas cabíveis em cada caso concreto.

► **Informação ostensiva e adequada.** O legislador garantiu ao consumidor o direito de ser informado, de maneira ostensiva e adequada, sobre a periculosidade ou nocividade do que vai adquirir. Caso contrário, em decorrência da falta de informação, o produto será defeituoso e, se causar qualquer tipo de dano ao consumidor, poderá ser pleiteada indenização frente ao fornecedor.

> ► "Ostensiva é a informação que se exterioriza de forma tão manifesta e translúcida que uma pessoa, de mediana inteligência, não tem como alegar ignorância ou desinformação" (DENARI, Zelmo. *Código brasileiro de defesa do consumidor : comentado pelos autores do anteprojeto*. 9. ed. rev. atual e ampl. Rio de Janeiro: Forense Universitária, 2007. p. 177).
>
> ► "Nos casos de produtos perigosos ou que possam trazer algum risco à saúde e à segurança do consumidor, o dever legal de informar sobre as características do produto, instituído pelo art. 31, é complementado pelo dever de informar ostensiva e adequadamente a respeito da nocividade ou periculosidade do produto ou serviço, como dispõe o art. 9.º de CDC." (MARQUES, Claudia Lima. *Contratos no Código de Defesa do Consumidor.* O novo regime das relações contratuais. 6. ed. rev., atual. e ampl. São Paulo: RT, 2011, p. 684)

► **Informação adequada e clara sobre o produto e sobre os riscos que apresenta.** "Mas dizer que as informações devem ser claras, precisas e sucintas, corresponde a afirmar que elas devem ser dadas obrigatoriamente no idioma das pessoas a que se destinaram os produtos, em linguagem simples e compreensível para o grande público – e não e formulações técnicas que só os especialistas entendem – e que devem esclarecer cabalmente o que fazer e o que não fazer quanto ao seu emprego, chamando atenção para o eventual perigo resultante do mau uso". (SILVA, João Calvão . *Responsabilidade civil do produtor*. Coimbra: Almedina, 1990. p. 660).

► **A intensidade do dever de informar dependerá da notoriedade do risco e da ignorância do consumidor.** "Ao intérprete cumpre, então, mensurar a intensidade do dever à vista da notoriedade ou não, ou seja, quanto maior for a ignorância do vulnerável acerca do risco, maior deve ser a advertência. E, uma vez superada a assimetria superada, menor será a intensidade da informação." (SANTOS, Fabíola Meira de Almeida. Informação como instrumento para amenizar riscos na sociedade de consumo. *Revista de Direito do Consumidor*. São Paulo: RT, Vol.107, Ano 2016, p. 379)

◙ **Informação nas propagandas de bebidas alcóolicas.** "AÇÃO CIVIL PÚBLICA – DIREITO DO CONSUMIDOR – PROPAGANDA DE BEBIDAS ALCOÓLICAS – CORRETA INFORMAÇÃO ACERCA DOS RISCOS E POTENCIAIS DANOS QUE O CONSUMO DE BEBIDAS ALCOÓLICAS CAUSA À SAÚDE (...) 3. O comando do art. 9º, do Código do Consumidor, indica os direitos básicos do consumidor à informação adequada e clara sobre o produto e sobre os riscos que apresenta, sobretudo, tratando-se de produto potencialmente nocivo à saúde, cuja informação deve ser feita de maneira ostensiva, a despeito da Lei 9.294/96 ter deixado de classificar como alcoólicas as bebidas com teor menor que 13 graus Gay Lussac, desviando-se das políticas públicas respectivas. 4. Assegurado o alerta básico em todos os comerciais de produtos alcoólicos, sobre o seu teor alcoólico, de que o consumo de bebidas em excesso pode causar dependência, não deve ser consumido por gestantes e de que é proibida a venda para menores de 18 anos. (...)" (TRF4ª R.,AC 2002.04.01.000611-1 – PR – 3ª T. – Relª Desª Federal Marga Inge Barth Tessler, DJ 30.4.2003)

◙ **Cosmético capilar. Não basta a mera informação genérica da possibilidade de danos.** "RESPONSABILIDADE CIVIL DO FORNECEDOR. Fato do Produto. Risco Inerente. Informação Insuficiente. Dever de Indenizar. Se o produto é potencialmente nocivo ou perigoso (risco inerente), o fornecedor tem o dever de informar de maneira ostensiva e adequada a respeito da sua nocividade ou periculosidade, sob pena de responder pelos danos que vier a causar ao consumidor. O produto, no caso, embora apresentado na embalagem, com letras grandes e coloridas, como amaciante e relaxante capilar; fórmula suave, totalmente sem cheiro, que não agride os cabelos, surpreendeu a consumidora, pois, após ser aplicado, causou-lhe queda dos cabelos e lesão semelhante à de uma queimadura. Para cumprir o dever de informar no caso de produto ou serviço com risco inerente, não basta a mera indicação genérica da possibilidade de danos ou riscos, contida nas instruções de uso do produto. Provimento do recurso." (TJRJ, Apelação Cível nº 20.030/2008, Rel. Dês. Sérgio Cavalieri Filho, J.16.07.08, 13º Câmara Cível)

Art. 10. O fornecedor não poderá colocar no mercado de consumo produto ou serviço que sabe ou deveria saber apresentar alto grau de nocividade ou periculosidade à saúde ou segurança.

► **Proibição de produto ou serviço com alto grau de nocividade ou periculosidade.** O Código proíbe a colocação, no mercado de consumo, de produto ou serviço que apresente alto grau de periculosidade ou nocividade. O conhecimento desses riscos por parte do fornecedor é presumido, já que ele "*sabe ou deveria saber*" de sua existência, não podendo, então, eximir-se da responsabilidade ao argumento de que os desconhecia.

► **Utilização dos princípios da prevenção e da precaução**. Com relação à proteção à saúde e à segurança dos consumidores, vale salientar a aplicação dos princípios da prevenção e da precaução, típicos do direito ambiental. Assim, o CDC visa prevenir os danos causados aos consumidores, de modo que não ocorram. As medidas que evitam o nascimento de atentados à saúde e segurança do consumidor devem ser priorizadas. Afinal de contas, conforme nos diz o ditado popular, "prevenir é melhor do que remediar". Já pelo princípio da precaução, caso o fornecedor não comprove que o produto ou serviço não oferece riscos, não deve introduzi-los no mercado. Como não se tem certeza quanto aos possíveis efeitos negativos, por precaução, não se permite a introdução do produto ou serviço até que se prove o contrário. Podemos citar como exemplo os transgênicos, em que os efeitos de tais produtos são ainda totalmente desconhecidos. Assim, basicamente, as diferenças entre o princípio da prevenção e da precaução é que no primeiro há conhecimentos sobre a periculosidade dos produtos ou serviços, devendo tomar todas as medidas para que não ocorram danos à saúde e segurança dos consumidores, enquanto no segundo (precaução) não se conhece, inteira ou parcialmente, os possíveis danos que os produtos ou serviços possam causar.

§ 1° O fornecedor de produtos e serviços que, posteriormente à sua introdução no mercado de consumo, tiver conhecimento da periculosidade que apresentem, deverá comunicar o fato imediatamente às autoridades competentes e aos consumidores, mediante anúncios publicitários.

► **Recall.** Por intermédio da observância do disposto neste parágrafo é que se procede ao denominado recall (chamar de volta). Quando se descobre que um produto, por exemplo, foi posto no mercado de consumo com algum defeito de fabricação, deve o fornecedor comunicar a constatação aos consumidores, chamando de volta do mercado os produtos imprestáveis – nocivos ou perigosos – de modo a possibilitar o conserto do vício e/ou ressarcir o consumidor por eventuais danos. O recall é um excelente instrumento para prevenir possíveis danos advindos dos produtos e serviços após sua inserção no mercado de consumo.

> ► "Os defeitos de fabricação – assim como os de projeto e de informação – produzem uma série de efeitos jurídicos, sendo os mais importantes deles o dever de proceder ao recall e a obrigação de reparar os danos causados". (BENJAMIN, Antônio Herman V.; MARQUES, Cláudia Lima; BESSA, Leonardo Roscoe. *Manual de Direito do Consumidor.* 7ª edição. São Paulo, Revista dos Tribunais, 2016, p. 181).

► **A Portaria nº 618, de 1º de julho de 2019,** do Ministério da Justica e Segurança Pública, disciplina o procedimento de chamamento dos consumidores ou recall de produtos e serviços que, posteriormente à sua introdução no mercado de consumo, forem considerados nocivos ou perigosos. Convém ressaltar que esta nova Portaria revogou a Portaria nº 487, de 15 de março de 2012, que tratava do mesmo tema.

► **A Portaria Conjunta nº 3**, de 1º de julho de 2019, do Ministério da Justiça e Segurança Pública, Disciplina o procedimento de chamamento dos consumidores – recall, para substituição ou reparo de veículos que forem considerados nocivos ou perigosos após a sua introdução no mercado de consumo. Igualmente, cumpre destacar que esta Portaria Conjunta revogou Portaria Conjunta nº 69, de 15 de dezembro de 2010.

► **Princípio da prevenção no recall.** "Quando se fala em prevenção de danos, fala-se certamente, em primeiro lugar, sobre as atitudes que as próprias empresa fornecedores de produtos e serviços devem ter para que não venham a ocorrer danos ao consumidor ou a terceiros, como já ficou claro em passos anteriores. Nesse ponto merece especial destaque o procedimento conhecido como recall, que vem a ser aquele pelo qual o próprio fabricante de produtos de consumo duráveis conclama seus consumidores a comparecerem geralmente às agências concessionárias, de modo a trocarem peças defeituosas. É o que se tem observado, e que tem sido cada vez maior sua prática entre os fornecedores desses bens, notadamente de veículos, mas também de aparelhos eletrodomésticos". (FILOMENO, José Geral Brito. *Código Brasileiro de Defesa do Consumidor Comentado pelos Autores do Anteprojeto*. 6ª ed. Rio de Janeiro: Forense Universitária, 1999. p. 127)

► **Dever de qualidade e recall.** "(...) a sociedade de massas, com seus produtos padronizados e fabricados em série, é uma sociedade de riscos. Ninguém pode negar que os avanços tecnológicos da produção nos trouxeram o estado atual de desenvolvimento econômico, mas esse desenvolvimento e essa produção massificada trouxeram riscos aos consumidores. A possibilidade de se fabricarem produtos exatamente iguais, preservando, na medida do possível, a sua qualidade também trouxe contratempos. O sistema de defesa do consumidor impõe a todos os agentes desse mercado um dever de qualidade dos produtos e serviços, assegurando a todos os consumidores aspectos de produção preventivos, como, por exemplo, o *Recall* e, também, assegura a reparação efetiva pelos prejuízos sofridos". (OLIVEIRA, Júlio Moraes. *Curso de Direito do Consumidor Completo*. 4ª ed. Belo horizonte: D'Plácido, 2017, p. 79)

► **Recall e procedimento administrativo.** "O recall não se constitui necessariamente em um procedimento administrativo. Como regra, a partir do momento em que o CDC fez referência ao dever de informação às 'autoridades competentes', assim como impõe à União, Estados, Distrito Federal e Municípios o dever de comunicar ao público a periculosidade de produtos ou serviços de que tenham conhecimento, induziu-se a prever um procedimento administrativo para organizar as providências necessárias. Nada obsta, contudo, que decorra de determinação judicial (e.g. como resultado de ação para cumprimento específico de obrigação de fazer)". (MIRAGEM, Bruno. *Curso de Direito do Consumidor*, 7ª ed. São Paulo: RT, p. 858).

► **O recall não pode ser confundido com sanção.** "O recall é um dever de informação e de prevenção de danos; e a não observância desse dever é que pode ocasionar uma sanção. Assim, o recall não se confunde com as sanções previstas nos arts. 56 e 58 do CDC, que prevêem apreensão de produtos, suspensão de fornecimento de produtos e serviços que assemelham-se ao recall. Contudo, esses artigos são direcionados ao Poder Público, enquanto que no recall o sujeito passivo é o fornecedor." (Ednara Pontes de Avelar e Rafaela Granja Porto. A aplicação do princípio da precaução no direito do consumidor e sua direta relação com o instituto do recall. *Revista de Direito Privado*, RT, vol. 36/2008, p. 93 - 118)

► **Possibilidade de aplicação de sanção administrativa para o fornecedor que procede ao recall.** "O intuito desse instrumento é o aviso aos consumidores, visando à reparação do problema ou ao recolhimento do produto, no caso de impossibilidade de reparação. Com efeito, há ainda a necessidade de o fornecedor informar às autoridades competentes em relação á fiscalização de tais produtos, com o intuito de serem tomadas as providencias para o recolhimento do mercado dos produtos remanescente, bem como para a apuração dos fatos e a aplicação de eventuais multas e sanções administrativas previstas no Código" (FRISO, Gisele de Lourdes. *Código de Defesa do Consumidor comentado*. São Paulo: Primeira Impressão, 2007. p. 75.)

> ► "O dispositivo determina que o fornecedor, além de alertar aos consumidores, através de anúncios publicitários, comunique o fato, imediatamente, às autoridades competentes. Essa última previsão é de extrema utilidade. Tratando-se de produtos defeituosos sujeitos a vigilância sanitária ou qualquer forma de controle e fiscalização governamental, cumpre à autoridade administrativa aplicar as sanções administrativas previstas no Código de Defesa do Consumidor, podendo consistir na apreensão ou inutilização do produto, na cassação do registro, na proibição de fabricação, suspensão do fornecimento etc. nos casos de produtos farmacêuticos ou alimentares, a vigilância sanitária procede ao recolhimento do produto quando é informada a respeito de sua nocividade, ainda que posteriormente à concessão da licença." (DENARI, Zelmo. GRINOVER, Ada Pellegrini et al. *Código de Defesa do Consumidor comentado pelos autores do Anteprojeto*. 6. ed. rev., atual. e ampl. Rio de Janeiro: Forense Universitária, 1999. p. 149.)

► **Importância da comunicação aos consumidores e às autoridades competentes.** A comunicação aos consumidores serve para alertá-los dos riscos que o produto possa vir a causar, conscientizando-os do cuidado que devam ter quando da utilização ou evitando, quando necessário, a compra ou utilização do mesmo. Já a comunicação ás autoridades competentes é importante para que possam tomar as medidas cabíveis, determinando, até mesmo, a retirada do produto do mercado.

> ► "O § 1º do art. 10 regula a seguinte hipótese: após a colocação do produto ou serviço no mercado de consumo, o fornecedor toma conhecimento do real nível de nocividade ou periculosidade, em decorrente de fato desconhecido à época do fornecimento. O dispositivo determina que o fornecedor, além de alertar os consumidores, através de anúncios publicitários, comunique o ato, imediatamente, as autoridades competentes. Essa última prescrição normativa é de extrema utilidade". (DENARI, Zelmo. *Código Brasileiro de Defesa do Consumidor Comentado pelos Autores do Anteprojeto*. 6º ed. Rio de Janeiro: Forense Universitária, 1999. p. 149-150.)

► **A obrigação de comunicação imediata ao consumidor não significa que deva conter todas as previsões pormenorizadas do planejamento e da forma de realização do recall.** "A referida vagueza, no entanto, não nos afasta da compreensão de que a norma impõe ao fornecedor a obrigação de comunicação imediata e por meio de anúncios publicitários, apenas sobre a constatação da periculosidade do produto e do serviço, não criando a obrigação legal de que esta informação exposta imediatamente, já contenha todas as previsões pormenorizadas do planejamento e da forma de realização da campanha de chamamento. Isto porque, esta determinação normativa deveu-se, sobretudo, à necessidade de priorizar os princípios supramencionados, mormente a incolumidade físico-psíquica dos consumidores que, alertados imediatamente sobre os perigos advindos do produto ou do serviço por eles adquiridos, deverão ter cautela em sua utilização ou deixar de utilizá-lo até que a campanha de chamamento seja efetivada pelo fornecedor." (Letícia Caroline Méo, A proteção à saúde e à segurança dos consumidores e o recall – breves considerações sobre o dever de comunicação imediata imposto pelo art. 10, § 1.º, do CDC e a Portaria MJ 487, DE 15.03.2012. *Revista de Direito Privado*, RT, vol. 52/2012, p. 231 - 260.)

► **O recall como instrumento de marketing.** "O chamado recall, no nosso entender, complementa o rol dos instrumentos de marketing de defesa do consumidor, pois, como sabido, funciona como inteligente e eficaz comunicação positiva como aquele chamado para trocar uma peça defeituosa de um veículo, por exemplo, o que sem dúvida contribui não só para a boa imagem da empresa, como também para segurança e economia do consumidor. E exemplos disso vêem-se cada vez mais freqüentes, como foi a retirada do mercado internacional de milhões de litros de água mineral da afamada empresa francesa Perrier por suspeita de contaminação de uma de suas fontes por benzeno, o que certamente lhe causou milhões de francos em prejuízo, mas, em contrapartida, reforço na credibilidade e prestigio junto aos consumidores, por razões mais que óbvias". (FILOMENO, José Geraldo Brito. *Manual de Direitos do Consumidor*. 4ª ed. São Paulo: Atlas, 2000. p. 141.)

► **A prática do recall não exime o fornecedor de responsabilidade.** O fato de o fornecedor alertar os consumidores, através de anúncios publicitários ou comunicar o ato imediatamente as autoridades competentes, não o exime da responsabilidade objetiva sobre os danos provenientes dos vícios e defeitos de tais produtos e serviços, devendo responder nos exatos termos do art. 12 e ss. do CDC. ► **No mesmo sentido:** "Se a função do recall é permitir que o vício do produto ou serviço seja sanado, e, para tanto, o consumidor é chamado, pergunta-se: o fornecedor continua responsável por eventuais acidentes de consumo causados pelo vício não sanado, pelo fato de o consumidor não ter atendido ao chamado? A resposta é sim. Como a responsabilidade do fornecedor é objetiva, não se tem de arguir de sua atitude correta ou não em fazer o recall. Havendo dano, o fornecedor responde pela incidência das regras instituídas nos arts. 12 a 14. E, como está lá estabelecido, não há, no caso, excludente possível da responsabilização. A que mais se aproxima é a da demonstração da culpa exclusiva do consumidor (arts. 12, § 3.º, III, e 14, § 3.º, II), e na hipótese ela não se verifica. Quando muito poder-se-ia falar em culpa concorrente do consumidor, caso ele receba o chamado e o negligencie. Mas, nesse caso, continua o fornecedor sendo integralmente responsável." (NUNES, Luiz Antonio Rizzatto. *Comentários ao Código de Defesa do Consumidor*, 4. ed. rev. São Paulo: Saraiva, 2009. p. 169 e 170.) ◙ **No mesmo sentido:** "CIVIL. CONSUMIDOR. REPARAÇÃO DE DANOS. RESPONSABILIDADE. RECALL. NÃO COMPARECIMENTO

DO COMPRADOR. RESPONSABILIDADE DO FABRICANTE. – A circunstância de o adquirente não levar o veículo para conserto, em atenção a RECALL, não isenta o fabricante da obrigação de indenizar." (STJ, REsp 1010392 / RJ, Rel. Min. Humberto Gomes de Barros, J.24.03.2008, T3) ◙ **No mesmo sentido:** "A circunstância de o veículo não haver sido vistoriado periodicamente e não ter sido levado para conserto pelo proprietário anterior, em atenção a RECALL, não isenta o fabricante da obrigação de indenizar, sobretudo porque se trata de veículo de revenda." (STJ, AgRg no REsp 1261067/RJ, Rel. Ministro Marco Buzzi, Quarta Turma, DJe 24/11/2015)

► **Possibilidade de redução do *quantum* indenizatório em caso de não atendimento do recall pelo consumidor.** Em decorrência do princípio da boa-fé objetiva, o consumidor deverá colaborar com o fornecedor, de forma a evitar danos à ambas as partes, uma vez que se o vício for sanado, o consumidor terá a segurança esperada pelo produto e o fornecedor evitará de ter de indenizar o consumidor. ◙ **Embora não tratou especificamente deste caso, parece que o STJ sinaliza nesse sentido:** "Veja que o acórdão foi minucioso em sua argumentação, citando, inclusive, casos semelhantes em outros Estados da Federação; esclarecendo que o procedimento Recall é muito comum, atualmente, entre as fábricas de automóveis; que só haveria culpa do consumidor, caso ele não atendesse ao chamado da fábrica para o conserto da peça, mas que, como a correspondência foi enviada muito após o evento danoso, o consumidor fica isento de qualquer responsabilidade; além de outros fundamentos, conforme podem ser constatados às fls. 426/434." (STJ, AgRg no Ag 555049 / PB, voto do Min. Rel. Aldir Passarinho Júnior, DJ 23.8.2004)

◙ **Recall. Reconhecimento do defeito pelo fornecedor.** "CIVIL. PROCESSUAL CIVIL. RECURSO ESPECIAL. DIREITO DO CONSUMIDOR. VEÍCULO COM DEFEITO. RESPONSABILIDADE DO FORNECEDOR. INDENIZAÇÃO. (...) Verifica-se, in casu, que se trata de defeito relativo à falha na segurança, de caso em que o produto traz um vício intrínseco que potencializa um acidente de consumo, sujeitando-se o consumidor a um perigo iminente (defeito na mangueira de alimentação de combustível do veículo, propiciando vazamento causador do incêndio). Aplicação da regra do artigo 27 do CDC. O Tribunal a quo, com base no conjunto fático-probatório trazido aos autos, entendeu que o defeito fora publicamente reconhecido pela recorrente, ao proceder ao "recall" com vistas à substituição da mangueira de alimentação do combustível." (STJ, REsp 575469 – RJ (200301537617) – 4ª T. – Rel. Min. Jorge Scartezzini, DJU 6.12.2005)

◙ **O chamamento de veículo em "recall" não gera, por si só, danos morais.** "CIVIL E PROCESSUAL. AGRAVO REGIMENTAL. INDENIZAÇÃO. PRETENSÃO. MONTADORA. CHAMAMENTO. CORREÇÃO DE DEFEITO. "RECALL". DANO MORAL. INOCORRÊNCIA. REEXAME DE PROVAS. SÚMULA N. 7/STJ. IMPROVIMENTO. I. O STJ recebe o quadro probatório tal como delineado pelo Tribunal Estadual e o reexame de provas encontra o óbice da Súmula n. 7 desta Corte. II. Inconvincente a tese de que o chamamento de veículo em "recall" gera, por si só, danos morais. III. Agravo regimental improvido." (STJ, AgRg no Ag 675453 – PR – 4ª T. – Rel. Min. Aldir Passarinho Junior, DJ 13.3.2006)

► **A realização do recall pelo fornecedor não o exime do ressarcimento civil das perdas e danos.** "a realização do recall pelo fornecedor não o exime do ressarcimento civil das perdas e danos que consumidores venham a ter, em razão dos defeitos oriundos do produto ou serviço fornecido ao mercado. Neste caso, é o direito do consumidor de reparação efetiva de danos patrimoniais e morais que lhes forem causados (art. 6.º, VI, do CDC) e a responsabilização objetiva do fornecedor (art. 12 do CDC) que se sobrepõem ao cumprimento da obrigatoriedade de realizar recall." (Letícia Caroline Méo, A proteção à saúde e à segurança dos consumidores e o recall – breves considerações sobre o dever de comunicação imediata imposto pelo art. 10, § 1.º, do CDC e a Portaria MJ 487, DE 15.03.2012. *Revista de Direito Privado*, RT, vol. 52/2012, p. 231 - 260.)

► **Recall ambiental.** De acordo com o § 1.º do art. 10 do CDC, caso o fornecedor, após a introdução no mercado de consumo, tenha conhecimento da periculosidade ou da nocividade ao meio ambiente dos produtos e serviços, deverá comunicar o fato imediatamente às autoridades competentes e aos consumidores, mediante anúncios publicitários. É uma forma de recall ambiental: alertar os consumidores que já adquiriram os produtos ou os serviços sobre a nocividade e a periculosidade que apresentam ao meio ambiente. Assim, podemos imaginar uma embalagem de um produto que não apresente necessariamente risco de danos à saúde e à segurança do consumidor, mas que, se incorretamente descartado (se, por exemplo, for jogado em rios ou lagos), em razão de suas substâncias, poderá causar danos consideráveis ao meio ambiente, como morte de peixes, contaminação das nascentes etc.

§ 2° Os anúncios publicitários a que se refere o parágrafo anterior serão veiculados na imprensa, rádio e televisão, às expensas do fornecedor do produto ou serviço.

► **Utilização de todos os meios de comunicação disponíveis.** "O § 2º do art. 10 dispõem que para efetivar o recall o fornecedor deve se utilizar de todos os meios de comunicação disponíveis e, claro, com despesas correndo por sua conta. Mas não basta. É preciso fazer uma interpretação extensiva do texto para cumprir seu objetivo. Assim, utilizando-se o mesmo exemplo acima, os amortecedores, se os veículos são zero quilometro, as concessionárias que os venderam tem registro, nas notas ficais, dos endereços dos compradores. Nada mais natural portanto, que as montadoras chamem os consumidores por correspondência, telegrama, telefone, mensageiros etc. Então, deve-se entender que o sentido desejado no § 2º é de amplamente obrigar o fornecedor a encontrar o consumidor que adquiriu seu produto ou serviço criado para que o vício seja sanado". (RIZZATTO NUNES, Luiz Antonio. *Comentários ao Código de Defesa do Consumidor:* Direito material (arts. 1º a 54). São Paulo: Saraiva, 2000. p. 141-143)

§ 3° Sempre que tiverem conhecimento de periculosidade de produtos ou serviços à saúde ou segurança dos consumidores, a União, os Estados, o Distrito Federal e os Municípios deverão informá-los a respeito.

► **Dever de informação.** O legislador impôs a União, Estados, Distrito Federal e aos Municípios o dever legal de informar, assim que tomarem conhecimento, sobre a nocividade e periculosidade destes produtos e serviços.

> ► "O § 2º, por sua vez, adita que esses anúncios publicitários serão veiculados a expensas do fornecedor, por último, o § 3º estende aos entes políticos centralizados o dever jurídico administrativo de informar os consumidores sobre os riscos relativos ao alto grau de nocividade ou periculosidade dos bens ou serviços colocados no mercado de consumo". (DENARI, Zelmo. *Código Brasileiro de Defesa do Consumidor Comentado pelos Autores do Anteprojeto*. 6ª ed. Rio de janeiro: Forense Universitária, 1999. p. 149-150.)

Art. 11. (Vetado).

SEÇÃO II
Da responsabilidade pelo Fato do Produto e do Serviço

Art. 12. O fabricante, o produtor, o construtor, nacional ou estrangeiro, e o importador respondem, independentemente da existência de culpa, pela reparação dos danos causados aos consumidores por defeitos decorrentes de projeto, fabricação, construção, montagem, fórmulas, manipulação, apresentação ou acondicionamento de seus produtos, bem como por informações insuficientes ou inadequadas sobre sua utilização e riscos.

► **Responsabilidade pelo fato do produto.** O art. 12 trata da responsabilidade pelo fato do produto de todos os integrantes do ciclo produtivo-distributivo, excluindo, a primeira vista, o comerciante, que somente será responsabilizado nos moldes do art. 13.

> ► "O Código de Defesa do Consumidor cuidou na seção II, capítulo IV, da responsabilidade pelo fato do produto e do serviço consagrando a responsabilidade objetiva (art. 12 e 14), ou seja, responsabilizando o fabricante, o produtor, o construtor e o importador pela reparação de danos causados nos consumidores por defeitos decorrentes de projeto, fabricação, construção, montagem, fórmulas, manipulação, apresentação ou acondicionamento de seus produtos, bem como informações suficientes ou inadequadas sobre sua utilização e riscos, independente da existência da culpa". (STOCO, Rui. *Responsabilidade Civil.* 3ª ed. São Paulo: Revista dos Tribunais, p. . 162).

► **Responsabilidade pelo fato do produto. Rol de responsáveis.** "O rol dos responsáveis pelos danos decorrentes de vícios de qualidade por insegurança (o fabricante, o construtor, o produtor e o importador) é menor que aquele dos obrigados a reparar os vícios de quantidade e os de qualidade por inadequação (todos os fornecedores)". (BENJAMIN, Antônio Herman V.; MARQUES, Cláudia Lima; BESSA, Leonardo Roscoe. *Manual de Direito do Consumidor.* 7ª edição. São Paulo, Revista dos Tribunais, 2016, p. 166).

► **Modalidades de responsáveis.** "O real (o fabricante, o construtor e o produtor), o presumido (o importador) e o aparente (o comerciante quando deixa de identificar o responsável real)". (BENJAMIN, Antônio Herman V.; MARQUES, Cláudia Lima; BESSA, Leonardo Roscoe. *Manual de Direito do Consumidor.* 7ª edição. São Paulo, Revista dos Tribunais, 2016, p. 176-177).

► **Compreensão do termo *fabricante* no contexto do código.** "Entende-se qualquer um que, direta ou indiretamente, insere-se nesse processo de desenvolvimento e lançamento de produtos no mercado". (BENJAMIN, Antônio Herman V.; MARQUES, Cláudia Lima; BESSA, Leonardo Roscoe. *Manual de Direito do Consumidor.* 7ª edição. São Paulo, Revista dos Tribunais, 2016, p. 177).

► **Responsabilidade solidária quando há mais de um fabricante.** "Na hipótese de um determinado produto ter mais de um fabricante (um de matéria-prima, outro de componente e outro do produto final), todos são solidariamente responsáveis pelo defeito e por suas consequências, cabendo, evidentemente, ação regressiva contra aquele que, efetivamente, deu causa ao defeito". (BENJAMIN, Antônio Herman V.; MARQUES, Cláudia Lima; BESSA, Leonardo Roscoe. *Manual de Direito do Consumidor.* 7ª edição. São Paulo, Revista dos Tribunais, 2016, p. 177).

► **Definição de produtor pelo código.** "O produtor, no Código, é basicamente aquele que põe no mercado produtos não industrializados, em particular os produtos animais e vegetais não processados". (BENJAMIN, Antônio Herman V.; MARQUES, Cláudia Lima; BESSA, Leonardo Roscoe. *Manual de Direito do Consumidor.* 7ª edição. São Paulo, Revista dos Tribunais, 2016, p. 177).

► **Definição de construtor.** "O construtor, diferentemente do fabricante e do produtor, lança no mercado produtos imobiliários". (BENJAMIN, Antônio Herman V.; MARQUES, Cláudia Lima; BESSA, Leonardo Roscoe. *Manual de Direito do Consumidor.* 7ª edição. São Paulo, Revista dos Tribunais, 2016, p. 177).

► **Responsabilidade do construtor.** "Na medida em que o construtor é responsável por tudo o que agrega a sua construção, sua responsabilidade inclui os produtos e serviços ajuntados a esta". (BENJAMIN, Antônio Herman V.; MARQUES, Cláudia Lima; BESSA, Leonardo Roscoe. *Manual de Direito do Consumidor.* 7ª edição. São Paulo, Revista dos Tribunais, 2016, p. 177-178).

► **Responsabilidade solidária entre construtor e fabricante.** "Serão responsáveis, de modo solidário, o construtor e o fabricante do produto, podendo aquele que pagou mover ação de regresso contra o verdadeiro causador do defeito". (BENJAMIN, Antônio Herman V.; MARQUES, Cláudia Lima; BESSA, Leonardo Roscoe. *Manual de Direito do Consumidor.* 7ª edição. São Paulo, Revista dos Tribunais, 2016, p. 178).

► **Definição de Importador.** "Importador é aquele que traz para o Brasil produto fabricado ou produzido em outro país". (BENJAMIN, Antônio Herman V.; MARQUES, Cláudia Lima; BESSA, Leonardo Roscoe. *Manual de Direito do Consumidor.* 7ª edição. São Paulo, Revista dos Tribunais, 2016, p. 178).

► **Importador responsabilizado.** "O importador, em verdade, só é responsabilizado porque os fabricantes ou os produtores de seus produtos não são alcançáveis facilmente pelo consumidor". (BENJAMIN, Antônio Herman V.; MARQUES, Cláudia Lima; BESSA, Leonardo Roscoe. *Manual de Direito do Consumidor.* 7ª edição. São Paulo, Revista dos Tribunais, 2016, p. 178).

► **Responsabilidade do importador não depende da natureza jurídica do negócio que originou a transação.** "A responsabilidade do importador não depende da natureza jurídica do negócio que originou a transação: compra e venda, permuta e leasing são alguns dos negócios jurídicos que dão ensejo ao dever de indenizar". (BENJAMIN, Antônio Herman V.; MARQUES, Cláudia Lima; BESSA, Leonardo Roscoe. *Manual de Direito do Consumidor.* 7ª edição. São Paulo, Revista dos Tribunais, 2016, p. 178).

► **Origem do defeito de fabricação.** "Os defeitos de fabricação – difetti di fabbricazione, no direito italiano – originam-se, normalmente, no momento em que o produto é manufaturado, sendo provocados pelo automatismo e padronização do processo produtivo moderno". (BENJAMIN, Antônio Herman V.; MARQUES, Cláudia Lima; BESSA, Leonardo Roscoe. *Manual de Direito do Consumidor.* 7ª edição. São Paulo, Revista dos Tribunais, 2016, p. 181).

► **Defeito de concepção.** "Um produto ou serviço com defeito de concepção – difetti di costruzione, no direito italiano – é aquele que "apresenta um risco de dano desarrazoado, não obstante tenha sido produzido meticulosamente em acordo com planos detalhados e especificações" (Robinson v. Reed-Prentice, 49 N.Y. 2d 471, 403 N.E. 2d 440, 1980)". (BENJAMIN, Antônio Herman V.; MARQUES, Cláudia Lima; BESSA, Leonardo Roscoe. *Manual de Direito do Consumidor.* 7ª edição. São Paulo, Revista dos Tribunais, 2016, p. 182).

► **Características do defeito de concepção.** "Três são suas características principais: a inevitabilidade, a dificuldade de previsão estatística e a manifestação universal". (BENJAMIN, Antônio Herman V.; MARQUES, Cláudia Lima; BESSA, Leonardo Roscoe. *Manual de Direito do Consumidor.* 7ª edição. São Paulo, Revista dos Tribunais, 2016, p. 183).

► **Inevitabilidade do defeito de concepção.** "Tal qual o defeito de fabricação, o defeito de concepção, de regra, não pode ser evitado, especialmente naqueles casos em que o conhecimento técnico à época não permitia sua identificação ou previsão". (BENJAMIN, Antônio Herman V.; MARQUES, Cláudia Lima; BESSA, Leonardo Roscoe. *Manual de Direito do Consumidor.* 7ª edição. São Paulo, Revista dos Tribunais, 2016, p. 183).

► **Dificuldade de previsão estatística do defeito de concepção.** "O defeito não se presta com facilidade à previsão estatística, o que, como consequência, dificulta a contratação de seguro. (BENJAMIN, Antônio Herman V.; MARQUES, Cláudia Lima; BES-

SA, Leonardo Roscoe. *Manual de Direito do Consumidor.* 7ª edição. São Paulo, Revista dos Tribunais, 2016, p. 183).

► **Manifestação universal do defeito de concepção.** "O defeito de concepção não se limita a apenas um ou outro produto ou serviço da cadeia de produção, mas, ao revés, manifesta-se em todos os produtos daquela série ou em todos os serviços executados e, por isso mesmo, seu potencial de danosidade coletiva é maior do que no caso precedente (Ugo Carnevali, La responsabilità, p. 31)". (BENJAMIN, Antônio Herman V.; MARQUES, Cláudia Lima; BESSA, Leonardo Roscoe. *Manual de Direito do Consumidor.* 7ª edição. São Paulo, Revista dos Tribunais, 2016, p. 183).

► **Responsabilidade pelo fato X Responsabilidade por vício.** Se for a uma loja de eletrodomésticos e comprar um aparelho de som em que uma das caixas não funciona ou funciona mal, há vício de adequação do produto, gerando responsabilidade por vícios (arts. 18 a 25). Aqui, o prejuízo é intrínseco, estando o bem somente em desconformidade com o fim a que se destina. Entretanto, se este mesmo aparelho de som, por exemplo, em decorrência de um curto-circuito, pega fogo e causa danos às pessoas, tem-se acidente de consumo, gerando responsabilidade pelo fato (no caso, como se trata de aparelho de som, a responsabilidade é pelo fato do produto – arts. 12 e 13). Nesta hipótese, o prejuízo é extrínseco ao bem, ou seja, não há uma limitação da inadequação do produto em si, mas uma inadequação que gera danos além do produto. Assim, a responsabilidade pelo fato centraliza suas atenções na garantia da incolumidade físico-psíquica do consumidor, protegendo sua saúde e segurança. Já a responsabilidade por vício busca garantir a incolumidade econômica do consumidor.

> ► "Assim, a responsabilidade pelo fato considera os produtos ou serviços enquanto com defeitos, sem a prestabilidade e utilidade que devem ter, e a responsabilidade pelo vício enquanto produtos ou serviços que contenham equívocos de qualidade ou quantidade" (NASCIMENTO, Tupinambá Miguel Castro. *Comentários ao CDC.* São Paulo: Aide, 1991. p. 93-94).

► **Categorias do vício de qualidade.** "A primeira delas, que tem a ver precipuamente com a tutela da incolumidade físico-psíquica do consumidor, chamaremos de vícios de qualidade por insegurança. É sob tal prisma que examinaremos os acidentes de consumo. A segunda categoria denominaremos vícios de qualidade por inadequação. Tem ela a ver, por um lado, com o desempenho dos produtos e serviços, ou seja, com o cumprimento de sua finalidade em acordo com a expectativa legítima do consumidor. De outro lado, manifesta-se com um caráter de durabilidade, isto é, a garantia de que o produto ou serviço não perderá, total ou parcialmente, de forma prematura, sua utilidade, também em sintonia com a expectativa legítima do consumidor". (BENJAMIN, Antônio Herman V.; MARQUES, Cláudia Lima; BESSA, Leonardo Roscoe. *Manual de Direito do Consumidor.* 7ª edição. São Paulo, Revista dos Tribunais, 2016, p. 163).

► **Elementos do Vício de qualidade por insegurança.** "Desconformidade com uma expectativa legítima e a capacidade de provocar acidentes. Sem que estejam reunidos estes dois elementos não há falar em vício de qualidade por insegurança". (BENJAMIN,

Antônio Herman V.; MARQUES, Cláudia Lima; BESSA, Leonardo Roscoe. *Manual de Direito do Consumidor.* 7ª edição. São Paulo, Revista dos Tribunais, 2016, p. 168).

► **Responsabilidade solidária se o produto sofrer processamento.** "Se o produto animal ou vegetal sofrer processamento (limpeza e embalagem, por exemplo), são solidariamente responsáveis o produtor e aquele que efetuou o processamento, cabendo, aqui também, ação regressiva do que pagou contra quem deu causa ao defeito". (BENJAMIN, Antônio Herman V.; MARQUES, Cláudia Lima; BESSA, Leonardo Roscoe. *Manual de Direito do Consumidor.* 7ª edição. São Paulo, Revista dos Tribunais, 2016, p. 177).

◙ **O Código de Defesa do Consumidor estabelece dois regimes jurídicos para a responsabilidade civil do fornecedor.** "O Código de Defesa do Consumidor estabelece dois regimes jurídicos para a responsabilidade civil do fornecedor: a responsabilidade por fato do produto ou serviço (arts. 12 a 17) e a responsabilidade por vício do produto ou serviço (arts. 18 a 25). Basicamente, a distinção entre ambas reside em que, na primeira, além da desconformidade do produto ou serviço com uma expectativa legítima do consumidor, há um acontecimento externo (acidente de consumo) que causa dano material ou moral ao consumidor. Na segunda, o prejuízo do consumidor decorre do defeito interno do produto ou serviço (incidente de consumo). 3. Para cada um dos regimes jurídicos, o CDC estabeleceu limites temporais próprios para a responsabilidade civil do fornecedor: prescrição de 5 anos (art. 27) para a pretensão indenizatória pelos acidentes de consumo; e decadência de 30 ou 90 dias (art. 26) para a reclamação pelo consumidor, conforme se trate de produtos ou serviços não duráveis ou duráveis. 4. Tratando-se de vício oculto do produto, o prazo decadencial tem início no momento em que evidenciado o defeito, e a reclamação do consumidor formulada diretamente ao fornecedor obsta o prazo de decadência até a resposta negativa deste." (STJ, REsp 1303510/SP, Rel. Ministro João Otávio de Noronha, Terceira Turma, DJe 06/11/2015)

► **Os custos sociais da produção em massa devem ser considerados para a responsabilização do fornecedor.** "Não é o consumidor, individualmente considerado (nem, tampouco, só o vendedor-direto), que deve suportar os custos sociais da produção em massa. São prejuízos que necessitam de uma repartição entre todos os outros sujeitos do mercado. E só os fornecedores, particularmente o fabricante, têm condições de pulverizá-los, indenizando o consumidor-vítima e incorporando no produto ou serviço o valor pago". (BENJAMIN, Antônio Herman V.; MARQUES, Cláudia Lima; BESSA, Leonardo Roscoe. *Manual de Direito do Consumidor.* 7ª edição. São Paulo, Revista dos Tribunais, 2016, p. 160).

► **Sobre a possibilidade do consumidor exercer pretensão com base no vício e no fato ao mesmo tempo, verificar art. 18, *caput*.**

► **Fato do produto.** "A expressão 'fato do produto', como causa de responsabilização, significa – em proposição simples – a possibilidade de o produto, ou dos serviços contratados, por si mesmo, causar dano a alguém ou frustrar a expectativa do usuário, através de resultados positivos ou negativos, seja em razão de defeito original, por força de fabricação inadequada, seja porque não proporciona a essencialidade para a qual foi prometida ou anunciada à venda, seja em virtude de seu acondicionamento inadequado com potencialidade lesiva, seja, ainda, em função de expiração de sua validade" (STOCO, Rui . *Tratado de Responsabilidade Civil.* 6ª ed. São Paulo: Revista dos Tribunais, 2004. p. 448).

► **Teoria unitária da responsabilidade no CDC.** Para as relações de consumo, pouco importa a clássica divisão do direito civil entre responsabilidade contratual e extracontratual (também chamada de aquiliana). O que realmente importa é a existência de uma relação jurídica de consumo a ser pautada por vícios de qualidade (por insegurança e inadequação) e vícios de quantidade. Nesse sentido, conforme informa a doutrina, temos a chamada teoria unitária da responsabilidade civil.

> ► "No âmbito do Direito do Consumidor, por força da necessidade de uma atuação mais eficiente de suas medidas tutelares, já se verifica a adoção da teoria unitária da responsabilidade civil, sob a roupagem da teoria da qualidade. A responsabilidade pelo vício de qualidade instituída por nosso CDC representa a consagração de um dever de qualidade, anexo à atividade do fornecedor e fundado no princípio da proteção à confiança. Este dever de qualidade imprime no próprio produto ou serviço a garantia de ausência de vício de qualidade por insegurança ou por inadequação, funcionando, assim, como fundamento único da responsabilidade, contratual e extracontratual, da cadeia de fornecedores em relação aos consumidores e fazendo prescindir inteiramente da existência de vínculo contratual entre uns e outros para a responsabilização dos primeiros. Tudo isto constitui uma mudança profunda nas concepções tradicionais que têm seu ponto de referência numa clara distinção entre responsabilidade contratual e delitual. A aproximação entre os dois tipos de responsabilidade tende a uma uniformização de soluções, bem como uma harmonização dos conceitos." (BECKER, Anelise. Elementos para uma teoria unitária da responsabilidade civil. *Revista Direito do Consumidor* 13. p. 54.)

► **Vício e defeito. Diferenciação pela doutrina.** A doutrina diferencia os termos "vício" e "defeito". Assim, vício pertence ao produto ou serviço, tornando-o inadequado, mas que não atinge o consumidor ou outras pessoas. Ex: a televisão adquirida que funciona mal. Já o defeito é o vício acrescido de um problema extra. O defeito não só gera uma inadequação do produto ou serviço, mas um dano ao consumidor ou a outras pessoas. Ex: televisão que explode causando danos à pessoas. Nesse sentido, há vício sem defeito, mas não defeito sem vício. Conforme relatamos acima, os defeitos é que geram acidentes de consumo, sendo disciplinados nos arts. 12 a 14. Por sua vez, os vícios são tratados nos arts. 18 a 25.

> ► "O defeito, por sua vez, pressupõe o vício. Há vício sem defeito, mas não há defeito sem vício. O vício é uma característica inerente, intrínseca do produto ou serviço em si. O defeito é o vício acrescido de um problema extra, alguma coisa extrínseca ao produto ou serviço, que causa um dano maior que simplesmente o mau funcionamento, o não-funcionamento, a quantidade errada, a perda do valor pago – já que o produto ou ser-viço não cumpriram o fim ao qual se destinavam. O defeito causa, além desse dano do vício, outro ou outros danos ao patrimônio jurídico material e/ou moral e/ou estético e/ou à imagem do

consumidor. Logo, o defeito tem ligação com o vício, mas em termos de dano causado ao consumidor , é mais devastador. Temos, então, que o vício pertence ao próprio produto ou serviço, jamais atingindo a pessoa do consumidor ou outros bens seus. O defeito vai além do produto ou do serviço para atingir o consumidor em seu patrimônio jurídico mais amplo (seja moral, material, estético ou da imagem). Por isso, somente se fala propriamente em acidente, e, no caso, acidente de consumo, na hipótese de defeito, pois é aí que o consumidor é atingido". (NUNES, Luiz Antônio Rizzatto. . *Curso de Direito do consumidor.* São Paulo: Saraiva, 2004. p. 167).

► "Enquanto os defeitos são falhas do produto ou do serviço que afetam a segurança legitimamente esperada pelo consumidor, causando-lhe danos pessoais ou patrimoniais, os vícios são falhas, ocultas ou aparentes, que afetam, via de regra, apenas o próprio produto ou serviço, tornando-os inadequados ao uso a que se destinam por não apresentarem a qualidade ou quantidade esperada pelo consumidor, inclusive por deficiência de informação". (SANSEVERINO, Tarso. *Vieira. Responsabilidade Civil do Código de consumidor e a defesa do Fornecedor.* São Paulo: Saraiva, 2002. p. 151).

► **Defeitos de produção.** "Os defeitos de produção, por sua vez, são aqueles que se manifestam em alguns exemplares do produto, como decorrência de falha instalada no processo produtivo, mecânico ou manual, e cuja incidência, portanto, encontra-se numa relação imediata com o controle de qualidade desenvolvido pela empresa. Entre as características mais marcantes desta modalidade de defeito, podemos assinalar a sua inevitabilidade. Os defeitos de produção escapam a qualquer controle e surgem, por obra do acaso, como parte integrante do risco do negócio. Como é evidente, o avanço tecnológico e a modernização das empresas têm contribuído, positivamente, para a redução do nível de incidência de defeitos. Não menos certo, contudo, que a produção em série atua como agente multiplicador do risco, e foram estas as circunstâncias que deflagraram o advento da teoria da responsabilidade objetiva dos fabricantes, acompanhada da inversão do ônus da prova, seu inafastável corolário." (DENARI, Zelmo. *Código Brasileiro de Defesa do Consumidor comentado pelos autores do anteprojeto.* 7ª ed. Rio de Janeiro: Forense Universitária, 2001. p. 164)

► **Sobre condenações envolvendo dano moral, verificar art. 6°, VI.**

◙ **Prazo de validade. Intoxicação de bebê de apenas três meses por produto alimentício vencido.** "Produto alimentício destinado especificamente para bebês exposto em gôndola de supermercado, com o prazo de validade vencido, que coloca em risco a saúde de bebês com apenas três meses de vida, causando-lhe gastroenterite aguda, enseja a responsabilização por fato do produto, ante a existência de vício de segurança previsto no art. 12 do CDC." (STJ, REsp 980860 / SP, Min. Rel. Nancy Andrighi, J. 23.04.09, T3)

◙ **Produto vendido com data de validade vencida. Intoxicação alimentar.** "Apelação – dano moral – produto vendido com data de validade vencida – autores que, ao consumirem parte do produto, sofreram intoxicação alimentar – aplicação do art. 12 do

CDC – valor reparatório fixado com pertinência e moderação – desprovimento dos recursos". (TJRJ, AC 2004.001.26521 – 2ª C.Cív. – Rel. Des. Jesse Torres, DJRJ 17.3.2005).

◙ **Não há dano moral por produto com larvas consumido após data de validade.** "RECURSO ESPECIAL – AÇÃO DE INDENIZAÇÃO POR DANOS MORAIS – BOMBONS – LAR-VAS – EXISTÊNCIA – PRODUTO CONSUMIDO APÓS A DATA DE VALIDADE – ROMPIMENTO DO NEXO DE CAUSALIDADE – EXIGÊNCIA – GARANTIA DO PRODUTO – SEGURANÇA E QUALIDADE – CÓDIGO DE DEFESA DO CONSUMIDOR – PRAZO – ESTUDOS BIOLÓGICOS E QUÍMICOS – VALIDADE DETERMINADA PELO FABRICANTE – RECURSO IMPROVIDO. I – Ainda que as relações comerciais tenham o enfoque e a disciplina determinadas pelo Código de Defesa do Consumidor, tal circunstância não afasta, para fins de responsabilidade civil, o requisito da existência de nexo de causalidade, tal como expressamente determina o artigo 12, § 3º e incisos, do Código de Defesa do Consumidor. II – O fabricante ao estabelecer prazo de validade para consumo de seus produtos, atende aos comandos imperativos do próprio Código de Defesa do Consumidor, especificamente, acerca da segurança do produto, bem como a saúde dos consumidores. O prazo de validade é resultado de estudos técnicos, químicos e biológicos, a fim de possibilitar ao mercado consumidor, a segurança de que, naquele prazo, o produto estará em plenas condições de consumo. III – Dessa forma, na oportunidade em que produto foi consumido, o mesmo já estava com prazo de validade expirado. E, essa circunstância, rompe o nexo de causalidade e, via de consequência, afasta o dever de indenizar. IV – Recurso especial improvido."(STJ, REsp 1252307/PR, Rel. Ministra Nancy Andrighi, Rel. p/ Acórdão Ministro Massami Uyeda, Terceira Turma, DJe 02/08/2012)

► **Sobre a condenação em dano moral por aquisição e/ou consumo de produto com corpo estranho (ex: insetos em alimentos), verificar art. 6°, VI.**

◙ **No sentido de que se o consumidor não consumiu o produto contendo corpo estranho, não configura "fato do produto" e sim "vicio do produto."** "RESPONSABILIDADE CIVIL. PRODUTO IMPRÓPRIO PARA O CONSUMO. OBJETO METÁLICO CRAVADO EM BOLACHA DO TIPO "ÁGUA E SAL". OBJETO NÃO INGERIDO. DANO MORAL INEXISTENTE. 1. A simples aquisição de bolachas do tipo "água e sal", em pacote no qual uma delas se encontrava com objeto metálico que a tornava imprópria para o consumo, sem que houvesse ingestão do produto, não acarreta dano moral apto a ensejar reparação. Precedentes. 2. Verifica-se, pela moldura fática apresentada no acórdão, que houve inequivocamente vício do produto que o tornou impróprio para o consumo, nos termos do art. 18, caput, do CDC. Porém, não se verificou o acidente de consumo, ou, consoante o art. 12 do CDC, o fato do produto, por isso descabe a indenização pretendida. 3. De ofício, a Turma determinou a expedição de cópias à agência sanitária reguladora para apurar eventual responsabilidade administrativa. 4. Recurso especial principal provido e adesivo prejudicado." (STJ, REsp 1131139/SP, Rel. Ministro Luis Felipe Salomão, Quarta Turma, DJe 01/12/2010)

◙ **Tintura para cabelos. Queda de cabelos anormal.** "APELAÇÃO CÍVEL. RESPONSABILIDADE CIVIL. PRODUTO PARA TINGIR CABELOS. QUEDA CAPILAR ANORMAL. RESPONSABILIDADE OBJETIVA PELO FATO DO PRODUTO

CARACTERIZADA. (...) Os produtos e serviços colocados no mercado devem cumprir um objetivo de segurança, sendo o desvio dessa característica ensejador de vício de qualidade. A obrigação de indenizar surge quando tais riscos fogem ao controle do consumidor, de forma que, em decorrência de qualquer defeito, tem sua saúde ameaçada, pela imprevisibilidade do dano ocasionado pelo consumo. Então, é o defeito, como causador do acidente de consumo, o elemento ensejador da responsabilidade civil objetiva. (...)" (TJRS, apelação cível 70014606693, Rel.Odone Sanguiné, J.31.05.06)

◙ **Pílula anticoncepcional inerte. A responsabilidade do fabricante não está condicionada à introdução voluntária do produto no mercado.** "(...) A responsabilidade da fornecedora não está condicionada à introdução consciente e voluntária do produto lesivo no mercado consumidor. Tal idéia fomentaria uma terrível discrepância entre o nível dos riscos assumidos pela empresa em sua atividade comercial e o padrão de cuidados que a fornecedora deve ser obrigada a manter. Na hipótese, o objeto da lide é delimitar a responsabilidade da empresa quanto à falta de cuidados eficazes para garantir que, uma vez tendo produzido manufatura perigosa, tal produto fosse afastado das consumidoras. (...)". (STJ, REsp 866636 / SP, Rel. Min. Nancy Andrighi, J. 29.11.07, T3)

◙ **Defeito na quantidade do anticoncepcional gerando gravidez na consumidora.** "Civil. Processo civil. Recurso especial. Ação de reparação por danos materiais e compensação por danos morais. Consumidora do anticoncepcional 'Diane 35' que engravidou, de forma indesejada, durante a utilização do produto em face de defeito deste, porque cartelas com 20 comprimidos, ao invés de 21, foram colocadas no mercado." (STJ, REsp 918.257/SP, Rel. Ministra Nancy Andrighi, Terceira Turma, DJ 23/11/2007)

◙ **Veículo que se incendiou enquanto era conduzido pelo consumidor.** "RECURSO ESPECIAL (art. 105, inc. III, "a", CF/88) - AÇÃO CONDENATÓRIA - RESPONSABILIDADE CIVIL DE FABRICANTE DE AUTOMÓVEL - DEFEITO DE FABRICAÇÃO - INSTÂNCIAS ORDINÁRIAS QUE JULGARAM IMPROCEDENTES OS PEDIDOS VEICULADOS NA INICIAL, SOB O ARGUMENTO DE QUE NÃO RESTOU COMPROVADO QUE A FORNECEDORA COLOCOU NO MERCADO PRODUTO COM ALGUM DEFEITO OU VÍCIO. INSURGÊNCIA DOS AUTORES. DÚVIDA ACERCA DA CAUSA DO INCÊNDIO DO AUTOMÓVEL - RESPONSABILIDADE OBJETIVA - INTELIGÊNCIA DO ART. 12 DO CDC - RECURSO ESPECIAL PROVIDO. Pretensão condenatória deduzida em face de fabricante de automóvel, ante os alegados danos decorrentes de incêndio deste, enquanto conduzido por um dos autores. Tribunal a quo que, num primeiro momento, julgou parcialmente procedentes os pedidos. Decisum reformado, em sede de embargos infringentes, para julgar improcedentes os pedidos, reputando-se não demonstrado o defeito de fabricação. 1. Como se infere do art. 12 do CDC, a responsabilidade do fabricante pelos danos causados aos consumidores por defeitos de fabricação do produto é objetiva, dispensando a comprovação de culpa. Assim, inviável o afastamento da responsabilidade da ré com base na ausência de comprovação de que a fornecedora colocou no mercado produto com algum vício ou defeito, como fez o Tribunal de origem. 2. Dessa forma, considerando que não foi elidido no caso dos autos o nexo de causalidade entre os danos sofridos pelos recorrentes e a fabricação do automóvel adquirido da recorrida, tendo em vista que não houve a comprovação de qualquer causa excludente da responsabilidade, pairando dúvida acerca da causa do incêndio, é imperioso o provimento do presente recurso especial para imputar a indenização a título de dano material e moral, da forma determinada no acórdão da apelação, o qual julgou a demanda em estrita consonância com a principiologia consumerista e o entendimento deste Tribunal e, portanto, deve prevalecer. 3. Recurso especial provido, a fim de julgar parcialmente procedentes os pedidos deduzidos na inicial, nos termos do acórdão que julgou a apelação, o qual fica desde já restabelecido" (STJ, REsp 1171767/RJ, Quarta Turma, Rel. Min. Marco Buzzi, julgado em 02/08/2016).

◙ **Acidente de veículo por peça defeituosa. Desprendimento da banda de rodagem do pneu.** "Civil. Responsabilidade civil. Acidente de veículo. Desprendimento da banda de rodagem do pneu. Causa única do acidente. Falecimento dos pais de dois dos autores e do filho da outra autora. Responsabilidade objetiva do CDC. Culpa comprovada nas instâncias anteriores com base nas provas dos autos. Valor indenizatório. Pedido de elevação requerido pelos autores. Pedido de redução requerido pela ré. Pensão mensal. Arbitramento. Décimo terceiro salário." (STJ, REsp 1036485 / SC, Rel. Min. Nancy Andrighi, J. 18.12.2008, 3T)

> ◙ **Defeito mecânico na suspensão do veículo.** "PROCESSUAL CIVIL. AÇÃO INDENIZATÓRIA. ACIDENTE AUTOMOBILÍSTICO. PEÇA DEFEITUOSA. RESPONSABILIDADE PELO FATO DO PRODUTO. (...) 4. Demonstrado o nexo de causalidade entre os danos sofridos pelo consumidor e a falha no equipamento (veículo) por ele utilizado, está configurada a responsabilidade civil do fornecedor pelo fato do produto, nos termos do art. 12 do CDC. 5. Recurso especial parcialmente conhecido e desprovido."(STJ, REsp 1157052/PI, Rel. Ministro João Otávio de Noronha, Terceira Turma, DJe 30/05/2014)
>
> ◙ **Defeito no pneu do veículo.** "RECURSO ESPECIAL – AÇÃO DE INDENIZAÇÃO – ACIDENTE AUTOMOBILÍSTICO OCASIONADO POR DEFEITO NO PNEU DO VEÍCULO – VÍTIMA ACOMETIDA DE TETRAPLEGIA – CORTE LOCAL QUE FIXA A RESPONSABILIDADE OBJETIVA DA FABRICANTE DO PRODUTO. (...) Demonstrada a ocorrência do acidente em virtude de defeito do pneu, fato do produto, esgota-se o ônus probatório do autor (art.333, I, do CPC), cabendo à fabricante, para desconstituir sua responsabilidade objetiva, demonstrar uma das causas excludentes do nexo causal (art. 12, § 3º, do CDC). (...) A tetraplegia causada ao aposentado em razão do acidente automobilístico, que transformou inteiramente sua vida e o priva da capacidade para, sozinho, praticar atos simples da vida, cuida-se de seríssima lesão aos direitos de personalidade do indivíduo. A indene fixada para tais hipóteses não encontra parâmetro ou paradigma em relação aos casos de morte de entes queridos." (STJ, REsp 1281742/SP, Rel. Ministro Marco Buzzi, Quarta Turma, DJe 05/12/2012)
>
> ◙ **Quebra do banco do motorista.** "RECURSO ESPECIAL. RESPONSABILIDADE PELO FATO DO PRODUTO. AUTOMÓVEL FIESTA. QUEBRA DO BANCO DO MOTORISTA. DEFEITO DE FABRICAÇÃO. PERDA DO CONTROLE DO VEÍCULO. ACIDENTE GRAVE. RECALL POSTERIOR AO EVENTO DANOSO. ÔNUS DA PROVA DO FABRICANTE. 1 – Ação de indeniza-

ção proposta com base em defeito na fabricação do veículo, objeto de posterior recall, envolvido em grave acidente de trânsito. 2 – Comprovação pelo consumidor lesado do defeito do produto (quebra do banco do motorista com o veículo em movimento na estrada) e da relação de causalidade com o acidente de trânsito (perda do controle do automóvel em estrada e colisão com uma árvore), que lhe causou graves lesões e a perda total do veículo. 3 – A dificuldade probatória ensejada pela impossibilidade de perícia direta no veiculo sinistrado, no curso da instrução do processo, não caracteriza cerceamento de defesa em relação ao fabricante. 4 – Inocorrência de violação às regras dos incisos II e III do § 3º do art. 12 do CDC. 5 – Precedente desta Corte. 6 – Recurso especial desprovido." (STJ, REsp 1168775/RS, Rel. Ministro Paulo de Tarso Sanseverino, Terceira Turma, DJe 16/04/2012)

◙ **Fabricante de sabão em pó deve indenizar consumidora que teve reação alérgica grave ao utilizar o produto por falha na informação.** "DIREITO DO CONSUMIDOR. RECURSO ESPECIAL. FATO DO PRODUTO. DERMATITE DE CONTATO. MAU USO DO PRODUTO. CULPA EXCLUSIVA DA VÍTIMA. INOCORRÊNCIA. ALERGIA – CONDIÇÃO INDIVIDUAL E ESPECÍFICA DE HIPERSENSIBILIDADE AO PRODUTO. DEFEITO INTRÍNSECO DO PRODUTO. INOCORRÊNCIA. DEFEITO DE INFORMAÇÃO. DEFEITO EXTRÍNSECO DO PRODUTO. FALTA DE INFORMAÇÃO CLARA E SUFICIENTE. VIOLAÇÃO DO DEVER GERAL DE SEGURANÇA QUE LEGITIMAMENTE E RAZOAVELMENTE SE ESPERAVA DO PRODUTO. (...) O uso do sabão em pó para limpeza do chão dos cômodos da casa, além da lavagem do vestuário, por si só, não representou conduta descuidada apta a colocar a consumidora em risco, uma vez que não se trata de uso negligente ou anormal do produto. A informação é direito básico do consumidor (art. 6°, III, do CDC), tendo sua matriz no princípio da boa-fé objetiva, devendo, por isso, ser prestada de forma inequívoca, ostensiva e de fácil compreensão, principalmente no tocante às situações de perigo. O consumidor pode vir a sofrer dano por defeito (não necessariamente do produto), mas da informação inadequada ou insuficiente que o acompanhe, seja por ter informações deficientes sobre a sua correta utilização, seja pela falta de advertência sobre os riscos por ele ensejados. Na hipótese, como constatado pelo Juízo a quo, mera anotação pela recorrente, em letras minúsculas e discretas na embalagem do produto, fazendo constar que deve ser evitado o 'contato prolongado com a pele' e que 'depois de utilizar' o produto, o usuário deve lavar, e secar as mãos, não basta, como de fato no caso não bastou, para alertar de forma eficiente a autora, na condição de consumidora do produto, quanto aos riscos desse." (STJ, REsp 1358615/SP, Rel. Ministro Luis Felipe Salomão, Quarta Turma, DJe 01/07/2013)

◙ **Defeito em air bag. A periculosidade inerente do dispositivo não autoriza que as montadoras de veículos se eximam da responsabilidade em ressarcir danos fora da normalidade do uso e os riscos que razoavelmente dele se esperam.** "DIREITO DO CONSUMIDOR. AÇÃO DE INDENIZAÇÃO POR DANO MATERIAL E COMPENSAÇÃO POR DANO MORAL. ACIDENTE DE TRÂNSITO. SEGURANÇA. GRAVES LESÕES. FUNDAMENTO DO ACÓRDÃO NÃO IMPUGNADO. SÚMULA 283/STF. INTERESSE RECURSAL. QUESTÕES RESOLVIDAS PELO TRIBUNAL DE ORIGEM.

AUSÊNCIA. REEXAME DE FATOS E PROVAS. INADMISSIBILIDADE. MECANISMO DE SEGURANÇA. RISCO INERENTE. PRODUTO DEFEITUOSO. EXCESSO. REVISÃO DO VALOR DA COMPENSAÇÃO. (...) 6. Considera-se o produto como defeituoso quando não fornece a segurança que o consumidor dele se espera, levando-se em consideração a época e o modo em que foi prestado, e no que mais importa para a espécie, os riscos inerentes a sua regular utilização. 7. O fato da utilização do air bag, como mecanismo de segurança de periculosidade inerente, não autoriza que as montadoras de veículos se eximam da responsabilidade em ressarcir danos fora da normalidade do "uso e os riscos que razoavelmente dele se esperam" (art. 12, §1º, II do CDC). (...)". (STJ, REsp 1656614/SC, Terceira Turma, Rel. Ministra Nancy Andrighi, DJe 02/06/2017)

◙ **Air bag. Indevido acionamento. Indenização pelos danos materiais.** "O indevido acionamento de air bag constitui fato do produto e, portanto, a empresa deve indenizar o consumidor pelos danos materiais daí advindos." (STJ, REsp 1329189/RN, Rel. Ministra Nancy Andrighi, Terceira Turma, Dje 21/11/2012)

◙ **Não acionamento do air bag em acidente automobilístico.** "DIREITO DO CONSUMIDOR. RECURSO ESPECIAL. FATO DO PRODUTO. ACIDENTE AUTOMOBILÍSTICO. NÃO ACIONAMENTO DO AIR BAG. REGRAS DE INVERSÃO DO ÔNUS DA PROVA. FATO DO PRODUTO. INVERSÃO OPE LEGIS. PROVA PERICIAL EVASIVA. INTERPRETAÇÃO EM FAVOR DO CONSUMIDOR. 1. A Resolução n. 311, de 3 de abril de 2009, do Conselho Nacional de Trânsito – Contran, dispõe que o air bag é "equipamento suplementar de retenção que objetiva amenizar o contato de uma ou mais partes do corpo do ocupante com o interior do veículo, composto por um conjunto de sensores colocados em lugares estratégicos da estrutura do veículo, central de controle eletrônica, dispositivo gerador de gás propulsor para inflar a bolsa de tecido resistente" (art. 2º). 2. A responsabilidade objetiva do fornecedor surge da violação de seu dever de não inserção de produto defeituoso no mercado de consumo, haja vista que, existindo alguma falha quanto à segurança ou à adequação do produto em relação aos fins a que se destina, haverá responsabilização pelos danos que o produto vier a causar. 3. Na hipótese, o Tribunal a quo, com relação ao ônus da prova, inferiu que caberia à autora provar que o defeito do produto existiu, isto é, que seria dever da consumidora demonstrar a falha no referido sistema de segurança. 4. Ocorre que diferentemente do comando contido no art. 6º, inciso VIII do CDC, que prevê a inversão do ônus da prova "a critério do juiz", quando for verossímil a alegação ou hipossuficiente a parte, o § 3º do art. 12 do mesmo Código estabelece – de forma objetiva e independentemente da manifestação do magistrado – a distribuição da carga probatória em desfavor do fornecedor, que "só não será responsabilizado se provar: I – que não colocou o produto no mercado; II – que, embora haja colocado o produto no mercado, o defeito inexiste; III– a culpa exclusiva do consumidor ou de terceiro". É a diferenciação já clássica na doutrina e na jurisprudência entre a inversão ope judicis (art. 6º, inciso VIII, do CDC) e inversão ope legis (arts.12, § 3º, e art. 14, § 3º, do CDC). Precedentes. 5. No presente caso, o "veículo Fiat Tempra atingiu a parte frontal esquerda (frontal oblíqua), que se deslocou para trás (da esquerda para direita, para o banco do carona)", ficando muito avariado; ou seja, ao que parece, foram preenchidos os dois estágios do choque exigidos para a detecção do air bag, mas que, por um defeito no produto, não acionou o sistema, causando danos à consumidora. Em sendo assim, a conclusão evasiva do expert deve ser interpretada em favor do consumidor vulnerável e hipossuficiente. 6. Destarte, enfrentando a celeuma pelo ângulo das regras sobre a distribuição da carga probatória, levando-se em conta o fato de a causa de pedir apontar para hipótese de responsabilidade objetiva do fornecedor pelo fato do produto, não havendo este se desincumbido do ônus que lhe cabia, inversão ope legis, é de se concluir pela procedência do pedido autoral com o reconhecimento do defeito no produto. 7. Recurso especial provido." (STJ, REsp 1306167/RS, Rel. Ministro Luis Felipe Salomão, Quarta Turma, DJe 05/03/2014)

■ **Quando o vício for grave a ponto de repercutir sobre o patrimônio material ou moral do consumidor, a hipótese será de responsabilidade pelo fato do produto**. "Trata-se de ação de indenização por danos morais e materiais proposta por consumidor contra o fabricante e o comerciante de revestimentos cerâmicos após o surgimento de defeito do produto. O vício do produto é aquele que afeta apenas a sua funcionalidade ou a do serviço, sujeitando-se ao prazo decadencial do art. 26 do Código de Defesa do Consumidor – CDC. Quando esse vício for grave a ponto de repercutir sobre o patrimônio material ou moral do consumidor, a hipótese será de responsabilidade pelo fato do produto, observando-se, assim, o prazo prescricional quinquenal do art. 27 do referido diploma legal. (...) 3. A eclosão tardia do vício do revestimento, quando já se encontrava devidamente instalado na residência do consumidor, determina a existência de danos materiais indenizáveis e relacionados com a necessidade de, no mínimo, contratar serviços destinados à substituição do produto defeituoso. Desse modo, a hipótese é de fato do produto, sujeito ao prazo prescricional de 5 (cinco) anos. 4. No caso, embora a fabricante tenha reconhecido o defeito surgido em julho de 2000, 9 (nove) meses após a aquisição do produto, o consumidor, insatisfeito com a proposta de indenização que lhe foi apresentada, ajuizou ação de reparação de danos morais e materiais em 22/3/2002, quando ainda não superado o prazo prescricional. 5. Recursos especiais parcialmente conhecidos e não providos." (STJ, REsp 1176323/SP, Rel. Ministro Ricardo Villas Bôas Cueva, Terceira Turma, DJe 16/03/2015)

■ **Danos decorrentes do uso do cigarro. Fato do produto.**"A pretensão do autor, apoiada na existência de vícios de segurança, é de informação relativa ao consumo de cigarros – responsabilidade por fato do produto. 2. A ação de responsabilidade por fato do produto prescreve em cinco anos, consoante dispõe o art. 27 do Código de Defesa do Consumidor. 3. O prazo prescricional começa a correr a partir do conhecimento do dano. 4. Recurso especial conhecido e provido." (STJ, REsp 489.895/SP, Rel. Ministro Fernando Gonçalves, Segunda Seção, DJe 23/04/2010)

■ **Defensivo agrícola ineficaz causando prejuízo na safra.** "RECURSO ESPECIAL. AÇÃO INDENIZATÓRIA. DANOS ORIUNDOS DE QUEBRA DE SAFRA AGRÍCOLA. DEFENSIVO AGRÍCOLA INEFICAZ NO COMBATE À "FERRUGEM ASIÁTICA".

APLICAÇÃO DO CÓDIGO DE DEFESA DO CONSUMIDOR POR EQUIPARAÇÃO. RESPONSABILIDADE OBJETIVA. REDAÇÃO DO PARÁGRAFO ÚNICO DO ARTIGO 927 DO CÓDIGO CIVIL(...) 6. O resultado agrícola é o meio de sobrevivência do agricultor, a garantia de novos financiamentos e a possibilidade de incremento dessa fundamental atividade econômica. E isso, por óbvio, independe da condição financeira do produtor, porque inerente àquela ocupação. Por esta razão, não é crível que o imenso prejuízo econômico suportado pelos ora recorrentes também não seja causa, direta ou reflexa, de um grave dano moral." (STJ, REsp 1096542/MT, Rel. Ministro Paulo Furtado (Desembargador Convocado do TJ/BA), Terceira Turma, DJe 23/09/2009)

◙ **Ineficácia de herbicida.** "RESPONSABILIDADE CIVIL. ALEGAÇÃO DE DANO POR FATO DO PRODUTO E NÃO DE VÍCIO DO PRODUTO. INEFICÁCIA DE HERBICIDA. PREJUÍZO À SAFRA. PRAZO DECADENCIAL. 5 ANOS. ART. 27 DO CÓDIGO DE DEFESA DO CONSUMIDOR. RECURSO PROVIDO PARA AFASTAR A DECADÊNCIA PROSSEGUINDO-SE NO EXAME DO MÉRITO NO TRIBUNAL DE ORIGEM. 1. Diante do fundamento da inicial de ocorrência do fato do produto, e não vício, no mau funcionamento de herbicida que, por não combater as ervas daninhas, enseja prejuízo à safra, e conseqüentemente, ao patrimônio do usuário, o prazo decadencial (*rectius:* prescricional) é de 5 (cinco) anos (CDC, art. 27). 2.- Recurso Especial provido para afastar preliminar de decadência, devendo o Tribunal de origem prosseguir no julgamento de mérito." (STJ, REsp 953.187/MT, Rel. Ministro Sidnei Beneti, Terceira Turma, DJe 29/06/2009)

◙ **Cegueira causada por tampa de refrigerante quando da abertura da garrafa.** "Recurso especial. Civil e processual civil. Responsabilidade civil. Indenização por danos materiais e compensação por danos morais. Causa de pedir. Cegueira causada por tampa de refrigerante quando da abertura da garrafa. Procedente. Obrigação subjetiva de indenizar. Súmula 7/STJ. Prova de fato negativo. Superação. Possibilidade de prova de afirmativa ou fato contrário. inversão do ônus da prova em favor do consumidor. regra de julgamento. Doutrina e jurisprudência. arts. 159 do CC/1916, 333, I, do CPC e 6.°, VIII, do CDC. – Se o Tribunal a quo entende presentes os três requisitos ensejadores da obrigação subjetiva de indenizar, quais sejam: (i) o ato ilícito, (ii) o dano experimentado pela vítima e (iii) o nexo de causalidade entre o dano sofrido e a conduta ilícita; a alegação de violação ao art. 159 do CC/1916 (atual art. 186 do CC) esbarra no óbice da Súmula n.° 7 deste STJ." (STJ, REsp 422.778/SP, Rel. Ministro Castro Filho, Rel. p/ Acórdão Ministra Nancy Andrighi, Terceira Turma, DJ 27/08/2007)

◙ **Explosão de loja de fogos de artifício.** "PROCESSUAL CIVIL. AÇÃO CIVIL PÚBLICA. EXPLOSÃO DE LOJA DE FOGOS DE ARTIFÍCIO. INTERESSES INDIVIDUAIS HOMOGÊNEOS. LEGITIMIDADE ATIVA DA PROCURADORIA DE ASSISTÊNCIA JUDICIÁRIA. RESPONSABILIDADE PELO FATO DO PRODUTO. VÍTIMAS DO EVENTO. EQUIPARAÇÃO A CONSUMIDORES. (...) Em consonância com o artigo 17 do Código de Defesa do Consumidor, equiparam-se aos consumidores todas as pessoas que, embora não tendo participado diretamente da relação de consumo, vem a sofrer as conseqüências do evento danoso, dada a potencial gravidade que pode atingir o fato do produto ou do serviço, na modalidade vício de qualidade por insegurança." (STJ, REsp 181.580/SP, Rel. Ministro Castro Filho, Terceira Turma, DJ 22/03/2004)

■ **Explosão de botijão de gás.** "Ação de indenização por danos materiais e morais - explosão de botijão de gás - comprovação do nexo de causalidade entre o fato e o dano - responsabilidade objetiva do fornecedor - aplicabilidade do Código de Defesa do Consumidor - Inteligência dos arts. 12 § 3º, I a III e 17, ambos do CDC. A questão é de acidente de consumo, ou como denominou o legislador consumerista, trata-se de responsabilidade for fato do produto, ou seja, não há que se falar simplesmente em um vício do produto adquirido, que poderia ter trocado por outro em perfeitas condições; o que ocorreu, em tela, foi um fato maior, a partir do produto adquirido, ou seja, houve conseqüências danosas na esfera da integridade física do consumidor e da outra vítima do evento, o segundo autor, que a doutrina estrangeira chama de "bystander". Assim, verifica-se a responsabilidade objetiva do produtor, independentemente da comprovação da culpa, e desta forma, o Código Consumerista, a apelante é a responsável pelo evento danoso, haja vista não ter conseguido demonstrar alguma das três hipóteses excludentes de responsabilidade, como a prova de que não colocou o produto no mercado, ou que embora o tenha colocado no mercado o defeito inexiste, ou por fim que teria havido culpa exclusiva da consumidora." (TAMG, Ap. Civ. 323.657-3, Rel. Dorival Guimarães Pereira, 3ª Câm. Civ. DJU 14.2.2001)

■ **Venda de motocicleta com adulteração no chassi.** "INDENIZAÇÃO POR DANOS MATERIAIS E MORAIS. APREENSÃO DE MOTOCICLETA PELA AUTORIDADE POLICIAL SOB A ACUSAÇÃO DE ADULTERAÇÃO DO NÚMERO DO CHASSI.RESPONSABILIDADE PELO FATO DO PRODUTO. ART. 27 DO CPC. (...) Aplica-se a prescrição quinquenal prevista no art. 27 do CDC nas ações nas quais se discute a reparação de danos causados por fato do produto ou do serviço. Incidência da Súmula nº 83 do STJ ao caso concreto." (STJ, AgRg nos EDcl no AREsp 659.694/PR, Rel. Ministro Moura Ribeiro, Terceira Turma, julgado em 13/10/2015, DJe 26/11/2015)

■ **Dano causado na abertura da lata de tomate por falta de informação.** "Lata de tomate Arisco. Dano na abertura da lata. Responsabilidade civil da fabricante. O fabricante de massa de tomate que coloca no mercado produto acondicionado em latas cuja abertura requer certos cuidados, sob pena de risco à saúde do consumidor, e sem prestar a devida informação, deve indenizar os danos materiais e morais daí resultantes." (STJ, REsp 237964/SP, DJU 08/03/2000, Rel. Min. Ruy Rosado de Aguiar, J. 16.12.1999)

§ 1° O produto é defeituoso quando não oferece a segurança que dele legitimamente se espera, levando-se em consideração as circunstâncias relevantes, entre as quais:

I – sua apresentação;

II – o uso e os riscos que razoavelmente dele se esperam;

III – a época em que foi colocado em circulação.

► **Interpretação do § 1º do art. 12.** O § 1º do art. 12, deverá ser interpretado conforme o princípio geral do CDC que visa à proteção da segurança. Refere-se à tutela do direito do consumidor em adquirir produto que lhe ofereça a segurança legitimamente esperada no que tange a sua perfeição, a não interrupção do funcionamento normal do produto, entre outros. Nota-se, que o § 1º do artigo em comento irá limitar a ideia de segurança absoluta incondicional, uma vez que o CDC não proíbe que produtos que representam perigo sejam comercializados. Trata-se, pois, da ideia de preencher as expectativas esperadas quanto a sua segurança, ainda que seja um produto de risco.

► **Necessária a fixação de uma época para a avaliação da correspondência da segurança oferecida pelo produto com aquela exigida pela sociedade naquele instante.** "Do ponto de vista temporal, o juízo acerca de determinado produto ser ou não defeituoso diz respeito ao instante em que ele foi colocado em circulação. Isto decorre do disposto no art. 12, § 1.º, III, do CDC. A época, ou melhor, o momento em que o produto foi colocado em circulação, é, pois, decisivo para a constatação da segurança que legitimamente dele se espera, consistindo num parâmetro básico para a delimitação dos riscos a serem atribuídos ao produtor. A determinação do art. 12, § 1.º, III, do CDC, explica-se, primeiramente, pela possibilidade de os padrões de segurança exigidos pela sociedade aumentarem ao longo do tempo. Diversos fatores, mas principalmente o progressivo desenvolvimento de novas tecnologias, concorrem para que a segurança que legitimamente se espera do produto não seja constante, sendo, logo, necessária a fixação de um instante para a avaliação da correspondência da segurança oferecida pelo produto com aquela exigida pela sociedade. Como este instante é aquele em que o produto é colocado em circulação, este não poderá ser considerado defeituoso, ainda que haja uma posterior elevação das legítimas expectativas de segurança." (REINIG, Guilherme Henrique Lima. A responsabilidade do produtor por defeitos originários do âmbito de atividade do comerciante. *Revista de Direito do Consumidor*, RT, vol. 89/2013, p. 109 – 139) ► **No mesmo sentido de que a expectativa de segurança deve se dar ao tempo em que foi colocado no mercado.** "O defeito tanto pode localizar-se no objeto de consumo, quanto na informação. A obrigação do responsável perante o consumidor é de entregar produto sem defeitos. Em primeiro lugar porque o cliente merece respeito. Em segundo, porque o defeito constitui risco indenizável. O conceito de defeito envolve expectativa de segurança, segundo padrões de mercado ao tempo em que foi colocado o produto à venda. Isso significa que a sociedade absorve bem os riscos de desenvolvimento dos produtos, fazendo com que as inovações tecnológicas, destinadas a dar maior segurança aos objetos de consumo, os tornem apenas desatualizados, mas não defeituosos". (LUZ, Aramy Dornelles. *Código do Consumidor Anotado*. São Paulo: Juarez de Oliveira, 1999. p. 32).

► **No sentido de que o inciso III não prevê o risco do desenvolvimento.** "O inc. III, do § 1.º, do art. 12 merece ser analisado mais detidamente. O disposto neste inciso, alerte-se desde logo, não se confunde com o assim chamado risco de desenvolvimento. Se o produto é introduzido no mercado, sem que se tenha conhecimento do defeito que já apresenta (nesse momento de sua colocação no mercado), o que só vem a ocorrer posteriormente, mercê do desenvolvimento tecnológico, fala-se em risco de desenvolvimento. O que o inc. III, do § 1.º, do art. 12, ora sob comento, leva em conta, é que não pode ser tido por defeituoso o produto que, no momento de sua colocação no mercado, atendia às legítimas expectativas de segurança daquela época. O que é necessário, portanto, é que o produto satisfaça as exigências no momento de sua colocação no mercado. A idéia de risco de desenvolvimento, a seu turno, está ligada ao conhecimento atrasado de um defeito que o produto já apresentava, no momento de sua introdução no mercado." (Eduardo p. Arruda Alvim. Responsabilidade civil pelo fato do produto no código de defesa do consumidor, *Revista de Direito do Consumidor*, RT, vol. 15/1995, p. 132 – 150)

► **Sobre o risco do desenvolvimento e sua possibilidade como excludente de responsabilidade, ver § 3° do art. 12.**

§ 2° O produto não é considerado defeituoso pelo fato de outro de melhor qualidade ter sido colocado no mercado.

► **Para verificação do defeito do produto deverá ser demonstrado sua impropriedade capaz de ocasionar um acidente de consumo.** Nos moldes do § 2º do art. 12, não será considerado defeituoso o produto pelo simples fato de outro de melhor qualidade ter sido colocado no mercado. Assim, para verificação do defeito do produto deverá ser demonstrado sua impropriedade capaz de ocasionar um acidente de consumo. O simples fato, por exemplo, de um carro ser fabricado com dispositivos que permitem maior segurança do consumidor, como a inserção de air bags ou freios ABS, não induz que os veículos anteriormente fabricados, mas sem tais dispositivos, sejam considerados defeituosos.

► **O § 2º deve ser entendido como uma defluência do critério estabelecido no art. 12, § 1.º, III, do CDC** "O dispositivo determina que o produto não é considerado defeituoso pelo fato de outro de melhor qualidade ter sido colocado no mercado e deve ser entendido como uma defluência do critério estabelecido no art. 12, § 1.º, III, do CDC. O melhoramento a que a lei se refere é aquele relacionado com a segurança do produto. Ainda que a disponibilização de um produto mais seguro implique mudanças no padrão de segurança do mercado, os produtos que já haviam entrado em circulação não poderão ser considerados defeituosos em razão tão somente daquela circunstância." (REINIG, Guilherme Henrique Lima. A responsabilidade do produtor por defeitos originários do âmbito de atividade do comerciante. *Revista de Direito do Consumidor*, RT, vol. 89/2013, p. 109 – 139)

§ 3° O fabricante, o construtor, o produtor ou importador só não será responsabilizado quando provar:

► **Risco da atividade e não risco integral.** A responsabilidade objetiva adotada pelo CDC foi a do risco da atividade e não a do risco integral. Isso se demonstra claramente, pois o artigo previu hipóteses que irão mitigar tal responsabilidade. Poderá o fornecedor, de acordo com o § 3°, levantar em sua defesa que não colocou o produto no mercado ou que, embora o produto tenha entrado no mercado de consumo, o defeito inexiste ou que o dano foi causado por culpa exclusiva do consumidor ou de terceiro. São verdadeiras excludentes de responsabilidade, afastando a teoria do risco integral.

► **Ônus do fornecedor de provar as excludentes.** É do fornecedor o ônus de provar a ocorrência das excludentes de responsabilidade. Aqui, ocorre uma inversão do ônus da prova ope legis (pela lei), uma vez que o encargo probatório recai sobre o fornecedor. Assim, não basta alegar para tentar excluir seu dever de indenizar, é necessário provar o acontecimento das excludentes. O próprio § 3º do art. 12 dispõe nesse sentido, ao dispor que o fornecedor somente "não será responsabilizado quando provar" as excludentes. ◙ **No mesmo sentido:** "O ônus da prova das excludentes da responsabilidade do fornecedor de serviços, previstas no art. 14, § 3º, do CDC, é do fornecedor, por força do art. 12, § 3º, também do CDC." (STJ, Resp 685.662/RJ, Rel. Min. Nancy Andrighi, DJ 5.12.2005)

► **Caso Fortuito e força maior. Excludente de responsabilidade.** "A regra no nosso direito é que o caso fortuito e a força maior excluem a responsabilidade civil. O Código, entre as causas excludentes de responsabilidade, não os elenca. Também não os nega. Logo, quer me parecer que o sistema tradicional, neste ponto, não foi afastado, mantendo-se, então, a capacidade do caso fortuito e da força maior para impedir o dever de indenizar". (BENJAMIN, Antônio Herman V.; MARQUES, Cláudia Lima; BESSA, Leonardo Roscoe. *Manual de Direito do Consumidor.* 7ª edição. São Paulo, Revista dos Tribunais, 2016, p. 187).

► **Caso fortuito e força maior. Não admissibilidade como excludente.** "(...) apenas e tão somente as circunstâncias mencionadas no CDC em *numerus clausus* como causas excludentes do dever de indenizar é que efetivamente podem ser invocadas pelo fornecedor a fim de eximi-lo desse dever". (NERY JÚNIOR, Nelson. Os princípios gerais do Código Brasileiro de Defesa do Consumidor. *Revista de Direito do Consumidor.*São Paulo: Revista dos Tribunais, vol.3, 1992. p. 56.) ► **Nesse sentido:** (LISBOA, Roberto Senise. *Responsabilidade Civil nas Relações de Consumo.* São Paulo: Revista dos Tribunais, 2001, p. 270-271) ; e (NASCIMENTO, Tupinambá Miguel de Castro. *Responsabilidade Civil no Código do Consumidor.* Rio de Janeiro: Aide, 1991. p. 53 e 54). ◙ **No sentido de considerar como excludente.** "Como assentado em precedente da Corte, o fato de o art. 14, § 3º do Código de Defesa do Consumidor não se referir ao caso fortuito e à força maior, ao arrolar as causas de isenção de responsabilidade do fornecedor de serviços, não significa que, no sistema por ele instituído, não possam ser invocadas." (STJ, REsp 330523/SP, Rel. Min. Carlos Alberto Menezes Direito, DJ 25.3.2002)

► **Caso fortuito e força maior e o Código Civil.** O Código Civil incluiu expressamente no art. 393 o caso fortuito e força maior como causas excludentes de responsabilidade.

► **Fortuito interno e fortuito externo. Diferenças e causas de exclusão de responsabilidade.** O fortuito interno é fato imprevisível, e, por isso, inevitável, que se liga à organização da empresa, relacionando-se com os riscos da atividade desenvolvida pelo fornecedor. Assim, conforme leciona Sérgio Cavalieri Filho, seriam exemplos de fortuito interno, o estouro de um pneu do ônibus, o incêndio do veículo, o mal súbito do motorista, etc., já que não obstante acontecimentos imprevisíveis, estão ligados à organização do negócio explorado pelo fornecedor. No fortuito interno, o fornecedor responderá pelos danos ocorridos (ou seja, não é excludente de responsabilidade). Já o fortuito externo é também o fato imprevisível e inevitável, mas estranho à organização do negócio, não guardando nenhuma ligação com a atividade negocial do fornecedor. No fortuito externo, justamente por ser estranho à organização do negócio, o fornecedor não responderá pelo danos sofridos pelo consumidor (ou seja, será excludente de responsabilidade). ► **Utilizando a expressão força maior interna e externa.** "A força maior, muito embora possua sempre um caráter de inevitabilidade, pode se desencadear na esfera de atuação do agente ou fora desta. Em nosso tema, vale dizer, antes da introdução do produto no mercado ou posteriormente à sua introdução, caracterizando-se, na primeira hipótese, a chamada força maior interna, na segunda, a força maior externa. No sistema de responsabilidade objetiva, admiti-se a exclusão de responsabilidade apenas em decorrência da força maior externa. Essa tese, com origem nos ensinamentos de adolfo Exner, ao final do século passsado, tem sido amplamente acatada. Vale dizer, a força maior como eximente deve ser estranha ao campo de atuação do fornecedor. A força maior interna não quebra o nexo de causalidade, posto que o dano não decorre em última instancia daquela, mas da introdução do produto já defeituoso no mercado. Ao fim e ao cabo, existe ao fornecedor a possiblidade de não introduzir a coisa no mercado de consumo. Ao contrário, na força maior externa não há qualquer relação causal entre a atuação do fornecedor e o dano produzido. Por fim, não se pode desconhecer que, na ocorrência de força maior externa, poder-se-ia de toda forma ser excluída a resposabilidade por inexistência de defeito previsto no art. 12, posto que o decorrente da vis maior não se enquadra como defeito de concepção, fabricação ou informação". (CAVALCANTI, Flávio De Queiroz B. *Responsabilidade Civil por fato do produto no Código de Defesa do Consumidor*. São Paulo: Del Rey, 1996. p. 125).

FORTUITO INTERNO

◙ **Fortuito interno. Roubo de talonário durante transporte.** "O roubo do talonário de cheques durante o transporte por empresa contratada pelo banco não constituiu causa excludente da sua responsabilidade, pois trata-se de caso fortuito interno. Se o banco envia talões de cheques para seus clientes, por intermédio de empresa terceirizada, deve assumir todos os riscos com tal atividade. O ônus da prova das excludentes da responsabilidade do fornecedor de serviços, previstas no art. 14, § 3º, do CDC, é do fornecedor, por força do art. 12, § 3º, também do CDC." (STJ, REsp 685662/RJ, Rel. Min. Nancy Andrighi, DJ 5.12.2005)

◙ **Fortuito interno Responsabilidade civil das instituições bancárias. Fraude praticada por terceiros.** "RECURSO ESPECIAL REPRESENTATIVO DE CONTROVÉRSIA. JULGAMENTO PELA SISTEMÁTICA DO ART. 543-C DO CPC. RESPONSABILIDADE CIVIL. INSTITUIÇÕES BANCÁRIAS. DANOS CAUSADOS POR FRAUDES

E DELITOS PRATICADOS POR TERCEIROS. RESPONSABILIDADE OBJETIVA. FORTUITO INTERNO. RISCO DO EMPREENDIMENTO. 1. Para efeitos do art. 543-C do CPC: As instituições bancárias respondem objetivamente pelos danos causados por fraudes ou delitos praticados por terceiros - como, por exemplo, abertura de conta-corrente ou recebimento de empréstimos mediante fraude ou utilização de documentos falsos -, porquanto tal responsabilidade decorre do risco do empreendimento, caracterizando-se como fortuito interno". (STJ, REsp 1199782/PR, Segunda Seção, Rel. Min. Luis Felipe Salomão, DJe 12/09/2011).

◙ **Súmula 479/STJ:** *"As instituições financeiras respondem objetivamente pelos danos gerados por fortuito interno relativo a fraudes e delitos praticados por terceiros no âmbito de operações bancárias."*

◙ **Sucessão de saques indevidos em conta corrente. Incumbe ao banco demonstrar a inexistência de fraude.** "Direito processual civil. Ação de indenização. Saques sucessivos em conta corrente. Negativa de autoria do correntista. Inversão do ônus da prova.– É plenamente viável a inversão do ônus da prova (art. 333, II do CPC) na ocorrência de saques indevidos de contas-correntes, competindo ao banco (réu da ação de indenização) o ônus de provar os fatos impeditivos, modificativos ou extintivos do direito do autor. – Incumbe ao banco demonstrar, por meios idôneos, a inexistência ou impossibilidade de fraude, tendo em vista a notoriedade do reconhecimento da possibilidade de violação do sistema eletrônico de saque por meio de cartão bancário e/ou senha. – Se foi o cliente que retirou o dinheiro, compete ao banco estar munido de instrumentos tecnológicos seguros para provar de forma inegável tal ocorrência. Recurso especial parcialmente conhecido, mas não provido."(STJ, REsp 727843 / SP, Rel. Min. Nancy Andrighi, J. 15.12.2005, T3.)

◙ **Fortuito interno. Fraude praticada por terceiro. Inscrição do nome do consumidor em cadastro restritivo de crédito.** "APELAÇÃO CÍVEL. DIREITO DO CONSUMIDOR. AÇÃO DECLARATÓRIA DE INEXISTÊNCIA DE DÉBITO C/C INDENIZAÇÃO POR DANOS MORAIS. CARTÃO DE CRÉDITO. EMISSÃO FRAUDULENTA. INSCRIÇÃO INDEVIDA EM CADASTRO DO BANCO CENTRAL - SISBACEN. INSTITUIÇÃO FINANCEIRA. FRAUDE. EXCLUDENTE DE RESPONSABILIDADE. CULPA EXCLUSIVA DE TERCEIRO. INOCORRÊNCIA. FORTUITO INTERNO. DANO MORAL PRESUMIDO (IN RE IPSA). 1. As disposições do Código de Defesa do Consumidor (Lei 8.078 /90) são aplicáveis aos contratos com instituições financeiras, consoante intelecção dos artigos 2º e 3º do mencionado instrumento normativo. 2. As informações fornecidas pelas instituições financeiras ao Sistema de Informação de Crédito do Banco Central (SISBACEN) afiguram-se como restritivas de crédito, haja vista que esse sistema de informação avalia a capacidade de pagamento do consumidor de serviços bancários. Precedentes. 3. Ainda que se verifique a ocorrência de fraude, a instituição financeira deve responder objetivamente pelos danos causados, uma vez que lhe incumbe precaver-se das fraudes perpetradas (fortuito interno), em razão dos deveres básicos contratuais de cuidado e segurança, não se cogitando de excludente de responsabilidade. Súmula 479 do

Superior Tribunal de Justiça. 4. A inscrição ou manutenção indevida do nome do consumidor em protesto ou cadastro restritivo de crédito configura dano moral presumido (in re ipsa), ou seja, independe da comprovação do abalo psicológico sofrido pela vítima. Súmula 385 do Superior Tribunal de Justiça. 5. O valor fixado a título de compensação por danos morais, em que pese a falta de critérios objetivos, deve ser pautado pela proporcionalidade e razoabilidade, além de servir como forma de compensação pelo dano sofrido e de desestímulo quanto à reiteração de condutas deste jaez. 6. Apelação conhecida e não provida" (TJDFT, Ap. Cív. 20140111720087, Primeira Turma Cível, Rel. Des. Simone Lucindo, DJ 28/09/2015).

◙ **Fortuito interno. Roubo em ônibus ocorrido após alteração de transporte aéreo para transporte terrestre.** "RECURSO ESPECIAL. RESPONSABILIDADE CIVIL. 1. TRANSPORTE AÉREO QUE SEGUIU VIA TERRESTRE (ÔNIBUS), EM VIRTUDE DE CANCELAMENTO DO VÔO. PASSAGEIROS ROUBADOS DURANTE O TRAJETO. CONCORRÊNCIA DE CULPA DA TRANSPORTADORA. ALTERAÇÃO SUBSTANCIAL E UNILATERAL DO CONTRATO. PECULIARIDADES DO CASO CONCRETO. AUSÊNCIA DE CONFIGURAÇÃO DE FORTUITO EXTERNO. (...) 1. No que concerne ao transporte de pessoas, o ordenamento jurídico estabelece a responsabilidade civil objetiva do transportador, o qual deverá responder pelos danos causados às pessoas transportadas e suas bagagens, salvo a existência de alguma excludente de responsabilidade, como motivo de força maior, caso fortuito, culpa exclusiva da vítima ou de terceiro. 1.1. Em relação ao fato de terceiro, todavia, a teor do que dispõe o art. 735 do Código Civil, a responsabilidade só será excluída se ficar comprovado que a conduta danosa era completamente independente em relação à atividade de transporte e aos riscos inerentes à sua exploração, caracterizando-se, nesse caso, como fortuito externo. Precedentes. 1.2. Nessa linha de entendimento, a jurisprudência do STJ reconhece que o roubo dentro de ônibus configura hipótese de fortuito externo, por se tratar de fato de terceiro inteiramente independente ao transporte em si, afastando-se, com isso, a responsabilidade da empresa transportadora por danos causados aos passageiros. 1.3. Não obstante essa seja a regra, o caso em análise guarda peculiaridade que comporta solução diversa. Com efeito, a alteração substancial e unilateral do contrato firmado pela recorrente – de transporte aéreo para terrestre -, sem dúvida alguma, acabou criando uma situação favorável à ação de terceiros (roubo), pois o transporte rodoviário é sabidamente muito mais suscetível de ocorrer crimes dessa natureza, ao contrário do transporte aéreo. Dessa forma, a conduta da transportadora concorreu para o evento danoso, pois ampliou significativamente o risco de ocorrência desse tipo de situação, não podendo, agora, se valer da excludente do fortuito externo para se eximir da responsabilidade. (...)" (STJ, REsp 1728068/SP, Rel. Ministro Marco Aurélio Bellizze, Terceira Turma, DJe 08/06/2018)

◙ **Fortuito interno. Transporte coletivo. Assalto à bilheteria de metrô.** "PROCESSUAL CIVIL E CONSUMIDOR. SERVIÇO DE TRANSPORTE METROVIÁRIO. ASSALTO ÀS BILHETERIAS. MENOR VITIMADO. CONDUTA NEGLIGENTE DA CONCES-

SIONÁRIA. NEXO DE CAUSALIDADE E DANO COMPROVADOS. DEVER DE INDENIZAR. 1. Na linha dos precedentes do STJ, a circunstância de o consumidor ser vítima de roubo não é, por si só, suficiente para caracterizar fortuito externo apto a ilidir a responsabilidade de indenizar do fornecedor de produtos ou serviços. Precedentes. 2. No caso dos autos, as instâncias ordinárias afirmaram que o cenário envolvido no crime era propício a esse tipo de delito, pois envolvia movimentação de alta quantia de dinheiro. Nesse contexto, concluíram ter ficado devidamente comprovada a negligência da concessionária com a segurança. Portanto, é de rigor a responsabilização da empresa pelos danos causados à parte autora". (STJ, AgRg no AREsp 218394/RJ, Quarta Turma, Rel. Min. Antônio Carlos Ferreira, DJe 16/10/2015).

◙ **Fortuito interno. Consumidor atingido por projétil de arma de fogo no momento em que ocorreu tentativa de roubo de malotes de dinheiro retirados em frente à agência bancária.** "RECURSO ESPECIAL – AÇÃO DE INDENIZAÇÃO POR DANOS MATERIAIS, MORAIS E ESTÉTICOS PROMOVIDA POR TRANSEUNTE EM FACE DE INSTITUIÇÃO FINANCEIRA E DE EMPRESA DE SEGURANÇA, ATINGIDO POR PROJÉTIL DISPARADO COM ARMA DE FOGO, NO MOMENTO EM QUE OCORREU TENTATIVA DE ROUBO DE MALOTES DE DINHEIRO RETIRADOS EM FRENTE À AGÊNCIA BANCÁRIA, NA CONSECUÇÃO DE OPERAÇÃO TÍPICA. INSTÂNCIAS ORDINÁRIAS, QUE, AO FINAL, RECONHECERAM A RESPONSABILIDADE SOLIDÁRIA DOS DEMANDADOS. INSURGÊNCIAS, EM SEPARADO, DA INSTITUIÇÃO FINANCEIRA E DA EMPRESA DE SEGURANÇA. Hipótese em que se pretende a condenação solidária de instituição financeira e de empresa de segurança pelos danos morais, estéticos e materiais impostos ao demandante que foi atingido por projétil de arma de fogo (resultando, ao final, na amputação de sua perna na parte inferior ao joelho), por ocasião da tentativa de roubo justamente no momento em que a casa bancária, no desempenho de suas operações cotidianas, retirou ostensivamente malotes de dinheiro, pela porta da frente da agência bancária, em horário e local de grande circulação de pessoas. Em primeira instância, a ação restou julgada procedente em face de instituição financeira, e, extinta, sem julgamento de mérito, em relação à empresa de segurança. Em sede de recurso de apelação, reforma parcial da sentença, para reintegrar à lide a empresa de segurança, condenando-a em solidariedade com a casa bancária pelos danos suportados pelo demandante. 1. A partir do suporte fático delineado pelas instâncias ordinárias, sobressai evidenciado que a instituição financeira, na consecução de operação própria de sua atividade – levada a efeito, por sua conta e risco, na via pública -, foi alvo de empreitada criminosa, com repercussão na esfera de direito de terceiros. Constata-se, portanto, que houve a retirada ostensiva de malotes de dinheiro (mediante a atuação de empresa de segurança contratada ante iniciativa da instituição financeira), cuja operação foi realizada através da porta da frente da agência bancária, em horário e local de grande circulação de pessoas, procedimento adotado pela Caixa Econômica Federal para viabilizar ação intrínseca ao seu empreendimento, inegavelmente. 1.1. A conduta ilícita perpetrada em face da instituição financeira (ainda que ocorrida na via pública), deu-se justamente por ocasião e em razão da realização de atividade bancária típica por ela desempenhada, inserindo-se, nessa extensão, nos riscos esperados do empreendimento desenvolvido, mantida incólume a relação de causalidade. 1.2. O simples fato de a tentativa de roubo ter ocorrido na via pública não tem o condão, por si só, de afastar a responsabilidade da instituição financeira ante danos infligidos a terceiro transeunte (consumidor por equiparação), justamente em razão da operação de carga e descarga de dinheiro em malotes ter sido desenvolvida naquele local. Ao assim proceder, os métodos e mecanismos de segurança empregados pela casa bancária deveriam ser mais eficientes, rigorosos e producentes, porquanto expõem, em circunstâncias tais, um número substancialmente maior e impreciso de pessoas aos riscos próprios da atividade que desenvolve, o que robustece sua responsabilidade pelos danos narrados na exordial. 2. A ratio decidendi dos precedentes desta Corte de Justiça está justamente no fato de que, no interior das agências, em que há o desenvolvimento, em grande parte, das atividades bancárias, as quais naturalmente envolvem a concentração de elevadas somas em dinheiro, o roubo ali praticado insere-se, indene de dúvidas, no risco do empreendimento desenvolvido pela instituição financeira. Destaca- se: Não é exclusivamente o local, mas também a atividade desempenhada que caracterizam os potenciais riscos. 2.1. Não obstante, caso a atividade bancária venha a ser desenvolvida fora dos limites físicos da agência, também com a movimentação de expressivos valores monetários, a conduta ilícita, ainda que ocorrida na via pública, compreende-se igualmente no risco do empreendimento, devendo a instituição financeira, por isso, responsabilizar-se objetivamente ante danos daí advindos, suportados por clientes ou terceiros. 3. Na hipótese em foco, inexiste dúvida de que o banco demandado, ao operacionalizar sua atividade bancária (retirada e transporte de expressiva quantia em dinheiro em plena via pública, pela porta da frente da agência em local e horário de grande circulação de pessoas), criou riscos a terceiros, devendo, portanto, reparar, de modo pleno, os danos daí advindos. 4. Em relação à empresa de segurança, com mais razão, estas condutas criminosas afiguram-se com alto grau de previsibilidade, sendo inerente à atividade empresarial desempenhada pela recorrente que tem por objeto propiciar, nos termos contratados, proteção e segurança à atividade bancária, e, por consequência, aos clientes e a terceiros. 5. Sobre a condenação por danos morais, não se vislumbra excesso no montante delineado pela Corte local, apto a autorizar a excepcional intervenção deste Superior Tribunal de Justiça, afigurando-se inviável superar o óbice elencado na Súmula n. 7/STJ. 6. Recursos Especiais improvidos." (STJ, REsp 1098236/RJ, Rel. Ministro Marco Buzzi, Quarta Turma, julgado em 24/06/2014, DJe 05/08/2014)

◙ **Fortuito interno. Roubo no interior de estacionamento de veículos de agência bancária.** "A jurisprudência desta Corte é firme no sentido de que a prática do crime de roubo no interior de estacionamento de veículos, pelo qual seja direta ou indiretamente responsável a instituição financeira, não caracteriza caso fortuito ou motivo de força maior capaz de desonerá-la da responsabilidade pelos danos suportados por seu cliente vitimado." (STJ, AgRg no AREsp 613.850/SP, Rel. Ministro Ricardo Villas Bôas Cueva, Terceira Turma, DJe 05/08/2015)

◙ **Fortuito interno. Assalto à mão armada em estacionamento privado.** "RESPONSABILIDADE CIVIL - ASSALTO À MÃO ARMADA - ESTACIONAMENTO - FORTUITO EXTERNO - INOCORRÊNCIA - RISCO DECORRENTE DA ATIVIDADE - NÃO EXCLUSÃO DO NEXO DE CAUSALIDADE - DANOS MATERIAIS - NÃO COMPROVAÇÃO - DANOS MORAIS - VIOLAÇÃO A DIREITO DA PERSONALIDADE - DESNECESSIDADE DE PROVA - VALOR - RAZOABILIDADE E PROPORCIONALIDADE - SUCUMBÊNCIA "RECÍPROCA - COMPENSAÇÃO."O fornecedor de serviços responde, independentemente da existência de culpa, pela reparação dos danos causados aos consumidores por defeitos relativos à prestação dos serviços"" (CDC, art. 14, caput). A segurança é elemento essencial à atividade quando a ela é confiada, a título oneroso, a guarda de automóveis no interior do estabelecimento. É inconcebível que, num ambiente onde os automóveis (coisas) devam estar seguros, seus proprietários ou detentores (pessoas) não estejam. Tal hipótese é absurda e contrária aos princípios da razoabilidade e proporcionalidade. O assalto à mão armada em estacionamento pago é fortuito e interno, e não externo, uma vez que o modo de fornecimento do serviço (remunerado), o resultado e os riscos que dele razoavelmente se esperam (segurança, tanto do veículo como de seu proprietário) e a época em que o serviço foi prestado conduzem a essa conclusão, posto que, nos dias de hoje, assalto a estacionamento é fato rotineiro, portanto previsível.(...)" (TJMG, Apelação Civel N° 1.0024.05.642951-7/001, Rel. Eduardo Mariné da Cunha, J.31.05.07)

◙ **Fortuito interno. Acidente ocorrido com aluno em excursão da escola.** "CIVIL E PROCESSUAL CIVIL. ACIDENTE OCORRIDO COM ALUNO DURANTE EXCURSÃO ORGANIZADA PELO COLÉGIO. EXISTÊNCIA DE DEFEITO. FATO DO SERVIÇO. RESPONSABILIDADE OBJETIVA. AUSÊNCIA DE EXCLUDENTES DE RESPONSABILIDADE. 1. É incontroverso no caso que o serviço prestado pela instituição de ensino foi defeituoso, tendo em vista que o passeio ao parque,que se relacionava à atividade acadêmica a cargo do colégio, foi realizado sem a previsão de um corpo de funcionários compatível com o número de alunos que participava da atividade. 2. O Tribunal de origem, a pretexto de justificar a aplicação do art. 14 do CDC, impôs a necessidade de comprovação de culpa da escola, violando o dispositivo ao qual pretendia dar vigência, que prevê a responsabilidade objetiva da escola. 3. Na relação de consumo, existindo caso fortuito interno, ocorrido no momento da realização do serviço, como na hipótese em apreço, permanece a responsabilidade do fornecedor, pois, tendo o fato relação com os próprios riscos da atividade, não ocorre o rompimento do nexo causal.4. Os estabelecimentos de ensino têm dever de segurança em relação ao aluno no período em que estiverem sob sua vigilância e autoridade, dever este do qual deriva a responsabilidade pelos danos ocorridos.(..)"(STJ, REsp 762075 / DF, Rel. Luis Felipe Salomão, J.16.06.09)

◙ **Fortuito interno. Atraso de voo. Pernoite do passageiro em aeroporto.** "EMBARGOS DE DECLARAÇÃO NO RECURSO ESPECIAL. OMISSÃO, CONTRADIÇÃO E OBSCURIDADE NÃO VERIFICADAS. DIREITO DO CONSUMIDOR. AÇÃO INDENIZATÓRIA. COMPANHIA AÉREA. CONTRATO DE TRANSPORTE. OBRIGAÇÃO DE RESULTADO. RESPONSABILIDADE OBJETIVA. DANOS MORAIS. ATRASO DE VOO. PASSAGEIRO DESAMPARADO. PERNOITE NO AEROPORTO. ABALO PSÍQUICO. CONFIGURAÇÃO. CAOS AÉREO. FORTUITO INTERNO. INDENIZAÇÃO DEVIDA. 1. A postergação da viagem superior a quatro horas constitui falha no serviço de transporte aéreo contratado e gera o direito à devida assistência material e informacional ao consumidor lesado, independentemente da causa originária do atraso. 2. O dano moral decorrente de atraso de voo prescinde de prova e a responsabilidade de seu causador opera-se in re ipsa em virtude do desconforto, da aflição e dos transtornos suportados pelo passageiro. 3. Ausentes quaisquer dos vícios ensejadores dos aclaratórios, afigura-se patente o intuito infringente da presente irresignação, que objetiva não suprimir a omissão, afastar a obscuridade ou eliminar a contradição, mas, sim, reformar o julgado por via inadequada. 4. Embargos de declaração rejeitados" (STJ, EDcl. No REsp 1280372/SP, Terceira Turma, Rel. Min. Ricardo Villas Bôas Cueva, DJ 31/03/2015).

◙ **Fortuito interno. Atraso de voo superior a 4 horas. Ausência de assistência ao passageiro.** "RECURSO ESPECIAL. DIREITO DO CONSUMIDOR. AÇÃO INDENIZATÓRIA. COMPANHIA AÉREA. CONTRATO DE TRANSPORTE. OBRIGAÇÃO DE RESULTADO. RESPONSABILIDADE OBJETIVA. DANOS MORAIS. ATRASO DE VOO. SUPERIOR A QUATRO HORAS. PASSAGEIRO DESAMPARADO. PERNOITE NO AEROPORTO. ABALO PSÍQUICO. CONFIGURAÇÃO. CAOS AÉREO. FORTUITO INTERNO. INDENIZAÇÃO DEVIDA. 1. Cuida-se de ação por danos morais proposta por consumidor desamparado pela companhia aérea transportadora que, ao atrasar desarrazoadamente o voo, submeteu o passageiro a toda sorte de humilhações e angústias em aeroporto, no qual ficou sem assistência ou informação quanto às razões do atraso durante toda a noite. 2. O contrato de transporte consiste em obrigação de resultado, configurando o atraso manifesta prestação inadequada. 3. A postergação da viagem superior a quatro horas constitui falha no serviço de transporte aéreo contratado e gera o direito à devida assistência material e informacional ao consumidor lesado, independentemente da causa originária do atraso. 4. O dano moral decorrente de atraso de voo prescinde de prova e a responsabilidade de seu causador opera-se in re ipsa em virtude do desconforto, da aflição e dos transtornos suportados pelo passageiro. 5. Em virtude das especificidades fáticas da demanda, afigura-se razoável a fixação da verba indenizatória por danos morais no valor de R$ 10.000,00 (dez mil reais). 6. Recurso especial provido" (STJ, REsp 1280372/SP, Terceira Turma, Rel. Min. Ricardo Villas Bôas Cueva, DJ 10/10/2014). ◙ **No mesmo sentido:** "APELAÇÃO. AÇÃO INDENIZATÓRIA. SERVIÇO DE TRANSPORTE AÉREO. ATRASO DO VOO. FALHA NA PRESTAÇÃO DO SERVIÇO. INCIDÊNCIA DO CÓDIGO DE DEFESA DO CONSUMIDOR. FORTUITO INTERNO. ASSISTÊNCIA NÃO COMPOVADA. DANOS MORAIS CONFIGURADOS. Ação indenizatória ajuizada por passageiro fundada em atraso do voo contratado e ausência de assistência por parte dos prepostos da ré. Fortuito interno, que não tem o condão de afastar o dever de indenizar. Ademais, ainda que outra fosse a razão do atraso do voo, incumbia à prestadora de serviço oferecer assistência eficiente e imediata ao autor de modo que pudesse alcançar seu destino final da forma mais confortável e breve possível, o que, entretanto, não restou comprovado no caso concreto. Transtornos acarretados ao apelante ultrapassaram, em muito, os do cotidiano, configurando dano moral passível de reparação. Valor indenizatório que deve ser arbitrado em R$ 5.000,00. Reforma da sentença. Art. 557, §1º-A, do CPC. PROVIMENTO AO RECURSO DO AUTOR". (TJRJ, Ap. Cív. 00204059720148190087, Vigésima Sétima Câmara Cível, Rel. Des. Maria Luíza de Freitas Carvalho, DJ 23/03/2016)

◙ **Fortuito interno. Atraso de voo ocasionado por tráfego aéreo intenso.** "JUIZADOS ESPECIAIS. CONSUMIDOR. FALHA NA PRESTAÇÃO DO SERVIÇO DE TRANSPORTE AÉREO. ATRASO EM VOO. TRÁFEGO AÉREO INTENSO. FORTUITO INTERNO. DANOS MORAIS CONFIGURADOS. RECURSO CONHECIDO E NÃO PROVIDO. SENTENÇA MANTIDA. 1. A alegação de que o atraso no voo ocorreu devido ao intenso tráfego aéreo é considerada hipótese de fortuito interno, relacionado à organização dos serviços e aos riscos da atividade, o que não afasta a responsabilidade pela violação a direitos da personalidade, ensejando a reparação pelo dano causado. 2. A falha na prestação de serviços contratados gerou constrangimentos à parte autora no tocante ao atraso do voo de conexão para Montevideo-Uruguai, por 12 (doze) horas, sem a mais adequada assistência pela companhia aérea responsável. Sendo assim, a recorrente deve responder objetivamente pelos danos causados à requerente, consoante disposto no artigo 14 do Código de Defesa do Consumidor. 3. O dano moral, para que se faça indenizável, deve infundir à pessoa lesão à sua imagem, hábil a deixar sequelas que se reflitam de forma nociva em seu dia a dia. Diante disso, verifico que de fato houve grave lesão à pessoa, à sua imagem e à sua personalidade, capaz de ensejar a condenação por danos morais. 4. Portanto, correta a condenação da empresa recorrente ao pagamento de danos morais decorrentes do desgaste ao qual foi submetido a recorrida, devendo ser mantido o valor de R$ 4.000,00 (quatro mil reais) arbitrado em primeira instância" (TJDFT, Recurso Inominado 07164304420158070016, Segunda Turma Recursal, Rel. João Luis Fischer Dias, DJ 22/03/2016).

◙ **Fortuito interno. Atraso de voo. Manutenção não programada de aeronave.** "INDENIZAÇÃO POR DANOS MORAIS. TRANSPORTE AÉREO NACIONAL. RELAÇÃO DE ENVOLVE AS PARTES É DE CONSUMO. INCIDÊNCIA DO CÓDIGO DE DEFESA DO CONSUMIDOR . Alegado atraso no voo contratado que ocasionou a perda do funeral do genitor da Autora. Manutenção não programada que se caracteriza como fortuito interno (inerente à atividade de transporte). Ausência de causas excludentes da responsabilidade objetiva do transportador. Todavia, dano moral não caracterizado, pois a Autora tinha embarcado em voo anterior e apresentou problema de saúde que determinou o retorno da aeronave. Novo voo que não possibilitaria sua chegada ao funeral, mesmo sem o atraso. Recurso da Ré provido, prejudicado o da

Autora" (TJSP, Ap. Cív. 10295576420148260506, Trigésima Sétima Câmara de Direito Privado, Rel. Des. João Pazine Neto, DJ 21/06/2016).

◙ **Fortuito interno. Cancelamento de voo atribuído a condições meteorológicas.** "APELAÇÃO. AÇÃO INDENIZATÓRIA. SERVIÇO DE TRANSPORTE AÉREO. CANCELAMENTO DO VOO CONTRATADO E EXTRAVIO DEFINITIVO DE BAGAGEM. FALHA NA PRESTAÇÃO DO SERVIÇO. INCIDÊNCIA DO CÓDIGO DE DEFESA DO CONSUMIDOR. FORTUITO INTERNO. ASSISTÊNCIA NÃO COMPROVADA. DANOS MATERIAIS COMPROVADOS. DANOS MORAIS CONFIGURADOS. Ação indenizatória ajuizada por passageiro fundada em cancelamento do voo contratado e extravio definitivo de bagagem. Problemas climáticos. Fortuito interno, que não tem o condão de afastar o dever de indenizar. Ademais, ainda que outra fosse a razão do cancelamento do voo, incumbia à prestadora de serviço oferecer assistência eficiente e imediata ao autor de modo que pudesse alcançar seu destino final da forma mais confortável e breve possível, o que, entretanto, não restou comprovado no caso concreto. A alegação da ré de que o autor não declarou os bens constantes da bagagem quando do embarque não prospera, eis que o autor não pretende o ressarcimento de tais bens, mas sim das despesas realizadas para a compra de roupas e bens de uso pessoal quando constatado o extravio de sua bagagem. No caso, o autor se viu obrigado a despender valores que não pretendia gastar a fim de contornar a falha na prestação do serviço consistente no extravio da bagagem, sendo certo que não poderia o consumidor permanecer durante a viagem apenas com a roupa que usava quando embarcou. Danos materiais comprovados. Transtornos acarretados ao apelante ultrapassaram, em muito, os do cotidiano, configurando dano moral passível de reparação. Valor indenizatório que deve ser mantido em R$ 5.000,00. Juros de mora a partir da citação. Relação contratual. Manutenção da sentença. RECURSO DESPROVIDO". (TJRJ, Ap. Cív. 02255124220138190001, Vigésima Sétima Câmara Cível, Rel. Des. Maria Luíza de Freitas Carvalho, DJ 13/06/2016). ◙ **No mesmo sentido:** "APELAÇÃO CÍVEL. TRANSPORTE. TRANSPORTE DE PESSOAS. AÇÃO CONDENATÓRIA POR DANOS MORAIS. CONSUMIDOR. CANCELAMENTO IMOTIVADO DE VOO. FORTUITO INTERNO. INDENIZAÇÃO POR DANO MORAL. 1– A argüição genérica e abstrata de ocorrência de mau tempo, a impedir o embarque dos autores por força do cancelamento do seu vôo de conexão Porto Alegre – Guarulhos, não se mostra suficiente a afastar a responsabilidade da companhia aérea ré. 2– Desbordam da esfera do mero dissabor e configuram dano moral "in re ipsa", inerente ao fato, as circunstâncias do caso presente, que abarcam o cancelamento injustificado do vôo de partida do casal autor para a sua viagem em comemoração a 32 (trinta e dois) anos de casamento, conjuntamente à perda da fruição de 02 (dois) dias do passeio programado. 4– "Quantum" indenizatório por danos morais mantido em R$5.000,00 (cinco mil reais), a cada um dos co-autores, ante a sua adequação às peculiaridades do caso e aos parâmetros desta Corte, em precedentes análogos. Recurso de apelação desprovido. (TJRS, Ap. Cív. 70066219213, Décima Segunda Câmara Cível, Rel. Des. Umberto Guaspari Sudbrack, DJ 14/09/2015). ◙ **No sentido de que o atraso do voo por condições meteorológicas adversas configura o fortuito externo:** "DIREITO DO

CONSUMIDOR. TRANSPORTE AÉREO DOMÉSTICO. TRAJETO GOIÂNIA-RIO DE JANEIRO. Atraso de voo, quase quatro horas, em razão de mau tempo na cidade de destino. Atraso que fez com que o consumidor, uma adolescente, faltasse a aula no colégio onde estudava. Pretensão reparatória em face da transportadora. Sentença de procedência. Indenização fixada em três mil reais. Recurso pela companhia aérea. Cabimento. Fortuito externo comprovado. Improcedência do pedido. Em que pesem os transtornos narrados pelo consumidor, o atraso foi decorrente de fortuito externo, mau tempo, que apesar de previsível, era inevitável e alheio à organização da atividade da transportadora, o que exclui sua responsabilidade. Reforma da sentença para julgar improcedente o pedido" (TJRJ, Ap. Cív. 00372565620118190205, Sexta Câmara Cível, Rel. Des. Nagib Slaibi Filho, DJ 12/07/2016). ◙ **No mesmo sentido:** "JUIZADOS ESPECIAIS CÍVEIS. DIREITO DO CONSUMIDOR. TRANSPORTE AÉREO. DESVIO DO VOO PARA OUTRO DESTINO. CONDIÇÃO METEOROLÓGICA. CASO FORTUITO EXTERNO. FALHA NA PRESTAÇÃO DO SERVIÇO NÃO CONFIGURADA. PEQUENO LAPSO TEMPORAL ENTRE O DESVIO E NOVO VOO AO DESTINO FINAL. RECURSO CONHECIDO E PROVIDO. SENTENÇA REFORMADA. 1. Trata-se de Recurso Inominado interposto pela parte ré/recorrente, VGR Linhas Aéreas S/A, contra a sentença de que julgou procedente o pedido de indenização por danos morais em razão de remanejamento de voo para outro aeroporto. Sustentou que a alteração do voo do autor decorreu em virtude de mau tempo no aeroporto de João Pessoa, sendo desviado para o aeroporto de Recife até a normalização da escala. Portanto, a readequação da malha área não se deu por falha na prestação de seus serviços, mas por reflexo das condições meteorológicas. Por outro lado ponderou que não é razoável que a programação seja mantida minutos após o restabelecimento das operações normais do aeroporto. Dessa forma, o mau tempo deve ser tido como causa de força maior, excludente de responsabilidade. 2. As más condições meteorológicas no dia do voo excluem a responsabilidade da empresa por eventual atraso, o que restou comprovado. 3. Ainda, não restou evidenciada a má prestação dos serviços postos à disposição do consumidor, em razão do atraso do voo por ele contratado. 4. Em que pese o autor ter esperado por cerca de quatro horas no aeroporto de Recife-PE, este pequeno lapso temporal deve ser entendido como razoável para que a Companhia Aérea providencie outra aeronave, faça as comunicações e registros necessários, bem como consiga autorização para um novo voo, mormente porque isso afeta toda a malha aérea. 5 – Recurso conhecido e provido. Sentença reformada para julgar improcedente o pedido de indenização por danos morais" (TJDFT, Recurso Inominado 07026368720148070016, Segunda Turma Recursal, Rel. Arnaldo Corrêa Silva, DJ 23/04/2015).

◙ **Fortuito interno. Cancelamento de voo. Aeronave atingida por pássaro.** "APELAÇÃO. AÇÃO INDENIZATÓRIA. SERVIÇO DE TRANSPORTE AÉREO. CANCELAMENTO DO VOO. FALHA NA PRESTAÇÃO DO SERVIÇO. INCIDÊNCIA DO CÓDIGO DE DEFESA DO CONSUMIDOR. FORTUITO INTERNO. DEVER DE ASSISTÊNCIA. ATRASO DEMASIADO NO DESTINO FINAL. DANOS MORAIS CONFIGURADOS. Ação indenizatória fundada em cancelamento de voo em razão de suposta avaria causada por choque de uma ave com uma das turbinas da aeronave. Fortuito interno, que não tem o condão de afastar o dever de indenizar. Ademais, ainda que outra fosse a razão do cancelamento do voo, incumbia à prestadora de serviço oferecer assistência eficiente e imediata aos autores de modo que pudessem alcançar seu destino final da forma mais confortável e breve possível, o que, entretanto, não restou comprovado no caso concreto. Transtornos acarretados aos apelantes ultrapassaram, em muito, os do cotidiano, configurando dano moral passível de reparação. Reforma da sentença. Art. 557, §1º-A, do CPC. PROVIMENTO AO RECURSO DOS AUTORES". (TJRJ, Ap. Cív. 04326533120138190001, Vigésima Sétima Câmara Cível, Rel. Des. Maria Luíza de Freitas Carvalho, DJ 28/01/2016)

◙ **Fortuito interno. Atraso de voo e perda de conexão. Readequação da malha aérea.** "CONSUMIDOR - AÇÃO DE INDENIZAÇÃO POR DANOS MORAIS E MATERIAIS - TRANSPORTE AÉREO - CANCELAMENTO DE VOO - RESTRUTURAÇÃO DA MALHA AÉREA - FORTUITO INTERNO INERENTE À ATIVIDADE - INEXISTÊNCIA DE CASO FORTUITO OU FORÇA MAIOR QUE AFASTE A RESPONSABILIDADE DE INDENIZAR - RESPONSABILIDADE OBJETIVA CONFIGURADA - APLICAÇÃO DO CÓDIGO DE DEFESA DO CONSUMIDOR - ART. 14, CAPUT, DO CDC - DEVER DE INDENIZAR QUE SE IMPÕE. 1. Aplica-se ao presente caso o Código de Defesa do Consumidor, pois é sedimentado o entendimento no STJ no sentido de que, nos casos de falha na prestação de serviços de transporte aéreo internacional, prevalece as normas do CDC em detrimento às disposições insertas em Convenções Internacionais, como a Convenção de Montreal, como quer fazer valer a Apelante, por entender que a própria Constituição Federal elevou a defesa do consumidor à esfera constitucional de nosso ordenamento. 2. Por ser a companhia aérea uma prestadora de serviços, aplica-se-lhe as regras da responsabilidade civil objetiva, devendo arcar com os prejuízos e os danos causados aos seus consumidores, independente da demonstração de culpa, desde que evidenciado o nexo de causalidade, nos termos do artigo 14 do Código de Defesa do Consumidor, e do parágrafo único do artigo 927 do Código Civil. 3. Infere-se dos autos a inexistência de caso fortuito ou força maior que afaste a responsabilidade da empresa ré. Houve, na verdade, falha na prestação de serviços por parte da demandada, devendo, pois, ser responsabilizada pelo acidente de consumo decorrente de fato do serviço (art. 14 do CDC). 4. Ademais, a TAP alega que de acordo com as informações da reserva, o passageiro foi contatado no dia 28 de abril por telefone e e-mail para ser informado das alterações, porém, não trouxe aos autos qualquer prova de tal alegação, ônus que lhe cabia, nos termos do art. 333, II do CPC. 5. Assim, verificada a quebra do contrato e não evidenciada a excludente de fato de terceiro bem como que as providências para minimizar o prejuízo do autor são obrigações legais que não ilidem a responsabilidade civil, evidenciada está a falha na prestação dos serviços da companhia aérea, permanecendo o dever de reparar" (TJPE, Ap. Cív. 3904236, Terceira Câmara Cível, Rel. Des. Bartolomeu Bueno, DJ 16/03/2016). ◙ **No mesmo sentido:** "CONSUMIDOR. ATRASO DE VÔO - PERDA DE CONEXÃO. FORTUITOINTERNO - RESPONSABILIDADE NÃO ELIDIDA. DANO MORAL CONFIGURADO. PRINCÍPIO DA PROPORCIONALIDADE E DA RAZOABILIDADE. RECURSO CONHECIDO E IMPROVIDO. 1. O atraso do vôo, com repercussão na conexão, de que resulta demasiado atraso na chegada ao destino, com perda de 01 (um) dia de lazer da viagem programada, sem qualquer assistência durante o atraso, enseja indenização por danos morais. 2. Não elide a responsabilidade da companhia aérea a alegação de necessidade de readequação da malha aérea, eis que fortuito interno não exime responsabilidade. 3. A indenização fixada em R$ 7.000,00 (sete mil reais), nas circunstâncias do caso, mostra-se justa e razoável. 4. RECURSO CONHECIDO IMPROVIDO. 5. Decisão proferida na forma do art. 46, da Lei nº 9.099/95, servindo a ementa como acórdão. 6. Diante da sucumbência, nos termos do artigo 55 da Lei dos Juizados Especiais (Lei nº 9.099/95), condeno o recorrente ao pagamento das custas processuais e honorários advocatícios, estes fixados em 15% (quinze por cento) do valor da condenação". (TJDFT, Ap. Cív. Juizado Especial 20151310004492, Terceira Turma Recursal dos Juizados Especiais do Distrito Federal, Rel. Asiel Henrique de Sousa, DJ 24/11/2015).

◙ **Fortuito interno. Atraso de voo ocasionado por greve de funcionários da cia. aérea.** "DIREITO DO CONSUMIDOR. SERVIÇOS DE TRANSPORTE E HOSPEDAGEM. CANCELAMENTO DO VOO. GREVE DOS FUNCIONÁRIOS DA COMPANHIA AÉREA. RESPONSABILIDADE OBJETIVA (ART. 14 DO CDC) SOMENTE ELIDIDA POR CULPA EXCLUSIVA DA VÍTIMA, FATO DE TERCEIRO DESCONEXO DO SERVIÇO, CASO FORTUITO OU FORÇA MAIOR. PROBLEMAS DE ORDEM INTERNA NÃO EXCLUEM A RESPONSABILIDADE. DANOS MATERIAIS E MORAIS CONFIGURADOS. SENTENÇA MANTIDA. RECURSO DESPROVIDO" (TJRS, Recurso Cível 71005523535, Terceira Turma Recursal Cível, Turmas Recursais, Rel. Cleber Augusto Tonial, DJ 10/07/2015). ◙ **No mesmo sentido envolvendo greve dos controladores:** " DIREITO CIVIL - DANO MORAL E MATERIAL - SERVIÇO DE TRANSPORTE AÉREO - RESPONSABILIDADE OBJETIVA - FALHA NA PRESTAÇÃO DOS SERVIÇOS - ATRASO - GREVE DOS CONTROLADORES DE VÔO - EXCLUDENTE DE ILICITUDE - INOCORRÊNCIA - VALOR INDENIZAÇÃO DANO MORAL - FIXAÇÃO ADEQUADA -Inaplicável o Código Brasileiro de Aeronáutica, em face da aplicabilidade das normas consumeristas. - A responsabilidade do transportador é objetiva, nos termos do art. 14 do CDC, respondendo, independentemente de culpa, pela reparação dos danos que eventualmente causar pela falha na prestação de seus serviços. - Sendo a empresa de transportes conhecedora dos empecilhos que podem obstar a prestação dos serviços, deve agir com cautela no momento da venda dos bilhetes, mormente se considerado o cenário do caos aéreo à época dos fatos. Havendo previsibilidade, não pode ser alegada a força maior como excludente de responsabilidade. - Os danos decorrentes do denominado caos aéreo não pode ser imputado apenas à ANAC e aos demais órgãos oficiais envolvidos, mas sim a todo o sistema, tendo as companhias aéreas a sua parcela de responsabilidade." (TJMG, Apelação Civel 1.0024.07.404591-5/001, Rel. Mota Silva, J. 11.08.09)

◙ **Fortuito interno. Problema hidráulico da aeronave. Não presente requisitos de imprevisibilidade e inevitabilidade.** "(...) Os problemas hidráulicos da aeronave não constituem caso fortuito, pois ao evento faltam os requisitos da imprevisibilidade e inevitabilidade, já que é dever do prestador do serviço manter a aeronave em perfeitas condições de uso, oferecendo ao consumidor soluções alternativas para o devido cumprimento do contrato. Não havendo parâmetros fixos para o cálculo do abatimento do preço pelos vícios na prestação do serviço, deve o julgador se valer da eqüidade. O atraso de quase um dia no vôo, o extravio de bagagem, problemas com a sua reserva em um hotel e a perda de passeios turísticos, etc, acarretam danos passíveis de reparação, ultrapassando os limites do mero aborrecimento." (STJ, Apelação Civel 1.0145.05.262709-1/001, Rel. Wagner Wilson, J. 08.02.07)

■ **Fortuito interno. Assalto em agência dos Correios. Banco Postal. Risco próprio das instituições financeiras.** "RESPONSABILIDADE CIVIL. CÓDIGO DO CONSUMIDOR. BANCO POSTAL. SERVIÇO PRESTADO PELA ECT. ATIVIDADE DE CORRESPONDENTE BANCÁRIO. INCIDÊNCIA DO CÓDIGO DE DEFESA DO CONSUMIDOR. ATIVIDADE QUE TRAZ, EM SUA ESSÊNCIA RISCO À SEGURANÇA. ASSALTO NO INTERIOR DE AGÊNCIA. FORTUITO INTERNO. DANOS MORAIS E MATERIAIS DEVIDOS. 1. Visando conferir efetividade e socialidade ao Programa Nacional de Desburocratização do Governo Federal, ampliando o acesso da população brasileira a alguns serviços prestados por instituições financeiras, foi criada a figura do correspondente bancário, cuja atividade é regulamentada por diversas resoluções do Banco Central do Brasil. 2. O objetivo da atividade de correspondente é justamente o de levar os serviços e produtos bancários mais elementares à população de localidades desprovidas de referidos benefícios, proporcionando a inclusão social e acesso ao sistema financeiro, conferindo maior capilaridade ao atendimento bancário, nada mais sendo do que uma *longa manus* das instituições financeiras que não conseguem atender toda a sua demanda. 3. Ao realizar a atividade de banco postal, contrato de finalidade creditícia, a ECT buscou, no espectro da atividade econômica, aumentar os seus ganhos e proventos, pois, por meio dessa relação, o correspondente tira proveito de recursos ociosos, utilizando a marca do banco para atrair clientes, fidelizar consumidores, acessar serviços e produtos do sistema financeiro, agregando diferencial competitivo ao negócio. 4. Nesse ramo, verifica-se serviço cuja natureza traz, em sua essência, risco à segurança, justamente por tratar de atividade financeira com guarda de valores e movimentação de numerário, além de diversas outras ações tipicamente bancárias, apesar de o correspondente não ser juridicamente uma instituição financeira para fins de incidência do art. 1º, § 1º, da Lei n. 7.102/1983, conforme já decidido pelo STJ. 5. É assente na jurisprudência do STJ que nas discussões a respeito de assaltos dentro de agências bancárias, sendo o risco inerente à atividade bancária, é a instituição financeira que deve assumir o ônus desses infortúnios, sendo que 'roubos em agências bancárias são eventos previsíveis, não caracterizando hipótese de força maior, capaz de elidir o nexo de causalidade, requisito indispensável ao dever de indenizar' (REsp 1093617/PE, Rel. Ministro João Otávio de Noronha, 4ª Turma, DJe 23/03/2009). 6. Além de prestar atividades tipicamente bancárias, a ECT oferece publicamente esses serviços (equipamentos, logomarca, prestígio etc), de forma que, ao menos de forma aparente, de um banco estamos a tratar; aos olhos do usuário, inclusive em razão do nome e da prática comercial, não se pode concluir de outro modo, a não ser pelo fato de que o consumidor efetivamente crê que o banco postal (correspondente bancário) nada mais é do que um banco com funcionamento dentro de agência dos Correios. 7. As contratações tanto dos serviços postais como dos serviços de banco postal oferecidos pelos Correios revelam a existência de contrato de consumo, desde que o usuário se qualifique como 'destinatário final' do produto ou serviço. 8. Na hipótese, o serviço prestado pelos Correios foi inadequado e ineficiente porque descumpriu o dever de segurança legitimamente esperado pelo consumidor, não havendo falar em caso fortuito para fins de exclusão da responsabilidade com rompimento da relação de causalidade, mas sim fortuito interno, porquanto incide na proteção dos riscos esperados da atividade empresarial desenvolvida. 9. De fato, dentro do seu poder de livremente contratar e oferecer diversos tipos de serviços, ao agregar a atividade de correspondente bancário ao seu empreendimento, acabou por criar risco inerente à própria atividade das instituições financeiras, devendo por isso responder pelos danos que esta nova atribuição tenha gerado aos seus consumidores, uma vez que atraiu para si o ônus de fornecer a segurança legitimamente esperada para esse tipo de negócio. Recurso especial não provido" (STJ, REsp 1183121/SC, Quarta Turma, Rel. Min. Luis Felipe Salomão, DJe 07/04/2015)

◘ **Fortuito interno. Roubo de mercadorias nos Correios.** "CIVIL. PROCESSUAL CIVIL. EMPRESA BRASILEIRA DE CORREIOS E TELÉGRAFOS – ECT. EXTRAVIO DE ENCOMENDA. RESPONSABILIDADE CIVIL DA ADMINISTRAÇÃO. DANOS MORAIS E MATERIAIS CARACTERIZADOS. CONSTITUIÇÃO FEDERAL, ART. 37, § 6º. CÓDIGO DE DEFESA DO CONSUMIDOR, ART. 14. SENTENÇA REFORMADA. I. Comprovado nos autos o nexo de causalidade entre o evento danoso e a conduta da empresa pública, incide na espécie a hipótese de responsabilidade objetiva da Administração, prevista no art. 37, § 6º, da Constituição Federal e, na hipótese dos autos, combinada com o art.14 da Lei 8.078/90. Exsurge, manifesto, o dever de indenizar os danos materiais e morais em decorrência do extravio de mercadorias enviadas carta registrada. II. O roubo de mercadorias, no caso da ECT, deve ser considerado fortuito interno, que não tem o condão de romper o nexo de causalidade no caso em apreço, eis que tal fato é inerente aos riscos da atividade exercida pela ré. A ela, sabedora do potencial de acontecimento de situações semelhantes, impendia prestar seus serviços de maneira mais segura. III. 'As empresas públicas prestadoras de serviços públicos submetem-se ao regime de responsabilidade civil objetiva, previsto no art. 14 do CDC, de modo que a responsabilidade civil objetiva pelo risco administrativo, prevista no art. 37, § 6º, da CF/88, é confirmada e reforçada com a celebração de contrato de consumo, do qual emergem deveres próprios do microssistema erigido pela Lei n. 8.078/90.' (STJ, REsp 1210732/SC, Rel. Ministro Luis Felipe Salomão, Quarta Turma, julgado em 02/10/2012, DJ 15/03/2013). IV. O fato de o objeto ter sido postado sem declaração do valor não exime a empresa do ressarcimento se a autora consegue comprovar seu valor e seu conteúdo a contento. Nesta Corte, também se consolidou o entendimento de que "A ECT responde objetivamente pelo extravio de correspondência, por falta do serviço, mesmo que o remetente não tenha declarado o conteúdo da encomenda" (AC 2003.33.01.000504-4/BA, Relator Desembargador Federal Daniel

Paes Ribeiro, Sexta Turma, DJe de 30/08/2010). V. Na hipótese dos autos, a apelante enviou carta registrada de Luziânia/GO para São Paulo/SP, contendo uma máquina fotográfica, mas a encomenda jamais chegou ao destino, fato comprovado e que está apto a caracterizar repercussão e prejuízo nos planos da recorrente. Assim, razoável a fixação de danos morais no valor de R$ 5.000,00 (cinco mil reais). VI. Danos materiais comprovados no importe de R$ 675,00 (seiscentos e setenta e cinco reais), de acordo com a nota fiscal colacionada aos autos. VII. Apelação da autora a que se dá provimento" (TRF-1, Ap. Cív. 2006.36.00.005681-1/MT, Sexta Turma, Rel. Des. Jirair Aram Meguerian, DJ 07/07/2016).

◙ **Fortuito interno. Devolução indevida de cheque.** "APELAÇÃO CÍVEL. CONSUMIDOR. RISCO DO EMPREENDIMENTO. DEVOLUÇÃO INDEVIDA DE CHEQUE. SÚMULA 388 STJ. FORTUITO INTERNO. DESDOBRAMENTO DA ATIVIDADE EMPRESARIAL. DANO MORAL. MAJORADO. 1. A responsabilidade civil dentro do Direito do Consumidor está fundamentada na teoria do risco do empreendimento, e não da culpa, significando que todo aquele que se propõe a colocar no mercado um produto ou a prestar um serviço responde pelos danos decorrentes da prestação desse serviço ou pelo produto defeituoso. 2. A simples devolução indevida de cheque caracteriza dano moral STJ 388. 3. No que tange ao fortuito interno, dentro do possível desdobramento da atividade empresarial, não há como afastar a responsabilidade do Réu em relação ao dano. 4. Impõe-se a majoração do valor condenatório, de modo a adequá-lo aos princípios da razoabilidade e proporcionalidade". (TJDFT, Ap. Cív. 20150310114200, Segunda Turma Cível, Rel. Des. Gislene Pinheiro, DJ 25/01/2016).

◙ **Fortuito interno. Atraso na entrega de imóvel relacionada a questões próprias do mercado imobiliário.** "COMPROMISSO DE COMPRA E VENDA. ATRASO NA ENTREGA DA OBRA. Preliminar de ilegitimidade passiva afastada. Relação de consumo. Pessoas jurídicas que integram a cadeia de consumo. Responsabilidade solidária. Alegação de caso fortuito e força maior. Dificuldades ligadas ao mercado imobiliário que não podem ser transferidas aos consumidores. Fortuito interno. Verificada a mora na entrega do imóvel é devida a indenização por danos materiais, porquanto presumidos os prejuízos dos promitentes compradores. Precedentes do STJ. Lucros cessantes. Termo inicial é o que consta em contrato, incluído o prazo de tolerância. Termo final que deve ser a data da entrega das chaves. Recurso desprovido". (TJSP, Ap. Cív. 10798457020148260100, Quarta Câmara de Direito Privado, Rel. Des. Milton Carvalho, DJ 14/08/2015). ◙ **No mesmo sentido:** "CONSUMIDOR. CONTRATO DE PROMESSA DE COMPRA E VENDA DE IMÓVEL. ATRASO NA ENTREGA. PRAZO DE TOLERÂNCIA. CASO FORTUITO OU FORÇA MAIOR. FORTUITO INTERNO. RESPONSABILIDADE DA CONSTRUTORA. LUCROS CESSANTES. CABIMENTO. APURAÇÃO EM LIQUIDAÇÃO DE SENTENÇA. LAUDO MERCADOLÓGICO. HONORÁRIOS ADVOCATÍCIOS. 1. A regra nas relação contratuais é a responsabilidade subjetiva, fundada na teoria da culpa. Na espécie, o elemento volitivo está consubstanciado na mora do fornecedor em entregar as unidades imobiliárias adquiridas pelo consumidor. 2. A alegada escassez de mão de obra, falta de insumos no setor da construção civil e as condições climática são fatos conexos à atividade desenvolvida, integrando a categoria do fortuito interno, não excluindo o nexo de causalidade. 3. O dever de indenizar subsiste também com fundamento na responsabilidade objetiva, baseada na teoria do risco proveito por ser tratar de relação de consumo, devendo aquele que retira proveito da colocação do produto ou serviço no mercado responder pelos prejuízos decorrentes dessa atividade. 4. A disponibilidade do bem imóvel em construção fora do termo previsto no contrato, ultrapassado o prazo de tolerância, importa dano material na modalidade de danos emergentes e lucros cessantes. 5. Os lucros cessantes são aqueles ganhos que, ordinariamente, o credor deixou de auferir em razão do evento danoso, cujo parâmetro para fixação não pode ser apenas o valor correspondente ao aluguel mensal, pois a locação imediata é algo hipotético. 6. Os lucros cessantes devem ser apurados em posterior liquidação de sentença por arbitramento com a elaboração de laudo pericial – mercadológico, em que se apurará a extensão do dano. 7. Juntada aos autos avaliação imobiliária, esse valor será considerado a base sobre a qual incidirá o percentual apurado no laudo pericial. 8. Incabível a redução da condenação dos honorários advocatícios aquém do mínimo fixado no art. 20, § 4º, do Código de Processo Civil. 9. Recurso conhecido e parcialmente provido". (TJDFT, Ap. Cív. 20130110762349, Quinta Turma Cível, Rel. Des. Maria Ivatônia, DJ 12/12/2015).

◙ **Fortuito interno. Atraso na entrega de imóvel relacionado a existência de chuvas fortes habituais e corriqueiras.** "A existência de chuvas fortes, desde que habituais e corriqueiras em determinada época do ano, não se caracteriza como força maior, sendo previsível; outrossim, manifestamente desarrazoada é a alegação de chuvas atrasarem a obra por mais de um ano. Cláusulas que limitam ou atenuam a responsabilidade do fornecedor são nulas, pelo que inviável é a previsão contratual de fatos extraordinários que não se adequam ao caso fortuito ou força maior, como também a que determina a dedução de valores quando da restituição da quantia paga. Inexecução culposa impõe a restituição integral do valor pago, com a incidência de juros e multa por inadimplemento". (TJBA, Proc. 12.725-2/2003 – 1ª C.Cív. – Relª Desª Sílvia Zarif, J. 22.12.2003)

◙ **Fortuito interno. Desabamento de teto de shopping center em razão de chuva forte.** "(...) RESPONSABILIDADE CIVIL. SHOPPING CENTER. DESABAMENTO DE TETO. FORÇA MAIOR QUE NÃO EXCLUI A RESPONSABILIDADE, NA HIPÓTESE. (...) 7. A prestação de segurança aos bens e à integridade física do consumidor é inerente à atividade comercial desenvolvida pelos hipermercados e pelos shopping centers, porquanto a principal diferença existente entres estes estabelecimentos e os centros comerciais tradicionais reside justamente na criação de um ambiente seguro para a realização de compras e afins, capaz de incidir e conduzir o consumidor a tais praças privilegiadas, de forma a incrementar o volume de vendas. 8. A responsabilidade civil do shopping center no caso de danos causados à integridade física dos consumidores ou aos seus bens não pode, em regra, ser afastada sob a alegação de caso fortuito ou força maior, pois a prestação de segurança devida por este tipo de estabelecimento é inerente à atividade comercial exercida por ele. 9. Um consumidor que está no interior de uma loja, em um shopping center, não imagina que o teto irá desabar sobre si, ainda que haja uma forte tempestade no exterior do empreendimento, afinal, a estrutura do estabelecimento deve – sempre, em qualquer época do ano – ser hábil a suportar rajadas de vento e fortes chuvas. 10. Ademais, a par da ocorrência da chuva, a área em questão encontrava-se em obras, sem qualquer restrição à circulação do público. O próprio laudo produzido pela Superintendência da Polícia Técnico-Científica demostra que houve concorrência da situação das obras de expansão para a ocorrência do evento. 11. Assim, por medida de cautela e em razão do estágio em que se encontravam as obras na oportunidade, poderia o shopping recorrido ter isolado temporariamente parte do imóvel, impedindo o acesso de consumidores, evitando eventuais acidentes que pudessem ser desencadeados em razão dos temporais e ventos. Nesse diapasão, não é possível isentar o empreendimento pelas lesões sofridas pela recorrente. (...) (STJ, REsp 1764439/SP, Rel. Ministra Nancy Andrighi, Terceira Turma, DJe 24/05/2019)

FORTUITO EXTERNO

▣ **Fortuito externo. Disparo de arma de fogo em direção a shopping center. Excludente de responsabilidade.** "RESPONSABILIDADE CIVIL. AÇÃO INDENIZATÓRIA POR DANOS MATERIAIS E MORAIS. AÇÃO CRIMINOSA PERPETRADA POR TERCEIRO NA PORTA DE ACESSO AO SHOPPING CENTER. CASO FORTUITO. IMPREVISIBILIDADE E INEVITABILIDADE. EXCLUDENTE DO DEVER DE INDENIZAR. RUPTURA DO NEXO CAUSAL ENTRE A CONDUTA DO SHOPPING E O ÓBITO DA VÍTIMA DOS DISPAROS. 1. É do terceiro a culpa de quem realiza disparo de arma de fogo para dentro de um shopping e provoca a morte de um frequentador seu. 2. Ausência de nexo causal entre o dano e a conduta do shopping por configurar hipótese de caso fortuito externo, imprevisível, inevitável e autônomo, o que não gera o dever de indenizar (art. 14, § 3.º, II, do CDC). Precedentes. 3. Relação de consumo afastada". (STJ, REsp 1440756/RJ, Terceira Turma, Rel. Min. Moura Ribeiro, DJe 01/07/2015).

▣ **Fortuito externo. Roubo ocorrido em posto de combustíveis.** "DIREITO CIVIL E CONSUMIDOR - RESPONSABILIDADE CIVIL - INDENIZAÇÃO POR DANOS MORAIS E MATERIAIS - FORNECEDOR - DEVER DE SEGURANÇA - ARTIGO 14, CAPUT, DO CDC - RESPONSABILIDADE OBJETIVA - POSTO DE COMBUSTÍVEIS - OCORRÊNCIA DE DELITO - ROUBO - CASO FORTUITO EXTERNO - EXCLUDENTE DE RESPONSABILIDADE - INEXISTÊNCIA DO DEVER DE INDENIZAR. I – É dever do fornecedor oferecer aos seus consumidores a segurança na prestação de seus serviços, sob pena, inclusive, de responsabilidade objetiva, tal como estabelece, expressamente, o próprio artigo 14, 'caput', do CDC. II – Contudo, tratando-se de postos de combustíveis, a ocorrência de delito (roubo) a clientes de tal estabelecimento, não traduz, em regra, evento inserido no âmbito da prestação específica do comerciante, cuidando-se de caso fortuito externo, ensejando-se, por conseguinte, a exclusão de sua responsabilidade pelo lamentável incidente. III – O dever de segurança, a que se refere o § 1º, do artigo 14, do CDC, diz respeito à qualidade do combustível, na segurança das instalações, bem como no correto abastecimento, atividades, portanto, próprias de um posto de combustíveis. IV – A prevenção de delitos é, em última análise, da autoridade pública competente. É, pois, dever do Estado, a proteção da sociedade, nos termos do que preconiza o artigo 144, da Constituição da República". (STJ, REsp 1243970/SE, Terceira Turma, Rel. Min. Massami Uyeda Ribeiro, DJe 10/05/2012).

◙ **Fortuito externo. O roubo à mão armada exclui a responsabilidade de quem explora o serviço de estacionamento particular de veículos.** "DIREITO CIVIL E CONSUMIDOR. ESTACIONAMENTO DE VEÍCULOS. RESPONSABILIDADE CIVIL DO ESTACIONAMENTO. 1. Em se tratando de estacionamento de veículos oferecido por instituição financeira, o roubo sofrido pelo cliente, com subtração do valor que acabara de ser sacado e de outros pertences não caracteriza caso fortuito apto a afastar o dever de indenizar, tendo em vista a previsibilidade de ocorrência desse tipo de evento no âmbito da atividade bancária, cuidando-se, pois, de risco inerente ao seu negócio. 2. Diferente, porém, é o caso do estacionamento de veículo particular e autônomo – absolutamente independente e desvinculado do banco – a quem não se pode imputar a responsabilidade pela segurança individual do cliente, tampouco pela proteção de numerário anteriormente sacado na agência e dos pertences que carregava consigo, elementos não compreendidos no contrato firmado entre as partes, que abrange exclusivamente o depósito do automóvel. Não se trata, aqui, de resguardar os interesses da parte hipossuficiente da relação de consumo, mas de assegurar ao consumidor apenas aquilo que ele legitimamente poderia esperar do serviço contratado, no caso a guarda do veículo.3. O roubo à mão armada exclui a responsabilidade de quem explora o serviço de estacionamento de veículos." (STJ, REsp 1232795/SP, Rel. Ministra Nancy Andrighi, Terceira Turma, DJe 10/04/2013) ◙ **No sentido de que se o estacionamento for vinculado direta ou indiretamente à insitução financeira, haverá responsabilidade:** "A jurisprudência desta Corte é firme no sentido de que a prática do crime de roubo no interior de estacionamento de veículos, pelo qual seja direta ou indiretamente responsável a instituição financeira, não caracteriza caso fortuito ou motivo de força maior capaz de desonerá-la da responsabilidade pelos danos suportados por seu cliente vitimado." (STJ, AgRg no AREsp 613.850/SP, Rel. Ministro Ricardo Villas Bôas Cueva, Terceira Turma, DJe 05/08/2015) ◙ **No sentido de considerar fortuito interno o assalto à mão armada em estacionamento privado:** "RESPONSABILIDADE CIVIL – ASSALTO À MÃO ARMADA – ESTACIONAMENTO – FORTUITO EXTERNO – INOCORRÊNCIA – RISCO DECORRENTE DA ATIVIDADE – NÃO EXCLUSÃO DO NEXO DE CAUSALIDADE – DANOS MATERIAIS – NÃO COMPROVAÇÃO – DANOS MORAIS – VIOLAÇÃO A DIREITO DA PERSONALIDADE – DESNECESSIDADE DE PROVA – VALOR – RAZOABILIDADE E PROPORCIONALIDADE – SUCUMBÊNCIA "RECÍPROCA – COMPENSAÇÃO."O fornecedor de serviços responde, independentemente da existência de culpa, pela reparação dos danos causados aos consumidores por defeitos relativos à prestação dos serviços"" (CDC, art. 14, caput). A segurança é elemento essencial à atividade quando a ela é confiada, a título oneroso, a guarda de automóveis no interior do estabelecimento. É inconcebível que, num ambiente onde os automóveis (coisas) devam estar seguros, seus proprietários ou detentores (pessoas) não estejam. Tal hipótese é absurda e contrária aos princípios da razoabilidade e proporcionalidade. O assalto à mão armada em estacionamento pago é fortuito e interno, e não externo, uma vez que o modo de fornecimento do serviço (remunerado), o resultado e os riscos que dele razoavelmente se esperam (segurança, tanto do veículo como de seu proprietário) e a época em que o serviço foi prestado conduzem a essa conclusão, posto que, nos dias de hoje, assalto a estacionamento é fato rotineiro, portanto previsível.(...)" (TJMG, Apelação Civel N° 1.0024.05.642951-7/001, Rel. Eduardo Mariné da Cunha, J.31.05.07)

◙ **Fortuito externo. Assalto em via pública após saída de agência bancária.** "RECURSO ESPECIAL. AÇÃO DE REPARAÇÃO POR DANOS MATERIAIS E COMPENSAÇÃO POR DANOS MORAIS. ASSALTO NA VIA PÚBLICA APÓS SAÍDA DE AGÊNCIA BANCÁRIA. SAQUE DE VALOR ELEVADO. RESPONSABILIDADE OBJETIVA. AUSENTE. 1. Autora pleiteia reparação por danos materiais e compensação por danos morais em decorrência de assalto sofrido, na via pública, após saída de agência bancária. 2. Ausente a ofensa ao art. 535 do CPC, quando o Tribunal de origem pronuncia-se de forma clara e precisa sobre a questão posta nos autos. 3. Na hipótese, não houve qualquer demonstração de falha na segurança interna da agência bancária que propiciasse a atuação dos criminosos fora das suas dependências. Ausência, portanto, de vício na prestação de serviços. 4. O ilícito ocorreu na via pública, sendo do Estado, e não da instituição financeira, o dever de garantir a segurança dos cidadãos e de evitar a atuação dos criminosos. 5. O risco inerente à atividade exercida pela instituição financeira não a torna responsável pelo assalto sofrido pela autora, fora das suas dependências." (STJ, REsp 1284962/MG, Rel. Ministra Nancy Andrighi, Terceira Turma, DJe 04/02/2013). ◙ **No mesmo sentido:** "RESPONSABILIDADE CIVIL. ASSALTO SOFRIDO EM VIA PÚBLICA DEPOIS DE TER SIDO SACADA QUANTIA VULTOSA DE DINHEIRO. CASO FORTUITO EXTERNO. Pedido de oitiva de testemunha vindo depois de proferida a sentença. Preclusão. Não demonstrada falha na prestação de serviços da agência bancária que tenha sido a causa da atuação criminosa ocorrida na via pública, já defronte à sede da empresa autora. Nexo causal ausente. Improcedência do pedido de reparação de danos mantida" (TJRS, Ap. Cív. 70066838053, Nona Câmara Cível, Rel. Des. Jorge Alberto Schreiner Pestana, DJ 01/12/2015)

◙ **Fortuito externo. Assalto ocorrido em concessionária de veículos.** "AÇÃO DE INDENIZAÇÃO POR DANOS MATERIAIS E MORAIS. Assalto a estabelecimento de concessionária de veículos. Inexistência de responsabilidade pela eventual lesão patrimonial e moral experimentada pelo autor. Evento que não se insere no âmbito da prestação específica da ré. Caso fortuito externo configurado. Aplicação da excludente prevista no artigo 14 , § 3º , inciso II , do Código de Defesa do Consumidor . Precedente do Superior Tribunal de Justiça. SENTENÇA MANTIDA. APELO DESPROVIDO" (TJSP, Ap. Cív. 10024375120158260590, Terceira Câmara de Direito Privado, Rel. Des. Donegá Morandini, DJ 07/04/2016). ◙ **No mesmo sentido:** "RECURSO INOMINADO. AÇÃO DE INDENIZAÇÃO POR DANOS MORAIS E MATERIAIS. ASSALTO EM

ESTABELECIMENTO COMERCIAL. CLÍNICA DE ODONTOLOGIA. CASO FORTUITO EXTERNO CARACTERIZADO. IMPREVISIBILIDADE E INEVITABILIDADE DO EVENTO DANOSO. DANO MORAL NÃO CONFIGURADO. SENTENÇA MANTIDA. RECURSO CONHECIDO E DESPROVIDO. 1. O artigo 14 do Código de Defesa do Consumidor dispõe que é dever do fornecedor oferecer aos seus consumidores a segurança na prestação de seus serviços. Contudo, tratando-se de clínica de odontologia, a ocorrência do assalto a clientes do estabelecimento comercial não traduz evento inserido no âmbito da prestação específica do comerciante, cuidando-se, pois, de caso fortuito externo, o que enseja a exclusão de sua responsabilidade pelo delito em questão. 2. Ademais, inexiste nexo de causalidade entre a conduta da reclamada e os alegados danos morais suportados, uma vez que, mesmo que o assalto tenha ocorrido dentro do estabelecimento comercial, não é possível imputar à recorrida a responsabilidade por fato alheio à sua atuação. 3. Portanto, a sentença deve ser mantida. Recurso conhecido e desprovido" (TJPR, Recurso Inominado 000594328201481601820, Primeira Turma Recursal, Rel. Renata Ribeiro Bau, DJ. 16.09.2015).

◼ **Fortuito externo. Furto de notebook ocorrido no interior de ônibus.** "RECURSO INOMINADO. TRANSPORTE INTERMUNICIAL. AÇÃO DE INDENIZAÇÃO POR DANOS MORAIS E MATERIAIS. FURTO DE NOTEBOOK NO INTERIOR DO COLETIVO. AUSÊNCIA DO DEVER DE INDENIZAR. FORTUITOEXTERNO. DEVER DE VIGILÂNCIA, QUE NÃO PODE SER ATRIBUÍDO À TRANSPORTADORA. FATO DE TERCEIRO. ROMPIMENTO DO NEXO DE CAUSALIDADE. MANTIDA A IMPROCEDÊNCIA DA AÇÃO. A parte autora pede provimento ao recurso para que seja reformada a sentença que julgou improcedente a presente ação. O autor requer indenização por danos morais e materiais em razão do furto de seu notebook que estava na sua bagagem de mão no guarda volumes de ônibus intermunicipal, que faz o trajeto entre Ronda Alta e Bento Gonçalves. Os documentos acostados pelo autor dão verossimilhança aos fatos alegados (fls.24/29). No entanto, no caso dos autos, restou configurado o fato de terceiro, excludente da responsabilidade objetiva, uma vez que o bem sob a guarda do autor, no interior do veículo. A situação dos autos deflagra hipótese de caso fortuito externo que quebra o nexo causal exigido para a incidência da responsabilidade objetiva e, portanto, afasta o dever de indenizar. Precedente do STJ. Sendo assim, não há que se falar em dever da ré de indenizar, devendo ser mantida a improcedência da ação. SENTENÇA MANTIDA. RECURSO IMPROVIDO" (TJRS, Recurso Cível 71005759949, Primeira Turma Recursal Cível, Turmas Recursais, Rel. Fabiana Zilles, DJ 25/02/2016). ◼ **No mesmo sentido:** "DIREITO CIVIL. INDENIZAÇÃO POR DANOS MORAIS. TRANSPORTE RODOVIÁRIO. ROUBO OCORRIDO DENTRO DO ÔNIBUS. INEVITABILIDADE. FORÇA MAIOR. EXCLUSÃO DA RESPONSABILIDADE DO TRANSPORTADOR. PRECEDENTES. RECURSO DESPROVIDO. I – A presunção de culpa da transportadora comporta desconstituição mediante prova da ocorrência de força maior, decorrente de roubo, indemonstrada a desatenção da ré quanto às cautelas e precauções normais ao cumprimento do contrato de transporte. II – Na lição de Clóvis, caso fortuito é "o acidente produzido por força física ininteligente, em condições que não podiam ser previstas pelas partes", enquanto a força maior é "o fato de terceiro, que criou, para a inexecução da obrigação, um obstáculo,que a boa vontade do devedor não pode vencer", com a observação de que o traço que os caracteriza não é a imprevisibilidade, mas a inevitabilidade." (STJ, REsp 264589/RJ, DJU 18.12.2000, Rel. Min. Sálvio Figueiredo Teixeira, J. 14.11.2000, 4ª T.)

◙ **Fortuito externo. Vítima morta após agressão no interior de estabelecimento empresarial.** "RESPONSABILIDADE CIVIL. INDENIZAÇÃO POR DANOS MORAIS E MATERIAIS. VÍTIMA, FALECIDA, AGREDIDA NO INTERIOR DE ESTABELECIMENTO EMPRESARIAL MANTIDO PELOS RÉUS. CASO FORTUITO EXTERNO. ROMPIMENTO DO NEXO CAUSAL. TEORIA DO RISCO. A autora pretende transmudar os fatos. Afirmar que o comportamento agressivo do ofensor poderia ter sido previsto e que poderia ter o réu evitado a agressão. Busca, em última análise, impor nexo causal impossível, que não pode ser afirmado. A questão importante a ser notada é que ocorreu, no caso em exame, caso fortuito externo. A agressão ocorrida, da qual decorreu a morte da vítima, foi aleatória e sem qualquer previsibilidade. No que tange à alegada relação de consumo presente no caso em exame, cumpre observar que o risco em exame se desvencilhava da atividade empresarial desenvolvida pelos réus, que, portanto, não podem responder por ele. Não se poderia esperar que a manutenção de livraria poderia envolver risco à integridade física de clientes. Assim, ausente nexo causal, não se poderia impor a responsabilidade aos réus com fundamento na teoria do risco. Os fatos examinados nestes autos revelam precisamente a hipótese de causa estranha ou fortuito a afastar, pela falta de nexo causal, a responsabilidade, seja subjetiva ou objetiva, fundada no Código de Defesa do Consumidor ou na Teoria do Risco, dos réus pelo evento que tirou a vida da vítima. E o que autoriza esta afirmação é, precisamente, a imprevisibilidade e inevitabilidade do acontecimento, inteiramente fora do âmbito de atividade e controle dos réus. Sentença de improcedência do pedido mantida. Recurso não provido" (TJSP, Ap. Cív. 01141540820128260100, Décima Câmara de Direito Privado, Rel. Des. Carlos Alberto Garbi, DJ 26/10/2015).

◙ **Fortuito externo. Agressão a passageiro no interior de transporte coletivo.** "APELAÇÃO CÍVEL - AÇÃO DE INDENIZAÇÃO POR DANOS MORAIS E MATERIAIS - AGRESSÃO EM TRANSPORTE PÚBLICO - RESPONSABILIDADE CIVIL OBJETIVA - CASO FORTUITO EXTERNO - EXCLUDENTE DE RESPONSABILIDADE - SENTENÇA MANTIDA. 1. A Responsabilidade Civil designa o dever que alguém tem de reparar o prejuízo, em consequência da ofensa a um direito alheio. 2. Para se reconhecer a responsabilidade mostra-se necessária a constatação apenas do dano e do nexo de causalidade entre a conduta e o dano, porquanto se trata o presente caso de responsabilidade objetiva. 3. Nos termos do entendimento consolidado pelo STJ, "em caso de transporte coletivo de passageiros, como é o caso do metrô, 'o transportador só responde pelos danos resultantes de fatos conexos com o serviço que presta.'". 4. No presente caso, por se tratar de fortuito externo, uma vez que o ocorrido é fato estranho à atividade empresarial prestada, não há que se falar em configuração dos requisitos ensejadores da responsabilidade civil. 5. Sentença mantida" (TJMG, Ap.

Cív. 10040120137522001, Décima Primeira Câmara Cível, Rel. Des. Mariza Porto, DJ 02/09/2015).

◙ **Fortuito externo. Passageiro atingido por pedra arremessada de fora do veículo.** "APELAÇÃO CÍVEL. AÇÃO DE REPARAÇÃO POR DANOS MATERIAIS E MORAIS. TRANSPORTE COLETIVO. LESÃO EM PASSAGEIRO. PEDRA ARREMESSADA DE FORA DO VEICULO. FATO DE TERCEIRO. FORTUITO EXTERNO. EXCLUDENTE DE RESPONSABILIDADE. SÚMULA 187 DO STF. INAPLICÁVEL. FREQUÊNCIA DE OCORRÊNCIA NÃO DEMONSTRADA. DANOS MATERIAS, LUCROS CESSANTES E ABALO MORAL NÃO CONFIGURADOS. RECURSO CONHECIDO E NÃO PROVIDO. SENTENÇA MANTIDA. 1 – Cuida-se de Ação de Reparação de Danos movida com o intuito de obter indenização pelos danos materiais, morais e lucros cessantes decorrentes de acidente ocorrido em transporte coletivo ocasionado por pedra arremessada de fora, por terceiro não identificado. 2 – O STJ firmou o entendimento no sentido de que o arremesso de objeto contra veículo não se inclui entre os riscos normais da atividade de transporte de passageiros, caracterizando o fortuito externo, não gerando, para aquele que explora essa atividade, o dever de indenizar. Fortuito externo configurado nos autos. Não incidência da Súmula 187 do STF. 3 – A prova trazida aos autos não é bastante para comprovar a frequência de incidentes de mesma natureza no local onde ocorreu o acidente. Ônus processual que incumbe à parte. Dever de indenizar não configurado. 4 – Apelação conhecida e não provida. Sentença mantida" (TJBA, Ap. Cív. 01593215420038050001, Terceira Câmara Cível, Rel. Des. Moacyr Montenegro Souto, DJ 06/05/2015).

◙ **Fortuito externo. Alteração de itinerário de cruzeiro marítimo em razão de greve de pescadores.** "JUIZADOS ESPECIAIS CÍVEIS. CONSUMIDOR. ALTERAÇÃO DE ITINERÁRIO DE CRUZEIRO EM RAZÃO DE GREVE DE PESCADORES. FORTUITO EXTERNO. CUMPRIMENTO ESCORREITO DO CONTRATO. DEVER DE INDENIZAR INEXISTENTE. RECURSO CONHECIDO E DESPROVIDO. SENTENÇA MANTIDA. 1. É incontroverso que a alteração do itinerário do Cruzeiro contratado pelo consumidor resultou de fortuito externo, decorrente de greve de pescadores no porto de Itajaí/SC, que impediu a embarcação de zarpar por mais de 30 horas. Restou comprovado, ainda, que todos os serviços a bordo foram devidamente oferecidos aos passageiros. 2. Assim, não merece amparo a pretensão indenizatória, seja por danos materiais ou morais, haja vista o rompimento do nexo causal (arts. 14, § 3º, II, da Lei n. 8.078/90 e 734 do Código Civil). Nesse sentido, confira-se, por todos, o claro precedente desta Turma Recursal, litteris: 'CONSUMIDOR. SERVIÇOS DE TURISMO – CRUZEIRO MARÍTIMO – ALTERAÇÃO DE ITINERÁRIO – RESTITUIÇÃO DE TAXA PORTUÁRIA – FATO DE TERCEIRO – INDENIZAÇÃO INDEVIDA. FALHA NA PRESTAÇÃO DE SERVIÇO – CABINE DE CATEGORIA INFERIOR – INDENIZAÇÃO DEVIDA. RECURSO CONHECIDO E PARCIALMENTE PROVIDO. 1. Nos termos do art. 14, § 3º, inciso II, do CDC, o fato de terceiro, que afeta a prestação de serviços, ilide a responsabilidade da prestadora de serviços e afasta a indenização dos danos dela decorrentes. 2. O descumprimento do roteiro contratado de cruzeiro marítimo, em razão de greve de pescadores que impede o navio de zarpar constitui fato de terceiro suficiente para afastar o dever de indenizar da prestadora de serviço de turismo. 3. Não demonstrado que as taxas portuárias constituem pagamento apartado e condicionado ao desembarque não procede a pretensão à indenização relativa a esses valores referidos. 4. A troca de cabine por outra de categoria e valor inferior implica abatimento proporcional do preço contratado. (...) 6. Sentença mantida por seus próprios e jurídicos fundamentos, com súmula de julgamento servindo de acórdão, na forma do artigo 46 da Lei nº 9.099/95.(...)' (Acórdão n.888562, 20150910051563ACJ, Relator: ASIEL HENRIQUE DE SOUSA, 3ª Turma Recursal dos Juizados Especiais do Distrito Federal, Data de Julgamento: 18/08/2015, Publicado no DJE: 31/08/2015. Pág.: 601) 3. Recurso conhecido e desprovido. Sentença mantida pelos próprios fundamentos" (TJDFT, Recurso Inominado 07241965120158070016, Terceira Turma Recursal, Rel. Carlos Alberto Martins Filho, DJ 10/03/2016).

► **Risco do desenvolvimento.** "O risco de desenvolvimento consiste na hipótese de um determinado produto, apesar de exaustivamente testado, ser lançado no mercado com defeito desconhecido pelo fornecedor, apresentando-se posteriormente, com a evolução dos meios técnicos e científicos, como causador de danos a consumidores, danos estes não avaliáveis anteriormente devido à falta de recursos tecnológico." (MELLO, Sônia Maria Vieira. *O direito do consumidor na era da globalização*: a descoberta da cidadania. Rio de Janeiro: Renovar, 1998. p. 48). ► **No sentido do risco do desenvolvimento como excludente de responsabilidade.** "O critério decisivo é o de que o produto satisfaça as legítimas expectativas de segurança do público consumidor no momento da emissão no comércio, sem que do seu aperfeiçoamento ulterior possa inferir-se a existência de defeito daquele momento. A apreciação do caráter defeituoso de um produto não será feita, pelo exposto, à luz de aperfeiçoamentos científicos e tecnológicos ulteriores introduzidos pelo fornecedor em modelos sucessivos, mas de acordo com as legítimas expectativas de segurança existentes na sua época, na época de seu lançamento no mercado". (ROCHA , Silvio Luis Ferreira. *Responsabilidade Civil do Fornecedor pelo fato do produto no direito brasileiro*. 2ª ed. V. 4. Biblioteca do Direito do Consumidor. São Paulo: Revista dos Tribunais, p. 100-101) ► **No mesmo sentido:** "O risco de desenvolvimento é espécie de defeito juridicamente irrelevante, insuscetível, portanto, de levar à responsabilização do fornecedor pelo fato do produto, conforme a classificação estudada anteriormente" (MARINS, James. *Responsabilidade da empresa pelo fato do produto*, São Paulo, 1993, Ed. RT, p. 137) ► **No mesmo sentido:** "O risco de desenvolvimento não será suportado pelo prestador de serviço. O surgimento e a adoção de novas técnicas posteriormente à data da prestação, mesmo com o abandono, por superadas, das técnicas empregadas no referido serviço, não o torna defeituoso. Na época não havia conhecimento de outra técnica e, em conseqüência, inexistia expectativa diferente". (LUZ, Aramy Dornelles. Código do Consumidor anotado. São Paulo: Juarez de oliveira, 1999. p. 36). ► **No sentido de não considerar o risco do desenvolvimento como excludente de responsabilidade.** "Realça-se a teoria do risco do empreendimento para a responsabilidade do fornecedor de forma objetiva. O risco proveniente da atividade é suscetível de previsão antecipada, necessário para a proteção do consumidor vulnerável, ou seja; os chamados riscos do desenvolvimento são aqueles que não podem ser cientificamente conhecidos no momento do lançamento do produto no mercado, contudo vindo a ser descoberto após a introdução no mercado e, causando danos ao consumidor, será responsabilizado o fornecedor, conforme previsto na legislação consumerista." (Plinio Lacerda Martins e Felipe Lacerda Moura Martins. Ônus do fornecedor quanto ao encaminhamento do produto com vício para conserto na modernidade reflexiva. *Revista de Direito do Consumidor*, RT, vol. 102/2015, p. 387 - 410.). ▶ **No mesmo sentido:** "Em síntese, nosso posicionamento é que o assim dito risco de desenvolvimento não exclui a responsabilidade civil pelo fato do produto pelas seguintes razões: a uma, porque tal excludente não conta do § 3.º, do art. 12; a duas, porque o risco de desenvolvimento encarta-se no gênero maior: defeito de concepção, o qual, por disposição legal expressa, enseja a responsabilização do fornecedor (cf. caput do art. 12, o qual alude a defeito decorrentes de projeto e fórmula), e, finalmente, porque, pelo sistema do Código, eventual ausência de culpa do fornecedor não é suficiente para eximi-la de responsabilidade. Não é possível, segundo pensamos, que a idéia do risco de desenvolvimento confunda-se com aquela da inexistência do defeito, segundo querem alguns. Quando há risco de desenvolvimento, há defeito - de concepção - só que desconhecido." (Eduardo p. Arruda Alvim. Responsabilidade civil pelo fato do produto no código de defesa do consumidor, *Revista de Direito do Consumidor*, RT, vol. 15/1995, p. 132 - 150)

I – que não colocou o produto no mercado;

▶ **Se o produto não foi inserido no mercado, não há como imputar responsabilidade ao fornecedor.** Logicamente, quando o fornecedor provar que o produto que o consumidor alega que lhe causou danos não foi inserido no mercado de consumo, nenhuma responsabilidade existirá. Não haverá nexo causal entre a a atividade do fornecedor e o dano sofrido pelo consumidor.

▶ **No sentido de que se o produto foi furtado ou roubado do fornecedor e inserido no mercado, excluiria a responsabilidade.** "Os exemplos mais nítidos da causa excludente prevista no inc. I seriam aqueles relacionados com o furto ou roubo de produto defeituoso estocado no estabelecimento, ou com a usurpação do nome, marca ou signo distintivo, cuidando-se, nesta última hipótese da falsificação do produto. Da mesma sorte, pode ocorrer que, em função do vício de qualidade, o produto defeituoso tenha sido apreendido pela administração e, posteriormente, à revelia do fornecedor, tenha sido introduzido no mercado de consumo, circunstância esta eximente da sua responsabilidade." (DENARI, Zelmo. *Código Brasileiro de Defesa do Consumidor Comentado Pelos Autores do Anteprojeto.* 9ª ed. Rio de Janeiro: Forense Universitária, 2007. p. 196.) ▶ **No mesmo sentido:** "A configuração da presente excludente de responsabilidade demanda atividade probatória do fornecedor no sentido de que o seu produto foi colocado no mercado por circunstância alheia a sua vontade, a exemplo do roubo ou furto de mercadoria no estoque." (Héctor Valverde Santana, *et. al.* Responsabilidade civil do fornecedor pelo fato do produto, *Revista de Direito do Consumidor*, RT, vol. 100/2015, p. 115 - 139)

► **Amostra grátis e produtos destinados à experimentação foram inseridos no mercado.** "Desta forma, o produto industrializado entregue ao consumidor a título de "amostra grátis" (por exemplo, medicamento) ou o produto destinado à experimentação (por exemplo, produtos comestíveis em supermercados) do consumidor caracteriza a atividade de "colocação no mercado" e, consequentemente, a responsabilização do fornecedor pelo dano decorrente de eventual defeito." (Héctor Valverde Santana, *et. al.* Responsabilidade civil do fornecedor pelo fato do produto, *Revista de Direito do Consumidor*, RT, vol. 100/2015, p. 115 - 139)

II – que, embora haja colocado o produto no mercado, o defeito inexiste;

► **O consumidor somente terá que demonstrar o dano ocorrido e o nexo causal com o produto adquirido.** A segunda excludente que poderá ser demonstrada pelo fornecedor é que o produto, mesmo que inserido no mercado, não apresenta defeito. Ora, se não há defeito, não haveria como o produto causar o acidente de consumo. Caso, ainda sim, haja o dano, não será responsável o fornecedor por inexistir defeito no produto. Neste caso, o dano poderá ter ocorrido por culpa exclusiva do consumidor ou exclusiva de terceiro. Esta excludente é importante uma vez que impõe ao fornecedor a prova da ausência de defeito do produto. Então, o consumidor somente terá que demonstrar o dano ocorrido e o nexo causal com o produto adquirido (v.g. a televisão explodiu e causou queimaduras no consumidor). Desta forma, não será necessário demonstrar a ocorrência do defeito (que, por exemplo, existia um fio mal encapado na televisão que possibilitou um curto circuito e consequentemente a explosão), uma vez que a incumbência é do fornecedor, por conhecer, melhor do que ninguém, o seu produto, tendo melhores condições de realizar a prova.

► **Hipótese de inversão do ônus da prova *ope legis*. O ônus da prova do defeito é do fornecedor.** O CDC atribui ao fornecedor o ônus de provar que não existe defeito no produto, como forma de excluir a responsabilidade (hipótese de inversão do ônus da prova ope legis). Nesse sentido, o defeito é presumido, bastando o consumidor demonstrar o dano e o nexo causal com o produto adquirido.

◙ **Defeito em contraceptivo. Inversão do ônus da prova *ope legis*.** "RECURSO ESPECIAL. RESPONSABILIDADE CIVIL. CONTRACEPTIVO. DEFEITO DO PRODUTO. ÔNUS DA PROVA. FORNECEDOR. Conquanto não se possa afirmar que o implante usado pela autora apresentasse defeito, também não é possível afastar essa conclusão. Como o ônus da prova recai sobre a recorrente, e ela não conseguiu demonstrar a inexistência de defeito no produto, nem a culpa exclusiva da vítima, não há como afastar as conclusões do Tribunal de origem, devendo ser mantido o dever de indenizar.". (STJ, REsp 1452306/SP, Quarta Turma, Rel. Min. Raul Araújo, DJe 06/04/2016).

◙ **Defeito em air bag do veículo. Inversão do ônus da prova *ope legis*.** "DIREITO DO CONSUMIDOR. RECURSO ESPECIAL. FATO DO PRODUTO. ACIDENTE AUTOMOBILÍSTICO. NÃO ACIONAMENTO DO AIR BAG. REGRAS DE INVERSÃO DO ÔNUS DA PROVA. FATO DO PRODUTO. INVERSÃO OPE LEGIS. PROVA PERICIAL EVASIVA. INTERPRETAÇÃO EM FAVOR DO CONSUMIDOR. (...) a hipótese, o Tribunal a quo, com relação ao ônus da prova, inferiu que caberia à autora provar que o defeito do produto existiu, isto é, que seria dever da consumidora demonstrar a falha no referido sistema de segurança. 4. Ocorre que diferentemente do comando contido no art. 6º, inciso VIII do CDC, que prevê a inversão do ônus da prova "a critério do juiz", quando for verossímil a alegação ou hipossuficiente a parte, o § 3º do art. 12 do mesmo Código estabelece – de forma objetiva e independentemente da manifestação do magistrado – a distribuição da carga probatória em desfavor do fornecedor, que "só não será responsabilizado se provar: I – que não colocou o produto no mercado; II – que, embora haja colocado o produto no mercado, o defeito inexiste; III– a culpa exclusiva do consumidor ou de terceiro". É a diferenciação já clássica na doutrina e na jurisprudência entre a inversão ope judicis (art. 6º, inciso VIII, do CDC) e inversão ope legis (arts.12, § 3º, e art. 14, § 3º, do CDC). Precedentes. 5. No presente caso, o "veículo Fiat Tempra atingiu a parte frontal esquerda (frontal oblíqua), que se deslocou para trás (da esquerda para direita, para o banco do carona)", ficando muito avariado; ou seja, ao que parece, foram preenchidos os dois estágios do choque exigidos para a detecção do air bag, mas que, por um defeito no produto, não acionou o sistema, causando danos à consumidora. Em sendo assim, a conclusão evasiva do expert deve ser interpretada em favor do consumidor vulnerável e hipossuficiente. 6. Destarte, enfrentando a celeuma pelo ângulo das regras sobre a distribuição da carga probatória, levando-se em conta o fato de a causa de pedir apontar para hipótese de responsabilidade objetiva do fornecedor pelo fato do produto, não havendo este se desincumbido do ônus que lhe cabia, inversão ope legis, é de se concluir pela procedência do pedido autoral com o reconhecimento do defeito no produto. 7. Recurso especial provido." (STJ, REsp 1306167/RS, Rel. Ministro Luis Felipe Salomão, Quarta Turma, DJe 05/03/2014)

III – a culpa exclusiva do consumidor ou de terceiro.

CULPA EXCLUSIVA DO CONSUMIDOR

► **Culpa exclusiva do consumidor.** Se o comportamento do consumidor ou de terceiro é o único causador do acidente de consumo, não haverá responsabilidade do fornecedor, uma vez que inexistirá nexo causal entre o dano e a atividade do fornecedor.

► **No mesmo sentido:** "Se o comportamento do consumidor é o único causador do acidente de consumo, não há como falar em nexo de causalidade entre a atividade do fabricante, do produtor, do construtor ou do importador e o fato danoso". (BENJAMIN, Antônio Herman V.; MARQUES, Cláudia Lima; BESSA, Leonardo Roscoe. *Manual de Direito do Consumidor.* 7ª edição. São Paulo, Revista dos Tribunais, 2016, p. 186).

▶ **Concorrência entre comportamento da vítima e defeito.** "Se houver concorrência entre o comportamento da vítima e um defeito existente no produto, a excludente não mais se aplica". (BENJAMIN, Antônio Herman V.; MARQUES, Cláudia Lima; BESSA, Leonardo Roscoe. *Manual de Direito do Consumidor.* 7ª edição. São Paulo, Revista dos Tribunais, 2016, p. 186). ***(ver culpa concorrente)***

◙ **Culpa exclusiva do consumidor. Inobservância das orientações contidas em bula de alisante capilar.** "APELAÇÃO CÍVEL. AÇÃO DE INDENIZAÇÃO. DANOS MATERIAIS, MORAIS E ESTÉTICOS. SENTENÇA DE IMPROCEDÊNCIA. INSURGÊNCIA OFERTADA PELA AUTORA. APLICAÇÃO DE ALISANTE CAPILAR. REAÇÃO ALÉRGICA. QUEIMADURAS NO COURO CABELUDO E QUEDA DE CABELO. INOBSERVÂNCIA DAS ORIENTAÇÕES PREVISTAS NA BULA DO PRODUTO PELA CONSUMIDORA. AUSÊNCIA DE PROVA DO TOQUE, QUE PREVIA A ESPERA DE VINTE E QUATRO HORAS PARA APLICAÇÃO EM TODO O CABELO, APÓS REALIZAÇÃO DE TESTE NO ANTEBRAÇO OU ATRÁS DA ORELHA. AUTORA QUE APLICOU O PRODUTO NO MESMO DIA EM QUE O ADQUIRIU. CULPA EXCLUSIVA DA VÍTIMA. EXCLUDENTE DE RESPONSABILIDADE VERIFICADA. EXEGESE DO ART. 12, § 3º, III, DO CÓDIGO DE DEFESA DO CONSUMIDOR. INEXISTÊNCIA DO DEVER DE INDENIZAR. SENTENÇA MANTIDA. RECURSO CONHECIDO E DESPROVIDO. Comprovado pela empresa fabricante a sua orientação de necessidade de realização da 'prova de toque', que exige prazo mínimo de 24 horas para conclusão, a fim de verificar-se a hipersensibilidade ao produto por parte do usuário, e, observando-se que a tintura foi adquirida no mesmo dia do atendimento médico, evidente concluir que a consumidora não tomou as precauções cabíveis em tempo e modo oportunos. (...)" (TJSC, Ap. Cív. 0010876-08.2010.8.24.0038, Rel. Des. Jorge Luis Costa Beber, DJe 16/11/2016).

◙ **Culpa exclusiva do consumidor. Transporte rodoviário. Embarque em horário diverso do previsto na passagem.** "APELAÇÃO CÍVEL. TRANSPORTE. TRANSPORTE RODOVIÁRIO. AÇÃO DE INDENIZAÇÃO POR DANOS MATERIAIS E MORAIS. EMBARQUE EM HORÁRIO DIVERSO DO PREVISTO NA PASSAGEM. CULPA EXCLUSIVA DO CONSUMIDOR. Demonstrada a culpa exclusiva do consumidor (art. 14, §3º, CDC), atinente, no caso, à tentativa de embarque em horário diverso daquele previsto no bilhete, a improcedência dos pedidos indenizatórios da inicial é medida que se impõe, face à ausência de qualquer agir ilícito das rés". (TJRS, Apelação Cível 70068917053, Décima Segunda Câmara Cível, Rel. Des. Umberto Guaspari Sudbrack, DJ 22/06/2016).

◙ **Culpa exclusiva do consumidor. Alegação de vício do produto. Adulteração de óleo de motor pelo consumidor.** "APELAÇÃO CÍVEL. AÇÃO DE INDENIZAÇÃO POR DANOS MATERIAIS E MORAIS. VEÍCULO DEFEITUOSO. VÍCIO DO PRO-

DUTO. PROVA PERICIAL. AUSÊNCIA DE COMPROVAÇÃO DE CULPA DO FORNECEDOR DE SERVIÇOS. 'OVERSPEED'. ADULTERAÇÃO DO ÓLEO DO MOTOR. CULPA EXCLUSIVA DOCONSUMIDOR. I – O laudo pericial elaborado por perito da confiança do juiz, com metodologia adequada e justificação dos critérios utilizados, deve ser sopesado para a apuração de eventual vício existente em veículo automotor objeto de compra e venda pactuada entre as partes. II – Nos termos do art. 14, § 3º , do Código de Defesa do Consumidor , o fornecedor de serviços só não será responsabilizado quando provar que, tendo prestado o serviço, o defeito inexiste e, ainda, a culpa exclusiva do consumidor ou de terceiro. III – Tendo a prova pericial requerida concluído pela ausência de culpa das rés pelos defeitos apresentados no veículo objeto da lide, devem ser julgados improcedentes os pedidos de indenização por danos morais e materiais". (TJMG, Apelação Cível 10592130002161001, Décima Câmara Cível, Rel. Des. Vicente de Oliveira Silva, DJ 03/06/2016)

◙ **Culpa exclusiva do consumidor. Transporte aéreo. Objetos de valor colocados em bagagem despachada ao invés da bagagem de mão.** "RESPONSABILIDADE CIVIL. PERMISSIONÁRIA DE SERVIÇO PÚBLICO DE TRANSPORTE AÉREO. ALEGADO FURTO DE ANEL DE DIAMANTE E CÂMERA FOTOGRÁFICA EM BAGAGEM DESPACHADA. ORIENTAÇÃO DA AGÊNCIA NACIONAL DE AVIAÇÃO CIVIL (ANAC) E DA PRÓPRIA COMPANHIA AÉREA NO SENTIDO DE CARREGAR OBJETOS DE VALOR EM BAGAGEM DE MÃO. DESCUMPRIMENTO POR PARTE DO AUTOR. DECLARAÇÃO DE BENS NÃO PREENCHIDA PELO CONSUMIDOR. ÔNUS QUE O INCUMBIA. INVIABILIDADE DE RESPONSABILIZAÇÃO DA EMPRESA ÁREA PELO FURTO. INCIDÊNCIA DACAUSA EXCLUDENTE DE RESPONSABILIDADE POR CULPA EXCLUSIVA DO CONSUMIDOR. REQUISITOS PARA A CARACTERIZAÇÃO DA RESPONSABILIDADE CIVIL NÃO DEMONSTRADOS. DEVER DE INDENIZAR POR DANOS MORAIS E MATERIAIS INEXISTENTE. RECURSO CONHECIDO E PROVIDO. SENTENÇA DE PROCEDÊNCIA REFORMADA, PARA JULGAR IMPROCEDENTES OS PEDIDOS INICIAIS. INVERSÃO DO ÔNUS SUCUMBENCIAL. A Agência Nacional de Aviação Civil – ANAC orienta que o usuário de transporte aéreo deve levar bens de valor e objetos eletrônicos na bagagem de mão, mas, se houver insistência por parte do consumidor em carregá-los na bagagem a ser despachada, ele deve requerer o formulário e declará-los no balcão de check-in. Desrespeitadas essas regras, o transportador não responde civilmente por eventuais danos". (TJSC, Ap. Civ. 20130257609, Segunda Câmara de Direito Público, Rel. Des. Francisco Oliveira Neto, julgado em 15/03/2016)

◙ **Culpa exclusiva do consumidor. Lesões ocorridas durante a prática de *rafting* que não estava incluído em pacote turístico contratado.** "DIREITO CIVIL E PROCESSUAL CIVIL – AGÊNCIA DE VIAGENS – 'PACOTE TURÍSTICO' – RESPONSABILIDADE DA CADEIA DE FORNECEDORES – RAFTING NO RIO FORMOSO EM BONITO/MS – PASSEIO OPCIONAL – ESPORTE POTENCIALMENTE PERIGOSO – LUXAÇÃO NO COTOVELO – INDENIZAÇÃO – VERBA NÃO DEVIDA – PEDIDOS JULGADOS IMPROCEDENTES. Os fornecedores de toda a cadeia criada para colocar no mercado o 'pacote turístico' vendido à consumidora são, por decorrência de lei, considerados solidariamente responsáveis. Passeios não incluídos no 'pacote', todavia, não vinculam a cadeia de fornecedores. Ilegitimidade passiva ad causam da agência de viagens que vendeu à consumidora/viajante apenas a viagem, traslado, hospedagem e passeios outros que não incluíam descida às corredeiras de determinado rio. Ainda que haja a responsabilidade objetiva dos fornecedores de produtos e serviços à luz do CDC, no caso concreto, por se tratar o rafting de modalidade esportiva radical e potencialmente danosa, na há falar em responsabilidade por fato decorrente do choque entre os corpos dos praticantes, cuja ocorrência, vale dizer, mostra-se tão previsível quanto, v.g., a possibilidade de se torcer o tornozelo durante uma partida de futebol" (TJMG, Ap. Cív. 10024027498518001, Décima Sexta Câmara Cível, Rel. Des. Mauro Soares de Freitas, DJ 13/09/2006).

◙ **Culpa exclusiva do consumidor. Afogamento em cachoeira após mergulho que não estava previsto durante a prática de rapel.** "CIVIL E PROCESSUAL CIVIL - APELAÇÃO- AÇÃO DE INDENIZAÇÃO POR DANOS MORAIS E MATERIAIS - EXCURSÃO TURÍSTICA PARA PRÁTICA DE RAPEL - VÍTIMA FATAL - AFOGAMENTO EM CACHOEIRA - RESPONSABILIDADE OBJETIVA DA PRESTADORA DE SERVIÇO - EXISTÊNCIA DE EQUIPAMENTO DE SEGURANÇA - MERGULHO VOLUNTÁRIO EM ÁREA DE TURBILHÃO - CULPA EXCLUSIVA DA VÍTIMA - NEXO DE CAUSALIDADE AFASTADO - INDENIZAÇÃO - NÃO CABIMENTO - RECURSO CONHECIDO E NÃO PROVIDO. – A empresa prestadora de serviço de ecoturismo tem responsabilidade objetiva nos moldes do CDC. – O esporte de rapel não pressupõe mergulho em local de turbilhão de águas, mas apenas descida em paredão de cachoeira, sendo prescindível a prática de natação. – Se o participante de excursão, planejada para descida de rapel em cachoeira, se aventura voluntariamente em mergulho em águas turbulentas, dispensando o colete salva-vidas que estava ao seu dispor, vindo a falecer por afogamento, afastada está a responsabilidade da prestadora de serviço, porque inexistente o nexo de causalidade entre a prática esportiva do rapel e o mergulho voluntário. – Recurso conhecido e não provido" (TJMG, Ap. Cív. 10702020087517001, Décima Sétima Câmara Cível, Rel. Des. Márcia de Paoli Balbino, DJ 21/09/2006).

◙ **Culpa exclusiva do consumidor. Bolsa furtada enquanto passageira vai ao banheiro.** "INDENIZAÇÃO POR DANOS MATERIAIS E MORAIS. PASSAGEIRA DE AVIÃO QUE TEM BOLSA FURTADA ENQUANTO VAI AO BANHEIRO. CULPA EXCLUSIVA DA VÍTIMA CONFIGURADA. ISENÇÃO DE RESPONSABILIDADE DA EMPRESA TRANSPORTADORA. A responsabilidade objetiva da empresa aérea não alberga danos causados, dolosa ou culposamente, pela própria vítima. Sendo razoável se esperar a vigilância de todos quanto aos seus pertences de valor, a responsabilidade pelo furto destes não pode ser imputada à companhia aérea". (TJ/DF, 2ª T. Cív., Ap. Cív. nº 20000110836043, Rel. Des. Carmelita Brasil, DJ 19.5.2004).

◙ **Culpa exclusiva do consumidor. Descuido em relação à senha bancária. Saques realizados por terceiros.** "APELAÇÃO CÍVEL. AÇÃO DE CANCELAMENTO DE

DÉBITO C/C INDENIZAÇÃO POR DANOS MATERIAIS C/C INDENIZAÇÃO POR DANOS MORAIS. PRELIMINAR. ILEGITIMIDADE AD CAUSAM. REJEITADA. SAQUES REALIZADOS POR TERCEIRO EM CARTÃO APROPRIADO INDEVIDAMENTE. SENHA ANOTADA NO CARTÃO. AUSÊNCIA DE RESPONSABILIDADE DA INSTITUIÇÃO FINANCEIRA PELOS DANOS CAUSADOS. EXCLUDENTE. CULPA EXCLUSIVA DO CONSUMIDOR. FALTA DE ZELO NA GUARDA DA SENHA PESSOAL. 1. O Banco é parte legitima da ação, não se tratando de pretensão fundada em contrato de seguro. 2. Trata-se de excludente por culpa exclusiva do consumidor, que não tomou os devidos cuidados da posse do cartão, escrevendo a senha no mesmo, e somente informando a apelada do extravio meses após o fato". (TJMS, Ap. Civ. 00107610520088120001, Segunda Câmara Cível, Rel. Des. José Ale Ahmad Netto, DJ 17/02/2016). ◙ **No mesmo sentido:** "APELAÇÃO CÍVEL. AÇÃO DE INDENIZAÇÃO POR DANOS MORAIS E MATERIAIS. EXTRAVIO DE CARTÃO MAGNÉTICO. TRANSFERÊNCIA DE VALORES DA CONTA DO TITULAR POR TERCEIRO. UTILIZAÇÃO DA SENHA SECRETA. CULPA EXCLUSIVA DO CONSUMIDOR NO SIGILO DO CÓDIGO PESSOAL. EXCLUDENTE DE RESPONSABILIDADE. INOCORRÊNCIA DE FALHA NA PRESTAÇÃO DOS SERVIÇOS. DEVER DE INDENIZAR AFASTADO. A jurisprudência é pacífica no sentido de que cabe ao correntista agir com zelo e cuidado no uso de seu cartão magnético e respectiva senha, não podendo a instituição financeira responder por saques perpetrados por terceiros que tiveram acesso ao cartão e à senha por descuido do cliente". (TJPB, Ap. Cív. 01017383420128152001, Rel. Des. José Ricardo Porto, julgado em 22/09/2015) ◙ **No mesmos sentido:** "Saques indevidos em conta-corrente. Culpa do consumidor em fornecer senha e cartão à terceiro. "Recurso especial – Responsabilidade civil – Ação de indenização – Danos morais – Saques indevidos em conta-corrente – Culpa exclusiva da vítima – Art. 14, § 3º, do CDC – Improcedência. 1 – Conforme precedentes desta Corte, em relação ao uso do serviço de conta-corrente fornecido pelas instituições bancárias, cabe ao correntista cuidar pessoalmente da guarda de seu cartão magnético e sigilo de sua senha pessoal no momento em que deles faz uso. Não pode ceder o cartão a quem quer que seja, muito menos fornecer sua senha a terceiros. Ao agir dessa forma, passa a assumir os riscos de sua conduta, que contribui, à toda evidência, para que seja vítima de fraudadores e estelionatários (STJ, Resp. 602680/BA, Rel. Min. Fernando Gonçalves, DJU de 16/11/2004; REsp. 417835/AL, Rel. Min. Aldir Passarinho Júnior, DJU de 19/08/2002). 2 – Fica excluída a responsabilidade da instituição financeira nos casos em que o fornecedor de serviços comprovar que o defeito inexiste ou que, apesar de existir, a culpa é exclusiva do consumidor ou de terceiro (art. 14, § 3º, do CDC)" (STJ, REsp. 601805/SP, Rel. Min. Jorge Scartezzini, DJ 14/11/2005).

◙ **Culpa exclusiva do consumidor. Passageiro que se atrasa para o embarque em aeronave.** "CONSUMIDOR. TRANSPORTE AÉREO INTERNACIONAL. INDENIZAÇÃO POR DANOS MATERIAIS E MORAIS. ATRASO DO PASSAGEIRO PARA O EMBARQUE. CULPA EXCLUSIVA DO CONSUMIDOR. AUSENTE A RESPONSABILIDADE DA AGÊNCIA DE TURISMO. PEDIDO IMPROCEDENTE". (TJRS, Recurso Cível 71005574439, Segunda Turma Recursal Cível, Turmas Recursais, Rel. Vivian Cristina

Angonese Spengler, DJ em 20/11/2015). ◙ **No mesmo sentido:** "RECURSO INOMINADO. AÇÃO DE INDENIZAÇÃO POR DANOS MATERIAIS E MORAIS. EMPRESAS AÉREAS. IMPEDIMENTO DE EMBARQUE EM VOO DOMÉSTICO POR ATRASO DO PASSAGEIRO. PERDA DE VOO POR CULPA EXCLUSIVA DO CONSUMIDOR. AUSÊNCIA DE RESPONSABILIDADE DA COMPANHIA AÉREA. INEXISTÊNCIA DE CIRCUNSTÂNCIA EXCEPCIONAL QUE AUTORIZASSE O EMBARQUE. SENTENÇA DE PROCEDÊNCIA REFORMADA. RECURSO CONHECIDO E PROVIDO. Os Desembargadores que integram a Nona Câmara Cível do Tribunal de Justiça do Estado do Paraná, por unanimidade de votos, em negar provimento ao recurso". (TJPR, Primeira Turma Recursal, Recurso Inominado 00294404220128160182/0, Rel. Fernando Swain Ganem, Rel. Desig. p/ o Acórdão, Kelly Sponholz, DJ 04/11/2015)

◙ **Culpa exclusiva do consumidor. Alergia a tintura para cabelo. Não observância de informações contidas em bula do produto pela consumidora.** "INDENIZAÇÃO POR DANOS MORAIS - CONSUMIDOR - DEVER DE INFORMAÇÃO SOBRE OS RISCOS DO PRODUTO - TINTURA DE CABELO - REAÇÃO ALÉRGICA - EMBALAGEM E BULA QUE CONTÊM ADEQUADAS INFORMAÇÕES SOBRE OS RISCOS ADVINDOS DO USO DO PRODUTO E DA NECESSIDADE DE REALIZAÇÃO DE TESTE DE SENSIBILIDADE DE 24 HORAS -CULPA EXCLUSIVA DA CONSUMIDORA - SENTENÇA DE IMPROCEDÊNCIA - INCONFORMISMO. Deve ser prestigiada a sentença que julgou improcedente pedido de indenização de danos morais decorrentes de defeito de informação ao consumidor, se comprovada a existência de informação adequada sobre os riscos do uso do produto e de advertências sobre a necessidade de realização de teste de sensibilidade de 24 horas antes de sua utilização, as quais foram ignoradas pela consumidora, que se limitou a proceder testes de poucos minutos antes do uso, do qual adveio reação alérgica 40 minutos após. Resultado: Apelação desprovida". (TJSP, Ap. Civ. 90000203320088260590, Oitava Câmara de Direito Privado, Rel. Des. Alexandre Coelho, DJE 18/09/2015)

◙ **Culpa exclusiva do consumidor. Tropeço em obstáculo existente em estacionamento de supermercado, devidamente sinalizado e destinado à segurança do próprio consumidor.** "AÇÃO INDENIZATÓRIA. QUEDA EM ESTACIONAMENTO DE SUPERMERCADO. INCIDÊNCIA DO CDC. INEXISTÊNCIA DE FALHA NA PRESTAÇÃO DO SERVIÇO. CONSUMIDORA QUE TROPEÇOU EM BLOCO DE CONCRETO QUE IMPEDE O ACESSO DE VEÍCULOS À ÁREA DE TRÂNSITO DE PEDESTRES. OBSTÁCULO BEM SINALIZADO E DESTINADO À SEGURANÇA DOS CONSUMIDORES. CULPA EXCLUSIVA DO CONSUMIDOR. EXCLUDENTE PREVISTA NO ART. 14, § 3º, II, DO CDC". (TJSP, Ap. Civ. 10150331320148260005 , Sexta Câmara de Direito Privado, Rel. Des. Paulo Alcides, DJ 18/08/2015)

◙ **Culpa exclusiva do consumidor. Medicamento ministrado em cão de estimação sem a prescrição de profissional.** "APELAÇÃO CÍVEL - RESPONSABILIDADE CIVIL - AÇÃO DE INDENIZAÇÃO POR DANOS MATERIAIS E MORAIS - CÃO DA RAÇA PITBULL AMERICANO - ANIMAL SAUDÁVEL - AUSÊNCIA DE PRESCRIÇÃO MÉDICO-VETERINÁRIA PARA UTILIZAÇÃO DE CÁLCIO - USO DE

PRODUTO MINISTRADO NO CÃO PELO SEU PRÓPRIO DONO - REAÇÕES ANORMAIS APÓS A APLICAÇÃO ENDOVENOSA DO PRODUTO VETERINÁRIO - AUSÊNCIA DE CULPA DA EMPRESA DEMANDADA - Não obstante o Código de Defesa do Consumidor imputar responsabilidade objetiva ao fornecedor pelo fato do produto (artigos 12 e 13 do CDC), é indispensável para que haja a responsabilização que o consumidor prove a existência do dano e o nexo de causalidade entre este e a conduta do fornecedor. No caso dos autos, descabida a pretensão do autor no sentido de ser indenizado por danos materiais e morais pelo uso de produto veterinário inadequado, porquanto o demandante agiu por sua conta e risco ao ministrar o produto no seu cão, estando este saudável, tendo ele próprio (autor) aplicado o produto veterinário de forma endovenosa, sem qualquer prescrição médico-veterinária. Assim, correta a douta sentença recorrida que julgou improcedente o pedido na demanda, pois não há que se falar em indenização em face da culpa exclusiva do demandante pelas reações adversas e anormais apresentadas pelo cão. Negaram provimento à apelação." (TJRS, APC 70005331053 - 9ª C.Cív. - Rel. Des. Adão Sérgio do Nascimento Cassiano, J. 17.12.2003)

◙ **Culpa exclusiva do consumidor. Acidente causado durante manuseio do televisor.** "RESPONSABILIDADE CIVIL - CONSUMIDOR - Indenização por danos moral e estético devido a acidente durante manuseio de aparelho televisor - Alegação de violação do dever de segurança do produto - Fato do produto - Inocorrência - Culpa exclusiva do consumidor, que assumiu o risco ao não observar a cautela necessária para levantar o aparelho - Art. 12, § 3º, II, do CDC - Dever de indenizar afastado - Pedido de afastamento da condenação nas verbas da sucumbência - Impossibilidade - Art. 20 do CPC c/c. art.12 da LAJ - Sentença mantida - Recurso não provido." (TJSP - Ap 0004445-30.2011.8.26.0405 - j. 18/4/2012 - julgado por Walter Rocha Barone)

◙ **Culpa exclusiva do consumidor. Passageiro deixado em parada obrigatória de ônibus.** "RESPONSABILIDADE CIVIL. RECURSO ESPECIAL. TRANSPORTE INTERESTADUAL DE PASSAGEIROS. USUÁRIO DEIXADO EM PARADA OBRIGATÓRIA. CULPA EXCLUSIVA DO CONSUMIDOR. 1. A responsabilidade decorrente do contrato de transporte é objetiva, nos termos do art. 37, § 6º, da Constituição da República e dos arts. 14 e 22 do Código de Defesa do Consumidor, sendo atribuído ao transportador o dever reparatório quando demonstrado o nexo causal entre o defeito do serviço e o acidente de consumo, do qual somente é passível de isenção quando houver culpa exclusiva do consumidor ou uma das causas excludentes de responsabilidade genéricas (arts. 734 e 735 do Código Civil). 2. Deflui do contrato de transporte uma obrigação de resultado que incumbe ao transportador levar o transportado incólume ao seu destino (art. 730 do CC), sendo certo que a cláusula de incolumidade se refere à garantia de que a concessionária de transporte irá empreender todos os esforços possíveis no sentido de isentar o consumidor de perigo e de dano à sua integridade física, mantendo-o em segurança durante todo o trajeto, até a chegada ao destino final. 3. Ademais, ao lado do dever principal de transladar os passageiros e suas bagagens até o local de destino com cuidado, exatidão e presteza, há o transportador que observar os deveres secundários de cumprir o itinerário ajustado e o horário marcado, sob pena de responsabilização pelo atraso ou pela mudança de trajeto. 4. Assim, a mera partida do coletivo sem a presença do viajante não pode ser equiparada automaticamente à falha na prestação do serviço, decorrente da quebra da cláusula de incolumidade, devendo ser analisadas pelas instâncias ordinárias as circunstâncias fáticas que envolveram o evento, tais como, quanto tempo o coletivo permaneceu na parada; se ele partiu antes do tempo previsto ou não; qual o tempo de atraso do passageiro; e se houve por parte do motorista a chamada dos viajantes para reembarque de forma inequívoca. 5. O dever de o consumidor cooperar para a normal execução do contrato de transporte é essencial, impondo-se-lhe, entre outras responsabilidades, que também esteja atento às diretivas do motorista em relação ao tempo de parada para descanso, de modo a não prejudicar os demais passageiros (art. 738 do CC). 6. Recurso especial provido". (STJ, REsp 1354369/RJ, Quarta Turma, Rel. Min. Luis Felipe Salomão, DJe 25/05/2015).

◼ **Culpa exclusiva do consumidor. Demora no fornecimento de energia. Não atendimento de exigências técnicas da concessionária.** "APELAÇÃO CÍVEL – AÇÃO DE INDENIZAÇÃO POR LUCROS CESSANTES – DEMORA NO FORNECIMENTO DE ENERGIA ELÉTRICA – PRESTAÇÃO DE SERVIÇO PÚBLICO – RESPONSABILIDADE OBJETIVA E RELAÇÃO DE CONSUMO – DEMORA POR CULPA EXCLUSIVA DO CONSUMIDOR QUE NÃO ATENDEU À EXIGÊNCIAS TÉCNICAS – EMPRESA CONCESSIONÁRIA NO EXERCÍCIO REGULAR DE DIREITO (EXCLUDENTE DE ILICITUDE) – RESPONSABILIDADE OBJETIVA AFASTADA POR CULPA EXCLUSIVA DO CONSUMIDOR (EXCLUDENTE DO NEXO CAUSAL). 1. A apelada é empresa concessionária de serviço público, sendo tratadas as questões de responsabilidade civil na modalidade objetiva, nos termos do artigo37, § 6º, da Carta Magna. Acresce-se, ainda, evidente relação de consumo, nos termos dos artigos 2º, 3º 3º, § 2º, do Código de Defesa do Consumidor; 2. A prestação de serviço consubstancia-se na instalação de medidores para fornecimento de energia elétrica. A instalação foi realizada após decurso do lapso temporal superior a 05 (cinco) meses da aprovação do primeiro projeto elétrico, deixando o consumidor de auferir lucro em relação aos contratos de locação comercial das lojas da galeria; 3. No caso em tela, a demora da instalação dos medidores não deve ser imputada à empresa concessionária CELPE, mas, sim, ao consumidor que deixou de observar as diversas exigências técnicas disponibilizadas pela distribuidora (Resolução nº 414/2010/ANEEL). A empresa concessionária agiu no exercício regular de direito (artigo 188, inciso I, do Código Civil). Ademais, a responsabilidade objetiva deve ser afastada por ser verificada culpa exclusiva do consumidor, pois, nessa hipótese, resta excluído o nexo de causalidade entre o dano e a conduta do agente". . (TJPE, Ap. Civ. 3752090, Sexta Câmara Cível, Rel. Des. Evandro Sérgio Netto de Magalhães Melo, DJE 17/03/2016)

◼ **Culpa exclusiva do consumidor. Cancelamento de voo. Não comparecimento do passageiro ao embarque ("no show").** "INDENIZAÇÃO. CONTRATO DE TRANS-

PORTE AÉREO. NÃO COMPARECIMENTO DO PASSAGEIRO AO EMBARQUE. CANCELAMENTO DE VOO. CULPA EXCLUSIVA DO CONSUMIDOR. I O autor efetuou a compra de nova passagem, que antecipou o voo de ida. Diante do não comparecimento do passageiro ao embarque desse voo originário, sem informar à companhia aérea, houve o cancelamento da passagem de volta, conforme a regra tarifária do contrato de transporte aéreo. II Comprovado que os danos experimentados pelo cancelamento do voo de volta decorreu de culpa exclusiva do consumidor, a companhia aérea está isenta de repará-los. Art. 14 , § 3º , inc. II , do CDC . III – Apelação desprovida". (TJDFT, Ap. Civ. 20150110128025, Sexta Turma Cível, Rel. Des. Vera Andrighi, DJE 24/11/2015) ◙ **Em sentido contrário, entendendo como conduta abusiva o cancelamento da passagem de volta.** "Por ser uma conduta abusiva, configura ato ilícito causador de danos morais o cancelamento unilateral da passagem de volta, em razão do não comparecimento para embarque no trecho de ida (no-show), porquanto essa prática é rechaçada pelo Código de Defesa do Consumidor. Precedente." (STJ, AgInt no AREsp 1447599/RJ, Rel. Ministro Marco Aurélio Bellizze, Terceira Turma, DJe 27/06/2019)

◙ **Culpa exclusiva do consumidor. Irregularidade no sistema de aterramento elétrico na residência do usuário.** "CONSUMIDOR. INDENIZAÇÃO. EMPRESA DE DISTRIBUIÇÃO DE ENERGIA. FALHA NA PRESTAÇÃO DO SERVIÇO. INEXISTÊNCIA. ATERRAMENTO. IRREGULARIDADE. CULPA EXCLUSIVA DO CONSUMIDOR. 1. Mesmo considerada a responsabilização objetiva, independente da existência de culpa, é imprescindível a ocorrência de ilícito civil, de dano e do nexo causal entre ambos, o que não se verifica, uma vez que a ré adimpliu todas as obrigações relacionadas às suas atividades e, se houve dano ao autor, não decorreu da conduta por ela perpetrada. 2. Ante a não constatação de efetiva falha na prestação de serviço e em face da demonstração de irregularidade no sistema de aterramento da residência do autor, resta patente a ocorrência das duas excludentes de responsabilidade do prestador de serviços, nos termos do § 3º do artigo 14 do Código de Defesa do Consumidor . 3. Recurso desprovido". (TJDFT, Ap. Civ. 20080110122208, Quinta turma cível, Rel. Des. Maria de Lourdes Abreu, DJE 18/08/2015)

◙ **Culpa exclusiva do consumidor. Demora na comunicação ao banco sobre extravio de cartão magnético.** "APELAÇÃO CÍVEL. NEGÓCIOS JURÍDICOS BANCÁRIOS. EXTRAVIO DE CARTÃO MAGNÉTICO. SAQUE DE VALORES. COMUNICAÇÃO TARDIA. CULPA EXCLUSIVA DO CONSUMIDOR. Cabe ao consumidor zelar pela preservação de seu cartão magnético de conta bancária, bem como pelo sigilo de sua senha pessoal e intransferível. Também é ônus do cliente bancário a imediata comunicação da casa bancária acerca de eventual extravio de cartão magnético e/ou violação do sigilo da senha. A não observância destes elementos implica no reconhecimento de que houveculpa exclusiva do consumidor para a ocorrência dos saques impugnados, não havendo de se falar em falha na prestação de serviço da casa bancária. Assim, improcede a pretensão indenizatória". (TJRS, Ap. Cív. 70055043947, Décima Sexta Câmara Cível, Rel. Des. Catarina Rita Krieger Martins, DJ 03/03/2015).

◙ **Culpa exclusiva do consumidor. Utilização de colchão por pessoa com peso acima do indicado pelo fabricante.** "APELAÇÃO. INDENIZATÓRIA. COLCHÃO. CULPA EXCLUSIVA DO CONSUMIDOR. EXCLUDENTE DA RESPONSABILIDADE. USO IMPRÓPRIO. MANUTENÇÃO DA SENTENÇA. Culpa exclusiva do consumidor (art. 12 , § 3º , III , do CDC). Hipótese excludente de responsabilidade pelo vício de qualidade do produto o uso impróprio do bem, em contrariedade às características técnicas devidamente informadas ao consumidor, que impede o reconhecimento do dever de indenizar". (TJSP, Ap. Cív. 00020529820128260405 , Trigésima Câmara de Direito Privado, Rel. Des. Maria Lúcia Pizzoti, DJ 28/02/2015).

◙ **Culpa exclusiva do consumidor. Furto de celular em estabelecimento comercial. Objeto deixado pela vítima em balcão de farmácia.** "RECURSO INOMINADO. RESPONSABILIDADE CIVIL. FURTO DE CELULAR EM ESTABELECIMENTO COMERCIAL. AUSENTE RESPONSABILIDADE DA RÉ. CULPA EXCLUSIVA DA CONSUMIDORA. SENTENÇA MANTIDA. A autora alega ter esquecido seu celular no balcão de atendimento da farmácia, buscando ressarcimento do valor do aparelho celular. Ainda que a autora tenha logrado êxito em demonstrar a veracidade dos fatos alegados, não há como imputar ao estabelecimento comercial a responsabilidade pela vigilância dos pertences de seus clientes. No caso dos autos, a autora afirma desde o pedido inicial que esqueceu o aparelho no balcão, sendo seu o dever de guarda e vigilância sobre seus objetos pessoais. Em que pese seja dever do fornecedor a manutenção de segurança e proteção aos consumidores que utilizam seus serviços, não há como exigir a vigilância sobre os pertences pessoais de cada um dos clientes, ainda mais considerando tratar-se de uma farmácia, local frequentado por várias pessoas. Assim, agindo a autora com negligência em relação à guarda de seus pertences pessoais, no caso o aparelho celular, configurada a culpa exclusiva da consumidora para o evento, afastando a responsabilidade do comerciante no que tange à indenização. Sentença mantida por seus próprios fundamentos, conforme autoriza o art. 46 da Lei 9.099/95". (TJRS, Recurso Cível 71005224878, Primeira Turma Recursal Cível, Turmas Recursais, Rel. Pedro Luiz Pozza, DJ 18/12/2014).

◙ **Culpa exclusiva do consumidor. Inscrição do nome do consumidor no Cadastro de Emitentes de Cheques sem Fundos (CCF). Ausência de comunicação ao credor dos depósitos do valor devido.** "APELAÇÃO CÍVEL – INSCRIÇÃO NO CADASTRO DO CCF – IMPOSSIBILIDADE DE IDENTIFICAÇÃO DO DEPÓSITO POR PARTE DO FORNECEDOR – CULPA EXCLUSIVA DO CONSUMIDOR. – Resta configurada a culpa exclusiva do consumidor, quanto à inscrição do seu nome no CCF, quando não comunica ao credor os depósitos das prestações do valor devido, mormente quando realizados em datas e valores diversos do pactuado. – Recurso não provido". (TJMG, Ap. Civ. 10557100001980001, Décima Câmara Cível, Rel. Des. Veiga de Oliveira, DJE 04/10/2013)

CULPA DE TERCEIRO

► **O "terceiro" é um estranho ao fornecedor, devendo ser compreendido de forma restrita.** "(...) o termo *terceiro* deve ser compreendido de forma restrita. O terceiro, pessoa natural ou jurídica, é um estranho ao autor e à vítima – alguém que com eles não mantenha qualquer forma de vínculo ou sofra influência -, mas que culmina por se interpor na relação existente entre eles, sendo o seu fato a causa exclusiva do evento. Por isso, se um manobrista de um restaurante – ao levar o carro de um cliente ao estacionamento – termina por atropelar um transeunte, não poderá o proprietário se eximir do nexo causal por força do fato de terceiro, tendo em vista a evidente relação de subordinação entre patrão e empregado. A obrigação objetiva de indenizar do empregador não se fundará em um "fato próprio", mas em um "fato de outrem", a ele hierarquicamente submetido. (...) No regime do Código de Defesa do Consumidor, é ainda mais rígida a linha que autonomiza o terceiro da pessoa do agente. Qualquer responsável que se coloque no interior do processo de criação, fabricação e distribuição do produto ou serviço ou que de qualquer maneira tenha colaborado para sua introdução no mercado responderá solidariamente aos demais, sem que possa atribuir aos demais fornecedores a condição de "terceiro". Nada impede que após a efetivação do ressarcimento, aquele que pagou busque o direito de regresso contra quem considere o responsável. Como bem delineou o CDC, não se cuidará de uma discussão de culpa, mas da aferição da participação de cada um para o desdobramento da causalidade, tal como enunciado pelo parágrafo único do art. 13: "aquele que efetivar o pagamento ao prejudicado poderá exercer o direito de regresso contra os demais responsáveis, segundo sua participação na causação do evento danoso". (FARIAS, Cristiano Chaves; BRAGA NETTO, Felipe; ROSENVALD, Nelson. *Novo tratado de responsabilidade civil.* 2. ed. São Paulo: Saraiva, 2017, p. 493/494)

► **Excludente do fato de terceiro.** "A excludente do fato de terceiro ataca o próprio nexo de causalidade, já que deixa de haver qualquer relação entre o prejuízo do consumidor e a atividade do sujeito responsável primariamente". (BENJAMIN, Antônio Herman V.; MARQUES, Cláudia Lima; BESSA, Leonardo Roscoe. *Manual de Direito do Consumidor.* 7ª edição. São Paulo, Revista dos Tribunais, 2016, p. 186).

► **Culpa de terceiro (fato de terceiro)**. Com relação à culpa de terceiro ou fato de terceiro, o STJ entende que somente quando for imprevisível e inevitável é que poderá ser considerado como excludente. Assim, quando o fato de terceiro for inevitável, mas previsível, ou seja, quando o fornecedor tiver como prever a ocorrência, não poderá servir para excluir sua responsabilidade.

◙ **Culpa de terceiro. Somente quando for inevitável e imprevisível.** "Todavia, como afirmam a doutrina e a jurisprudência desta Corte, o fato de terceiro só atua como excludente da responsabilidade quando tal fato for inevitável e imprevisível. Não basta, portanto, que o fato de terceiro seja inevitável para excluir a responsabilidade do fornecedor, é indispensável que seja também imprevisível." (STJ, Resp 685.662/RJ, Rel. Min. Nancy Andrighi, DJ 5.12.2005)

◙ **Culpa exclusiva de terceiro. Serviço de valet. Roubo praticado por terceiro, excluindo a responsabilidade civil do restaurante fornecedor do serviço do manobrista.** "No serviço de manobristas de rua (valets), as hipóteses de roubo constituem, em princípio, fato exclusivo de terceiro, não havendo prova da concorrência do fornecedor, mediante defeito na prestação do serviço, para o evento danoso. Reconhecimento pelo acórdão recorrido do rompimento do nexo causal pelo roubo praticado por terceiro, excluindo a responsabilidade civil do restaurante fornecedor do serviço do manobrista." (STJ, REsp 1321739/SP, Rel. Ministro Paulo de Tarso Sanseverino, Terceira Turma, julgado em 05/09/2013, DJe 10/09/2013) ◙ **No mesmo sentido:** "(...) No serviço de manobristas de rua (valets), não havendo prova da concorrência do fornecedor, as hipóteses de roubo constituem fato exclusivo de terceiro, vez que o fato escapa a esfera de previsibilidade das empresas apeladas, que não possuem o dever de garantir a segurança pública, não sendo possível exigir que seus prepostos reagissem ante a ação de um indivíduo portando arma de fogo. 3. A ocorrência de fato externo às atividades de risco desenvolvidas pelas empresas rés quebra o nexo de causalidade, que exclui o dever de indenizar.". (TJDFT, Ap. Cív. 00226305620158070001, Oitava Turma Cível, Rel. Des. Ana Cantarino, DJe 05/07/2017)

◙ **Culpa exclusiva de terceiro. Gravame lançado em veículo da consumidora, decorrente de processo judicial sofrido por proprietário anterior do mesmo bem.** "(...) Com relação aos danos morais, não obstante a situação vivenciada pela autora tenha lhe restringido o direito de propriedade, os documentos de fls. 16/18 demonstram que à época da realização do negócio inexistia a referida constrição judicial que importou em gravame no automóvel da autora em razão de processo judicial sofrido pelo antepenúltimo proprietário do veículo (fl. 16 verso). Portanto, configurada a culpa exclusiva de terceiro para a geração do evento danoso à autora, tem-se por inviável a condenação da ré ao pagamento de indenização por danos morais. Assim, merece ser mantida a sentença recorrida por seus próprios fundamentos. SENTENÇA MANTIDA. RECURSO IMPROVIDO" (TJRS, Recurso Cível 71005631866, Primeira Turma Recursal Cível, Turmas Recursais, Rel. Fabiana Zilles, DJ 28/01/2016).

◙ **Culpa exclusiva de terceiro. Ato de vandalismo que danifica torre de transmissão de sinal de telefonia celular.** "RECURSO INOMINADO. CONSUMIDOR. SERVIÇO DE TELEFONIA MÓVEL. ALEGAÇÃO DE AUSÊNCIA DE SINAL POR ALGUNS DIAS NA REGIÃO DE CANDELÁRIA. EXCLUDENTE DE RESPONSABILIDADE. INEXISTÊNCIA DE FALHA NA PRESTAÇÃO DO SERVIÇO. ATO DE VANDALISMO QUE CARACTERIZA A CULPA EXCLUSIVA DE TERCEIRO. RESTABELECIMENTO DE SINAL EM TEMPO RAZOÁVEL. DANOS MORAIS INOCORRENTES. – A parte autora postulou indenização por danos morais alegando falha na prestação do serviço em razão de ter ficado impossibilitada de utilizar o telefone celular por aproximadamente quatro (04) dias em decorrência da falta de sinal. – Falha na prestação de serviço que não se deu por culpa da ré, pois a falta de sinal foi em decorrência de ato de vandalismo praticado por terceiros, os quais, além de danificar as torres de percepção de sinal, furtaram materiais. Culpa exclusiva de terceiro que afasta a responsabilidade da concessionária de telefonia, nos termos do artigo 14, § 3º, inciso II, do CDC. – A interrupção no fornecimento do serviço não ocorreu por culpa da ré. No entanto, mesmo que hipoteticamente fosse considerada tal possibilidade, não há nos autos elementos suficientes para respaldar indenização por dano extrapatrimonial. Cabia à parte autora trazer a prova de que a demora no restabelecimento do serviço causou-lhe transtornos que superaram os triviais dissabores do cotidiano e da vida em sociedade, ônus do qual não se desincumbiu (artigo 333 , inciso I , do CPC). Assim, não vindo aos autos a excepcionalidade, pois... houve apenas mero aborrecimento sem ofensa a direitos da personalidade, não há que se falar em indenização por dano imaterial". (TJRS, Recurso Cível 71005273321, Terceira Turma Recursal Cível, Turmas Recursais, Rel. Lusmary Fatima Turelly da Silva, DJ 25/09/2015)

◙ **Culpa exclusiva de terceiro. Abertura de conta e emissão de cheque em nome do consumidor por terceiro que aparentava ser o titular de conta corrente.** "DANO MORAL. PROTESTO. CHEQUE. ABERTURA DE CONTA POR MELIANTE. CULPA EXCLUSIVA DE TERCEIRO. 1. Restou assentado que houve abertura de conta corrente em nome do autor por terceiro meliante, que, valendo-se de talão de cheques, emitiu diversos deles no comércio. 2. O cheque recebido pela ré, comerciante, derivou dessa conta irregular e, por isso, é inexigível. 3. Embora o dano moral esteja configurado, no caso, há excludente de responsabilidade em favor da ré, diante de culpa exclusiva de terceiro, o que quebra o nexo causal e afasta o dever de indenizar. Afinal, houve emissão de cheque por pessoa que aparentava ser titular de conta corrente, e o cheque foi devolvido por ausência de fundos, e não por motivo que pudesse ensejar à ré maiores cautelas no protesto do título. 4. Recurso do réu parcialmente provido, prejudicado o recurso do autor" (TJRS, Ap. Cív. 00238115520118260114, Décima Quarta Câmara de Direito Privado, Rel. Des. Melo Colombi, DJ 31/07/2015).

◙ **Culpa exclusiva de terceiro. Responsabilidade do banco afastada. Consumidor que fica inadimplente junto ao banco e tem seu nome inscrito em cadastros de inadimplentes em razão de orientação equivocada prestada por empresa de consultoria.** "APELAÇÃO. DIREITO CIVIL. DIREITO DO CONSUMIDOR. RESPONSABILIDADE SOLIDÁRIA. NÃO APLICAÇÃO. CULPA EXCLUSIVA DE TERCEIRO. DEMONSTRADA. DANO MORAL. PRESENÇA. QUANTUM FIXADO. PROPORCIONALIDADE E RAZOABILIDADE. RECURSO CONHECIDO E PARCIALMENTE PROVIDO. 1. Embora a responsabilidade do fornecedor seja objetiva, não deve ele responder por danos causados por culpa exclusiva de terceiro, ante a ausência do nexo de causalidade. Inteligência do art. 14, § 3º, do código de defesa do consumidor. 2. A responsabilidade objetiva prevista no art. 14 do código de defesa do consumidor é afastada quando comprovada a culpa exclusiva do consumidor ou de terceiro (§ 3º, inciso II, segunda parte). 3.A indenização por danos morais tem dúplice caráter, vez que deve ensejar a reparação do abalo extrapatrimonial suportado pela apelada, sem se afastar do caráter pedagógico-punitivo, ao viso de inibir a reiteração de condutas similares. Há de ser imposta, sobretudo, com fundamento no princípio constitucionais da razoabilidade ou da proporcionalidade. 4. Quantum indenizatório majorado. 5. Recurso conhecido e parcialmente provido". (TJDFT, Ap. Cív. 20130310101044, Quarta Turma Cível, Rel. Des. Rômulo de Araújo Mendes, DJ 29/07/2015)

◙ **Culpa exclusiva de terceiro. Roubo praticado na via pública próximo a agência de turismo.** "DIREITO CIVIL DIREITO DO CONSUMIDOR. DANOS MORAIS E MATERIAIS. AGÊNCIA DE TURISMO. ROUBO NA RUA. CULPA EXCLUSIVA DE TERCEIRO. APELO NÃO PROVIDO. DECISÃO UNÂNIME. 1. No caso, observa-se que não houve defeitos com relação à prestação dos serviços contratados, os quais se resumiam à diárias de hotel, excursões, passeios e traslados aeroporto/hotel. Não é possível responsabilizar a Agência de Turismo por roubo ocorrido na rua, pois constitui culpa exclusiva de terceiro, excludente de responsabilidade prevista no § 3º do Art. 14. 2. A Apelada cumpriu com seu dever de informação, pois disponibilizou previamente quais os hotéis em que a apelante ficaria hospedada. 3. Exclusão do nexo causal. 5. Apelação a que se nega provimento". (TJPE, Ap. Cív. 3377382, Primeira Câmara Cível, Rel. Des. Roberto da Silva Maia, DJ 27/11/2014)

◙ **Culpa exclusiva de terceiro não demonstrada. Inscrição indevida do nome da consumidora em cadastro restritivo de crédito por devolução de cheque fraudado.** "APELAÇÃO CÍVEL – AÇÃO DE INDENIZAÇÃO POR DANOS MORAIS – INSCRIÇÃO INDEVIDA EM CADASTROS DE INADIMPLENTES – DEVOLUÇÃO DE CHEQUE FRAUDADO – CULPA EXCLUSIVA DE TERCEIROS – INEXISTÊNCIA – FORTUITO INTERNO – ATO PREVISÍVEL E EVITÁVEL – FALHA NA PRESTAÇÃO DE SERVIÇOS DEMONSTRADA – RECURSO DESPROVIDO. Para a configuração do dever de indenizar, seja em relação aos danos contratuais, seja no tocante aos extracontratuais, devem estar presentes os pressupostos responsabilidade civil, quais sejam: o dano, o ato ilício e o nexo de causalidade. Sendo objetiva a responsabilidade da apelante, nos termos do preceito constante do art. 14 Código de Defesa do Consumidor, para o afastamento do nexo de causalidade mostra-se imprescindível a comprovação da imprevisibilidade e inevitabilidade dos atos que acarretaram a negativação indevida do nome da apelada" (TJMG, Ap. Cív. 10338110004094001, Décima Oitava Câmara Cível, Rel. Des. Sérgio André da Fonseca Xavier DJ 22/01/2016).

◙ **Culpa exclusiva de terceiro não demonstrada. Alteração de rota durante cruzeiro marítimo em razão de manifestação promovida por pescadores.** "JUIZADOS ESPECIAIS CÍVEIS. DIREITO DO CONSUMIDOR. PACOTE TURÍSTICO. ALTERAÇÃO DA ROTA. CRUZEIRO MARÍTIMO. RESPONSABILIDADE OBJETIVA E SOLIDÁRIA DAS EMPRESAS INTEGRANTES DA CADEIA DE CONSUMO. CULPA EXCLUSIVA DE TERCEIRO NÃO CONFIGURADA. FALHA NA PRESTAÇÃO DO SERVIÇO. DANOS MORAIS CONFIGURADOS. SENTENÇA MANTIDA. 1. Trata-se de relação de consumo, visto que a recorrente é fornecedoras de serviços, cujo destinatário final é a consumidora, conforme previsto nos artigos 2º e 3º da Lei nº 8.079, de 11 de setembro de 1990, Código de Defesa do Consumidor. 2. Na contratação de pacote turístico, a empresa organizadora de turismo, à luz da teoria do risco do empreendimento, assume a responsabilidade de todo o roteiro contratado, abarcando a culpa in eligendo no concernente aos problemas enfrentados na prestação do serviço. 3. A recorrente alega em seu Recurso Inominado excludente de responsabilidade no caso em questão. Defende que não tinha como prever a realização de protesto e que ficou impossibilitada de cumprir a rota internacional devido a isso. Sem razão a recorrente. O risco da atividade de turismo não pode ser transferida ao consumidor. De acordo com a documentação mencionada em sede de contrarrazões recursais, havia a possibilidade de se prever a manifestação. Dessa forma, está caracterizada a falha na prestação de serviço por parte da Recorrente. Não pode a autora ter adquirido um pacote internacional e ser contemplada com um pacote nacional. 4. Os fornecedores de serviços respondem solidariamente e independentemente de culpa pela reparação dos danos causados aos consumidores por defeitos relativos à prestação dos serviços, conforme art. 14, caput do Código de Defesa do Consumidor. Excludente de responsabilidade não configurada. 5. O fato evidencia a má prestação dos serviços postos à disposição do consumidor, e o dever dos prestadores de serviço em responder solidária e objetivamente pela falha do serviço. 6. A contratação de pacote turístico gera reais expectativas no consumidor, que confia nos serviços que serão futuramente prestados. A impossibilidade de cumprimento do que foi acordado, é fato apto a gerar dano moral, já que extrapola o mero aborrecimento cotidiano. 7. No caso, a indenização fixada em R$ 6.000,00 (cinco mil reais), atende aos princípios da razoabilidade e da proporcionalidade, ao seu caráter compensatório e dissuasório, bem assim à natureza da ofensa e às peculiaridades do caso sob exame, se amolda ao conceito de justa reparação e não merece reparo neste grau revisor. 8. Recurso conhecido e não provido" (TJDFT, Recurso Inominado 20151410007156, Segunda Turma Recursal dos Juizados Especiais do Distrito Federal, Rel. Arnaldo Corrêa Silva, DJe 16/12/2015).

▣ **Culpa exclusiva de terceiro não demonstrada. Acidente de ônibus causado por motorista que conversava com passageiro.** "APELAÇÃO CÍVEL. AÇÃO DE REPARAÇÃO CIVIL. ACIDENTE EM ÔNIBUS PERTENCENTE À PESSOA JURÍDICA PRESTADORA DE SERVIÇO PÚBLICO. MOTORISTA. CULPA. COMPROVAÇÃO. CULPA EXCLUSIVA DE TERCEIRO OU CONCORRENTE DA VÍTIMA. NÃO COMPROVAÇÃO. DANO MORAL. O motorista do ônibus, preposto da empresa concessionária de serviço público, não agiu com diligência e cuidado que se esperam, pois conduzia o veículo sem a atenção necessária, conversando com um passageiro e não reduziu a velocidade ao passar por um quebra-molas. Não há prova da ocorrência de culpa exclusiva de terceiro ou culpa concorrente da vítima no acidente. O valor da indenização pelo dano moral arbitrado na sentença (R$15.000,00 – quinze mil reais) atende aos critérios gerais da equidade, proporcionalidade e razoabilidade, bem como atende aos critérios específicos, como o grau de culpa do agente, o potencial econômico e características pessoais das partes, a repercussão do fato no meio social e a natureza do direito violado. Apelação desprovida" (TJDFT, Ap. Cív. 20130610140660, Sexta Turma Cível, Rel. Des. Hector Valverde Santana, DJ 01/12/2015).

◙ **Culpa exclusiva de terceiro não demonstrada. Fraude bancária que resulta na inscrição indevida do nome do consumidor em cadastro restritivo de crédito.** "CONSUMIDOR. FRAUDE. APONTAMENTO EM CADASTRO RESTRITIVO AO CRÉDITO. RISCO DA ATIVIDADE. FORTUITO INTERNO. EXCLUDENTE DE RESPONSABILIDADE POR CULPA EXCLUSIVA DE TERCEIRO NÃO CONFIGURADA. DANO MORAL CARACTERIZADO. REPARAÇÃO DO DANO. CONDENAÇÃO. RAZOABILIDADE DO ARBITRAMENTO JUDICIAL. SENTENÇA MANTIDA. RECURSO NÃO PROVIDO. 1. Incontroversa a existência de negócio jurídico fraudulento e provada anotação restritiva em cadastro de inadimplentes, correta a sentença condenatória na reparação de dano moral do consumidor por equiparação. Consolidado na jurisprudência o entendimento de que a inscrição ou a manutenção indevida em cadastro de inadimplentes gera, por si só, a obrigação de indenizar e constitui dano moral in re ipsa, ou seja, dano vinculado à própria existência do fato, cujos resultados são presumidos. Precedente no STJ: AgRg no Ag 1.379.761/SP, Rel. Ministro Luis Felipe Salomão. 2. Não prospera a alegação de culpa exclusiva de terceiro, pois a fraude, ao integrar os riscos da atividade, caracteriza fortuito interno e não configura a excludente de responsabilidade civil por culpa de terceiro. O fato de terceiro somente é equiparado ao fortuito externo, com a exclusão da responsabilidade, quando não guarda conexão com os riscos da atividade. Precedente no STJ: REsp 1.136.885/SP, Rel. Ministra Nancy Andrighi. 3. Em observância às finalidades compensatória, punitiva, pedagógica e preventiva da condenação, bem assim às circunstâncias da causa, inclusive a capacidade financeira do ofensor e o tempo de permanência da inscrição negativa (cerca de dois anos e seis meses na data da sentença), afigura-se razoável e proporcional o arbitramento feito na sentença. 4. Recurso conhecido e não provido" (TJDFT, Recurso Inominado 20150610063355, Primeira Turma Recursal dos Juizados Especiais do Distrito Federal, Rel. Fábio Eduardo Marques, DJ 02/09/2015).

◙ **Culpa exclusiva de terceiro não demonstrada. Cancelamento de reserva em hotel.** "APELAÇÃO CÍVEL. DIREITO PRIVADO NÃO ESPECIFICADO. AÇÃO CONDENATÓRIA POR DANOS MATERIAIS E MORAIS. CANCELAMENTO DE RESERVA DE HOTEL. CULPA EXCLUSIVA DE TERCEIRO. DANO MATERIAL. REEMBOLSO. DANO MORAL. MINORAÇÃO. 1– Culpa exclusiva de terceiro: tendo em vista as alegações genéricas e abstratas das fornecedoras rés acerca da culpa de terceiro pelo cancelamento injustificado da reserva de hotel da consumidora demandante, não se verifica, no caso concreto, causa excludente da sua responsabilidade, na forma do art. 14 , § 3º , do Código de Defesa do Consumidor . 2– Dano material: pedido que encontra respaldo na prova dos autos, sendo de rigor a manutenção da sentença quanto ao reembolso do valor gasto, pela autora, de modo a hospedar-se no hotel cujo quarto já havia reservado e pago, anteriormente. 3– Dano moral: configurado, no caso, tendo em vista que as circunstâncias não se qualificam como mero dissabor cotidiano ou simples inadimplemento contratual, tendo em vista a aflição e apreensão a ela inerentes. "Quantum" minorado para R$5.000,00. Recurso de apelação parcialmente provido" (TJRS, Ap. Cív. 70062705538, Décima Segunda Câmara Cível, Rel. Des. Umberto Guaspari Sudbrack, DJ 31/08/2015).

■ **Culpa de terceiro não demonstrada. Morte causada por bala perdida em estação de trem.** "RECURSOS ESPECIAIS. CIVIL E PROCESSUAL CIVIL. RESPONSABILIDADE CIVIL. CONSUMIDOR. MORTE NAS DEPENDÊNCIAS DA ESTAÇÃO DE TREM. TRANSEUNTE ATINGIDO POR BALA PERDIDA ADVINDA DE TIROTEIO ENTRE SEGURANÇAS DA EMPRESA E ASSALTANTES QUE OBJETIVAVAM ROUBO DE CARRO FORTE. FATO DO SERVIÇO. INCIDÊNCIA DO CDC. CONSUMIDOR BYSATNDER. PRAZO PRESCRICIONAL QUINQUENAL. FATO EXCLUSIVO DE TERCEIRO NÃO DEMONSTRADO. NEXO CAUSAL MANTIDO. PENSÃO POR MORTE DE FILHO MAIOR AOS GENITORES. DEPENDÊNCIA ECONÔMICA. TERMO FINAL DA PENSÃO POR MORTE. TABELAS DO INSS E IBGE. FORMAÇÃO DE CAPITAL. OPÇÃO DE INCLUSÃO EM FOLHA DE PAGAMENTO DA EMPRESA. FASE DE CUMPRIMENTO DE SENTENÇA. 1. Polêmica em torno da responsabilidade civil das empresas demandadas pelos danos causados aos demandantes pela morte de seu filho na Estação Ferroviária da Lapa (São Paulo) atingido por um projétil de arma de fogo disparado durante um tiroteio envolvendo assaltantes e seguranças das empresas recorrentes após tentativa de roubo a carro forte que recolhia valores no local. 2. O serviço apresenta-se defeituoso ao não atender à segurança legitimamente esperada pelo consumidor (art. 14, § 1º, CDC). 3. Atenta contra a segurança do consumidor a opção pelo uso de armas de fogo pelos prepostos da ré em confronto com meliantes, em local de intenso trânsito de pessoas, priorizando a recuperação do dinheiro roubado à integridade física dos consumidores que lá se encontravam. 4. Reação ao assalto, por parte dos seguranças das rés, resultou na morte de três pessoas, além de outras vítimas não fatais. 5. A regra do art. 17 do CDC, ampliando o conceito básico de consumidor do art. 2º, determina a aplicação do microssistema normativo do consumidor a todas as vítimas do evento danoso, protegendo os chamados "bystandars", que são as vítimas inocentes de acidentes de consumo. 6. Incidência do regime jurídico do CDC ao caso. 7. Aplicação do prazo prescricional de cinco anos, estabelecido no artigo 27 do CDC, por se tratar de acidente de consumo previsto no artigo 14 (fato do serviço) do CDC. 8. Inaplicabilidade da excludente do fato de terceiro, prevista no inciso II do parágrafo 3.º do artigo 14 do CDC, pois, para sua configuração, seria necessária a exclusividade de outras causas não reconhecida na origem. Súmula 07/STJ. 9.. (STJ, REsp 1372889/SP, Terceira Turma, Rel. Min. Paulo de Tarso Sanseverino, DJe 19/10/2015).

■ **Culpa de terceiro não demonstrada. Fornecimento de cartão de crédito a terceiro.** "Responsabilidade civil. Fornecimento de cartão de crédito a terceiro. Excludente de responsabilidade: culpa exclusiva de terceiro. CDC. 1. Não é possível identificar a excludente de culpa exclusiva de terceiro sob a égide do CDC quando o banco entrega cartão de crédito a terceira pessoa que não o titular da conta, considerando que direta ou indiretamente participa da operação por meio de seus sistemas de controle em operações da espécie" (STJ, REsp 703.129, 3ª T., DJ 6.11.2007).

◙ **Transporte. Culpa de terceiro.** **STF Súmula nº 187**: *"A responsabilidade contratual do transportador, pelo acidente com o passageiro, não é elidida por culpa de terceiro, contra o qual tem ação regressiva."*

◙ **É encargo do transportador a comprovação da inevitabilidade do fato de terceiro.** "EMENTA: INDENIZAÇÃO. PRELIMINARES AFASTADAS. CONTRATO DE CARGA. RESPONSABILIDADE OBJETIVA. EXCLUDENTE NÃO CARACTERIZADA.(...) O prestador de serviços de transporte responde objetivamente pelo extravio da carga sob sua guarda e custódia, exigindo-lhe a lei exação mínima sobre os bens quanto aos quais assume compromisso típico de depósito.IV – O fato de terceiro capaz de excluir a responsabilidade do transportador há de revestir caráter doloso-inevitável, e sua demonstração constitui encargo do argüente da excludente."(TJMG, Apelação Cível 1.0525.06.098924-7/001 , Rel. Fernando Botelho, J. 17.01.08)

CULPA CONCORRENTE

► **Culpa concorrente.** O CDC somente considerou como excludente de responsabilidade a culpa "exclusiva" do consumidor ou de terceiro. Dessa forma, para boa parte da doutrina consumerista, a culpa concorrente não será considerada como excludente e nem poderá ser usada para diminuir o valor da indenização.

► **Culpa concorrente como fator de redução da indenização**. O Código Civil, ao contrário, admite a culpa concorrente como fator de redução da indenização, ao prever no art. 945 que: "Se a vítima tiver concorrido culposamente para o evento danoso, a sua indenização será fixada tendo-se em conta a gravidade de sua culpa em confronto com a do autor do dano.".

◙ **Culpa concorrente configurada. Acidente em piscina de hotel.** "Responsabilidade do hotel, que não sinaliza convenientemente a profundidade da piscina, de acesso livre aos hóspedes. Art. 14 do CDC. A culpa concorrente da vítima permite a redução da condenação imposta ao fornecedor. Art. 12, § 2o, III, do CDC. A agência de viagens responde pelo dano pessoal que decorreu do mau serviço do hotel contratado por ela para a hospedagem durante o pacote de turismo. Recursos conhecidos e providos em parte." (STJ, Resp 287849/SP, , Rel. Min. Ruy Rosado de Aguiar, DJ 13/08/2001) ◙ **No mesmo sentido:** "RECURSO ESPECIAL. RESPONSABILIDADE CIVIL. ASSOCIAÇÃO DE CLASSE. CLUBE RECRETATIVO. PISCINA APARENTEMENTE SEMIOLÍMPICA. DIFERENTES NÍVEIS DE PROFUNDIDADE. AUSÊNCIA DE INFORMAÇÕES E PESSOAL PARA GARANTIR A SEGURANÇA DOS USUÁRIOS. ACIDENTE. TETRAPLEGIA. NEGLIGÊNCIA. VÍTIMA EM IDADE SUFICIENTE PARA ANTEVER O PERIGO. FALTA DE CAUTELA. CONCORRÊNCIA DE CULPAS. SUBSISTÊNCIA DA OBRIGAÇÃO DE INDENIZAR. REDUÇÃO DO QUANTUM. RECURSO PROVIDO. 1. A jurisprudência do STJ, seja com base na responsabilidade subjetiva, seja com base no Código de Defesa do Consumidor, reconhece o dever de indenizar em caso de acidente ocorrido em piscinas, por causa ou da negligência na segurança ou do descumprimento do dever de informação daquele que disponibiliza a área recreativa. 2. Caracterizada a culpa da associação e constatado que o comportamento do usuário também correu para o acidente, justifica- se aferir a existência de culpa concorrente e reduzir o valor da indenização. 3. Recurso provido." (STJ, REsp 1226974/PR, Rel. Ministro João Otávio de Noronha, Terceira Turma, DJe 30/09/2014)

◘ **Culpa concorrente configurada. Atraso na entrega de imóvel ocasionada por desatenção do fornecedor e do consumidor.** "APELAÇÃO CÍVEL. CONTRATO DE COMPRA E VENDA DE IMÓVEL RESIDENCIAL. EQUÍVOCO NO PREENCHIMENTO DO PRAZO DE ENTREGA. AUSÊNCIA DE PROVEITO EM FAVOR DO FORNECEDOR. FALTA DE ATENÇÃO DO CONSUMIDOR. CULPA CONCORRENTE NA CAUSAÇÃO DO EVENTO. PREJUÍZOS PARTILHADOS E COMPENSADOS. OBRIGAÇÕES RECÍPROCAS PARA A OUTORGA DA ESCRITURA PÚBLICA - RECURSO PARCIALMENTE PROVIDO. I– Pretende o apelante a reforma da sentença, que reconheceu sua culpa no atraso da entrega de imóvel residencial. II– Houve equívoco do apelante, sem intenção de obter proveito econômico, no momento de preencher o item que tratou da data de entrega da unidade residencial, como sendo em 20/06/2009, pois não havia e nem há sentido fixá-la em momento antecedente à data prevista para a conclusão da obra, qual seja, em 20/12/2009. Nesta data a unidade ainda estava em construção e não poderia, por óbvio, ser entregue. III– Tem o consumidor responsabilidade advinda dos atos negociais de que participa, não sendo um mero espectador quando pode e deve agir, colaborando na formação e execução do contrato, em decorrência do dever anexo destacado do princípio da boa-fé objetiva. IV– Ambas as partes firmaram o contrato sem se darem conta do erro acima mencionado, faltando com a atenção necessária, ou dela se abstendo, em franco comportamento negligente, a evidenciar culpa concorrente na produção dos efeitos que esse equívoco provocou. V– Diante da superioridade técnica, financeira e jurídica que ostenta o fornecedor, estando, por isso, vinculado a um agir com maior atenção e cuidado no trato das relações de consumo, devem os prejuízos serem partilhados na proporção de 70% para o apelante, restando 30% para o recorrido, tomando por base os mesmos parâmetros e valores fixados na sentença, os quais devem ser compensados entre si. VI– De acordo com a cláusula 3.3 do contrato firmado entre as partes, ao outorgado, ora apelado, compete, após quitado o preço do imóvel, arcar com as despesas necessárias e suficientes à lavratura e registro do instrumento translativo, ficando o apelante obrigado a providenciar a sua expedição" (TJBA, Ap. Cív. 0351723-50.2012.8.05.0001, Segunda Câmara Cível, Rel. Des. Dinalva Gomes Laranjeira Pimentel, DJ 04/05/2016).

◘ **Culpa concorrente configurada. Consumidora que não consignou em juízo o valor que entendia devido a operadora de TV por assinatura e teve seu nome inscrito em cadastro de inadimplentes.** "AÇÃO INDENIZATÓRIA. CONSUMIDOR. TV POR ASSINATURA. DESCUMPRIMENTO DE OFERTA. AUSÊNCIA DE PROVA DO VALOR CONTRATADO. COBRANÇA INDEVIDA, EM PARTE. INADIMPLE-

MENTO. INSCRIÇÃO NOS CADASTROS DE PROTEÇÃO AO CRÉDITO. DANO MORAL CONFIGURADO. CULPA CONCORRENTE. RECURSO PARCIALMENTE PROVIDO" (TJRS, Recurso Cível 71005968623, Terceira Turma Recursal Cível, Turmas Recursais, Rel. Cleber Augusto Tonial, DJ 28/03/2016).

◙ **Culpa concorrente configurada. Consumidor negligente na guarda de talonário de cheques.** "AÇÃO DE INDENIZAÇÃO POR DANO MORAL - NEGATIVAÇÃO INDEVIDA DO NOME DO AUTOR - CULPA CONCORRENTE DO CORRENTISTA - Devolução de cheque, com assinatura falsa, por insuficiência de fundos - Falha na prestação de serviço - Responsabilidade objetiva do banco - Art. 14 do Código de Defesa do Consumidor - A falha na prestação do serviço pela instituição financeira consistiu na falta de conferência da assinatura do emitente aposta no cheque, tendo-o devolvido por insuficiência de fundos - Súmula 479 do STJ - Culpa concorrente do autor na medida em que não tomou a devida cautela na guarda do talonário de cheques - Dano moral caracterizado - Recurso provido, neste aspecto." (TJSP, Ap. Cív. 00125179520108260322, Vigésima Quarta Câmara de Direito Privado, Rel. Des. Plínio Novaes de Andrade Júnior, DJ 01/12/2015).

◙ **Culpa concorrente configurada. Consumidor que não solicita o encerramento de conta corrente e tem o nome inscrito em cadastro de inadimplente.** "INDENIZATÓRIA. CONSUMIDOR. BANCO. INSCRIÇÃO INDEVIDA EM ÓRGÃOS RESTRITIVOS DE CRÉDITO. DÉBITO CUJA ORIGEM NÃO RESTOU DEMONSTRADA. ÔNUS DO RÉU. DANO MORAL CONFIGURADO. DEVER DE SOLICITAR O ENCERRAMENTO DA CONTA. CULPA CONCORRENTE. REFLEXO NA QUANTIFICAÇÃO DA INDENIZAÇÃO. SENTENÇA REFORMADA. RECURSO PROVIDO" (TJRS, Recurso Cível 71005769005, Terceira Turma Recursal Cível, Turmas Recursais, Rel. Cleber Augusto Tonial, DJ 16/11/2015).

◙ **Culpa concorrente configurada. Consumidor que autoriza pagamento de boleto por meio de transferência eletrônica em nome de terceiro.** "JUIZADOS ESPECIAIS CÍVEIS. CONSUMIDOR. AÇÃO POR DANOS MATERIAIS E MORAIS. FRAUDE. COBRANÇA INDEVIDA. FALHA NA PRESTAÇÃO DE SERVIÇO. CULPA CONCORRENTE. DANO MORAL NÃO CONFIGURADO. 1. A fraude perpetrada por terceiro configura falha na prestação de serviço, já que o prestador de serviços descuidou do seu dever de zelar pela segurança de suas operações financeiras e pelo controle de seus cadastros administrativos, propiciando a terceiros fraudar o seu sistema. 2.A responsabilidade é fundada no risco-proveito da atividade desenvolvida, que não pode ser afastada em razão de a fraude ter sido perpetrada por terceiro, em evidente situação de fortuito interno. Dever de restituir. 3.Considerando as peculiaridades do caso concreto, inclusive por conta da culpa concorrente do consumidor, que autorizou pagamento de boleto por meio de transferência eletrônica em nome de pessoa física e/ou jurídica com quem não tinha relação comercial, e a lesão suportada também pelo banco, afasta-se o dano moral. 4.Recurso conhecido e provido. Sentença Reformada" (TJDFT, Recurso Inominado 20140710324017, Segunda Turma Recursal dos Juizados Especiais do Distrito Federal, Rel. Arnaldo Corrêa Silva, DJe 10/09/2015).

◙ **Culpa concorrente configurada. Agressões mútuas entre consumidor e funcionário de estabelecimento comercial.** "A despeito de restar delineada uma situação de mútua agressão entre consumidor e funcionário do estabelecimento, é cabível a aplicação do Código de Defesa do Consumidor se ela estiver intimamente ligada à atividade desempenhada pelo fornecedor, posto que nascida de um desentendimento ocorrido durante a prestação do serviço, e em virtude desta. Não há como afastar a responsabilidade do empregador pela agressão praticada pelo empregado, mesmo se este tiver sido provocado pelo cliente, posto que àquele cabe prepará-lo, através de treinamento e orientação, para não revidar ofensas, devendo adotar todas as medidas necessárias à preservação da incolumidade física e psicológica do consumidor e do empregado, e, faltando-lhes razoabilidade, acionar os seguranças do estabelecimento, ou mesmo a força policial, a fim de impedir que cheguem às vias de fato. Jamais omitir-se. É responsável civilmente o empregador pela conduta do seu empregado, no exercício do trabalho/em razão dele, ainda que não haja culpa de sua parte. Inteligência dos artigos 932, III, e 933, do Código Civil, sendo inequívoco que a agressão física acarreta dano moral. Entretanto, independentemente de quem iniciou as provocações, é imperioso considerar que faltou bom senso e moderação aos dois contendores, pois ambos poderiam ter solucionado o impasse através de diálogo, e, restando este impossibilitado, afastar-se da parte adversa, para tomar medidas administrativas ou judiciais civilizadas, ou simplesmente desconsiderado os supostos insultos, ao invés de promover uma batalha inteiramente desnecessária e imatura, que não se justifica sob o pretexto de defesa da honra, em se tratando de pessoas maiores de idade. Configura-se, assim, a hipótese de culpa concorrente, que justifica a redução do quantum indenizatório. Indenização fixada em R$ 1.500,00 (um mil e quinhentos reais). Precedentes do TJPE e do STJ. Recurso a que se dá parcial provimento, à unanimidade" (TJPE, Ap. Cív. 2445045, Primeira Câmara Cível, Rel. Des. Stênio José de Souza Neiva Coêlho, DJ 28/08/2015).

◙ **Culpa concorrente configurada. Consumidor que deixa de informar mudança de endereço ao banco e confia sua senha pessoal a terceiro.** "RESPONSABILIDADE CIVIL - CONSUMIDOR CULPA CONCORRENTE - Pretensão do autor e do réu de atribuir reciprocamente a responsabilidade pelos danos de forma exclusiva. Descabimento. Hipótese em que o banco não poderia ter enviado o talão de cheques sem a solicitação do consumidor e deveria ter realizado uma conferência mais detida das assinaturas, bem como o autor não poderia deixar de informar seu novo endereço ou confiar sua senha pessoal a terceira pessoa Culpa concorrente configurada Dano moral que decorre da inscrição indevida em cadastro de inadimplentes Indenização fixada em R$5.000,00 (cinco mil reais) RECURSO DO RÉU DESPROVIDO E DO AUTOR PROVIDO EM PARTE" (TJSP, Ap. Cív. 00106251020078260597, Décima Terceira Câmara de Direito Privado, Rel. Des. Ana de Lourdes Silva Coutinho da Fonseca, DJ 18/03/2014).

◙ **Culpa concorrente configurada. Acidente com paraquedas.** "RESPONSABILIDADE CIVIL. ACIDENTE COM PÁRA-QUEDAS. CULPA DOS RESPONSÁVEIS PELO CURSO DE INSTRUÇÃO ESTABELECIDA. MORTE DO ALUNO. CULPABILIDADE CONCORRENTE DA VÍTIMA. Incumbe aos responsáveis por cursos de instrução para salto com pára-quedas oferecer as condições de segurança à prática do esporte. Caso em que, ainda que reconhecida a eficiência no curso de formação, a vítima, após fazer uma manobra inapropriada, chocou-se com uma rede de energia de alta tensão que ficava entre a área principal e a área alternativa de pouso. O evento 'morte' da parente dos demandantes evidencia, por si só, os danos morais, justificando-se a fixação do valor de acordo com a intensidade do sofrimento causado, consideradas as circunstâncias do fato, as graves conseqüências daí advindas, a condição social dos demandantes, dos ofensores, assim como os precedentes deste Egrégio Tribunal de Justiça em situações similares (...)" (TJRS, Ap. Cív. 70021104179, Décima Câmara Cível, Rel. Des. Jorge Alberto Schreiner Pestana, DOERS 12/12/2008).

◙ **Culpa concorrente. Morte de passageiro que viajava na escada do trem.** "CIVIL E PROCESSUAL. AÇÃO DE INDENIZAÇÃO. QUEDA DE TREM. MORTE DE PASSAGEIRO QUE VIAJAVA EM ESCADA DA LOCOMOTIVA. CULPA CONCORRENTE. DANOS MORAIS E MATERIAIS DEVIDOS. REGIMENTO INTERNO, ART. 257. I. Admissível a concorrência de culpa em transporte ferroviário, quando verificado comportamento aventureiro da vítima, a dificultar, consideravelmente, a eficiência do serviço de fiscalização da empresa transportadora. Redução do valor, em face da concorrência de culpas, à metade. II. Danos morais e materiais devidos, estes, na esteira de precedentes jurisprudenciais, em 2/3 do salário mínimo até a idade em que o de cujus completaria 25 anos, reduzida para 1/3 a partir de então, em face da suposição de que constituiria família, aumentando suas despesas pessoais com o novo núcleo formado, extinguindo-se a obrigação após alcançada a sobrevida provável, de acordo com tabela utilizada pela Previdência Social. III. Prestações vincendas garantidas, a critério da ré, ou pela formação de capital, ou mediante caução. IV. Recurso especial conhecido em parte e parcialmente provido." (STJ, REsp 746.894/SP, Rel. Ministro Aldir Passarinho Junior, Quarta Turma, DJ 18/09/2006)

► **A eventual configuração de culpa pelo comerciante por exposição de produto vencido não tem o condão de afastar a responsabilização do fabricante.** "(...) O comerciante e o fabricante estão inseridos no âmbito da cadeia de produção e distribuição, razão pela qual não podem ser tidos como terceiros estranhos à relação de consumo. – A eventual configuração da culpa do comerciante que coloca à venda produto com prazo de validade vencido não tem o condão de afastar o direito de o consumidor propor ação de reparação pelos danos resultantes da ingestão da mercadoria estragada em face do fabricante." (STJ, REsp 980860 / SP, Min. Rel. Nancy Andrighi, J. 23.04.09, T3)

Art. 13. O comerciante é igualmente responsável, nos termos do artigo anterior, quando:

► **A responsabilidade pelo fato do produto do comerciante é diferenciada.** A responsabilidade do comerciante somente se justifica nas hipóteses dos incisos do art. 13, pois, na maioria dos acidentes de consumo, os defeitos se dão quando da fabricação, produção ou construção, e não quando da simples comercialização. Realmente não seria justo uma pequena loja que vende eletrodomésticos, havendo uma explosão de uma televisão, causando sérios danos a vários consumidores, ser obrigada a pagar as indenizações decorrentes do acidente de consumo. A televisão explodiu em razão de algum defeito de fabricação e não em decorrência de ato do comerciante, que simplesmente fez a venda do produto. Por isso é que o código tratou de forma diferente a responsabilidade por fato do produto com relação ao comerciante, não o incluindo no rol do art. 12.

► **Hipóteses de responsabilidade subsidiária do comerciante.** "Três – e só três – são as hipóteses de responsabilidade civil subsidiária (e solidária) do comerciante: a impossibilidade de identificação do responsável principal; a ausência, no produto, de identificação adequada do responsável principal; e, por último, a má conservação dos produtos perecíveis". (BENJAMIN, Antônio Herman V.; MARQUES, Cláudia Lima; BESSA, Leonardo Roscoe. *Manual de Direito do Consumidor.* 7ª edição. São Paulo, Revista dos Tribunais, 2016, p. 193).

◙ "(...)Tratando-se o caso dos autos de responsabilidade pelo fato do produto, decorrente de acidente de consumo, a responsabilidade do comerciante do produto, como a ré, é subsidiária a dos demais integrantes da cadeia dos fornecedores. Somente em casos excepcionais é que o comerciante responde perante o consumidor por acidente de consumo, excepcionalidade que não se verifica no presente caso. Assim, a loja ré é ilegítima para responder à ação.(...)" (TJRS, Apelação Cível Nº 70023025455, Rel.Odone Sanguiné, J. 02.07.08, T9)

► **O comerciante tem as mesmas responsabilidades firmadas no artigo anterior e é solidariamente responsável com os agentes do art. 12.** "No que respeita ao caput do art. 13, é necessário ressaltar que o vocábulo 'igualmente' tem de ser interpretado no duplo sentido de que o comerciante tem as mesmas responsabilidades firmadas no artigo anterior e que o comerciante é solidariamente responsável com os agentes do art. 12. E, assim, todos são solidários.(...) "O uso do pronome 'aquele' significa que qualquer dos responsáveis pode ser acionado pelo consumidor, independentemente de ser ele ou não o responsável pela deterioração do produto (...) A norma em comento serve para toda e qualquer hipótese de pagamento de verba indenizatória ao consumidor, feita por qualquer dos co-responsáveis solidários. Quem em função do defeito – quando propriamente se fala em indenização ao consumidor – quem em função de vício – quando se troca o produto ou se devolve o dinheiro ou parte dele. Nesse caso de vício, o prejuízo pode ser apenas do comerciante, que pode acionar o co-responsável." " (NUNES, Luiz Antônio Rizzatto. *Comentários ao Código de Defesa do Consumidor*. São Paulo: Saraiva, 2000. p. 173 e 177).

► **O comerciante não é considerado "terceiro" para fins de excludente de responsabilidade.** "(...) o comerciante, repetimos, não é terceiro em relação ao fabricante (produtor ou importador), pois é ele que o escolhe para vender os seus produtos. Logo, responde – o fabricante – também por qualquer defeito do produto ou serviço, mesmo que surja já no processo de comercialização. O dever jurídico do fabricante é duplo: colocar no mercado produtos sem vícios de qualidade e impedir que aqueles que os comercializam, em seu benefício, maculem sua qualidade original." (Sergio Cavalieri Filho, *Programa de Responsabilidade Civil.* 4ª Ed. São Paulo: Melhoramentos, 2003, p. 479). ► **No mesmo sentido:** "(...) o réu (fabricante, produtor, construtor ou importador), em ação indenizatória por acidente do consumo, não pode furtar-se ao dever de indenizar, com fulcro no art. 12, § 3º, III, sob o argumento de que o dano foi causado por culpa exclusiva do comerciante, entendendo este como terceiro." (Antônio Herman Benjamin, *Fato do produto e do serviço.* BDJur, Brasília, DF. 30 jan. 2008. p. 29. Disponível em: http://bdjur.stj.gov.br/dspace/handle/2011/16340>).

◙ **Produto vendido com prazo de validade vencido. Reponsabilidade solidária do comerciante e do fabricante.** "Direito do consumidor. Recurso especial. Ação de indenização por danos morais e materiais. Consumo de produto colocado em circulação quando seu prazo de validade já havia transcorrido. "Arrozina Tradicional" vencida que foi consumida por bebês que tinham apenas três meses de vida, causando-lhes gastroenterite aguda. Vício de segurança. Responsabilidade do fabricante. Possibilidade. Comerciante que não pode ser tido como terceiro estranho à relação de consumo. Não configuração de culpa exclusiva de terceiro. – Produto alimentício destinado especificamente para bebês exposto em gôndola de supermercado, com o prazo de validade vencido, que coloca em risco a saúde de bebês com apenas três meses de vida, causando-lhe gastroenterite aguda, enseja a responsabilização por fato do produto, ante a existência de vício de segurança previsto no art. 12 do CDC. – O comerciante e o fabricante estão inseridos no âmbito da cadeia de produção e distribuição, razão pela qual não podem ser tidos como terceiros estranhos à relação de consumo. – A eventual configuração da culpa do comerciante que coloca à venda produto com prazo de validade vencido não tem o condão de afastar o direito de o consumidor propor ação de reparação pelos danos resultantes da ingestão da mercadoria estragada em face do fabricante. Recurso especial não provido." (STJ, REsp 980.860/SP, Rel. Ministra Nancy Andrighi, Terceira Turma, DJe 02/06/2009)

► **No sentido de que se o dano foi causado pelo comerciante, não responderá o fabricante, produtor ou importador.** "Os produtores, desde o produtor da matéria-prima até o produtor final, não podem ser responsabilizados por defeitos surgidos no produto em etapa de distribuição posterior à sua própria etapa de produção". (PÜSCHEL, Flavia Portella. *A responsabilidade por fato do produto no CDC: acidentes de consumo.* São Paulo: Quartier Latin, 2006, pg. 92) ► **No mesmo sentido:** "Fica claro, portanto, que, segundo a disciplina dos arts. 12 e 13 do CDC, o produtor não responde por periculosidades originadas na esfera de atividade do comerciante." (Guilherme Henrique Lima Reinig. A responsabilidade do produtor por defeitos originários do âmbito de atividade do comerciante. *Revista de Direito do Consumidor*, RT, vol. 89/2013, p. 109 – 139) ► **No mesmo sentido.** "Já se vê que a responsabilidade do comerciante é subsidiária e exsurge tanto na hipótese de os obrigados principais (artigo 12) não poderem ser identificados (v.g., diversos fornecedores de cereal a granel) como também na hipótese de ficar afastada a responsabilidade dos obrigados principais, em virtude de culpa exclusiva do comerciante (v.g., não se preocupou com o fato de o produto ser omisso quanto à identificação da origem ou, ainda, não conservou a mercadoria em lugar fresco e seco, como vinha expressamente indicado). (MANCUSO, Rodolfo de Camargo. *Manual do consumidor em juízo*. 3ª ed. São Paulo: Saraiva, 2007. p. 87).

► **Responsabilidade solidária do comerciante em produto com deficiência de informação patente.** "O comerciante, diante de um produto industrializado com deficiência de informação patente (ou, mesmo que não seja evidente, após reiteradas reclamações dos consumidores), insiste em comercializá-lo, é ele solidariamente responsável – só que por responsabilidade subjetiva – por tal desvio. (BENJAMIN, Antônio Herman V.; MARQUES, Cláudia Lima; BESSA, Leonardo Roscoe. *Manual de Direito do Consumidor.* 7ª edição. São Paulo, Revista dos Tribunais, 2016, p. 278).

I – o fabricante, o construtor, o produtor ou o importador não puderem ser identificados;

► **A identificação facilmente do fornecedor isenta o comerciante de responsabilidade.** Se o fabricante, construtor, produtor ou importador puder ser identificado facilmente, não haverá responsabilidade do comerciante, configurando sua ilegitimidade passiva *ad causam.*

ILEGITIMIDADE PASSIVA *AD CAUSAM* DO COMERCIANTE POR FATO DO PRODUTO

◙ **Ilegitimidade passiva *ad causam* do comerciante por fato do produto. Fabricante devidamente identificado. Presença de corpo estranho em alimento (fragmento de tecido em queijo).** "COMPRA E VENDA – Ação de indenização por danos morais – Produto Alimentício – Fragmento de tecido encontrado no interior de queijo – Perícia realizada – Relato de danos para além do simples vício do produto – Precedente do Superior Tribunal de Justiça – Desnecessidade de consumo do produto – Defeito caracterizado – Interpretação do art. 12, do Código de Defesa do Consumidor – Ausência de prova das excludentes de responsabilidade previstas no § 3º do referido dispositivo legal – Dever de indenizar – No caso concreto, dano moral comprovado – Indenização fixada apenas contra o fabricante do produto – Mantida a ilegitimidade passiva do comerciante – Aplicação do artigo13 do Código de Defesa do Consumidor – Fabricante identificado – Ação parcialmente procedente. Apelação parcialmente provida" (TJSP, Ap. Cív. 10046611720148260292, Trigésima Terceira Câmara de Direito Privado, Rel. Des. Sá Moreira de Oliveira, DJ 13/06/2016). ◙ **No mesmo sentido (fezes de roedores**

em pão): "APELAÇÃO CÍVEL. RESPONSABILIDADE CIVIL. ACIDENTE DE CONSUMO. FEZES DE ROEDORES EM PÃO DE SANDUÍCHE. FATO DO PRODUTO EVIDENCIADO. DEFEITO DECORRENTE DA FABRICAÇÃO. ILEGITIMIDADE PASSIVA DO COMERCIANTE POR SER A SUA RESPONSABILIDADE SUBSIDIÁRIA. 1. O comerciante possui responsabilidade subsidiária à do fabricante, do produtor, do construtor e do importador nos casos de fato do produto, salvo se evidenciada alguma das hipóteses do artigo 13 do CDC, quando responderá solidariamente com aqueles. 2. Caso em que demonstrado que a impropriedade para o consumo do pão de sanduíche adquirido pela autora era originária de fábrica e a identificação do fabricante era perfeitamente possível, pois constante na embalagem do produto. Por outro lado, não foi atribuída ao comerciante qualquer outra conduta, salvo a de vender o produto, que justificasse a sua responsabilização. Evidenciada, portanto, a sua ilegitimidade passiva no caso concreto. Precedentes jurisprudenciais. APELAÇÃO DESPROVIDA" (TJRS, Ap. Cív. 70068939453, Nona Câmara Cível, Rel. Des. Carlos Eduardo Richinitti, DJ 10/06/2016). ◙ **No mesmo sentido (fragmento de metal em pão):** "APELAÇÃO CÍVEL. RESPONSABILIDADE CIVIL. AÇÃO DE INDENIZAÇÃO POR DANOS MATERIAIS E MORAIS. ALIMENTO IMPRÓPRIO PARA O CONSUMO. CORPO ESTRANHO. PRESENÇA DE FILAMENTO MÉTÁLICO INCRUSTADO NA MASSA DE PÃO. ILEGITIMIDADE PASSIVA AD CAUSAM" DO COMERCIANTE EM FACE DA POSSIBILIDADE DE PERFEITA IDENTIFICAÇÃO DO FABRICANTE DO PRODUTO. APLICAÇÃO DO ARTIGO 13, I, DO CDC. Considerando que, na espécie, o fabricante está devidamente identificado e figura no pólo passivo da demanda, o comerciante exime-se de responsabilidade pelo fato do produto. Inteligência do art. 13, inciso I, do Código de Defesa do Consumidor. De sublinhar que não houve alegação de que o defeito do produto decorreu de má-conservação pelo comerciante." (TJRS, Ap. Cív. 70066075979, Nona Câmara Cível, Rel. Des. Miguel Ângelo da Silva, DJ 22/03/2016). ◙ **No mesmo sentido (iogurte):** "APELAÇÃO CÍVEL. RESPONSABILIDADE CIVIL. AÇÃO INDENIZATÓRIA. FATO DO PRODUTO. COMERCIANTE. ILEGITIMIDADE PASSIVA RECONHECIDA. CORPO ESTRANHO DENTRO DE EMBALAGEM. PRODUTO DENTRO DO PRAZO DE VALIDADE E LACRADO. 1. Em se tratando de responsabilidade pelo fato do produto (acidente de consumo), o comerciante é apenas subsidiariamente responsável nos casos em que restar configurada alguma das hipóteses do art. 13 do CDC. Diferentemente ocorre nos casos de vícios do produto, em que se pode pretender seu conserto, sua substituição por outro ou a restituição do dinheiro pago, caso em que a demanda pode ser movida contra o comerciante. Não é esta a hipótese dos autos. 2. Na hipótese, o fabricante está devidamente identificado, inclusive fazendo parte da lide, na qual já houve condenação. Ademais, não houve alegação de que o defeito do produto tenha decorrido de má condição de armazenamento. APELAÇÃO PROVIDA" (TJRS, Ap. Cív. 70068087493, Nona Câmara Cível, Rel. Des. Eugênio Facchini Neto, DJ 10/06/2016). ◙ **No mesmo sentido (fezes e larvas em bombons):** "APELAÇÃO CÍVEL. RESPONSABILIDADE CIVIL. ACIDENTE DE CONSUMO. FATO DO PRODUTO. INADEQUAÇÃO. INSEGURANÇA. FEZES E TEIAS DE LARVAS ENCONTRADAS EM CAIXA DE BOMBONS. FORNECEDOR. RESPONSABILIDADE OBJETIVA. COMERCIANTE. ILEGITIMIDADE PASSIVA. DANO MORAL. QUANTIFICAÇÃO. HONORÁRIOS. (...) 4. A identificação inequívoca do fabricante – Nestlé, no caso – afasta a aplicação dos incisos I e II do art. 13, e a inexistência de prova acerca da má conservação do produto desautoriza a incidência do inciso III. " (TJRS, Apelação Cível Nº 70015322399, Rel Iris Helena Medeiros Nogueira, J.05/07/2006).

◙ **Ilegitimidade passiva *ad causam* do comerciante por fato do produto. Fabricante devidamente identificado. Cadeira de segurança veicular que causa dor e desconforto na criança.** "Cadeira de segurança veicular com defeito de fabricação, que causou dor e desconforto em criança com menos de um ano de idade, conforme corroborado por laudo pericial. Tratando-se de responsabilidade pelo fato do produto e não caracterizada nenhuma das hipóteses previstas no artigo13 do Código de Processo Civil, não há que se falar em responsabilidade da vendedora. Hipótese, porém, de julgamento do mérito (improcedência – art. 269, I, do CPC) e não de ilegitimidade passiva. Dano moral caracterizado" (TJSP, Ap. Cív. 10046611720148260292, Trigésima Terceira Câmara de Direito Privado, Rel. Des. Sá Moreira de Oliveira, DJ 13/06/2016).

◙ **Ilegitimidade passiva *ad causam* do comerciante por fato do produto. Fabricante devidamente identificado. Falha no acionamento de air bag.** "APELAÇÃO CÍVEL. RESPONSABILIDADE CIVIL. AÇÃO DE OBRIGAÇÃO DE FAZER CUMULADA COM INDENIZATÓRIA. SUPOSTO DEFEITO NO SISTEMA DE AIRBAG DE VEÍCULO AUTOMOTOR. NÃO ACIONOU EM COLISÃO DE TRÂNSITO. ILEGITIMIDADE PASSIVA "AD CAUSAM" DA EMPRESA CONCESSIONÁRIA REVENDEDORA DO VEÍCULO. ALEGAÇÃO DE DEFEITO DO PRODUTO. ACIDENTE DE CONSUMO. FABRICANTE IDENTIFICADO. O comerciante somente responde por defeito do produto quando o fabricante não for identificado. A denunciação da lide, modalidade de intervenção de terceiros no processo, não se destina a corrigir o polo passivo da demanda. Extinção do processo, sem resolução do mérito, com fulcro no art. 267, inc. VI, do CPC/73. Sentença terminativa confirmada. APELO DESPROVIDO" (TJRS, Apelação Cível Nº 70064506892, Nona Câmara Cível, Rel: Des. Miguel Ângelo da Silva, DJ 30/05/2016).

◙ **Ilegitimidade passiva *ad causam* do comerciante por fato do produto. Fabricante devidamente identificado. Pneu de motocicleta que estoura, causando a queda do condutor.** "INDENIZAÇÃO POR DANOS MATERIAIS, MORAIS E LUCROS CESSANTES. ACIDENTE DE CONSUMO. ROMPIMENTO DA CÂMARA DE AR DO PNEU DIANTEIRO DA MOTOCICLETA. QUEDA BRUSCA E REPENTINA DO AUTOR. DEMANDA PROMOVIDA CONTRA A FABRICANTE E CONCESSIONÁRIA DA MOTOCICLETA. INCIDÊNCIA DO CÓDIGO DE DEFESA DO CONSUMIDOR . FATO DO PRODUTO OU SERVIÇO QUE RESULTA EM ACIDENTE. RESPONSABILIDADE SUBSIDIÁRIA DA CONCESSIONÁRIA-COMERCIANTE. SOLIDARIEDADE AFASTADA, APENAS VERIFICADA NOS CASOS DE VÍCIO DO PRODUTO OU SERVIÇO. ILEGITIMIDADE PASSIVA AD CAUSAM RECONHECIDA. A responsabilidade do comerciante por danos oriundos de acidente de consumo é subsidiária, consoante exegese dos arts. 12 e 13 do CDC . Logo, plenamente identificado o fabricante do produto, o comerciante é parte ilegítima para figurar no pólo passivo da ação reparatória proposta pelo consumidor" (TJSC, Ap. Cív. 20160012695, Terceira Câmara de Direito Civil, Rel. Des. Gilberto Gomes de Oliveira, julgado em 08/03/2016).

◙ **Ilegitimidade passiva *ad causam* do comerciante. Fabricante devidamente identificado. Acidente de consumo envolvendo criança que teve o dedo parcialmente amputado por corrente de bicicleta.** "CIVIL RESPONSABILIDADE CIVIL. AÇÃO COM PEDIDO DE DANOS MATERIAIS E MORAIS. MENOR QUE PRENDEU O QUINTO QUIRODÁCTILO DIREITO NA CORRENTE DA BICICLETA INFANTIL OCORRENDO A AMPUTAÇÃO TRAUMÁTICA PARCIAL DO REFERIDO MEMBRO. VÍTIMA SUBMETIDA À CIRURGIAS RECONSTRUTORAS. OBRIGATORIEDADE DE O FABRICANTE ELIMINAR AS CHANCES DE RISCO DAS BICICLETAS DESTINADAS AO PÚBLICO INFANTIL INDEPENDETEMENTE DA FAIXA ETÁRIA DA CRIANÇA USUÁRIA. PRODUTO QUE DEVERIA SER CONTER PLACA PROTETORA DA CORRENTE COM O PÉ DA VELA (ENGRENAGEM DIANTEIRA). DEFEITO DO PRODUTO CARACTERIZADO POR AUSÊNCIA DE SEGURANÇA ESPERADA. INCIDÊNCIA DO ART. 12 DO CÓDIGO DE DEFESA DO CONSUMIDOR. FABRICANTE IDENTIFICADO. RESPONSABILIDADE OBJETIVA. DEVER DE INDENIZAR CONFIGURADO. REEMBOLSO DOS GASTOS TIDOS COM MEDICAMENTOS. DANOS MORAIS (IN RE IPSA) FIXADOS EM R$ 18.000,00 (DEZOITO MIL REAIS). INOCORRÊNCIA DAS HIPÓTESES DO ART. 13 DO CDC. ILEGITIMIDADE PASSIVA DO COMERCIANTE RECONHECIDA" (TJPR, Ap. Cív. 1158657-9, Oitava Câmara Cível, Rel. Des. José Sebastião Fagundes Cunha, DJ 17/12/2015).

ILEGITIMIDADE PASSIVA *AD CAUSAM* DO COMERCIANTE POR VÍCIO DO PRODUTO

◙ **Ilegitimidade passiva *ad causam* do comerciante. Fabricante devidamente identificado. Ausência de responsabilidade do comerciante por vício do produto (refrigerador que não funciona adequadamente).** "AÇÃO DE RESSARCIMENTO DE DANOS MATERIAIS E INDENIZAÇÃO POR DANOS MORAIS - PROPOSITURA DA DEMANDA CONTRA A FABRICANTE E CONTRA A COMERCIANTE, POR PROBLEMA EM REFRIGERADOR - AUSÊNCIA DE RESPONSABILIDADE DA COMERCIANTE, POIS IDENTIFICADA A FABRICANTE - EXEGESE DO DISPOSTO NO ARTIGO 13, I, DO CDC, NÃO SENDO CASO DE APLICAÇÃO DO ARTIGO 14 DO MESMO CÓDIGO - EXTINÇÃO DO PROCESSO SEM RESOLUÇÃO DO MÉRITO QUANTO A ELA, REVENDEDORA DO PRODUTO - IMPROCEDÊNCIA DO PEDIDO QUANTO À FABRICANTE, POIS A PROCEDÊNCIA EM 1º GRAU FICOU LIMITADA À INDENIZAÇÃO POR DANOS MORAIS, A QUAL NÃO É DEVIDA - MERO ABORRECIMENTO, NÃO PASSÍVEL DE INDENIZAÇÃO -

SENTENÇA ALTERADA" (TJSP, Ap. Cív. 10033719120148260477, Trigésima Sexta Câmara de Direito Privado, Rel. Des. Jayme Queiroz Lopes, DJ 19/07/2016).

◘ Ilegitimidade passiva *ad causam* do comerciante. Fabricante devidamente identificado. Ausência de responsabilidade do comerciante por vício do produto (fogão que apresenta sinais de ferrugem). "EMENTA APELAÇÃO CÍVEL. AÇÃO INDENIZATÓRIA. DIREITO DO CONSUMIDOR. AQUISIÇÃO DE UM FOGÃO QUE DURANTE PRAZO DE GARANTIA, APRESENTOU SINAIS DE FERRUGEM. FATO DO PRODUTO. RESPONSABILIDADE A SER APLICADA COM BASE NO ART. 12 C/C 13 DO CDC. COMERCIANTE QUE SOMENTE PODE RESPONDER PELAS HIPÓTESES DO ART. 13 DO CDC, QUE NÃO SE APLICAM AO CASO. FABRICANTE DEVIDAMENTE IDENTIFICADO. ACORDO REALIZADO ENTRE O FABRICANTE E O AUTOR. HOMOLOGADO JUDICIALMENTE NOS AUTOS. SENTENÇA DE IMPROCEDÊNCIA EM RELAÇÃO AO COMERCIANTE E ASSISTÊNCIA TÉCNICA QUE SE MANTÉM. NEGADO PROVIMENTO AO RECURSO, NOS TERMOS DO ART. 557, CAPUT, DO CÓDIGO DE PROCESSO CIVIL" (TJRJ, Ap. Cív. 00015164020118190204, Vigésima Sétima Câmara Cível, Rel. Des. Rogério Carlos Amorim, DJ 25/06/2015).

II – o produto for fornecido sem identificação clara do seu fabricante, produtor, construtor ou importador;

► **A ausência de dados identificadores do fabricante, produtor, construtor, ou importador é apreciada no momento da propositura da ação.** A dificuldade em identificar os agentes causadores do dano é apreciada no momento da propositura da ação. Dessa forma, se no decorrer da lide, o fabricante, construtor, produtor ou importador chegarem a serem identificados, ainda assim o comerciante será o responsável perante o consumidor, devendo exercer posteriormente o direito de regresso contra o causador do dano. ► **No mesmo sentido:** "A ausência de insuficiência de dados identificadores do fabricante, produtor, construtor, ou importador é apreciada no momento da propositura da ação. Logo, a ação proposta contra o comerciante não pode ser julgada improcedente pelo fato de, no decorrer do processo, o fabricante, o produtor, o construtor ou importador chegarem a ser identificados". (ROCHA, Silvio Luis Ferreira. *Responsabilidade civil do fornecedor pelo fato do produto no direito brasileiro*.2ª ed. v. 4. Biblioteca de direito do Consumidor. São Paulo: Revista dos Tribunais. p. 87).

► **Após a propositura da ação contra o comerciante, pode o consumidor acionar o fabricante, o produtor, o construtor ou o importador posteriormente identificado.** "(...) tampouco está o consumidor impedido, após a propositura de ação contra o comerciante, de também acionar o fabricante, o produtor, o construtor ou o importador posteriormente identificado. Lembremos que o art. 13 tem por ratio alargar a proteção do consumidor, demonstrando, de mais a mais, insatisfação com o comportamento do comerciante e, exatamente por isso, incluindo-o no rol dos obrigados." (BENJAMIN,

Antônio Herman. *Comentários ao Código de Defesa do Consumidor*. Coordenador: Juarez de Oliveira. Saraiva, pg.73.)

III – não conservar adequadamente os produtos perecíveis.

► **Responsabilidade solidária do comerciante e fabricante pelos produtos perecíveis.** Na hipótese do inciso III (conservação de produtos perecíveis), a responsabilidade será do comerciante em solidariedade com os demais fornecedores do art. 12, mesmo que o defeito tenha aparecido por culpa exclusiva daquele. Assim, o fabricante de um alimento, por exemplo, não poderá alegar ilegitimidade passiva em uma ação indenizatória alegando que quem deu causa aos danos ao consumidor foi o comerciante pelo fato de não ter conservado adequadamente os produtos. Isso porque o comerciante não pode ser considerado "terceiro" para fins de excluir a responsabilidade do fabricante. ► **No mesmo sentido:** "O importante ressaltar que a responsabilidade subsidiária do comerciante não afasta a regra da solidariedade, pois a norma estatuída no artigo 13 do CDC é expressa ao afirmar que o comerciante é igualmente responsável, e não o único responsável, ante a verificação das situações previstas nos incisos do artigo citado. Assim, o consumidor que sofra um grave acidente de consumo, provocado por um produto perecível, pode acionar o fabricante do produto, o qual é solidariamente responsável pelo dever de indenizar". (BONATTO, Cláudio; MORAES, Paulo Valério Dal Pai. *Questões controvertidas no código de defesa defesa do consumidor*. Porto Alegre: Livraria do Advogado, 1988. p. 142).

◙ **Reconhecendo a legitimidade passiva do comerciante em razão de conservação inadequada do produto perecível (chocolate):** "Considerando que o chocolate se enquadra naquilo que se entende por alimento perecível, visto que, além de conter prazo de validade, exige armazenamento em local fresco, seco e inodoro, perfeitamente possível que o varejista figure no polo passivo da ação de indenização por danos morais (art. 13,III, do Código de Defesa do Consumidor). Legitimidade do supermercado reconhecida 'ex officio' (TJPR, Ap. Cív 13658454 , Nona Câmara Cível, Rel. Des. Vilma Régia Ramos de Rezende, DJ 30/09/2015).

Parágrafo único. Aquele que efetivar o pagamento ao prejudicado poderá exercer o direito de regresso contra os demais responsáveis, segundo sua participação na causação do evento danoso.

► **Direito de regresso.** Aquele que pagar a indenização em decorrência do acidente de consumo pode ser ressarcido através do direito de regresso contra os demais corresponsáveis na causação do evento danoso. Esse direito de regresso não somente se aplica ao comerciante, mas a todos os responsáveis que indenizaram os prejuízos sofridos pelo consumidor (fabricante, produtor, construtor e importador, entre outros), inclusive na hipótese de fato do serviço.

► **Direito de regresso. Pode ser aplicado sempre que houver solidariedade.** O Ministro Herman Benjamin aponta que o direito de regresso é uma conseqüência natural da solidariedade legal estabelecida no CDC, observando que a localização da norma foi "infeliz", pois o instituto abrange também as demais hipóteses de responsabilidade por acidentes de consumo, que estão previstas nos artigos 12 e 14 do CDC. Nesse sentido, BENJAMIN, Antônio Herman de Vasconcelos. *Comentários ao código de proteção do consumidor.* São Paulo: Saraiva, 1991, p. 76. No mesmo sentido, Gustavo Tepedino. A responsabilidade civil por acidentes de consumo na ótica civil-constitucional. In: Ensaios jurídicos. BUSTAMANTE, Ricardo, SODRÉ, Paulo César (Coord.). Niterói: Instituto Brasileiro de Atualização Jurídica (IBAJ), 1996. v. 1, p. 249.

► **Direito de regresso. Possibilidade do art. 13.** INTERVENÇÃO DE TERCEIROS – DENUNCIAÇÃO DA LIDE – INDEFERIMENTO DA DENUNCIAÇÃO DA LIDE À SEGURADORA, EM PROCESSO DE AÇÃO DE INDENIZAÇÃO PROPOSTA POR CONSUMIDOR CONTRA EMPRESA CONCESSIONÁRIA DE ENERGIA ELÉTRICA – Admissibilidade. Demanda fundada em relação de consumo, em que se aplica inteiramente as regras do Código de Defesa do Consumidor, estando vedada, pois a denunciação da lide (art. 88, Código de Defesa do Consumidor). Agravante que tem assegurado o direito de regresso, conforme disposto no art. 13, do Código de Defesa do Consumidor. Recurso improvido. (1º TACSP, AI 1136793-6 – (47491) – Bebedouro – 3ª C. – Rel. Juiz Carvalho Viana, J. 19.11.2002)

► **Vedação da denunciação da lide nas relações de consumo.** "A denunciação da lide foi vedada para o direito de regresso de que trata o art. 13, parágrafo único, do Código, para evitar que a tutela jurídica processual dos consumidores pudesse ser retardada e também porque, por via de regra, a dedução dessa lide incidental será feita com a invocação de uma causa de pedir distinta" (Código Brasileiro de Defesa do Consumidor, p. 871-872)". (BENJAMIN, Antônio Herman V.; MARQUES, Cláudia Lima; BESSA, Leonardo Roscoe. *Manual de Direito do Consumidor.* 7ª edição. São Paulo, Revista dos Tribunais, 2016, p. 219).◙ **No mesmo sentido:** "A vedação à denunciação da lide prevista no art. 88 do CDC não se restringe à responsabilidade de comerciante por fato do produto (art. 13 do CDC), sendo aplicável também nas demais hipóteses de responsabilidade civil por acidentes de consumo (arts. 12 e 14 do CDC)." (STJ, REsp 1165279/SP, Rel. Ministro Paulo de Tarso Sanseverino, Terceira Turma, DJe 28/05/2012)

◙ **Denunciação à lide. Não se admite quando o denunciante pretende eximir-se da responsabilidade sob alegação de culpa exclusiva de terceiro.** "CIVIL E PROCESSUAL CIVIL. BANCO. CONTRATO DE ALIENAÇÃO FIDUCIÁRIA NO QUAL O CONSUMIDOR É OBRIGADO A ADERIR A SEGURO DE VIDA. DENUNCIAÇÃO DA LIDE À SEGURADORA. IMPOSSIBILIDADE. (...) 3. Inexistindo vínculo entre as partes, incabível pretensão regressiva do denunciante (Banco) em face da denunciada (Seguradora), pois apenas os autores poderiam ajuizar ação contra a Seguradora para exigir o pagamento da indenização securitária. 4. Não se admite a denunciação da lide, com fundamento no art. 70, III, do CPC, se o denunciante objetiva eximir-se da responsabilidade pelo evento danoso, atribuindo-o com exclusividade a terceiro. 5. Recurso especial não conhecido."(STJ, REsp 1141006 / SP, Rel. Min. Luis Felipe Salomão, J. 06.10.09)

► **Prazo prescricional para o exercício do direito de regresso. 10 anos.** "Por fim, cumpre referir sobre o prazo prescricional para o exercício pelo fornecedor que responde pela indenização, da pretensão prevista no artigo 13, parágrafo único do CDC, qual seja de ação regressiva contra o fornecedor que tenha efetivamente dado causa ao dano. Neste caso, parece-nos que o prazo prescricional no é o do regime especial do CDC, uma vez que este é exclusivo para a reparação de danos aos consumidores. Respondendo o fornecedor, por força da solidariedade, pela indenização, e sendo titular de pretensão de ação de regresso contro outro fornecedor que tenha dado causa ao dano, o prazo do exercício da pretensão passa a ser estabelecido pelo Código Civil. E neste caso, na falta de prazo específico desta norma, parece-nos que o prazo aplicável na hipótese é o prazo geral de dez anos, previsto no art. 205 do CC ("A prescrição ocorre em dez anos, quando a lei não lhe haja fixado prazo menor") (Bruno Miragem, *Curso de Direito do Consumidor,* RT, 4ªed, p. 561) ◙ **No sentido de aplicar o prazo de 3 anos do Código Civil (206, § 3º, V). Ação de regresso de seguradora contra cia. aérea.** "APELAÇÃO - AÇÃO DE REGRESSO - SUB-ROGAÇÃO - EXTRAVIO DE BAGAGEM - RECONHECIMENTO DA PRESCRIÇÃO TRIENAL - SENTENÇA DE EXTINÇÃO - RECURSO - A MATÉRIA PAUTADA NÃO ESTÁ DISCIPLINADA PELO CDC, MAS SIM PELO CÓDIGO CIVIL - PRAZO TRIENAL VENCIDO - DECISÃO MANTIDA - RECURSO DESPROVIDO" *(TJSP, Ap. Cív.* 10050003320158260100, Décima Quarta Câmara de Direito Privado, Rel. Des. Carlos Abrão, DJ 19/02/2016).◙ **Prazo de 3 anos do Código Civil (206, § 3º, V). Ação de regresso do comerciante contra fabricante de automóveis.** "AÇÃO DE REGRESSO. Concessionária condenada em ação indenizatória proposta por consumidora. Alegação de direito de regresso contra a empresa fabricante. Ação indenizatória que transitou em julgado 14/10/2004, sendo somente em 29/09/2009 proposta ação de regresso. Pretensão a reparação civil. Prazo prescricional de três anos. Art. 206, V, do CC. Ausência de relação de consumo entre a concessionária e a fabricante. Sentença que reconheceu a prescrição. Mantida" (TJSP, Ap. Cív. 990102934632, Quarta Câmara de Direito Privado, Rel. Des. Teixeira Leite, DJ 22/09/2010).

Art. 14. O fornecedor de serviços responde, independentemente da existência de culpa, pela reparação dos danos causados aos consumidores por defeitos relativos à prestação dos serviços, bem como por informações insuficientes ou inadequadas sobre sua fruição e riscos.

► **O artigo trata da responsabilidade pelo fato do serviço.** Semelhantemente ao art. 12 (responsabilidade por fato do produto), contém basicamente as mesmas características (responsabilidade objetiva, causas de exclusão de responsabilidade, etc.). No parágrafo 4º, há a única exceção quanto à aplicação da responsabilidade objetiva: quando se tratar de serviços prestados por profissionais liberais. Nesse caso, a responsabilidade será apurada mediante verificação de culpa, ou seja, constatando imperícia, imprudência ou negligência.

◙ **Responsabilidade solidária de todos agentes que participam da relação de consumo (art. 14, caput).** "Nos termos do caput do artigo 14 do CDC, o fornecedor de serviços responde, independentemente da existência de culpa, pela reparação dos danos causados aos consumidores por defeitos relativos à prestação dos serviços. Cuida-se, portanto, de hipótese de responsabilidade civil objetiva, baseada na teoria do risco da atividade, que alcança todos os agentes econômicos que participaram da colocação do serviço no mercado de consumo, ressalvados os profissionais liberais, dos quais se exige a verificação da culpa. 4. Sob essa ótica e tendo em vista o disposto no parágrafo único do artigo 7º e no § 1º do artigo 25 do CDC, sobressai a solidariedade entre todos os integrantes da cadeia de fornecimento de serviços, cabendo direito de regresso (na medida da participação na causação do evento lesivo) àquele que reparar os danos suportados pelo consumidor. " (STJ, REsp 1378284/PB, Rel. Ministro Luis Felipe Salomão, Quarta Turma, DJe 07/03/2018) ► No mesmo sentido: "A conduta que se reclama do fornecedor é sua participação na colocação do produto ou serviço no mercado, em qualquer das fases em que esta tenha se desenvolvido. Neste sentido, a conduta se caracteriza pela participação do fornecedor no processo de produção e disposição deste produto ou serviço no mercado. Daí porque o regime de responsabilidade previsto pelo CDC é abrangente de todos os agentes econômicos integrantes da cadeia de fornecimento." (MIRAGEM, Bruno. *Curso de direito do consumidor*. 5. ed. São Paulo: RT, 2014, p. 535)

► **Sobre condenações envolvendo dano moral em prestações de serviços, verificar art. 6º, VI.**

RESPONSABILIDADE CIVIL ENVOLVENDO INTERNET. COMÉRCIO ELETRÔNICO

► **Sobre condenações envolvendo dano moral, verificar art. 6º, VI.**

◙ **Compra realizada pela internet. Legitimidade passiva da sociedade empresária EBANX por não transferir ao vendedor o valor pago pelo consumidor na aquisição do produto.** "Apelações Cíveis. Relação de Consumo. Ação indenizatória por danos materiais e morais. Cancelamento de compra realizada na internet. Sentença de procedência parcial. Irresignação de ambas as partes. 1. Preliminar de ilegitimidade passiva arguida pela parte ré que se rejeita. Ré que atua no mercado de serviços financeiros, fornecendo meios para que compradores brasileiros possam realizar pagamentos a vendedores estabelecidos em outros países, sem que seja necessário o uso de cartões de crédito. Compra realizada pela autora que restou frustrada em razão da ausência de repasse do pagamento pela parte ré. Legitimidade da empresa ré para figurar no polo passivo da demanda, visto que esta foi diretamente responsável pelo cancelamento da compra. 2. Responsabilidade objetiva. Artigo 14, § 3º do CDC. Falha na prestação do serviço, decorrente da falta de transferência do valor referente ao pagamento do produto ao seu vendedor, que teve como consequência o cancelamento do pedido. 3. Dano moral. Inexistência. Não se vislumbra, no caso concreto, graves constrangimentos ou intenso sofrimento capaz de ultrapassar os limites do mero aborrecimento não indenizável, ou do simples inadimplemento contratual. Hipótese de mero aborrecimento. Súmula nº 75 do TJRJ. 4. Dano material. Devolução da quantia paga pela autora, sob pena de enriquecimento ilícito da ré. Reforma parcial da sentença. NEGA-SE PROVIMENTO AOS RECURSOS" (TJRJ, Ap. Cív. 03341738120148190001, Vigésima Quarta Câmara Cível, Rel. Des. Sérgio Seabra Varella, DJ 01/04/2016).

◙ **Compra realizada pela internet. Produto não entregue ao consumidor. Inexistência de solidariedade entre a loja virtual e a administradora de cartão de crédito.** ***(sobre solidariedade, ver parágrafo único do art. 7º).*** "DIREITO DO CONSUMIDOR. COMPRA REALIZADA PELA INTERNET. PRODUTO NÃO ENTREGUE. RESPONSABILIDADE CIVIL DA ADMINISTRADORA DO CARTÃO DE CRÉDITO. INEXISTÊNCIA. 1. Na responsabilidade pelo fato do serviço a empresa administradora de cartão de crédito, que atua como intermediária do pagamento, não responde solidariamente por dano moral pelo descumprimento contratual de estabelecimento comercial que deixa de entregar a mercadoria adquirida em loja virtual, porquanto não teve participação direta no descumprimento contratual, sendo certo ainda que não se recusou a promover o estorno do pagamento. Inteligência do artigo 7º, parágrafo único, e 25, § 1º, DO CDC" (TJPE, Ap. Cív. 4285830 PE, Primeira Câmara Regional de Caruaru, Rel. Des. Fábio Eugênio Dantas de Oliveira Lima, DJ 21/06/2016).

◙ **Aquisição de passagem aérea pela internet. Cobrança indevida de passagem aérea cuja compra foi cancelada pelo consumidor. Responsabilidade solidária de todos os fornecedores que integram a cadeia de fornecimento** ***(sobre solidariedade, ver parágrafo único do art. 7º).*** "INDENIZAÇÃO POR DANOS MORAIS E MATERIAIS. AQUISIÇÃO DE PASSAGENS AÉREAS NA INTERNET. CANCELAMENTO DA OPERAÇÃO PELO PRÓPRIO CONSUMIDOR. DESCONTOS EM SEU CARTÃO DE CRÉDITO REALIZADOS. PROCEDÊNCIA INTEGRAL. RESPONSABILIDADE SOLIDÁRIA DE TODOS AQUELES QUE FIGURAM NA CADEIA DE FORNECIMENTO E AUFEREM LUCRO, DIRETA OU INDIRETAMENTE. ART. 7, PARÁGRAFO ÚNICO, DO CDC. LEGITIMIDADE." (TJSC, Ap. Cív. 20150847679, Terceira Câmara de Direito Civil, Rel. Des. Gilberto Gomes de Oliveira, julgado em 08/03/2016).

◙ **Lista de casamento em site de compras. Mercadoria entregue com atraso e com avaria.** "APELAÇÃO CÍVEL. CONSUMIDOR. 1. CONTRATO DE LISTA DE CASAMENTO. COMPRAS REALIZADAS PELA INTERNET. 2. RESPONSABILIDADE CIVIL. FALHA NA PRESTAÇÃO DE SERVIÇO. ATRASO NA ENTREGA DOS PRODUTOS. 3. MERCADORIA ENTREGUE COM AVARIA. DANOS MORAIS. CONFIGURADOS. Responsabilidade Civil. Consoante o art. 14, do Código de Defesa do Consumidor, a responsabilidade da empresa prestadora de serviços é objetiva, afastando-se a necessidade de demonstração da existência do elemento subjetivo do ato ilícito, sem, contudo dispensar a prova do ato ilícito, bem como do nexo e do dano resultante. 3. Quantum indenizatório. O quantum indenizatório fixado em R$ 10.000,00 (dez mil reais), está fora da realidade demonstrada nos autos, devendo este ser reduzido para R$ 7.500,00 (sete mil e quinhentos reais), valor mais condizente com a presente situação. 4. RECURSO PROVIDO, EM PARTE" (TJBA, Ap. Cív. 03011516720138050256, Primeira Câmara Cível, Rel. Des. Maria de Lourdes Pinho Medauar, DJ 23/01/2016).

◙ **Produto adquirido pela internet e não entregue à consumidora. Dano moral.** ***(sobre dano moral, ver art. 6º)*****.** "Encontra-se devidamente comprovado nos autos, por meio de documento e por confirmação da apelante, que as mercadorias compradas e pagas não foram entregues à apelada. Tal situação comprova a falha na prestação do serviço, passível de indenização por danos materiais e morais. 3. No que pertine aos danos materiais, entendo que o caso requer a repetição de indébito, uma vez que a apelada comprou uma mercadoria que se encontrava disponibilizada no site, pagando integralmente pela mesma. Logo, agiu com acerto a magistrada de base. 4. Quanto ao dano moral, tenho que o atraso ocorrido no caso em questão, de mais de três meses, ultrapassa os limites da razoabilidade, excedendo a esfera do mero aborrecimento do cotidiano" (TJMA, Ap. Cív. 0502572014, Quinta Câmara Cível, Rel. Des. Maria das Graças de Castro Duarte Mendes, DJ 31/08/2015).

◙ **No sentido da responsabilidade solidária do Mercado Livre: O fornecedor é responsável pela segurança das transações ocorridas no ambiente virtual, principalmente quando o consumidor agir de boa-fé.** "DIREITO DO CONSUMIDOR. RECURSO ESPECIAL. SISTEMA ELETRÔNICO DE MEDIAÇÃO DE NEGÓCIOS. MERCADO LIVRE. OMISSÃO INEXISTENTE. FRAUDE. FALHA DO SERVIÇO. RESPONSABILIDADE OBJETIVA DO PRESTADOR DO SERVIÇO. (...) O prestador de serviços responde objetivamente pela falha de segurança do serviço de intermediação de negócios e pagamentos oferecido ao consumidor. 3. O descumprimento, pelo consumidor (pessoa física vendedora do produto), de providência não constante do contrato de adesão, mas mencionada no site, no sentido de conferir a autenticidade de mensagem supostamente gerada pelo sistema eletrônico antes do envio do produto ao comprador, não é suficiente para eximir o prestador do serviço de intermediação da responsabilidade pela segurança do serviço por ele implementado, sob pena de transferência ilegal de um ônus próprio da atividade empresarial explorada. 4. A estipulação pelo fornecedor de cláusula exoneratória ou atenuante de sua responsabilidade é vedada pelo art. 25 do Código de Defesa do Consumidor. 5. Recurso provido." (STJ, REsp 1107024/DF, Rel. Ministra Maria Isabel Gallotti, Quarta Turma, DJe 14/12/2011) ◙ **Mercado Livre. Aquisição de câmera digital que não foi entregue ao consumidor.** "RESPONSABILIDADE CIVIL. RELAÇÃO DE CONSUMO. DEFEITO NA PRESTAÇÃO DO SERVIÇO. Consumidor que adquiriu câmera digital fotográfica pela 'Internet', no sítio eletrônico Mercado Livre em 04/05/2012. Produto não entregue. Devida a reparação dos danos morais decorrentes da perda de oportunidade de trabalho. Responsabilidade objetiva do fornecedor pelos danos causados ao consumidor, decorrentes da má prestação de serviços (art. 14, do CDC). Indenização por danos morais fixada em R$

2.000,00. Indenização por danos materiais em dobro por pagamento indevido. RECURSO DA RÉ NÃO PROVIDO" (TJSP, Ap. Cív. 00003150520138260315, Vigésima Oitava Câmara de Direito Privado, Rel. Des. Berenice Marcondes Cesar, DJ 10/08/2015).◙ **No sentido da não responsabilização do Mercado Livre: Atraso na entrega de produto adquirido pela internet. Mero aborrecimento.** "AGRAVO EM APELAÇÃO (ART. 557, § 1º, DO CPC). RESPONSABILIDADE CIVIL. AÇÃO DE INDENIZAÇÃO POR DANOS MORAIS. REVELIA. COMPRA PELA INTERNET. ATRASO NA ENTREGA CÓDIGO DE DEFESA DO CONSUMIDOR. DANO MORAL NÃO CONFIGURADO. MERO DISSABOR. Trata-se de ação indenizatória por danos morais decorrentes do alegado atraso na entrega de mercadoria adquirida na internet, bem como pelo fato de ter sido esta entregue ao porteiro do prédio e após o pedido de cancelamento da compra (...). A relação entre a demandante e a ré é de consumo, na forma do art.14 do Código de Defesa do Consumidor, de tal modo que responde a parte ré de forma objetiva pelos danos perpetrados à autora decorrentes de defeitos na prestação do serviço. Precedentes desta Corte. A entrega da mercadoria em prazo levemente superior ao contratado não constitui falha grave na prestação do serviço. O simples descumprimento contratual por parte do réu, com a frustração da expectativa da autora quanto à aquisição da mercadoria no tempo acertado, não é fato suficiente para gerar abalo moral indenizável, salvo situações excepcionais. Não configurado o suposto abalo sofrido pela requerente. Episódios dessa natureza, em regra, não passam de dissabores ligados ao cotidiano da vida moderna, não refletindo na ordem psíquica e/ou moral do sujeito que se vê afetado. Em outras palavras, não há ofensa a honra, a dignidade, a imagem, elementos integrantes do patrimônio moral. Sentença de improcedência mantida. AGRAVO DESPROVIDO. (TJRS, Agravo 70068235415, Nona Câmara Cível, Rel. Des. Tasso Caubi Soares Delabary, DJ 22/03/2016). ◙ **No mesmo sentido**: "AGRAVO INTERNO. REDISCUSSÃO DA MATÉRIA. RECURSO MANIFESTAMENTE INFUNDADO. ENTREGA DE PRODUTO ADQUIRIDO VIA INTERNET. A falha na entrega de mercadoria adquirida pela internet configura, em princípio, mero inadimplemento contratual, não ensejando indenização por dano moral, por ausência de desdobramentos da conduta e pelo modo como ocorreu o caso concreto" (TJRO, Agravo Interno 00115582620138220001, Segunda Câmara Cível, Rel. Des. Alexandre Miguel, DJ 30/11/2015).

◙ **Ausência de responsabilidade do site Mercado Livre. Consumidor que ignora as orientações de segurança do site.** "APELAÇÃO CÍVEL. DIREITO DO CONSUMIDOR. RESPONSABILIDADE CIVIL. VENDA DE PRODUTO EM SITE DA INTERNET. MERCADO LIVRE. MODALIDADE "MERCADO PAGO" E-MAIL ENCAMINHADO AO AUTOR INFORMANDO QUE O VALOR DA MERCADORIA ENCONTRAVA-SE NA POSSE DO PROVEDOR. ENCAMINHAMENTO DO PRODUTO AO SUPOSTO COMPRADOR. FRAUDE DE TERCEIRO. VÍTIMA QUE NÃO SEGUIU AS ORIENTAÇÕES DE SEGURANÇA DO SITE. ROMPIMENTO DO NEXO CAUSAL. AUSÊNCIA DE COMPROVAÇÃO DE FALHA NA PRESTAÇÃO DO SERVIÇO. ENTENDIMENTO DESTE E. TRIBUNAL DE JUSTIÇA. NEGADO SEGUIMENTO, NA

FORMA DO ART. 557, CAPUT, DO CPC, PARA MANTER A SENTENÇA" (TJRJ, Ap. Cív. 00130065520138190021, Vigésima Quarta Câmara Cível, Rel. Des. Wilson do Nascimento Reis, DJ 14/01/2016).

◙ **Ausência de responsabilidade do site Mercado Livre, que atuou como simples anunciante do produto.** "APELAÇÃO CÍVEL. DIREITO PRIVADO NÃO ESPECIFICADO. AÇÃO DE RESCISÃO CONTRATUAL CUMULADA COM INDENIZAÇÃO POR DANOS MORAIS. COMERCIALIZAÇÃO DE PRODUTOS PELA INTERNET. AQUISIÇÃO DE MERCADORIA NÃO ENTREGUE DIRETAMENTE COM O VENDEDOR. AUSÊNCIA DE RESPONSABILIDADE DO MERCADO LIVRE NA HIPÓTESE EM LIÇA. No caso concreto, a aquisição do computador se deu diretamente entre o autor e o vendedor, tendo o réu atuado, apenas, como anunciante do produto. Além disso, o demandante optou por não adotar as recomendações de segurança fornecidas pelo Mercado Livre para essa espécie de transação (virtual), tendo depositado a integralidade do valor do computador em conta corrente de pessoa distinta daquela cadastrada junto ao website. Nesse contexto, não se pode exigir a restituição de valores despendidos e indenização por danos morais de quem não participou, diretamente, da transação frustrada. Manutenção da sentença de improcedência dos pedidos. APELO DESPROVIDO. (TJRS, Ap. Cív. 70060858479, Décima Segunda Câmara Cível, Rel. Des. Ana Lúcia Carvalho Pinto Vieira Rebout, DJ 03/08/2015).

◙ **Buscapé. Aquisição de produto pela internet. Ilegitimidade passiva do site Buscapé.** "COMPRA E VENDA PELA INTERNET – AQUISIÇÃO DE APARELHO TELEVISOR NÃO ENTREGUE – ILEGITIMIDADE PASSIVA DA RÉ GWHC SERVIÇOS ON LINE – PUBLICIDADE ELETRÔNICA QUE PERMITE A PESQUISA E COMPARAÇÃO DE PREÇOS, PRODUTOS E SERVIÇOS – SITE AGREGADOR DE OFERTAS – RESPONSABILIDADE SOLIDÁRIA NÃO CARACTERIZADA – DANO MORAL RECONHECIDO – MAJORAÇÃO DA CONDENAÇÃO – NÃO CABIMENTO – AUSÊNCIA DE REPERCUSSÃO MAIS GRAVOSA EM PREJUÍZO DO AUTOR – SENTENÇA MANTIDA. APELAÇÃO NÃO PROVIDA" (TJSP, Ap. Cív. 40028218020128260100, Trigésima Terceira Câmara de Direito Privado Rel. Des. Sá Moreira de Oliveira, DJ 22/02/2016). ◙ **Em sentido contrário, admitindo a legitimidade passiva do site Buscapé *(sobre solidariedade, ver parágrafo único do art. 7º)*:** "REPARAÇÃO DE DANOS MORAIS – AQUISIÇÃO DE PRODUTO PELA INTERNET – INTERMEDIAÇÃO POR SITE – LEGITIMIDADE PASSIVA 1 – Legitimidade passiva 'ad causam' – incontroversa relação de direito material, "intermediadora" inserida na relação de consumo, que fundamenta a pretensão processual – inteligência do art. 7º, parágrafo único, do Código de Defesa do Consumidor; 2 – O site de 'classificados' virtual exerce intermediação relevante e remunerada (indiretamente) na aproximação entre consumidor e fornecedor, de forma que integra a cadeia de consumo (art. 3º, da Lei n. 8.078, de 1990)– evento danoso que integra o risco da atividade exercida – precedentes – responsabilidade, art. 389, do Código Civil; 3 – Notebook foi entregue com rachaduras, evidentemente usado, sem embalagem, causando uma série de problemas ao adquirente, que não se utilizou do bem adquirido e ainda viu seu nome ser indevidamente inserido no rol de inadimplentes, vendo-se obrigado a ajuizar demanda judicial para solver a problemática, que se arrasta até os dias atuais. 4 – Diante disso, o magistrado a quo fixou indenização por danos morais em quantia equivalente a R$ 10.000,00, quantia que deve ser mantida, e apenas não será majorada por não ter a parte interessada interposto o recurso respectivo." (TJSP, Ap. Cív. 00097774720108260361, Trigésima Câmara de Direito Privado, Rel. Des. Maria Lúcia Pizzotti, DJ 02/10/2015).

RESPONSABILIDADE CIVIL ENVOLVENDO INTERNET. REDES SOCIAIS

◙ **Orkut (Google). No sentido de responsabilizar os provedores somente quando agem com culpa, uma vez que não são obrigados a fiscalizar o conteúdo das páginas que hospedam.** "RECURSO ESPECIAL. DIREITO DO CONSUMIDOR. PROVEDOR. MENSAGEM DE CONTEÚDO OFENSIVO. RETIRADA. REGISTRO DE NÚMERO DO IP. DANO MORAL. AUSÊNCIA. PROVIMENTO. 1.– No caso de mensagens moralmente ofensivas, inseridas no site de provedor de conteúdo por usuário, não incide a regra de responsabilidade objetiva, prevista no art. 927, parágrafo único, do Cód. Civil/2002, pois não se configura risco inerente à atividade do provedor. Precedentes. 2.– É o provedor de conteúdo obrigado a retirar imediatamente o conteúdo ofensivo, pena de responsabilidade solidária com o autor direto do dano. 3.– O provedor de conteúdo é obrigado a viabilizar a identificação de usuários, coibindo o anonimato; o registro do número de protocolo (IP) dos computadores utilizados para cadastramento de contas na internet constitui meio de rastreamento de usuários, que ao provedor compete, necessariamente, providenciar. 4.– Recurso Especial provido. Ação de indenização por danos morais julgada improcedente." (REsp 1306066/MT, Rel. Ministro Sidnei Beneti, Terceira Turma, julgado em 17/04/2012, DJe 02/05/2012). ◙ **No mesmo sentido:** "CIVIL E PROCESSUAL CIVIL. MENSAGENS OFENSIVAS À HONRA DO AUTOR VEICULADAS EM REDE SOCIAL NA INTERNET (ORKUT). MEDIDA LIMINAR QUE DETERMINA AO ADMINISTRADOR DA REDE SOCIAL (GOOGLE) A RETIRADA DAS MENSAGENS OFENSIVAS. FORNECIMENTO POR PARTE DO OFENDIDO DAS URLS DAS PÁGINAS NAS QUAIS FORAM VEICULADAS AS OFENSAS. DESNECESSIDADE. RESPONSABILIDADE TÉCNICA EXCLUSIVA DE QUEM SE BENEFICIA DA AMPLA LIBERDADE DE ACESSO DE SEUS USUÁRIOS. 1. O provedor de internet – administrador de redes sociais -, ainda em sede de liminar, deve retirar informações difamantes a terceiros manifestadas por seus usuários, independentemente da indicação precisa, pelo ofendido, das páginas que foram veiculadas as ofensas (URL's). 2. Recurso especial não provido. (REsp 1175675/RS, Rel. Ministro Luis Felipe Salomão, Quarta Turma, julgado em 09/08/2011, DJe 20/09/2011). ***No mesmo sentido:*** (REsp 1193764/SP, Rel. Ministra Nancy Andrighi, Terceira Turma, julgado em 14/12/2010, DJe 08/08/2011)

◙ **Facebook. Ofensas proferidas em rede social. Provedor que, devidamente notificado pelo usuário sobre conteúdo ofensivo, não o retira do ar.** "AÇÃO DE

INDENIZAÇÃO. DANO MORAL. FACEBOOK. REDE SOCIAL. SÍTIO DE RELACIONAMENTO. INTERNET. PROVEDOR DE SERVIÇOS DE INFORMAÇÕES. RESPONSABILIDADE POR FATO DO SERVIÇO. DIREITO DO CONSUMIDOR. RESPONSABILIDADE OBJETIVA. USUÁRIO VÍTIMA DO EVENTO. OFENSAS DE CUNHO MORAL. Os provedores de acesso são aqueles que possibilitam ao usuário o acesso à internet e a armazenagem de conteúdo e aplicações que dão vida ao meio virtual. Os provedores de serviços ou informações alimentam a rede com dados (conteúdo e aplicações que tornam a própria internet útil e interessante) que podem ser armazenados em provedores de acesso. A relação entre os provedores e usuários da internet é regida pelas normas do Código de Defesa do Consumidor. Por consumidor conceitua-se "toda pessoa física ou jurídica que adquire ou utiliza produtos ou serviços como destinatário final", abrangendo os usuários da internet que se utilizam das redes sociais. Os provedores se enquadram como fornecedores de serviços descritos no artigo 3º do CDC visto que são pessoas jurídicas que desenvolvem as atividades de criação, transformação, distribuição e comercialização de serviços de informação telemática a ser utilizada no meio virtual. A teor do artigo 17 do CDC, quanto à responsabilidade por fato do serviço, equiparam-se aos consumidores todas as vítimas do evento, qual seja, a ofensa realizada por meio da rede social ORKUT, não sendo sequer imprescindível que o ofendido seja usuário dos serviços do provedor de informações. Fica ao arbítrio do magistrado a fixação do 'pretium doloris', devendo, contudo, ser observados parâmetros razoáveis para que seja atendido tanto o caráter punitivo da parte que deu causa, bem como o sofrimento psíquico e moral suportado pela vítima. Apelo parcialmente provido para reduzir o valor fixado" (TJMG, Ap. Cív. 10713120015530001, Décima Câmara Cível, Rel. Des. Cabral da Silva, DJ 26/06/2015).

RESPONSABILIDADE CIVIL ENVOLVENDO INTERNET. SPAM

■ **Envio de spam. Ausência de interesse de agir quando o consumidor tem a possibilidade de cancelar, por meios próprios, o envio de mensagem publicitária.** "APELAÇÃO CÍVEL. RESPONSABILIDADE CIVIL. ENVIO DE E-MAILS PUBLICITÁRIOS (SPAM). AÇÃO DE OBRIGAÇÃO DE NÃO FAZER C/C REPARAÇÃO DE DANOS MORAIS. AUSÊNCIA DE INTERESSE PROCESSUAL. (...) Hipótese em que é de notório conhecimento a possibilidade de cancelamento do recebimento de mensagens publicitárias via e-mail pelo próprio usuário, não havendo necessidade de intervenção do Poder Judiciário para tanto. Considerando que a parte deixou de evidenciar, na inicial, a alegação de que, mesmo tendo feito uso de tal ferramenta, seguiu recebendo correspondências eletrônicas com propagandas de produtos da empresa demandada, não há interesse processual nos pleitos de obrigação de não fazer e de reparação de danos morais. Sentença terminativa confirmada. APELAÇÃO DESPROVIDA" (TJRS, Ap Cív 70066050741, Nona Câmara Cível, Rel. Des. Paulo Roberto Lessa Franz, DJ 28/08/2015).

■ **No mesmo sentido:** "RESPONSABILIDADE CIVIL. ENVIO DE E-MAIL. SPAM. PUBLICIDADE. PROPAGANDA. ATO ILÍCITO. DANO MORAL. INTERESSE JURÍDICO. O interesse jurídico possui relação com a necessidade de ser ajuizada ação para solucionar um litígio. No caso, a situação, relacionada ao recebimento de e-mail ou mensagem de publicidade, pode ser solucionada por outros meios. Apelação não provida. (TJRS, Ap. Cív. 70064630361, Décima Câmara Cível, Rel. Des. Marcelo Cezar Muller, julgado em 25/06/2015).

◙ **Envio de spam. Mero aborrecimento.** "RESPONSABILIDADE CIVIL COMINATÓRIA C.C. INDENIZAÇÃO POR DANO MORAL ENVIO DE MENSAGEM ELETRÔNICA COMERCIAL PELA REQUERIDA PARA O E-MAIL DA AUTORA AUTORA QUE NÃO CONSEGUIU A RETIRADA DE SEU E-MAIL DO CADASTRO DA REQUERIDA ATRAVÉS DE MERA SOLICITAÇÃO RELUTÂNCIA DA RÉ EM CESSAR O ENVIO DE SPAM RETIRADA DO E-MAIL DA AUTORA DO CADASTRO DA RÉ DETERMINADA, ASSIM COMO A CESSAÇÃO IMEDIATA DE ENVIO DE SPAM, SOB PENA DE MULTA DIÁRIA DANO MORAL NÃO CONFIGURADO HIPÓTESE DE MERO ABORRECIMENTO INDENIZAÇÃO INDEVIDA RECURSO PROVIDO EM PARTE" (TJ-SP, Ap. Cív. 01876455320098260100, Primeira Câmara de Direito Privado. Rel. Des. Elliot Akel, DJ 20/08/2013).

◙ **Não há dano moral por envio de spam erótico a internauta.** "Não obstante o inegável incômodo, o envio de mensagens eletrônicas em massa - SPAM - por si só não consubstancia fundamento para justificar a ação de dano moral, notadamente em face da evolução tecnológica que permite o bloqueio, a deletação ou simplesmente a recusada de tais mensagens.3 – Inexistindo ataques a honra ou a dignidade de quem o recebe as mensagens eletrônicas, não há que se falar em nexo de causalidade a justificar uma condenação por danos morais." (STJ, REsp 844736/DF, Rel. Ministro Luis Felipe Salomão, Rel. p/ Acórdão Ministro Honildo Amaral de Mello Castro, Quarta Turma, DJe 02/09/2010)

RESPONSABILIDADE CIVIL ENVOLVENDO INTERNET. OUTROS

◙ **Ofensas postadas em portal de notícias na internet. Responsabilização da empresa jornalística por ausência de controle de conteúdo.** "RECURSO ESPECIAL. DIREITO CIVIL E DO CONSUMIDOR. RESPONSABILIDADE CIVIL. INTERNET. PORTAL DE NOTÍCIAS. RELAÇÃO DE CONSUMO. OFENSAS POSTADAS POR USUÁRIOS. AUSÊNCIA DE CONTROLE POR PARTE DA EMPRESA JORNALÍSTICA. DEFEITO NA PRESTAÇÃO DO SERVIÇO. RESPONSABILIDADE SOLIDÁRIA PERANTE A VÍTIMA. VALOR DA INDENIZAÇÃO. 1. Controvérsia acerca da responsabilidade civil da empresa detentora de um portal eletrônico por ofensas à honra praticadas por seus usuários mediante mensagens e comentários a uma noticia veiculada. 2. Irresponsabilidade dos provedores de conteúdo, salvo se não providenciarem a exclusão do conteúdo ofensivo, após notificação. Precedentes. 3. Hipótese em que o provedor de conteúdo é empresa jornalística, profissional da área de comunicação, ensejando a aplicação do Código de Defesa do Consumidor. 4. Necessidade de controle efetivo, prévio ou posterior, das postagens divulgadas pelos usuários junto à página em que publicada a notícia. 5. A ausência de controle configura defeito do serviço. 6. Responsabilidade solidária da empresa gestora do portal eletrônica perante a vítima das ofensas" (STJ, REsp. 1352053/AL, Terceira Turma, Rel. Min. Paulo de Tarso Sanseverino, DJe 30/03/2016).

RESPONSABILIDADE ENVOLVENDO HOSPITAIS (E MÉDICOS)

► **Sobre condenações envolvendo dano moral, verificar art. 6°, VI.**

► **Sobre responsabilidade dos hospitais e médicos, verificar art. 14. § 4°.**

RESPONSABILIDADE ENVOLVENDO ADMINISTRADORAS DE CARTÃO DE CRÉDITO

► **Sobre condenações envolvendo dano moral, verificar art. 6°, VI.**

◙ **Responsabilidade solidária. Bandeiras/marcas de cartão de crédito e bancos e administradoras de cartões de crédito.** "PROCESSUAL CIVIL E CONSUMIDOR. AÇÃO DECLARATÓRIA DE INEXISTÊNCIA DE DÉBITO C/C COMPENSAÇÃO POR DANOS MORAIS. VÍCIO NA PRESTAÇÃO DE SERVIÇO. 'BANDEIRA' DO CARTÃO DE CRÉDITO. RESPONSABILIDADE SOLIDÁRIA. (...) Segundo a orientação jurisprudencial desta Corte Superior, o art. 14 do CDC estabelece regra de responsabilidade solidária entre os fornecedores de uma mesma cadeia de serviços, razão pela qual as 'bandeiras'/marcas de cartão de crédito respondem solidariamente com os bancos e as administradoras de cartão de crédito pelos danos decorrentes da má prestação de serviços". (STJ, AgRg no AREsp 596237/SP, Terceira Turma, Rel. Min. Marco Aurélio Bellizze, DJe 12/02/2015).

◙ **Responsabilidade das administradoras de cartão de crédito, em parceria com o restante da cadeia de fornecedores do serviço (proprietárias das bandeiras, adquirentes e estabelecimentos comerciais), pela verificação da idoneidade das compras realizadas com cartões magnéticos, utilizando-se de meios que dificultem ou impossibilitem fraudes e transações realizadas por estranhos em nome de seus clientes".** CIVIL E CONSUMIDOR. RESPONSABILIDADE CIVIL. CARTÃO DE CRÉDITO.1. A melhor exegese dos arts. 14 e 18 do CDC indica que todos aqueles que participam da introdução do produto ou serviço no mercado devem responder solidariamente por eventual defeito ou vício, isto é, imputa-se a toda a cadeia de fornecimento a responsabilidade pela garantia de qualidade e adequação. 2. No sistema do CDC, fica a critério do consumidor a escolha dos fornecedores solidários que irão integrar o polo passivo da ação. Poderá exercitar sua pretensão contra todos ou apenas contra alguns desses fornecedores, conforme sua comodidade e/ou conveniência. 3. São nulas as cláusulas contratuais que impõem exclusivamente ao consumidor a responsabilidade por compras realizadas com cartão de crédito furtado ou roubado, até o momento da comunicação do furto à administradora. Precedentes. 4. Cabe às administradoras, em parceria com o restante da cadeia de fornecedores do serviço (proprietárias das bandeiras, adquirentes e estabelecimentos comerciais), a verificação da idoneidade das compras realizadas com cartões magnéticos, utilizando-se de meios que dificultem ou impossibilitem fraudes e transações realizadas por estranhos em nome de seus clientes, independentemente de qualquer ato do consumidor, tenha ou não ocorrido roubo ou furto." (STJ, REsp 1058221/PR, Rel. Ministra Nancy Andrighi, Terceira Turma, DJe 14/10/2011)

◙ No mesmo sentido da solidariedade: "O art. 14 do CDC estabelece regra de responsabilidade solidária entre os fornecedores de uma mesma cadeia de serviços, razão pela qual as 'bandeiras'/marcas de cartão de crédito respondem solidariamente com os bancos e as administradoras de cartão de crédito pelos danos decorrentes da má prestação de serviços." (STJ, REsp 1029454 / RJ, Rel. Min. Nancy Andrighi, J.01/10/2009)

RESPONSABILIDADE ENVOLVENDO INSTITUIÇÕES DE ENSINO E EDUCAÇÃO EM GERAL

► **Sobre condenações envolvendo dano moral, verificar art. 6°, VI.**

◙ **Responsabilidade objetiva da instituição de ensino por não credenciamento de curso de mestrado em órgão governamental.** "DIREITO CIVIL E DO CONSUMIDOR. PRESTAÇÃO DE SERVIÇO. CURSO DE MESTRADO. CREDENCIAMENTO NO ÓRGÃO GOVERNAMENTAL. AUSÊNCIA. RESPONSABILIDADE CIVIL. DANOS MATERIAIS E MORAIS. AQUILATAÇÃO. RECURSO PARCIALMENTE PROVIDO. 1. Tratando-se de relação regida pelo Código de Defesa do Consumidor, a instituição de ensino é objetivamente responsável pelos prejuízos causados em decorrência do não credenciamento de curso de mestrado se, em virtude desse entrave, o consumidor não obteve a correspondente titulação. Incidência das normas dos arts. 14 e 20, caput e § 2º, do CDC. 2. No caso concreto, a despeito da finalização imperfeita, os serviços contratados foram efetivamente prestados à consumidora, que deles pode extrair alguma utilidade, inclusive para eventual aproveitamento, em outra instituição de ensino, das disciplinas cursadas. Em tal circunstância, pelo voto médio, a indenização foi fixada na forma prevista pelo art. 20, inc. III, do CDC, afastando-se a incidência da regra do inciso II do mesmo dispositivo. 3. Recurso especial parcialmente provido" (STJ, REsp 1079145/SP, Rel. Ministro Luis Felipe Salomão, Rel. p/ Acórdão Ministro Antonio Carlos Ferreira, Quarta Turma, DJe 12/11/2015).

◙ **Responsabilidade objetiva. Instituição de ensino que assegura a validade de diploma de pós-graduação oferecida em parceria com universidade estrangeira.** "CURSO DE DOUTORADO MINISTRADO POR INSTITUIÇÃO DE ENSINO SUPERIOR ESTRANGEIRA EM CONVÊNIO COM UNIVERSIDADE BRASILEIRA. DIPLOMA NÃO REVALIDADO NO BRASIL. RELAÇÃO DE CONSUMO. RESPONSABILIDADE OBJETIVA. 1. "A instituição de ensino superior que oferece curso de pós-graduação em convênio com universidade estrangeira, assegurando ao aluno a sua validade frente às leis do País, o que não se concretizou ao término do período letivo, responde pelos prejuízos experimentados por ele, de ordem material e imaterial, em conformidade com a regra do art. 14 do CDC" (STJ, AgRg no Ag 1120188, 3ª T., DJ 16.2.2011).

◙ **Responsabilidade objetiva da instituição de ensino por aluna baleada em campus de universidade.** "RECURSOS ESPECIAIS – RESPONSABILIDADE CIVIL – ALUNA BALEADA EM CAMPUS DE UNIVERSIDADE – DANOS MORAIS, MATERIAIS E ESTÉTICOS – ALEGAÇÃO DE DEFEITO NA PRESTAÇÃO DO SERVIÇO, CONSISTENTE EM GARANTIA DE SEGURANÇA NO CAMPUS RECONHECIDO COM FATOS FIRMADOS PELO TRIBUNAL DE ORIGEM (...). 1. Constitui defeito da prestação de serviço, gerando o dever de indenizar, a falta de providências garantidoras de segurança a estudante no campus, situado em região vizinha a população permeabilizada por delinquência, e tendo havido informações do conflagração próxima, com circulação de panfleto por marginais, fazendo antever violência na localidade, de modo que, considerando-se as circunstâncias específicas relevantes, do caso, tem-se, na hipótese, responsabilidade do fornecedor nos termos do artigo 14, § 1º do Código de defesa do Consumidor (...)" (STJ, REsp 876.448, 3ª T., DJ 21.9.2010).

◙ **Responsabilidade objetiva. Acidente sofrido por aluno durante excursão.** "CIVIL E PROCESSUAL CIVIL. ACIDENTE OCORRIDO COM ALUNO DURANTE EXCURSÃO ORGANIZADA PELO COLÉGIO. EXISTÊNCIA DE DEFEITO. FATO DO SERVIÇO. RESPONSABILIDADE OBJETIVA. AUSÊNCIA DE EXCLUDENTES DE RESPONSABILIDADE. 1. É incontroverso no caso que o serviço prestado pela instituição de ensino foi defeituoso, tendo em vista que o passeio ao parque, que se relacionava à atividade acadêmica a cargo do colégio, foi realizado sem a previsão de um corpo de funcionários compatível com o número de alunos que participava da atividade. 2. O Tribunal de origem, a pretexto de justificar a aplicação do art. 14 do CDC, impôs a necessidade de comprovação de culpa da escola, violando o dispositivo ao qual pretendia dar vigência, que prevê a responsabilidade objetiva da escola. 3. Na relação de consumo, existindo caso fortuito interno, ocorrido no momento da realização do serviço, como na hipótese em apreço, permanece a responsabilidade do fornecedor, pois, tendo o fato relação com os próprios riscos da atividade, não ocorre o rompimento do nexo causal. 4. Os estabelecimentos de ensino têm dever de segurança em relação ao aluno no período em que estiverem sob sua vigilância e autoridade, dever este do qual deriva a responsabilidade pelos danos ocorridos (...)" (STJ, REsp 762.075, 4ª T., DJ 29.6.2009).

◙ **Acidente em aula de judô que deixou vítima tetraplégica.** "Indenização. Vítima de acidente ocorrido durante treinamento de judô, ministrado por preposto da recorrida, que a deixou tetraplégica. Acidente ocorrido em virtude de negligência do professor. Comprovados a conduta, os danos e o nexo de causalidade, presente o dever de indenizar da recorrida que responde pelos atos do seu preposto. Código de Defesa do Consumidor, art. 14, § 3º. Aplicação. Recurso especial conhecido e parcialmente provido" (STJ, REsp 473085/ RJ, Rel. Min. Castro Filho, J. 14.06.2004).

◙ **Aluno queimado durante experiência em escola.** "Responsabilidade civil – Queimaduras. Indenização. Acidente ocorrido em sala de aula, durante experiência com álcool efetuada pela professora, com sérias queimaduras em pequena aluna. Os juros a serem pagos pelo autor material do ilícito são contados na forma do art. 1.544 do CC" (STJ, Acórdão REsp 297007/RJ (200001428934) RE 423749,4ª Turma - Rel. Min. Ruy Rosado de Aguiar, J. 14.8.2001).

RESPONSABILIDADE ENVOLVENDO TURISMO

► **Sobre condenações envolvendo dano moral, verificar art. 6°, VI.**

► **Turismo. Em regra, o consumidor não pode ser discriminado em estabelecimentos de hospedagem.** "A oferta dos serviços por estabelecimentos de hospedagem é ampla e geral. Isso implica no dever de não discriminar dentre aqueles que se admitem ou não como hóspedes, segundo critérios que o direito contemporâneo não admite. Aqui incidem de modo imperativo os artigos 3º, IV e 5º, caput e XLI, da CF/1988, que vedam a discriminação, em especial, por razão de origem, raça, sexo, cor, idade e quaisquer outras formas. Incide, igualmente, a proibição do artigo 39, II, do CDC, que define como prática abusiva a recusa de atendimento às demandas dos consumidores. A recusa de contratar, aqui, se justifica apenas por razões de saúde pública, ou para atender regras de urbanidade e sossego dos demais. Também não é apenas lícito, mas constitui dever do estabelecimento de hospedagem, recusar criança e adolescente como hóspedes, quando não tenham autorização, ou não estejam acompanhados por pais ou responsáveis, conforme artigo 82 do Estatuto da Criança e do Adolescente". (MIRAGEM, Bruno. Curso de Direito do Consumidor, 6ª ed. São Paulo: RT, p. 555-556).

► **Turismo. Não cumprimento de reserva pelo estabelecimento de hospedagem.** "Também o não cumprimento da reserva pelo estabelecimento de hospedagem gera responsabilidade. Assinala a doutrina que a reserva definitiva é como se, presente, houvesse concluído contrato de hospedagem. Não sendo definitiva a reserva, ainda assim, vincula o estabelecimento de hospedagem, tudo conforme o artigo 30 do CDC. Não o hóspede, que ainda pode cancelar. Os procedimentos - uma vez paga em parte ou todo o valor das diárias - para cancelamento de reserva admitem retenção de parte do valor para compensar prejuízos do estabelecimento pela não oferta a outros interessados. Os valores retidos, todavia, devem guardar proporcionalidade em relação ao total do valor do contrato. Viola o equilíbrio e a boa-fé reter todo o valor, como se quem reservou tivesse se hospedado e fruído o serviço. Da mesma forma, tem o estabelecimento de hospedagem o dever de informar previamente sobre a política de cancelamentos, e respectivas retenções, sob pena de não o fazendo, fazer incidir o artigo 46 do CDC." (MIRAGEM, Bruno. Curso de Direito do Consumidor, 6ª ed. São Paulo: RT, p. 561).

▶ **Turismo. Responsabilidade dos estabelecimentos de hospedagem por furtos e assaltos.**"Como regra, é de antiga tradição no nosso direito a responsabilidade dos hotéis e congêneres por furtos e assaltos em suas instalações que causem prejuízos aos hóspedes. No direito vigente, na hipótese de danos aos hóspedes em hotéis e congêneres, o regime de responsabilidade é o do artigo 14 do CDC – responsabilidade por fato do serviço – e a consequente solidariedade entre fornecedores diretos e indiretos integrantes da mesma cadeia de fornecimento." (MIRAGEM, Bruno. Curso de Direito do Consumidor, 6ª ed. São Paulo: RT, p. 559-560)

◙ **Responsabilidade do estabelecimento de hospedagem por furto**. "APELAÇÃO CÍVEL. RESPONSABILIDADE CIVIL. SERVIÇO DE HOSPEDAGEM. RELAÇÃO DE CONSUMO. FURTO DE BENS. DANOS PATRIMONIAIS E EXTRAPATRIMONIAIS. SENTENÇA REFORMADA EM PARTE. I – REGIME JURÍDICO APLICÁVEL. Aplicação do Código de Defesa do Consumidor. Circunstância de fato que indicam que não houve a contratação de locação, mas de serviço de hospedagem. Aplicação da teoria da aparência. (...) III – RESPONSABILIDADE CIVIL. 1. Ato ilícito caracterizado, diante do furto sobre a unidade de hospedagem. Nos moldes da teoria da responsabilidade objetiva, o fornecedor responde pelos danos independentemente de culpa. (...)" (Apelação Cível Nº 70054511936, Nona Câmara Cível, Tribunal de Justiça do RS, Relator: Iris Helena Medeiros Nogueira, Julgado em 10/07/2013). ◙ **No mesmo sentido em caso de roubo:** "AÇÃO DE REPARAÇÃO POR DANOS MORAL E MATERIAL – RESPONSABILIDADE POR ROUBO OCORRIDO NO ESTABELECIMENTO HOTELEIRO – HÓSPEDE VITIMADO – DEVERES DE CUIDADO E SEGURANÇA ASSUMIDOS COM O CONTRATO DE HOSPEDAGEM – INEXISTÊNCIA DE FORÇA MAIOR– FALTA COMPLETA DE VIGILÂNCIA – SUBTRAÇÃO DE VEÍCULO DO USUÁRIO – DANOS MATERIAIS COMPROVADOS – DANO MORAL IN RE IPSA. – Nos termos dos arts. 649, parágrafo único, 927, parágrafo único, 932, inciso IV, e 933, do Código Civil, e do art. 14, do Código de Defesa do Consumidor, respondem, objetivamente, os donos de hotéis pelos danos causados aos seus hóspedes.– As prestadoras devem garantir aos usuários dos serviços de hotelaria a segurança da integridade física e patrimonial, por ser inerente ao contrato de hospedagem. – Verificado que o hóspede foi vitimado em ação criminosa ocorrida no interior do hotel e submetido a grave ameaça com arma de fogo, a imobilização física e a perda de veículo guardado naquele estabelecimento, à pessoa jurídica Requerida cabe a reparação do prejuízo material e do dano extrapatrimonial aferível in re ipsa. – Em razão do recrudescimento da criminalidade, o furto e o roubo, bem como as abordagens para a sua prática, são fatos previsíveis nas hospedarias e afastam a caracterização de força maior como excludente de responsabilidade civil, especialmente quando não comprovado, pela Demandada, a existência de sistema e de profissional de vigilância nas suas dependências por ocasião do assalto. V.V. APELAÇÃO CÍVEL – AÇÃO DE INDENIZAÇÃO POR DANOS MORAIS E MATERIAIS – HÓSPEDE VÍTIMA DE ROUBO À MÃO ARMADA NO QUARTO DE HOTEL – FORÇA MAIOR – FATO DE TERCEIRO – INEVITÁVEL

– RESPONSABILIDADE DE INDENIZAR – EXCLUSÃO – SENTENÇA REFORMADA. Deve-se reformar a sentença que julgou procedentes os pedidos de indenização por danos morais e materiais na hipótese em que aos empregados do hotel requerido não seria possível evitar o assalto à mão armada perpetrado contra o autor, cujo fato constitui motivo de força maior, hábil a ensejar o afastamento da responsabilidade objetiva da requerida". (TJMG – Apelação Cível 1.0035.12.000449-0/001, Relator(a): Des.(a) Aparecida Grossi , Relator(a) para o acórdão: Des.(a) Roberto Vasconcellos , 17ª Câmara Cível, julgamento em 14/06/2018, publicação da súmula em 26/06/2018)

◙ **Responsabilidade do hotel por perda de bagagem do consumidor**. "RESPONSABILIDADE CIVIL. ILEGITIMIDADE PASSIVA. HOTEL. PERDA DE BAGAGEM. DANO MATERIAL. DANO MORAL. A legitimidade passiva da empresa brasileira deve ser afirmada, considerando integrar o mesmo grupo econômico do hotel localizado em outro país. No caso, o hotel foi o responsável pela perda das malas das consumidoras. O dano material está comprovado. A situação fundamenta o estabelecimento de compensação a título de dano moral. Valor mantido. Agravo retido e apelo não providos". (TJRS, Apelação Cível nº 70074703141, Décima Câmara Cível, Rel. Des. Marcelo Cezar Muller, Julgado em 14/12/2017)

◙ **Responsabilidade objetiva. Consumidores que têm o quarto de hotel invadido por pessoa estranha.** APELAÇÃO CÍVEL. RESPONSABILIDADE CIVIL. FAMÍLIA DE TURISTAS SURPREENDIDA COM INTRUSO DENTRO DO QUARTO DE HOTEL LOCALIZADO NA FRENTE DA RODOVIÁRIA DESTA CAPITAL, NO MEIO DA NOITE, MEXENDO NOS SEUS PERTENCES PESSOAIS. EXCLUDENTE DE CULPA EXCLUSIVA OU CONCORRENTE DA VÍTIMA NÃO DEMONSTRADA. dever de indenizar configurado. DANO MORAL IN RE IPSA. QUANTUM INDENIZATÓRIO. MANUTENÇÃO. 1. A responsabilidade civil do réu é objetiva, nos exatos termos do artigo 14 do Código de Defesa do Consumidor, em razão da atividade de hospedagem desenvolvida e pela vulnerabilidade do consumidor frente à relação jurídica instituída pela prestação do serviço, não se perquirindo, por conseguinte, a culpa do fornecedor, que se exime de sua responsabilidade apenas nas hipóteses do §3º do precitado dispositivo legal. 2. Incumbe ao estabelecimento hoteleiro adotar medidas de segurança e precaução, de modo a assegurar a incolumidade pessoal dos seus hóspedes e dos bens que se acharem em poder destes. Exegese dos arts. 649, parágrafo único, e 650 do CCB. 3. Hipótese em que os autores estavam hospedados na rede hoteleira do demandado e foram surpreendidos com a presença de uma pessoa estranha no quarto, no meio da noite, quando dormiam, com nítido propósito de furtá-los. 4. A falha na prestação do serviço consiste no fato de que uma pessoa estranha teve acesso aos quartos do hotel, sem a menor dificuldade, saindo de lá, de igual forma, apenas dizendo que estava hospedado noutro quarto, informação que não foi, de imediato, conferida pelos prepostos do demandado e que se mostrou inverídica posteriormente. 5. Caso a parte demandada tivesse adotado postura diversa de controle de pessoas no interior do hotel, não teria ocorrido a entrada inusitada desse estranho no quarto dos autores e, por conseguinte, os danos daí decorrentes. Culpa exclusiva ou concorrente das vítimas não comprovada pelo demandado, ônus que lhe incumbia. 6. A situação, ademais, foi deveras traumática para o casal e dois filhos menores, resultando, ainda, na perda do vôo para a Colômbia, para fins de visitar familiares. Em virtude disso, os demandantes tiveram enormes transtornos com a permanência nesta capital e transferência da viagem para outra data. Inegável a ocorrência do dano moral in re ipsa, porquanto decorrente do próprio fato. 7. Não comporta redução o valor da condenação fixado na origem em R$ 7.500,00 (sete mil e quinhentos reais), para cada adulto, e no montante de R$ 4.000,00 (quatro mil reais), para cada um dos filhos menores do casal. VERBA HONORÁRIA. 8. Honorários advocatícios mantidos em 15% sobre o valor atualizado da condenação, de acordo com os vetores do art. 85, § 2º, do CPC. Recurso desprovido". (TJRS, Ap. Cív. , Nona Câmara Cível, Rel. Des. Tasso Caubi Soares Delabary, DJ 05/07/2017)

◙ **Responsabilidade solidária da agência de turismo por negativa de cobertura de seguro saúde para viagem ao exterior (*sobre solidariedade entre fornecedores, ver art. 7º*).** "DIREITO CIVIL E DO CONSUMIDOR. AÇÃO DE INDENIZAÇÃO POR DANOS MATERIAIS. PACOTE TURÍSTICO. MÁ PRESTAÇÃO DE SERVIÇO. RESPONSABILIDADE OBJETIVA DA OPERADORA. ART. 14 DO CDC. CONTRATO DE SEGURO SAÚDE PARA VIAGEM. CONTRATAÇÃO CASADA. NEGATIVA INDEVIDA DE COBERTURA NO EXTERIOR. CADEIA DE CONSUMO. SOLIDARIEDADE LEGAL ENTRE A OPERADORA E A SEGURADORA. ART. 7º DO CDC. RESSARCIMENTO DAS DESPESAS COM TRANSPORTE EM UTI AÉREA PARA O BRASIL E DEMAIS DESPESAS MÉDICAS. CABIMENTO. 1.– O Tribunal de origem, analisando os fatos concluiu tratar-se de má prestação de um serviço, sendo a operadora de turismo, portanto, prestadora de serviço, como tal responde, independentemente de culpa pela reparação dos danos causados aos consumidores, nos termos do art. 14 do Código de Defesa do Consumidor (...)" (STJ, REsp 1102849/RS, Rel. Ministro Sidnei Beneti, Terceira Turma, DJe 26/04/2012).

◙ **Responsabilidade solidária da agência de turismo por falhas na prestação de serviços que integram o pacote. (*sobre solidariedade entre fornecedores, ver art. 7º*)** "RECURSO ESPECIAL. CONSUMIDOR. OFENSA AO ART. 535 DO CPC. NÃO CARACTERIZADA. FALHA NA PRESTAÇÃO DE SERVIÇOS. PACOTE TURÍSTICO. INOBSERVÂNCIA DE CLÁUSULAS CONTRATUAIS. AGÊNCIA DE TURISMO. RESPONSABILIDADE (CDC, ART. 14). (...) 2. Esta eg. Corte tem entendimento no sentido de que a agência de turismo que comercializa pacotes de viagens responde solidariamente, nos termos do art. 14 do Código de Defesa do Consumidor, pelos defeitos na prestação dos serviços que integram o pacote (...)" (STJ, REsp 888.751/BA, Rel. Ministro Raul Araújo, Quarta Turma, DJe 27/10/2011).

◙ **Não responsabilização da agência de turismo quando somente emite passagens áereas.** "CIVIL. PROCESSUAL CIVIL. RECURSO ESPECIAL. TRANSPORTE AÉREO. INEXECUÇÃO DOS SERVIÇOS PRESTADOS. NÃO OCOR-

RÊNCIA DA RESPONSABILIDADE OBJETIVA E SOLIDÁRIA DA AGÊNCIA DE TURISMO. CARACTERIZAÇÃO DA CULPA EXCLUSIVA DE TERCEIRO. INCIDÊNCIA DAS HIPÓTESES PREVISTAS NO § 3º, I, II, DO ART. 14 DO CDC. ILEGITIMIDADE PASSIVA AD CAUSAM RECONHECIDA. 1. No pleito em questão, os autores contrataram com a empresa de turismo a compra e venda de passagens aéreas Brasília – Fortaleza, sendo que tal serviço, como restou demonstrado, foi regularmente prestado. Comprovado, também, que os autores não puderam utilizar os bilhetes da empresa TRANSBRASIL, em razão desta interromper seus serviços na época marcada, não efetuando, assim, os vôos programados. 2. Não se tratando, in casu, de pacote turístico, hipótese em que a agência de viagens assume a responsabilidade de todo o roteiro da viagem contratada, e tendo, portanto, inexistido qualquer defeito na prestação de serviço pela empresa de viagens, posto que as passagens aéreas foram regularmente emitidas, incide, incontroversamente, as normas de exclusão de responsabilidade previstas no art. 14, § 3º, I e II, do CDC. Reconhecimento da ilegitimidade passiva ad causam da empresa de viagens, ora recorrente. 3. Recurso conhecido e provido" (STJ, REsp 758.184, 4ª T., DJ 6.11.2006).

◙ **Agência de turismo. Acomodação em hotel no estrangeiro diverso do anunciado.** "Agência de viagens e turismo – Reserva de hotel – Hotel lotado quando da chegada dos autores a seu destino – Responsabilidade da agência reconhecida, pois mantém o dever jurídico de bem executar as suas tarefas, sobra a correlata responsabilidade pela reparação, em caso de prejuízo causado a clientes – Responsabilidade objetiva (...) (1º TAC/SP, 5ª C., Ap. nº 0852571-3/São Paulo, Rel. Juiz Álvaro Torres Júnior Manoel Mattos, J. 15.10.2003).

◙ **Responsabilidade do hotel por estrutura que facilita a ocorrência de furtos.** "Ação de indenização – Dano moral – prestação de serviço de hospedagem – ocorrência de furto – Episódio constrangedor – A existência de varanda com espaço aéreo vazado, em cada apartamento do estabelecimento hoteleiro, compromete a segurança deste, ensejando a responsabilidade civil, excluída culpa dos usuários, vítimas de furto e constrangimento". (TAMG, A. Civil 0359907-1, 7ª Câmara Civil – Rel. Guilherme Luciano Baeta Nunes, J. 18.04.2002)

◙ **Responsabilidade da agência de turismo por atraso na conclusão de viagem causado pela substituição injustificada do transporte aéreo pelo terrestre. (*sobre dano moral, ver art. 6º, VI*)** "RESPONSABILIDADE CIVIL. AGÊNCIA DE TURISMO. PACOTE TURÍSTICO. SERVIÇO PRESTADO COM DEFICIÊNCIA. DANO MORAL. CABIMENTO. PROVA. QUANTUM. RAZOABILIDADE. RECURSO PROVIDO. I – A prova do dano moral se satisfaz, na espécie, com a demonstração do fato que o ensejou e pela experiência comum. Não há negar, no caso, o desconforto, o aborrecimento, o incômodo e os transtornos causados pela demora imprevista, pelo excessivo atraso na conclusão da viagem, pela substituição injustificada do transporte aéreo pelo terrestre e pela omissão da empresa de turismo nas providências, sequer diligenciando em avisar os parentes que haviam ido ao aeroporto para receber os ora recorrentes, segundo reconhecido nas instâncias ordinárias. II – A indenização por danos morais, como se tem salientado, deve ser fixada em termos razoáveis, não se justificando que a reparação enseje enriquecimento indevido, com manifestos abusos e exageros. III – Certo é que o ocorrido não representou desconforto ou perturbação de maior monta. E que não se deve deferir a indenização por dano moral por qualquer contrariedade. Todavia, não menos certo igualmente é que não se pode deixar de atribuir à empresa-ré o mau serviço prestado, o descaso e a negligência com que se houve, em desrespeito ao direito dos que com ela contrataram" (STJ, REsp 304.738/SP, Rel. Ministro Sálvio De Figueiredo Teixeira, Quarta Turma, DJ 13/08/2001).

◙ **Agência de Viagens. Responsabilidade por danos aos passageiros decorrentes de incêndio em embarcação.** "RESPONSABILIDADE CIVIL. Agência de viagens. Código de Defesa do Consumidor. Incêndio em embarcação. A operadora de viagens que organiza pacote turístico responde pelo dano decorrente do incêndio que consumiu a embarcação por ela contratada. Passageiros que foram obrigados a se lançar ao mar, sem proteção de coletes salva-vidas, inexistentes no barco." (STJ, REsp 291384/RJ, DJU 17.9.2001, Rel. Min. Ruy Rosado de Aguiar, J. 15.5.2001, 4ª T.)

◙ **Clube de férias. Falha no sistema de hospedagem.** "APELAÇÃO. AÇÃO DE RESCISÃO DE CONTRATO CUMULADA COM INDENIZATÓRIA. CLUBE DE FÉRIAS. FRUSTRAÇÃO DA EXPECTATIVA DE UTILIZAÇÃO DO SISTEMA DE HOSPEDAGEM. AUSÊNCIA DE INFORMAÇÃO A RESPEITO DOS VALORES A SEREM DESPENDIDOS PELO CONTRATANTE (TAXA EXTRA) NA RESERVA DOS HOTÉIS. DESRESPEITO AO DEVER DE INFORMAÇÃO. RESTITUIÇÃO DA INTEGRALIDADE DOS VALORES PAGOS PELO AUTOR. DANOS MORAIS. CONFIGURAÇÃO. QUANTIA INDENIZATÓRIA FIXADA EM ACORDO COM A RAZOABILIDADE. RECURSO DESPROVIDO" (TJRJ, Ap. Cív. 0038328-95.2013.8.19.0209, Vigésima Sétima Câmara Cível Consumidor, Rel. Des. Maria Luiza De Freitas Carvalho, julgado em 14/12/2016).

◙ **Cancelamento unilateral de reserva em hotel.** "DIREITO DO CONSUMIDOR. RESERVA DE HOTEL. CANCELAMENTO UNILATERAL. OFENSA AO PRINCÍPIO DA BOA FÉ OBJETIVA. DANOS MORAIS CONFIGURADOS. DANOS MATERIAIS. INEXISTÊNCIA. RECURSO PARCIALMENTE PROVIDO. 1. O cancelamento unilateral da reserva, com pagamento antecipado, pala recusa do consumidor em aderir a programação festiva, constitui prática abusiva, geradora de dano moral, em face das circunstâncias do caso concreto. 2. Não se verifica o dano material, eis que o valor pago foi estornado integralmente em favor do consumidor. 3. Recurso parcialmente provido." (TJDF, Acórdão nº 394085, 20080111206326ACJ, Relator: Cesar Laboissiere Loyola, 2ª Turma Recursal dos Juizados Especiais do Distrito Federal, DJe 27/11/2009)

◙ **Cancelamento de voo e de reserva em hotel sem que tenha sido prestada assistência ao consumidor.** "RECURSO INOMINADO. INDENIZAÇÃO POR DANOS MORAIS. EMPRESA DE TRANSPORTE AÉREO. CANCELAMENTO DE VOO E RESERVAS DE HOTEL. AUSÊNCIA DE EXCLUDENTES DE RESPONSABILIDADE. FALTA DE ASSISTÊNCIA AO CONSUMIDOR. FALHA

NA PRESTAÇÃO DO SERVIÇO. DANOS MORAIS CONFIGURADOS. VALOR DA CONDENAÇÃO QUE NÃO ATENDE AOS PRINCÍPIOS DA PROPORCIONALIDADE E RAZOABILIDADE. REDUÇÃO. CABIMENTO. Sentença reforma. Recurso conhecido e parcialmente provido" (TJPA, Recurso Inominado 0000151-06.2016.8.14.9001, Turma Recursal Permanente, Rel. Tania Batistello, Julgado em 08/06/2016).

◘ **Consumidor impedido de entrar em parque de diversão em razão de superlotação.** "APELAÇÃO CÍVEL – AÇÃO ORDINÁRIA – AQUISIÇÃO PELA INTERNET DE BILHETES DE ENTRADA PARA PARQUE DE DIVERSÃO – ENTRADA IMPEDIDA EM RAZÃO DE SUPERLOTAÇÃO – FALTA DE INFORMAÇÕES ADEQUADAS AO CONSUMIDOR – ATO ILÍCITO CARACTERIZADO – DANO MATERIAL E MORAL – REPARAÇÃO DEVIDA – QUANTUM INDENIZATÓRIO. (...) 2. Tem-se por caracterizado o ato ilícito praticado por empresa responsável por parque de diversões que realiza vendas antecipadas pela internet de passaportes para utilização em determinado período, mas impede a entrada do consumidor em razão de superlotação (...)" (TJMG, Ap. Cív. 10525140131596001, Décima Segunda Câmara Cível, Rel. Des. José Flávio de Almeida, DJ 27/09/2016).

◘ **Pacote turístico. Cancelamento de voo.** "RECURSO INOMINADO. CONSUMIDOR. TRANSPORTE AÉREO. CANCELAMENTO DE VOO. RESPONSABILIDADE OBJETIVA. FORTUITO INTERNO. SOLIDARIEDADE ENTRE A COMPANHIA AÉREA E A AGÊNCIA DE VIAGENS. ILEGITIMIDADE DA EMPRESA QUE VEICULOU ANÚNCIO E VENDEU CUPONS DE PROMOÇÃO. DIREITO AO REEMBOLSO DOS VALORES PAGOS PARA O PACOTE TURÍSTICO – PARTE AÉREA E TERRESTRE. DANOS MORAIS EVIDENCIADOS PELA FRUSTRAÇÃO DA VIAGEM E PERÍODO DE LAZER E DESCANSO. VALOR FIXADO EM R$ 2.000,00 PARA CADA AUTOR. PROPORCIONALIDADE E RAZOABILIDADE. SENTENÇA REFORMADA. RECURSO PROVIDO EM PARTE" (TJRS, Recurso Cível 71005882493, Turma Recursal Provisória, Rel. Juliano da Costa Stumpf, Julgado em 14/12/2016).

◘ **Cancelamento de excursão. Má qualidade de conservação do veiculo transportador.** "RESPONSABILIDADE CIVIL – EMPRESA DE TRANSPORTE – CONTRATO DE TRANSPORTE – DESCUMPRIMENTO – VEICULO COM DEFEITOS – DANO MORAL – DANO MATERIAL – Responsabilidade civil. Contrato de transporte em viagem turística. Inadimplemento em face de má qualidade de conservação do veiculo. Dano material e dano moral. A firma transportadora responde pela inexecução do contrato pelo qual conduziria seus passageiros em viagem turística, se a mesma não se completa em razão dos defeitos apresentados pelo ônibus de sua propriedade, o que resultou no cancelamento da excursão. Em razão disso, a firma agenciadora foi obrigada a devolver as quantias recebidas de seus clientes. Dano moral inocorrente, pois não provado que o fato tenha repercutido em seu conceito empresarial. Recursos improvidos". (TJ/RJ, 9ª C. Cív., Ap. Cív. nº 5631/96 – Reg. 291196, Rel. Des. Nilson de Castro Dião, J. 18.9.1996)

RESPONSABILIDADE ENVOLVENDO INSTITUIÇÕES FINANCEIRAS

► **Sobre condenações envolvendo dano moral, verificar art. 6°, VI.**

► **Sobre fortuito interno e externo (excludentes), verificar art. 12°, § 3°.**

◙ **Vigilante de banco que atua em legítima defesa não exime a instituição financeira de responsabilidade por morte de consumidor.** "CIVIL E PROCESSUAL CIVIL. RESPONSABILIDADE CIVIL. RECURSO ESPECIAL. EMPRESA DE VIGILÂNCIA E ESTABELECIMENTO BANCÁRIO. HOMICÍDIO. VIGILANTE QUE ATUA EM LEGÍTIMA DEFESA. SENTENÇA ABSOLUTÓRIA TRANSITADA EM JULGADO. COISA JULGADA PARA A JURISDIÇÃO CIVIL.(...) 4. O reconhecimento da legítima defesa do vigilante no juízo criminal não implica, automaticamente, a impossibilidade da parte autora requerer indenização pelos danos ocorridos, especialmente quando, como no caso ora em análise, pugna pelo reconhecimento da responsabilidade civil objetiva do Banco e da Empresa de Vigilância, obrigados em face do risco da atividade.(...) 7. A relação jurídica existente entre o contratante/usuário de serviços bancários e a instituição financeira é disciplinada pelo Código de Defesa do Consumidor, conforme decidido na ADI 259. 8. Tendo em vista a existência de defeito no serviço prestado (art. 14, § 1º, do CDC), o qual ocasionou a morte do companheiro da autora, aplica-se o disposto no art. 14 do CDC, o qual prevê a responsabilidade objetiva do Banco. 9. Respondem solidariamente pela indenização todos os responsáveis pelo acidente de consumo, inclusive os terceiros que prestaram serviço mediante contratação. 10. Face o risco profissional da atividade bancária, a instituição financeira obrigada pela Lei n. 7.102/83 a tomar todas as cautelas necessárias a assegurar a segurança de seus clientes e funcionários.(...)" (STJ, REsp 686486 / RJ, Re. Min. Luis Felipe Salomão, J. 14.04.09)

◙ **Responsabilidade objetiva do banco afastada. Transferência entre contas correntes efetuada mediante autorização verbal do correntista em virtude de costume estabelecido entre as partes.** "RECURSO ESPECIAL. RESPONSABILIDADE CIVIL. INSTITUIÇÃO FINANCEIRA. TRANSFERÊNCIA ENTRE CONTAS CORRENTES. AUTORIZAÇÃO VERBAL. COSTUME NO RELACIONAMENTO ENTRE AS PARTES. CÓDIGO DE DEFESA DO CONSUMIDOR. RESPONSABILIDADE OBJETIVA (...) 1. O aresto recorrido não exige a comprovação da culpa da instituição financeira para lhe atribuir responsabilidade pelo evento danoso, porém entende não restar demonstrada a conduta a ela atribuída e, portanto, o nexo causal com o prejuízo afirmado pelo autor, razão pela qual não há que se falar em maltrato ao art. 14 do CDC" (STJ, REsp 1021605, 4ª T., DJ 1.3.2010).

◙ **Responsabilidade objetiva do banco por extravio de talonário de cheques que vem a ser utilizado por terceiros para cometer fraudes.** "RESPONSABILIDADE CIVIL. EXTRAVIO DE TALONÁRIOS DE CHEQUES. UTILIZAÇÃO INDEVIDA POR TERCEIROS. "(...) III. O banco é responsável pelos danos morais causados por deficiência na prestação do serviço (art. 14 do CDC), consistente em extravio de talonários de cheques, que posteriormente vêm a ser utilizados fraudulentamente por terceiros e são devolvidos, causando situação de desconforto e abalo psíquico à correntista. IV. Em casos que tais, o dano é considerado in re ipsa, isto é, não se faz necessária a prova do prejuízo, que é presumido e decorre do próprio fato e da experiência comum. V. A exclusão da responsabilidade da instituição financeira por ato de terceiro pressupõe a ausência de defeito na prestação do serviço, o que não se verifica nos autos" (STJ, REsp 1087487, 3ª T., DJ 4.8.2009).

◙ **Responsabilidade objetiva por compensação de cheque com base apenas no valor grafado em algarismos, ignorando-se o valor grafado por extenso.** "CIVIL. RELAÇÃO DE CONSUMO. FALHA NA PRESTAÇÃO DE SERVIÇO. BANCO. SÚMULA 297/STJ. RESPONSABILIDADE CIVIL OBJETIVA. DANOS MATERIAIS. AJUIZAMENTO DE AÇÃO DE COBRANÇA. DANO MORAL NÃO CARACTERIZADO. I. Nos termos da Súmula 297 desta Corte Superior, 'o CDC é aplicável às instituições financeiras' e, de acordo com o artigo 14 desse diploma, o fornecedor de serviços responde objetivamente pelos danos causados aos consumidores por defeitos relativos à prestação dos serviços. II. Verificada falha na prestação do serviço bancário (consistente na compensação de cheque de acordo com valor errado, grafado em algarismos em vez daquele grafado por extenso, o que levou à consequência do acionamento pela beneficiária) a instituição financeira responde independentemente de culpa pelos danos decorrentes, cumprindo ao consumidor provar, tão-somente, o dano e o nexo de causalidade" (STJ, REsp 1077077, 3ª T., DJ 6.5.2009).

◙ **Responsabilidade objetiva por latrocínio ocorrido no estacionamento do banco.** (***sobre responsabilidade envolvendo estacionamento, ver art. 14, caput***) "RECURSO ESPECIAL DO BANCO BRADESCO S/A – RESPONSABILIDADE CIVIL – LATROCÍNIO OCORRIDO NAS DEPENDÊNCIAS DE ESTACIONAMENTO MANTIDO PELA INSTITUIÇÃO FINANCEIRA – CASO FORTUITO – INEXISTÊNCIA – RESPONSABILIDADE OBJETIVA DO BANCO – CONFIGURAÇÃO (...) – ART. 14, § 1º, DO CDC. 1. A instituição bancária responde objetivamente pelos furtos, roubos e latrocínios ocorridos nas dependências de estacionamento que oferecera aos veículos de seus clientes. 2. Não há falar em caso fortuito nessas hipóteses como excludente da responsabilidade civil, porquanto o proveito financeiro indireto obtido pela instituição atrai-lhe o ônus de proteger o consumidor de eventuais furtos, roubos ou latrocínios (...)" (STJ, REsp 1045775, 3ª T., DJ 4.8.2009).

◙ **Responsabilidade objetiva do banco por furto de talonário de cheques no interior da agência.** "CIVIL. PROCESSUAL CIVIL. RECURSO ESPECIAL. RESPONSABILIDADE CIVIL. PRESTAÇÃO DE SERVIÇO. NEGLIGÊNCIA. CONTRATO BANCÁRIO. FURTO DE TALONÁRIOS NO INTERIOR DA AGÊNCIA. DEVOLUÇÃO INDEVIDA DE NOVE CHEQUES EMITIDOS PELO CLIENTE. DANOS MORAIS. OCORRÊNCIA. FIXAÇÃO DO VALOR. 1. No pleito em questão, como comprovado nas instâncias ordinárias, verificou-se que 'o autor foi surpreendido com a devolução de nove cheques de sua emissão, totalizando a quantia de R$ 601,62, em razão de falhas no sistema de segurança da CEF, que permitiu a ocorrência do furto de talonários no interior de sua agência, efetuando o bloqueio dos cheques que ali se encontravam sem ao menos comunicar tal acontecimento'. 2. Restaram, portanto, configurados a responsabilidade objetiva do banco-recorrente no evento danoso, a ilicitude de sua conduta – agindo com negligência e sem apresentar a segurança de serviço esperada pelo consumidor – o nexo de causalidade, uma vez que a falha na prestação do serviço ocasionou a indevida devolução dos nove cheques emitidos pelo cliente, bem como, finalmente, o dever de indenizar o autor pelos danos sofridos (...)" (STJ, REsp 721.725, 4ª T., DJ 11.9.2006).

▣ **Responsabilidade objetiva do banco por devolução indevida de cheque.** PROCESSUAL CIVIL. CIVIL. RECURSO ESPECIAL. RESPONSABILIDADE CIVIL. CONTRATO BANCÁRIO. DEPÓSITO EM DINHEIRO. DEVOLUÇÃO INDEVIDA DE CHEQUE. SALDO SUFICIENTE EM CONTA CORRENTE. ALEGADA VIOLAÇÃO AO ART. 14, § 3º, II, DO CDC. INOCORRÊNCIA. 1- O Tribunal de origem, ao analisar o conjunto fático-probatório carreado aos autos, considerou restar plenamente comprovada a conduta ilícita da instituição financeira-ré, bem como o nexo de causalidade, uma vez que a falha na prestação do serviço – ao não creditar, de imediato, e somente após setenta e duas horas, o valor depositado, em espécie, na conta da autora – ocasionou a insuficiência de fundos e a indevida devolução do cheque. Destarte, dado o constrangimento pelo qual passou o cliente, caracterizou-se, portanto, o dano moral passível de reparação. 2 – As instâncias ordinárias concluíram não haver a recorrente produzido as provas suscetíveis de demonstrar a culpa exclusiva da autora. Inocorrência da alegada infringência ao art. 14, § 3º, II, do CDC. 3. – Recurso não conhecido. (REsp 750.639, 4ª T., DJ 1.2.2006)

▣ **Responsabilidade objetiva do banco por saque em conta corrente não reconhecido consumidor.** "Consumidor. Saque indevido em conta corrente. Cartão bancário. Responsabilidade objetiva do fornecedor de serviços. Inversão do ônus da prova. – Debate referente ao ônus de provar a autoria de saque em conta corrente, efetuado mediante cartão bancário, quando o correntista, apesar de deter a guarda do cartão, nega a autoria dos saques. – Reconhecida a possibilidade de violação do sistema eletrônico e, tratando-se de sistema próprio das instituições financeiras, ocorrendo retirada de numerário da conta corrente do cliente, não reconhecida por este, impõe-se o reconhecimento da responsabilidade objetiva do fornecedor do serviço, somente passível de ser ilidida nas hipóteses do § 3º do art. 14 do CDC. – Inversão do ônus da prova igualmente facultada, tanto pela hipossuficiência do consumidor, quanto pela verossimilhança das alegações de suas alegações de que não efetuara o saque em sua conta corrente" (STJ, REsp 557.030, 3ª T., DJ 1.2.2005).

RESPONSABILIDADE ENVOLVENDO TRANSPORTE

▣ **Súmula 187 do STF:** *"A responsabilidade contratual do transportador, pelo acidente com o passageiro, não é elidida por culpa de terceiro, contra o qual tem ação regressiva".*

◙ **Transporte aéreo. Atraso de voo superior a quatro horas.** "RECURSO ESPECIAL. DIREITO DO CONSUMIDOR. AÇÃO INDENIZATÓRIA. COMPANHIA AÉREA. CONTRATO DE TRANSPORTE. OBRIGAÇÃO DE RESULTADO. RESPONSABILIDADE OBJETIVA. DANOS MORAIS. ATRASO DE VOO. SUPERIOR A QUATRO HORAS. PASSAGEIRO DESAMPARADO. PERNOITE NO AEROPORTO. ABALO PSÍQUICO. CONFIGURAÇÃO. CAOS AÉREO. FORTUITO INTERNO. INDENIZAÇÃO DEVIDA. (...) 3. A postergação da viagem superior a quatro horas constitui falha no serviço de transporte aéreo contratado e gera o direito à devida assistência material e informacional ao consumidor lesado, independentemente da causa originária do atraso (...)" (STJ, REsp 1280372/SP, Rel. Ministro RICARDO VILLAS BÔAS CUEVA, TERCEIRA TURMA, julgado em 07/10/2014, DJe 10/10/2014).

◙ **Transporte coletivo. Manobra negligente do condutor. Responsabilidade concessionária.** "INDENIZATÓRIA – ACIDENTE DE TRÂNSITO – QUEDA AO TENTAR EMBARCAR EM ÔNIBUS, EM RAZÃO DE MANOBRA NEGLIGENTE DE SEU CONDUTOR – APERFEIÇOAMENTO DO CONTRATO DE TRANSPORTE – RESPONSABILIDADE OBJETIVA DA CONCESSIONÁRIA, INCUMBINDO A VÍTIMA TÃO SÓ A PROVA DO DANO E DO NEXO CAUSAL – O contrato de transporte se aperfeiçoa quando o passageiro esta ingressando no coletivo, sendo dever do transportador levá-lo incólume ao seu destino final. Ocorrendo dano físico naquele percurso, impõe-se reconhecer sua responsabilidade objetiva, ex VI do disposto no art. 14 do CDC, a qual não foi afastada por qualquer dirimente (...)" (TJRJ, AC 2005.001.01035 – 2ª C.Cív. – Relª Desª Leila Mariano, J. 22.3.2005)

◙ **Transporte coletivo. Assalto ocorrido no interior de ônibus, seguido de estupro de passageira.** "CIVIL E PROCESSUAL. AÇÃO DE INDENIZAÇÃO. ASSALTO A ÔNIBUS SEGUIDO DE ESTUPRO DE PASSAGEIRA. CASO FORTUITO. CONFIGURAÇÃO. PREPOSTO. OMISSÃO NO SOCORRO À VÍTIMA. RESPONSABILIDADE DA TRANSPORTADORA. I. A 2ª Seção do STJ, no julgamento do REsp n. 435.865/RJ (Rel. Min. Barros Monteiro, por maioria, DJU de 12.05.2003), uniformizou entendimento no sentido de que constitui caso fortuito, excludente de responsabilidade da empresa transportadora, assalto a mão armada ocorrido dentro de veículo coletivo. II. Caso, entretanto, em que a prova dos autos revelou que o motorista do ônibus era indiretamente vinculado a dois dos assaltantes e que se houve com omissão quando deixou de imediatamente buscar o auxílio de autoridade policial, agravando as lesões de ordem física, material e moral acontecidas com a passageira, pelo que, em tais circunstâncias, agiu com culpa a ré, agravando a situação da autora, e por tal respondendo civilmente, na proporção desta omissão. III. Recurso especial conhecido e parcialmente provido. (STJ, REsp 402.227/RJ, Rel. Ministro Aldir Passarinho Junior, Quarta Turma, DJ 11/04/2005).

◙ **Transporte coletivo. Queda de passageiro e morte.** "AÇÃO DE INDENIZAÇÃO. TRANSPORTE DE PESSOAS. ÔNIBUS COLETIVO. QUEDA DE PASSAGEIRO. MORTE. RESPONSABILIDADE OBJETIVA. (...) 1 – Em se tratando de empresa de transporte de pessoas, concessionárias de serviço público, portanto, nos termos do artigo 37, §6º da Constituição Federal, a responsabilidade pelos danos causados a terceiros é objetiva. 2– Somente não responderá o concessionário na hipótese em que o evento danoso se der em virtude de culpa exclusiva da vítima. 3– Não restando demonstrada a culpa exclusiva da vítima, devida se mostra a indenização por danos materiais à viúva daquela. 4– A pensão será devida no valor equivalente a 2/3 do salário mínimo, pois pelo menos 1/3 de seus rendimentos a vítima gastaria com despesas pessoais". (TA/MG, 1ª C. Cív., Ap. Cív. nº 0413495-2/2003, Rel. Juiz Pedro Bernardes, J. 16.12.2003)

◙ **Transporte Interestadual. Morte de passageira em colisão.** "RECURSO DE APELAÇÃO CIVIL – MORTE DE PASSAGEIRA EM COLISÃO DE ÔNIBUS INTERESTADUAL – DANO MORAL – CARACTERIZAÇÃO – PLEITO DOS DESCENDENTES – RESPONSABILIDADE OBJETIVA DA TRANSPORTADORA – DEC.FEDERAL Nº 2.681/12 – QUANTUM – INDENIZATÓRIO – CRITÉRIOS – INOCORRÊNCIA – SUCUMBÊNCIA RECÍPROCA – VALOR ESTIMATIVO – RECURSO IMPROVIDO. A responsabilidade que regula o contrato de transporte é do tipo objetiva, na qual não se indaga acerca da existência de culpa ou dolo, apenas verifica-se o advento do dano e do seu nexo causal com o contrato de transporte (...)". (TJ/MT, 3ª C. Cív., Ap. Cív. nº 11877/2003 – Colíder, Rel. Des. Orlando de Almeida Perri, J. 4.6.2003)

◙ **Responsabilidade da empresa permissionária de transporte público. Lesão causada por explosão de material transportado por passageiro que adentrou no ônibus.** "As empresas permissionárias de transporte público são obrigadas a conduzir, com segurança, os passageiros aos locais de destino da linha que explora, o que resulta na sua responsabilidade pela ocorrência de incêndio ocorrido no interior do coletivo derivado da combustão de material explosivo carregado por passageira que adentrou o ônibus conduzindo pacote de volume expressivo, cujo ingresso se deu, excepcionalmente, pela porta da frente, mediante prévia autorização do motorista. Fato previsível e inerente à atividade empresarial, que deve ser avaliado caso a caso, não se limitando a responsabilidade do transportador exclusivamente àqueles eventos comumente verificados, mas a todos aqueles que se possa esperar como possíveis ou previsíveis de acontecer, dentro do amplo leque de variáveis inerentes ao meio, interno ou externo, em que trafega o coletivo, resultando no afastamento da hipótese de caso fortuito." (STJ, REsp 168985/RJ, Rel. Min. Aldir Passarinho Júnior, J. 23.5.2000)

RESPONSABILIDADE ENVOLVENDO ESTACIONAMENTO

► **Sobre fortuito interno e externo (excludentes), verificar art. 12°, § 3°.**

► **Responsabilidade por furto de veículos em estabelecimentos comerciais.** "Aí, enfatizamos que não existe contrato de garagem autônomo quando o posicionamento do veículo em determinado espaço decorre de outro contrato, do qual o estacionamento é parte integrante. Assim ocorre quando o estabelecimento comercial oferece estacionamento a seus clientes. Nesse caso, o estacionamento do veículo faz parte inarredável do negócio do fornecedor e a responsabilidade por danos ou furto no veículo é objetiva, de acordo com o Código de Defesa do Consumidor. Na terminologia mercantil, podemos dizer que o estacionamento em estabelecimentos comerciais integra seu aviamento, fazendo parte do negócio. Pouco importa, nessa hipótese, seja oneroso ou gratuito. Esse contrato de garagem é, pois, de natureza mista. Aplicam-se as regras do contrato principal, utilizando-se dos princípios do contrato de garagem apenas subsidiariamente". (VENOSA, Sílvio de Salvo. *Responsabilidade Civil*. São Paulo: Atlas, 2004. p. 228) ◙ **STJ Súmula nº 130.** "*A empresa responde, perante o cliente, pela reparação de dano ou furto de veículo ocorridos em seu estacionamento.*" ◙ **No mesmo sentido:** "INDENIZAÇÃO. FURTO. ESTACIONAMENTO DE SUPERMERCADO (...). 'A empresa responde, perante o cliente, pela reparação de dano ou furto do veículo ocorridos em seu estacionamento.' (verbete 130, Súmula/STJ). Recurso especial não conhecido" (STJ, REsp 535.002/RS, Rel. Ministro Cesar Asfor Rocha, Quarta Turma, DJ 06/10/2003).

► **Se o serviço é prestado por manobrista, mesmo não tendo estacionamento próprio, responde o fornecedor.** "Se o estabelecimento oferece apenas serviço de manobrista, sem oferecer espaço próprio para o estacionamento, o qual ocorre em via pública, não há contrato de garagem, mas o fornecedor de serviços assume a responsabilidade pelos riscos de perda ou deterioração da coisa, nos termos do Código de Defesa do Consumidor. Deverá também responder perante o proprietário ou possuidor não só por danos a terceiros que venha a causar quando exerce a detenção do veículo, como também por eventuais multas de trânsito a que der causa. Irrelevante também que esse sistema de manobrista seja prestado por terceiros em favor do estabelecimento comercial: nos termos da lei consumerista, tanto o dono do estabelecimento como o manobrista podem ser responsabilizados". (VENOSA, Sílvio de Salvo. *Responsabilidade Civil*. São Paulo: Atlas, 2004. p. 229) ◙ **No mesmo sentido:** "Civil – Ação de indenização – Furto de veículo estacionado por manobrista de restaurante – Contrato de depósito – Responsabilidade do estabelecimento – CC, art. 159 -A entrega de veículo em confiança a manobrista de restaurante caracteriza contrato de depósito e, como tal, atrai a responsabilidade do estabelecimento comercial pelo furto, ainda que na via pública, impondo-lhe o dever de indenizar o proprietário pelos prejuízos daí decorrentes – Precedentes do STJ – Recurso especial não conhecido" (STJ, REsp. 419465/DF 483237, 4ª T. - Rel. Min. Aldir Passarinho Júnior, 25.2.2003). ◙ **No mesmo sentido:** "Responsabilidade Civil - Acidente de trânsito - Roubo de veículo de cliente, que se encontrava sob a vigilância de manobrista de estabelecimento comercial (pizzaria) - Posterior envolvimento em acidente de trânsito, quando tal veículo atinge a traseira de outro que transitava em via pública - Pretensão à exclusão da responsabilidade da empresa que explora o restaurante e que mantinha o serviço de manobrista - Inadmissibilidade - Inocorrência de caso fortuito - Fato previsível em negócio dessa espécie -Verba indenizatória devida - Ação regressiva procedente - Recurso improvido" (1ª TACIVSP, Ap. Sum. 1052399-6, 5ª Câmara – Rel. Álvaro Torres Júnior, J. 22.5.2002).

◙ **Roubo ocorrido em estacionamento aberto e de livre acesso.** "EMBARGOS DE DIVERGÊNCIA. RECURSO ESPECIAL. LANCHONETE. ROUBO EM ESTACIONAMENTO GRATUITO, EXTERNO E DE LIVRE ACESSO. EMPREGO DE ARMA DE FOGO. CASO FORTUITO EXTERNO. SÚMULA Nº 130/STJ. INAPLICABILIDADE. RISCO ESTRANHO À NATUREZA DO SERVIÇO PRESTADO. AUSÊNCIA DE LEGÍTIMA EXPECTATIVA DE SEGURANÇA. 1. O Superior Tribunal de Justiça, conferindo interpretação extensiva à Súmula nº 130/STJ, entende que estabelecimentos comerciais, tais como grandes shoppings centers e hipermercados, ao oferecerem estacionamento, ainda que gratuito, respondem pelos assaltos à mão armada praticados contra os clientes quando, apesar de o estacionamento não ser inerente à natureza do serviço prestado, gera legítima expectativa de segurança ao cliente em troca dos benefícios financeiros indiretos decorrentes desse acréscimo de conforto aos consumidores. 2. Nos casos em que o estacionamento representa mera comodidade, sendo área aberta, gratuita e de livre acesso por todos, o estabelecimento comercial não pode ser responsabilizado por roubo à mão armada, fato de terceiro que exclui a responsabilidade, por se tratar de fortuito externo. 3. Embargos de divergência não providos. (STJ, EREsp 1431606/SP, Rel. Ministra Maria Isabel Gallotti, Segunda Seção, DJe 02/05/2019)

◙ **Roubo no interior de estacionamento de veículos de agência bancária.** "A jurisprudência desta Corte é firme no sentido de que a prática do crime de roubo no interior de estacionamento de veículos, pelo qual seja direta ou indiretamente responsável a instituição financeira, não caracteriza caso fortuito ou motivo de força maior capaz de desonerá-la da responsabilidade pelos danos suportados por seu cliente vitimado." (STJ, AgRg no AREsp 613.850/SP, Rel. Ministro Ricardo Villas Bôas Cueva, Terceira Turma, DJe 05/08/2015) ◙ **No mesmo sentido:** "DIREITO CIVIL E CONSUMIDOR. ESTACIONAMENTO DE VEÍCULOS. ROUBO ARMADO DE CLIENTE QUE ACABARA DE EFETUAR SAQUE EM AGÊNCIA BANCÁRIA. RESPONSABILIDADE CIVIL DO ESTACIONAMENTO. ALCANCE. LIMITES. 1. Em se tratando de estacionamento de veículos oferecido por instituição financeira, o roubo sofrido pelo cliente, com subtração do valor que acabara de ser sacado e de outros pertences não caracteriza caso fortuito apto a afastar o dever de indenizar, tendo em vista a previsibilidade de ocorrência desse tipo de evento no âmbito da atividade bancária, cuidando-se, pois, de risco inerente ao seu negócio (...). (STJ, REsp 1232795/SP, Rel. Ministra Nancy Andrighi, Terceira Turma, DJe 10/04/2013).

◙ **Latrocínio ocorrido em estacionamento mantido pelo banco.** "RECURSO ESPECIAL DO BANCO BRADESCO S/A – RESPONSABILIDADE CIVIL – LATROCÍNIO OCORRIDO NAS DEPENDÊNCIAS DE ESTACIONAMENTO MANTIDO PELA INSTITUIÇÃO FINANCEIRA – CASO FORTUITO – INEXISTÊNCIA – RESPONSABILIDADE OBJETIVA DO BANCO – CONFIGURAÇÃO (...). 1. A instituição bancária responde objetivamente pelos furtos, roubos e latrocínios ocorridos nas dependências de estacionamento que oferecera aos veículos de seus clientes. 2. Não há falar em caso fortuito nessas hipóteses como excludente da responsabilidade civil, porquanto o proveito financeiro indireto obtido pela instituição atrai-lhe o ônus de proteger o consumidor de eventuais furtos, roubos ou latrocínios (...)" (STJ, REsp 1045775/ES, Rel. Ministro Massami Uyeda, Terceira Turma, DJe 04/08/2009).

◙ **Tentativa de roubo em estacionamento de shopping center.** "RESPONSABILIDADE CIVIL. RECURSO ESPECIAL. TENTATIVA DE ROUBO EM CANCELA DE ESTACIONAMENTO DE SHOPPING CENTER. OBRIGAÇÃO DE INDENIZAR. 1. A empresa que fornece estacionamento aos veículos de seus clientes responde objetivamente pelos furtos, roubos e latrocínios ocorridos no seu interior, uma vez que, em troca dos benefícios financeiros indiretos decorrentes desse acréscimo de conforto aos consumidores, o estabelecimento assume o dever – implícito em qualquer relação contratual – de lealdade e segurança, como aplicação concreta do princípio da confiança. Inteligência da Súmula 130 do STJ. 2. Sob a ótica do Código de Defesa do Consumidor, não se vislumbra a possibilidade de se emprestar à referida Súmula uma interpretação restritiva, fechando-se os olhos à situação dos autos, em que configurada efetivamente a falha do serviço – quer pela ausência de provas quanto à segurança do estacionamento, quer pela ocorrência do evento na cancela do estacionamento, que se situa ainda dentro das instalações do shopping. 3. É que, no caso em julgamento, o Tribunal a quo asseverou a completa falta de provas tendentes a demonstrar a permanência na cena do segurança do shopping; a inviabilidade de se levar em conta prova formada unilateralmente pela ré – que, somente após intimada, apresentou os vídeos do evento, os quais ainda foram inúteis em virtude de defeito; bem como enfatizou ser o local em que se encontra a cancela para saída do estacionamento uma área de alto risco de roubos e furtos, cuja segurança sempre se mostrou insuficiente. 4. Outrossim, o leitor ótico situado na saída do estacionamento encontra-se ainda dentro da área do shopping center, sendo certo que tais cancelas – com controles eletrônicos que comprovam a entrada do veículo, o seu tempo de permanência e o pagamento do preço – são ali instaladas no exclusivo interesse da administradora do estacionamento com o escopo precípuo de evitar o inadimplemento pelo usuário do serviço. 5. É relevante notar que esse controle eletrônico exige que o consumidor pare o carro, insira o tíquete no leitor ótico e aguarde a subida da cancela, para que, só então, saia efetivamente da área de proteção, o que, por óbvio, o torna mais vulnerável à atuação de criminosos, exatamente o que ocorreu no caso em julgamento. 6. Recurso especial a que se nega provimento. (REsp 1269691/PB, Rel. Ministra Maria Isabel Gallotti, Rel. p/ Acórdão Ministro Luis Felipe Salomão, Quarta Turma, DJe 05/03/2014).

◙ **Assalto à mão armada iniciado no interior de estacionamento coberto de hipermercado, do qual resulta a morte da vítima fora do local onde a ação teve início.** "Responsabilidade civil. Ação de conhecimento sob o rito ordinário. Assalto à mão armada iniciado dentro de estacionamento coberto de hipermercado. Tentativa de estupro. Morte da vítima ocorrida fora do estabelecimento, em ato contínuo. Relação de consumo. Fato do serviço. Força maior. Hipermercado e shopping center. Prestação de segurança aos bens e à integridade física do consumidor. Atividade inerente ao negócio. Excludente afastada (...). – A prestação de segurança aos bens e à integridade física do consumidor é inerente à atividade comercial desenvolvida pelo hipermercado e pelo shopping center, porquanto a principal diferença existente entre estes estabelecimentos e os centros comerciais tradicionais reside justamente na criação de um ambiente seguro para a realização de compras e afins, capaz de induzir e conduzir o consumidor a tais praças privilegiadas, de forma a incrementar o volume de vendas. – Por ser a prestação de segurança e o risco ínsitos à atividade dos hipermercados e shoppings centers, a responsabilidade civil desses por danos causados aos bens ou à integridade física do consumidor não admite a excludente de força maior derivada de assalto à mão arma ou qualquer outro meio irresistível de violência (...)" (STJ, REsp 419.059/SP, Rel. Ministra Nancy Andrighi, Terceira Turma, DJ 29/11/2004).

◙ **Se o estacionamento for público, ainda que sirva a estabelecimento particular, a responsabilidade pela reparação de danos é do Estado.** "CIVIL E PROCESSUAL. RECURSO ESPECIAL. RESPONSABILIDADE CIVIL. FURTO DE VEÍCULO EM ESTACIONAMENTO PÚBLICO QUE SERVE CENTRO COMERCIAL ("SHOPPING CENTER"). INEXISTÊNCIA DO DEVER DE VIGILÂNCIA. RESPONSABILIDADE DO ESTADO. PROVIMENTO. I. Restando inequívoco o fato de que o autor se utilizou do estacionamento público externo ao centro comercial, não há que se falar em responsabilidade deste pelo furto de veículo, sob pena de se responsabilizar todo aquele que possua estabelecimento próximo a estacionamento público, ainda que sem qualquer ingerência em sua administração ou responsabilidade legal por sua segurança (...)" (STJ, REsp 883.452/DF, Rel. Ministro Aldir Passarinho Junior, Quarta Turma, DJe 18/12/2009).

◙ **Se o estacionamento for explorado por empresa pública, a responsabilidade pela reparação de danos é do Estado.** "PROCESSUAL CIVIL E ADMINISTRATIVO. RESPONSABILIDADE CIVIL DO ESTADO. FURTO DE VEÍCULO. ESTACIONAMENTO PÚBLICO. MUNICÍPIO. LEGITIMIDADE AD CAUSAM. 1. O Município do Rio de Janeiro tem legitimidade ad causam para figurar no pólo passivo da Ação de Indenização por furto de veículo em estacionamento público, cuja organização e controle foram delegados à empresa pública. 2. Agravo Regimental não provido. (STJ, AgRg no Ag 1009559/RJ, Rel. Ministro Herman Benjamin, Segunda Turma, DJe 19/05/2009). ◙ **No mesmo sentido:** "PROCESSUAL CIVIL E ADMINISTRATIVO. RESPONSABILIDADE CIVIL DO ESTADO. INDENIZAÇÃO. DANOS MORAIS. LEGITIMIDADE PASSIVA AD CAUSAM DO MUNICÍPIO. REDUÇÃO DO VALOR DOS DANOS MORAIS. IMPOSSIBILIDADE. I – O Município do Rio de Janeiro tem legitimidade para integrar o pólo passivo em ação indenizatória por danos morais em que o particular estacionou o seu veículo em estacionamento público, explorado por empresa pública com delegação da Edilidade, tendo, para tanto, pago tarifa e obtido recibo, mas quando retornou a ele, não o encontrou mais, por ter sido rebocado. II - Com base nos arts. 37, § 6º, da CF/88 e 28, § § 2º e 5º, do CDC, responde solidariamente a Edilidade em razão dos danos causados a terceiro, pois, em que pese ao estacionamento ser explorado por empresa pública, cabe ao Município a sua implantação, manutenção e operação (...)" (STJ, REsp 746.555/RJ, Rel. Ministro Francisco Falcão, Primeira Turma, DJ 19/12/2005).

◙ **Estacionamento. Assalto à mão armada é fortuito interno.** "RESPONSABILIDADE CIVIL - ASSALTO À MÃO ARMADA - ESTACIONAMENTO - FORTUITO EXTERNO - INOCORRÊNCIA - RISCO DECORRENTE DA ATIVIDADE - NÃO EXCLUSÃO DO NEXO DE CAUSALIDADE - DANOS MATERIAIS - NÃO COMPROVAÇÃO - DANOS MORAIS - VIOLAÇÃO A DIREITO DA PERSONALIDADE - DESNECESSIDADE DE PROVA - VALOR - RAZOABILIDADE E PROPORCIONALIDADE - SUCUMBÊNCIA "RECÍPROCA - COMPENSAÇÃO."O fornecedor de serviços responde, independentemente da existência de culpa, pela reparação dos danos causados aos consumidores por defeitos relativos à prestação dos serviços"" (CDC, art. 14, caput). A segurança é elemento essencial à atividade quando a ela é confiada, a título oneroso, a guarda de automóveis no interior do estabelecimento. É inconcebível que, num ambiente onde os automóveis (coisas) devam estar seguros, seus proprietários ou detentores (pessoas) não estejam. Tal hipótese é absurda e contrária aos princípios da razoabilidade e proporcionalidade. O assalto à mão armada em estacionamento pago é fortuito e interno, e não externo, uma vez que o modo de fornecimento do serviço (remunerado), o resultado e os riscos que dele razoavelmente se esperam (segurança, tanto do veículo como de seu proprietário) e a época em que o serviço foi prestado conduzem a essa conclusão, posto que, nos dias de hoje, assalto a estacionamento é fato rotineiro, portanto previsível.(...)" (TJMG, Apelação Civel N° 1.0024.05.642951-7/001, Rel. Eduardo Mariné da Cunha, J.31.05.07)

RESPONSABILIDADE ENVOLVENDO SEGUROS

◙ **Súmula 465 do STJ:** "*Ressalvada a hipótese de efetivo agravamento do risco, a seguradora não se exime do dever de indenizar em razão da transferência do veículo sem a sua prévia comunicação*".

◙ **Seguradora. Responsabilidade pela cobertura securitária, ainda que não emitida a apólice de seguro.** ***(sobre solidariedade, ver parágrafo único do art. 7º).*** "CONSUMIDOR. CONTRATO. SEGURO. APÓLICE NÃO EMITIDA. ACEITAÇÃO DO SEGURO. RESPONSABILIDADE. SEGURADORA E CORRETORES. CADEIA DE FORNECIMENTO. SOLIDARIEDADE. 1. A melhor exegese dos arts. 14 e 18 do CDC indica que todos aqueles que participam da introdução do produto ou serviço no mercado devem responder solidariamente por eventual defeito ou vício, isto é, imputa-se a toda a cadeia de fornecimento a responsabilidade pela garantia de qualidade e adequação. 2. O art. 34 do CDC materializa a teoria da aparência, fazendo com que os deveres de boa-fé, cooperação, transparência e informação alcancem todos os fornecedores, direitos ou indiretos, principais ou auxiliares, enfim todos aqueles que, aos olhos do consumidor, participem da cadeia de fornecimento. 3. No sistema do CDC fica a critério do consumidor a escolha dos fornecedores solidários que irão integrar o polo passivo da ação. Poderá exercitar sua pretensão contra todos ou apenas contra alguns desses fornecedores, conforme sua comodidade e/ou conveniência. 4. O art. 126 do DL nº 73/66 não afasta a responsabilidade solidária entre corretoras e seguradoras; ao contrário, confirma-a, fixando o direito de regresso destas por danos causados por aquelas. 5. Tendo o consumidor realizado a vistoria prévia, assinado proposta e pago a primeira parcela do prêmio, pressupõe-se ter havido a aceitação da seguradora quanto à contratação do seguro, não lhe sendo mais possível exercer a faculdade de recusar a proposta. 6. Recurso especial não provido. (STJ, REsp 1077911/SP, Rel. Min. Nancy Andrighi, 3ª T., DJe 14.10.2011).

◙ **Seguradora. Responsabilidade pela baixa de veículo junto ao Detran.** "A ação de reparação de danos por fato do serviço decorre dos chamados "acidentes de consumo", ou seja, quando a deficiente prestação do serviço é capaz de gerar danos ao consumidor. In casu, houve desídia da empresa Recorrente em providenciar a baixa devida junto ao DETRAN, fato que causou danos ao Recorrido." (STJ, REsp 254413/RJ, DJU 16.04.2001, Rel. Min. Waldemar Zveiter, J. 19.2.2001, 3ª T.)

◙ **Seguradora. Descumprimento da obrigação de indenizar.** "O descumprimento da obrigação de indenizar é fato ilícito contratual e gera a responsabilidade civil do infrator." (STJ, Resp 193327/MT, DJU 10.05.1999, Rel. Min. Ruy Rosado de Aguiar, J. 16.3.1999, 4ª T.)

◙ **Seguro de imóvel. Responsabilidade por demora injustificada no pagamento.** "DIREITO CIVIL. CEF E CAIXA SEGURADORA S/A. LEGITIMIDADE PASSIVA AD CAUSAM. CONTRATO DE MÚTUO HIPOTECÁRIO. LEI 8.078/90 (CÓDIGO DE DEFESA DO CONSUMIDOR). SÚMULA 297 DO STJ. RESPONSABILIDADE CIVIL OBJETIVA. SEGURO OBRIGATÓRIO DO IMÓVEL. DEMORA IRRAZOÁVEL NO PAGAMENTO DO SEGURO. DANOS MORAIS E MATERIAIS CONFIGURADOS. OBRIGAÇÃO DE INDENIZAR." (TRF2-Apelação Civel: AC 369774 RJ 2002.50.01.005952-4, Rel. Des. Federal Guilherme Calmon Nogueira da Gama, J. 23.03.09)

◙ **Seguradora. Indenização por ultrapassar injustificadamente o prazo previsto para devolução do veículo consertado.** "AÇÃO DE INDENIZAÇÃO - SINISTRO - CONTRATO DE SEGURO DE VEÍCULO - ROUBO - RECUPERAÇÃO - CONSERTO - OFICINA - PRAZO CONTRATUAL PARA REGULAÇÃO TOTAL DO SINITRO - 30 DIAS - PERDA TOTAL - NÃO OCORRÊNCIA - DEMORA INJUSTIFICADA - DANOS MORAIS EXISTENTES. A seguradora e a oficina mecânica onde se encontra para conserto o veículo sinistrado não podem ultrapassar injustificadamente o prazo previsto no contrato para devolução do bem devidamente consertado, sob pena de serem condenadas ao pagamento de uma indenização por danos morais ao cliente." (TJMG, Apelação Cível Nº 1.0024.04.493505-4/001, Rel. Unias Silva, J. 11.03.08)

RESPONSABILIDADE ENVOLVENDO SERVIÇOS PÚBLICOS

► **Sobre condenações envolvendo dano moral, verificar art. 6°, VI.**

◙ **Correios. Responsabilidade por falha na entrega de petição de recurso remetida por advogado a tribunal** ***(sobre dano moral, ver art. 6º, VI).*** "RESPONSABILIDADE CIVIL. RECURSO ESPECIAL. ADVOGADO QUE CONTRATA SERVIÇOS DOS CORREIOS PARA O ENVIO DE PETIÇÃO RECURSAL. SEDEX NORMAL. CONTRATO QUE GARANTIA A CHEGADA DA PETIÇÃO AO DESTINATÁRIO EM DETERMINADO TEMPO. NÃO CUMPRIMENTO. PERDA DO PRAZO RECURSAL. RESPONSABILIDADE CIVIL DOS CORREIOS PARA COM OS USUÁRIOS. RELAÇÃO DE CONSUMO. DANO MORAL CONFIGURADO. DANO MATERIAL NÃO PROVADO. TEORIA DA PERDA DE UMA CHANCE. NÃO APLICAÇÃO NO CASO CONCRETO. 1. A controvérsia consiste em saber se o advogado que teve recurso por ele subscrito considerado intempestivo, em razão da entrega tardia de sua petição pelos Correios ao Tribunal ad quem, pode pleitear indenização por danos materiais e morais contra a mencionada empresa pública. É certo também que a moldura fática delineada demonstra a contratação de serviço postal que, entre Capitais, garantia a chegada de correspondência até o próximo dia útil ao da postagem (SEDEX normal). 2. As empresas públicas prestadoras de serviços públicos submetem-se ao regime de responsabilidade civil objetiva, previsto no art. 14 do CDC, de modo que a responsabilidade civil objetiva pelo risco administrativo, prevista no art. 37, § 6º, da CF/88, é confirmada e reforçada com a celebração de contrato de consumo, do qual emergem deveres próprios do microssistema erigido pela Lei n. 8.078/90. No caso, a contratação dos serviços postais oferecidos pelos Correios revela a existência de contrato de consumo, mesmo que tenha sido celebrado entre a mencionada empresa pública e um advogado, para fins de envio de suas petições ao Poder Judiciário. 3. Não se confunde a responsabilidade do advogado, no cumprimento dos prazos processuais, com a dos Correios, no cumprimento dos contratos de prestação de serviço postal. A responsabilidade do advogado pela protocolização de recurso no prazo é de natureza endoprocessual, que gera consequências para o processo, de modo que a não apresentação de recursos no prazo tem consequências próprias, em face das quais não se pode, certamente, arguir a falha na prestação de serviços pelos Correios. Porém, essa responsabilidade processual do causídico não afasta a responsabilidade de natureza contratual dos Correios pelos danos eventualmente causados pela falha do serviço, de modo que, fora do processo, o advogado – como qualquer consumidor – pode discutir o vício do serviço por ele contratado, e ambas as responsabilidades convivem: a do advogado, que se limita às consequências internas ao processo, e a dos Correios, que decorre do descumprimento do contrato e da prestação de um serviço defeituoso. Assim, muito embora não se possa opor a culpa dos Correios para efeitos processuais da perda do prazo, extraprocessualmente a empresa responde pela falha do serviço prestado como qualquer outra. 4. Descabe, no caso, a condenação dos Correios por danos materiais, porquanto não comprovada sua ocorrência. Também não estão presentes as exigências para o reconhecimento da responsabilidade civil pela perda de uma chance, uma vez que as alegações de danos experimentados pelo autor se revelam extremamente fluidas. Existia somente uma remota expectativa e improvável possibilidade de seu cliente se sagrar vitorioso na demanda trabalhista, tendo em vista que o recurso cujo prazo não foi cumprido eram embargos de declaração em recurso de revista no Tribunal Superior do Trabalho, circunstância que revela a exígua chance de êxito na demanda pretérita. 5. Porém, quanto aos danos morais, colhe êxito a pretensão. É de cursivo conhecimento, no ambiente forense e acadêmico, que a perda de prazo recursal é exemplo clássico de advocacia relapsa e desidiosa, de modo que a publicação na imprensa oficial de um julgamento em que foi reconhecida a intempestividade de recurso é acontecimento apto a denegrir a imagem de um advogado diligente, com potencial perda de clientela e de credibilidade. É natural presumir que eventos dessa natureza sejam capazes de abalar a honra subjetiva (apreço por si próprio) e a objetiva (imagem social cultivada por terceiros) de um advogado, razão suficiente para reconhecer a ocorrência de um dano moral indenizável. 6. Condenação por dano moral arbitrada em R$ 20.000,00 (vinte mil reais). 7. Recurso especial parcialmente provido" (STJ, REsp 1210732/SC, Rel. Ministro Luis Felipe Salomão, Quarta Turma, DJe 15/03/2013).

◙ **Interrupção no fornecimento de água.** "PROCESSUAL CIVIL. CONSUMIDOR. DISSÍDIO JURISPRUDENCIAL NÃO DEMONSTRADO. FORNECIMENTO DE ÁGUA. SERVIÇO ESSENCIAL. DIREITO HUMANO À ÁGUA. DEMORA EXCESSIVA NO REABASTECIMENTO. EXCESSO DE PRAZO SEM PRESTAÇÃO DE ASSISTÊNCIA AO CONSUMIDOR. FALHA NA PRESTAÇÃO DO SERVIÇO. PRESCRIÇÃO. 5 ANOS. ART. 27 DO CDC. 1. Trata-se na origem de ação ajuizada em desfavor da ora recorrente, na qual se pleiteia indenização por danos morais, tendo em vista o lapso de cinco cinco dias sem que houvesse fornecimento de água no imóvel da ora recorrida, em função de manobras realizadas pela Companhia de Saneamento de Sergipe na rede de água. 2. Em Recurso Especial, a insurgente aduz que o prazo prescricional a ser adotado no caso dos autos é o de três anos, conforme preceitua o artigo 206, § 3º do Código Civil. (...) 4. Conforme entendimento pacificado no STJ, "a relação entre concessionária de serviço público e o usuário final, para o fornecimento de serviços públicos essenciais, tais como água e energia, é consumerista, sendo cabível a aplicação do Código de Defesa do Consumidor" (AgRg no AREsp 354.991/RJ, Rel. Min. Mauro Campbell Marques, Segunda Turma, DJe 11/9/2013). 5. Em se tratando de matéria relacionada a danos oriundos de produtos ou serviços de consumo, é afastada a aplicação do Código Civil, tendo em vista o regime especial do Código de Defesa do Consumidor. Só excepcionalmente aplica-se o Código Civil, ainda assim quando não contrarie o sistema e a principiologia do CDC. 6. In casu, a recorrente alega que o caso dos autos trata de vício do serviço, uma vez que apenas a prestação de água foi comprometida, sem que houvesse lesão à saúde do consumidor. 7. É de causar perplexidade a afirmação de que 'apenas a prestação de água foi comprometida'. O Tribunal de origem deixou muito claro que, 'No caso dos autos, a DESO havia comunicado aos moradores de determinados bairros da capital, entre eles o do autor, sobre uma interrupção no fornecimento de água, no dia 08/10/2010, das 06:00 às 18:00 horas. Ocorre que a referida suspensão estendeu-se por cinco dias, abstendo-se a empresa de prestar qualquer assistência aos consumidores'. 8. É inadmissível acatar a tese oferecida pela insurgente. A água é o ponto de partida, é a essência de toda vida, sendo, portanto, um direito humano básico, o qual deve receber especial atenção por parte daqueles que possuem o mister de fornecê-la à população. 9. As nuances fáticas delineadas no acórdão recorrido demonstram claramente o elevado potencial lesivo dos atos praticados pela concessionária recorrente, tendo em vista os cinco dias sem abastecimento de água na residência da parte recorrida, o que configura notória falha na prestação de serviço, ensejando, portando, a aplicação da prescrição quinquenal do art. 27 do Código de Defesa do Consumidor. 10. Recurso Especial não provido" (STJ, REsp 1629505/SE, Segunda Turma, Rel. Min. Herman Benjamin, DJ 19/12/2016).

◙ **Energia elétrica. É ilícito suspender o fornecimento quando o usuário é hipervulnerável (doente) e necessita manter refrigerados os medicamentos de que necessita.** "PROCESSUAL CIVIL E ADMINISTRATIVO. FORNECIMENTO DE ENERGIA ELÉTRICA. INVIABILIDADE DE SUSPENSÃO DO ABASTECIMENTO NA HIPÓTESE DE DÉBITO DE ANTIGO PROPRIETÁRIO. PORTADORA DO VÍRUS HIV. NECESSIDADE DE REFRIGERAÇÃO DOS MEDICAMENTOS. DIREITO À SAÚDE. 1. A jurisprudência do Superior Tribunal de Justiça é no sentido da impossibilidade de suspensão de serviços essenciais, tais como o fornecimento de energia elétrica e água, em função da cobrança de débitos de antigo proprietário. 2. A interrupção da prestação, ainda que decorrente de inadimplemento, só é legítima se não afetar o direito à saúde e à integridade física do usuário. Seria inversão da ordem constitucional conferir maior proteção ao direito de crédito da concessionária que aos direitos fundamentais à saúde e à integridade física do consumidor. Precedente do STJ. 3. Recurso Especial provido" (STJ, REsp 1245812/RS, Rel. Min. Herman Benjamin, 2ª T., DJe 1.9.2011).

◙ **Energia elétrica. Licitude da suspensão do fornecimento em razão de inadimplência do consumidor.** "RECURSO ESPECIAL. CORTE DO FORNECIMENTO DE LUZ. INADIMPLEMENTO DO CONSUMIDOR. LEGALIDADE. FATURA EMITIDA EM FACE DO CONSUMIDOR. SÚMULA 7/STJ.1. É lícito à concessionária interromper o fornecimento de energia elétrica se, após aviso prévio, o consumidor de energia elétrica permanecer inadimplente no pagamento da respectiva conta (Lei n.º8.987/95, art. 6.º, § 3.º, II). Precedente da 1.ª Seção: REsp n.º 363.943/MG, DJ 01.03.2004 2. Ademais, a 2.ª Turma desta Corte, no julgamento do REsp n.º337.965/MG entendeu que o corte no fornecimento de água, em decorrência de mora, além de não malferir o Código do Consumidor, é permitido pela Lei n.º 8.987/95." (STJ, AgRg no REsp 963990 / SC, Rel. Min. Luiz Fux, J. 08.04.08)

◙ **Telefonia. Instalação fraudulenta de linha telefônica e inscrição indevida do nome do consumidor em cadastro restritivo de crédito. (*sobre dano mo-***

ral, ver art. 6º, VI) "CIVIL. PROCESSUAL CIVIL. RECURSO ESPECIAL. INSTALAÇÃO FRAUDULENTA DE LINHAS TELEFÔNICAS. RESPONSABILIDADE OBJETIVA E SOLIDÁRIA DAS EMPRESAS PRESTADORAS DE SERVIÇO DE TELEFONIA, EMBRATEL E BRASIL TELECOM. INSCRIÇÃO INDEVIDA DO NOME DA AUTORA NO SPC. ART. 14, § 3º, II, DO CDC (...) 1. No pleito em questão, as instâncias ordinárias concluíram que restou comprovada a responsabilidade objetiva e solidária das duas empresas prestadoras de serviço de telefonia, pela instalação fraudulenta de linhas telefônicas e inscrição indevida do nome da autora no SPC: "esta obrigação de checar a veracidade e fidedignidade dos dados dos clientes não é somente da empresa de telefonia local, mas também da Embratel, sendo solidária a responsabilidade entre ambas pela segurança e eficiência do serviço, visto que esta utiliza os dados cadastrais fornecidos pela Brasil Telecom e se beneficia economicamente dos serviços telefônicos prestados" (fls. 270). Ademais, como ressaltado no v. acórdão, a inscrição indevida do nome da autora no SPC, foi promovida "tanto pela Brasil Telecom S/A – Filial DF, como pela Embratel", conforme se verifica nos documentos de fls. 25 (fls.270). 2. Destarte, não ocorreu, comprovadamente, as hipóteses elencadas no art. 14, § 3º, II, do CDC, quanto à alegada culpa exclusiva de terceiro, ou seja, in casu, da Brasil Telecom (...)" (STJ, REsp 820.381/DF, Rel. Ministro Jorge Scartezzini, Quarta Turma, DJ 02/05/2006).

◙ **Telefonia. Publicação incorreta do nome do consumidor em lista de assinantes.** "Consumidor. Recurso especial. Danos decorrentes de falha na prestação do serviço. Publicação incorreta de nome e número de assinante em listas telefônicas. Ação de indenização. Prazo. Prescrição. Incidência do art. 27 do CDC e não do art. 26 do mesmo código. – O prazo prescricional para o consumidor pleitear o recebimento de indenização por danos decorrentes de falha na prestação do serviço é de 5 (cinco) anos, conforme prevê o art. 27 do CDC, não sendo aplicável, por consequência, os prazos de decadência, previstos no art. 26 do CDC. – A ação de indenização movida pelo consumidor contra a prestadora de serviço, por danos decorrentes de publicação incorreta de seu nome e/ou número de telefone em lista telefônica, prescreve em cinco anos, conforme o art. 27, do CDC" (STJ, REsp 722.510, 3ª T., DJ 1.2.2006).

► **Teoria da perda de uma chance:** "A teoria da *perda de uma chance (perte d'une chance)* guarda certa relação com o lucro cessante uma vez que a doutrina francesa, onde a teoria teve origem na década de 60 do século passado, dela se utiliza nos casos em que o ato ilícito tira da vítima a oportunidade de obter uma situação futura melhor. Caracteriza-se essa perda de uma chance quando, em virtude da conduta de outrem, desaparece a probabilidade de um evento que possibilitaria um benefício futuro para a vítima, como progredir na carreira artística ou militar, arrumar um melhor emprego, deixar de recorrer de uma sentença desfavorável pela falha do advogado, e assim por diante. Deve-se, pois, entender por chance a probabilidade de se obter um lucro ou de se evitar uma perda (...). A chance perdida reparável deverá caracterizar um prejuízo material resultante de fato consumado, não hipotético. Em outras palavras, é preciso verificar em cada caso se o resultado favorável seria razoável ou se não passaria de mera possibilidade aleatória. A vantagem esperada pelo lesado não pode consistir numa mera eventualidade, suposição ou desejo, do contrário estar-se-ia premiando os oportunismos, e não reparando as oportunidades perdidas (CAVALIERI FILHO, Sergio. *Programa de Responsabilidade Civil*, 10ª ed. São Paulo: Atlas, 2012, p. 81-82).

◙ **Perda de uma chance reconhecida. Programa Show do Milhão.** "RECURSO ESPECIAL. INDENIZAÇÃO. IMPROPRIEDADE DE PERGUNTA FORMULADA EM PROGRAMA DE TELEVISÃO. PERDA DA OPORTUNIDADE. 1. O questionamento, em programa de perguntas e respostas, pela televisão, sem viabilidade lógica, uma vez que a Constituição Federal não indica percentual relativo às terras reservadas aos índios, acarreta, como decidido pelas instâncias ordinárias, a impossibilidade da prestação por culpa do devedor, impondo o dever de ressarcir o participante pelo que razoavelmente haja deixado de lucrar, pela perda da oportunidade. 2. Recurso conhecido e, em parte, provido" (STJ, REsp 788459/BA, Rel. Min. Fernando Gonçalves, Quarta Turma, DJ 13/03/2006).

◙ **Perda de uma chance reconhecida. Erro médico que ocasionou a morte de recém nascido. Cesariana realizada tardiamente *(sobre responsabilidade civil envolvendo médicos e hospitais, ver art. 14, caput).*** "RESPONSABILIDADE CIVIL. PRELIMINAR. HOSPITAL. LEGITIMIDADE PASSIVA. MORTE DE RECÉM NASCIDO. MÉDICA. IMPRUDÊNCIA. CULPA CARACTERIZADA. DANOS MORAIS. OCORRÊNCIA. QUANTUM. MANUTENÇÃO. Em caso de ação indenizatória por erro médico é o hospital parte legítima para figurar no pólo passivo da ação quando o atendimento é feito pelo SUS, que o remunera para tal, máxime quando a escolha da plantonista parte de seu corpo clínico. Preliminar rejeitada. No mérito, trata-se de ação de indenização por erro médico que resultou na morte de recém nascido. Situação em que restou evidente a imprudência praticada pela profissional que, optou por aguardar o agravamento de uma situação que já era grave para realizar a cesariana. Aplicável ao caso, ainda, a teoria da perda de uma chance, oriunda do direito francês, pela qual, se a cesariana tivesse sido realizada logo, talvez o nefasto evento morte, não ocorresse. Os danos são evidentes, pois estão in re ipsa, isto é, estão intrínsecos à própria ocorrência do evento danoso (...)" (TJRS, Apelação Cível Nº 70013036678, Décima Câmara Cível, Tribunal de Justiça do RS, Relator: Luiz Ary Vessini de Lima, DJ 18/01/2006).

◙ **Perda de uma chance não reconhecida. Advogado que perde prazo recursal por falha dos Correios.** "RESPONSABILIDADE CIVIL. RECURSO ESPECIAL. ADVOGADO QUE CONTRATA SERVIÇOS DOS CORREIOS PARA O ENVIO DE PETIÇÃO RECURSAL. SEDEX NORMAL. CONTRATO QUE GARANTIA A CHEGADA DA PETIÇÃO AO DESTINATÁRIO EM DETERMINADO TEMPO. NÃO CUMPRIMENTO. PERDA DO PRAZO RECURSAL. RESPONSABILIDADE CIVIL DOS CORREIOS PARA COM OS USUÁRIOS. RELAÇÃO DE CONSUMO. DANO MORAL CONFIGURADO. DANO MATERIAL NÃO PROVADO. TEORIA DA PERDA DE UMA CHANCE. NÃO APLICAÇÃO NO CASO CONCRETO (...) 4. Descabe, no caso, a condenação dos Correios por danos materiais, porquanto não comprovada sua ocorrência.

Também não estão presentes as exigências para o reconhecimento da responsabilidade civil pela perda de uma chance, uma vez que as alegações de danos experimentados pelo autor se revelam extremamente fluidas. Existia somente uma remota expectativa e improvável possibilidade de seu cliente se sagrar vitorioso na demanda trabalhista, tendo em vista que o recurso cujo prazo não foi cumprido eram embargos de declaração em recurso de revista no Tribunal Superior do Trabalho, circunstância que revela a exígua chance de êxito na demanda pretérita (...)" (STJ, REsp 1210732/SC, Rel. Ministro Luis Felipe Salomão, Quarta Turma, DJe 15/03/2013).

◙ **Perda de uma chance não reconhecida. Advogado que perde prazo recursal.** "RESPONSABILIDADE CIVIL. RECURSO ESPECIAL. DANO MORAL. PERDA DE PRAZO POR ADVOGADO. TEORIA DA PERDA DE UMA CHANCE. DECISÃO DENEGATÓRIA DE ADMISSIBILIDADE DO RECURSO ESPECIAL NA QUESTÃO PRINCIPAL QUE ANALISOU AS PRÓPRIAS RAZÕES RECURSAIS, SUPERANDO A ALEGAÇÃO DE INTEMPESTIVIDADE. DANO MORAL INEXISTENTE. 1. É difícil antever, no âmbito da responsabilidade contratual do advogado, um vínculo claro entre a alegada negligência do profissional e a diminuição patrimonial do cliente, pois o que está em jogo, no processo judicial de conhecimento, são apenas chances e incertezas que devem ser aclaradas em juízo de cognição. 2. Em caso de responsabilidade de profissionais da advocacia por condutas apontadas como negligentes, e diante do aspecto relativo à incerteza da vantagem não experimentada, as demandas que invocam a teoria da 'perda de uma chance' devem ser solucionadas a partir de detida análise acerca das reais possibilidades de êxito do postulante, eventualmente perdidas em razão da desídia do causídico. Precedentes. 3. O fato de o advogado ter perdido o prazo para contestar ou interpor recurso – como no caso em apreço -, não enseja sua automática responsabilização civil com base na teoria da perda de uma chance, fazendo-se absolutamente necessária a ponderação acerca da probabilidade – que se supõe real – que a parte teria de se sagrar vitoriosa ou de ter a sua pretensão atendida. 4. No caso em julgamento, contratado o recorrido para a interposição de recurso especial na demanda anterior, verifica-se que, não obstante a perda do prazo, o agravo de instrumento intentado contra a decisão denegatória de admissibilidade do segundo recurso especial propiciou o efetivo reexame das razões que motivaram a inadmissibilidade do primeiro, consoante se dessume da decisão de fls. 130-134, corroborada pelo acórdão recorrido (fl. 235), o que tem o condão de descaracterizar a perda da possibilidade de apreciação do recurso pelo Tribunal Superior. 5. Recurso especial não provido. (STJ, REsp 993.936/RJ, Rel. Ministro Luis Felipe Salomão, Quarta Turma, DJe 23/04/2012).

◙ **Perda de uma chance não reconhecida. Advogado que perde prazo para contestar.** "RESPONSABILIDADE CIVIL. ADVOCACIA. PERDA DO PRAZO PARA CONTESTAR. INDENIZAÇÃO POR DANOS MATERIAIS FORMULADA PELO CLIENTE EM FACE DO PATRONO. PREJUÍZO MATERIAL PLENAMENTE INDIVIDUALIZADO NA INICIAL. APLICAÇÃO DA TEORIA DA PERDA DE UMA CHANCE. CONDENAÇÃO EM DANOS MORAIS. JULGA-

MENTO EXTRA PETITA RECONHECIDO. 1. A teoria da perda de uma chance (perte d'une chance) visa à responsabilização do agente causador não de um dano emergente, tampouco de lucros cessantes, mas de algo intermediário entre um e outro, precisamente a perda da possibilidade de se buscar posição mais vantajosa que muito provavelmente se alcançaria, não fosse o ato ilícito praticado. Nesse passo, a perda de uma chance – desde que essa seja razoável, séria e real, e não somente fluida ou hipotética – é considerada uma lesão às justas expectativas frustradas do indivíduo, que, ao perseguir uma posição jurídica mais vantajosa, teve o curso normal dos acontecimentos interrompido por ato ilícito de terceiro. 2. Em caso de responsabilidade de profissionais da advocacia por condutas apontadas como negligentes, e diante do aspecto relativo à incerteza da vantagem não experimentada, as demandas que invocam a teoria da "perda de uma chance" devem ser solucionadas a partir de uma detida análise acerca das reais possibilidades de êxito do processo, eventualmente perdidas em razão da desídia do causídico. Vale dizer, não é o só fato de o advogado ter perdido o prazo para a contestação, como no caso em apreço, ou para a interposição de recursos, que enseja sua automática responsabilização civil com base na teoria da perda de uma chance. É absolutamente necessária a ponderação acerca da probabilidade – que se supõe real – que a parte teria de se sagrar vitoriosa. 3. Assim, a pretensão à indenização por danos materiais individualizados e bem definidos na inicial, possui causa de pedir totalmente diversa daquela admitida no acórdão recorrido, de modo que há julgamento extra petita se o autor deduz pedido certo de indenização por danos materiais absolutamente identificados na inicial e o acórdão, com base na teoria da "perda de uma chance", condena o réu ao pagamento de indenização por danos morais. 4. Recurso especial conhecido em parte e provido" (STJ, REsp 1190180/RS, Rel. Ministro Luis Felipe Salomão, Quarta Turma, DJe 22/11/2010).

RESPONSABILIDADE ENVOLVENDO ECONOMIA COMPARTILHADA

► **Economia compartilhada. Conceito e exemplos.** Tema atual e que certamente será motivo de discussões nos tribunais é o enquadramento das plataformas digitais (aplicativos) que participam da chamada economia compartilhada ou economia colaborativa como fornecedores, e, portanto, passíveis de serem responsabilizados pela ótica do CDC. A chamada economia compartilhada (do inglês *sharing economy*), tido por muitos economistas como o futuro da economia mundial, consiste, basicamente, na prática de dividir o uso ou a compra de serviços facilitada, principalmente, por aplicativos (plataformas) que possibilitam a interação entre pessoas ou entre pessoas e empresas. Como exemplos, temos a plataforma UBER que propicia a interação entre uma pessoa que requer um transporte e o motorista; a AIRBNB que visa compartilhar imóveis ociosos. Assim, proprietários de casas, apartamentos, sítios e até mesmo de quartos disponibilizam este(s) local(is) para quem esteja disposto a alugar.

► "É o consumo compartilhado possibilitado pela internet e acesso móvel à rede, por celulares. Aquele que utiliza desta sharing economy remunera os serviços, que são viabilizados peer to peer (P2P), isto é, de computador a computador, entre celular e celular". (BENJAMIN, Antônio Herman V.; MARQUES, Cláudia Lima; BESSA, Leonardo Roscoe. *Manual de Direito do Consumidor.* 7ª edição. São Paulo, Revista dos Tribunais, 2016, p. 131).

▶ **Economia de Compartilhamento. Guardião de Acesso.** "O guardião do acesso realmente é aquele que 'abre' a porta do negócio de consumo, que muitas vezes ele não realiza, mas intermedeia e por vezes coordena mesmo o pagamento (paypal e, eventualmente, os seguros etc.), como incentivos de confiança para ambos os 'leigos' envolvidos no negócio". (BENJAMIN, Antônio Herman V.; MARQUES, Cláudia Lima; BESSA, Leonardo Roscoe. *Manual de Direito do Consumidor.* 7ª edição. São Paulo, Revista dos Tribunais, 2016, p. 131).

▶ **Aplicativos de economia compartilhada. Aplicação do CDC e responsabilidade solidária.** Embora, a priori, o conceito estrito do art. 3º do CDC não enquadre a plataforma (aplicativo) como fornecedor, sendo esta somente um intermediário do produto e/ou serviço adquirido ou utilizado pelo usuário, parece que não há como afastar tais aplicativos da relação consumerista. Primeiramente porque, embora a relação muitas vezes se dê entre dois não-profissionais (P2P – peer to peer ou pessoa para pessoa), a plataforma (intermediário) é o responsável pelo encontro das partes, criador do modelo e da estrutura do negócio (definindo o método de pagamento, as regras a serem observadas, o sistema de envio dos produtos, a organi-zação das avaliações e reputações das partes envolvidas, etc.) exercendo de forma lucrativa e no exercício habitual de sua atividade. Ademais, uma das bases do CDC é a relação de confiança gerada no consumidor, derivada do princípio da boa-fé objetiva. E quando o usuário contrata um transporte ou aluga um apartamento, sem conhecer o motorista ou proprietário do imóvel, o faz, exclusivamente, na confiança que o intermediário (aplicativo) gerou (assumindo o dever de garantir a segurança do modelo de negócio) . Ou seja, o usuário confia que, ao utilizar o aplicativo UBER, entre outras coisas: o motorista foi devidamente selecionado; o serviço deverá seguir determinados padrões de prestação; o pagamento será feito de forma segura (em geral, através de cartões de crédito cadastrados nos aplicativos), etc. Assim, o motorista ou proprietário do imóvel acabam sendo uma "extensão" do UBER ou AIRBNB, não podendo deles se dissociarem. Desta forma, havendo danos ao consumidor, os aplicativos responderão de forma objetiva, nos moldes do CDC. Por sua vez, os prestadores do serviço (motorista do UBER, por exemplo) responderão de forma subjetiva, na forma do §4º do art. 14 do CDC (profissionais liberais) e os proprietários dos imóveis do AIRBNB responderão de forma subjetiva nos moldes do CC, por não serem profissionais liberais. Assim, o prestador do serviço (motorista) ou proprietário do imóvel não são considerados "terceiros" para fins de exclusão de responsabilidade dos aplicativos, pois estes responderão de forma solidária (e objetiva!) por quaisquer danos que aqueles causarem aos consumidores, podendo, logicamente, serem ressarcidos posteriormente.

◼ **UBER. Responsabilidade por bens deixados nos veículos.** "TRANSPORTE DE PASSAGEIROS. Ação de indenização por danos materiais e morais. Ação ajuizada contra empresa de transporte individual privado de passageiros por meio de aplicativo (UBER). Sentença de improcedência. Irresignação da parte autora. Cabimento em parte. Parte autora que, após realizar viagem com motorista do aplicativo da parte ré, esqueceu sua câmera fotográfica no banco traseiro do veículo, não tendo sido devolvida pelo motorista. Relação de consumo. Responsabilidade objetiva da empresa ré. Transportador responde pelos danos causados a passageiros e suas bagagens. Empresa que intermedia motoristas e consumidores, atuando na cadeia de consumo do contrato de transporte e comprometendo-se a sua fiel execução. Incidência do art. 734 do CC. Conversas travadas com a empresa ré por meio do aplicativo que demonstram a tentativa da parte autora de reaver seu objeto e o descaso da parte ré, que pretendia eximir-se da responsabilidade alegando não conseguir contatar o motorista. Dano material caracterizado." (TJSP; Apelação Cível 1020306-65.2017.8.26.0005; Relator (a): Walter Barone; Órgão Julgador: 24ª Câmara de Direito Privado; Foro Regional V – São Miguel Paulista – 3ª Vara Cível; Data do Julgamento: 29/05/2019; Data de Registro: 29/05/2019) ◙ **No mesmo sentido:** "JUIZADO ESPECIAL CÍVEL. DIREITO DO CONSUMIDOR E PROCESSUAL CIVIL. PRELIMINAR DE ILEGITIMIDADE PASSIVA. REJEITADA. EXTRAVIO DE BEM DO CONSUMIDOR ESQUECIDO NO VEÍCULO. CULPA EXCLUSIVA DO CONSUMIDOR AFASTADA. DEVER DE ZELO NÃO OBSERVADO. DANO MATERIAL CONFIGURADO. RECURSO CONHECIDO E NÃO PROVIDO. 1. Insurge-se ré em face de sentença que a condenou a pagar, em favor do recorrido, danos materiais de R$ 370,00. No caso, o autor, ao utilizar os serviços de transporte particular oferecidos pela recorrente, esqueceu uma caixa de som dentro do carro do motorista, que não foi recuperada por suposta falha na prestação de serviço pela ré. 2. Preliminar de ilegitimidade passiva: afirma a recorrente que sua atividade é de apenas aproximar o passageiro do motorista, em aplicativo gratuitamente oferecido aos usuários, de forma que não pode ser responsável por qualquer infortúnio que ocorra durante a corrida. Entretanto, é inegável que a recorrente integra a cadeia de fornecedores do serviço de transporte, sendo sua atividade essencial à consumação da relação entre passageiro e motorista, o que lhe traz a responsabilidade solidária por eventuais danos decorrentes deste negócio jurídico. 3. Ademais, os serviços oferecidos pela ré enquadram-se no conceito trazido pelo art. 3º, § 2º, do CDC, posto que ela recebe por eles remuneração. Apesar de não haver pagamento direto pelo consumidor à recorrente, um percentual do dinheiro referente à corrida realizada é destinado à demandada, de modo que seus serviços são apenas aparentemente gratuitos e, portanto, submetem-se à legislação consumerista. Precedente: Acórdão n. 1085757, 07227885420178070016, Relator: EDUARDO HENRIQUE ROSAS 3ª Turma Recursal dos Juizados Especiais do Distrito Federal, Data de Julgamento: 27/03/2018, Publicado no DJE: 10/04/2018. Partes: UBER do Brasil Tecnologia LTDA. versus Roberto Casali Júnior. Preliminar rejeitada. 4. A alegação de culpa exclusiva do consumidor na perda do objeto não é apta a afastar a responsabilidade da recorrente, uma vez que restou demonstrado que, logo após a finalização da corrida, o autor tentou entrar em contato com a recorrente através de sua central de atendimento, bem como registrou o esquecimento do objeto em espaço próprio do aplicativo. 5. Frise-se que a culpa da ré é agravada por ter informado ao autor número telefônico do motorista que inexistia, o que dificultou sobremaneira a devolução do aparelho de som. 6. Por fim, apesar de não haver relação empregatícia entre a recorrente e os motoristas particulares, é certo que possui a ré dever de zelo no ato da escolha dos indivíduos que prestarão o serviço de transporte, a fim de que possam os consumidores, ao solicitarem um veículo por meio do seu aplicativo, terem garantidas sua segurança e integridade, proteção esta que não foi efetivada no caso exposto. 7. Recurso CONHECIDO e NÃO PROVIDO. Preliminar rejeitada. Sentença mantida. Custas recolhidas. Sem condenação em honorários por ausentes contrarrazões. A súmula de julgamento servirá de acórdão, nos termos do art. 46 da Lei 9.099/95." (TJ-DF 07143119320188070020, Relator: JOÃO LUÍS FISCHER DIAS, Data de Julgamento: 15/05/2019, 2ª Turma Recursal dos Juizados Especiais Cíveis e Criminais do DF, Data de Publicação: Publicado no DJE : 24/05/2019

◙ **AIBNB. Responsabilidade por locação de imóvel infestada de percevejos.** "RESPONSABILIDADE CIVIL. Danos materiais e morais. Prestação de serviço. Locação de imóvel de temporada pela plataforma digital AIRBNB. 1. Hipótese em que autora locou imóvel situado na Austrália, país em que iria fazer curso de inglês. Infestação do imóvel por percevejos, que provocou na autora reação alérgica, causando-lhe inúmeras erupções e feridas pelo corpo. Tentativa frustrada de solucionar o problema com a limpeza e desinsetização do imóvel. Circunstância em que a autora foi obrigada a deixar o imóvel bem antes do término da locação. Falha na prestação do serviço configurada. 2. Danos materiais. Acolhimento, em parte, da pretensão recursal, com a majoração da indenização por danos materiais para inclusão do valor total despendido pela autora com a locação do imóvel. 3. Danos morais. Fixação pela sentença em R$ 4.000,00. Majoração para R$ 10.000,00. 4. Sentença reformada, em parte. Pedido inicial julgado parcialmente procedente, em maior extensão. Recurso, em parte, provido. Dispositivo: deram parcial provimento ao recurso." (TJ-SP – AC: 10132618920178260011 SP, Relator: João Camillo de Almeida Prado Costa, 19ª Câmara de Direito Privado, Data de Publicação: 17/05/2019)

◙ **AIRBNB. Responsabilidade por cancelamentos de reserva.** "CONSUMIDOR. AÇÃO DE INDENIZAÇÃO POR DANO MORAL MOVIDA CONTRA AIRBNB BRASIL. AUTORES QUE PLANEJARAM VIAGEM EM FAMÍLIA À CIDADE DE NOVA IORQUE, COM ESTADIA RESERVADA NA PLATAFORMA DIGITAL DA RÉ COM 2 (DOIS) MESES DE ANTECEDÊNCIA. CANCELAMENTO DA RESERVA MOMENTOS ANTES DE EMBARCAREM AO DESTINO FINAL. ALEGADA A FALTA DE ASSISTÊNCIA PELA EMPRESA RÉ. SENTENÇA DE PARCIAL PROCEDÊNCIA. (...) PLATAFORMA QUE INTEGRA A CADEIA DE FORNECEDORES, POIS REALIZA A DIVULGAÇÃO DE IMÓVEIS DE ANFITRIÕES A SI VINCULADOS. PRINCÍPIO DA SOLIDARIEDADE. CONSUMIDOR QUE PODE ESCOLHER QUEM IRÁ ACIONAR. FACULDADE DA EMPRESA RÉ DE INGRESSAR POSTERIORMENTE COM AÇÃO REGRESSIVA CONTRA A ANFITRIÃ. RESPONSABILIDADE OBJETIVA. EXEGESE DOS ARTIGOS 2º, 3º, 7º, 14 E 30 DO CDC. RESPONSABILIZAÇÃO CABÍVEL NA HIPÓTESE. DANO MORAL. CONFIGURAÇÃO. AUTORES QUE PLANEJARAM A VIAGEM EM IMÓVEL BEM LOCALIZADO E QUE PRIMAVAM PELO CONFORTO. 7 (SETE) AUTORES, DENTRE ELES 2 (DOIS) IDOSOS E 1 (UMA) PACIENTE RECÉM DIAGNOSTICADA COM LINFOMA NÃO-HODGKIN (CID10 C83). DEBILIDADE PRESUMÍVEL. RESERVA INICIAL EM APARTAMENTO COM 4 (QUATRO) QUARTOS NA 5ª AVENIDA, EM FRENTE AO CENTRAL PARK. EMPRESA

RÉ QUE OS ALOCOU NA PRIMEIRA NOITE EM HOTEL COM APENAS 1 (UM) QUARTO E 1 (UM) BANHEIRO. ESTADIA PROVIDENCIADA PELOS PRÓPRIOS AUTORES NOS DEMAIS DIAS. FALHA NA PRESTAÇÃO DE SERVIÇOS EVIDENCIADA NO CASO CONCRETO. QUANTUM INDENIZATÓRIO. EMPRESA RÉ QUE MITIGOU PARCIALMENTE OS DANOS SOFRIDOS PELOS AUTORES AO REEMBOLSÁ-LOS DE SUAS DESPESAS E ENUMERAR IMÓVEIS ALTERNATIVOS EM SUA PLATAFORMA. ASSISTÊNCIA QUE, NO ENTANTO, NÃO FOI SUFICIENTE PARA AFASTAR A NECESSIDADE DE INDENIZAÇÃO. OPÇÕES QUE, APESAR DE DISPONÍVEIS NO SITE, NÃO FORAM EXITOSAS. ALTA TEMPORADA NA CIDADE. JUÍZO A QUO QUE FIXOU A CONDENAÇÃO DA RÉ EM R$ 5.000,00 (CINCO MIL REAIS) PARA CADA AUTOR. ACERTO DO MAGISTRADO. MANUTENÇÃO DO VALOR ARBITRADO, LEVANDO-SE EM CONSIDERAÇÃO A CAPACIDADE ECONÔMICO-FINANCEIRA DAS PARTES. AUTORES QUE PRETENDEM A CONDENAÇÃO DA RÉ AO PAGAMENTO INTEGRAL DOS ÔNUS SUCUMBENCIAIS. PLEITO INICIAL DE CONDENAÇÃO DA RÉ À INDENIZAÇÃO NO IMPORTE DE R$ 100.000,00 (CEM MIL REAIS). CONDENAÇÃO EM R$ 35.000,00 (TRINTA E CINCO MIL REAIS) NO TOTAL. AUTORES QUE DECAÍRAM EM PARTE DO SEU PEDIDO. ÔNUS DISTRIBUÍDOS DE FORMA PROPORCIONAL. FIXAÇÃO DE HONORÁRIOS RECURSAIS. SENTENÇA MANTIDA. APELO DA PARTE AUTORA E RECURSO ADESIVO DA RÉ DESPROVIDOS." (TJ-SC – AC: 03012223720188240039 Lages 0301222-37.2018.8.24.0039, Relator: Marcus Tulio Sartorato, Data de Julgamento: 16/04/2019, Terceira Câmara de Direito Civil) ◙ **No mesmo sentido:** "JUIZADO ESPECIAL CÍVEL. DIREITO DO CONSUMIDOR. RESERVA DE HOSPEDAGEM NO EXTERIOR. CANCELAMENTO PROMOVIDO PELO ANFITRIÃO NO DIA DO CHECK-IN. DANO MORAL CONFIGURADO. RESPONSABILIDADE DA EMPRESA INTERMEDIADORA. DANO MATERIAL AFASTADO. RECURSO CONHECIDO E PROVIDO EM PARTE. 1. Trata-se de recurso inominado através do qual buscam os recorrentes a condenação da recorrida em danos materiais e morais, sob o fundamento de que não puderam usufruir de hospedagem previamente reservada por intermédio da recorrida, AIRBNB. 2. Os autores efetuaram, no dia 07/05/2018, através do domínio eletrônico da recorrida, (ID 6538461) reserva de hospedagem na cidade de Bruxelas/BE para o período de 08 a 11 de julho/2018. No dia 27 de junho do referido ano, o anfitrião solicitou que os recorridos cancelassem a reserva, sob o fundamento de que um parente seu estaria se hospedando no mesmo imóvel. 3. Em resposta, os recorrentes se opuseram ao pedido do anfitrião, mas se disponibilizaram a aceitar uma outra hospedagem com as mesmas qualificações e valores da já reservada, desde que o próprio anfitrião realizasse a busca junto ao Airbnb. O proprietário do imóvel, entretanto, permaneceu silente, sendo que somente no dia 08/07/2018 (data programa para o check-in) procedeu ao cancelamento da reserva. 4. Os recorrentes, assim, chegaram ao imóvel reservado e neles não puderam ingressar, uma vez que o anfitrião sequer estava presente para prestar alguma informação. Tiveram, então, que buscar uma outra hospedagem para passar a noite, passando pelas dificuldades inerentes para localizar alguma disponível para o mesmo dia, especialmente por se tratar de cidade turística e com idioma estrangeiro. 5. Frise-se que o anfitrião, em momento algum, deixou em evidência que iria proceder ao cancelamento da reserva, uma vez que tinha apenas perguntado se os recorrentes poderiam, eles mesmos, efetuar a desistência. De forma que, quando os autores se manifestaram negativamente à sua pretensão, poderia o anfitrião, desde já, ter cancelado a reserva. 6. A partir do momento que o anfitrião se quedou silente após a recusa dos recorrentes, é justo reconhecer que eles se cercaram da legítima expectativa de que sua reserva continuava vigente, tendo havido no comportamento do anfitrião quebra dos deveres de lealdade e confiança, próprios da boa-fé objetiva (art. 4º, III, do Código de Defesa do Consumidor - CDC). 7. O art. 20 do CDC estabelece a responsabilidade solidária e objetiva de todos os fornecedores que atuam dentro da cadeia de consumo sempre que o serviço for prestado com vício de qualidade. Determinando a lei que todos os fornecedores respondem integralmente perante o consumidor lesado, não pode o recorrido querer imputar a outro fornecedor da cadeia a responsabilidade pelo ilícito, estando tal pretensão na contramão do objetivo do legislador, que é o de proteger a parte mais frágil da relação. Ademais, poderá o recorrido, após indenizar os recorrentes, se assim entender pertinente, buscar via ação regressiva responsabilizar o fornecedor que deu causa ao dano, tendo meios à sua disposição muito mais aptos para fazê-lo do que o consumidor. 8. O ato ilícito, pois, resta caracterizado, assim como o dano moral, diante da angústia suportada pelos recorrentes, que com as limitações dos meios de comunicação próprias de quem viaja ao exterior ficaram sem ter acesso à hospedagem previamente agendada. 9. Em relação à quantificação do dano moral, considerando o dano suportado pelos recorrentes, associado à necessidade de desencorajar a repetição do comportamento desidioso e à capacidade econômica da recorrida, considero que o valor de R$ 3.000,00 para cada recorrente é suficiente para compensar o infortúnio sofrido, ao tempo em que não promove enriquecimento ilícito. 10. Entretanto, não há que se falar em dano material na espécie, uma vez que o recorrido procedeu à devolução da quantia paga pela reserva cancelada, no valor de R$ 453,80 (ID 6538481), montante este que abarca o despendido pelos recorrentes - R$ 417,60 - para a diária do dia 08/07/2018. 11. Recurso CONHECIDO e PROVIDO EM PARTE. Sentença reformada para condenar o recorrido a indenizar cada um dos recorrentes no valor de R$ 3.000,00 a título de danos morais. Juros de mora de 1% ao mês desde a citação, e correção monetária pelo INPC a partir deste julgamento. Custas recolhidas. Sem condenação em honorários diante da ausência de recorrente vencido (art. 55 da Lei 9.099/95)."(TJ-DF 07349868920188070016 DF, Relator: João Luís Fischer Dias, 2ª Turma Recursal dos Juizados Especiais Cíveis e Criminais do DF, Publicado no DJE : 28/03/2019)

§ 1° O serviço é defeituoso quando não fornece a segurança que o consumidor dele pode esperar, levando-se em consideração as circunstâncias relevantes, entre as quais:

I – o modo de seu fornecimento;

II – o resultado e os riscos que razoavelmente dele se esperam;

III – a época em que foi fornecido.

► **Caracterização do defeito nas prestações de serviço:** "O conceito de defeito está relacionado à expectativa de segurança que os consumidores têm acerca do serviço, o qual deve forçosamente refletir a capacitação tecnológica e o uso de práticas tanto civis quanto comerciais de seu tempo. O consumidor, pela demanda, vai determinando os padrões da expectativa relativamente ao objeto de consumo. A frustração da expectativa por fuga dos padrões é o que caracteriza o serviço como defeituoso. Para tornar factível, na prática, a determinação de um padrão de senso comum, o legislador estabeleceu algumas condições objetivas que levam em consideração o modo de fornecimento, o resultado e riscos esperados com razoabilidade, bem como a data da prestação, para fins de avaliação dos conhecimentos técnicos então existentes." (LUZ, Aramy Dornelles. *Código do Consumidor anotado*. São Paulo: Juarez de oliveira, 1999. p. 36).

◙ **Fato do serviço. Transferência bancária não autorizada pelo consumidor correntista. Não fornece a segurança que o consumidor dele pode esperar *(sobre prazo prescricional, ver art. 27)*.** "AGRAVO REGIMENTAL NO RECURSO ESPECIAL - AÇÃO DE COBRANÇA C/C DANOS MORAIS - DECISÃO MONOCRÁTICA DA LAVRA DESTE SIGNATÁRIO QUE NEGOU SEGUIMENTO AO RECLAMO ANTE O ADEQUADO RECONHECIMENTO DA PRESCRIÇÃO POR PARTE DO COLEGIADO LOCAL. IRRESIGNAÇÃO DO AUTOR (...) 3. Tendo ocorrido a transferência supostamente não autorizada de conta-corrente sob a vigência do Código de Defesa do Consumidor, é inafastável a conclusão tanto de que a conduta se enquadra no conceito de fato do serviço - aquele que não fornece a segurança que o consumidor dele pode esperar (art. 14, § 1º, do CDC) - como de que o prazo prescricional é o de 5 anos previsto no art. 27 do mesmo diploma legal. Precedentes. 4. Agravo regimental desprovido. (STJ, AgRg no REsp 1449782/SC, Rel. Min. Marco Buzzi, 4ª T., DJe 29.2.2016).

► **Sobre o risco do desenvolvimento e sua possibilidade como excludente de responsabilidade, ver § 3° do art. 12.**

§ 2º O serviço não é considerado defeituoso pela adoção de novas técnicas.

◙ **TV por assinatura. Evolução tecnológica não gera responsabilidade para o fornecedor desde que observada as normas do CDC.** "EMENTA: APELAÇÃO - TV POR ASSINATURA - CONTRATO POR PRAZO INDETERMINADO - RESCISÃO - EVOLUÇÃO TECNOLÓGICA - DANO MORAL - DANO MATERIAL - NECESSIDADE DA DEMONSTRAÇÃO DO EFETIVO PREJUÍZO. - A evolução tecnológica do produto não gera responsabilidade para o fornecedor, desde que observadas as normas protetivas em relação ao consumidor. - Nos contratos por prazo indeterminado, cabe ao contratante que pretende se desobrigar notificar o outro sobre sua intenção. - O dano material deve ser comprovado, incumbindo ao autor o ônus da prova do fato constitutivo do seu direito (art. 333, I do CPC)."(TJMG, Apelação Cível n. 386.955-4, Rel. Beatriz Pinheiro Caires, J. 20.03.03)

§ 3° O fornecedor de serviços só não será responsabilizado quando provar:

► **Sobre as excludentes de responsabilidade, ver o art. 12, § 3°.**

► **Sobre caso foruito e força maior (inclusive fortuito interno e externo) como excludentes de responsabilidade no fato do serviço, ver art. 12, § 3°.**

► **Configuração da responsabilidade do fornecedor e as excludentes.** "Concluída pelo consumidor essa fase da prova do dano, do nexo de causalidade entre o dano sofrido e o serviço prestado, com a indicação do responsável pela prestação do serviço, deve este último pura e simplesmente pagar o valor da indenização que for apurada, sem praticamente possibilidade de sua defesa. Suas únicas alternativas de contestação são as previstas no § 3º do art. 14." (NUNES, Luiz Antônio Rizzatto. *Comentários ao Código de Defesa do Consumidor (art. 1º a 54)*. São Paulo: Saraiva, 2000. p. 195).

I – que, tendo prestado o serviço, o defeito inexiste;

► **Ver art. 12, § 3°, II.**

II – a culpa exclusiva do consumidor ou de terceiro.

► **Sobre culpa exclusiva do consumidor, culpa exclusiva de terceiro e culpa concorrente no fato do serviço, ver art.12, § 3°, III.**

§ 4° A responsabilidade pessoal dos profissionais liberais será apurada mediante a verificação de culpa.

► **Profissional liberal não é sinônimo de profissional autônomo.** "(...) profissional liberal não é sinônimo de profissional autônomo. Este último é gênero do qual o primeiro é espécie. Com efeito, o profissional autônomo é aquele que exerce seu trabalho com poder de direção sobre a própria atividade, autodisciplinando-a segundo os seus critérios pessoais, detendo, pois, o poder de direção da própria atividade. Além disso, o profissional autônomo assume a teoria do risco da atividade que exerce, exatamente em razão do poder de direção que assume. Vale dizer, ele não transfere a fiscalização de sua atividade a um superior hierárquico. (...) Assim, o autônomo seria o gênero, porque abarca todo e qualquer tipo de atividade/profissão que seja exercida com poder de direção e com base no risco. O profissional liberal também é autônomo, pois possui autonomia e poder de direção, entretanto, sua atividade requer conhecimento (intelectual ou manual), atestado por escola de nível superior, cuja profissão tem que ser regulamentada. Dessa forma, profissional liberal é espécie do gênero profissional autônomo, pois todo liberal pode ser autônomo, mas nem todo autônomo pode ser liberal". (CALDEIRA, Mirella D'Angelo e CALDEIRA, Patrícia. O conceito de profissionais liberais: uma nova proposta. *Revista dignidade. Programa de Pós-graduação em direito da Unimes.* Ano 1, nº 1, 2002, p. 156.)

► **O CDC não estabelece uma definição de profissional liberal.** "Não há no Código de Defesa do Consumidor uma definição pronta, acabada e pacífica sobre quem pode ser considerado como um profissional liberal. Em geral, entende-se por profissional liberal todo aquele que presta serviço com independência técnica, e com qualificação e habilitação determinadas pela lei ou pela divisão social do trabalho." (ANDRADE,-Vítor Morais, *Sanções Administrativas no Código de Defesa do Consumidor*, São Paulo: Editora Atlas S.A, 2008, p. 53)

► **Profissional liberal é aquele que exerce uma profissão livremente, com autonomia, sem subordinação.** "Quem é o profissional liberal? É preciso ser portador de diploma superior (médico, advogado, dentista, engenheiro etc.) para ser considerado profissional liberal? Há quem assim sustente; em nosso entender, sem razão. Profissional liberal, como o próprio nome indica, é aquele que exerce uma profissão livremente, com autonomia, sem subordinação . Em outras palavras, presta serviço pessoalmente, em caráter permanente e autônomo, por conta própria e sem vínculo de subordinação, independentemente do grau de intelectualidade ou de escolaridade. Não é só o médico, o advogado, o engenheiro, o psicólogo, o dentista, o economista, o professor, o enfermeiro, o consultor podem ser profissionais liberais, mas também o eletricista, o pintor, o sapateiro, o carpinteiro, o marceneiro, o mecânico, a costureira, desde que prestem serviço com autonomia, sem subordinação – enfim, por conta própria. Pela ótica do Código, o melhor caminho é definir profissional liberal pelas características de sua prestação de serviços, e não pelo seu grau de escolaridade, ou pelo enquadramento na regulamentação legal." (FILHO, Sérgio Cavalieri. *Programa de Direito do Consumidor.* 2ª ed., São Paulo: Atlas S/A, 2010, pp. 288/289)

► **O parágrafo 4° não pode ser estendido para as pessoas jurídicas que estejam vinculadas os profissionais liberais.** "Importante esclarecer que profissional liberal é o prestador de serviços que atua em nome próprio, fazendo do exercício de sua profissão uma ferramenta de trabalho e de sobrevivência, sem vínculo de subordinação com aquele que o remunera. Dentre estes se pode enquadrar o médico (com algumas exceções), o advogado, o engenheiro, o dentista e o arquiteto. Verifica-se, assim, que somente o profissional que age em nome próprio pode se beneficiar da exceção legislativa do Código de Defesa do Consumidor, não se podendo estender tal preceito a pessoas jurídicas às quais estejam vinculadas ou prestem serviços." (MELO, Nehemias Domingos. *Responsabilidade Civil por erro médico, doutrina e jurisprudência.* São Paulo: Atlas, 2008, p. 13)

► **Obrigação de meio x obrigação de resultado.** "A obrigação de meio é aquela em que o devedor se obriga tão-somente a usar de prudência e diligência normais na prestação de certo serviço para atingir um resultado, sem, contudo, se vincular a obtê-lo.

Infere-se daí que sua prestação não consiste num resultado certo e determinado a ser conseguido pelo obrigado, mas tão-somente numa atividade prudente e diligente deste em benefício do credor. Seu conteúdo é a própria atividade do devedor, ou seja, os meios tendentes a produzir o escopo almejado, de maneira que a inexecução da obrigação se caracteriza pela omissão do devedor em tomar certas precauções sem se cogitar do resultado final. A obrigação de resultado é aquela em que o credor tem o direito de exigir do devedor a produção de um resultado, sem o que se terá o inadimplemento da relação obrigacional. Tem em vista um resultado em si mesmo, de tal sorte que a obrigação só se considerará adimplida com a efetiva produção do resultado colimado. Como essa obrigação requer um resultado útil ao credor, o seu inadimplemento é suficiente para determinar a responsabilidade do devedor, já que basta que o resultado não seja atingido para que o credor seja indenizado pelo obrigado, que só se isentará de responsabilidade se provar que não agiu culposamente. (...)." (Maria Helena Diniz, *Curso de direito civil brasileiro*, vol. 7, p. 191-192.) ► **No sentido de ser irrelevante esta diferenciação para o consumidor.** "É irrelevante que a obrigação do profissional liberal classifique-se como de meio ou de resultado. Pretendeu-se que, na obrigação de meio, a responsabilidade dependeria da demonstração antecipada de culpa; na obrigação de resultado, a inversão do ônus da prova seria obrigatória. Não há qualquer fundamento para tal discriminação, além de prejudicar o consumidor, que estaria com o ônus adicional de demonstrar ser de resultado a obrigação profissional." (Paulo Luiz Netto Lôbo, Responsabilidade civil dos profissionais liberais e o ônus da prova . *Revista de Direito do Consumidor*, vol. 26, p. 164)

► **Justificativa da responsabilidade subjetiva do profissional liberal.** "Por que o profissional liberal foi excluído do sistema geral da responsabilidade objetiva? Essa é outra questão que suscitou controvérsia, mas hoje está pacificada. A atividade dos profissionais liberais é exercida pessoalmente, a determinadas pessoas (clientes), intuitu personae , na maioria das vezes com base na confiança recíproca. Trata-se, portanto, de serviços negociados, e não contratos por adesão. Sendo assim, não seria razoável submeter os profissionais liberais à mesma responsabilidade dos prestadores de serviço em massa, empresarialmente, mediante planejamento e fornecimento em série. Em suma, não se fazem presentes na atividade do profissional liberal os motivos que justificam a responsabilidade objetiva dos prestadores de serviços em massa." (FILHO, Sérgio Cavalieri. *Programa de Direito do Consumidor*. 2ª ed., São Paulo: Atlas S/A, 2010, pp. 288/289)

RESPONSABILIDADE DOS DENTISTAS

► **Responsabilidade do dentista (meio e resultado).** "O exercício da Odontologia é regulado entre nós pela Lei nº 5.081, de 24 de agosto de 1966. A Odontologia tem autonomia própria, não sendo considerada como parte da Medicina, como ocorre em outros países. A responsabilidade dos dentistas situa-se, contudo, no mesmo plano e sob as mesmas perspectivas da responsabilidade médica, valendo o que aqui foi afirmado. O art. 1.545 do Código Civil de 1916 colocava-os juntamente com os médicos, cirurgiões e farmacêuticos. O art. 951 do presente Código os coloca também em nível de igualdade. A responsabilidade do dentista, contudo, ao lado de ser eminentemente contratual, traduz mais acentuadamente uma obrigação de resultado. Observe, no entanto, que a responsabilidade do dentista geralmente é contratual, por sua própria natureza. Com frequência, o dentista assegura um resultado ao paciente. Sempre que o profissional asegurar o resultado e este não for atingido, responsaderá objetivamente pelos danos causados ao paciente. No entanto, nem sempre a obrigação do odontólogo será de resultado. A responsabilidade odontológica, a exemplo da responsabilidade médica, poderá ser eventualmente não contratual, quando o odontólogo faz tratamento de emergência, sem a existência de um negócio jurídico prévio, até mesmo sem consentimento do paciente ou se responsável.". (VENOSA, Sílvio de Salvo. *Responsabilidade Civil*. 4ª ed. São Paulo: Atlas, 2004. p. 129-130).

◘ **Serviços odontológicos. Obrigação de meio.** "Processual civil -Ação de indenização por ato ilícito – Responsabilidade civil de cirurgião dentista -Obrigação de meio – Culpa – Falta de prova – Inexistência de vínculo causa! entre o resultado e a conduta do agente – Prova pericial frágil – Recurso desprovido – Indenização – Dano moral e material – Dentista – Responsabilidade civil – O contrato de prestação de serviços odontológicos assemelha-se quanto a sua natureza aos serviços médicos, constituindo uma obrigação de meio e não de resultado – Logo, comprovado que as sequelas suportadas pelo paciente após o tratamento a que se submeteu não foram decorrentes de imperícia, negligencia ou imprudência do profissional, afastado está o dever de indenizar eis que ausente um dos elementos que integram a estrutura da responsabilidade civil" (TAPR, Ap. Cível 143437300,4ª Câmara Cível – Rel. Jurandyr Souza Júnior, J. 28.4.2000)

◘ **Dentista. Prevalece a responsabilidade subjetiva, mesmo que a obrigação seja de resultado.** "Apelação cível. Responsabilidade Civil do cirurgião-dentista. Obrigação de resultado. Profissional liberal que responde de forma subjetiva, por força do art. 14, § 4º, do CDC, c/c art. 951, do CC, porém com presunção de culpa. Precedente do STJ. 1. Em se tratando de procedimentos odontológicos, como regra geral, a obrigação assumida pelo cirurgião-dentista é de resultado, comprometendo-se o profissional em atingir o objetivo prometido ao paciente. Neste caso, se o resultado não for obtido, o devedor será considerado inadimplente e deverá responder pelas perdas e danos sofridas pelo consumidor. 2. Vale ressaltar que, embora a obrigação seja de resultado, a responsabilidade do dentista permanece sendo subjetiva, por força da regra contida no art. 14, § 4º, do CDC c/c art. 951, do CC (...)" (TJSP, Ap. Cív. 00311756620088190021, Vigésima Sétima Câmara Cível/Consumidor, Rel. Des. Marcos Alcino de Azevedo Torres, DJ 17/04/2015).

◘ **Dentista. Necessidade de comprovação de culpa do odontólogo por erro na administração de anestésico.** "AÇÃO DE INDENIZAÇÃO POR DANOS MATERIAIS E MORAIS – ATENDIMENTO DENTÁRIO – RESTAURAÇÃO DE DENTE COM USO DE ANESTÉSICO (LIDOCAÍNA) – MAL ESTAR – NÃO COMPROVAÇÃO DE IMPERÍCIA OU NEGLIGÊNCIA POR PARTE DO PROFISSIONAL (ART. 14, § 4º DO CDC)– AUSÊNCIA DE COMPROVAÇÃO DA

CULPA, INCLUSIVE NA PRESTAÇÃO DE SOCORRO – IMPOSSIBILIDADE DE CONDENAÇÃO – RECURSO NÃO PROVIDO. Segundo o Código de Defesa do Consumidor a responsabilidade pessoal dos profissionais liberais será apurada mediante a verificação de culpa, consoante dispõe o art. 14, § 4º. Se não restou comprovado o agir culposo do cirurgião-dentista, consistente na utilização de anestésico, que causou mal estar na autora, bem como em não prestar os devidos socorros logo após o atendimento, não há se falar em obrigação de indenizar" (TJMT, Ap. Cív. 00031512420118120019, Quinta Câmara Cível, Rel. Des. Vladimir Abreu da Silva, DJ 05/09/2014).

◙ **Dentista. Responsabilidade subjetiva por erro em cirurgia corretiva.** "RESPONSABILIDADE CIVIL Erro odontológico Perícia que afasta a culpa dos dentistas que atenderam a autora, profissionais liberais Hipótese de obrigação de meio, não de resultado Nexo de causalidade que não se identifica na espécie Culpa que exige juízo de certeza, que não se amolda a presunções e/ou ilações carentes de suporte científico Inteligência do art. 14, § 4º, do CDC Recurso desprovido" (TJSP, Ap. Cív. 00082397720108260281, Quinta Câmara de Direito Privado, Rel. Des. Ferreira da Cruz, DJ 17/10/2014).

◙ **Dentista. Responsabilidade subjetiva por erro no tratamento dentário.** CIVIL. AÇÃO REGRESSIVA. PROFISSIONAL LIBERAL. ODONTOLOGIA. ERRO. NEGLIGÊNCIA, IMPRUDÊNCIA, IMPERÍCIA. CULPA. NECESSIDADE DE PROVA CABAL. ART. 14, § 4º DO CDC. 1. O DIREITO DE REGRESSO TEM LUGAR QUANDO HÁ DEMONSTRAÇÃO CABAL DE QUE O EMPREGADO RESPONSABILIZADO PELO DANO AGIU COM NEGLIGÊNCIA, IMPRUDÊNCIA OU IMPERÍCIA. 2. É SUBJETIVA A RESPONSABILIDADE DOS PROFISSIONAIS LIBERAIS PELOS DANOS CAUSADOS AOS CONSUMIDORES (ART. 14 DO CDC). 3. RECURSO DESPROVIDO" (TJDF, AP. Cív. 20090910081513, Quarta Turma Cível, Rel. Des. Antoninho Lopes, DJE : 29/07/2014).

◙ **Dentista. Corpo estranho em canal dentário.** "APELAÇÃO CÍVEL. RESPONSABILIDADE CIVIL. CORPO ESTRANHO EM CANAL DENTÁRIO. FALHA NA PRESTAÇÃO DO SERVIÇO. DA RESPONSABILIDADE CIVIL DO DENTISTA. A obrigação assumida pelo cirurgião dentista, em regra, é de resultado, e sua responsabilidade é subjetiva, com culpa presumida, sendo do profissional o ônus de comprovar que não agiu com culpa. Entendimento doutrinário e jurisprudencial. Aplicação do art. 14 , § 4º , do CDC (...). Hipótese em que a prova pericial comprovou a ocorrência de erro no procedimento dentário, consistente no esquecimento de um fragmento de 'lima' dentro do dente da autora, caracterizando assim a culpa e o dever de indenizar (...)" (TJRS, Ap. Cív. 70058190703, Décima Câmara Cível, Rel. Des. Paulo Roberto Lessa Franz, DJ 13/03/2014).

◙ **Dentista. Responsabilidade subjetiva por fratura no maxilar de paciente.** "CIVIL E PROCESSUAL CIVIL – APELAÇÃO – AÇÃO DE INDENIZAÇÃO POR DANOS MATERIAIS, ESTÉTICOS E MORAIS -INTERESSE DO APELANTE – PRESENÇA – PRELIMINAR DE NULIDADE DA SENTENÇA POR AUSÊNCIA DE PROVA PERICIAL – REJEIÇÃO – EXTRAÇÃO DE DENTE

– FRATURA DO MAXILAR DO PACIENTE – CULPA DO DENTISTA POR IMPERÍCIA -ART. 14, 4º DO CDC – DEVER DE INDENIZAR – CONFIGURAÇÃO – DANOS MATERIAIS PROVADOS – DANO MORAL – VALOR – RECURSO NÃO PORVIDO. – A parte sucumbente tem interesse em recorrer para pedir a reforma da sentença que julgou em seu desfavor, ainda que em parte. – A parte que deixa precluir a oportunidade de produzir perícia não pode pretender sua produção nas razões de apelação. – O julgador não está adstrito à conclusão do laudo pericial, em atenção ao princípio do livre convencimento do juiz. O art. 14, § 4º, do CDC dispõe que a responsabilidade pessoal dos profissionais liberais será apurada mediante a verificação de culpa. – A extração de dente siso que importa em fratura do maxilar do paciente demonstra a ocorrência de falha técnica no tratamento adotado pelo cirurgiã dentista que agiu com imperícia (...)" (TJMG, Ap. Cív. 10223082467034001, Décima Sétima Câmara Cível, Rel. Des. Márcia de Paoli Balbino, DJ 19/11/2013).

◙ **Dentista. Tratamento ortodôntico que gera obrigação de resultado.** "RESPONSABILIDADE CIVIL. RECURSO ESPECIAL. TRATAMENTO ODONTOLÓGICO. APRECIAÇÃO DE MATÉRIA CONSTITUCIONAL. INVIABILIDADE. TRATAMENTO ORTODÔNTICO. EM REGRA, OBRIGAÇÃO CONTRATUAL DE RESULTADO. REEXAME DE PROVAS. INADMISSIBILIDADE. 1. As obrigações contratuais dos profissionais liberais, no mais das vezes, são consideradas como 'de meio', sendo suficiente que o profissional atue com a diligência e técnica necessárias, buscando a obtenção do resultado esperado. Contudo, há hipóteses em que o compromisso é com o 'resultado', tornando-se necessário o alcance do objetivo almejado para que se possa considerar cumprido o contrato. 2. Nos procedimentos odontológicos, mormente os ortodônticos, os profissionais da saúde especializados nessa ciência, em regra, comprometem-se pelo resultado, visto que os objetivos relativos aos tratamentos, de cunho estético e funcional, podem ser atingidos com previsibilidade. 3. O acórdão recorrido registra que, além de o tratamento não ter obtido os resultados esperados, 'foi equivocado e causou danos à autora, tanto é que os dentes extraídos terão que ser recolocados". Com efeito, em sendo obrigação "de resultado", tendo a autora demonstrado não ter sido atingida a meta avençada, há presunção de culpa do profissional, com a consequente inversão do ônus da prova, cabendo ao réu demonstrar que não agiu com negligência, imprudência ou imperícia, ou mesmo que o insucesso se deu em decorrência de culpa exclusiva da autora. 4. A par disso, as instâncias ordinárias salientam também que, mesmo que se tratasse de obrigação 'de meio', o réu teria 'faltado com o dever de cuidado e de emprego da técnica adequada', impondo igualmente a sua responsabilidade. 5. Recurso especial não provido" (STJ, REsp 1238746/MS, Rel. Ministro Luis Felipe Salomão, Quarta Turma, DJe 04/11/2011).

◙ **Dentista. Responsabilidade subjetiva do odontólogo e objetiva da clínica *(sobre solidariedade, ver parágrao único do art. 7º).*** "AÇÃO DE INDENIZAÇÃO POR DANOS MORAIS E MATERIAIS. RESPONSABILIDADE CIVIL DA CLÍNICA E DO DENTISTA. ART. 14, § 4º, DO CDC. ARTS. 186 E 951 DO CC. OBRIGAÇÃO DE MEIO. AUSÊNCIA DE PROVA DO DANO E DO ATO

ILÍCITO. DEVER DE INDENIZAR AFASTADO. A responsabilidade civil das clínicas no contrato de prestação de serviços odontológicos é objetiva, segundo o caput do art. 14 do CDC, enquanto a responsabilidade do odontólogo é subjetiva, nos termos do § 4º do mesmo dispositivo e artigos 186 e 951 do CC. A inversão do ônus da prova fica ao prudente arbítrio do juiz quando presente a verossimilhança das alegações do consumidor ou quando for ele hipossuficiente para a realização da prova. Sendo o contrato de prestação de serviços odontológicos uma obrigação de meio, o contratado compromete-se a utilizar-se de todos os meios profissionais lícitos visando um resultado que poderá ou não ser alcançado. Ausente a prova da existência do dano e de conduta ilícita no tratamento, restam desobrigados de indenizar tanto a clínica (responsabilidade objetiva) quanto o dentista (responsabilidade subjetiva)" (TJMG, Ap. Cív. 101450310898430011, Décima Primeira Câmara Cível, Rel. Des. Marcos Lincoln, DJ 09/12/2009).

◙ **Dentista. Responsabilidade subjetiva por erro na troca de obturação.** "CIVIL. PROCESSUAL CIVIL. CONSUMIDOR. DANOS MORAIS E MATERIAIS EM DECORRÊNCIA DE SERVIÇOS DENTÁRIOS. TRATAMENTO ODONTOLÓGICO REALIZADO SEM A DEVIDA CAUTELA. APLICAÇÃO DO ART. 14, § 4º DO CDC. DEVER DE REPARAR O DANO. INDENIZAÇÃO FIXADA EM CONSONÂNCIA COM OS PRINCÍPIOS DA PROPORCIONALIDADE E RAZOABILIDADE E DA EFETIVA EXTENSÃO DO DANO. RECURSO CONHECIDO E IMPROVIDO. SENTENÇA MANTIDA. UNÂNIME. 1. Pelo que se extrai dos autos, visível a ocorrência dos danos sofridos pela Recorrida, por todo o sofrimento e transtorno pelo qual passou após os procedimentos odontológicos efetuados pelo Autor-Recorrente. 2. Conquanto atendido o art. 14, § 4º do CDC, tem-se que existe a responsabilidade do Autor e que houve o dano, por defeito no serviço prestado por ele à Recorrida, existindo, portanto, o nexo de causalidade a ensejar a reparação pretendida. 3. Por tudo o que consta dos autos, mister se faz manter intacta o 'decisum' guerreado, por seus próprios e jurídicos fundamentos. 4. Negou-se provimento ao recurso" (TJDFT, Ap. Cív. 83535820088070008, Quarta Turma Cível, Rel. Des. Alfeu Machado, DJ 09/12/2009.

RESPONSABILIDADE DOS MÉDICOS (E HOSPITAIS)

► **Sobre condenações envolvendo dano moral, verificar art. 6°, VI.**

► "No mercado de consumo, a responsabilidade nosocomial por ato próprio se cinge, principalmente, à adequação dos serviços prestados, seja em relação aos recursos humanos ou em relação aos recursos materiais. Nesse caso, a responsabilidade a ser aferida é objetiva, perquirida sem análise do elemento subjetivo, a culpa, nos termos do art. 14, caput, do CDC. Dessa maneira, a cadeia de serviços nosocomiais, pela qual o ente hospitalar se responsabiliza, inclui o fornecimento de centro cirúrgico, de equipe técnica, medicamentos, hotelaria, além dos serviços médicos propriamente ditos". (MAIA, Maurílio Casas. A responsabilidade objetiva mitigada hospitalar por dano médico: releitura jurisprudencial e a culpa médica como defeito e nexo causal na harmonização entre o caput e o § 4º, do art. 14, do CDC. *Revista de Direito do Consumidor*, vol. 99, São Paulo: RT, maio-jun.2015, p. 239)

◙ **Responsabilidade objetiva dos hospitais e configuração da responsabilidade dos médicos (necessidade ou não de vínculo):** "A responsabilidade das sociedades empresárias hospitalares por dano causado ao paciente-consumidor pode ser assim sintetizada: (i) as obrigações assumidas diretamente pelo complexo hospitalar limitam-se ao fornecimento de recursos materiais e humanos auxiliares adequados à prestação dos serviços médicos e à supervisão do paciente, hipótese em que a responsabilidade objetiva da instituição (por ato próprio) exsurge somente em decorrência de defeito no serviço prestado (art. 14, caput, do CDC); (ii) os atos técnicos praticados pelos médicos sem vínculo de emprego ou subordinação com o hospital são imputados ao profissional pessoalmente, eximindo-se a entidade hospitalar de qualquer responsabilidade (art. 14, § 4, do CDC), se não concorreu para a ocorrência do dano; (iii) quanto aos atos técnicos praticados de forma defeituosa pelos profissionais da saúde vinculados de alguma forma ao hospital, respondem solidariamente a instituição hospitalar e o profissional responsável, apurada a sua culpa profissional. Nesse caso, o hospital é responsabilizado indiretamente por ato de terceiro, cuja culpa deve ser comprovada pela vítima de modo a fazer emergir o dever de indenizar da instituição, de natureza absoluta (arts. 932 e 933 do CC), sendo cabível ao juiz, demonstrada a hipossuficiência do paciente, determinar a inversão do ônus da prova (art. 6º, VIII, do CDC)." (STJ, REsp 1145728/MG, Rel. Ministro João Otávio de Noronha, Rel. p/ Acórdão Ministro Luis Felipe Salomão, Quarta Turma, julgado em 28/06/2011, DJe 08/09/2011)

◙ **Se o médico não possuir vínculo algum com o hospital, não haverá responsabilidade desse último.** "CIVIL. AÇÃO DE COMPENSAÇÃO POR DANO MORAL. ERRO PRATICADO POR MÉDICO NÃO CONTRATADO PELO HOSPITAL. RESPONSABILIDADE CIVIL. ATRIBUIÇÃO AFETA EXCLUSIVAMENTE AO HOSPITAL. AUSÊNCIA DE NEXO CAUSAL ENTRE O DANO MORAL E A CONDUTA INERENTE AO TRATAMENTO HOSPITALAR. (...) 2. Cinge-se a controvérsia a definir se o recorrente possui responsabilidade civil por erro médico cometido por profissional que não possui vínculo com o hospital, mas utiliza as dependências do estabelecimento para a realização de internação e exames. 3. Por ocasião do julgamento do REsp 908.359/SC, a Segunda Seção do STJ afastou a responsabilidade objetiva dos hospitais pela prestação de serviços defeituosos realizados por profissionais que nele atuam sem vínculo de emprego ou subordinação. Precedentes. 4. A responsabilidade do hospital somente tem espaço quando o dano decorrer de falha de serviços cuja atribuição é afeta única e exclusivamente à instituição de saúde. 5. Quando a falha técnica é restrita ao profissional médico sem vínculo com o hospital, não cabe atribuir ao nosocômio a obrigação de indenizar. 6. Recurso especial conhecido e provido" (STJ, REsp 1635560/SP, Rel. Ministra Nancy Andrighi, Terceira Turma, DJe

14/11/2016). ◙ **No mesmo sentido:** "CIVIL E PROCESSUAL. RECURSO ESPECIAL. RESPONSABILIDADE CIVIL. ERRO MÉDICO. RESPONSABILIDADE DO HOSPITAL. I. Restando inequívoco o fato de que o médico a quem se imputa o erro profissional não possuía vínculo com o hospital onde realizado o procedimento cirúrgico, não se pode atribuir a este a legitimidade para responder à demanda indenizatória. (Precedente: 2ª Seção, REsp 908359/SC, Rel. p/ acórdão Min. João Otávio de Noronha, DJe 17/12/2008). II. Recurso especial não conhecido" (STJ, REsp: 764001/PR, Rel. Min. Aldir Passarinho Junior, Quarta Turma, DJe 15/03/2010).

◙ **Responsabilidade objetiva do hospital por objeto deixado no corpo do paciente após intervenção cirúrgica.** "APELAÇÃO CÍVEL - INDENIZAÇÃO POR DANOS MORAIS - SERVIÇOS SUPOSTAMENTE DEFICIENTES - PRESTADORA DE SERVIÇOS MÉDICOS E HOSPITALARES - LEGITIMIDADE. - RESPONSABILIDADE OBJETIVA - DANOS MORAIS - VALOR - ARBITRAMENTO - PARAMETROS. 1. A prestadora de serviços médicos e hospitalares é parte legítima para figurar no pólo passivo da ação em que se postula indenização por danos morais em decorrência de serviços supostamente deficientes, realizados em suas instalações. 2. O estabelecimento hospitalar responde, independentemente da existência de culpa, pela reparação dos danos causados ao paciente em virtude de defeitos relativos à prestação dos serviços, entendendo-se, como tal, aquele em que não é fornecida a segurança esperada." (TJMG, Ap. Cív. 10024112683438002, Décima Quinta Câmara Cível, Rel. Des. Maurilio Gabriel, julgado em 07/07/2016).

◙ **Infecção hospitalar. Responsabilidade objetiva do hospital sobre a perda da visão do paciente.** "RESPONSABILIDADE CIVIL DE HOSPITAL E INSTITUTO MÉDICO - INFECÇÃO HOSPITALAR - DEFEITO NA PRESTAÇÃO DE SERVIÇOS MÉDICO-HOSPITALARES - RESPONSABILIDADE OBJETIVA - INTELIGÊNCIA DO ART. 14 DO CDC. Pretensão condenatória deduzida em face de hospital e instituto médico, ante os alegados danos decorrentes de infecção hospitalar, após a realização de procedimentos cirúrgicos, que conduziram ao comprometimento integral da visão da autora, relativamente ao olho direito. Instâncias ordinárias que julgaram improcedentes os pedidos, ao reputarem não demonstrada a culpa por parte do corpo médico atuante. 2. Como se infere do art. 14 do CDC, a responsabilidade dos hospitais e clínicas (fornecedores de serviços) é objetiva, dispensando a comprovação de culpa. Assim, inviável o afastamento da responsabilidade do hospital e do instituto por infecção contraída por paciente com base na inexistência de culpa dos agentes médicos envolvidos, como fez o Tribunal de origem. 2.1 De fato, a situação dos autos não comporta reflexões a respeito da responsabilização de clínicas médicas ou hospitais por atos de seus profissionais (responsabilidade pelo fato de outrem). Isso porque os danos sofridos pela recorrente resultaram de infecção hospitalar, ou seja, do ambiente em que foram efetuados os procedimentos cirúrgicos, e não de atos dos médicos. 3. Dessa forma, considerando que é objetiva a responsabilidade dos hospitais e clínicas por danos decorrentes dos serviços por eles prestados (ambiente hospitalar), bem como que não foi elidido no caso dos autos o nexo de causalidade entre os danos sofridos pela recorrente e a conduta dos recorridos, é imperioso o provimento do presente recurso especial para condená-los ao pagamento de indenização a título de dano moral, em virtude da perda completa da visão e do bulbo ocular do olho direito da recorrente. 4. Nos termos do artigo 257 do RISTJ, é possível, nesta Corte, a fixação de valores devidos a título de indenização pelo abalo moral sofrido pela ora recorrente, aplicando-se o direito à espécie. Desse modo, diante das peculiaridades do caso, revela-se razoável a quantia de R$ 100.000,00 (cem mil reais) a título de dano moral". (STJ, REsp 1511072/SP, Quarta Turma, Rel. Min. Marco Buzzi, DJe 13/05/2016).

◙ **Responsabilidade objetiva do hospital. Morte de paciente após cirurgia em razão do defeito do hospital.** "RECURSO ESPECIAL. RESPONSABILIDADE CIVIL. INSTITUIÇÃO HOSPITALAR. FRATURA DE COLO DE FÊMUR. ARTOPLASTIA DO QUADRIL ESQUERDO. MORTE DO PACIENTE. DEFEITO NA PRESTAÇÃO DE SERVIÇOS. RESPONSABILIDADE OBJETIVA. NEXO CAUSAL. INTELIGÊNCIA DO ART. 14 DO CDC. 1. A regra geral do art. 14, "caput", do CDC, é da responsabilidade objetiva dos fornecedores pelos danos causados aos consumidores. 2. A exceção prevista no parágrafo 4º do art. 14 do CDC, imputando-lhes responsabilidade subjetiva, é restrita aos profissionais liberais. 3. Defeito na prestação do serviço evidenciado pela submissão de paciente idoso, que sofrera fratura do colo do fêmur, a complexo procedimento cirúrgico de implantação de prótese que, na simples passagem da mesa operatória para a maca, foi deslocada, tendo-se de reiniciar a cirurgia para implantar nova prótese de tamanho superior. 4. Morte do paciente idoso no dia seguinte aos atos cirúrgicos em decorrência da perda excessiva de sangue. 5. Caracterização do nexo de causalidade entre o defeito na prestação do serviço médico e a morte do paciente. 6. Procedência do pedido de reparação dos danos morais". (STJ, REsp 1410960/RJ, Terceira Turma, Rel. Min. Paulo de Tarso Sanseverino, DJe 23/03/2015).

◙ **Responsabilidade subjetiva do médico por erro de diagnóstico.** "RECURSO ESPECIAL: 1) RESPONSABILIDADE CIVIL – ERRO DE DIAGNÓSTICO EM PLANTÃO, POR MÉDICO INTEGRANTE DO CORPO CLÍNICO DO HOSPITAL – RESPONSABILIDADE OBJETIVA DO HOSPITAL; 2) CULPA RECONHECIDA PELO TRIBUNAL DE ORIGEM – 3) TEORIA DA PERDA DA CHANCE – 4) IMPOSSIBILIDADE DE REAPRECIAÇÃO DA PROVA PELO STJ – SÚMULA 7/STJ. 2. A responsabilidade de médico atendente em hospital é subjetiva, a verificação da culpa pelo evento danoso e a aplicação da Teoria da perda da chance demanda necessariamente o revolvimento do conjunto fático-probatório da causa, de modo que não pode ser objeto de análise por este Tribunal (Súmula 7/STJ). 3. Recurso Especial do hospital improvido" (STJ, REsp 1184128, 3ª T., DJ 1.7.2010).

◙ **Responsabilidade objetiva do hospital por alta hospitalar prematura que resulta em risco de morte para o paciente.** "RECURSO ESPECIAL. RESPONSABILIDADE CIVIL. AÇÃO DE INDENIZAÇÃO MOVIDA CONTRA HOSPITAL. DEFEITO NA PRESTAÇÃO DE SERVIÇOS MÉDICO-HOSPITALARES.

RESPONSABILIDADE OBJETIVA. INTELIGÊNCIA DO ART. 14 DO CDC. 1. Demanda indenizatória proposta por paciente portador da Síndrome de Down, que, com um ano e cinco meses, após ser submetido a cirurgia cardíaca, recebeu indevidamente alta hospitalar, tendo de retornar duas vezes ao nosocômio, com risco de morte, sendo submetido a duas outras cirurgias, redundando na amputação de parte da perna esquerda. 2. A regra geral insculpida no art. 14, "caput", do CDC, é a responsabilidade objetiva dos fornecedores pelos danos causados aos consumidores. 3. A exceção prevista no parágrafo 4º do art. 14 do CDC, imputando-lhes responsabilidade subjetiva, é restrita aos profissionais liberais. 4. Impossibilidade de interpretação extensiva de regra de exceção. 5. O ônus da prova da inexistência de defeito na prestação dos serviços médicos é do hospital recorrente por imposição legal (inversão 'ope legis'). Inteligência do art. 14, § 3º, I, do CDC. 6. Não tendo sido reconhecida pelo tribunal de origem a demonstração das excludentes da responsabilidade civil objetiva previstas no parágrafo 3.º do artigo 14 do CDC, a pretensão recursal esbarra no óbice da Súmula 07/STJ, pois exigiria a revaloração do conjunto fático-probatório dos autos, o que é vedado a esta Corte Superior. 7. Precedentes jurisprudenciais desta Corte. 8. RECURSO ESPECIAL A QUE SE NEGA PROVIMENTO" (STJ, REsp 1331628/DF, Rel. Ministro Paulo de Tarso Sanseverino, Terceira Turma, DJe 12/09/2013).

◙ **Responsabilidade objetiva do hospital por erro de diagnóstico dado por médico que integra seu corpo clínico.** "RECURSO ESPECIAL: 1) RESPONSABILIDADE CIVIL – ERRO DE DIAGNÓSTICO EM PLANTÃO, POR MÉDICO INTEGRANTE DO CORPO CLÍNICO DO HOSPITAL – RESPONSABILIDADE OBJETIVA DO HOSPITAL; 2) CULPA RECONHECIDA PELO TRIBUNAL DE ORIGEM – 3) TEORIA DA PERDA DA CHANCE – 4) IMPOSSIBILIDADE DE REAPRECIAÇÃO DA PROVA PELO STJ – SÚMULA 7/STJ 1. A responsabilidade do hospital é objetiva quanto à atividade de seu profissional plantonista (CDC, art. 14), de modo que dispensada demonstração da culpa do hospital relativamente a atos lesivos decorrentes de culpa de médico integrante de seu corpo clínico no atendimento. 2. A responsabilidade de médico atendente em hospital é subjetiva, a verificação da culpa pelo evento danoso e a aplicação da Teoria da perda da chance demanda necessariamente o revolvimento do conjunto fático-probatório da causa, de modo que não pode ser objeto de análise por este Tribunal (Súmula 7/STJ). 3. Recurso Especial do hospital improvido" (STJ, REsp 1184128, 3ª T., DJ 1.7.2010).

◙ **Erro médico. Responsabilidade subjetiva do cirurgião.** "RECURSO ESPECIAL. ERRO MÉDICO. CIRURGIÃO PLÁSTICO. PROFISSIONAL LIBERAL. APLICAÇÃO DO CÓDIGO DE DEFESA DO CONSUMIDOR. PRESCRIÇÃO CONSUMERISTA. I. Conforme precedentes firmados pelas turmas que compõem a Segunda Sessão, é de se aplicar o CDC aos serviços prestados pelos profissionais liberais, com as ressalvas do § 4º do artigo 14. II". (STJ, REsp 731.078, 3ª T., DJ 13.2.2006).

◙ **Responsabilidade do médico-chefe por atos de outros profissionais sob sua orientação.** "RESPONSABILIDADE CIVIL. CIRURGIA. QUEIMADURA CAU-

SADA NA PACIENTE POR BISTURI ELÉTRICO. MÉDICO-CHEFE. CULPA "IN ELIGENDO" E "IN VIGILANDO". RELAÇÃO DE PREPOSIÇÃO. – Dependendo das circunstâncias de cada caso concreto, o médico-chefe pode vir a responder por fato danoso causado ao paciente pelo terceiro que esteja diretamente sob suas ordens. Hipótese em que o cirurgião-chefe não somente escolheu o auxiliar, a quem se imputa o ato de acionar o pedal do bisturi, como ainda deixou de vigiar o procedimento cabível em relação àquele equipamento. – Para o reconhecimento do vínculo de preposição, não é preciso que exista um contrato típico de trabalho; é suficiente a relação de dependência ou que alguém preste serviços sob o comando de outrem" (STJ, REsp 200.831, 4ª T., DJ 20.8.2001). ◙ **No mesmo sentido envolvendo anestesista:** "CIVIL E PROCESSUAL CIVIL. CONSUMIDOR. REPARAÇÃO DE DANOS MORAIS E MATERIAIS. CIRURGIA PLÁSTICA. ERRO MÉDICO. DEFEITO NO SERVIÇO PRESTADO. CULPA MANIFESTA DO ANESTESISTA. RESPONSABILIDADE SOLIDÁRIA DO CHEFE DA EQUIPE E DA CLÍNICA. (...) 2. Em regra, o cirurgião chefe dirige a equipe, estando os demais profissionais, que participam do ato cirúrgico, subordinados às suas ordens, de modo que a intervenção se realize a contento. 3. No caso ora em análise, restou incontroverso que o anestesista, escolhido pelo chefe da equipe, agiu com culpa, gerando danos irreversíveis à autora, motivo pelo qual não há como afastar a responsabilidade solidária do cirurgião chefe, a quem estava o anestesista diretamente subordinado. 4. Uma vez caracterizada a culpa do médico que atua em determinado serviço disponibilizado por estabelecimento de saúde (art. 14, § 4º, CDC), responde a clínica de forma objetiva e solidária pelos danos decorrentes do defeito no serviço prestado, nos termos do art. 14, § 1º, CDC" (STJ, REsp 605.435, 4ª T., DJ 16.11.2009). ◙ **No sentido de imputar a responsabilidade exclusiva ao anestecista, excluindo o médico-chefe:** "DIREITO CIVIL. AÇÃO DE INDENIZAÇÃO. ERRO MÉDICO. OPERAÇÃO GINECOLÓGICA. MORTE DA PACIENTE. VERIFICAÇÃO DE CONDUTA CULPOSA DO MÉDICO-CIRURGIÃO. Dos elementos trazidos aos autos, concluiu o acórdão recorrido pela responsabilidade exclusiva do anestesista, que liberou, precocemente, a vítima para o quarto, antes de sua total recuperação, vindo ela a sofrer parada cárdio-respiratória no corredor do hospital, fato que a levou a óbito, após passar três anos em coma" (STJ, REsp 880.349, 3ª T., DJ 24.9.2007).

◙ **Responsabilidade objetiva do hospital aplica-se somente aos serviços relacionados com o estabelecimento empresarial.** "O Min. Relator entendeu que, para haver responsabilidade do hospital pelo falecimento do paciente, necessário comprovar-se a culpa ou dolo do médico. Assim, para a responsabilização do nosocômio por ato praticado por médico, não se deve aplicar a teoria objetiva, aplicando-a somente quanto aos serviços única e exclusivamente relacionados com o estabelecimento empresarial propriamente dito. Já o Min. Jorge Scartezzini entendeu, em tese, ser aplicável a responsabilidade objetiva aos hospitais, mesmo que o evento danoso seja praticado por médico seu empregado ou preposto, conforme dispõem os arts. 933 c/c 932, III, do CC/2002 ou 14, *caput*, do CDC. Logo, ao prosseguir o julgamento, a Turma, por unanimidade, conheceu do recurso e deu-lhe provimento, divergindo quanto à fundamentação o Min. Jorge Scartezzini e o Min. Barros Monteiro" (STJ, REsp 258.389-SP, Rel. Min. Fernando Gonçalves, J. 16.6.2005). ◙ **No mesmo sentido:** "RESPONSABILIDADE CIVIL. CONSUMIDOR. INFECÇÃO HOSPITALAR. RESPONSABILIDADE OBJETIVA DO HOSPITAL. ART. 14 DO CDC. DANO MORAL. QUANTUM INDENIZATÓRIO. O hospital responde objetivamente pela infecção hospitalar, pois esta decorre do fato da internação e não da atividade médica em si" (STJ, REsp 629.212, 4ª T., DJ 17.9.2007). ◙ **No mesmo sentido:** "O art. 14 do CDC, conforme melhor doutrina, não conflita com essa conclusão, dado que a responsabilidade objetiva, nele prevista para o prestador de serviços, no presente caso, o hospital, circunscreve-se apenas aos serviços única e exclusivamente relacionados com o estabelecimento empresarial propriamente dito, ou seja, aqueles que digam respeito à estadia do paciente (internação), instalações, equipamentos, serviços auxiliares (enfermagem, exames, radiologia), etc e não aos serviços técnicos-profissionais dos médicos que ali atuam, permanecendo estes na relação subjetiva de preposição (culpa)" (STJ, REsp 258.389, 4ª T., DJ 22.8.2005).

◙ **Paciente com complicações decorrentes da anestesia. Não há responsabilidade hospitalar se o anestesista não tinha vínculo com o hospital.** "RECURSOS ESPECIAIS. AÇÃO DE INDENIZAÇÃO. DANOS MORAIS, MATERIAIS E ESTÉTICOS. RESPONSABILIDADE CIVIL. HOSPITAL. COMPLICAÇÕES DECORRENTES DE ANESTESIA GERAL. PACIENTE EM ESTADO VEGETATIVO. 1. A doutrina tem afirmado que a responsabilidade médica empresarial, no caso de hospitais, é objetiva, indicando o parágrafo primeiro do artigo 14 do Código de Defesa do Consumidor como a norma sustentadora de tal entendimento.Contudo, a responsabilidade do hospital somente tem espaço quando o dano decorrer de falha de serviços cuja atribuição é afeta única e exclusivamente ao hospital. Nas hipóteses de dano decorrente de falha técnica restrita ao profissional médico, mormente quando este não tem nenhum vínculo com o hospital – seja de emprego ou de mera preposição –, não cabe atribuir ao nosocômio a obrigação de indenizar.(...)" (STJ, REsp 351178 / SP,Rel. Min. Massami Uyeda, J. 24.11.08)

► **A responsabilidade subjetiva dos profissionais liberais não afasta a regra da inversão do ônus da prova e dos demais princípios do CDC.** "Conforme já ressaltado, os profissionais liberais, como prestadores de serviços que são, não estão fora da disciplina do Código do Consumidor. A única exceção que se lhes abriu foi quanto à responsabilidade objetiva. E se foi preciso estabelecer essa exceção é porque estão subordinados aos demais princípios do Código do Consumidor – informação, transparência, boa-fé, inversão do ônus da prova etc" (FILHO, Sérgio Cavalieri. *Programa de Responsabilidade Civil.* 4 ed. São Paulo: Malheiros, 2003. p. 491). ◙ **No mesmo sentido:** "AGRAVO DE INSTRUMENTO – RESPONSABILIDADE CIVIL DE PROFISSIONAL LIBERAL – ERRO MÉDICO – INVERSÃO DO ÔNUS DA PROVA – EXEGESE DOS ARTS. 14, §4º E 6º, VIII, DO CDC – POSSIBILIDADE – Em face da responsabilidade civil de profissional liberal, a simples circunstância de inverter o ônus da prova (art. 6o, VIII), quando presentes a hipossuficiência do consumidor ou a verossimilhança de suas alegações, não implica torná-la objetiva e não contraria o regime legal (§4º, art. 14). Na responsabilidade objetiva, todo e qualquer fator relacionado ao nexo da imputação, consubstanciado no só risco da atividade econômica, não guarda enlevo para fins de responsabilização. Irrelevante provar-se a perícia, a prudência ou a diligência. Já na responsabilidade subjetiva com culpa presumida, é viável ao profissional comprovar que agiu com as cautelas e temperamentos de estilo, denotando que os danos não têm correlação com sua atuação profissional. Nesta, ao revés do que ocorre naquela, ainda lhe há possibilidade de exonerar-se do dever de indenizar por conta da ausência do nexo de imputação, não havendo incompatibilidade de que inviável eludir-se na combinação dos arts. 14, §4º e 6º, VIII, do CDC. Com efeito, " Embora o Código de Defesa do Consumidor estabeleça a responsabilidade subjetiva dos profissionais liberais, tais como médicos, engenheiros, advogados, administradores, consultores, economistas, a eles serão empregados sem dúvida os demais princípios da Lei do consumidor: ' não se excepciona a aplicação dos demais princípios do Código com relação a esta categoria, como por exemplo a inversão do ônus da prova, a proteção contratual etc." (Sílvio de Salvo Venosa. Direito civil: responsabilidade civil. V. 4. 4ª ED. São Paulo: Atlas, 2004. (TJSC, AI 2004.029996-0 - Maravilha - 1ª CDCiv. - Relª Desª Maria do Rocio Luz Santa Ritta, J. 26.4.2005) ◙ **No mesmo sentido:** "AGRAVO DE INSTRUMENTO - PROCESSUAL CIVIL - INVERSÃO DO ÔNUS DA PROVA DE OFÍCIO. Erro médico - Relação de consumo - Aplicação do CDC- hipossuficiência técnica reconhecida - Fundamentação suficiente - Preenchimento dos requisitos legais - Artigo 6º, VIII, do CDC - Ausência de violação do art. 33, do CPC - Responsabilidade subjetiva do profissional liberal que não afasta a regra de inversão do ônus probandi - Artigo 14, § 4º, do CDC - Decisão mantida - Recurso desprovido". (TAPR, AI 0278135-5 - (233298) - Curitiba - 18ª C.Cív. - Rel. Juiz Luiz Lopes, DJPR 1.4.2005)

► **Responsabilidade médica (de meio e de resultado)** "Assim como a obrigação assumida pelo advogado no patrocínio da causa, com regra geral, é de meio e não de resultado, assim também a contraída pelo médico em relação à terapia e tratamento do enfermo. O médico obriga-se a empregar toda a técnica, deligência e perícia, seus conhecimentos, da melhor forma, com honradez e perspicácia, na tentattiva de cura, mesmo porque vida e morte são valores que pertencem a esferas espirituais. Vezes haverá, no entanto, em que a obrigação médica ou paramédica será de resultado, como na cirurgia plástica e em procedimentos técnicos de exame laboratorial e outros, tais como radiografias, tomografias, ressonâncias magnéticas etc". (VENOSA, Sílvio de Salvo. *Responsabilidade Civil.* 4ª ed. São Paulo: Atlas, 2004. p. 107).

► **Cirurgia plástica como obrigação de resultado.** "A cirurgia estética está autorizada no art. 51 do Código de Ética: "São lícitas as intervenções cirúrgicas com finalidade estética, desde que necessárias ou quando o defeito a ser removido ou atenuado sejafator de desajuste psíquico."O desajuste psíquico é conceito dúctil. O médico deve ser convenientemente responsável no aconselhar ou desaconselhar cirurgia plástica estética. Um aleijão no rosto de uma jovem causa evidente problema psíquico. Uma cicatriz em musculoso lutador de boxe poderá não sê--lo. O caso concreto dará a solução. Dizem a doutrina e a jurisprudência que a cirurgia plástica constitui obrigação de resultado.' Deve o profissional, em princípio, garantir o resultado almejado. Não resta dúvida de que a cirurgia estética ou meramente embelezadora trará em seu bojo uma relação contratual. Como nesse caso, na maioria das vezes, o paciente não sofre de moléstia nenhuma e a finalidade procurada é obter unicamente um resultado estético favorável, entendemos que se trata de obrigação de resultado". (VENOSA, Sílvio de Salvo. *Responsabilidade Civil.* 4ª ed. São Paulo: Atlas, 2004. p. 121). ◙ **No mesmo sentido:** "CIVIL. PROCESSUAL CIVIL. RECURSO ESPECIAL. RESPONSABILIDADE CIVIL. CIRURGIA PLÁSTICA ESTÉTICA. OBRIGAÇÃO DE RESULTADO. DANO COMPROVADO. PRESUNÇÃO DE CULPA DO MÉDICO NÃO AFASTADA. 1. Não há falar em nulidade de acórdão exarado em sede de embargos de declaração que, nos estreitos limites em que proposta a controvérsia, assevera inexistente omissão do aresto embargado, acerca da especificação da modalidade culposa imputada ao demandado, porquanto assentado na tese de que presumida a culpa do cirurgião plástico em decorrência do insucesso de cirurgia plástica meramente estética. 2. A obrigação assumida pelo médico, normalmente, é obrigação de meio, posto que objeto do contrato estabelecido com o paciente não é a cura assegurada, mas sim o compromisso do profissional no sentido de uma prestação de cuidados precisos e em consonância com a ciência médica na busca pela cura. 3. Apesar de abalizada doutrina em sentido contrário, este STJ tem entendido que a situação é distinta, todavia, quando o médico se compromete com o paciente a alcançar um determinado resultado, o que ocorre no caso da cirurgia plástica meramente estética. Nesta hipótese, segundo o entendimento nesta Corte Superior, o que se tem é uma obrigação de resultados e não de meios. 4. No caso das obrigações de meio, à vítima incumbe, mais do que demonstrar o dano, provar que este decorreu de culpa por parte do médico. Já nas obrigações de resultado, como a que serviu de origem à controvérsia, basta que a vítima demonstre, como fez, o dano (que o médico não alcançou o resultado prometido e contratado) para que a culpa se presuma, havendo, destarte, a inversão do ônus da prova. 5. Não se priva, assim, o médico da possibilidade de demonstrar, pelos meios de prova admissíveis, que o evento danoso tenha decorrido, por exemplo, de motivo de força maior, caso fortuito ou mesmo de culpa exclusiva da "vítima" (paciente). 6. Recurso especial a que se nega provimento." (STJ, REsp 236.708, 4ª T., DJ 18.5.2009).

◙ **Cirurgia plástica estética. Excludente de responsabilidade. Dano causado por fato externo à atuação do médico.** "RECURSO ESPECIAL. RESPONSABILIDADE CIVIL. ERRO MÉDICO. ART. 14 DO CDC. CIRURGIA PLÁSTICA. OBRIGAÇÃO DE RESULTADO. CASO FORTUITO. EXCLUDENTE DE RESPONSABILIDADE. 1. Os procedimentos cirúrgicos de fins meramente estéticos caracterizam verdadeira obrigação de resultado, pois neles o cirurgião assume verdadeiro compromisso pelo efeito embelezador prometido. 2. Nas obrigações de resultado, a responsabilidade do profissional da medicina permanece subjetiva. Cumpre ao médico, contudo, demonstrar que os eventos danosos decorreram de fatores externos e alheios à sua atuação durante a cirurgia. 3. Apesar de não prevista expressamente no CDC, a eximente de caso fortuito possui força liberatória e exclui a responsabilidade do cirurgião plástico, pois rompe o nexo de causalidade entre o dano apontado pelo paciente e o serviço prestado pelo profissional. 4. Age com cautela e conforme os ditames da boa-fé objetiva o médico que colhe a assinatura do paciente em "termo de consentimento informado", de maneira a alertá-lo acerca de eventuais problemas que possam surgir durante o pós-operatório. Recurso especial a que se nega provimento." (STJ, REsp 1180815, 3ª T., DJ 26.8.2010)

◙ **Cirurgia Plástica. O caráter de obrigação de resultado não influencia quando constatada culpa do consumidor.** "ADMINISTRATIVO – RESPONSABILIDADE CIVIL DO ESTADO – PRETENSÃO DE INDENIZAÇÃO CONTRA A FAZENDA NACIONAL – ERRO MÉDICO – REEXAME DE PROVAS – PROCEDIMENTO ESTÉTICO – RESPONSABILIDADE DO MÉDICO PELO RESULTADO – NEGLIGÊNCIA DO PACIENTE.1. A responsabilidade do agravado em indenizar apenas existiria se fosse reconhecido, pelas instâncias responsáveis pela análise das circunstâncias fáticas da causa, a existência de nexo causal, o que não ocorreu. O Tribunal de origem reconheceu claramente a inexistência de nexo causal entre a cirurgia realizada e as sequelas da embargante.2. Quanto ao 'caráter de contrato de resultado' da cirurgia estética realizada pela embargante, verifica-se que tal afirmativa em nada influencia no fato reconhecido pelo Tribunal de origem de que a necrose ocorreu em razão de que a autora não teria retornado ao hospital na data marcada para a consulta, nem procurou o serviço médico tão logo apresentou necrose no lóbulo da orelha direita.(...)(STJ, AgRg nos EDcl no REsp 994978 / SP, Rel. Min. Humberto Matins, J. 05.02.09)

◙ **Cirurgia Plástica. Obrigação é de meio quando a finalidade não é meramente estética.** "Ação de indenização por dano moral e estético. Cicatriz traumática permanente no dorso nasal da autora oriunda de uma peça de construção que caiu no seu rosto, ao entrar no estabelecimento da ré, responsável pela obra de reforma da fachada do prédio. Não houve renúncia da autora ao direito que se funda a ação pelo fato do ingresso da ação de indenização por dano material no Juizado Especial Cível. Foi realizada cirurgia plástica corretiva, mas sem sucesso total. A obrigação do cirurgião plástico, no caso em tela, é de meio e não de resultado, visto que a cirurgia plástica realizada foi reparatória e não meramente estética. Assim, a obrigação de indenizar é da ré, causadora direta do dano, não se perquirindo aqui da responsabilidade do médico, que sequer é parte na presente relação processual. Mantido o valor da sentença. Apelação desprovida". (TJRS, Apelação Cível nº 70011918513, 6ª Câmara Cível, Rel. Ney Wiedemann Neto, J. 20.4.2006)

RESPONSABILIDADE DOS ADVOGADOS

◙ **Aplicação do CDC aos serviços advocatícios.** "Prestação de serviços advocatícios. Código de Defesa do Consumidor. Aplicabilidade. I – Aplica-se o Código de Defesa do Consumidor aos serviços prestados por profissionais liberais, com as ressalvas nele contidas. II – Caracterizada a sucumbência recíproca devem ser os ônus distribuídos conforme determina o art. 21 do CPC.III – Recursos especiais não conhecidos." (STJ, REsp 364168 / SE, Rel. Min. Antônio de Pádua Ribeiro, J. 20.04.04) ◙ **No sentido da não aplicação do CDC:** "RECURSO ESPECIAL. SERVIÇOS ADVOCATÍCIOS. CONTRATO. NÃO INCIDÊNCIA DO CDC. DEFICIÊNCIA NA PRESTAÇÃO DOS SERVIÇOS. NEGATIVA DE QUE FORA EFETIVAMENTE CONTRATADO PELO CLIENTE. DANOS MORAIS. CARACTERIZAÇÃO. 1.- As relações contratuais entre clientes e advogados são regidas pelo Estatuto da OAB, aprovado pela Lei nº 8.906/94, a elas não se aplicando o Código de Defesa do Consumidor. Precedentes." (STJ, REsp 1228104/PR, Rel. Ministro Sidnei Beneti, Terceira Turma, DJe 10/04/2012) ◙ **No mesemo sentido:** "O CDC não se aplica à regulação de contratos de honorários advocatícios." (STJ, REsp 1123422/PR, Rel. Ministro João Otávio de Noronha, Quarta Turma, DJe 15/08/2011)

◙ **Advogado. Não há erro grave quando interposto remédio processual inadequado em razão de informações incorretas fornecidas pelo cliente.** "Mandato – Indenização – Advogado – Ação movida pelo mandante – Desídia e culpa – Prova – Ausência – Descabimento – Não constitui erro grave do advogado, caracterizador da negligência e descaso profissional, a utilização de remédio processual inadequado quando este decorre das narrativas do seu constituinte" (2ª TACIVSP, Ap. c/ Rev. 640.337-00/4, 7ª Câmara – Rei. Willian Campos, J. 15.10.2002).

◙ **Advogado. Não comparecimento em audiência. Danos morais.** "Civil – Ação de Reparação de dano – Sociedade de advogados – Responsabilidade – Ausência do patrono em audiência – Danos morais comprovados – Manutenção da sentença – A sociedade de advogados responde por danos que seus prepostos causarem aos clientes (art. 17 da lei n' 8.906/94) – Não tendo o advogado comparecido à audiência, causando desamparo e insegurança ao cliente, configurados restaram os danos morais a serem ressarcidos (art. 159 do Código Civil) – Conhecer – Rejeitar a preliminar e não prover, unânime" (TJDF, Ap. Cível 19990110332886, Acórdão 136S69,1ª Turma Cível, Rel. João Mariosa, J. 25.4.2001).

◙ **Perda de prazo.** "Erro de técnica profissional – Perda de prazo para pagamento de preparo recursal – O procedimento é responsabilidade do advogado – Ocorrência de dano material – Dever do advogado indenizar – Decisão: conhecer – Rejeitar as preliminares – No mérito, negar provimento – Maioria" (TJDF, Ap. Cível 4750798, Acórdão 129913, 4ª Turma Cível – Rel. Estevam Maia, J. 29.6.2000).

◙ **Perda de prazo processual. Não reconhecimento da perda de uma chance. Probabilidade muito pequena de reverter o julgamento.** "RESPONSABILIDADE CIVIL. RECURSO ESPECIAL. ADVOGADO QUE CONTRATA SERVIÇOS DOS CORREIOS PARA O ENVIO DE PETIÇÃO RECURSAL. SEDEX NORMAL. CONTRATO QUE GARANTIA A CHEGADA DA PETIÇÃO AO DESTINATÁRIO EM DETERMINADO TEMPO. NÃO CUMPRIMENTO. PERDA DO PRAZO RECURSAL. RESPONSABILIDADE CIVIL DOS COR-

REIOS PARA COM OS USUÁRIOS. RELAÇÃO DE CONSUMO. DANO MORAL CONFIGURADO. DANO MATERIAL NÃO PROVADO. TEORIA DA PERDA DE UMA CHANCE. NÃO APLICAÇÃO NO CASO CONCRETO (...) 4. Descabe, no caso, a condenação dos Correios por danos materiais, porquanto não comprovada sua ocorrência. Também não estão presentes as exigências para o reconhecimento da responsabilidade civil pela perda de uma chance, uma vez que as alegações de danos experimentados pelo autor se revelam extremamente fluidas. Existia somente uma remota expectativa e improvável possibilidade de seu cliente se sagrar vitorioso na demanda trabalhista, tendo em vista que o recurso cujo prazo não foi cumprido eram embargos de declaração em recurso de revista no Tribunal Superior do Trabalho, circunstância que revela a exígua chance de êxito na demanda pretérita (...)" (STJ, REsp 1210732/SC, Rel. Ministro Luis Felipe Salomão, Quarta Turma, DJe 15/03/2013).

◙ **Perda de prazo recursal não enseja automática responsabilidade do advogado. Não reconhecimento da perda de uma chance.** "RESPONSABILIDADE CIVIL. RECURSO ESPECIAL. DANO MORAL. PERDA DE PRAZO POR ADVOGADO. TEORIA DA PERDA DE UMA CHANCE. DECISÃO DENEGATÓRIA DE ADMISSIBILIDADE DO RECURSO ESPECIAL NA QUESTÃO PRINCIPAL QUE ANALISOU AS PRÓPRIAS RAZÕES RECURSAIS, SUPERANDO A ALEGAÇÃO DE INTEMPESTIVIDADE. DANO MORAL INEXISTENTE. 1. É difícil antever, no âmbito da responsabilidade contratual do advogado, um vínculo claro entre a alegada negligência do profissional e a diminuição patrimonial do cliente, pois o que está em jogo, no processo judicial de conhecimento, são apenas chances e incertezas que devem ser aclaradas em juízo de cognição. 2. Em caso de responsabilidade de profissionais da advocacia por condutas apontadas como negligentes, e diante do aspecto relativo à incerteza da vantagem não experimentada, as demandas que invocam a teoria da 'perda de uma chance' devem ser solucionadas a partir de detida análise acerca das reais possibilidades de êxito do postulante, eventualmente perdidas em razão da desídia do causídico. Precedentes. 3. O fato de o advogado ter perdido o prazo para contestar ou interpor recurso – como no caso em apreço -, não enseja sua automática responsabilização civil com base na teoria da perda de uma chance, fazendo-se absolutamente necessária a ponderação acerca da probabilidade – que se supõe real – que a parte teria de se sagrar vitoriosa ou de ter a sua pretensão atendida. 4. No caso em julgamento, contratado o recorrido para a interposição de recurso especial na demanda anterior, verifica-se que, não obstante a perda do prazo, o agravo de instrumento intentado contra a decisão denegatória de admissibilidade do segundo recurso especial propiciou o efetivo reexame das razões que motivaram a inadmissibilidade do primeiro, consoante se dessume da decisão de fls. 130-134, corroborada pelo acórdão recorrido (fl. 235), o que tem o condão de descaracterizar a perda da possibilidade de apreciação do recurso pelo Tribunal Superior. 5. Recurso especial não provido. (STJ, REsp 993.936/RJ, Rel. Ministro Luis Felipe Salomão, Quarta Turma, DJe 23/04/2012). ◙ **No mesmo sentido para advogado que perde prazo para contestar:** "RESPONSABILIDADE CIVIL. ADVOCACIA. PERDA DO PRAZO PARA CONTESTAR. INDENIZAÇÃO POR DANOS MA-

TERIAIS FORMULADA PELO CLIENTE EM FACE DO PATRONO. PREJUÍZO MATERIAL PLENAMENTE INDIVIDUALIZADO NA INICIAL. APLICAÇÃO DA TEORIA DA PERDA DE UMA CHANCE. CONDENAÇÃO EM DANOS MORAIS. JULGAMENTO EXTRA PETITA RECONHECIDO. 1. A teoria da perda de uma chance (perte d'une chance) visa à responsabilização do agente causador não de um dano emergente, tampouco de lucros cessantes, mas de algo intermediário entre um e outro, precisamente a perda da possibilidade de se buscar posição mais vantajosa que muito provavelmente se alcançaria, não fosse o ato ilícito praticado. Nesse passo, a perda de uma chance – desde que essa seja razoável, séria e real, e não somente fluida ou hipotética – é considerada uma lesão às justas expectativas frustradas do indivíduo, que, ao perseguir uma posição jurídica mais vantajosa, teve o curso normal dos acontecimentos interrompido por ato ilícito de terceiro. 2. Em caso de responsabilidade de profissionais da advocacia por condutas apontadas como negligentes, e diante do aspecto relativo à incerteza da vantagem não experimentada, as demandas que invocam a teoria da "perda de uma chance" devem ser solucionadas a partir de uma detida análise acerca das reais possibilidades de êxito do processo, eventualmente perdidas em razão da desídia do causídico. Vale dizer, não é o só fato de o advogado ter perdido o prazo para a contestação, como no caso em apreço, ou para a interposição de recursos, que enseja sua automática responsabilização civil com base na teoria da perda de uma chance. É absolutamente necessária a ponderação acerca da probabilidade – que se supõe real – que a parte teria de se sagrar vitoriosa. 3. Assim, a pretensão à indenização por danos materiais individualizados e bem definidos na inicial, possui causa de pedir totalmente diversa daquela admitida no acórdão recorrido, de modo que há julgamento extra petita se o autor deduz pedido certo de indenização por danos materiais absolutamente identificados na inicial e o acórdão, com base na teoria da "perda de uma chance", condena o réu ao pagamento de indenização por danos morais. 4. Recurso especial conhecido em parte e provido" (STJ, REsp 1190180/RS, Rel. Ministro Luis Felipe Salomão, Quarta Turma, DJe 22/11/2010).

RESPONSABILIDADE DOS ENGENHEIROS

◙ **Engenheiro. Ausência de aprovação administrativa do projeto de construção de obra.** "PROCESSO CIVIL. NUNCIAÇÃO DE OBRA NOVA. EMBARGOS DE DECLARAÇÃO. AUSÊNCIA DE OMISSÃO. DENUNCIAÇÃO DA LIDE. ENGENHEIRO DA OBRA. RESPONSABILIDADE SUBJETIVA. NECESSIDADE DE APURAÇÃO DE ELEMENTOS NOVOS (...) 2. Quanto ao argumento de que não foi abordada a responsabilidade objetiva do empreiteiro, em razão da relação de consumo existente entre aquele a a embargante, o acórdão foi bastante claro ao explicitar que não houve a comprovação do nexo de causalidade entre a atuação do engenheiro responsável e a suposta irregularidade atinente à ausência de aprovação administrativa do projeto de construção da obra. Ausente o nexo de causalidade entre a conduta e o evento danoso, não há que se cogitar a responsabilidade do empreiteiro, sequer no âmbito da responsabilidade objetiva. 3. Ademais, convém ressaltar que, nos termos do § 4 º do art. 14 do CDC, a responsabilidade dos profissionais liberais é apurada mediante a verificação de culpa, pois retrata uma contratação de natureza intuitu personae (...)" (STJ, EDcl no RMS 29038/MA, Rel. Min. Castro Meira, Segunda Turma, DJe 28/09/2009).

◙ **Engenheiro. Responsabilidade por desmoronamento de estrutura metálica em obra *(sobre solidariedade, ver parágrafo único do art. 7º).*** "(...) DESMORONAMENTO DE ESTRUTURA METÁLICA EM CONSTRUÇÃO - RESPONSABILIDADE SOLIDÁRIA DA CONSTRUTORA E DO ENGENHEIRO POR PROBLEMAS NA EDIFICAÇÃO - PROJETO SUBDIMENSIONADO - CONSTRUTURA QUE NÃO OBEDECEU OS PARÂMETROS ESTABELECIDOS NO PROJETO - ENGENHEIRO QUE, ADEMAIS, CONSTA COMO RESPONSÁVEL TÉCNICO PELA OBRA NA ART (ANOTAÇÃO DE RESPONSABILIDADE TÉCNICA) - VÍCIO DO PROJETO E FALHAS NA EXECUÇÃO CONSTATADOS PELA PROVA PERICIAL - DANO MATERIAL DEVIDO - DEVER DE INDENIZAR - SOLIDARIEDADE ENTRE O AUTOR DO PROJETO E O EXECUTOR DA OBRA - INTELIGÊNCIA DOS ARTIGOS 7º, DO CÓDIGO DE DEFESA DO CONSUMIDOR E ARTIGO 942, DO CÓDIGO CIVIL (...)" (TJPR, Ap. Cív. 13497175, Rel. Des. Domingos José Perfetto, Nona Câmara Cível, DJ 06/10/2015).

◙ **Engenheiro. Responsabilidade por falha na supervisão de obra.** "ENGENHEIRO CIVIL. FALHA NA PRESTAÇÃO DO SERVIÇO. DEVER DE INDENIZAR CONFIGURADO. Trata-se de ação com pedido indenizatório decorrente de danos materiais e extrapatrimoniais com base em relação de consumo. O artigo 14 do CDC regula a responsabilidade civil dos profissionais liberais. Aplicação dos princípios da responsabilidade subjetiva ao engenheiro civil. A prova dos autos apontou a negligência do réu na realização dos projetos e execução da obra, porquanto deveria ter revisado o projeto inicialmente feito pela sobrinha da autora, procedendo à efetiva medição do terreno, bem como supervisionado a obra de forma adequada, pois devidamente contratado (ART) e remunerado para esta finalidade. (TJRS, Ap. Cív. 70046182101, Rel. Des. Leonel Pires Ohlweiler, Nona Câmara Cível, DJ 14/12/2012).

RESPONSABILIDADE DE OUTROS PROFISSIONAIS LIBERAIS

◙ **Médico Veterinário. Necessidade de demonstração de culpa do profissional pela morte de cachorro.** "RECURSO INOMINADO. SERVIÇOS VETERINÁRIOS. AÇÃO INDENIZAÇÃO POR DANOS MORAIS E MATERIAIS. SERVIÇO INTEGRALMENTE PRESTADO. ÓBITO DO CANINO. FALHA NA PRESTAÇÃO DO SERVIÇO POR CULPA. ART. 14, § 4º DO CDC. OBRIGAÇÃO DE MEIO. CULPA NÃO DEMONSTRADA. DEVER DE INDENIZAR NÃO CONFIGURADO. Caso em que o contrato firmado entre as partes tinha por objeto a prestação de obrigação de meio, situação em que a possível falha na prestação do serviço está diretamente relacionada com a demonstração de culpa (negligência, imperícia ou imprudência) na condução das atividades. Contudo, tendo em vista os esforços despendidos para a cura do canino, não há que se falar em comportamento negligente. Igualmente, não restaram demonstradas as demais modalidades de culpa dos prestadores de serviço no caso em apreço. Não prospera a alegação da parte recorrente de ausência de informação do contrato (fl. 28), haja vista que todas as autorizações concedidas para os procedimentos (fl. 30) vieram acompanhadas dos respectivos valores dos mesmos. Assim, cumprido o dever de informação e ausente a comprovação da culpa dos profissionais, não há que se falar em indenização por danos morais ou materiais. SENTENÇA MANTIDA. RECURSO IMPROVIDO" (TJRS, Recurso Cível 71004818555, Primeira Turma Recursal Cível, Turmas Recursais, Rel. Fabiana Zilles, DJ 27/11/2014).

◙ **Médico Veterinário. Erro cometido durante procedimento cirúrgico.** "APELAÇÃO. INDENIZAÇÃO POR DANOS MATERIAIS E MORAIS. PRESTAÇÃO DE SERVIÇOS. MÉDICO VETERINÁRIO. ERRO MÉDICO. CERATOCONJUNTIVITE SECA. RELAÇÃO DE CONSUMO. RESPONSABILIDADE CIVIL SUBJETIVA. ART. 14, § 4º, do CDC. Inversão do ônus da prova (CDC, art. 6º, III). Hipossuficiência técnica do consumidor. Ausência de provas da regularidade do serviço prestado pela ré. Dever de indenizar reconhecido. DANO MATERIAL. Ressarcimento devido mediante a apresentação de recibos de compra dos medicamentos utilizados para suprir a produção de lágrimas do animal. DANO MORAL NÃO CONFIGURADO. Ausência de constrangimento ou dissabor superior ao usual. SUCUMBÊNCIA RECÍPROCA. Recurso provido em parte" (TJSP, Ap. Cív. 02200313920098260100, Vigésima Nona Câmara de Direito Privado, Rel. Des. Hamid Bdine, DJ 27/08/2014).

◙ **Detetive particular. Responsabilidade subjetiva por serviço de investigação concluído tardiamente.** "RECURSO INOMINADO. SERVIÇOS DE INVESTIGAÇÃO. AÇÃO DE RESTITUIÇÃO C/C INDENIZAÇÃO POR DANOS MORAIS. SERVIÇO INTEGRALMENTE PRESTADO, PORÉM COM ATRASO. FALHA NA PRESTAÇÃO DO SERVIÇO POR CULPA. ART. 14, § 4º DO CDC. NEGLIGÊNCIA NÃO DEMONSTRADA. PREJUÍZO NÃO COMPROVADO. INVIABILIDADE DE RESTITUIÇÃO DE VALORES. Caso em que o contrato firmado entre as partes tinha por objeto a prestação de obrigação de meio, situação que a possível falha na prestação do serviço está diretamente relacionada com a demonstração de culpa (negligência, imperícia ou imprudência) na condução das atividades. Inteligência do art. 14, § 4º do CDC. Contudo, tendo em vista que a alegada negligência da parte recorrente, bem como a ocorrência de dano pelo atraso na entrega do relatório não restaram demonstrados, não há que se falar em restituição integral dos valores pagos por falha na prestação do serviço. SENTENÇA REFORMADA. RECURSO PROVIDO" (TJRS, Recurso Cível 71004709523, Primeira Turma Recursal Cível, Turmas Recursais, Rel. Fabiana Zilles, DJ 13/11/2014).

◙ **Cabeleireiro.** "(...) Na hipótese dos autos, a simples leitura da peça de ingresso nos permite aferir que a autora imputa ao réu, enquanto profissional liberal (cabeleireiro), a responsabilidade pelos danos que sofreu, em decorrência do procedimento estético que realizou. Pela narrativa dos fatos, portanto, o réu deve suportar, em tese, a eventual procedência dos pedidos formulados na exordial, motivo pelo qual, a nosso aviso, mostra-se presente a pertinência subjetiva e objetiva das partes. (...) A relação jurídica estabelecida entre as partes da presente ação é tipicamente de consumo, eis que restou incontroverso que a autora realizou um tratamento estético de aplicação de cabelo com o cabeleireiro-réu. Versando a lide sobre responsabilidade civil do cabeleireiro, por fato do serviço prestado, deve se observar o disposto no art. 14, § 4º, da Lei nº 8.078/90, o qual estabelece que "a responsabilidade pessoal dos profissionais liberais será apurada mediante a verificação de culpa". (TJ-MG – AC: 10647130017450001 MG, Relator: Eduardo Mariné da Cunha, Câmaras Cíveis / 17ª Câmara Cível, Data de Publicação: 18/08/2016) ◙ **No mesmo sentido:** "AÇÃO DE INDENIZAÇÃO POR DANOS MATERIAIS E MORAIS – QUEDA DE CABELO E QUEBRA APÓS PROCEDIMENTO REALIZADO POR CABELEIREIRO EM SALÃO DE BELEZA – RELAÇÃO DE CONSUMO – INVERSÃO DO ÔNUS DA PROVA – PROFISSIONAL LIBERAL – OBRIGAÇÃO DE RESULTADO – RESPONSABILIDADE OBJETIVA – FATOS PROVADOS – DEVER DE INDENIZAR – QUANTUM EXACERBADO – CONDIÇÃO ECONÔMICA DA VÍTIMA E OFENSOR – REDUÇÃO – RECURSO PROVIDO EM PARTE. O procedimento estético é uma prestação de serviços envolvendo obrigação de resultado, pois o contratado se compromete a alcançar um resultado específico, que constitui o cerne da própria obrigação, mesmo em se tratando de profissional liberal. Demonstrado nos autos que o tratamento aplicado nos cabelos da autora acarretou queda e quebra, provocando falhas no couro cabeludo, causando-lhe abalo psicológico e afetando sua imagem e bem-estar, correta a sentença que condenou o profissional liberal cabeleireiro a indenizar." (TJ-MS – APL: 02012475920098120017 MS 0201247-59.2009.8.12.0017, Relator: Des. Marcos José de Brito Rodrigues, Data de Julgamento: 18/02/2014, 2ª Câmara Cível, Data de Publicação: 20/02/2014)

Art. 15. (Vetado).

Art. 16. (Vetado).

Art. 17. Para os efeitos desta Seção, equiparam-se aos consumidores todas as vítimas do evento.

► **Figura do bystander.** O legislador estendeu a proteção concedida ao destinatário final de produtos e serviços (consumidor *stricto sensu)* para terceiros (vítimas), estranhos à relação jurídica, mas que sofreram um prejuízo em decorrência do acidente de consumo. Estas vítimas são chamadas de *bystander* pela doutrina americana.

► **Só há comparação em decorrência de fato do produto ou serviço.** "Imagine-se, por exemplo, que uma pessoa ('A') pegue uma carona no veículo de um amigo ('B') para se deslocar para um compromisso profissional, sendo que tal veículo, em razão de vício de inadequação (sem qualquer risco à segurança do consumidor), sofra uma pane, vindo a quebrar, impedindo que 'A' chegue ao seu compromisso profissional, causando a ele prejuízos de ordem material (exemplo: lucros cessantes decorrentes da não concretização de um negócio). Como não houve 'fato' do produto, pois não ocorreu 'defeito' (inadequação agravado pelo fator segurança), não há que se falar na aplicação do art. 17 do CDC a este consumidor." (EBERLIN, Fernando Büscher Von Teschenhausen. *Revista de Direito do Consumidor*. n. 66, abr.-jun., 2008, p. 16)

◼ **Consumidor por equiparação *(bystander)*. Vítimas da explosão de loja de fogos de artifício.** "(...). RESPONSABILIDADE PELO FATO DO PRODUTO. VÍTIMAS DO EVENTO. EQUIPARAÇÃO A CONSUMIDORES. II – Em consonância com o artigo 17 do Código de Defesa do Consumidor, equiparam-se aos consumidores todas as pessoas que, embora não tendo participado diretamente da relação de consumo, vem a sofrer as conseqüências do evento danoso, dada a potencial gravidade que pode atingir o fato do produto ou do serviço, na modalidade vício de qualidade por insegurança. Recurso especial não conhecido." (STJ, REsp 181580 / SP, DJ 22/03/2004, Rel. Min. Castro Alves, J. 09/12/2003). ◼ ***Voto do Min. Castro Filho***: Vale lembrar que a introdução da sistemática de proteção inserida na sociedade pelo Código de Defesa do Consumidor tem por escopo não apenas a defesa de interesses meramente individuais, mas também a proteção de interesses coletivos e difusos, que antes de sua vigência restavam dispersos e não encontravam abrigo na legislação. Conforme observa Antônio Herman de Vasconcelos e Benjamin, "O consumidor é, então, não apenas aquele que 'adquire ou utiliza produto ou serviço.'" (...) "Há um geral (art. 2º, caput) e três outros por equiparação (arts. 2º, parágrafo único, 17 e 29)". (Código Brasileiro de Defesa do Consumidor Comentado pelos Autores do Anteprojeto, Rio de Janeiro, 2001, Ed. Forense Universitária, 7ª ed., pg. 227) Esse alargamento do âmbito de abrangência do Código do Consumidor para todos aqueles que venham a sofrer os efeitos danosos dos defeitos do produto ou do serviço decorre da relevância social que atinge a prevenção e a reparação de eventuais danos. E a equiparação de todas as vítimas do evento aos consumidores, na forma do citado artigo 17, justifica-se em função da potencial gravidade que pode atingir o fato do produto ou do serviço. É o que se verifica na hipótese em análise, pois que tragédias como a tratada nos autos, via de regra, causam danos não somente àqueles que no momento da explosão estavam no interior da loja adquirindo produtos, em autêntica relação de consumo, mas também a muitos outros que acabam atingidos como vítimas desse acidente de consumo, porquanto, na hora fatídica, se encontravam nas proximidades do local. Nesse passo, evidencia-se a subsunção da hipótese fática à norma prevista no artigo 17 do citado diploma legal, que disciplina a responsabilidade reparatória perante terceiros, denominados nos países da common law como bystanders, vale dizer, aquelas pessoas estranhas à relação de consumo que vêm a sofrer prejuízos em razão do evento danoso, aqui representados por todos aqueles que se encontravam nos arredores do estabelecimento comercial e que vieram a sofrer as conseqüências desse trágico acidente. Comentando esse dispositivo, Arruda Alvim e outros afirmam: "Conforme visto nos comentários ao art. 2º, em algumas situações, o conceito geral de consumidor poderia ser insuficiente para abranger todas as relações de consumo que requerem amparo legal. Isto é o que ocorre nesta

Seção II, referente ao fato do produto e do serviço, e tem o presente artigo a virtude de preencher, completar, o espectro de abrangência do conceito de consumidor, estendendo a proteção deste Código a uma gama maior de situações onde possa ocorrer dano, visando, desta forma, precipuamente, a proteção ao denominado 'bystander', ou seja, aquelas pessoas (físicas ou jurídicas), já que a lei não restringe) que mesmo sem serem partícipes da relação de consumo foram atingidas em sua saúde ou segurança em virtude do defeito do produto." (Código do Consumidor Comentado, São Paulo, 1995, Ed. RT, 2ª ed., os. 139/140). Por sua vez, extrai-se do parecer de fls. 286/300, da lavra do Dr. Edgar Moreira da Silva, Procurador de Justiça do Consumidor: "Alude o dispositivo legal ao 'bystander', ou seja, aquelas pessoas que não participaram da relação de consumo, mas atingidas em sua segurança ou saúde em face do defeito do produto, como ocorre nas hipóteses de automóveis defeituosos que venham provocar acidentes de trânsito, ferindo, matando ou mesmo causando danos patrimoniais a terceiros, que não aquele que adquiriu ou utiliza. Ora, todo aquele que, de algum modo, elabora produtos ou serviços, tem a obrigação de produzi-los e prestá-los com segurança, satisfazendo todas as condições e requisitos no sentido de evitar quaisquer riscos ou danos à população, e não apenas àqueles que os adquirem ou utilizam. (...) A empresa 'Artigos Religiosos São Marcos' expunha a consumo e comercializava produtos perigosos, quais sejam, pólvora, fogos de artifício, etc, os quais exigem atendimento a inúmeros requisitos e cuidados na sua fabricação, armazenamento, manuseio. Portanto, incumbia a ela adotar todas as medidas de segurança necessárias a prevenir a ocorrência de qualquer dano aos consumidores e à população em geral. A explosão ocorrida no estabelecimento comercial da requerida, evidentemente, constitui acidente de consumo, posto que ele era aberto ao público e ali se adquiria, manuseava e armazenava-se, para fins de consumo, grande quantidade de produtos explosivos. (...) O fato da aludida empresa armazenar, comercializar e manter consigo produtos perigosos, omitindo a satisfação de exigências legais e regulamentares no que pertine à segurança causou danos, não somente àqueles que, no momento da explosão se encontravam no local adquirindo o produto, mas a todos aqueles que foram atingidos e se encontravam nas proximidades do estabelecimento comercial da empresa requerida."

◙ **Consumidor por equiparação *(bystander)*. Explosão de botijão de gás.** "Ação de indenização por danos materiais e morais – explosão de botijão de gás – comprovação do nexo de causalidade entre o fato e o dano – responsanbilidade objetiva do fornecedor – aplicabilidade do Código de Defesa do Consumidor – Inteligência dos arts. 12 § 3º, I a III e 17, ambos do CDC. A questão é de acidente de consumo, ou como denominou o legislador consumerista, trata-se de responsabilidade for fato do produto, ou seja, não há que se falar simplesmente em um vício do produto adquirido, que poderia ter trocado por outro em perfeitas condições; o que ocorreu, em tela, foi um fato maior, a partir do produto adquirido, ou seja, houve consequências danosas na esfera da integridade física do consumidor e da outra vítima do evento, o segundo autor, que a doutrina estrangeira chama de "bystander". Assim, verifica-se a responsabilidade objetiva do produtor, independentemente da comprovação da culpa, e desta forma, o Código Consumerista, a apelante é a responsável pelo evento danoso, haja vista não ter conseguido demonstrar alguma das três hipóteses excludentes de responsabilidade, como a prova de que não colocou o produto no mercado, ou que embora o tenha colocado no mercado o defeito inexiste, ou por fim que teria havido culpa exclusiva da consumidora." (TAMG, Ap. Civ. 323.657-3, Rel. Dorival Guimarães Pereira, 3ª Câm. Civ, J 14.2.2001)

◙ **Consumidor por equiparação (*bystander*). Mãe cuja filha faleceu em razão de atropelamento em rodovia mal sinalizada.** "RESPONSABILIDADE CIVIL. ATROPELAMENTO FATAL. TRAVESSIA NA FAIXA DE PEDESTRE. RODOVIA SOB CONCESSÃO. CONSUMIDORA POR EQUIPARAÇÃO. CONCESSIONÁRIA RODOVIÁRIA. RESPONSABILIDADE OBJETIVA EM RELAÇÃO A TERCEIROS USUÁRIOS E NÃO USUÁRIOS DO SERVIÇO. ART. 37, § 6°, CF. VIA EM MANUTENÇÃO. FALTA DE ILUMINAÇÃO E SINALIZAÇÃO PRECÁRIA. NEXO CAUSAL CONFIGURADO. DEFEITO NA PRESTAÇÃO DO SERVIÇO CONFIGURADO. CULPA EXCLUSIVA DA VÍTIMA. INOCORRÊNCIA. INDENIZAÇÃO POR DANOS MATERIAIS E MORAIS DEVIDOS (...). 2. As concessionárias de serviços rodoviários, nas suas relações com o usuário, subordinam-se aos preceitos do Código de Defesa do Consumidor e respondem objetivamente pelos defeitos na prestação do serviço. Precedentes. 3. No caso, a autora é consumidora por equiparação em relação ao defeito na prestação do serviço, nos termos do art. 17 do Código consumerista. Isso porque prevê o dispositivo que 'equiparam-se aos consumidores todas as vítimas do evento', ou seja, estende o conceito de consumidor àqueles que, mesmo não tendo sido consumidores diretos, acabam por sofrer as consequências do acidente de consumo, sendo também chamados de bystanders. 4. 'A responsabilidade civil das pessoas jurídicas de direito privado prestadoras de serviço público é objetiva relativamente a terceiros usuários e não-usuários do serviço, segundo decorre do art. 37, § 6º, da Constituição Federal' (RE 591874, Relator(a): Min. RICARDO LEWANDOWSKI, Tribunal Pleno, julgado em 26/08/2009, REPERCUSSÃO GERAL – MÉRITO DJe-237 DIVULG 17-12-2009 PUBLIC 18-12-2009). 5. Na hipótese, a menor, filha da recorrente, faleceu ao tentar atravessar na faixa de pedestre, em trecho da BR-040 sob concessão da ré, tendo a sentença reconhecido a responsabilização da concessionária, uma vez que "o laudo pericial da polícia judiciária bem apontou que o local do atropelamento é 'desprovido de iluminação pública', 'com sinalização vertical e horizontal precária devido à manutenção da via', tendo se descurado de sua responsabilidade na 'obrigação direta de manutenção da rodovia'", admitindo a ré "a deficiência de seu serviço no local, quando apressou-se depois e instalou passarela destinada a pedestres naquele trecho", além do fato de não haver prova da culpa exclusiva da vítima. Caracterizado, portanto, o nexo causal, dando azo a responsabilização civil. 6. O fato exclusivo da vítima será relevante para fins de interrupção do nexo causal quando o comportamento dela representar o fato decisivo do evento, for a causa única do sinistro ou, nos dizeres de Aguiar Dias, quando "sua intervenção no evento é tão decisiva que deixa sem relevância outros fatos culposos porventura intervenientes no acontecimento"(Da responsabilidade civil, vol.II, 10ª. edição. São Paulo: Forense, 1997, p. 946). Ocorre que, ao que se depreende dos autos, a menor, juntamente com sua avó, atravessaram a rodovia seguindo as regras insculpidas pelo Código de Trânsito Nacional, isto é, na faixa destinada para tanto. 7. Não se pode olvidar que, conforme a sentença, "a própria ré admitiu a deficiência de seu serviço no local, quando apressou-se depois e instalou passarela destinada a pedestres naquele trecho, como mostrado nas fotos de fls. 299/303". 8. O direito de segurança do usuário está inserido no serviço público concedido, havendo presunção de que a concessionária assumiu todas as atividades e responsabilidades inerentes ao seu mister" (STJ, REsp 1268743/RJ, Rel. Ministro Luis Felipe Salomão, Quarta Turma, DJe 07/04/2014).

◙ **Consumidor por equiparação (*bystander*). Terceiro vitimado por acidente de trânsito causado por prestador de serviço de transporte.** "CONSUMIDOR. REPARAÇÃO CIVIL. ACIDENTE DE TRÂNSITO ENVOLVENDO FORNECEDOR DE SERVIÇO DE TRANSPORTE DE PESSOAS. TERCEIRO, ALHEIO À RELAÇÃO DE CONSUMO, ENVOLVIDO NO ACIDENTE. CONSUMIDOR POR EQUIPARAÇÃO. (...) 3. O art. 17 do CDC prevê a figura do consumidor por equiparação (bystander), sujeitando à proteção do CDC aqueles que, embora não tenham participado diretamente da relação de consumo, sejam vítimas de evento danoso decorrente dessa relação. 4. Em acidente de trânsito envolvendo fornecedor de serviço de transporte, o terceiro vitimado em decorrência dessa relação de consumo deve ser considerado consumidor por equiparação. Excepciona-se essa regra se, no momento do acidente, o fornecedor não estiver prestando o serviço, inexistindo, pois, qualquer relação de consumo de onde se possa extrair, por equiparação, a condição de consumidor do terceiro" (STJ, REsp 1125276/RJ, Rel. Ministra Nancy Andrighi, Terceira Turma, DJe 07/03/2012).

◙ **Transporte de carga realizado por terceiro. Responsabilidade solidária da sociedade empresária contratante por acidente. Risco proveito.** "RECURSO ESPECIAL. AÇÃO INDENIZATÓRIA. CONTRATO DE PRESTAÇÃO DE SERVIÇOS. TRANSPORTE DE MERCADORIAS. FRETE. RESPONSABILIDADE SOLIDÁRIA DA TOMADORA E PRESTADORA DE SERVIÇOS. EXISTÊNCIA DE INTERESSE ECONÔMICO NO TRANSPORTE. PENSÃO VITALÍCIA. PEDIDO DE PAGAMENTO EM COTA ÚNICA. IMPOSSIBILIDADE. ART. 950, PARÁGRAFO ÚNICO, DO CC/2002. MAJORAÇÃO DO VALOR DA INDENIZAÇÃO POR DANO MORAL. LESÕES GRAVES. RECURSO PARCIALMENTE PROVIDO. 1. Diante da existência de interesse econômico no serviço, consistente no lucro decorrente da entrega dos produtos a seus destinatários, exsurge, em regra, a responsabilidade solidária entre a tomadora e a empresa de transporte de cargas, devendo ambas responderem perante terceiros no caso de acidente ocorrido durante o deslocamento da mercadoria. 2. O parágrafo único do art. 950 do Código Civil de 2002, que prevê a possibilidade de pagamento de cota única de pensão decorrente de ato ilícito, não se aplica aos casos de pensão vitalícia. 3. O pagamento, em parcela única, implica, em tese, a desnaturação do próprio instituto da vitaliciedade, pois a vítima do acidente pode ficar desamparada em determinado momento de sua vida ou provocar o enriquecimento sem causa do credor, caso este faleça de forma prematura. 4. A regra de constituição de capital, aplicada pelo aresto impugnado, nos moldes da Súmula 313 do STJ e do art. 475-Q do Código de Processo Civil de 1973, segue os interesses de ambas as partes e garante o pagamento mensal da pensão vitalícia. 5. No caso, o autor experimentou lesões graves com o acidente, consistente em diversas fraturas nas pernas e no quadril, levando-o à incapacidade no percentual de 70% (setenta por cento), justificando-se, portanto, a majoração da indenização para R$ 65.000,00. 6. Recurso especial parcialmente provido" (STJ, REsp 1282069, Rel. Min. Luis Felipe Salomão, Quarta Turma, julgado em

17/05/2016). ◙ **Consumidor por equiparação (*bystander*). Criança vítima de ataque de leões pertencentes a circo que se encontrava montado em estacionamento de shopping center.** "RESPONSABILIDADE CIVIL E DIREITO DO CONSUMIDOR. RECURSO ESPECIAL. ESPETÁCULO CIRCENSE - MORTE DE CRIANÇA EM DECORRÊNCIA DE ATAQUE DE LEÕES - CIRCO INSTALADO EM ÁREA UTILIZADA COMO ESTACIONAMENTO DE SHOPPING CENTER. LEGITIMIDADE PASSIVA DAS LOCADORAS. DESENVOLVIMENTO DE ATIVIDADE DE ENTRETENIMENTO COM O FIM DE ATRAIR UM MAIOR NÚMERO DE CONSUMIDORES. RESPONSABILIDADE. DEFEITO DO SERVIÇO (VÍCIO DE QUALIDADE POR INSEGURANÇA). DANO MORAL. (...) 3- No caso em julgamento - trágico acidente ocorrido durante apresentação do Circo VostoK, instalado em estacionamento de shopping center, quando menor de idade foi morto após ataque por leões -, o art. 17 do Código de Defesa do Consumidor estende o conceito de consumidor àqueles que sofrem a consequência de acidente de consumo. Houve vício de qualidade na prestação do serviço, por insegurança, conforme asseverado pelo acórdão recorrido" (STJ, REsp 1100571/PE, Rel. Ministro Luis Felipe Salomão, Quarta Turma, DJe 18/08/2011).

◙ **Consumidor por equiparação (*bystander*). Pescadores artesanais atingidos por derramamento de óleo são equiparados a consumidores**: "CONFLITO DE COMPETÊNCIA. AÇÃO DE REPARAÇÃO DE DANOS. DERRAMAMENTO DE ÓLEO. PESCADORES ARTESANAIS PREJUDICADOS. ACIDENTE DE CONSUMO. CONSUMIDOR POR EQUIPARAÇÃO. FORO. DOMICÍLIO DOS AUTORES. 1. Trata-se de ação ordinária ajuizada por pescadores artesanais visando a reparação de danos materiais e morais decorrentes de dano ambiental. 2. Os autores foram vítimas de acidente de consumo, visto que suas atividades pesqueiras foram supostamente prejudicadas pelo derramamento de óleo ocorrido no Estado do Rio de Janeiro. Aplica-se à espécie o disposto no art. 17 do Código de Defesa do Consumidor" (STJ, CC 143204/RJ, Segunda seção, Rel. Min. Ricardo Villas Bôas Cueva, DJe 18/04/2016).

◙ **Consumidor por equiparação (*bystander*). Morador de área atingida por contaminação de solo e águas subterrâneas por concessionária de energia elétrica *(sobre prescrição por acidente de consumo, ver artigo 27)*.** "RESPONSABILIDADE CIVIL. RECURSO ESPECIAL. INDENIZAÇÃO EM VIRTUDE DE DANOS MATERIAIS E MORAIS ORIUNDOS DE CONTAMINAÇÃO AMBIENTAL. PRESCRIÇÃO. TERMO INICIAL. NÃO OCORRÊNCIA DA PRESCRIÇÃO. 1. Alegado dano ambiental consubstanciado na contaminação do solo e das águas subterrâneas na localidade onde o recorrido residia, em decorrência dos produtos tóxicos utilizados no tratamento dos postes de luz destinados à distribuição de energia elétrica aos consumidores, o que foi noticiado no ano de 2005 pela mídia e pela própria AES Florestal (...). 4. Constata-se aqui a subsunção da situação fática à norma constante do art. 17 do Código de Defesa do Consumidor, uma vez que o recorrido alega que foi vítima de contaminação ambiental decorrente dos produtos venenosos utilizados no tratamento dos postes de luz destinados à distribuição de energia elétrica aos consumidores. Incidência do prazo prescricional quinquenal (art. 27 do Código de Defesa do Consumidor), iniciando-se sua contagem a partir do conhecimento do dano e de sua autoria" (STJ, REsp 1354348/RS, Rel. Ministro Luis Felipe Salomão, Quarta Turma, DJe 16/09/2014).

◙ **Comerciante pode ser consumidor por equiparação *(bystander)*. Dano em olho em razão de explosão de garrafa.** ""RECURSO ESPECIAL. CIVIL E PROCESSO CIVIL. RESPONSABILIDADE CIVIL. ACIDENTE DE CONSUMO. EXPLOSÃO DE GARRAFA PERFURANDO O OLHO ESQUERDO DO CONSUMIDOR. NEXO CAUSAL. DEFEITO DO PRODUTO. Comerciante atingido em seu olho esquerdo pelos estilhaços de uma garrafa de cerveja, que estourou em suas mãos quando a colocava em um freezer, causando graves lesões. Enquadramento do comerciante, que é vítima de um acidente de consumo, no conceito ampliado de consumidor estabelecido pela regra do art. 17 do CDC ("bystander"). Reconhecimento do nexo causal entre as lesões sofridas pelo consumidor e o estouro da garrafa de cerveja." (STJ, REsp 1288008/MG, Rel. Ministro Paulo de Tarso Sanseverino, Terceira Turma, DJe 11/04/2013)

◙ **Acidente aéreo. Equiparação a consumidor da vítima atingido em terra.** "RESPONSABILIDADE CIVIL. ACIDENTE AÉREO. PESSOA EM SUPERFÍCIE QUE ALEGA ABALO MORAL EM RAZÃO DO CENÁRIO TRÁGICO. QUEDA DE AVIÃO NAS CERCANIAS DE SUA RESIDÊNCIA. CONSUMIDOR POR EQUIPARAÇÃO. ART. 17 DO CDC. PRAZO PRESCRICIONAL. CÓDIGO CIVIL DE 1916. INAPLICABILIDADE. CONFLITO ENTRE PRAZO PREVISTO NO CÓDIGO BRASILEIRO DE AERONÁUTICA (CBA) E NO CDC. PREVALÊNCIA DESTE. PRESCRIÇÃO, TODAVIA, RECONHECIDA. 1. A Segunda Seção sufragou entendimento no sentido de descaber a aplicação do prazo prescricional geral do Código Civil de 1916 (art. 177), em substituição ao prazo específico do Código de Defesa do Consumidor, para danos causados por fato do serviço ou produto (art. 27), ainda que o deste seja mais exíguo que o daquele (Resp 489.895/SP, Rel. Ministro Fernando Gonçalves, Segunda Seção, julgado em 10/3/2010). 2. As vítimas de acidentes aéreos localizadas em superfície são consumidores por equiparação (bystanders), devendo ser a elas estendidas as normas do Código de Defesa do Consumidor relativas a danos por fato do serviço (art. 17, CDC). 3. O conflito entre o Código de Defesa do Consumidor e o Código Brasileiro de Aeronáutica – que é anterior à CF/88 e, por isso mesmo, não se harmoniza em diversos aspectos com a diretriz constitucional protetiva do consumidor -, deve ser solucionado com prevalência daquele (CDC), porquanto é a norma que melhor materializa as perspectivas do constituinte no seu desígnio de conferir especial proteção ao polo hipossuficiente da relação consumerista. Precedente do STF" (STJ, REsp. 1.281.090, Quarta Turma, Rel. Min. Luis Felipe Salomão, DJE 15/03/2012). ◙ **No mesmo sentido:** "RESPONSABILIDADE CIVIL DE TRANSPORTADOR AÉREO PERANTE TERCEIROS EM SUPERFÍCIE. PRETENSÃO DE RESSARCIMENTO POR DANOS MATERIAIS E MORAIS. PRAZO PRESCRICIONAL. CÓDIGO BRASILEIRO DE AERONÁUTICA AFASTADO. INCIDÊNCIA DO CDC. 1. O Código Brasileiro de Aeronáutica não se limita a regulamentar apenas o transporte aéreo regular de passageiros, realizado por quem detém a respectiva concessão, mas todo serviço de exploração de aeronave, operado por pessoa física ou jurídica, proprietária ou não, com ou sem fins lucrativos, de forma que seu art. 317, II, não foi revogado e será plenamente aplicado, desde que a relação jurídica não esteja regida pelo CDC, cuja força normativa é extraída diretamente da CF (5º, XXXII). 2. Demonstrada a existência de relação de consumo entre o transportador e aqueles que sofreram o resultado do evento danoso (consumidores por equiparação), configurado está o fato do serviço, pelo qual responde o fornecedor, à luz do art. 14 do CDC, incidindo, pois, na hipótese, o prazo prescricional quinquenal previsto no seu art. 27" (STJ, REsp 1202013/SP, Rel. Ministra Nancy Andrighi, Terceira Turma, DJe 27/06/2013). ◙ **No mesmo sentido:** "CÓDIGO DE DEFESA DO CONSUMIDOR. ACIDENTE AÉREO. TRANSPORTE DE MALOTES. RELAÇÃO DE CONSUMO. CARACTERIZAÇÃO. RESPONSABILIDADE PELO FATO DO SERVIÇO. VÍTIMA DO EVENTO. EQUIPARAÇÃO A CONSUMIDOR. ARTIGO 17 DO CDC.I – (...) – Em decorrência, pela aplicação conjugada com o artigo 17 do mesmo diploma legal, cabível, por equiparação, o enquadramento do autor, atingido em terra, no conceito de consumidor. Logo, em tese, admissível a inversão do ônus da prova em seu favor . Recurso especial provido."(STJ, REsp 540235 / TO, Rel. Min. Castro Filho, J. 07.02.2006)

◙ **Conta corrente aberta por falsário. Vítimas consideradas consumidores por equiparação legal.** "Responde objetivamente o banco pelo fato do serviço perante terceiro, que no caso equipara-se ao consumidor, como vítima do evento – CDC art. 17 -, quando preposto seu age de forma negligente e concede abertura de conta corrente e talonários de cheques sem a indispensável e eficaz conferência da identidade do suposto contratante. Procedimento bancário defeituoso. Responsabilidade que advém, por outro lado, do risco da atividade. Nexo causal configurado a ensejar a reparação por danos morais. Danos morais que estão in re ipsa, e derivam do simples fato da inscrição negativa dos supostos garantidores, dispensando comprovação. Fato do serviço configurado. (...)" (TJRS, Apelação Cível Nº 70025112376, Décima Câmara Cível, Rel. Paulo Antônio Kretzmann,J. 30.10.2008) ◙ **No mesmo sentido:** "Contrato. Prestação de serviços bancários. Declaratória de nulidade. Conta-corrente aberta por falsário. Vítimas consideradas consumidores por equiparação legal. Arts. 3º, § 2º, 17 e 29 do CODECON. Situação que caracteriza típico evento danoso decorrente de acidente de consumo, configurado defeito relativo à prestação dos serviços. Art. 14 do CODECON. (...)" (1º TACSP, AI 1192003-9 – Catanduva – 4ª C. – Rel. Juiz Gomes Corrêa, J. 10.12.2003)

◙ **Consumidor por equiparação (*bystander*). Pessoa atingida por bala perdida advinda de tiroteio entre seguranças de empresa e assaltantes.** "RESPONSABILIDADE CIVIL. CONSUMIDOR. MORTE NAS DEPENDÊNCIAS DA ESTAÇÃO DE TREM. TRANSEUNTE ATINGIDO POR BALA PERDIDA ADVINDA DE TIROTEIO ENTRE SEGURANÇAS DA EMPRESA E ASSALTANTES QUE OBJETIVAVAM ROUBO DE CARRO FORTE. FATO DO SERVIÇO. INCIDÊNCIA DO CDC. CONSUMIDOR BYSATNDER. (...) 3. Atenta contra a segurança do consumidor a opção pelo uso de armas de fogo pelos prepostos da ré em confronto com meliantes, em local de intenso trânsito de pessoas, priorizando a recuperação do dinheiro roubado à integridade física dos consumidores que lá se encontravam. 4. Reação ao assalto, por parte dos seguranças das rés, resultou na morte de três pessoas, além de outras vítimas não fatais. 5. A regra do art. 17 do CDC, ampliando o conceito básico de consumidor do art. 2º, determina a aplicação do microssistema normativo do consumidor a todas as vítimas do evento danoso, protegendo os chamados "bystandars", que são as vítimas inocentes de acidentes de consumo. 6. Incidência do regime jurídico do CDC ao caso" (STJ, REsp 1372889/SP, Rel. Ministro Paulo de Tarso Sanseverino, Terceira Turma, DJe 19/10/2015).

◘ **Consumidor por equiparação (*bystander*). Consumidora que tem seu nome incluído em cadastro de inadimplentes por hotel, em razão de cheque falsificado que continha seus dados pessoais.** "CONFLITO NEGATIVO DE COMPETÊNCIA. AÇÃO DE INEXIGIBILIDADE DE CHEQUE E DE INDENIZAÇÃO POR DANOS MORAIS. CHEQUE FALSIFICADO DADO EM PAGAMENTO. ACIDENTE DE CONSUMO (CDC, ART. 17). CONSUMIDOR POR EQUIPARAÇÃO OU BYSTANDARD. COMPETÊNCIA DO FORO DO DOMICÍLIO DO CONSUMIDOR. 1. Cuida-se de suposto uso de cheque falsificado para pagamento de estadia em hotel, provocando a inscrição do consumidor em serviços de proteção ao crédito e a emergência de danos morais. 2. Configura-se, em tese, acidente de consumo em virtude da suposta falta de segurança na prestação do serviço por parte do estabelecimento hoteleiro que, alegadamente, poderia ter identificado a fraude mediante simples conferência de assinatura na cédula de identidade do portador do cheque. 3. Equiparam-se aos consumidores todas as vítimas do acidente de consumo (CDC, art. 17)" (STJ, CC 128.079/MT, Rel. Ministro Raul Araújo, Segunda Seção, DJe 09/04/2014).

◘ **Consumidor por equiparação (*bystander*). Joalheria que aceita cheque furtado e inscreve o nome da vítima, titular da cártula, em cadastro de inadimplentes, bem como protesta o título.** "AGRAVO REGIMENTAL NO RECURSO ESPECIAL. CIVIL E PROCESSO CIVIL. RESPONSABILIDADE CIVIL. 1. Utilização de cheque furtado para a compra de produtos em joalheria, ensejando a inscrição do seu titular no SPC e o protesto da cártula em tabelionato. 2. Enquadramento da vítima no conceito ampliado de consumidor, pois, embora não tenha mantida relação negocial com a empresa demandada, sofreu dano moral causado por defeito na prestação de serviço da empresa recorrente. 3. Aplicação da regra do art. 17 do Código de Defesa do Consumidor" (STJ, AgRg nos EDcl no REsp 1192871/RS, Rel. Ministro Paulo de Tarso Sanseverino, Terceira Turma, julgado em 20/09/2012, DJe 26/09/2012).

◘ **Consumidor por equiparação (*bystander*). Pessoa que tem o nome inscrito em cadastro de inadimplentes por instituição financeira que aceitou a abertura de conta solicitada por homônimo estelionatário.** "Responsabilidade civil. Banco. Documentos de terceiro. Homônimo. Abertura de conta. Entrega de talonário. Inscrição de terceiro nos registros de proteção ao crédito. Responsabilidade do banco. Dano moral. Configuração. Arbitramento na via especial. – Embora dispensável a discussão em torno da existência de culpa da instituição financeira, pelos danos causados aos seus clientes e a terceiros, por força do art. 14, caput, c/c o art. 17, ambos do CDC; age com culpa o banco que inscreve o nome de uma pessoa no cadastro restritivo de crédito por conta de débitos vinculados a conta corrente de homônimo da pessoa inscrita. – A jurisprudência do STJ é pacífica no sentido de que o dano moral decorre do próprio ato lesivo de inscrição indevida nos cadastros de restrição ao crédito, não havendo necessidade da prova do prejuízo, desde que comprovado o evento danoso. Recurso especial conhecido e provido" (STJ, REsp 768.153/SP, Rel. Ministra Nancy Andrighi, Terceira Turma, DJ 09/10/2006).

◘ **Consumidor por equiparação (*bystander*). Acidente de consumo ocorrido em degrau localizado após a porta giratória de agência bancária.** "RESPONSABILIDADE CIVIL. CEF – QUEDA EM AGÊNCIA – INDENIZAÇÃO DE PERDAS E DANOS –

RESPONSABILIDADE EXTRACONTRATUAL – 1. Conforme relatado, ajuizou-se ação ordinária objetivando indenização por perdas e danos morais, decorrentes de acidente (queda em um degrau localizado após a porta giratória) ocorrido dentro de uma das agências da CEF. 2. Cuida-se de responsabilidade extracontratual, fulcrada em relação de consumo, a teor do art. 17, da Lei nº 8078/90, na medida em que a parte autora se acidentou em razão do fato de serviço, consubstanciado na ausência de segurança, em virtude de um degrau localizado, logo após, a porta giratória de agência da Empresa Pública-ré. (...)"(TRF 2ª R., AC 99.02.00037-1 – RJ – 6ª T. – Rel. Juiz Poul Erik Dyrlund, DJU 12.11.2002)

◙ **Consumidor por equiparação (*bystander*). Familiares de gerente de banco submetidos a turtura, cárcere privado e violência física, moral e sexual.** "RESPONSABILIDADE CIVIL. ASSALTO A BANCO. SUBMISSÃO A TORTURA, VIOLÊNCIA FÍSICA, MORAL E SEXUAL NO CURSO DE CÁRCERE PRIVADO DA FAMÍLIA DE GERENTE DA INSTITUIÇÃO ASSALTADA. (...) 3. Evidente o nexo de causalidade entre a conduta patentemente negligente da instituição financeira, a representar falha na atividade fim por ela prestada, consubstanciada na ausência de condições básicas de segurança no estabelecimento bancário, conforme reconhecido pelas instâncias de origem. 4. Ausência de segurança e condenável prática da condução de valores pelo gerente entre municípios e em carro próprio a despertar o interesse dos criminosos, garantiu-lhes ambiente propício para o cometimento dos abjetos crimes à família do seu funcionário, enquanto este era conduzido ao estabelecimento para concretizar o roubo. 5. Em que pese se possa vislumbrar a incidência de normas do CDC a estender a caracterização de consumidor a todas as vítimas de um acidente de consumo (art. 17), com a falha na prestação dos serviços bancários da qual adveio danos a terceiros, a Corte de origem analisou, no caso, a culpa da instituição financeira, mostrando-se irrelevante examinar a questão na perspectiva da responsabilidade objetiva." (STJ, AgRg no REsp 1337920/MG, Rel. Ministro Paulo de Tarso Sanseverino, Terceira Turma, DJe 08/10/2015)

◙ **Não configuração de consumidor por equiparação. Relação empresarial. Não caracterização de hospital como consumidor por equiparação (*bystander*)** "DIREITO EMPRESARIAL. IMPORTAÇÃO. TRANSPORTE AÉREO INTERNACIONAL. DANO EM EQUIPAMENTO HOSPITALAR. RAIO X. SEGURADORA. RESSARCIMENTO. AÇÃO REGRESSIVA. SUB-ROGAÇÃO. AUSÊNCIA DE RELAÇÃO DE CONSUMO. ART. 17 DO CDC IMPERTINENTE. (...) 2. A norma do art. 17 do CDC equipara aos consumidores (bystanders) o terceiro que, alheio à preexistente relação de consumo, sofre danos decorrentes do produto ou do serviço vinculado à mencionada relação. 3. Concretamente, (i) a pessoa jurídica de direito privado (hospital) adquiriu e importou o equipamento de Raio X, sendo, portanto, contratante, não terceiro, e (ii) o acórdão embargado, fundamentadamente, considerou inexistente relação de consumo, o que basta para afastar, em relação à indicada contratante, a aplicação da norma do art. 17" (STJ, EDcl no REsp 1162649/SP, Rel. Ministro Antonio Carlos Ferreira, Quarta Turma, DJe 10/10/2014).

◙ **Consumidor por equiparação (*bystander*). Atropelamento por composição férrea.** "CIVIL. PROCESSUAL CIVIL. AGRAVO REGIMENTAL NO RECURSO ESPECIAL. AÇÃO INDENIZATÓRIA. ATROPELAMENTO POR COMPOSIÇÃO FÉRREA.

PRESCRIÇÃO. APLICAÇÃO DO CÓDIGO CONSUMERISTA. PRECEDENTES DO STJ. AGRAVO IMPROVIDO. 1. O STJ entende possível a aplicação das normas do CDC nas relações entre o fornecedor e o consumidor por equiparação. Precedentes. 2. Agravo regimental improvido. (AgRg no REsp 1334527/RJ, Rel. Min. Marco Aurélio Bellize, 3ª T., DJe 24.4.2015).

◙ **Não configuração de consumidor por equiparação. Relação de trabalho entre vítima de acidente de consumo e seu empregador (fornecedor).** "ADMINISTRADORA DE SHOPPING CENTER. EXPLOSÃO POR VAZAMENTO DE GÁS. CADEIA DE FORNECIMENTO. RESPONSABILIDADE SOLIDÁRIA. EMPREGADO DO FORNECEDOR. FIGURA DO CONSUMIDOR POR EQUIPARAÇÃO. APLICAÇÃO. IMPOSSIBILIDADE. EXISTÊNCIA DE RELAÇÃO JURÍDICA ESPECÍFICA. 2. Recurso especial em que se discute a extensão da figura do consumidor por equiparação prevista no art. 17 do CDC. 3. Os arts. 7º, parágrafo único, e 25 do CDC impõem a todos os integrantes da cadeia de fornecimento a responsabilidade solidária pelos danos causados por fato ou vício do produto ou serviço. 4. O art. 17 do CDC prevê a figura do consumidor por equiparação (bystander), sujeitando à proteção do CDC aqueles que, embora não tenham participado diretamente da relação de consumo, sejam vítimas de evento danoso decorrente dessa relação. Todavia, caracterização do consumidor por equiparação possui como pressuposto a ausência de vínculo jurídico entre fornecedor e vítima; caso contrário, existente uma relação jurídica entre as partes, é com base nela que se deverá apurar eventual responsabilidade pelo evento danoso. 5. Hipótese em que fornecedor e vítima mantinham uma relação jurídica específica, de natureza trabalhista, circunstância que obsta a aplicação do art. 17 do CDC, impedindo seja a empregada equiparada à condição de consumidora frente à sua própria empregadora." (STJ, REsp 1370139/SP, Rel. Ministra Nancy Andrighi, Terceira Turma, DJe 12/12/2013).

◙ **Não se equiparam a consumidores os terceiros lesados pela não compensação bancária de cheques sem provisão de fundos emitidos por clientes de instituição financeira.** "AGRAVO REGIMENTAL NO RECURSO ESPECIAL. AÇÃO INDENIZATÓRIA. EMISSÃO DE CHEQUES SEM PROVISÃO DE FUNDOS. CONSUMIDOR POR EQUIPARAÇÃO. NÃO CARACTERIZAÇÃO. RESPONSABILIDADE CIVIL DA INSTITUIÇÃO FINANCEIRA AFASTADA. INAPLICABILIDADE DO CÓDIGO DE DEFESA DO CONSUMIDOR. RESTABELECIMENTO DA SENTENÇA. AGRAVO REGIMENTAL IMPROVIDO. 1. A jurisprudência recente da Terceira Turma deste Tribunal Superior reconheceu que não há que se equiparar a consumidor os terceiros lesados pela não compensação bancária de cheques realizada de acordo com a legislação, ou seja, por cheques sem provisão de fundos emitidos por seus clientes. 2. Agravo regimental improvido" (STJ, AgRg no REsp 1581927/SC, Terceira Turma, Rel. Min. Marco Aurélio Bellizze, DJe 17/05/2016).

Art. 18. Os fornecedores de produtos de consumo duráveis ou não duráveis respondem solidariamente pelos vícios de qualidade ou quantidade que os tornem impróprios ou inadequados ao consumo a que se destinam ou lhes diminuam o valor, assim como por aqueles decorrentes da disparidade, com a indicações constantes do recipiente, da embalagem, rotulagem ou mensagem publicitária, respeitadas as variações decorrentes de sua natureza, podendo o consumidor exigir a substituição das partes viciadas.

▶ **Responsabilidade por vício de qualidade do produto.** O artigo trata da responsabilidade por vício de qualidade do produto, na qual se encontram como sujeitos passivos todos os fornecedores que respondem pelo ressarcimento desses vícios, coobrigados e solidariamente. O vício de qualidade do produto pode ser definido como algo que diminui a sua qualidade de tal forma que torne o produto impróprio ou inadequado ao uso e gozo, ou algo que o desvalorize, assim também quando apresenta falha na informação.

▶ **Responsabilidade solidária pelos vícios do produto.** "Preambularmente, importa esclarecer que no pólo passivo desta relação de responsabilidade se encontram todas as espécies de fornecedores, coobrigados e solidariamente responsáveis pelo ressarcimento dos vícios de qualidade e quantidade eventualmente apurados no fornecimento de bens ou serviços. Assim, o consumidor poderá à sua escolha, exercitar sua pretensão contra todos os fornecedores ou, contra alguns, se não quiser dirigi-la apenas contra um" (DENARI, Zelmo. *Código Brasileiro de Defesa do Consumidor Comentado pelos Autores do Anteprojeto.* 2ª ed. Rio de Janeiro: Forense Universitária, 1992. p. 99-100).

> ▶ **Sobre responsabilidade solidária nos vícios do produto (inclusive vícios em veículos), parágrafo único do art. 7°.**

▶ **Vício de qualidade por inadequação. Elemento básico.** "Na noção de vício de qualidade por inadequação o elemento básico é a carência – total ou parcial – de aptidão ou idoneidade do produto ou serviço para a realização do fim a que é destinado". (BENJAMIN, Antônio Herman V.; MARQUES, Cláudia Lima; BESSA, Leonardo Roscoe. *Manual de Direito do Consumidor.* 7ª edição. São Paulo, Revista dos Tribunais, 2016, p. 164).

▶ **Objetivos da teoria dos vícios de qualidade por insegurança e teoria dos vícios de qualidade por inadequação.** "A teoria dos vícios de qualidade por insegurança tem objetivos diferenciados da teoria dos vícios de qualidade por inadequação: 'Aquela visa proteger a integridade pessoal do consumidor e dos seus bens; esta o interesse (da equivalência entre a prestação e a contraprestação) subjacente ao cumprimento perfeito' (João Calvão da Silva, Responsabilidade civil do produtor, p. 635). (BENJAMIN, Antônio Herman V.; MARQUES, Cláudia Lima; BESSA, Leonardo Roscoe. *Manual de Direito do Consumidor.* 7ª edição. São Paulo, Revista dos Tribunais, 2016, p. 165).

◙ **Implante de prótese peniana. Responsabilidade solidária do importador.** "CIVIL E CONSUMIDOR. RECURSOS ESPECIAIS. DANO MORAL E MATERIAL. RESPONSABILIDADE POR VÍCIO DO PRODUTO. IMPLANTE E RETIRADA DE DUAS PRÓTESES PENIANAS DEFEITUOSAS E QUE SE MOSTRARAM IMPRÓPRIAS

PARA O FIM A QUE SE DESTINAVAM (...) 5. Tratando-se de hipótese de responsabilidade por vício do produto, pois ele não correspondeu à legítima expectativa do consumidor quanto à sua utilização e fruição e como sobre isso não se insurgiu o recorrente, presente está a responsabilidade solidária do fornecedor prevista no art. 18 do CDC. Incidência, também, da 2ª parte do art. 942 do CC/02 e do art. 7º, parágrafo único, do CDC. 6. A jurisprudência desta Corte, nos casos em que fica comprovado o vício do produto com base no art. 18 do CDC, entende que a responsabilidade do fornecedor e do fabricante é solidária, cabendo ao consumidor a escolha dos fornecedores solidários que irão integrar o polo passivo da demanda. Precedentes (...)" (STJ, REsp 1505263/RS, Rel. Ministro Moura Ribeiro, Terceira Turma, DJe 13/05/2015)

► **Necessidade da nota fiscal para reclamar sobre os vícios nos produtos e serviços e para o ajuizamento da ação.** Não pode ser exigido do consumidor a nota fiscal do produto e/ou serviço para que possa ter direito à sanação dos vícios de qualidade ou quantidade. (ex: consumidor ganha uma geladeira usada que apresenta um vício oculto. Este consumidor poderá, mesmo não tendo a nota fiscal, reclamar e exigir o conserto do vício oculto). Também não poderá ser exigida a nota fiscal como condição para o ajuizamento da ação. Consumidor pode ser aquele que somente utiliza o produto e/ou serviço. Assim, muitas vezes, como não adquiriu, não possui a nota fiscal.

◙ **Exoneração do comerciante para responder por vício dentro do prazo de garantia estendida.** ***(sobre garantia estendida, ver art. 50)*** "RECURSO INOMINADO. CONSUMIDOR. VÍCIO DO PRODUTO. RESPONSABILIDADE DO COMERCIANTE QUE É LIMITADA A GARANTIA DE UM ANO. ILEGITIMIDADE PASSIVA DO COMERCIANTE RECONHECIDA NO CASO CONCRETO. A garantia de dez anos para o motor da maquina de lavar é oferecida exclusivamente pela fabricante. Solidariedade do comerciante que se limita ao período de garantia normal que, para os eletrodomésticos, é de doze meses. Defeito que se apresentou depois de expirado este prazo. Ilegitimidade passiva do comerciante reconhecida no caso concreto. RECURSO PROVIDO. UNÂNIME". (TJRS, Recurso Cível 1005037791, Primeira Turma Recursal Cível, Turmas Recursais, Rel. Pedro Luiz Pozza, DJ 18/09/2014)

◙ **Imóvel residencial com defeito de construção.** "Imóvel residencial que apresenta defeitos de construção. – Sendo de consumo o contrato, o incorporador responde, pelos defeitos de qualidade da unidade construída, nos termos do artigo 18 do Código de Defesa do Consumidor, objetivamente, salvo culpa exclusiva da vítima no manuseio ou utilização do produto ou serviço (...)". (TJPR, AC 0152579-5 - (- Curitiba - 5ª C. Cív. - Rel. Juiz Conv. Roberto de Vicente, DJPR 27.5.2005)

◙ **Economia globalizada. Filmadora adquirida no exterior. Responsabilidade da empresa nacional da mesma marca.** "DIREITO DO CONSUMIDOR. FILMADORA ADQUIRIDA NO EXTERIOR. DEFEITO DA MERCADORIA. RESPONSABILIDADE DA EMPRESA NACIONAL DA MESMA MARCA ("PANASONIC"). ECONOMIA GLOBALIZADA. PROPAGANDA. PROTEÇÃO AO CONSUMIDOR. Se a economia globalizada não mais tem fronteiras rígidas e estimula e favorece a livre concorrência, imprescindível que as leis de proteção ao consumidor ganhem maior expressão em sua exegese, na busca do equilíbrio que deve reger as relações jurídicas, dimensionando-se, inclusive, o fator risco, inerente à competitividade do comércio e dos negócios mercantis, sobretudo quando em escala internacional, em que presentes empresas poderosas, multinacionais, com filiais em vários países, sem falar nas vendas hoje efetuadas pelo processo tecnológico da informática e no forte mercado consumidor que representa o nosso País. O mercado consumidor, não há como negar, vê-se hoje "bombardeado" diuturnamente por intensa e hábil propaganda, a induzir a aquisição de produtos, notadamente os sofisticados de procedência estrangeira, levando em linha de conta diversos fatores, dentre os quais, e com relevo, a respeitabilidade da marca. Se empresas nacionais se beneficiam de marcas mundialmente conhecidas, incumbe-lhes responder também pelas deficiências dos produtos que anunciam e comercializam, não sendo razoável destinar-se ao consumidor as conseqüências negativas dos negócios envolvendo objetos defeituosos." (STJ, REsp 63981/SP, DJU 20/112000, Rel. Min. Aldir Passarinho Júnior, J. 11.4.2000) ◼ **No mesmo sentido:** RECURSO ESPECIAL. RESPONSABILIDADE CIVIL. ANTECIPAÇÃO DE TUTELA. RETIRADA DE PÁGINA DA REDE MUNDIAL DE COMPUTADORES. CONTEÚDO OFENSIVO À HONRA E À IMAGEM. ALEGADA RESPONSABILIDADE DA SOCIEDADE CONTROLADORA, DE ORIGEM ESTRANGEIRA. POSSIBILIDADE DA ORDEM SER CUMPRIDA PELA EMPRESA NACIONAL. (...) 2. Se empresa brasileira aufere diversos benefícios quando se apresenta ao mercado de forma tão semelhante a sua controladora americana, deve também, responder pelos riscos de tal conduta." (STJ, REsp 1021987/RN, Rel. Ministro Fernando Gonçalves, Quarta Turma, DJe 09/02/2009)

► **Possibilidade do consumidor exercer pretensão com base no vício e no fato ao mesmo tempo. Dependerá do pedido a ser feito.** "Esta distinção, todavia, não elimina por si a possibilidade do consumidor, em razão de vício do produto, realizar despesas para sanar o mesmo, assim como observar determinados prejuízos decorrentes da falha apresentada pelo produto em questão. Nestas circunstâncias, ainda que o consumidor venha a fazer uso de uma das alternativas previstas no CDC, em vista do regime de responsabilidade por vício previsto na norma, isto não elimina a possibilidade de que venha a reclamar, conjuntamente ou após a satisfação do seu interesse imediato no negócio, a indenização dos prejuízos causados em razão do vício e consequente violação do dever de adequação do produto. A regra, em direito do consumidor, será sempre a do artigo 6º, VI, do CDC, que assegura o direito básico à efetiva prevenção e reparação de danos ao consumidor." (Bruno Miragem, *Curso de direito do consumidor*. 6ª ed. São Paulo: RT, 2016, p. 667) ► **No mesmo sentido:** "Nos vícios a responsabilidade do fornecedor de produtos e serviços é mais restrita: substituição do produto, reexecução do serviço, rescisão do contrato, abatimento no preço, perdas e danos. Nos defeitos a responsabilidade é mais extensa, devedor ser reparada a totalidade dos danos patrimoiais e extrapatrimoniais sofridos pelo consumidor. Apesar de esses dois elementos apresentarem regimes jurídicos distintos no próprio CDC, não há dicotomia absoluta. O mesmo fato pode enquadrar-se simultaneamente nos dois regimes. Ao mesmo tempo que se apresenta viciado, o produto ou serviço pode-se mostrar defeituoso. Exemplo dessa situação tem-se no caso de automóvel que, por apresentar deficiência no sistema de freios, envolve-se em um acidente, causando lesões a seus ocupantes. Nessa hipótese, é possível a utilização simultânea das pretensões concedidas pelos dois regimes jurídicos, inclusive no mesmo processo. Portanto, os regimes dos dois institutos jurídicos são absolutamente diversos." (Paulo de Tarso Vieira Sanseverino, *Responsabilidade civil do Código do consumidor e a defesa do fornecedor.* 2ª ed. São Paulo: Saraiva, 2007, p. 166).

◙ **Ocorrência simultânea de fato e vício do produto (defeito no sistema de freios de veículo). Se o consumidor não alega a ocorrência de fato do produto, cabe apenas a responsabilização do fornecedor por vício.** "EMBARGOS DE DECLARAÇÃO NO RECURSO ESPECIAL. CONSUMIDOR. VEÍCULO NOVO. PROBLEMAS NO SISTEMA DE FREIOS. AÇÃO DE RESTITUIÇÃO DO VALOR DO BEM CUMULADA COM INDENIZAÇÃO POR PERDAS E DANOS. CDC, ARTS. 18 E 26. VÍCIO DO PRODUTO. PRAZO DECADENCIAL. REDISCUSSÃO DO JULGADO PARA NOVO ENQUADRAMENTO FÁTICO-PROBATÓRIO. IMPOSSIBILIDADE. (...) 2. A questão referente a eventuais danos ao consumidor por defeito do produto (fato do produto, CDC, art. 12), decorrentes do problema no sistema de freio do automóvel, não foi analisada, pois a autora nunca argumentou sobre tal fato, delimitando seu pedido na restituição de valores pagos pelo bem e por consertos deste, ou seja, por danos patrimoniais devidos à inadequação do produto, na forma do art. 18 do CDC (vício do produto). 3. Embora o defeito no sistema de freio de um automóvel configure defeito de segurança, com potencial para acarretar dano ao consumidor, isto é, acidente de consumo, conforme previsto no art. 12 do Código, quando inexistir alegação de tal dano ao consumidor, ter-se-á a responsabilidade do fornecedor por mero vício do produto, por inadequação deste, de acordo com o art. 18 do CDC, e não por fato do produto. 4. Embargos declaratórios rejeitados. (STJ, EDcl no REsp 567.333/RN, Rel. Ministro Raul Araújo, Quarta Turma, DJe 28/06/2013).

► **Possibilidade de troca imotivada de produtos mesmo sem vícios.** "Eis outra prática usual e corriqueira no mercado de consumo, tanto para as trocas imotivadas quanto para as motivadas e, por isso, trata-se de mais uma decorrência direta do princípio da confiança que rege toda a relação entre fornecedor e consumidor, o que acaba determinando, em ambas as hipóteses, observância obrigatória. De fato, a simples troca imotivada (sem vício ou defeito) é praxe consagrada e, por isso, pode o consumidor que adquire uma mercadoria (v.g., roupas, calçados, jóias etc.), sem qualquer motivo, após decorrido um pequeno lapso de tempo (depende de valoração concreta), simplesmente procurar o comerciante e lhe solicitar a troca. O comércio em geral utiliza essa prática como um plus em suas vendas, pois o consumidor, ao efetuar uma troca, pode, eventualmente, adquirir outros produtos. Interessa saber que o fornecedor, dentro da normalidade das coisas, mas sempre partindo da boa-fé do consumidor, não pode recusar a troca. É mais um risco inerente à liberdade de empreender e de explorar o mercado. Com muito mais razão se se tratar de presente, algo que o consumidor recebeu de terceiro (v.g., aniversário) e, assim, sequer teve oportunidade de escolher, de experimentar, etc." (CRUZ, Guilherme Ferreira da. *Teoria geral das relações de consumo.* São Paulo: Saraiva, 2014, p. 110/111)

◙ " **Não responsabilidade do jornal que publica produtos ou serviços defeituosos nos classificados.** "A editora responsável pela publicação de jornais não responde objetivamente pela reparação de eventuais prejuízos causados a consumidores por vício do produto ou defeito na prestação de serviços anunciados na seção de classificados dos referidos periódicos, sendo completamente descabido pretender inseri-la na cadeia de fornecimento de seus anunciantes." (STJ, REsp 1427314/RS, Rel. Ministra Nancy Andrighi, Rel. p/ Acórdão Ministro Ricardo Villas Bôas Cueva, Terceira Turma, DJe 11/10/2018)

◙ **A instituição financeira responde por vício na qualidade do produto ao emitir comprovantes de suas operações por meio de papel termossensível.** "RECURSO ESPECIAL. AÇÃO CIVIL PÚBLICA. COMPROVANTE DE OPERAÇÕES FINANCEIRAS. EMISSÃO EM PAPEL TERMOSSENSÍVEL. BAIXA DURABILIDADE. PRESTAÇÃO DE SERVIÇO DEFICIENTE. OBRIGAÇÃO DE EMISSÃO GRATUITA DE SEGUNDA VIA DO COMPROVANTE. (...) A instituição financeira, ao emitir comprovantes de suas operações por meio de papel termossensível, acabou atraindo para si a responsabilidade pelo vício de qualidade do produto. Isso porque, por sua própria escolha, em troca do aumento dos lucros – já que a impressão no papel térmico é mais rápida e bem mais em conta -, passou a ofertar o serviço de forma inadequada, emitindo comprovantes cuja durabilidade não atendem as exigências e as necessidades do consumidor, vulnerando o princípio da confiança. 4. É da natureza específica do tipo de serviço prestado emitir documentos de longa vida útil, a permitir que os consumidores possam, quando lhes for exigido, comprovar as operações realizadas. Em verdade, a "fragilidade" dos documentos emitidos em papel termossensível acaba por ampliar o desequilíbrio na relação de consumo, em vista da dificuldade que o consumidor terá em comprovar o seu direito pelo desbotamento das informações no comprovante.5. Condicionar a durabilidade de um comprovante às suas condições de armazenamento, além de incompatível com a segurança e a qualidade que se exigem da prestação de serviços, torna a relação excessivamente onerosa para o consumidor, que, além dos custos de emitir um novo recibo em outra forma de impressão (fotocópia), teria o ônus de arcar, em caso de perda, com uma nova tarifa pela emissão da 2ª via do recibo, o que se mostra abusivo e desproporcional. 6. O reconhecimento da falha do serviço não pode importar, por outro lado, em repasse pelo aumento de tarifa ao consumidor nem em prejuízos ao meio ambiente. 7. Na hipótese, o serviço disponibilizado foi inadequado e ineficiente, porquanto incidente na frustração da legítima expectativa de qualidade e funcionalidade do consumidor-médio em relação ao esmaecimento prematuro das impressões em papel térmico, concretizando-se o nexo de imputação na frustração da confiança a que fora induzido o cliente." (STJ, REsp 1414774/RJ, Rel. Ministro Luis Felipe Salomão, Quarta Turma, DJe 05/06/2019)

§ 1° Não sendo o vício sanado no prazo máximo de trinta dias, pode o consumidor exigir, alternativamente e à sua escolha:

► **A princípio o fornecedor tem o direito de sanar o vício em 30 dias.** O § 1º dispõe que o fornecedor terá a oportunidade de sanar o vício no prazo de 30 dias. Então, caso a televisão adquirida na loja apresente vícios, como imagem distorcida, por exemplo, o consumidor não poderá, de imediato, exigir outra nova, o dinheiro de volta ou o abatimento do preço. Isto porque o fornecedor terá o direito de consertar o vício. Somente quando não verificado o prazo de 30 dias para sanar o vício é que o consumidor, de acordo com a sua escolha, poderá exigir: 1) a substituição do produto por outro da mesma espécie (inciso I); 2) a restituição imediata da quantia paga, monetariamente atualizada, exigindo inclusive perdas e danos (inciso II); 3) o abatimento proporcional do preço (inciso III).

► **A exceção serão as hipóteses do § 3º do art. 18.** "O consumidor somente pode exercer esse seu direito de opção se houver solicitado a substituição das partes viciadas. De modo que a reclamação de substituição das partes viciadas não constitui opção, mas antes verdadeira obrigação, que somente pode ser excepcionada nas hipóteses do § 3º do art. 18."(MARINONI, Luis Guilherme. A Tutela Específica do Consumidor. *Revista de Direito do Consumidor.* 50/100.)

► **Novos prazos de garantia após a reparação.** "Realizada a reparação de serviço, há automaticamente novos prazos de garantia, cabendo destacar que o critério da vida útil (v. item 19) pode ampliar substancialmente o prazo de 90 dias". (BENJAMIN, Antônio Herman V.; MARQUES, Cláudia Lima; BESSA, Leonardo Roscoe. *Manual de Direito do Consumidor.* 7ª edição. São Paulo, Revista dos Tribunais, 2016, p. 232).

◙ **O prazo de 3 (três) dias para troca imediata de produto que contém vício não prejudica o disposto no § 1º do art. 18 do CDC.** "RECURSO ESPECIAL PROCESSUAL CIVIL. AÇÃO CIVIL PÚBLICA. JULGAMENTO EXTRA PETITA OCORRÊNCIA ASSISTÊNCIA TÉCNICA. FORNECEDOR. INTERMEDIAÇÃO. DESNECESSIDADE. ARTIGO 18, § 1º, DO CÓDIGO DE DEFESA DO CONSUMIDOR. OBSERVÂNCIA. (...) 2. Ausência de norma cogente no CDC, que confira ao consumidor um direito potestativo de ter o produto trocado antes do prazo legal. Não se colhe dos autos nenhum comportamento abusivo da empresa recorrente, que permite a troca da mercadoria no prazo de 3 (dias) para beneficiar o consumidor diligente. 3. Na hipótese, não sendo reparado o vício pela assistência técnica no prazo de 30 (trinta) dias, o consumidor poderá exigir do fornecedor, à sua escolha, as três alternativas constantes dos incisos I, II e III do § 1º do artigo 18 do CDC. 4. No caso concreto, o Tribunal local, ao determinar que a empresa, a fim de sanar suposto vício, tivesse que enviar, de forma direta e autônoma, o produto supostamente viciado à assistência técnica, bem como retirar os produtos de difícil remoção da residência do consumidor ou onde se encontrasse a mercadoria, encaminhando, se necessário, técnico ao local, de fato extrapolou os limites do pedido. (...)". (STJ, REsp 1459555/RJ, Terceira Turma, Rel. Ministro Ricardo Villas Bôas Cueva, DJe 20/02/2017)

VÍCIOS ENVOLVENDO VEÍCULOS

◙ "DIREITO DO CONSUMIDOR E PROCESSUAL CIVIL. RECURSOS ESPECIAIS. AÇÃO DE RESCISÃO CONTRATUAL C/C PEDIDO DE PERDAS E DANOS. AQUISIÇÃO DE VEÍCULO NOVO ("ZERO QUILÔMETRO") DEFEI-

TUOSO. CERCEAMENTO DE DEFESA NÃO CARACTERIZADO. REPARO DO VÍCIO. PRAZO MÁXIMO DE TRINTA DIAS. LEGITIMIDADE DA PRETENSÃO DE DEVOLUÇÃO DA QUANTIA PAGA PELO PRODUTO. DANO MORAL. AUSÊNCIA DE PEDIDO. VALOR ATUAL DE MERCADO DO VEÍCULO. PREQUESTIONAMENTO. AUSÊNCIA. SÚMULA 282/STF. (...) 5. A teor do disposto no art. 18, § 1º, do CDC, tem o fornecedor, regra geral, o prazo de 30 (trinta) dias para reparar o vício no produto colocado no mercado, após o que surge para o consumidor o direito potestativo de exigir, conforme sua conveniência, a substituição do produto, a restituição imediata da quantia paga ou o abatimento proporcional do preço. 6. Em havendo sucessiva manifestação do mesmo vício no produto, o trintídio legal é computado de forma corrida, isto é, sem que haja o reinício do prazo toda vez que o bem for entregue ao fornecedor para a resolução de idêntico problema, nem a suspensão quando devolvido o produto ao consumidor sem o devido reparo. 7. Hipótese em que o aludido prazo foi excedido pelas fornecedoras, circunstância que legitima a pretensão de devolução da quantia paga pelo veículo. 8. Consoante a pacífica jurisprudência deste Tribunal, há responsabilidade solidária de todos os integrantes da cadeia de fornecimento por vício no produto adquirido pelo consumidor, aí incluindo-se o fornecedor direto (in casu, a concessionária) e o fornecedor indireto (a fabricante do veículo). Precedentes. (...)". (STJ, REsp 1684132/CE, Rel. Ministra Nancy Andrighi, Terceira Turma, DJe 04/10/2018)

◙ **Veículo de luxo zero-quilômetro que apresenta defeito na pintura.** "RECURSOS ESPECIAIS. AÇÃO DE REPARAÇÃO DE DANOS. VEÍCULO DE LUXO. ZERO KM. VÍCIO DE QUALIDADE. PINTURA. VARIAÇÃO INDEVIDA DE CORES. REPARO. PRAZO DO ART. 18, § 1º, DO CDC. (...) 1. O acórdão recorrido está em perfeita consonância com o entendimento desta Corte Superior, firmado no sentido de que, caso o vício de qualidade do produto não seja sanado no prazo de 30 (trinta) dias, previsto no § 1º do art. 18 do CDC, o consumidor poderá, independentemente de justificativa, optar entre as alternativas indicadas nos incisos do mesmo dispositivo legal, quais sejam: (I) a substituição do produto por outro da mesma espécie, em perfeitas condições de uso; (II) a restituição imediata da quantia paga; ou (III) o abatimento proporcional do preço (...)" (STJ, REsp 1591217/SP, Rel. Min. Ricardo Villas Bôas Cueva, 3ª T., DJe 20.6.2016).

◙ **Veículo zero-quilômetro cujos vícios não são sanados dentro do prazo legal.** "PROCESSUAL CIVIL. AGRAVO REGIMENTAL NO RECURSO ESPECIAL. AÇÃO DE INDENIZAÇÃO. VEÍCULO ZERO QUILÔMETRO. AFRONTA AO ART. 535 DO CPC NÃO CONFIGURADO. DEFEITOS NÃO SANADOS DENTRO DO PRAZO LEGAL. REVISÃO (...). SUBSTITUIÇÃO DO BEM. OBRIGATORIEDADE. OPÇÃO DO CONSUMIDOR. ARTIGO 18 DO CDC. DECISÃO MANTIDA. (...) 3. No caso concreto, o Tribunal de origem analisou a prova dos autos, mormente a pericial, para concluir pela existência de defeitos no veículo adquirido, bem como pela falta dos reparos necessários dentro do prazo legal. Alterar esse entendimento demandaria o reexame do conjunto probatório, o que é vedado em recurso especial. 4. Havendo vício de qualidade do produto e não sendo o defeito sanado no prazo de 30 (trinta) dias, cabe ao consumidor optar pela substituição do bem, restituição do preço ou abatimento proporcional, nos termos do art. 18, § 1º, I, II, e III, do CDC (...)"(STJ, AgRg no REsp 1368742/DF, Rel. Min. Antonio Carlos Ferreira, 4ª T., DJe 24.3.2015).

◙ **Veículo novo que apresenta vícios de qualidade** ***(sobre solidariedade entre fornecedores, ver parágrafo único do art. 7º).*** "RECURSO ESPECIAL. CONSUMIDOR. RESPONSABILIDADE POR VÍCIO DO PRODUTO. VEÍCULO NOVO DEFEITUOSO. RESPONSABILIDADE SOLIDÁRIA DO "BANCO DA MONTADORA" INTEGRANTE DA CADEIA DE CONSUMO. APLICAÇÃO DO ART. 18 DO CDC. VOTOS VENCIDOS. 1 – Demanda movida por consumidor postulando a rescisão de contrato de compra e venda de um automóvel (Golf) em razão de vício de qualidade, bem como de arrendamento mercantil firmado com o "banco da montadora" para financiamento do veículo. 2 – Responsabilidade solidária da instituição financeira vinculada à concessionária do veículo ("banco da montadora"), pois parte integrante da cadeia de consumo. 3 – Distinção em relação às instituições financeiras que atuam como 'banco de varejo', apenas concedendo financiamento ao consumidor para aquisição de um veículo novo ou usado sem vinculação direta com o fabricante. 4 – Aplicação do art. 18 do CDC. 5 – Recurso especial a que se nega provimento por maioria, com dois votos vencidos" (STJ, REsp 1379839/SP, Rel. Min. Nancy Andrighi, Rel. p/ ac. Min. Paulo de Tarso Sanseverino, 3ª T., DJe 15.12.2014).

◙ **Veículo novo. Danos provocados por incompatibilidade do motor com o óleo diesel comercializado no Brasil** ***(sobre o dever de informação, ver art. 6º, III).*** "DIREITO CIVIL. DIREITO DO CONSUMIDOR. AÇÃO DE INDENIZAÇÃO. VEÍCULO NOVO. VÍCIO DO PRODUTO. INCOMPATIBILIDADE ENTRE O DIESEL COMERCIALIZADO NO BRASIL E AS ESPECIFICAÇÕES TÉCNICAS DO PROJETO. PANES REITERADAS. DANOS AO MOTOR. PRAZO DE TRINTA DIAS PARA CONSERTO. RESTITUIÇÃO DO VALOR PAGO. DANO MORAL. CABIMENTO. 1.– Configura vício do produto incidente em veículo automotor a incompatibilidade, não informada ao consumidor, entre o tipo de combustível necessário ao adequado funcionamento de veículo comercializado no mercado nacional e aquele disponibilizado nos postos de gasolina brasileiros. No caso, o automóvel comercializado, importado da Alemanha, não estava preparado para funcionar adequadamente com o tipo de diesel ofertado no Brasil. 2.– Não é possível afirmar que o vício do produto tenha sido sanado no prazo de 30 dias, estabelecido pelo artigo 18, § 1º, caput, do Código de Defesa do Consumidor, se o automóvel, após retornar da oficina, reincidiu no mesmo problema, por diversas vezes. A necessidade de novos e sucessivos reparos é indicativo suficiente de que o veículo, embora substituídas as peças danificadas pela utilização do combustível impróprio, não foi posto em condições para o uso que dele razoavelmente se esperava. 3.– A jurisprudência do STJ orienta-se no sentido de ser cabível indenização por dano moral quando o consumidor de veículo zero quilômetro necessita retornar à concessionária por diversas vezes, para reparos. 4.– Recurso Especial provido. (STJ, REsp 1443268/DF, Rel. Ministro SIDNEI BENETI, TERCEIRA TURMA, julgado em 03/06/2014, DJe 08/09/2014).

◙ **Veículo novo que apresenta sucessivos defeitos, impondo-se a devolução da quantia paga pelo consumidor.** "RECURSO ESPECIAL - DEMANDA VISANDO A RESTITUIÇÃO DE QUANTIA PAGA PELO CONSUMIDOR NA AQUISIÇÃO DE VEÍCULO NOVO - APRESENTAÇÃO DE VÍCIOS DE QUALIDADE - SUCESSIVOS RETORNOS À REDE DE CONCESSIONÁRIAS PARA REPARO DA MESMA IMPERFEIÇÃO - TRANSCURSO DO PRAZO DE 30 (TRINTA) DIAS (ART. 18, §1º, DO CDC) - ACOLHIMENTO DO PEDIDO PELA SENTENÇA A QUO - REFORMA DO DECISUM EM SEGUNDO GRAU, POR REPUTAR RENOVADO O LAPSO ANTE A REITERAÇÃO DE FALHAS NO FUNCIONAMENTO DO BEM. INSURGÊNCIA DO CONSUMIDOR. 1. Caso em que o consumidor adquiriu veículo "zero quilômetro", o qual apresentou sucessivos vícios, ensejando a privação do uso do bem, ante os reiterados comparecimentos à rede de concessionárias. Efetivação da solução a destempo, consideradas as idênticas imperfeições manifestadas no que tange ao "desempenho" do veículo, segundo as balizas fáticas firmadas pelas instâncias ordinárias. Hipótese de cabimento da devolução da quantia paga. 2. Em havendo sucessiva manifestação de idênticos vícios em automotor novo, o aludido lapso conferido para o fornecedor os equacionar é computado de forma global, isto é, não se renova cada vez que o veículo é entregue à fabricante ou comerciante em razão do mesmo problema. 3. A solução para o imperfeito funcionamento do produto deve ser implementada dentro do prazo de trinta dias, norma que, uma vez inobservada, faz nascer para o consumidor o direito potestativo de optar, segundo sua conveniência, entre a substituição do produto, a restituição imediata da quantia paga ou o abatimento proporcional do preço (art. 18, §1º, I, II e III, do CDC). 4. Não é legítimo esperar que um produto novo apresente defeitos imediatamente após a sua aquisição e que o consumidor tenha que, indefinidamente, suportar os ônus da ineficácia dos meios empregados para a correção dos problemas apresentados. 5. O prazo de 30 dias constante do art. 18, § 1º, do CDC, consoante o princípio da proteção integral (art. 6º, VI), deve ser contabilizado de forma a impedir o prolongamento do injusto transtorno causado ao consumidor, na medida em que é terminantemente vedada a transferência, pelo fornecedor de produtos e serviços, dos riscos da sua atividade econômica. 6. Recurso especial provido" (STJ, REsp 1297690/PR, Rel. Ministro Marco Buzzi, Quarta Turma, DJe 06/08/2013).

◙ **Se o consumidor adquire veículo em perfeito estado, cujo modelo é apenas de qualidade inferior ao modelo topo de linha, não há que se falar em vício do produto *(sobre prazo decadencial, ver art. 26)*.** "Processo civil. Direito do consumidor. Aquisição de veículo automotor. Alegação do consumidor de que comprou determinado modelo, pensando ser o mais luxuoso, e de posterior constatação de que se tratava do modelo intermediário. Ação proposta um ano após a aquisição. Decadência. Desnecessidade de se aguardar o término do prazo de garantia. Alegado inadimplemento do dever de informação, pelo vendedor, que se insere no âmbito do contrato de compra e venda. – O início da contagem do prazo de decadência para a reclamação de vícios do produto (art. 26 do CDC) se dá após o encerramento da garantia contratual. Precedentes. – A postergação do início da contagem desse prazo, contudo, justifica-se pela possibilidade, contratualmente estabelecida, de que seja sanado o defeito apresentado durante a garantia. – Na hipótese em que o consumidor não adquire bem propriamente defeituoso, mas alega ter se enganado quanto ao objeto adquirido, comprando o automóvel intermediário em vez do mais luxuoso, não há, necessariamente, qualquer defeito a ser corrigido durante o prazo de garantia. A decadência para pleitear a devolução da mercadoria, a troca do produto ou o abatimento do preço, portanto, conta-se, sendo aparente a diferença entre os modelos, da data da compra. – A inversão do ônus da prova pressupõe hipossuficiência (técnica, jurídica ou econômica) ou verossimilhança das alegações feitas pelo consumidor. Os costumes comerciais indicam que a parte interessada na aquisição de um automóvel de luxo costuma buscar, ao menos, as informações quanto aos modelos existentes. A prática também indica que todos os modelos disponíveis, notadamente os mais caros, sejam apresentados ao comprador. Não há, portanto, verossimilhança na alegação de que a concessionária omitiu do consumidor a informação sobre o modelo luxuoso. Também não há hipossuficiência do consumidor uma vez que: (i) não é economicamente fraca a parte que adquire automóvel de luxo; (ii) não há desequilíbrio técnico ou jurídico se o comprador adquire o automóvel pelo convênio mantido entre a montadora e Associação de Magistrados. Recurso especial conhecido e improvido" (STJ, REsp 1021261/RS, Rel. Ministra Nancy Andrighi, Terceira Turma, DJe 06/05/2010).

■ **Se o vício atinge automóvel usado, não é lícito ao consumidor exigir um veículo novo.** "ADMINISTRATIVO. CÓDIGO DE DEFESA DO CONSUMIDOR. PROCON. REPRESENTAÇÃO DO CONSUMIDOR PELO ESTADO. VÍCIO DE QUALIDADE NO PRODUTO. RESPONSABILIDADE DO FORNECEDOR. EXEGESE DO ARTIGO 18, § 1°, I, DO CDC. 1. O § 1° e incisos do artigo 18 do Código de Defesa do Consumidor prescrevem que, se o vício do produto não for sanado no prazo máximo de trinta dias pelo fornecedor, o consumidor poderá exigir, alternativamente e ao seu arbítrio, as seguintes opções: a) substituição do produto por outro da mesma espécie, em perfeitas condições de uso; b) a restituição imediata da quantia paga, monetariamente atualizada, sem prejuízo de eventuais perdas e danos; c) o abatimento proporcional do preço. 2. A exegese do dispositivo é clara. Constatado o defeito, concede-se ao fornecedor a oportunidade de sanar o vício no prazo máximo de trinta dias. Não sendo reparado o vício, o consumidor poderá exigir, à sua escolha, as três alternativas constantes dos incisos I, II e III do § 1° do artigo 18 do CDC. 3. No caso dos autos, inexiste ofensa ao disposto no art. 18 do CDC, pois imediatamente após a reclamação, o fornecedor prontificou-se a reparar o produto – veículo automotor. Não aceita a oferta pelo consumidor, propôs a substituição do bem por outro nas mesmas condições e em perfeitas condições de uso ou a compra pelo preço de mercado. Ainda assim, o consumidor manteve-se renitente. 4. 'A primeira solução que o Código apresenta ao consumidor é a substituição das partes viciadas do produto. Não se está diante de uma 'opção' propriamente dita, de vez que, como regra, o consumidor não tem outra alternativa a não ser aceitar tal substituição' (Antônio Herman de Vasconcellos Benjamin, in Comentários ao Código de Proteção do Consumidor, coordenador Juarez de Oliveira. – São Paulo: Saraiva, 1991). 5. 'Vício de qualidade. Automóvel. Não sanado o vício de qualidade, cabe ao consumidor a escolha de uma das alternativas previstas no art.18, § 1º, do CDC' (REsp 185.836/SP, Rel. Min. Ruy Rosado de Aguiar, DJU de 22.03.99). 6. O dispositivo em comento não confere ao consumidor o direito à troca do bem por outro novo, determina apenas que, 'não sendo o vício sanado no prazo máximo de trinta dias, pode o consumidor exigir, alternativamente e à sua escolha: I – a substituição do produto por outro da mesma espécie, em perfeitas condições de uso (...)'. 7. 'Poderia o juiz deferir-lhe integralmente o pedido ou conceder-lhe a reparação em menor valor, seja com a condenação do réu a entregar um carro usado, ou ao pagamento de uma certa quantia, desde que nos limites constantes do pedido' (REsp 109.294/RS, Rel. Min. Ruy Rosado de Aguiar, DJU de 18.02.97). 8. Recurso especial não provido. (STJ, REsp 991.985/PR, Rel. Ministro Castro Meira, Segunda Turma, DJ 11/02/2008).

◙ **Veículo novo. Se os defeitos são sucessivos, o fornecedor também pode ser responsabilizado por dano moral.** "AGRAVO REGIMENTAL. AGRAVO EM RECURSO ESPECIAL. AÇÃO DE OBRIGAÇÃO DE FAZER C/C INDENIZAÇÃO POR DANOS MORAIS. VEÍCULO NOVO. DEFEITO INSANÁVEL. DIMINUIÇÃO DO VALOR DO PRODUTO. DANO MATERIAL. INÚMERAS TENTATIVAS DE SANAR O DEFEITO. DANO MORAL (...) 2. O STJ possui jurisprudência segundo a qual, em se tratando de vício que diminua o valor ou comprometa a qualidade do produto, terá o consumidor direito à indenização por danos materiais, exigível por uma das modalidades do art. 18, § 1º, do CDC. 3. A jurisprudência desta Corte orienta-se no sentido de ser cabível indenização por dano moral quando o consumidor de veículo zero quilômetro necessita retornar à concessionária por diversas vezes para reparo de defeitos apresentados no veículo adquirido. (STJ, AgRg no AREsp 385.994/MS, Rel. Ministra Maria Isabel Gallotti, Quarta Turma, DJe 10/12/2014). ◙ **No mesmo sentido**: "Direito do Consumidor. Recurso Especial. Ação de conhecimento sob o rito ordinário. Aquisição de automóvel zero-quilômetro. Vícios do produto solucionados pelo fabricante no prazo legal. Danos morais. Configuração (...). – O vício do produto ou serviço, ainda que solucionado pelo fornecedor no prazo legal, poderá ensejar a reparação por danos morais, desde que presentes os elementos caracterizadores do constrangimento à esfera moral do consumidor. – Se o veículo zero-quilômetro apresenta, em seus primeiros meses de uso, defeitos em quantidade excessiva e capazes de reduzir substancialmente a utilidade e a segurança do bem, terá o consumidor direito à reparação por danos morais, ainda que o fornecedor tenha solucionado os vícios do produto no prazo legal. – Na linha de precedentes deste Tribunal, os danos morais, nessa hipótese, deverão ser fixados em quantia moderada (salvo se as circunstâncias fáticas apontarem em sentido diverso), assim entendida aquela que não ultrapasse a metade do valor do veículo novo, sob pena de enriquecimento sem causa por parte do consumidor. – Se o autor deduziu três pedidos e apenas um foi acolhido, os ônus da sucumbência deverão ser suportados reciprocamente, na proporção de 2/3 (dois terços) para o autor e de 1/3 (um terço) para o réu. – Recurso especial a que se dá parcial provimento. (STJ, REsp 324.629/MG, Rel. Ministra Nancy Andrighi, Terceira Turma, DJ 28/04/2003).

◙ **Compra e venda de veículo usado. Responsabilidade do fornecedor pelos vícios surgidos.** ***(sobre a contagem do prazo decadencial em vícios de veículos usados, verificar art. 26)*** "Compra e venda de veículo usado – Vício de qualidade do produto – Artigo 18, § 1.º, do Código de Defesa do Consumidor – Danos materiais – Responsabilidade objetiva do fornecedor – Cálculo dos juros de mora. I – Restando comprovado que a extensão dos danos materiais sofridos pelo autor, ora recorrido, não se restringiu à peça danificada no motor do veículo fornecida pela ré, ora recorrente, tendo alcançado também as despesas efetuadas na realização do serviço, mostra-se insubsistente a alegação recursal de que, com a reposição da referida peça, teria desaparecido o ato ilícito. II – Não havendo nos autos prova de que o defeito foi ocasionado por culpa do consumidor, subsume-se o caso vertente na regra contida no caput do art. 18 da Lei 8.078/90, o qual consagra a responsabilidade objetiva dos fornecedores de bens de consumo duráveis pelos vícios de qualidade que os tornem impróprios ou inadequados ao consumo a que se destinam ou lhes diminuam o valor, impondo-se o ressarcimento integral dos prejuízos sofridos. III – Tratando-se de responsabilidade contratual, a mora constitui-se a partir da citação, e os juros respectivos devem ser regulados, até a entrada em vigor do novo Código, pelo artigo 1.062 do diploma de 1916, e, depois dessa data, pelo artigo 406 do atual Código Civil. Recurso não conhecido." (STJ, REsp 760.262/DF, Rel. Min. Sidnei Beneti,, DJe 15.04.2008).

◙ **Vício em automóvel. Potência do motor menor do que a anunciada em publicidade.** "CIVIL E CONSUMIDOR. AÇÃO REDIBITÓRIA. QUANTI MINORIS. INDENIZAÇÃO POR DANOS MATERIAIS. VEÍCULO AUTOMOTOR. VÍCIO. DESCOMPASSO ENTRE A POTÊNCIA DO MOTOR ANUNCIADA E A EFETIVAMENTE APRESENTADA. DECADÊNCIA. INOCORRÊNCIA. ÔNUS DA PROVA. DIREITO DO CONSUMIDOR. INVERSÃO. REDUÇÃO DO VALOR. PROPORCIONALIDADE. RECURSO IMPROVIDO. 1. O termo inicial do prazo decadencial para o consumidor reclamar de vício oculto do produto inicia-se a partir do momento em que resta evidenciado o defeito, e não da data da aquisição do produto. 2. Em se tratando de relação de consumo, e diante da divergência de informações apresentadas por consumidor e fornecedor, cabe a este último, diante da inversão do ônus da prova, demonstrar o fato extintivo do direito do autor. 3. Presentes nos autos elementos que comprovam efetivo prejuízo de ordem econômica ao consumidor, impositiva se mostra a sanção do abatimento proporcional do preço do produto, uma vez que a hipótese dos autos se amolda ao comando do art. 18, do CDC. 4. Apelo improvido. Sentença mantida. (TJDF, Ap. Cív. 20120610131430, Rel. Des. Arnoldo Camanho, Quarta Turma Cível, Julgado em 20/08/2014)..

◙ **Compra de veículo usado. Fornecedor não se isenta pelo não conhecimento dos vícios do produto.** "APELAÇÃO CÍVEL. COMPRA DE VEÍCULO USADO. VÍCIOS DO PRODUTO. ARTIGO 18 DO CDC. Cautelar. Perda do objeto. Extinção sem julgamento de mérito, de ofício. O fornecedor não se isenta de responsabilidade por não ter conhecimento dos vícios do produto (art. 18, da Lei nº 8.078/90), nos termos do artigo 23 da Lei nº 8.078/90. Tampouco por não ter o consumidor efetuado exame prévio do veículo. Dever de indenizar configurado. Gastos efetivamente comprovados. Despesas normais de manutenção não devem ser ressarcidas. Extinção sem julgamento de mérito, de ofício, da ação cautelar. Provimento em parte do apelo". (TJRS, Apelação C. nº 70007051055, 14ª Câmara Cível, Rel. Antônio Corrêa Palmeiro da Fontoura, J. 23.12.2004)

◙ **Não é necessário que o consumidor apresente justificativa para a escolha das opções do § 1º.** "Nos termos do § 1º do art. 18 do Código de Defesa do Consumidor - CDC, caso o vício de qualidade do produto não seja sanado no prazo de 30 dias, o consumidor poderá, sem apresentar nenhuma justificativa, optar entre as alternativas ali contidas, ou seja: (I) a substituição do produto por outro da mesma espécie, em perfeitas condições de uso; (II) a restituição imediata da quantia paga; ou (III) o abatimento proporcional do preço." (STJ, REsp 1016519/PR, Rel. Ministro Raul Araújo, Quarta Turma, DJe 25/05/2012)

► **Sobre as opções do consumidor, duas observações importantes.** 1) No caso de escolher outro produto da mesma espécie (na verdade o código deveria ter dito da mesma espécie, marca e modelo, ou seja, o mesmo produto) e o fornecedor não possibilitar a substituição do produto pretendido, o consumidor poderá optar pela substituição por outro de espécie, marca ou modelo diversos, mediante complementação ou restituição de eventual diferença de preço. É o que reza o § 4º do art. 18. 2) Embora a possibilidade de perdas e danos esteja elencada apenas no inciso II (quando o consumidor exigir a restituição da quantia paga), poderá ocorrer em quaisquer das hipóteses enumeradas no § 1º. Pelo princípio da reparação ampla do consumidor, sempre que houver comprovação de dano, seja patrimonial, moral ou ambos, deverá ser indenizado.

► **Contagem do prazo de 30 dias.** "Circunstância interessante e que o código não responde é se o fornecedor, a cada conserto efetuado no produto, teria mais 30 dias para efetuar novo conserto. Alguns autores defendem que o fornecedor teria, no máximo, 30 dias para efetuar o conserto de cada vício. Assim, suponhamos que o fornecedor sanasse o vício X em 10 dias. Caso o mesmo vício voltasse a ocorrer o fornecedor teria mais 20 dias para efetuar o reparo. Se ocorresse outro vício (vício Y), o fornecedor teria novos 30 dias. Ou seja, para cada vício, o fornecedor disporia de, no máximo, 30 dias.". (NUNES, Rizzatto. *Curso de Direito do Consumidor*. São Paulo: Saraiva, 2005. p. 184.)

► **No sentido de que o fornecedor teria apenas uma oportunidade para sanar o vício, devendo fazê-lo no prazo máximo de 30 dias.** Caso o produto apresente o mesmo vício, presume-se que o fornecedor não conseguiu colocar o produto em condição de pleno uso e de forma apropriada para o consumidor. Assim, o consumidor poderá se valer das hipóteses do § 1º, ou seja, pedir outro produto; a restituição da quantia paga ou solicitar o abatimento proporcional, sem prejuízo de eventual indenização por perdas e danos. Consoante Leonardo Bessa, mesmo que se trate de outro vício, o fornecedor não teria o prazo de 30 dias e o consumidor poderia, de imediato, valer-se das alternativas do § 1º. Para o autor "há, no mínimo, um indicativo de desvalorização do produto."

(BESSA, Leonardo. *Manual de Direito do Consumidor.* São Paulo: Revista dos Tribunais, 2007. p. 155.)

► **No sentido de adotar uma posição intermediária.** A primeira posição (o fornecedor poder contar todos os dias de serviço até chegar a 30) dá margens a abusos. Imagine se o fornecedor consertar o produto em apenas um dia! Terá ele mais 29 oportunidades para sanar o vício? Nesse sentido é que entendemos que o fornecedor terá somente uma oportunidade para sanar cada vício. Mas também aceitar apenas um único vício por produto não parece a melhor solução. Será necessário analisar o caso concreto e verificar até que ponto o consumidor teve frustrado sua expectativa quanto à segurança e à qualidade do produto adquirido. Assim, o vício facilmente sanável em que o fornecedor utiliza apenas algumas horas no conserto é diferente do vício de maior complexidade, que demanda vários dias para ser sanado. No primeiro caso, apresentando o produto outro vício (diferente do já ocorrido), ainda que um pouco mais complexo, não servirá para que o consumidor utilize diretamente das alternativas do § 1º, devendo suportar a possibilidade de o fornecedor sanar o novo vício. Agora, no segundo caso, se mesmo depois de o consumidor ter sido privado da utilização do produto por um longo período de tempo, outro vício aparecer, vindo a deixar o consumidor novamente desamparado por dias, poderá haver a quebra da confiança depositada no produto, o que permite a utilização das alternativas do § 1º.

◙ **No sentido de o fornecedor tem o prazo máximo de 30 dias para o saneamento do vício apresentado no produto, iniciando a contagem desde a primeira manifestação do vício.** "Em havendo sucessiva manifestação do mesmo vício no produto, o trintídio legal é computado de forma corrida, isto é, sem que haja o reinício do prazo toda vez que o bem for entregue ao fornecedor para a resolução de idêntico problema, nem a suspensão quando devolvido o produto ao consumidor sem o devido reparo." (STJ, REsp 1684132/CE, Rel. Ministra Nancy Andrighi, Terceira Turma, DJe 04/10/2018)

► **Prazo de 30 dias para conserto somente em ocasiões especiais e que possibilitem a substituição de partes do produto** ."Também as hipóteses previstas no art. 18, in fine, de substituição das partes viciadas, e do prazo previsto no § 1º, segundo a qual o fornecedor pode tentar consertar o vício durante 30 dias, após a reclamação do consumidor, parece que serão mais usadas contra o fornecedor-final. Nunca é demais frisar que este prazo de 30 dias previsto no § 1º, só será utilizado em situações especiais, que permitam a substituição das partes do produto. Nesse sentido, é claro o §3º, que exclui o prazo 'sempre que, em razão da extensão do vício, a substituição das partes viciadas puder comprometer a qualidade ou características do produto, diminuir-lhe o valor...'" (MARQUES, Lima Marques. *Comentários ao Código de Defesa do Consumidor*. São Paulo: Revista dos Tribunais, 2004. p. 289).

◙ **Para solicitar a substituição do produto com vícios, não é necessário que o vício impeça o uso do mesmo.** "Nos termos do § 1º do art. 18 do Código de Defesa do Consumidor – CDC, caso o vício de qualidade do produto não seja sanado no prazo de 30 dias, o consumidor poderá, sem apresentar nenhuma justificativa, optar entre as alternativas ali contidas, ou seja: (I) a substituição do produto por outro da mesma espécie, em perfeitas condições de uso; (II) a restituição imediata da quantia paga; ou (III) o abatimento proporcional do preço.3. Assim, a faculdade assegurada no § 1º do art. 18 do Estatuto Consumerista permite que o consumidor opte pela substituição do produto no caso de um dos vícios de qualidade previstos no caput do mesmo dispositivo, entre eles o que diminui o valor do bem, não exigindo que o vício apresentado impeça o uso do produto." (STJ, REsp 1016519/PR, Rel. Ministro Raul Araújo, Quarta Turma, DJE 25/05/2012)

► **A escolha cabe ao consumidor. Alternativas dos incisos I, II e III.** "CIVIL - CDC - APARELHO DE TELEFONIA CELULAR - DEFEITOS DIVERSOS - VÍCIO DO PRODUTO - REEDIÇÃO DE PRELIMINARES REJEITADAS, EM SEDE DE CONTRA-RAZÕES - IMPOSSIBILIDADE - PRELIMINARES AFASTADAS - REDIBIÇÃO DO CONTRATO - POSSIBILIDADE - SOLIDARIEDADE RECONHECIDA ENTRE O FABRICANTE E O FORNECEDOR - SUBSTITUIÇÃO DO PRODUTO QUE SE IMPÕE - (...) É obrigação do fornecedor, que vende aparelho de telefonia celular que apresenta defeitos diversos, não sanando o vício no prazo máximo de trinta dias, substituir o produto por outro da mesma espécie, em perfeitas condições (inciso I do § 1º do artigo 18 do CDC). 3. Não sanado o vício do produto pelo fornecedor, dentro do prazo legal, fica ao consumidor facultado exigir a substituição do produto, a imediata devolução da quantia paga, ou, o abatimento proporcional do preço, à sua escolha. 4. Inegável a solidariedade entre o fornecedor, que comercializa o produto, e o fabricante, para efeitos de substituição do bem ou devolução do valor pago pelo consumidor. 5. Recurso conhecido e improvido, preliminares afastadas, sentença mantida". (TJDF, ACJ 20050110147823 - 2ª T.R.J.E. - Rel. Des. João Batista Teixeira, DJU 25.8.2005)

◙ **A escolha cabe ao consumidor. Não poderá o juiz alterar a escolha feita.** "No presente caso, a substituição do veículo por outro em perfeitas condições de uso foi a alternativa escolhida pelo consumidor. Então, não poderia o Juízo de piso alterar essa escolha, ainda que a pretexto de desonerar o consumidor, sob pena de maltrato ao art. 18, § 1º, do CDC. Precedente." (STJ, REsp 1016519/PR, Rel. Ministro Raul Araújo, Quarta Turma, DJe 25/05/2012) ◙ **No sentido de permitir a alteração pelo juiz da escolha feita pelo consumidor:** "Possibilidade de o juiz deferir, em vez da entrega de um carro novo, a indenização pela diminuição de valor do bem. Observa-se o princípio de que o processo deve ser conduzido e decidido de modo a assegurar a efetiva prestação jurisdicional que, no caso, consistia em encontrar a justa composição dos danos." (STJ, REsp 109294/RS; DJU 12/05/1997, Rel. Min. Ruy Rosado de Aguiar, J. 18.2.1997)

◙ **Não comprovação pelo fornecedor de que o vício foi sanado no prazo de 30 dias.** "CIVIL - CDC - COMPRA DE TELEFONE CELULAR - Vício de qualidade, que o torna impróprio ao fim a que se destina. Opção do consumidor pela devolução da quantia paga. Validade. Não comprovação de que o vício foi sanado no prazo de 30 dias. Sentença mantida (inteligência do art. 18, do CDC). Comprovado que produto adquirido apresenta vícios de qualidade que o tornam impróprio ao fim a que se destina, e não comprovando a fornecedora que sanou o vício, no prazo legal de 30 dias, é de ser mantida a sentença que a condenou a devolver ao consumidor a quantia paga, devidamente corrigida e acrescida de juros de mora a partir da citação". (TJDF, ACJ 20040110355964 - 2ª T.R.J.E. - Rel. Des. Jesuíno Aparecido Rissato, DJU 25.8.2005)

► **Exigir que o consumidor encaminhe o produto viciado à assistência técnica ofende o sistema de proteção do CDC.** Exigir que o consumidor vá diretamente à assistência técnica, muitas vezes longe do seu local habitual de passagem (imaginemos as grandes cidades do Brasil como São Paulo, Rio de Janeiro, Belo Horizonte, etc), ofende o sistema de proteção do CDC, causando um ônus excessivo sobre o consumidor. No sistema de vícios, a lógica do CDC foi a de privilegiar a resolução rápida e menos onerosa possível ao consumidor, uma vez que se trata de inadequação dos produtos e serviços adquiridos e não da saúde ou outros bens do consumidor, como na responsabilidade pelo fato. O que acontece, na prática, é que o consumidor, muitas vezes, acaba desistindo de encaminhar o produto viciado à assistência técnica, caso o comerciante não queira recebê-lo. ◙ **No mesmo sentido, cabendo ao consumidor a escolha do melhor lugar para encaminhar o produto viciado**: "À frustração do consumidor de adquirir o bem com vício, não é razoável que se acrescente o desgaste para tentar resolver o problema ao qual ele não deu causa, o que, por certo, pode ser evitado – ou, ao menos, atenuado – se o próprio comerciante participar ativamente do processo de reparo, intermediando a relação entre consumidor e fabricante, inclusive porque, juntamente com este, tem o dever legal de garantir a adequação do produto oferecido ao consumo. 6. À luz do princípio da boa-fé objetiva, se a inserção no mercado do produto com vício traz em si, inevitavelmente, um gasto adicional para a cadeia de consumo, esse gasto deve ser tido como ínsito ao risco da atividade, e não pode, em nenhuma hipótese, ser suportado pelo consumidor. Incidência dos princípios que regem a política nacional das relações de consumo, em especial o da vulnerabilidade do consumidor (art. 4º, I, do CDC) e o da garantia de adequação, a cargo do fornecedor (art. 4º, V, do CDC), e observância do direito do consumidor de receber a efetiva reparação de danos patrimoniais sofridos por ele (art. 6º, VI, do CDC). 7. Como a defesa do consumidor foi erigida a princípio geral da atividade econômica pelo art. 170, V, da Constituição Federal, é ele – consumidor – quem deve escolher a alternativa que lhe parece menos onerosa ou embaraçosa para exercer seu direito de ter sanado o vício em 30 dias – levar o produto ao comerciante, à assistência técnica ou diretamente ao fabricante -, não cabendo ao fornecedor impor-lhe a opção que mais convém." (STJ, REsp 1634851/RJ, Rel. Ministra Nancy Andrighi, Terceira Turma, DJe 15/02/2018) ◙ **No mesmo sentido:** "APELAÇÃO CÍVEL. DIREITO PRIVADO NÃO ESPECIFICADO. AÇÃO COMINATÓRIA CUMULADA COM PEDIDO DE INDENIZAÇÃO. VÍCIO DO PRODUTO. PRELIMINAR DE CERCEAMENTO DE DEFESA. AUSÊNCIA DE AUDIÊNCIA DE CONCILIAÇÃO. INEXISTÊNCIA DE NULIDADE. (...) VÍCIO DO PRODUTO. RESPONSABILIDADE SOLIDÁRIA DOS FORNECEDORES. De regra, a responsabilidade dos fornecedores é solidária, motivo pelo qual o comerciante também responde pelo vício do produto. ENCAMINHAMENTO DO PRODUTO VICIADO. FACULDADE DO CONSUMIDOR. É faculdade do consumidor o encaminhamento do produto viciado à assistência técnica, à fabricante ou à comerciante, consoante sua conveniência. Decorrência da solidariedade dos fornecedores e da proteção ao consumidor. Precedente STJ (...) (TJRS, Apelação Cível Nº 70076116649, Décima Nona Câmara Cível, Tribunal de Justiça do RS, Relator: Marco Antonio Angelo, Julgado em 12/04/2018) ► **No mesmo sentido**: "O consumidor poderá optar por levar o aparelho à loja, à assistência técnica ou diretamente ao fabricante (os fornecedores do caput do art. 18)." (NUNES, Rizzatto. *Comentários ao Código de Defesa do Consumidor*. 7ª ed. São Paulo: Saraiva, 2013. p. 332) ◙ **Em sentido contrário, entendendo que o comerciante não está obrigado a encaminhar o produto viciado à assistência técnica.** "RECURSO ESPECIAL. PROCESSUAL CIVIL. AÇÃO CIVIL PÚBLICA. JULGAMENTO EXTRA PETITA. OCORRÊNCIA. ASSISTÊNCIA TÉCNICA. FORNECEDOR. INTERMEDIAÇÃO. DESNECESSIDADE. ARTIGO 18, § 1º, DO CÓDIGO DE DEFESA DO CONSUMIDOR. OBSERVÂNCIA. (...) 5. A Terceira Turma já concluiu que a disponibilização de serviço de assistência técnica, de forma eficaz, efetiva e eficiente, na mesma localidade do estabelecimento do comerciante, afasta o dever do fornecedor de intermediar o serviço, sob pena de acarretar delongas e acréscimo de custos" (STJ, REsp 1459555/RJ, Terceira Turma, Rel. Min. Ricardo Villas Bôas Cueva, DJe 20/02/2017).

► **A oportunidade do fornecedor sanar o vício do produto é única. Ministério da Justiça - Secretaria de Direito Econômico - Departamento de Proteção e Defesa do Consumidor - Nota Técnica nº 20 de 26 de junho de 2009.** "(...) A determinação do Código de que "não sendo o vício sanado no prazo máximo de 30 dias, pode o consumidor exigir (...)" implica em duas conclusões: 1) que o fornecedor tem o dever de sanar o vício apresentado; 2) que o fornecedor tem o prazo máximo de 30 dias para fazê-lo. A redação é clara: a prerrogativa do consumidor em exercer seu direito de escolha torna-se eficaz a partir da realização de qualquer desses eventos, isto é, na hipótese do vício não ser sanado, ainda que a substituição das peças ocorra dentro do prazo, ou na hipótese de ser suplantado o prazo de 30 dias na tentativa de sanar o vício. (...) Compreende-se que o objetivo do artigo 18§ 1º, é o de concretizar o princípio da reparação dos danos econômicos e da proteção dos interesses econômicos do consumidor (art. 4º, caput e 6º, VI) ao propiciar outros meios de reparação dos prejuízos causados (arts. 18 § 1º, I, II e III), na hipótese do vício do produto não ser sanado pelo fornecedor. A partir dessa interpretação do artigo 18, caput e § 1º, pode-se compreender que o fornecedor tem o dever de sanar o vício no prazo máximo de 30 dias, sob pena de ter que substituir o produto, restituir o valor ou conceder o abatimento, a depender da escolha do consumidor. Nada impede que o fornecedor substitua as partes viciadas em prazo inferior ao previsto no código, desde que realmente cumpra seu dever, determinado pelo CDC, de sanar o vício. Caso produto permaneça inadequado ao consumidor, mesmo após a substituição de peças pelo fornecedor, o vício não terá sido realmente sanado, o que acarreta o implemento da condição suspensiva, tornando ineficaz o direito de escolha do consumidor.(...) Desse modo, mesmo na hipótese do fornecedor substituir as peças viciadas em prazo inferior a 30 dias e da imprestabilidade do produto voltar a ocorrer ainda nesse prazo, não há possibilidade para nova substituição das peças, tendo em vista que o direito de escolha do consumidor torna-se eficaz a partir do implemento da condição suspensiva. A partir dessa interpretação, pode-se concluir que a lei concede ao fornecedor uma única oportunidade para que ele busque sanar o vício mediante a substituição das peças viciadas. (...)".

► **Surgindo o mesmo vício novamente, o consumidor pode fazer o uso da tríplice alternativa.** "Se o mesmo vício surgir novamente, o consumidor pode fazer uso das opções indicadas pelos incisos I, II e III do § 1.º do art. 18, ou seja, pode exigir a substituição do produto, a restituição imediata da quantia paga ou o abatimento proporcional do preço, tudo sem prejuízo, nas três hipóteses, de eventual indenização por perdas e danos". (BENJAMIN, Antônio Herman V.; MARQUES, Cláudia Lima; BESSA, Leonardo Roscoe. *Manual de Direito do Consumidor.* 7ª edição. São Paulo, Revista dos Tribunais, 2016, p. 226).

► **Pretensão dirigida a qualquer fornecedor intermediário que tenha participado da produção e circulação.** "A pretensão do consumidor em relação à substituição do produto, à devolução do valor pago ou ao abatimento proporcional do preço, além das perdas e danos (§ 1.º do art. 18), pode ser dirigida tanto ao comerciante, como ao fabricante ou a qualquer outro fornecedor intermediário que tenha participado da cadeia de produção e circulação do bem (importador, distribuidor etc.)". (BENJAMIN, Antônio Herman V.; MARQUES, Cláudia Lima; BESSA, Leonardo Roscoe. *Manual de Direito do Consumidor.* 7ª edição. São Paulo, Revista dos Tribunais, 2016, p. 218-219).

I – a substituição do produto por outro da mesma espécie, em perfeitas condições de uso;

► **O certo seria dizer "mesma espécie, marca e modelo".** "A primeira alternativa à disposição do consumidor (a do inciso I) é a da substituição do produto por outro da mesma espécie, obviamente em perfeitas condições de uso. A norma disse menos do que devia, necessitando ser, então, interpretada extensivamente. É que a redação do inciso I diz: 'substituição do produto por outro da mesma 'espécie'...'. O certo seria dizer "mesma espécie, marca e modelo. Essa é a intenção da norma, tanto que, ao tratar de outra alternativa dada ao consumidor, quando ele não pode obter o mesmo tipo de produto, o CDC fala em 'espécie, marca ou modelo'. A par disso não poderia a alternativa colocada no inciso I ser entendida de outra forma, pois, se assim fosse, o consumidor, por absurdo, poderia exigir a troca de uma TV de 20 polegadas de uma marca de reconhecida menor qualidade (espécie) por outra de 29 polegadas de marca de melhor qualidade (mesma espécie, mas com marca e modelo diferentes). Assim, a alternativa do inciso I deve ser lida como: 'substituição do produto por outro da mesma espécie, marca e modelo, em perfeitas condições de uso'." (NUNES, Luiz Antonio Rizzatto. *Curso de Direito do Consumidor.* 2ª ed. São Paulo: Saraiva, 2005. p. 186-187)

► **Produto da mesma espécie.** "O produto é da mesma espécie quando reúne características idênticas às do portador do vício de qualidade por inadequação. Aí se inclui marca, modelo, potência, configuração e até cor" (Comentários ao Código de Proteção ao Consumidor, p. 91)". (BENJAMIN, Antônio Herman V.; MARQUES, Cláudia Lima; BESSA, Leonardo Roscoe. *Manual de Direito do Consumidor.* 7ª edição. São Paulo, Revista dos Tribunais, 2016, p. 221).

► **Não havendo produto da mesma espécie, o consumidor poderá optar por produto diverso.** "Caso o estabelecimento não possua produto da mesma espécie em estoque, o § 4.º do art. 18, estabelece que poderá haver a opção por produto diverso "mediante complementação ou restituição de eventual diferença." (Comentários ao Código de

Proteção ao Consumidor, p. 91)". (BENJAMIN, Antônio Herman V.; MARQUES, Cláudia Lima; BESSA, Leonardo Roscoe. *Manual de Direito do Consumidor.* 7ª edição. São Paulo, Revista dos Tribunais, 2016, p. 221).

◙ **Hipóteses para o consumidor caso não haja o mesmo produto.** "Não havendo outro veículo nas mesmas condições do adquirido pelo autor nos estoques das recorridas, é de se aplicar o disposto no § 4º do art. 18 do CDC, que permite a substituição por outro produto de espécie, marca ou modelo diversos, mediante complementação ou restituição da diferença de preço, permanecendo abertas as alternativas dos incisos II e III daquele § 1º. 6. Então, na hipótese, o consumidor dispõe das seguintes alternativas: a) receber todo o valor atualizado do preço pago na ocasião da compra, desde que restitua o bem viciado ao fornecedor; b) caso não faça a restituição, receber a diferença entre o valor atualizado do preço pago na ocasião da compra e o valor equivalente ao preço médio de mercado do bem usado; ou, ainda, c) adquirir novo produto do fornecedor, pagando ou recebendo a diferença entre o valor do novo bem e o saldo credor que detém." (STJ, REsp 1016519/PR, Rel. Ministro Raul Araújo, Quarta Turma, DJe 25/05/2012)

◙ **Direito do consumidor à substituição do veículo que apresentou defeitos graves.** "DEFESA DO CONSUMIDOR - VEÍCULO - DEFEITO DE FABRICAÇÃO - SUBSTITUIÇÃO - ART. 18, § 1º, INC. I DO CDC - I- O veículo apresentou defeitos graves de fabricação, os quais não foram reparados com a troca de peças, inclusive com o comprometimento da sua segurança e confiabilidade, razão pela qual o autor tem direito à substituição pretendida, na forma do art. 18, § 1º, inc. I do CDC. II- Apelação conhecida e provida". (TJDF, APC 19990110568190 - 4ª T.Cív. - Relª Desª Vera Andrighi, DJU 9.8.2005) ◙ **No mesmo sentido:** "Veículo novo. Defeito de fábrica. Código do Consumidor. 1. O defeito apresentado, mormente por tratar-se de veículo zero quilômetro já com sucessivas idas à oficina, diminuiu o valor e comprometeu a qualidade do produto, além de impossibilitar a utilização do bem. 2. Regular a aplicação do artigo 18, §§ 1º e 2º, da Lei nº 8.078/90, estando a decisão em harmonia com os precedentes desta Corte ao determinar a substituição do bem." (STJ, AGA 350590/RJ DJU 07/05/2001, p. 141, Rel. Min. Carlos Alberto Menezes Direito, J. 19.3.2001, 3ª T.) ◙ **No mesmo sentido:** "Código de Defesa do Consumidor. Compra de veículo novo com defeito de fábrica. Responsabilidade do fabricante.Comprado veículo novo com defeito de fábrica, é responsabilidade do fabricante entregar outro do mesmo modelo, a teor do art. 18, § 1°, do Código de Defesa do Consumidor." (STJ, REsp 195659/SP, DJU 12/06/2000, Rel. Min. Carlos Alberto Menezes Direito, J. 27.4.2000)

II – a restituição imediata da quantia paga, monetariamente atualizada, sem prejuízo de eventuais perdas e danos;

◙ **Devolução do preço do automóvel. Defeitos não consertados em tempo hábil.** "(...) A sentença que condena o vendedor a devolver o preço do automóvel, cujos defeitos foi incapaz de consertar em prazo hábil, não ofende o artigo 460 do Código de Processo Civil, ainda que a respectiva fundamentação aluda a enguiços não descritos na petição inicial; a causa de pedir foi genérica, o mau funcionamento do veículo, cuja origem o consumidor não está obrigado a identificar, porque essa obrigação é do vendedor." (STJ, AGA 196922/MG DJU 01/10/2001, p. 205, Rel. Min. Ari Pargendler, J. 20.8.2001, 3ª T.)

◙ **Ilegitimidade da assistência técnica autorizada para restituir o valor pago ao consumidor.**. "INDENIZAÇÃO - AQUISIÇÃO DE APARELHO DE TV - DEFEITO CONSTATADO AINDA NA GARANTIA - RESTITUIÇÃO DO VALOR DESEMBOLSADO - APARELHO ENCAMINHADO À ASSISTÊNCIA TÉCNICA - RETENÇÃO - Aplicação do CDC. 01. Constatando-se o defeito de fabricação no bem adquirido e, após, decorrido o prazo para conserto, não se consegue sanar o vício, impõem-se a adoção da solução prevista no art. 18, parágrafo § 1º do Código de Defesa do Consumidor, qual seja o desfazimento do negócio, com a restituição do valor, conforme pleiteado pela demandante, garantindo-lhe, porém, o direito de retenção do produto até a integral satisfação de seu crédito. 02. É de se observar que na presente ação de cobrança a segunda ré é parte ilegítima para figurar no pólo passivo da demanda, tendo em vista que não tem nenhuma relação jurídica com a autora, eis que como assistente técnico, indicado pelo vendedor, não efetuou o reparo no aparelho, incumbindo ao fornecedor gestionar no sentido da solução da questão, o que não foi feito. 03. Recursos desprovidos. Unânime". (TJDF, APC 19980110626837 - 5ª T.Cív. - Rel. Des. Romeu Gonzaga Neiva, DJU 1.9.2005)

◙ **"Sem prejuízos de eventuais perdas e danos". Possibilidade do pedido de reparação de danos ainda que o fornecedor tenha solucionado o problema no prazo legal.** "O vício do produto ou serviço, ainda que solucionado pelo fornecedor no prazo legal, poderá ensejar a reparação por danos morais, desde que presentes os elementos caracterizadores do constrangimento à esfera moral do consumidor. - Se o veículo zero-quilômetro apresenta, em seus primeiros meses de uso, defeitos em quantidade excessiva e capazes de reduzir substancialmente a utilidade e a segurança do bem, terá o consumidor direito à reparação por danos morais, ainda que o fornecedor tenha solucionado os vícios do produto no prazo legal." (STJ, REsp 324629 / MG, Rel. Min. Nancy Andrighi, DJ 28.4.2003) ► **No mesmo sentido:** Mesmo quando o fornecedor utilizar-se do direito de sanar o vício dentro do prazo de 30 dias, poderá vir a indenizar o consumidor pelos prejuízos sofridos em razão da privação do uso do bem durante o prazo de conserto. Isso ocorre em razão do princípio básico da efetiva prevenção e reparação de danos patrimoniais e morais contemplado no art. 6, VI do CDC. ► **No mesmo sentido:** "Embora não seja a regra, o direito privado aceita e regula situações em que o exercício normal de um direito enseja indenização a pessoas lesadas. Recordem-se as hipóteses previstas no art. 188 c/c o art. 929 do CC: atos praticados em legítima defesa ou estado de necessidade com danos a terceiros. No caso, exercita-se um direito, mas há o dever de indenizar." (BESSA, leonardo. *Manual de Direito do Consumidor.* São Paulo: Revista dos Tribunais, 2007. p. 155.)

► **Além das opções, o consumidor tem direito a perdas e danos.** "O consumidor, além das três alternativas indicadas (substituição, restituição do dinheiro, abatimento do preço), pode exigir indenização pelas perdas e danos". (BENJAMIN, Antônio Herman V.; MARQUES, Cláudia Lima; BESSA, Leonardo Roscoe. *Manual de Direito do Consumidor.* 7ª edição. São Paulo, Revista dos Tribunais, 2016, p. 221).

► **Danos pela privação do uso do produto.** "Mesmo na situação excepcional de aplicação do prazo de 30 dias para sanação do vício, o fornecedor, em razão do direito básico de "efetiva prevenção e reparação de danos patrimoniais e morais" (art. 6.º, VI), possui o dever de indenizar os prejuízos sofridos pelo consumidor, oriundos da privação do uso do bem durante o prazo de conserto, que, recorde-se, pode ser ampliado até 180 dias (art. 18, § 2.º)". (BENJAMIN, Antônio Herman V.; MARQUES, Cláudia Lima; BESSA, Leonardo Roscoe. *Manual de Direito do Consumidor.* 7ª edição. São Paulo, Revista dos Tribunais, 2016, p. 227).

◙ **Aquisição de equipamento odontológico (cadeira/consultório) com inúmeros defeitos. Restituição da quantia paga mais perdas e danos.** "Apelações cíveis. Aquisição de equipamento odontológico (cadeira/consultório) com inúmeros defeitos. Relação de consumo. Pequena pessoa jurídica que somente cede espaços a dentistas. Dentista, pessoa física que representa a pessoa jurídica, e que utiliza os equipamentos. Vulnerabilidade face a fornecedores de nomes conhecidos no mercado. Precedentes do STJ. Subsunção da hipótese ao art. 18 CDC. Vícios não sanados. Danos materiais. Restituição do valor pago mais perdas e danos. Art. 18, § 1º, II CDC. Garantia legal de adequação. Inteligência do art. 24 CDC. Boa-fé objetiva. Rapidez e eficiência que devem pautar a solução do problema do consumidor. Lucros cessantes. Liquidação de sentença. Danos morais. Inexistência. Mero descumprimento contratual. Enunciado 75 TJRJ. Sucumbência recíproca. Provimento parcial do 1º recurso. Desprovimento do adesivo."(TJ-RJ – APL: 01113235620108190001 Relator: Des. Cristina Tereza Gaulia, Data de Julgamento: 03/09/2013, Quinta Camara Civel, Data de Publicação: 27/09/2013)

III – o abatimento proporcional do preço.

◙ **O consumidor poderá optar pelo abatimento proporcional do preço em caso de vício do produto.** "Vício do produto (CDC, art. 18). À luz da teoria da qualidade e o princípio da confiança que informam a responsabilidade por vício do produto, independentemente de o alienante conhecer o vício que inquina a coisa, responde pela idoneidade material do objeto da prestação, porque garantia legal do adquirente. Evidenciado o vício do produto, o consumidor pode fazer uso de qualquer das alternativas do art. 18, §1º, do CDC, dentre as quais o abatimento do preço para o reequilíbrio contratual (sinalagma). Quantificação da depreciação do bem. Impugnação genérica inidônea para afastar o percentual razoável apontado pelo consumidor (20%)." (Tribunal de Justiça de SP, Apelação Cível nº 0115906-51.2008.8.26.0004, Vigésima Nona Câmara de Direito Privado, , Relator: Hamid Bdine, Julgado em: 09/04/2014) ◙ **No mesmo sentido:** "AÇÃO ""QUANTI MINORIS"" C/C INDENIZAÇÃO – COMPRA E VENDA DE VEÍCULO USADO – VÍCIO OCULTO DO VEÍCULO DEMONSTRADO -ABATIMENTO DO PREÇO DEVIDO – INTELIGÊNCIA DO ART. 18, § 1º, III, DO CDC. – O vendedor de veículo usado tem obrigação de garantir o bom funcionamento do bem e, na hipótese de manifesto defeito oculto, pode o comprador optar pelo abatimento do preço do automóvel, consoante norma permissiva insculpida no art. 18, § 1°, III, do CDC." (Tribunal de Justiça do MG, Apelação Cível nº 1.0024.05.802430-8/001, 9ª Câmara Cível, Relator: Tarcisio Martins Costa, Julgado em 09/06/2009) ◙ **No mesmo sentido:** "DIREITO DO CONSUMIDOR. VÍCIO CONSTANTE DE IMÓVEL. GARAGEM MENOR QUE A FRAÇÃO IDEAL. ABATIMENTO PROPORCIONAL NO PREÇO. AUSÊNCIA DE PERDA DA GARAGEM EM FAVOR DO FORNECEDOR. INEXISTÊNCIA DE ENRIQUECIMENTO ILÍCITO. A indenização referente à diferença no tamanho de garagem de apartamento caracteriza-se como vício no produto, nos termos do artigo 18, §1º, inciso III, do CDC, importando em abatimento no preço do mesmo. A manutenção da garagem na propriedade do consumidor após o pagamento da indenização referente ao abatimento no preço não se caracteriza como enriquecimento ilícito. Recurso provido.:" (Tribunal de Justiça de MG, Apelação Cível Nº 1.0145.08.469404-4/001, Décima Câmara Cível, , Relator: Cabral da Silva, julgado em 02/06/2009)

§ 2° Poderão as partes convencionar a redução ou ampliação do prazo previsto no parágrafo anterior, não podendo ser inferior a sete nem superior a cento e oitenta dias. Nos contratos de adesão, a cláusula de prazo deverá ser convencionada em separado, por meio de manifestação expressa do consumidor.

◙ **A ampliação do prazo de 30 (trinta) dias para sanar o vício depende de prévio ajuste entre o consumidor e o fornecedor.** "AGRAVO REGIMENTAL NO AGRAVO EM RECURSO ESPECIAL. 1. VEÍCULO NOVO. DEFEITOS APRESENTADOS. DEVER DE INDENIZAR. VÍCIO DO PRODUTO. FALTA DE SOLUÇÃO DO REPARO NO PRAZO (...) 1. A ampliação do prazo de 30 (trinta) dias para a realização de reparos no produto, quando apresentar defeitos, consoante o disposto no art. 18, §§ 1º e 2º do CDC, depende de prévia convenção das partes." (STJ, AgRg no AREsp 588.448/SP, Rel. Ministro Marco Aurélio Bellizze, Terceira Turma, DJe 28/11/2014).

§ 3° O consumidor poderá fazer uso imediato das alternativas do § 1° deste artigo sempre que, em razão da extensão do vício, a substituição das partes viciadas puder comprometer a qualidade ou características do produto, diminuir-lhe o valor ou se tratar de produto essencial.

► **Existem quatro hipóteses contempladas no § 3º em que consumidor não precisará esperar o prazo de 30 dias para sanar o vício.** Em tais circunstâncias, o consumidor poderá, diretamente, exigir as alternativas do § 1º (substituição do produto, restituição da quantia paga ou abatimento proporcional do preço). São elas: 1) quando a substituição das partes viciadas puder comprometer a qualidade do produto (v.g., queima no circuito eletrônico do aparelho e a troca comprometer a qualidade do produto, ou seja, o aparelho não terá a mesma eficiência);2) quando a substituição das partes viciadas puder comprometer as características do produto (v.g., copo de liquidificador trincado e o fornecedor não possui peças de reposição daquele modelo e ao inserir copo de outro modelo ou marca há comprometimento das características do produto); 3) quando a substituição das partes viciadas diminuir o valor do produto (v.g., automóvel com a lataria amassada, pois ainda que haja o conserto, haverá naturalmente a diminuição do preço do produto); 4) quando se tratar de produto essencial (v.g., vício em telefone celular, principalmente quando o consumidor o utiliza profissionalmente, tornando-se um produto essencial).

► **Quando o reparo acarreta a diminuição do valor de mercado.** "Se o reparo do bem viciado acarreta a diminuição posterior do valor de mercado, não se deve sequer cogitar na oportunidade de o fornecedor realizar o conserto". (BENJAMIN, Antônio Herman V.; MARQUES, Cláudia Lima; BESSA, Leonardo Roscoe. *Manual de Direito do Consumidor.* 7ª edição. São Paulo, Revista dos Tribunais, 2016, p. 223).

► **O CDC não define o que é "produto essencial".** Evidentemente, essa lacuna normativa presente no código tem se mostrado extremamente prejudicial ao consumidor, na medida em que o reconhecimento da essencialidade do produto tem ficado a cargo dos tribunais, conforme o caso concreto. Sem embargo, pensamos que não é necessário muito esforço para se concluir que alguns móveis, eletrodomésticos e eletroeletrônicos (geladeira, fogão, cama, colchão, chuveiro, máquina de lavar roupas, computador, telefone convencional e celular etc.) são produtos essenciais, na medida em que são bens destinados a suprir necessidades básicas do consumidor. Assim, são essenciais aqueles produtos cuja ausência interfere diretamente na satisfação de necessidades básicas do indivíduo, como alimentação, higiene, repouso, estudos, trabalho etc. Cumpre registrar que em 15 de março de 2013 entrou em vigor o Decreto nº 7.963/13, que instituiu o Plano Nacional de Consumo e Cidadania (PLANDEC), em todo o território nacional, cujo art. 16 prevê que "*O Conselho de Ministros da Câmara Nacional das Relações de Consumo elaborará, em prazo definido por seus membros e formalizado em ato do Ministro de Estado da Justiça, proposta de regulamentação do* <u>*§ 3º do art. 18 da Lei nº 8.078, de 1990*</u>*, para especificar produtos de consumo considerados essenciais e dispor sobre procedimentos para uso imediato das alternativas previstas no* <u>*§ 1º do art. 18 da referida Lei*</u>". Contudo, até o momento em que escrevemos a presente obra, a referida proposta de regulamentação prevista no dispositivo citado ainda não foi efetivada. Evidentemente, tal definição é necessária para se evitar a insegurança jurídica e conferir maior eficácia aos legítimos interesses materiais e morais do consumidor.

► **A essencialidade do produto dependerá das necessidades do consumidor.** "A análise da essencialidade do produto deve se pautar nas necessidades concretas do consumidor". (BENJAMIN, Antônio Herman V.; MARQUES, Cláudia Lima; BESSA, Leonardo Roscoe. *Manual de Direito do Consumidor.* 7ª edição. São Paulo, Revista dos Tribunais, 2016, p. 224).

► **O produto torna-se essencial se for meio para a utilização de serviço essencial.** "(...) sustentamos que o caráter essencial de um produto verifique-se, em acordo com as regras de experiência do juiz, atendendo as circunstâncias do caso, à natureza do negócio celebrado e às condições subjetivas do consumidor in concreto. De outro modo, contudo, considere-se que a qualidade de produto essencial pode se impor quando se tenha no produto o meio para acesso a serviço essencial (essencialidade se transmite do produto ao serviço), como é o caso do aparelho de telefone celular, meio necessário para acesso ao serviço de telefonia". (MIRAGEM, Bruno. *Curso de Direito do Consumidor*, 7ª ed. São Paulo: RT, 2018, p. 692).

► **O consumidor é quem avalia se as qualidades do produto essencial foram comprometidas.** "Note-se que o juízo sobre o comprometimento ou não das qualidades essenciais do produto viciado é do consumidor. Ou seja, a ele vai competir decidir se a substituição das partes viciadas ou o conserto do produto são aptos a atender adequadamente suas expectativas com relação aos fins pretendidos com a utilização ou o valor do produto em questão". (MIRAGEM, Bruno. *Curso de Direito do Consumidor*, 7ª ed. São Paulo: RT, 2018, p. 691).

► **Aplicação do prazo de 30 dias para sanar o vício quando o consumidor entende que o produto não é essencial nem há comprometimento do produto com a substituição das partes viciadas.** "Quando o produto não for essencial para aquele consumidor – a essencialidade varia conforme as circunstâncias do caso – e, adicionalmente, a substituição das partes viciadas não comprometer a qualidade do produto nem diminuir-lhe o valor. Neste caso excepcional – e apenas neste – tem incidência o prazo máximo de 30 dias em favor do fornecedor para sanar o vício". (BENJAMIN, Antônio Herman V.; MARQUES, Cláudia Lima; BESSA, Leonardo Roscoe. *Manual de Direito do Consumidor.* 7ª edição. São Paulo, Revista dos Tribunais, 2016, p. 225-226).

◙ **Produto essencial. Televisão *(sobre solidariedade, ver parágrafo único do art. 7º).*** "APELAÇÕES CÍVEIS. AÇÃO DE OBRIGAÇÃO DE FAZER C/C INDENIZAÇÃO POR DANOS MORAIS. DEFEITO EM TELEVISOR. VÍCIO DE QUALIDADE. INCIDÊNCIA DO CÓDIGO DE DEFESA DO CONSUMIDOR. RESPONSABILIDADE OBJETIVA E SOLIDÁRIA. LEGITIMIDADE PASSIVA DO COMERCIANTE. DEMORA DA FABRICANTE EM SUBSTITUIR O PRODUTO (...). 1. No vício do produto/serviço (arts. 18 a 20 do CDC), o prejuízo é intrínseco, estando o bem somente em desconformidade com o fim a que se destina. Nessa hipótese, todos os fornecedores da cadeia de consumo são solidariamente responsáveis, não havendo exclusão do comerciante, de maneira que não há que se falar em sua ilegitimidade passiva. 2. No caso concreto, além do vício do produto (televisor sem som), a troca somente se efetivou em obediência à ordem judicial liminar, passados mais de sete meses da reclamação da consumidora, fato gerador da responsabilidade civil, posto que a televisão, hoje em dia, pode ser considerada produto essencial para o lar" (TJGO, Ap. Cív. 02038262520148090134, Quarta Câmara Cível, Rel. Des. Sérgio Mendonça de Araújo, DJ 31/08/2016). ◙ **Produto essencial. Fogão.** "INDENIZATÓRIA. CONSUMIDOR. VÍCIO DO PRODUTO. FOGÃO. PRODUTO ESSENCIAL. POSSIBILIDADE DE USO IMEDIATO DAS ALTERNATIVAS DO ART. 18, § 1º DO CDC. DANO MORAL INOCORRENTE. INEXISTÊNCIA DE OFENSA A ATRIBUTO DA PERSONALIDADE. SENTENÇA REFORMADA EM PARTE. RECURSO PARCIALMENTE PROVIDO." (Recurso Cível Nº 71005618822, Terceira Turma Recursal Cível, Turmas Recursais, Relator: Cleber Augusto Tonial, Julgado em 10/09/2015).

◙ **Produto essencial. Cama box.** "RECURSO INOMINADO. CONSUMIDOR. VÍCIO NO PRODUTO. CAMA BOX. PRODUTO ESSENCIAL. HIPÓTESE DO ART. 18, PARÁGRAFO TERCEIRO, DO CDC. CABÍVEL A RESTITUIÇÃO IMEDIATA DO VALOR PAGO. DANOS MORAIS CONFIGURADOS EM CONCRETO. QUANTUM MANTIDO. A parte ré pede provimento ao recurso para reformar a sentença que julgou procedente a ação que a condena ao pagamento de indenização por danos morais, bem como à restituição do valor pago pelo produto em questão. O fornecedor de produtos responde, independentemente da existência de culpa, pelos eventuais danos causados ao consumidor, nos termos do art. 12 do CDC. Inicialmente, cumpre salientar que, por se tratar de colchão, bem essencial cuja substituição das partes viciadas – tecido – compromete sua qualidade, é cabível a restituição imediata do valor pago pelo bem, não sendo necessário o envio à assistência técnica, nos termos do art. 18, parágrafo terceiro, do CDC. Assim, por devidamente comprovado o vício alegado (fls. 06/07), é cabível a condenação da ré ao pagamento da quantia de R$998,00 referente à restituição do valor do produto (fl. 03). Com relação aos danos morais, os mesmos restam configurados no caso concreto, haja vista se tratar de bem essencial, cuja privação pela ocorrência de avarias ultrapassa os limites do mero aborrecimento, adentrando na esfera da personalidade e ensejando a indenização. O quantum indenizatório fixado em R$1.000,00 não merece ser minorado, por estar aquém aos parâmetros da presente Turma Recursal Cível... em julgamentos de casos análogos. Sentença mantida pelos próprios fundamentos. Recurso improvido. (TJ-RS – Recurso Cível Nº 71005197827, Primeira Turma Recursal Cível, Turmas Recursais, Relator: Fabiana Zilles, Julgado em 30/06/2015).

◙ **Produto essencial. Máquina de lavar roupa.** "CONSUMIDOR. VICIO NO PRODUTO. MÁQUINA DE LAVAR ROUPAS. DEFEITO NÃO SOLUCIONADO. INCIDÊNCIA DO ART. 18, § 1ª, II, DO CDC. DIREITO A DEVOLUÇÃO DO VALOR PAGO. PRODUTO ESSENCIAL AOS AFAZERES DOMÉSTICOS. DANOS MORAIS CONFIGURADOS NO CASO CONCRETO. QUANTUM INDENIZATÓRIO MINORADO. RECURSO PROVIDO." (TJ-RS – Recurso Cível: 71005117155 RS, Relator: Vivian Cristina Angonese Spengler, Primeira Turma Recursal Cível, Data de Publicação: Diário da Justiça do dia 29/01/2015)

◙ **Produto essencial. Refrigerador.** "RECURSO INOMINADO. CONSUMIDOR. AQUISIÇÃO DE REFRIGERADOR. PRODUTO ESSENCIAL QUE APRESENTOU DEFEITO. HIPÓTESE DO ART. 18 § 3º, DO CDC. CABÍVEL A RESTITUIÇÃO IMEDIATA DO VALOR PAGO." (TJ-RS – Recurso Cível: 71005396700 RS, Relator: Fabiana Zilles, Data de Julgamento: 02/09/2015, Primeira Turma Recursal Cível, Data de Publicação: Diário da Justiça do dia 04/09/2015) ◙ **No mesmo sentido:** "(...) AQUISIÇÃO DE REFRIGERADOR VÍCIO VERIFICADO NO PRIMEIRO MÊS DE USO POSSIBILIDADE DE O CONSUMIDOR SE VALER DIRETAMENTE DAS HIPÓTESES PREVISTAS PELO ART. 18, § 1º, CDC, POR SE TRATAR DE PRODUTO ESSENCIAL, QUE GERA JUSTA EXPECTATIVA DE USO IMEDIATO DESFAZIMENTO DO NEGÓCIO E CONDENAÇÃO DA FABRICANTE A RESTITUIR O PREÇO EFETIVAMENTE PAGO PELO PRODUTO VICIADO NECESSIDADE DE REPARAÇÃO DOS PREJUÍZOS MORAIS ANTE A PECULIARIDADE DO CASO EM EXAME PATENTE

DESCASO COM O DIREITO DO CONSUMIDOR, GARANTIDO POR LEI UTILIZAÇÃO DE CRITÉRIOS DE RAZOABILIDADE E PROPORCIONALIDADE PARA FIXAR A INDENIZAÇÃO EM R$ 3.000,00 MANUTENÇÃO DA DISCIPLINA SUCUMBENCIAL. – Nega-se provimento à apelação e se provê o recurso adesivo, na parte conhecida."(TJ-SP – APL: 40037505720138260269 SP 4003750-57.2013.8.26.0269, Relator: Edgard Rosa, 25ª Câmara de Direito Privado, Data de Publicação: 13/03/2015) ◙ **No mesmo sentido**: "DIREITO DO CONSUMIDOR. APELAÇÃO CÍVEL. AÇÃO DE OBRIGAÇÃO DE FAZER CUMULADA COM INDENIZAÇÃO POR DANO MORAL E MATERIAL. REFRIGERADOR ADQUIRIDO PELA INTERNET. PRODUTO ENTREGUE COM AVARIAS E SEM FUNCIONAMENTO. DIREITO DE ARREPENDIMENTO CABÍVEL À LUZ DO DISPOSTO NO ART. 49 DO CÓDIGO DE DEFESA DO CONSUMIDOR E QUE DEVE SER EXERCIDO NO PRAZO DE 7 (SETE) DIAS. BEM, ADEMAIS, QUE IMPORTA EM PRODUTO ESSENCIAL, NOS TERMOS DO ART. 18, § 3º. DO CDC, DADA A NECESSIDADE DE CONSERVAÇÃO DE ALIMENTOS.FORNECEDOR QUE DEVE RESTITUIR O VALOR PAGO ACRESCIDO DOS CONSECTÁRIOS, BEM COMO INDENIZAR A DANO MORAL. REDUÇÃO DO QUANTUM INDENIZATÓRIO. NÃO CABIMENTO. RECURSO CONHECIDO E DESPROVIDO." (TJPR – 12ª C.Cível – AC – 1160287-8 – Região Metropolitana de Maringá – Foro Regional de Mandaguari – Rel.: Ivanise Maria Tratz Martins – Unânime – – J. 11.02.2015)

◙ **Produto essencial. Computador.** "CONSUMIDOR. VÍCIO DO PRODUTO. COMPUTADOR QUE APRESENTOU DEFEITO. RESSARCIMENTO POR DANOS MATERIAIS. PAGAMENTO DO VALOR DO PRODUTO DEVIDAMENTE ATUALIZADO. PRELIMINARES DE ILEGITIMADE PASSIVA E DECADÊNCIA. DEFEITO DO PRODUTO. RESSARCIMENTO ASSEGURADO. RECURSO INTERPOSTO PELO FABRICANTE. REJEIÇÃO DA ALEGAÇÃO DE ILEGITIMIDADE DE PARTE. NÃO ACOLHIMENTO DA PRETENÇÃO PARA CONFIGURAÇÃO DA DECADÊNCIA, DEVENDO-SE ACRESCER À GARANTIA LEGAL A CONTRATUAL. DIREITO POTESTATIVO DO CONSUMIDOR. VIOLAÇÃO DA LEGÍTIMA EXPECTATIVA DO CONSUMIDOR AO ADQUIRIR PRODUTO QUE APRESENTOU DEFEITO. PRODUTO TIDO COMO ESSENCIAL NA SOCIEDADE. MANUTENÇÃO, NO MAIS, DA SENTENÇA. RECURSO A QUE SE NEGA SEGUIMENTO. ARTIGO 557, CAPUT, DO CPC" (TJRJ, Ap. Cív. 01142933420078190001, Vigésima Terceira Câmara Cível, Rel. Des. Marcelo Castro Anatocles da Silva Ferreira, DJ 16/04/2014).

◙ **Produto essencial. Notebook**. "CONSUMIDOR. VÍCIO DO PRODUTO. NOTEBOOK. TROCA DO BEM PELA LOJA. NOVOS VÍCIOS APRESENTADOS NO APARELHO TROCADO EM MENOS DE UM MÊS DE USO. ENCAMINHAMENTO PARA A ASSISTÊNCIA TÉCNICA. AUSÊNCIA DE CONSERTO. IMPOSSIBILIDADE DE FRUIÇÃO DO BEM POR UM ANO. DIREITO À RESTITUIÇÃO DO VALOR PAGO, NA FORMA DO ART. 18, § 1º, INCISO II, DO CDC. PRODUTO ESSENCIAL NO CASO CONCRETO. DANOS MORAIS CONFIGURADOS. SENTENÇA REFORMADA. RECURSO PROVIDO" (TJRS, Recurso Cível 71005028675, Segunda Turma Recursal Cível, Turmas Recursais, Relator: Vivian Cristina Angonese Spengler, DJ 15/09/2014)

◙ **Produto essencial. Colchão.** "CONSUMIDOR. COMPRA E VENDA DE COLCHÃO. PRODUTO NÃO ENTREGUE. BEM CONSIDERADO ESSENCIAL. DESCASO DO FORNECEDOR. PRIVAÇÃO DA UTILIZAÇÃO DO PRODUTO. DESCUMPRIMENTO CONTRATUAL PASSÍVEL DE INDENIZAÇÃO. RECURSO PROVIDO" (TJRS, Recurso Cível 71005449558, Primeira Turma Recursal Cível, Turmas Recursais, Relator: Vivian Cristina Angonese Spengler, DJ 23/07/2015).

◙ **Produto essencial. Vaso sanitário.** "CONSUMIDOR. AÇÃO DE REPARAÇÃO DE DANOS. VÍCIO DO PRODUTO. VASO SANITÁRIO. BEM ESSENCIAL. POSSIBILIDADE DE EXERCER DE FORMA IMEDIATA AS ALTERNATIVAS DO § 1º, DO ART. 18 DO CÓDIGO DE DEFESA DO CONSUMIDOR, EM RAZÃO DO DISPOSTO NO § 3º DO MESMO DISPOSITIVO LEGAL. RESTITUIÇÃO DO VALOR PAGO PELO PRODUTO (...). Por tratar-se, o vaso sanitário, de bem essencial, possível a troca do produto de modo imediato, como solicitou o consumidor, nos termos do § 3º, do art. 18 do Código de Defesa do Consumidor. Dano material, porém, que se restringe ao valor dos itens avariados (bacia e anel de vedação). (...)" (TJRS, Recurso Cível 71005255682, Primeira Turma Recursal Cível, Turmas Recursais, Relator: Marta Borges Ortiz, DJ 26/03/2015).

◙ **Produto essencial. Ar condicionado.** "RECURSO INOMINADO. AÇÃO DE INDENIZAÇÃO POR DANO MATERIAL E MORAL. CONSUMIDOR. VÍCIO DE PRODUTO. AR CONDICIONADO NOVO ADQUIRIDO COM DEFEITO. DESCASO DA RÉ NA RESOLUÇÃO DO PROBLEMA. DEVOLUÇÃO INTEGRAL DO VALOR DO BEM, MAIS O VALOR DA GARANTIA ESTENDIDA, POIS SEQUER PÔDE SER UTILIZADO. PERDEU-SE O OBJETO. BEM ESSENCIAL ADQUIRIDO EM PLENO VERÃO. DANO MORAL CONFIGURADO NO CASO CONCRETO. QUANTUM INDENIZATÓRIO MANTIDO EM R$ 2.000,00 (DOIS MIL REAIS). PRECEDENTES DAS TURMAS RECURSAIS. SENTENÇA CONFIRMADA. POR MAIORIA, NEGARAM PROVIMENTO AO RECURSO (TJRS, Recurso Cível 71005694336, Quarta Turma Recursal Cível, Turmas Recursais, Relator: Gisele Anne Vieira de Azambuja, Julgado em 05/11/2015).

◙ **Produto essencial. Guarda-roupas.** "JUIZADOS ESPECIAIS CÍVEIS. CONSUMIDOR. PRODUTO ESSENCIAL ENTREGUE COM VÍCIOS. REITERAÇÃO. RECLAMOS DO CONSUMIDOR NÃO ATENDIDOS PRONTAMENTE. DESCASO. GRAVE FALHA NA PRESTAÇÃO DO SERVIÇO. DANO MORAL CONFIGURADO. RECURSO CONHECIDO E PROVIDO. SENTENÇA REFORMADA, EM PARTE (...) 4. O produto (guarda-roupas), inclusive, é de grande valia e utilidade para o consumidor em seu diaadia (essencialidade) e, ao ser adquirido, gera incontestável comodidade, ao passo que o impedimento à fruição (em razão do defeituoso serviço prestado), mormente por prolongado período (a demora à resolução do imbróglio evidencia, ainda, descaso), a par de frustrar as legítimas expectativas do adquirente, causa desconforto e transtornos relevantes (fotos colacionadas demonstram a dificuldade de acomodação das roupas ? documentos também não refutados pela empresa) (...)" (TJDF, Recurso Inominado 07100604920158070016, Terceira Turma Recursal, Rel. Carlos Alberto Martins Filho, DJ 28/09/2015).

◙ **Produto essencial. Óculos de grau.** "REPARAÇÃO DE DANOS. ÓCULOS DE GRAU. CONSUMIDOR. PRODUTO DE USO ESSENCIAL PARA A AUTORA – ÓCULOS DE GRAU. ENTREGA COM DEFEITO. DANO MORAL CONFIGURADO. VÍCIO DE QUALIDADE NO PRODUTO, POR FATO IMPUTÁVEL À RÉ. DEVER DE RESSARCIMENTO DO VALOR PAGO. Considerando as peculiaridades do caso concreto, em que o produto é de uso essencial para a autora, merece reparação o abalo moral sofrido. Valor que deve ser fixado de forma razoável e proporcional ao abalo sofrido, sem trazer enriquecimento ilícito a parte. Decisão recorrida mantida por seus próprios fundamentos. RECURSO DESPROVIDO" (TJRS, Recurso Cível 71004581518, Terceira Turma Recursal Cível, Turmas Recursais, Relator: Roberto Arriada Lorea, DJ 26/05/2014). ◙ **No mesmo sentido**: "CONSUMIDOR. REPARAÇÃO DE DANOS. PRODUTO DE USO ESSENCIAL PARA O AUTOR – ÓCULOS DE GRAU. ENTREGA COM DEFEITO. DANO MORAL CONFIGURADO. Considerando as peculiaridades do caso concreto, em que o produto é de uso essencial para o autor e apontou defeito por reiteradas vezes, merece reparação o abalo moral sofrido. Valor que deve ser fixado de forma razoável e proporcional ao abalo sofrido, sem trazer enriquecimento ilícito a parte. Decisão recorrida mantida por seus próprios fundamentos. RECURSO IMPROVIDO" (TJRS, Recurso Cível 71004205340, Segunda Turma Recursal Cível, Turmas Recursais, Relator: José Antônio Coitinho, DJ 24/10/2013).

◙ **Telefone celular como produto essencial. Enunciado nº 8 da 3ª Câmara de Coordenação e Revisão do Ministério Público Federal:** "O aparelho de telefone celular é produto essencial, para os fins previstos no art. 18, § 3º, da Lei nº 8.078/90 (CDC)".

> ◙ **Produto essencial. Telefone celular.** "APELAÇÃO CÍVEL. DIREITO DO CONSUMIDOR. VENDA DE TELEFONE CELULAR COM VÍCIO INTRÍNSECO. INTELIGÊNCIA DO ARTIGO 18 DA LEI Nº 8.078/90. PRODUTO ESSENCIAL. PRECEDENTES DESTE TRIBUNAL. IMPOSSIBILIDADE DE SUA ADEQUADA UTILIZAÇÃO. VIOLAÇÃO A DIREITO DA PERSONALIDADE. DANO MORAL CONFIGURADO. VALOR DA INDENIZAÇÃO QUE ATENDE AOS CRITÉRIOS DE RAZOABILIDADE E PROPORCIONALIDADE. SENTENÇA A QUE SE REFORMA. RECURSO A QUE SE DÁ PROVIMENTO." (TJ-RJ, Ap. Cív. 00067612820138190021 0006761-28.2013.8.19.0021, Rel. des. Luciano Silva Barreto, igésima Sexta Camara Civel/ Consumidor, Data de Publicação: 17/10/2013). ◙ **No mesmo sentido:** "CIVIL E PROCESSUAL CIVIL. AÇÃO CIVIL PÚBLICA COM PEDIDO DE LIMINAR. TELEFONE CELULAR. PRODUTO ESSENCIAL. SENTENÇA DE PRIMEIRO GRAU QUE RECONHECE A ESSENCIALIDADE DO PRODUTO E GARANTE AOS CONSUMIDORES O DIREITO DE EXIGIR A IMEDIATA ADOÇÃO DE UMAS DAS CONDUTAS DO § 1º, DO ART. 18, DO CDC E AINDA DETERMINA A OBRIGATORIEDADE DA OPERADORA RÉ DE PREENCHER O TERMO DE GARANTIA. PRELIMINAR DE ILEGITIMIDADE ATIVA DA ASSOCIAÇÃO AUTORA REJEITADA. DIREITOS INDIVIDUAIS HOMOGÊNEOS. VIOLAÇÃO AOS PRINCÍPIOS DA LIVRE INICIATIVA E DA CONCORRÊNCIA NÃO CARACTERIZADA. HONORÁRIOS ADVOCATÍCIOS DEVIDOS, EM OBSERVÂNCIA AOS PRINCÍPIOS DA SUCUMBÊNCIA E DA EVENTUALIDADE.

RECURSO NÃO PROVIDO. SENTENÇA MANTIDA. DECISÃO UNÂNIME" (TJPE, Ap. Cív. 35726822003817001, Rel. Des. Eduardo Augusto Paura Peres, julgado em 28/08/2012). ◙ **No mesmo sentido:** "Consumidor. Vício do produto. Uso imediato da alternativa de substituição do produto. Incidência do artigo 18, § 1º e § 3º do CDC. Alternativa do consumidor não respeitada pela ré (substituição do produto). Produto essencial ao autor. Envio do produto à assistência técnica, por diversas vezes. Ausência de solução do defeito apresentado. Dano moral. Sentença mantida pelos próprios fundamentos. 1 – Ação onde postula a parte a reparação por danos morais. Consumidor que adquire telefone celular com defeito, não se prontificando a ré a realizar a troca do aparelho. Incidência do artigo 18, § 1º e do § 3º, do CDC, o qual autoriza o consumidor, imediatamente, vez que produto essencial, a exigir, a sua própria escolha, a substituição do produto, a restituição da quantia paga, ou o abatimento proporcional do preço. 2 – Descumprimento de dever contratual de parte da ré. 3 – Quantum indenizatório. Critérios de fixação no caso concreto. Valor mantido, vez que se apresenta consentâneo com a realidade do caso concreto e com os parâmetros adotados por esta Câmara. 4 – Honorários advocatícios majorados para 15% sobre o valor da condenação, para que bem remunerem o profissional do direito. Apelo improvido. Recurso adesivo parcialmente provido" (TJRS, Ap. Civ. 70025048943, 10ª Câmara Cível, Rel. Des. Paulo Antônio Kretzmann, julgado em 30.10.2008). ◙ **Em sentido contrário:** "TURMA RECURSAL CÍVEL. AÇÃO DE REPARAÇÃO CIVIL C/C DANOS MORAIS. RECURSO INOMINADO. CONSUMIDOR. COMPRA VIA INTERNET. ATRASO DA MERCADORIA. TELEFONE CELULAR. PRODUTO NÃO ESSENCIAL. SITUAÇÃO QUE NÃO EXTRAPOLA O MERO DISSABOR. DANO MORAL INEXISTENTE. DEVOLUÇÃO DOS VALORES JÁ PAGOS E RESCISÃO CONTRATUAL. RECURSO INOMINADO DESPROVIDO" (TJRS, Recurso Cível Nº 71005204607, Quarta Turma Recursal Cível, Turmas Recursais, Rel. Luiz Felipe Severo Desessards, Julgado em 31/07/2015).

§ 4° Tendo o consumidor optado pela alternativa do inciso I do § 1° deste artigo, e não sendo possível a substituição do bem, poderá haver substituição por outro de espécie, marca ou modelo diversos, mediante complementação ou restituição de eventual diferença de preço, sem prejuízo do disposto nos incisos II e III do § 1° deste artigo.

► **Possibilidade de substituição do produto viciado por outro diferente.** "Este novo direito de substituição do produto viciado não estava presente no sistema do CC/1916 e nem agora no CC/2002: ao contratante só é permitido no sistema geral do Direito civil redibir o contrato ou reclamar o abatimento do preço (art. 442 do CC/2002 e art. 1.105 do CC/1976). Sua inclusão é muito salutar, pois permite a satisfação dos interesses do consumidor de maneira rápida e eficaz, evitando mesmo lides judiciais se houver uma maior conscientização dos fornecedores sobre este novo direito do consumidor. Mas pode o consumidor exigir outro produto, para substituir o produto viciado? A hipótese foi prevista no §4º do art. 18, que pretende um novo reequilíbrio das prestações contratuais com o pagamento das diferenças" (MARQUES, Cláudia Lima; BENJAMIN, Antônio Herman; MIRAGEM, Bruno. *Comentários ao Código de Defesa do Consumidor*. 2.ed. São Paulo: Revista dos Tribunais, 2006)

► **Poderá haver atualização monetária na restituição ou complementação do valor.** "Não sendo possível efetuar a substituição surgem, na seqüência, mais duas opções à escolha do consumidor. Essa escolha, como as demais, não precisa ser justificada por este. É mero expressar objetivo de sua vontade. Ele poderá, então, aceitar em troca: a) outro produto de espécie, marca ou modelos diferentes, que tenha preço mais barato do que foi pago pelo produto viciado; b) outro produto de espécie, marca ou modelo diferentes, que tenha preço superior aquele que foi pago pelo produto viciado. No primeiro caso, o consumidor terá direito a receber a diferença no preço a seu favor, no ato da troca. No segundo, terá de pagar o complemento da diferença de preço pago a menor. Em qualquer das hipóteses, se já tiver passado certo período de tempo (o suficiente para que se compute a correção monetária), o consumidor tem direito a que a quantia por ele paga pelo produto viciado seja atualizada monetariamente. Trazido, assim, o preço originalmente pago a valor presente é que se pode efetuar a operação de subtração para saber se a diferença é a menor ou a maior." (NUNES, Luiz Antônio Rizzatto, *Comentários ao Código de Defesa do Consumidor*, 5ª ed. São Paulo, Saraiva, 2010, p. 332)

◙ **Inexistência de veículo semelhante em estoque para substituição.** "RECURSO ESPECIAL. DIREITO DO CONSUMIDOR. VEÍCULO ZERO. VÍCIO DE QUALIDADE. JULGAMENTO ULTRA PETITA. INEXISTÊNCIA. INTELIGÊNCIA DO ART. 18 DO CÓDIGO DE DEFESA DO CONSUMIDOR - CDC. OPÇÕES ASSEGURADAS AO CONSUMIDOR. SUBSTITUIÇÃO DO PRODUTO POR OUTRO DA MESMA ESPÉCIE EM PERFEITAS CONDIÇÕES DE USO. ESCOLHA QUE CABE AO CONSUMIDOR. INEXISTÊNCIA DE PRODUTO SEMELHANTE EM ESTOQUE DADA A PASSAGEM DO TEMPO. INCIDÊNCIA DO DISPOSTO NO ART. 18, § 4º, DO CDC" (...) 2. Nos termos do § 1º do art. 18 do Código de Defesa do Consumidor - CDC, caso o vício de qualidade do produto não seja sanado no prazo de 30 dias, o consumidor poderá, sem apresentar nenhuma justificativa, optar entre as alternativas ali contidas, ou seja: (I) a substituição do produto por outro da mesma espécie, em perfeitas condições de uso; (II) a restituição imediata da quantia paga; ou (III) o abatimento proporcional do preço. 3. Assim, a faculdade assegurada no § 1º do art. 18 do Estatuto Consumerista permite que o consumidor opte pela substituição do produto no caso de um dos vícios de qualidade previstos no caput do mesmo dispositivo, entre eles o que diminui o valor do bem, não exigindo que o vício apresentado impeça o uso do produto. 4. No presente caso, a substituição do veículo por outro em perfeitas condições de uso foi a alternativa escolhida pelo consumidor. Então, não poderia o Juízo de piso alterar essa escolha, ainda que a pretexto de desonerar o consumidor, sob pena de maltrato ao art. 18, § 1º, do CDC. Precedente. 5. Não havendo outro veículo nas mesmas condições do adquirido pelo autor nos estoques das recorridas, é de se aplicar o disposto no § 4º do art. 18 do CDC, que permite a substituição por outro produto de espécie, marca ou modelo diversos, mediante complementação ou restituição da diferença de preço, permanecendo abertas as alternativas dos incisos II e III daquele § 1º. 6. Então, na hipótese, o consumidor dispõe das seguintes alternativas: a) receber todo o valor atualizado do preço pago na ocasião da compra, desde que restitua o bem viciado ao fornecedor; b) caso não faça a restituição, receber a diferença entre o valor atualizado do preço pago na ocasião da compra e o valor equivalente ao preço médio de mercado do bem usado; ou, ainda, c) adquirir novo produto do fornecedor, pagando ou recebendo a diferença entre o valor do novo bem e o saldo credor que detém (...)" (STJ, REsp 1016519/PR, Rel. Ministro Raul Araújo, Quarta Turma, DJe 25/05/2012). ◙ **No mesmo sentido:** "APELAÇÃO CÍVEL - AÇÃO DE RESCISÃO DE CONTRATO C/C INDENIZAÇÃO POR DANOS MORAIS - PRELIMINAR DE CERCEAMENTO DE DEFESA - REJEITADA - MÉRITO - DIREITO DO CONSUMIDOR - VEÍCULO ZERO QUILÔMETRO - VÍCIO DE QUALIDADE - RESPONSABILIDADE SOLIDÁRIA DO FABRICANTE E DO FORNECEDOR - APLICAÇÃO DO ART. 18 DO CDC - OPÇÕES ASSEGURADAS AO CONSUMIDOR - SUBSTITUIÇÃO DO PRODUTO POR OUTRO DA MESMA ESPÉCIE - INEXISTÊNCIA DE PRODUTO SEMELHANTE EM ESTOQUE DADA A PASSAGEM DO TEMPO - INCIDÊNCIA DO DISPOSTO NO ART. 18, § 4º, DO CDC (...). Não havendo outro veículo nas mesmas condições do adquirido pelo autor nos estoques das apelantes, é de se aplicar o disposto no § 4º do art. 18 do CDC, que permite a substituição por outro produto de espécie, marca ou modelo diversos, mediante complementação ou restituição da diferença de preço, permanecendo abertas as alternativas dos incisos II e III daquele § 1º. Então, na hipótese, o consumidor dispõe das seguintes alternativas: a) receber todo o valor atualizado do preço pago na ocasião da compra, desde que restitua o bem viciado ao fornecedor; b) caso não faça a restituição, receber a diferença entre o valor atualizado do preço pago na ocasião da compra e o valor equivalente ao preço médio de mercado do bem usado (considerando a cotação da Tabela FIPE); ou, ainda, c) adquirir novo produto do fornecedor, pagando ou recebendo a diferença entre o valor do novo bem e o saldo credor que detém" (TJMS, Ap. Cív. 08014164820148120008 , Primeira Câmara Cível, Rel. Des. Divoncir Schreiner Maran, DJ 02/03/2015).

§ 5° No caso de fornecimento de produtos in natura, será responsável perante o consumidor o fornecedor imediato, exceto quando identificado claramente seu produtor.

► **Conceituação de produtos *in natura*.** "Entende-se por produto *in natura* o produto agrícola ou pastoril, colocado no mercado de consumo sem sofrer qualquer processo de industrialização, muito embora possa ter sua apresentação alterada em função da embalagem ou acondicionamento". (DENARI, Zelmo. *Brasileiro de Defesa do Consumidor.* 6ª ed. Rio de Janeiro: Forense Universitária, 1999. p. 185).

► **O parágrafo § 5° amplia a proteção do consumidor. Solidarieade do fornecedor imediato e do produtor.** Quando a norma determina que a responsabilidade será do fornecedor imediato (o que, na maioria das vezes, é o comerciante) é uma forma de ampliar a proteção do consumidor (embora não precisasse já que o próprio caput do art. 18 já estipula a solidariedade), pois ainda que o produtor não possa ser claramente identificado, restará a responsabilidade do fornecedor imediato, uma vez que é o único que o consumidor tem conhecimento da existência. Logicamente, quando também conhecido o produtor, ambos serão responsáveis, podendo haver ação de regresso de quem suportou o vício contra quem realmente é o responsável. Dessa forma, a regra continua a mesma, ou seja, a responsabilidade solidária. Se for possível conhecer o produtor, o consumidor poderá reclamar tanto dele quanto do fornecedor imediato.

§ 6° São impróprios ao uso e consumo:

I – os produtos cujos prazos de validade estejam vencidos;

II – os produtos deteriorados, alterados, adulterados, avariados, falsificados, corrompidos, fraudados, nocivos à vida ou à saúde, perigosos ou, ainda, aqueles em desacordo com as normas regulamentares de fabricação, distribuição ou apresentação;

III – os produtos que, por qualquer motivo, se revelem inadequados ao fim a que se destinam.

► **Aferição objetiva dos produtos impróprios.** A impropriedade dos produtos, nos termos do § 6º, é aferida de forma objetiva. Basta a constatação de uma das hipóteses enumeradas.

◙ **Carne bovina imprópria para o consumo. Necessidade de laudo pericial para comprovar a impropriedade.** "RECURSO ESPECIAL. PENAL E PROCESSUAL CRIMINAL. ABATEDOURO CLANDESTINO. ART. 7º, INCISO IX, DA LEI Nº 8.137/90 E ART. 18, § 6º, INCISO II, DO CÓDIGO DE DEFESA DO CONSUMIDOR. NECESSIDADE DE LAUDO PERICIAL PARA A CONSTATAÇÃO DA IMPROPRIEDADE DA MERCADORIA. RECURSO IMPROVIDO. 1. Para a configuração do delito previsto no art. 7º, inciso IX, da Lei n.º 8.137/90, c/c art. 18, § 6º, inciso II, do Código de Defesa do Consumidor, necessária a comprovação, mediante perícia, de que a mercadoria esteja inadequada ao consumo, não bastando, in casu, a mera presunção de sua impropriedade pelo fato do abate dos bovinos ter sido realizado em abatedouro clandestino. Precedente do Pretório Excelso. 2. Recurso improvido. (STJ, REsp 1050908/RS, Rel. Ministro Jorge Mussi, Quinta Turma, DJe 03/08/2009).

◙ **Prazo de validade vencido. Perigo presumido.** "A conduta do comerciante que expõe à venda matéria-prima ou mercadoria, com o prazo de validade vencido, configura, em princípio, a figura típica do art. 7º, inciso IX da Lei nº 8.137/90 c/c o art. 18 § 6º da Lei nº 8.078/90, sendo despicienda, para tanto, a verificação pericial, após a apreensão do produto, de ser este último realmente impróprio para o consumo. O delito em questão é de perigo presumido." (STJ, HC 9768/SP, Rel. Min. Félix Fischer, DJU 13/12/1999) ◙ **No mesmo sentido:** "DIREITO PENAL. CRIME CONTRA A RE-

LAÇÃO DE CONSUMO. LEI Nº 8.137/90, ARTIGO 7º, INCISO IX. JUSTA CAUSA. 1. O delito tipificado no inciso IX do artigo 7º da Lei nº 8.137/90, combinado com o parágrafo 6º do artigo 18 da Lei nº 8.078/90, é de perigo abstrato, sendo desinfluente, para a sua caracterização, a imprestabilidade, para o consumo, do produto exposto à venda, com prazo de validade vencido." (STJ, RHC 9235/SP, DJU 18.09.2000, Rel. Min. Hamilton Carvalhido, J. 18.4.2000, 6ª T.)

◙ **Chocolate com data de validade vencida. Responsabiliade solidária do fabricante e do comerciante.** "REPARAÇÃO DE DANOS. CONSUMIDOR. AQUISIÇÃO DE CHOCOLATE COM LARVA. VENDA DE PRODUTO COM DATA DE VALIDADE VENCIDA. RESPONSABILIDADE SOLIDÁRIA DO FABRICANTE E DO COMERCIANTE PELA COLOCAÇÃO DE PRODUTO IMPRÓPRIO NO MERCADO DE CONSUMO. ARTIGO 18, § 6º, I, DO CDC. RISCO À SEGURANÇA. DANOS MORAIS CONFIGURADOS, ESPECIALMENTE EM FACE DO CARÁTER PUNITIVO E PEDAGÓGICO DA MEDIDA. QUANTUM INDENIZATÓRIO ADEQUADO POIS DE ACORDO COM OS PARÂMETROS ADOTADOS PELA TURMA EM CASOS ANÁLOGOS. SENTENÇA REFORMADA EM PARTE APENAS PARA RECONHECER A LEGITIMIDADE DA RÉ KRAFT FOODS BRASIL S/A. RECURSO PARCIALMENTE PROVIDO." (TJRS, Recurso Cível Nº 71004191151, Terceira Turma Recursal Cível, Turmas Recursais, Relator: Carlos Eduardo Richinitti, Julgado em 12/07/2013)

► **Sobre dano moral envolvendo corpos estranhos em produtos (ex: larvas e insetos), verificar tópico *"dano moral envolvendo periculosidade e nocividade dos produtos e serviços"* no art. 6°, VI.**

Art. 19. Os fornecedores respondem solidariamente pelos vícios de quantidade do produto sempre que, respeitadas as variações decorrentes de sua natureza, seu conteúdo líquido for inferior às indicações constantes do recipiente, da embalagem, rotulagem ou de mensagem publicitária, podendo o consumidor exigir, alternativamente e à sua escolha:

I – o abatimento proporcional do preço;

II – complementação do peso ou medida;

III – a substituição do produto por outro da mesma espécie, marca ou modelo, sem os aludidos vícios;

IV – a restituição imediata da quantia paga, monetariamente atualizada, sem prejuízo de eventuais perdas e danos.

► **Solidariedade dos fornecedores.** "Assim, respondem pelo vício do produto, todos aqueles que ajudaram a colocá-lo no mercado, desde o fabricante (que elaborou o produto e o rótulo), o distribuidor, ao comerciante (que contratou com o consumidor). A cada um deles é imputada a responsabilidade pela garantia de qualidade-adequação do produto. Parece-nos, em um primeiro estudo, uma solidariedade imperfeita, porque tem como fundamento a atividade de produção típica de cada um deles. É como se, a cada um deles, a lei impusesse um dever específico, respectivamente, de fabricação adequada, de distribuição somente dos produtos adequados, de comercialização somente de produtos adequados e com as informações devidas. No sistema do CDC, a escolha de qual dos fornecedores solidários será sujeito passivo da reclamação do consumidor cabe a este último. Normalmente, o consumidor preferirá reclamar do comerciante mais próximo a ele, mais conhecido, mas o fabricante, muitas vezes o único que possui conhecimentos técnicos para suprir a falha do produto, será eventualmente demandado a sanar o vício". (MARQUES, Cláudia Lima. *Contratos no Código de Defesa do Consumidor*. 3ª ed. São Paulo: Revista dos Tribunais, 1999. p. 582-583):

► **Opções que poderão ser exercidas pelo consumidor imediatamente em caso de vício por quantidade.** "Na hipótese de vícios de quantidade, não incide o prazo de 30 dias para o fornecedor providenciar a correção do vício, como previsto na hipótese de vício de qualidade (art. 18, § 1.º). Qualquer das quatro opções indicadas pelo art. 19 (abatimento do preço, complemento do peso ou medida, substituição do produto ou restituição da quantia paga) pode ser imediatamente exercida pelo consumidor". (BENJAMIN, Antônio Herman V.; MARQUES, Cláudia Lima; BESSA, Leonardo Roscoe. *Manual de Direito do Consumidor.* 7ª edição. São Paulo, Revista dos Tribunais, 2016, p. 218).

◘ **"Maquiagem dos produtos". Responsabilidade do fornecedor por vício de quantidade *(sobre o dever de informação, ver art. 6º, III). (sobre maquiagem de produtos, ver art. 31).*** "ADMINISTRATIVO. CONSUMIDOR. PROCEDIMENTO ADMINISTRATIVO. VÍCIO DE QUANTIDADE. VENDA DE REFRIGERANTE EM VOLUME MENOR QUE O HABITUAL. REDUÇÃO DE CONTEÚDO INFORMADA NA PARTE INFERIOR DO RÓTULO E EM LETRAS REDUZIDAS. INOBSERVÂNCIA DO DEVER DE INFORMAÇÃO. DEVER POSITIVO DO FORNECEDOR DE INFORMAR. VIOLAÇÃO DO PRINCÍPIO DA CONFIANÇA. PRODUTO ANTIGO NO MERCADO. FRUSTRAÇÃO DAS EXPECTATIVAS LEGÍTIMAS DO CONSUMIDOR (...) 1. No caso, o Procon estadual instaurou processo administrativo contra a recorrente pela prática da infração às relações de consumo conhecida como "maquiagem de produto" e "aumento disfarçado de preços", por alterar quantitativamente o conteúdo dos refrigerantes "Coca Cola", "Fanta", "Sprite" e "Kuat" de 600 ml para 500 ml, sem informar clara e precisamente aos consumidores, porquanto a informação foi aposta na parte inferior do rótulo e em letras reduzidas. Na ação anulatória ajuizada pela recorrente, o Tribunal de origem, em apelação, confirmou a improcedência do pedido de afastamento da multa administrativa, atualizada para R$ 459.434,97, e majorou os honorários advocatícios para R$ 25.000,00. 2. Hipótese, no cível, de responsabilidade objetiva em que o fornecedor (lato sensu) responde solidariamente pelo vício de quantidade do produto (...)" (STJ, REsp 1364915/MG, Rel. Ministro , DJe 24/05/2013). ◘ **No sentido do não reconhecimento de "maquiagem de produto":** "Apelação Ação civil pública Redução da quantidade de água mineral com gás de 600ml para 510ml Alegação da prática de "maquiagem do produto", com vistas a enganar o consumidor Demonstração de que a diminuição da quantidade importou em nova embalagem do produto, com alteração da forma e tamanho da garrafa, indicando o rótulo com clareza que o volume era de 510ml Redução do preço verificada Inexistência de conduta lesiva aos consumidores na alteração da linha de produto Improcedência mantida Não provimento" (TJSP, Ap. Cív. 10196851620138260100, Quarta Câmara de Direito Privado, Rel. Des. Enio Zuliani, DJ 11/09/2014).

■ **Vício de quantidade. É dever do fornecedor conhecer as propriedades do produto, de modo a garantir que este chegue ao consumidor na quantidade constante da embalagem.** "PODER DE POLÍCIA ADMINISTRATIVA. AUTUAÇÃO DE EMPRESA COMERCIAL PELO INSTITUTO NACIONAL DE METROLOGIA, NORMALIZAÇÃO E QUALIDADE INDUSTRIAL - INMETRO. PRODUTO COMERCIALIZADO COM PESO INFERIOR AO INFORMADO NA EMBALAGEM. VÍCIO DE QUANTIDADE. VERIFICAÇÃO OBJETIVA MEDIANTE LAUDO DE EXAME TÉCNICO. MULTA. LEGALIDADE. LEI Nº 9.933/99. PRINCÍPIO DA RAZOABILIDADE. VIOLAÇÃO NÃO CONFIGURADA. PRESUNÇÃO DE LEGALIDADE DO ATO PRESERVADA. 1. Cabe ao produtor, comerciante ou industrial conhecer minimamente as propriedades do produto que produz ou comercializa. Se há variação de peso por razões climáticas, transporte e acondicionamento, estas variáveis devem ser consideradas pelo produtor ao embalar o produto, de forma que chegue às prateleiras em conformidade com o peso indicado no rótulo. Caso contrário, será lesado o consumidor, pelo chamado "vício de quantidade", consistente na alteração de peso ou medida do produto em relação à informação contida na embalagem (...) (TRF-1, Ap. Cív. 0006140-58.2005.4.01.3800, Quinta Turma, Rel. Des. Selene Maria de Almeida, julgado em 12/06/2013).

■ **Vício de quantidade. Conteúdo líquido inferior ao indicado na embalagem do produto. Alegação de que houve suposta alteração do peso por violações nas embalagens.** ***(sobre poder de polícia administrativa, ver art. 4º, II, c).***"APELAÇÃO CÍVEL. MULTA ADMINISTRATIVA. INMETRO. RESPONSABILIDADE DO FABRICANTE POR VÍCIOS DE QUANTIDADE DOS PRODUTOS. 1. Rejeitado o agravo retido, pois dispensável a produção de prova oral, porquanto a responsabilidade do fabricante por vícios de quantidade dos produtos é solidária e objetiva, conforme o Código de Defesa do Consumidor. 2. Em razão dessa responsabilidade solidária e objetiva é que o fornecedor responde pelos vícios de quantidade do produto quando seu conteúdo líquido for inferior às indicações constantes da embalagem, não servindo, para eximir-se dessa responsabilidade, a alegação de que as alterações de peso se deram por supostas violações das embalagens após a saída do estabelecimento industrial" (TRF-4, Ap. Cív. 2004.71.14.003267-6, Terceira Turma, Rel. Des. Maria Lúcia Luz Leiria, DE 10/02/2010).

■ **Produtos alimentícios vendidos no balcão, não tendo as embalagens indicação quantitativa.** "PROCESSO CIVIL - EMBARGOS À EXECUÇÃO FISCAL - INMETRO - AUSENTE CERCEAMENTO DE DEFESA - VÍCIOS DE QUANTIDADE, AUSÊNCIA DE INDICAÇÃO QUANTITATIVA NOS PRODUTOS (BISCOITO DE POLVILHO, FARINHA DE ROSCA, PÃO DE FRUTA, ROSQUINHAS DE PINGA E PÃO SOVADO) - ILÍCITOS FLAGRADOS - PREJUÍZO POTENCIAL AO CONSUMIDOR - ÔNUS EMBARGANTE INCUMPRIDO - IMPROCEDÊNCIA AOS EMBARGOS (...) 4. O tema central dos autos repousa, como se extrai das autuações em tela, em afirmação fiscal de que a embargante/recorrente acondicionava e comercializava produtos (biscoito de polvilho, farinha de rosca, pão de fruta, rosquinhas de pinga e pão sovado) sem qualquer indicação quantitativa. 5. Oriundo da ordem constitucional o direito de proteção ao consumidor, a necessariamente conviver com a livre iniciativa capitalista, vez que ambos repousantes no art 170 da Lei Maior, respectivamente em seus incisos IV e V, na espécie se constata claramente a insuficiência dos argumentos da parte recorrente, no sentido de que comercializa os produtos alimentícios que são vendidos no balcão, efetuando a pesagem na presença dos consumidores e de que a comercialização dos produtos se dá em regime familiar, não tendo as embalagens indicação quantitativa. Constatado o vício, insustentáveis tais alegações, ante a dinâmica dos fatos. 6. Firmado o direito consumerista à adequada informação sobre as características do bem em negócio, máxime em se considerando a irretorquível hipossuficiência a respeito, decorre límpido esteja a parte apelante, com sua reação ao que fiscalizado, a reconhecer que incorreu naquela irregularidade. 7. Dado o cunho inafastavelmente dinâmico do consumo de gêneros alimentícios, facilmente pode vir a servir o estabelecimento autuado a uma infinidade de consumidores, em poucos momentos, inoponível se afigurando a amiúde afirmação de pequeno ou inocorrente prejuízo ao consumidor" (TRF-3, Ap. Cív. 95.03.088172-2, Turma suplementar da Segunda Seção, Rel. Juiz Convocado Silva Neto, julgado em 27/03/2008).

§ 1° Aplica-se a este artigo o disposto no § 4° do artigo anterior.

§ 2° O fornecedor imediato será responsável quando fizer a pesagem ou a medição e o instrumento utilizado não estiver aferido segundo os padrões oficiais.

► **Responsabilidade exclusiva do fornecedor imediato quando fizer a pesagem do produto.** De modo excepcional, o § 2o determina a responsabilidade exclusiva do fornecedor imediato ou comerciante quando fizer a pesagem ou a medição do produto e o instrumento utilizado não estiver aferido segundo os padrões oficiais. Aqui, por expressa disposição legal, há exceção à regra geral da responsabilidade solidária. Se o fornecedor imediato for demandado judicialmente, caberá a ele a prova de que os instrumentos utilizados estavam de acordo com esses padrões. Um exemplo típico são os sacolões, supermercados, açougues e os comerciantes que trabalham nas feiras livres, pois, na maioria das vezes, fazem a pesagem de frutas, verduras e carnes em balanças no momento da compra pelo consumidor. Se as balanças estiverem adulteradas, ou seja, não estiverem aferindo a verdadeira pesagem dos produtos, o comerciante que as utiliza será exclusivamente responsabilizado, eximindo assim, totalmente, a responsabilidade do produtor rural. Dessa forma, ressalta-se o caráter educativo do CDC, pois obriga o comerciante constantemente a aferir os instrumentos de pesagem, de forma a se desincumbir da responsabilidade.

► **Exceção da responsabilidade solidária entre os integrantes da cadeia de produção. Responsabilidade do fornecedor imediato.** "A exceção da responsabilidade solidária entre os integrantes da cadeia de produção e comercialização dos produtos fica por conta de a hipótese de pesagem e medição ser realizada pelo comerciante (fornecedor imediato), conforme previsto no art. 19, § 2.º: "O fornecedor imediato será responsável quando fizer a pesagem ou a medição e o instrumento utilizado não estiver aferido segundo os padrões oficiais". (BENJAMIN, Antônio Herman V.; MARQUES, Cláudia Lima; BESSA, Leonardo Roscoe. *Manual de Direito do Consumidor.* 7ª edição. São Paulo, Revista dos Tribunais, 2016, p. 217).

Art. 20. O fornecedor de serviços responde pelos vícios de qualidade que os tornem impróprios ao consumo ou lhes diminuam o valor, assim como por aqueles decorrentes da disparidade com as indicações constantes da oferta ou mensagem publicitária, podendo o consumidor exigir, alternativamente e à sua escolha:

I – a reexecução dos serviços, sem custo adicional e quando cabível;

II – a restituição imediata da quantia paga, monetariamente atualizada, sem prejuízo de eventuais perdas e danos;

III – o abatimento proporcional do preço.

► **A configuração do vício é objetiva.** "A novidade é que a noção do vício passa a ser objetiva [...] Portanto, para se constatar o atendimento das obrigações do fornecedor relativas à propriedade do serviço, o contrato deve ser analisado em conjunto com outros elementos (oferta, publicidade, fins que razoavelmente se esperam do serviço, normas regulamentares de prestabilidade). Ou seja, cuida-se de regime misto que absorve aspectos contratuais e extracontratuais." (BENJAMIN, Antônio Herman V., MARQUES, Claudia Lima, BESSA, Leonoardo Roscoe. *Manual de direito do consumidor*. São Paulo: Editora Revista dos Tribunais, 2008, p. 157-159)

► **Não basta que o fornecedor tenha prestado o serviço com diligência.** "A nova idéia de vício do serviço, capaz de originar até a rescisão do contrato, facilita a satisfação do contratante e agiliza o processo de cobrança da prestação ou da reexecução do serviço, isto porque concentra-se na funcionalidade, na adequação, do serviço prestado e não na subjetiva existência da diligência normal ou de uma eventual negligência do prestador dos serviços e de seus prepostos. A prestação de um serviço adequado passa a ser a regra, não bastando que o fornecedor tenha prestado o serviço com diligência" (BENJAMIN, Antônio Herman V., MARQUES, Claudia Lima, BESSA, Leonoardo Roscoe. *Manual de direito do consumidor*. São Paulo: Editora Revista dos Tribunais, 2008, p. 157-159)

► **Solidariedade passiva entre os prestadores de serviço.** "A solidariedade passiva entre os prestadores de serviço significa, em termos práticos, que qualquer deles pode ser acionado pelo consumidor para exercício de uma das três alternativas indicadas pelo art. 20 (a reexecução dos serviços, quando cabível, a restituição imediata da quantia paga ou o abatimento proporcional do preço)". (BENJAMIN, Antônio Herman V.;

MARQUES, Cláudia Lima; BESSA, Leonardo Roscoe. *Manual de Direito do Consumidor.* 7ª edição. São Paulo, Revista dos Tribunais, 2016, p. 231).

► **Entendendo que o consumidor somente poderá pedir restituição total do preço pago se o serviço tiver que ser reexecutado totalmente. Se a reexecução for parcial, somente poderá solicitar abatimento do preço.** "Continuando no exame da norma do art. 20, constata-se, com certa surpresa, que desta feita o peso do protecionismo é total a favor do consumidor e que, na prática, pode gerar excessos contra o fornecedor e, por isso, ter-se-á de fazer, nesta oportunidade, uma interpretação restritiva das garantias estabelecidas nos incisos I e II. (...) No inciso II, a questão da desproporcionalidade na relação direta com a possibilidade de reexecução parcial retorna. É que a norma permite que o consumidor exija (por escolha injustificada, como vimos) a restituição imediata da quantia paga. Ou, em outras palavras, havendo vício do serviço, o consumidor teria a seu favor, de forma incondicionada, o direito de exigir tudo o que pagou de volta. Seria o mesmo equívoco firmado no inciso I: se, no serviço de pintura de uma casa, apenas uma parede foi mal pintada, não tem sentido permitir que o consumidor exija o total do preço pago pela pintura da casa toda. Da mesma maneira, o absurdo se daria numa série de outros serviços, que se podem resolver de forma parcial. Estar-se-ia novamente incorrendo no problema concreto do abuso de direito, proibido no sistema legal. Assim, da mesma maneira que na hipótese do inciso I, deve-se fazer uma interpretação restritiva da letra do texto do inciso II. A leitura da norma em comento implica, então, que a interpretação deve ser a seguinte. É garantido ao consumidor exigir: a) a restituição de parte da quantia paga na proporção com o custo total cobrado pelo serviço executado, sempre que o saneamento do vício se puder operar de forma parcial; b) a restituição total da quantia paga, sempre que o saneamento do vício, para se efetivar, tenha de se dar de maneira global, isto é, tem de haver reexecução total; (...) Essa hipótese do inciso III está ligada, do ponto de vista prático, ao exercício da prerrogativa do inciso II. Como antecipamos ao cuidar deste inciso, quando o consumidor pretende exigir a restituição da quantia paga, nem sempre pode fazê-lo integralmente. Por vezes, só poderá pedir restituição parcial, e nesse caso empatam-se as hipóteses dos incisos II e III. Por conta disso, é de consignar que existe também a possibilidade de o consumidor pleitear o abatimento proporcional do preço junto com o pleito de indenização por perdas e danos nas situações que acima relatamos." (NUNES, Rizzato. *Comentários ao Código de Defesa do Consumidor.* 7ª ed., revista, atualizada e ampliada. São Paulo: Saraiva, 2013. Págs. 391 a 398)

◙ **Transporte aéreo. Danos decorrentes de descumprimento de oferta de entrega rápida.** "As disposições do Código de Defesa do Consumidor incidem sobre a generalidade das relações de consumo, inclusive as integradas por empresas aéreas. III – Quando o fornecedor faz constar de oferta ou mensagem publicitária a notável pontualidade e eficiência de seus serviços de entrega, assume os eventuais riscos de sua atividade, inclusive o chamado risco aéreo, com cuja conseqüência não deve arcar o consumidor." (STJ, REsp 196031/MG, Rel. Min. Antônio de Pádua Ribeiro , DJU 24.04.2001)

◙ **Transporte aéreo. Vício de informação no serviço prestado. Passageira que teve que retornar por não ter o visto.** "Direito do consumidor. Recurso especial. Ação de indenização por danos morais e materiais. Viagem ao exterior. Passageira boliviana que adquiriu bilhete aéreo com destino à França e teve seu ingresso negado naquele país por não possuir visto consular. Fornecedor que não prestou informação adequada sobre a necessidade de obtenção do visto. Vício do serviço configurado. – De acordo com o § 2º do art. 20 do CDC, consideram-se impróprios aqueles serviços que se mostram inadequados para os fins que razoavelmente deles se esperam. – A aferição daquilo que o consumidor razoalmente pode esperar de um serviço está intimamente ligada com a observância do direito do consumidor à informação, previsto no inciso III do art. 6º do CDC. – Além de claras e precisas, as informações prestadas pelo fornecedor devem conter as advertências necessárias para alertar o consumidor a respeito dos riscos que, eventualmente, podem frustrar a utilização do serviço contratado. – Para além de constituir direito básico do consumidor, a correta prestação de informações revela-se, ainda, consectário da lealdade inerente à boa-fé objetiva e constitui o ponto de partida a partir do qual é possível determinar a perfeita coincidência entre o serviço oferecido e o efetivamente prestado. – Na hipótese, em que as consumidoras adquiriram passagens aéreas internacionais com o intuito de juntas conhecer a França, era necessário que a companhia aérea se manifestasse de forma escorreita acerca das medidas que deveriam ser tomadas pelas passageiras para viabilizar o sucesso da viagem, o que envolve desde as advertências quanto ao horário de comparecimento no balcão de "check-in" até mesmo o alerta em relação à necessidade de obtenção do visto. – Verificada a negligência da recorrida em fornecer as informações necessárias para as recorrentes, impõe-se o reconhecimento de vício de serviço e se mostra devida a fixação de compensação pelos danos morais sofridos. Recurso especial provido para condenar a recorrida a pagar às recorrentes R$ 20.000,00 (vinte mil reais) a título de compensação por danos morais. Ônus sucumbenciais redistribuídos." (STJ, REsp 988595/SP, Rel. Ministra Nancy Andrighi, Terceira Turma, DJe 09/12/2009)

◙ **Prestação defeituosa de serviços de viagem turística.** "Na prestação de serviços de viagem turística, o desconforto, o abalo, o aborrecimento e a desproporção entre o lazer esperado e o obtido não se incluem entre os danos materiais, mas pertencem à esfera moral de cada um dos viajantes, devendo a esse título ser ressarcidos. Os danos materiais, que sabidamente se distinguem dos morais, devem recompor estritamente o dispêndio do consumidor efetuado em razão da prestação de serviços deficiente, sem o caráter de punir o fornecedor. O direito de opção mencionado no art. 20, I a III do Código de Defesa do Consumidor, relaciona-se com a suficiência da reparação do dano, não devendo afrontar nem a proporcionalidade entre a conduta do fornecedor e o dano causado, nem o princípio que veda o enriquecimento indevido." (STJ, REsp 328182/RS, DJU 04/02/2002, Rel. Min. Sálvio de Figueiredo Teixeira, J. 9.10.2001)

► **Sobre dano moral envolvendo viagens e transporte, ver art 6°, VI.**

◙ **Operadora de plano de saúde e cooperativa. Responsabilidade objetiva e solidária pelos vícios dos serviços contratados.** "CIVIL – CDC – PLANO DE SAÚDE – CONVÊNIO COM PESSOA JURÍDICA – LEGITIMIDADE PASSIVA DO PLANO – PRELIMINAR REJEITADA – RESCISÃO UNILATERAL DO CONTRATO – RESTITUIÇÃO DOS VALORES RECEBIDOS – RESPONSABILIDADE SOLIDÁRIA E OBJETIVA – DANO MORAL CARACTERIZADO – DEVER DE INDENIZAR – ARBITRAMENTO JUSTO – 1. O plano de saúde (unimed) que celebra convênio com pessoa jurídica (cooperativa), que vende os planos de saúde para seus cooperados, recebe e repassa os valores recebidos, assume responsabilidade objetiva e solidária pelos serviços contratados. 2. Sendo solidária a responsabilidade do plano de saúde e da pessoa jurídica conveniada (parágrafo único do artigo 7º e artigo 34 do CDC), o plano de saúde é parte legítima para figurar no pólo passivo da lide e responder pelos vícios da contratação. 3. O rompimento do convênio e do contrato celebrado com a pessoa física (consumidor) importa na obrigação de restituir o valor recebido na forma do artigo 20 do CDC. (...)". (TJDF, ACJ 20031110037329 - 2ª T.R.J.E. - Rel. Des. João Batista Teixeira, DJU 9.12.2004)

◙ **Vício de qualidade do serviço de plano de saúde. Restituição das quantias pagas.** "PROCESSUAL CIVIL E CIVIL - CONSUMIDOR - CONVENIADOS DA GOLDEN CROSS PREJUDICADOS COM GREVE DA REDE CREDENCIADA NO PRIMEIRO SEMESTRE DE 1994 - (...). "O ressarcimento das quantias desembolsadas pelos consumidores no primeiro semestre de 1994, em virtude da greve da rede credenciada, é devido de acordo com o art. 20 da Lei nº 8.078/90. 4. O ministério público, no exercício de seu munus público, não tem direito à percepção da verba honorária". (TJDF, APC 20010150047767 - DF - 1ª T.Cív. - Rel. Des. Hermenegildo Gonçalves, DJU 19.11.2003)

► **Sobre dano moral envolvendo planos de saúde, ver art 6°, VI.**

◙ **Provedor de pesquisa na internet. Falha no serviço.** "A ausência de congruência entre o resultado atual e os termos pesquisados, ainda que decorrentes da posterior alteração do conteúdo original publicado pela página, configuram falha na prestação do serviço de busca, que deve ser corrigida nos termos do art. 20 do CDC, por frustrarem as legítimas expectativas dos consumidores." (STJ, REsp 1582981/RJ, Rel. Ministro Marco Aurélio Bellizze, Terceira Turma, DJe 19/05/2016)

► **Sobre dano moral envolvendo internet, ver art 6°, VI.**

◙ **Instituição de ensino. Ausência de credenciamento de curso de mestrado. Abatimento do preço.** "DIREITO CIVIL E DO CONSUMIDOR. PRESTAÇÃO DE SERVIÇO. CURSO DE MESTRADO. CREDENCIAMENTO NO ÓRGÃO GOVERNAMENTAL. AUSÊNCIA. RESPONSABILIDADE CIVIL. DANOS MATERIAIS E MORAIS. AQUILATAÇÃO. RECURSO PARCIALMENTE PROVIDO. 1. Tratando-se de relação regida pelo Código de Defesa do Consumidor, a instituição de ensino é objetivamente responsável pelos prejuízos causados em decorrência do não credenciamento de curso de mestrado se, em virtude desse entrave, o consumidor não obteve a correspondente titulação. Incidência das normas dos arts. 14 e 20, caput e § 2°, do CDC. 2. No caso concreto, a despeito da finalização imperfeita, os serviços contratados foram efetivamente prestados à consumidora, que deles pode extrair alguma utilidade, inclusive para eventual aproveitamento, em outra instituição de ensino, das disciplinas cursadas. Em tal circunstância, pelo voto médio, a indenização foi fixada na forma prevista pelo art. 20, inc. III, do CDC, afastando-se a incidência da regra do inciso II do mesmo dispositivo. 3. Recurso especial parcialmente provido."

(STJ, REsp 1079145/SP, Rel. Ministro Luis Felipe Salomão, Rel. p/ Acórdão Ministro Antonio Carlos Ferreira, Quarta Turma, DJe 12/11/2015)

► **Sobre dano moral envolvendo instituições de ensino, ver art 6°, VI.**

◙ **Correios. Falha na entrega de correspondência via SEDEX.** "RESPONSABILIDADE CIVIL. RECURSO ESPECIAL. ADVOGADO QUE CONTRATA SERVIÇOS DOS CORREIOS PARA O ENVIO DE PETIÇÃO RECURSAL. SEDEX NORMAL. CONTRATO QUE GARANTIA A CHEGADA DA PETIÇÃO AO DESTINATÁRIO EM DETERMINADO TEMPO. NÃO CUMPRIMENTO. PERDA DO PRAZO RECURSAL. RESPONSABILIDADE CIVIL DOS CORREIOS PARA COM OS USUÁRIOS. RELAÇÃO DE CONSUMO (...) 3. Não se confunde a responsabilidade do advogado, no cumprimento dos prazos processuais, com a dos Correios, no cumprimento dos contratos de prestação de serviço postal. A responsabilidade do advogado pela protocolização de recurso no prazo é de natureza endoprocessual, que gera consequências para o processo, de modo que a não apresentação de recursos no prazo tem consequências próprias, em face das quais não se pode, certamente, arguir a falha na prestação de serviços pelos Correios. Porém, essa responsabilidade processual do causídico não afasta a responsabilidade de natureza contratual dos Correios pelos danos eventualmente causados pela falha do serviço, de modo que, fora do processo, o advogado – como qualquer consumidor – pode discutir o vício do serviço por ele contratado, e ambas as responsabilidades convivem: a do advogado, que se limita às consequências internas ao processo, e a dos Correios, que decorre do descumprimento do contrato e da prestação de um serviço defeituoso. Assim, muito embora não se possa opor a culpa dos Correios para efeitos processuais da perda do prazo, extraprocessualmente a empresa responde pela falha do serviço prestado como qualquer outra (...) (STJ, REsp 1210732/SC, Rel. Ministro Luis Felipe Salomão, Quarta Turma, DJe 15/03/2013).

◙ **Não responsabilidade do jornal que publica produtos ou serviços defeituosos nos classificados.** RECURSO ESPECIAL. DIREITO DO CONSUMIDOR. DIREITO PROCESSUAL CIVIL.ART. 535 DO CPC/1973. VIOLAÇÃO. NÃO OCORRÊNCIA. JULGAMENTO CITRA PETITA. NÃO CONFIGURAÇÃO. AÇÃO CIVIL PÚBLICA. PRETENSÃO DE NATUREZA INIBITÓRIA. JORNAL. ANÚNCIOS EM SEÇÃO DE CLASSIFICADOS. COTAS CONTEMPLADAS DE CONSÓRCIO. OFERTA. CONDIÇÕES EDITORIAIS. IMPOSIÇÃO. NÃO CABIMENTO. AUSÊNCIA DE PREVISÃO LEGAL. CONTEÚDO DOS ANÚNCIOS. RESPONSABILIDADE EXCLUSIVA DO ANUNCIANTE. (...) 3. Ao publicar anúncios em caderno de classificados, a empresa jornalística atua como mera divulgadora de ofertas elaboradas por terceiros, não assumindo, por isso, a condição de fornecedora dos produtos e/ou serviços que ali são efetivamente oferecidos por seus anunciantes. 4. A editora responsável pela publicação de jornais não responde objetivamente pela reparação de eventuais prejuízos causados a consumidores por vício do produto ou defeito na prestação de serviços anunciados na seção de classificados dos referidos periódicos, sendo completamente descabido pretender inseri-la na cadeia de fornecimento de seus anunciantes. 5. O comércio de cotas de consórcio contempladas é lícito e passível de ser levado a efeito tanto pelas próprias administradoras de consórcio (que devem possuir autorização do Banco Central para expedir cartas de crédito) quanto pelos particulares titulares das respectivas cotas. 6. No caso, os anúncios questionados pelo Parquet e que justificariam a imposição ao veículo de comunicação de condições não previstas em lei para sua publicação são, de fato, redigidos de forma simples e vaga, remetendo o leitor ao contato telefônico direito com o eventual anunciante. Tais características, todavia, são próprias desse tipo de informe publicitário, não revelando nenhuma ilicitude merecedora da intervenção pretendida na inicial. 7. Recurso especial provido. (STJ, REsp 1427314/RS, Rel. Ministra Nancy Andrighi, Rel. p/ Acórdão Ministro Ricardo Villas Bôas Cueva, Terceira Turma, DJe 11/10/2018)

§ 1° A reexecução dos serviços poderá ser confiada a terceiros devidamente capacitados, por conta e risco do fornecedor.

► **A reexecução do serviço somente ocorrerá quando cabível.** O consumidor, pelo disposto no § 1º, pode optar que terceiro reexecute o serviço, por conta e risco do fornecedor. A reexecução do serviço, conforme exposto no inciso I, somente ocorrerá quando cabível. Muitas vezes, a reexecução não mais interessa ao consumidor, seja pela sua impossibilidade ou pelo simples fato de o consumidor não mais desejar que o fornecedor que prestou o serviço viciado venha a reexecutar o serviço. Como exemplo, pensemos em um corte de cabelo malfeito. Dependendo da situação, será impossível efetuar outro corte (reexecução do serviço). Ainda que seja possível a reexecução (novo corte), o consumidor pode não mais desejar que o serviço seja realizado pelo profissional que efetuou o corte malfeito (com vícios). Nesse caso, o consumidor poderá optar pela reexecução do serviço por outro profissional (na verdade, consertar o corte malfeito), tudo por conta e risco do fornecedor, nos moldes do § 1º.

► **Não há estipulação do prazo de 30 dias para o fornecedor sanar o vício.** Assim como no art. 19, também para os vícios de qualidade do serviço (art. 20) não há estipulação do prazo de 30 dias para o fornecedor sanar o vício, como disposto no §1º do art. 18. Nesse sentido, o consumidor poderá imediatamente exigir as alternativas previstas no artigo, como a reexecução dos serviços; a restituição imediata da quantia paga ou o abatimento do preço.

◙ **Abandono da Obra. A contratação de terceiro para finalização independe de decisão judicial.** "ANTECIPAÇÃO DE TUTELA – Contrato. Prestação de serviços. Alegado pelo autor que a ré abandonou a obra, necessitando de liminar para conclusão dos serviços sob pena de haver risco de prejuízo a terceiro. Decisão de primeiro grau que relega para depois da contestação o exame do requerimento do autor. Decisão que a princípio não é ilegal e não causa gravame à parte. Contratação de terceiro que não depende de autorização judicial, à luz do artigo 20, § 1º do Código de Defesa do Consumidor. Tutela antecipada que não poderá ser outorgada na sentença de mérito. Incompatibilidade entre o provimento de natureza provisória e o de natureza definitiva. Decisão de primeiro grau mantida. Recurso improvido". (1º TACSP, AI 1208294-9 – Santos – 4ª C. – Rel. Juiz Paulo Roberto de Santana – J. 18.2.2004)

◙ **Vício no serviço dentário. Ressarcimento do valor gasto com novo tratamento efetuado por outro profissional.** "APELAÇÃO CÍVEL – INDENIZAÇÃO POR

DANOS MATERIAIS E MORAIS - TRATAMENTO DE IMPLANTE DE PRÓTESE DENTÁRIA (...) FALHA NA PRESTAÇÃO DE SERVIÇO CONFIGURADA - NEGLIGÊNCIA E IMPRUDÊNCIA DO PROFISSIONAL CONFIGURADAS - DEVER DE INDENIZAR - DANOS MATERIAIS - REEXECUÇÃO DO SERVIÇO POR TERCEIRO - POSSIBILIDADE - INTELIGÊNCIA - ART. 20, § 1º, DO CÓDIGO DE DEFESA DO CONSUMIDOR - ORÇAMENTO IDÔNEO - VALORES CORROBORADOS PELA PROVA PERICIAL (...) O agir culposo do réu está consubstanciado no fato de que não agiu com o zelo e cuidado esperado, determinando a realização de todos os exames necessários para a elucidação do quadro clínico do suplicante, tampouco realizou planejamento em conjunto com outro profissional (protesista) acerca dos procedimentos corretos a serem adotados para o sucesso do implante dentário do seu paciente, dando causa, assim, a colocação de implantes em locais incorretos, a ausência de um implante no maxilar inferior, e sem a estabilidade necessária para a colocação das próteses. 4 – É devido o ressarcimento do valor efetivamente desembolsado pelo suplicante para cobrir as próteses provisórias, necessárias ante o insucesso do tratamento, e das despesas com medicamentos e exames radiográficos. Da mesma forma, devida a cobertura dos gastos que se fizerem necessários com o novo tratamento dentário, inclusive com outro profissional, devidamente capacitado, nos termos do art. 20, I, e § 1º, do CDC), devendo ser excluído o reembolso da despesa com o tratamento dentário (art. 20, II, do CDC), sob pena de incidir em bis in idem." (TJ-PR - AC: 6115357 PR 0611535-7, Relator: Luiz Lopes, Data de Julgamento: 14/01/2010, 10ª Câmara Cível)

§ 2° São impróprios os serviços que se mostrem inadequados para os fins que razoavelmente deles se esperam, bem como aqueles que não atendam as normas regulamentares de prestabilidade.

■ **Se não há inadequação do serviço, não cabe dano moral.** "APELAÇÃO CÍVEL. CONSUMIDOR. ATRASO NA ENTREGA DE CERTIFICADO. VÍCIO DO SERVIÇO. NÃO CONFIGURADO. DANO MORAL. INEXISTENTE. RECURSO PROVIDO. 1. Segundo dispõe o § 2º, do art. 20, do CDC, "são impróprios os serviços que se mostrem inadequados para os fins que razoavelmente deles se esperam, bem como aqueles que não atendam as normas regulamentares de prestabilidade". 2. In casu, o serviço prestado pela Instituição de Ensino consistente na expedição de declaração deu-se na forma solicitada pelo consumidor e dentro do prazo previamente estipulado, a saber, de 07 (sete) dias úteis, e mais do que isso, foi entregue antes mesmo de findar o período para a entrega da documentação na Universidade para a qual aprovada a apelada, razão pela qual não há como se falar em inadequação na prestação do serviço, apto a geraro dano apontado. 3. Ausente qualquer vício no serviço prestado pela apelante, torna-se imperioso excluir a condenação em danos morais fixada na sentença recorrida. 4. Recurso provido."(TJ-MA - APL: 0477922015 MA 0027724-69.2013.8.10.0001, Relator: Kleber Costa Carvalho, Primeira Câmara Cível, Data de Publicação: 02/12/2015)

Art. 21. No fornecimento de serviços que tenham por objetivo a reparação de qualquer produto considerar-se-á implícita a obrigação do fornecedor de empregar componentes de reposição originais adequados e novos, ou que mantenham as especificações técnicas do fabricante, salvo, quanto a estes últimos, autorização em contrário do consumidor.

► **Reutilização de peças. Somente com autorização do consumidor.** É muito comum a reutilização de peças quando se encontram em bom estado e, principalmente, porque as peças originais e novas tornam o serviço bem mais oneroso. Mas essa prática somente é permitida quando o consumidor é previamente consultado e a aceita, ou seja, para que o prestador de serviços utilize peças usadas ou que não sejam originais, será necessária autorização expressa do consumidor. ► **No mesmo sentido:** "É juridicamente possível a utilização de peças usadas ou recondicionadas no fornecimento de serviços, desde que exista a autorização do consumidor. (...) A autorização pode ser verbal, mas é absolutamente recomendável que seja escrita, para evitar futuras discussões sobre esta importante manifestação de vontade do consumidor e considerando, ainda, a infração penal descrita no art. 70 do CDC: "Empregar, na reparação de produtos, peças ou componentes de reposição usados, sem autorização do consumidor". (BENJAMIN, Antônio Herman V.; MARQUES, Cláudia Lima; BESSA, Leonardo Roscoe. *Manual de Direito do Consumidor.* 7ª edição. São Paulo, Revista dos Tribunais, 2016, p. 232).

► **Autorização em contrário do consumidor.** "A autorização em contrário do consumidor deve ser compreendida em relação a componentes originais e novos e jamais às especificações técnicas das peças de reposição, já que o CDC, norma de ordem pública, tem como forte diretriz garantir padrão mínimo de qualidade que atenda à funcionalidade e segurança dos produtos e serviços oferecidos no mercado de consumo (arts. 6.º, I e VI, e 8.º)". (BENJAMIN, Antônio Herman V.; MARQUES, Cláudia Lima; BESSA, Leonardo Roscoe. *Manual de Direito do Consumidor.* 7ª edição. São Paulo, Revista dos Tribunais, 2016, p. 231-232).

◙ **Possibilidade de emprego de peças usadas no conserto com anuência do consumidor.** "INDENIZATÓRIA. CONSUMIDOR. CONSERTO DE VEÍCULO. EMPREGO DE PEÇAS USADAS. DEMONSTRADA A ANUÊNCIA DO AUTOR. RESTITUIÇÃO INCABÍVEL. SENTENÇA REFORMADA. O autor postulou o pagamento da importância de R$980,00, sob a alegação de que a Mecânica Ré teria utilizado peças usadas para conserto do seu veículo. Em contestação, a demandada aduziu que as peças usadas foram colocadas no veículo com a anuência do consumidor, mediante um considerável desconto no valor total do conserto. As alegações defensivas encontram respaldo no documento da fl. 25, pelo qual se verifica a utilização de um "bico" usado, pelo qual o autor pagou o valor de R$115,00, enquanto a mesma peça, original e adquirida em mecânica autorizada vale cerca de R$260,00, conforme orçamento da fl. 26. Assim, tendo a ré se desincumbido do ônus de demonstrar a ciência do autor quanto ao emprego das referidas peças para reparo de seu automóvel, incabível a restituição do valor postulado na inicial, merecendo reforma a sentença para afastar o pagamento de indenização por danos materiais. Recurso provido." (TJ-RS – Recurso Cível: 71004032645 RS, Relator: Cleber Augusto Tonial, Data de Julgamento: 25/09/2013, Terceira Turma Recursal Cível, Data de Publicação: Diário da Justiça do dia 27/09/2013)

◙ **Vício na prestação dos serviços. Emprego de peças usadas no conserto e cobrança de peças novas.** "CIVIL. CONSUMIDOR. RESPONSABILIDADE CIVIL. VÍCIO NA PRESTAÇÃO DE SERVIÇOS. DESCUMPRIMENTO CONTRATUAL. CONSERTO MECÂNICO DE MOTOR DE MOTOCICLETA COM IRREGULARIDADES. UTILIZAÇÃO DE PEÇAS USADAS. CONSTATAÇÃO MEDIANTE PARECER TÉCNICO DE EMPRESA ESPECIALIZADA. COBRANÇA DE PEÇAS NOVAS. MAU FUNCIONAMENTO DO BEM. ART. 30, DO CDC. CONDUTA PREVISTA NO ART. 70 DO CDC COMO INFRAÇÃO PENAL. EMPREGO, NA REPARAÇÃO DE PRODUTOS, DE PEÇAS OU COMPONENTES DE REPOSIÇÃO USADOS, SEM AUTORIZAÇÃO DO CONSUMIDOR. REVELIA. PRESUNÇÃO DE VERACIDADE CORROBORADA PELOS DEMAIS ELEMENTOS DE PROVA. PROTEÇÃO DA BOA-FÉ CONTRATUAL. ARTS. 421 E 422, CCB/02. APLICAÇÃO DO ART. 14 C/C ART. 20, DO CDC. JUSTA CAUSA NÃO DEMONSTRADA. RESTITUIÇÃO DA QUANTIA PAGA. VEDAÇÃO AO ENRIQUECIMENTO SEM CAUSA – ART. 884, DO CCB. RECURSO CONHECIDO E PROVIDO. UNÂNIME."(TJ-DF – ACJ: 20060610120127 DF, Relator: Alfeu Machado, Data de Julgamento: 27/03/2007, Segunda Turma Recursal dos Juizados Especiais Cíveis e Criminais do D.F., Data de Publicação: DJU 13/04/2007)

► **Se o componente não mantém a especificação técnica do fabricante é porque não é adequado para o produto.** O consumidor não tem conhecimentos técnicos suficientes para julgar se uma determinada peça é adequada ou não para que o produto funcione corretamente e de forma segura (princípio da vulnerabilidade). Assim, a fim de garantir o mínimo de qualidade e segurança do produto, o consumidor somente poderá autorizar a utilização de peças não originais e/ou usadas.

Art. 22. Os órgãos públicos, por si ou suas empresas, concessionárias, permissionárias ou sob qualquer outra forma de empreendimento, são obrigados a fornecer serviços adequados, eficientes, seguros e, quanto aos essenciais, contínuos.

► **Os serviços públicos se submetem ao CDC.** As pessoas jurídicas prestadoras de serviço público, sejam de direito público, sejam de direito privado, estão submetidas às regras do Código de Defesa do Consumidor, não só devendo prestar serviços adequados, eficientes e seguros, como também estando sujeitos a reparar os danos que porventura vierem a causar aos consumidores, nos mesmos moldes do art. 14 do CDC (responsabilidade objetiva).

► **Não é todo serviço público que se submete às regras do CDC.** Não é todo serviço público que se submete às regras do CDC, mas somente aqueles realizados mediante uma contraprestação ou remuneração diretamente efetuada pelo consumidor ao fornecedor (serviços uti singuli), nos termos do art. 3o, § 2, pois somente os serviços fornecidos "mediante remuneração" se enquadram no CDC. Já o serviço público realizado mediante o pagamento de tributos, prestado a toda a coletividade (serviços uti universi), não se submete aos preceitos consumeristas, pois aqui não há um consumidor propriamente dito e sim um contribuinte, que não efetua um pagamento direto pelo serviço prestado, mas sim um pagamento aos cofres públicos que destinam as respectivas verbas, de acordo com a previsão orçamentária, para as atividades devidas. Estão, portanto, sujeitos ao CDC os serviços públicos cuja remuneração é feita diretamente pelo consumidor. Desse modo, exemplificando, aplica-se o CDC aos serviços de energia elétrica, de água, de telefonia, de transportes públicos e outros. Já os serviços relativos à segurança e à iluminação pública não estariam amparados pelo CDC.

▶ **O tema não é pacífico na doutrina.** "Existem, a respeito, três posições: 1) interpretação extensiva (todos os serviços públicos estão sujeitos ao CDC); 2) a prestação do serviço deve ser remunerada (art. 3º, § 2º), seja por taxa ou tarifa; 3) somente os serviços remunerados por tarifa ou preço público estariam sujeitos ao CDC: os serviços custeados por tributos não estariam sob a incidência do CDC, pois não há uma remuneração específica." (Leonardo Roscoe Bessa, *Manual de Direito do Consumidor*. São Paulo: RT, 2007, p. 171)

◙ **Serviços *uti universi* e *uti singuli*.** "Os serviços uti universi, também chamados de próprios, são remunerados por espécie tributária específica, a taxa, cujo pagamento é obrigatório, porque decorre da lei, independentemente da vontade do contribuinte. A espécie tem por escopo remunerar um serviço público específico e divisível, posto à disposição do contribuinte. Esse serviço caracteriza-se pela obrigatoriedade, pois o contribuinte não tem opção, porque, mesmo que dele não se utilize, é obrigado a remunerá-lo, e pela continuidade, mesmo ocorrendo a inadimplência. Trava-se, então, entre o contribuinte e o Poder Público, uma relação administrativo-tributária, solucionada pelas regras do Direito Administrativo. Com esses serviços não se confundem os uti singuli ou impróprios, prestados pelo Estado via delegação, por parceria com entes da Administração descentralizada ou da iniciativa privada. Diferente daqueles, esses serviços são remunerados por tarifas ou preços públicos, e as relações entre o Poder Público e os usuários são de direito privado, aplicando-se o Código de Defesa do Consumidor, ao identificarem-se os usuários como consumidores, na dicção do art. 3º do CDC. A tarifa é, portanto, remuneração facultativa, oriunda de relação contratual na qual impera a manifestação da vontade, podendo o particular interromper o contrato quando assim desejar. Assim, não se há confundir taxa com tarifa ou preço público, como aliás advertido está na Súmula nº 545 STF. Se o serviço público é remunerado por taxa, não podem as partes cessar a prestação ou a contraprestação por conta própria, característica só pertinente às relações contratuais, na esfera do Direito Civil. Verifica-se, portanto, que, a partir do sistema de remuneração, é que se define a natureza jurídica da relação do serviço público prestado (STJ, REsp. 793422/RS, Rela. Mina. Eliana Calmon, DJ 17/08/2006).

◼ **Transporte aéreo como serviço essencial.** "CONSUMIDOR. CONCESSÃO DE SERVIÇOS AÉREOS. RELAÇÃO HAVIDA ENTRE CONCESSIONÁRIA E CONSUMIDORES. APLICAÇÃO DO CDC. ILEGITIMIDADE DA ANAC. TRANSPORTE AÉREO. SERVIÇO ESSENCIAL. EXIGÊNCIA DE CONTINUIDADE. CANCELAMENTO DE VOOS PELA CONCESSIONÁRIA SEM RAZÕES TÉCNICAS OU DE SEGURANÇA. PRÁTICA ABUSIVA. DESCUMPRIMENTO DA OFERTA. (...) 3. O transporte aéreo é serviço essencial e, como tal, pressupõe continuidade. Difícil imaginar, atualmente, serviço mais 'essencial' do que o transporte aéreo, sobretudo em regiões remotas do Brasil. 4. Consoante o art. 22, caput e parágrafo único, do CDC, a prestação de serviços públicos, ainda que por pessoa jurídica de direito privado, envolve dever de fornecimento de serviços com adequação, eficiência, segurança e, se essenciais, continuidade, sob pena de ser o prestador compelido a bem cumpri-lo e a reparar os danos advindos do descumprimento total ou parcial. (...)" (STJ, REsp 1469087/AC, Segunda Turma, Rel. Ministro Humberto Martins, DJe 17/11/2016)

◼ **Possibilidade de interrupção do serviço público (energia elétrica) em razão do inadimplemento. Continuidade do serviço público não constitui princípio absoluto.** "PROCESSUAL CIVIL – MEDIDA CAUTELAR PARA ANTECIPAR TUTELA RECURSAL EM RECURSO ESPECIAL – VIABILIDADE RESERVADA A SITUAÇÕES EXCEPCIONAIS – NÃO CONFIGURAÇÃO NO CASO – INDEFERIMENTO – SUSPENSÃO DO FORNECIMENTO DE ENERGIA ELÉTRICA – (...) A Lei 8.987/95, que dispõe sobre o regime de concessão e permissão da prestação de serviços públicos previsto no art. 175 da Constituição Federal, prevê, nos incisos I e II do § 3º do art. 6º, duas hipóteses em que é legítima sua interrupção, em situação de emergência ou após prévio aviso: (a) por razões de ordem técnica ou de segurança das instalações; (b) por inadimplemento do usuário, considerado o interesse da coletividade. 3. Tem-se, assim, que a continuidade do serviço público, assegurada pelo art. 22 do CDC, não constitui princípio absoluto, mas garantia limitada pelas disposições da Lei 8.987/95, que, em nome justamente da preservação da continuidade e da qualidade da prestação dos serviços ao conjunto dos usuários, permite, em hipóteses entre as quais a fraude no registro geral, a suspensão no seu fornecimento. 4. Agravo regimental desprovido". (STJ, AGRMC 200401430678,1ª T., Rel. Min. Teori Albino Zavascki, DJU 17.12.2004). ◼ **No mesmo sentido:** "A 1a Seção, no julgamento do REsp. no 363.943/MG, assentou o entendimento de que é lícito à concessionária interromper o fornecimento de energia elétrica, se, após aviso prévio, o consumidor de energia elétrica permanecer inadimplente no pagamento da respectiva conta (Lei nº 8.987/95, art. 6º, § 3º, II)." (STJ, REsp. 604364/CE, Rel. Min. Luiz Fux, DJ 21/06/2004, 1º T.). ◼ **No mesmo sentido:** "A interrupção do fornecimento de energia elétrica por inadimplemento não configura descontinuidade da prestação do serviço público." (STJ, Corte Especial, AgRg na SLS no 216/RN, DJ 10/04/2006). ◼ **No sentido que o princípio da continuidade deve ser analisado em conformidade com o art. 6º, § 3º, II, da Lei nº 8.987/1995**. "O princípio da continuidade do serviço público assegurado pelo art. 22 do Código de Defesa do Consumidor deve ser obtemperado, ante a exegese do art. 6º, § 3º, II, da Lei nº 8.987/1995, que prevê a possibilidade de interrupção do fornecimento de energia elétrica quando, após aviso, permanecer inadimplente o usuário, considerado o interesse da coletividade (STJ, REsp. 864715/RS, Rel. Min. Castro Meira, DJ 11/10/2006).

■ **Necessidade de notificação prévia do consumidor antes da interrupção do serviço público.** "ADMINISTRATIVO. SUSPENSÃO DO FORNECIMENTO DE ÁGUA. DANO MORAL. AUSÊNCIA DE NOTIFICAÇÃO PRÉVIA. 1. Trata-se de Reclamação contra decisão proferida em Turma Recursal de Juizado Especial que reconheceu o inadimplemento, autorizou a cobrança pelo serviço de fornecimento de água, mas entendeu que a interrupção levada a efeito atinge a regra da continuidade e causa dano moral passível de indenização. Dessa forma, não aplicou a orientação de que é possível a suspensão do fornecimento de água por inadimplemento cumulado com prévio aviso do débito. 2. O acórdão recorrido reconhece que o interessado nem "sequer foi notificado previamente pela empresa concessionária acerca do corte do fornecimento da água. A empresa demandada, por seu turno, não se desincumbiu do ônus da prova que lhe cabia, quanto à regular notificação do consumidor". Inaplicável o entendimento jurisprudencial suscitado. 3. Reclamação improcedente." (STJ, Rcl 8.707/SE, Rel. Ministro Herman Benjamin, Primeira Seção, DJe 03/09/2012) ■ **No mesmo sentido** "A Primeira Seção desta Corte, no julgamento do RESP 363.943/MG, pacificou o entendimento no sentido de que é lícito à concessionária interromper o fornecimento de energia elétrica, se, após aviso prévio, o usuário permanecer inadimplente, a teor do disposto no art. 6º, § 3º, II da Lei nº 8.987/95. 3. Da exegese da matéria inserta no art. 6º, § 3º, da Lei nº 8.987/95, verifica-se a possibilidade de interrupção do fornecimento de energia elétrica em hipóteses em que há necessidade de se preservar a continuidade e a qualidade da prestação dos serviços à coletividade. 4. Agravo regimental a que se nega provimento". (STJ, AGRESP 200301670122, 1ª T, Relª Minª Denise Arruda, DJU 29.8.2005)

■ **No sentido de que não basta o aviso (notificação) nas faturas entregues ao consumidor.** "CORSAN. INTERRUPÇÃO DO FORNECIMENTO DO SERVIÇO DE ÁGUA. INADIMPLEMENTO DA CONSUMIDORA. NOTIFICAÇÃO PRÉVIA NÃO COMPROVADA. DEMORA NO RESTABELECIMENTO DO SERVIÇO. FILHO COM PROBLEMAS DE SAÚDE EM CASA. PRIVAÇÃO DO USO DA ÁGUA PARA AS NECESSIDADES BÁSICAS. SUSPENSÃO INDEVIDA DOS SERVIÇOS. DANOS MORAIS OCORRENTES. QUANTUM DA INDENIZAÇÃO MANTIDO. – O fornecimento de água é serviço essencial, o qual a ré deve fornecer com continuidade, sendo necessária a notificação prévia e formal do consumidor em caso de interrupção do serviço, mesmo que seja por inadimplemento. A mensagem constante nas faturas, dando conta de que o não pagamento no prazo de 30 dias do vencimento ocasionaria a suspensão do abastecimento (fl. 16), não supre a notificação formal, tampouco a colagem de telas do sistema interno da ré, com visualização de aviso de débito (fls. 48/51). Situação agravada pelo fato da autora ter um filho doente em casa e que necessita de cuidados especiais (fls. 14-16). Devida a indenização por dano moral. – Quantum indenizatório, fixado na sentença (R$ 1.300,00), que merece ser mantido, posto que, privilegiando-se o princípio da imediatidade, atendeu aos postulados da proporcionalidade e da razoabilidade, assim como ao dúplice caráter desse tipo de indenização (pedagógico e compensatório), sem praticar o excesso de proporcionar o enriquecimento indevido, além de atentar para a capacidade econômica das partes, elementos tais que devem ser considerados na quantificação dos danos... imateriais e foram observados na sentença às fls. 91/92. Sentença mantida por seus próprios fundamentos. Recurso desprovido."

(TJRS, Recurso Cível Nº 71005411277, Terceira Turma Recursal Cível, Relator: Lusmary Fatima Turelly da Silva, Julgado em 12/11/2015).

◙ **Possibilidade de interrupção do fornecimento de água em caso de inadimplemento.** "PRESTAÇÃO DE SERVIÇOS. INTERRUPÇÃO DO FORNECIMENTO DE ÁGUA. POSSIBILIDADE QUANDO DO INADIMPLEMENTO DE CONTA REGULAR. SENTENÇA EXTRA PETITA. AÇÃO IMPROCEDENTE. SENTENÇA REFORMADA. Recurso provido."(TJ-SP – APL: 00386492520108260506 SP, Relator: Cristina Zucchi, 34ª Câmara de Direito Privado, Data de Publicação: 04/11/2015)

◙ **Possibilidade de interrupção do serviço público em entes públicos.** "ADMINISTRATIVO. SUSPENSÃO DO FORNECIMENTO DE ENERGIA ELÉTRICA. INADIMPLÊNCIA. ENTE PÚBLICO. PREVISÃO LEGAL. CONTRATO SINALAGMÁTICO. PREVALÊNCIA DOS INTERESSES DA COLETIVIDADE. FUNDAMENTOS ESSENCIALMENTE INFRACONSTITUCIONAIS. I – O contrato estabelecido entre o fornecedor de energia elétrica e o usuário é sinalagmático, concluindo-se que o contratante só pode exigir a continuidade da prestação a cargo do contratado quando estiver cumprindo regularmente a sua obrigação. II – A suspensão do fornecimento de energia elétrica pode ocorrer em diversas hipóteses, inclusive quando houver negativa de pagamento por parte do usuário. Tal convicção encontra assento no artigo 91 da Resolução nº 456/2000 da Agência Nacional de Energia Elétrica. III – Ainda que se trate o consumidor de ente público, é cabível realizar-se o corte no fornecimento de energia elétrica, mesmo no caso de prestação de serviços públicos essenciais, como a educação, desde que antecedido de comunicação prévia por parte da empresa concessionária, a teor do art. 17 da Lei nº 9.427/96. IV – Tal entendimento se justifica em atendimento aos interesses da coletividade, na medida em que outros usuários sofrerão os efeitos da inadimplência do Poder Público, podendo gerar uma mora continuada, assim como um mau funcionamento do sistema de fornecimento de energia." (STJ, AgRg no REsp 619610 / RS; Rel. Min. Francisco Falcão, 1ª T, DJU 20.2.2006)

◙ **Diante da inadimplência de pessoa jurídica de direito público, pode haver a interrupção do fornecimento do serviço, mas devem-se preservar as unidades públicas provedoras de necessidades inadiáveis da comunidade (hospitais, prontos-socorros, centros de saúde, escolas e creches).** "Quando o consumidor é pessoa jurídica de direito público, prevalece nesta Turma a tese de que o corte de energia é possível, desde que não aconteça de forma indiscriminada, preservando-se as unidades públicas essenciais. A interrupção de fornecimento de energia elétrica de Município inadimplente somente é considerada ilegítima quando atinge as unidades públicas provedoras das necessidades inadiáveis da comunidade, entendidas essas – por analogia à Lei de Greve – como 'aquelas que, não atendidas, coloquem em perigo iminente a sobrevivência, a saúde ou a segurança da população', o que se perfaz na hipótese (STJ, Resp. 791.713RN, Rel. Min. Castro Meira, DJ 1/2/2006).

◙ **Para haver a suspensão do serviço público, a inadimplência tem que ser atual, não servindo como meio de cobrança para débitos pretéritos do consumidor.** "Hipótese dos autos que se caracteriza pela exigência de débito pretérito, não devendo, com isso, ser suspenso o fornecimento, visto que o corte de energia elétrica pressupõe o inadimplemento de conta regular, relativa ao mês do consumo, sendo inviável, pois, a suspensão do abastecimento em razão de débitos antigos, em relação aos quais existe demanda judicial ainda pendente de julgamento, devendo a companhia utilizar-se dos meios ordinários de cobrança, não se admitindo nenhuma espécie de constrangimento ou ameaça ao consumidor, nos termos do art. 42 do CDC (STJ, AgRg no REsp. 820665/ RS, Rel. Min. José Delgado, DJ 08/06/2006). ◙ **No mesmo sentido:** "É firme a jurisprudência desta Corte Superior de Justiça no sentido da impossibilidade de suspensão de serviços essenciais, tais como o fornecimento de energia elétrica e água, em função da cobrança de débitos pretéritos." (STJ, AgRg no Ag 1207818/RJ, Rel. Ministro Hamilton Carvalhido, Primeira Turma, DJe 02/02/2010)

◙ **Impossibilidade de corte do fornecimento de energia elétrica para pessoas em estado de miserabilidade.** "A 1a Seção, no julgamento do RESP no 363.943/MG, assentou o entendimento de que é lícito à concessionária interromper o fornecimento de energia elétrica, se, após aviso prévio, o consumidor de energia elétrica permanecer inadimplente no pagamento da respectiva conta (Lei 8.987/95, art. 6o, § 3o, II). 2. Ademais, a 2ª Turma desta Corte, no julgamento do RESP nº 337.965/MG conclui que o corte no fornecimento de água, em decorrência de mora, além de não malferir o Código do Consumidor, é permitido pela Lei nº 8.987/95. 3. Não obstante, ressalvo o entendimento de que o corte do fornecimento de serviços essenciais – água e energia elétrica – como forma de compelir o usuário ao pagamento de tarifa ou multa, extrapola os limites da legalidade e afronta a cláusula pétrea de respeito à dignidade humana, porquanto o cidadão se utiliza dos serviços públicos posto essenciais para a sua vida, curvo-me ao posicionamento majoritário da Seção. 4. Hodiernamente, inviabiliza-se a aplicação da legislação infraconstitucional impermeável aos princípios constitucionais, dentre os quais sobressai o da dignidade da pessoa humana, que é um dos fundamentos da República, por isso que inaugura o texto constitucional, que revela o nosso ideário como nação. 5. In casu, o litígio não gravita em torno de uma empresa que necessita da energia para insumo, tampouco de pessoas jurídicas portentosas, mas de uma pessoa física miserável e desempregada, de sorte que a ótica tem que ser outra. Como afirmou o Ministro Francisco Peçanha Martins noutra ocasião, temos que enunciar o direito aplicável ao caso concreto, não o direito em tese. Forçoso, distinguir, em primeiro lugar, o inadimplemento perpetrado por uma pessoa jurídica portentosa e aquele inerente a uma pessoa física que está vivendo no limite da sobrevivência biológica. 6. Em segundo lugar, a Lei de Concessões estabelece que é possível o corte considerado o interesse da coletividade, que significa interditar o corte de energia de um hospital ou de uma universidade, bem como o de uma pessoa que não possui condições financeiras para pagar conta de luz de valor módico, máxime quando a concessionária tem os meios jurídicos legais da ação de cobrança. A responsabilidade patrimonial no direito brasileiro incide sobre o patrimônio do devedor e, neste caso, está incidindo sobre a própria pessoa. 7. Outrossim, é voz corrente que o 'interesse da coletividade' refere-se aos municípios, às universidades, hospitais, onde se atingem interesses plurissubjetivos. 8. Destarte, mister analisar que as empresas concessionárias ressalvam evidentemente um percentual de inadimplemento na sua avaliação de perdas, e os fatos notórios não dependem de prova (*notoria nom egent probationem*), por isso que a empresa recebe mais do que experimenta inadimplementos. 9. Esses fatos conduzem a conclusão contrária à possibilidade de corte do fornecimento de serviços essenciais de pessoa física em situação de miserabilidade, em contra-partida ao corte de pessoa jurídica portentosa, que pode pagar e protela a prestação da sua obrigação, aproveitando-se dos meios judiciais cabíveis. 10. Recurso especial provido, ante a função uniformizadora da Corte." (STJ, RESP 604364/CE, Rel. Min. Luiz Fux, DJU 21.06.2004, 1ª T.)

◙ **Cobrança de tarifa básica de telefonia.** **<u>Súmula nº 356 do STJ</u>**: "*É legítima a cobrança da tarifa básica pelo uso dos serviços de telefonia fixa.*"

◙ **Possibilidade de cobrança do serviço de fornecimento de água de forma escalonada (tarifa progressiva), de acordo com o consumo.** **<u>Súmula nº 407 do STJ:</u>** "*É legítima a cobrança da tarifa de água, fixada de acordo com as categorias de usuários e as faixas de consumo*".

◙ **Legitimidade da Anatel nas demandas de telefonia.** **<u>Súmula 506 do STJ:</u>** "*A Anatel não é parte legítima nas demandas entre a concessionária e o usuário de telefonia decorrentes de relação contratual.*"

◙ **Competência da Justiça Estadual para demandas entre consumidor e concessionária.** **<u>Súmula Vinculante n° 27 do STF:</u>** "*Compete à Justiça Estadual julgar causas entre consumidor e concessionária de serviço público de telefonia, quando a Anatel não seja litisconsorte passiva necessária, assistente nem opoente.*"

◙ **Prazo prescricional para ações de repetição de indébito de tarifas de água e esgoto.** **<u>Súmula nº 412 do STJ:</u>** "*A ação de repetição de indébito de tarifas de água e esgoto sujeita-se ao prazo prescricional estabelecido no Código Civil.*"

◙ **Ação indenizatória contra prestadora de serviço público prescreve em cinco anos com base no artigo 1º-C da Lei 9.494/97.** "O prazo de prescrição das ações indenizatórias movidas em desfavor de pessoa jurídica de direito privado prestadora de serviços públicos de transporte é quinquenal, consoante o disposto no art. 1º-C da Lei n. 9.494/97." (STJ, REsp 1277724/PR, Rel. Ministro João Otávio de Noronha, Terceira Turma, DJe 10/06/2015)

◙ **É possível a cobrança de tarifa de esgotamento sanitário mesmo na hipótese em que a concessionária responsável pelo serviço realize apenas a coleta e o transporte dos dejetos sanitários, sem a promoção do seu tratamento final.** "RECURSO ESPECIAL. ADMINISTRATIVO. SERVIÇO DE ESGOTAMENTO SANITÁRIO. PRESTAÇÃO DE ALGUMAS ETAPAS. COLETA E ESCOAMENTO DE DEJETOS. INEXISTÊNCIA DE TRATAMENTO. TARIFA. LEGALIDADE DA COBRANÇA. PRECEDENTES DE AMBAS AS TURMAS. (...) O benefício individualmente considerado para o usuário do serviço de esgotamento sanitário está na coleta e escoamento dos dejetos. O tratamento final de efluentes é uma etapa complementar, de destacada natureza sócio-ambiental, travada entre a concessionária e o Poder Público. Assim, não pode o usuário do serviço, sob a alegação de que não há tratamento, evadir-se do pagamento da tarifa, sob pena de permitir-se o colapso de todo o sistema. A ausência de tratamento pode, se muito, ensejar punições e multas de natureza ambiental, se não forem cumpridos as exigências da concessão e observados os termos de expansão pactuados com o Poder Público. (...) Se o serviço público de esgotamento sanitário está sendo prestado, ainda que não contemple todas as suas fases, é devida a cobrança da tarifa." (STJ, REsp 1330195/RJ, Rel. Ministro Castro Meira, Segunda Turma, DJe 04/02/2013)

◙ **Responsabilidade dos correios pelo não protocolo de petição enviada via sedex pelo advogado.** "RESPONSABILIDADE CIVIL. RECURSO ESPECIAL. ADVOGADO QUE CONTRATA SERVIÇOS DOS CORREIOS PARA O ENVIO DE PETIÇÃO RECURSAL. SEDEX NORMAL. CONTRATO QUE GARANTIA A CHEGADA DA PETIÇÃO AO DESTINATÁRIO EM DETERMINADO TEMPO. NÃO CUMPRIMENTO. PERDA DO PRAZO RECURSAL. RESPONSABILIDADE CIVIL DOS CORREIOS PARA COM OS USUÁRIOS. RELAÇÃO DE CONSUMO. DANO MORAL CONFIGURADO. 1. A controvérsia consiste em saber se o advogado que teve recurso por ele subscrito considerado intempestivo, em razão da entrega tardia de sua petição pelos Correios ao Tribunal ad quem, pode pleitear indenização por danos materiais e morais contra a mencionada empresa pública. É certo também que a moldura fática delineada demonstra a contratação de serviço postal que, entre Capitais, garantia a chegada de correspondência até o próximo dia útil ao da postagem (SEDEX normal). 2. As empresas públicas prestadoras de serviços públicos submetem-se ao regime de responsabilidade civil objetiva, previsto no art. 14 do CDC, de modo que a responsabilidade civil objetiva pelo risco administrativo, prevista no art. 37, § 6º, da CF/88, é confirmada e reforçada com a celebração de contrato de consumo, do qual emergem deveres próprios do microssistema erigido pela Lei n. 8.078/90. No caso, a contratação dos serviços postais oferecidos pelos Correios revela a existência de contrato de consumo, mesmo que tenha sido celebrado entre a mencionada empresa pública e um advogado, para fins de envio de suas petições ao Poder Judiciário." (STJ, REsp 1210732/SC, Rel. Ministro Luis Felipe Salomão, Quarta Turma, DJe 15/03/2013)

◙ **A Justiça Federal não é competente para processar e julgar ação em que se discuta restituição de indébito decorrente de majoração ilegal de tarifa de energia elétrica.** "ADMINISTRATIVO. PROCESSUAL CIVIL. TARIFA DE ENERGIA ELÉTRICA. MAJORAÇÃO INDEVIDA. AGÊNCIA NACIONAL DE ENERGIA ELÉTRICA. LITISCONSÓRCIO PASSIVO NECESSÁRIO. INOCORRÊNCIA. 1. A jurisprudência de ambas as Turmas da Seção consolidou-se no sentido de que a União e a ANEEL não detêm legitimidade nas ações em que se discute restituição de indébito decorrente de majoração ilegal de tarifas de energia elétrica. Precedentes. 2. Agravo Regimental não provido." (STJ, AgRg no REsp 1383131/RS, Rel. Ministro Herman Benjamin, Segunda Turma, DJe 19/09/2013)

◙ **A ANS não é parte legítima em ação que se discute suposto abuso em reajuste de plano de saúde.** "RECURSO ESPECIAL. PROCESSUAL CIVIL. AÇÃO CIVIL PÚBLICA. PLANO DE SAÚDE. REAJUSTES ABUSIVOS POR FAIXA ETÁRIA. RELAÇÃO ENTRE CONSUMIDOR E OPERADORA. AUSÊNCIA DE INTERESSE DIRETO DA AGÊNCIA NACIONAL DE SAÚDE SUPLEMENTAR (ANS). 1. Ilegitimidade passiva da Agência Nacional de Saúde Suplementar (ANS) para figurar no polo passivo de ação civil pública em que se pleiteia a declaração de abusividade de reajustes em contrato de plano de saúde. 2. Ausência de interesse jurídico direto da agência reguladora. 3. Precedentes específicos do STJ." (STJ, REsp 1384604/RS, Rel. Ministro Paulo de Tarso Sanseverino, Terceira Turma, DJe 22/06/2015)

◙ **Obrigatoriedade do detalhamento das chamadas telefônicas.** "TELEFONIA FIXA. DETALHAMENTO DAS CHAMADAS. OBRIGATORIEDADE. TERMO INICIAL. SOLICITAÇÃO DO USUÁRIO. GRATUIDADE. EMBARGOS DE DECLARAÇÃO TIDOS COMO PROTELATÓRIOS. MULTA. AFASTAMENTO. SÚMULA nº 98/STJ. I – O Estado, com a edição do Decreto no 4.733/2003, entre outras medidas necessárias para a alteração do sistema de tarifação de pulsos para tempo de utilização, determinou o detalhamento de todas as ligações locais e de longa distância. II – O prazo para a conversão do sistema, inicialmente previsto para 31 de julho de 2006 pela Resolução no 423/2005, foi ampliado em doze meses pela Resolução no 432/2006, para não prejudicar os usuários da internet discada, os quais, neste prazo, foram atendidos com plano alternativo apresentado na Resolução no 450/2006. III – Assim, a partir de 1º de Agosto de 2007, data da implementação total do sistema, passou a ser exigido das concessionárias o detalhamento de todas as ligações na modalidade local, independentemente de ser dentro ou fora da franquia contratada, por inexistir qualquer restrição a respeito, conforme se observa do constante do art. 83 do anexo à Resolução no 426/2005, que regulamentou o sistema de telefonia fixa. IV – Também no art. 83 do anexo à Resolução no 426/2005, restou reafirmada a determinação para que a concessionária forneça, mediante solicitação do assinante, documento de cobrança contendo o detalhamento das chamadas locais, entretanto ficou consignado que o fornecimento do detalhamento seria gratuito para o assinante, modificando, neste ponto, o constante do art. 7º, X, do Decreto no 4.733/2003. V – A solicitação do fornecimento das faturas discriminadas, sem ônus para o assinante, basta ser feita uma única vez, marcando para a concessionária o momento a partir do qual o consumidor pretende obter suas faturas com detalhamento. VI – Revogação da Súmula no 357/STJ que se impõe. VII – Recurso especial parcialmente provido (Acórdão sujeito ao regime do art. 543-C do CPC e da Resolução STJ 08/08)" (STJ, REsp. 1074799/MG, Rel. Min. Francisco Falcão, DJe 08/06/2009).

◙ **Impossibilidade de interrupção de energia elétrica contestadas em juízo por suposta fraude em medidor.** "Administrativo – Fornecimento de energia elétrica – Suposta fraude no medidor – Dívida contestada em juízo – Ilegalidade do corte – Constrangimento ao consumidor – Precedentes. 1. Discute-se, na presente controvérsia, da possibilidade de corte no fornecimento de energia elétrica, em face de dívida decorrente de diferenças de consumo que geraram a fiscalização, e a constatação unilateral de irregularidades no aparelho de medição. 2. Há ilegalidade na interrupção no fornecimento de energia elétrica nos casos de dívidas contestadas em Juízo – decorrentes de suposta fraude no medidor do consumo de energia elétrica –, uma vez que o corte configura constrangimento ao consumidor que procura discutir no Judiciário débito que considera indevido. Precedentes. 3. Para solucionar tal controvérsia existem meios ordinários de cobrança, razão pela qual a interrupção do serviço implica infringência ao disposto no art. 42, caput, do Código de Defesa do Consumidor." (STJ, REsp. 708176/RS, Rel. Min. Humberto Martins, DJ 31/08/2007).

▣ **A responsabilidade por débito relativo ao consumo de água e serviço de esgoto é de quem efetivamente obteve a prestação do serviço.** "A jurisprudência desta Corte pacificou o entendimento de que o inadimplemento é do usuário (natureza pessoal da obrigação), ou seja, de quem efetivamente obteve a prestação do serviço, razão porque não cabe responsabilizar o atual usuário por débito pretérito relativo ao consumo de água/energia elétrica de usuário anterior." (STJ, AgRg no REsp 1327162/SP, Rel. Ministro Napoleão Nunes Maia Filho, Primeira Turma, DJe 28/09/2012)

▣ **Questionamento sobre assinatura básica pode ser processada no juizado especial cível.** "As ações ajuizadas pelo consumidor contra a concessionária de telefonia, visando ao questionamento da cobrança da assinatura básica mensal e à devolução dos valores cobrados a esse título, podem ser processadas nos juizados especiais cíveis, de acordo com a jurisprudência. Precedentes: CC 83.676/MG, Rel. Min. Teori Albino Zavascki, Primeira Seção, DJ 10.9.2007,; CC 89.936/MG, Rel. Min. Francisco Falcão, Primeira Seção, DJe 19.5.2008.

▣ **Responsabilidade objetiva. Concessionária rodoviária. Presença de animais na pista.** "PROCESSUAL CIVIL. TEMPESTIVIDADE. FERIADO LOCAL. COMPROVAÇÃO EM AGRAVO INTERNO. POSSIBILIDADE. CONSUMIDOR. CONCESSIONÁRIA RODOVIÁRIA. ANIMAIS NA PISTA. RESPONSABILIDADE CIVIL OBJETIVA. EXAME DE CLÁUSULA DE CONTRATO FIRMADO COM A ADMINISTRAÇÃO PÚBLICA. IMPOSSIBILIDADE. SÚMULA 5/STJ. (...) 3. In casu, extrai-se do acórdão vergastado que o entendimento do Tribunal de origem está em consonância com a orientação do Superior Tribunal de Justiça de que a presença de animais na pista coloca em risco a segurança dos usuários da rodovia, respondendo as concessionárias pelo defeito na prestação do serviço que lhes é outorgado pelo Poder Público concedente. (...)." (STJ, AgInt no AREsp 1042777/PR, Segunda Turma, Rel. Min. Herman Benjamin, DJe 30/06/2017)

▣ **Responsabilidade objetiva das concessionárias de serviços rodoviários. Atropelamento decorrente de falta de iluminação na faixa de pedestre.** ***(sobre consumidor por equiparação, ver art. 17)*** "RESPONSABILIDADE CIVIL. ATROPELAMENTO FATAL. TRAVESSIA NA FAIXA DE PEDESTRE. RODOVIA SOB CONCESSÃO. CONSUMIDORA POR EQUIPARAÇÃO. CONCESSIONÁRIA RODOVIÁRIA. RESPONSABILIDADE OBJETIVA EM RELAÇÃO A TERCEIROS USUÁRIOS E NÃO USUÁRIOS DO SERVIÇO. ART. 37, § 6°, CF. VIA EM MANUTENÇÃO. FALTA DE ILUMINAÇÃO E SINALIZAÇÃO PRECÁRIA. NEXO CAUSAL CONFIGURADO. DEFEITO NA PRESTAÇÃO DO SERVIÇO CONFIGURADO. CULPA EXCLUSIVA DA VÍTIMA. INOCORRÊNCIA. INDENIZAÇÃO POR DANOS MATERIAIS E MORAIS DEVIDOS. 2. As concessionárias de serviços rodoviários, nas suas relações com o usuário, subordinam-se aos preceitos do Código de Defesa do Consumidor e respondem objetivamente pelos defeitos na prestação do serviço. Precedentes. 3. No caso, a autora é consumidora por equiparação em relação ao defeito na prestação do serviço, nos termos do art. 17 do Código consumerista. Isso porque prevê o dispositivo que 'equiparam-se aos consumidores todas as vítimas do evento', ou seja, estende o conceito de consumidor àqueles que, mesmo não tendo sido consumidores diretos, acabam por sofrer as consequências do acidente de consumo, sendo também chamados de bystanders. 4. 'A responsabilidade civil das pessoas jurídicas de direito privado prestadoras de serviço público é objetiva relativamente a terceiros usuários e não-usuários do serviço, segundo decorre do art. 37, § 6º, da Constituição Federal' (RE 591874, Relator(a): Min. RICARDO LEWANDOWSKI, Tribunal Pleno, julgado em 26/08/2009, REPERCUSSÃO GERAL – MÉRITO DJe-237 DIVULG 17-12-2009 PUBLIC 18-12-2009). 5. Na hipótese, a menor, filha da recorrente, faleceu ao tentar atravessar na faixa de pedestre, em trecho da BR-040 sob concessão da ré, tendo a sentença reconhecido a responsabilização da concessionária, uma vez que "o laudo pericial da polícia judiciária bem apontou que o local do atropelamento é 'desprovido de iluminação pública', 'com sinalização vertical e horizontal precária devido à manutenção da via', tendo se descurado de sua responsabilidade na 'obrigação direta de manutenção da rodovia'", admitindo a ré "a deficiência de seu serviço no local, quando apressou-se depois e instalou passarela destinada a pedestres naquele trecho", além do fato de não haver prova da culpa exclusiva da vítima. Caracterizado, portanto, o nexo causal, dando azo a responsabilização civil. 6. O fato exclusivo da vítima será relevante para fins de interrupção do nexo causal quando o comportamento dela representar o fato decisivo do evento, for a causa única do sinistro ou, nos dizeres de Aguiar Dias, quando "sua intervenção no evento é tão decisiva que deixa sem relevância outros fatos culposos porventura intervenientes no acontecimento"(Da responsabilidade civil, vol.II, 10ª. edição. São Paulo: Forense, 1997, p. 946). Ocorre que, ao que se depreende dos autos, a menor, juntamente com sua avó, atravessaram a rodovia seguindo as regras insculpidas pelo Código de Trânsito Nacional, isto é, na faixa destinada para tanto. 7. Não se pode olvidar que, conforme a sentença, "a própria ré admitiu a deficiência de seu serviço no local, quando apressou-se depois e instalou passarela destinada a pedestres naquele trecho, como mostrado nas fotos de fls. 299/303". 8. O direito de segurança do usuário está inserido no serviço público concedido, havendo presunção de que a concessionária assumiu todas as atividades e responsabilidades inerentes ao seu mister" (STJ, REsp 1268743/RJ, Rel. Ministro Luis Felipe Salomão, Quarta Turma, DJe 07/04/2014).

◙ **Responsabilidade civil por atropelamento em via férrea.** "A despeito de situações fáticas variadas no tocante ao descumprimento do dever de segurança e vigilância contínua das vias férreas, a responsabilização da concessionária é uma constante, passível de ser elidida tão somente quando cabalmente comprovada a culpa exclusiva da vítima. Para os fins da sistemática prevista no art. 543-C do CPC, citam-se algumas situações (de responsabilidade das ferrovias): (i) existência de cercas ao longo da via, mas caracterizadas pela sua vulnerabilidade, insuscetíveis de impedir a abertura de passagens clandestinas, ainda quando existente passarela nas imediações do local do sinistro; (ii) a própria inexistência de cercadura ao longo de toda a ferrovia; (iii) a falta de vigilância constante e de manutenção da incolumidade dos muros destinados à vedação do acesso à linha férrea pelos pedestres; (iv) a ausência parcial ou total de sinalização adequada a indicar o perigo representado pelo tráfego das composições." (STJ, REsp 1210064/SP, Rel. Ministro Luis Felipe Salomão, Segunda Seção, DJe 31/08/2012)

◙ **É ilegal multiplicar valor do consumo mínimo de água pelo número de residências no condomínio.** "RECURSO ESPECIAL REPRESENTATIVO DE CONTROVÉRSIA. FORNECIMENTO DE ÁGUA. TARIFA MÍNIMA MULTIPLICADA PELO

NÚMERO DE UNIDADES AUTÔNOMAS (ECONOMIAS). EXISTÊNCIA DE ÚNICO HIDRÔMETRO NO CONDOMÍNIO. 1. A cobrança pelo fornecimento de água aos condomínios em que o consumo total de água é medido por único hidrômetro deve se dar pelo consumo real aferido. 2. O Superior Tribunal de Justiça firmou já entendimento de não ser lícita a cobrança de tarifa de água no valor do consumo mínimo multiplicado pelo número de economias existentes no imóvel, quando houver único hidrômetro no local. 3. Recurso especial improvido. Acórdão sujeito ao procedimento do artigo 543-C do Código de Processo Civil. (STJ, Resp 1166561/RJ, Rel. Ministro Hamilton Carvalhido, Primeira Seção, DJe 05/10/2010)

◙ **É ilegal cobrar a tarifa de água por estimativa quando ausente o hidrômetro ou quando este estiver com defeito. Cobrança da tarifa mínima.** "DIREITO ADMINISTRATIVO. ILEGALIDADE DA COBRANÇA DE TARIFA DE ÁGUA REALIZADA POR ESTIMATIVA DE CONSUMO. Na falta de hidrômetro ou defeito no seu funcionamento, a cobrança pelo fornecimento de água deve ser realizada pela tarifa mínima, sendo vedada a cobrança por estimativa.Isso porque a tarifa deve ser calculada com base no consumo efetivamente medido no hidrômetro, sendo a tarifa por estimativa de consumo ilegal por ensejar enriquecimento ilícito da concessionária. Ademais, tendo em vista que é da concessionária a obrigação pela instalação do hidrômetro, a cobrança no caso de inexistência do referido aparelho deve ser realizada pela tarifa mínima." (STJ, REsp 1.513.218-RJ, Rel. Min. Humberto Martins, DJe 13/3/2015)

◙ **Cobrança do "seguro-apagão" é constitucional.** "O Plenário do Supremo Tribunal Federal julgou que os adicionais tarifários incluídos nas contas de energia elétrica, encargos de capacidade emergencial conhecidos como "seguro-apagão", são devidamente cobrados dos consumidores do serviço e não podem ser considerados inconstitucionais. O entendimento foi proferido, por unanimidade, no julgamento de dois Recursos Extraordinários (RE 576189 e 541511) interpostos por duas empresas que tentavam acabar com a cobrança, alegando que ela feria os princípios constitucionais de tributação, em especial os arts. 5º, inciso II (ninguém será obrigado a fazer ou deixar de fazer alguma coisa senão em virtude da lei) e 150, inciso I (que veda exigir ou aumentar tributo sem lei que o estabeleça), e ainda os arts. 150, inciso III (b); 62 § 2º; 146, III; 154, inciso I; 37, caput; 145, entre outros. [...] Na visão dos ministros do Supremo, o fornecimento de energia deriva de uma relação de natureza jurídica e contratual entre duas partes – no caso, entre o consumidor e a distribuidora concessionária – e é, portanto, uma tarifa, ou preço público, pois o paga quem quiser ter o fornecimento do serviço, e não um tributo. Em seu voto, o Ministro Relator, Ricardo Lewandowski, ressaltou que os encargos instituídos na Lei nº 10.4387/2002, embora se aproximem do conceito de taxa por serem relativos a um serviço público, são na verdade tarifas ou preços públicos em virtude do caráter facultativo. Notícias STF de quarta-feira, 22 de abril de 2009".

◙ **Ligação telefônica no mesmo município pode ser cobrada como interurbana.**"Os critérios de definição de 'área local' para fins de configuração de serviço local de telefonia fixa e cobrança da respectiva tarifa não levam em conta a divisão político-geográfica do município, e sim critérios técnicos definidos pela Agência Nacional de Telecomunicações (Anatel)" (STJ, REsp. 757971 / RS, Rel. Min. Luiz Fux, DJe 19/12/2008).

◙ **Responsabilidade solidária do município e da empresa pública por danos morais causados em estacionamento público.** "Processual civil e administrativo. Responsabilidade civil do estado. Indenização. Danos morais. Legitimidadde passiva ad causam do Município. Redução do valor dos danos morais. Impossibilidade. I – O Município do Rio de Janeiro tem legitimidade para integrar o polo passivo em ação indenizatória por danos morais em que o particular estacionou o seu veículo em estacionamento público, explorado por empresa pública com delegação da Edilidade, tendo, para tanto, pago tarifa e obtido recibo, mas quando retornou a ele, não o encontrou mais, por ter sido rebocado. II – Com base nos arts. 37, § 6º, da CF/1988 e 28, § § 2º e 5º, do CDC, responde solidariamente a Edilidade em razão dos danos causados a terceiro, pois, em que pese ao estacionamento ser explorado por empresa pública, cabe ao Município a sua implantação, manutenção e operação" (STJ, REsp. 746555/RJ, Rel. Min. Francisco Falcão, DJ 19/12/2005).

◙ **Serviço 0900. Não caracterização como serviço público. Responsabilidade das concessionárias.** "[...] os serviços prestados através da linha "900" não se enquadram na definição legal de serviço público, 'sendo certo que, ainda que não solicitados pelos consumidores, são impostos arbitrariamente pelas concessionárias que, por sua vez, são as que contratam com as empresas de serviços adicionais, impondo aos mesmos as obrigações geradas por essas avenças', sendo que, em momento algum, a 'concessionária recorrida provou que os serviços colocados à disposição e supostamente utilizados pela recorrente foram, de fato, solicitados pela mesma'" (STJ, REsp. 246140/MG, Rel. Min. José Delgado, DJU 02/05/2000).

Parágrafo único. Nos casos de descumprimento, total ou parcial, das obrigações referidas neste artigo, serão as pessoas jurídicas compelidas a cumpri-las e a reparar os danos causados, na forma prevista neste código.

► **Sobre dano moral envolvendo serviços públicos, veriricar art. 6°, VI.**

◙ **Energia elétrica. Acidente de consumo ocasionado por transformador de alta tensão mal instalado. Danos materiais e morais.** "DIREITO CIVIL. DANOS MATERIAL, MORAL E ESTÉTICO. RAPAZ DE 19 ANOS QUE, NA VARANDA DE UMA BOATE, AO SE DEBRUÇAR PARA BRINCAR COM UM AMIGO QUE SE ENCONTRAVA NA RUA, INADVERTIDAMENTE TOCA EM TRANSFORMADOR DE ALTA TENSÃO MAL INSTALADO EM POSTE VIZINHO. CHOQUE ELÉTRICO DE ALTA INTENSIDADE, DO QUAL DECORRE QUEIMADURA EM TRINTA POR CENTO DE SEU CORPO, ALÉM DA AMPUTAÇÃO DE SEU BRAÇO DIREITO E PERDA DA GENITÁLIA. AÇÃO PROPOSTA EM FACE DA BOATE, DA COMPANHIA DE ENERGIA ELÉTRICA E DO PROPRIETÁRIO DO TRANSFORMADOR MAL INSTALADO.CONDENAÇÃO MANTIDA EM FACE DOS TRÊS RÉUS." (STJ, REsp 1011437 / RJ, Rel. Min. Nancy Andrighi, J. 24.06.08)

◙ **Fornecimento de energia elétrica. Instalação de equipamentos em local inadequado pela concessionária.** "APELACAO. AÇÃO INDENIZATORIA. FALHA NA PRES-

TACAO DO SERVIÇO DE FORNECIMENTO DE ENERGIA ELETRICA. NULIDADE DA SENTENÇA AFASTADA. DESNECESSIDADE DE DILACAO PROBATORIA. VITIMA FATAL SUBMETIDA A ELEVADA DESCARGA ELETRICA QUANDO SUBIA A ARVORE (..) No mérito, trata-se de ação indenizatória em virtude do falecimento de seu filho com a descarga elétrica sofrida em 26 de novembro de 2010 quando brincava com outros amigos em uma árvore existente na casa onde reside. Com efeito, cabe às pessoas jurídicas de direito privado prestadoras de serviço público a conservação e manutenção de seus bens e instalações, a fim de que a execução do serviço objeto de concessão não cause danos a terceiros, pois, de outra forma, sua desídia quanto a esse aspecto pode lhe acarretar responsabilidade. Além disso, o art. 22 do Código do Consumidor (CDC) consagrou a teoria do risco administrativo no sentido de que serão as pessoas jurídicas, enumeradas no caput, compelidas a fornecerem serviços adequados, eficientes, seguros e ainda a reparar os danos causados. Considerando-se que os condutores elétricos existentes passavam pela árvore onde brincava a vítima sem que tivesse o isolamento adequado – caso contrário não teria sido atingida por forte descarga elétrica – revela-se destarte o nexo causal, que trata da responsabilidade civil objetiva. Some-se, ainda, a norma contida no art. 23 do CDC no sentido de que a ignorância do fornecedor sobre os vícios de qualidade por inadequação dos produtos e serviços não o exime de responsabilidade. Zelar pela segurança dos usuários implica a instalação dos equipamentos em local seguro e suficientemente distante dos transeuntes, mormente das crianças e adolescentes" (TJRJ, Ap. Cív. 00099262320108190075, Terceira Câmara Cível, Rel. Des. Helda Lima Meirelles, DJ 28/11/2013).

◙ **Transporte público. Responsabilidade pela ocorrência de incêndio ocorrido no interior do coletivo.** "As empresas permissionárias de transporte público são obrigadas a conduzir, com segurança, os passageiros aos locais de destino da linha que explora, o que resulta na sua responsabilidade pela ocorrência de incêndio ocorrido no interior do coletivo derivado da combustão de material explosivo carregado por passageira que adentrou o ônibus conduzindo pacote de volume expressivo, cujo ingresso se deu, excepcionalmente, pela porta da frente, mediante prévia autorização do motorista. Fato previsível e inerente à atividade empresarial, que deve ser avaliado caso a caso, não se limitando a responsabilidade do transportador exclusivamente àqueles eventos comumente verificados, mas a todos aqueles que se possa esperar como possíveis ou previsíveis de acontecer, dentro do amplo leque de variáveis inerentes ao meio, interno ou externo, em que trafega o coletivo, resultando no afastamento da hipótese de caso fortuito." (STJ, REsp 168985/RJ, DJU 21.08.2000, Rel. Min. Aldir Passarinho Júnior , J. 23.5.2000, 4ª T.)

Art. 23. A ignorância do fornecedor sobre os vícios de qualidade por inadequação dos produtos e serviços não o exime de responsabilidade.

► **O fornecedor não poderá se eximir de sua responsabilidade ao argumento de que desconhecia o vício.** O artigo aborda a teoria do risco da atividade econômica, estabelecendo uma garantia de adequação dos produtos e serviços (arts. 18 ao 22), em que o empresário ou quem explora a atividade econômica deve suportar os riscos provenientes de seu negócio. O Código estabelece de maneira explícita que o fornecedor não poderá se eximir de sua responsabilidade ao argumento de que desconhecia o vício de adequação, que tanto pode ser quanto à qualidade, quantidade ou informação dos produtos e serviços. Uma vez constatado o vício, o consumidor tem direito de obter a sanação e, ainda, de receber indenização por perdas e danos, se houver.

◙ **Compra de veículo usado. Fornecedor não se isenta pelo não conhecimento dos vícios do produto.** ***(sobre vícios em veículos, ver art. 18)*** "APELAÇÃO CÍVEL. COMPRA DE VEÍCULO USADO. VÍCIOS DO PRODUTO. ARTIGO 18 DO CDC. Cautelar. Perda do objeto. Extinção sem julgamento de mérito, de ofício. O fornecedor não se isenta de responsabilidade por não ter conhecimento dos vícios do produto (art. 18, da Lei nº 8.078/90), nos termos do artigo 23 da Lei nº 8.078/90. Tampouco por não ter o consumidor efetuado exame prévio do veículo. Dever de indenizar configurado. Gastos efetivamente comprovados. Despesas normais de manutenção não devem ser ressarcidas. Extinção sem julgamento de mérito, de ofício, da ação cautelar. Provimento em parte do apelo". (TJRS, Ap. Cív. 70007051055, 14ª Câmara Cível, Rel. Antônio Corrêa Palmeiro da Fontoura, J. 23.12.2004). ◙ **No mesmo sentido:** "Bem móvel. Indenização por danos morais. Aquisição de veículo usado pelo consumidor. Adulteração do sinal identificador do motor do veículo. Comprovação. Apreensão do veículo e condução do consumidor à presença da autoridade policial. Responsabilidade objetiva da fornecedora do produto. Existência. Ignorância da fornecedora acerca do vício. Irrelevância. Exegese do artigo 23, do Código de Defesa do Consumidor. Atribuição do ato causador dos danos morais aos policiais que procederam à apreensão do bem e à condução do consumidor à presença da autoridade policial. Inadmissibilidade. Dever de ofício dos policiais em razão da função que exercem. Apreensão do bem e condução do consumidor que se deveram à alienação de veículo cujo sinal identificador do motor havia sido adulterado. Responsabilidade da fornecedora do produto. Existência. "Quantum" indenizatório. Minoração que implicaria em trazer a indenização a patamar irrisório. Majoração que conduziria ao enriquecimento sem causa do consumidor. Sentença mantida.Recursos improvidos" (TJSP, Ap. Cív. 1356273020108260000 , Trigésima Segunda Câmara de Direito Privado, Rel. Des. Rocha de Souza, DJ 11/10/2012). ◙ **No mesmo sentido:** "APELAÇÃO CÍVEL E RECURSO ADESIVO. DANO MORAL E MATERIAL. COMPRA E VENDA DE VEÍCULO USADO. DEFEITO MECÂNICO OCULTO. RESPONSABILIDADE DA REVENDEDORA. RESSARCIMENTO DO VALOR DESEMBOLSADO COM O CONSERTO. VIABILIDADE. DANO MORAL. INOCORRÊNCIA. MANUTENÇÃO DA SENTENÇA. 1. Do apelo: Hipótese em que o veículo encontrava-se, ao tempo da comercialização, sem condições de trafegar por força de defeito oculto. Embora bem possuísse mais de 10 (anos) de uso, a responsabilidade dos fornecedores permanece na medida em que estes apenas devem ofertar ao consumidor bens passíveis de venda, não defeituosos. 2. Segundo o art. 23 do Código de Defesa do Consumidor: "A ignorância do fornecedor sobre os vícios de qualidade por inadequação dos produtos e serviços não o exime de responsabilidade". 3. Demais disso, a ausência de garantia contratual não retira do consumidor a possibilidade de exigir aquela prevista legalmente no art. 18 do CDC, o que, no caso, consiste na restituição imediata da quantia paga com o conserto do bem, monetariamente atualizada (art. 18, § 1º, II do CDC)" (TJPE, Ap. Cív. 3287061, Quarta Câmara Cível, Rel. Des. Jones Figueirêdo Alves, DJ 05/11/2014).

◙ **Veículo usado comercializado com impedimento à sua transferência.** "DIREITO DO CONSUMIDOR. RESPONSABILIDADE CIVIL. AUTOMÓVEL USADO VENDIDO COM GRAVAME. DEMORA NA TRANSFERÊNCIA DO VEÍCULO. MULTA ADMINISTRATIVA IMPUTADA AO CONSUMIDOR. PERDA DA PERMISSÃO PARA DIRIGIR. DANOS MORAIS. CARACTERIZAÇÃO. DANOS MATERIAIS. DESPESAS PARA OBTENÇÃO DE NOVA CARTEIRA NACIONAL DE HABILITAÇÃO. SERVIÇOS DE DESPACHANTE. BOA-FÉ OBJETIVA. (...) 2. Compete ao comerciante de automóveis usados o dever de verificação – mediante inspeção física e ocular do bem, e não simplesmente documental no DETRAN – da existência de restrições à transferência e da procedência lícita do veículo comercializado, sendo que nas relações de consumo respondem solidariamente todos aqueles que contribuíram para a causa do dano. Tal entendimento consagra a regra prevista no art. 23 do CDC, o qual prescreve que a ignorância do fornecedor sobre os vícios de qualidade por inadequação dos produtos e serviços não o exime de responsabilidade. A venda ao consumidor de veículo com impedimento à sua transferência, constatando-se vício do produto, atrai a incidência das prescrições do art. 18 do CDC. O CDC exige que o fornecedor disponibilize ao consumidor todas as informações acerca do serviço, agindo de boa-fé de modo que se possa concluir as finalidades do contrato. O dever de cautela é de responsabilidade do fornecedor (caveat vendictor) que deve agir de boa-fé na execução do contrato. (...)" (TJMG, Ap. Cív. 10145100420341001, Décima Câmara Cível, Rel. Des. Cabral da Silva, DJ 27/03/2013).

◙ **Vício em telefone celular. O comerciante também não pode alegar ignorância sobre os vícios de qualidade do produto que comercializa.** "RECURSO APELAÇÃO – BEM MÓVEL TELEFONIA MOVEL AÇÃO REDIBITÓRIA CUMULADA COM REPARAÇÃO DE DANOS MATERIAIS E MORAIS. Vício do produto por inadequação. A ignorância da fornecedora do produto sobre os vícios de qualidade que comercializa não a exime de responsabilidade, brotando daí sua legitimidade. Reparação por danos morais devida. "Quantum" reparatório fixado na sentença mantido, porque fixado com equidade. Procedência. Sentença mantida. Recurso de apelação não provido" (TJSP, Ap. Cív. 90000019420098260233, Vigésima Quinta Câmara de Direito Privado, Rel. Des. Marcondes D'Ângelo, DJ 23/10/2014).

◙ **Vício em notebook. Ignorância do fornecedor acerca do vício, que não o exime de responsabilidade.** "RECURSOS APELAÇÕES – BEM MÓVEL (COMPUTADOR PORTÁTIL) AÇÃO REDIBITÓRIA CUMULADA COM REPARAÇÃO DE DANOS – Vício do produto por inadequação. Direito de redibição do negócio jurídico assegurado ao consumidor ainda que o fabricante e o fornecedor não tenham tido a possibilidade de repará-lo dentro do prazo legal de 30 (trinta dias) previsto no artigo 18 do Código de Defesa do Consumidor, por falta de acesso à assistência técnica em decorrência de omissão consistente em deixar de lhe fornecer termo de garantia indicando o prazo e o local em que deveria ser exercitada. A ignorância da fornecedora do produto sobre os vícios de qualidade que comercializa não a exime de responsabilidade, brotando daí sua legitimidade. Reparações por danos materiais e morais devidas. "Quantum" reparatório fixado a título de reparação moral mantido, porque fixado com equidade. Procedência em parte. Sentença mantida. Recursos não providos (TJSP, Ap. Cív. 00009538220128260344 , Vigésima Quinta Câmara de Direito Privado, Rel. Des. Marcondes D'Ângelo, DJ 22/03/2013).

◙ **Fornecimento de energia elétrica. Instalação de equipamentos em local inadequado pela concessionária. Não cabe alegação de ignorância sobre os riscos.** "APELACAO. AÇÃO INDENIZATORIA. FALHA NA PRESTACAO DO SERVIÇO DE FORNECIMENTO DE ENERGIA ELETRICA. NULIDADE DA SENTENÇA AFASTADA. DESNECESSIDADE DE DILACAO PROBATORIA. VITIMA FATAL SUBMETIDA A ELEVADA DESCARGA ELETRICA QUANDO SUBIA A ARVORE (..) No mérito, trata-se de ação indenizatória em virtude do falecimento de seu filho com a descarga elétrica sofrida em 26 de novembro de 2010 quando brincava com outros amigos em uma árvore existente na casa onde reside. Com efeito, cabe às pessoas jurídicas de direito privado prestadoras de serviço público a conservação e manutenção de seus bens e instalações, a fim de que a execução do serviço objeto de concessão não cause danos a terceiros, pois, de outra forma, sua desídia quanto a esse aspecto pode lhe acarretar responsabilidade. Além disso, o art. 22 do Código do Consumidor (CDC) consagrou a teoria do risco administrativo no sentido de que serão as pessoas jurídicas, enumeradas no caput, compelidas a fornecerem serviços adequados, eficientes, seguros e ainda a reparar os danos causados. Considerando-se que os condutores elétricos existentes passavam pela árvore onde brincava a vítima sem que tivesse o isolamento adequado – caso contrário não teria sido atingida por forte descarga elétrica – revela-se destarte o nexo causal, que trata da responsabilidade civil objetiva. Some-se, ainda, a norma contida no art. 23 do CDC no sentido de que a ignorância do fornecedor sobre os vícios de qualidade por inadequação dos produtos e serviços não o exime de responsabilidade. Zelar pela segurança dos usuários implica a instalação dos equipamentos em local seguro e suficientemente distante dos transeuntes, mormente das crianças e adolescentes" (TJRJ, Ap. Cív. 00099262320108190075, Terceira Câmara Cível, Rel. Des. Helda Lima Meirelles, DJ 28/11/2013).

◙ **Contratação fraudulenta de linha telefônica.** "APELAÇÃO CÍVEL – PRESTADORA DE SERVIÇOS DE TELEFONIA – CONTRATAÇÃO FRAUDULENTA – APLICAÇÃO CDC – RESPONSABILIDADE OBJETIVA (...). 1) O art. 23 do CDC é claro ao atribuir responsabilidade objetiva à prestadora de serviços que, por algum motivo, falhe em sua prestação, pois dispõe que 'a ignorância do fornecedor sobre os vícios de qualidade por inadequação dos produtos e serviços não o exime de responsabilidade' (...)" (TJMT, Ap. Cív. 00081852920098110002, Primeira Câmara Cível, Rel. Des. João Ferreira Filho, DJ 23/03/2012).

◙ **Combustível adulterado. Ausência de aferição da qualidade do produto pelo fornecedor.** "DIREITO ADMINISTRATIVO. DIREITO PROCESSUAL CIVIL. DIREITO DO CONSUMIDOR. AÇÃO CIVIL PÚBLICA. MINISTÉRIO PÚBLICO FEDERAL. DIREITOS INDIVIDUAIS HOMOGÊNEOS. ADULTERAÇÃO DE COMBUSTÍVEL. RESPONSABILIDADE DO FORNECEDOR. (...) 2. Nos termos das normas de regência da matéria, ou o revendedor varejista coleta amostras do caminhão tanque do fornecedor ou distribuidor, em todos os seus compartimentos, e efetua as análises, recusando produto inadequado, ou torna-se responsável por ele. 3. No caso, não foram adotadas as providências necessárias para efetuar o controle de qualidade do combustível recebido das distribuidoras, sendo certo que os postos revendedores colocaram o produto à disposição dos consumidores e, em face dessa omissão, assumiram integralmente a responsabilidade pela procedência da gasolina, não sendo razoável tentar radicar culpa nos fornecedores, ou, ainda, alegar ignorância quanto aos vícios de qualidade ou inadequação dos produtos para eximir-se de responsabilidade. 4. Apelação a que se nega provimento" (TRF-3, Ap. Cív. 200361200068881, Terceira Turma, Rel. Juiz Convocado Valdeci dos Santos , julgado em 19/09/2007).

Art. 24. A garantia legal de adequação do produto ou serviço independe de termo expresso, vedada a exoneração contratual do fornecedor.

► **Sobre a garantia contratual e sua relação com a garantia legal, ver art. 50.**

► **Aspectos da teoria da qualidade.** "A teoria da qualidade (...) comporta dois aspectos distintos: a proteção do patrimônio do consumidor (com o tratamento dos vícios de qualidade por inadequação) e a proteção da saúde do consumidor (com o tratamento dos vícios de qualidade por insegurança). Logo, a teoria da qualidade tem um pé na órbita da tutela da incolumidade físico-psíquica do consumidor e outro na tutela de sua incolumidade econômica". (BENJAMIN, Antônio Herman V.; MARQUES, Cláudia Lima; BESSA, Leonardo Roscoe. *Manual de Direito do Consumidor.* 7ª edição. São Paulo, Revista dos Tribunais, 2016, p. 164).

► **O fornecedor deve garantir que os produtos e serviços correspondam às expectativas do consumidor, tanto em sua qualidade, como em quantidade, eficiência e informação.** Quando o fornecedor presta um serviço ou coloca um produto no mercado, deve garantir que os mesmos correspondam às expectativas do consumidor, tanto em sua qualidade, como em quantidade, eficiência e informação. Essa garantia independe de termo expresso já que não decorre da vontade das partes, mas da lei. Mesmo que o fornecedor não garanta a adequação do produto e do serviço, a lei o faz, sendo, por isso, nula qualquer cláusula exonerativa. Importante observar que a garantia contratual é complementar à legal e facultativa, sendo conferida mediante termo escrito, enquanto a garantia legal é obrigatória, independente de termo escrito, não podendo o fornecedor dela se exonerar. ► **No mesmo sentido:** "A norma do art. 24 estabelece expressamente a garantia legal de adequação dos produtos e serviços. E o faz absolutamente, porquanto independe de qualquer manifestação do fornecedor, estando este proibido de buscar desonerar-se de sua responsabilidade por essa garantia legal. A garantia é de adequação, o que significa qualidade para o atingimento do fim a que se destina o produto ou o serviço, segurança, para não causar danos ao consumidor, durabilidade e desempenho. Recorde-se que essa adequação já está prevista no art. 4º, II, d, como em outros pontos (arts. 8º, 18, 19, 20 etc.)." (NUNES, Rizzatto, Comentário ao Código de Defesa do Consumidor,7. ed. rev., atual. e ampl., São Paulo: Saraiva, 2013, p. 430)

► **Os produtos e serviços não podem ter vícios ou defeitos.** "O fornecedor deve colocar no mercado de consumo produtos ou serviços de boa qualidade, vale dizer, sem vícios ou defeitos que os tornem impróprios ao uso e consumo ou lhes diminuam o valor."(DENARI, Zelmo, Código brasileiro de defesa do consumidor: comentado pelos autores do anteprojeto, coordenação de Ada Pellegrini Grinover, 10 ed. revista, atualizada e reformulada, Rio de janeiro: Forense, 211, vol. I, p. 237)

► **Produtos devem ser adequados aos fins a que se destinam.** "O Código de Defesa do Consumidor determina que, independentemente da garantia oferecida pelo fornecedor (garantia de fábrica), os produtos e serviços devem ser adequados aos fins a que se destinam, ou seja, devem funcionar bem, atender às legítimas expectativas do consumidor". (BENJAMIN, Antônio Herman V.; MARQUES, Cláudia Lima; BESSA, Leonardo Roscoe. *Manual de Direito do Consumidor.* 7ª edição. São Paulo, Revista dos Tribunais, 2016, p. 205).

◙ **A garantia legal será complementar à garantia contratual.** ***(sobre a garantia contratual, ver art. 50)*** "Na compra e venda de veículo automotor, a abertura da contagem do prazo decadencial para que o consumidor reclame de eventuais defeitos de fabricação só pode ser feita a partir do vencimento do período de garantia contratual de um ano dado pelo fabricante, nos termos do art. 50 da Lei 8078/90." (1º TACSP, 3ª Câm., Apel. Cível 774309-9, Rel. Juiz Antônio Rigolin, J. 11.8.1998)

◙ **A garantia legal de adequação de produtos e serviços é direito potestativo do consumidor, assegurado em lei de ordem pública.** ***(sobre prazos decadenciais, ver art. 26)*** "RECURSO ESPECIAL. DIREITO DO CONSUMIDOR. INDENIZAÇÃO POR DANOS MORAIS E MATERIAIS. ENTREGA DE VESTIDO DE NOIVA DEFEITUOSO. NATUREZA. BEM DURÁVEL. ART. 26, INCISO I, DO CÓDIGO DE DEFESA DO CONSUMIDOR. PRAZO DECADENCIAL DE NOVENTA DIAS. 1. A garantia legal de adequação de produtos e serviços é direito potestativo do consumidor, assegurado em lei de ordem pública (arts. 1º, 24 e 25 do Código de Defesa do Consumidor). 2. A facilidade de constatação do vício e a durabilidade ou não do produto ou serviço são os critérios adotados no Código de Defesa do Consumidor para a fixação do prazo decadencial de reclamação de vícios aparentes ou de fácil constatação em produtos ou serviços. 3. O direito de reclamar pelos vícios aparentes ou de fácil constatação caduca 30 (trinta), em se tratando de produto não durável, e em 90 (noventa) dias, em se tratando de produto durável (art. 26, incisos I e II, do CDC). 4. O início da contagem do prazo para os vícios aparentes ou de fácil constatação é a entrega efetiva do produto (tradição) ou, no caso de serviços, o término da sua execução (art. 26, § 1º, do CDC), pois a constatação da inadequação é verificável de plano a partir de um exame superficial pelo "consumidor médio". 5. A decadência é obstada pela reclamação comprovadamente formulada pelo consumidor perante o fornecedor de produtos e serviços até a resposta negativa correspondente, que deve ser transmitida de forma inequívoca (art. 26, § 2º, inciso I, do CDC), o que ocorreu no caso concreto. 6. O vestuário representa produto durável por natureza, porque não se exaure no primeiro uso ou em pouco tempo após a aquisição, levando certo tempo para se desgastar, mormente quando classificado como artigo de luxo, a exemplo do vestido de noiva, que não tem uma razão efêmera. 7. O bem durável é aquele fabricado para servir durante determinado transcurso temporal, que variará conforme a qualidade da mercadoria, os cuidados que lhe são emprestados pelo usuário, o grau de utilização e o meio ambiente no qual inserido. Por outro lado, os produtos "não duráveis" extinguem-se em um único ato de consumo, porquanto imediato o seu desgaste. 8. Recurso provido para afastar a decadência, impondo-se o retorno dos autos à instância de origem para a análise do mérito do pedido como entender de direito." (REsp 1161941/DF, Rel. Min. Ricardo Villas Bôas Cueva, 3ª T., DJe 14.11.2013)

◙ **Não é obrigatório o fornecedor informar o prazo da garantia legal.** "RECURSO ESPECIAL - AÇÃO CIVIL COLETIVA - DIREITO DO CONSUMIDOR - DEVER DE INFORMAÇÃO - SENTENÇA A QUO QUE REPUTOU NECESSÁRIA A INSCRIÇÃO DO PRAZO DA GARANTIA LEGAL EM RÓTULOS E EMBALAGENS DE PRODUTOS - ARESTO ESTADUAL QUE AFASTOU TAL OBRIGAÇÃO. INSURGÊNCIA DA ASSOCIAÇÃO NACIONAL DE DEFESA DA CIDADANIA E DO CONSUMIDOR. 1. Alegada ausência de prequestionamento. Inocorrência. "O STJ admite o prequestionamento implícito nas hipóteses em que os pontos debatidos no Recurso Especial foram decididos no acórdão recorrido, sem explícita indicação dos artigos de lei que fundamentam a decisão." REsp 1345910/MG, Rel. Min. Herman Benjamin, Segunda Turma, DJe 31.10.2012. 2. Hipótese em que a agremiação nacional representativa dos interesses do consumidor pleiteou a inclusão do prazo da garantia legal nos rótulos/embalagens de lâmpadas de fabricação própria da empresa recorrida. Desnecessidade. Interpretação do art. 31 do Código de Defesa do Consumidor. Alcance do termo "garantia". Não abrangência da legal, mas, sim, da contratual. 3. O dever de o fornecedor assegurar informações corretas, claras e precisas na apresentação dos produtos e serviços ofertados no mercado de consumo (art. 31 da Lei n. 8.078/90) não contempla a obrigação de transcrever a garantia legal nos rótulos/embalagens, porquanto esta deflui diretamente da própria lei (art. 24 e 26 do CDC), a qual o ordenamento jurídico presume ser de conhecimento de todos ("ninguém se escusa de cumprir a lei, alegando que não a conhece" - art. 3º da Lei de Introdução do Direito Brasileiro). 4. A norma em voga prescreve um rol mínimo de itens a serem informados pelo fabricante e comerciante, cujo objetivo é conferir dados suficientes ao consumidor, a fim de que possa emitir um juízo particularizado sobre o bem ou serviço que tenciona adquirir, destacando-se as condições e vantagens oferecidas, aí incluída a garantia contratual, e não a legal (30 ou 90 dias, conforme o caso), justamente por esta última decorrer do próprio sistema. 5. Recurso especial a que se nega provimento." (REsp 1067530/SP, Rel. Min. Marco Buzzi, 4ª T., DJe 10.6.2013)

► **Não cabimento de garantia quando o consumidor conhece a desconformidade do produto.** "O dever de informar-se transforma-se no dever de informar, não cabendo a garantia, contudo, quando o consumidor conhece cabalmente a desconformidade ("vendas de saldos de produtos com pequenas imperfeições", por exemplo)". (BENJAMIN, Antônio Herman V.; MARQUES, Cláudia Lima; BESSA, Leonardo Roscoe. *Manual de Direito do Consumidor.* 7ª edição. São Paulo, Revista dos Tribunais, 2016, p. 164).

◙ **Aquisição de equipamento odontológico (cadeira/consultório) com inúmeros defeitos.** ***(sobre vícios, ver art. 18)*** "Apelações cíveis. Aquisição de equipamento odontológico (cadeira/consultório) com inúmeros defeitos. Relação de consumo. Pequena pessoa jurídica que somente cede espaços a dentistas. Dentista, pessoa física que representa a pessoa jurídica, e que utiliza os equipamentos. Vulnerabilidade face a fornecedores de nomes conhecidos no mercado. Precedentes do STJ. Subsunção da hipótese ao art. 18 CDC. Vícios não sanados. Danos materiais. Restituição do valor pago mais perdas e danos. Art. 18, § 1º, II CDC. Garantia legal de adequação. Inteligência do art. 24 CDC. Boa-fé objetiva. Rapidez e eficiência que devem pautar a solução do problema do consumidor. Lucros cessantes. Liquidação de sentença. Danos morais. Inexistência. Mero descumprimento contratual. Enunciado 75 TJRJ. Sucumbência recíproca. Provimento parcial do 1º recurso. Desprovimento do adesivo."(TJ-RJ - APL: 01113235620108190001 Relator: Des. Cristina Tereza Gaulia, Data de Julgamento: 03/09/2013, Quinta Camara Civel, Data de Publicação: 27/09/2013)

◙ **A garantia legal de adequação deve ser obervada durante a vida útil de cada produto.** "DIREITO CIVIL - RELAÇÃO DE CONSUMO - COMPRA E VENDA DE VEÍCULO USADO – VÍCIO OCULTO -RESPONSABILIDADE DO FORNECEDOR – DEVOLUÇÃO EM DOBRO. 1. RESTANDO PROVADO QUE O VEÍCULO APRESENTOU VÍCIOS 85 DIAS APÓS A AQUISIÇÃO E COMPROVADA A RECLAMAÇÃO NO PRAZO LEGAL PREVISTO NO ARTIGO 26, INCISO II, DO CDC, RESPONDE O FORNECEDOR PELA REPARAÇÃO DOS MESMOS VÍCIOS QUE TORNARAM O BEM INAPTO PARA CONSUMO. 2. TODOS OS PRODUTOS E SERVIÇOS INSERIDOS NO MERCADO DE CONSUMO TÊM, POR FORÇA DO ART. 24 DO CDC, GARANTIA LEGAL DE ADEQUAÇÃO DESDE QUE OBSERVADAS A DURABILIDADE E A VIDA ÚTIL DE CADA UM. 3. NA FORMA DO PARÁGRAFO ÚNICO DO ART. 42 DA LEI 8.078/90, O CONSUMIDOR MERECE A REPETIÇÃO EM DOBRO DO VALOR PAGO EM EXCESSO. 4. O RECURSO É DIREITO PROCESSUAL CUJO REGULAR EXERCÍCIO NÃO CONSTITUI LITIGÂNCIA DE MÁ-FÉ. 5. RECURSO CONHECIDO E NÃO PROVIDO." (TJ-DF - ACJ: 854681620078070001 DF Relator: Edi Maria Coutinho Bizzi, Data de Julgamento: 18/08/2009, Segunda Turma Recursal dos Juizados Especiais Cíveis e Criminais do Df, Data de Publicação: 08/09/2009)

◙ **A lei não fixa um prazo de garantia legal.** "A lei não fixa expressamente um prazo de garantia legal. O que há é prazo para reclamar contra o descumprimento dessa garantia, o qual, em se tratando de vício de adequação, está previsto no art. 26 do CDC, sendo de 90 (noventa) ou 30 (trinta) dias, conforme seja produto ou serviço durável ou não. – Diferentemente do que ocorre com a garantia legal contra vícios de adequação, cujos prazos de reclamação estão contidos no art. 26 do CDC, a lei não estabelece prazo de reclamação para a garantia contratual. Nessas condições, uma interpretação teleológica e sistemática do CDC permite integrar analogicamente a regra relativa à garantia contratual, estendendo-lhe os prazos de reclamação atinentes à garantia legal, ou seja, a partir do término da garantia contratual, o consumidor terá 30 (bens não duráveis) ou 90 (bens duráveis) dias para reclamar por vícios de adequação surgidos no decorrer do período desta garantia. Recurso especial conhecido e provido" (STJ, REsp 967623/RJ, Rel. Min. Nancy Andrighi, 3ª T., DJe 29.6.2009).

► **Dispensa de vício grave para invocação do CDC.** "Dispensa-se no Código de Defesa do Consumidor a característica da gravidade do vício, uma vez criado um regime de responsabilidade por vício de qualidade, por impropriedade ou inadequação, bastando que tal produto se apresente viciado para ser suscetível de garantia" (Da responsabilidade por vício do produto e do serviço, p. 114) (BENJAMIN, Antônio Herman V.; MARQUES, Cláudia Lima; BESSA, Leonardo Roscoe. *Manual de Direito do Consumidor.* 7ª edição. São Paulo, Revista dos Tribunais, 2016, p. 213).

Art. 25. É vedada a estipulação contratual de cláusula que impossibilite, exonere ou atenue a obrigação de indenizar prevista nesta e nas seções anteriores.

► **Garantia legal de segurança e adequação são obrigatórias por vontade da lei.** De acordo com esse artigo, serão proibidas cláusulas que impossibilitem, exonerem ou atenuem a obrigação de indenizar nos casos previstos no CDC. Assim, tanto a garantia legal de segurança (arts. 12 a 17) como a garantia legal de adequação (arts. 18 a 25) são obrigatórias por vontade da lei. É muito comum frases do tipo *"o estacionamento não se responsabiliza por eventuais danos sofridos pelo veículo"*. Cláusula como essa é considerada como não escrita, devendo ser excluída no aferimento da responsabilidade pelo fornecedor.

► **Proibição da "cláusula de não indenizar".** A chamada "cláusula de não indenizar" não tem validade perante o direito do consumidor, uma vez que o art. 25 veda tal estipulação. Tal cláusula, também denominada por alguns doutrinado-res de "cláusula exonerativa de responsabilidade" ou de "cláusula de irresponsabilidade", consiste em ajuste que visa afastar as consequências normais advindas da não execução da obrigação, ou seja, de forma prática, objetiva liberar o sujeito do pagamento da indenização.

◙ **Cartão de crédito extraviado e débitos não reconhecidos pelos consumidores.** "APELAÇÃO. RITO SUMÁRIO. FRAUDE BANCÁRIA. CARTÃO DE CRÉDITO EXTRAVIADO. Débitos em cartão de crédito não reconhecidos pelos Apelados. Cartão extraviado. Relação de Consumo. Cláusula de não indenizar afastada. Dever de segurança não observado pela instituição financeira (artigos 8º e 14 do CDC). Sentença mantida, com fundamento no art. 252 do Regimento Interno deste E. Tribunal. Culpa exclusiva do consumidor pelo acidente de consumo não caracterizada (art. 14, § 3º, II, do CDC). Responsabilidade objetiva. Recurso não provido." (TJ-SP – APL: 01068060720108260100 SP, Relator: Tasso Duarte de Melo, 12ª Câmara de Direito Privado, Data de Publicação: 17/06/2013)

► **O silêncio do consumidor não pode ser utilizado como anuência contratual.** "(...) a cláusula ou prática que considere o silêncio do consumidor como aceitação (a exemplo do art. 111 do CC/2002), mesmo com falha da informação, não pode prevalecer (arts. 24 e 25), acarretando a nulidade da cláusula no sistema do CDC (art. 51, I) e até no sistema geral do Código Civil (art. 424 do CC/2002)." (BENJAMIN, Antônio Herman V.; MARQUES, Cláudia Lima; BESSA, Leonardo Roscoe. *Manual de Direito do Consumidor.* 7ª edição. São Paulo, Revista dos Tribunais, 2016, p. 80).

◙ **Reconhecimento de ofício da abusividade de cláusula de não indenizar.** "Indenização por danos materiais. Veículo usado. Relação de consumo. Vício de qualidade. Preliminar. Julgamento extra petita. Inocorrência. Reconhecimento de ofício da abusividade de cláusula de não indenizar. Possibilidade (CDC, art. 51 c. c. art. 128, parte final, CPC). Vício de qualidade constatado em prova pericial. Dever de cautela do consumidor não afasta o da fornecedora de ofertar bem de qualidade no mercado de consumo. Princípio da confiança. Ausência de demonstração da atualidade do vício como decorrência do desgaste próprio de veículo usado. Ônus da fornecedora (CPC, art. 333, II). Decurso de prazo de trinta dias (CDC, art. 18, § 1º). Abatimento do preço. Condenação da fornecedora no valor orçado para os reparos necessários. Retífica completa de motor. Recurso improvido."(TJ-SP – APL: 00129893020098260032 SP, Relator: Hamid Bdine, , 32ª Câmara de Direito Privado, Data de Publicação: 05/02/2013)

► **Exceção à regra do art. 25. Aplicação do art. 51, I.** A única exceção à norma disposta no caput do art. 25 é no tocante às relações de consumo entre o fornecedor e o consumidor–pessoa jurídica, prevista no art. 51, I, em que a indenização poderá ser limitada em situações justificáveis.

◙ **Dano ou furto de veículo ocorridos em estacionamento. Súmula 130 do STJ.** "*A empresa responde, perante o cliente, pela reparação de dano ou furto de veiculo ocorridos em seu estacionamento*".

◙ **É nula cláusula contratual que limita indenização da CEF por joia furtada.** "CIVIL E CONSUMIDOR. RECURSO ESPECIAL. CONTRATO DE PENHOR. JOIAS. FURTO. FORTUITO INTERNO. RECONHECIMENTO DE ABUSO DE CLÁUSULA CONTRATUAL QUE LIMITA O VALOR DA INDENIZAÇÃO EM FACE DE EX-TRAVIO DOS BENS EMPENHADOS. VIOLAÇÃO AO ART. 51, I, DO CDC. OCORRÊNCIA DE DANOS MATERIAIS E MO-RAIS. RECURSO ESPECIAL PROVIDO. 1. No contrato de penhor é notória a hipossuficiência do consumidor, pois este, necessitando de empréstimo, apenas adere a um contrato cujas cláusulas são inegociáveis, submetendo-se à avalia-ção unilateral realizada pela instituição financeira. Nesse contexto, deve-se reconhecer a violação ao art. 51, I, do CDC, pois mostra-se abusiva a cláusula contratual que limita, em uma vez e meia o valor da avaliação, a indenização devida no caso de extravio, furto ou roubo das joias que deveriam estar sob a segura guarda da recorrida. 2. O consumidor que opta pelo penhor assim o faz pretendendo receber o bem de volta, e, para tanto, confia que o mutuante o guardará pelo prazo ajustado. Se a joia empenhada fosse para o proprietário um bem qualquer, sem valor senti-mental, provavelmente o consumidor optaria pela venda da joia, pois, certamente, obteria um valor maior. 3. Anula-da a cláusula que limita o valor da indenização, o quantum a título de danos materiais e morais deve ser estabelecido conforme as peculiaridades do caso, sempre com observância dos princípios da razoabilidade e da proporcionalida-de." (STJ, REsp 1155395/PR, Rel. Ministro Raul Araújo, Quarta Turma, DJe 29/10/2013)

► **UBER. Cláusula que exime de responsabilidade não tem validade.** "No caso do serviço de transporte porta a porta ou por demanda prestado por intermédio do aplicativo UBER, serviço privado de transporte individual de passageiros, ainda é preciso reconhecer que, no Brasil, a cláusula do contrato entre a UBER e os motoristas que exime a empresa de responsabilidades não tem qualquer valor para o ordenamento jurídico brasileiro, porque se está a tratar de responsabilidade decorrente da relação de consumo sobre a qual incide o Código de Defesa do Consumidor(...)"(MARQUES, Alessandra Garcia. Inovação e direitos fundamentais: o impacto do aplicativo UBER no mercado consumidor brasileiro. *Revista de Direito do Consumidor.* São Paulo: RT, Vcl.107, Ano 2016, p. 75)

§ 1° Havendo mais de um responsável pela causação do dano, todos responderão solidariamente pela reparação prevista nesta e nas seções anteriores.

► **Sobre responsabilidade solidária, verificar art. 7°, parágrafo único.**

§ 2° Sendo o dano causado por componente ou peça incorporada ao produto ou serviço, são responsáveis solidários seu fabricante, construtor ou importador e o que realizou a incorporação.

► **Sobre responsabilidade solidária em geral, verificar art. 7°, parágrafo único.**

► **Peça incorporada em veículo. Responsabilidade solidária do incorporador e do fabricante .**(...) Se um consumidor sofre dano por falha no amortecedor do veículo que acabou de adquirir, pode acionar, para pleitear perdas e danos, tanto a montadora do automóvel quanto o fabricante do amortecedor". (RIZZATTO NUNES, Luiz Antônio. *Comentários ao Código de Defesa do Consumidor.* 8ª ed., São Paulo: Saraiva, 2015, p. 443). ◙ **No mesmo sentido:** "APELAÇÃO CÍVEL - CIVIL - AÇÃO DE REPARAÇÃO DE DANOS MATERIAIS - PRELIMINARES REJEITADAS - ACIDENTE DE CONSUMO - DEFEITO DO PRODUTO - RESPONSABILIDADE OBJETIVA E SOLIDÁRIA DO PRODUTOR E DO QUE REALIZOU A INCORPORAÇÃO DA PEÇA DEFEITUOSA NO VEÍCULO." (TJDF, Ap. Cív 20010111076290, Rel. Natanael Caetano, 1ª Turma Cível, DJU 23/03/2006).

► **Não há necessidade de que se prove que o dano decorreu do defeito do componente ou peça de reposição.** "O dispositivo implica em tratamento que muito se aproxima daquele imposto pelo parágrafo a ele anterior, antes comentado. A diferença que entre eles vislumbramos está em que no caso do § 2.º a responsabilidade solidária dar-se-á de forma objetiva, ou seja, sem necessidade de que se prove que o dano decorreu do defeito do componente ou peça de reposição". (CINTRA, Luís Daniel Pereira. Anotações sobre os vícios, a prescrição e a decadência no Código de Defesa do Consumidor. *Revista de Direito do Consumidor*, São Paulo: RT, Vol. 8, Ano 1993, p. 118 - 145)

► **Responsabilidade solidária na integração vertical e horizontal.** "A complexidade da produção moderna tem demonstrado que cada vez menos os produtos são obra de uma empresa apenas. Em geral, os produtos resultam da colaboração de várias empresas, que pode assumir forma e intensidade diferentes. A chamada integração vertical compreende as hipóteses em que o produto final incorpora uma ou mais partes fabricadas por outra empresa. O vício poderá derivar, quer da matéria-prima utilizada, quer de componente fabricado por outra empresa que não o produtor final. Ambos respondem solidariamente pelos vícios que a coisa vier a apresentar. A propósito, o Código de Defesa do Consumidor estabelece que sendo o dano causado por componente ou peça incorporada ao produto ou serviço são responsáveis solidários seu fabricante, construtor ou incorporador e o que realizou a incorporação (art. 25, § 2.º). Já a integração horizontal abrange os casos em que o produtor confia a outra empresa a fase de montagem, determinada etapa do processo de fabricação ou mesmo o controle de qualidade do produto. Nessa categoria, podem ser incluídas as situações em que o fabricante produz desfrutando da concessão de licença ou know how alheio, relativo à composição, ao design, ou ao método de fabricação do produto. A responsabilidade do concedente da licença ou know how se justifica pelo fato de que o vício pode originar-se da atividade de produção, independentemente de quem o fabrique". (AMARAL JÚNIOR, Alberto do. Os Vícios dos Produtos e o Código de Defesa do Consumidor. *Revista do Instituto dos Advogados de São Paulo*, São Paulo: RT, Vol. 13, Ano 2004, p. 209-223).

◙ **O comerciante não responde solidariamente por peça incorporada ao produto.** "APELAÇÕES CÍVEIS. DIREITO PRIVADO NÃO ESPECIFICADO. PRETENSÃO DE DESFAZIMENTO DO NEGÓCIO C/C PEDIDO INDENIZATÓRIO. AQUISIÇÃO DE VEÍCULO 0 KM. VÍCIO CARACTERIZADO. PEÇA INCORPORADA AO PRODUTO. ILEGITIMIDADE PASSIVA DO COMERCIANTE. RESPONSABILIDADE DA MONTADORA. DEVER DE RESTITUIÇÃO DO VALOR PAGO. DANO MORAL OCORRENTE. I. Considerando que o dano foi causado por peça incorporada ao produto, mostra-se ilegitimado o comerciante, mantendo-se apenas o fabricante no polo passivo da demanda, por incidência do § 2º do art. 25 do Código de Defesa do Consumidor. II. Quanto à responsabilidade da montadora ré, restou caracterizada a existência de vício no automóvel adquirido pelo autor, relativamente à peça que não tinha no estoque, precisou ser produzida e sequer se sabe ter ficado pronta. A ausência de tal peça impossibilitou que o autor rodasse com o veículo, tanto é que, quando do ajuizamento da ação, o bem já estava há mais de 60 dias na oficina. Não solucionado o problema pela montadora ré no prazo legal, deverá haver a devolução do valor pago pelo bem. Aplicação do art. 18, § 1º, da Legislação Consumerista. Reconhecimento da ocorrência de danos morais, considerando a justa expectativa do consumidor quando adquire um veículo novo e que dele não pôde fazer uso. Recurso da ré ford ltda desprovido. Recurso da ré superauto ltda provido. Unânime. (TJRS, Ap. Cív. 70069611655, Décima Sétima Câmara Cível, Rel. Des. Liege Puricelli Pires, DJ 05/09/2016).

◙ **Componente incorporado no serviço. Responsabilidade solidária.** "JUIZADO ESPECIAL. PROCESSUAL CIVIL. CONDIÇÕES DA AÇÃO. FINANCEIRA. AÇÃO DECLARATÓRIA DE INEXISTENCIA DE DÉBITO. PERTINENCIA SUBJETIVA. PRELIMINAR DE ILEGTIMIDADE AFASTADA. MÉRITO. CONTRATO DE COMPRA E VENDA COMERCIAL E FINANCIAMENTO. CANCELAMENTO DA COMPRA. VENCIMENTO DA PRESTAÇAO. INSCRIÇAO EM CADASTRO NEGATIVO.

ANOTAÇAO ILEGITIMA. PARTICIPAÇAO NA OFENSA E NA CADEIA PRODUTIVA OU PRESTAÇÃO DO SERVIÇO. INCORPORAÇÃO DE COMPONENTE NO SERVIÇO. RESPONSABILIDADE SOLIDÁRIA (PAR. ÚNICO ART. 7º E §§ 1º, 2º ART. 25, CDC). DIREITO DE REGRESSO ASSEGURADO (PAR. ÚNICO ART. 13, CDC). INSCRIÇAO NO SPC. DANO MORAL. CARACTERIZAÇÃO. DANO IN RE IPSA. PROVA DESNECESSÁRIA. RECURSO DESPROVIDO. 1. O CÓDIGO DE DEFESA DO CONSUMIDOR ESTABELECE A RESPONSABILIDADE OBJETIVA DO FORNECEDOR DO PRODUTO OU DO SERVIÇO, ASSIM COMO RECONHECE A SOLIDARIEDADE NO CASO DE PLURALIDADE DE OFENSORES (PAR. ÚNICO DO ART. 7º E § 1O DO ART. 25) OU QUANDO O DANO RESULTAR DA INCORPORAÇÃO DE PEÇA OU COMPONENTE AO PRODUTO OU SERVIÇO, CASO EM QUE SERÃO RESPONSÁVEIS PELA REPARAÇÃO TANTO O FABRICANTE, O CONSTRUTOR OU IMPORTADOR E O QUE REALIZOU A INCORPORAÇÃO (§ 2º DO ART. 25) (...)" (TJDF, Ap. Cív. 20120510121863, Rel. Luís Gustavo B. de Oliveira, Data de Julgamento: 22/10/2013, 1ª Turma Recursal dos Juizados Especiais Cíveis e Criminais do DF, Data de Publicação: Publicado no DJE 29/10/2013).

SEÇÃO IV
Da Decadência e da Prescrição

Art. 26. O direito de reclamar pelos vícios aparentes ou de fácil constatação caduca em:

I – trinta dias, tratando-se de fornecimento de serviço e de produtos não duráveis;

II – noventa dias, tratando-se de fornecimento de serviço e de produtos duráveis.

► **Os prazos do art. 26 são de decadência.** Trata-se de decurso de prazo para que o consumidor exerça um direito subjetivo potestativo (direito de reclamar), impondo uma sujeição ao fornecedor, para que este possa sanar os vícios do produto ou serviço em razão da responsabilidade por vício de inadequação estampada nos arts. 18 a 25 do CDC.

► **Distinção entre vício aparente e vício de fácil constatação.** O vício aparente é aquele sobre o qual o consumidor tem uma percepção ocular imediata, a olho nu, sem que seja necessário efetivamente utilizar o produto ou serviço. Ou seja, como o próprio nome diz, é aquele que aparece para o consumidor (ex: imperfeições na pintura e lataria de veículos, ausência de uma tecla em um notebook, a falta de um botão em uma camisa, um piso desnivelado, a diferença de cor na pintura de uma parede etc.). O vício aparente sempre é de fácil constatação, mas o vício de fácil constatação nem sempre será aparente, porém, será facilmente constatado pelo consumidor com a utilização do produto ou serviço (ex: a TV que exibe uma imagem imperfeita quando ligada, o motor de um veículo que apresenta ruído incomum após uma revisão na oficina mecânica etc.).

► **Dever de informar em caso de vícios aparentes.** "Não mais se exige que o vício seja oculto. Sua cobertura se estende até mesmo aos vícios aparentes (art. 26, caput). Isso porque é um dos fundamentos da teoria a evolução do princípio do dever de informar-se, a cargo do consumidor, para a máxima do dever de informar, como encargo inafastável do fornecedor". (BENJAMIN, Antônio Herman V.; MARQUES, Cláudia Lima; BESSA, Leonardo Roscoe. *Manual de Direito do Consumidor.* 7ª edição. São Paulo, Revista dos Tribunais, 2016, p. 163-163).

► **Irrelevância da gravidade do vício.** "É dispensável a gravidade do vício. Afinal, não é esta que cria a insatisfação do consumidor. É a própria existência do vício, pequeno ou grande, que macula a expectativa legítima do consumidor". (BENJAMIN, Antônio Herman V.; MARQUES, Cláudia Lima; BESSA, Leonardo Roscoe. *Manual de Direito do Consumidor.* 7ª edição. São Paulo, Revista dos Tribunais, 2016, p. 164).

◙ **Distinção entre fato e vício do produto (sobre prazo prescricional, ver art. 27).** "CONSUMIDOR. RESPONSABILIDADE PELO FATO OU VÍCIO DO PRODUTO. DISTINÇÃO. DIREITO DE RECLAMAR. PRAZOS. VÍCIO DE ADEQUAÇÃO. PRAZO DECADENCIAL. DEFEITO DE SEGURANÇA. PRAZO PRESCRICIONAL. GARANTIA LEGAL E PRAZO DE RECLAMAÇÃO. DISTINÇÃO. GARANTIA CONTRATUAL. APLICAÇÃO, POR ANALOGIA, DOS PRAZOS DE RECLAMAÇÃO ATINENTES À GARANTIA LEGAL. – No sistema do CDC, a responsabilidade pela qualidade biparte-se na exigência de adequação e segurança, segundo o que razoavelmente se pode esperar dos produtos e serviços. Nesse contexto, fixa, de um lado, a responsabilidade pelo fato do produto ou do serviço, que compreende os defeitos de segurança; e de outro, a responsabilidade por vício do produto ou do serviço, que abrange os vícios por inadequação. – Observada a classificação utilizada pelo CDC, um produto ou serviço apresentará vício de adequação sempre que não corresponder à legítima expectativa do consumidor quanto à sua utilização ou fruição, ou seja, quando a desconformidade do produto ou do serviço comprometer a sua prestabilidade. Outrossim, um produto ou serviço apresentará defeito de segurança quando, além de não corresponder à expectativa do consumidor, sua utilização ou fruição for capaz de adicionar riscos à sua incolumidade ou de terceiros. – O CDC apresenta duas regras distintas para regular o direito de reclamar, conforme se trate de vício de adequação ou defeito de segurança. Na primeira hipótese, os prazos para reclamação são decadenciais, nos termos do art. 26 do CDC, sendo de 30 (trinta) dias para produto ou serviço não durável e de 90 (noventa) dias para produto ou serviço durável. A pretensão à reparação pelos danos causados por fato do produto ou serviço vem regulada no art. 27 do CDC, prescrevendo em 05 (cinco) anos. – A garantia legal é obrigatória, dela não podendo se esquivar o fornecedor. Paralelamente a ela, porém, pode o fornecedor oferecer uma garantia contratual, alargando o prazo ou o alcance da garantia legal. – A lei não fixa expressamente um prazo de garantia legal. O que há é prazo para reclamar contra o descumprimento dessa garantia, o qual, em se tratando de vício de adequação, está previsto no art. 26 do CDC, sendo de 90 (noventa) ou 30 (trinta) dias, conforme seja produto ou serviço durável ou não. – Diferentemente do que ocorre com a garantia legal contra vícios de adequação, cujos prazos de reclamação estão contidos no art. 26 do CDC, a lei não estabelece prazo de reclamação para a garantia contratual. Nessas condições, uma interpretação teleológica e sistemática do CDC permite integrar analogicamente a regra relativa à garantia contratual, estendendo-lhe os prazos de reclamação atinentes à garantia legal, ou seja, a partir do término da garantia contratual, o consumidor terá 30 (bens não duráveis) ou 90 (bens duráveis) dias para reclamar por vícios de adequação surgidos no decorrer do período desta garantia. Recurso especial conhecido e provido. (STJ, REsp 967.623/RJ, Rel. Ministra Nancy Andrighi, Terceira Turma, DJe 29/06/2009).

► **Vícios aparentes ou de fácil constatação.** Os vícios aparentes ou de fácil constatação são aqueles cuja identificação não exige conhecimento es-pecializado por parte do consumidor, em que a constatação se dá apenas com o exame superficial do produto ou serviço. Tal exame poderá se dar através de simples visualização sobre o bem (como no caso de um carro com riscos na pintura) ou através de experimentação ou uso do bem (carro que ao ser testado pela primeira vez, esquenta o motor).

► **Comercialização de produtos usados e com pequenos vícios.** "O CDC não proíbe a comercialização de produtos usados, com vida útil reduzida, assim como não proíbe a venda de produtos com pequenos vícios. Nesta última hipótese, em homenagem ao princípio da boa-fé objetiva (art. 4.º, III, e art. 51, IV), há que existir ampla divulgação e transparência quanto ao vício e, ainda, ser esclarecido que o preço diferenciado (menor) decorre justamente daquele vício." (BENJAMIN, Antônio Herman V.; MARQUES, Cláudia Lima; BESSA, Leonardo Roscoe. *Manual de Direito do Consumidor.* 7ª edição. São Paulo, Revista dos Tribunais, 2016, p. 215).

◙ **Produtos duráveis e não duráveis. Definição.** "Entende-se por produto durável aquele que, como o próprio nome consigna, não se extingue pelo uso, levando certo tempo para se desgastar. Ao consumidor é facultada a utilização do bem conforme sua von-tade e necessidade, sem, todavia, se olvidar que nenhum produto é eterno, pois, de um modo ou de ou-tro, todos os bens tendem a um fim material em algum momento, já que sua existência está atrelada à sua vida útil. O aspecto de durabilidade do bem impõe reconhecer que um dia todo bem perderá sua função, deixando de atender à finalidade à qual um dia se destinou. O bem durável é aquele fabricado para servir durante determinado tempo, que variará conforme a qualidade da mercadoria, os cuidados que lhe são emprestados pelo usuário, o grau de utilização e o meio ambiente no qual inserido. Portanto, natural que um terno, um eletrodoméstico, um automóvel ou até mesmo um livro, à evidência exemplos de produtos duráveis, se desgastem com o tempo, já que a finitude, é de certo modo, inerente a todo bem. Por outro lado, os produtos não duráveis, tais como alimentos, os remédios e combustíveis, em regra in natura, findam com o mero uso, extinguindo-se em um único ato de consumo. O desgaste é, por conse-quência, imediato." (STJ, voto do Min. Ricardo Villas Bôas Cueva no Resp 1161941, DJe 14/11/2013) ◙ **No mesmo sentido:** "Entende-se por produtos não-duráveis aqueles que se exaurem no primeiro uso ou logo após sua aquisição, enquanto que os duráveis, definidos por exclusão, seriam aqueles de vida útil não-efêmera." (STJ, REsp 114473/RJ, DJU 05.05.1997, Rel. Min. Sálvio de Figueiredo Teixeira, J. 24.3.1997, 4ª T.)

◙ **Sementes para plantio. Bem não durável.** "APELAÇÃO CÍVEL – AÇÃO DE INDENIZAÇÃO – AQUISIÇÃO DE SEMENTES PARA PLANTIO – AGRICULTOR – APLICAÇÃO DO CDC – PRECEDENTES – PRODUTO NÃO DURÁVEL – PRAZO DECANDENCIAL DE 30 DIAS – CONHECIMENTO INEQUÍVOCO DO VÍCIO. (...) 2. Em se tratando da aquisição de produtos não duráveis, aplica-se o prazo decadencial do art. 26, I do CDC para o pleito ressarcitório, prazo este contado do descobrimento do vício (...)" (TJMG, Ap. Cív. 10074150033541001, Décima Primeira Câmara Cível, Rel. Des. Alberto Diniz Junior, DJ 23/11/2016).

► **Descoberta posterior de outra imperfeição em produto adquirido viciado.** "Se o adquirente tomou ciência de que determinado produto estava viciado e mesmo assim comprou, mas descobriu posteriormente à aquisição outra imperfeição, por esta poderá propor as ações redibitórias, a substituição do bem ou a sanação do vício" (p. 187)". (BENJAMIN, Antônio Herman V.; MARQUES, Cláudia Lima; BESSA, Leonardo Roscoe. *Manual de Direito do Consumidor.* 7ª edição. São Paulo, Revista dos Tribunais, 2016, p. 215).

► **Os prazos de reclamação do art. 26 não são prazos de garantia legal *(sobre a garantia legal, ver art. 24 e 50)*** "Portanto, não se deve confundir prazo de reclamação com garantia legal de adequação. Se o fornecedor dá prazo de garantia contratual (até a Copa de 2002, um ou dois anos etc), dentro do tempo garantido até o fim (inclusive último dia) o produto não pode apresentar vício. Se apresentar, o consumidor tem o direito de reclamar, que se estende até 30 ou 90 dias após o término da garantia. Se o fornecedor não dá prazo, então os 30 ou 90 dias correm do dia da aquisição ou término do serviço. Claro que sempre haverá, como vimos, a hipótese de vicio oculto, que gera início do prazo para reclamar apenas quando ocorre". (NUNES, Luiz António Rizzatto, *Comentários ao Código de Defesa do Consumidor*. São Paulo: Saraiva, 2000. p. 340)

◙ **Prestação de contas para obter esclarecimentos sobre cobrança de taxas, tarifas e encargos bancários. Súmula 477 do STJ.** "A decadência do art. 26 do CDC não é aplicável à prestação de contas para obter esclarecimentos sobre cobrança de taxas, tarifas e encargos bancários" (Rel. Min. Raul Araújo, em 13/6/2012). ◙ **No mesmo sentido:** "PROCESSUAL CIVIL. PRESTAÇÃO DE CONTAS. APURAÇÃO DE SALDO EM CONTA-CORRENTE. DÉBITOS NÃO AUTORIZADOS. VIOLAÇÃO DO ART. 535 DO CPC NÃO DEMONSTRADA. ART. 26 DO CDC. PRAZO DECADENCIAL. NÃO INCIDÊNCIA. SUCUMBÊNCIA RECÍPROCA. NÃO OCORRÊNCIA. 1. O processamento do recurso especial reclama a clara exposição das razões que estariam a induzir a alegada afronta à legislação federal. 2. O prazo decadencial de que trata o art. 26, II e §§ 1º e 2º, da Lei n. 8.078/90 não se aplica às ações de prestações de contas ajuizadas pelo correntista com a finalidade de questionar a regularidade de lançamentos efetuados pela instituição financeira em sua conta-corrente (...)" (STJ, AgRg no REsp 1441980/PR, Rel. Min. João Otávio de Noronha, 3ª T., DJe 4.5.2015)

◙ **Terreno com metragem diversa daquela anunciada pelo fornecedor. Prazo decadencial de 90 dias.** "RECURSO ESPECIAL. DIREITO DO CONSUMIDOR. VENDA

E COMPRA DE IMÓVEL. METRAGEM. PROPAGANDA. CONTRATO. DIFERENÇA. VÍCIO. PRODUTO DURÁVEL. PRAZO DECADENCIAL. ART. 26, II, DO CDC. INDENIZAÇÃO. DANOS MORAIS. PRESCRIÇÃO QUINQUENAL. 1. O Código de Defesa do Consumidor estabeleceu limites temporais diferentes para a responsabilização civil do fornecedor. O art. 27 prevê o prazo prescricional de 5 (cinco) anos para a pretensão indenizatória pelos danos causados por fato do produto ou do serviço; e o art. 26, o prazo decadencial de 30 (trinta) ou 90 (noventa) dias para a reclamação, conforme se trate de vícios aparentes ou de fácil constatação de produtos ou serviços não duráveis ou duráveis. 2. Segundo a jurisprudência desta Corte, se o produto apresenta vício quanto à quantidade ou qualidade, ou que lhe diminua o valor, estar-se-á diante de vício aparente ou de fácil constatação, de acordo com o art. 26 do Código Consumerista. 3. No caso, decaiu em 90 (noventa) dias o direito de os autores reclamarem da diferença entre a metragem do imóvel veiculada em propaganda e a área do apartamento descrita na promessa de contra e venda. 4. A pretensão de indenização pelos danos morais experimentados pelos autores pode ser ajuizada no prazo prescricional de 5 (cinco) anos. Precedentes. 5. Recurso especial parcialmente provido. (STJ, REsp 1488239/PR, Rel. Min. Ricardo Villas Bôas Cueva, 3ª T., DJe 7.3.2016).

◙ **Se a pretensão do consumidor é no sentido de obter reparação civil decorrente do vício, o prazo é prescricional.** "AGRAVO REGIMENTAL NO RECURSO ESPECIAL. CIVIL E PROCESSUAL CIVIL. DIREITO DO CONSUMIDOR. VENDA E COMPRA DE AUTOMÓVEL USADO. FALSA INFORMAÇÃO. VEÍCULO SINISTRADO. PERDA TOTAL. AUSÊNCIA DE COMUNICAÇÃO AO COMPRADOR. DANOS MATERIAIS E MORAIS. DECADÊNCIA NÃO CONFIGURADA. ART. 26, INCISO II, DO CDC. INAPLICABILIDADE. ART. 333, INCISO II, DO CPC. REEXAME DE PROVAS. IMPOSSIBILIDADE. SÚMULA 7/STJ. 1. Não há falar em decadência pelo transcurso do prazo nonagesimal de que trata o art. 26, inciso II, do CDC, quando a causa de pedir eleita pela parte autora desborda da simples pretensão de reclamar da existência de vício do produto, consubstanciando, em verdade, pleito de reparação por danos materiais e morais decorrentes da prática de ilícito civil – consistente na venda de veículo sinistrado (com perda total), após sua recuperação, com o fornecimento ao consumidor da falsa informação de que estaria livre de qualquer avaria pretérita (...)" (STJ, AgRg no REsp 1544621/SP, Rel. Min. Ricardo Villas Bôas Cueva, 3ª T., DJe 10.11.2015).◙ **No mesmo sentido:** " RECURSO ESPECIAL. AÇÃO DE INDENIZAÇÃO POR DANOS MATERIAIS E MORAIS. CÓDIGO DE DEFESA DO CONSUMIDOR – CDC. SÚMULAS NºS 7/STJ E 282/STF. PRODUTO DEFEITUOSO. FATO DO PRODUTO. PRAZO PRESCRICIONAL (...) 2. O vício do produto é aquele que afeta apenas a sua funcionalidade ou a do serviço, sujeitando-se ao prazo decadencial do art. 26 do Código de Defesa do Consumidor – CDC. Quando esse vício for grave a ponto de repercutir sobre o patrimônio material ou moral do consumidor, a hipótese será de responsabilidade pelo fato do produto, observando-se, assim, o prazo prescricional quinquenal do art. 27 do referido diploma legal (...)" (STJ, REsp 1176323/SP, Rel. Min. Ricardo Villas Bôas Cueva, 3ª T., DJe 16.3.2015). ◙ **No mesmo sentido:** "AGRAVO DE INSTRUMENTO. AÇÃO DE INDENIZAÇÃO POR DANOS MORAIS E MATERIAIS. SUPLEMENTO MANIPULADO. DANOS À SAÚDE DO CONSUMIDOR. FATO DO PRODUTO. ART. 27 DO CDC. APLICABILIDADE. INVERSÃO DO

ÔNUS PROBATÓRIO. REQUISITOS. ART. 6, VIII, CDC. INSUFICIÊNCIA TÉCNICA CONFIGURADA. – O regramento da decadência do direito de reclamar pelos vícios ocultos é estipulado no art. 26 do CDC, diferenciando-se do regime prescricional atinente à pretensão reparatória por dano decorrente de fato do produto (art. 27 do CDC). – 'Prescreve em cinco anos a pretensão à reparação pelos danos causados por fato do produto' (art. 27 do CDC) (...)" (TJMG, A.I. 1002414208476-3001, Décima Quarta Câmara Cível, Rel. Des. Cláudia Maia, DJ 16/12/2016).

◙ **Vício em veículo usado. Conta-se o prazo decadencial da data da ciência do defeito.** "DIREITO DO CONSUMIDOR. VEÍCULO ADQUIRIDO USADO. DEFEITO DO PRODUTO. PRAZO DECADENCIAL. ART. 26 DO CÓDIGO DE DEFESA DO CONSUMIDOR. 1. O termo inicial do prazo decadencial para reclamar contra vício do produto (art. 26 do CDC) em veículo automotor é a data da sua ciência. 2. Recurso especial conhecido e desprovido. (STJ, REsp 1264715/PR, Rel. Min. João Otávio de Noronha, 3ª T., DJe 26.3.2015).

◙ **Vício de fácil constatação em vestido de noiva.** "RECURSO ESPECIAL. DIREITO DO CONSUMIDOR. INDENIZAÇÃO POR DANOS MORAIS E MATERIAIS. ENTREGA DE VESTIDO DE NOIVA DEFEITUOSO. NATUREZA. BEM DURÁVEL. ART. 26, INCISO I, DO CÓDIGO DE DEFESA DO CONSUMIDOR. PRAZO DECADENCIAL DE NOVENTA DIAS. (...) O vestuário representa produto durável por natureza, porque não se exaure no primeiro uso ou em pouco tempo após a aquisição, levando certo tempo para se desgastar, mormente quando classificado como artigo de luxo, a exemplo do vestido de noiva, que não tem uma razão efêmera. 7. O bem durável é aquele fabricado para servir durante determinado transcurso temporal, que variará conforme a qualidade da mercadoria, os cuidados que lhe são emprestados pelo usuário, o grau de utilização e o meio ambiente no qual inserido. Por outro lado, os produtos "não duráveis" extinguem-se em um único ato de consumo, porquanto imediato o seu desgaste. 8. Recurso provido para afastar a decadência, impondo-se o retorno dos autos à instância de origem para a análise do mérito do pedido como entender de direito. (STJ, REsp 1161941/DF, Rel. Ministro Ricardo Villas Bôas Cueva, Terceira Turma, DJe 14/11/2013).

◙ **Vícios em construção de imóvel. Se o vício for aparente e não comprometer a segurança da edificação, aplica-se o prazo decadencial previsto no CDC.** "DIREITO CIVIL E DO CONSUMIDOR. AQUISIÇÃO DE IMÓVEL. APARTAMENTO. DEFEITOS NA CONSTRUÇÃO. REPARAÇÃO. PRAZO PARA RECLAMAR. VÍCIOS APARENTES. NÃO COMPROMETIMENTO DA ESTRUTURA DA EDIFICAÇÃO. DECADÊNCIA. APLICAÇÃO DO CDC. 1. É de 90 (noventa) dias o prazo para a parte reclamar a remoção de vícios aparentes ou de fácil constatação decorrentes da construção civil (art. 26, II, do CDC). (...) 3. O prazo de garantia de 5 (cinco) anos estabelecido no art. 1.245 do CC de 1916 (art. 618 do CC em vigor) somente se aplica aos casos de efetiva ameaça à 'solidez e segurança do imóvel', conceito que abrange as condições de habitabilidade da edificação. 4. Recurso especial provido" (STJ, REsp 1172331/RJ, Terceira Turma, Rel. Min. João Otávio de Noronha, DJe 01/10/2013).

◙ **Se o vício for relacionado à solidez e segurança da construção, aplica-se o prazo previsto no art. 618 do Código Civil (5 anos).** "DIREITO CIVIL E DO CONSUMI-

DOR. APELAÇÃO. RESPONSABILIDADE CIVIL. VÍCIO EM EMPREENDIMENTO IMOBILIÁRIO. PRELIMINAR DE ILEGITIMIDADE PASSIVA. PRETENSÃO DIRECIONADA CONTRA A CONSTRUTORA RESPONSÁVEL PELA EDIFICAÇÃO DO IMÓVEL. REJEIÇÃO. DECADENCIA. ART. 26 DO CDC, NÃO INCIDÊNCIA. VÍCIO AFETO À SOLIDEZ E SEGURANÇA DO EMPREENDIMENTO. PRAZO DECADENCIAL QUINQUENAL. ART. 618 DO CÓDIGO CIVIL. CDC E CÓDIGO CIVIL. APLICABILIDADE. RESPONSABILIDADE OBJETIVA PELOS PREJUÍZOS DECORRENTES DA CONSTRUÇÃO DO EDIFÍCIO. MÁ EXECUÇÃO DA OBRA. AREA COMUM. CONSTATAÇÃO. SENTENÇA CONDENATÓRIA MANTIDA. (...) 2. O prazo decadencial de 90 dias previsto no art. 26 do estatuto consumerista é decadencial, e volvido à pretensão constitutiva derivada de vícios de fácil constatação no produto, não se aplicado aos vícios ocultos, que se revelam somente durante a fluência do prazo legal e contratual de garantia conferido ao consumidor. 3.Na hipótese, não se tratando de vício de fácil constatação, mas sim de defeito estrutural que compromete a segurança e a regular fruição do empreendimento imobiliário, tanto que o condomínio autor foi autuado pela administração pública local pelo defeito imputado à construtora ré, não incide o prazo decadencial de 90 dias previsto no Código de Defesa do Consumidor, estando a pretensão deduzida submetida tão somente ao prazo prescricional de cinco anos definido no art. 618 do Código Civil (...)" (TJDF, Ap. Cív. 20140111623230, Terceira Turma Cível, Rel. Des. Alfeu Machado, DJE 08/05/2015). ◙ **No mesmo sentido:** "APELAÇÃO - AÇÃO DE REVISÃO CONTRATUAL/ REDUÇÃO DO PREÇO COM PEDIDO DE INDENIZAÇÃO - PREJUDICIAL DE DECADÊNCIA - NÃO CONFIGURAÇÃO - VÍCIOS NA CONSTRUÇÃO - PRETENSÃO REPARATÓRIA DECORRENTE DA DESVALORIZAÇÃO DO IMÓVEL - DEFEITOS E VÍCIOS COMPROVADOS. O direito de reclamar contra vícios de construção do imóvel não decai no prazo do art. 26 do CDC, uma vez que existe um prazo de cinco anos de garantia do construtor no Código Civil (art. 618), contexto que decorre da necessidade de aplicar à relação jurídica concreta a regra de direito própria. Havendo desconformidade entre o memorial descritivo apresentado e a conclusão da obra, deve a construtora ser responsabilizada pelos danos sofridos pelo comprador a serem quantificados em sede de liquidação de sentença" (TJMG, Ap. Cív. 10024134063122001, Décima Segunda Câmara Cível, Rel. Des. Domingos Coelho, DJ 30/11/2016). ◙ **No sentido da aplicação do prazo vintenário do Código Civil.** "RECURSO ESPECIAL. CIVIL. RESPONSABILIDADE CIVIL. CONSTRUTORA. PRESCRIÇÃO. SOLIDEZ E SEGURANÇA. PRAZO QUINQUENAL DE GARANTIA. DANOS. NÃO APRESENTAÇÃO. SÚMULA Nº 194/STJ. DESCUMPRIMENTO CONTRATUAL. CIÊNCIA DO DANO. POSSIBILIDADE. NÃO EXERCÍCIO. PRAZO VINTENÁRIO. PRESCRIÇÃO. RECONHECIMENTO. 1. Recurso especial interposto contra acórdão publicado na vigência do Código de Processo Civil de 2015 (Enunciados Administrativos nºs 2 e 3/STJ). 2. O artigo 1.245 do Código Civil de 1916 prevê um prazo de garantia de 5 (cinco) anos. Caso o vício oculto, capaz de comprometer a solidez e segurança da obra, manifeste-se dentre desse prazo, o proprietário da obra tem 20 (vinte) anos, prazo ordinário para o exercício das pretensões de direito material pessoais, contado do aparecimento do defeito, para o ajuizamento da ação para reparação de danos. Súmula 194/STJ. 3. Ao dono da obra é permitido demandar o construtor por vícios relacionados com a solidez e à segurança da construção no prazo de 20 (vinte) anos (artigo 1.056 do Código Civil de 1916), contados desde o conhecimento do vício ou desde quando possível o conhecimento do defeito, sendo desimportante que tenha ocorrido ou não nos primeiros 5 (cinco) anos da entrega da obra. Precedente. 4. No caso concreto, conhecido o vício construtivo desde 1987, deve ser declarada prescrita a pretensão ajuizada em 2010, mesmo interrompida por medida cautelar de produção antecipada de provas proposta em 2008. 5. Na hipótese, o prazo vintenário deve ser aplicado em sua integralidade, haja vista que na entrada em vigor do novo Código Civil, já havia transcorrido mais de 10 (dez) anos (artigo 2.028 CC/2002). 6. Recurso especial provido. (STJ, REsp 1711581/PR, Rel. Ministro Ricardo Villas Bôas Cueva, Terceira Turma, DJe 25/06/2018)

◙ **Decadência não reconhecida. Diversas tentativas do consumidor para sanar o defeito.** "(...) Decadência não reconhecida pelas instâncias ordinárias em razão das diversas tentativas do comprador, junto à fábrica e suas concessionárias, para sanar os defeitos apresentados pelo veículo" (STJ, REsp. 286202/RJ, Rel. Min. Ruy Rosado de Aguiar, DJ 19/11/2001).

◙ **Reembolso de tarifas não envolve prazo decadencial.** "REPETIÇÃO DE INDÉBITO. TARIFAS TELEFÔNICAS. DECADÊNCIA DO DIREITO DE RECLAMAR. INAPLICABILIDADE DOS ARTS. 26 E 27 DO CDC. RECURSO A QUE SE DÁ PROVIMENTO. – Em que pese se reconheça relação de consumo, a ação que visa o reembolso de tarifas, lançadas em conta telefônica, não se submete ao prazo decadencial previsto no art. 26 do CDC, visto que a matéria não envolve vício aparente ou oculto, mas prestação devida pelo usuário diante de um serviço utilizado. Não se tratando de um vício, oculto ou aparente, mas do valor cobrado, a ação de repetição de indébito prescreve no prazo longo de 20 anos reservado às ações pessoais, mencionado no Art. 177 do Código Civil de l916 c/c o art. 2028 do NCC" (TJMG, Apelação Cível nº 443712-7 – 9ª Câmara Cível – Rel. Des. Tarcísio Martins Costa, J. 14.9.04). ◙ **Súmula 412 do STJ:** *"A ação de repetição de indébito de tarifas de água e esgoto sujeita-se ao prazo prescricional estabelecido no Código Civil."*

◙ **Prazo para reclamar valores equivocados em conta telefônica. Prazo decadencial de 90 dias.** "TELEFONIA – RESTITUIÇÃO DE VALORES PAGOS INDEVIDAMENTE – DECADÊNCIA CARACTERIZADA – INCIDÊNCIA DO DISPOSTO NO ART. 26, II, DO CDC – O prazo para reclamar de valores alegadamente equivocados, constantes da conta telefônica, é de 90 dias, ex vi do art. 26, II, do CDC, uma vez que a situação se caracteriza como sendo vício aparente de serviço. Inaplicável o disposto no art. 27 do CDC, que trata da prescrição da pretensão reparatória por fato do produto ou serviço (acidente de consumo). Decadência proclamada. Recurso provido". (TJRS, Proc. 71000614909 – 3ª T.R.Cív. – Rel. Des. Eugênio Facchini Neto, J. 15.3.2005)

◙ **Tratando-se de vício aparente em móvel, aplica-se o prazo para reclamação.** "DIREITO DO CONSUMIDOR. AÇÃO DE PRECEITO COMINATORIO. SUBSTITUIÇÃO DE MOBILIARIO ENTREGUE COM DEFEITO. VICIO APARENTE. BEM DURAVEL. OCORRENCIA DE DECADENCIA. PRAZO DE NOVENTA DIAS. ART. 26, II, DA LEI 8.078/1990. DOUTRINA. PRECEDENTE DA TURMA. RECURSO

PROVIDO. I. Existindo vicio aparente, de facil constatação no produto, não ha que se falar em prescrição quinquenal, mas, sim, em decadencia do direito do consumidor de reclamar pela desconformidade do pactuado, incidindo o art. 26 do codigo de defesa do consumidor (...)" (STJ, REsp 114.473, 4ª T., DJ 5.5.1997).

◙ **Vício de qualidade do serviço de perfuração de poço artesiano.** "APELAÇÃO CÍVEL. RESPONSABILIDADE CIVIL. VÍCIO DE QUALIDADE DO SERVIÇO. PERFURAÇÃO DE POÇO ARTESIANO. PEDIDO DE RESSARCIMENTO DOS VALORES PAGOS. PRAZO DECADENCIAL. ART. 26 DO CDC. Postulando a parte autora o ressarcimento dos valores pagos pelo serviço de perfuração de poço artesiano, sob alegação de vício de qualidade do serviço, incide o prazo decadencial previsto no art. 26 do CDC (...)" (TJRS, Ap. Cív. 70051444925, Nona Câmara Cível, Rel. Des. Tasso Caubi Soares Delabary, DJ 22/01/2013).

◙ **Utilização do prazo decadencial para ações indenizatórias decorrentes da existência do vício.** "CONSUMIDOR VÍCIO DO SERVIÇO PRODUTO DURÁVEL PRAZO DECADENCIAL DE 90 DIAS (ART. 26, CDC)- DECADÊNCIA CARACTERIZADA RECURSO PROVIDO. 1. A causa de pedir não versa sobre defeito (art. 12, § 1º, CDC), pois ausente risco à segurança do consumidor ou terceiro, e sim sobre vício de qualidade do serviço ou produto, estes supostamente inadequados à finalidade esperada pelo consumidor (art. 18). A simples existência de dano material não desloca o vício para fato, até porque a própria lei refere que os danos advindos do vício podem ser reparados independentemente da rescisão do contrato (art. 18, § 1º, II, CDC). 2. Incide na espécie o art. 26, II, do Código de Defesa do Consumidor, que fixa em 90 dias o prazo decadencial para reclamar pelos vícios no fornecimento do serviço ou produto duráveis (...)" (TJSP, Ap. Cív. 00123566020108260007, Trigésima Quinta Câmara de Direito Privado, Rel. Des. Artur Marques, DJ 12/07/2013). ◙ **No mesmo sentido:** "PROCESSO CIVIL E CONSUMIDOR. Apelação Cível. Ação de Indenização por danos materiais c/c danos morais. Sentença que extinguiu o processo reconhecendo a decadência. Irresignação. Vício no produto. Decadência configurada. Ausência de comprovação de reclamação formulada pelo consumidor. Aplicação do art. 26 do CDC. Manutenção da sentença. Desprovimento. No caso dos autos, não há no caderno processual comprovação de que houve a efetiva reclamação do vício à apelada/ré, tendo o prazo decadencial fluído desde a data da entrega do primeiro conserto (...)" (TJPB, Ap. Cív. 00013176320138150461, Segunda Câmara Especializada Cível, Rel. Des. Abraham Lincoln da C Ramos, julgado em 28/07/2015). ◙ **No mesmo sentido:** "APELAÇÃO CÍVEL – AÇÃO DE INDENIZAÇÃO POR DANOS MORAIS E MATERIAIS – COMPRA DE ELETRODOMÉSTICO – MÁQUINA DE LAVAR – DEFEITO – RECLAMAÇÃO FUNDADA EM VÍCIO DO PRODUTO – PRAZO DECADENCIAL ESGOTADO – PREJUDICIAL DE MÉRITO RECONHECIDA – AÇÃO DE INDENIZAÇÃO – AUSÊNCIA DE PROVA DE DANO MORAL E DE IRREGULARIDADE NA CONDUTA DA RÉ – IMPROCEDÊNCIA – APELO DESPROVIDO. Verificando-se que o pedido de indenização por danos materiais se fundou em suposto vício de produtos adquiridos junto à ré e que, na data da propositura da ação, já havia se esgotado o prazo previsto no art. 26, do CDC, deve ser reconhecida a decadência de tal direito (...)" (TJMG, Ap. Cív. 10459120000144001, Décima Sétima Câmara Cível, Rel. Des. Eduardo Mariné da Cunha, DJ 27/01/2017). ◙ **No mesmo sentido:** "DIREITO DO CONSUMIDOR. AÇÃO DE REPARAÇÃO DE DANOS MATERIAIS E MORAIS. COMPRA E VENDA DE VEÍCULO NOVO. VÍCIO APARENTE. VICIO DO PRODUTO. FATO DO PRODUTO. DECADÊNCIA. OCORRÊNCIA. ART. 27 DO CDC.INAPLICABILIDADE. SENTENÇA MANTIDA. (...) 2. Tratando-se de demanda indenizatória em que se busca a responsabilização civil da fabricante de automóveis por vício que torne o veículo impróprio ou inadequado ao consumo, o dispositivo legal disciplinador é o artigo 26 do CDC, o qual estipula prazo de 90 dias, para a hipótese de vício do produto. 3. Apelação conhecida e não provida. Unânime" (TJDF, Ap. Cív. 00309059120158070001, Sétima Turma Cível, Rel. Des. Romeu Gonzaga Neiva, DJE 13/02/2017).

◙ **Prazo decadencial para pleitar dano moral em virtude de corpo estranho encontrado em alimento sem que tenha havido consumo.** "APELAÇÃO CÍVEL. DIREITO DO CONSUMIDOR. VENDEDOR E FABRICANTE. VÍCIO DO PRODUTO. GARRAFA DE REFRIGERANTE CONTENDO CORPO ESTRANHO. DANO MORAL HIPOTÉTICO, PORQUANTO NÃO HOUVE EFETIVO CONSUMO. EMBALAGEM LACRADA. PRECEDENTE DO STJ. DANO MATERIAL NÃO CARACTERIZADO, DIANTE DA DECADÊNCIA DO DIREITO. MANUTENÇÃO DA IMPROCEDÊNCIA DOS PEDIDOS. I – Aquisição de uma garrafa de refrigerante fabricada pela primeira Ré, adquirida em um estabelecimento do segundo Réu, contendo um objeto estranho. II – A compra de produto impróprio para o consumo que não chega a produzir qualquer consequência negativa no mundo fático, não enseja a reparação por dano moral. Precedentes do STJ e do TJRJ. III – A garrafa de refrigerante contendo corpo estranho, cujo defeito foi constatado a tempo e o conteúdo não foi ingerido, deve ser resolvido pela simples troca do produto ou pela devolução do valor pago. IV. Impossível a aplicação de tais soluções, no caso em comento, porquanto operada a decadência do direito. Incidência do art. 26, I, do C.D.C., que prevê o prazo de 30 dias, para reclamar vícios aparentes ou de fácil constatação. Ausência de prova de tal reclamação alegada pelo Autor. V – Sentença de improcedência mantida. VI – Recurso a que se nega seguimento, nos termos do art. 557, caput, do Código de Processo Civil" (TJRJ, Ap. Cív. 00122066120128190021, Vigésima Quarta Câmara Cível, Rel. Des. Andrea Fortuna Teixeira, DJ 07/10/2015) ◙ **No mesmo sentido:** "INDENIZATÓRIA – DIREITO DO CONSUMIDOR – CORPO ESTRANHO ENCONTRADO EM TABLETE DE CEREAL CARACTERIZA-SE VÍCIO DO PRODUTO CONSTATADO, E NÃO FATO DO PRODUTO – PRAZO DECADENCIAL DE 30 DIAS – ARTIGO 26, I, DO CDC – DECADÊNCIA DECLARADA – SENTENÇA REFORMADA. 1.Por qualquer vértice que se olhe, não há como sustentar que um produto alimentar que traga em seu conteúdo um corpo estranho, constatado de pronto mediante simples olhar, e, em virtude disto, impossibilite o seu consumo, consubstancie-se em defeito do produto, mas sim, vício do produto, devendo ser aplicado o prazo decadencial trintídio (art. 26 do CDC) e não o prescricional (art. 27 do CDC)" (TJPR, Ap. Cív. 2470535, Nona Câmara Cível, Rel. Des. Luiz Sérgio Neiva de L Vieira, DJ 19/03/2004).

◙ **O prazo de decadência somente se inicia após o encerramento da garantia contratual.** *(sobre a garantia contratual, ver art. 50)* "APELAÇÃO CÍVEL. AÇÃO DE INDENIZAÇÃO POR DANOS MATERIAIS. VÍCIO NA MERCADORIA. DECADÊNCIA.

GARANTIA. EXIGÊNCIA DE TERMO POR ESCRITO. – O prazo decadencial previsto no art. 26 do CDC, atinge o direito de reclamar pelos vícios apresentados no produto, que o torna inadequado ou impróprio para o consumo. – O início da contagem do prazo de decadência para a reclamação de vícios do produto se dá após o encerramento da garantia contratual. – Nos termos do artigo 50 do CDC, a garantia contratual é complementar à legal e será conferida mediante termo escrito." (TJMG, Ap. Cív. 10024101136349001, Décima Primeira Câmara Cível, Rel. Des. Alexandre Santiago, DJ 31/01/2017).

► **Sobre a contagem dos prazos decadenciais quando há garantia estendida, verificar art. 50.**

§ 1° Inicia-se a contagem do prazo decadencial a partir da entrega efetiva do produto ou do término da execução dos serviços.

◙ **Inicio do prazo de decadência começa após o encerramento da garantia contratual.** *(sobre garantial contratual, ver art. 50)* "Processo civil. Direito do consumidor. Aquisição de veículo automotor. Alegação do consumidor de que comprou determinado modelo, pensando ser o mais luxuoso, e de posterior constatação de que se tratava do modelo intermediário. Ação proposta um ano após a aquisição. Decadência. Desnecessidade de se aguardar o término do prazo de garantia. Alegado inadimplemento do dever de informação, pelo vendedor, que se insere no âmbito do contrato de compra e venda. – O início da contagem do prazo de decadência para a reclamação de vícios do produto (art. 26 do CDC) se dá após o encerramento da garantia contratual. Precedentes" (STJ, REsp 1021261/RS, Rel. Ministra Nancy Andrighi, Terceira Turma, DJe 06/05/2010).

◙ **No sentido de que o prazo decadencial se inicia após o término da execução dos serviços de tentativa de conserto do produto.** "CONSUMIDOR. VEÍCULO NOVO. DEFEITO. RESTITUIÇÃO DO VALOR DO BEM ACRESCIDO DE PERDAS E DANOS. VÍCIO DO PRODUTO. PRAZO DECADENCIAL. 1. Adquirido veículo novo com defeito não sanado no prazo de trinta dias, pode o consumidor exigir a restituição da quantia paga, acrescida de eventuais perdas e danos. Inteligência do art. 18 do Código de Defesa do Consumidor. 2. O prazo a ser tomado em conta para o ingresso com a ação nas hipóteses de vício do produto é o previsto no art. 26 do Código de Defesa do Consumidor (90 dias quando se tratar de bem durável). 3. Nos termos do § 1º, do referido art. 26, o prazo decadencial de noventa dias se inicia quando termina a execução dos serviços realizados na tentativa de conserto do bem, sendo previstas, ainda, no § 2º, circunstâncias que obstam a decadência, como, por exemplo, a reclamação feita pelo consumidor. Nesse contexto, como a verificação da data inicial do prazo, bem como de eventuais situações obstativas demandam incursão no conjunto fático-probatório dos autos, necessário se faz o retorno do processo ao Tribunal de origem para que se manifeste sobre a questão. 4. Recurso conhecido em parte e, nesta extensão, provido" (STJ, REsp 567.333/RN, Rel. Ministro Fernando Gonçalves, Quarta Turma, DJe 08/03/2010).

§ 2° Obstam a decadência:

I – a reclamação comprovadamente formulada pelo consumidor perante o fornecedor de produtos e serviços até a resposta negativa correspondente, que deve ser transmitida de forma inequívoca;

II – (Vetado).

III – a instauração de inquérito civil, até seu encerramento.

► **Interrupção do prazo com a reclamação.** "Feita a reclamação, o prazo fica interrompido até o recebimento da resposta negativa dada pelo fornecedor. Isso significa que, enquanto o consumidor não a receber, o prazo não terá novo início. Também não voltará a correr o prazo se o fornecedor, reconhecendo o problema e se comprometendo a saná-lo, assim não agir" (Vícios do produto e do serviço, p. 399-400). (BENJAMIN, Antônio Herman V.; MARQUES, Cláudia Lima; BESSA, Leonardo Roscoe. *Manual de Direito do Consumidor.* 7ª edição. São Paulo, Revista dos Tribunais, 2016, p. 241).

◙ **Decadência não reconhecida. Diversas tentativas do consumidor para sanar o defeito.** "(...) Decadência não reconhecida pelas instâncias ordinárias em razão das diversas tentativas do comprador, junto à fábrica e suas concessionárias, para sanar os defeitos apresentados pelo veículo." (STJ, REsp 286202/RJ, DJU 19/11/2001, Rel. Min. Ruy Rosado de Aguiar, J. 28.6.2001, 4ª T.)

◙ **Simples denúncia oferecida ao Procon não obsta a decadência.** "Não obsta a decadência a simples denúncia oferecida ao Procon, sem que se formule qualquer pretensão, e para a qual não ha cogitar de resposta." (STJ, REsp 65498/SP, DJU 16.12.1996, Rel. Min. Eduardo Ribeiro, J. 11.11.1996, 3ª T)

◙ **Deve haver prova inequívoca da reclamação do consumidor.** "BEM MÓVEL OBRIGAÇÃO DE FAZER VÍCIO OCULTO - DEFEITO VERIFICADO APÓS QUASE DOIS ANOS DE USO DO SOFÁ ADQUIRIDO DA RÉ RELAÇÃO DE CONSUMO AUSÊNCIA DE PROVA INEQUÍVOCA DE RECLAMAÇÃO EFETUADA PELO CONSUMIDOR JUNTO A RÉ, A FIM DE SUSPENDER O PRAZO DECADENCIAL - INCIDÊNCIA DO ART. 26, § 3º, DO CDC - DECADÊNCIA - RECONHECIMENTO SENTENÇA MANTIDA. Apelação não provida" (TJSP, Ap. Cív. 01115272120098260008, Trigésima Quarta Câmara de Direito Privado, Rel. Des. Cristina Zucchi, DJ 22/03/2013). ◙ **No mesmo sentido:** "Consoante o art. 26 do Código de Defesa do Consumidor, o direito de reclamar pelos vícios aparentes ou de fácil constatação caduca em 90 (noventa) dias, quando se tratar de produtos duráveis. Esse prazo somente será interrompido se existir reclamação comprovadamente formulada pelo consumidor perante o fornecedor de produtos, com a correspondente resposta negativa". (TJSC, AC 2002.026226-4 – Sombrio – 1ª CDCom. – Relª Desª Salete Silva Sommariva, J. 14.4.2005)

◙ **Reclamação verbal do consumidor somente se efetivamente comprovada.** "DIREITO DO CONSUMIDOR E PROCESSUAL CIVIL. RECURSO ESPECIAL. AÇÃO REDIBITÓRIA. RECLAMAÇÃO QUE OBSTA A DECADÊNCIA. COMPROVAÇÃO PELO CONSUMIDOR. POSSIBILIDADE DE DAR-SE DOCUMENTALMENTE OU VERBALMENTE. PLEITO DE PRODUÇÃO DE PROVA TESTEMUNHAL. JULGAMENTO ANTECIPADO DA LIDE. CERCEAMENTO DE DEFESA. OCORRÊNCIA. (...) O propósito recursal é definir i) se a reclamação, prevista no art. 26, § 2º, I, do CDC, hábil a obstar a decadência do direito do consumidor de reclamar pelos vícios do produto, pode ser feita de forma verbal ou somente de forma documental e ii) consequentemente, se houve cerceamento de defesa à recorrente, em virtude do indeferimento da produção de prova testemunhal requerida. 3. A lei não preestabelece uma forma para a realização da reclamação, exigindo apenas comprovação de que o fornecedor tomou ciência inequívoca quanto ao propósito do consumidor de reclamar pelos vícios do produto ou serviço. 4. A reclamação obstativa da decadência, prevista no art. 26, § 2º, I, do CDC, pode ser feita documentalmente – por meio físico ou eletrônico – ou mesmo verbalmente – pessoalmente ou por telefone – e, consequentemente, a sua comprovação pode dar-se por todos os meios admitidos em direito. 5. Admitindo-se que a reclamação ao fornecedor pode dar-se pelas mais amplas formas admitidas, sendo apenas exigível ao consumidor que comprove a sua efetiva realização, inviável o julgamento antecipado da lide, quando este pleiteou a produção de prova oral para tal desiderato. (...). (STJ, REsp 1442597/DF, Terceira Turma, Rel. Ministra Nancy Andrighi, DJe 30/10/2017) ◙ **No mesmo sentido:** "A reclamação verbal seria suficiente a obstar os efeitos da causa extintiva (decadência) se efetivamente comprovada." (STJ, REsp. 156760/SP, voto do Rel. Min. Fernando Gonçalves, DJ 22/03/2004).

◙ **Reclamação verbal do consumidor somente se efetivamente comprovada.** "A reclamação verbal seria suficiente a obstar os efeitos da causa extintiva (decadência) se efetivamente comprovada." (STJ, REsp. 156760/SP, voto do Rel. Min. Fernando Gonçalves, DJ 22/03/2004).

► **Reclamação formulada perante os Procon`s.** Não obsta a decadência a reclamação formalizada perante os órgãos ou entidades de defesa do consumidor. Essa hipótese constava no inciso II do § 2º do art. 26 e foi vetado pelo Presidente da República, sob o argumento de que "o dispositivo ameaça a estabilidade das relações jurídicas, pois atribui a entidade priva-da função reservada, por sua própria natureza, aos agentes públicos." ◙ **No mesmo sentido:** "Não obsta a decadência a simples denúncia oferecida ao Procon, sem que se formule qualquer pretensão, e para a qual não há cogitar de resposta (STJ, REsp. 65498/SP, Rel. Min. Eduardo Ribeiro, DJ 16/12/1996).

§ 3° Tratando-se de vício oculto, o prazo decadencial inicia-se no momento em que ficar evidenciado o defeito.

► **Vício oculto. Conceito.** Vício oculto é aquele vício que já estava presente quando da aquisição do produto ou do término do serviço, mas que somente se manifestou algum tempo depois; ou seja, é aquele cuja identificação não se dá com simples exame pelo consumidor. A diferenciação entre vícios aparentes/fácil constatação e ocultos será importante para se delimitar o início do prazo decadencial.

► **Dificuldade do consumidor provar o vício.** "É enorme a dificuldade que tem o consumidor de provar que o vício do bem existia à época de seu fornecimento. Há aí uma quase impossibilidade. Mesmo que o produto pare de funcionar imediatamente após seu fornecimento, ainda assim o consumidor tem de ajuntar prova suficiente de que o vício não é superveniente à aquisição". (BENJAMIN, Antônio Herman V.; MARQUES, Cláudia Lima; BESSA, Leonardo Roscoe. *Manual de Direito do Consumidor.* 7ª edição. São Paulo, Revista dos Tribunais, 2016, p. 161).

◙ **Aplica-se a regra do art. 26 em caso de vício oculto.** "CDC. Artigos 26 e 27. 1. Tratando-se de vício oculto do produto, incide a regra do art. 26 do CDC, não a do art. 27, que regula a prescrição quando se trate de fato do produto ou do serviço" (STJ, REsp 258.643, 3ª T., DJ 18.6.2001).

► **O vício oculto também pode se referir a serviços.** "O vício oculto, embora normalmente relacionado a produtos, pode ser referir a serviços também". (BENJAMIN, Antônio Herman V.; MARQUES, Cláudia Lima; BESSA, Leonardo Roscoe. *Manual de Direito do Consumidor.* 7ª edição. São Paulo, Revista dos Tribunais, 2016, p. 239).

◙ **O prazo decadencial tem início no momento em que o defeito é evidenciado. Vício oculto em piso de porcelanato.** "DIREITO PROCESSUAL CIVIL E DIREITO DO CONSUMIDOR. RECURSO ESPECIAL. DEFICIÊNCIA DE FUNDAMENTAÇÃO DO ACÓRDÃO RECORRIDO. NÃO OCORRÊNCIA. REVESTIMENTO DE PISO EM PORCELANATO. VÍCIO DO PRODUTO. AÇÃO CONDENATÓRIA. DECADÊNCIA. (...). 4. Tratando-se de vício oculto do produto, o prazo decadencial tem início no momento em que evidenciado o defeito, e a reclamação do consumidor formulada diretamente ao fornecedor obsta o prazo de decadência até a resposta negativa deste. 5. Inexistindo, no caso, prova da resposta negativa, o ajuizamento de cautelar preparatória de produção antecipada de provas evidencia o exaurimento das tratativas negociais, contando-se o prazo decadencial a partir do trânsito em julgado da respectiva sentença, que reconheceu a existência de vício do produto. Ocorrido o trânsito em julgado em 11.4.2002, a ação condenatória, ajuizada em 21.4.2003, cujo pedido se circunscreve ao prejuízo diretamente relacionado ao vício do produto, não abrangendo danos a ele exteriores, encontra-se atingida pela decadência do direito do consumidor. 6. Recurso especial conhecido e desprovido. (STJ, REsp 1303510/SP, Rel. Ministro João Otávio de Noronha, Terceira Turma, DJe 06/11/2015).◙ **No mesmo sentido:** "RECURSO ESPECIAL. CONSUMIDOR. VÍCIO OCULTO. PRODUTO DURÁVEL. RECLAMAÇÃO. TERMO INICIAL. (...) 3. De fato, conforme premissa de fato fixada pela corte de origem, o vício do produto era oculto. Nesse sentido, o *dies a quo* do prazo decadencial de que trata o art. 26, §6º, do Código de Defesa do Consumidor é a data em ficar evidenciado o aludido vício, ainda que haja uma garantia contratual, sem abandonar, contudo, o critério da vida útil do bem durável, a fim de que o fornecedor não fique responsável por solucionar o vício eternamente. A propósito, esta Corte já apontou nesse sentido. 4. Recurso especial conhecido e provido" (STJ, REsp 1123004/DF, Rel. Ministro Mauro Campbell Marques, Segunda Turma, DJe 09/12/2011).

◙ **Vício oculto em piso de madeira para residência.** "CONTRATO – CONSUMIDOR – RELAÇÃO DE CONSUMO – DECADÊNCIA – PRAZO DECADENCIAL – VÍCIO OCULTO – MARCO INICIAL – MOMENTO EM QUE FICA EVIDENCIADO O DEFEITO – PISO DE MADEIRA PARA RESIDÊNCIA – CDC, ART. 26, CAPUT E PARÁGRAFO 3º – ACABAMENTO DA OBRA – DESPESAS – AUSÊNCIA DE CONTRATAÇÃO – I – Se o defeito do bem não é aparente nem de fácil constatação, e somente depois de certo tempo de uso é que começa a manifestar-se, até aí apresentando o piso aparência de boa qualidade, o de que se trata é de defeito oculto, com o que o prazo decadencial só tem início no momento em que ficar evidenciado o defeito. II – Se as despesas relativas ao acabamento da obra não foram objeto do contrato celebrado entre as partes, não há como posa o fornecedor ser forçado a suportá-las". (TAPR, AC 0283875-7 – (235821) – Foz do Iguaçu – 18ª C.Cív. – Rel. Juiz Conv. Rabello Filho, DJPR 15.4.2005)

◙ **Vício oculto em caixa de câmbio em veículo. Início do prazo com a comprovação do laudo pericial que constata o vício.** "AUSÊNCIA DE IDENTIFICAÇÃO DA CAIXA DE CÂMBIO – VÍCIO OCULTO – PRAZO DECADENCIAL – ART. 26, § 3º, DO CDC – INÍCIO – DATA EM QUE O VÍCIO FICAR EVIDENCIADO – LAUDO PERICIAL – RECURSO PROVIDO – A evidência de defeito oculto interno se dá com sua comprovação pelo laudo pericial, efetuado pela polícia técnica, e não com o simples auto de apreensão do veículo". (TJPR, AC 153.375-1 – 6ª C.Cív. – Rel. Juiz Convocado Vicente Del Prete Misurelli, DJPR 25.10.2004)

◙ **Vício oculto em automóvel. O início do prazo decadencial não se inicia com a mera suspeita do vício.** "Consoante explicita o artigo 26, § 3º, doCDC, o termo inicial do prazo decadencial para o consumidor reclamar de vício oculto do produto começa a partir do momento em que ficar evidenciado o defeito, e não da data do conhecimento do vício, que se assemelha a mera suspeita" (TJDF, Ap. Cív. 20120110138956, Rel. Des. Otávio Augusto, Terceira Turma Cível, Julgado em 15 de janeiro de 2015).

► **Período de vida útil do produto como limite para o aparecimento do vício oculto.** "(...) se o vício é oculto, porque se manifesta somente com o uso, a experimentação do produto ou porque se evidenciará muito tempo após a tradição, o limite temporal da garantia legal está em aberto, seu termo inicial; segundo o § 3º do art. 26, é a descoberta do vício. Somente a partir da descoberta do vício (talvez meses ou anos após o contrato) é que passarão a correr os 30 ou 90 dias. Será, então, a nova garantia legal eterna? Não, os bens de consumo possuem uma durabilidade determinada. É a chamada vida útil do produto." (MARQUES, Cláudia Lima. *Contratos no Código de Defesa do Consumidor*. São Paulo: RT, 4a ed., p. 1.022/1.023.). ► **No mesmo sentido:** "O critério para delimitação do prazo máximo de aparecimento do vício oculto passa a ser o da vida útil do bem, o que, além de conferir ampla flexibilidade ao julgador, releva a importância da análise do caso concreto em que o fator tempo é apenas um dos elementos a ser apreciado". (BENJAMIN, Antônio Herman V.; MARQUES, Clráudia Lima; BESSA, Leonardo Roscoe. *Manual de Direito do Consumidor.* 7ª edição. São Paulo, Revista dos Tribunais, 2016, p. 236).

◙ **Vício oculto manifestado após o término da garantia contratual. Observância do prazo de vida útil do produto.** "DIREITO DO CONSUMIDOR E PROCESSUAL CIVIL. RECURSO ESPECIAL (...). AÇÃO DE COBRANÇA AJUIZADA PELO FORNECEDOR. VÍCIO DO PRODUTO. MANIFESTAÇÃO FORA DO PRAZO DE GARANTIA. VÍCIO OCULTO RELATIVO À FABRICAÇÃO. CONSTATAÇÃO PELAS INSTÂNCIAS ORDINÁRIAS. RESPONSABILIDADE DO FORNECEDOR. DOUTRINA E JURISPRUDÊNCIA. EXEGESE DO ART. 26, § 3º, DO CDC. (...). 3. (...) Porém, conforme assevera a doutrina consumerista, o Código de Defesa do Consumidor, no § 3º do art. 26, no que concerne à disciplina do vício oculto, adotou o critério da vida útil do bem, e não o critério da garantia, podendo o fornecedor se responsabilizar pelo vício em um espaço largo de tempo, mesmo depois de expirada a garantia contratual. 8. Com efeito, em se tratando de vício oculto não decorrente do desgaste natural gerado pela fruição ordinária do produto, mas da própria fabricação, e relativo a projeto, cálculo estrutural, resistência de materiais, entre outros, o prazo para reclamar pela reparação se inicia no momento em que ficar evidenciado o defeito, não obstante tenha isso ocorrido depois de expirado o prazo contratual de garantia, devendo ter-se sempre em vista o critério da vida útil do bem. 9. Ademais, independentemente de prazo contratual de garantia, a venda de um bem tido por durável com vida útil inferior àquela que legitimamente se esperava, além de configurar um defeito de adequação (art. 18 do CDC), evidencia uma quebra da boa-fé objetiva, que deve nortear as relações contratuais, sejam de consumo, sejam de direito comum. Constitui, em outras palavras, descumprimento do dever de informação e a não realização do próprio objeto do contrato, que era a compra de um bem cujo ciclo vital se esperava, de forma legítima e razoável, fosse mais longo. 10. Recurso especial conhecido em parte e, na extensão, não provido" (STJ, REsp 984.106/SC, Rel. Ministro Luis Felipe Salomão, Quarta Turma, DJe 20/11/2012). ◙ **No mesmo sentido:** "RESPONSABILIDADE CIVIL – DANOS MATERIAIS – VEÍCULO AUTOMOTOR – PEÇA – RUPTURA POR FA-DIGA – CONDUÇÃO ADEQUADA – VÍCIO OCULTO CONFIGURADO. Comprovada a ruptura da biela por fadiga do material, inexistente prova da má condução do veículo por seu proprietário, presente a respon-sabilidade do fabricante pelas indenizações devidas. Vício oculto configurado. Vida útil do bem de con--sumo que não pode ficar restrita ao prazo de garantia do fabricante." (TJRS, Apel. Cível No 70014964498, Des. Rel. Jorge Alberto Schreiner Pestana, DJ 09/04/2007).

Art. 27. Prescreve em cinco anos a pretensão à reparação pelos danos causados por fato do produto ou do serviço prevista na Seção II deste Capítulo, iniciando-se a contagem do prazo a partir do conhecimento do dano e de sua autoria.

Parágrafo único. (Vetado).

► **Sobre prazos de ações indenizatórias decorrentes de vícios de produtos e serviços, ver art. 26.**

► **O prazo do art. 27 está relacionado às hipóteses de acidente de consumo.** O artigo trata da prescrição do direito de pleitear judicialmente a reparação pelos danos causados por um acidente de consumo (responsabilidade pelo fato do produto e do serviço - arts. 12 a 17). ◙ **No mesmo sentido de que a prescrição quinquenal aplica-se somente as hipótese em que se pretende indenização por danos decorrentes dos denominados "acidentes de consumo"**: "PROCESSUAL CIVIL. RECURSO ESPECIAL. AÇÃO CIVIL PÚBLICA. MINISTÉRIO PÚBLICO. PLANO DE SAÚDE. INTERESSE INDIVIDUAL INDISPONÍVEL. REAJUSTE. CLÁUSULA ABUSIVA. PRESCRIÇÃO. ART. 27 DO CDC. INAPLICABILIDADE. (...). 3. A única previsão relativa à prescrição contida no diploma consumerista (art. 27) tem seu campo de aplicação restrito às ações de reparação de danos causados por fato do produto ou do serviço, não se aplicando, portanto, à hipótese dos autos, em que se discute a abusividade de cláusula contratual (...)" (STJ, REsp 995.995/DF, Rel. Ministra Nancy Andrighi, Terceira Turma, DJe 16/11/2010).

► **O início do prazo prescricional se dá com o conhecimento do dano e autoria.** O prazo extintivo se exaure em cinco anos, contados da data do conhecimento do dano e de sua autoria, cumulativamente. Assim, o CDC exige tanto o conhecimento do dano, como também da autoria para que se inicie o prazo prescricional. Isto se mostra importante porque, não raras vezes, o consumidor sofre o dano, mas não tem conhecimento do fator responsável que ocasionou o dano. Acontece, por exemplo, quando o consumidor sofre danos ao tomar vários medicamentos. Ora, apenas após uma perícia ou através da análise do médico especialista é que será possível ter conhecimento do remédio causador do dano. Então, somente a partir desse momento é que começa a fluir o prazo prescricional, uma vez que o consumidor, agora, sabe contra quem terá que exercer seus direitos. ◙ **No mesmo sentido:** " RESPONSABILIDADE CIVIL - RELAÇÃO DE CONSUMO - FATO DO PRODUTO - TABAGISMO - PRESCRIÇÃO QUINQUENAL - INÍCIO DA CONTAGEM DO PRAZO - CONHECIMENTO DO DANO E DE SUA AUTORIA" (STJ, AgRg no REsp 1081784/RS, Rel. Ministro Massami Uyeda, Terceira Turma, DJe 03/02/2011) ◙ **No mesmo sentido:** "O art. 27 do CDC é expresso ao afirmar que o prazo prescricional deve ser contado a partir do conhecimento do dano e de sua autoria." (STJ, REsp 1100798/AM, Rel. Ministra Nancy Andrighi, Terceira Turma, DJe 08/09/2009) ◙ **No mesmo sentido:** "A prescrição da ação de reparação por fato do produto é contada do conhecimento do dano e da autoria, nada importa a renovação da lesão no tempo, pois, ainda que a lesão seja contínua, a fluência da prescrição já se iniciou com o conhecimento do dano e da autoria." (STJ, REsp 304.724-RJ, Rel. Min. Humberto Gomes de Barros, J. 24.5.2005)

► **Prazo prescricional somente se inicia quando o consumidor consegue relacionar o dano com o defeito do produto ou serviço.** O conhecimento do dano e da autoria engloba, para fins do início do prazo prescricional, o também conhecimento do defeito do produto ou serviço e do nexo causal (relação entre o produto ou serviço defeituoso de um determinado fornecedor causando danos ao consumidor). Isso para que não seja alegado, por parte do fornecedor, perda da pretensão do consumidor (prescrição). ► **No mesmo sentido:** "O marco inicial para a contagem do prazo prescricional, portanto, depende não somente do conhecimento do dano, desde que pode o consumidor sofrê-lo, apesar de desconhecer a sua origem, mas do momento em que ele puder relacioná-lo com o defeito do produto ou do serviço, por ele adquirido ou contratado" (CAHALI, Youssef Said. *Prescrição e Decadência.* São Paulo: Editora Revista dos Tribunais, 2008, p. 234). ◙ **Nesse sentido, considerando 3 critérios para o início do prazo (dano, autoria e defeito):** "DIREITO DO CONSUMIDOR. RECURSO ESPECIAL. AÇÃO DE INDENIZAÇÃO POR DANOS MATERIAIS E COMPENSAÇÃO POR DANOS MORAIS. PRÓTESES DE SILICONE MAMÁRIAS. ALEGAÇÃO DE DEFEITO. PRESCRIÇÃO. PRAZO QUINQUENAL. TERMO INICIAL. DATA DO CONHECIMENTO INEQUÍVOCO DO DANO, DO DEFEITO E DA AUTORIA. ART. 27 DO CDC. (...) 5. Além dos dois requisitos elencados pelo legislador para que seja deflagrado o início da contagem do prazo prescricional – o conhecimento do dano e o conhecimento da autoria -, é necessário, ainda, o conhecimento do defeito, isto é, a consciência do consumidor de que o dano sofrido está relacionado a defeito do produto ou do serviço. 6. A combinação desses três critérios tem por objetivo conferir maior proteção da vítima que, em determinadas situações, pode ter conhecimento do dano e da identidade do fornecedor, porém, só mais tarde saber que o dano resulta de um defeito do produto adquirido ou do serviço contratado. 7. Na hipótese dos autos, conquanto os danos sofridos pela autora tenham se iniciado com a colocação das próteses de silicone, conforme alegado na exordial, o suposto defeito do produto somente veio a ser conhecido, de forma inequívoca, quando da realização do exame que atestou o rompimento das próteses e o vazamento do gel no organismo da consumidora. Não há se falar, destarte, no implemento do prazo prescricional." (STJ, REsp 1698676/SP, Rel. Ministra Nancy Andrighi, Terceira Turma, DJe 30/11/2017)

◙ **Se a hipótese é de reparação de danos materiais e morais por falha na prestação do serviço, o prazo é prescricional.** "CIVIL. PROCESSUAL CIVIL. AGRAVO INTERNO NO AGRAVO EM RECURSO ESPECIAL. AÇÃO INDENIZATÓRIA. DANO MATERIAL. FALHA NA PRESTAÇÃO DO SERVIÇO. PRESCRIÇÃO. ART. 27 DO CDC. DECISÃO MANTIDA. 1. Consoante jurisprudência desta Corte, o prazo decadencial a que alude o art. 26 do CDC não se aplica em caso de indenização por danos materiais e morais decorrentes de falha na prestação de serviço, devendo ser aplicado o prazo quinquenal previsto no art. 27 do CDC. Precedentes. 2. Agravo interno a que se nega provimento" (STJ, AgInt no AREsp 888223/SP, Rel. Min. Antônio Carlos Ferreira, QUARTA TURMA, julgado em 27/09/2016, DJe 04/10/2016).

◙ **O termo inicial do prazo prescricional para a propositura de ação indenizatória, em razão da inscrição indevida em cadastros restritivos de crédito, é a data em que o consumidor toma ciência do registro.** "É assente a jurisprudência desta Corte no sentido de que o termo inicial do prazo prescricional para a propositura de ação indenizatória, em razão da inscrição indevida em cadastros restritivos de crédito é a data em que o consumidor toma ciência do registro desabonador, pois, pelo princípio da "actio nata" o direito de pleitear a indenização surge quando constatada a lesão e suas consequências. Precedentes." (STJ, AgRg no AREsp 696.269/SP, Rel. Ministro Luis Felipe Salomão, Quarta Turma, DJe 15/06/2015)

◙ **Prazo para prescrição por erro médico se inicia quando o paciente se dá conta da lesão.** "RECURSO ESPECIAL. RESPONSABILIDADE CIVIL. ERRO MÉDICO. CONHECIMENTO DA LESÃO POSTERIORMENTE AO FATO LESIVO. PRESCRIÇÃO. TERMO A QUO. DATA DA CIÊNCIA. 1. Ignorando a parte que em seu corpo foram deixados instrumentos utilizados em procedimento cirúrgico, a lesão ao direito subjetivo é desconhecida e não há como a pretensão ser demandada em juízo. 2. O termo a quo do prazo prescricional é a data em que o lesado tomou conhecimento da existência do corpo estranho deixado no seu abdome. (STJ, Resp 1020801/SP, Rel. Ministro João Otávio Dde Noronha, Quarta Turma, DJe 03/05/2011)

◙ **Reparação de dano material decorrente dos vícios. Necessidade de o consumidor notificar o fornecedor no prazo decandencial para possibilitar o direito à reparação.** "DIREITO DO CONSUMIDOR. AÇÃO DE PRECEITO CONDENATÓRIO. REPARAÇÃO DE DANO MATERIAL. NATUREZA DA AÇÃO. INTERPRETAÇÃO LÓGICO-SISTEMÁTICA DA PETIÇÃO INICIAL. VÍCIO OCULTO. BEM DURÁVEL. DECADÊNCIA. 1. O objeto da demanda deve ser extraí-do da interpretação sistemática do pedido e causa de pedir, não ficando adstrito ao pedido formulado em capítulo próprio do petitório e sendo irrelevante o nome ou o fundamento legal apontado. 2. A ga-rantia legal por vícios preexistente tem por finalidade proteger o adquirente, em razão de imperfeições de informação, estabelecendo instrumentos que assegurem a manutenção do sinalagma contratual mesmo nas hipóteses em que o alienante desconhecia o vício. 3. Nas relações consumeristas, reconhecida a ini-quidade essencial entre as partes, a ampliação da proteção do adquirente resulta em garantir-lhe mais al-ternativas para satisfazer sua legítima expectativa, ressalvando ainda a pretensão por perdas e danos decorrentes (art. 18 do CDC), bem como no alargamento do prazo para optar por uma daquelas alterna-tivas legalmente asseguradas (art. 26 do CDC). 4. Transcorrido in albis o prazo decadencial para concen-tração não se haverá constituído o próprio direito à reparação, não havendo que se cogitar de incidência de prazo prescricional, seja ele civil ou consumerista. 5. Recurso especial não provido." (REsp 1520500/SP, Rel. Ministro Marco Aurélio Bellizze, Terceira Turma, julgado em 27/10/2015, DJe 13/11/2015)

APLICANDO O PRAZO DO ART. 27 DO CDC

◙ **Seguro de veículos. Demora injustificada no reparo de veículo sinistrado.** "AGRAVO INTERNO NO RECURSO ESPECIAL. AÇÃO DE INDENIZAÇÃO POR DANOS MORAIS E MATERIAIS. CONTRATO DE SEGURO. DEMORA INJUSTIFICADA DA SEGURADORA. PRESTAÇÃO DE SERVIÇOS. DEFICIÊNCIA. PRAZO PRESCRICIONAL QUINQUENAL. EXTREMO ABORRECIMENTO QUE EXTRAPOLA O MERO DISSABOR DECORRENTE DE INADIMPLEMENTO CONTRATUAL. DANO MORAL INDENIZÁVEL. REVISÃO DO QUANTUM INDENIZATÓRIO. IMPOSSIBILIDADE. 1. O artigo 206, § 1º, II, do Código Civil de 2002 (correspondente ao artigo 178, § 6º, II, do Código Civil de 1916), segundo o qual prescreve em um ano a pretensão do segurado contra o segurador, dirige-se à pretensão resultante de inadimplemento contratual, envolvendo a cobertura securitária em si. No caso em que a pretensão decorre de prestação de serviço defeituosa, incide o prazo prescricional estabelecido no artigo 27 do Código de Defesa do Consumidor. 2. As instâncias ordinárias concluíram, com base nos elementos de convicção colhidos nos autos, que houve inequívoca culpa da seguradora demandada, agindo com conduta imprópria e inércia injustificável, o que motivou a demora no reparo do veículo do autor, objeto do contrato de seguro (...)" (STJ, AgInt no REsp 1192274/SP, Rel. Ministro Raul Araújo, Quarta Turma, DJe 10/02/2017).

◙ **Falha no fornecimento de água. Prazo de 5 anos do art. 27 do CDC.** "FORNECIMENTO DE ÁGUA. SERVIÇO ESSENCIAL. DIREITO HUMANO À ÁGUA. DEMORA EXCESSIVA NO REABASTECIMENTO. EXCESSO DE PRAZO SEM PRESTAÇÃO DE ASSISTÊNCIA AO CONSUMIDOR. FALHA NA PRESTAÇÃO DO SERVIÇO. PRESCRIÇÃO. 5 ANOS. ART. 27 DO CDC. (...) A água é o ponto de partida, é a essência de toda vida, sendo, portanto, um direito humano básico, o qual deve receber especial atenção por parte daqueles que possuem o mister de fornecê-la à população. 9. As nuances fáticas delineadas no acórdão recorrido demonstram claramente o elevado potencial lesivo dos atos praticados pela concessionária recorrente, tendo em vista os cinco dias sem abastecimento de água na residência da parte recorrida, o que configura notória falha na prestação de serviço, ensejando, portando, a aplicação da prescrição quinquenal do art. 27 do Código de Defesa do Consumidor. 10. Recurso Especial não provido. (STJ, REsp 1629505/SE, Rel. Ministro Herman Benjamin, Segunda Turma, DJe 19/12/2016).

◙ **Ações indenizatórias movidas em desfavor de concessionária de serviço público de transporte.** "Aplica-se o prazo prescricional previsto no art. 27 do Código de Defesa do Consumidor às ações indenizatórias movidas em desfavor de concessionária de serviço público de transporte." (STJ, AgRg no AREsp 734.217/RJ, Rel. Ministro João Otávio de Noronha, Terceira Turma, DJe 11/12/2015)

◙ **Erro médico *(sobre a responsabilidade dos profissionais liberais, ver art. 14, § 4º)*. Prazo de 5 anos do art. 27 do CDC.** "RESPONSABILIDADE CIVIL. ERRO MÉDICO. PRAZO PRESCRICIONAL. ART. 27 DO CDC. (...) 1. Consoante a jurisprudência deste STJ, aplica-se o Código de Defesa do Consumidor aos serviços médicos, inclusive o prazo prescricional previsto no art. 27 do CDC (...)" (AgRg no AREsp 844.197/SP, Rel. Min. Antonio Carlos Ferreira, 4ª T., DJe 13.6.2016). ◙ **No mesmo sentido:** "AÇÃO DE INDENIZAÇÃO. RECURSO MANEJADO SOB A ÉGIDE DO CPC/73. ERRO MÉDICO. PRESCRIÇÃO QUINQUENAL. ART. 27 DO CDC (...). 2. A orientação jurisprudencial desta Corte é de que o prazo para a ação de reparação do dano material, moral e estético decorrente de erro médico é o de 5 (cinco) anos previsto no art. 27 do CDC" (STJ, AgRg no AREsp 626.816/SP, Rel. Ministro Moura Ribeiro, Terceira Turma, DJe 10/06/2016).

◙ **Contaminação ambiental que causa prejuízos à saúde do consumidor. Prazo de 5 anos do art. 27 do CDC.** "AGRAVO INTERNO NO AGRAVO EM RECURSO ESPECIAL. CIVIL. DANO MORAL. CONTAMINAÇÃO AMBIENTAL. PRETENSÃO REPARATÓRIA. PRAZO PRESCRICIONAL. TERMO INICIAL. CIÊNCIA INEQUÍVOCA DE QUE A DOENÇA DECORREU DA POLUIÇÃO. AGRAVO INTERNO

NÃO PROVIDO (...). 2. Considera-se como termo a quo da contagem do prazo prescricional quinquenal previsto no art. 27 do CDC, para ajuizamento de ação de reparação de dano moral decorrente de prejuízos à saúde advindos do acidente ambiental, a data da ciência inequívoca pelo autor de que a doença diagnosticada (câncer) decorreu da contaminação do solo e do lençol freático por produtos químicos lançados pela ré. A notificação pública da poluição ambiental não pode ser considerada como termo inicial da contagem do referido prazo prescricional, porquanto os efeitos nocivos à saúde da população não surgiram imediatamente a ela, mas nos anos subsequentes. Precedentes: REsp 1.354.348/RS, Quarta Turma, Rel. Min. Luis Felipe Salomão; REsp 346.489/RS, Terceira Turma, Rel. Min. Ricardo Villas Bôas Cueva. 3. Agravo regimental a que se nega provimento" (AgRg no AgRg no AREsp 608.324/RS, Rel. Min. Raul Araújo, 4ª T., DJe 17.5.2016).

◙ **Transferência não autorizada de conta corrente. Prazo de 5 anos do art. 27 do CDC.** "(...). Tendo ocorrido a transferência supostamente não autorizada de conta-corrente sob a vigência do Código de Defesa do Consumidor, é inafastável a conclusão tanto de que a conduta se enquadra no conceito de fato do serviço – aquele que não fornece a segurança que o consumidor dele pode esperar (art. 14, § 1º, do CDC) – como de que o prazo prescricional é o de 5 anos previsto no art. 27 do mesmo diploma legal. Precedentes. 4. Agravo regimental desprovido" (STJ, AgRg no REsp 1449782/SC, Rel. Min. Marco Buzzi, 4ª T., DJe 29.2.2016)

◙ **Dano moral decorrente de acidente sofrido em transporte coletivo. Prazo de 5 anos do art. 27 do CDC.** "AGRAVO REGIMENTAL. AGRAVO EM RECURSO ESPECIAL. PROCESSUAL CIVIL. AÇÃO INDENIZATÓRIA. ACIDENTE. TRANSPORTE COLETIVO. CONCESSIONÁRIA DE SERVIÇO PÚBLICO. SÚMULA N. 83/STJ. PRESCRIÇÃO. PRAZO QUINQUENAL. ART. 27 DO CDC (...). 2. Aplica-se o prazo prescricional previsto no art. 27 do Código de Defesa do Consumidor às ações indenizatórias movidas em desfavor de concessionária de serviço público de transporte (STJ, AgRg no AREsp 734.217/RJ, Rel. Ministro João Otávio de Noronha, Terceira Turma, DJe 11/12/2015).

◙ **Vício "grave" em revestimento cerâmico (piso). Prazo de 5 anos do art. 27 do CDC.** "RECURSO ESPECIAL. AÇÃO DE INDENIZAÇÃO POR DANOS MATERIAIS E MORAIS. CÓDIGO DE DEFESA DO CONSUMIDOR – CDC. SÚMULAS NºS 7/STJ E 282/STF. PRODUTO DEFEITUOSO. FATO DO PRODUTO. PRAZO PRESCRICIONAL. 1. Trata-se de ação de indenização por danos morais e materiais proposta por consumidor contra o fabricante e o comerciante de revestimentos cerâmicos após o surgimento de defeito do produto. 2. O vício do produto é aquele que afeta apenas a sua funcionalidade ou a do serviço, sujeitando-se ao prazo decadencial do art. 26 do Código de Defesa do Consumidor – CDC. Quando esse vício for grave a ponto de repercutir sobre o patrimônio material ou moral do consumidor, a hipótese será de responsabilidade pelo fato do produto, observando-se, assim, o prazo prescricional quinquenal do art. 27 do referido diploma legal. 3. A eclosão tardia do vício do revestimento, quando já se encontrava devidamente instalado na residência do consumidor, determina a existência de danos materiais indenizáveis e relacionados com a necessidade de, no mínimo, contratar serviços destinados à substituição do produto defeituoso. Desse modo, a hipótese é de fato do produto, sujeito ao prazo prescricional de 5 (cinco) anos (...)" (STJ, REsp 1176323/SP, Rel. Ministro Ricardo Villas Bôas Cueva, Terceira Turma, DJe 16/03/2015).

◙ **Fraude bancária. Prazo de 5 anos do art. 27 do CDC.** "AGRAVO REGIMENTAL. RECURSO ESPECIAL. CIVIL. CONSUMIDOR. NEGÓCIOS JURÍDICOS BANCÁRIOS. INVESTIMENTO FICTÍCIO. ESTELIONATO PRATICADO POR GERENTE DE INSTITUIÇÃO FINANCEIRA. APLICAÇÃO DO CDC. DEFEITO DO SERVIÇO. PRETENSÃO INDENIZATÓRIA. PRESCRIÇÃO QUINQUENAL. 1. Controvérsia acerca da prescrição da pretensão indenizatória originada de fraude praticada por gerente de instituição financeira contra seus clientes. 2. 'As instituições bancárias respondem objetivamente pelos danos causados por fraudes ou delitos praticados por terceiros – como, por exemplo, abertura de conta-corrente ou recebimento de empréstimos mediante fraude ou utilização de documentos falsos -, porquanto tal responsabilidade decorre do risco do empreendimento, caracterizando-se como fortuito interno' (REsp 1.197.929/PR, rito do art. 543-C do CPC). 3. Ocorrência de defeito do serviço, fazendo incidir a prescrição quinquenal do art. 27 do Código de Defesa do Consumidor, quanto à pretensão dirigida contra a instituição financeira" 4. Agravo Regimental desprovido" (STJ, AgRg no REsp 1391627/RJ, Rel. Ministro Paulo de Tarso Sanseverino, Terceira Turma, DJe 12/02/2016).

◙ **Acidente aéreo que vitima terceiro em superfície. Prazo de 5 anos do art. 27 do CDC.** "RESPONSABILIDADE CIVIL DE TRANSPORTADOR AÉREO PERANTE TERCEIROS EM SUPERFÍCIE. PRETENSÃO DE RESSARCIMENTO POR DANOS MATERIAIS E MORAIS. PRAZO PRESCRICIONAL. CÓDIGO BRASILEIRO DE AERONÁUTICA AFASTADO. INCIDÊNCIA DO CDC (...) 2. Demonstrada a existência de relação de consumo entre o transportador e aqueles que sofreram o resultado do evento danoso (consumidores por equiparação), configurado está o fato do serviço, pelo qual responde o fornecedor, à luz do art. 14 do CDC, incidindo, pois, na hipótese, o prazo prescricional quinquenal previsto no seu art. 27" (STJ, REsp 1202013/SP, Rel. Ministra Nancy Andrighi, Terceira Turma, DJe 27/06/2013).

◙ **Falha na prestação de serviços educacionais. Prazo de 5 anos do art. 27 do CDC.** "RECURSO ESPECIAL. SERVIÇOS EDUCACIONAIS. RELAÇÃO DE CONSUMO. APLICAÇÃO DO CDC. FATO DO SERVIÇO. PRESCRIÇÃO QUINQUENAL. 1. Nos termos do Código de Defesa do Consumidor, o contrato de prestação de serviços educacionais constitui relação de consumo. 2. Nos casos de responsabilidade pelo fato do produto e do serviço, aplica-se o prazo prescricional de 5 anos (artigo 27 do CDC). 3. O termo inicial da prescrição começa a fluir a partir do momento em que o direito é violado, o qual coincide com o momento de nascimento da pretensão. 4. Recurso especial não provido" (STJ, REsp 647.743/MG, Rel. Ministro Ricardo Villas Bôas Cueva, Terceira Turma, DJe 11/12/2012).

◙ **Danos resultantes de falha na prestação de serviço de transporte marítimo. Prazo de 5 anos do art. 27 do CDC.** "AGRAVO REGIMENTAL – RECURSO ESPECIAL – RESPONSABILIDADE CIVIL – AÇÃO REGRESSIVA DA SEGURADORA CONTRA O CAUSADOR DO DANO – TRANSPORTE MARÍTIMO – RELAÇÃO

DE CONSUMO - PRESCRIÇÃO - INOCORRÊNCIA - SÚMULA 83/STJ - DECISÃO AGRAVADA MANTIDA - IMPROVIMENTO. I. A relação entre a segurada e a transportadora é de consumo. Assim, incide o CDC na relação entre a seguradora - que se sub-rogou nos direitos da segurada - e a transportadora, aplicando-se o prazo prescricional do artigo 27 do CDC." (STJ, AgRg no REsp 1202756, Rel. Ministro Sidnei Beneti, 3ª T., DJ 17.2.2011).

◙ **Herbicida ineficaz que causa prejuízo à safra. Prazo de 5 anos do art. 27 do CDC.** "RESPONSABILIDADE CIVIL. ALEGAÇÃO DE DANO POR FATO DO PRODUTO E NÃO DE VÍCIO DO PRODUTO. INEFICÁCIA DE HERBICIDA. PREJUÍZO À SAFRA. PRAZO DECADENCIAL. 5 ANOS. ART. 27 DO CÓDIGO DE DEFESA DO CONSUMIDOR. RECURSO PROVIDO PARA AFASTAR A DECADÊNCIA PROSSEGUINDO-SE NO EXAME DO MÉRITO NO TRIBUNAL DE ORIGEM. 1. Diante do fundamento da inicial de ocorrência do fato do produto, e não vício, no mau funcionamento de herbicida que, por não combater as ervas daninhas, enseja prejuízo à safra, e conseqüentemente, ao patrimônio do usuário, o prazo decadencial (rectius "prescrição") é de 5 (cinco) anos (CDC, art. 27). 2.– Recurso Especial provido para afastar preliminar de decadência, devendo o Tribunal de origem prosseguir no julgamento de mérito" (STJ, REsp 953.187/MT, Rel. Ministro Sidnei Beneti, Terceira Turma, DJe 29/06/2009).

◙ **Vício do produto capaz de potencializar a ocorrência de acidente de consumo. Prazo de 5 anos do art. 27 do CDC.** "CIVIL E PROCESSUAL. RECURSO ESPECIAL. CONTRATO DE COMPRA E VENDA. CÓDIGO DE DEFESA DO CONSUMIDOR. PRESCRIÇÃO. VÍCIO/DEFEITO DO PRODUTO. ENTENDIMENTO EM CONFORMIDADE COM A JURISPRUDÊNCIA DO STJ. PRETENSÃO RECURSAL QUE, ADEMAIS, ESBARRA NO REEXAME DE MATÉRIA FÁTICA (SÚMULA 7/STJ). I. Tendo a corte local entendido que a hipótese dos autos cuida de defeito do produto, por trazer vício intrínseco que potencializa um acidente de consumo, sujeitando-se o consumidor a um perigo iminente, correta é a aplicação do art. 27 do CDC. Precedentes (...)" (STJ, REsp 810.353/ES, Rel. Ministro Aldir Passarinho Junior, Quarta Turma, DJe 11/05/2009).

◙ **Danos morais decorrentes de vício de qualidade na prestação de serviço.** "A pretensão de reparação por danos morais decorrentes do vício de qualidade na prestação do serviço causador da insatisfação atrai a incidência do Código de Defesa do Consumidor, cujo prazo prescricional é de 5 (cinco) anos, nos termos do artigo 27 do aludido diploma." (STJ, AgInt no AREsp 152.724/SP, Rel. Ministro Marco Buzzi, Quarta Turma, DJe 15/03/2017)

◙ **Contrato de transporte. Acidente de trânsito que causa danos ao passageiro. Prazo de 5 anos do art. 27 do CDC.** "PROCESSO CIVIL, CIVIL E CONSUMIDOR. TRANSPORTE RODOVIÁRIO DE PESSOAS. ACIDENTE DE TRÂNSITO. DEFEITO NA PRESTAÇÃO DO SERVIÇO. PRESCRIÇÃO. PRAZO. ART. 27 DO CDC. NOVA INTERPRETAÇÃO, VÁLIDA A PARTIR DA VIGÊNCIA DO NOVO CÓDIGO CIVIL. – O CC/16 não disciplinava especificamente o transporte de pessoas e coisas. Até então, a regulamentação dessa atividade era feita por leis esparsas e pelo CCom, que não traziam dispositivo algum relativo à responsabilidade no transporte rodoviário de pessoas. – Diante disso, cabia à doutrina e à jurisprudência determinar os contornos da responsabilidade pelo defeito na prestação do serviço de transporte de passageiros. Nesse esforço interpretativo, esta Corte firmou o entendimento de que danos causados ao viajante, em decorrência de acidente de trânsito, não importavam em defeito na prestação do serviço e; portanto, o prazo prescricional para ajuizamento da respectiva ação devia respeitar o CC/16, e não o CDC. – Com o advento do CC/02, não há mais espaço para discussão. O art. 734 fixa expressamente a responsabilidade objetiva do transportador pelos danos causados às pessoas por ele transportadas, o que engloba o dever de garantir a segurança do passageiro, de modo que ocorrências que afetem o bem-estar do viajante devem ser classificadas de defeito na prestação do serviço de transporte de pessoas. – Como decorrência lógica, os contratos de transporte de pessoas ficam sujeitos ao prazo prescricional específico do art. 27 do CDC. Deixa de incidir, por ser genérico, o prazo prescricional do Código Civil" (REsp 958.833, 3ª T., DJ 25.2.2008).

◙ **Mestrado não reconhecido pela CAPES. Prazo de 5 anos do art. 27 do CDC.** "Direito do consumidor. Oferecimento de curso de mestrado. Posterior impossibilidade de reconhecimento, pela CAPES/MEC, do título conferido pelo curso. Alegação de decadência do direito do consumidor a pleitear indenização. Afastamento. Hipótese de inadimplemento absoluto da obrigação da instituição de ensino, a atrair a aplicação do art. 27 do CDC. Alegação de inexistência de competência da CAPES para reconhecimento do mestrado, e de exceção por contrato não cumprido. Ausência de prequestionamento. – Na esteira de precedentes desta 3ª T., as hipóteses de inadimplemento absoluto da obrigação do fornecedor de produtos ou serviços atraem a aplicação do art. 27 do CDC, que fixa prazo prescricional de 5 anos para o exercício da pretensão indenizatória do consumidor. – Ausente o prequestionamento da matéria, não é possível conhecer das alegações de que não é da competência da CAPES reconhecer o mestrado controvertido, ou de que se aplicaria, à hipótese dos autos, a exceção de contrato não cumprido" (STJ, REsp 773.994, 3ª T., DJ 18.6.2007).

◙ **Transporte aéreo. Prazo de 5 anos do art. 27 do CDC.** "CONSUMIDOR. PRESCRIÇÃO. TRANSPORTE AÉREO DE PESSOAS. A reparação de danos resultantes da má prestação do serviço pode ser pleiteada no prazo de cinco anos" (STJ, REsp 742.447, 3ª T., DJ 16.4.2007).

◙ **Danos decorrentes de publicação incorreta do nome do consumidor em lista telefônica. Prazo de 5 anos do art. 27 do CDC.** "Consumidor. Recurso especial. Danos decorrentes de falha na prestação do serviço. Publicação incorreta de nome e número de assinante em listas telefônicas. Ação de indenização. Prazo. Prescrição. Incidência do art. 27 do CDC e não do art. 26 do mesmo código. – O prazo prescricional para o consumidor pleitear o recebimento de indenização por danos decorrentes de falha na prestação do serviço é de 5 (cinco) anos, conforme prevê o art. 27 do CDC, não sendo aplicável, por consequência, os prazos de decadência, previstos no art. 26 do CDC. – A ação de indenização movida pelo consumidor contra a prestadora de serviço, por danos decorrentes de publicação incorreta de seu nome e/ou número de telefone em lista telefônica, prescreve em cinco anos, conforme o art. 27, do CDC" (STJ, REsp

722.510, 3ª T., DJ 1.2.2006). ◙ **No mesmo sentido:** "CIVIL E PROCESSUAL. AÇÃO DE INDENIZAÇÃO. PUBLICAÇÃO DE ANÚNCIO INCORRETAMENTE NAS LISTAS TELEFÔNICAS, COM NÚMERO TROCADO. RESTAURANTE. DANO MORAL, EM FACE DE A CLIENTELA FICAR FRUSTRADA E SER DESTRATADA AO SER ATENDIDA AO TELEFONE. DISCUSSÃO NA VIA ESPECIAL SOBRE O PRAZO DECADENCIAL E A DATA INICIAL DE SUA FLUIÇÃO. SITUAÇÃO QUE RECAI, NA VERDADE, NA HIPÓTESE DO ART. 27 DO CDC E NÃO NA DO ART. 26, II, E PARÁGRAFO 1º. PRAZO QÜINQÜENAL. I. A ação de indenização movida pelo consumidor contra a prestadora de serviço por defeito relativo à prestação do serviço prescreve em cinco anos, ao teor do art. 27 c/c o art. 14, caput, do CDC (...)" (STJ, REsp 511.558/MS, Rel. Ministro Aldir Passarinho Junior, Quarta Turma, DJ 17/05/2004).

◙ **Profissional liberal. A necessidade de comprovação de culpa não afasta a regra de prescrição estatuída pelo CDC. Prazo de 5 anos do art. 27 do CDC.** "RECURSO ESPECIAL. ERRO MÉDICO. CIRURGIÃO PLÁSTICO. PROFISSIONAL LIBERAL. APLICAÇÃO DO CÓDIGO DE DEFESA DO CONSUMIDOR. PRECEDENTES. PRESCRIÇÃO CONSUMERISTA. I – Conforme precedentes firmados pelas turmas que compõem a Segunda Sessão, é de se aplicar o Código de Defesa do Consumidor aos serviços prestados pelos profissionais liberais, com as ressalvas do § 4º do artigo 14. II – O fato de se exigir comprovação da culpa para poder responsabilizar o profissional liberal pelos serviços prestados de forma inadequada, não é motivo suficiente para afastar a regra de prescrição estabelecida no artigo 27 da legislação consumerista, que é especial em relação às normas contidas no Código Civil. Recurso especial não conhecido. (STJ, REsp 731.078/SP, Rel. Ministro Castro Filho, Terceira Turma, DJ 13/02/2006).

◙ **Falta de entrega de ingressos para evento esportivo (Copa do Mundo). Prazo de 5 anos do art. 27 do CDC.** "Pacote turístico. Copa do Mundo. Art. 27 do Código de Defesa do Consumidor. 1. A ação de indenização pela falta de entrega dos ingressos para a final da Copa do Mundo, incluídos no pacote turístico comprado pelos autores, está subordinada ao prazo de cinco anos previsto no art. 27 do Código de Defesa do Consumidor, e não ao do art. 26 do mesmo Código. 2. Recurso especial não conhecido. (STJ, REsp 435.830/RJ, Rel. Ministro Carlos Alberto Menezes Direito, Terceira Turma, DJ 10/03/2003).

◙ **Inseto em garrafa de refrigerante.** "AÇÃO DE INDENIZAÇÃO POR DANOS MORAIS - AUTORA QUE ENCONTRA INSETO DENTRO DE GARRAFA DE REFRIGERANTE, QUE NÃO CHEGOU A SER ABERTA - AUTORA QUE TRAZ COM A INICIAL DOCUMENTOS INDISPENSÁVEIS À PROPOSITURA DA AÇÃO - AFASTAMENTO CORRETO DA DECADÊNCIA - PRETENSÃO DA AUTORA À INDENIZAÇÃO MORAL, O QUE ENSEJA A APLICAÇÃO DO ART. 27 DO CDC (...)" (TJSP, Ap. Cív. 00089485620128260568, Trigésima Sexta Câmara de Direito Privado, Rel. Des. Jayme Queiroz Lopes, DJ 04/11/2015). ◙ **No mesmo sentido:** "PROCESSUAL CIVIL. CONSUMIDOR. APELAÇÃO CÍVEL. AÇÃO DE INDENIZAÇÃO POR DANOS MORAIS. CORPO ESTRANHO (MOSCAS) NO INTERIOR DE VASILHAME DE CERVEJA. PRELIMINAR DE DECADÊNCIA. PREVALÊNCIA DA REGRA DO ART. 27 DO CDC. A Ação indenizatória decorre de fatos do produto, onde este (cerveja) se revela impróprio para consumo, onde se aplica a regra da prescrição ditada no do art. 27 do CDC, afastando a incidência do art. 26 mesmo Diploma Consumerista equivocadamente invocada pelo magistrado de base. Se revela, portanto, plausível a pretensão de reforma do julgado, pois o prazo para reclamar sobre danos decorrentes de produto defeituoso é prescricional de cinco anos, e não o decadencial de 30 dias, conforme regra expressa no art. 27, do CDC (...)" (TJMA, Ap. Cív. 172932007, Rel. Des. Etelvina Luiza Ribeiro Gonçalves, Data de Julgamento: 20/06/2008).

NÃO APLICANDO O PRAZO DO ART. 27 DO CDC

◙ **É de 10 anos o prazo para prescrição de reparação civil contratual** "CIVIL E PROCESSUAL CIVIL. EMBARGOS DE DIVERGÊNCIA NO RECURSO ESPECIAL. DISSENSO CARACTERIZADO. PRAZO PRESCRICIONAL INCIDENTE SOBRE A PRETENSÃO DECORRENTE DA RESPONSABILIDADE CIVIL CONTRATUAL. INAPLICABILIDADE DO ART. 206, § 3º, V, DO CÓDIGO CIVIL. SUBSUNÇÃO À REGRA GERAL DO ART. 205, DO CÓDIGO CIVIL, SALVO EXISTÊNCIA DE PREVISÃO EXPRESSA DE PRAZO DIFERENCIADO. CASO CONCRETO QUE SE SUJEITA AO DISPOSTO NO ART. 205 DO DIPLOMA CIVIL. (...) A prescrição, enquanto corolário da segurança jurídica, constitui, de certo modo, regra restritiva de direitos, não podendo assim comportar interpretação ampliativa das balizas fixadas pelo legislador. III – A unidade lógica do Código Civil permite extrair que a expressão "reparação civil" empregada pelo seu art. 206, § 3º, V, refere-se unicamente à responsabilidade civil aquiliana, de modo a não atingir o presente caso, fundado na responsabilidade civil contratual. IV – Corrobora com tal conclusão a bipartição existente entre a responsabilidade civil contratual e extracontratual, advinda da distinção ontológica, estrutural e funcional entre ambas, que obsta o tratamento isonômico. V – O caráter secundário assumido pelas perdas e danos advindas do inadimplemento contratual, impõe seguir a sorte do principal (obrigação anteriormente assumida). Dessa forma, enquanto não prescrita a pretensão central alusiva à execução da obrigação contratual, sujeita ao prazo de 10 anos (caso não exista previsão de prazo diferenciado), não pode estar fulminado pela prescrição o provimento acessório relativo à responsabilidade civil atrelada ao descumprimento do pactuado. VI – Versando o presente caso sobre responsabilidade civil decorrente de possível descumprimento de contrato de compra e venda e prestação de serviço entre empresas, está sujeito à prescrição decenal (art. 205, do Código Civil). Embargos de divergência providos." (STJ, EREsp 1281594/SP, Rel. Ministro Benedito Gonçalves, Rel. p/ Acórdão Ministro Felix Fischer, Corte Especial, DJe 23/05/2019)

◙ **Cobrança de seguro habitacional. Aplicação do prazo decenal do art. 205 do Código Civil.** "Ação de cobrança cumulada com obrigação de fazer por meio da qual os herdeiros dos mutuários já falecidos pretendem a condenação da Caixa Seguradora S/A ao pagamento de indenização securitária, bem como à consequente quitação do financiamento imobiliário realizado por seus pais. "...) 4. Tendo em vista que os recorrentes, herdeiros do mutuário falecido, não podem ser considerados como segurados, inviável mostra-se a aplicação da prescrição ânua prevista no art. 206, § 1º, II, do CC/02. 5. Ainda que sejam considerados beneficiários, inviável mostra-se, também, a aplicação do art. 206, § 3º, IX, do CC/02, pois o seguro habitacional não pode ser considerado seguro de responsabilidade civil. 6. Sob essa ótica, aplica-se o prazo prescricional decenal previsto no art. 205 do CC/02. Como o óbito do mutuário ocorreu em 24/08/1999, e a ciência da negativa da cobertura securitária ocorreu em 03/02/2000, não há como se ter por prescrita a presente ação que, em verdade, foi ajuizada em 11/02/2003.7. Recurso especial conhecido e provido". (STJ, REsp 1694257/SP, Rel. Ministra Nancy Andrighi, Terceira Turma, DJe 31/08/2018)"

◙ **Restituição de valores pagos a título de serviço de assistência Técnico-imobiliária (SATI). Não aplicação do art. 27 do CDC.** "RECURSO ESPECIAL REPETITIVO. DIREITO CIVIL E DO CONSUMIDOR. INCORPORAÇÃO IMOBILIÁRIA. VENDA DE UNIDADES AUTÔNOMAS EM ESTANDE DE VENDAS. CORRETAGEM. SERVIÇO DE ASSESSORIA TÉCNICO-IMOBILIÁRIA (SATI). CLÁUSULA DE TRANSFERÊNCIA DA OBRIGAÇÃO AO CONSUMIDOR. PRESCRIÇÃO TRIENAL DA PRETENSÃO. ENRIQUECIMENTO SEM CAUSA. 1. TESE PARA OS FINS DO ART. 1.040 DO CPC/2015: 1.1. Incidência da prescrição trienal sobre a pretensão de restituição dos valores pagos a título de comissão de corretagem ou de serviço de assistência técnico-imobiliária (SATI), ou atividade congênere (art. 206, § 3º, IV, CC). 1.2. Aplicação do precedente da Segunda Seção no julgamento do Recurso Especial n. 1.360.969/RS, concluído na sessão de 10/08/2016, versando acerca de situação análoga. 2. Caso concreto: 2.1. Reconhecimento do implemento da prescrição trienal, tendo sido a demanda proposta mais de três anos depois da celebração do contrato. 2.2. Prejudicadas as demais alegações constantes do recurso especial. 3. Recurso Especial provido" (STJ, REsp 1551956/SP, Rel. Ministro Paulo de Tarso Sanseverino, Segunda Seção, julgado em DJe 06/09/2016).

◙ **Demanda em que se pleiteia a revisão de cláusula abusiva de contrato de plano de saúde. Não aplicação do art. 27 do CDC.** "Na vigência dos contratos de plano ou de seguro de assistência à saúde, a pretensão condenatória decorrente da declaração de nulidade de cláusula de reajuste nele prevista prescreve em 20 anos (art. 177 do CC/1916) ou em 3 anos (art. 206, § 3º, IV, do CC/2002), observada a regra de transição do art. 2.028 do CC/2002." (STJ, REsp 1360969/RS, Rel. Ministro Marco Buzzi, Rel. p/ Acórdão Ministro Marco Aurélio Bellizze, Segunda Seção, DJe 19/09/2016)

◙ **Ressarcimento de valores dispendidos, pelo segurado, com procedimento cirúrgico não custeado, pela seguradora, por suposta falta de cobertura na apólice. Não aplicação do art. 27 do CDC.** "RECURSO ESPECIAL. PLANO DE SAÚDE. AÇÃO DE RESSARCIMENTO. CIRURGIA CARDÍACA. DESCUMPRIMENTO DE CLÁUSULA CONTRATUAL. PRAZO PRESCRICIONAL DECENAL. 1.– Em se tratando de ação objetivando o ressar-cimento de despesas realizadas com cirurgia cardíaca para a implantação de "stent", em razão da negativa do plano de saúde em autorizar o procedimento, a relação controvertida é de natureza contratual. 2.– Não havendo previsão específica quanto ao prazo prescricional, incide o prazo geral de 10 (dez) anos, previsto no art. 205 do Código Civil, o qual começa a fluir a partir da data de sua vigência (11.1.2003), respeitada a regra de transição prevista no art. 2.028. 3.– Recurso Especial provido." (STJ, REsp 1176320/RS, Rel. Ministro Sidnei Beneti, Terceira Turma, DJe 26/02/2013)

◙ **Ação de prestação de contas em que se questiona lançamentos indevidos na conta corrente do consumidor. Não aplicação do art. 27 do CDC.** "AGRAVO REGIMENTAL EM AGRAVO (ART. 544 DO CPC/1973) - AÇÃO DE PRESTAÇÃO DE CONTAS - DECISÃO MONOCRÁTICA QUE NEGOU PROVIMENTO AO RECURSO. INSURGÊNCIA DA PARTE RÉ (...) 2. Este Superior Tribunal de Justiça já sedimentou o entendimento de que, para as ações de prestações de contas nas quais o correntista questiona lançamentos indevidos efetivados em sua conta-corrente mantida em instituição financeira, o prazo prescricional é o vintenário (sob a égide do Código Civil de 1916) ou decenal (na vigência do novo Codex), não incidindo os arts. 26 ou 27 do CDC (...)" (STJ, AgRg no AREsp 832.638/PR, Rel. Ministro Marco Buzzi, Quarta Turma, DJe 16/08/2016).

◙ **Ação revisional e de repetição do indébito nos contratos bancários. Não aplicação do art. 27 do CDC.** "Nas ações revisionais de contrato bancário, adota-se o prazo prescricional vintenário na vigência do Có-digo Civil de 1916 e o decenal na vigência do Código Civil de 2002." (STJ, AgInt no AREsp 868.658/PR, Rel. Ministro João Otávio de Noronha, Terceira Turma, DJe 01/07/2016)

◙ **Não se aplica o prazo prescricional previsto no CDC a fatos anteriores à sua vigência.** "PROCESSO CIVIL. PRINCÍPIO DA ADSTRIÇÃO. OBSERVÂNCIA. PRESCRIÇÃO. APLICAÇÃO DO PRAZO REDUZIDO DO CDC. FATO OCORRIDO ANTES DE SUA VIGÊNCIA. IMPOSSIBILIDADE (...) 2. O CDC não é aplicável a eventos ocorridos anteriormente à sua promulgação, de modo que não é possível defender a aplicação do prazo prescricional de cinco anos à reparação de lesões pretéritas, salvo em hipóteses excepcionais. Precedentes" 3. Recurso especial improvido" (STJ, REsp 1249484/MS, Rel. Ministra Nancy Andrighi, Terceira Turma, DJe 21/05/2012). ◙ **No mesmo sentido:** "PROCESSUAL CIVIL. RESPONSABILIDADE CIVIL. TRANSPORTE FERROVIÁRIO. INDENIZAÇÃO POR DANOS MATERIAIS E MORAIS. PRESCRIÇÃO QUINQUENAL. ART. 27 DO CDC. FATO ANTERIOR À NORMA CONSUMERISTA. INCIDÊNCIA DA PRESCRIÇÃO VINTENÁRIA DO ART. 177 DO CÓDIGO CIVIL DE 1916 (...) 2. Não há falar em aplicação da prescrição quinquenal do Código de Defesa do Consumidor a fatos anteriores à vigência desta lei, razão pela qual deve ser considerado o prazo de vinte anos previsto no art. 177 do Código Civil de 1916, norma aplicável à espécie. Precedente do STJ (...)" (STJ, REsp 540.108/RJ, Rel. Ministro Herman Benjamin, Segunda Turma, DJe 02/03/2011)

◙ **Discussão envolvendo cobrança indevida de valores pelo fornecedor se sujeita ao prazo prescricional regulado pelo Código Civil. Não aplicação do art. 27 do CDC.** "CONSUMIDOR E PROCESSUAL. AÇÃO DE REPETIÇÃO DE INDÉBITO. COBRANÇA INDEVIDA DE VALORES. INCIDÊNCIA DAS NORMAS RELATIVAS À PRESCRIÇÃO INSCULPIDAS NO CÓDIGO CIVIL. PRAZO ESPECIAL. PRESCRIÇÃO TRIENAL. PRETENSÃO DE RESSARCIMENTO DE ENRIQUECIMENTO SEM CAUSA (...) 2. A discussão acerca da cobrança de valores indevidos por parte do fornecedor se insere no âmbito de aplicação do art. 206, §3º, IV, que prevê a prescrição trienal para a pretensão de ressarcimento de enriquecimento sem causa. Havendo regra específica, não há que se falar na aplicação do prazo geral decenal previsto do art. 205 do CDC. Precedente. 3. A incidência da regra de prescrição prevista no art. 27

do CDC tem como requisito essencial a formulação de pedido de reparação de danos causados por fato do produto ou do serviço, o que não ocorreu na espécie (...)" (STJ, REsp 1238737/SC, Rel. Ministra Nancy Andrighi, Terceira Turma, DJe 17/11/2011).

◙ **Ação entre segurado e segurador. Prazo prescricional de 1 ano. Não aplicação do art. 27 do CDC.** "A pretensão de indenização securitária sujeita-se à prescrição anual prevista no Código Civil, não sendo aplicável o prazo quinquenal preconizado no art. 27 do CDC. Precedentes" (STJ, EDcl no REsp 1286743/SP, Rel. Ministro Antonio Carlos Ferreira, Quarta Turma, DJe 01/12/2015). ◙ **No mesmo sentido:** "A ação de cobrança de indenização fundada em contrato de seguro, por ser inerente à relação entre segurado e segurador e não relacionada a defeito do serviço, sujeita-se ao prazo prescricional ânuo previsto no Código Civil e não ao de cinco anos, preconizado pelo art. 27 do CDC (...)" (AgRg no REsp 1014747, 3ª T., DJ 2.3.2011). ◙ **No mesmo sentido:** "Nos termos da jurisprudência pacificada no âmbito do STJ a partir do julgamento do EREsp 474.147/MG (2ª S., DJ 13.9.2004), o prazo de prescrição para reclamar o pagamento de diferença de seguro pago a menor é ânuo, nos termos do art. 178, § 6o, II, do Código Civil revogado, sendo inaplicável à espécie o art. 27 do CDC ou prazo vintenário. II. Considerada a recusa da seguradora à cobertura no valor pretendido pela autora, a sua inação, sequer mediante pedido de reconsideração direto à ré ou judicialmente, por período superior a um ano, atrai a ocorrência da prescrição" (STJ, REsp 857.512, 4ª T., DJ 2.2.2009).

◙ **Indenização por extravio de mercadoria em transporte aéreo. Não aplicação do art. 27 do CDC.** "(...) A prescrição da pretensão indenizatória por danos decorrentes do extravio de mercadoria, objeto de transporte aéreo, ocorre em 20 anos, de acordo com o Código Civil (*10 anos para o Novo Código Civil*), e não em 30 dias, como na reclamação por vício de serviço amparada pelo CDC." (STJ, ADREsp 224554/SP, DJU 25.02.2002, Rel. Min. Nancy Andrighi, J. 6.12.2001, 3ª T.)

◙ **Ação de repetição de indébito de tarifas de água e esgoto. Prazo geral de 10 anos do CC. Não aplicação do art. 27 do CDC. <u>Súmula nº 412 do STJ:</u>** "*a ação de repetição de indébito de tarifas de água e esgoto sujeita-se ao prazo prescricional estabelecido no Código Civil.*"

◙ **Ação de repetição de indébito de tarifas de telefonia. Prazo geral de 10 anos do CC. Não aplicação do art. 27 do CDC.** "Prescreve em dez anos (art. 205 do Código Civil) a pretensão de repetição de indébito relativa a valores indevidamente cobrados por serviço de telefonia. Aplicação analógica da solução conferida pelo Superior Tribunal de Justiça ao REsp, representativo de controvérsia, n.º 1.113.403/RJ. 2. Embargos de divergência acolhidos." (STJ, EREsp 1515546/RS, Rel. Ministra Laurita Vaz, Corte Especial, DJe 15/06/2016)

◙ **Ação de indenização de inadimplemento contratual. Não aplicação do art. 27 do CDC.** "Direito civil. Recurso especial. Prescrição. Ação de indenização. Depósito em armazéns gerais. Sub-rogação de direitos. Aplicação do CDC. – Em ação de indenização, sendo a causa de pedir o inadimplemento contratual, não incide o prazo prescricional estabelecido no art. 27 do CDC, aplicável somente à hipótese de danos decorrentes de acidente de consumo. Precedentes. – Em observância ao princípio da especialidade, aplica-se o prazo prescricional de três meses, estabelecido no art. 11 do Decreto nº 1.102/1903, em relação à pretensão indenizatória dirigida contra armazém geral. Recurso especial não conhecido." (STJ, REsp 476.458/SP, Rel. Ministra Nancy Andrighi, Terceira Turma, DJ 29/08/2005). ◙ **No mesmo sentido:** "CIVIL E CONSUMIDOR. AÇÃO DE RESSARCIMENTO E INDENIZAÇÃO POR DANOS MORAIS. PLANO DE SAÚDE. IMPLANTAÇÃO DE "STENTS". RECUSA DE CUSTEIO. PRESCRIÇÃO. AÇÃO FUNDADA EM DESCUMPRIMENTO CONTRATUAL. DIREITO PESSOAL. PRAZO DECENAL DO ART. 205, DO CÓDIGO CIVIL. 1. Segundo a orientação jurisprudencial desta Corte Superior, "[...] a ação de ressarcimento por despesas que só foram realizadas em razão de suposto descumprimento de contrato de prestação de serviços de saúde, hipótese sem previsão legal específica, atrai a incidência do prazo de prescrição geral de 10 (dez) anos, previsto no art. 205 do Código Civil [...]" (AgRg no AREsp 300337/ES, Terceira Turma, Rel. Ministro SIDNEI BENETI, DJe 20/06/2013)." (STJ, AgRg no REsp 1416118/MG, Rel. Ministro Paulo de Tarso Sanseverino, Terceira Turma, DJe 26/06/2015)

◙ **Atraso na entrega do imóvel (inadimplemento contratual). Não aplicação do art. 27 do CDC.** "AÇÃO DE RESCISÃO CONTRATUAL C/C INDENIZAÇÃO POR PERDAS E DANOS E DA-NO MORAL. CONTRATO DE COMPRA E VENDA DE IMÓVEL. ATRASO NA ENTREGA DA OBRA. INADIMPLEMENTO CONTRATUAL. PRAZO PRESCRICIONAL. ART. 205 DO CC. DIVERGÊNCIA JURISPRUDENCIAL NÃO DEMONSTRADA. (...) Aplica-se o prazo prescricional decenal previsto no art. 205 do CC nas pretensões indenizatórias decorrentes de inadimplemento contratual." (STJ, REsp 1591223/PR, Rel. Ministro João Otávio de Noronha, Terceira Turma, DJe 09/06/2016)

◙ **Ação de prestação de contas com o escopo de obter esclarecimentos acerca da cobrança de taxas, tarifas e/ou encargos bancários. Não aplicação do art. 27 do CDC.** AÇÃO DE PRESTAÇÃO DE CONTAS. 1. PRAZO PRESCRICIONAL VINTENÁRIO SEGUNDO O CÓDIGO CIVIL DE 1916 E DECENAL, CONFORME O ART. 205 DO ATUAL CÓDIGO CIVIL, OBSERVADA A APLICAÇÃO DA REGRA DE TRANSIÇÃO DO ART. 2.028." (STJ, AgRg no AREsp 657.399/PR, Rel. Min. Marco Aurélio Bellizze, Terceira Turma, DJe 24/04/2015)

◙ **Inscrição indevida em cadastro restritivo de crédito. Dano moral. Prazo prescricional de 3 anos (CC/2002). Não aplicação do art. 27 do CDC.** "CIVIL. PROCESSUAL CIVIL. AGRAVO REGIMENTAL NO AGRAVO EM RECURSO ESPECIAL. RECURSO MANEJADO SOB A ÉGIDE DO CPC/73. AÇÃO DE INDENIZAÇÃO POR DANO MORAL. INSCRIÇÃO INDEVIDA EM ÓRGÃO DE PROTEÇÃO AO CRÉDITO. PRESCRIÇÃO TRIENAL. AGRAVO REGIMENTAL NÃO PROVIDO (...) 2. A jurisprudência desta Corte estabelece que a prescrição quinquenal prevista no art. 27 do CDC somente se aplica às demandas nas quais se discute a reparação de danos causados por fato do produto ou do serviço (AgRg no REsp 1.518.086/RS, Rel. Ministro João Otávio de Noronha, Terceira Turma, DJe 13/8/2015). 3. Agravo regimental não provido" (STJ, AgRg no AREsp 731.525/RS, Rel. Ministro Moura Ribeiro, Terceira Turma, DJe 01/07/2016). ◙ **No mesmo sentido:** "O prazo prescricional da ação de indenização por danos morais decorrente da inscrição indevida em cadastro de inadimplentes é de 3 (três) anos, conforme previsto no art. 206, § 3º, V, do CC/2002. 2.

O prazo quinquenal previsto no art. 27 do CDC diz respeito, exclusivamente, à pretensão de indenização por danos decorrentes de fato do produto ou do serviço." (STJ, AgRg no REsp 1365844/RS, Terceira Turma, Rel. Min. Marco Aurélio Bellizze, DJe 14/12/2015). ◙ **No mesmo sentido:** "O vício na prestação de serviço em razão da inscrição indevida em cadastro de inadimplentes não se sujeita ao prazo prescricional do art. 27 do Código de Defesa do Consumidor, mas ao previsto no Código Civil (...)" (STJ, AgRg no REsp 1315480/SP, Rel. Ministro Raul Araújo, Quarta Turma, DJe 01/08/2014). ◙ **Em sentido contrário, aplicando o prazo do art. 27 do CDC:** "RECURSO ESPECIAL. CONSUMIDOR. RESPONSABILIDADE CIVIL. INSTITUIÇÃO FINANCEIRA. DANO MORAL. INSCRIÇÃO INDEVIDA EM ÓRGÃO DE PROTEÇÃO AO CRÉDITO. EMISSÃO DE CHEQUES SEM FUNDO. TALONÁRIO DE CHEQUES INDEVIDAMENTE ENTREGUE A TERCEIRO, NÃO CORRENTISTA. EMISSÃO DE VÁRIOS CHEQUES EM NOME DA CONSUMIDORA. PRAZO PRESCRICIONAL. FATO DO SERVIÇO. APLICAÇÃO DO ART. 27 DO CDC. 1. Demanda indenizatória movida por correntista contra instituição financeira em face da entrega talonário de cheques a terceiro, com a emissão de várias cártulas devolvidas, gerando a sua inscrição indevida em órgãos de proteção ao crédito. 2. Caracterização do fato do serviço, disciplinado no art. 14 do CDC, em face da defeituosa prestação de serviço pela instituição bancária, não atendendo à segurança legitimamente esperada pelo consumidor. 3. Aplicação do prazo prescricional previsto no art. 27 do CDC. 4. Recurso especial provido" (STJ, REsp 1254883/PR, Rel. Ministro Paulo de Tarso Sanseverino, Terceira Turma, DJe 10/04/2014).

◙ **Cobrança do VRG nos contratos de leasing. Não aplicação do art. 27 do CDC.** "O valor residual garantido (VRG) é o adiantamento da quantia que seria devida ao final do contrato, na hipótese de o arrendatário pretender adquirir o bem. Isto é, além do arrendamento já pago durante a vigência do contrato, o arrendatário deveria pagar mais essa importância previamente ajustada se pretendesse ficar com a propriedade do bem arrendado, capitalizando-se de modo a tornar menos onerosa para o arrendatário a opção de adquirir o bem no termo final do contrato. Desfeito o arrendamento mercantil, e não importa a causa, nada justifica a manutenção, com o arrendador, do valor residual garantido e pago por antecipação, devendo ser devolvidos ao arrendatário os valores recebidos a título de VRG. Precedentes. O diploma civil brasileiro divide os prazos prescricionais em duas espécies. O prazo geral decenal, previsto no art. 205, destina-se às ações de caráter ordinário, quando a lei não houver fixado prazo menor. Os prazos especiais, por sua vez, dirigem-se a direitos expressamente mencionados, podendo ser anu-ais, bienais, trienais, quadrienais e quinquenais, conforme as disposições contidas nos parágrafos do art. 206. Não se tratando de pedido fundado no princípio que veda o enriquecimento sem causa, mas de restituição de quantias em razão de contrato de leasing, cuja natureza contratual, como já decidiu esta Corte, basta para conferir caráter pessoal às obrigações dele decorrentes, a prescrição para essa ação é a geral. (...)" (STJ, REsp 1174760/PR, Rel. Ministra Nancy Andrighi, Terceira Turma, DJe 09/12/2011).

◙ **Danos causados por seguradora que não providenciou baixa de veículo no Detran. Não aplicação do art. 27 do CDC.** "RESPONSABILIDADE CIVIL – SEGURA-

DORA QUE NÃO PROVIDENCIOU BAIXA DE VEÍCULO SINISTRADO JUNTO AO DETRAN, CAUSANDO DANOS AO AUTOR DA AÇÃO DE INDENIZAÇÃO – PRESCRIÇÃO – ARTIGO 177, CAPUT, DO CC x ARTIGO 27 DO CDC. A ação de reparação de danos por fato do serviço decorre dos chamados "acidentes de consumo", ou seja, quando a deficiente prestação do serviço é capaz de gerar danos ao consumidor. In casu, houve desídia da empresa Recorrente em providenciar a baixa devida junto ao DETRAN, fato que causou danos ao Recorrido. Não se trata, portanto, de vício do serviço ou mesmo responsabilidade civil decorrente de inadimplemento contratual, o que faz com que se aplique à espécie o prazo prescricional regulado no artigo 177, caput, do CC, isto é, de vinte anos, e não o disposto no artigo 27 do CDC." (STJ, REsp 254413/RJ, DJU 16.04.2001, Rel. Min. Waldemar Zveiter, J. 1.2.2001, 3ª T.)

► **Prazo prescricional para o exercício do direito de regresso (art. 13, parágrafo único do CDC). Não aplicação do art. 27 do CDC.** "Por fim, cumpre referir sobre o prazo prescricional para o exercício pelo fornecedor que responde pela indenização, da pretensão prevista no artigo 13, parágrafo único do CDC, qual seja de ação regressiva contra o fornecedor que tenha efetivamente dado causa ao dano. Neste caso, parece-nos que o prazo prescricional no é o do regime especial do CDC, uma vez que este é exclusivo para a reparação de danos aos consumidores. Respondendo o fornecedor, por força da solidariedade, pela indenização, e sendo titular de pretensão de ação de regresso contro outro fornecedor que tenha dado causa ao dano, o prazo do exercício da pretensão pass a ser estabelecido pelo Código Civil. E neste caso, na falta de prazo específico desta norma, parece-nos que o prazo aplicável na hipótese é o prazo geral de dez anos, previsto no art. 205 do CC ("A prescrição ocorre em dez anos, quando a lei não lhe haja fixado prazo menor")" (MIRAGEM, Bruno. *Curso de Direito do Consumidor*, RT, 4ªed, p. 561)

SEÇÃO V
Da Desconsideração da Personalidade Jurídica

Art. 28. O juiz poderá desconsiderar a personalidade jurídica da sociedade quando, em detrimento do consumidor, houver abuso de direito, excesso de poder, infração da lei, fato ou ato ilícito ou violação dos estatutos ou contrato social. A desconsideração também será efetivada quando houver falência, estado de insolvência, encerramento ou inatividade da pessoa jurídica provocados por má administração.

► **Desconsideração da personalidade jurídica. Intuito de propiciar a máxima proteção ao consumidor.** O CDC, ao acolher a teoria da desconsideração da personalidade jurídica (*disregard doctrine*), teve o intuito de propiciar a máxima proteção ao consumidor, estipulando de forma expressa e ampla a possibilidade de a pessoa jurídica ser desconsiderada no caso concreto, afetando assim, o patrimônio dos sócios. O CDC foi o primeiro dispositivo legal a se referir à desconsideração da personalidade jurídica.

► **O incidente de desconsideração da personalidade jurídica se aplica a todos os fornecedores solidariamente.** "A todos os fornecedores da cadeia de fornecimento, solidariamente, são imputados (de forma objetiva, independentemente de culpa) deveres de proteção dos direitos dos consumidores. Assim, o art. 28, caput e § 5.º, permite a desconsideração de toda e qualquer sociedade em caso de abuso de direito e "sempre que a sua personalidade jurídica for, de alguma forma, obstáculo ao ressarcimento" dos consumidores. Destaque-se que o novo Código de Processo Civil (Lei 13.105, de 16 de março de 2015) disciplina, nos arts. 133 a 137, o incidente de desconsideração da personalidade jurídica, que se aplica às relações de consumo." (BENJAMIN, Antônio Herman V.; MARQUES, Cláudia Lima; BESSA, Leonardo Roscoe. *Manual de Direito do Consumidor*. 7ª edição. São Paulo, Revista dos Tribunais, 2016, p. 89).

► **A desconsideração não acarreta a extinção da pessoa jurídica.** Importa salientar que o instituto da desconsideração será episódico, casual, ou seja; somente ocorrerá no caso concreto a ser avaliado pelo juiz. Não acarretará a extinção da pessoa jurídica, somente acarretan-do a "suspensão episódica da eficácia do ato constitutivo da pessoa jurídica" nos dizeres do Min. Ruy Rosado de Aguiar (STJ, Resp. 86502, DJ 26/08/1996). Assim, para outras relações efetuadas com terceiros, a pessoa jurídica continua existindo e com autonomia patrimonial em face de seus sócios, a não ser que seja desconsiderada também sua personalidade em cada caso. ◙ **Nesse sentido**: "A intenção da desconsideração da pessoa jurídica não é a de considerar ou declarar nula a personificação, mas de torná-la ineficaz para determinados atos em benefício dos credores lesados." (TRF, 3ª Região; 5ª T.; AI nº 210803 - SP; Processo nº 2004.03.00. 036249-1; Rel. Des. Federal Suzana Camargo; J. 17.4.2006).

► **Aplicação da desconsideração de ofício nas relações de consumo.** Questão controvertida é se o juiz poderia desconsiderar a personalidade jurídica das empresas de ofí-cio ou se dependeria de requerimento da parte. Sendo as normas consumeristas consideradas de ordem pública e de interesse social, o juiz, verificando qualquer das hipóteses presentes no art. 28, poderá impu-tar a responsabilidade diretamente aos sócios, inclusive de ofício, de modo a tutelar os consumidores, con-siderados vulneráveis nas relações contratuais. ◙ **Nesse sentido, voto do o ex-Ministro do STJ, Carlos Alberto Menezes Direito**: "Outra questão é saber se o ato do Juiz depende de pedido da parte. E, a meu juízo, não depende a apli-cação do art. 28 de requerimento da parte. Se houver a presença das situações descritas no caput, em detrimento do consumidor, o Juiz poderá fazer incidir o dispositivo, independentemente de requerimen-to da parte. O que provoca a incidência da desconsideração é a existência de prejuízo para o consumidor. Havendo o prejuízo, está o Juiz autorizado a fazer valer o art. 28."(STJ, voto proferido no Resp 279.273/SP, publicado em 29/03/2004) ◙ **No mesmo sentido, aplicando a desconsideração de ofício nas relações de consumo:** "Desconsideração da personalidade jurídica inversa Pedido de reconsideração de decisão interlocutória Ausência de previsão no ordenamento jurídico Relação de consumo Desconsideração da personali-dade jurídica que pode ser decretada de ofício pelo magistrado Artigo 28 do Código de Defesa Consumidor - Análise do mérito adequada. Sócios de executado que foram incluídos no polo passivo da ação. Sociedade em outras empresas ativas. Ausência de relacionamento com instituições bancárias. Per-sonalidade jurídica das empresas que representa óbice para o pagamento do débito. Hipótese de descon--sideração de personalidade jurídica. Artigo 28, parágrafo 5º do Código de Defesa do Consumidor. Agravo parcialmente provido. (TJ-SP – AI: 02336983320118260000, Rel. Sá Moreira de Oliveira, 23ª Câmara de Direito Privado, DJ: 08/03/2013)

► **Não aplicação do incidente de desconsideração da personalidade jurídica nas relações de consumo.** Com a disciplina do incidente de desconsideração da personalidade jurídica pelo novo CPC e em ra-zão do dispositivo do art. 133 do novo CPC/15 que proíbe, a priori, a atuação de ofício do magistrado, dúvida pode existir sobre a possibilidade da interverção intervenção de ofício para desconsiderar a personalidade jurídica nas relações de consumo e trabalhista. Pois bem. Entendemos que nas relações de consumo e também na seara trabalhista (que aplica o art. 28 do CDC e não o art. 50 do CC) a decretação da desconsideração da personalidade jurídica poderá ser de ofício. Assim, o juiz, ao se deparar com alguma situação em que se configure a insolvência do fornecedor frente ao consumidor (hipótese do §5°do art. 28 do CDC), deverá, ainda que não haja requerimento expresso, desconsiderar a pessoa jurídica para atingir os bens dos sócios (pessoas físicas ou outras empresas sócias). O ressarcimento ao consumidor é de interesse social na medida em que a atuação do magistrado serve para mitigar a vulnerabilidade existente, promovendo o equilíbrio entre as partes, efetivando o instituído no art. 5°, XXXII da CF. Deste modo, no nosso entender, o dispositivo do novo CPC/15 que determina a obrigatoriedade do incidente, nos moldes do art. 133 e seguintes do novo CPC/15, para que ocorra a desconsideração da personalidade jurídica (art. 795, § 4° do novo CPC/15), somente deve ser aplicada nas hipóteses em que o magistrado não poderá atuar de ofício, como no caso do Código Civil e da Lei do Cade, por exemplo."

► **Desconsideração inversa da personalidade jurídica.** Importa ressaltar que a teoria da desconsideração surgiu e foi aplicada para permitir adentrar no patrimônio dos sócios e/ou administradores por dívidas da sociedade. Todavia, a doutrina e jurisprudência começaram a sustentar também o caminho inverso, ou seja, a possibilidade da quebra da autonomia patrimonial a fim de executar bens da sociedade por dívidas pessoais dos sócios. Trata-se da desconsideração inversa da personalidade jurídica. Sendo assim, caracteriza-se pelo afastamento da autonomia patrimonial da sociedade, para, ao contrário do que ocorre na desconsideração da personalidade jurídica tradicional, atingir o patrimônio da empresa, de modo a responsabilizar a pessoa jurídica por obrigações do sócio. ■ **Aplicando a desconsideração inversa.** "A desconsideração inversa da personalidade jurídica caracteriza-se pelo afastamento da autonomia patrimonial da sociedade, para, contrariamente do que ocorre na desconsideração da personalida-de propriamente dita, atingir o ente coletivo e seu patrimônio social, de modo a responsabilizar a pessoa jurídica por obrigações do sócio controlador. IV – Considerando-se que a finalidade da disre-gard doctrine é combater a utilização indevida do ente societário por seus sócios, o que pode ocorrer também nos casos em que o sócio controlador esvazia o seu patrimônio pessoal e o integraliza na pessoa jurídica, conclui-se, de uma interpretação teleológica do art. 50 do CC/2002, ser possível a desconsidera-ção inversa da personalidade jurídica, de modo a atingir bens da sociedade em razão de dívidas contraí-das pelo sócio controlador, conquanto preenchidos os requisitos previstos na norma. V – A desconsidera-ção da personalidade jurídica configura-se como medida excepcional. Sua adoção somente é recomenda-da quando forem atendidos os pressupostos específicos relacionados com a fraude ou abuso de direito estabelecidos no art. 50 do CC/2002. Somente se forem verificados os requisitos de sua incidência, pode-rá o juiz, no próprio processo de execução, "levantar o véu" da personalidade jurídica para que o ato de expropriação atinja os bens da empresa. VI – À luz das provas produzidas, a decisão proferida no pri-meiro grau de jurisdição, entendeu, mediante minuciosa fundamentação, pela ocorrência de confu-são patrimonial e abuso de direito por parte do recorrente, ao se utilizar indevidamente de sua em-presa para adquirir bens de uso particular." (STJ, REsp. 948117 / MS, Rel. Min. Nancy Andrighi, DJe 03/08/2010)

► **Desconsideração inversa no CPC/15.** O novo CPC previu expressamente a possibilidadadepossibilidade da desconsideração inversa da personalidade jurídica. Assim reza o §1° do art. 133 do novo CPC/15, contemplado dentro do capítulo que trata do incidente de desconsideração da personalidade jurídica:*"Art. 133. 2° Aplica-se o disposto neste Capítulo à hipótese de desconsideração inversa da personalidade jurídica."*

◙ **A desconsideração poderá ocorrer em qualquer fase do processo.** "(...) pode e deve o Juiz desconsiderar a pessoa jurídica em qualquer fase do processo em garantia da efetividade do provimento jurisdicional." (TJRJ, AC 21725/2001, 2ª C.Cív. , Rel. Des. Sérgio Cavalieri Filho, J. 22.11.2001) ◙ **No sentido de que a desconsideração poderá ocorrer na fase de execução.** "A aplicação da teoria da desconsideração da personalidade jurídica dispensa a propositura de ação autô-noma para tal. Verificados os pressupostos de sua incidência, poderá o Juiz, incidentemente no próprio processo de execução (singular ou coletiva), levantar o véu da personalidade jurídica para que o ato de expropriação atinja os bens particulares de seus sócios, de forma a impedir a concretização de fraude à lei ou contra terceiros." (STJ, RMS 16.274, Rela. Mina. Nancy Andrighi, DJ 02/08/2004).

◙ **Desconsideração da personalidade jurídica. Legitimidade da pessoa jurídica para interposição de recurso.** "O interesse na desconsideração ou, como na espécie, na manutenção do véu protetor, podem partir da própria pessoa jurídica, desde que, à luz dos requisitos autorizadores da medida excepcional, esta seja capaz de demonstrar a pertinência de seu intuito, o qual deve sempre estar relacionado à afirmação de sua autonomia, vale dizer, à proteção de sua personalidade. Assim, é possível, pelo menos em tese, que a pessoa jurídica se valha dos meios próprios de impugnação existentes para defender sua autonomia e regular administração, desde que o faça sem se imiscuir indevidamente na esfera de direitos dos sócios/administradores incluídos no polo passivo por força da desconsidera-ção." (STJ, REsp 1421464/SP, Rel. Ministra Nancy Andrighi, Terceira Turma, DJe 12/05/2014)

◙ **Execução contra sócio por desconsideração da empresa não é limitada à cota social.** "(...) A partir da desconsideração da personalidade jurídica, a execução segue em direção aos bens dos sócios, tal qual previsto expressamente pela parte final do próprio art. 50, do Código Civil e não há, no referido dispositivo, qualquer restrição acerca da execução, contra os sócios, ser limitada às suas respectivas quotas sociais e onde a lei não distingue, não é dado ao intérprete fazê-lo. O art. 591 do Código de Processo Civil é claro ao estabelecer que os devedores respondem com todos os bens presentes e futuros no cumprimento de suas obrigações, de modo que, admitir que a execução esteja limitada às quotas sociais levaria em temerária e indevida desestabilização do instituto da desconsideração da personalidade jurídica que vem há tempos conquistando espaço e sendo moldado às caracte-rísticas de nosso ordenamento jurídico." (STJ, Resp 1169175/DF, Rel. Ministro Massami Uyeda, Terceira Turma, DJe 04/04/2011)

► **O CDC adotou a teoria menor da desconsideração.** O CDC e o Direito Ambiental (Lei nº 9.605/1998, art. 4º) contemplam a teoria menor, pois basta que a personalidade seja obstáculo ao ressarcimento de prejuízos causados ao consumidor e ao meio ambiente, respectivamente, para que seja autorizada a desconsideração. ◙ **Nesse sentido:** "É possível, em linha de princípio, em se tratando de vínculo de índole consumerista, a utilização da chamada Teoria Menor da desconsideração da personalidade jurídica, a qual se contenta com o estado de insolvência do fornecedor, somado à má administração da empresa, ou, ainda, com o fato de a personalidade jurídica representar um "obstáculo ao ressarcimento de prejuízos causados aos consumidores" (art. 28 e seu § 5º, do Código de Defesa do Consumidor)." (STJ, REsp 1111153/RJ, Rel. Ministro Luis Felipe Salomão, Quarta Turma, DJe 04/02/2013) ◙ **Nesse sentido:** "A teoria menor da desconsideração, por sua vez, parte de premissas distintas da teoria maior: para a in-cidência da desconsideração com base na teoria menor, basta a prova de insolvência da pessoa jurídica para o pagamento de suas obrigações, independentemente da existência de desvio de finalidade ou de confusão patrimonial. Para esta teoria, o risco empresarial normal às atividades econômicas não pode ser suportado pelo tercei-ro que contratou com a pessoa jurídica, mas pelos sócios e/ou administradores desta, ainda que estes demonstrem conduta administrativa proba, isto é, mesmo que não exista qualquer prova capaz de iden-tificar conduta culposa ou dolosa por parte dos sócios e/ou administradores da pessoa jurídica. No ordenamento jurídico brasileiro, a teoria menor da desconsideração foi adotada excepcional-mente, por exemplo, no Direito Ambiental (Lei nº. 9605/98, art. 4º) e no Direito do Consumidor (CDC, art. 28, § 5º). O referido dispositivo do CDC, quanto à sua aplicação, como bem ressaltado pelo i. Min. Relator, sugere uma "circunstância objetiva". Da exegese do § 5º deflui, expressamente, a possibilidade de desconsidera-ção da personalidade jurídica pela mera prova da insolvência da pessoa jurídica, fato este suficiente a causar "obstáculo ao ressarcimento de prejuízos causados aos consumidores"". (STJ, voto da Ministra Nancy Andrighi no REsp 279.273/SP, DJ 29/03/2004)

◙ **Impossibilidade de analisar os requisitos da desconsideração em Recurso Especial. Questão fática.** "As matérias referentes à não ocorrência da prescrição intercorrente bem como à necessidade de desconsideração da personalidade jurídica não podem ser apreciadas por esta Corte, porquanto demandam incursão na seara fático-probatória, soberanamente decidida pelas instâncias ordinárias, o que faz incidir a censura da Súmula nº 7/STJ" (STJ, AgRg no Ag 677435/MG, Rel. Min. Fernando Gonçalves, DJ 05/09/2005).

◙ **O credor não pode, antes da desconsideração, propor a ação contra os sócios.** "A despersonalização da pessoa jurídica é efeito da ação contra ela proposta; o credor não pode, previamente, des-personalizá-la, endereçando a ação contra os sócios" (STJ, REsp. 282266/RJ; Rel. Min. Ari Pargendler, DJ 05/08/2002)

◙ **Desconsideração na falência. Possibilidade.** "Está correta a desconsideração da personalidade jurídica da Sociedade Anônima falida quando utilizada por sócios controladores, diretores e ex-diretores para fraudar credores. Nesse caso, o juiz falimentar pode determinar medida cautelar de indisponibilidade de bens daquelas pessoas, de ofício, na própria sentença declaratória de falência, pre-sentes os requisitos do fumus boni iuris e os do periculum in mora" (STJ, REsp. 370068, Rela. Mina. Nancy An-drighi, DJ 14/03/2005).

◙ **Terceiros atingidos possuem legitimidade para interposição de recurso.** "Os terceiros alcançados pela desconsideração da personalidade jurídica da falida estão legitimados a interpor, perante o próprio juízo falimentar, os recursos tidos por cabíveis, visando a defesa de seus direitos". (STJ, ROMS 16.105/GO, 3a T., relª.Mina. Nancy Andrighi, DJU 22.9.2003)

► **Aplicação da desconsideração do CDC nas relações trabalhistas.** O CDC e o Direito do Trabalho possuem a mesma ratio, qual seja, proteger um "ser" (consumidor e traba-lhador), em decorrência de suas vulnerabilidades, frente ao fornecedor e empregador respectivamente. Então, basta a insuficiência de recursos do empregador (pessoa jurídica) para satisfazer os créditos traba-lhistas, para que haja a desconsideração e imputabilidade de responsabilidade aos sócios da empresa, sendo desnecessário analisar outros requisitos, como fraude ou abuso. ► **No mesmo sentido:** "(...) nenhum ramo do direito se mostra tão adequado à aplicação da teoria da desconsideração do que o Direito do Trabalho, até porque os riscos da atividade econômica, na forma da lei, são exclusivos do empregador [...]. No Direito do Trabalho a teoria da desconsideração da pessoa jurídica tem sido aplicada pelos juízes de forma ampla, tanto nas hipóteses de abuso de direito, excesso de poder, como em casos de violação da lei ou do contrato, ou, ainda, na ocorrência de meios fraudulentos, e, inclusive, na hipótese, não rara, de insuficiência de bens da empresa, adotando, por via de consequência, a regra disposta no art. 28 do Código de Proteção ao Consumidor." (ALMEIDA. Amador Paes de. Execução de bens dos sócios. 7a ed. São Paulo: Saraiva, 2004, p. 194). ◙ **No mesmo sentido:** "O patrimônio particular do sócio responde pelos créditos trabalhistas, no caso de ser constatada a inidoneidade econômica da empresa, em face da aplicação da teoria da desconsideração da personalidade jurídica da sociedade, já acolhida pelo legislador pátrio (art. 28 de CDC). Além disso, de acordo com o art. 592, II, c/c art. 596 (ambos do CPC), de aplicação subsidiária no processo do trabalho, os bens particulares do sócio respondem pela dívida da sociedade se ele não nomeia bens desta, livres e desembaraçados, para responderem pelo débito em execução. (TRT 3ª R.,AP 5220/02 - 7ª T. - Rel. Juiz José Roberto Freire Pimenta, DJMG 7.11.2002)

◙ **Do encerramento irregular da empresa presume-se o abuso da personalidade jurídica.** "DESCONSIDERAÇÃO DA PERSONALIDADE JURÍDICA. A desconsideração da personalidade jurídica é admitida em situações excepcionais, devendo as instâncias ordinárias, fundamentadamente, concluir pela ocorrência do desvio de sua finalidade ou confusão patrimonial desta com a de seus sócios, requisitos objetivos sem os quais a medida torna-se incabível. Do encerramento irregular da empresa presume-se o abuso da personalidade jurídica, seja pelo desvio de finalidade, seja pela confusão patrimonial, apto a embasar o deferimento da desconsideração da personalidade jurídica da empresa, para se buscar o patrimônio individual de seu sócio." (REsp 1259066/SP, Rel. Ministra Nancy Andrighi, Terceira Turma, DJe 28/06/2012)

◙ **Desconsideração da personalidade jurídica. Construtor e incorporador. Palace II.** "RESPONSABILIDADE DO INCORPORADOR/CONSTRUTOR - DEFEITOS DA OBRA - SOLIDARIEDADE PASSIVA ENTRE O INCORPORADOR E O CONSTRUTOR - INCIDÊNCIA DO CÓDIGO DO CONSUMIDOR - DESCONSIDERAÇÃO DA PERSONALIDADE JURÍDICA - Incorporador, consoante definição legal, é não somente o que compromissa ou efetiva a venda de frações ideais de terrenos objetivando a vinculação de tais frações a unidades autônomas, como também, e principalmente, o construtor e o proprietário do terreno destinado ao empreendimento. Essa vinculação legal entre todos os que participam da incorporação decorre do fato de ser a edificação o seu objeto final, de sorte que quando o incorporador celebra, posteriormente, contrato de empreitada com o construtor, está, na realidade, se fazendo substituir por este. E quem se faz substituir é responsável, solidariamente com o substituído, pelos danos que este vier a causar. Em face do conceito claro e objetivo constante do art. 3º, par. 1º do Código do Consumidor, o incorporador é um fornecedor de produtos, pois quando vende e constrói unidades imobiliárias assume uma obrigação de dar coisa certa, e isso é a própria essência do conceito de produtos. E quando essa obrigação é assumida com alguém que se coloca no último elo do ciclo produtivo, alguém que adquire essa unidade para dela fazer a sua residência e da sua família, está fechada a relação de consumo, tornando-se impositiva a disciplina do CDC, cujas normas são de ordem pública. Sendo assim, nenhuma das partes - quer o incorporador quer o comprador - pode invocar em seu favor cláusulas contratuais que, à luz do Código do Consumidor, são abusivas e nulas de pleno direito. A desconsideração da personalidade jurídica, à luz do artigo 28 do CDC, pode ter lugar não apenas no caso de falência ou estado de insolvência da sociedade, mas também, e principalmente, quando esta estiver sendo utilizada abusivamente, em detrimento do consumidor, para infração da Lei ou prática de ato ilícito. Configurados esses pressupostos, pode e deve o Juiz desconsiderar a pessoa jurídica em qualquer fase do processo em garantia da efetividade do provimento jurisdicional. Destarte, sendo público e notório que as empresas responsáveis pela tragédia imobiliária do Palace II integram um mesmo grupo, a propiciar a atuação do sócio principal no ramo da construção civil, que as utilizava para encobrir e mascarar os seus abusos, impõe-se se a desconsideração da personalidade jurídica para buscar o verdadeiro e principal responsável pelos danos, como se a pessoa jurídica não existisse. Reforma parcial da sentença." (GÁS) (TJRJ, AC 21725/2001 - (2001.001.21725) - 2ª C.Cív. - Rel. Des. Sérgio Cavalieri Filho, J. 22.11.2001)

◙ **Impossibilidade de penhora de bem de família do sócio.** "BEM DE FAMÍLIA. Direito do Consumidor e Processual Civil – Apelação Cível – Embargos de Terceiro – Personalidade jurídica – Desconsideração – Teoria Menor – Aplicação – Bem de família – Único bem do executado – Citação do devedor no mesmo endereço do imóvel ofertado à penhora – Presunção de impenhorabilidade – Incidência da Lei nº 8.009/1990. 1 – Ocorrendo obstáculo ao ressarcimento do consumidor, assim demonstrado pelas exaustivas e frustradas diligências promovidas pelo credor para localizar bens da empresa devedora, tudo a indicar sua insolvência, incide a regra do art. 28 do CDC, que disciplina a Teoria Menor da Desconsideração da Personalidade Jurídica. 2 – Se o endereço ao qual se dirigiu o Oficial de Justiça, com o propósito de proceder à citação, é o mesmo do imóvel apresentado à penhora, não tendo, ademais, o executante demonstrado haver outros bens de propriedade do devedor passíveis de constrição, esses fatos são suficientes para firmar a presunção de que o bem é o único a guarnecer a entidade familiar do executado, impossibilitando, com isso, a respectiva penhora 3 – Recurso provido". (TJDF; 3ª T. Cível; ACi nº 2002.01.1.090200-9-DF; Rel. Des. Benito Tiezzi e Rel. Designado Des. Mário-Zam Belmiro Rosa; j. 23.2.2006).

◙ **Desconsideração da devedora principal. Inclusão das sociedades integrantes do grupo econômico.** "AGRAVO DE INSTRUMENTO. DESCONSIDERAÇÃO DA PERSONALIDADE JURÍDICA. GRUPO ECONÔMICO. RELAÇÃO CONSUMERISTA. TEORIA MENOR. INTELIGÊNCIA DO ARTIGO 28 DO CDC. MANUTENÇÃO DA DECISÃO. 1. Admite-se a utilização da teoria menor da desconsideração da personalidade jurídica no caso, que reclama somente a verificação do estado de insolvência do fornecedor, aliado ao fato da personalidade jurídica representar obstáculo ao ressarcimento de prejuízos causados à consumidora agravada. 2. O bloqueio de valores em quantias irrisórias, via sistema BacenJud, não é o bastante para considerar a diligência frutífera, possibilitando a inclusão das sociedades integrantes do grupo econômico no polo passivo da execução, haja vista a desconsideração da personalidade jurídica da devedora original. 3. Recurso conhecido e desprovido." (TJ-DF – AGI: 20150020197594, Relator: Carlos Rodrigues, Data de Julgamento: 11/11/2015, 6ª Turma Cível, Publicado no DJE : 07/12/2015)

◙ **Várias diligências infrutíferas de busca de bens autoriza a desconsideração.** "DESCONSIDERAÇÃO DA PERSONALIDADE JURÍDICA – Ação de cancelamento de protesto – Decisão judicial que indeferiu o pedido de desconsideração da personalidade jurídica – Alegação de que o débito decorre de relação de consumo, sendo possível a desconsideração no caso concreto pela mera prova de insolvência da parte contrária, conforme § 5º do art. 28 do CDC, e que ficou demonstrado pela ausência de numerário em contas de titularidade dela, e que a situação é pior, pois um dos sócios é administrador e sócio de outra empresa do mesmo ramo e de nome semelhante – Cabimento – Ressalta-se incontroverso tratar-se de relação consumerista – No caso concreto, conforme se depreende das peças juntadas, foram realizadas diligências na tentativa de localizar bens em nome da recorrida, que foram realizadas por meio de pedidos judiciais via sistemas BacenJud, Arisp, InfoJud e RenaJud, sendo que em relação ao sistema RenaJud, apesar da existência de quatro veículos, há inúmeras restrições judiciais existentes em todos eles, e as demais integralmente infrutíferas – Além disso, o recorrente demonstrou que efetuou diligência perante a Jucesp, tendo descoberto a existência de filiais, e após ter feito consulta dos respectivos Cadastros de ICMS, consta a informação de que estariam inaptas ou por inatividade presumida, ou por não localização – Diante disso, possível concluir pela hipótese de incidência do § 5º do art. 28 do CDC, pois a existência da pessoa jurídica é obstáculo ao ressarcimento do agravante (consumidor) – Desconsideração da personalidade jurídica deferida – Agravo de instrumento provido. Dispositivo: Dão provimento ao recurso." (TJ-SP – AI: 20548955220158260000, Relator: Ricardo Negrão, 19ª Câmara de Direito Privado, Data de Publicação: 04/08/2015)

◙ **No sentido de que somente a busca infrutífera via Bacen Jud não autoriza a desconsideração.** "AGRAVO DE INSTRUMENTO. CUMPRIMENTO DE SENTENÇA.

DESCONSIDERAÇÃO DA PERSONALIDADE JURÍDICA. CÓDIGO DE DEFESA DO CONSUMIDOR. TEORIA MENOR. NÃO ESGOTADOS OS MEIOS PARA LOCALIZAÇÃO DE BENS DA EMPRESA. O § 5º, art. 28, do CDC, consagra a denominada teoria menor da desconsideração, a qual admite a responsabilização dos sócios quando a personalidade da empresa configurar impeditivo ao ressarcimento dos prejuízos causados ao consumir, bastando, para tanto, a comprovação da insolvência da pessoa jurídica. Na hipótese, entretanto, não foram esgotados os meios à disposição da credora para a localização de bens da empresa executada passíveis de penhora, haja vista que a única medida constritiva levada a efeito foi o pedido de penhora via BacenJud."(TJ-DF 20160020311903 0033298-55.2016.8.07.0000, Relator: Carmelita Brasil, 2ª Turma Cível, Publicado no DJE : 13/12/2016) ◙ **Em sentido contrário:** "AGRAVO DE INSTRUMENTO. CUMPRIMENTO DE SENTENÇA. BEM INDICADO A PENHORA LOCALIZADO EM OUTRO MUNICÍPIO E PERTENCENTE A OUTRA PESSOA JURÍDICA. AUSENTE COMPROVAÇÃO DE INEXISTÊNCIA DE PENHORA PRÉVIA. INFRUTÍFERO BLOQUEIO BACEN-JUD. SALDO INEXISTENTE. DESCONSIDERAÇÃO DA PESSOA JURÍDICA. CABIMENTO. AGRAVO DE INSTRUMENTO A QUE SE NEGA PROVIMENTO. Resta fundamentada a decisão de desconsideração da personalidade jurídica da empresa, porque preenchidos os requisitos do art. 28 do CDC, no que tange à existência de obstáculos à concretização da execução de sentença em favor da agravada, consumidora. Comprovou-se que o bem oferecido à penhora encontra-se em outro município, pertence a outra pessoa jurídica e não foi colacionada a certidão que dá conta da existência de outras penhoras, restando correta a não aceitação da recorrida, ainda mais quando as tentativas de bloqueio do valor executado restaram infrutíferas por falta de saldo. Recurso improvido." (TJ-BA - AI: 00046018320138050000 BA 0004601-83.2013.8.05.0000, Relator: Maria da Purificação da Silva, Primeira Câmara Cível, Data de Publicação: 12/12/2013)

◙ **Possibilidade de desconsideração quando empresa nega-se a pagar débitos ou a indicar bens à penhora.** "DESCONSIDERAÇÃO DA PESSOA JURÍDICA - ART. 28 DO CDC – Se a executada esquiva-se em pagar o débito ou indicar bens à penhora e consta dos autos certidão de oficial de justiça no sentido de que não encontrou bens da executada livre e desembaraçados para garantir a presente execução, estão presentes os pressupostos autorizadores da aplicação da teoria da despersonalização da pessoa jurídica, expressamente prevista no art. 28 do CDC". (TRT 23ª R., AP 02172.1991.002.23.00-1 – Cuiabá – Rel. Juiz Osmair Couto, DJMT 10.8.2005)

§ 1° (Vetado).

§ 2° As sociedades integrantes dos grupos societários e as sociedades controladas, são subsidiariamente responsáveis pelas obrigações decorrentes deste código.

► **Grupo de sociedades e sociedade controlada.** Grupo de sociedades é formado pela sociedade controladora e suas controladas, mediante convenção, pela qual se obrigam a combinar recursos ou esforços para a realização dos respectivos objetos, ou a participar de atividades ou empreendimentos comuns. Segundo o CDC, esgotados os recursos, seja da sociedade controladora, seja da sociedade controlada, qualquer outra integrante do grupo responde pela dívida perante os consumidores. Sociedade controlada é aquela cuja preponderância nas deliberações e decisões pertencem à ou-tra sociedade, dita controladora. Assim, diante da manifesta insuficiência dos bens que compõem o patri-mônio da sociedade controladora, a sociedade controlada responde pelas dívidas.

► **Tratando-se de sociedade de fato, não há que se falar em desconsideração de pessoa jurídica.** "O artigo 28 do Código do consumidor refere-se apenas à sociedades regularmente constituídas, na medida em que, tratando-se de sociedade de fato, não há que se falar em desconsideração de pessoa jurídica, já que esta, pela falta de registro ou outro requisito formal, inexiste. Nesta hipótese fica autorizada a propositura da ação contra os sócios, bem como a execução de seus patrimónios independentemente da aplicação da disregwd doctrine. (GUIMARÃES, Flávia Lefevre. *Desconsideração da personalidade jurídica no código do consumidor*: aspectos processuais, Max Umonad, p. 184)

◙ **Administração fraudulenta. Grupo de sociedades sob mesmo controle.** "Havendo gestão fraudulenta e pertencendo a pessoa jurídica devedora a grupo de sociedades sob o mesmo controle e com estrutura meramente formal, o que ocorre quando as diversas pessoas jurídicas do grupo exercem suas atividades sob unidade gerencial, laboral e patrimonial, é legítima a desconsideração da personalidade jurídica da devedora para que os efeitos da execução alcancem as demais sociedades do grupo e os bens do sócio majoritário. Impedir a desconsideração da personalidade jurídica nesta hipótese implicaria prestigiara fraude à lei ou contra credores." (STJ, REsp. 332.763/SP, 3a T., rela. Mina. Nancy Andrighi, DJU 24.6.2002)

◙ **Empresas do mesmo grupo econômico. Teoria da aparência.** "Cuidando de empresas integrantes de um mesmo conglomerado economico, aplíca-se a teoria da aparência, justificando-se, pois, a indicação de qualquer delas no pólo passivo da demanda." (TJDF, El 2001.1.1.014260-8, rel. Des. Valter Xavier, DJU 19.3.2003)

◙ **Na responsabilidade subsidirária, a demanda deve ser ajuizada apenas contra o devedor principal.** "APELAÇÕES CÍVEIS. DIREITO CIVIL E DO CONSUMIDOR. PROMESSA DE COMPRA E VENDA DE IMÓVEL NA PLANTA. INCIDÊNCIA DO CÓDIGO DE DEFESA DO CONSUMIDOR. PRELIMINAR DE ILEGITIMIDADE PASSIVA AD CAUSAM. GRUPO SOCIETÁRIO (GRUPO ECONÔMICO) E SOCIEDADE CONTROLADA. ART. 28, §° 2, DO CDC. DESCONSIDERAÇÃO DA PERSONALIDADE JURÍDICA. RESPONSABILIDADE SUBSIDIÁRIA. ACOLHIMENTO. ATRASO NA ENTREGA DO IMÓVEL. DEMORA NA APROVAÇÃO E IMPLANTAÇÃO DO PROJETO ELÉTRICO. CASO FORTUITO E FORÇA MAIOR. INOCORRÊNCIA. CULPA DA PROMITENTE VENDEDORA. CONVENÇÃO PENAL DE ÍNDOLE COMPENSATÓRIA. (...) Tratando-se de responsabilidade subsidiária, a demanda deve ser ajuizada apenas contra o devedor principal, pois, somente no caso dos bens deste não serem suficientes para a satisfação do débito, e após o preenchimento dos requisitos para a aplicação da desconsideração da personalidade jurídica, nos termos do art. 28, § 2º, do CDC, é que surgirá a legitimidade passiva do responsável subsidiário. Preliminar acolhida." (TJ-DF – APC: 20150310162057, Relator: Simone Lucindo, 1ª Turma Cível, Publicado no DJE : 14/03/2016)

◙ **Ainda que comercialize veículos de marca distinta, a concessionária de veículo que integra o mesmo grupo econômico daquela que comercializou veículo que apresentou vício é parte legítima para responder subsidiariamente.** "Indenização por danos morais e materiais. Legitimidade passiva. Concessionárias demandadas, integrantes do mesmo grupo econômico (art. 28, § 2º, CDC). Concessionária vendedora fechada. Responsabilidade por vícios do produto. Ausência de prova contundente de não fazerem parte do mesmo grupo econômico. Prudente manutenção de ambas empresas no polo passivo. Decisão mantida. Recurso improvido" (TJSP, AI 21443229420148260000, Vigésima Sexta Câmara de direito Privado, Rel. Des. Bonilha Filho, DJ 09/10/2014).

◙ **Atraso na entrega de imóvel. Legitimidade subsidiária da sociedade integrante do grupo econômico.** "Compra e venda. Atraso na entrega do imóvel. Legitimidade passiva de corré por responsabilidade subsidiária (art. 28, § 2º, CDC). Excesso de chuvas e escassez de mão de obra constituem fortuito interno, de responsabilidade dos fornecedores. Teoria do risco. 'Entrega' que deve ser considerada como aquela em que o comprador efetivamente se imitiu na posse do bem (entrega das chaves). Validade do prazo de tolerância (180 dias). Atraso na entrega do imóvel não gerou ofensa a direito da personalidade, descabendo indenização por dano moral. Recurso parcialmente provido" (TJSP, Ap. Cív. 00103818320138260011, Sétima Câmara de Direito Privado, Rel. Des. Luiz Antonio Costa, DJ 12/08/2014). ◙ **No mesmo sentido:** "Compra e venda Atraso na entrega do imóvel Legitimidade passiva de Agre e PDG, que passaram-se por substitutos da Klabin Segall, da qual são sócios (art. 28, § 2º, CDC) Cláusula de tolerância de 180 dias válida, em razão de fatores incontroláveis que justificam prazo extra Caso fortuito, porém, de responsabilidade dos fornecedores Incabível suplementação de indenização ante falta de previsão na cláusula penal (art. 416, par. único CC) Dano moral inexistente Recurso das Rés parcialmente provido Recurso dos Autores improvido" (TJSP, Ap. Cív. 02117269520118260100, Sétima Câmara de Direito Privado, Rel. Des. Luiz Antonio Costa, DJ 15/07/2013).

◙ **Inobstante a responsabilidade seja subsidiária, a sociedade empresária líder de grupo econômico é parte legítima para integrar o título judicial a ser formado em favor do consumidor.** "PROCESSO CIVIL. APELAÇÕES. ATRASO. ENTREGA IMÓVEL. FALTA DE INTIMAÇÃO ACERCA DO ANÚNCIO DE JULGAMENTO ANTECIPADO DA LIDE E DA PUBLICAÇÃO DA SENTENÇA. PAS DE NULLITÉ SANS GRIEF. INSERÇÃO DA SOCIEDADE LÍDER DO GRUPO ECONÔMICO NA LIDE. CABIMENTO. ART. 28, § 2º, CDC. (...) 2. A responsabilidade subsidiária da sociedade empresária líder do grupo econômico enseja sua participação no processo para que componha, desde logo, eventual título executivo judicial em prol do consumidor (...)" (TJAM, Ap. Cív 06075038120138040001, Segunda Câmara Cível, Rel. Des. Maria do Perpétuo Socorro Guedes Moura, DJ 10/03/2015). ◙ **No sentido de que inicialmente a demanda deve ser ajuizada apenas contra o devedor principal.** "APELAÇÕES CÍVEIS. DIREITO CIVIL E DO CONSUMIDOR. PROMESSA DE COMPRA E VENDA DE IMÓVEL NA PLANTA. INCIDÊNCIA DO CÓDIGO DE DEFESA DO CONSU-

MIDOR. PRELIMINAR DE ILEGITIMIDADE PASSIVA AD CAUSAM. GRUPO SOCIETÁRIO (GRUPO ECONÔMICO) E SOCIEDADE CONTROLADA. ART. 28, §º 2, DO CDC. DESCONSIDERAÇÃO DA PERSONALIDADE JURÍDICA. RESPONSABILIDADE SUBSIDIÁRIA. ACOLHIMENTO. ATRASO NA ENTREGA DO IMÓVEL. DEMORA NA APROVAÇÃO E IMPLANTAÇÃO DO PROJETO ELÉTRICO. CASO FORTUITO E FORÇA MAIOR. INOCORRÊNCIA. CULPA DA PROMITENTE VENDEDORA. CONVENÇÃO PENAL DE ÍNDOLE COMPENSATÓRIA. (...) 2.Tratando-se de responsabilidade subsidiária, a demanda deve ser ajuizada apenas contra o devedor principal, pois, somente no caso dos bens deste não serem suficientes para a satisfação do débito, e após o preenchimento dos requisitos para a aplicação da desconsideração da personalidade jurídica, nos termos do art. 28, § 2º, do CDC, é que surgirá a legitimidade passiva do responsável subsidiário. Preliminar acolhida. (...)" (TJDF, Ap. Cív. 20150310162057, Primeira Turma Cível, Rel. Des. Simone Lucindo, DJE 14/03/2016).

◙ **Havendo inadimplemento da sociedade controlada, o grupo controlador responde perante terceiros prejudicados.** "DIREITO CIVIL E PROCESSUAL CIVIL APELAÇÃO CÍVEL AÇÃO ORDINÁRIA DE CONSTITUIÇÃO DE OBRIGAÇÃO DE FAZER C/C PEDIDO DE INDENIZAÇÃO POR DANOS MATERIAIS (LUCROS CESSANTES), IMPOSIÇÃO DE MULTA POR DESCUMPRIMENTO CONTRATUAL E ANTECIPAÇÃO DE TUTELA PRELIMINAR DE LEGITIMIDADE PASSIVA EMPRESAS DO MESMO GRUPO ECONÔMICO ART. 28, § 2º DO CDC PRELIMINAR ACOLHIDA DANOS MATERIAIS DEVIDOS LUCROS CESSANTES PRESUMIDOS PRECEDENTES STJ RECURSO PROVIDO. (...) Inobstante a empresa PDG Poder de Garantir Realty S/A não tenha participado diretamente do negócio jurídico em comento, faz parte do mesmo grupo econômico, respondendo perante o consumidor nos termos do artigo 28, § 2º, do Código de Defesa do Consumidor. Afinal, a sociedade de propósito específico criada para a construção de único empreendimento acaba por servir apenas como instrumento para as empresas controladoras exercerem suas atividades, já que não cumpre um objeto social próprio. Assim, em caso de inadimplemento por parte da sociedade controlada, o grupo controlador responde perante os terceiros prejudicados (...)" (TJAM, Ap. Cív. 02132371520128040001, Terceira Câmara Cível, Rel. Des. Aristóteles Lima Thury, DJ 31/03/2015).

§ 3° As sociedades consorciadas são solidariamente responsáveis pelas obrigações decorrentes deste código.

► **No CDC, a responsabilidade das sociedades consorciadas é solidária.** O consórcio é uma reunião de sociedades que se agrupam para executar um determinado empreendimento. Para o CDC, ao contrário da Lei nº 6.404/1976 (Lei das Sociedades Anônimas), a responsabilidade entre as sociedades consorciadas é solidária.

► **Responsabilidade de empresas perante o consumidor nada tem a ver com desconsideração da personalidade jurídica.** "Os §§ 3° e 4º. relativos às responsabilidades das sociedades integrantes de grupos societários, das sociedades controladas, das consorciadas e das coligadas, nada têm a ver com a teoria da desconsideração da personalidade jurídica. Eles, na verdade, apenas estendem a responsabilidade de uma determinada pessoa jurídica a outra, por subsidiariedade ou por solidariedade. Em vez de desprezar a personalidade jurídica de uma sociedade fornecedora, o comando dos §§ 3° e 4° tem por objeto a consideração da personalidade jurídica de uma terceira sociedade, para o fim da responsabilização civil. (SILVA, Jorge Alberto Quadros de Carvalho. *Código àe Defesa do Consumidor anotado*. São Paulo: Saraiva, 2001. p. 99-100)

◙ **Solidariedade entre consorciados objetiva a ampla proteção do consumidor.**"(...) 7. Na hipótese de responsabilidade derivada de relação de consumo, afasta-se a regra geral da ausência de solidariedade entre as consorciadas por força da disposição expressa contida no art. 28, § 3º, do CDC. Essa exceção em matéria consumerista justifica-se pela necessidade de se atribuir máxima proteção ao consumidor, mediante o alargamento da base patrimonial hábil a suportar a indenização. 8. Não obstante, é certo que, por se tratar de exceção à regra geral, a previsão de solidariedade contida no art. 28, § 3º, do CDC deve ser interpretada restritivamente, de maneira a abarcar apenas as obrigações resultantes do objeto do consórcio, e não quaisquer obrigações assumidas pelas consorciadas em suas atividades empresariais. 9. Ademais, a exceção em comento não alcança o próprio consórcio, que apenas responderá solidariamente com suas integrantes se houver previsão contratual nesse sentido. 10. Recurso especial conhecido em parte e, nessa extensão, parcialmente provido". (STJ, REsp 1635637/RJ, Rel. Ministra Nancy Andrighi, Terceira Turma, DJe 21/09/2018)

◙ **Por não ter personalidade jurídica, o consórcio, em si, não é parte legítima para responder civilmente por danos.** "APELAÇÃO CÍVEL. TRANSPORTE. TRANSPORTE DE PESSOAS. AÇÃO CONDENATÓRIA POR DANOS MATERIAIS E MORAIS. QUEDA NO COLETIVO. SISTEMA TRANSPORTADOR SUL – STS. CONSÓRCIO. ILEGITIMIDADE PASSIVA 'AD CAUSAM'. Na medida em que o consórcio rodoviário não possui personalidade jurídica – tampouco existindo disposição legal que, ainda assim, lhe atribua capacidade processual -, descabe a sua inclusão no pólo passivo de demanda indenizatória ajuizada pelo passageiro, em decorrência de queda sofrida em coletivo. Exegese do art. 278, § 1º, da Lei n. 6.404/76. Disposição do art. 28, § 3º, do Código de Defesa do Consumidor que tampouco serve a respaldar a propositura da contenda contra o consórcio, na medida em que consagra a responsabilidade solidária das entidades consorciadas, quanto às obrigações decorrentes do CDC, o que não se confunde, entretanto, com a legitimidade do consórcio em si. Recurso de apelação desprovido." (TJRS, Ap. Cív. 70061725891, Décima Segunda Câmara Cível, Rel. Des. Umberto Guaspari Sudbrack, DJ 20/04/2015).

◙ **Transporte coletivo de passageiros. Legitimidade passiva solidária da sociedade consorciada.** "RECURSO INOMINADO. ACIDENTE DE TRÂNSITO. AÇÃO DE INDENIZAÇÃO POR DANOS MATERIAIS . AUTOR QUE TEVE A TRASEIRA DE SEU VEÍCULO ABALROADA PELO COLETIVO DA RÉ. RÉ QUE NÃO PRESTOU ATENÇÃO E CAUTELA AO TRAFEGAR. CULPA DE QUEM COLIDE ATRÁS PRESUMIDA. PRELIMINAR DE ILEGITIMIDADE DO CONSÓRCIO RÉU AFASTADA, RESPONSABILIDADE SOLIDARIA, NOS TERMOS DO ART. 28, § 3º, CDC. SEN-

TENÇA MANTIDA POR SEUS PRÓPRIOS FUNDAMENTOS. RECURSO DESPROVIDO" (TJRS, Recurso Cível 71005987094, Primeira Turma Recursal Cível, Rel. Roberto Carvalho Fraga, DJ 02/06/2016). ◙ **No mesmo sentido:** "RECURSO INOMINADO. RESPONSABILIDADE CIVIL. ACIDENTE DE TRÂNSITO. LEGITIMIDADE PASSIVA SOLIDARIA DO CONSÓRCIO CONORTE, ART. 28, § 3º CDC. CHOQUE DE VEÍCULO EM ÔNIBUS. SEMÁFORO E CONVERSÃO À ESQUERDA DE AMBOS OS VEÍCULOS, COM INVASÃO DO ONIBUS NA VIA DO VEÍCULO MENOR, O QUE CAUSOU A COLISÃO. PROVAS FOTOGRÁFICAS QUE BEM DEMONSTRAM QUE O CONDUTOR DO VEÍCULO DE GRANDE PORTE AGIU COM IMPRUDÊNCIA 'FECHANDO' O DE MENOR PORTE. DANOS MATERIAIS DEVIDOS. A autora conduzia seu veículo pela via esquerda e ao abrir o sinal do semáforo para converter à esquerda, o coletivo também o fez, mas ingressando na via da autora (fotos fls. 23/25 e 81/84). A colisão ocorreu próximo ao rodado traseiro do coletivo e parte frontal direita do veículo menor, o que bem evidencia a 'fechada'. Enfim, agiu com culpa do motorista e do ônibus e preposto da ré. Todavia, acidentes de trânsito sem lesões e de poucas proporções, por si só, em que pese a presença de crianças no veículo, não configuram danos morais, e refletem episódios cotidianos passíveis da vida sem violar aos direitos à personalidade. Danos morais não configurados. SENTENÇA MANTIDA PARCIALMENTE, REFORMADA PARA AFASTAR OS DANOS MORAIS. RECURSO PROVIDO EM PARTE" (TJRS, Recurso Cível 71004926622, Quarta Turma Recursal Cível, Rel. Glaucia Dipp Dreher, DJ 22/10/2014). ◙ **No mesmo sentido:** "APELAÇÃO CÍVEL. AÇÃO INDENIZATÓRIA POR DANOS MORAIS. EXTINÇÃO DO FEITO COM FULCRO NO ART. 267, VI, DO CPC. DEMANDA INTENTADA POR USUÁRIO DE ÔNIBUS EM FACE DE CONSÓRCIO DE EMPRESAS DE TRANSPORTE. VEÍCULO ESTAMPADO APENAS COM EMBLEMA DO REQUERIDO. TEORIA DA APARÊNCIA APLICÁVEL À HIPÓTESE. SOLIDARIEDADE, ADEMAIS, DAS SOCIEDADES CONSORCIADAS PELAS OBRIGAÇÕES DECORRENTES DE RELAÇÃO DE CONSUMO. PREVISÃO EXPRESSA NO ART. 28, § 3º, DO CDC. LEGITIMIDADE PASSIVA CONFIGURADA. SENTENÇA CASSADA. RETORNO DOS AUTOS À ORIGEM PARA O DEVIDO PROSSEGUIMENTO. RECURSO PROVIDO" (TJSC, Ap. Cív. 659807, Segunda Câmara de Direito Civil, Rel. Des. Sérgio Izidoro Heil, julgado em 04/10/2011).

◙ **Solidariedade entre Unimed's de diferentes estados da Federação.** "Apelação cível. Plano de saúde. Necessidade de internação para tratamento de câncer. Negativa por parte do plano de saúde sob a alegação de que a Autora era filiada à Unimed de Vitória, não possuindo qualquer vinculação com a Unimed Seguros Saúde. 1. Preliminar de ilegitimidade passiva que se rejeita, uma vez que, embora a Unimed Seguros Saúde e Unimed Vitória sejam pessoas jurídicas distintas, ambas fazem parte do Complexo Empresarial Cooperativo Unimed, oferecendo serviços em todas as unidades da Federação, sendo incontroverso que o atendimento possa ser feito em todas as partes do País. Fornecedoras que, ainda que não integrem o mesmo grupo societário, estão consorciadas para prestação de serviços. Incidência do artigo 28, § 3º do CDC. Precedentes desta Corte. (...)"(TJRJ, Ap. Cív. 00376275520088190001, Sétima Câmara Cível, Rel. Des. Luciano Saboia Rinaldi de Carvalho, DJ 11/11/2013). ◙ **No mesmo sentido:** "Agravo de instrumento. Ação Obrigação de Fazer c/c Indenizatória. Decisão que deferiu a tutela antecipada determinando que a parte agravante-ré forneça todo material cirúrgico necessário que for solicitado pelo médico, bem como o custeio de todos os procedimentos necessários ao tratamento da saúde do mesmo, sob pena de multa diária e configuração em tese de crime de desobediência. Manutenção. A parte agravante pretende discutir ilegitimidade passiva em momento totalmente inoportuno, pois mesmo que o Autor tenha celebrado contrato com a UNIMED São Luiz o vínculo com a Ré configura-se por integrarem, na forma do artigo 28, § 3º, do CDC, o mesmo grupo econômico. Assim sendo, há solidariedade passiva entre as consorciadas, em benefício do consumidor. Multa escorreita. Artigo 557, caput, do CPC" (TJRJ, AI 00321516320138190000, Terceira Câmara Cível, Rel. Des. Helda Lima Meireles, DJ 19/08/2013). ◙ **No mesmo sentido:** "(...) Qualquer prestadora de serviço integrante do pool de empresas Unimed Nacional é parte legítima para figurar no pólo passivo da demanda, já que se trata de uma cooperativa de prestação de serviços médicos com representação no território nacional, considerada como um complexo único de serviços, máxime com vistas à Teoria da Aparência. A par disso, em se tratando de grupo empresarial consorciado, com diversas identificações em vários estados da federação, há evidente solidariedade, podendo qualquer delas figurar no pólo passivo, nos termos do disposto no artigo 28, § 3º, do Código de Defesa do Consumidor (...)" (TJPR, Ap. Cív. 11702357, Décima Câmara Cível, Rel. Des. Luiz Lopes, DJ 25/02/2015).

◙ **Instalação de cortina de vidro. Legitimidade passiva de sociedade empresária licenciada pela fabricante do produto.** "JUIZADO ESPECIAL CÍVEL. RELAÇÃO DE CONSUMO. RESCISÃO DE CONTRATO DE PRESTAÇÃO DE SERVIÇO. INSTALAÇÃO DE CORTINA DE VIDRO. PRELIMINAR DE ILEGITIMIDADE PASSIVA 'AD CAUSAM'. SOLIDARIEDADE. RECEBIMENTO DE PARTE DO VALOR. NÃO EXECUÇÃO DO SERVIÇO CONTRATADO. RESCISÃO QUE SE IMPÕE. DEVER DE RESTITUIR O VALOR PAGO. (...) no presente caso, a culpa pelos transtornos sofridos pela recorrida decorreu de atos praticados por empresa licenciada pela recorrente para explorar a marca 'Cortina de Vidro' mediante aplicação das tecnologias e know-how patenteadas, conforme demonstra o contrato de cessão de direitos e obrigações de fls. 112/115. Neste caso, evidencia-se a existência de consórcio com vistas à exploração da atividade econômica, devendo todos os integrantes serem responsabilizados solidariamente, a teor do art. 28, § 3º, do Código de Defesa do Consumidor. Preliminar rejeitada" (TJDF, Ap. Cív. Juizados Especiais 20131010088917, 2ª Turma Recursal dos Juizados Especiais Cíveis e Criminais do DF, Rel. Antônio Fernandes Da Luz, DJE 04/08/2014).

◙ **Legitimidade passiva da administradora de consórcio de veículos para responder por vícios em motocicleta.** "RESPONSABILIDADE CIVIL. CONSUMIDOR. VÍCIO DO PRODUTO. MOTOCICLETA. LEGITIMIDADE PASSIVA DA ADMINISTRADORA DO CONSÓRCIO. INTELIGÊNCIA DO ARTIGO 28, § 3º DO CDC. VÍCIOS REITERADOS. VEÍCULO QUE PERMANECEU POR MESES PARA CONSERTO. TRANSTORNOS EXACERBADOS NO CASO CONCRETO. DANO MORAL CONFIGURADO. INDENIZAÇÃO ADEQUADA. SENTENÇA MANTIDA. A recorrente, administradora de consórcio, vendeu ao autor cota de grupo para aquisição de bem específico, com variação do valor da parcela de acordo com o preço do bem, motocicleta importada pela co-demandada. Ao que se verifica, pois, as demandadas se tratam de empresas consorciadas para a consecução de um empreendimento, a venda de motocicleta de marca específica, importada de país estrangeiro. Legítima a recorrente a responder pela pretensão de reparação de danos ocasionados pela malfadada aquisição do bem, constatando-se, pois, a pertinência subjetiva na relação processual angularizada. Inteligência do artigo 28, § 3º do Código de Defesa do Consumidor" (TJRS, Recurso Cível Nº 71003827201, Terceira Turma Recursal Cível, Rel. Carlos Eduardo Richinitti, DJ 10/12/2012).

◙ **Serviços educacionais. Responsabilidade solidária de instituição de ensino consorciada.** "APELAÇÕES CÍVEIS. AÇÃO DE INDENIZAÇÃO POR DANO MORAL. PROGRAMA ESPECIAL PARA CAPACITAÇÃO PARA DOCÊNCIA. PROCEDÊNCIA EM PRIMEIRO GRAU, COM A CONDENAÇÃO DAS RÉS AO PAGAMENTO DE INDENIZAÇÃO PELOS DANOS MORAIS. AFASTADA A ALEGAÇÃO DE ILEGITIMIDADE PASSIVA DO IESDE. RÉS QUE SE CONSORCIARAM PARA PRESTAÇÃO DE SERVIÇO EDUCACIONAL. RESPONSABILIDADE SOLIDÁRIA, EX VI DO § 3º, DO ART. 28, DO CDC (...)" (TJPR, Ap. Cív. 8735004, Sexta Câmara Cível, Rel. Des. Sérgio Arenhart, julgado em 29/05/2012). ◙ **No mesmo sentido:** "CIVIL. CONSUMIDOR. ENSINO SUPERIOR. LEGITIMIDADE PASSIVA DA RECORRENTE. CONTRATO DE PRESTAÇÃO DE SERVIÇO ENTABULADO ENTRE APELANTE E APELADA. RESPONSÁBILIDADE SOLIDÁRIA DAS EMPRESAS CONSORCIADAS (CDC, ART. 28, § 3º). PROBLEMAS COM A TRANSFERÊNCIA DO CURSO DE LETRAS PARA O DE SERVIÇO SOCIAL. NÃO HÁ FALAR EM CULPA EXCLUSIVA DA RECORRIDA, PORQUANTO OS DOCUMENTOS PROVAM TER A INSTITUIÇÃO DE ENSINO ANUIDO COM A MUDANÇA. O CONTRATO FOI RESCINDIDO, O QUE RESULTOU NO NÃO APROVEITAMENTO DOS CRÉDITOS E EM UMA VIDA ACADÊMICA FRUSTRADA. DANO MORAL CONFIGURADO. VALOR FIXADO ATENDEU AOS PRINCÍPOS DA PROPORCIONALIDADE E RAZOABILIDADE. SENTENÇA MANTIDA POR SEUS PRÓPRIOS FUNDAMENTOS. I. Configurada a legitimidade da EDUCON para figurar no pólo passivo da demanda, visto que o contrato de prestação de serviços educacionais entabulado entre as partes tem por contratado o Sistema Educon de Ensino, o qual é integrado pela aludida instituição, participante do consórcio EDUCON/UNITINS/UNIVALI/FAEL (f. 89), o que denota a responsabilidade solidária das sociedades consorciadas (Lei 8.078/90, art. 28, § 3º) (...)" (TJDF, Ap. Cív. Juizado Especial 58576520088070005, Segunda Turma Recursal dos Juizados Especiais Cíveis e Criminais do DF, Rel. Fernando Antonio Tavernard Lima, DJ-e 10/03/2010).

§ 4° As sociedades coligadas só responderão por culpa.

► **As sociedades são coligadas quando uma participa com 10 % ou mais do capital da outra, porém, sem controlá-la.** Justamente pela falta de controle nas deliberações das decisões de uma sobre a outra é que a responsabilidade de cada qual é apurada mediante culpa na participação do evento danoso.

▶ **Ônus de provar a culpa da sociedade coligada é do consumidor.** "Estabelece o § 4º do artigo do Código que as sociedades coligadas só responderão por culpa. De conseguinte, terá o consumidor de provar serem essas sociedades realmente culpadas e responsáveis pelo dano". (SAAD, Eduardo Gabriel. *Comentários ao Código de Defesa do Consumidor*. 3ª ed. São Paulo: Revista dos Tribunais. p. 301)

▶ **Sociedades coligadas responderão somente por culpa.** "Não exercendo a sociedade controle sobre a outra, mas tão-somente participação, conforme se deixou claro, a sociedade permanece com autonomia jurídica e administrativa, fato que afasta a coligada da produção do evento danoso, impedindo que exista um nexo de causalidade entre a coligação e a produção do dano, o que em última análise impediria a formação da obrigação de indenizar. Não obstante, quando ficar claro que, mesmo se a relação jurídica existente entre as duas sociedades for de simples coligação, a coligada contribuiu culposamente para a produção do dano, fazendo surgir o liame de causalidade, incidirá na obrigação de indenizar. Na configuração do dano e do ato que lhe deu origem, a coligada deve ter agido com culpa, ou seja, atuado com imperícia, imprudência ou negligência". (GOMES, Marcelo Kokke. *Responsabilidade civil*: dano e defesa do consumidor. São Paulo: Dei Rey, 2001. p. 80)

§ 5° Também poderá ser desconsiderada a pessoa jurídica sempre que sua personalidade for, de alguma forma, obstáculo ao ressarcimento de prejuízos causados aos consumidores.

◙ **Obstáculo ao ressarcimento de prejuízos causados aos consumidores possibilita a desconsideração da personalidade jurídica.** "É possível, em linha de princípio, em se tratando de vínculo de índole consumerista, a utilização da chamada Teoria Menor da desconsideração da personalidade jurídica, a qual se contenta com o estado de insolvência do fornecedor, somado à má administração da empresa, ou, ainda, com o fato de a personalidade jurídica representar um "obstáculo ao ressarcimento de prejuízos causados aos consumidores" (art. 28 e seu § 5º, do Código de Defesa do Consumidor)". (STJ, REsp 1111153/RJ, Rel. Ministro Luis Felipe Salomão, Quarta Turma, DJe 04/02/2013). ◙ **No mesmo sentido:** "De acordo com o art. 28, § 5º, do CDC, o juiz poderá desconsiderar a personalidade jurídica da sociedade sempre que ela for, de alguma forma, obstáculo ao ressarcimento de prejuízos causados aos consumidores. Agravo não provido". (TJDF, AGI 20050020047994 - 6ª T. Cív. – Rel. Des. Jair Soares, DJU 25.8.2005) ◙ **No mesmo sentido, sendo suficiente a mera insolvência da pessoa jurídica:** "Desconsideração da Personalidade Jurídica: Hipótese do art. 28 do CDC plenamente concretizada. No contexto de uma relação de consumo, em atenção ao art. 28, §5º, do CDC, os credores não negociais da pessoa jurídica podem ter acesso ao patrimônio dos sócios, por meio da disregard doctrine, a partir da caracterização da configuração de prejuízo de difícil e incerta reparação em decorrência da insolvência da sociedade. Na espécie, é nítida a dificuldade na reparação do prejuízo evidenciada na sentença e no acórdão prolatados."

(STJ, REsp 1537890/RJ, Rel. Ministro Paulo de Tarso Sanseverino, Terceira Turma, DJe 14/03/2016) ◙ **No mesmo sentido, bastando a mera insolvência:** "AGRAVO REGIMENTAL NO RECURSO ESPECIAL - AÇÃO DE INDENIZAÇÃO POR ATO ILÍCITO - INSCRIÇÃO INDEVIDA - DANO MORAL - CUMPRIMENTO DE SENTENÇA - INSOLVÊNCIA DA PESSOA JURÍDICA - DESCONSIDERAÇÃO DA PESSOA JURÍDICA - ART. 28, § 5°, DO CÓDIGO DE DEFESA DO CONSUMIDOR - POSSIBILIDADE - PRECEDENTES DO STJ - DECISÃO MONOCRÁTICA QUE DEU PROVIMENTO AO RECURSO ESPECIAL. INSURGÊNCIA DA RÉ. 1. É possível a desconsideração da personalidade jurídica da sociedade empresária – acolhida em nosso ordenamento jurídico, excepcionalmente, no Direito do Consumidor – bastando, para tanto, a mera prova de insolvência da pessoa jurídica para o pagamento de suas obrigações, independentemente da existência de desvio de finalidade ou de confusão patrimonial, é o suficiente para se 'levantar o véu' da personalidade jurídica da sociedade empresária. Precedentes do STJ: REsp 737.000/MG, Rel. Ministro Paulo de Tarso Sanseverino, DJe 12/9/2011; (Resp 279.273, Rel. Ministro Ari Pargendler, Rel. p/ acórdão Ministra Nancy Andrighi, 29.3.2004; REsp 1111153/RJ, Rel. Min. Luis Felipe Salomão, DJe de 04/02/2013; REsp 63981/SP, Rel. Min. Aldir Passarinho Júnior, Rel. p/acórdão Min. Sálvio de Figueiredo Teixeira, DJe de 20/11/2000. 2. 'No contexto das relações de consumo, em atenção ao art. 28, § 5º, do CDC, os credores não negociais da pessoa jurídica podem ter acesso ao patrimônio dos sócios, mediante a aplicação da disregard doctrine, bastando a caracterização da dificuldade de reparação dos prejuízos sofridos em face da insolvência da sociedade empresária' (REsp 737.000/MG, Rel. Ministro Paulo de Tarso Sanseverino, Terceira Turma, DJe 12/9/2011). 3. Agravo regimental desprovido" (STJ, AgRg no REsp 1106072/MS, Quarta Turma, Rel. Min. Marco Buzzi, DJe 18/09/2014). ◙ **No mesmo sentido, bastando a mera insolvência:** "DESCONSIDERAÇÃO DA PERSONALIDADE JURÍDICA ANTE A INSOLVÊNCIA DA SOCIEDADE EMPRESÁRIA. POSSIBILIDADE. PRECEDENTES. (...) 3. Tratando-se de relação consumerista, é possível a desconsideração da personalidade jurídica da sociedade empresária ante sua insolvência para o pagamento de suas obrigações, independentemente da existência de desvio de finalidade ou de confusão patrimonial. 4. Agravo regimental desprovido" (STJ, AgRg no AREsp 511.744/SP, Terceira Turma, Rel. Min. João Otávio de Noronha, DJe 31/03/2015). ► **No sentido de que a mera insolvência do fornecedor não autoriza a desconsideração:** "No tocante ao § 5° do art, 28 do CDC, note-se que uma primeira e rápida leitura pode sugerir que a simples existência de prejuízo patrimonial suportado pelo consumidor seria suficiente para autorizar a desconsideração da pessoa jurídica. Essa interpretação meramente literal, no encanto, não pode prevalecer por três razões. Em primeiro lugar, porque contraria os fundamentos teóricos da desconsideração. Como mencionado, a disregard doctrine representa um aperfeiçoamento do instituto da pessoa jurídica, e não a sua negação. Assim, ela só pode ter a sua autonomia patrimonial desprezada para a coibição de fraudes ou abuso de direito. A simples insatisfação do credor não autoriza, por si só, a desconsideração, conforme assenta a doutrina na formulação maior da teoria. Em segundo lugar, porque tal exegese literal tornaria letra morta o caput do mesmo art. 28 do CDC, que circunscreve algumas hipóteses autorizadores do superamento da personalidade jurídica. Em terceiro lugar, porque essa interpretação equivaleria à eliminação do instituto da pessoa jurídica no campo do direito do consumidor, e, se tivesse sido esta a intenção da lei, a norma para operacionalizá-la poderia ser direta, sem apelo à teoria da desconsideração. Dessa maneira, deve-se entender o dispositivo em questão (CDC, art. 28, § 5°) como pertinente apenas às sanções impostas ao empresário, por descumprimento de norma protetiva dos consumidores, de caráter não pecuniário. Por exemplo, a proibição de fabricação de produto e a suspensão temporária de atividade ou fornecimento (CDC, art. 56, V, VI e VII. Se determinado empresário é apenado com essas sanções, e, para furtar-se ao seu cumprimento, constitui sociedade empresária para agir por meio dela, a autonomia da pessoa jurídica pode ser desconsiderada justamente como forma de evitar que a burla aos preceitos da legislação consumerista se realize. Note-se que a referência, no texto legal. A "ressarcimento de prejuízos" importa que o dano sofrido pelos consumidores tenha conteúdo econômico, mas não assim a sanção administrativa infligida ao fornecedor em razão desse dano." (COELHO, Fábio Ulhoa. *Curso de Direito Comercial.* v. 2. São Paulo: Saraiva, p. 51-52).

◙ **Desconsideração da personalidade jurídica de cooperativa habitacional.** "RECURSO ESPECIAL. PROCESSUAL CIVIL E CONSUMIDOR. AÇÃO COLETIVA DE CONSUMO. EFEITO DEVOLUTIVO DA APELAÇÃO. SENTENÇA. EXTINÇÃO DO PROCESSO SEM EXAME DE MÉRITO. ART. 515, § 3º, DO CPC/73. APELAÇÃO. CAUSA MADURA. REQUISITOS. PRESENÇA. REEXAME DE FATOS E PROVAS. DESCONSIDERAÇÃO DA PERSONALIDADE JURÍDICA. CONTRADITÓRIO DIFERIDO. CPC/73. INCIDÊNCIA DO CDC. FUNDAMENTO SUFICIENTE INATACADO. SÚMULA 283/STF. COOPERATIVA HABITACIONAL. SÚMULA 602/STJ. TEORIA MENOR. ART. 28, § 5º, DO CDC. OBSTÁCULO AO RESSARCIMENTO DOS PREJUÍZOS. SUFICIÊNCIA. (...) 10. O Código de Defesa do Consumidor é aplicável aos empreendimentos habitacionais promovidos pelas sociedades cooperativas. Súmula 602/STJ 11. De acordo com a Teoria Menor, a incidência da desconsideração se justifica: a) pela comprovação da insolvência da pessoa jurídica para o pagamento de suas obrigações, somada à má administração da empresa (art. 28, caput, do CDC); ou b) pelo mero fato de a personalidade jurídica representar um obstáculo ao ressarcimento de prejuízos causados aos consumidores, nos termos do § 5º do art. 28 do CDC. 12. Na hipótese em exame, segundo afirmado pelo acórdão recorrido, a existência da personalidade jurídica está impedindo o ressarcimento dos danos causados aos consumidores, o que é suficiente para a desconsideração da personalidade jurídica da recorrente, por aplicação da teoria menor, prevista no art. 28, § 5º, do CDC. 13. Recurso especial parcialmente conhecido e, nesta parte, desprovido." (STJ, REsp 1735004/SP, Rel. Ministra Nancy Andrighi, Terceira Turma, DJe 29/06/2018)

CAPÍTULO V
DAS PRÁTICAS COMERCIAIS

SEÇÃO I
Das Disposições Gerais

Art. 29. Para os fins deste Capítulo e do seguinte, equiparam-se aos consumidores todas as pessoas determináveis ou não, expostas às práticas nele previstas.

► **Consumidores equiparados do art. 29.** Consumidores não são somente aqueles que adquirem produtos ou serviços como destinatários finais (art. 2º do CDC), mas, também, aqueles que estão expostos às práticas previstas neste capítulo (Das Práticas Comerciais) e no seguinte (Da Proteção Contratual), como a oferta, a publicidade, a cobrança de dívidas, a inserção de seus nomes em banco de dados e cadastros e as abusividades contratuais.

► **O art. 29 visa combater as práticas comerciais abusivas.** "O art. 29 supera, portanto, os estritos limites da definição jurídica de consumidor para imprimir uma definição de política legislativa. Para harmonizar os interesses presentes no mercado de consumo, para reprimir eficazmente os abusos do poder econômico, para proteger os interesses econômicos dos consumidores finais, o legislador colocou um poderoso instrumento nas mãos daquelas pessoas (mesmo agentes econômicos) expostas às práticas abusivas. Estas, mesmo não sendo consumidores stricto sensu, poderão utilizar as normas especiais do CDC, seus princípios, sua ética de responsabilidade social no mercado, sua nova ordem pública, para combater as práticas comerciais abusivas." (MARQUES, Cláudia Lima; BENJAMIN, Antônio Herman; MIRAGEM, Bruno. *Comentários ao Código de Defesa do Consumidor*. RT, pág. 397).

► **As pessoas expostas às publicidades são consumidoras por equiparação.** "O CDC equipara a consumidor todas as pessoas que intervenham nas relações de consumo (art. 2º, parágrafo único), as vítimas dos acidentes de consumo (art. 17) e todas as pessoas expostas às práticas comerciais e contratuais (art. 29). Isso inclui a publicidade." (PASQUALOTTO, Adalberto. *Os Efeitos Obrigacionais da Públicidade no Código de Defesa do Consumidor*. São Paulo: Revista dos Tribunais, 1997, p. 77-78)

► **O art. 29 propicia o alargamento do espectro de abrangência do código. O consumidor-profissional poderá ter a proteção do CDC.** "Quer nos parecer que o art. 29 veio com a intenção de alargar o espectro de abrangência do Código, tutelando aqueles pseudoconsumidores, segundo o conceito padrão, mesmo porque só dessa maneira os eventuais prejuízos que os empresários possam ter na prática de um ato de consumo acabariam por ser repassados para o consumidor final e assim ser repartido o prejuízo entre os elementos da comunidade. Portanto, o consumidor-profissional, ou seja, aquele que adquire um produto necessário para o exercício de sua atividade profissional, poderá ter a proteção desse Código, apesar de estabelecer uma relação comercial com o alienante, por exemplo, ao comprar determinada maquinaria imprescindível na sua fábrica, por força do artigo comentado". (QUEIROZ, Odete Novais Carneiro. *Da responsabilidade por vício do produto e do serviço*. São Paulo: Revista dos Tribunais, Biblioteca de Direito do Consumidor, v. 11, p. 99) ► **No mesmo sentido:**"Ao estabelecer como única característica do consumidor definido em seu art. 29 a mera exposição a determinadas práticas, o CDC abre o seu campo de abrangência, para disciplinar não somente as relações tipicamente de consumo, mas atingindo toda a teoria contratual, já que basta, agora, por exemplo, firmar um contrato de adesão para surgir a figura do consumidor, preenchida pelo aderente de tal contrato". (NOVAIS, Alinne Arquette Leite. *A teoria contratual e o Código de Defesa do Consumidor*. São Paulo: Revista dos Tribunais, 2001. p. 143)

► **O CDC não desconsiderou a qualidade de consumidor como destinatário das práticas comerciais.** "Não nos parece que o Código de Defesa do Consumidor tenha desconsiderado a qualidade de consumidor do destinatário das práticas comerciais. O art. 29 limita a expressão "todas as pessoas" com outra: "expostas às práticas nele previstas" e assim seriam consumidores tão somente as pessoas escolhidas pelos fornecedores como destinatários das práticas comerciais". (ROCHA, Silvio Luís Ferreira. *Responsabilidade civil do fornecedor pelo fato do produto no direito brasileiro*. 2ª ed. v. 4. Biblioteca de Direito do Consumidor, São Paulo: Revista dos Tribunais, p. 73)

◙ **Pessoa jurídica empresária. Possibilidade de ser equiparada a consumidor quando exposta às práticas comerciais.** "A jurisprudência do STJ tem evoluído no sentido de somente admitir a aplicação do CDC à pessoa jurídica empresária excepcionalmente, quando evidenciada a sua vulnerabilidade no caso concreto; ou por equiparação, nas situações previstas pelos arts. 17 e 29 do CDC. Mesmo nas hipóteses de aplicação imediata do CDC, a jurisprudência do STJ entende que deve prevalecer o foro de eleição quando verificado o expressivo porte financeiro ou econômico da pessoa tida por consumidora ou do contrato celebrado entre as partes. – É lícita a cláusula de eleição de foro, seja pela ausência de vulnerabilidade, seja porque o contrato cumpre sua função social e não ofende à boa-fé objetiva das partes, nem tampouco dele resulte inviabilidade ou especial dificuldade de acesso à Justiça." (STJ, REsp 684613/SP; Rel. Min. Nancy Andrighi, J. 21.06.2005, DJ 1.7.2005, 3ª T) ◙ **No mesmo sentido:** "A pessoa jurídica exposta à prática comercial abusiva equipara-se ao consumidor (art. 29 do CDC), o que atrai a incidência das normas consumeristas e a competência do Procon para a imposição da penalidade." (STJ, RMS 27.541/TO, Rel. Min. Herman Benjamin, 2ª T., DJe 27.4.2011).

◙ **No sentido de que é indispensável a constatação da vulnerabilidade *in concreto* da pessoa jurídica para ser equiparada a consumidora:** "CONSUMIDOR. DEFINIÇÃO. ALCANCE. TEORIA FINALISTA. REGRA. MITIGAÇÃO. FINALISMO APROFUNDADO. CONSUMIDOR POR EQUIPARAÇÃO. VULNERABILIDADE. (...) A contratação do serviço de telefonia não caracteriza relação de consumo tutelável pelo CDC, pois o referido serviço compõe a cadeia produtiva da empresa, sendo essencial à consecução do seu negócio. Também não se verifica nenhuma vulnerabilidade apta a equipar a empresa à condição de consumidora frente à prestadora do serviço de telefonia (...)" (STJ, REsp 1195642/RJ, Rel. Min. Nancy Andrighi, 3ª T., DJe 21.11.2012) ◙ **No mesmo sentido:** "A pessoa jurídica adquirente de um produto ou serviço pode ser equiparada à condição de consumidora (art. 29 do CDC), por ostentar, frente ao fornecedor, alguma vulnerabilidade que, frise-se, é o princípio-motor da política nacional das relações de consumo (art. 4º, I, do CDC). Aplicação temperada da teoria finalista frente às pessoas jurídicas, processo denominando pela doutrina como finalismo aprofundado - Precedentes (...)" (STJ, AgRg no AREsp 735.249/SC, Rel. Min. Ricardo Villas Bôas Cueva, 3ª T., DJe 4.2.2016) ◙ No mesmo sentido: "A jurisprudência do STJ, tomando por base o conceito de consumidor por equiparação previsto no art. 29 do CDC, tem evoluído para uma aplicação temperada da teoria finalista frente às pessoas jurídicas, num processo que a doutrina vem denominando finalismo aprofundado, consistente em se admitir que, em determinadas hipóteses, a pessoa jurídica adquirente de um produto ou serviço pode ser equiparada à condição de consumidora, por apresentar frente ao fornecedor alguma vulnerabilidade, que constitui o princípio-motor da política nacional das relações de consumo, premissa expressamente fixada no art. 4º, I, do CDC, que legitima toda a proteção conferida ao consumidor." (STJ, REsp 1195642/RJ, Rel. Ministra Nancy Andrighi, Terceira Turma, DJe 21/11/2012) ◙ **No mesmo sentido:** "O art. 29, do CDC, permite que determinadas pessoas sejam equiparadas ao consumidor, mesmo não sendo destinatárias finais, desde que configurada a vulnerabilidade da parte frente ao fornecedor ou prestador de serviços. – Constatada a hipossuficiência entre as partes contratantes é de ser aplicada a regra que prevê que o consumidor deve ser demandado no local em que possui domicílio – Preliminar rejeitada. Recurso provido."(TJ-MG – AI: 10141120008638001 MG, Relator: Márcia de Paoli Balbino, Câmaras Cíveis Isoladas / 17ª Câmara Cível, Data de Publicação: 08/01/2013)

◙ **Pessoa jurídica que contrata serviços de telefonia móvel e internet no exterior.** "APELAÇÃO CÍVEL - AÇÃO DE INDENIZAÇÃO - CÓDIGO DE DEFESA DO CONSUMIDOR - APLICAÇÃO - INTELIGÊNCIA DO ART. 29 - CONSUMIDOR POR EQUIPARAÇÃO - CONTRATO DE PRESTAÇÃO DE SERVIÇOS DE TELEFONIA MÓVEL - UTILIZAÇÃO DE INTERNET NO EXTERIOR - CONTRATAÇÃO PRÉVIA DE PLANO QUE GARANTIA ACESSOS ILIMITADOS - COBRANÇA INDEVIDA - RESTITUIÇÃO, EM DOBRO, DO INDÉBITO - INTELIGÊNCIA DO ART. 42 DO CDC - IMPOSSIBILIDADE - MÁ-FÉ NÃO DEMONSTRADA - RECURSO PARCIALMENTE PROVIDO. É de se aplicar ao caso dos autos o diploma consumerista, vez que, embora a sociedade empresária-autora não seja destinatária final dos serviços de telefonia da ré, não se enquadrando no conceito restrito de consumidora, do art. 2º do CDC, a ela se aplicam as disposições do CDC, relativas às práticas contratuais e comerciais abusivas, por força do disposto no art. 29, do mencionado diploma legal, sendo evidente a sua vulnerabilidade fática, jurídica e econômica (...)" (TJMG, Ap. Cív. 10024113429559001, Décima Sétima Câmara Cível, Rel. Des. Eduardo Mariné da Cunha, DJ 25/04/2014).

◙ **Consumidor vítima de fraude praticada por terceiro.** "APELAÇÃO CÍVEL - AÇÃO DECLARATÓRIA DE INEXISTÊNCIA DE RELAÇÃO JURÍDICA C/C REPETIÇÃO DE INDÉBITO E DANOS MORAIS - APLICAÇÃO DO CDC - CONSUMIDOR POR EQUIPARAÇÃO - ART. 29 DO CDC. (...) 1. Mesmo sem ter entabulado qualquer relação jurídica com a empresa ré que envolvesse o terminal telefônico descrito na exordial, o autor foi exposto à prática comercial desenvolvida pela mesma, enquadrando-se, dessa feita, no conceito de consumidor por equiparação (art. 29 do CDC). (...)" (TJMS, Ap. Cív. 00458525420118120001, Terceira Câmara Cível, Rel. Des. Fernando Mauro Moreira Marinho, DJ 15/02/2013). ◙ **No mesmo sentido:** "CIVIL E PROCESSUAL CIVIL - APELAÇÃO - AÇÃO DECLARATÓRIA DE INEXISTÊNCIA DE DÉBITO C/C INDENIZAÇÃO POR DANOS MORAIS - CONTRATO E DÉBITO DO CONSUMIDOR POR EQUIPARAÇÃO – NÃO COMPROVAÇÃO – FRAUDE DE TERCEIRO – NÃO EXIMENTE DA RESPONSABILIDADE DO FORNECEDOR - SÚMULA 479 DO STJ – RESPONSABILIDADE CIVIL OBJETIVA – ART. 14 E 29 DO CDC (...) A teor dos art. 14 e 29, do CPC, o fornecedor de serviços responde, independentemente da existência de culpa, pela reparação dos danos causados aos consumidores, ainda que por equiparação, por defeitos relativos à prestação dos serviços. – Conforme teor da Súmula 479 do STJ, as instituições financeiras respondem objetivamente pelos danos gerados por fortuito interno relativo a fraudes e delitos praticados por terceiros no âmbito de operações bancárias (...)" (TJMG, Ap. Cív. 10620120025890001, Décima Sétima Câmara Cível, Rel. Des. Márcia De Paoli Balbino, DJ 07/03/2014).

◙ **Consumidor prejudicado por gravame lançado sobre veículo de sua propriedade.** "AGRAVO DE INSTRUMENTO – RETIRADA DE GRAVAME SOB VEÍCULO – CONSUMIDOR POR EQUIPARAÇÃO (BYSTANDERS). INVERSÃO DO ÔNUS DA PROVA. CABIMENTO. 'Bystanders', ou consumidores por equiparação, são aquelas pessoas estranhas à relação de consumo, mas que sofreram prejuízo em razão dos defeitos intrínsecos ou extrínsecos do produto ou serviço (art. 17 e 29 do CDC). Assim, embora não haja relação jurídica de consumo entre a Agravante e Agravada, a lei expressamente conferiu a esta última o status de consumidora, posto ter sofrido, ao menos em tese, prejuízos causados pelo gravame sob o veículo. Por estas razões, diante da verossimilhança das alegações da Agravada e da sua hipossuficiência, esta faz jus à facilitação da defesa consagrada no CDC, devendo ser deferida a liminar presentes seus requisitos" (TJMG, AI 10461120074228001, Décima Quinta Câmara Cível, Rel. Des. Antônio Bispo, DJ 25/10/2013).

◙ **Relação entre indústria e concessionária fornecedora de água.** "Competência recursal. Conflito negativo. Relação jurídica entre indústria e concessionária fornecedora de água. Contrato de adesão. Cobrança de tarifa após pedido de cancelamento da matrícula. Possibilidade de equiparação da pessoa jurídica aderente ao consumidor, por força do artigo 29 c/c art. 54 do CDC. Mitigação da teoria finalista. (...)" (TJRJ, C.Comp. 00275850320158190000, OE – Secretaria do Tribunal Pleno e Órgão Especial, Rel. Des. Bernardo Moreira Garcez Neto, DJ 21/08/2015).

◙ **Plano de saúde coletivo. Sociedade empresária instituidora do seguro equiparada a consumidora.** "Contrato de saúde coletivo. Relação jurídica entre empresa instituidora e operadora de saúde. Pacto de adesão. Possiblidade de equiparação da pessoa jurídica aderente ao consumidor, por força do art. 29 c/c art. 54 do CDC. Mitigação da teoria finalista. Precedentes do STJ (...)" (TJRJ, Ap. Cív. 00022274120148190042, Décima Câmara Cível, Rel. Des. Bernardo Moreira Garcez Neto, DJ 07/04/2015).

◙ **Equiparação não reconhecida. Canil especializado na criação de Bulldog Inglês.** "RESPONSABILIDADE CIVIL. INDENIZAÇÃO. CANIL. MORTE DE CACHORRO. RAÇÃO. CONCEITO DE CONSUMIDOR. NEXO DE CAUSALIDADE. PROVA. Em situações de vulnerabilidade e hipossuficiência do contratante, embora não seja o destinatário final, pode ser reconhecida a situação, de modo especial, de consumidor por equiparação, art. 29 do CDC. Não se encontra nessa situação o contratante que atua profissionalmente nas circunstâncias relacionados ao fato. (...)" (TJRS, Ap. Cív. 70044216448, Décima Câmara Cível, Rel. Des. Marcelo Cezar Muller, DJ 10/07/2012).

◙ **Equiparação não reconhecida. Produtor rural que adquire herbicida para aplicação na lavoura.** "RESPONSABILIDADE CIVIL. LAVOURA DE MILHO. HERBICIDA. CONSUMIDOR. INDENIZAÇÃO. Em situações de vulnerabilidade e hipossuficiência do contratante, embora não seja o destinatário final, pode ser reconhecida a situação, de modo especial, de consumidor por equiparação, art. 29 do CDC. No caso, não deve ser reconhecida a incidência do CDC no negócio jurídico efetuado entre o produtor e a cooperativa. Precedentes da Câmara. Ausente prova segura sobre a presença de falha de serviço e do nexo de causalidade, deve ser mantida a sentença que julgou improcedentes os pedidos de indenização por danos materiais e morais. Apelação não provida" (TJRS, Ap. Cív. 70054095096, Décima Câmara Cível, Rel. Des. Marcelo Cezar Muller, DJ 26/07/2013). ◙ **Em sentido contrário:** "RESPONSABILIDADE CIVIL. AÇÃO INDENIZATÓRIA. CONSUMIDOR. AGROTÓXICO. PERDA DE LAVOURA DE FUMO. Em situações de vulnerabilidade e hipossuficiência do contratante, embora não seja o destinatário final, pode ser reconhecida a situação, de modo especial, de consumidor por equiparação, art. 29 do CDC. No caso, deve ser reconhecida a incidência do CDC, considerada a condição do autor frente à demandada. (...)" (TJRS, Ap. Cív. 70045662822, Décima Câmara Cível, Rel. Des. Marcelo Cezar Muller, DJ 04/10/2012).

◙ **Emissão de boleto adulterado em site da internet por pessoa jurídica.** "APELAÇÕES CÍVEIS - AÇÃO DE RESTITUIÇÃO DE QUANTIAS PAGAS INDEVIDAMENTE C/C INDENIZAÇÃO POR DANOS MORAIS - EMISSÃO DE BOLETO ADULTERADO EM SITE DE PRESTAÇÃO DE SERVIÇOS - APLICAÇÃO DO CÓDIGO DE DEFESA DO CONSUMIDOR - TEORIA FINALISTA TEMPERADA - PESSOA JURÍDICA EQUIPARADA À CONDIÇÃO DE CONSUMIDOR - CONSTATAÇÃO DE SUA VULNERABILIDADE PERANTE O FORNECEDOR DE BENS OU SERVIÇOS. 1. O Superior Tribunal de Justiça, à luz do conceito de consumidor por equiparação previsto no art. 29 do CDC, tem admitido a aplicação temperada da teoria finalista, hipótese em que a pessoa jurídica adquirente de um produto ou serviço possa ser equiparada à condição de consumidor, por apresentar algum tipo de vulnerabilidade diante do fornecedor, o que 'constitui o princípio-motor da política nacional das relações de consumo, premissa expressamente fixada no art. 4º, I, do CDC' e legitima a proteção" (TJMS, Ap. Cív. 08074488720148120002, Quarta Câmara Cível, Rel. Des. Dorival Renato Pavan, DJ 21/02/2017).

◙ **Pessoa natural que adquire máquina caseira para fabricar fraldas.** "APELAÇÃO CÍVEL. AÇÃO INDENIZATÓRIA. ALEGAÇÃO DE AQUISIÇÃO DE MÁQUINA DE FRALDAS QUE SE ENCONTRA COM VÍCIO. RELAÇÃO CONSUMERISTA. IN-

COMPETÊNCIA ABSOLUTA. INTELIGÊNCIA DO ARTIGO 6º-A DO REGIMENTO INTERNO TJRJ. EVIDENTE VULNERABILIDADE TÉCNICA. AUTORA/APELANTE PESSOA FÍSICA QUE OPERA MÁQUINA CASEIRA E DE PEQUENO PORTE COMERCIALIZADA PELA EMPRESA APELADA. ALEGAÇÃO DE PROPAGANDA ENGANOSA ANTE A DIVERGÊNCIA ENTRE A CAPACIDADE DE PRODUÇÃO DO PRODUTO ANUNCIADO E A DO EQUIPAMENTO RECEBIDO. APLICAÇÃO DA EQUIPARAÇÃO DO ARTIGO 29 DO CDC. MITIGAÇÃO DA TEORIA FINALISTA. ENTENDIMENTO DO COLENDO STJ. INTELIGÊNCIA DA SÚMULA Nº. 67 DESTA CORTE. AUSÊNCIA DE PREVENÇÃO DESTA CÂMARA CÍVEL. INAPLICABILIDADE DA SÚMULA Nº. 313 DO TJRJ. REDISTRUIÇÃO A UMA DAS CÂMARAS CÍVEIS ESPECIALIZADAS. DECLÍNIO DE COMPETÊNCIA" (TJRJ, Ap. Cív. 00010034020068190045, Décima Quarta Câmara Cível, Rel. Des. Francisco De Assis Pessanha Filho, DJ 10/02/2017).

◙ **Pessoa acusada de prática de furto em supermercado. Consumidor por equiparação.** "RESPONSABILIDADE CIVIL. RELAÇÃO DE CONSUMO POR EQUIPARAÇÃO. ACUSAÇÃO DE FURTO NO INTERIOR DE UM SUPERMECADO E ENCAMINHAMENTO A DELEGACIA POLICIAL. IMPUTAÇÃO INDEVIDA. TRATAMENTO OFENSIVO. DANO MORAL. CARACTERIZAÇÃO. QUANTUM INDENIZATÓRIO. Todo aquele que está exposto às práticas comerciais, ainda que não tenha efetivamente adquirido qualquer produto ou serviço, equipara-se ao conceito de consumidor, consoante dispositivo do art. 29 do CDC, de modo a coibir que não seja vítima de abusos, caracterizando, pois, a responsabilidade do fornecedor como de natureza objetiva. O supermercado que, por meio dos prepostos responsáveis pela segurança do estabelecimento, acusam indevidamente um consumidor da prática de furto, ensejando, inclusive, o seu encaminhamento a uma delegacia e a instauração de apuração policial em seu desfavor, incorre em conduta ilícita passível de gerar o dever de indenizar, notadamente quando a ocorrência, ou não, do furto era de fácil constatação. Em se tratando de danos morais, a indenização possui natureza compensatória e penalizante, devendo ser observada, para a fixação do quantum devido, a capacidade econômica das partes e a intensidade do dano sofrido." (TJDF, Ap. Cív. 87562052005807000l, Segunda Turma Cível, Rel. Des. Carmelita Brasil, DJE 14/07/2008).

SEÇÃO II
Da Oferta

Art. 30. Toda informação ou publicidade, suficientemente precisa, veiculada por qualquer forma ou meio de comunicação com relação a produtos e serviços oferecidos ou apresentados, obriga o fornecedor que a fizer veicular ou dela se utilizar e integra o contrato que vier a ser celebrado.

► **Sobre o cumprimento forçado da obrigação, proveniente do princípio da vinculação da oferta, verificar art. 35.**

► **A oferta, por si só, já é suficiente para criar um vínculo entre fornecedor e consumidor.** O CDC assegura, através desse artigo, a inclusão da publicidade, desde que suficientemente precisa, como uma modalidade de oferta. A oferta, por si só, já é suficiente para criar um vínculo entre fornecedor e consumidor, surgindo uma obrigação pré–contratual, devendo o fornecedor cumpri-la nos exatos termos anunciados, vinculando-o contratualmente (princípio da vinculação contratual da oferta).

► **A oferta publicitária é irretratável, mas limitável.** "Irretratável, uma vez feita, mas não ilimitável, pois o anunciante tem todo o poder (e direito) para limitar a eficácia temporal, quantitativa e geográfica do anúncio, desde que o faça antes da sua veiculação. (BENJAMIN, Antônio Herman V.; MARQUES, Cláudia Lima; BESSA, Leonardo Roscoe. *Manual de Direito do Consumidor.* 7ª edição. São Paulo, Revista dos Tribunais, 2016, p. 271).

► **Oferta. O fornecedor é obrigado a contratar nos termos da oferta** "Observe-se, pois, que, a teor do artigo 30 do CDC, o caráter vinculativo da oferta não apenas obriga o fornecedor a contratar, mas também a fazê-lo nos termos da informação ou publicidade veiculada. Neste sentido, é possível identificar em relação aos efeitos da oferta de consumo a origem de dois deveres jurídicos principais em relação ao fornecedor. Primeiro, é o dever de contratar, ou seja, de realizar o contrato a que se refira a oferta. Segundo o dever de contratar nos termos da oferta. Isto porque, ao referir ao final do artigo 30, que a informação ou publicidade suficientemente precisa integra o contrato que vier a ser celebrado, encaminha o legislador importante solução prática visando evitar a dissociação entre o prometido e o efetivamente contratado. Neste sentido, em vista do princípio da boa-fé, o efeito vinculativo da conduta das partes e a rejeição ao comportamento contraditório, ao estabelecer que a oferta de consumo integra o contrato de consumo, vincula o fornecedor ao cumprimento do que se comprometeu na fase pré-contratual, na qual o objetivo de atração do consumidor para contratar pode muitas vezes estimular o oferecimento de vantagens que posteriormente não estejam contempladas no contrato. A solução do artigo 30 do CDC, evita esta dissociação. A oferta de consumo e o contrato se identificam pela simples razão de que a primeira constitui-se, por força de lei, em parte integrante do segundo. E neste sentido, há um nítido privilégio aos termos da oferta em relação ao que venha a ser posteriormente contratado, sobretudo quando exista divergência entre estes dois momentos, sem que seja muitas vezes percebido pelo consumidor, em face da sua vulnerabilidade (que se pode apresentar no tocante á redação e compreensão do contrato, por exemplo)". (MIRAGEM, Bruno. *Curso de Direito do Consumidor*, 6ª ed. São Paulo: RT, p. 271).

► **Os exageros publicitários (*puffing*), a princípio, não obrigam os fornecedores.** Os exageros (puffing), a princípio, não obrigam os fornecedores, justamente por lhes faltar a característica da precisão. Assim, expressões do tipo "o melhor carro do mundo" ou "o mais elegante terno" não se aplicam ao artigo. Geralmente, são expressões exageradas, que não permitem uma verificação objetiva.

► **Simples folhetos distribuídos pelo fornecedor vincula.** "Simples folhetos distribuídos pelo fornecedor criam-lhe, também, a obrigação de atender ao consumidor nas bases que se tornoram públicas." (SAAD, Eduardo Gabriel. *Comentários ao Código de Defesa do Consumidor*. 2. ed. LTr, p. 366.)

► **Sobre o *puffing* e publicidade enganosa, ver art. 37.**

◙ **Síntese do art. 30.** "Prometeu tem que cumprir (art. 30 do CODECON)" (TJDF, ACJ 20030110579784 - DF - 2ª T.R.J.E. - Rel. Des. João Egmont Leôncio Lopes, DJU 9.12.2003)

► **A vinculação ocorrerá em toda a cadeia de fornecedores (quem se aproveitar da publicidade).** "Em matéria de publicidade e de informação a responsabilidade da cadeia de fornecedores é expressa no art. 30 do CDC. [...] Neste caso, o risco é geral, é de toda a cadeia de fornecedores de produtos e serviços, é risco profissional de quem 'veicula' a publicidade e de quem dela se 'utiliza' ou aproveita, como esclarecem os arts. 30 e 35 do CDC. [...] Neste caso, a imputação de responsabilidade/garantia vem do benefício comercial que a publicidade traz, direta ou indiretamente, ao fornecedor (direto ou indireto). Tal posição é a mais adaptada às redes contratuais e cadeias de produção e comercialização atuais." (MARQUES, Cláudia Lima. *Contratos no código de defesa do consumidor: o novo regime das relações contratuais*. 6ª ed. São Paulo: Editora RT, 2011, p. 437) ◙ **Nesse sentido, publicidade garantindo a entrega de veículo vendido e havendo falência da concessionária, vincula a montadora**. "Consumidor. Recurso especial. Publicidade. Oferta. Princípio da vinculação. Obrigação do fornecedor. – O CDC dispõe que toda informação ou publicidade, veiculada por qualquer forma ou meio de comunicação com relação a produtos e serviços oferecidos ou apresentados, desde que suficientemente precisa e efetivamente conhecida pelos consumidores a que é destinada, obriga o fornecedor que a fizer veicular ou dela se utilizar, bem como integra o contrato que vier a ser celebrado. Constatado pelo eg. Tribunal a quo que o fornecedor, através de publicidade amplamente divulgada, garantiu a entrega de veículo objeto de contrato de compra e venda firmado entre o consumidor e uma de suas concessionárias, submete-se ao cumprimento da obrigação nos exatos termos da oferta apresentada. Diante da declaração de falência da concessionária, a responsabilidade pela informação ou publicidade divulgada recai integralmente sobre a empresa fornecedora." (STJ, REsp 363939/MG, Rel. Min. Nancy Andrighi, J. 4.6.2002, 3ª T) ◙ **No mesmo sentido:** "É solidária a responsabilidade entre aqueles que veiculam publicidade enganosa e os que dela se aproveitam, na comercialização de seu produto." (STJ, REsp 327.257/SP, Rel. Ministra Nancy Andrighi, Terceira Turma, DJ 16/11/2004)

◙ **Publicidade veiculada por cooperativa do sistema Unimed**. "PROCESSO CIVIL E DIREITO DO CONSUMIDOR. PLANO DE SAÚDE. SOCIEDADES COOPERATIVAS UNIMED. LEGITIMIDADE PASSIVA AD CAUSAM. (...) 2. A publicidade do Sistema Unimed busca instigar o indivíduo à contratação mediante a convicção de que se trata de uma entidade única com atuação em âmbito nacional, não sendo informado ao filiado sobre a autonomia e a independência de suas unidades, o que só faz reforçar nele a ideia de que esse sistema lhe oferece uma maior gama de serviços e facilidades. 3. Ademais, a complexa estrutura das cooperativas prestadoras de serviço, se, por um lado, visa ao estímulo e reforço do sistema cooperativo regido pela Lei n. 5.764/1971, possibilitando a atuação sob uma mesma marca e a constituição de sociedades cooperativas singulares, federações de cooperativas e confederações; por outro lado, tem como efeito externo a responsabilização de toda a cadeia de fornecimento - no caso, o Sistema Unimed - de forma solidária, uma vez que não se pode exigir do consumidor que conheça as intrincadas relações entre os diversos membros dessa cadeia, mormente quando a publicidade veiculada pelo grupo faz-lhe crer que se trata de uma entidade una. 4. Dessarte, o fato de várias sociedades explorarem uma mesma marca, ainda que com personalidades jurídicas distintas - por não ter havido a informação clara ao consumidor acerca de eventuais diferenças no conteúdo dos serviços ou na cobertura oferecida por cada uma -, traz como consequência a possibilidade de serem acionadas a responder solidariamente pelas obrigações contratadas por qualquer delas." (STJ, REsp 1377899/SP, Quarta Turma, Rel. Min. Luis Felipe Salomão, DJe 11/02/2015)

◙ **Vincula o fornecedor o preço anunciado na publicidade.** "CONSUMIDOR - PUBLICIDADE - OFERTA - PRINCÍPIO DA VINCULAÇÃO - OBRIGAÇÃO DO FORNECEDOR . O CDC dispõe que toda informação ou publicidade, veiculada por qualquer forma ou meio de comunicação com relação a produtos e serviços oferecidos ou apresentados, desde que suficientemente precisa e efetivamente conhecida pelos consumidores a que é destinada, obriga o fornecedor que a fizer veicular ou dela se utilizar, bem como integra o contrato que vier a ser celebrado.Se o fornecedor, através de publicidade amplamente divulgada, garantiu a venda de mercadoria por determinado preço anunciado, submete-se a proposta lançada aos exatos termos da oferta apresentada.Não sendo possível o cumprimento da obrigação alternativa pelo fornecedor, caberá, por descumprimento de norma de caráter público prevista no CDC, o dever de indenizar." (TJ-MG 101450630206900011 MG, Relator: Otávio Portes, Data de Publicação: 13/06/2007)

► **Erro grosseiro. A publicidade flagrantemente equivocada não vinculará o fornecedor.** Em respeito ao princípio da boa-fé objetiva, segundo o qual as partes (fornecedor e consumidor) deverão agir com base na lealdade e confiança, tem-se admitido o chamado "erro grosseiro" como forma de não responsabilizar o fornecedor. O erro grosseiro é aquele erro latente, que facilmente o consumidor tem condições de verificar o equívoco, por fugir ao padrão normal do que usualmente acontece. ► **No mesmo sentido:** "Temos para nós que a publicidade flagrantemente equivocada (por exemplo, um carro por um valor ínfimo) não vinculará, pois não criará no consumidor uma expectativa justa de consumo. Da mesma forma que a publicidade para ser enganosa deverá ser recebida como verdadeira pelo consumidor, a publicidade manifestamente equivocada só vinculará na medida em que seja recebida como real pelo destinatário". (CASADO, Márcio Mello. *Proteção do consumidor de crédito bancário e financeiro*. v. 15. Biblioteca de Direito do Consumidor, São Paulo: Revista dos Tribunais. p. 115) ► **No mesmo sentido:** "Existem casos em que erros crassos são publicados em jornais, revistas etc., nos quais podemos perceber que houve um erro na publicação da oferta e que jamais o produto poderia estar sendo comercializado pela quantia que foi oferecida, nestes casos, vale o bom senso e a boa-fé do consumidor para enxergar que tudo não passou de um equívoco: "em outras palavras, o normal é que a oferta é válida como transmitida, exceto quando seu destinatário sabe ou razoavelmente deveria saber que se tratava de equívoco"."(AMATRUDO, Rosangela. Publicidade Abusiva. *Revista* *de Direito do Consumidor*. São Paulo: RT, Vol.52, Ano 2004, p. 163-221) ◙ **No mesmo sentido, envolvendo produto anunciado a preço muito inferior ao normalmente praticado.** "EMENTA: APELAÇÃO CÍVEL - AÇÃO DE INDENIZAÇÃO POR DANOS MORAIS - REVELIA - VERACIDADE DE TODOS OS FATOS ALEGADOS - AUSENCIA - PROPAGANDA - VALOR DE PRODUTO MUITO INFERIOR AO DE MERCADO - ERRO ESCUSÁVEL - ERRATA - POSSIBILIDADE - INDENIZAÇÃO - DANO MORAL- AUSENTE. (...) A política do Código de Defesa do Consumidor é estabelecer equilíbrio entre as partes na relação de consumo, evitando vantagem exagerada para qualquer um dos envolvidos no negócio jurídico. - Quando o fornecedor anuncia para um produto preço muito inferior ao praticado no mercado, torna-se facilmente perceptível a ocorrência de erro material, que não obriga a empresa a manter o preço e muito menos a indenizar o consumidor, a menos que seja demonstrada sua má-fé, o que no caso, não ocorreu" (TJMG, Ap. Cív. 1.0702.10.085334-1/001, Décima Câmara Cível, Rel. Des. Mariângela Meyer, DJ 15/04/2016). ◙ **No mesmo sentido, envolvendo veículo automotor por preço incompatível com o real de mercado** : "APELAÇÃO CÍVEL Interposição contra sentença que julgou procedente ação de obrigação de fazer. Propaganda veiculada em jornal que oferece veículo automotor por preço incompatível com o real de mercado. Erro grosseiro e escusável, que não configura oferta vinculativa. Discrepância que permite concluir pela inexistência de dolo ou má-fé por parte da fornecedora, e que a desobriga ao cumprimento do artigo 30 do Código de Defesa do Consumidor. Prevalência dos princípios da boa-fé objetiva e vedação ao enriquecimento sem causa. Autor qualificado como comerciante, e que certamente tem a exata noção de que o veículo que pretende adquirir tem preço de mercado consideravelmente superior ao que deseja pagar. Ação julgada improcedente. Sentença reformada" (TJSP, Ap. Cív. 435145120108260002. Trigésima Terceira Câmara de Direito Privado, Rel. Des. Mário A. Silveira, DJ 03/10/2012). ◙ **No mesmo sentido, envolvendo oferta de um determinado produto em site com preço ínfimo em relação ao seu preço real de mercado.** "RECURSO INOMINADO. CONSUMIDOR. OFERTA DE PRODUTO PELA INTERNET. ERRO GROSSEIRO NA DIVULGAÇÃO DO PREÇO. PRECEITO DA BOA FÉ-OBJETIVA. AUSÊNCIA DE VINCULAÇÃO DO FORNECEDOR À OFERTA. PRINCÍPIO DA VEDAÇÃO DO ENRIQUECIMENTO SEM CAUSA. Foi publicado, equivocadamente, no endereço eletrônico da demandada, uma oferta de um determinado produto com preço ínfimo em relação ao seu preço real de mercado. Tendo a ré comprovado que o produto adquirido pelo autor foi ofertado erroneamente, ilegítima a pretensão do demandante em buscar ressarcimento material tão-pouco extrapatrimonial. Sentença de improcedência mantida. (TJ-RS - Recurso Cível: 71005096649 RS, Relator: Roberto Behrensdorf Gomes da Silva, Segunda Turma Recursal Cível, Data de Publicação: Diário da Justiça do dia 29/09/2014)

◙ **Se o erro na oferta não é manifestamente grosseiro, o fornecedor é obrigado a cumpri-la.** "OFERTA Preço de notebook anunciado com preço inferior ao pretendido pelo anunciante Vinculação da oferta Hipótese em que a retificação do preço, a despeito de ter sido veiculada antes do início do prazo de vigência, não o foi pela mesma forma da oferta (panfleto enviado ao endereço da consumidora), mas por via indireta (jornal) Inteligência do art. 429, parágrafo único, CC/02 - Erro grosseiro não constatado Preço verossímil ao consumidor Alienação do produto determinada, em observância ao art. 30, CDC Ação procedente Recurso desprovido" (TJSP, Ap. Cív. 30038495120098260506. Primeira Câmara de Direito Privado, Rel. Des. Luiz Antônio de Godoy, DJ 30/07/2014). ◙ **No mesmo sentido:** "APELAÇÃO CÍVEL. Ação de Obrigação de Fazer c.c. Indenização. Compra e Venda. Propaganda de notebooks com preço inferior ao preço de Mercado. Alegação de Erro grosseiro. Ausência de prova de que Ré tenha tentado desfazer o equívoco. Relação de Consumo. Inversão do ônus da prova. Oferta que vincula (...)" (TJSP, Ap. Cív. 00109661820118260008. Trigésima Câmara de Direito Privado, Rel. Des. Penna Machado, DJ 24/10/2014).

◙ **Não configuração de erro grosseiro nas promoções de passagens aéreas.** "CONSUMIDOR. TRANSPORTE AÉREO. VENDA DE PASSAGEM. PREÇO PROMOCIONAL. CANCELAMENTO APÓS FINALIZADO O PROCESSO DE COMPRA. ERRO GROSSEIRO NA OFERTA NÃO EVIDENCIADO. DEVER DE INDENIZAR. VALOR RAZOÁVEL E EQUANIME. RECURSO CONHECIDO E IMPROVIDO. 1. Toda informação ou publicidade, suficientemente precisa, veiculada por qualquer forma ou meio de comunicação com relação a produtos e serviços oferecidos ou apresentados, obriga o fornecedor que a fizer veicular ou dela se utilizar e integra o contrato que vier a ser celebrado. (CDC, Art. 30). 2. Finalizado processo de compra de passagem aérea, a depender apenas da emissão do e-ticket, não cabe a alegação de erro grosseiro no anúncio da passagem aérea em promoção. 3. Não evidenciado erro grosseiro por se tratar do CYBER MONDAY, data que são realizadas grandes promoções, mesmo porque as empresas aéreas costumam, sazonalmente, promover ofertas de passagens por preços reduzidos, seja para comercialização de voos em baixa estação, seja para alcançar visibilidade no mercado. 4. Confirma-se a sentença que impôs a obrigação de emitir os bilhetes aéreos cancelados pelo preço e mesma condições da oferta, por imposição do art. 35, inciso I, do Código de Defesa do Consumidor." (TJ-DF – RI: 07071326220148070016, Relator: Asiel Henrique de Sousa, Terceira Turma Recursal, Data de Publicação: Publicado no DJE : 06/11/2015) ◙ **No mesmo sentido:** "JUIZADOS ESPECIAIS CÍVEIS. DIREITO DO CONSUMIDOR. COMPRA DE PASSAGENS AÉREAS. OFERTA. CONTRATO CELEBRADO NO MOMENTO DA ACEITAÇÃO. CANCELAMENTO DA RESERVA. RESPONSABILIDADE OBJETIVA. NÃO DEMONSTRAÇÃO DE EXCLUDENTES DO ART. 14, § 3º, DO CDC. VIOLAÇÃO AO ARTIGO 30 DO CÓDIGO DE DEFESA DO CONSUMIDOR. RECURSO CONHECIDO E NÃO PROVIDO. I. No caso dos autos, os recorridos, em 16/06/2016, realizaram a compra de passagens aéreas da Emirates Airlines para o trecho São Paulo (GRU) a Brisbane (Austrália), com conexão em Dubai, pelo valor de R$ 460,00 por passageiro (ID. 947658). A compra foi efetuada para a família dos recorridos num total de R$ 1.285,42, correspondente a 3 (três) bilhetes. Todavia, em 21/06/2016, receberam um e-mail informando que seriam cancelados os e-Tickets emitidos e reembolsado os valores pagos, visto que devido a problemas técnicos alguns bilhetes foram vendidos apenas pelo valor da taxa de embarque, sem a cobrança da tarifa. II. A sentença julgou procedente em parte o pedido inicial para determinar, a emissão de bilhetes aéreos, para 3 (três) passageiros, sendo 2 (dois) adultos e 1 (uma) criança no registro de compra, em data a ser indicada pelos autores pelo valor de R$1.285,42. III. Em suas razões recursais, as recorrentes alegam que os bilhetes não tinham qualquer valor, posto que a tarifa foi carregada a zero real, por erro no sítio eletrônico da Emirates e o valor publicado dizia respeito somente às taxas aeroportuárias. Asseveram que nunca houve qualquer espécie de publicidade ou propaganda da Emirates nesse sentido, tendo os recorridos se aproveitado dessa falha técnica, facilmente perceptível. Requer que seja reformada parcialmente a sentença para afastar a determinação à emissão dos bilhetes aéreos em favor dos recorridos, e manter improcedentes o pedido de danos morais, uma vez que inexistentes. IV. O artigo 30 da Lei nº 8.078/90 preceitua que toda informação ou publicidade veiculada por qualquer forma ou meio de comunicação com relação a produtos e serviços oferecidos, obriga o fornecedor a cumprir a oferta nos termos do anúncio. Assim, uma vez realizada a oferta, mesmo que por erro, por meio de propaganda a consumidor indeterminado, ela obriga o fornecedor que a fez, em caso de contratação pelo consumidor. V. Observa-se que o procedimento da empresa traz para si uma propaganda que mobiliza grande número de potenciais consumidores, não se podendo descartar a hipótese de golpe publicitário e não simples erro, ou seja, a oferta visou produzir o efeito de publicidade em detrimento de direitos dos consumidores. Ademais, os recorrentes não lograram êxito em demonstrar a ocorrência de uma das causas excludentes de sua responsabilidade objetiva, elencadas no art. 14, § 3º, do Código de Defesa do Consumidor. VI. É incabível a alegação de que o consumidor pagou preço vil pelos bilhetes aéreos, tendo em vista que é usual a promoção dessa modalidade de passagens, devendo as recorrentes cumprirem a oferta veiculada na internet. Ademais, Trata-se de responsabilidade objetiva do transportador aéreo, não somente por força do art. 14 do CDC, como do art. 37, § 6º, da Constituição Federal, vez que é prestadora de serviços públicos que explora atividade privativa do Poder Público da União, por meio de autorização, concessão ou permissão. Precedente das Turmas: (Acórdão n.901477, 0708168-42.2014.8.07.0016, Relator: ASIEL HENRIQUE DE SOUSA, TERCEIRA TURMA RECURSAL, Data de Julgamento: 21/10/2015, Publicado no DJE: 02/12/2015. Pág.: Sem Página Cadastrada. KLM CIA Rela Holandesa de Aviação e Decolar.com LTDA x Lucas Eddris e Outros) (Acórdão n.920590, 07030098420158070016, Relator: JOÃO LUIS FISCHER DIAS 2ª Turma Recursal dos Juizados Especiais Cíveis e Criminais do DF, Data de Julgamento: 16/02/2016, Publicado no DJE: 31/03/2016. Pág.: Sem Página Cadastrada.) VII. Recurso conhecido e não provido. Sentença mantida. VIII. Condeno os recorrentes ao pagamento de custas e honorários advocatícios, os quais fixo em 20% (vinte por cento) do valor da condenação. IX. A súmula de julgamento servirá de acórdão, consoante disposto no artigo 46 da Lei nº 9.099/95." (TJDF, Acórdão n. 986607, Segunda Turma Recursal, Rel. Juiz Edilson Enedino, DJe: 7/2/2017).

◙ **Erro grosseiro em anúncio de veículo. Necessidade de demonstração de má-fé do fornecedor.** "DIREITO DO CONSUMIDOR. OBRIGAÇÃO DE FAZER C/C DANOS MORAIS. APELAÇÃO CÍVEL. REVELIA. PRESUNÇÃO DE VERACIDADE RELATIVA. DESENTRANHAMENTO. AUSÊNCIA DE PREVISÃO LEGAL. MÉRITO. FOLHETO PUBLICITÁRIO. PREÇO ABAIXO DO RAZOÁVEL. ERRO MATERIAL. OCORRÊNCIA. MÁ-FÉ DA CONCESSIONÁRIA. NÃO COMPROVAÇÃO. PROPAGANDA ENGANOSA. INEXISTÊNCIA. (...) 2. A proteção relacionada à obrigatoriedade da oferta não é absoluta, sob pena de impossibilitar ao fornecedor de boa-fé o cometimento de erros em sua atividade comercial sem que seja penalizado, bem como de cobrir eventual má-fé e enriquecimento ilícito do consumidor. Na ocorrência de erro grosseiro, facilmente perceptível, em que se constate que o consumidor sabe ou deveria saber que a vontade do fornecedor é diversa da que foi declarada, há que ser afastada a inferência de propaganda enganosa. 3. Demonstrada a existência de mera falha facilmente perceptível pelo consumidor, que posteriormente foi corrigida pela apelada, não há que se falar em propaganda enganosa, em má-fé da concessionária, tampouco em escusável indução de consumidor a erro. 4. Há que se afastar a ocorrência de engano justificável, quando o valor se encontra tão abaixo do mercado que deveria ao menos levar o consumidor a presumir que houve erro material, não sendo razoável supor que um veículo cujo valor normal de mercado gira em torno de R$ 60.000,00 (sessenta mil reais) fosse vendido por R$ 33.990,00. 5. Também não resta demonstrada a má-fé da apelada quando não se exige conduta diversa da que foi realizada, como a publicação de errata, a informação do equívoco aos consumidores e a tentativa de oferta alternativa aos consumidores. 6. Recurso improvido", (TJDF, Ap. Cív. 20151010004622, Segunda Turma Cível. Rel. Des. Leila Arlanch, DJE 22/01/2016). ◙ **No mesmo sentido:** "COMPRA E VENDA DE BEM MÓVEL - PUBLICIDADE - ERRO GROSSEIRO - AUSÊNCIA DE MÁ-FÉ POR PARTE DO ANUNCIANTE - RECURSO IMPROVIDO. Não constatada qualquer intenção do fornecedor em ludibriar os consumidores e demonstrado o equívoco na veiculação do anúncio, prontamente corrigido, não há que se falar em publicidade abusiva" (TJSP, Ap. Cív. 992080682412, Vigésima Sexta Câmara de Direito Privado, Rel. Des. Renato Sartorelli, DJ 20/10/2010).

◙ **Erro grosseiro em anúncio no Mercado Livre.** "APELAÇÃO CÍVEL. INDENIZATÓRIA. RELAÇÃO DE CONSUMO. MERCADOLIVRE. ERRO MATERIAL EVIDENTE NA DIVULGAÇÃO DE PREÇO PROMOCIONAL. AUSÊNCIA DE VINCULAÇÃO DO FORNECEDOR AO CUMPRIMENTO DE OFERTA. DANO MORAL NÃO CONFIGURADO. DESPROVIMENTO DO RECURSO. 1. Havendo manifesta divergência entre o preço do produto anunciado e seu preço de mercado, sendo evidente a todos o caráter irrisório e inverossímil do preço anunciado, resta patente a ocorrência de erro material, o que afasta a possibilidade impor compulsoriamente a entrega do produto pelo ofertante mediante o pagamento de preço vil, sob pena de se patentear o enriquecimento sem causa. 2. Não se afigura possível que a publicidade evidentemente equivocada vincule o consumidor, criando nele expectativa justa de consumo, tendo em vista que qualquer pessoa de entendimento médio reconheceria o erro material, no caso escusável, diante da manifesta contrariedade aos preços operados no mercado, sendo inaplicável o art. 35 do Código de Defesa do Consumidor. 3. A conduta da ré, embora ineficiente e, ainda que tenha causado certo aborrecimento, não é suficiente para gerar sofrimento, vexame ou humilhação, não se justificando a imposição do dano moral postulado. 4. Desprovimento do recurso" (TJRJ, Ap. Cív. 04449775820108190001, Décima Sétima Câmara Cível, Rel. Des. Elton Martinez Carvalho Leme, DJ 01/10/2013).

◙ **Erro grosseiro. Oferta de um determinado produto com preço ínfimo em relação ao seu preço real de mercado.** "APELAÇÃO. AÇÃO COMINATÓRIA C/C INDENIZAÇÃO POR DANOS MORAIS. PROPAGANDA. ERRO MATERIAL. ANÚNCIO DE PRODUTO POR PREÇO INFERIOR AO DE MERCADO. NÃO VINCULAÇÃO. AUSÊNCIA DE ATO ILÍCITO. DANO MORAL. NÃO CONFIGURAÇÃO. – O fornecedor está desobrigado a realizar o negócio visivelmente aviltante, notadamente porque era facilmente perceptível o erro ao anunciar o produto por preço muito inferior ao praticado no mercado. – Nenhuma das partes da relação poderá se valer de espertezas, oportunismos e malícia com a finalidade de causar prejuízo à outra, nem tampouco buscar obter vantagem desproporcional ou exagerada. A partir da boa-fé objetiva, os deveres de conduta incidem tanto sobre o fornecedor como o consumidor e instauram uma ordem de cooperação mútua. (...)" (TJMG, Ap.Cív. 10647130141151001, Décima Quarta Câmara Cível, Rel. Des. Cláudia Maia, DJ 23/01/2015). ◙ **No mesmo sentido:** "RECURSO INOMINADO. CONSUMIDOR. OFERTA DE PRODUTO PELA INTERNET. ERRO GROSSEIRO NA DIVULGAÇÃO DO PREÇO. PRECEITO DA BOA FÉ-OBJETIVA. AUSÊNCIA DE VINCULAÇÃO DO FORNECEDOR À OFERTA. PRINCÍPIO DA VEDAÇÃO DO ENRIQUECIMENTO SEM CAUSA. Foi publicado, equivocadamente, no endereço eletrônico da demandada, uma oferta de um determinado produto com preço ínfimo em relação ao seu preço real de mercado. Tendo a ré comprovado que o produto adquirido pelo autor foi ofertado erroneamente, ilegítima a pretensão do demandante em buscar ressarcimento material tão-pouco extrapatrimonial. Sentença de improcedência mantida. (TJ-RS – Recurso Cível: 71005096649 RS, Relator: Roberto Behrensdorf Gomes da Silva, Segunda Turma Recursal Cível, Data de Publicação: Diário da Justiça do dia 29/09/2014)

◙ **Erro Grosseiro em anúncio de computador pela internet.** "OBRIGAÇÃO DE FAZER C/C DANOS MORAIS, POR PUBLICIDADE ENGANOSA – VENDA DE COMPUTADOR – INTERNET – PREÇO ANUNCIADO – VALOR MUITO INFERIOR AO PREÇO DE MERCADO – ERRO MATERIAL ESCUSÁVEL – CORREÇÃO – AUSÊNCIA DE MÁ-FÉ OU ABUSO DO FORNECEDOR – CÓDIGO DE DEFESA DO CONSUMIDOR – POSSIBILILIDADE. Como sabido, o objetivo do Código de Defesa do Consumidor cinge-se em se estabelecer o efetivo equilíbrio entre as partes, na relação de consumo, evitando vantagem exagerada para qualquer um dos envolvidos no negócio jurídico. Em todo contrato que se deseja encetar, na atualidade, não mais se admitem espertezas, oportunismos e malícia, com a finalidade de causar prejuízo a outrem, nem, também, vantagem desproporcional ou exagerada. Quando o fornecedor anuncia preço muito inferior ao praticado no mercado, incompatível com o preço médio do mesmo produto, torna-se facilmente perceptível a ocorrência de mero erro material, que não o obriga. Ocorrendo evidente erro material, constatado pelo preço destoante da realidade negocial, e verificando que o fornecedor cuidou de retificar, imediatamente, o equívoco no seu site, a ele não se pode imputar a prática de propaganda enganosa, muito menos se impor a venda do produto por preço inferior ao corrente e conhecidamente praticado no mercado" (TJMG, Ap. Cív. 10261140026897001, Décima Terceira Câmara Cível, Rel. Des. Newton Teixeira Carvalho, DJ 03/06/2015).

◙ **Não configuração de erro grosseiro quando é ínfima a diferença entre o preço anunciado na vitrine e o informado no interior do estabelecimento do fornecedor.** "CONSUMIDOR. OFERTA QUE VINCULA O FORNECEDOR. PREÇO DE EXPOSIÇÃO DO PRODUTO NA VITRINE. VINCULAÇÃO. IMPOSSIBILIDADE DE APLICAÇÃO DA TESE DE ERRO GROSSEIRO DA OFERTA. OBRIGAÇÃO DO FORNECEDOR EM ENTREGAR O PRODUTO PELO PREÇO OFERTADO AO CONSUMIDOR. DESCUMPRIMENTO CONTRATUAL. DANOS MORAIS NÃO CONFIGURADOS. – Deve ser mantida a sentença que julgou procedente o pedido de restituição em dobro da quantia paga a maior do que o preço de exposição do produto, determinando a restituição em dobro de R$ 40,00, em razão de o tênis estar com o preço na vitrine de R$ 149,00 e em seu interior R$ 189,00, passando no caixa pelo último preço. Decisão proferida à luz do Código de Defesa do Consumidor, determinando a restituição em dobro, por se tratar de cobrança indevida, haja vista que a oferta obriga o fornecedor ao seu cumprimento, conforme dispõe o art. 30 do CDC (...)" (TJRS, Recurso Cível 71005040043, Terceira Turma Recursal Cível, Rel. Lusmary Fatima Turelly da Silva, DJ 13/04/2015).

◙ **Não configuração de erro grosseiro em oferta de notebook.** "OFERTA. Preço de notebook anunciado com preço inferior ao pretendido pelo anunciante. Vinculação da oferta. Hipótese em que a retificação do preço, a despeito de ter sido veiculada antes do início do prazo de vigência, não o foi pela mesma forma da oferta (panfleto enviado ao endereço da consumidora), mas por via indireta (jornal). Inteligência do art. 429, parágrafo único, CC/02. Erro grosseiro não constatado. Preço verossímil ao consumidor. Alienação do produto determinada, em observância ao art. 30, CDC. Ação procedente Recurso desprovido" (TJSP, Ap. Cív. 30038495120098260506, Primeira Câmara de Direito Privado, Rel. Des. Luiz Antonio de Godoy, DJ 30/07/2014).

◙ **Não caracterização de erro grosseiro em oferta de serviços educacionais.** "APELAÇÃO CÍVEL - AÇÃO DE RESTITUIÇÃO DE VALORES - PRESTAÇÃO DE SERVIÇOS EDUCACIONAIS - INCIDÊNCIA DO CÓDIGO DE DEFESA DO CONSUMIDOR - PROPAGANDA ENGANOSA CONFIGURADA - NÃO EVIDENCIADO - ERRO GROSSEIRO - NA OFERTA PUBLICITÁRIA - IMPOSSIBILIDADE DE ISENÇÃO/EXCLUSÃO DE RESPONSABILIDADE EM FAVOR DA EMPRESA SUPERIOR DE ENSINO - PUBLICIDADE CLARA, COERENTE, PRECISA E OBJETIVA - LEALDADE CONTRATUAL E BOA-FÉ DO CONSUMIDOR EVIDENCIADOS - IMPOSIÇÃO DO DEVER DE RESTITUIÇÃO EM DOBRO (2X) - RECURSO DE APELAÇÃO PROVIDO EM PARTE. PREJUDICIAL - PRESCRIÇÃO (...) resta-se evidenciada que a publicidade foi veiculada pela apelada. Fato incontroverso! Esta, no entanto, não logrou comprovar tratar-se de oferta publicitária perpetrada sem a sua prévia autorização/anuência, ou por sites não oficiais da própria instituição de ensino. Ao contrário do que alega a instituição apelada, reputo comprovada a divulgação de oferta ao público consumista, vinculando-se, portanto, a prestação do serviço publicizado. Lado outro, registro, oportunamente, não demonstrado e não caracterizado o eventual 'erro grosseiro' a isentar a instituição privada apelada de sua responsabilidade. A prova acostada aos autos, especificamente à fl. 11, evidencia não se tratar de erro grosseiro, ou seja, erro latente, evidente à primeira vista. Ao revés, não se trata de uma propaganda veiculada que refoge ao padrão normal para angariar e atrair mais consumidores. Não vislumbro, na hipótese dos autos, configuração de erro grosseiro quanto à dissuasão da publicidade e informações ali inseridas. A oferta veiculada foi clara, cristalina e objetiva quanto às suas especificidades e abrangência. Logo, sua aferição impõe-se observância dos princípios da boa-fé, do equilíbrio e da lealdade contratual. A consumidora, inequivocadamente, pelo que consta nos autos, foi induzida a erro. O entendimento perpetrado evidencia-se da necessidade tão somenos da mera potencialidade de levar a erro determinado consumidor para configurar a propaganda como enganosa, parcial ou totalmente. Não se exige a comprovação da enganosidade real. Pelo que observo dos autos, a propagando veiculada teve o condão de induzir a consumidora a erro. Fato incontroverso" (TJBA, Ap. Cív. 00069004420088050150, Segunda Câmara Cível, Rel. Des. Maria do Socorro Barreto Santiago, DJ 17/11/2012).

► **Oferta sem prazo de validade deverá ser mantida por período razoável de tempo.** "Quando o fornecedor, por anúncio publicitário, ofertar produtos e serviços sem determinar o lapso temporal de sua validade, ela deverá ser mantida por período razoável, não podendo ser retirada em momento imediatamente posterior, sob pena de configurar a prática de publicidade enganosa". (AMARAL JÚNIOR, Alberto. *O princípio da vinculação da mensagem publicitária, Revista de Direito do Consumidor*. Vol..14, pg.49)

► **Necessidade de precisão dos elementos ofertados.** Para que se aplique o princípio da vinculação contratual da oferta, é necessário que a informação contenha certa precisão ou, nos dize-res do Código, seja "suficientemente precisa. ► **No mesmo sentido:** "Para produzir o efeito vinculativo, deve a informação circunscrever-se a elemento específico, determinável, claramente delineável. Não poderia, aliás, ser diferente, visto que as generalidades, comumente não comportam execução". (COELHO, Fábio Ulhoa. *Curso de direito comercial*. v. 3. São Paulo: Saraiva, 2000. p. 195)

► **A responsabilidade do art. 30 é objetiva. O fornecedor não pode alegar erro ou culpa para eximir sua responsabilidade de cumprir o ofertado.** "Sem dúvida alguma, a responsabilidade dos arts. 30 e 35 é objetiva, pois seu texto em nada alude à culpa do anunciante, razão pela qual não pode o intérprete agregá-la, muito menos num contexto em que, seja pela vulnerabilidade da parte protegida (o consumidor), seja pelas características do fenômeno regrado (a publicidade), o Direito, antes mesmo da interferência do legislador, já se encaminhava na direção da objetivação da responsabilidade civil. Em outras palavras, 'a publicidade será exigível ainda que sua inexatidão não se deva à culpa ou dolo do anunciante."(BENJAMIN, Herman de Vasconcellos et al. *Código brasileiro de defesa do consumidor: comentado pelos autores do anteprojeto*. 10ª ed. Rio de Janeiro: Forense, 2011, vol. I, p. 310). ◙ **Nesse sentido, envolvenvo obrigação de cumprir a promessa de sorteio de prêmio.** "PUBLICIDADE. Concurso. Prêmio. Numeração ilegível. Código de Defesa do Consumidor. A fornecedora de refrigerante que lança no mercado campanha publicitária sob forma de concurso com tampinhas premiadas, não se libera de sua obrigação ao fundamento de que a numeração é ilegível. O sistema do CDC, que incide nessa relação de consumo, não permite à fornecedora – que se beneficia com a publicidade – exonerar-se do cumprimento da sua promessa apenas porque a numeração que ela mesma imprimiu é defeituosa. A regra do art. 17 do Dec. 70.951/72 apenas regula a hipótese em que o defeito tiver sido comprovadamente causado pelo consumidor." (STJ, Resp 396943/RJ; DJ. 05.08.2002, Rel. Ruy Rosado de Aguiar, J. 2.5.2002, 4ª T.)

◙ **Informações do corretor a respeito da carência do plano de saúde vincula contratualmente.** "Contrato de seguro-saúde. Informações do corretor a respeito da carência. Oferta que integra o contrato que vier a ser celebrado. Comprovação em juízo. (...) Sob a égide do CDC, as informações prestadas por corretor a respeito de contrato de seguro-saúde (ou plano de saúde) integram o contrato que vier a ser celebrado e podem ser comprovadas por todos os meios probatórios admitidos. Recurso especial parcialmente conhecido e provido" (STJ, REsp 531.281, 3ª T., DJ 23.8.2004).

◙ **Publicidade garantindo a recompra do imóvel vincula o fornecedor.** "A garantia de recompra contida na publicidade de lançamento de um empreendimento imobiliário, como mais um atrativo a influenciar o ânimo do consumidor, porque suficientemente precisa, vincula e obriga o fornecedor, seu promitente, independentemente de sua inclusão no contrato que vier a ser celebrado". (TAMG, Ap- Cível 239242-7/00, rel. Juiz Herondes de Andrade, DJ 8.11.97)

◙ **Publicidade garantindo que os imóveis seriam financiados pela CEF vincula o fornecedor.** "Consumidor. Recurso Especial. Publicidade. Oferta. Princípio da vinculação. Obrigação do fornecedor. Se o fornecedor, através de publicidade amplamente divulgada, garantiu que os imóveis comercializados seriam financiados pela Caixa Econômica Federal, submete-se a assinatura do contrato de compra e venda nos exatos termos da oferta apresentada." (STJ, REsp 341405/DF, Rel. Min. Nancy Andrighi, 3ª T, J. 03/09/2002, DJ 28.4.2003)

◙ **Publicidade que garante a qualidade de veículo seminovo vincula o fornecedor *(sobre o dever de informação, ver art. 6º, III).*** "DIREITO DO CONSUMIDOR. RECURSO ESPECIAL. VÍCIO DO PRODUTO. AUTOMÓVEIS SEMINOVOS. PUBLICIDADE QUE GARANTIA A QUALIDADE DO PRODUTO. RESPONSABILIDADE OBJETIVA. USO DA MARCA. LEGÍTIMA EXPECTATIVA DO CONSUMIDOR. MATÉRIA FÁTICO-PROBATÓRIA. SÚM. 7/STJ. 1. O Código do Consumidor é norteado principalmente pelo reconhecimento da vulnerabilidade do consumidor e pela necessidade de que o Estado atue no mercado para minimizar essa hipossuficiência, garantindo, assim, a igualdade material entre as partes. Sendo assim, no tocante à oferta, estabelece serem direitos básicos do consumidor o de ter a informação adequada e clara sobre os diferentes produtos e serviços (CDC, art. 6°, III) e o de receber proteção contra a publicidade enganosa ou abusiva (CDC, art. 6°, IV). 2. É bem verdade que, paralelamente ao dever de informação, se tem a faculdade do fornecedor de anunciar seu produto ou serviço, sendo certo que, se o fizer, a publicidade deve refletir fielmente a realidade anunciada, em observância à principiologia do CDC. Realmente, o princípio da vinculação da oferta reflete a imposição da transparência e da boa-fé nos métodos comerciais, na publicidade e nos contratos, de forma que esta exsurge como princípio máximo orientador, nos termos do art. 30. 3. Na hipótese, inequívoco o caráter vinculativo da oferta, integrando o contrato, de modo que o fornecedor de produtos ou serviços se responsabiliza também pelas expectativas que a publicidade venha a despertar no consumidor, mormente quando veicula informação de produto ou serviço com a chancela de determinada marca, sendo a materialização do princípio da boa-fé objetiva, exigindo do anunciante os deveres anexos de lealdade, confiança, cooperação, proteção e informação, sob pena de responsabilidade. 4. A responsabilidade civil da fabricante decorre, no caso concreto, de pelo menos duas circunstâncias: a) da premissa fática incontornável adotada pelo acórdão de que os mencionados produtos e serviços ofertados eram avalizados pela montadora através da mensagem publicitária veiculada; b) e também, de um modo geral, da percepção de benefícios econômicos com as práticas comerciais da concessionária, sobretudo ao permitir a utilização consentida de sua marca na oferta de veículos usados e revisados com a excelência da GM. 5. Recurso especial não provido" (STJ, REsp 1365609/SP, Rel. Ministro Luis Felipe Salomão, Quarta Turma, DJe 25/05/2015).

■ **Publicidade que utiliza logomarca de empresa a vincula. Teoria da aparência.** "A empresa que, segundo se alegou na inicial, permite a utilização da sua logomarca, de seu endereço, instalações e telefones, fazendo crer, através da publicidade e da prática comercial, que era responsável pelo empreendimento consorcial, é parte passiva legítima para responder pela ação indenizatória proposta pelo consorciado fundamentada nesses fatos." (STJ, REsp 139400/MG, DJU 25.09.2000, Rel. Min. César Asfor Rocha, J. 03.08.2000, 4ª T.)

■ **Publicidade asseverando a pontualidade e eficiência de serviços de entrega vincula.** "(...) Quando o fornecedor faz constar de oferta ou mensagem publicitária a notável pontualidade e eficiência de seus serviços de entrega, assume os eventuais riscos de sua atividade, inclusive o chamado risco aéreo, com cuja conseqüência não deve arcar o consumidor." (STJ, REsp 196031/MG, DJU 11.06.2001, Rel. Min. Antônio de Pádua Ribeiro, DJU 24.4.2001, 3ª T.)

■ **Se a publicidade envolve grupo societário que explora a mesma marca, todas as empresas integrantes do grupo respondem pelo cumprimento da oferta *(sobre solidariedade, ver parágrafo único do art. 7º).*** "PROCESSO CIVIL E DIREITO DO CONSUMIDOR. PLANO DE SAÚDE. SOCIEDADES COOPERATIVAS UNIMED. LEGITIMIDADE PASSIVA AD CAUSAM. 1. O direito à informação e o princípio da vinculação da publicidade refletem a imposição da transparência e da boa-fé nos métodos comerciais, na publicidade e nos contratos, de modo que o fornecedor de produtos ou serviços se responsabiliza também pelas expectativas que a sua publicidade desperta no consumidor, mormente no que tange ao uso coletivo de uma mesma marca. 2. A publicidade do Sistema Unimed busca instigar o indivíduo à contratação mediante a convicção de que se trata de uma entidade única com atuação em âmbito nacional, não sendo informado ao filiado sobre a autonomia e a independência de suas unidades, o que só faz reforçar nele a ideia de que esse sistema lhe oferece uma maior gama de serviços e facilidades. 3. Ademais, a complexa estrutura das cooperativas prestadoras de serviço, se, por um lado, visa ao estímulo e reforço do sistema cooperativo regido pela Lei n. 5.764/1971, possibilitando a atuação sob uma mesma marca e a constituição de sociedades cooperativas singulares, federações de cooperativas e confederações; por outro lado, tem como efeito externo a responsabilização de toda a cadeia de fornecimento – no caso, o Sistema Unimed – de forma solidária, uma vez que não se pode exigir do consumidor que conheça as intrincadas relações entre os diversos membros dessa cadeia, mormente quando a publicidade veiculada pelo grupo faz-lhe crer que se trata de uma entidade una. 4. Dessarte, o fato de várias sociedades explorarem uma mesma marca, ainda que com personalidades jurídicas distintas – por não ter havido a informação clara ao consumidor acerca de eventuais diferenças no conteúdo dos serviços ou na cobertura oferecida por cada uma -, traz como consequência a possibilidade de serem acionadas a responder solidariamente pelas obrigações contratadas por qualquer delas" 5. Recurso especial não provido" (STJ, REsp 1377899/SP, Rel. Ministro Luis Felipe Salomão, Quarta Turma, DJe 11/02/2015). ■ **No mesmo sentido:** "RECURSO

ESPECIAL. DIREITO DO CONSUMIDOR. COMPRA DE VEÍCULO AUTOMOTOR ZERO KM. NÃO ENTREGA DO PRODUTO COMPRADO PELA CONCESSIONÁRIA. RESPONSABILIDADE SOLIDÁRIA DA MONTADORA. (...) 3. A utilização de marca de renome - utilização essa consentida até por força de Lei (art. 3º, inciso III, da Lei n. 6.729/1979) - gera no consumidor legítima expectativa de que o contrato é garantido pela montadora, razão pela qual deve esta responder por eventuais desvios próprios dos negócios jurídicos celebrados nessa seara (...)" (STJ, REsp 1309981/SP, Rel. Ministro Luis Felipe Salomão, Quarta Turma, DJe 17/12/2013).

■ **A promessa de religação do serviço após o pagamento da conta vincula o fornecedor.** "DIREITO DO CONSUMIDOR - OFERTA - MÁ-FÉ PROCESSUAL - ATRASO NO PROCESSAMENTO BANCÁRIO - 1. Nos termos do art. 30 do CDC, a promessa de religação deve ser cumprida, tão logo paga a conta em atraso, sob pena da empresa incorrer na condenação em dano moral.". (TJDF, ACJ 20050510003423 - 2ª T.R.J.E. - Rel. Des. Iran de Lima - DJU 10.8.2005)

■ **Não há enganosidade por omissão se o fornecedor, mesmo omitindo o preço dos produtos no encarte publicitário e garantindo o menor preço, garante ao consumidor o acesso aos preços praticados pelos concorrentes, de modo que aquele faça uma escolha consciente.** ***(sobre publicidade enganosa por omissão, ver art. 37, §3°)*** "PROCESSUAL CIVIL E CONSUMIDOR. PANFLETOS PUBLICITÁRIOS PROPAGANDA ENGANOSA POR OMISSÃO. NÃO CONFIGURADA. RECURSO ESPECIAL PROVIDO 1. No presente caso, trata-se da legalidade de multa imposta ao Makro Atacadista S/A em razão de publicidade enganosa por não ter veiculado em seus encartes promocionais distribuídos aos consumidores o preço nos produtos. 2. A propaganda comercial, consubstanciada em panfletos comerciais, para que atenda aos preceitos encartados no CDC, deve levar ao conhecimento do consumidor – a título de informação essencial do produto ofertado – o preço, podendo esse englobar custo, formas e condições de pagamento do produto ou serviço. 3. O artigo 30 do CDC confere à oferta – tida como espécie de publicidade apta a veicular uma forma de informação – caráter vinculante e, como tal, disposta a criar vínculo entre fornecedor e consumidor, surgindo uma obrigação pré-venda, no qual deve o fornecedor se comprometer a cumprir o que foi ofertado. 4. No caso do encarte publicitário in comento, verifica-se duas formas distintas de publicidade. Uma delas – que ora se examina – denominada de 'uma super oferta de apenas um dia', apesar de não expor expressamente o preço numérico da promoção, afirmou o compromisso de garantir o menor preço nos produtos ali mencionados, sendo esses apurados com base em pesquisa realizada em concorrentes. 5. A veiculação de informação no sentido de que o valor a ser praticado seria menor do que o da concorrência, somado à fixação na entrada do estabelecimento de ampla pesquisa de preço, são elementos aptos a fornecer ao consumidor as informações das quais ele necessita a despeito do numerário a ser utilizado para adquirir a mercadoria, podendo, a partir de então, fazer uma opção livre e consciente quanto à aquisição dos produtos. 6. O encarte em tela, apesar de não especificar o preço, não é capaz de se consubstanciar em propaganda enganosa, pois traz outra informação, igualmente prevista no norma, que o substitui, qual seja, forma de aquisição do produto pelo menor custo. 7. Recurso especial provido" (STJ, REsp 1370708/RN, Rel. Ministro Mauro Campbell Marques, Segunda Turma, DJe 01/07/2015).

◙ **Seguro de viagem oferecido apenas no trecho comprado (passagens) pelo cartão de crédito. Consumidor não pode alegar desconhecimento deste fato e pretender abranger toda a viagem.** "Direito do Consumidor. Cobertura securitária oferecida por administradora de cartão de crédito, para os sinistros ocorridos durante o percurso da viagem feita mediante aquisição de passagens com o cartão. Pretensão a que seja indenizado acidente fatal ocorrido em viagem feita pelo consumidor, mas na qual o acidente ocorreu após concluído o percurso de viagem. Impossibilidade. – Se a administradora de cartões de crédito oferece cobertura securitária para os sinistros em que se envolva o consumidor no percurso de viagem feita mediante aquisição de passagem com o cartão, não se pode obrigar a seguradora a indenizar sinistro ocorrido após concluído esse percurso, Ou seja, tendo, na hipótese dos autos, o consumidor adquirido passagem de trem para se deslocar dentro da Europa, não há como condenar-se a administradora a indenizar acidente acontecido depois, durante viagem de automóvel que ele fazia nesse mesmo continente europeu. – A alegação de que a administradora do cartão de crédito não prestou as informações adequadas sobre o produto que comercializava é desmentida pelos próprios termos da petição inicial, na qual o consumidor transcreve literalmente uma comunicação que recebeu, dando conta de que o seguro oferecido se referia apenas ao percurso de viagem. Recurso especial não conhecido. (STJ, REsp 947.968/SP, Rel. Ministra Nancy Andrighi, Terceira Turma, DJe 05/08/2008)

◙ **As informações prestadas por funcionários ou representantes do fornecedor vincula.** "O princípio da vinculação da publicidade reflete a imposição da transparência e da boa-fé nos métodos comerciais, na publicidade e nos contratos, de modo que o fornecedor de produtos ou serviços obriga-se nos exatos termos da publicidade veiculada, sendo certo que essa vinculação estende-se também às informações prestadas por funcionários ou representantes do fornecedor." (STJ, REsp 1188442/RJ, Rel. Ministro Luis Felipe Salomão, Quarta Turma, DJe 05/02/2013).

◙ **Arrombamento de veículo estacionado em área com segurança garantida pelos produtores do evento através de informacao e publicidade. Dever de guarda e vigilância dos veículos.** "CIVIL – CONSUMIDOR – REPARAÇÃO DE DANOS – ARROMBAMENTO DE VEÍCULO ESTACIONADO EM ÁREA COM SEGURANÇA GARANTIDA PELOS PRODUTORES DO EVENTO ATRAVÉS DE INFORMACAO E PUBLICIDADE - DEVER DE GUARDA E VIGILÂNCIA DOS VEÍCULOS - FATO DO SERVIÇO – RESPONSABILIDADE CIVIL OBJETIVA – SENTENÇA MANTIDA – 1. Sob a égide dos paradigmas da transparência e boa fé objetiva, toda a propaganda deve ser clara e precisa; um simples exagero não obriga o fornecedor, tampouco uma simples informação, mas, quando a oferta for precisa, aí sim, há obrigação do fornecedor em cumprir o prometido e responsabilizar-se por eventual dano causado ao consumidor. 1.1 noutros termos: Prometeu tem que cumprir (art. 30 do CODECON). 2. O sinistro restou comprovado. 2.1. A autora teve o seu veículo arrombado, e de lá furtado um aparelho toca cd's, quando o mesmo encontrava-se estacionado em área com segurança garantida pela organização da festa, através de informação expressa na propaganda do evento. 2.2. Tal fato, incontroverso, acarreta, para os recorrentes, a obrigação de indenizar em razão da responsabilidade civil objetiva do clube e dos produtores da festa. 3. Restou claro que tal informação influenciou o comportamento da autora, ora consumidora, em adquirir o ingresso para o evento, nada sendo mais justo que os recorrentes respondam pelo fato na prestação do serviço prometido. 3.1 inteligência dos arts. 30 e 35 do CDC. 4. O fato dos veículos estarem estacionados na área externa ao clube e em via pública não elide o dever de guarda e vigilância dos mesmos, uma vez que tal obrigação foi assumida expressamente pelos recorrentes na propaganda veiculada. 5. Sentença mantida por seus próprios e jurídicos fundamentos". (TJDF, ACJ 20030110579784 - DF - 2ª T.R.J.E. - Rel. Des. João Egmont Leôncio Lopes, DJU 9.12.2003)

◙ **Anúncios publicados em jornais oferecendo trabalho no exterior. Responsabilidade pelo resultado prometido.** "RESPONSABILIDADE CIVIL - Os anúncios publicados em jornais incitando jovens ao trabalho no exterior (decasséguis) vinculam os fornecedores do serviço ao resultado prometido, de maneira que, não se aperfeiçoando as condições mencionadas, respondem eles pelos prejuízos daí decorrentes e que, para o caso em questão, estão contidos nas despesas com a viagem frustrada (arts. 35, II, 36, 37 e 38, da Lei nº 8.078/90). Provimento, em parte". (TJSP, AC 123.897-4/4 - 3ª CDPriv. - Rel. Des. Ênio Santarelli Zuliani, J. 18.6.2002)

◙ **Plano de expansão de linha telefônica.** "APELAÇÃO CÍVEL - AÇÃO DE REPARAÇÃO DE DANOS - DIREITO DO CONSUMIDOR - LINHA TELEFÔNIA - PLANO DE EXPANSÃO - AQUISIÇÃO DE AÇÕES PELO ADERENTE - PRELIMINARES REJEITADAS - IMPROVIMENTO DO APELO - Inegável a condição de consumidores daqueles que adquiriram o serviço de telefonia pelo plano de expansão na condição de destinatários finais e com ele as ações da empresa. inexistindo dúvidas de que o valor de mercado das ações da telebahia, disponibilizadas aos consumidores, é inferior àquele atribuído às ações da telebrás, exsurge evidente a obrigação de indenizá-los pelo prejuízo material sofrido, uma vez que o fornecedor de serviço em telecomunicações, que através de manual, veicula informações de plano de expansão, obriga-se pelas condições dele constantes nos termos dos arts. 30 e 35, do CDC". (TJBA, AC 40.580-6/2004 - (40966) - 1ª C.Cív. - Rel. Des. Robério Braga, J. 20.4.2005)

Art. 31. A oferta e apresentação de produtos ou serviços devem assegurar informações corretas, claras, precisas, ostensivas e em língua portuguesa sobre suas características, qualidades, quantidade, composição, preço, garantia, prazos de validade e origem, entre outros dados, bem como sobre os riscos que apresentam à saúde e segurança dos consumidores.

► **Sobre o dever de informar genérico, verificar art. 6°, III.**

► **Importância da informação dos preços dos produtos.** "(...) o preço tem de estar à mostra, claramente visível ao consumidor, inclusive nos produtos das prateleiras dos supermercados e nas vitrinas. São três os motivos para tanto. O primeiro é o mais relevante: é a lei que determina. Pura e simplesmente cabe, então, ao fornecedor cumpri-la. O segundo decorre da natureza das relações: como é que alguém (mesmo o cidadão que quer vender seu automóvel usado) pretende vender um produto sem dizer o preço? (A resposta é um mistério, mas talvez o terceiro motivo o esclareça em parte.) (...). Consigne, por isso, que preço não declarado não precisa ser pago, se o consumidor considera-lo abusivo e/ou fora do padrão esperado. Nas vitrines ocorre exatamente o mesmo, de duas formas: ou não consta o preço, ou é escrito em letras tão miúdas que é impossível lê-lo. O terceiro motivo da obrigatoriedade da oferta do preço decorre da inteligência da lei, que quer impedir que o consumidor seja constrangido. Isso porque é prática bastante conhecida de venda a de atrair o consumidor para dentro do estabelecimento, oferecer-lhe os produtos sem que ele saiba quanto custa e, depois que ele fica bastante interessado e diz que quer comprar, só aí é que o preço é dito. O consumidor, então, constrangido, acaba adquirindo um bem com custo muito mais elevado do que pretendia." (RIZZATTO NUNES, Luiz Antônio. *Comentários ao Código de Defesa do Consumidor.* 8ª ed., São Paulo: Saraiva, 2015, p. 497-498).

► **Informações que devem constar nos produtos ou serviços.** "O Código fixa, de plano, algumas informações que, necessariamente, devem constar de produtos ou serviços: características (produtos e serviços), qualidades (produtos e serviços), quantidade (de regra, só produto), composição (mais para produtos do que para serviços), preço (produtos e serviços), garantia (produtos e serviços), prazos de validade (produtos e serviços), origem (mais para produtos) e riscos (produtos e serviços)". (BENJAMIN, Antônio Herman V.; MARQUES, Cláudia Lima; BESSA, Leonardo Roscoe. *Manual de Direito do Consumidor.* 7ª edição. São Paulo, Revista dos Tribunais, 2016, p. 276-277).

► **Importância das informações nas embalagens e rótulos.** "A embalagem e o rótulo são os únicos veículos de marketing com que, necessariamente, o consumidor-comprador terá contato direto; pode ocorrer, que um consumidor-comprador adquira uma televisão sem nunca ter visto uma mensagem publicitária a seu respeito, tampouco tenha tido contato com uma promoção de vendas. Mas, certamente, este consumidor terá acesso às mensagens contidas na embalagem ou rótulo, no momento da compra do produto". (SANTOS, Fernando Gherardini. *Direito do marketing.* p. 184.)

◙ **O direito de informação se faz presente em todas as fases contratuais**. "O direito à informação, no Código de Defesa do Consumidor, é corolário das normas intervencionistas ligadas à função social e à boa-fé, em razão das quais a liberdade de contratar assume novel feição, impondo a necessidade de transparência em todas as fases da contratação: o momento pré-contratual, o de formação e o de execução do contrato e até mesmo o momento pós-contratual." (STJ, REsp 1188442/RJ, Rel. Ministro Luis Felipe Salomão, Quarta Turma, DJe 05/02/2013).

► **Direito do consumidor saber de todas as informações e características do produto ou serviço que está adquirindo**. O Código, em consonância com os princípios da transparência e da informação, corolários do princípio da boa fé-objetiva, estipula que todo produto ou serviço deve conter em suas apresentações informações corretas, claras, ostensivas, precisas e em língua portuguesa, pois é um direito do consumidor saber de todas as informações e características do produto ou serviço que está adquirindo. ◙ **No mesmo sentido:** "DEVER DE INFORMAR. MULTA APLICADA PELO PROCON. VIOLAÇÃO DO ART. 31 DO CDC. MULTA. ART. 57 DO CDC. REVISÃO. IMPOSSIBILIDADE. SÚMULA 7/STJ. (...) 2. O consumidor tem, como direito básico, o de informação expressa e adequada sobre o produto ou o serviço que deseja adquirir ou contratar, sendo proibida a publicidade enganosa, capaz de induzir em erro o consumidor (arts. 31 e 37 do CDC). Precedentes do STJ (...)" (STJ, AgInt no AREsp 838.346/SP, Rel. Min. Humberto Martins, 2ª T., DJe 19.4.2016).

► **Dever do fornecedor de informar sobre outros dados que repute importante.** "Caberá ao fornecedor, conhecedor de seu produto ou serviço, informar sobre "outros" dados que, no caso concreto, repute importantes. Se não o fizer voluntariamente, assim o determinará o juiz ou a autoridade administrativa, independentemente da reparação e da repressão (administrativa e penal)". (BENJAMIN, Antônio Herman V.; MARQUES, Cláudia Lima; BESSA, Leonardo Roscoe. *Manual de Direito do Consumidor.* 7ª edição. São Paulo, Revista dos Tribunais, 2016, p. 275).

► **O direito à informação ganha importância especial principalmente nos produtos e serviços que possam causar riscos à saúde e segurança dos consumidores.** O direito à informação ganha importância especial principalmente nos produtos e serviços que pos-sam causar riscos à saúde e segurança dos consumidores. No mercado de consumo, a variedade de produtos e serviços ofertados, assim como a constante mudança de tecnologia, torna impossível para o consumidor acompanhar e ter conhecimento de todos os benefícios e malefícios que os produtos e serviços oferecem.

► **O uso de expressões estrangeiras de domínio público não está vedada.** "Informação no vernáculo – a língua portuguesa deve presidir a informação veiculada na oferta. O uso de expressões estrangeiras de domínio público não está vedada. O estrangeirismo tem largo curso no Brasil. Todavia, os produtos estrangeiros devem ser apresentados ao consumidor redigidos oo vernáculo, pena de se fazer tabula rasa da lei". (SILVEIRA, Reynaldo Andrade. *Práticas mercantis no direito do consumidor.* Paraná: Juruá, 2000. p. 94)

► **Responsabilidade solidária do comerciante em produto com deficiência de informação patente.** "O comerciante, diante de um produto industrializado com deficiência de informação patente (ou, mesmo que não seja evidente, após reiteradas reclamações dos consumidores), insiste em comercializá-lo, é ele solidariamente responsável – só que por responsabilidade subjetiva – por tal desvio. (BENJAMIN, Antônio Herman V.; MARQUES, Cláudia Lima; BESSA, Leonardo Roscoe. *Manual de Direito do Consumidor.* 7ª edição. São Paulo, Revista dos Tribunais, 2016, p. 278).

◙ **Se a informação é essencial, deve ser informada.** ***(sobre a publicidade por omissão, ver art. 37. §3°)*** "Se a informação se refere a dado essencial capaz de onerar o consumidor ou restringir seus direitos, deve integrar o próprio anúncio, de forma precisa, clara e ostensiva, nos termos do art. 31 do CDC, sob pena de configurar publicidade enganosa por omissão." (STJ, REsp 1188442/RJ, Rel. Ministro Luis Felipe Salomão, Quarta Turma, DJe 05/02/2013).

◙ **O dever de informar não decorre somente das normas do CDC, podendo ser disciplinado também pelas agências reguladoras.** "PROCESSUAL CIVIL E CONSUMIDOR. AÇÃO CIVIL PÚBLICA. DIREITO À INFORMAÇÃO. IMPLANTAÇÃO DE SINAL SONORO QUE PERMITA AO CONSUMIDOR IDENTIFICAR QUE A CHAMADA DE DESTINO É DE SUA OPERADORA. ANÁLISE DE RESOLUÇÃO DA ANATEL EM RECURSO ESPECIAL. IMPOSSIBILIDADE. 1. Trata-se, na origem, de Ação Civil Pública proposta pelo Parquet contra Telefônica S/A visando, além de outros pedidos, compelir a empresa recorrida a implantar sinal sonoro que permita ao consumidor identificar que a chamada de destino pertence à sua própria operadora. 2. A tese defendida não pode ser analisada somente com base do Código de Defesa do Consumidor, pois o direito à informação previsto no art. 31 do CDC, nesse caso específico, foi regulamentado pela Resolução 460/2007 da Anatel, órgão que detém competência para essa finalidade." (STJ, REsp 1541706/DF, Rel. Min. Herman Benjamin, 2ª T., DJe 17.11.2015).

◙ **Possibilidade de afixação de preços por meio de código de barras.** "Ação civil pública. Afixação de preço em produto por meio de código de barras. Possibilidade. Vigência da Lei 10.962/2004. Após a vigência da Lei Federal 10.962 em 13.10.2004, permite-se aos estabelecimentos comerciais a afixação de preço do produto por meio de código de barras, sendo desnecessária a utilização de etiqueta com preço individual de cada mercadoria." (STJ, REsp 688151/MG, DJ. 08.08.2005 Rel. Min. Nancy Andrighi, 3ªT., J. 7.4.2005) ◙ **Voto da Min. Nancy Andrighi:** "Antes do advento da Lei 10.962/2004, a jurisprudência, interpretando o art. 31 do Código de Defesa do Consumidor, entendia que, para assegurar o direito do consumidor obter informações "claras, precisas, ostensivas" sobre o preço do produto, era necessário que os estabelecimentos comerciais fixassem etiquetas em cada mercadoria, não sendo suficiente a indicação do preço nas prateleiras e por meio de código de barras. A interpretação jurisprudencial do referido dispositivo do CDC foi necessária, pois não havia legislação que esclarecesse, expressamente, de que forma os fornecedores poderiam informar o preço dos produtos aos consumidores. Entretanto, a Lei 10.962/2004, a partir de 13.10.2004, supriu esta lacuna e especificou as formas de afixação de preços admitidas, fazendo menção expressa, no inc. II de seu art. 2º, à possibilidade de indicação do preço do produto por meio de código de barras. A nova legislação trouxe parâmetros objetivos para assegurar o direito de informação do consumidor, pois, se, por um lado, permitiu a afixação do preço por meio de código de barras, por outro, estabeleceu condutas que deverão ser observadas pelos estabelecimentos comerciais que utilizem esta forma de indicação de preço, determinando, por exemplo, em seu art. 4º o oferecimento de quantidade razoável de equipamentos de leitura ótica localizados na área de vendas e em outras de fácil acesso. A maneira de garantir o direito do consumidor previsto no art. 31 do CDC será a fiscalização do cumprimento das condições estabelecidas na Lei 10.962/2004, ficando, novamente, aberta a via da ação civil pública em caso de não observância pelos estabelecimentos comerciais. do novo modelo de conduta."

◙ **Impossibilidade da transferência de risco da atividade financeira ao consumidor. Direito à informação.** "(...) É ilegal a transferência de risco da atividade financeira, no mercado de capitais, próprio das instituições de crédito, ao consumidor, ainda mais que não observado o seu direito de informação (art. 6°, III, e 10, "caput", 31 e 52 do CDC)." (STJ, REsp 299501/MG, DJU 22.10.2001, Rel. Min. Nancy Andrighi, J. 11.9.2001, 3ª T.)

◙ **Cartão de crédito. Informação clara e precisa.** "O Código de Defesa do Consumidor assegura, expressamente, ao consumidor o direito à informação correta, clara e precisa do preço dos produtos, inclusive para os casos de pagamento via cartão de crédito." (STJ, REsp 81269/SP, DJU 25.6.2001, Rel. Min. Castro Filho, J. 08.5.2001, 2ª T.)

◙ **Rotulagem de produto com glúten. Distinção entre informação - conteúdo e informação - advertência.** "DIREITO DO CONSUMIDOR. ADMINISTRATIVO. NORMAS DE PROTEÇÃO E DEFESA DO CONSUMIDOR. ORDEM PÚBLICA E INTERESSE SOCIAL. PRINCÍPIO DA VULNERABILIDADE DO CONSUMIDOR. PRINCÍPIO DA TRANSPARÊNCIA. PRINCÍPIO DA BOA-FÉ OBJETIVA. PRINCÍPIO DA CONFIANÇA. OBRIGAÇÃO DE SEGURANÇA. DIREITO À INFORMAÇÃO. DEVER POSITIVO DO FORNECEDOR DE INFORMAR, ADEQUADA E CLARAMENTE, SOBRE RISCOS DE PRODUTOS E SERVIÇOS. DISTINÇÃO ENTRE INFORMAÇÃO-CONTEÚDO E INFORMAÇÃO-ADVERTÊNCIA. ROTULAGEM. PROTEÇÃO DE CONSUMIDORES HIPERVULNERÁVEIS. CAMPO DE APLICAÇÃO DA LEI DO GLÚTEN (LEI 8.543/92 AB-ROGADA PELA LEI 10.674/2003) E EVENTUAL ANTINOMIA COM O ART. 31 DO CÓDIGO DE DEFESA DO CONSUMIDOR. MANDADO DE SEGURANÇA PREVENTIVO. JUSTO RECEIO DA IMPETRANTE DE OFENSA À SUA LIVRE INICIATIVA E À COMERCIALIZAÇÃO DE SEUS PRODUTOS. SANÇÕES ADMINISTRATIVAS POR DEIXAR DE ADVERTIR SOBRE OS RISCOS DO GLÚTEN AOS DOENTES CELÍACOS. INEXISTÊNCIA DE DIREITO LÍQUIDO E CERTO. DENEGAÇÃO DA SEGURANÇA. (...) 11. A obrigação de informação é desdobrada pelo art. 31 do CDC, em quatro categorias principais, imbricadas entre si: a) informação-conteúdo (= características intrínsecas do produto e serviço), b) informação-utilização (= como se usa o produto ou serviço), c) informação-preço (= custo, formas e condições de pagamento), e d) informação-advertência (= riscos do produto ou serviço). 12. A obrigação de informação exige comportamento positivo, pois o CDC rejeita tanto a regra do caveat emptor como a subinformação, o que transmuda o silêncio total ou parcial do fornecedor em patologia repreensível, relevante apenas em desfavor do profissional, inclusive como oferta e publicidade enganosa por omissão. 13. Inexistência de antinomia entre a Lei 10.674/2003, que surgiu para proteger a saúde (imediatamente) e a vida (mediatamente) dos portadores da doença celíaca, e o art. 31 do CDC, que prevê sejam os consumidores informados sobre o 'conteúdo' e alertados sobre os 'riscos' dos produtos ou serviços à saúde e à segurança. 14. Complementaridade entre os dois textos legais. Distinção, na análise das duas leis, que se deve fazer entre obrigação geral de informação e obrigação especial de informação, bem como entre informação-conteúdo e informação-advertência (...)" (STJ, REsp 586.316, 2ª T., DJ 19.3.2009). ◙ **No mesmo sentido:** "No âmbito da proteção à vida e saúde do consumidor, o direito à informação é manifestação autônoma da obrigação de segurança. (...) Informação adequada, nos termos do art. 6°, III, do CDC, é aquela que se apresenta simultaneamente completa, gratuita e útil, vedada, neste último caso, a diluição da comunicação efetivamente relevante pelo uso de informações soltas, redundantes ou destituídas de qualquer serventia para o consumidor." (STJ. REsp 586316 / MG, DJe 19/03/2009, Rel. Min. Herman Benjamin, J. 17/04/2007)

◙ **Se a bebida contém álcool, não pode colocar no rótulo a expressão "sem álcool".** "DIREITO DO CONSUMIDOR. DIREITO BÁSICO DO CONSUMIDOR À INFORMAÇÃO ADEQUADA. PROTEÇÃO À SAÚDE. CERVEJA KRONENBIER. UTILIZAÇÃO DA EXPRESSÃO "SEM ÁLCOOL" NO RÓTULO DO PRODUTO. IMPOSSIBILIDADE. BEBIDA QUE APRESENTA TEOR ALCOÓLICO INFERIOR A 0,5% POR VOLUME. IRRELEVÂNCIA, IN CASU, DA EXISTÊNCIA DE NORMA REGULAMENTAR QUE DISPENSE A MENÇÃO DO TEOR ALCOÓLICO NA EMBALAGEM DO PRODUTO. ARTS. 6.º E 9.º DO CÓDIGO DE DEFESA DO CONSUMIDOR.(...) 6. A comercialização de cerveja com teor alcoólico, ainda que inferior a 0,5% em cada volume, com informação ao consumidor, no rótulo do produto, de que se trata de bebida sem álcool, a par de inverídica, vulnera o disposto nos arts. 6.º e 9.º do CDC, ante o risco à saúde de pessoas impedidas ao consumo. 7. O fato de ser atribuição do Ministério da Agricultura a padronização, a classificação, o registro, a inspeção, a produção e a fiscalização de bebidas, não autoriza a empresa fabricante de, na eventual omissão deste, acerca de todas as exigências que se revelem protetivas dos interesses do consumi-dor, malferir o direito básico deste à informação adequada e clara acerca de seus produtos.8. A dispensa da indicação no rótulo do produto do conteúdo alcoólico, prevista no já revogado art. 66, III, "a", do De-creto n.º 2.314/97, não autorizava a empresa fabricante a fazer constar neste mesmo rótulo a não veraz informação de que o consumidor estaria diante de cerveja "sem álcool", mesmo porque referida norma, por seu caráter regulamentar, não poderia infirmar os preceitos insculpidos no Código de Defesa do Consumidor. (STJ, Resp 1181066/RS, Rel. Ministro Vasco Della Giustina (Desembargador Convocado do TJ/RS), Terceira Turma, DJe 31/03/2011) ◙ **Nesse sentido:** EMBARGOS DE DIVERGÊNCIA NO RECURSO ESPECIAL. CONSUMIDOR, CIVIL E PROCESSO CIVIL. AÇÃO CIVIL PÚBLICA. CERVEJA COM A EXPRESSÃO "SEM ÁLCOOL" NO RÓTULO. PRESENÇA DE TEOR ALCOÓLICO DE ATÉ 0,5%. IMPOSSIBILIDADE. OFENSA AO DIREITO À INFORMAÇÃO CLARA E ADEQUADA. EXISTÊNCIA DE DECRETO REGULAMENTAR QUE PERMITE A CLASSIFICAÇÃO. IRRELEVÂNCIA. EMBARGOS DE DIVERGÊNCIA ACOLHIDOS. 1. O mero erro no endereçamento dos embargos de divergência não gera o não conhecimento do recurso, pois não se verificou má-fé da parte Embargante, tampouco prejuízo ao direito de defesa da Embargada. Precedentes. 2. Questão referente à possibilidade de exposição à venda de cerveja que, embora classificada em seu rótulo com a expressão "sem álcool", possua teor alcoólico de até 0,5%. Similitude entre os acórdãos embargado e paradigma, que trataram da matéria à luz das normas legais vigentes, notadamente do Código de Defesa do Consumidor. 3. A informação "sem álcool", constante do rótulo do produto, é falsa e, por isso, está em clara desconformidade com o que dispõe o Código de Defesa do Consumidor, notadamente em prejuízo do direito à informação clara e adequada. 4. O fato de existir decreto regulamentar que classifica como "sem álcool" a cerveja com teor alcoólico de até 0,5% não autoriza que a Empresa, Embargada, desrespeite os direitos mais básicos do consumidor, garantidos em lei especial, naturalmente prevalecente na espécie. 5. Embargos de divergência acolhidos. Acórdão embargado reformado para restabelecer a sentença que julgou procedente a ação civil pública." (STJ, EREsp 1185323/RS, Rel. Ministra Laurita Vaz, Corte Especial, DJe 29/11/2016) ◙ **Em sentido contrário, possibilitando o uso da expressão "sem álcool":** "RECURSO ESPECIAL. CIVIL. CONSUMIDOR. PROCESSUAL CIVIL. (...) AÇÃO CIVIL PÚBLICA. CERVEJA SEM ÁLCOOL. CLASSIFICAÇÃO OFICIAL. LEGISLAÇÃO ESPECÍFICA. OBSERVÂNCIA. RETIRADA DO PRODUTO DO MERCADO. INVIABILIDADE. IMPROCEDÊNCIA DA AÇÃO. RECURSO PARCIALMENTE PROVIDO. (...)2. A Lei 8.918/94 dispõe "sobre a padronização, a classificação, o registro, a inspeção, a produção e a fiscalização de bebidas, autoriza a criação da Comissão Intersetorial de Bebidas e dá outras providências". Foi regulamentada pelo Decreto 2.314/97, que, em seus arts. 10 e 66, III, dispunha quanto à classificação das cervejas, "estabelecida, em todo o território nacional", em caráter de "obrigatoriedade", de acordo com a referida Lei. Atualmente vige o Decreto 6.871/2009, que, em seus arts. 12 e 38, este com praticamente a mesma redação daquele mencionado art. 66, estabelece a classificação das cervejas prevendo, no que respeita ao teor alcoólico, que a cerveja sem álcool é aquela em que o conteúdo de álcool for menor que 0,5% (meio por cento) em volume, sem obrigatoriedade de declaração no rótulo do conteúdo alcoólico. 3. Na hipótese, a recorrente segue a normatização editada para regular sua atividade empresarial, elaborada por órgão governamental especializado, tendo obtido a aprovação do rótulo de seu produto pelo Ministério da Agricultura. Nesse contexto, não pode ser condenada a deixar de comercializar a cerveja de classificação "sem álcool" que fabrica, com base apenas em impressões subjetivas da associação promovente, a pretexto de que estaria a violar normas gerais do CDC ao fazer constar no rótulo da bebida a classificação oficial determinada em lei especial e no decreto regulamentar. 4. Não se mostra adequado intervir no mercado pontualmente, substituindo-se a lei especial e suas normas técnicas regulamentadoras por decisão judicial leiga e subjetiva, de modo a obstar a venda de produto por sociedade empresária fabricante, que segue corretamente a legislação existente acerca da fabricação e comercialização da bebida. 5. Recurso especial parcialmente provido." (STJ, REsp 1185323/RS, Rel. Ministro Luis Felipe Salomão, Rel. p/ Acórdão Ministro Raul Araújo, Quarta Turma, DJe 03/08/2015).

◙ **Rótulo de vinho não precisa informar quantidade de sódio ou calorias.** "O artigo 2º da Lei nº 8.918/1994, que prevê o registro necessário para a comercialização de bebidas, e o seu decreto regulamentador (Decreto nº 6.871/2009) não se aplicam às bebidas derivadas da uva. 3. Inexiste a obrigação legal de se inserir nos rótulos dos vinhos informações acerca da quantidade de sódio ou de calorias (valor energético) presente no produto. 4. Não se aplica o Código de Defesa do Consumidor ao caso concreto ante o princípio da especialidade. 5. A rotulagem dos produtos que a recorrente fabrica atende estritamente às normas administrativas impostas pelos órgãos de fiscalização governamentais, tendo obtido sua aprovação junto ao Ministério da Agricultura, Pecuária e Abastecimento. 6. Recurso especial provido. (STJ, Resp 1605489/SP, Rel. Min. Ricardo Villas Bôas Cueva, Data do Julgamento 04/10/16)

◙ **Na publicidade, o fornecedor não está obrigado informar o prazo de garantia legal, pois este decorre de lei.** "RECURSO ESPECIAL – AÇÃO CIVIL COLETIVA – DIREITO DO CONSUMIDOR – DEVER DE INFORMAÇÃO – SENTENÇA A

QUO QUE REPUTOU NECESSÁRIA A INSCRIÇÃO DO PRAZO DA GARANTIA LEGAL EM RÓTULOS E EMBALAGENS DE PRODUTOS – ARESTO ESTADUAL QUE AFASTOU TAL OBRIGAÇÃO. INSURGÊNCIA DA ASSOCIAÇÃO NACIONAL DE DEFESA DA CIDADANIA E DO CONSUMIDOR. 1. Alegada ausência de prequestionamento. Inocorrência. "O STJ admite o prequestionamento implícito nas hipóteses em que os pontos debatidos no Recurso Especial foram decididos no acórdão recorrido, sem explícita indicação dos artigos de lei que fundamentam a decisão." REsp 1345910/MG, Rel. Ministro Herman Benjamin, Segunda Turma, DJe 31/10/2012. 2. Hipótese em que a agremiação nacional representativa dos interesses do consumidor pleiteou a inclusão do prazo da garantia legal nos rótulos/embalagens de lâmpadas de fabricação própria da empresa recorrida. Desnecessidade. Interpretação do art. 31 do Código de Defesa do Consumidor. Alcance do termo "garantia". Não abrangência da legal, mas, sim, da contratual. 3. O dever de o fornecedor assegurar informações corretas, claras e precisas na apresentação dos produtos e serviços ofertados no mercado de consumo (art. 31 da Lei n. 8.078/90) não contempla a obrigação de transcrever a garantia legal nos rótulos/embalagens, porquanto esta deflui diretamente da própria lei (art. 24 e 26 do CDC), a qual o ordenamento jurídico presume ser de conhecimento de todos ("ninguém se escusa de cumprir a lei, alegando que não a conhece" – art. 3º da Lei de Introdução do Direito Brasileiro). 4. A norma em voga prescreve um rol mínimo de itens a serem informados pelo fabricante e comerciante, cujo objetivo é conferir dados suficientes ao consumidor, a fim de que possa emitir um juízo particularizado sobre o bem ou serviço que tenciona adquirir, destacando-se as condições e vantagens oferecidas, aí incluída a garantia contratual, e não a legal (30 ou 90 dias, conforme o caso), justamente por esta última decorrer do próprio sistema. 5. Recurso especial a que se nega provimento" (STJ, REsp 1067530/SP, Rel. Ministro Marco Buzzi, Quarta Turma, DJe 10/06/2013).

■ **Maquiagem dos produtos. Diminuição do volume ou quantidade. Dever de informar.** "VÍCIO DE QUANTIDADE. VENDA DE REFRIGERANTE EM VOLUME MENOR QUE O HABITUAL. REDUÇÃO DE CONTEÚDO INFORMADA NA PARTE INFERIOR DO RÓTULO E EM LETRAS REDUZIDAS. INOBSERVÂNCIA DO DEVER DE INFORMAÇÃO. DEVER POSITIVO DO FORNECEDOR DE INFORMAR. VIOLAÇÃO DO PRINCÍPIO DA CONFIANÇA. PRODUTO ANTIGO NO MERCADO. FRUSTRAÇÃO DAS EXPECTATIVAS LEGÍTIMAS DO CONSUMIDOR. MULTA APLI-CADA PELO PROCON. POSSIBILIDADE.(...) 1. No caso, o Procon estadual instaurou processo administrativo contra a recorrente pela prática da infração às relações de consumo conhecida como "maquiagem de produto" e "aumento disfarçado de preços", por alterar quantitativamente o conteúdo dos refrigerantes "Coca Cola", "Fanta", "Sprite" e "Kuat" de 600 ml para 500 ml, sem informar clara e precisamente aos consumidores, porquanto a informação foi aposta na parte inferior do rótulo e em letras reduzidas. Na ação anulatória ajuizada pela recorrente, o Tribunal de origem, em apelação, confirmou a improcedência do pedido de afastamento da multa administrativa, atualizada para R$ 459.434,97, e majorou os honorários advocatícios para R$ 25.000,00. 2. Hipótese, no cível, de responsabilidade objetiva em que o fornecedor (*lato sensu*) responde solidariamente pelo vício de quantidade do produto. (...) O dever de informação positiva do fornecedor tem importância direta no surgimento e na manutenção da confiança por parte do consumidor. A informação deficiente frustra as legítimas expectativas do consumidor, maculando sua confiança. A sanção administrativa aplicada pelo Procon reveste-se de legitimidade, em virtude de seu poder de polícia (atividade administrativa de ordenação) para cominar multas relacionadas à transgressão da Lei n. 8.078/1990, esbarrando o reexame da proporcionalidade da pena fixada no enunciado da Súmula 7/STJ." (STJ, REsp 1364915/MG, Rel. Ministro Humberto Martins, Segunda Turma, julgado em 14/05/2013, DJe 24/05/2013) ◙ **No mesmo sentido de que a alteração da quantidade de um produto sem a correspondente informação ao consumidor caracteriza a maquiagem de produto.** "ADMINISTRATIVO. DEFESA DO CONSUMIDOR. PRODUTO COMERCIALIZADO. ALTERAÇÃO DE QUANTIDADE. INFORMAÇÃO ADEQUADA. DESCUMPRIMENTO. MULTA. DOSIMETRIA. (...) A alteração da quantidade de um produto comercializado, sem a informação adequada ao consumidor, que acredita estar adquirindo o produto nas mesmas condições anteriormente ofertadas, constitui infração passível de multa, dosada segundo as circunstâncias do caso concreto, dentro dos limites previstos no art. 57 do CDC. (...)" (TRF-4, Ap. Cív. 200772130002538, Rel. Marina Vasques Duarte de Barros Falcão, D.E. 13/08/2010).

◙ **Maquiagem de produto não configurada. Redução de volume em embalagem de água mineral.** "Apelação Ação civil pública Redução da quantidade de água mineral com gás de 600ml para 510ml Alegação da prática de 'maquiagem do produto', com vistas a enganar o consumidor Demonstração de que a diminuição da quantidade importou em nova embalagem do produto, com alteração da forma e tamanho da garrafa, indicando o rótulo com clareza que o volume era de 510ml Redução do preço verificada Inexistência de conduta lesiva aos consumidores na alteração da linha de produto Improcedência mantida Não provimento" (TJSP, Ap. Cív. 10196851620138260100, Quarta Câmara de Direito Privado, Rel. Des. Enio Zuliani, DJ 11/09/2014).

◙ **A informação sobre o preço do produto deve ser visível, não bastando a existência de tabela no caixa do estabelecimento do fornecedor.** "PROCON Anulação de multa por infração ao art. 31 do CDC. Exposição para venda de produtos sem informação quanto ao respectivo preço para pagamento à vista. Prova testemunhal comprova conduta típica. Informação quanto ao preço deve ser visível, não bastando 'tabela de preço' à disposição no caixa. Subsistência da sanção. (...)" (TJSP, Ap. Cív. 10390879320148260053, Sexta Câmara de Direito Público, Rel. Des. Evaristo dos Santos, DJ 28/08/2015).

◙ **Serviços educacionais. Dever de informar sobre a imprestabilidade do curso escolhido pelo consumidor para fins de habilitação legal para as modalidades de educação e ensino previstos na Lei de Diretrizes e Bases da Educação (Lei 9394/96).** "PRESTAÇÃO DE SERVIÇOS EDUCACIONAIS Informações adequadas relativas a dados essenciais de produtos e serviços constituem direito do consumidor e dever do fornecedor, a teor dos arts. 6º, III, e 31, do CDC Contrato ajustado em que o fornecedor descumpriu o dever de prestar informações adequadas sobre dados essenciais não obriga o consumidor, que tem a opção pela desconstituição do vínculo contratual ou a anulação de disposições abusivas, a teor dos arts. 6º, III e 46, CDC, cumulado com pedido de indenização por perdas e danos, nos termos do art , 475, do CC

– Configurado o ato ilícito da ré fornecedora, consistente no descumprimento pela ré fornecedora de informações adequadas sobre dado essencial dos cursos contratados pela autora, consistente em se tratarem de cursos livres, incapazes de conferir certificação dos estudos realizados para fins de habilitação legal em quaisquer dos níveis e modalidade de educação e ensino previstos na LF 9394/96, que estabelece as diretrizes e bases de educação nacional, e não de cursos regulares reconhecidos pelas autoridades de ensino, capazes de conferir a habilitação legal em questão, dentre elas, a educação profissional técnica de nível médio, a pretendida pela autora (...)" (TJSP, Ap. Cív. 0002051402010826016l, Vigésima Câmara de direito Privado, Rel. Des. Rebello Pinho, DJ 12/09/2013).

◙ **Plano funerário. Dever de informar a respeito do cumprimento de novo prazo de carência em caso de renegociação de débito.** "PRESTAÇÃO DE SERVIÇOS ASSISTÊNCIA FUNERÁRIA – Contratação Inadimplemento Renegociação Período de carência – Informação à contratante –Comprovação – Inexistência – CDC, art. 31 – Reembolso devido – Danos morais – Caracterização – Inexistência – Inadimplemento contratual – Recurso parcialmente provido" (TJSP, Ap. Cív. 00028886420108260624, Trigésima Quinta Câmara de Direito Privado, Rel. Des. Melo Bueno, DJ 06/08/2013).

◙ **Contratos imobiliários. Dever de informar sobre a cobrança de comissão de corretagem e taxa de administração.** "APELAÇÃO. AÇÃO DECLARATÓRIA DE INEXIGIBILIDADE DE DÉBITO CUMULADA COM DEVOLUÇÃO DE PARCELAS PAGAS. ILEGITIMIDADE. Responsabilidade solidária dos fornecedores. COMISSÃO DE CORRETAGEM. Compradora assumiu expressamente a responsabilidade pelo pagamento do encargo. TAXA DE ADMINISTRAÇÃO. Ausência de informação quanto aos serviços que remunera. Violação ao art. 31 do CDC. TAXA DE ASSESSORIA DE FINANCIAMENTO. Encargo imposto a posteriori. Violação ao art. 46 do CDC. RETENÇÃO DOS VALORES PAGOS. Fixação por equidade. DANOS MORAIS. Inclusão indevida no cadastro negativo de consumidores. Quantum adequadamente arbitrado pelo juízo de origem. RECURSO PARCIALMENTE PROVIDO" (TJSP, Ap. Cív. 00454418720138260506, Segunda Câmara de Direito Privado, Rel. Des. Rosangela Telles, DJ 01/12/2014).

◙ **A informação ao consumidor deve ser prévia, não desonerando o fornecedor a prestação de informações somente após a aquisição do produto ou serviço.** "RESPONSABILIDADE CIVIL. AÇÃO DE REPARAÇÃO DE DANOS MATERIAIS E MORAIS. COMPRA DE PISO CERÂMICO QUE NÃO ATENDIA ÀS EXIGÊNCIAS DO CONSUMIDOR. FALHA DO FORNECEDOR NO DEVER DE INFORMAÇÃO (ART. 6.º, INCISO III, C/C ART. 31, AMBOS DO CDC). RECURSO APENAS DA PARTE DEMANDADA, E QUE VISA À REFORMA DA SENTENÇA DE MODO A JULGAR A AÇÃO IMPROCEDENTE, OU A REDUÇÃO DO MONTANTE INDENIZATÓRIO FIXADO NA SENTENÇA. Caso em que o autor, dirigindo-se ao estabelecimento comercial da ré, desejava adquirir um piso com característica antiderrapante , para o que contou com a ajuda de vendedor, preposto da ré. Depois de realizada a instalação do piso em sua residência notou que não era antiderrapante . Voltando ao estabelecimento comercial da ré, e indagando sobre a característica do piso, esta teve que solicitar informações ao fabricante que, prestando-as, disse que o produto não tinha a referida característica. Responsabilidade pelos danos materiais, devidamente comprovados nos autos, causados ao autor que derivam da violação ao dever de informação, consagrado no CDC, artigos 6.º, inciso III, e 31 caput. Manutenção da sentença, inclusive em relação aos juros de mora, correção monetária e demais ônus sucumbenciais. Negaram provimento à Apelação. Decisão unânime" (TJRS, Ap. Cív. 70054242078, Décima Câmara Cível, Rel. Des. Jorge Alberto Schreiner Pestana, DJ 01/07/2013).

◙ **Venda de passagens aéreas. Ausência de informação no sentido de que as passagens promocionais eram direcionadas a passageiros de uma única nacionalidade.** "RECURSO INOMINADO. CONSUMIDOR. TRANSPORTE AÉREO. VIAGEM PARA O PERU. AQUISIÇÃO DE PASSAGENS AÉREAS PROMOCIONAIS. AUTORES QUE NÃO CONSEGUIRAM TRANSFERIR O DIA DA VIAGEM. IMPOSSIBILIDADE DE UTILIZAÇÃO DA PASSAGEM PROMOCIONAL. DESTINADA APENAS PARA PERUANOS, NÃO PODENDO SER COMPRADA POR ESTRANGEIROS. FALHA NO DEVER DE INFORMAÇÃO. RÉ QUE NÃO COMPROVOU QUE O SITE INFORMAVA QUE A PASSAGEM PROMOCIONAL ERA DESTINADA PARA PERUANOS. INOBSERVÂNCIA AO DISPOSTO NO ART. 31 DO CDC (...)" (TJRS, Recurso Cível 71005755160, Primeira Turma Recursal Cível, Rel. Roberto Carvalho Fraga, DJ 23/03/2016).

◙ **Transporte rodoviário de passageiros. Ausência de informação sobre a necessidade de pagamento integral da passagem com cartão de crédito para que o consumidor tivesse direito à cobertura do seguro de viagem.** "COBRANÇA – INDENIZAÇÃO SECURITÁRIA – Seguro de viagem automático vinculado à compra de passagem de ônibus com o cartão de crédito da bandeira MasterCard – Marido da autora que era titular do cartão, tendo falecido no percurso, em decorrência de acidente envolvendo o ônibus em que viajava – Autora que faz jus à indenização securitária oferecida pela ré – Negativa do pagamento justificada no fato de que a passagem não foi comprada integralmente com o cartão de crédito – Descabimento – No guia de benefícios encaminhado ao titular do cartão de crédito não há qualquer menção sobre a necessidade de que o pagamento da passagem deveria ser feito integralmente com o cartão de crédito – Informação ao consumidor que deve ser expressa, clara e precisa (art. 6, III e art. 31, CDC)– Princípios da transparência e da boa-fé que devem nortear as relações de consumo – Sentença reformada para condenar à ré no pagamento da indenização prevista no Guia de Benefícios – RECURSO PROVIDO" (TJSP, Ap. Cív. 00041914120108260066, Décima Sexta Câmara de Direito Privado, Rel. Des. Sérgio Shimura, DJ 02/10/2015).

◙ **Transporte rodoviário de passageiros. Ausência de informações claras e precisas sobre o preço da passagem.** "ADMINISTRATIVO – AÇÃO ANULATÓRIA – MULTA ADMINISTRATIVA – INFRAÇÃO CONSUMERISTA – EMPRESA CONCESSIONÁRIA DE TRANSPORTE COLETIVO DE PASSAGEIROS – AUSÊNCIA DE INFORMAÇÕES CLARAS E PRECISAS SOBRE PREÇO DA PASSAGEM RODOVIÁRIA – MULTA – PORTARIA 26 DO PROCON – LEGALIDADE. 1. Empresa concessionária de transporte coletivo de passageiros que não informava o preço para pagamento à vista de seus bilhetes de passagem. Violação ao art. 31, CDC. Multa. Admissibilidade. 2. Auto de infração que preenche os requisitos legais, permitindo à autuada exercer com amplitude o contraditório e a ampla defesa, inclusive em grau recursal. Inexistência de ilegalidade na multa aplicada e falta de motivação. Cálculo da sanção que considera o faturamento bruto da infratora. Critério necessário para conferir caráter punitivo à reprimenda. Pedido improcedente. Sentença mantida. Recurso desprovido" (TJSP, Ap. Cív. 00043311220138260053, Nona Câmara de Direito Público, Rel. Des. Décio Notarangeli, DJ 14/05/2015).

◙ **Telefonia móvel. Limitação temporal a respeito de plano de minutos que não constou da oferta.** "APELAÇÃO – AÇÃO DE OBRIGAÇÃO DE FAZER C.C. REPETIÇÃO DE INDÉBITO – Telefonia móvel – Pleito visando a manutenção do plano de minutos contratado pelo autor – Alteração unilateral do pacote, sob alegação de decurso do prazo de contratação – Limitação temporal que não constou da oferta dirigida ao consumidor – Ausência de provas em sentido contrário – Dever de informação que recai sobre o fornecedor – Art. 6º, III e 31, do CDC – Vinculação aos termos da oferta – Manutenção das condições pactuadas por tempo indeterminado – Devolução dos valores pagos indevidamente em razão da alteração do pacote– Cabimento – Negado provimento" (TJSP, Ap. Cív. 9223406692007826, Vigésima sétima Câmara de direito Privado, Rel. Des. Hugo Crepaldi, DJ 21/06/2011).

Parágrafo único. As informações de que trata este artigo, nos produtos refrigerados oferecidos ao consumidor, serão gravadas de forma indelével (Incluído pela Lei no 11.989, de 2009).

► **Objetivo da inserção do parágrafo único do art. 31.** A Lei nº 11.989, de 27 de julho de 2009, acrescentou o parágrafo único ao art. 31 do Código de Defesa do Consumidor. O novo parágrafo único do art. 31 trata da oferta e apresentação de produtos refrigerados. A ideia do legislador é dar proteção ampla aos consumidores no sentido de exigir que as informações contidas nos produtos refrigerados (gelados e congelados) deverão ser gravadas nas embalagens de forma duradoura, ou seja, não poderão desaparecer com o tempo.

Art. 32. Os fabricantes e importadores deverão assegurar a oferta de componentes e peças de reposição enquanto não cessar a fabricação ou importação do produto.

► **Responsabilidade pós-contratual do fornecedor para com o consumidor.** O fabricante e o importador têm o dever de fornecer e assegurar peças de reposição enquanto durarem a produção ou importação do produto, e mesmo depois, por um período razoável. Verifica-se, portanto, uma responsabilidade pós-contratual do fornecedor para com o consumidor, prestigiando o princípio da boa-fé objetiva. ► **Nesse sentido:** "A regra inserida neste artigo tem como fundamento a responsabilidade pós-contratual do fornecedor, aquela que subsiste a despeito da extinção do contrato, isto é, aquele dever anexo que persiste mesmo tendo as partes cumprido todas as obrigações previstas no contrato". (SILVA, Jorge Alberto Quadros de Carvalho. *Código de Defesa do Consumidor anotado*. São Paulo: Saraiva, 2001. p. 113)

► **Responsabilidade delimitada para alguns fornecedores (fabricante e importador).** Quando o legislador não trata do gênero fornecedor é porque quer limitar a aplicação da norma a determi-nadas pessoas. Assim, por exemplo, estão excluídas da responsabilidade imputada no artigo as concessioná-rias de veículos, já que somente são responsáveis por venderem os automóveis e não fabricá-los. Por sua vez, a montadora, que é a fabricante de veículos, está inserida no dispositivo. ◙ **Nesse sentido, excluindo a responsabilidade da concessionária de veículos:** "CONSUMIDOR. CONSERTO DE VEÍCULO. PRETENSÃO AMPARADA NA EXISTÊNCIA DE FALHA DO SERVIÇO. SUPOSTA VIOLAÇÃO AO ART. 32 DO CDC, EM RAZÃO DA DEMORA NA DISPONIBILIZAÇÃO DAS PEÇAS DE REPOSIÇÃO NECESSÁRIAS AO PLENO REPARO DO BEM. INTERLOCUTÓRIO RECONHECENDO A ILEGITIMIDADE PASSIVA DA CONCESSIONÁRIA. INSURGÊNCIA ACOLHIDA. DEVER IMPOSTO À CADEIA DE FORNECEDORES, NÃO SENDO RESTRITO À FIGURA DO FABRICANTE. RÉ QUE ATUA COMO DISTRIBUIDORA REGIONAL, UTILIZANDO-SE DA MARCA NISSAN NO DESEMPENHO DE SUA ATIVIDADE. LEGITIMIDADE PATENTE. RECURSO CONHECIDO E PROVIDO."(TJ-SC – AG: 20140690754 SC 2014.069075-4 (Acórdão), Relator: Ronei Danielli, Data de Julgamento: 26/01/2015, Sexta Câmara de Direito Civil)

PRODUTOS AQUIRIDOS NO EXTERIOR OU IMPORTADOS

◙ **Filmadora adquirida no exterior. Responsabilidade da empresa nacional da mesma marca pelo conserto do produto.** "DIREITO DO CONSUMIDOR. FILMADORA ADQUIRIDA NO EXTERIOR. DEFEITO DA MERCADORIA. RESPONSABILIDADE DA EMPRESA NACIONAL DA MESMA MARCA ("PANASONIC"). ECONOMIA GLOBALIZADA. PROPAGANDA. PROTEÇÃO AO CONSUMIDOR. Se a economia globalizada não mais tem fronteiras rígidas e estimula e favorece a livre concorrência, imprescindível que as leis de proteção ao consumidor ganhem maior expressão em sua exegese, na busca do equilíbrio que deve reger as relações jurídicas, dimensionando-se, inclusive, o fator risco, inerente à competitividade do comércio e dos negócios mercantis, sobretudo quando em escala internacional, em que presentes empresas poderosas, multinacionais, com filiais em vários países, sem falar nas vendas hoje efetuadas pelo processo tecnológico da informática e no forte mercado consumidor que representa o nosso País. O mercado consumidor, não há como negar, vê-se hoje "bombardeado" diuturnamente por intensa e hábil propaganda, a induzir a aquisição de produtos, notadamente os sofisticados de procedência estrangeira, levando em linha de conta diversos fatores, dentre os quais, e com relevo, a respeitabilidade da marca. Se empresas nacionais se beneficiam de marcas mundialmente conhecidas, incumbe-lhes responder também pelas deficiências dos produtos que anunciam e comercializam, não sendo razoável destinar-se ao consumidor as conseqüências negativas dos negócios envolvendo objetos defeituosos." (STJ, REsp 63981/SP, DJU 20.11.2000, Rel. Min. Aldir Passarinho Júnior, J. 11.4.2000, 4ª T.)

◙ **Video game (Playstation 4) adquirido no exterior. Responsabilidade solidária da empresa brasileira.** "RECURSO INOMINADO. CONSUMIDOR. AÇÃO DECLARATÓRIA CUMULADA COM INDENIZAÇÃO POR DANOS MATERIAIS E MORAIS. VÍCIO DO PRODUTO. PLAYSTATION 4. PRODUTO ADQUIRIDO NO EXTERIOR. SONY BRASIL QUE NÃO EFETUOU O CONSERTO DO PRODUTO. RESPONSABILIDADE SOLIDÁRIA. DANO MATERIAL DEMONSTRADO. DEVER DE RESTITUIR OS VALORES DESEMBOLSADOS PARA A TROCA DO BEM NO EXTERIOR DENTRO DO PRAZO DE GARANTIA LEGAL. RECURSO EXCLUSIVO DO AUTOR. DANO MATERIAL MAJORADO PARA ABRANGER TODOS OS ENCARGOS SUPORTADOS PELO AUTOR. DANO MORAL INOCORRENTE. SENTENÇA REFORMADA EM PARTE. RECURSO PROVIDO" (TJRS, Recurso Cível 71005057286, Segunda Turma Recursal Cível, Turmas Recursais, Rel. Cintia Dossin Bigolin, DJ 13/04/2015)

◙ **Aparelho celular adquirido no exterior. Vício do produto ocorrido dentro do prazo de garantia. Responsabilidade solidária da empresa brasileira.** "RECURSO INOMINADO. AÇÃO DE INDENIZAÇÃO POR DANOS MORAIS E MATERIAIS. INCOMPETÊNCIA DOS JUIZADOS ESPECIAIS AFASTADA. DESNECESSIDADE DE PERÍCIA TÉCNICA. APLICAÇÃO DO CÓDIGO DE DEFESA DO CONSUMIDOR. APARELHO CELULAR ADQUIRIDO NO EXTERIOR E TAMBÉM COMERCIALIZADO NO BRASIL. VÍCIO DO PRODUTO APRESENTADO DENTRO DO PRAZO DE GARANTIA. RESPONSABILIDADE DO FABRICANTE. ALEGAÇÃO DE MODELO DIVERSO DOS QUE POSSUEM FUNCIONALIDADE EM ÂMBITO NACIONAL, BEM COMO DE VINCULAÇÃO À OPERADORA DO PAÍS EM QUE FOI COMERCIALIZADO. INVERSÃO DO ÔNUS DA PROVA. REQUERIDA NÃO COMPROVOU SUAS ALEGAÇÕES. DEVER DE RESTITUIR O VALOR PAGO. APLICAÇÃO DO ARTIGO 18, § 1º DO CDC. APLICAÇÃO DE MULTA POR LITIGÂNCIA DE MÁ-FÉ REQUERIDA PELA RECORRIDA. AUSÊNCIA DE MÁ-FÉ POR PARTE DA RECORRENTE. RECURSO DESPROVIDO. SENTENÇA MANTIDA POR SEUS PRÓPRIOS FUNDAMENTOS" (TJSC, Recurso Inominado 20134006477, Quarta turma de Recursos – Criciúma, Rel. Cleusa Maria Cardoso, julgado em 11/08/2015) ◙ **No mesmo sentido:** "RECURSO INOMINADO. AÇÃO COMINATÓRIA. GARANTIA. APARELHO ADQUIRIDO PELO CONSUMIDOR NO EXTERIOR. IPHONE 5S. DEFEITO CONSTATADO APÓS 3 MESES DE USO. NEGATIVA DE ASSISTÊNCIA TÉCNICA PELA FABRICANTE APPLE. ALEGAÇÃO DE QUE NÃO COMERCIALIZOU O APARELHO EM TERRITÓRIO NACIONAL. PREVISAO DE GARANTIA E ASSISTÊNCIA DETERMINADA NO TEMPO, MAS NÃO LIMITADA TERRITORIALMENTE. MARCA MUNDIALMENTE CONHECIDA E ATUANTE NO MERCADO NACIONAL. APLICAÇÃO DO CÓDIGO DE DEFESA DO CONSUMIDOR. DEVER DE PRESTAR A ASSISTÊNCIA TÉCNICA DURANTE O TEMPO

DA GARANTIA DECLINADA PELA FABRICANTE, INDEPENDENTEMENTE DO LOCAL. SENTENÇA MANTIDA. 1. A requerida reconhece que sua garantia de assistência técnica tem abrangência mundial, caindo por terra a alegação de que não possui responsabilidade por produtos adquiridos no exterior diretamente pelo consumidor. Excludente prevista no art. 12 do CDC que não se aplica ao caso em concreto. 2. Não há prova nos autos de que a requerida estaria infringindo normas editadas pela agência reguladora do setor (ANATEL) ao prestar assistência técnica ao aparelho. Para deslinde do feito, inexiste complexidade na matéria. Afastada a alegação de necessidade de perícia técnica. 3. É direito do consumidor ser amplamente esclarecido previamente acerca das limitações do produto adquirido, inclusive sobre a funcionabilidade no país de destino. A requerida é fabricante mundialmente conhecida, razão pela qual deve diligenciar em benefício de seus clientes, impedindo-os de adquirem produtos que não se prestarão ao fim buscado. Inteligência do art. 7º do Código de Defesa do Consumidor. Recurso desprovido. (Recurso Cível 71005520614, Primeira Turma Recursal Cível, Turmas Recursais, Relator: José Ricardo de Bem Sanhudo, DJ 03/11/2015).

◙ **Veículo importado. Prazo analógico de 30 dias do art. 18 para disponibilizar a peça.** "RESPONSABILIDADE CIVIL RELAÇÃO DE CONSUMO Vinculação do representante de marca estrangeira no Brasil ao dever que incide sobre o fabricante de assegurar a oferta de componentes e peças de reposição enquanto não cessar a fabricação ou importação do produto Exegese do art. 32 do CDC Modulação dos efeitos de incidência do dispositivo à luz da diretriz da lógica do razoável Concessão de prazo para a importação de peças necessárias ao reparo Compreensão das "legítimas expectativas do consumidor" no caso concreto Aplicação analógica do prazo de 30 dias preconizado pelo art. 18 do CDC Execução do reparo para além deste prazo a encerrar dano material indenizável, tendo por parâmetro o valor de locação de veículo similar Suposta desvalorização do veículo à consideração da dificuldade de obtenção de peças de reposição a encerrar dano remoto, não indenizável. Recurso parcialmente provido." (TJ-SP – APL: 05830757120008260100 SP, Relator: Airton Pinheiro de Castro, 32ª Câmara de Direito Privado, Data de Publicação: 31/01/2014)

◙ **Falta de peça para reposição de veículo importado.** "RESPONSABILIDADE CIVIL - AÇÃO INDENIZATÓRIA POR DANOS MATERIAIS E MORAIS DECORRENTES DA FALTA DE PEÇA PARA REPOSIÇÃO DE VEÍCULO IMPORTADO - DIREITO DO CONSUMIDOR – Responsabilidade da empresa concessionária e da importadora que deve ser reconhecida quanto aos gastos tidos pela demandante com a compra de um pneu dianteiro, com o alinhamento e balanceamento dos pneus dianteiros, com o reparo realizado em outra concessionária e com a locação de automóvel - Arts. 21, 32 e 18, § 1º, do CDC – Ocorrência de dano moral não configurada no caso - Ação que deve ser julgada parcialmente procedente - Recurso provido em parte para tanto". (1º TACSP, AC 824.304-1 - 5ª C. - Rel. Juiz Thiago de Siqueira, DJSP 29.8.2001)

◙ **Obrigatoriedade de manter em estoque peças de reposição.** "A não manutenção em estoque, pelo fabricante de automóveis nacionais, de peças de reposição, ainda que tenham de ser importadas, viola a regra do art. 32 do CDC, gerando ao consumidor o direito à indenização pelo período em que ficou impossibilitado de usar o seu veículo, nos termos do art. 84, §1°, da Lei no 8.078/90." (TJRJ, Ap. 8.656, 4ª Câm. Civ, J.17.3.1998)

◙ **Pulseira de relógio que deixou de ser fabricada e prazo razoável entre a aquisição e a retirada do mercado. Não cabimento de danos morais.** ***(sobre danos morais, ver art. 6°, VI)*** "AÇÃO INDENIZATÓRIA - FALHA NA PRESTAÇÃO DE SERVIÇOS - RELAÇÃO DE CONSUMO - INDISPONIBILIDADE DE PRODUTO PARA SUBSTITUIÇÃO - PULSEIRA DE RELÓGIO QUE DEIXOU DE SER FABRICADO - PERÍODO RAZOÁVEL ENTRE AQUISIÇÃO E RETIRADA DO MERCADO - DESGASTE NATURAL - EXEGESE DO ARTIGO 32 E PARÁGRAFO ÚNICO DO CDC - INEXISTÊNCIA DE DANOS MATERIAIS - HIPÓTESE QUE NÃO REVELA O SOFRIMENTO DESCRITO COMO CAPAZ DE ENSEJAR INDENIZAÇÃO POR DANOS MORAIS - RECURSO IMPROVIDO" (TJSP - Ap. Cív. 10006475820158260161, Trigésima Primeira Câmara de direito Privado, Rel. Des. Francisco Casconi, DJ 11/07/2016)

◙ **Demora excessiva no conserto de veículo por ausência de peças de reposição. Dano moral.** ***(sobre dano moral, ver art. 6°, VI)*** "AÇÃO DE INDENIZAÇÃO - PRESTAÇÃO DE SERVIÇOS - VEÍCULO SINISTRADO EM ACIDENTE AUTOMOBILÍSTICO - LEGITIMIDADE PASSIVA 'AD CAUSAM' DA SEGURADORA CARACTERIZADA - REPAROS SUBMETIDOS À PRÉVIA AUTORIZAÇÃO - SOLIDARIEDADE - INCIDÊNCIA DO CÓDIGO DE DEFESA DO CONSUMIDOR - VEÍCULO QUE PERMANECEU NA CONCESSIONÁRIA POR APROXIMADAMENTE QUATRO MESES AGUARDANDO PEÇA DE REPOSIÇÃO - AFRONTA AO ART. 32 DO CDC - DEMORA ATRIBUÍDA À FABRICANTE - DANOS MATERIAIS - DESPESAS COM TÁXI BEM DEMONSTRADAS - ACOLHIMENTO PARCIAL - DANOS MORAIS - CARACTERIZAÇÃO - DEMORA EXCESSIVA PARA SOLUÇÃO DOS PROBLEMAS QUE ULTRAPASSA O MERO DISSABOR OU DESCONFORTO - RECURSO PARCIALMENTE PROVIDO" (TJSP, Ap. Cív. 00046474120138260565, Trigésima Primeira Câmara de Direito Privado, Rel. Des. Francisco Casconi, DJ 23/02/2017). ◙ **No mesmo sentido:** "APELAÇÃO CÍVEL: AÇÃO DE INDENIZAÇÃO POR DANOS MORAIS. CONCESSIONÁRIA. DEMORA EXCESSIVA NO CONSERTO DE VEÍCULO. FALTA DE PEÇAS DE REPOSIÇÃO. DANO MORAL CONFIGURADO. 1. Demora excessiva no conserto de veículo, estando comprovado nos autos que houve um intervalo de cinco meses entre a entrega do automóvel na concessionária, para conserto, e a efetiva devolução. Dano moral comprovado. 2. A alegação de que a demora se deu em razão da espera de peças de reposição não são idôneas a excluir a responsabilidade da concessionária, nem tão pouco elidir o dano moral sofrido pelo autor. 3. Recurso desprovido. 4. Sentença mantida" (TJRR, Ap. Cív. 0010099189101, Câmara Única, Rel. Des. Almiro Padilha, DJe 27/05/2014).

◙ **Responsabilidade solidária entre concessionária e importadora de veículos pela ausência de peças de reposição.** ***(sobre solidariedade, ver art. 7°, parágrafo único)*** "APELAÇÃO CÍVEL - HONORÁRIOS ADVOCATÍCIOS - PEDIDO DE MAJORA-

ÇÃO - LEGITIMIDADE DA PARTE - RECURSO ADESIVO - PROTOCOLIZAÇÃO EM DIA POSTERIOR AO DO PROTOCOLO DAS CONTRARRAZÕES DE RECURSO - IRRELEVÂNCIA - PRECLUSÃO CONSUMATIVA - NÃO OCORRÊNCIA - FALTA DE PEÇAS DE REPOSIÇÃO - RESPONSABILIDADE SOLIDÁRIA DA CONCESSIONÁRIA E DA IMPORTADORA - HONORÁRIOS DE ADVOGADO - AUMENTO - CABIMENTO - MONTANTE QUE NÃO ATENDE AOS DITAMES LEGAIS PERTINENTES (...) Há responsabilidade solidária entre a concessionária de veículos e a importadora no caso de atraso nos reparos de veículos em virtude de ausência de peças de reposição (...)" (TJMG, Ap. Cív. 10024112936000003, Décima Sétima Câmara Cível, Rel. Des. Evandro Lopes da Costa Teixeira, DJ 03/12/2013).

◙ **Mesmo após cessada a fabricação ou importação do produto, as peças de reposição devem ser garantidas pelo fornecedor durante o prazo de vida útil do produto.** "APELAÇÃO CÍVEL - AÇÃO DE INDENIZAÇÃO POR DANOS MORAIS E MATERIAIS - CÓDIGO DE DEFESA DO CONSUMIDOR (CDC) - INCIDÊNCIA - FORNECEDOR - PEÇA - OBRIGAÇÃO - RECUSA - NÃO COMPROVAÇÃO - MERAS ALEGAÇÕES. O Código de Defesa do Consumidor (CDC) é claro ao estabelecer, no seu artigo 32, e parágrafo único, que os fabricantes e importadores têm o dever de assegurar a oferta de componentes e peças de reposição, enquanto não cessar a fabricação ou importação do produto, e, mesmo cessadas estas, a oferta deverá ser mantida, por período razoável de tempo, nunca inferior à vida útil do produto (...)" (TJMG, Ap. Cív. 10105072408963001, Décima Sétima Câmara Cível, Rel. Des. Irmar Ferreira Campos, DJ 03/02/2009). ◙ **No mesmo sentido:** "RECURSO DE AGRAVO DE INSTRUMENTO. AÇÃO COLETIVA DE CONSUMO. RENAULT. DECISÃO RECORRIDA QUE DEFERIU O PEDIDO LIMINAR PARA COMPELIR A FABRICANTE E IMPORTADORA A MANTER EM DEPÓSITO PEÇAS SUFICIENTES PARA A REPOSIÇÃO NOS VEÍCULOS DE SUA MARCA. PARCIAL PROVIMENTO DO RECURSO PARA REDUZIR O VALOR DA MULTA DIÁRIA E LIMITAR O PROVIMENTO ANTECIPATÓRIO MANDAMENTAL NO TEMPO, CORRESPONDENDO À VIDA ÚTIL PREVISTA PARA OS VEÍCULOS FABRICADOS PELA PARTE DEMANDADA E AGRAVANTE. MANUTENÇÃO DA DECISÃO PROFERIDA NA ORIGEM QUANTO AO MAIS. RECURSO PARCIALMENTE PROVIDO" (TJRS, AI 70063409775, Décima Sexta Câmara Cível, Rel. Des. Catarina Rita Krieger Martins, DJ 22/11/2016).

◙ **Peças de reposição para notebook devem ser asseguradas mesmo após expirada a garantia contratual.** "Apelação cível. Compra e venda. Bem de consumo durável - notebook. Rescisão contratual cumulada com indenização por danos materiais e morais. Vício oculto - existência. Falta de peças de reposição - responsabilidade solidária dos integrantes da cadeia de fornecimento dentro em o período de vida útil estimado do produto, ainda que expirada a garantia contratual. Precedentes do e. Superior Tribunal de Justiça. Ressarcimento moral devido. Menoscabo cujas consequências ultrapassaram as raias do mero dissabor. Indenização arbitrada em R$ 2.500,00. Recurso provido" (TJSP, Ap. Cív. 10010771120148260269, Décima Segunda Câmara de Direito Privado, Rel. Des. Tercio Pires, DJ 14/05/2015).

◙ **Não havendo peça de reposição, o consumidor tem direito à substituição do produto.** "RECURSO INOMINADO. CONSUMIDOR. REFRIGERADOR. AUSÊNCIA DE PEÇA DE REPOSIÇÃO. DECADÊNCIA. NÃO OCORRÊNCIA. OBRIGAÇÃO DO FABRICANTE EM MANTER PEÇAS DE REPOSIÇÃO. SENTENÇA MANTIDA. Não há falar em decadência quando a reclamação do consumidor não diz respeito a vicio do produto. É obrigação do fabricante manter, por prazo razoável, a oferta de peças de reposição. Inteligência do art. 32 do CDC. Inexistência de peças apenas quatro anos após a aquisição do bem que se revela abusiva, pois um refrigerador certamente não é um bem descartável feito para durar tão pouco tempo. Obrigação de substituição por outro refrigerador mantida, considerando que sequer alegada em contestação a existência da peça reclamada na inicial, bem como a possibilidade de conserto do bem. Sentença mantida por seus próprios fundamentos. RECURSO DESPROVIDO. UNÂNIME". (TJ-RS – Recurso Cível: 71004764130 RS, Relator: Pedro Luiz Pozza, Data de Julgamento: 22/04/2014, Primeira Turma Recursal Cível, Data de Publicação: Diário da Justiça do dia 24/04/2014).

◙ **Peças de reposição para veículo deve ser fornecida no prazo máximo de 30 (trinta) dias, aplicando-se, por analogia, o prazo do art. 18, § 1º, do CDC.** "CONSUMIDOR, PROCESSO CIVIL E CIVIL. AÇÃO CIVIL PÚBLICA. EFEITO SUSPENSIVO. RECEBIMENTO DO RECURSO EM DUPLO EFEITO. PREJUDICADO. OFERTA DE PEÇAS DE REPOSIÇÃO. PRAZO. ANALOGIA ART. 18, CDC. RAZOABILIDADE. TERMO INICIAL. ADEQUADO. FIXAÇÃO DE MULTA EM CASO DE DESCUMPRIMENTO. POSSIBILIDADE. QUANTUM. SUFICIENTE. DIVULGAÇÃO. ÂMBITO NACIONAL. 1. Nos termos do artigo 126 do CPC, não havendo norma legal específica, o magistrado recorrerá à analogia, aos costumes e aos princípios gerais de direito. Seguindo essa orientação legal, deve-se utilizar como parâmetro o prazo estipulado no artigo 18, § 1º, do CDC para que a empresa ré forneça as peças de reposição dos veículos que comercializa, mostrando-se razoável esse limite temporal. (...)" (TJDF Ap. Cív. 20140110900543, Quinta Turma Cível, Rel. Des. Josaphá Francisco Dos Santos, DJE 27/10/2015).

◙ **Aparelho de som adquirido e após 4 meses não foi encontrado mais peças de reposição. Violação do art. 32 do CDC.** "Direito do Consumidor. Produto de consumo durável. Fim de produção do modelo. Obrigação quanto ao fornecimento de peças de reposição, por tempo razoável. Inteligência do art. 32, parágrafo único, do CDC. Cessada a produção de um modelo de produto de consumo durável, é dever do fabricante continu-ar a fornecer ao mercado peças ou componentes de reposição, por tempo razoável. No caso, tendo o con-sumidor adquirido um aparelho de som, na expectativa de poder utilizá-lo durante alguns anos, não é razoável que, quatro meses após a compra, não encontre para adquirir, nas próprias oficinas autorizadas pelo fabricante, o componente que lhe fora subtraído, sem o qual o aparelho não funciona." (TJDFT, ACJ 20030110838019, Rel. Jesuíno Rissato, DJ 04/08/2004).

◙ **Se não tem peça de reposição, deve ao menos restituir o valor do produto ao consumidor.** "RECURSO INOMINADO. CONSUMIDOR. VÍCIO OCULTO. TELEVISÃO. AUSÊNCIA DE PEÇA DE REPOSIÇÃO PARA O REPARO. DEVER DO FABRICANTE EM MANTER AS PEÇAS DE REPOSIÇÃO POR PRAZO RAZOÁVEL.

ART. 32 DO CDC. RESTITUIÇÃO DO VALOR PAGO PELO PRODUTO ADQUIRIDO DEVIDA. RECURSO PARCIALMENTE PROVIDO." (TJ-RS - Recurso Cível: 71005091822 RS, Relator: Ana Cláudia Cachapuz Silva Raabe, , Segunda Turma Recursal Cível, Data de Publicação: Diário da Justiça do dia 29/09/2014) ◙ **No mesmo sentido:** "CONSUMIDOR. APARELHO DE TELEVISÃO. APENAS TRÊS ANOS DE USO. AUSÊNCIA DE PEÇA DE REPOSIÇÃO PARA O REPARO. DEVER DO FABRICANTE EM MANTER AS PEÇAS DE REPOSIÇÃO POR PRAZO RAZOÁVEL. INOBSERVÂNCIA DO ART. 32 DO CDC. DIREITO A RESSARCIMENTO INTEGRAL DO VALOR PAGO À ÉPOCA COM JUROS E CORREÇÃO MONETÁRIA. PRECEDENTES DAS TURMAS RECURSAIS. DANOS MORAIS NÃO CONFIGURADOS. MERO DESCUMPRIMENTO CONTRATUAL QUE NÃO GERA LESÃO AOS DIREITOS DA PERSONALIDADE. RECURSO PARCIALMENTE PROVIDO." (TJ-RS - Recurso Cível Nº 71004859310, Segunda Turma Recursal Cível, Turmas Recursais, Relator: Vivian Cristina Angonese Spengler, Julgado em 16/07/2014)

◙ **Dever do fabricante de veículos de disponibilizar a peça individualizada.** "Direito do Consumidor. Peças de reposição para veículo automotor ainda em fabricação. Tentativa de aquisição de peças individuais. Alegação do fabricante de que somente são disponibilizadas em determinado conjunto. Ausência de prova nesse sentido ou de que, tecnicamente, não devem ser substituídas isoladamente, e sim, compondo um caro conjunto mecânico. Dever de disponibilizá-las nos termos do art. 32 do CDC. Dano material não comprovado. Dano moral excepcionalmente caraterizado, mas excessivamente arbitrado. Redução. Recurso parcialmente provido." (TJ-RJ - APL: 00274630720088190203 RJ 0027463-07.2008.8.19.0203, Relator: Des. Jose Carlos Varanda dos Santos, Data de Julgamento: 22/01/2014, Décima Camara Civel)

Parágrafo único. Cessadas a produção ou importação, a oferta deverá ser mantida por período razoável de tempo, na forma da lei.

► **O 'período razoável' nunca pode ser inferior ao tempo de vida útil do produto ou serviço.** Visando definir a expressão 'período razoável', o Decreto nº 2.181/1997, em seu art. 13, inciso XXI, dispõe que o 'período razoável' nunca pode ser inferior ao tempo de vida útil do produto ou serviço.

► **Peças de reposição de produtos que já saíram de linha.** "Este art. 32 é uma proteção do consumidor porque a preocupação é com preservação do funcionamento do produto, afinal, o produto pode parar de funcionar em decorrência da falta de uma peça de reposição e tornar-se imprestável. Por conseguinte, impõe-se ao fornecedor manter abastecido o mercado com peças de reposição mesmo diante de produtos que já saíram de linha. É uma forma de garantir a manutenção do ciclo de vida do produto." (FRANZOLIN, Cláudio José. Obsolescência planejada e pós-consumo e a tutela do consumidor. *Revista de Direito do Consumidor*. São Paulo: RT, Vol.109, Ano 2017, p. 39 - 75)

► **Sobre a vida útil dos produtos, ver art. 26, § 3°.**

Art. 33. Em caso de oferta ou venda por telefone ou reembolso postal, deve constar o nome do fabricante e endereço na embalagem, publicidade e em todos os impressos utilizados na transação comercial.

► **Informações importantes para o consumidor poder entrar em contato e/ou reclamar com o fornecedor.** O Código estabelece uma obrigação de ostensiva identificação tanto para o fabricante, quanto para o importador quando pretenderem ofertar ou vender por telefone ou reembolso postal, ou qualquer outro tipo de contratação à distância, como os feitos atualmente pela internet (verificação dos princípios da informação e da transparência). Isso acontece porque o consumidor fica muito mais vulnerável quando são utilizadas tais práticas comerciais, pois, ao menos, é preciso saber o nome e endereço do fornecedor para poder reclamar algum problema ou saber maiores informações sobre o produto ou serviço adquirido ou ofertado.

► **Sobre o dever de informação nos produtos, verificar art. 31**

► **A regra do art. 33 é um complemento da estabelecida nos arts. 30 e 31.** "A regra do art. 33 é um complemento da estabelecida nos arts. 30 e 31 que se não existisse não causaria qualquer transtorno, porquanto seu sentido é extraível facilmente do que já estava determinado naqueles outros dispositivos. (...). Ora, como decorrência lógica da interpretação do art. 31, sempre que a oferta e/ou venda se dá sem contato físico do consumidor com o fornecedor ou seus prepostos, os dados obrigatórios previstos na lei têm de ser colocados nos impressos e na publicidade". (RIZZATTO NUNES, Luiz Antônio. *Comentários ao Código de Defesa do Consumidor*. 8ª ed., São Paulo: Saraiva, 2015, p. 504).

Art. 34. O fornecedor do produto ou serviço é solidariamente responsável pelos atos de seus prepostos ou representantes autônomos.

► **Sobre a vinculação do fornecedor pelas informações prestadas por seus funcionários ou representantes, ver art.31.**

► **Sobre a responsabilidade solidária genérica no CDC, ver art. 7°, parágrafo único.**

► **Responsabilidade solidária. Independe de vínculo trabalhista.** Os fornecedores são responsáveis solidários por atos de seus prepostos ou representantes autônomos, mesmo que não guardem com aqueles nenhum vínculo trabalhista ou de subordinação, aumentando assim a proteção dos direitos dos consumidores. ◙ **Nesse sentido:** "Para o reconhecimento do vínculo de preposição, não é preciso que exista um contrato típico de trabalho; é suficiente a relação de dependência ou que alguém preste serviço sob o interesse e o comando de outrem." (STJ, Resp 304.673, Min. Barros Monteiro, 4ª T., J. 25.09.2001, DJ. 11.3.2002.)

► **Representante autônomo como preposto:** "Com a inclusão expressa do representante autônomo como preposto, o fornecedor se torna o responsável direto pelos atos por este praticados em relação ao consumidor, em função da efetiva reparação dos danos causados ao consumidor". (MELLO, Sônia Maria Vieira. *O direito do consumidor na era da globalização: a descoberta da cidadania*. Rio de Janeiro: Renovar, 1998. p. 80)

► **O CDC impõe a solidariedade mesmo àqueles que teoricamente são independentes.** "O art. 34 repete a idéia do sistema geral do direito civil, de que o empregador é responsável pelos atos de seus prepostos (art. 932, III, do CC/2002, antigo art. 1.521, III, do CC/1916), mas inova ao visualizar uma cadeia de fornecimento solidariamente responsável (todos e cada um por todos) entre o preposto (com vínculo trabalhista) ou o representante autônomo (sem vínculo trabalhista) e o fornecedor principal de produtos e serviço, ou organizador da cadeia de fornecimento de produtos e serviços. O CDC impõe a solidariedade mesmo àqueles que teoricamente são independentes, tendo em vista o fim comum, que é fornecer o produto e o serviço." (MARQUES, Cláudia Lima. *Comentários ao Código de Defesa do Consumidor*. 2. ed. São Paulo: Editora Revista dos Tribunais, 2006, p. 510)

► **Fornecedor responde pela proposta feita pelo seu empregado, agente ou representante.** "A oferta é feita sempre pelo fornecedor, interessado na apresentação, lançamento, divulgação ou venda de produto ou serviço. Além de responsável pela oferta que fizer diretamente, o fornecedor é solidariamente responsável por aquela feita por seus empregados, agentes e representantes que em nome dele atuam (art. 34)". (ALMEIDA, JOÃO BATISTA. *A proteção jurídica do consumidor*. São Paulo: Saraiva, 1993. p. 82)

► **Se o produto foi introduzido por empregado ou sócio do fornecedor, responde solidariamente.** "Mesmo que o fornecedor não introduza o produto no mercado, responderá pelos danos que este causar quando não tenha tomado as devidas cautelas com a sua guarda, ou mesmo quando tenha sido o produto introduzido por preposto ou empregado, ou mesmo um sócio isolado, como deixa límpido o artigo 34 do Código de Proteção e Defesa do Consumidor". (GOMES, Marcelo Kokke. *Responsabilidade civil: dano e defesa do consumidor.* São Paulo: Del Rey, 2001. p. 211)

◙ **Clínica médica e médico autônomo. Responsabilidade solidária.**"A clínica que oferece toda estrutura necessária para o exercício da atividade profissional do médico e, com isso, aufere lucro, é civilmente responsável pelos danos eventualmente causados por seus contratados, independentemente do fato dos serviços médicos serem prestados por profissionais autónomos, sem vínculo empregatício com a clínica". (TJDF, AI 2000.00.2.002432-8, rei. Des. Vasques Cruxên, DJU 4.10.2000)

► **Direito de Regresso do anunciante.** "Mesmo que o anunciante, como determina o CDC, seja obrigado a reparar danos causados aos consumidores por atividades de seus contratados, tem ele, e só ele, aberta a porta do direito de regresso". (BENJAMIN, Antônio Herman V.; MARQUES, Cláudia Lima; BESSA, Leonardo Roscoe. *Manual de Direito do Consumidor.* 7ª edição. São Paulo, Revista dos Tribunais, 2016, p. 271).

◙ **Responsabilidade da empresa que comercializa títulos de capitalização por ato de seus corretores.** "DIREITO COLETIVO E DIREITO DO CONSUMIDOR. AÇÃO

CIVIL PÚBLICA. TÍTULO DE CAPITALIZAÇÃO. PUBLICIDADE ENGANOSA VEICULADA POR CANAIS DE TELEVISÃO, JORNAIS E, PESSOALMENTE, POR CORRETORES. AÇÃO HÍBRIDA. DIREITOS INDIVIDUAIS HOMOGÊNEOS, DIFUSOS E COLETIVOS. (...) 3. Na hipótese, a ação coletiva foi proposta visando cessar a transmissão de publicidade enganosa atinente aos produtos denominados Super Fácil Carro e Super Fácil Casa, veiculada por canais de televisão, jornais, além da abordagem pessoal, por meio de corretores, prepostos da empresa ré, atingindo número indeterminado de consumidores. (...) o Código do Consumidor estabelece expressamente no art. 34 que 'o fornecedor do produto ou serviço é solidariamente responsável pelos atos de seus prepostos ou representantes autônomos', ou seja, há responsabilidade solidária independentemente de vínculo trabalhista ou de subordinação, responsabilizando-se qualquer dos integrantes da cadeia de fornecimento que venha dela se beneficiar, pelo descumprimento dos deveres de boa-fé, transparência, informação e confiança. 8. Ademais, pelas próprias alegações da recorrente, os corretores em questão agiram de forma parcial, atendendo aos interesses do dono do negócio, inclusive recebendo treinamento deste. Em razão disso, ambos, intermediador e fornecedor, atraíram a responsabilização solidária pelo negócio. 9. Recurso especial não provido" (STJ, REsp 1209633/RS, Rel. Ministro Luis Felipe Salomão, Quarta Turma, DJe 04/05/2015).

◙ **A solidariedade prevista no art. 34 do CDC decorre da aplicação da *teoria da aparência*. Todos aqueles que, aos olhos do consumidor, participem da cadeia de fornecimento.** "CONSUMIDOR. CONTRATO. SEGURO. APÓLICE NÃO EMITIDA. ACEITAÇÃO DO SEGURO. RESPONSABILIDADE. SEGURADORA E CORRETORES. CADEIA DE FORNECIMENTO. SOLIDARIEDADE. (...) 2. O art. 34 do CDC materializa a teoria da aparência, fazendo com que os deveres de boa-fé, cooperação, transparência e informação alcancem todos os fornecedores, direitos ou indiretos, principais ou auxiliares, enfim todos aqueles que, aos olhos do consumidor, participem da cadeia de fornecimento (...)" (STJ, REsp 1077911/SP, Rel. Ministra Nancy Andrighi, Terceira Turma, DJe 14/10/2011). ◙ **Nesse sentido, envolvendo empresa de consórcio:** "CONSÓRCIO. TEORIA DA APARÊNCIA. LETIGIMIDADE PASSIVA RECONHECIDA. A empresa que, segundo se alegou na inicial, permite a utilização da sua logomarca, de seu endereço, instalações e telefones, fazendo crer, através da publicidade e da prática comercial, que era responsável pelo empreendimento consorcial, é parte passiva legítima para responder pela ação indenizatória proposta pelo consorciado fundamentada nesses fatos." (STJ, REsp 139400/MG, Rel. Min. César Asfor Rocha, J. 03.08.2000, 4ª T.)

► **Teoria da aparência e boa-fé objetiva.** "Importa, por outras palavras, que o cumprimento desse ato seja normal em relação à atividade exercida pelo procurador, nessa qualidade. A boa-fé do terceiro precisa estar respaldada pela normalidade do ato, aferida pela prática da atividade profissional que exerce. Se é, por exemplo, um agente distribuidor e o comitente limita os poderes geralmente concedidos a tais profissionais, a prática de um ato proibido, mas geralmente aceito como próprio da atividade desses comerciantes não despertará em terceiros desconfiança, podendo, por sua normalidade, levá-lo a uma relação jurídica que, devido à aparência, deve produzir os seus devidos efeitos sem embargo do excesso cometido pelo agente." (GOMES, Orlando. *As transformações gerais do direito das obrigações*. São Paulo: RT, 1967, pp. 93-108)

◙ **Vícios na construção de imóvel. O agente financeiro responde solidariamente com o construtor.** "RECURSO ESPECIAL. SISTEMA FINANCEIRO DA HABITAÇÃO. VÍCIOS NA CONSTRUÇÃO DE IMÓVEL CUJA OBRA FOI FINANCIADA. LEGITIMIDADE DO AGENTE FINANCEIRO. 1. Em se tratando de empreendimento de natureza popular, destinado a mutuários de baixa renda, como na hipótese em julgamento, o agente financeiro é parte legítima para responder, solidariamente, por vícios na construção de imóvel cuja obra foi por ele financiada com recursos do Sistema Financeiro da Habitação. Precedentes (...)" (STJ, REsp 738.071/SC, Rel. Ministro Luis Felipe Salomão, Quarta Turma, DJe 09/12/2011).

◙ **Empresa de turismo e seus prepostos e representantes. Responsabilidade solidária.** AÇÃO INDENIZATÓRIA - PACOTE TURÍSTICO - RESPONSABILIDADE SOLIDÁRIA OBJETIVA - DANO MATERIAL - DIREITO DE REGRESSO - A lei prevê, expressamente, a responsabilidade solidária da operadora de turismo, como prestadora de serviço, por ato dos seus prepostos ou representantes autônomos (art. 34 do CDC). Os fornecedores de toda a cadeia criada para criar e colocar no mercado o pacote turístico vendido a consumidora são considerados solidariamente responsáveis, sem exceção e objetivamente. (TAMG, AP 0462817-9 - (91551) - Belo Horizonte - 4ª C.Cív. - Rel. Juiz Nilo Nivio Lacerda, J. 3.11.2004)

◙ **A montadora de veículos responde pelo inadimplemento da concessionária que os comercializa.** "RECURSO ESPECIAL. DIREITO DO CONSUMIDOR. COMPRA DE VEÍCULO AUTOMOTOR ZERO KM. NÃO ENTREGA DO PRODUTO COMPRADO PELA CONCESSIONÁRIA. RESPONSABILIDADE SOLIDÁRIA DA MONTADORA. 1. A montadora de veículos responde pelo inadimplemento da concessionária credenciada que deixa de entregar veículo comprado e totalmente pago pelo consumidor. 2. A posição jurídica da fornecedora de veículos automotores para revenda - montadora concedente - enquadra-se perfeitamente no que preceitua o art. 34 do CDC, segundo o qual o 'fornecedor do produto ou serviço é solidariamente responsável pelos atos de seus prepostos ou representantes autônomos', norma essa que consagra a responsabilidade de qualquer dos integrantes da cadeia de fornecimento que dela se beneficia, pelo descumprimento dos deveres de boa-fé, transparência, informação e confiança. 3. A utilização de marca de renome - utilização essa consentida até por força de Lei (art. 3º, inciso III, da Lei n. 6.729/1979) - gera no consumidor legítima expectativa de que o contrato é garantido pela montadora, razão pela qual deve esta responder por eventuais desvios próprios dos negócios jurídicos celebrados nessa seara. 4. De resto, os preceitos da Lei n. 6.729/1979 (Lei Ferrari), que regem a relação jurídica entre concedente e concessionária, não podem ser aplicados em desfavor do consumidor, por força do que dispõe o art. 7º do CDC, que permite a interpretação integrativa ou analógica apenas no que diga respeito aos "direitos" daqueles. 5. Recurso especial não provido" (STJ, REsp 1309981/SP, Rel. Ministro Luis Felipe Salomão, Quarta Turma, DJe 17/12/2013)

◙ **Não há relação de preposição entre concessionária e montadora em casos envolvendo consórcio de veículos feito pela concessionária.** "CIVIL. CONSÓRCIO.

VEÍCULOS AUTOMOTORES. QUEBRA DO CONTRATO. FORNECEDOR (FIAT). RESPONSABILIZAÇÃO. IMPOSSIBILIDADE. 1 – Se não há participação da concedente (Fiat) no consórcio, restando impossibilitada a aplicação da teoria da aparência, tampouco se enquadrando a concessionária (única operadora do consórcio) como representante autônoma da fabricante, não se pode responsabilizar a Fiat pelo não cumprimento do contrato, ficando afastada, no caso, a aplicação do art. 34 do CDC, até porque as premissas fixadas nas instâncias ordinárias não podem ser elididas na via especial, sob pena de infrigência às súmulas 5 e 7 deste Superior Tribunal de Justiça. 2 – Recurso especial não conhecido" (STJ, REsp 566.735/PR, Rel. Ministro Luis Felipe Salomão, Rel. p/ Acórdão Ministro Fernando Gonçalves, Quarta Turma, DJe 01/03/2010).

◙ **A administradora de consórcio responde solidariamente pelos atos de seus prepostos ou representantes comerciais.** "APELAÇÃO CÍVEL. CONSÓRCIOS. AÇÃO INDENIZATÓRIA. DA LEGITIMIDADE PASSIVA. Nos termos do art. 34 do CDC 'O fornecedor do produto ou serviço é solidariamente responsável pelos atos de seus prepostos ou representantes autônomos.' Assim, a administradora do grupo consortil é responsável pela má prestação dos serviços de suas representantes comerciais. (...)" (TJRS, Ap. Cív. 70058930090, Décima quarta Câmara Cível, Rel. Des. Roberto Sbravati, DJ 06/06/2014).

◙ **Devolução indevida de cheque praticada por preposto. Responsabilidade solidária.** "RESPONSABILIDADE CIVIL – SUBJETIVA – DEVOLUÇÃO INDEVIDA DE CHEQUE – DANOS MORAIS – CABIMENTO – I – Na hipótese vertente não incide o Código de Defesa do Consumidor – CDC, visto que não há uma relação direta de consumo entre a parte autora e a ré – Caixa Econômica Federal. A prestação de serviço defeituoso a seu cliente repercutiu em lesão a terceiro. II – A responsabilidade subjetiva, que exige a presença do elemento culpa, impõe seja demonstrada a ocorrência de imprudência, negligência ou imperícia na conduta lesiva. III – in casu, os elementos probatórios, acostados aos autos, conduzem ao convencimento da veracidade dos fatos alegados pela parte autora. IV – O ato equivocado praticado por prepostos da ré, consubstanciado na devolução indevida do cheque emitido pelo autor, ocasionou-lhe constrangimentos e dissabores, passíveis de reparação. IV – A condenação pecuniária decorrente de dano moral deve ser fixada com moderação, eis que seu objetivo não é o enriquecimento da parte que a pleiteia, devendo ser levada em conta a dimensão do evento danoso e sua repercussão na esfera do ofendido. V -afigura-se razoável o valor indenizatório fixado na sentença, a título de danos morais, de R$ 1.500,00 (um mil e quinhentos reais). VI – Sentença mantida no dispositivo, com alteração parcial da fundamentação". (TRF 2ª R., AC 2001.51.08.000531-9 – 7ª T. – Relª Juíza Fed. Conv. Fátima Maria Novelino Sequeira, DJU 27.9.2005)

◙ **Título de capitalização. Responsabilidade solidária da empresa emissora do título e dos prepostos incubidos da comercialização.** "AÇAO CIVIL PÚBLICA. TITULO DE CAPITALIZAÇÃO "SUPER FÁCIL".DESVIOS NA OFERTA DO PRODUTO. ARTIGOS 31 E 48 DO CÓDIGO DE DEFESA DO CONSUMIDOR.RESPONSABILIDADE SOLIDÁRIA ENTRE A EMPRESA EMISSORA DO TÍTULO E SEUS PREPOSTOS INCUMBIDOS DA COMERCIALIZAÇÃO. ARTIGOS 7o E 34 DO CDC. DOUTRINA.RESSARCIMENTO DOS CONSUMIDORES CONSOANTE O ART. 30

DO MESMO DIPLOMA.SENTENÇA MANTIDA.RECURSO DESPROVIDO." (TJ-SP – APL: 9116356472008826 SP, Relator: Paulo Alcides, 6ª Câmara de Direito Privado, Data de Publicação: 19/07/2011)

◙ **Construtora responsável por atos do corretor de imóvel.** "Compra e venda de imóvel - Cumprimento forçado - A consumidora firmou proposta de compra de imóvel com corretor, que não repassou documento à construtora, impossibilitando conclusão do negócio - Fornecedor responsável por atos de representantes autônomos (art. 34 CDC) - Proposta equivale a oferta suscetível de cumprimento forçado (art. 35 I CDC) - Inexistência de dano moral - Recurso parcialmente provido" (TJSP, Ap. Cív. 02093105720118260100, Sétima Câmara de Direito Privado, Rel. Des. Luiz Antônio Costa, DJ 06/04/2015).

◙ **Responsabilidade solidária da instituição financeira por fraude praticada por seu representante autônomo.** "RECURSO DE AGRAVO EM APELAÇÃO CÍVEL. ESTELIONATO PRATICADO POR PESSOA QUE AGIA EM NOME DO BANCO. RESPONSABILIDADE SOLIDÁRIA. DANOS MATERIAIS E MORAIS. CONFIGURADOS. SENTENÇA MANTIDA. O valor de empréstimo não reconhecido pelo consumidor e debitado indevidamente em conta corrente deverá ser restituído, configurando-se dano moral. Conduta fraudulenta exercida por representante autônomo da instituição bancária reclama a aplicação do Art. 34 do CDC que dispõe que 'O fornecedor do produto ou serviço é solidariamente responsável pelos atos de seus prepostos ou representantes autônomos'. (...)" (TJPE, AI 1896122, Segunda Câmara Cível, Rel. Des. Alberto Nogueira Virgínio, DJ 21/03/2013).

◙ **Previdência privada. A sociedade empresária que explora plano de previdência privada responde solidariamente pelos atos de seus prepostos e representantes autônomos que promovem planos privados de concessão de pecúlios e rendas.** "INDENIZAÇÃO - CORRETOR DE SEGUROS - REPRESENTANTE AUTÔNOMO - RECEBIMENTO DE VALORES PARA AQUISIÇÃO DE PLANO DE PREVIDÊNCIA PRIVADA - AUSÊNCIA DE REPASSE À EMPRESA DE PREVIDÊNCIA - ATO ILÍCITO - RESPONSABILIDADE OBJETIVA E SOLIDÁRIA DA EMPRESA DE PREVIDÊNCIA PRIVADA (FORNECEDOR) - CULPA 'IN ELIGENDO' - PREPOSIÇÃO - CC, ART. 775 E CDC, ART. 34 - AÇÃO PROCEDENTE - RECURSO PROVIDO. Nos termos dos arts. 34 do Código de Defesa do Consumidor, e 775 do Código Civil, a responsabilidade da empresa de previdência privada é solidária em relação a atos de seus prepostos ou representantes autônomos, que em seu nome,angariam e promovem planos privados de concessão de pecúlios e rendas". (TJSP, Ap. Cív. 990093705788, Trigésima Quinta Câmara de Direito Privado, Rel. Des. Clóvis Castelo, DJ 21/10/2010).

◙ **Programa *Minha Casa Minha Vida*. Responsabilidade solidária entre a vendedora/incorporadora e o corretor ou sociedade empresária credenciada para a intermediar a aquisição de imóvel.** "APELAÇÃO CÍVEL. PROMESSA DE COMPRA E VENDA. AÇÃO DE REPETIÇÃO DO INDÉBITO. LEGITIMIDADE PASSIVA. COMISSÃO. MINHA CASA MINHA VIDA. A vendedora ou incorporadora assim como o corretor ou a empresa credenciados para promover e intermediar as operações do Programa Minha Casa Minha Vida são partes legítimas e solidárias à ação que busca a reparação ou a repetição pelo pagamento de honorários de corretagem. – A regra do art. 34 do CDC legitima o fornecedor a responder por atos de seus prepostos, representantes autônomos ou associados. (...)" (TJRS, Ap. Cív. 70066850322 RS, Décima Oitava Câmara Cível, Rel. Des. João Moreno Pomar, DJ 03/12/2015).

◙ **A administradora de consórcios responde solidariamente pelos atos do vendedor que se identifica como seu funcionário. Teoria da aparência.** "APELAÇAO CÍVEL. AÇAO DE INDENIZAÇAO POR DANOS MORAIS E ANULAÇAO DE CONTRATO. CONSÓRCIO IMOBILIÁRIO. VENDA EM DOMICILIO. RESPONSABILIDADE DA ADMINISTRADORA DE CONSÓRCIOS PELOS ATOS PRATICADOS PELO VENDEDOR QUE SE APRESENTA COMO SEU FUNCIONÁRIO. TEORIA DA APARÊNCIA. OFENSAS VERBAIS. DANO MORAL CONFIGURADO. DIREITO DE ARREPENDIMENTO. ART. 49 DO CDC. CONTRATO ANULADO. SENTENÇA REFORMADA. I – SEGUNDO O ART. 34 DO CDC, O FORNECEDOR DO PRODUTO OU SERVIÇO É SOLIDARIAMENTE RESPONSÁVEL PELOS ATOS DE SEUS PREPOSTOS OU REPRESENTANTES AUTÔNOMOS, RAZAO PELA QUAL A ADMINISTRADORA DO CONSÓRCIO DEVE SE RESPONSABILIZAR PELOS ATOS DAQUELES QUE ATUAM NO MERCADO EM SEU NOME, AINDA QUE SEM EXCLUSIVIDADE. ENTENDIMENTO CONTRÁRIO SERIA ATRIBUIR-LHE OS BÔNUS . RECURSO CONHECIDO E PROVIDO. DECISAO UNÂNIME" (TJSE, Ap. Cív. 2010208766, Segunda Câmara Cível, Rel. Des. Ricardo Múcio Santana de Abreu Lima, julgado em 19/10/2010).

Art. 35. Se o fornecedor de produtos ou serviços recusar cumprimento à oferta, apresentação ou publicidade, o consumidor poderá, alternativamente e à sua livre escolha:

I – exigir o cumprimento forçado da obrigação, nos termos da oferta, apresen-tação ou publicidade;

II – aceitar outro produto ou prestação de serviço equivalente;

III – rescindir o contrato, com direito à restituição de quantia eventualmente an-tecipada, monetariamente atualizada, e a perdas e danos.

► **Sobre o princípio da vinculação da oferta, verificar art. 30.**

► **Princípio da vinculação contratual da publicidade.** "O consumidor pode exigir do fornecedor o cumprimento do conteúdo da comunicação publicitária (arts. 30 e 35)". (BENJAMIN, Antônio Herman V.; MARQUES, Cláudia Lima; BESSA, Leonardo Roscoe. *Manual de Direito do Consumidor.* 7ª edição. São Paulo, Revista dos Tribunais, 2016, p. 286).

► **Consequência do princípio da vinculação contratual da publicidade. Cumprimento forçado da obrigação.** Como conseqüência do princípio da vinculação contratual da publicidade disposto no art. 30, quando o fornecedor não cumprir a oferta ou publicidade, ou se não tiver condições de cumprir o que prometeu, o consumidor poderá optar pelo cumprimento forçado da obrigação ou aceitar outro produto ou serviço equivalente, ou ainda, se já tiver acertado o negócio, poderá pedir rescisão do contrato com a devolução da quantia paga, atualizada monetariamente.

▶ **Possibilidade de indenização pelos eventuais danos sofridos.** Em todas as hipóteses previstas no art. 35, o consumidor pode ainda pedir indenização pelos eventuais danos sofridos em decorrência da quebra de confiança.

▶ **Direito de optar por outro produto ou prestação de serviço equivalente.** "A impossibilidade anterior, ao contrário do regime comum, em que a obrigação seria – I nula, não exonera o fornecedor que veiculou a oferta, pois a publicidade seria enganosa, com a consequência penal correspondente, além da indenização. Viabiliza-se então a alternativa do consumidor (direito formativo modificativo) de optar por outro produto ou prestação de serviço equivalente". (PASQUALOTTO, Adalberto. *Os efeitos obrigacionais da publicidade no Código de Defesa do Consumidor.* v. 10. Biblioteca de Direito do Consumidor. São Paulo: Revista dos Tribunais, p. 114)

◙ **Na fase de liquidação e execução individual da sentença coletiva, as alternativas do consumidor (CDC, art. 35) dependerão de cada caso concreto, a ser individualizado por cada beneficiário da sentença.** "RECURSO ESPECIAL. DIREITO DO CONSUMIDOR. AÇÃO CIVIL PÚBLICA. MINISTÉRIO PÚBLICO. LEGITIMIDADE. AUTOMÓVEL. LANÇAMENTO DE DOIS MODELOS DISTINTOS NO MESMO ANO, AMBOS NOTICIADOS COMO O MODELO DO ANO SEGUINTE. PROPAGANDA ENGANOSA. CARACTERIZAÇÃO. (...) 2. Constitui publicidade enganosa o lançamento de um novo modelo de veículo, totalmente remodelado, no mesmo ano em que já fora comercializado modelo anterior, ambos noticiados como o modelo do ano seguinte. 3. Na fase de liquidação e execução individual da sentença coletiva, as alternativas do consumidor (CDC, art. 35) dependerão de cada caso concreto, a ser individualizado por cada beneficiário da sentença, sujeita a pretensão ao contraditório e à decisão judicial. 4. Recurso especial parcialmente provido" (STJ, REsp 871.172/SE, Rel. Ministra Maria Isabel Gallotti, Quarta Turma, DJe 24/08/2016).

◙ **Nas vendas a varejo, mesmo que na oferta o fornecedor não restrinja a quantidade de produto a ser adquirido, o consumidor não está autorizado a exigir quantidade incompatível com seu consumo pessoal e familiar.** "RECURSO ESPECIAL. CÓDIGO DE DEFESA DO CONSUMIDOR. DANO MORAL. VENDA DE PRODUTO A VAREJO. RESTRIÇÃO QUANTITATIVA. FALTA DE INDICAÇÃO NA OFERTA. DANO MORAL. INOCORRÊNCIA. QUANTIDADE EXIGIDA INCOMPATÍVEL COM O CONSUMO PESSOAL E FAMILIAR. ABORRECIMENTOS QUE NÃO CONFIGURAM OFENSA À DIGNIDADE OU AO FORO ÍNTIMO DO CONSUMIDOR. 1. A falta de indicação de restrição quantitativa relativa à oferta de determinado produto, pelo fornecedor, não autoriza o consumidor exigir quantidade incompatível com o consumo individual ou familiar, nem, tampouco, configura dano ao seu patrimônio extra-material (...)" (STJ, REsp 595.734/RS, Rel. Ministra Nancy Andrighi, Rel. p/ Acórdão Ministro Castro Filho, Terceira Turma, DJ 28/11/2005).

◘ **Seguro de veículo. Mesma que a apólice de seguro seja omissa em relação as garantias, o consumidor pode exigir o cumprimento forçado do contrato.** "CONSUMIDOR E CIVIL. CONTRATO. SEGURO. VEÍCULO. APÓLICE. DEVER DE INFORMAÇÃO. BOA-FÉ. GARANTIAS. OFERTA. VINCULAÇÃO. (...) 4. O artigo 35, I, do CDC, faculta ao consumidor exigir o cumprimento forçado do contrato nos termos da oferta. 5. Na hipótese, ante a ausência de informações adequadas sobre as garantias contidas na apólice de seguro, a seguradora deverá cumprir o contrato na forma pleiteada pelo consumidor, no mesmo valor, uma vez que a oferta vincula o proponente (art. 35, I, do CDC e 427 do CC). 5. Recurso conhecido e desprovido" (TJDFT, Ap. Cív. 20141010099115, Sétima Turma Cível, Rel. Des. Maria de Lourdes Abreu, DJE 18/10/2015).

◘ **O simples descumprimento da oferta não causa dano moral.** ***(sobre dano moral, verificar art. 6°, VI)*** "Compra e venda de imóvel – Cumprimento forçado – A consumidora firmou proposta de compra de imóvel com corretor, que não repassou documento à construtora, impossibilitando conclusão do negócio – Fornecedor responsável por atos de representantes autônomos (art. 34 CDC) – Proposta equivale a oferta suscetível de cumprimento forçado (art. 35 I CDC) – Inexistência de dano moral – Recurso parcialmente provido" (TJSP, Ap. Cív. 02093105720118260100, Sétima Câmara de Direito Privado, Rel. Des. Luiz Antônio Costa, DJ 06/04/2015). ◘ **Em sentido contrário, causando dano moral:** "CIVIL – CDC – OFERTA VEICULADA PELA INTERNET – PRINCÍPIO DA VINCULAÇÃO – RECUSA DO FORNECEDOR DE CUMPRIR A OFERTA – DIREITO DO CONSUMIDOR DE EXIGIR O CUMPRIMENTO FORÇADO DA OBRIGAÇÃO – OBRIGAÇÃO DE FAZER QUE SE IMPÕE – DANO MORAL CARACTERIZADO – QUANTUM MANTIDO – HONORÁRIOS ADVOCATÍCIOS REDUZIDOS – RECURSO PARCIALMENTE PROVIDO. 1. Segundo o art. 30 do CDC, a legislação consumerista adotou o princípio da vinculação, pelo qual o fornecedor que utiliza os meios de comunicação para fazer uma oferta a ela fica vinculado. O art. 35, I do mesmo instrumento legal, determina que é direito do consumidor, em recusando o fornecedor a cumprir o que publicara, exigir o cumprimento forçado da obrigação nos termos da oferta. 2. In casu, há dano moral indenizável, pois a empresa apelante, enquanto fornecedora de serviços, possui responsabilidade objetiva, consoante dispõe o art. 14 do CDC, sendo que nesta hipótese a mesma não logrou comprovar quaisquer das hipóteses excludentes do dever objetivo de indenizar dispostos no art. 14, § 3º do CDC (...)" (TJMA, Ap. Cív. 0607852013, Terceira Câmara Cível, Rel. Des. Jamil de Miranda Gedeon Neto, DJ 10/04/2014). ◘ **No mesmo sentido, causando dano moral a recusa em cumprir oferta veiculada pela internet:** "RECURSO INOMINADO. AÇÃO DE OBRIGAÇÃO DE FAZER C/C INDENIZAÇÃO POR DANOS MORAIS. COMPRA PELA INTERNET. ANÚNCIO DE PRODUTOS COM DESCONTO. TENTATIVA FRUSTADA DO CONSUMIDOR EM COMPRAR OS PRODUTOS OFERTADOS. RECUSA AO CUMPRIMENTO DA OFERTA ANUNCIADA. CUMPRIMENTO FORÇADO NOS TERMOS DA OFERTA. VINCULAÇÃO DA PROPOSTA. APLICAÇÃO DOS ARTS. 30 E 35 DO CDC. OBRIGAÇÃO DO FORNECEDOR EM CUMPRÍ-LA. DANO MORAL CONFIGURADO. FRUSTRAÇÃO DO CONSUMIDOR QUE ULTRAPASSA A ESFERA DO MERO ABORRECIMENTO. MINORAÇÃO DO QUANTUM. IMPROCEDÊNCIA. VALOR ARBITRADO EM CONSONÂNCIA

COM O ENTENDIMENTO SEDIMENTO POR ESTA TURMA RECURSAL DO ESTADO DO PARANÁ. SENTENÇA MANTIDA." (TJ-PR – RI: 000876793201481601700 PR 0008767-93.2014.8.16.0170/0 (Acórdão), Relator: Leo Henrique Furtado Araújo, 1ª Turma Recursal, Data de Publicação: 25/01/2016)

◙ **Se impossível a entrega do bem conforme o anunciado, pode o consumidor optar pelo recebimento da diferença entre o preço do bem ofertado e o daquele entregue.** "É dever do anunciante entregar ao consumidor o produto nas exatas especificações do anúncio veiculado, pois detém o dever de vigilância do que é publicado em seu nome. Não satisfeita a obrigação a rigor, acode ao consumidor exigir o cumprimento forçado da oferta, como se de compra e venda perfeita e acabada se tratasse. Se impossível a entrega do bem conforme o anunciado, pela ausência de estoque ou não mais ser fabricado, pode o consumidor optar pelo recebimento da diferença entre o preço do bem ofertado e o daquele entregue, a título de perdas e danos." (TJSC, 4a Câm. Cível, Apel. Cível 97010120-1, Rel. Des. Alcides Aguiar, J. 21.12.1998.)

◙ **Anúncio em jornal. Responsabilidade do fornecedor pelas condições de oferta veiculada.** "TUTELA ANTECIPADA - Obrigação de fazer - Possibilidade - Código de Defesa do Consumidor - Propaganda - Responsabilidade do fornecedor pelas condições de oferta veiculada em anúncio publicado em jornal – Autora que traz cópia da proposta anunciada – Existência de verossimilhança e de prova inequívoca do fato alegado – Alegação de flagrante equívoco do anúncio – Circunstância que, a priori, não afasta a verossimilhança – Intelecção da regra do artigo 35 do Código de Defesa do Consumidor – Antecipação de tutela indispensável para assegurar a prestação jurisdicional - Presença de periculum in mora - Determinada a reserva de aparelho televisor da marca, tipo e modelo anunciados para ser disponibilizado à autora – Recurso de agravo de instrumento provido. assistência judiciária – Requisitos – Hipótese em que o único requisito formal exigido pela lei 1060/50 é a declaração do requerente da mercê, afirmando sua incapacidade em suportar o ônus financeiro da demanda – Possibilidade do juiz indeferir o pleito, se, para tanto, houver fundadas razões – Inexistência de indicação do motivo válido para tanto, sendo que, o simples fato da requerente ter se interessado pela aquisição de televisor de elevado valor, objeto do litígio, não infirma sua declaração, uma vez que o seu interesse decorre das excepcionais condições de preço e de pagamento anunciadas pelo fornecedor, a qual se recusou a cumprir com os termos da propaganda – Capacidade da autora em arcar com as despesas do processo não elidida, prevalecendo assim, a presunção trazida aos autos pela sua declaração de pobreza - Benefício concedido - Recurso de agravo de instrumento provido". (1º TACSP, AI 1298103-0 - São Paulo - 2ª C. - Rel. Juiz Borelli Thomaz, J. 2.6.2004).

SEÇÃO III
Da Publicidade

Art. 36. A publicidade deve ser veiculada de tal forma que o consumidor, fácil e imediatamente, a identifique como tal.

► **Princípio da identificação obrigatória da publicidade.** O art. 36 adota o princípio da identificação obrigatória da publicidade segundo o qual a publicidade, quando veiculada, tem o dever de ser identificada como tal, de modo fácil e imediato pelo consumidor. Visa o dispositivo legal, principalmente, proteger o consumidor, de modo a torná-lo consciente de que é o destinatário de uma mensagem publicitária e facilmente tenha condições de identificar o fornecedor (patrocinador), assim como o produto ou o serviço oferecido. ► **No mesmo sentido:** "A publicidade só é lícita quando o consumidor puder identificá-la. Mas tal não basta: a identificação há que ser imediata (no momento da exposição) e fácil (sem esforço ou capacitação técnica). (BENJAMIN, Antônio Herman V.; MARQUES, Cláudia Lima; BESSA, Leonardo Roscoe. *Manual de Direito do Consumidor.* 7ª edição. São Paulo, Revista dos Tribunais, 2016, p. 287).

► **Proibição da publicidade dissimulada ou oculta.** "O art. 36 do CDC foi elaborado para proibir qualquer forma de publicidade dissimulada ou oculta. Este artigo foi inspirado pelo art. 46 do Projeto francês do Code de la Consommation, 20 que por sua vez inspirou-se no art. 10 da Directiva Europeia 89/552/CEE, que consagra o princípio da identificação, estabelecendo que a publicidade televisiva deve ser facilmente identificada como tal e nitidamente separada do resto do programa por meios visuais ou sonoros, proibindo a publicidade subliminar ou clandestina. "(BOLKENHAGEN, Lina. Merchandising como técnica de publicidade o seu impacto no mercado de consumo e efeitos jurídicos de sua veiculação. *Revista de Direito do Consumidor*. São Paulo: RT, Vol.80, Ano 2011, p. 337 - 403) ► **No mesmo sentido de que são proibidas a clandestina, a subliminar e a dissimulada.** "Com fundamento no princípio da identificação, são proibidas a publicidade clandestina, a subliminar e a dissimulada." (D'AQUINO, Lúcia Souza. A publicidade abusiva dirigida ao público infantil. *Revista de Direito do Consumidor*. São Paulo: RT, Vol.106, Ano 2016, p. 89 - 131)

► **A publicidade só é lícita quando o consumidor puder identificá-la imediata e facilmente.** "A publicidade só é lícita quando o consumidor puder identificá-la. Mas tal não basta: a identificação há que ser imediata (no momento da exposição) e fácil (sem esforço ou capacitação técnica). Publicidade que não quer assumir a sua qualidade é atividade que, de uma forma ou de outra, tenta enganar o consumidor. E o engano, mesmo o inocente, é repudiado pelo Código de Defesa do Consumidor. 'A mensagem publicitária deve surgir aos olhos do público identificada como tal, colocando assim os seus destinatários de sobreaviso acerca das intenções comerciais e dos textos ou imagens'. O dispositivo visa a impedir que a publicidade, embora atingindo o consumidor, não seja por ele percebida como tal. Basta que se mencionem as reportagens, os relatos 'científicos', os informes 'econômicos', verdadeiras comunicações publicitárias transvestidas de informação editorial, objetiva e desinteressada. Veda-se, portanto, a chamada publicidade clandestina, especialmente em sua forma redacional, bem como a subliminar." (BENJAMIM, Antônio Herman. *Código Brasileiro de Defesa do Consumidor Comentado pelos Autores do Anteprojeto*, Ed. Forense Universitária, 7ª ed., fls. 281/2)

► **A publicidade subliminar é proibida.** O princípio da identificação obrigatória da publicidade proíbe, portanto, a chamada publicidade subliminar, uma vez que atinge somente o inconsciente do indivíduo, fazendo com que não perceba que está sendo induzido a compras.

► **Condições para a utilização do merchandising.** O merchandising é a técnica utilizada para veicular produtos e serviços de forma camuflada, inserindo-os em programas de televisão, rádio, espetáculos teatrais e filmes. O consumidor não sabe que está diante de uma publicidade, pois ela não se apresenta de forma ostensiva, mas, ao contrário, é usada dentro de um contexto não publicitário. De fato, quando o telespectador assiste aos comerciais inseridos durante os intervalos dos programas, está consciente de que produtos e serviços serão oferecidos mediante publicidade. Entretanto, quando está assistindo a um filme, teatro ou novela e o ator se refere a uma marca de refrigerante ou cerveja, o telespectador não sabe se está diante de atividade publicitária ou não. Ao analisarmos a questão, percebemos que o CDC não proíbe expressamente o merchandising. O que o CDC repele é aquele utilizado de forma clandestina, ou seja, que não obedece ao princípio da identificação obrigatória da publicidade. Para que a técnica seja possível e legal, é preciso que o telespectador saiba, antes do filme ou da novela, por exemplo, quais produtos serão apresentados como merchandising, pois assim, ele poderá atuar de forma crítica e consciente na análise dos produtos e serviços utilizados pelos atores, evitando que seja induzido. Mas, infelizmente, não é isso que se vê atualmente nos diversos programas e filmes veiculados. ► **No mesmo sentido:** "A lei consumerista não apresenta vedação expressa a essa técnica. Entretanto, Herman Benjamin aponta a necessidade da sua compatibilização com o princípio da identificação, sugerindo a utilização de créditos, mediante "a veiculação antecipada de uma informação comunicando que, naquele programa, peça ou filme, ocorrerá merchandising de tais e tais produtos ou serviços"". (BERTONCELLO, Káren Rick Danilevicz. Os efeitos da publicidade na "vulnerabilidade agravada": como proteger as crianças consumidoras? *Revista de Direito do Consumidor*. São Paulo: RT, Vol.90, Ano 2013, p. 69 – 90)

► **O CDC não proíbe o teaser.** O § 2º, do art. 9º, do Código Brasileiro de Autorregulamentação Publicitária, editado pelo Conselho Nacional de Autorregulamentação Publicitária (CONAR), define o teaser como sendo a mensagem que visa criar expectativa ou curiosidade no público, podendo prescindir da identificação do anunciante, do produto ou do serviço. O vocábulo deriva do inglês to tease, que significa provocar. Assim, o teaser é uma modalidade de publicidade provocativa, que objetiva, num primeiro momento, chamar a atenção do consumidor para um produto ainda não revelado integralmente, fazendo com que o público alvo fique curioso a seu respeito, e assim acompanhe a sequência da campanha publicitária promovida pelo fornecedor, até que finalmente o produto seja oficialmente anunciado. Um bom exemplo são algumas campanhas publicitárias promovidas por marcas de automóveis em que no anúncio o fabricante mostra apenas a silhueta do veículo a ser lançado, o formato das lanternas ou apenas o som do ronco do motor, acompanhado de dizeres do tipo: "vem aí um novo conceito de veículo". O CDC não proíbe o teaser, porém, no momento da conclusão da publicidade o fornecedor deve deixar claro ao consumidor o produto ou serviço que está anunciando.

◙ **A mensagem publicitária deve ser clara e direta, de forma que não demande grandes esforços do consumidor para que identifique o anúncio como publicidade.** "RECURSO ESPECIAL – AÇÃO CIVIL PÚBLICA – DANO MORAL COLETIVO – DIVULGAÇÃO DE PUBLICIDADE ILÍCITA – INDENIZAÇÃO – SENTENÇA QUE ACOLHEU O PEDIDO INICIAL DO MPDFT FIXANDO A REPARAÇÃO EM

R$14.000.000,00 (QUATORZE MILHÕES DE REAIS) E DETERMINOU A ELABORAÇÃO DE CONTRAPROPAGANDA, SOB PENA DE MULTA DIÁRIA - INCONFORMISMOS DAS RÉS - APELAÇÃO PARCIALMENTE PROVIDA PARA REDUZIR O QUANTUM INDENIZATÓRIO E EXCLUIR DA CONDENAÇÃO OBRIGAÇÃO DE FAZER CONTRAPROPAGANDA, BEM COMO A MULTA MONITÓRIA PARA A HIPÓTESE DE DESCUMPRIMENTO. IRRESIGNAÇÃO DAS RÉS - OGILVY BRASIL COMUNICAÇÃO LTDA. E DA SOUZA CRUZ S/A - E DO MINISTÉRIO PÚBLICO DO DISTRITO FEDERAL E TERRITÓRIOS. (...) 1.5.1. A teor dos artigos 36 e 37, do CDC, nítida a ilicitude da propaganda veiculada. A uma, porque feriu o princípio da identificação da publicidade. A duas, porque revelou-se enganosa, induzindo o consumidor a erro porquanto se adotasse a conduta indicada pela publicidade, independente das conseqüências, teria condições de obter sucesso em sua vida. (...) 1.5.3. Em razão da inexistência de uma mensagem clara, direta que pudesse conferir ao consumidor a sua identificação imediata (no momento da exposição) e fácil (sem esforço ou capacitação técnica), reputa-se que a publicidade ora em debate, de fato, malferiu a redação do art 36, do CDC e, portanto, cabível e devida a reparação dos danos morais coletivos. (STJ, REsp 1101949/DF, Rel. Ministro Marco Buzzi, Quarta Turma, DJe 30/05/2016).

◙ **Proposta de adesão a seguro enviada em cor e formato diversos ao do contrato principal não é suficiente para que o consumidor a identifique como publicidade.** "(...) ATUA DE FORMA ABUSIVA E ILÍCITA A EMPRESA DE TELEFONIA QUE ENVIA AOS SEUS USUÁRIOS, JUNTO COM A CONTA TELEFÔNICA, PROPOSTA DE ADESÃO A SEGURO NÃO ATINENTE AS ATIVIDADES POR ELA DESEMPENHADAS, E SEM QUE OS CONSUMIDORES HOUVESSEM PEDIDO. INTELIGÊNCIA DO ART. 39, III, DO CDC. III - O FATO DE A PROPOSTA VIR EM FOLHA SEPARADA, EM COR E FORMATO DIFERENTES, NÃO É SUFICIENTE PARA QUE O CONSUMIDOR FÁCIL E IMEDIATAMENTE A IDENTIFIQUE COMO PUBLICIDADE, COMO REQUER O ART. 36 DO CDC, SOBRETUDO, POR JÁ CONSTAR NA APÓLICE ENVIADA CÓDIGOS DE BARRAS PARA PRONTO PAGAMENTO. IV - NEGOU-SE PROVIMENTO AO APELO" (TJDFT, Ap. Cív. 8885320078070001, Sexta Turma Cível, Rel. Des. José Divino de Oliveira, DJ 10/03/2010).

Parágrafo único. O fornecedor, na publicidade de seus produtos ou serviços, manterá, em seu poder, para informação dos legítimos interessados, os dados fáticos, técnicos e científicos que dão sustentação à mensagem.

► **Princípio da transparência da fundamentação.** "Para maior garantia do consumidor, o parágrafo único do mesmo artigo obriga o fornecedor a manter em seu poder todos os dados comprobatórios referentes ao produto ou serviço divulgados, a fim de que possa comprovar a veracidade e a correção das informações apregoadas na publicidade veiculada, medida que visa prevenir contra as chamadas "publicidades desfundamentadas", as quais iludem o consumidor através de dados "técnicos e científicos" inexistentes". (MELLO, Sônia Maria Vieira. *O direito do consumidor na era da globalização:* a descoberta da cidadania. Rio de Janeiro: Renovar,1998. p. 82)

► **Transparência da fundamentação da mensagem publicitária.** "O fornecedor tem ampla liberdade para anunciar seus produtos ou serviços. Deve, contudo, fazê-lo sempre com base em elementos fáticos e científicos: é sua fundamentação". (BENJAMIN, Antônio Herman V.; MARQUES, Cláudia Lima; BESSA, Leonardo Roscoe. *Manual de Direito do Consumidor.* 7ª edição. São Paulo, Revista dos Tribunais, 2016, p. 289).

► **Segredo comercial.** "O CDC não aboliu o segredo comercial de produtos e técnicas especializadas de serviços, nem o deixa exposto à sanha de consumidores curiosos e fornecedores concorrentes. O objetivo da lei, neste aspecto, é forçar que as características e demais peculiaridades de cada produto ou serviço anunciado, sejam feitos lealmente, com verdade na mensagem". (SILVEIRA, Reynaldo Andrade. *Práticas mercantis no direito do consumidor.* Paraná: Juruá, 2000. p. 128)

◙ **Se o fornecedor é quem detém os dados fáticos, técnicos e científicos que dão sustentação à publicidade, é ônus seu dirimir as dúvidas acerca de informações contidas nas embalagens do produto participante de campanhas de premiações.** "O CDC abrange a publicidade empregada com a finalidade de aumento de vendas por meio de sorteio de prêmios. A resolução da dúvida acerca da inscrição em tampinhas é ônus do responsável pela promoção publicitária. Incidência do art. 36, parágrafo único, do CDC." (STJ, REsp 302174/RJ, DJU 15/10/2001, Rel. Min. Antônio de Pádua Ribeiro, DJU 20.9.2001, 3ª T.)

Art. 37. É proibida toda publicidade enganosa ou abusiva.

► **Conceito jurídico de publicidade.** O vocábulo publicidade deriva de público, isto é, designa a qualidade do que é público. Na seara consumerista, tem como escopo despertar a massa de consumidores, tornando público um fato, uma ideia. É uma técnica de comunicação em massa, que busca vender produtos e serviços. O termo publicidade expressa o fato de tornar público (divulgar) o produto ou serviço, com o intuito de aproximar o consumidor do fornecedor, promovendo o lucro da atividade comercial. ► **Nesse sentido:** "(...) toda a informação ou comunicação difundida com o fim direto ou indireto de promover junto aos consumidores a aquisição de um produto ou a utilização de um serviço, qualquer que seja o local ou meio de comunicação utilizado." (MARQUES, Cláudia Lima. *Contratos no Código de Defesa do Consumidor*, 3ª ed, Revista dos Tribunais, São Paulo, 1998, p. 345).

► **Conceito mercadológico de publicidade.** Pode ser extraído do art. 8º do Código Brasileiro de Autorregulamentação Publicitária, editado pelo Conselho Nacional de Autorregulamentação Publicitária (CONAR), como sendo "*atividades destinadas a estimular o consumo de bens e serviços, bem como promover instituições, conceitos ou idéias.*"

► **Publicidade institucional x promocional.** Institucionalmente, a publicidade visa a absorção da marca pelo consumidor, situação em que o fornecedor lança mão de sua imagem social. Para ilustrar, citem-se os anúncios televisivos em que empresas de cosméticos informam desenvolver suas atividades respeitando o meio ambiente. A publicidade promocional, por sua vez, destina-se a promover, efetivamente, a venda da marca em sua essência, demonstrando as vantagens e benefícios de seus produtos ou serviços, conforme o caso.

► **Promoção de vendas como publicidade.** "Devem ser considerados como publicidade os métodos chamados de promoção de vendas, reunindo ações diretas junto a compradores potenciais, como os concursos, vendas com prêmio e outras formas de vendas agressivas." (SAAD, Eduardo Gabriel. *Comentários ao Código de Defesa do Consumidor.* 4ª ed. São Paulo: LTr, 1999).

◙ **As normas do CDC referente à publicidade podem ser utilizadas para relações que não de consumo.** "O direito consumerista pode ser utilizado como norma principiológica mesmo que inexista relação de consumo entre as partes litigantes porque as disposições do CDC veiculam cláusulas criadas para proteger o consumidor de práticas abusivas e desleais do fornecedor de serviços, inclusive as que proíbem a propaganda enganosa (...)" (STJ, REsp 1552550/SP, Rel. Min. Moura Ribeiro, 3ª T., DJe 22.4.2016).

► **Publicidade chamariz.** Uma modalidade de publicidade enganosa muito comum é a chamada "publicidade chamariz". Essa modalidade de publicidade consiste em atrair o consumidor de maneira enganosa a adquirir algum produto ou serviço. Isto acontece, por exemplo, quando um fornecedor anuncia determinado produto a preço altamente competitivo, mas, no momento em que o consumidor vai à loja adquirir o produto é informado que já havia esgotado o estoque. Assim, outros produtos similares são oferecidos ao consumidor; mas com preços não tão competitivos. Ou quando o fornecedor anuncia uma liquidação e no momento em que consumidor vai ao estabelecimento, percebe que a liquidação se refere somente a uma estante ou algumas peças da coleção passada, passando, então, a sofrer o ataque do vendedor, que imediatamente lhe oferece outros produtos fora da liquidação.

► **Contrapropaganda.** "A imposição de contrapropaganda consiste na formação de uma obrigação ao causador do dano material ou moral de fazer veicular mensagem antagônica àquela de caráter lesivo, executando o mesmo plano de mídia, respeitando o número de inserções, horários e veículos de comunicação pelos quais foi veiculada a peça publicitária que seu origem ao prejuízo." (CAMPOS, Maria Luiza de Saboia. *Publicidade; responsabilidade civil perante o consumidor.* São Paulo: Cultural Paulista Editora, 1996, pp. 296/297)

§ 1° É enganosa qualquer modalidade de informação ou comunicação de caráter publicitário, inteira ou parcialmente falsa, ou, por qualquer outro modo, mesmo por omissão, capaz de induzir em erro o consumidor a respeito da natureza, características, qualidade, quantidade, propriedades, origem, preço e quaisquer outros dados sobre produtos e serviços.

► **Análise da enganosidade conforme a categoria de consumidores.** "Alegações ambíguas, parcialmente verdadeiras ou até literalmente verdadeiras podem ser enganosas;

o silêncio – como ausência de informação positiva – pode ser enganoso; uma prática pode ser considerada normal e corriqueira para um determinado grupo de fornecedores e, nem por isso, deixar de ser enganosa, o *standard* de enganosidade não é fixo, variando de categoria a categoria de consumidores (por exemplo, crianças, idosos, doentes, rurícolas e indígenas são particularmente protegidos)" (BENJAMIN, Antônio Herman de Vasconcelos et alii. *Código Brasileiro de Defesa do Consumidor comentado pelos autores do anteprojeto*. 6. ed., p. 284.)

◙ **Publicidade enganosa não exige, para sua configuração, a prova da vontade de enganar o consumidor** "[...]A publicidade enganosa, a luz do Código de Defesa do Consumidor (art. 37, CDC), não exige, para sua configuração, a prova da vontade de enganar o consumidor, tampouco tal nefanda prática também colha que deva estar evidenciada de plano sua ilegalidade, ou seja, a publicidade pode ter aparência de absoluta legalidade na sua vinculação, mas, por omitir dado essencial para formação do juízo de opção do consumidor, finda por induzi-lo a erro ou tão somente coloca dúvidas acerca do produto ou serviço oferecido, contaminando sua decisão.[...]"(STJ, REsp 1317338/MG, Rel. Ministro Mauro Campbell Marques, Segunda Turma, DJe 01/04/2013) ◙ **No mesmo sentido da proibição da publicidade enganosa como sendo aquela que induz o consumidor a erro.** "O consumidor tem, como direito básico, o de informação expressa e adequada sobre o produto ou o serviço que deseja adquirir ou contratar, sendo proibida a publicidade enganosa, capaz de induzir em erro o consumidor (arts. 31 e 37 do CDC)."(STJ, AgInt no AREsp 838.346/SP, Rel. Ministro Humberto Martins, Segunda Turma, julgado em 12/04/2016, DJe 19/04/2016)

► **Não é preciso prova da enganosidade real.** "Para que haja algum tipo de responsabilização a respeito da publicidade enganosa, o legislador previu que não é preciso prova da enganosidade real, bastando a mera enganosidade potencial, ou seja, capacidade de indução ao erro. Também é irrelevante a boa-fé do anunciante, não tendo importância o seu estado mental, uma vez que a enganosidade, para fins preventivos e reparatórios, é apreciada de forma objetiva." "(BOLKENHAGEN, Lina. Merchandising como técnica de publicidade o seu impacto no mercado de consumo e efeitos jurídicos de sua veiculação. *Revista de Direito do Consumidor*. São Paulo: RT, Vol.80, Ano 2011, p. 337 - 403) ► **No mesmo sentido no tocante à intenção do anunciante**: "Sempre que o anúncio for capaz de induzir o consumidor em erro – mesmo que tal não tenha sido querido pelo anunciante -, caracterizada está a publicidade enganosa". (BENJAMIN, Antônio Herman V.; MARQUES, Cláudia Lima; BESSA, Leonardo Roscoe. *Manual de Direito do Consumidor.* 7ª edição. São Paulo, Revista dos Tribunais, 2016, p. 291). ► **No mesmo sentido no tocante à capacidade de indução ao erro.** "A proteção do consumidor contra a publicidade enganosa leva em conta somente sua capacidade de indução em erro. Inexigível, por conseguinte, que o consumidor tenha, de fato e concretamente, sido enganado. A enganosidade é aferida, pois, em abstrato". (BENJAMIN, Antônio Herman V.; MARQUES, Cláudia Lima; BESSA, Leonardo Roscoe. *Manual de Direito do Consumidor.* 7ª edição. São Paulo, Revista dos Tribunais, 2016, p. 292).

► **O puffing (exagero publicitário) poderá se configurar com publicidade enganosa.** "Puffing é o exagero da publicidade, muitas vezes camuflado pelo humor, mas sempre realizado com o intuito de transmitir uma mensagem visando ao aumento das vendas de produtos ou serviços. A despeito de não ter sido citado expressamente pelo CDC, o puffing permite a responsabilização do anunciante desde que seja capaz de induzir o consumidor a erro ou hábil a lesar os valores socialmente aceitos". (SILVA, Jorge Alberto Quadros de Carvalho. *Código de Defesa do Consumidor anotado*, São Paulo: Saraiva, 2001. p. 122)

► **Exagero publicitário que induz a erro é publicidade enganosa.** "O exagero, mostrando-se capaz de induzir o consumidor em erro ou abusando dos valores sociais, presta-se à caracterização da publicidade enganosa e abusiva, mesmo quando não tiver "precisão suficiente". (BENJAMIN, Antônio Herman V.; MARQUES, Cláudia Lima; BESSA, Leonardo Roscoe. Manual de Direito do Consumidor. 7ª edição. São Paulo, Revista dos Tribunais, 2016, p. 294).

► **Anúncio Ambíguo.** "Se um anúncio tem mais de um sentido, basta que um deles seja enganoso (mesmo que os outros não o sejam) para que a mensagem, como um todo, passe a ser considerada enganosa". (BENJAMIN, Antônio Herman V.; MARQUES, Cláudia Lima; BESSA, Leonardo Roscoe. *Manual de Direito do Consumidor.* 7ª edição. São Paulo, Revista dos Tribunais, 2016, p. 294).

◙ **Informações insuficientes acerca das restrições dos serviços oferecidos com destaque em campanha publicitária.** "RECURSO ESPECIAL. CONSUMIDOR. AÇÃO CIVIL PÚBLICA. TELEFONIA. PROPAGANDA ENGANOSA. INFORMAÇÕES INSUFICIENTES ACERCA DAS RESTRIÇÕES DOS SERVIÇOS OFERECIDOS COM DESTAQUE EM CAMPANHA PUBLICITÁRIA. 1. Ação civil pública movida pelo Ministério Público de São Paulo contra a empresa Vivo Participações S/A, imputando-lhe a veiculação de mensagem publicitária capaz de induzir em erro o consumidor a respeito das características dos serviços prestados, indicando como vantagem a possibilidade, divulgada em grande destaque, de o usuário falar por até quarenta e cinco (45) minutos e pagar apenas três (3) minutos, mas informando a restrição dessa forma de uso, por meio de letras grafadas em fonte de tamanho reduzido, apenas para ligações locais realizadas para telefone fixo da própria Vivo entre as 20h e as 8h do dia seguinte de segunda a sábado e, em qualquer horário, aos domingos e feriados. 2. A empresa líder do grupo econômico (Vivo Participações S.A.) possui legitimidade passiva 'ad causam' para constar do polo passivo da ação civil pública em que se discute a campanha publicitária executada por empresa por ela controlada (Vivo S.A). 3. Reconhecimento pelo acórdão recorrido da natureza enganosa da propaganda veiculada (art. 37, § 1º, do CDC). 4. Aferir se a campanha publicitária, objeto da ação civil pública, teve aptidão para induzir o consumidor em erro exigiria desta Corte Superior a revaloração do conjunto fático-probatório dos autos, o que lhe é vedado, nos termos da Súmula 07/STJ. 5. Doutrina e jurisprudência acerca do tema. 6. Recurso especial desprovido" (STJ, REsp 1599423/SP, Rel. Ministro Paulo de Tarso Sanseverino, Terceira Turma, DJe 28/11/2016).

◙ **Produto ineficaz (almofada terapêutica) que promete a cura de doenças.** "CIVIL E PROCESSO CIVIL. RECURSO ESPECIAL. DIREITO DO CONSUMIDOR. AÇÃO INDENIZATÓRIA. PROPAGANDA ENGANOSA. GOLPE DA ALMOFADA. SUPOSTO TRATAMENTO DE DIVERSAS MOLÉSTIAS. VIOLAÇÃO DA BOA-FÉ OBJE-

TIVA. RESPONSABILIDADE CIVIL. DANO MORAL IN RE IPSA. INDENIZAÇÃO DEVIDA. RECURSO PROVIDO. 1. Viola a boa-fé objetiva a conduta do fornecedor do produto que, abusando da frágil saúde do consumidor, de sua idade avançada e de sua condição social, falsamente promete a cura para suas doenças com produto sabidamente ineficaz. E, mais, o induz a celebrar contrato de financiamento com a garantia do desconto em seus benefícios previdenciários. 2. O consumidor, ao empregar recursos na compra de caro equipamento, absolutamente ineficaz, deixou de ter a possibilidade de adquirir remédios e custear tratamentos adequados para curar ou amenizar seus males. 3. 'O intuito de lucro desarrazoado, a partir da situação de premente necessidade do recorrente, é situação que desafia a reparação civil' (REsp 1.329.556/SP, Rel. Ministro Ricardo Villas Bôas Cueva, Terceira Turma, DJe 9.12.2014), que, neste caso, prescinde da demonstração de sofrimento íntimo da vítima, por ocorrer in re ipsa. 4. Recurso especial provido" (STJ, REsp. 1250505/RS, Quarta turma, Rel. Min. Maria Isabel Gallotti, DJe 03/11/2016).

◙ **Fornecedor que manipula informações para prejudicar o concorrente e induzir o consumidor a erro.** "Os veículos de comunicação não podem se descuidar de seu compromisso ético com a veracidade dos fatos, tampouco manipular dados oficiais na tentativa de assumir posição privilegiada na preferência dos telespectadores, desprestigiando o conceito de que goza a empresa concorrente no mercado. Precedentes. 3. As instâncias ordinárias reconheceram que a recorrente extrapolou a liberdade de expressão, na medida em que dados verdadeiros foram utilizados em anúncio publicitário de modo a alterar a verdade que eles refletiam, permitindo a visão estrábica do público sobre eles, em evidente violação da honra e a imagem da empresa ofendida. (...) O direito consumerista pode ser utilizado como norma principiológica mesmo que inexista relação de consumo entre as partes litigantes porque as disposições do CDC veiculam cláusulas criadas para proteger o consumidor de práticas abusivas e desleais do fornecedor de serviços, inclusive as que proíbem a propaganda enganosa (...)" (STJ, REsp 1552550/SP, Rel. Min. Moura Ribeiro, 3ª T., DJe 22.4.2016).

◙ **Publicidade enganosa. Produto medicinal (Cogumelo do Sol) que promete a cura do câncer.** "RECURSO ESPECIAL. DIREITO DO CONSUMIDOR. AÇÃO INDENIZATÓRIA. PROPAGANDA ENGANOSA. COGUMELO DO SOL. CURA DO CÂNCER. ABUSO DE DIREITO. ART. 39, INCISO IV, DO CDC. HIPERVULNERABILIDADE. RESPONSABILIDADE OBJETIVA. DANOS MORAIS. INDENIZAÇÃO DEVIDA. DISSÍDIO JURISPRUDENCIAL COMPROVADO. 1. Cuida-se de ação por danos morais proposta por consumidor ludibriado por propaganda enganosa, em ofensa a direito subjetivo do consumidor de obter informações claras e precisas acerca de produto medicinal vendido pela recorrida e destinado à cura de doenças malignas, dentre outras funções. 2. O Código de Defesa do Consumidor assegura que a oferta e apresentação de produtos ou serviços propiciem informações corretas, claras, precisas e ostensivas a respeito de características, qualidades, garantia, composição, preço, garantia, prazos de validade e origem, além de vedar a publicidade enganosa e abusiva, que dispensa a demonstração do elemento subjetivo (dolo ou culpa) para sua configuração. 3. A propaganda enganosa, como atestado pelas instâncias ordinárias, tinha aptidão a induzir em erro o consumidor fragilizado, cuja conduta subsume-se à hipótese de estado de perigo (art. 156 do Código Civil) (...)" (STJ, REsp 1329556/SP, Rel. Ministro Ricardo Villas Bôas Cueva, Terceira Turma, DJe 09/12/2014).

◙ **Água mineral com slogan "diet por natureza". Indução do consumidor a erro.** "ADMINISTRATIVO. CÓDIGO DE ÁGUAS. NORMAS BÁSICAS DE ALIMENTOS. SLOGAN PUBLICITÁRIO APOSTO EM RÓTULO DE ÁGUA MINERAL. EXPRESSÃO 'DIET POR NATUREZA'. INDUÇÃO DO CONSUMIDOR A ERRO. (...) 2. É assente que 'não poderão constar da rotulagem denominações, designações, nomes geográficos, símbolos, figuras, desenhos ou indicações que possibilitem interpretação falsa, erro ou confusão quanto à origem, procedência, natureza, composição ou qualidade do alimento, ou que lhe atribuam qualidades ou características nutritivas superiores àquelas que realmente possuem.' (art. 21, do Decreto-lei n.° 986/69) 3. Na redação do art. 2°, inciso V, do Decreto-lei n.° 986/69, considera-se dietético 'todo alimento elaborado para regimes alimentares especiais destinado a ser ingerido por pessoas sãs;' 4. Somente os produtos modificado em relação ao produto natural podem receber a qualificação de diet o que não significa, apenas, produto destinado à dieta para emagrecimento, mas, também a dietas determinadas por prescrição médica, motivo pelo qual a água mineral, que é comercializada naturalmente, sem alterações em sua substância, não pode ser assim qualificada porquanto não podem ser retirados os elementos que a compõem. 5. In casu, o aumento das vendas do produto noticiado pelo recorrido caracteriza a possibilidade de o slogan publicitário encerrar publicidade enganosa capaz de induzir o consumidor a erro (...)" (STJ, REsp 447.303, 1ª T., DJ 28.10.2003).

◙ **Reestilização lícita. Lançamento de automóvel em um ano referente ao ano seguinte.** "RECURSO ESPECIAL. DIREITO DO CONSUMIDOR. MUDANÇAS SIGNIFICATIVAS NO MODELO DE AUTOMÓVEL DURANTE O MESMO ANO, FAZENDO REFERÊNCIA A ANOS DISTINTOS. COEXISTÊNCIA DE OFERTA DE AMBOS OS MODELOS, COM RESPECTIVOS PREÇOS. PROPAGANDA ENGANOSA NÃO CARACTERIZADA. AUSÊNCIA DE VIOLAÇÃO AO ART. 37, § 1º, DO CDC. RECURSO DESPROVIDO. 1. Não constitui prática comercial abusiva ou propaganda enganosa (CDC, art. 37, § 1º) o lançamento, no começo de um ano, de veículo de modelo já referente ao ano seguinte, desde que o modelo referente ao ano corrente, lançado ainda no ano anterior, continue sendo ofertado pelo fabricante durante o ano em exercício, coexistindo ambos os modelos. 2. No caso, o Ford Fiesta modelo 2007, lançado em meados de 2006, não foi retirado de oferta em 2007, ano em que coexistiu no mercado com o novo modelo 2008, lançado no início de 2007, cabendo ao consumidor, então, a livre escolha entre os dois modelos do automóvel, pagando o respectivo preço, mais barato ou mais caro pelo veículo zero quilômetro. 3. As montadoras, fabricantes de veículos, operam em mercado altamente competitivo, que envolve elevados investimentos e custos, bem como o desenvolvimento de novas tecnologias, com a necessidade de preservação de segredos industriais e de estratégias de vendas, o que recomenda maior prestígio aos princípios constitucionais da liberdade de iniciativa e da livre concorrência, evitando-se o intervencionismo estatal, de duvidosa eficiência. 4. Recurso especial desprovido" (STJ, REsp 1536026/RS, Rel. Min. Raul Araújo, 4ª T., DJe 30.11.2015). ◙ **No mesmo sentido de reestilização lícita:** "DIREITO DO CONSUMIDOR. 'REESTILIZAÇÃO' LÍCITA DE PRODUTO. VEÍCULO 2007 COMERCIALI-

ZADO COMO MODELO 2008. LANÇAMENTO NO ANO DE 2008 DE PRODUTO REFORMULADO, COMO SENDO MODELO 2009. PRÁTICA COMERCIAL ABUSIVA E PROPAGANDA ENGANOSA NÃO VERIFICADAS. 1.– Lícito ao fabricante de veículos antecipar o lançamento de um modelo meses antes da virada do ano, prática usual no mercado de veículos. 2.– Não há falar em prática comercial abusiva ou propaganda enganosa quando o consumidor, no ano de 2007, adquire veículo modelo 2008 e a reestilização do produto atinge apenas os de modelo 2009, ou seja, não realizada no mesmo ano. Situação diversa da ocorrida no julgamento do REsp 1.342.899 - RS (Rel. Ministro SIDNEI BENETI, TERCEIRA TURMA, julgado em 20/08/2013, DJe 09/09/2013 (...)" (STJ, REsp 1330174/MG, Rel. Ministro Sidnei Beneti, Terceira Turma, DJe 04/11/2013). ◙ **Se houve o lançamento de um novo modelo de veículo, totalmente remodelado, no mesmo ano em que já fora comercializado modelo anterior, caracteriza a publicidade enganosa:** "RECURSO ESPECIAL. AÇÃO CIVIL PÚBLICA. CONSUMIDOR. "REESTILIZAÇÃO" DE PRODUTO. VEÍCULO 2006 COMERCIALIZADO COMO MODELO 2007. LANÇAMENTO NO MESMO ANO DE 2006 DE NOVO MODELO 2007. CASO "PÁLIO FIRE MODELO 2007". PRÁTICA COMERCIAL ABUSIVA. PROPAGANDA ENGANOSA. PRINCÍPIO DA BOA-FÉ OBJETIVA. ALEGAÇÃO DE REESTILIZAÇÃO LÍCITA AFASTADA. LEGITIMIDADE DO MINISTÉRIO PÚBLICO. DIREITO INDIVIDUAL HOMOGÊNEO. INEXISTÊNCIA DE OMISSÃO NO ACÓRDÃO. AÇÃO CIVIL PÚBLICA PROCEDENTE. (...) 3.– Embora lícito ao fabricante de veículos antecipar o lançamento de um modelo meses antes da virada do ano, prática usual no país, constitui prática comercial abusiva e propaganda enganosa e não de 'reestilização' lícita, lançar e comercializar veículo no ano como sendo modelo do ano seguinte e, depois, adquiridos esses modelos pelos consumidores, paralisar a fabricação desse modelo e lançar outro, com novos detalhes, no mesmo ano, como modelo do ano seguinte, nem mesmo comercializando mais o anterior em aludido ano seguinte. Caso em que o fabricante, após divulgar e passar a comercializar o automóvel 'Pálio Fire Ano 2006 Modelo 2007', vendido apenas em 2006, simplesmente lançou outro automóvel 'Pálio Fire Modelo 2007', com alteração de vários itens, o que leva a concluir haver ela oferecido em 2006 um modelo 2007 que não viria a ser produzido em 2007, ferindo a fundada expectativa de consumo de seus adquirentes em terem, no ano de 2007, um veículo do ano. 4.– Ao adquirir um automóvel, o consumidor, em regra, opta pela compra do modelo do ano, isto é, aquele cujo modelo deverá permanecer por mais tempo no mercado, circunstância que minimiza o efeito da desvalorização decorrente da depreciação natural. 5.– Daí a necessidade de que as informações sobre o produto sejam prestadas ao consumidor, antes e durante a contratação, de forma clara, ostensiva, precisa e correta, visando a sanar quaisquer dúvidas e assegurar o equilíbrio da relação entre os contratantes, sendo de se salientar que um dos principais aspectos da boa-fé objetiva é seu efeito vinculante em relação à oferta e à publicidade que se veicula, de modo a proteger a legítima expectativa criada pela informação, quanto ao fornecimento de produtos ou serviços (...)" (STJ, REsp 1342899/RS, Rel. Ministro Sidnei Beneti, Terceira Turma, DJe 09/09/2013). ◙ **No mesmo sentido de reestilização ilícita:** "RECURSO ESPECIAL. DIREITO DO CONSUMIDOR. AÇÃO CIVIL PÚBLICA. MINISTÉRIO PÚBLICO. LEGITIMIDADE. AUTOMÓVEL. LANÇAMENTO DE DOIS MODELOS DISTINTOS NO MESMO ANO, AMBOS NO-

TICIADOS COMO O MODELO DO ANO SEGUINTE. PROPAGANDA NGANOSA. CARACTERIZAÇÃO. 1. O Ministério Público tem legitimidade para a propositura de ação civil pública objetivando a defesa de direitos difusos e individuais homogêneos do consumidor. 2. Constitui publicidade enganosa o lançamento de um novo modelo de veículo, totalmente remodelado, no mesmo ano em que já fora comercializado modelo anterior, ambos noticiados como o modelo do ano seguinte. 3. Na fase de liquidação e execução individual da sentença coletiva, as alternativas do consumidor (CDC, art. 35) dependerão de cada caso concreto, a ser individualizado por cada beneficiário da sentença, sujeita a pretensão ao contraditório e à decisão judicial. 4. Recurso especial parcialmente provido." (REsp 871.172/SE, Rel. Ministra Maria Isabel Gallotti, Quarta Turma, julgado em 14/06/2016, DJe 24/08/2016)

◙ **Anúncio de compra e venda de automóvel que na verdade se tratava de contrato de consórcio. Solidariedade entre a concessionária e a montadora de veículos.** "AGRAVO INTERNO. AGRAVO EM RECURSO ESPECIAL. VIOLAÇÃO AO ART. 535 DO CPC/1973. ALEGAÇÕES GENÉRICAS. SÚMULA 284 DO STF. ARTS. 3º E 4º DA LEI 6.729/1979. FALTA DE PREQUESTIONAMENTO. SÚMULA 211 DO STJ. AUTOMÓVEL SEMINOVO. TEORIA DA APARÊNCIA. PUBLICIDADE ENGANOSA. USO DA MARCA. LEGÍTIMA EXPECTATIVA DO CONSUMIDOR. RESPONSABILIDADE OBJETIVA DA FABRICANTE. SÚMULA 83 DO STJ. (...) O Tribunal de origem julgou nos moldes da jurisprudência pacífica desta Corte, no sentido de que o fornecedor de serviços e produtos também se responsabiliza pelas expectativas que a publicidade venha a despertar no consumidor. Incidente, portanto, o enunciado 83, da Súmula do STJ. 4. Agravo interno a que se nega provimento". (STJ, AgInt no AREsp 378169/SP, Quarta Turma, Rel. Min. Maria Isabel Gallotti, DJe 27/06/2017)

◙ **Propaganda enganosa não caracterizada (cerveja sem álcool). Não há violação ao CDC se o fornecedor obedece às normas especiais que regulam a comercialização do produto.** "RECURSO ESPECIAL. CIVIL. CONSUMIDOR. PROCESSUAL CIVIL. OFENSA AOS ARTS. 47, 267, VI, E 535, I, DO CPC. INEXISTÊNCIA. AÇÃO CIVIL PÚBLICA. CERVEJA SEM ÁLCOOL. CLASSIFICAÇÃO OFICIAL. LEGISLAÇÃO ESPECÍFICA. OBSERVÂNCIA. RETIRADA DO PRODUTO DO MERCADO. INVIABILIDADE. IMPROCEDÊNCIA DA AÇÃO. RECURSO PARCIALMENTE PROVIDO. (...) 3. Na hipótese, a recorrente segue a normatização editada para regular sua atividade empresarial, elaborada por órgão governamental especializado, tendo obtido a aprovação do rótulo de seu produto pelo Ministério da Agricultura. Nesse contexto, não pode ser condenada a deixar de comercializar a cerveja de classificação 'sem álcool' que fabrica, com base apenas em impressões subjetivas da associação promovente, a pretexto de que estaria a violar normas gerais do CDC ao fazer constar no rótulo da bebida a classificação oficial determinada em lei especial e no decreto regulamentar. 4. Não se mostra adequado intervir no mercado pontualmente, substituindo-se a lei especial e suas normas técnicas regulamentadoras por decisão judicial leiga e subjetiva, de modo a obstar a venda de produto por sociedade empresária fabricante, que segue corretamente a legislação existente acerca da fabricação e comercialização da bebida. 5. Recurso especial parcialmente provido" (STJ, REsp 1185323/RS, Rel. Ministro Luis Felipe Salomão, Rel. p/ Acórdão Ministro Raul Araújo, Quarta Turma, DJe 03/08/2015).

■ **Publicidade de veículo importado cujo preço é anunciado em moeda estrangeira. Propaganda enganosa não caracterizada.** "RECURSO ESPECIAL. CÓDIGO DE DEFESA DO CONSUMIDOR. PROCON. MULTA ADMINISTRATIVA ILEGAL. ANÚNCIO DE VEÍCULO IMPORTADO. VEICULAÇÃO DO PREÇO EM DÓLAR NORTE-AMERICANO. INFORMAÇÃO DE RODAPÉ. CONVERSÃO PELO DÓLAR COMERCIAL NA DATA DA VENDA. PROPAGANDA ENGANOSA NÃO CARACTERIZADA. OMISSÕES NÃO VERIFICADAS NO ACÓRDÃO RECORRIDO. HONORÁRIOS ADVOCATÍCIOS. (...) 3. O anúncio, em português, expressando o valor monetário do veículo importado em dólar norte-americano (US$) e indicando, ainda, em nota de rodapé, que a conversão se dará pelo dólar comercial na data da celebração do negócio jurídico, não revela, nem potencialmente, capacidade de induzir em erro o consumidor a respeito do preço. Mesmo em relação aos cidadãos de menor escolaridade, está evidente que o preço não foi grafado em reais e que a moeda indicada será, conforme o texto do anúncio, convertida pelo valor do dólar comercial na data da venda. 4. A suposta ilegalidade na indicação do preço em moeda estrangeira, por si, não implica potencialidade de induzir em erro o consumidor, estando descaracterizada a propaganda enganosa prevista no art. 37, § 1º, do Código de Defesa do Consumidor (...)" (STJ, REsp 1057483/SP, Rel. Min. Castro Meira, 2ª T., DJe 24.4.2013).

■ **Informações sobre frete do produto em nota de rodapé de jornal. Propaganda enganosa não caracterizada.** "PROCESSUAL CIVIL E DIREITO DO CONSUMIDOR – ANÚNCIO DE VEÍCULO – VALOR DO FRETE – INFORMAÇÃO NO RODAPÉ – LETRAS MIÚDAS – REEXAME DE PROVA – ÓBICE DA SÚMULA 7/STJ – PROPAGANDA ENGANOSA – NÃO-CARACTERIZAÇÃO. (...) 2. Anúncio publicitário que informa a não-inclusão do valor do frete no preço ofertado e, ao mesmo tempo, não especifica o seu valor correspondente, por si só, não configura publicidade enganosa ou abusiva, ainda que essa informação conste no rodapé do anúncio veiculado em jornal. 3. Recurso especial não provido. (STJ, REsp 1057828, 2ª T., DJ 27.9.2010).

■ **Publicidade enganosa. Direito do consumidor de desfazer do negócio.** "DIREITO DO CONSUMIDOR. PUBLICIDADE ENGANOSA. EMPREENDIMENTO DIVULGADO E COMERCIALIZADO COMO HOTEL. MERO RESIDENCIAL COM SERVIÇOS. INTERDIÇÃO PELA MUNICIPALIDADE. OCULTAÇÃO DELIBERADA DE INFORMAÇÃO PELO FORNECEDOR. ANULAÇÃO DO NEGÓCIO JURÍDICO. INDENIZAÇÃO POR LUCROS CESSANTES E POR DANOS MORAIS DEVIDA. 1. O direito à informação, no Código de Defesa do Consumidor, é corolário das normas intervencionistas ligadas à função social e à boa-fé, em razão das quais a liberdade de contratar assume novel feição, impondo a necessidade de transparência em todas as fases da contratação: o momento pré-contratual, o de formação e o de execução do contrato e até mesmo o momento pós-contratual. 2. O princípio da vinculação da publicidade reflete a imposição da transparência e da boa-fé nos métodos comerciais, na publicidade e nos contratos, de modo que o fornecedor de produtos ou serviços obriga-se nos exatos termos da publicidade veiculada, sendo certo que essa vinculação estende-se também às informações prestadas por funcionários ou representantes do fornecedor. 3. Se a informação se refere a dado essencial capaz de onerar o consumidor ou restringir seus direitos, deve integrar o próprio anúncio, de forma precisa, clara e ostensiva, nos termos do art. 31 do CDC, sob pena de configurar publicidade enganosa por omissão. 4. No caso concreto, desponta estreme de dúvida que o principal atrativo do projeto foi a sua divulgação como um empreendimento hoteleiro – o que se dessume à toda vista da proeminente reputação que a Rede Meliá ostenta nesse ramo -, bem como foi omitida a falta de autorização do Município para que funcionasse empresa dessa envergadura na área, o que, à toda evidência, constitui publicidade enganosa, nos termos do art. 37, caput e § 3º, do CDC, rendendo ensejo ao desfazimento do negócio jurídico, à restituição dos valores pagos, bem como à percepção de indenização por lucros cessantes e por dano moral" (STJ, REsp 1188442/RJ, Rel. Ministro Luis Felipe Salomão, Quarta Turma, DJe 05/02/2013).

■ **Publicidade comparativa. Legalidade.** "RECURSO ESPECIAL. DIREITO MARCÁRIO, CONCORRENCIAL E DO CONSUMIDOR. AÇÃO DE ABSTENÇÃO DE USO DE MARCA, REPARAÇÃO POR DANOS MATERIAIS E COMPENSAÇÃO POR DANOS MORAIS. PREQUESTIONAMENTO. AUSÊNCIA. SÚMULA 282/STF. PUBLICIDADE COMPARATIVA. AUSÊNCIA DE VEDAÇÃO LEGAL. PONDERAÇÃO ENTRE OS INTERESSES DO TITULAR DA MARCA COMPARADA E OS DO PÚBLICO CONSUMIDOR. IMPOSSIBILIDADE DE REVOLVIMENTO DO ACERVO FÁTICO-PROBATÓRIO. CONCLUSÕES DO ACÓRDÃO RECORRIDO QUE NÃO DESTOAM DAS PREMISSAS LEGAIS E TEÓRICAS ORA FIXADAS. (...) O propósito recursal é definir se a estratégia de marketing utilizada pela recorrida, baseada em publicidade comparativa, violou direito marcário titulado pelas recorrentes. 3– A ausência de decisão acerca dos dispositivos legais indicados como violados impede, quanto às normas por eles veiculadas, o conhecimento do recurso especial. 4– A publicidade comparativa pode ser definida como método ou técnica de confronto empregado para enaltecer as qualidades ou o preço de produtos ou serviços anunciados em relação a produtos ou serviços de um ou mais concorrentes, explícita ou implicitamente, com o objetivo de diminuir o poder de atração da concorrência frente ao público consumidor. 5– A despeito da ausência de abordagem legal específica acerca da matéria, a publicidade comparativa é aceita pelo ordenamento jurídico pátrio, desde que observadas determinadas regras e princípios concernentes ao direito do consumidor, ao direito marcário e ao direito concorrencial, sendo vedada a veiculação de propaganda comercial enganosa ou abusiva, que denigra a imagem da marca comparada, que configure concorrência desleal ou que cause confusão no consumidor. Precedentes. 6– Na hipótese dos autos, conforme as premissas fáticas assentadas pelo juízo de origem – soberano no exame do acervo probatório -, verifica-se que a publicidade comparativa veiculada pela recorrida não violou os ditames da boa-fé, foi realizada com propósito informativo e em benefício do consumidor, não tendo sido constatada a prática de atos de concorrência desleal, tampouco de atos que tenham denegrido a marca ou a imagem dos produtos das recorrentes. 7– Recurso especial não provido". (STJ, REsp 1668550/RJ, Terceira Turma, Rel. Ministra Nancy Andrighi, DJe 26/05/2017)

■ **A publicidade comparativa só é admitida se as respectivas informações forem objetivas e verídicas.** "RECURSO ESPECIAL. VIOLAÇÃO AO ART. 535 DO CPC NÃO VERIFICADA. DIREITO MARCÁRIO E DO CONSUMIDOR. PROPAGANDA PUBLICITÁRIA COMPARATIVA ENTRE PRODUTOS. ESCLARECIMENTO OBJE-

TIVO DO CONSUMIDOR. POSSIBILIDADE. 1. A propaganda comparativa é forma de publicidade que identifica explícita ou implicitamente concorrente de produtos ou serviços afins, consagrando-se, em verdade, como um instrumento de decisão do público consumidor. 2. Embora não haja lei vedando ou autorizando expressamente a publicidade comparativa, o tema sofre influência das legislações consumerista e de propriedade industrial, tanto no âmbito marcário quanto concorrencial. 3. A publicidade comparativa não é vedada pelo Código de Defesa do Consumidor, desde que obedeça ao princípio da veracidade das informações, seja objetiva e não abusiva. (...) 6. Propaganda comparativa ilegal é aquela que induz em erro o consumidor, causando confusão entre as marcas, ocorrendo de maneira a depreciar a marca do concorrente, com o consequente desvio de sua clientela, prestando informações falsas e não objetivas (...)" (STJ, REsp 1377911/SP, Rel. Ministro Luis Felipe Salomão, Quarta Turma, DJe 19/12/2014).

◙ **Publicidade veiculando entrega de brindes esgotados. Publicidade enganosa.** "PUBLICIDADE ENGANOSA. PUBLICIDADE VEICULANDO ENTREGA DE BRINDES QUE JÁ SE ENCONTRAM ESGOTADOS. PRÁTICA ABUSIVA. (...) Por expressa disposição legal, só respeitam o princípio da transparência e da boa-fé objetiva, em sua plenitude, as informações que sejam "corretas, claras, precisas, ostensivas" e que indiquem, nessas mesmas condições, as "características, qualidades, quantidade, composição, preço, garantia, prazos de validade e origem, entre outros dados" do produto ou serviço, objeto da relação jurídica de consumo (art. 31 do CDC). 6. In casu, fica evidente que a empresa não agiu com transparência e boa-fé ao deixar de informar em tempo razoável ao consumidor que os brindes se esgotaram em alguns postos de troca, conforme podemos verificar de passagens do acórdão vergastado (fl. 711, e-STJ)." (STJ, AgRg no REsp 1528428/MG, Rel. Ministro Herman Benjamin, Segunda Turma, DJe 18/05/2016)

◙ **Indenização por danos materiais em razão da publicidade enganosa.** "Reconhecida a prática de propaganda enganosa, deve-se reconhecer também a responsabilidade civil da empresa pelos danos materiais eventualmente causados aos consumidores, a serem apurados, mediante amplo contraditório, nas liquidações individuais da sentença coletiva." (STJ, REsp 1458642/RJ, Rel. Ministro João Otávio de Noronha, Terceira Turma, DJe 04/09/2015)

◙ **Serviço de monitoramento e bloqueio de veículo automotor. Informação que induziu o consumidor a erro.** "AÇÃO DE RESPONSABILIDADE POR FATO DO SERVIÇO E DO PRODUTO. SERVIÇO DE BLOQUEIO E MONITORAMENTO DE VEÍCULO AUTOMOTOR. ROUBO. ACIONAMENTO DO SISTEMA DE BLOQUEIO. MONITORAMENTO VIA SATÉLITE. ALCANCE DO SERVIÇO CONTRATADO. CLÁUSULA CONTRATUAL. AMBIGUIDADE. INTERPRETAÇÃO FAVORÁVEL AO ADERENTE/CONSUMIDOR. ART. 423 DO CÓDIGO CIVIL E ARTS. 6º, INCISO III, E 54, § 4º, DO CDC. CLÁUSULAS CONTRATUAIS QUE DEVEM SER SEMANTICAMENTE CLARAS AO INTÉRPRETE. CONSUMIDOR. HIPOSSUFICIÊCIA INFORMACIONAL.(...) 7. Se o serviço de "monitoramento" oferecido pela recorrida limitar-se à manutenção do sistema – notadamente se inexistir a devida informação acerca do que consiste exatamente tal serviço ou da existência de outros mais abrangentes -, em boa verdade, tal situação tangencia a prática de publicidade enganosa, porque, a toda evidência, é informação "capaz de induzir em erro o consumidor a respeito da natureza, características, qualidade, quantidade, propriedades" do serviço (CDC, art. 37, § 1º). 8. No caso em exame, era absolutamente razoável que o consumidor esperasse que a contratação de serviço de monitoramento lhe desse alguma forma de rastreamento do veículo caso fosse roubado ou furtado. Porém, como ficou fartamente demonstrado nos autos – na verdade, a própria empresa recorrida assim reconhece -, somente o serviço de bloqueio foi oferecido pela contratante, não tendo sido acionado o monitoramento do veículo roubado – pelo menos não com o significado contido nas legítimas expectativas nutridas pelo consumidor. Responsabilidade civil do fornecedor reconhecida, pois configurado o ato ilícito, consistente na prestação de serviço defeituoso, e os danos experimentados pelo consumidor (art. 14 do CDC). 9. Recurso especial provido." (STJ, REsp 1262132/SP, Rel. Ministro Luis Felipe Salomão, Quarta Turma, DJe 03/02/2015)

◙ **Não configuração de publicidade enganosa se houve conhecimento prévio das cláusulas contratuais.** "Publicidade enganosa ou abusiva é induzimento de terceiros a erro para realizar algum negócio jurídico. Como infração penal, é fim em si mesma. Assim, não resta configurada quando se destina a atrair pessoas para aderir a consórcio. Este é o contrato formal. A pessoa atraída, antes de firmar a avença, tem conhecimento das respectivas cláusulas. Em sendo estas legais, nenhum ilícito se caracteriza." (STJ, HC nº 2.553-9 MG, Rel. Min. Luiz Vicente Cernicchiaro, 6ª T., J. 29.8.1994)

◙ **Mudança de nome do curso para atender determinações do Ministério do Trabalho não constitui publicidade enganosa.** "APELAÇÃO – AÇÃO DE INDENIZAÇÃO – DANOS MATERIAIS E MORAIS – MUDANÇA DE NOME DE CURSO – PROPAGANDA ENGANOSA – INEXISTÊNCIA – REQUISITOS ENSEJADORES DO DEVER DE INDENIZAR – NEXO DE CAUSALIDADE – NÃO COMPROVADO – PEDIDO JULGADO IMPROCEDENTE – RECURSO IMPROVIDO. A mera mudança da nomenclatura do curso, para atender determinações do Ministério do Trabalho e sem qualquer frustração dos interesses das estudantes, não configura propaganda enganosa, mormente quando elas não comprovam a contento que o curso oferecido é diverso daquele contratado, inclusive sendo expedido o diploma pretendido inicialmente. Inexiste dever de reparação civil se não comprovados os requisitos ensejadores desta, especificamente neste caso, o nexo de causalidade entre a demora na expedição do diploma e o não exercício da profissão pelas autoras durante este período". (TJMG, nº1.0024.06.997842-7/001(1) Rel. Marcelo Rodrigues, DJU 14.03.2007, J.24.3.2007).

◙ **Consumidor que adquiriu produto antes da veiculação da propaganda enganosa.** "APELAÇÃO CÍVEL. AÇÃO DE RESCISÃO CONTRATUAL COM PEDIDO DE RESTITUIÇÃO DE QUANTIA PAGA. TÍTULO DE CAPITALIZAÇÃO. PROPAGANDA ENGANOSA. NÃO-COMPROVAÇÃO. PROPAGANDA VEICULADA APÓS AQUISIÇÃO DO TÍTULO. Não há falar em propaganda enganosa se o adquirente do título de capitalização comprou o referido título quase dois anos antes da veiculação na mídia de propaganda dita enganosa". (TJMG, nº 1.0145.05.215782-6/001 – Rel. Luciano Pinto Data do acórdão: 26/10/2006, J. 2.11.2006).

◼ **Não há propaganda enganosa se a mensagem transmitida não se evidencia capaz de induzir em erro.** "Não há propaganda enganosa se a mensagem transmitida não se evidencia capaz de induzir em erro seus destinatários. Preliminar acolhida e apelo não provido". (TJMG, nº 1.0024.04.445747-1/001 Rel. Evangelina Castilho Duarte, DJU 18.7.2006, J. 29.8.2006).

◼ **Publicidade enganosa da possibilidade de hospedagem em rede de hotéis durante vários dias por ano.** "AÇÃO CIVIL PÚBLICA – MINISTÉRIO PÚBLICO – LEGITIMIDADE – DIREITO DIFUSO – PROPAGANDA ENGANOSA -VIAGENS PARA QUALQUER LUGAR DO PAÍS – DANO MORAL COLETIVO. A propaganda enganosa, consistente na falsa promessa a consumidores, de que teriam direito de se hospedar em rede de hotéis durante vários dias por ano, sem nada pagar, mediante a única aquisição de título da empresa, legitima o Ministério Público a propor a ação civil pública, na defesa coletiva de direito difuso, para que a ré seja condenada, em caráter pedagógico, a indenizar pelo dano moral coletivo, valor a ser recolhido ao Fundo de Defesa de Direitos Difusos, nos termos do art. 13 da Lei nº 7.347/85". (TJMG, nº 1.0702.02.029297-6/001 Rel. Guilherme Luciano Baeta Nunes. DJU 23.06.2006, 1.8.2006).

◼ **Informação insuficiente para esclarecimento do consumidor caracteriza propaganda enganosa.** "AÇÃO CIVIL COLETIVA – PROPAGANDA ENGANOSA – INFRIGÊNCIA AO CÓDIGO DE DEFESA DO CONSUMIDOR – INDENIZAÇÃO – VALOR RAZOÁVEL. Há que se reconhecer a existência de propaganda enganosa se as informações constantes do anúncio da empresa são insuficientes para o esclarecimento do consumidor. A indenização deve ser fixada em valor razoável e compatível com a extensão dos danos". (TJMG, nº 1.0079.01.011207-0/001 Rel. Fernando Caldeira Brant, Data do acordão: 07.06.2006 Data da publicação 28.7.2006)

◼ **Anúncio publicitário omisso quanto ao real valor de mensalidade de curso superior.** "APELAÇÃO – INDENIZAÇÃO POR DANOS MORAIS – PROPAGANDA ENGANOSA – DEVER DE INDENIZAR – SUCUMBÊNCIA RECÍPROCA – INOCORRÊNCIA. Anúncio publicitário omisso quanto a informação relevante, qual seja, o real valor da mensalidade de curso em instituição de ensino superior. Cláusula restritiva do valor anunciado redigida em caracteres pequenos, omissa em esclarecer que se tratava de ""desconto pontualidade"". Propaganda capaz de induzir a erro. Frustração de expectativas da consumidora. Dever de indenizar. (TJMG, nº 1.0145.05.220725-8/001 Rel. Viçoso Rodrigues, Data da publicação 31.5.2006)

◼ **Não caracterização de publicidade enganosa de sistema de alarme anti-furto. Entendimento de homem médio.** "PROPAGANDA ENGANOSA – NÃO CARACTERIZAÇÃO – ENTENDIMENTO DE HOMEM MÉDIO – ASSISTÊNCIA JUDICIÁRIA – IMPUGNAÇÃO – ÔNUS DO AUTOR – VOTO VENCIDO. – Não se caracteriza como enganosa a propaganda de divulgação de sistema veicular anti-furto, por ser admissível o entendimento pelo homem médio de que tais dispositivos não representam eficácia absoluta contra furto." (TJMG, nº 2.0000.00.482216-8/000 Rel Alberto Aluízio Pacheco De Andrade, Data do acórdão 7.2.2006 Data da publicação 18.3.2006)

◼ **Informações que induziram o estudante a acreditar que concluiria o curso de psicologia em quatro anos.** "Ação de indenização – Danos morais e materiais – Publicidade enganosa – Dano moral configurado – Quantum indenizatório É proibida a utilização de propaganda enganosa pelo artigo 37, do Código de Defesa do Consumidor. O fato de prestar informação, levando o candidato a acreditar que concluiria o curso universitário em quatro anos, caracteriza propaganda enganosa por parte da Instituição de Ensino, se esta, ao final dos quatro anos, se nega a entregar o diploma, ao fundamento de que o curso exige cinco anos. O valor do dano moral deve ser arbitrado segundo os critérios da razoabilidade e da proporcionalidade, não podendo ser irrisório para a parte que vai pagar nem constituir fonte de enriquecimento sem causa para o autor". (TJMG, nº 1.0024.03.057363-8/001 Rel. Jarbas Ladeira, Data da publicação 2.12.2005).

◙ **Publicidade enganosa. Possiblidade de imposição de multas administrativas pelo Procon.** "PROCESSUAL CIVIL E ADMINISTRATIVO. CERCEAMENTO DE DEFESA. NECESSIDADE DE PRODUÇÃO DE PROVAS. DEVER DE INFORMAR. MULTA APLICADA PELO PROCON. VIOLAÇÃO DO ART. 31 DO CDC. MULTA. ART. 57 DO CDC. REVISÃO. IMPOSSIBILIDADE. SÚMULA 7/STJ. (...) 2. O consumidor tem, como direito básico, o de informação expressa e adequada sobre o produto ou o serviço que deseja adquirir ou contratar, sendo proibida a publicidade enganosa, capaz de induzir em erro o consumidor (arts. 31 e 37 do CDC). Precedentes do STJ." (STJ, AgInt no AREsp 838.346/SP, Rel. Ministro Humberto Martins, Segunda Turma, DJe 19/04/2016) ◙ **No mesmo sentido:** "ADMINISTRATIVO – AÇÃO ANULATÓRIA – Imposição de multas administrativas pelo procon. Legalidade. Proteção ao consumidor. Publicidade enganosa. Afronta ao dever de prestar informações sobre produto. Observância do devido processo legal. 1. A oferta e a apresentação de produtos e serviços devem assegurar informações corretas, claras, precisas, ostensivas e em língua portuguesa sobre suas características, qualidade, quantidade, composição, preço, garantia, prazos de validade e origem, entre outros dados, bem como sobre os riscos que apresentam à saúde e segurança dos consumidores. Inteligência do art. 31 do CDC. 2. A necessidade do fornecedor de fomentar o consumo de seus produtos e serviços não se compagina com o induzimento do consumidor a erro quanto a dado relevante do produto, tendo em vista que a publicidade cria expectativas legítimas no consumidor, que contam com a proteção da Lei. Inteligência do art. 37 do CDC. 3. Deve ser mantida a imposição de multas administrativas com a observância do devido processo legal e em atenção aos critérios da razoabilidade e proporcionalidade da medida, assegurados ao infrator o exercício do contraditório e da ampla defesa. 4. Apelo conhecido e improvido". (TJDF, APC 20020110903028 – 1ª T.Cív. – Rel. Des. Natanael Caetano, DJU 23.8.2005)

◙ **Indução do consumidor de que estava adquirindo um veículo e não título de capitalização. Publicidade enganosa** "(...)3. Estando o contrato repleto de disposições que fazem crer que, na realidade, se está adquirindo um veículo, e não título de capitalização, sendo que, o conteúdo do contrato e o material publicitário também sinalizam naquele sentido, assim há de prevalecer em homenagem ao princípio da veracidade da publicidade consagrado no art. 37, § 1º do CDC. 4. Como se vê a sentença monocrática imerece qualquer reparo, pois verifica-se que o "carnê de pagamento" traz estampado em sua capa o título "super fácil – Carro – Pise fundo em direção ao seu carro", o que robustece a convicção da apelada de que o contrato entabulado oferecia uma forma de aquisição de veículo.". (TJDF, ACJ 20040110395107 - 1ª T.R.J.E. - Rel. Des. Nilsoni de Freitas Custodio, DJU 24.8.2005)

§ 2° É abusiva, dentre outras a publicidade discriminatória de qualquer natureza, a que incite à violência, explore o medo ou a superstição, se aproveite da deficiência de julgamento e experiência da criança, desrespeita valores ambientais, ou que seja capaz de induzir o consumidor a se comportar de forma prejudicial ou perigosa à sua saúde ou segurança.

► **Enumeração exemplificativa.** A publicidade abusiva, por sua vez, é aquela que fere a vulnerabilidade do consumidor, podendo ser até mesmo verdadeira, mas que, pelos seus elementos ou circunstâncias, ofendem valores básicos de toda a sociedade. O § 2o do artigo elenca, de modo exemplificativo, uma série de publicidades abusivas, como a que apresenta alguma forma de discriminação, que incita à violência, que explora o medo ou a superstição, a antiambiental, a indutora de insegurança, a que se aproveita da hipossuficiência da criança etc. ► **Nesse sentido:** "Assim como a publicidade enganosa, a publicidade abusiva também possui um rol exemplificativo disciplinado pelo referido artigo, por expressamente permitir a interpretação "dentre outras" formas abusivas existente, o que nos dá, grande amplitude acerca de sua definição de publicidade abusiva." (AMATRUDO, Rosangela. Publicidade Abusiva. *Revista de Direito do Consumidor*. São Paulo: RT, Vol.52, Ano 2004, p. 163 - 221)

► **Publicidade abusiva destinada à crianças.** É comum verificarmos publicidades abusivas, principalmente envolvendo crianças. Assim, não são admissíveis anúncios que causem em crianças um sentimento de inferioridade, caso não adquiram ou não possam adquirir um produto ou serviço; que estimulem o menor a constranger seus responsáveis ou terceiros a comprar determinado produto ou serviço. Como exemplos, tivemos aquela famosa propaganda de tênis, que posteriormente foi tirada do ar, em que aparecia um garoto destruindo um tênis para ensinar às crianças como ganhar um tênis novo daquela marca que estava sendo veiculada. Nesse caso, a sugestão pela destruição dos tênis era dada por uma famosa apresentadora de programa infantil. Outra propaganda que foi considerada abusiva veiculava uma criança com uma "tesourinha" na mão dizendo: "eu tenho, você não tem".O que se busca é evitar o abuso frente à ingenuidade, inexperiência e o sentimento de lealdade das crianças.

◙ **Publicidade direcionada a crianças. Venda casada. Abusividade.** "PROCESSUAL CIVIL. DIREITO DO CONSUMIDOR. AÇÃO CIVIL PÚBLICA. PUBLICIDADE DE ALIMENTOS DIRIGIDA À CRIANÇA. ABUSIVIDADE. VENDA CASADA CARACTERIZADA. ARTS. 37, § 2º, E 39, I, DO CÓDIGO DE DEFESA DO CONSUMIDOR. 2. A hipótese dos autos caracteriza publicidade duplamente abusiva. Primeiro, por se tratar de anúncio ou promoção de venda de alimentos direcionada, direta ou indiretamente, às crianças. Segundo, pela evidente "venda casada", ilícita em negócio jurídico entre adultos e, com maior razão, em contexto de marketing que utiliza ou manipula o universo lúdico infantil (art. 39, I, do CDC). 3. In casu, está configurada a venda casada, uma vez que, para adquirir/comprar o relógio, seria necessário que o consumidor comprasse também 5 (cinco) produtos da linha "Gulosos". (STJ, REsp 1558086/SP, Segunda Turma, Rel. Min. Humberto Martins, DJe 15/04/2016).

► **A caracterização da publicidade abusiva não depende da intenção do fornecedor.** "A publicidade abusiva, independentemente de boas, ou más intenções, assim, será caracterizada pela norma, pelo simples fato de causar quaisquer danos aos valores não econômicos, isto é, lesões aos valores da sociedade sejam qual for à extensão ou intensidade destes danos causados à sociedade." (AMATRUDO, Rosangela. Publicidade Abusiva. *Revista de Direito do Consumidor*. São Paulo: RT, Vol.52, Ano 2004, p. 163 - 221)

► **Publicidade que discrimina o ser humano é abusiva.** "É abusiva a publicidade que discrimina o ser humano, sob qualquer ângulo ou pretexto". (BENJAMIN, Antônio Herman V.; MARQUES, Cláudia Lima; BESSA, Leonardo Roscoe. *Manual de Direito do Consumidor.* 7ª edição. São Paulo, Revista dos Tribunais, 2016, p. 298).

► **Publicidade exploradora do medo ou superstição do consumidor é abusiva.** "A publicidade que se utiliza do medo ou superstição para persuadir o consumidor a adquirir o produto ou serviço é abusiva. Para receber tal qualificação não se exige que a mensagem aterrorize, realmente, os consumidores. Basta que o anúncio faça uso desses recursos para que seja considerado ilegal". (BENJAMIN, Antônio Herman V.; MARQUES, Cláudia Lima; BESSA, Leonardo Roscoe. *Manual de Direito do Consumidor.* 7ª edição. São Paulo, Revista dos Tribunais, 2016, p. 298).

► **Sobre a abusividade do SPAM, verificar o art. 14 no tópico *responsabilidade envolvendo internet. SPAM.***

§ 3° Para os efeitos deste código, a publicidade é enganosa por omissão quando deixar de informar sobre dado essencial do produto ou serviço.

► **Informação omitida. Condão de influenciar a decisão do consumidor**. "A enganosidade por omissão varia conforme o caso, já que não se exige que o anúncio informe o consumidor sobre todas as qualidades e características do produto ou serviço. O fundamental aqui é que a parcela omitida tenha o condão de influenciar a decisão do consumidor." BENJAMIN, Antônio Herman *Código Brasileiro de Defesa do Consumidor comentado pelos autores do anteprojeto*. 6. ed. São Paulo: Forense Universitária, 1999. p. 293.

◙ **Propaganda enganosa por omissão. Fornecedor que omite preço e forma de pagamento. Informação somente obtida por meio de ligação tarifada.** "CONSUMIDOR. AÇÃO COLETIVA. PUBLICIDADE DE PRODUTOS EM CANAL DA TV FECHADA. OMISSÃO DE INFORMAÇÃO ESSENCIAL. PREÇO E FORMA DE PAGAMENTO OBTIDOS SOMENTE POR MEIO DE LIGAÇÃO TARIFADA. PUBLICIDADE EN-

GANOSA POR OMISSÃO. NÃO OBSERVÂNCIA DO DEVER POSITIVO DE INFORMAR. MULTA DIÁRIA FIXADA NA ORIGEM. AUSÊNCIA DE EXORBITÂNCIA. REDUÇÃO. IMPOSSIBILIDADE. DIVERGÊNCIA JURISPRUDENCIAL INCOGNOSCÍVEL. 1. Na origem, a Comissão de Defesa do Consumidor da Assembleia Legislativa do Estado do Rio de Janeiro propôs ação coletiva contra Polimport Comércio e Exportação Ltda. (Polishop), sob a alegação de que a ré expõe e comercializa seus produtos em um canal da TV fechada, valendo-se de publicidade enganosa por omitir o preço e a forma de pagamento, os quais somente podem ser obtidos mediante ligação telefônica tarifada e onerosa ao consumidor, independentemente de este adquirir ou não o produto. 2. O Juízo de primeiro grau julgou procedente o pedido para condenar a ré à obrigação de informar elementos básicos para que o consumidor, antes de fazer o contato telefônico, pudesse avaliar a possível compra do produto, com destaque para as características, a qualidade, a quantidade, as propriedades, a origem, o preço e as formas de pagamento, sob pena de multa diária por descumprimento. O Tribunal de origem, em sede de agravo interno, manteve a sentença. 3. O direito à informação, garantia fundamental da pessoa humana expressa no art. 5°, inciso XIV, da Constituição Federal, é gênero que tem como espécie o direito à informação previsto no Código de Defesa do Consumidor. 4. O Código de Defesa do Consumidor traz, entre os direitos básicos do consumidor, a "informação adequada e clara sobre os diferentes produtos e serviços, com especificação correta de quantidade, características, composição, qualidade e preço, bem como sobre os riscos que apresentam" (art. 6º, inciso III). 5. O Código de Defesa do Consumidor atenta-se para a publicidade, importante técnica pré-contratual de persuasão ao consumo, trazendo, como um dos direitos básicos do consumidor, a "proteção contra a publicidade enganosa e abusiva" (art. 6º, IV). 6. A publicidade é enganosa por comissão quando o fornecedor faz uma afirmação, parcial ou total, não verdadeira sobre o produto ou serviço, capaz de induzir o consumidor em erro (art. 37, § 1º). É enganosa por omissão a publicidade que deixa de informar dado essencial sobre o produto ou o serviço, também induzindo o consumidor em erro exatamente por não esclarecer elementos fundamentais (art. 37, § 3º). 7. O caso concreto é exemplo de publicidade enganosa por omissão, pois suprime algumas informações essenciais sobre o produto (preço e forma de pagamento), as quais somente serão conhecidas pelo consumidor mediante o ônus de uma ligação tarifada, mesmo que a compra não venha a ser concretizada (...)" (STJ, REsp 1428801/RJ, Rel. Min. Humberto Martins, 2ª T., DJe 13.11.2015).

■ **Dados essenciais do produto ou serviço adquirido foram omitidos, gerando confusão para qualquer consumidor médio, facilmente induzido a erro. "Tele Sena Dia das Mães".** "TELE SENA DIA DAS MÃES'. DIREITO DE INFORMAÇÃO CLARA E OBJETIVA. REGRAS DO SORTEIO. OMISSÃO. PROPAGANDA ENGANOSA. INTERPRETAÇÃO MAIS FAVORÁVEL AO CONSUMIDOR. ABUSIVIDADE. CLÁUSULA SURPRESA. DIREITO DE INFORMAÇÃO. FASE PRÉ-CONTRATUAL. INCIDÊNCIA. 1. Cuida-se de ação de cobrança proposta por consumidora contra empresa sob alegação de ter sido vítima de propaganda enganosa em relação a sorteio de título de capitalização denominado 'Tele Sena Dia das Mães 1999'. 2. Enganosa é a mensagem falsa ou que tenha aptidão a induzir a erro o consumidor, que não conseguiria distinguir natureza, características, quantidade, qualidade, preço, origem e dados do produto ou serviço contratado. 3. No caso concreto, extrai-se dos autos que dados essenciais do produto ou serviço adquirido foram omitidos, gerando confusão para qualquer consumidor médio, facilmente induzido a erro (...)" (STJ, REsp 1344967/SP, Rel. Ministro Ricardo Villas Bôas Cueva, Terceira Turma, DJe 15/09/2014).

◙ **Defeito de impressão em tampinhas premiáveis não informadas aos consumidores. Publicidade enganosa por omissão.** . "Ausência de informação. Publicidade enganosa por omissão. Aquisição de refrigerantes com tampinhas premiáveis. Defeitos de impressão. Informação não divulgada. Aplicação do Código de Defesa do Consumidor. Responsabilidade solidária por publicidade enganosa. – Há relação de consumo entre o adquirente de refrigerante cujas tampinhas contém impressões gráficas que dão direito a concorrer a prêmios e o fornecedor do produto. A ausência de informação sobre a existência de tampinhas com defeito na impressão, capaz de retirar o direito ao prêmio, configura-se como publicidade enganosa por omissão, regida pelo Código de Defesa do Consumidor. É solidária a responsabilidade entre aqueles que veiculam publicidade enganosa e os que dela se aproveitam, na comercialização de seu produto." (STJ, REsp 327257/SP, Rel. Min. Nancy Andrighi, 3ª T, DJU 16.11.2004)

◙ **Não há enganosidade por omissão se o fornecedor, mesmo omitindo o preço dos produtos no encarte publicitário e garantindo o menor preço, garante ao consumidor o acesso aos preços praticados pelos concorrentes, de modo que aquele faça uma escolha consciente.** "PROCESSUAL CIVIL E CONSUMIDOR. PANFLETOS PUBLICITÁRIOS PROPAGANDA ENGANOSA POR OMISSÃO. NÃO CONFIGURADA. RECURSO ESPECIAL PROVIDO 1. No presente caso, trata-se da legalidade de multa imposta ao Makro Atacadista S/A em razão de publicidade enganosa por não ter veiculado em seus encartes promocionais distribuídos aos consumidores o preço nos produtos. 2. A propaganda comercial, consubstanciada em panfletos comerciais, para que atenda aos preceitos encartados no CDC, deve levar ao conhecimento do consumidor – a título de informação essencial do produto ofertado – o preço, podendo esse englobar custo, formas e condições de pagamento do produto ou serviço. 3. O artigo 30 do CDC confere à oferta – tida como espécie de publicidade apta a veicular uma forma de informação – caráter vinculante e, como tal, disposta a criar vínculo entre fornecedor e consumidor, surgindo uma obrigação pré-venda, no qual deve o fornecedor se comprometer a cumprir o que foi ofertado. 4. No caso do encarte publicitário in comento, verifica-se duas formas distintas de publicidade. Uma delas – que ora se examina – denominada de 'uma super oferta de apenas um dia', apesar de não expor expressamente o preço numérico da promoção, afirmou o compromisso de garantir o menor preço nos produtos ali mencionados, sendo esses apurados com base em pesquisa realizada em concorrentes. 5. A veiculação de informação no sentido de que o valor a ser praticado seria menor do que o da concorrência, somado à fixação na entrada do estabelecimento de ampla pesquisa de preço, são elementos aptos a fornecer ao consumidor as informações das quais ele necessita a despeito do numerário a ser utilizado para adquirir a mercadoria, podendo, a partir de então, fazer uma opção livre e consciente quanto à aquisição dos produtos. 6. O encarte em tela, apesar de não especificar o preço, não é capaz de se consubstanciar em propaganda enganosa, pois traz outra informação, igualmente prevista no norma, que o substitui, qual seja, forma de aquisição do produto pelo menor custo. 7. Recurso especial provido" (STJ, REsp 1370708/RN, Rel. Ministro Mauro Campbell Marques, Segunda Turma, DJe 01/07/2015).

◙ **Plano de celular não informando as condições restritivas. Publicidade enganosa por omissão.** "CELULAR - PROMOÇÃO NATAL CLARO FALE DE GRAÇA - PROPAGANDA ENGANOSA - DANOS MORAIS - MONTANTE ARBITRADO - Não constando da oferta que as ligações gratuitas teriam limitação de 30 minutos para aparelhos com tecnologia GSM e de 60 minutos com tecnologia TDMA, revela-se enganosa a publicidade veiculada, eis que, por omissão, induz em erro o consumidor." (TJRS, Proc. 71000652321 - 3ª T.R.Cív. - Relª Desª Maria José Schmitt Santanna, J. 8.3.2005

◙ **Residencial anunciado como hotel. Omitida informação de que faltava autorização do Município. Publicidade enganosa por omissão.** "DIREITO DO CONSUMIDOR. PUBLICIDADE ENGANOSA. EMPREENDIMENTO DIVULGADO E COMERCIALIZADO COMO HOTEL. MERO RESIDENCIAL COM SERVIÇOS. INTERDIÇÃO PELA MUNICIPALIDADE. OCULTAÇÃO DELIBERADA DE INFORMAÇÃO PELO FORNECEDOR. ANULAÇÃO DO NEGÓCIO JURÍDICO. INDENIZAÇÃO POR LUCROS CESSANTES E POR DANOS MORAIS DEVIDA. (...) No caso concreto, desponta estreme de dúvida que o principal atrativo do projeto foi a sua divulgação como um empreendimento hoteleiro – o que se dessume à toda vista da proeminente reputação que a Rede Meliá ostenta nesse ramo -, bem como foi omitida a falta de autorização do Município para que funcionasse empresa dessa envergadura na área, o que, à toda evidência, constitui publicidade enganosa, nos termos do art. 37, caput e § 3º, do CDC, rendendo ensejo ao desfazimento do negócio jurídico, à restituição dos valores pagos, bem como à percepção de indenização por lucros cessantes e por dano moral" (STJ, REsp 1188442/RJ, Rel. Ministro Luis Felipe Salomão, Quarta Turma, DJe 05/02/2013).

◙ **Hospedagem de passageiro em hotel em reformas. Falta de aviso acerca das condições do estabelecimento.** "DANO MORAL – Responsabilidade civil – Contrato – Turismo – Prestação de serviços – Venda de pacote turístico – Hospedagem de passageiro em hotel em reformas – Fato não comunicado aos autores – Propaganda enganosa configurada – Aplicação do disposto no art. 37, do CDC – Traslado para o aeroporto efeitvando 10 horas após a desoupação dos quartos – Conduta abusiva e ilegais – Indenização devida sendo desnecessária a prova do dano moral – Indenizatória procedente – Recurso provido para esse fim". (1º TACSP, Ap 0880007-9 - (59819) - Santos - 11ª C. - Rel. Juiz Vasconcellos Boselli, J. 9.3.2005)

§ 4° (Vetado).

Art. 38. O ônus da prova da veracidade e correção da informação ou comunicação publicitária cabe a quem as patrocina.

► **O CDC distribui o ônus da veracidade da publicidade ao fornecedor**. Ao contrário do art. 6°, VIII, a inversão do ônus da prova em relação à publicidade não está no poder discricionário do juiz. O Código, de forma expressa, incube esse dever ao patrocinador do anúncio. Nesse caso, a inversão é obrigatória, sendo desnecessária declaração judicial. ► **Nesse sentido:** "O CDC (art. 38) adotou o sistema de que o ônus da prova de que a propaganda não é falsa ou incorreta incumbe a quem a veicula e, não, aos destinatários finais, o que representa notável avanço e, ainda mais, estabelece facilitação da defesa em juízo dos interesses dos consumidores vitimados pela mensagem publicitária enganosa". (CARVALHO, Antônio Carlos Alencar. A disciplina civil da publicidade no Código de Defesa do Consumidor. *Revista da Fundação Escola Superior do Ministério Público do Distrito Federal e Territórios*, ano 7, nD 13, p. 26) ◙ **No mesmo sentido de que o ônus da prova da veracidade e correção da publicidade cabe a quem a patrocina.** " (...) Por expressa previsão legal, cabe a quem patrocina a informação ou comunicação publicitária a prova da veracidade e correção (ausência de abusividade) das informações veiculadas. 9. Assim, o artigo 38 do Código de Defesa do Consumidor reforça a ideia de que a publicidade enganosa é ato ilícito e ao mesmo tempo elemento contratual, não podendo o fornecedor do produto ou serviço se beneficiar de sua omissão. Nesse sentido: REsp 1.365.609/SP, Rel. Ministro Luis Felipe Salomão, Quarta Turma, julgado em 28/4/2015, DJe 25/5/2015; REsp 1.317.338/MG, Rel. Ministro Mauro Campbell Marques, Segunda Turma, DJe 1/4/2013 (...)" (STJ, AgRg no REsp 1528428/MG, Rel. Ministro Herman Benjamin, Segunda Turma, DJe 18/05/2016). ◙ **No mesmo sentido de que o ônus decorre da lei e independe de discricionariedade do juiz.** "Desnecessidade de decisão do juiz para atribuí-lo ao patrocinador. O ônus da prova da veracidade e correção da informação publicitária decorre da lei (CDC 38) e cabe a quem a patrocina. Sua atribuição não depende da discricionariedade do juiz." (TJSP, Ap. 255461-2/6, Rel. Des. Aldo Magalhães, 9ª Câm. Civ., DJU 6.4.1995)

◙ **A empresa jornalística que apenas veicula a publicidade não pode ser responsabilizada pela veracidade das respectivas informações.** "CIVIL. RECURSO ESPECIAL. AÇÃO DE REPARAÇÃO POR DANOS MATERIAIS. PUBLICAÇÃO DE ANÚNCIO EM CLASSIFICADOS DE JORNAL. OCORRÊNCIA DE CRIME DE ESTELIONATO PELO ANUNCIANTE. INCIDÊNCIA DO CDC. RESPONSABILIDADE DO JORNAL. 1. O recorrido ajuizou ação de reparação por danos materiais, em face da recorrente (empresa jornalística), pois foi vítima de crime de estelionato praticado por meio de anúncio em classificados de jornal. 2. Nos contratos de compra e venda firmados entre consumidores e anunciantes em jornal, as empresas jornalísticas não se enquadram no conceito de fornecedor, nos termos do art. 3º do CDC. 3. A responsabilidade pelo dano decorrente do crime de estelionato não pode ser imputada à empresa jornalística, visto que essa não participou da elaboração do anúncio, tampouco do contrato de compra e venda do veículo. 4. O dano sofrido pelo consumidor deu-se em razão do pagamento por um veículo que não foi entregue pelo anunciante, e não pela compra de um exemplar do jornal. Ou seja: o produto oferecido no anúncio (veículo) não tem relação com o produto oferecido pela recorrente (publicação de anúncios). 5. Assim, a empresa jornalística não pode ser responsabilizada pelos produtos ou serviços oferecidos pelos seus anunciantes, sobretudo quando dos anúncios publicados não se infere qualquer ilicitude. 6. Dessarte, inexiste nexo causal entre a conduta da empresa e o dano sofrido pela vítima do estelionato. 7. Recurso especial conhecido e provido (...)" (STJ, REsp 1046241/SC, Rel. Min. Nancy Andrighi, 3ª T., DJe 19.8.2010). ◙

No mesmo sentido: "AÇÃO CIVIL PÚBLICA - CONSUMIDOR - VEÍCULOS DE COMUNICAÇÃO - EVENTUAL PROPAGANDA OU ANÚNCIO ENGANOSO OU ABUSIVO - AUSÊNCIA DE RESPONSABILIDADE - CDC, ART. 38 - FUNDAMENTOS CONSTITUCIONAIS. (...) III - As empresas de comunicação não respondem por publicidade de propostas abusivas ou enganosas. Tal responsabilidade toca aos fornecedores-anunciantes, que a patrocinaram (CDC, Arts. 3º e 38). IV - O CDC, quando trata de publicidade, impõe deveres ao anunciante - não às empresas de comunicação (Art. 3º, CDC). V - Fundamentação apoiada em dispositivo ou princípio constitucional é imune a recurso especial" (STJ, REsp 604.172/SP, Rel. Min. Humberto Gomes de Barros, 3ª T., DJ 21.5.2007).

▣ **Ônus da prova sobre dúvidas acerca de inscrição em tampinhas em publicidade.** "Premiação. Dúvida. Tampa de vasilhame. Ônus da prova. Aplicação do CDC. O CDC abrange a publicidade empregada com a finalidade de aumento de vendas por meio de sorteio de prêmios. A resolução da dúvida acerca da inscrição em tampinhas é ônus do responsável pela promoção publicitária." (STJ, REsp 302174/RJ, Rel. Min. Antônio de Pádua Ribeiro, DJU 20.9.2001)

▣ **Cabe ao fornecedor demonstrar que o consumidor foi previamente informado a respeito das condições de utilização do cartão e sua finalidade.** "CARTÃO DE CRÉDITO MEGABÔNUS - ÔNUS DA PROVA DA INFORMAÇÃO CABE A QUEM PATROCINA - Legitimidade passiva da "bandeira", que integra a cadeia de fornecimento. Jurisprudência do STJ. Autora creditou importância considerável no cartão Megabônus supondo que poderia realizar saques e pagamentos de contas. Tendo frustrado suas expectativas, não conseguiu que lhe devolvessem a quantia. Tratando-se de relação de consumo, cabia ao fornecedor demonstrar que o consumidor foi previamente informado a respeito das condições de utilização do cartão e sua finalidade. O ônus da prova da veracidade e correção da informação ou comunicação publicitária cabe a quem patrocina. Réus que não cumpriram com o ônus probatório que lhes incumbia. Caracterizada, assim, a falha na prestação do serviço. Dano moral e obrigação de restituir o valor que só foi depositado porquanto a consumidora foi induzida a erro. Negado provimento aos recursos." (TJ-RJ - APL: 87305020088190087 RJ Relator: DES. Edson Vasconcelos, Decima Setima Camara Civel, Data de Publicação: 05/03/2012)

▣ **Oferta supostamente vantajosa de serviço de telefonia. Esclarecimento somente na execução contratual.** "APELAÇÃO CÍVEL. DIREITO PRIVADO NÃO ESPECIFICADO. BRASIL TELECOM. FALHA NA PRESTAÇÃO DO SERVIÇO. COBRANÇA INDEVIDA. DANO MORAL CONFIGURADO. VALOR. 1. Caso em que a parte autora veio a ser atraída por oferta supostamente vantajosa, visando sua adesão ao serviço de telefonia da Companhia. Evidente deficiência de informações sobre o alcance do benefício oferecido, que, só na execução contratual, veio a ser esclarecido sobre sua real amplitude. O ônus da prova da veracidade e correção da informação cabe a quem as patrocina - art. 38, do CDC. Abuso de direito flagrado, a exigir devolução dos valores cobrados de forma excedente, declaração de inexistência do débito e cancelamento da inscrição em órgãos de restrição ao crédito. Hipótese que ultrapassa o mero dissabor, sendo mesmo de se presumir o dano moral.." (TJ-RS - AC: 70052159613 RS, Relator:

José Aquino Flôres de Camargo, Décima Segunda Câmara Cível, Data de Publicação: Diário da Justiça do dia 18/03/2013)

SEÇÃO IV
Das Práticas Abusivas

Art. 39. É vedado ao fornecedor de produtos ou serviços, dentre outras práticas abusivas:

► **Sobre a abusividade nas cláusulas contratuais, ver art.51.**

► **Sobre práticas abusivas nos serviços públicos, ver art.22.**

► **Enumeração exemplificativa das práticas abusivas.** No artigo estão enumeradas, de forma meramente exemplificativa (*numerus apertus*), as práticas consideradas abusivas e que devem ser repelidas quando constatadas. ► **No mesmo sentido:** "A referência e a proibição das práticas abusivas no CDC têm caráter exemplificativo, admitindo, além do que expressamente foi previsto pela legislação (em especial, o rol do artigo 39), o reconhecimento de diversos comportamentos que por sua natureza, ou pelo fato de se darem no curso de uma relação de consumo, caracterizam-se como violadores da boa-fé e da confiança dos consumidores. A natureza da abusividade da conduta dos fornecedores, neste particular, observa-se tanto pelo exercício de uma posição dominante na relação jurídica (Machtposizion), quanto pela contrariedade da conduta em exame aos preceitos de proteção da confiança e à boa-fé." (MIRAGEM, Bruno. *Curso de Direito do Consumidor*. 7ª ed. São Paulo: RT, 2018, p. 227). ◙ **No mesmo sentido:** "O Código de Defesa do Consumidor traz rol meramente exemplificativo de práticas abusivas (art. 39), cabendo ao juiz identificar, no caso concreto, hipóteses de violação dos princípios que orientam o microssistema" (STJ, REsp 1539165/MG, Rel. Ministro Humberto Martins, Segunda Turma, DJe 16/11/2016).

► **Práticas abusivas. Conceito fluido e flexível.** "Prática abusiva (latu sensu) é a desconformidade com os padrões mercadológicos de boa conduta em relação ao consumidor. São práticas as mais variadas e que, no direito norte americano, vêm reputadas como *unfair* . Como práticas (atividade), comportam-se como gênero do qual as cláusulas e a publicidade abusivas são espécie. Um conceito fluido e flexível. Por isso mesmo, o legislador e os próprios juizes têm tido mais facilidade em lidar com o conceito de enganosidade do que com abusividade". (BENJAMIM, Antônio Hermam V.; MARQUES, Cláudia Lima; BESSA, Leonardo Roscoe. *Manual de Direito do Consumidor*. São Paulo: Revista dos Tribunais. 2008. p. 217).

◙ **Prática abusiva contraria as regras de boa e leal conduta com os consumidores.** "Prática abusiva (lato sensu) é aquela que contraria as regras mercadológicas de boa e leal conduta com os consumidores, sendo, de rigor, sua prevenção, reparação e repressão." (STJ, REsp 1539165/MG, Rel. Ministro Humberto Martins, Segunda Turma, DJe 16/11/2016).

▣ **Descredenciamento de clínica médica no curso de tratamento oncológico sem que se ofereça ao paciente a continuidade do tratamento em estabelecimento equivalente. Prática abusiva configurada.** "DIREITO DO CONSUMIDOR. PLANO DE SAÚDE. DESCREDENCIAMENTO DE CLÍNICA MÉDICA NO CURSO DE TRATAMENTO QUIMIOTERÁPICO, SEM SUBSTITUIÇÃO POR ESTABELECIMENTO DE SAÚDE EQUIVALENTE. IMPOSSIBILIDADE. PRÁTICA ABUSIVA. ART. 17 DA LEI 9.656/98. 1. O caput do art. 17 da Lei 9.656/98 garante aos consumidores de planos de saúde a manutenção da rede de profissionais, hospitais e laboratórios credenciados ou referenciados pela operadora ao longo da vigência dos contratos. 2. Nas hipóteses de descredenciamento de clínica, hospital ou profissional anteriormente autorizados, as operadoras de plano de saúde são obrigadas a manter uma rede de estabelecimentos conveniados compatível com os serviços contratados e apta a oferecer tratamento equivalente àquele encontrado no estabelecimento de saúde que foi descredenciado. Art. 17, § 1º, da Lei 9.656/98. 3. O descredenciamento de estabelecimento de saúde efetuado sem a observância dos requisitos legalmente previstos configura prática abusiva e atenta contra o princípio da boa-fé objetiva que deve guiar a elaboração e a execução de todos os contratos. O consumidor não é obrigado a tolerar a diminuição da qualidade dos serviços contratados e não deve ver frustrada sua legítima expectativa de poder contar, em caso de necessidade, com os serviços colocados à sua disposição no momento da celebração do contrato de assistência médica" (STJ, REsp 1119044, 3ª T., DJ 4.3.2011).

▣ **Serviços bancários. Licitude da cobrança por saque excedente.** "RECURSO ESPECIAL. SERVIÇO BANCÁRIO DE SAQUE EXCEDENTE. 1. COBRANÇA DE TARIFA SOBRE O EXCESSO DE SAQUE EFETUADO PELO CORRENTISTA NO MÊS, COM ESTEIO NA RESOLUÇÃO DO BANCO CENTRAL DO BRASIL, POR DELIBERAÇÃO DO CONSELHO MONETÁRIO NACIONAL. LICITUDE. 2. AFRONTA À LEGISLAÇÃO CONSUMERISTA. NÃO OCORRÊNCIA. ESPECIALIDADE DA LEI DE REGÊNCIA. OBSERVÂNCIA. 3. REMUNERAÇÃO POR SERVIÇO EFETIVAMENTE PRESTADO, QUE NÃO SE CONFUNDE COM A EVENTUAL CONTRAPRESTAÇÃO DO CONTRATO DE DEPÓSITO. RECONHECIMENTO. VULNERAÇÃO DA NATUREZA DO CONTRATO DE DEPÓSITO. NÃO OCORRÊNCIA. 4. RECURSO ESPECIAL IMPROVIDO. 1. A Lei n. 4.595/1964, recepcionada pela Constituição Federal de 1988 com status de lei complementar e regente do Sistema Financeiro Nacional, atribui ao Conselho Monetário Nacional competência exclusiva para disciplinar as operações creditícias em todas as suas formas, bem como limitar, sempre que necessário, as taxas de juros, descontos, comissões e qualquer outra forma de remuneração de operações e serviços bancários ou financeiros, inclusive, os prestados pelo Banco Central da República do Brasil. 1.1 O Conselho Monetário Nacional, no estrito exercício de sua competência de regulamentar a remuneração dos serviços bancários, atribuída pela Lei n. 4.595/1964, regente do Sistema Financeiro Nacional, permitiu a cobrança de tarifas sobre o excesso de saques efetuados no mês pelo correntista, do que ressai sua licitude. 1.2 Sob a vigência da Resolução n. 2.303/1996 do Banco Central do Brasil, permitia-se às instituições financeiras a cobrança pela prestação de quaisquer tipos de serviços, com exceção daqueles que a norma qualificava como básicos, em cujo rol taxativo não constava o serviço de saque sob comento, exigindo-se, para tanto, a prévia e efetiva contratação e prestação do serviço bancário. Sem descurar da essencialidade do serviço de saque em relação ao contrato de conta-corrente, a partir da entrada em vigor da Resolução n. 3.518/2007 do Banco Central do Brasil, o Conselho Monetário Nacional passou a, expressamente, definir os serviços bancários que poderiam ser objeto de remuneração, no que se inseriu o de saques excedentes em terminal eletrônico, assim considerados pela norma como aqueles superiores a quatro no mesmo mês. Esta normatização, é certo, restou reproduzida pela Resolução n. 3.919 de 2010, atualmente em vigor. 2. Não se trata de simplesmente conferir prevalência a uma resolução do Banco Central, em detrimento da lei infraconstitucional (no caso, o Código de Defesa do Consumidor), mas, sim, de bem observar o exato campo de atuação dos atos normativos (em sentido amplo) sob comento, havendo, entre eles, no específico caso dos autos, coexistência harmônica. 2.1. É, pois, indiscutível a aplicação da lei consumerista às relações jurídicas estabelecidas entre instituições financeiras e seus clientes. É inquestionável, de igual modo, a especialidade da Lei n. 4.595/1964 (com status de lei complementar), reguladora do Sistema Financeiro Nacional, que, como visto, atribuiu ao Conselho Monetário Nacional a competência para regular a remuneração dos serviços bancários. 2.2. Não se exclui do crivo do Poder Judiciário a análise, casuística, de eventual onerosidade excessiva ou de outros desvirtuamentos na formação do ajuste acerca da remuneração dos serviços bancários, como o inadimplemento dos deveres de informação e de transparência, do que não se cuida na hipótese ora vertente. Todavia, o propósito de obter, no bojo de ação civil pública, o reconhecimento judicial da ilicitude, em tese, da cobrança de tarifa pelo serviço de saque excedente, devidamente autorizada pelo órgão competente para tanto, evidencia, em si, a improcedência da pretensão posta. 3. Por meio do contrato de conta-corrente de depósito à vista, a instituição financeira contratada mantém e conserva o dinheiro do correntista contratante, disponibilizando-o para transações diárias, por meio de serviços bancários como o são os saques, os débitos, os pagamentos agendados, os depósitos, a emissão de talionários de cheques, etc. 3.1 O saque — que pressupõe a implementação e a manutenção de uma ampla rede de terminais de autoatendimento, com emprego de tecnologia, de estrutura física e de contínuo desenvolvimento de mecanismos de segurança — consubstancia, sim, serviço bancário posto à disposição do correntista, conforme, aliás, expressa disposição da Resolução expedida pelo Banco Central do Brasil, por deliberação do CMN, passível de cobrança de tarifa a partir da realização do quinto saque mensal, momento em que, por presunção legal, perde o viés de essencialidade ao contrato de depósito. 3.2 A cobrança da tarifa sobre saques excedentes não está destinada a remunerar o depositário pelo depósito em si, mas sim a retribuir o depositário pela efetiva prestação de um específico serviço bancário não essencial. 3.3 Por conseguinte, a tese de desequilíbrio contratual revela-se de toda insubsistente, seja porque a cobrança da tarifa corresponde à remuneração de um serviço bancário efetivamente prestado pela instituição financeira, seja porque a suposta utilização, pelo banco, dos recursos depositados em conta-corrente, se existente, decorre da própria fungibilidade do objeto do depósito (pecúnia), não havendo prejuízo ao correntista que, a qualquer tempo, pode reaver integralmente a sua quantia depositada. 4. Recurso especial improvido" (STJ, REsp 1348154/DF, Rel. Ministro Marco Aurélio Bellizze, Terceira Turma, DJe 19/12/2016).

◙ **Retenção integral do salário do correntista para pagamento de débito. Prática abusiva.** "Conforme já decidido por esta Turma, ainda que expressamente ajustada, a retenção integral do salário de correntista com o propósito de honrar débito deste com a instituição bancária enseja a reparação moral. (REsp 1021578/SP)." (STJ, AgRg no AREsp 159.654/RJ, Rel. Ministro Sidnei Beneti, Terceira Turma, DJe 01/06/2012)

◙ **Possibilidade da prática de "desconto de pontualidade" nos contratos educacionais.** "RECURSO ESPECIAL. AÇÃO CIVIL PÚBLICA DESTINADA AO RECONHECIMENTO DE ABUSIVIDADE DE PRÁTICA COMERCIAL CONHECIDA COMO "DESCONTO DE PONTUALIDADE" INSERIDA EM CONTRATO DE PRESTAÇÃO DE SERVIÇOS EDUCACIONAIS. IMPROCEDÊNCIA. INEXISTÊNCIA DE MULTA CAMUFLA-DA. LEGITIMIDADE DA CONTRATAÇÃO. RECONHECIMENTO. RECURSO ESPECIAL PROVIDO. (...) 2.2 Se o somatório dos valores nominais constantes das mensalidades (incluídas, aí, os valores de matrícula) equivale ao preço da anuidade contratada, ressai inquestionável que a concessão do denominado "desconto por pon-tualidade" consubstancia idônea medida de estímulo à consecução do cumprimento do contrato, a premiar, legitimamente, o consumidor que efetuar o pagamento de sua mensalidade na data avençada. (...) 3. O des-conto de pontualidade é caracterizado justamente pela cobrança de um valor inferior ao efetivamente contra-tado (que é o preço da anuidade diluído nos valores das mensalidades e matrícula).(...) 3.1 São distintas as hipóteses de incidência da multa, que tem por propósito punir o inadimplemento, e a do desconto de pontuali-dade, que, ao contrário, tem por finalidade premiar o adimplemento, o que, por si só, afasta qualquer possibi-lidade de bis in idem, seja em relação à vantagem, seja em relação à punição daí advinda. 3.2 Entendimento que se aplica ainda que o desconto seja dado até a data do vencimento. Primeiro, não se pode olvidar que a estipulação contratual que concede o desconto por pontualidade até a data de vencimento é indiscutivelmente mais favorável ao consumidor do que aquela que estipula a concessão do desconto até a data imediatamente anterior ao vencimento. No tocante à materialização do preço ajustado, tem-se inexistir qualquer óbice ao seu reconhecimento, pois o pagamento efetuado até a data do vencimento toma por base justamente o valor con-tratado, sobre o qual incidirá o desconto; já o pagamento feito após o vencimento, de igual modo, toma tam-bém por base o valor contratado, sobre o qual incidirá a multa contratual. Tem-se, nesse contexto, não ser possível maior materialização do preço ajustado do que se dá em tal hipótese. 4. Recurso especial provido." (STJ, REsp 1424814/SP, Rel. Ministro Marco Aurélio Bellizze, Terceira Turma, DJe 10/10/2016)

◙ **A prática da conferência de mercadorias pelos estabelecimentos comerciais, após a venda, é lícita.** "A prática da conferência indistinta de mercadorias pelos estabelecimentos comerciais, após a consumação da venda, é em princípio lícito e tem como base o exercício do direito de vigilância e proteção ao patrimônio, razão pela qual não constitui, por si só, prática abusiva. Se a revista dos bens adquiridos é realizada em observância aos limites da urbanidade e civilidade, constitui mero desconforto, a que atualmente a grande maioria dos consumidores se submete, em nome da segurança." (STJ, REsp 1120113/SP, Rel. Ministra Nancy Andrighi, Terceira Turma, DJe 10/10/2011)

◙ **Cancelamento de voos por concessionária sem comprovação pela empresa de razões técnicas ou de segurança. Abusividade.** "CONSUMIDOR. CONCESSÃO DE SERVIÇOS AÉREOS. RELAÇÃO HAVIDA ENTRE CONCESSIONÁRIA E CONSUMIDORES. APLICAÇÃO DO CDC. ILEGITIMIDADE DA ANAC. TRANSPORTE AÉREO. SERVIÇO ESSENCIAL. EXIGÊNCIA DE CONTINUIDADE. CANCELAMENTO DE VOOS PELA CONCESSIONÁRIA SEM RAZÕES TÉCNICAS OU DE SEGURANÇA. PRÁTICA ABUSIVA. DESCUMPRIMENTO DA OFERTA. 1. A controvérsia diz respeito à pratica, no mercado de consumo, de cancelamento de voos por concessionária sem comprovação pela empresa de razões técnicas ou de segurança. (...) 5. A partir da interpretação do art. 39 do CDC, considera-se prática abusiva tanto o cancelamento de voos sem razões técnicas ou de segurança inequívocas como o descumprimento do dever de informar o consumidor, por escrito e justificadamente, quando tais cancelamentos vierem a ocorrer. 6. A malha aérea concedida pela ANAC é oferta que vincula a concessionária a prestar o serviço nos termos dos arts. 30 e 31 do CDC. Independentemente da maior ou menor demanda, a oferta obriga o fornecedor a cumprir o que ofereceu, a agir com transparência e a informar adequadamente o consumidor. Descumprida a oferta, a concessionária viola os direitos não apenas dos consumidores concretamente lesados, mas de toda a coletividade a quem se ofertou o serviço, dando ensejo à reparação de danos materiais e morais (inclusive, coletivos). 7. Compete ao Poder Judiciário fiscalizar e determinar o cumprimento do contrato de concessão celebrado entre poder concedente e concessionária, bem como dos contratos firmados entre concessionária e consumidores (individuais e plurais), aos quais é assegurada proteção contra a prática abusiva em caso de cancelamento ou interrupção dos voos. Recurso especial da GOL parcialmente conhecido e, nesta parte, improvido." (STJ, REsp 1469087/AC, Rel. Ministro Humberto Martins, Segunda Turma, DJe 17/11/2016)

◙ **Exigência de avaliação remunerada para aproveitamento de matéria idêntica anteriormente cursada. Prática abusiva.** "ADMINISTRATIVO. LEI DE DIRETRIZES E BASES DA EDUCAÇÃO. ENSINO SUPERIOR. APROVEITAMENTO DE DISCIPLINAS COMUNS. CURSOS DE BIOMEDICINA E MEDICINA. COMPATIBILIDADE DOS PROGRAMAS. FATO INCONTROVERSO. AVALIAÇÃO PRÉVIA ONEROSA. ILEGALIDADE DA EXIGÊNCIA. 1. Cuida-se, na origem, de demanda proposta pela recorrente, estudante da Universidade de UBERaba – Uniube (recorrida), que busca o reconhecimento do direito de não se submeter à avaliação prévia remunerada como condição para aproveitamento de disciplinas comuns aos cursos de Medicina, no qual se encontra atualmente matriculada, e o de Biomedicina, já concluído na mesma instituição de ensino. (...) 4. Não há previsão legal a exigir a sujeição de estudante a processo de avaliação remunerado para aproveitamento de disciplinas já lecionadas em curso diverso. Ressalte-se que é fato incontroverso a compatibilidade entre os programas dessas matérias constantes na grade curricular de Medicina e Biomedicina, conforme relatado no acórdão recorrido (fl. 435). 5. O art. 53 da LDB apresenta, em rol exemplificativo, os atributos associados à autonomia universitária, aspectos que se encontram relacionados à gestão administrativa e às diretrizes didático-pedagógicas. Nessa perspectiva é que deve ser analisada a exigência imposta à recorrente. 6. Não parece possível agasalhar sob o rótulo da autonomia universitária toda e qualquer prática que afete a relação contratual entre o aluno e a entidade privada que fornece os serviços educacionais. 7. A imposição de avaliação prévia remunerada como condição para o aproveitamento de disciplina idêntica já cursada na mesma instituição de ensino fere a razoabilidade. 8. Com efeito, se as matérias são idênticas, não se pode obrigar um aluno anteriormente aprovado a cursá-la novamente, sem incorrer no cometimento de prática abusiva (art. 39 do CDC). Além de este dever não ter previsão legal, entende-se que a aprovação obtida no curso anterior já atesta a capacidade do estudante. Exigir dele pagamento por nova avaliação constitui prática censurável, que não pode ser enquadrada como equivalente a uma daquelas arroladas no art. 53 da LDB. 9. Diversa seria a hipótese se a universidade comprovasse que os conteúdos ou os enfoques metodológicos são diversos na apresentação das matérias comuns aos cursos de Biomedicina e Medicina. Aí sim, o Poder Judiciário não poderia avaliar a conveniência em exigir do aluno nova matrícula na disciplina, ou mesmo avaliação prévia, por se tratar de questão afeta aos currículos e à apresentação dos programas (art. 53, II, e parágrafo único, III, da LDB). 10. Os autos devem retornar à origem para que as demais questões que ficaram prejudicadas no julgamento da Apelação sejam apreciadas, sob pena de supressão de instância. 11. Recurso Especial provido." (STJ, REsp 1306179/MG, Rel. Ministro Herman Benjamin, Segunda Turma, DJe 09/05/2013)

I – condicionar o fornecimento de produto ou de serviço ao fornecimento de outro produto ou serviço, bem como, sem justa causa, a limites quantitativos;

► **Venda casada. Vedação no CDC e na Lei Antitruste.** "Tanto o CDC como a Lei Antitruste proíbem que o fornecedor se prevaleça de sua superioridade econômica ou técnica para determinar condições negociais desfavoráveis ao consumidor. Assim, proíbe o art. 39, em seu inciso I, a prática da chamada venda "casada, que significa condicionar o fornecimento de produto ou de serviço ao fornecimento de outro produto ou serviço. O inciso ainda proíbe condicionar o fornecimento, sem justa causa, a limites quantitativos." (MARQUES, Cláudia Lima, et al. *Comentários ao Código de Defesa do Consumidor*. 2ª ed. São Paulo: Revista dos Tribunais, p. 561).

► **Visa preservar o direito básico da livre escolha do consumidor.** "Objetiva-se preservar o direito básico da livre escolha do consumidor, pois, se tem ele interesse na aquisição de determinado produto ou serviço, não pode ser obrigado, para lograr tal intento, a adquirir o que não lhe interessa, mas lhe é condicionalmente impingido". (ALMEIDA, João Batista de. *A proteção jurídica do consumidor*. 2. ed. p. 120)

► **Havendo venda casada, o consumidor poderá invalidar o negócio requerendo o dinheiro de volta.** "Tendo o consumidor adquirido o bem nestas condições este poderá invalidar o negócio requerendo o dinheiro de volta, haja vista, a condição ilícita na qual foi subordinado." (AMATRUDO, Rosangela. Publicidade Abusiva. *Revista de Direito do Consumidor*. São Paulo: RT, Vol.52, Ano 2004, p. 163 - 221)

► **Consumação mínima em casas bares, boates, casas noturnas e congêneres.** "Outro problema bastante comum referente a esse inciso é a cobrança de consumação mínima. Prática corriqueira em casas noturnas e boates. O consumidor só é obrigado a pagar por aquilo que consumiu, sendo prática abusiva a imposição de uma quantidade mínima de consumo sem que o consumidor tenha necessidade". (OLIVEIRA, Júlio Moraes. *Curso de Direito do Consumidor Completo.* 4ª ed., Belo Horizonte: D'Plácido, 2017, p. 285)

◙ **Publicidade direcionada a crianças. Necessidade da compra de 5 produtos da linha para aquisição do relógio.** ***(sobre publicidade abusiva dirigida às crianças, ver art. 37, §2°)*** "PROCESSUAL CIVIL. DIREITO DO CONSUMIDOR. AÇÃO CIVIL PÚBLICA. PUBLICIDADE DE ALIMENTOS DIRIGIDA À CRIANÇA. ABUSIVIDADE. VENDA CASADA CARACTERIZADA. ARTS. 37, § 2º, E 39, I, DO CÓDIGO DE DEFESA DO CONSUMIDOR. 2. A hipótese dos autos caracteriza publicidade duplamente abusiva. Primeiro, por se tratar de anúncio ou promoção de venda de alimentos direcionada, direta ou indiretamente, às crianças. Segundo, pela evidente "venda casada", ilícita em negócio jurídico entre adultos e, com maior razão, em contexto de marketing que utiliza ou manipula o universo lúdico infantil (art. 39, I, do CDC). 3. In casu, está configurada a venda casada, uma vez que, para adquirir/comprar o relógio, seria necessário que o consumidor comprasse também 5 (cinco) produtos da linha "Gulosos". (STJ, REsp 1558086/SP, Segunda Turma, Rel. Min. Humberto Martins, DJe 15/04/2016).

◙ **Venda casada. Condicionamento do embarque de voo de ida para utilização do voo de volta.** "É abusiva a prática comercial consistente no cancelamento unilateral e automático de um dos trechos da passagem aérea, sob a justificativa de não ter o passageiro se apresentado para embarque no voo antecedente, por afrontar direitos básicos do consumidor, tais como a vedação ao enriquecimento ilícito, a falta de razoabilidade nas sanções impostas e, ainda, a deficiência na informação sobre os produtos e serviços prestados. 6. Constando-se o condicio-namento, para a utilização do serviço, o pressuposto criado para atender apenas o interesse da fornecedora, no caso, o embarque no trecho de ida, caracteriza-se a indesejável prática de venda casada. A abusividade reside no condicionamento de manter a reserva do voo de volta ao embarque do passageiro no voo de ida." (STJ, REsp 1595731/RO, Rel. Ministro Luis Felipe Salomão, Quarta Turma, DJe 01/02/2018)

◙ **Telefonia móvel. Comercialização de linha telefônica condicionada a aquisição de aparelho celular.** "ADMINISTRATIVO E PROCESSUAL CIVIL. VIOLAÇÃO DO ART. 535 DO CPC. OMISSÃO INEXISTENTE. AÇÃO CIVIL PÚBLICA. DIREITO DO CONSUMIDOR. TELEFONIA. VENDA CASADA. SERVIÇO E APARELHO. OCORRÊNCIA. DANO MORAL COLETIVO. CABIMENTO. RECURSO ESPECIAL IMPROVIDO. (...) 11. A prática de venda casada por parte de operadora de telefonia é capaz de romper com os limites da tolerância. No momento em que oferece ao consumidor produto com significativas vantagens – no caso, o comércio de linha telefônica com valores mais interessantes do que a de seus concorrentes – e de outro, impõe-lhe a obrigação de aquisição de um aparelho telefônico por ela comercializado, realiza prática comercial apta a causar sensação de repulsa coletiva a ato intolerável, tanto intolerável que encontra proibição expressa em lei. 12. Afastar, da espécie, o dano moral difuso, é fazer tabula rasa da proibição elencada no art. 39, I, do CDC e, por via reflexa, legitimar práticas comerciais que afrontem os mais basilares direitos do consumidor. 13. Recurso especial a que se nega provimento" (STJ, REsp 1397870/MG, Rel. Ministro Mauro Campbell Marques, Segunda Turma, DJe 10/12/2014).

◙ **Não configura venda casada a contratação simultânea de prestação de serviços de telefonia móvel e de comodato de aparelhos celulares com cláusula de fidelização.** "Contratação simultânea de prestação de serviços de telefonia móvel e de "comodato" de aparelhos celulares, com cláusula de "fidelização". Previsão de permanência mínima que, em si, não encerra "venda casada". 2. Não caracteri-za a prática vedada pelo art. 39, inc. I, do CDC, a previsão de prazo de permanência mínima ("fidelização") em con-trato de telefonia móvel e de "comodato", contanto que, em contrapartida, haja a concessão de efetivos benefícios ao consumidor (v.g. custo reduzido para realização de chamadas, abono em ligações de longa distância, baixo custo de envio de "short message service - SMS", dentre outras), bem como a opção de aquisição de aparelhos celulares da própria concessionária, sem vinculação a qualquer prazo de carência, ou de outra operadora, ou mesmo de empresa especializada na venda de eletroportáteis." (STJ, REsp 1097582/MS, Rel. Ministro Marco Buzzi, Quarta Turma, DJe 08/04/2013)

◙ **Pagamento a prazo condicionado à aquisição de outro produto. Venda casada configurada.** "CONSUMIDOR. PAGAMENTO A PRAZO VINCULADO À AQUISIÇÃO DE OUTRO PRODUTO. "VENDA CASADA". PRÁTICA ABUSIVA CONFIGURADA. 1. O Tribunal a quo manteve a concessão de segurança para anular auto de infração consubstanciado no art. 39, I, do CDC, ao fundamento de que a impetrante apenas vinculou o pagamento a prazo da gasolina por ela comercializada à aquisição de refrigerantes, o que não ocorreria se tivesse sido paga à vista. 2. O art. 39, I, do CDC, inclui no rol das práticas abusivas a popularmente denominada 'venda casada', ao estabelecer que é vedado ao fornecedor 'condicionar o fornecimento de produto ou de serviço ao fornecimento de outro produto ou serviço, bem como, sem justa causa, a limites quantitativos'. 3. Na primeira situação descrita nesse dispositivo, a ilegalidade se configura pela vinculação de produtos e serviços de natureza distinta e usualmente comercializados em separado, tal como ocorrido na hipótese dos autos. 4. A dilação de prazo para pagamento, embora seja uma liberalidade do fornecedor – assim como o é a própria colocação no comércio de determinado produto ou serviço –, não o exime de observar normas legais que visam a coibir abusos que vieram a reboque da massificação dos contratos na sociedade de consumo e da vulnerabilidade do consumidor. 5. Tais normas de controle e saneamento do mercado, ao contrário de restringirem o princípio da liberdade contratual, o aperfeiçoam, tendo em vista que buscam assegurar a vontade real daquele que é estimulado a contratar. 6. Apenas na segunda hipótese do art. 39, I, do CDC, referente aos limites quantitativos, está ressalvada a possibilidade de exclusão da prática abusiva por justa causa, não se admitindo justificativa, portanto, para a imposição de produtos ou serviços que não os precisamente almejados pelo consumidor. 7. Recurso Especial provido" (STJ, Resp 384.284/RS, Rel. Ministro Herman Benjamin, Segunda Turma, julgado em 20/08/2009, DJe 15/12/2009)

◙ **Cinemas. Vedação de consumo de alimentos adquiridos em estabelecimento não pertencente à casa cinematográfica.** "RECURSO ESPECIAL. PROCESSO CIVIL. DIREITO DO CONSUMIDOR. ART. 39, I, DO CDC. VENDA CASADA. VENDA DE ALIMENTOS. ESTABELECIMENTOS CINEMATOGRÁFICOS. LIBERDADE DE ESCOLHA. ART. 6º, II, DO CDC. VIOLAÇÃO. AQUISIÇÃO DE PRODUTOS EM OUTRO LOCAL (...). 1. A venda casada ocorre em virtude do condicionamento a uma única escolha, a apenas uma alternativa, já que não é conferido ao consumidor usufruir de outro produto senão aquele alienado pelo fornecedor. 2. Ao compelir o consumidor a comprar dentro do próprio cinema todo e qualquer produto alimentício, o estabelecimento dissimula uma venda casada (art. 39, I, do CDC), limitando a liberdade de escolha do consumidor (art. 6º, II, do CDC), o que revela prática abusiva" (STJ, REsp 1331948/SP, Rel. Ministro Ricardo Villas Bôas Cueva, Terceira Turma, DJe 05/09/2016).
◙ **No mesmo sentido:** "ADMINISTRATIVO. RECURSO ESPECIAL. APLICAÇÃO DE MULTA PECUNIÁRIA POR OFENSA AO CÓDIGO DE DEFESA DO CONSUMIDOR. OPERAÇÃO DENOMINADA 'VENDA CASADA' EM CINEMAS. CDC, ART. 39, I. VEDAÇÃO DO CONSUMO DE ALIMENTOS ADQUIRIDOS FORA DOS ESTABELECIMENTOS CINEMATOGRÁFICOS. (...) 4. Ao fornecedor de produtos ou serviços, consectariamente, não é lícito, dentre outras práticas abusivas, condicionar o fornecimento de produto ou de serviço ao fornecimento de outro produto ou serviço (art. 39, I do CDC). 5. A prática abusiva revela-se patente se a empresa cinematográfica permite a entrada de produtos adquiridos na suas dependências e interdita o adquirido alhures, engendrando por via oblíqua a cognominada 'venda casada', interdição inextensível ao estabelecimento cuja venda de produtos alimentícios constituiu a essência da sua atividade comercial como, verbi gratia, os bares e restaurantes" (STJ, REsp 744.602, 1ª T., DJ 15.3.2007).

◙ **Não pratica venda casada a entidade aberta de previdência complementar que condiciona a concessão de mútuo à adesão a plano de benefício ou seguro pelo participante interessado.** "RECURSO ESPECIAL. CIVIL. PREVIDÊNCIA PRIVADA ABERTA. NEGATIVA DE PRESTAÇÃO JURISDICIONAL. INEXISTÊNCIA. AÇÃO REVISIONAL DE MÚTUO CUMULADA COM CANCELAMENTO DE PLANO DE PECÚLIO E DE SEGURO DE PESSOAS. VENDA CASADA. NÃO CONFIGURAÇÃO. AUXÍLIO FINANCEIRO. CONTRATAÇÃO. VINCULAÇÃO A PLANO PREVIDENCIÁRIO E A SEGURO DO RAMO VIDA. NECESSIDADE. IMPOSIÇÃO LEGAL. RESTRIÇÃO DO EMPRÉSTIMO. QUALIDADE DE PARTICIPANTE OU DE SEGURADO. 1. Cinge-se a controvérsia a saber se caracteriza venda casada a exigência da entidade aberta de previdência complementar e da sociedade seguradora de condicionar ao interessado a concessão de assistência financeira (mútuo) à adesão a um plano de benefícios (pecúlio por morte) ou a um seguro de pessoas. 2. Para o interessado adquirir assistência financeira de um ente de previdência privada aberta ou de uma seguradora, é condição essencial ser titular de um plano de benefícios ou de um seguro do ramo vida (art. 71, caput e parágrafo único, da Lei Complementar nº 109/2001 e Circular/Susep nº 206/2002 – hoje Circular/Susep nº 320/2006). 3. Há venda casada quando o fornecedor condiciona a aquisição de produto ou de serviço ao fornecimento de outro produto ou serviço, sendo prática abusiva e vedada no mercado de consumo (art. 39, I, do CDC). 4. Por determinação legal, as entidades abertas de previdência complementar e as sociedades seguradoras somente podem realizar operações financeiras com seus participantes ou segurados. Assim, não há venda casada quando é imposto ao contratante a condição de participação no plano de benefícios (pecúlio) ou no seguro de pessoas com o objetivo de ter acesso ao mútuo, sendo ausente qualquer tentativa do fornecedor de se beneficiar de eventual superioridade econômica ou técnica para estipular condições negociais desfavoráveis ao consumidor, cerceando-lhe a liberdade de escolha. Precedente da Quarta Turma" (STJ, REsp 1385375/RS, Rel. Min. Ricardo Villas Bôas Cueva, 3ª T., DJe 23.5.2016). ◙ **No mesmo sentido:** "RECURSO ESPECIAL. PREVIDÊNCIA COMPLEMENTAR. ENTIDADE ABERTA. OPERAÇÕES FINANCEIRAS. POSSIBILIDADE. JUROS REMUNERATÓRIOS. ABUSIVIDADE. NÃO EXISTÊNCIA. CAPITALIZAÇÃO DOS JUROS. MEDIDA PROVISÓRIA 2.170-36/2001 AUSÊNCIA DE PREVISÃO CONTRATUAL. CONTRATO DE PECÚLIO. 'VENDA CASADA'. INEXISTÊNCIA. (...) 2. O contrato de plano de pecúlio, celebrado com a finalidade de concretizar a filiação aos quadros de entidade aberta de previdência complementar, constitui-se em requisito para a concessão do empréstimo ao interessado e, portanto, não se enquadra na vedação à 'venda casada' de que trata o art. 39, inc. I, da Lei 8.078/90 (...)" (STJ, REsp 861.830/RS, Rel. Min. Maria Isabel Gallotti, 4ª T., DJe 13.4.2016).

◙ XE "**Seguro habitacional** – Venda casada – Contratação de seguro habitacional junto ao banco mutuante ou a seguradora por ele indicada" **Contratação de seguro habitacional junto ao banco mutuante ou a seguradora por ele indicada.** **Súmula 473 do STJ:** *"O mutuário do SFH não pode ser compelido a contratar o seguro habitacional obrigatório com a instituição financeira mutuante ou com a seguradora por ela indicada"*

◙ **Concessão de crédito atrelada a contratação de outros serviços. Venda casada** "É sabido e ressabido que as instituições financeiras se valem da prática comercial abusiva de venda casada. Assim, é que para conseguir obter crédito o consumidor tem de aceitar que lhe sejam empurrados outros tipos de serviços e produtos bancários, ín casu, foi o seguro de vida. Desse modo, indevida se torna a cobrança do seguro de vida". (TAMG, Ap. Cível 316240-7, rei. Juiz Jarbas Ladeira, J. 8.11.2000)

► **Limites quantitativos. Supermercados podem limitar a quantidade a ser adquirida por cada consumidor.** "O supermercado que promove determinada oferta no mercado de consumo poderá limitar a quantidade a ser adquirida por cada consumidor, mas só poderá fazê-lo, sob a ótica da própria proteção dos interesses dos consumidores, com o intuito de permitir que o maior número possível de consumidores se beneficiem com esta promoção, ou seja, para o bem comum, do mercado consumidor. Não poderá o fornecedor impor limites quanto a quantidade do produto a ser adquirido pelo consumidor, tendo em vista apenas seus interesses comerciais, em detrimento da coletividade de consumo". (MELLO, Sônia Maria Vieira. *O direito do consumidor na era da globalização:* a descoberta da cidadania. Rio de janeiro: Renovar,1998. p. 87) ◙ **Nesse sentido:** "A falta de indicação de restrição quantitativa relativa à oferta de determinado produto, pelo fornecedor, não autoriza o consumidor exigir quantidade incompatível com o consumo individual ou familiar, nem, tampouco, configura dano ao seu patrimônio extramaterial." (STJ, REsp. 595.734-RS, Rel. originária Mina. Nancy Andrighi, Rel. para acórdão Min. Castro Filho, DJ 28/11/2005).

► **O fornecedor não pode obrigar o consumidor a adquirir quantidade maior que as suas necessidades.** "Ou seja, o fornecedor não pode obrigar o consumidor a adquirir quantidade maior que as suas necessidades. Assim, se o consumidor quer adquirir uma lata de óleo, não é lícito ao fornecedor condicionar a venda à aquisição de duas outras unidades. A solução também é aplicável aos brindes, promoções e bens com descontos." (BENJAMIN, Antônio Herman de Vasconcelos. *Código Brasileiro de Defesa do Consumidor comentado pelos autores do anteprojeto.* 6. Ed, p. 250)

II – recusar atendimento às demandas dos consumidores, na exata medida de suas disponibilidades de estoque, e, ainda, de conformidade com os usos e costumes;

► **A recusa de venda constitui crime contra as relações de consumo.** O fornecedor não pode recusar a prestar o serviço ou a vender o produto a qualquer consumidor que se disponibilizar a pagá-los, desde que tenha os produtos em estoque ou esteja habilitado a prestar o serviço. A recusa de venda constitui crime contra as relações de consumo esculpidas na lei 8.137/90 no art. 7o, I, ao dispor que o crime ficará caracterizado quando "favorecer ou preferir, sem justa causa, comprador ou freguês, ressalvados os sistemas de entrega ao consumo por intermédio de distribuidores ou revendedores" e também no inciso VI do mesmo artigo, quando "sonegar insumos ou bens, recusando-se a vendê-los a quem pretenda comprá-los nas condições publicamente ofertadas, ou retê-los para o fim de especulação".

► **O empresário não tem o direito de escolher os seus parceiros comerciais na relação de consumo.** "O código de defesa do consumidor impõe dever de contratar aos empresários (art. 35, I, c/c o art. 39, II). Ao empresário não é lícito negar-se a fornecer os bens ou serviços próprios de sua atividade, na medida das disponibilidades de estoque e conforme os usos e costumes, podendo o consumidor exigir o cumprimento forçado dessa obrigação. Ou, em outros termos, o empresário não tem o direito de escolher os seus parceiros comerciais na relação de consumo, tendo a obrigação de contratar com quem quer que apresente ao seu estabelecimento interessa na realização do negócio". (COELHO, Fábio Ulhoa. *Curso de direito Comercial.* v. 3. São Paulo: Saraiva, 2000. p. 192).

► **Visa impedir o intuito especulativo e a discriminação.** "Colima-se impedir o intuito especulativo e a discriminação, não se admitindo que, possuindo estoque, o fornecedor se recuse a fornecer o produto ao interessado, de acordo com os usos e costumes locais". (ALMEIDA, João Batista de. *A proteção jurídica do consumidor.* 2. Ed., p. 120.)

► **Geodiscriminação (geoblocking e geopricing)**. "Não bastasse a ocorrência das práticas abusivas mais comuns exaustivamente identificadas no âmbito dos contratos de consumo, recentemente outra prática contrária ao CDC pode ser verificada na esfera dos contratos de turismo e de hospedagem. Trata-se da chamada geodiscriminação, prática que se caracteriza pela oferta de reservas em hotéis com preços fixados conforme a localização geográfica do consumidor ou sua nacionalidade – técnica conhecida como geopricing, ou então pelo bloqueio automático efetuado por meio de algoritmos que impede o conhecimento de determinadas ofertas por consumidores que se encontram em determinada localização geográfica predeterminada pelas empresas via inteligência artificial, o denominado geoblocking. Como já referido, o rol de práticas abusivas constante do Código do Consumidor é meramente exemplificativo. Sendo assim, pode-se concluir pela abusividade da prática da geodiscriminação. Diversos incisos do art. 39 da norma protetiva são violados pelo fornecedor que a adota. No âmbito da oferta, considerando-se a modalidade do geoblocking veja-se que o inciso II do art. 39 enuncia que é vedado ao fornecedor "recusar atendimento às demandas dos consumidores, na exata medida de suas disponibilidades de estoque, e, ainda, de conformidade com os usos e costumes". Por sua vez, o inciso IX do mesmo artigo considera prática abusiva "recusar a venda de bens ou a prestação de serviços, diretamente a quem se disponha a adquiri-los mediante pronto pagamento, ressalvados os casos de intermediação regulados em leis especiais". Considerando-se que o CDC é uma lei principiológica e que um de seus princípios informadores é o princípio da dimensão coletiva, a oferta de produtos e serviços deve ser ampla e ocorrer sem discriminações, ressalvados alguns casos específicos em que pode ocorrer a restrição de vendas, v.g., envolvendo produtos e serviços destinados ao público adulto, portanto não acessíveis a crianças e adolescentes. Os sites de reserva de hotel que deixam de veicular ofertas para determinadas pessoas que se encontram em lugares específicos materializam prática considerada abusiva em virtude da seleção intencional de público e diferenciação de tratamento a diversas classes de consumidores, categorizados conforme seu local de moradia ou acesso à internet. No que diz respeito ao preço, a geodiscriminação evidencia ofensa aos incisos V e X, do art. 39 do CDC, eis que praticar preços diferenciados conforme a posição geográfica do consumidor resulta em vantagem manifestamente excessiva para o fornecedor, além de não haver justa causa para o aumento de preços". (KRETZMANN, Renata Pozzi; GUGLINSKI, Vitor Vilela. *Direito do Consumidor Contemporâneo*. Belo Horizonte: D'Plácido, 2019, p. 288-289)

◙ **Limitação de sessões de fisioterapia e tratamento por fonoaudiólogo.** ***(sobre cláusulas abusivas em contratos de planos de saúde, ver art. 51)*** "DIREITO DO CONSUMIDOR – PLANO DE SAÚDE – CAUTELAR SATISFATIVA DEFERIDA – INCONFORMISMO – LIMITAÇÃO DE SESSÕES IMPOSTA PELA ADMINISTRAÇÃO DO PLANO DE SAÚDE – IMPOSSIBILIDADE – FONOAUDIÓLOGO À DISPOSIÇÃO DO MENOR – PROVIDÊNCIA A SER CUMPRIDA – DECISÃO ACERTADA – RECURSO IMPROVIDO – A imposição de limite de sessões de fisioterapia ao filho menor da conveniada sem respaldo no respectivo contrato caracteriza prática vedada ao fornecedor do serviço de saúde, conforme art. 39, II, do CDC. Havendo numerosas conseqüências negativas à saúde de quem é portador da síndrome de Down, o plano de saúde é obrigado a disponibilizar ao seu beneficiário equipe multidisciplinar que viabilize a redução dos incômodos de saúde e a adaptação social do paciente, porque a obrigação como vínculo contratual deve ser analisada teleologicamente". (TJSC, AI 02.022113-4 – Araranguá – 2ª CDCiv. – Rel. Des. Monteiro Rocha, J. 11.11.2004)

III – enviar ou entregar ao consumidor, sem solicitação prévia, qualquer produto, ou fornecer qualquer serviço;

► **Envio de produtos e fornecimento de serviços sem solicitação do consumidor. Consequência direta: amostra grátis.** "O fornecimento não solicitado é uma prática corriqueira – e abusiva – do mercado. Uma vez que, não obstante a proibição, o produto ou serviço seja fornecido, aplica-se o disposto no parágrafo único do dispositivo: o consumidor recebe o fornecimento como mera amostra grátis, não cabendo qualquer pagamento ou ressarcimento ao fornecedor, nem mesmo as decorrentes de transporte. É ato cujo risco corre inteiramente por conta do fornecedor." (BENJAMIN, Antônio Herman De Vasconcellos. *Código Brasileiro de Defesa do Consumidor comentado pelos autores do anteprojeto.*2ª ed. Rio de Janeiro: Forense Universitária, 1992. p. 224)

► **Cartão de crédito não solicitado e utilizado pelo consumidor. Negativa de pagamento da anuidade.** "Nos termos do que dispõe o parágrafo único do art. 39 do CPC, os serviços prestados essa maneira equiparam-se às amostras grátis, inexistindo, portanto, qualquer obrigação de pagamento por parte do consumidor desse tipo de serviço de crédito. A solução é a recusa ou, se houver o interesse no uso daquele serviço, a negativa de pagamento da anuidade." (WAMBIER, Luiz Rodrigues. *Os contratos bancários e o Código de Defesa do Consumidor – Uma nova abordagem.* RT 742/65, ago. 1997)

◙ **Cartão de crédito não solicitado. Prática abusiva que dá ensejo a dano moral *(sobre o dano moral, verificar art. 6°, VI).* <u>Súmula 532 do STJ</u>:** *"Constitui prática comercial abusiva o envio de cartão de crédito sem prévia e expressa solicitação do consumidor, configurando-se ato ilícito indenizável e su-jeito à aplicação de multa administrativa".* ◙ **No mesmo sentido:** "O envio de cartão de crédito sem solicitação prévia configura prática comercial abusiva, dando ensejo à responsabilização civil por dano moral. Precedentes" (STJ, AgRg no AREsp 275.047/RJ, Rel. Min. Marco Buzzi, 4ª T., DJe 29.4.2014). ◙ **No mesmo sentido:** ENVIO DE CARTÃO DE CRÉDITO NÃO SOLICITADO. PRÁTICA COMERCIAL ABUSIVA. ABUSO DE DIREITO CONFIGURADO. 1. O envio do cartão de crédito, ainda que bloqueado, sem pedido pretérito e expresso do consumidor, caracteriza prática comercial abusiva, violando frontalmente o disposto no artigo 39, III, do Código de Defesa do Consumidor" (STJ, REsp 1199117/SP, Rel. Ministro Paulo de Tarso Sanseverino, Terceira Turma, DJe 04/03/2013). ◙ **No mesmo sentido, acarretando outros danos ao consumidor, como uso do cartão por terceiros:** "Na espécie, o banco remeteu à autora cartão de crédito que não fora solicitado (prática ilegal, art. 39, III, CDC). Desse ilícito, surgiram outros acontecimentos, devolução ao banco, extravio e uso de cartão por terceiros. Nesse caso, a responsabilidade pelo dano é só do banco". (STJ, REsp 514.358-MG, Rel. Min. Aldir Passarinho Junior, J. 16.3.2004) ◙ **Nesse sentido:** "DANO MORAL – BANCO – CARTÃO DE CRÉDITO – REMESSA SEM SOLICITAÇÃO – EXTRAVIO – UTILIZAÇÃO POR TERCEIROS – INSCRIÇÃO EM CADASTROS DE PROTEÇÃO AO CRÉDITO – RESPONSABILIDADE – INDENIZAÇÃO DEVIDA – "Civil e Processual. Ação de indenização. Remessa a cliente de cartão de crédito não solicitado. Devolução. Extravio. Utilização por terceiros. Inscrição restritiva em órgãos cadastrais de crédito. Dano moral. Legitimidade passiva e responsabilidade do banco pelo ilícito. Infringência ao art. 39, III, do CDC. Legitimidade passiva confirmada. Sucumbência recíproca não configurada. Juros de mora. Condenação em sentença. Preclusão. CPC, art. 530. Inexistência de violação. I – O banco é parte legitimada passivamente e comete ato ilícito, previsto no art. 39, inciso III, da Lei nº 8.078/90, quando, fornecendo ao cliente cartão de crédito por ele não solicitado, dá-se ulterior extravio e indevida utilização por terceiros, gerando inadimplência fictícia e inscrição do nome do consumidor em cadastros restritivos de crédito, causadora de dano moral indenizável." (STJ, REsp 514.358 – MG – 4ª T. – Rel. Min. Aldir Passarinho Júnior, DJU 3.5.2004)

◙ **Assinatura de revistas não solicitadas pelo consumidor. Dano moral em virtude da dificuldade de cancelamento.** "A reiteração de assinaturas de revistas não solicitadas é conduta considerada pelo CDC como prática abusiva (art. 39, III). Esse fato e os incômodos decorrentes das providências notoriamente dificultosas para o cancelamento significam sofrimento moral de monta, mormente em se tratando de pessoa de idade avançada, próxima dos 85 anos de idade à época dos fatos, circunstância que agrava o sofrimento moral" (STJ, REsp 1102787, 3ª T., DJ 29.3.2010). ◙ **No mesmo sentido, havendo renovação automática de assinatura de revista com desconto de mensalidade em conta corrrente.** "AÇÃO DE INDENIZAÇÃO POR DANOS MATERIAIS E MORAIS JULGADA PROCEDENTE. APELAÇÃO CÍVEL. BENEFÍCIOS DA JUSTIÇA GRATUITA. PESSOA JURÍDICA EM RECUPERAÇÃO JUDICIAL. DEFERIMENTO. MÉRITO. RENOVAÇÃO AUTOMÁTICA DE ASSINATURA DE REVISTA. DESCONTO DA MENSALIDADE EM CONTA CORRENTE. AUSÊNCIA DE SOLICITAÇÃO PRÉVIA DO CONSUMIDOR. PRÁTICA ABUSIVA. ATO ILÍCITO CONFIGURADO. DEVER DE INDENIZAR. DANO MATERIAL E DANO MORAL IN RE IPSA. QUANTUM INDENIZATÓRIO. DESNECESSIDADE DE REDUÇÃO. ATENDIMENTO DOS PRINCÍPIOS DA RAZOABILIDADE E PROPORCIONALIDADE. MANUTENÇÃO DA SENTENÇA. RECURSO CONHECIDO E IMPROVIDO. (...) O entendimento que prevalece é a de que a renovação automática, sem solicitação prévia do consumidor, configura prática abusiva, descrita no art. 39, III, do CDC, e denota desequilíbrio contratual em desfavor do consumidor, portanto, também manifesta a abusividade da cláusula contratual, nos termos do art. 51, IV, do CDC. III– Logo, a conduta da Apelante revestiu-se, assim, de arbitrariedade, sendo inafastável o dever de indenizar por danos morais e materiais, tendo em vista que não conseguiu provar a existência de culpa exclusiva da vítima ou de terceiro, não se desincumbindo, assim, do ônus probatório a que lhe incumbia (art. 333, II, do CPC)." (TJ-PI – AC: 00163848720078180140, Relator: Des. Raimundo Eufrásio Alves Filho, , 1ª Câmara Especializada Cível, Data de Publicação: 24/01/2013)

◙ **Serviço "900 – disque prazer" sem prévia solicitação do titular. Prática abusiva.** "O oferecimento do serviço "900-disque prazer" sem prévia solicitação do titular da linha telefônica configura prática abusiva (art. 39, III, do CDC). Se prestados sem o pedido anterior, "equiparam-se às amostras grátis, inexistindo a obrigação de pagamento" (art. 39, parágrafo único, do CDC)". (STJ, REsp 318.372-SP, Rel. Min. Humberto Gomes de Barros, J. 27.4.2004) ◙ **No mesmo sentido:** "TELEFONE. SERVIÇO "900". "Disque prazer". Código de Defesa do Consumidor. O serviço "900" é oneroso e somente pode ser fornecido mediante prévia solicitação do titular da linha telefônica." (STJ, Resp 258156/SP, DJU 11/12/2000, Rel. Ruy Rosado de Aguiar, J. 21.9.2000)

◙ **Cobrança de serviços telefônicos não solicitados. Prática abusiva.** "APELAÇÃO CÍVEL. AÇÃO DECLARATÓRIA. COBRANÇA DE SERVIÇOS TELEFÔNICOS NÃO SOLICITADOS. PRESCRIÇÃO. REPETIÇÃO DO INDÉBITO. DANO MORAL. VALOR INDENIZATÓRIO. A repetição do indébito alcança o período de três anos, correspondente à prescrição da pretensão. Constitui prática abusiva fornecer serviço sem solicitação prévia, cobrar e receber pagamento. A cobrança e o pagamento, mediante cometimento de prática abusiva, geram direito de repetição em dobro do indébito." (TJ-RS - AC: 70062362215 RS, Relator: Carlos Cini Marchionatti, Data de Julgamento: 19/11/2014, Vigésima Câmara Cível, Data de Publicação: 24/11/2014)

IV – prevalecer-se da fraqueza ou ignorância do consumidor, tendo em vista sua idade, saúde, conhecimento ou condição social, para impingir-lhe seus produtos ou serviços;

► **O fornecedor não poderá se aproveitar das excepcionais vulnerabilidades do consumidor.** O fornecedor não poderá se aproveitar das excepcionais vulnerabilidades do consumidor para impor-lhe produtos ou serviços. Vários critérios são levados em consideração pela norma, como a idade (quer se trate de criança ou idoso); condição social (já que uma pessoa mais simples terá mais dificuldade de compreender novas tecnologias, podendo ser vítimas dos maus fornecedores); conhecimento (os analfabetos, por exemplo, terão dificuldades na contratação, sendo alvos fáceis também dos maus fornecedores) e a saúde (muito comum a prática dos hospitais de exigirem garantias abusivas da família - v.g., cheque caução de quantia vultuosa - para que um ente querido seja internado.)

► **Princípio da transparência como fundamento do dever de informar nas práticas comerciais.** "Na disciplina das práticas comerciais, o princípio da transparência impõe ao fornecedor deveres de informação na oferta e na publicidade e coíbe condutas consideradas abusivas, entre as quais, prevalecer-se da fraqueza ou ignorância do consumidor em razão da idade, conhecimento ou condição social. Consideram-se, nestes casos, circunstâncias biológicas, culturais e sociais que agravam a vulnerabilidade inerente à presença do consumidor no mercado. A publicidade abusiva inclui todas as formas de discriminação, a exploração do medo ou da superstição e o aproveitamento da deficiência de julgamento e experiência da criança". (PASQUALOTTO, Adalberto. Dignidade do consumidor e dano moral. *Revista de Direito do Consumidor*. São Paulo: RT, vol. 110, ano 26, mar.-abr., 2017, p. 111)

► **Hipervulnerabilidade ou vulnerabilidade agravada**. A vulnerabilidade agravada a que é acometida o consumidor em algumas circunstâncias é chamada de hipervulnerabilidade. Enquanto a vulnerabilidade é a condição geral de todo consumidor (art. 4°, I), a hipervulnerabilidade é a situação social fática e objetiva de agravamento da vulnerabilidade da pessoa física consumidora, seja permanente (deficiência física ou mental) ou temporária (doença, gravidez, turista, analfabetismo, crianças, idosos, etc).

◙ **Fornecedor que se aproveita da condição de saúde do consumidor para impingir produto medicinal que promete a cura de doenças malignas, inclusive o câncer.** "RECURSO ESPECIAL. DIREITO DO CONSUMIDOR. AÇÃO INDENIZATÓRIA. PROPAGANDA ENGANOSA. COGUMELO DO SOL. CURA DO CÂNCER. ABUSO DE DIREITO. ART. 39, INCISO IV, DO CDC. HIPERVULNERABILIDADE. RESPONSABILIDADE OBJETIVA. DANOS MORAIS. INDENIZAÇÃO DEVIDA. DISSÍDIO JURISPRUDENCIAL COMPROVADO. (...) 4. A vulnerabilidade informacional agravada ou potencializada, denominada hipervulnerabilidade do consumidor, prevista no art. 39, IV, do CDC, deriva do manifesto desequilíbrio entre as partes. (STJ, REsp 1329556/SP, Rel. Ministro Ricardo Villas Bôas Cueva, Terceira Turma, DJe 09/12/2014).

► **Fornecimento da garantia estendida de modo abusivo.** "O fornecimento da garantia estendida, ocorre, invariavelmente, de modo abusivo (art. 39 do CDC), sem informações adequadas e claras ao consumidor, como deixa clara a Recomendação formulada, em 28.11.2012, pela Associação Nacional do Ministério Público de Defesa do Consumidor (MPCON): "Recomendação MPCON 01/2012". (BENJAMIN, Antônio Herman V.; MARQUES, Cláudia Lima; BESSA, Leonardo Roscoe. *Manual de Direito do Consumidor.* 7ª edição. São Paulo, Revista dos Tribunais, 2016, p. 249).

◙ **Prática abusiva configurada. Cobrança de PIS e COFINS na fatura telefônica.** "PROCESSUAL CIVIL, ADMINISTRATIVO E TRIBUTÁRIO. VIOLAÇÃO DO ART. 535 DO CPC. DEFICIÊNCIA NA FUNDAMENTAÇÃO. COBRANÇA DO PIS E DA COFINS NA FATURA TELEFÔNICA. ILEGITIMIDADE DA ANATEL. ACRÉSCIMO NA TARIFA. AUSÊNCIA DE PREVISÃO LEGAL. PRÁTICA ABUSIVA CONFIGURADA. CDC. OFENSA. JUROS DE MORA. INAPLICABILIDADE DO ART. 167 DO CTN. NATUREZA NÃO-TRIBUTÁRIA. (...) 9. O repasse indevido do PIS e da COFINS na fatura telefônica configura 'prática abusiva' das concessionárias, nos termos do CDC, pois viola os princípios da boa-fé objetiva e da transparência, valendo-se da 'fraqueza ou ignorância do consumidor' (art. 39, IV, do CDC). 10. O acréscimo indevido na tarifa não tem natureza tributária, ainda que a concessionária afirme que se trata de mero repasse de tributos. Inaplicabilidade do art. 167 do CTN. 11. Recurso Especial não provido" (STJ, REsp 1053778, 2ª T., DJ 30.9.2008)

◙ **Venda de almofada terapêutica. Nulidade do negócio jurídico.** "APELAÇÃO CÍVEL. DIREITO PRIVADO NÃO ESPECIFICADO. AÇÃO DECLARATÓRIA DE NULIDADE DE NEGÓCIO JURÍDICO E INEXISTÊNCIA DE DÉBITO C/C DANOS MORAIS. ALMOFADA TERAPÊUTICA. DANO MORAL CONFIGURADO. Prática comercial abusiva adotada pela empresa requerida, que evidentemente se valeu da vulnerabilidade da consumidora, em razão de sua idade, saúde e condição social. Trata-se, pois, de prática comercial vedada pelo artigo 39, IV, do CDC, que diz ser proibido ao fornecedor "prevalecer-se da fraqueza ou ignorância do consumidor, tendo em vista sua idade, saúde, conhecimento ou condição..." (TJ-RS – AC: 70037338332 RS, Relator: Ana Beatriz Iser, Décima Quinta Câmara Cível, Data de Publicação: 18/01/2012)

◙ **No mesmo sentido:** "Apelação cível. Responsabilidade civil. Ação declaratória de inexistência de débito cumulada com indenização por dano moral. Almofada mágica. Inaplicabilidade do art. 49 do Código de Defesa do Consumidor. Consumidor idoso, aposentado e com pouca instrução educacional. Revela-se abusiva a prática comercial de venda de produtos que se revelam inoperantes, aproveitando-se da idade e condição social do consumidor. Infringência dos art. 37, § 1º e 39, IV, Código de Defesa do Consumidor. Dano moral. Ocorrência. Circunstância que, na espécie, traduz mais do que mero transtorno e aborrecimento. Dever de indenizar caracterizado. Fixação de indenização por dano moral.". (TJRS, Apelação Cível Nº 70041257197, Sexta Câmara Cível, Relator: Ney Wiedemann Neto, Julgado em 28/07/2011)

◙ **Aproveitamento da fraqueza ou ignorância do consumidor (pessoa idosa) pelas instituições financeiras.** "DEMANDA INDENIZATÓRIA. CONTA DEPÓSITO PARA PERCEPÇÃO DE BENEFÍCIO PREVIDENCIÁRIO. CONVERSÃO EM CONTA CORRENTE. COBRANÇAS DE TARIFAS BANCÁRIAS. REDUÇÃO INDEVIDA DE BENEFÍCIO. IDOSO. DIREITO À INFORMAÇÃO. ÔNUS DA PROVA. NÃO PROVIMENTO.(...) A instituição financeira, na qualidade de fornecedora de serviços e produtos, não pode prevalecer-se da fraqueza ou ignorância de consumidor, tendo em vista sua idade, saúde, conhecimento e condição social, para impingir-lhe seus produtos e serviços, sob pena de violar francamente o constante do inciso IV do art. 39 do Código de Defesa do Consumidor ao qual está submetida; III – impõe-se às instituições financeiras o dever de esclarecer, informar e assessorar seus clientes na contratação de seus serviços, sobretudo quando se trata de pessoa idosa e de parcos conhecimentos." (TJ-MA – AGR: 0447912015 MA, Relator: Cleones Carvalho Cunha, Terceira Câmara Cível, Data de Publicação: 21/09/2015)

V – exigir do consumidor vantagem manifestamente excessiva;

► **Utilização dos critérios para verificação da vantagem exagerada.** Por serem expressões sinônimas, poderá o intérprete se valer dos critérios para verificação da "vanta-gem exagerada" contidos no § 1º do art. 51: § 1º Presume-se exagerada, entre outros casos, a vantagem que: I – ofende os princípios fundamentais do sistema jurídico a que pertence; II – restringe direitos ou obrigações fundamentais inerentes à natureza do contrato, de tal modo a amea-çar seu objeto ou equilíbrio contratual; III – se mostra excessivamente onerosa para o consumidor, considerando-se a natureza e conteúdo do contrato, o interesse das partes e outras circunstâncias peculiares ao caso.

◙ **Diferenciação de preços. Pagamento com cartão de crédito. Abusividade.** ""RECURSO ESPECIAL. ADMINISTRATIVO E PROCESSUAL CIVIL. AÇÃO DECLARATÓRIA VISANDO À ANULAÇÃO DE AUTOS DE INFRAÇÃO LAVRADOS POR PROCON MUNICIPAL ANTE O RECONHECIMENTO DE VIOLAÇÃO AO DIREITO DO CONSUMIDOR PELA PRÁTICA DE PREÇOS DIFERENCIADOS PARA VÁRIAS ESPÉCIES DE PAGAMENTO À VISTA: DINHEIRO, CHEQUE OU CARTÃO, DO MESMO PRODUTO. PRÁTICA ABUSIVA. CONFIGURADA. PRECEDENTES DO STJ: RESP 1.479.039/MG, REL. MIN. HUMBERTO MARTINS, DJE 16.10.2015 E

RESP 1.133.410/RS, REL. MIN. MASSAMI UYEDA, DJE 7.4.2010. RECURSO ESPECIAL AO QUAL SE NEGA PROVIMENTO. 1. A diferenciação de preço na mercadoria ou serviço para diferentes formas de pagamento à vista: dinheiro, cheque ou cartão de crédito caracteriza prática abusiva no mercado de consumo, nociva ao equilíbrio contratual e ofende o art. 39, V e X da Lei 8.078/90. 2. Manutenção das autuações administrativas realizadas pelo PROCON do Municipal de Vitória/ES em face da referida prática abusiva do comerciante Recorrente em seu estabelecimento. 3. Precedentes de outras Turmas deste Tribunal Superior (REsp. 1.479.039/MG, Rel. Min. HUMBERTO MARTINS, DJe 16.10.2015 e REsp. 1.133.410/RS, Rel. Min. MASSAMI UYEDA, DJe 7.4.2010). 4. Recurso Especial do comerciante ao qual se nega provimento" (STJ, REsp 1.610.813/ES, Rel. Ministro NAPOLEÃO NUNES MAIA FILHO, PRIMEIRA TURMA, julgado em 18/08/2016, DJe 26/08/2016). ◙ **No mesmo sentido:** "CONSUMIDOR E ADMINISTRATIVO. AUTUAÇÃO PELO PROCON. LOJISTAS. DESCONTO PARA PAGAMENTO EM DINHEIRO OU CHEQUE EM DETRIMENTO DO PAGAMENTO EM CARTÃO DE CRÉDITO. PRÁTICA ABUSIVA. CARTÃO DE CRÉDITO. MODALIDADE DE PAGAMENTO À VISTA. "PRO SOLUTO". DESCABIDA QUALQUER DIFERENCIAÇÃO. DIVERGÊNCIA INCOGNOSCÍVEL. 1. O recurso especial insurge-se contra acórdão estadual que negou provimento a pedido da Câmara de Dirigentes Lojistas de Belo Horizonte no sentido de que o Procon/MG se abstenha de autuar ou aplicar qualquer penalidade aos lojistas pelo fato de não estenderem aos consumidores que pagam em cartão de crédito os descontos eventualmente oferecidos em operações comerciais de bens ou serviços pagos em dinheiro ou cheque. 2. Não há confusão entre as distintas relações jurídicas havidas entre (i) a instituição financeira (emissora) e o titular do cartão de crédito (consumidor); (ii) titular do cartão de crédito (consumidor) e o estabelecimento comercial credenciado (fornecedor); e (iii) a instituição financeira (emissora e, eventualmente, administradora do cartão de crédito) e o estabelecimento comercial credenciado (fornecedor). 3. O estabelecimento comercial credenciado tem a garantia do pagamento efetuado pelo consumidor por meio de cartão de credito, pois a administradora assume inteiramente a responsabilidade pelos riscos creditícios, incluindo possíveis fraudes. 4. O pagamento em cartão de crédito, uma vez autorizada a transação, libera o consumidor de qualquer obrigação perante o fornecedor, pois este dará ao consumidor total quitação. Assim, o pagamento por cartão de crédito é modalidade de pagamento à vista, pro soluto, implicando, automaticamente, extinção da obrigação do consumidor perante o fornecedor. 5. A diferenciação entre o pagamento em dinheiro, cheque ou cartão de crédito caracteriza prática abusiva no mercado de consumo, nociva ao equilíbrio contratual. Exegese do art. 39, V e X, do CDC: "Art. 39. É vedado ao fornecedor de produtos ou serviços, dentre outras práticas abusivas: (...) V – exigir do consumidor vantagem manifestamente excessiva; (...) X – elevar sem justa causa o preço de produtos ou serviços". 6. O art. 51 do CDC traz um rol meramente exemplificativo de cláusulas abusivas, num "conceito aberto" que permite o enquadramento de outras abusividades que atentem contra o equilíbrio entre as partes no contrato de consumo, de modo a preservar a boa-fé e a proteção do consumidor. 7. A Lei n. 12.529/2011, que reformula o Sistema Brasileiro de Defesa da Concorrência, considera infração à ordem econômica, a despeito da existência de culpa ou de ocorrência de efeitos nocivos, a discriminação de adquirentes ou fornecedores de bens ou serviços mediante imposição diferenciada de preços, bem como a recusa à venda de bens ou à prestação de serviços em condições de pagamento corriqueiras na prática comercial (art. 36, X e XI). Recurso especial da Câmara de Dirigentes Lojistas de Belo Horizonte conhecido e improvido". (STJ, REsp 1479039/MG, Segunda Turma, Rel. Min. Humberto Martins, DJe 06/10/2015) ► **Em sentido contrário**, a Lei 13.455/2017, convertendo a MP 764/2016, permitiu a diferenciação de preços em função do prazo ou instrumento de pagamento utilizado. Assim, agora por lei, o comerciante e outros fornecedores de bens e serviços podem cobrar mais caro, caso o consumidor opte por pagar com cartão de crédito/débito ou cheque, ao invés de pagar em dinheiro ou o pagamento seja a prazo, ao invés de pagamento à vista. De modo a informar bem o consumidor sobre os descontos efetuados, a Lei 13455/2017 acrescentou o art. 5º-A à Lei 10962/2004 (dispõe sobre a oferta e as formas de afixação de preços de produtos e serviços para o consumidor), exigindo que o fornecedor informe, em local e formato visível, quais os descontos serão concedidos em razão da forma ou do prazo de pagamento.

◙ **Não é abusiva a cobrança de uma diária completa de 24 horas em hotéis que adotam a prática de check-in às 15:00h e de check-out às 12:00h do dia de término da hospedagem**. "RECURSO ESPECIAL. DIREITO CIVIL E CONSUMIDOR. AÇÃO COLETIVA. PRESTAÇÃO DE SERVIÇOS DE HOTELARIA. PERÍODO DA DIÁRIA (24 HORAS). LEI 11.771/08 E DECRETO 3.781/10. PRETENSÃO DE REDUÇÃO DO VALOR DA DIÁRIA EM FACE DE ALEGADA REDUÇÃO DO PERÍODO DE ESTADIA ANTE A NECESSIDADE DE ORGANIZAÇÃO E LIMPEZA DAS UNIDADES HABITACIONAIS ENTRE A SAÍDA DE UM HÓSPEDE E A ENTRADA DE OUTRO. (...) Constitui fato incontroverso a veiculação pela empresa demandada de forma clara ao mercado consumidor de informação acerca do horário do check-in (15:00hs) e do check-out (12:00hs) para seus hóspedes, como, aliás, o fazem a generalidade dos prestadores de serviço de hotelaria. 5. Natural a previsão pelo estabelecimento hoteleiro, para permitir a organização de sua atividade e prestação de serviços com a qualidade esperada pelo mercado consumidor, de um período entre o check-out do anterior ocupante da unidade habitacional e o check-in do próximo hóspede, inexistindo ilegalidade ou abusividade a ser objeto de controle pelo Poder Judiciário. 6. A prática comercial do horário de check-in não constitui propriamente um termo inicial do contrato de hospedagem, mas uma prévia advertência de que o quarto poderá não estar disponível ao hóspede antes de determinado horário. 7. A fixação de horários diversos de check-in (15:00hs) e check-out (12:00hs) atende a interesses legítimos do consumidor e do prestador dos serviços de hospedagem, espelhando antiga prática amplamente aceita dentro e fora do Brasil." (STJ, REsp 1717111/SP, Rel. Ministro Paulo de Tarso Sanseverino, Terceira Turma, DJe 15/03/2019). ◙ **Em sentido contrário:** "Ação civil pública. Imposição aos hotéis de observância de diária de 24 horas e pedido de indenização correspondente ao período de privação do uso das habitações. Ilegitimidade da Autora para deduzir pedido de indenização fundada em direitos não homogêneos e subordinados à comprovação da lesão de direito. Diária que deve corresponder a 24 horas por expressa disposição legal. Possibilidade de fixação de honorários diversos para entrada e saída dos hotéis, com redução proporcional da diária.

Recurso parcialmente provido". (TJSP; Apelação 1000343-19.2013.8.26.0100; Trigésima Sexta Câmara Cível, Rel. Des. Pedro Baccarat; DJe 18/09/2014)

▣ **Ilegalidade da cobrança de taxa de conveniência na venda de ingressos online.** "RECURSO ESPECIAL. AÇÃO COLETIVA DE CONSUMO. DIREITO DO CONSUMIDOR. ESPETÁCULOS CULTURAIS. DISPONIBILIZAÇÃO DE INGRESSOS NA INTERNET. COBRANÇA DE "TAXA DE CONVENIÊNCIA". EMBARGOS DE DECLARAÇÃO. OMISSÃO, CONTRADIÇÃO OU OBSCURIDADE. NÃO INDICAÇÃO. SÚMULA 284/STF. PROTEÇÃO DO CONSUMIDOR. CLÁUSULAS ABERTAS E PRINCÍPIOS. BOA FÉ OBJETIVA. LESÃO ENORME. ABUSIVIDADE DAS CLÁUSULAS. VENDA CASADA ("TYING ARRANGEMENT"). OFENSA À LIBERDADE DE CONTRATAR. TRANSFERÊNCIA DE RISCOS DO EMPREENDIMENTO. DESPROPORCIONALIDADE DAS VANTAGENS. DANO MORAL COLETIVO. LESÃO AO PATRIMÔNIO IMATERIAL DA COLETIVIDADE. GRAVIDADE E INTOLERÂNCIA. INOCORRÊNCIA. SENTENÇA. EFEITOS. VALIDADE. TODO O TERRITÓRIO NACIONAL. (...) A venda do ingresso para um determinado espetáculo cultural é parte típica e essencial do negócio, risco da própria atividade empresarial que visa o lucro e integrante do investimento do fornecedor, compondo, portanto, o custo básico embutido no preço. 13. Na intermediação por meio da corretagem, como não há relação contratual direta entre o corretor e o terceiro (consumidor), quem deve arcar, em regra, com a remuneração do corretor é a pessoa com quem ele se vinculou, ou seja, o incumbente. Precedente. 14. A assunção da dívida do fornecedor junto ao intermediário exige clareza e transparência na previsão contratual acerca da transferência para o comprador (consumidor) do dever de pagar a comissão de corretagem. Tese repetitiva. 15. Na hipótese concreta, a remuneração da recorrida é integralmente garantida por meio da "taxa de conveniência", cobrada nos moldes do art. 725 do CC/02, devida pelos consumidores que comprarem ingressos em seu meio virtual, independentemente do direito de arrependimento (art. 49 do CDC). 16. A venda pela internet, que alcança interessados em número infinitamente superior de do que a venda por meio presencial, privilegia os interesses dos produtores e promotores do espetáculo cultural de terem, no menor prazo possível, vendidos os espaços destinados ao público e realizado o retorno dos investimentos até então empregados e transfere aos consumidores parcela considerável do risco do empreendimento, pois os serviços a ela relacionados, remunerados pela "taxa de conveniência", deixam de ser arcados pelos próprios fornecedores. 17. Se os incumbentes optam por submeter os ingressos à venda terceirizada em meio virtual (da internet), devem oferecer ao consumidor diversas opções de compra em diversos sítios eletrônicos, caso contrário, a liberdade dos consumidores de escolha da intermediadora da compra é cerceada, limitada unicamente aos serviços oferecidos pela recorrida, de modo a ficar configurada a venda casada, nos termos do art. 39, I e IX, do CDC. 18. A potencial vantagem do consumidor em adquirir ingressos sem se deslocar de sua residência fica totalmente aplacada pelo fato de ser obrigado a se submeter, sem liberdade, às condições impostas pela recorrida e pelos incumbentes no momento da contratação, o que evidencia que a principal vantagem desse modelo de negócio – disponibilização de ingressos na internet – foi instituída em seu favor dos incumbentes e da recorrida. 19. In casu, não há declaração clara e destacada de que o consumidor está assumindo um débito que é de responsabilidade do incumbente - produtor ou promotor do espetáculo cultural - não se podendo, nesses termos, reconhecer a validade da transferência do encargo (assunção de dívida pelo consumidor).". (STJ, REsp 1737428/RS, Rel. Ministra Nancy Andrighi, Terceira Turma, DJe 15/03/2019)

VI – executar serviços sem a prévia elaboração de orçamento e autorização expressa do consumidor, ressalvadas as decorrentes de práticas anteriores entre as partes;

◙ **Mesmo inexistindo orçamento prévio, não há prática abusiva se o consumidor não impugna os valores cobrados pelos serviços prestados pelo fornecedor.** *(sobre orçamento, ver art.40)* "RECURSO ESPECIAL. CÓDIGO DE DEFESA DO CONSUMIDOR. ART. 39, INCISO VI, E ART. 40. ORÇAMENTO PRÉVIO. INEXISTÊNCIA. VALORES NÃO IMPUGNADOS PELO RECORRENTE. PRÁTICA ABUSIVA. NÃO OCORRÊNCIA. (...) 3. Se o consumidor deixa de impugnar os valores cobrados pelos serviços prestados, não discordando, por conseguinte, do montante da dívida, não se há falar em prática abusiva pelo fornecedor, mesmo que ausente o orçamento prévio. (STJ, REsp 285.241, 4ª T., DJ 8.10.2007).

◙ **Somente pode ser cobrado o serviço autorizado pelo consumidor.** "O art. 39, VI, do referido Código determina que o serviço somente pode ser realizado com a expressa autorização do consumidor. Em conseqüência, não demonstrada a existência de tal autorização, é imprestável a cobrança, sendo devido, apenas, o valor autorizado expressamente pelo consumidor." (STJ, REsp 332.869-RJ, Rel. Min. Carlos Alberto Menezes Direito, J. 24.6.2002)

◙ **Prova de entrega do orçamento ao consumidor é do fornecedor**. "SUSTAÇÃO DE PROTESTO. ANULAÇÃO DE TÍTULO. DUPLICATA DE PRESTAÇÃO DE SERVIÇO. ORÇAMENTO PRÉVIO E AUTORIZAÇÃO. Caso em que a execução do serviço, e a conseqüente emissão da duplicata, dependiam da apresentação prévia de orçamento discriminado e da autorização do consumidor. Prova que incumbe à prestadora de serviço, e esta, ademais, admitiu não haver elaborado o documento, inocorrendo na prática abusiva prevista no art-39, VI, do CDC. Apelação provida" (TARGS, 05ª Cível - Apelação 197198252 - Rel. Márcio Borges Fortes, J. 20.11.1997)

◙ **Serviços de empreitada realizados sem autorização do consumidor.** "PRESTAÇÃO DE SERVIÇOS EMPREITADA - RELAÇÃO DE CONSUMO EXECUÇÃO PARCIAL DOS SERVIÇOS AÇÃO DE INDENIZAÇÃO - PROCEDÊNCIA PARCIAL RECONVENÇÃO IMPROCEDÊNCIA - SENTENÇA MANTIDA APELO DA RÉ/RECONVINTE IMPROVIDO. I A execução de serviços sem a prévia elaboração de orçamento e autorização expressa do consumidor, constituiu prática abusiva, nos termos do art. 39, VI, do CDC, inexistindo obrigação de pagamento. " (TJ-SP - APL: 21959520108260037 SP, Relator: Mendes Gomes, Data de Julgamento: 03/09/2012, 35ª Câmara de Direito Privado)

◘ **Conserto de veículos. Não cabe mero acerto verbal; é necessária a entrega ao consumidor de prévio orçamento escrito.** "DIREITO DO CONSUMIDOR. AÇÃO DECLARATÓRIA DE INEXISTÊNCIA DE RELAÇÃO JURÍDICA E INDENIZAÇÃO POR DANOS MORAIS. REPARO DE VEÍCULO SEGURADO AVARIADO EM ACIDENTE DE TRÂNSITO. OFICINA INDICADA PELA SEGURADORA. SERVIÇOS E PEÇAS INDEVIDAMENTE COBRADOS DO SEGURADO. PROVA ORAL. DESNECESSIDADE. SUFICIÊNCIA DA PROVA DOCUMENTAL. PRELIMINAR DE CERCEAMENTO DE DEFESA REJEITADA. MÉRITO: O CÓDIGO DE DEFESA DO CONSUMIDOR, EM SEU ART. 40, EXIGE QUE O FORNECEDOR DE SERVIÇOS ENTREGUE AO PRETENSO CONTRATANTE ORÇAMENTO PRÉVIO, NO QUAL DISCRIMINE O VALOR DA MÃO DE OBRA, DOS MATERIAIS E DOS EQUIPAMENTOS A SEREM UTILIZADOS, AS CONDIÇÕES DE PAGAMENTO, BEM COMO AS DATAS DE INÍCIO E DE TÉRMINO DOS SERVIÇOS. ALIÁS, O ART. 39, VI, DO CDC CLASSIFICA COMO PRÁTICA ABUSIVA A EXECUÇÃO DE SERVIÇOS SEM PRÉVIA ELABORAÇÃO DE ORÇAMENTO E AUTORIZAÇÃO EXPRESSA DO CONSUMIDOR, RESSALVADAS AS DECORRENTES DE PRÁTICAS ANTERIORES ENTRE AS PARTES. DESSA FORMA, PELA LEI CONSUMERISTA, NÃO CABE MERO ACERTO VERBAL; É NECESSÁRIA A ENTREGA AO CONSUMIDOR DE PRÉVIO ORÇAMENTO ESCRITO, COM A DISCRIMINAÇÃO DE TODOS OS ITENS ACIMA RELACIONADOS. SE O FORNECEDOR DE SERVIÇOS OPTA POR AGIR DE MANEIRA INFORMAL, ASSUME OS RISCOS QUANTO AOS PROBLEMAS QUE PODEM DECORRER DE SUA CONDUTA. NO CASO ESPECÍFICO DOS AUTOS, ALÉM DE NÃO HAVER ORÇAMENTO ELABORADO EM NOME DO AUTOR, INEXISTE PROVA DE SUA EXPRESSA CONCORDÂNCIA QUANTO À EXECUÇÃO DOS SERVIÇOS DE REPARO DO SEU AUTOMÓVEL. POR ESSAS RAZÕES, REVELA-SE CORRETA A R. SENTENÇA RECORRIDA AO DECLARAR A INEXISTÊNCIA DO DÉBITO. TAMBÉM EMERGE NÍTIDO O DEVER DE COMPENSAR O DANO MORAL (CF, ART. 5º, V E X; CDC, ART. 6º, VI) INDISCUTIVELMENTE CONFIGURADO PELOS ATROPELOS EXPERIMENTADOS PELO CONSUMIDOR E PELA RETENÇÃO INDEVIDA DO VEÍCULO, O QUAL APENAS FOI-LHE ENTREGUE MEDIANTE ORDEM JUDICIAL. RECURSOS CONHECIDOS, NÃO PROVIDO O INTERPOSTO PELA RÉ E PROVIDO O INTERPOSTO PELO AUTOR." (TJ-DF – APC: 20100610052699 DF, Relator: WALDIR LEÔNCIO LOPES JÚNIOR, Data de Julgamento: 21/08/2013, 2ª Turma Cível)

◘ **Nesse sentido, envolvendo serviço de instalação de teto solar em veículo.** "APELAÇÃO AÇÃO INDENIZATÓRIA DANOS MORAIS PRESTAÇÃO DE SERVIÇOS CONTRATO VERBAL Caracterizada relação de consumo Inversão do ônus da prova Autor que deixou veículo em oficina da ré para instalação de teto solar Contrato verbal Divergência quanto à forma de pagamento Responsabilidade da ré de entregar ao consumidor orçamento prévio, discriminando o valor e as condições e formas de pagamento Ré que agiu de forma informal e assumiu o risco dos problemas que poderiam advir de sua conduta em não fornecer prévio orçamento por escrito Retenção do veículo Falha na prestação de serviços Responsabilidade objetiva da ré Dano moral caracterizado – Ainda que não haja prova do prejuízo, o dano moral puro é presumível Indenização devida Inteligência dos arts. 39 e 40 do CDC Apelo improvido." (TJSP,

28333520068260663APC, Relator: Salles Vieira, Comarca: Votorantim, Órgão julgador: 24ª Câmara de Direito Privado, Data do julgamento: 21/3/2013)

◙ **Cobrança de despesas hospitalares não autorizadas pelo consumidor.** "DIREITO CIVIL - COBRANÇA DE DESPESAS HOSPITALARES NÃO ACOBERTADAS PELO CONVÊNIO DE SAÚDE - AUSÊNCIA DE ORÇAMENTO PRÉVIO COM A CONCORDÂNCIA DO PACIENTE - TERMO DE RESPONSABILIDADE - NULIDADE - RECURSO PROVIDO. 1. O art. 40 do Código de Defesa do Consumidor impõe ao fornecedor de serviço a obrigação de entregar ao consumidor orçamento prévio discriminando o valor da mão-de-obra, dos materiais e equipamentos a serem empregados. 2. O orçamento elaborado pelo estabelecimento de saúde sem a anuência do paciente não tem o condão de obrigá-lo a pagar as despesas porventura não acobertadas pelo plano de saúde. 3. Nos termos do art. 39, VI, do CDC, considera-se prática abusiva do fornecedor executar serviços sem a prévia elaboração de orçamento e autorização expressa do consumidor, ressalvadas as decorrentes de práticas anteriores entre as partes. 4. O termo de responsabilidade, quando desacompanhado de orçamento prévio do qual teve conhecimento o consumidor, constitui verdadeira cláusula potestativa, uma vez que sujeita o paciente ao pagamento da conta que lhe vier a ser apresentada no futuro. 5. Considerando os preceitos cogentes do Código de Defesa do Consumidor, mostra-se ilegítima e abusiva a cobrança de despesas médicas e hospitalares efetuada pelo estabelecimento de saúde com base em termo de responsabilidade desacompanhado de orçamento prévio com a anuência expressa do paciente ou responsável quanto aos seus termos , salvo quando a urgência do atendimento médico não recomendar a adoção desse procedimento. 6. Recurso provido. (TJ-DF Acórdão n.237461, 20040110544975APC, Relator: José de Aquino Perpétuo, 3ª Turma Cível, Publicado no DJU 9/3/2006)

VII – repassar informação depreciativa, referente a ato praticado pelo consumidor no exercício de seus direitos;

► **Não será considerada prática abusiva a informação depreciativa concernente a ato do consumidor praticado irregularmente, em desconformidade com o direito.** "Constitui prática abusiva a transmissão de informação depreciativa relativa a ato praticado pelo consumidor, no exercício regular de seus direitos, podendo o fornecedor responder pelos prejuízos moral e patrimonial causados. Porém, não será considerada prática abusiva a informação depreciativa concernente a ato do consumidor praticado irregularmente, em desconformidade com o direito". (SILVA, Jorge Alberto Quadros De Carvalho. *Código de Defesa do Consumidor Anotado*. São Paulo: Saraiva, 2001. p. 134-135)

◙ **Instituição financeira que criou um "cadastro restritivo interno".** "O repasse oficioso de informações depreciativas ao crédito do consumidor, no que se denominou "cadastro restritivo interno", configura banco de dados sigiloso, à margem da lei, avesso ao exercício da ampla defesa, fora do controle dos órgãos de proteção do consumidor e do próprio Poder Judiciário, e em manifesta afronta às garantias do art. 43, parágrafos, do Código de Defesa do Consumidor. 6. No caso concreto, violado restou ainda o art. 39, inciso VII, do estatuto consumerista, que proíbe o fornecedor de produtos e serviços a de 'repassar informação depreciativa, referente a ato praticado pelo consumidor no exercício de seus direitos', devendo-se equiparar ao exercício de direito, para os efeitos desse dispositivo, o pagamento moroso de determinada prestação de mútuo, quando o consumidor arca com todos os encargos decorrentes da mora." (TJ-RJ - APL: 00011949520088190019 Rio de Janeiro Cordeiro Vara Unica, Relator: Marcos Alcino de Azevedo Torres, Vigésima Sétima Câmara Cível Consumidor, Data de Publicação: 02/07/2014)

VIII – colocar, no mercado de consumo, qualquer produto ou serviço em desacordo com as normas expedidas pelos órgãos oficiais competentes ou, se normas específicas não existirem, pela Associação Brasileira de Normas Técnicas ou outra entidade credenciada pelo Conselho Nacional de Metrologia, Normalização e Qualidade Industrial (Conmetro);

► **Colocação de produto no mercado em desacordo com as normas técnicas.** Nem todas as normas elaboradas são obrigatórias, mas, existindo aquelas obrigatórias, os produtos ou serviços, nacionais ou estrangeiros, devem se submeter a elas. A normalização, na verdade, estabelece um padrão mínimo de segurança, qualidade e outras características que os produtos devem ter; desse modo, o Judiciário e o Poder Público podem estabelecer um critério mais elevado". (OLIVEIRA, Júlio Moraes. *Curso de Direito do Consumidor Completo*. 4ª ed., Belo Horizonte: D'Plácido, 2017, p. 296)

◙ **INMETRO.** "O CONMETRO, usando de sua competência normativa e atribuições legais, em consonância com o disposto nas alíneas "a" e "c" dos itens 4.1 e 4.2 do Regulamento,concedeu ao INMETRO atribuição de expedir atos normativos metrologia», necessários à implementação de suas atividades, com amparo na Resolução na 11/88 e art.39, VIII do Código de Defesa do Consumidor. É legítima a edição pelo INMETRO da Portaria n° 74/95, que dispõe sobre exames quantitativos de mercadorias e critérios-para verificação do conteúdo líquido e do conteúdo nominal dos produtos comercializados nas grandezas de massa e volume, porquanto este órgão não extrapolou os limites de sua competência". (STJ, REsp. 423.274/PR, 1ª T., rel. Min. Garcia Vieira, DJU 26.8.2002)

IX – recusar a venda de bens ou a prestação de serviços, diretamente a quem se disponha a adquiri-los mediante pronto pagamento, ressalvados os casos de intermediação regulados em leis especiais;

► **Por "pronto pagamento" deve-se entender o pagamento em dinheiro** "Quando o Código diz 'pronto pagamento', deve-se entender o pagamento em dinheiro, já que a moeda brasileira, o Real, é de curso forçado aqui no país. Qualquer outra forma de pagamento é facultativa ao fornecedor (cartão de débito, crédito, ticket alimentação, cheque, dentre outras). Todavia, tal recusa a essas formas de pagamento amplamente utilizadas hoje deve ser vastamente divulgada no estabelecimento e de preferência informada ao consumidor para que o mesmo não adquira o serviço ou produto e seja surpreendido na hora do pagamento". (OLIVEIRA, Júlio Moraes. *Curso de Direito do Consumidor Completo.* 4ª ed., Belo Horizonte: D'Plácido, 2017, p. 296)

◙ **Por envolver pesquisas cadastrais e análise de risco, a obrigação de contratar não pode ser imposta às instituições financeiras.** "RECURSO ESPECIAL. CIVIL E CONSUMIDOR. CONTRATO BANCÁRIO. CONTA-CORRENTE E SERVIÇOS RELACIONADOS. RESCISÃO PELA INSTITUIÇÃO FINANCEIRA. ENCERRAMENTO DE CONTA-CORRENTE APÓS NOTIFICAÇÃO PRÉVIA (RESOLUÇÃO BACEN 2.025/93, ART. 12). CARÁTER ABUSIVO. NÃO CARACTERIZAÇÃO (CC/2002, ART. 473). INEXISTÊNCIA DE OBRIGAÇÃO DE CONTRATAR. NÃO INCIDÊNCIA DO ART. 39, IX, DO CDC. RECURSO PROVIDO. 1. Em regra, nos contratos bancários, envolvendo relações dinâmicas e duráveis, de execução continuada, *intuito personae* – como nos casos de conta-corrente bancária e de cheque especial -, que exigem da instituição financeira frequentes pesquisa cadastral e análise de riscos, entre outras peculiaridades, não há como se impor, como aos demais fornecedores de produtos e serviços de pronto pagamento pelo consumidor, a obrigação de contratar prevista no inciso IX do art. 39 do CDC. 2. Conforme a Resolução BACEN/CMN nº 2.025/1993, com a redação dada pela Resolução BACEN/CMN nº 2.747/2000, podem as partes contratantes rescindir unilateralmente os contratos de conta-corrente e de outros serviços bancários (CC/2002, art. 473). 3. Recurso especial provido" (STJ, REsp 1538831/DF, Rel. Min. Raul Araújo, 4ª T., DJe 17.8.2015). ◙ **Em sentido contrário, configurando abusividade o encerramento unilateral de conta-corrente:** DIREITO DO CONSUMIDOR. CONTRATO DE CONTA-CORRENTE EM INSTITUIÇÃO FINANCEIRA. ENCERRAMENTO UNILATERAL E IMOTIVADO DA CONTA. IMPOSSIBILIDADE. 1.- Não pode o banco, por simples notificação unilateral imotivada, sem apresentar motivo justo, encerrar conta-corrente antiga de longo tempo, ativa e em que mantida movimentação financeira razoável. 2.- Configurando contrato relacional ou cativo, o contrato de conta-corrente bancária de longo tempo não pode ser encerrado unilateralmente pelo banco, ainda que após notificação, sem motivação razoável, por contrariar o preceituado no art. 39, IX, do Cód. de Defesa do Consumidor. 3.- Condenação do banco à manutenção das conta-correntes dos autores. 4.- Dano moral configurado, visto que atingida a honra dos correntistas, deixando-os em situação vexatória, causadora de padecimento moral indenizável. 5.- Recurso Especial provido." (STJ, REsp 1277762/SP, Rel. Ministro Sidnei Beneti, Terceira Turma, DJe 13/08/2013)

◙ **A negativa de contratar seguro de vida é ilícita.** "Se um jovem foi portador de leucemia, mas apresenta-se clinicamente curado, a pura e simples negativa de contra-tar seguro de vida é ilícita, violando a regra do art. 39, IX, do CDC. Diversas opções poderiam substituir a simples negativa, como a formulação de prêmio mais alto ou mesmo a redução da cobertura securitária, excluindo-se os sinistros relacionados à doença pré-existente. Rejeitar o consumidor, pura e simplesmente, notadamente em situa-ções em que o seguro é oferecido como consectário do contrato de estágio, gera dano moral. O consumidor, rejeitado pelo seguro, vê sua doença desnecessariamente exposta em seu ambiente de trabalho." (STJ, REsp 1300116/SP, Rel. Ministra Nancy Andrighi, Terceira Turma, DJe 13/11/2012) ◙ **No mesmo sentido:** "APELAÇÃO CÍVEL. CONTRATO DE SEGURO. RELAÇÃO DE CONSUMO. CÓDIGO DE DEFESA DO CONSUMIDOR. PROPOSTA DE SEGURO RECUSADA INJUSTIFICADAMENTE. REPARAÇÃO PELOS DANOS MORAIS DEVIDA. SENTENÇA A QUO MANTIDA. RECURSO A QUE SE NEGA PROVIMENTO. 1. Recusa apresentada pela seguradora destituída de qualquer explicação clara, impossibilita interpretar como mera liberdade e discricionariedade das empresas seguradoras. 2. Aplicável a inteligência do inciso IX do art. 39, do CDC que veda "ao fornecedor de produtos ou serviços, entre outras práticas abusivas: recusar a venda de bens ou a prestação de serviços, diretamente a quem se disponha a adquiri-los mediante pronto pagamento, ressalvados os casos de intermediação regulados em lei especial 3. Não há que se tolerar a negativa de maneira injustificada por parte das companhias seguradoras, pois estas têm o dever legal de explanar de maneira clara os motivos que levaram à recusa por parte da companhia 4. Decisão mantida. Recurso não provido." (TJ-PE – APL: 3048122 PE, Relator: Stênio José de Sousa Neiva Coêlho, 5ª Câmara Cível, Data de Publicação: 04/06/2013)

◙ **Negativa indevida de abertura de conta salário.** "JUIZADO ESPECIAL CÍVEL. DIREITO CONSUMIDOR. AÇÃO DE OBRIGAÇÃO DE FAZER C/C DANOS MORAIS. BANCO. NEGATIVA INDEVIDA DE ABERTURA DE CONTA SALÁRIO. DANOS MORAIS CONFIGURADOS. SERVIÇO ESSENCIAL. PRINCÍPIO DA BOA-FÉ OBJETIVA. ARBITRAMENTO MANTEVE-SE DENTRO DOS PRINCÍPIOS DA PROPORCIONALIDADE E DA RAZOABILIDADE. RECURSO CONHECIDO E DESPROVIDO. (...) De acordo com o Código de Defesa do Consumidor, é vedado ao fornecedor, por serem consideradas práticas abusivas, a recusa de atendimento às demandas do consumidor, à medida da disponibilidade em estoque, conforme os usos e costumes (II art. 39); repassar informação depreciativa, ou referente a ato praticado pelo consumidor no exercício dos seus direitos (IV do art. 39) e recusar a venda de bens ou a prestação de serviços, diretamente a quem se disponha a adquiri-los mediante pronto pagamento, ressalvados os casos de intermediação regulados em leis especiais. 5.No caso sub judice, a prova conduz à conclusão de que a negativa de prestação do serviço bancário foi sem motivo plausível, causando à consumidora, indubitavelmente dor. Mesmo sem lograr êxito na declaração de existência de dívida ou negativação do nome da autora, o banco manteve-se irredutível na tese de liberdade de contratar, o que certamente configurou prática abusiva e feriu o princípio da boa-fé objetiva, vetor das relações de consumo. 6.Embora ninguém seja obrigado a contratar e o mero descumprimento contratual não configure dano moral, essa regra sofre temperamentos nas relações de consumo, uma vez que o fornecedor não pode impor regras próprias seletivas ou discriminatórias para o fornecimento de produtos ou prestação de serviço. E tratando-se de serviço essencial, como conta salário, a recusa é capaz de causar dano à pessoa, por suprimir meios para o recebimento os recursos essenciais e necessários à própria subsistência. E neste ponto, descabida a irresignação da instituição financeira em proceder à abertura de conta-salário sob o argumento de que não há obrigatoriedade da concessão de crédito, a potencial correntista." (TJ-DF – ACJ: 20150310040330,

Relator: Robson Barbosa de Azevedo, 3ª Turma Recursal dos Juizados Especiais do Distrito Federal, Publicado no DJE : 04/09/2015)

X – elevar sem justa causa o preço de produtos ou serviços.

► **A simples mudança de preço é permitida se respeitar as normas do CDC.** "Se o fornecedor está vendendo num dia por um preço e resolve no dia seguinte aumentá-lo, pode fazê-lo à vontade, desde que respeite as demais normas do CDC aplicáveis: anuncie e apresente claramente o novo preço; não tenha feito anteriormente oferta pública do preço com prazo certo (por exemplo, "oferta válida até tal data") etc". (RIZZATTO NUNES, Luiz Antônio. *Comentários ao Código de Defesa do Consumidor*. São Paulo: Saraiva, 2000. p. 493)

► **Aumento abusivo de preço de produto em razão de tragédia ambiental.** Exemplo claro de aumento abusivo de preços ficou evidenciado após o rompimento das barragens da mineradora Samarco, ocorrido na cidade de Mariana (MG), no mês de novembro de 2015. No caso, o site Reclame Aqui recebeu diversas denúncias contra comerciantes da cidade de Governador Valadares, que sofreu com o desabastecimento de água, em razão da contaminação das águas do Rio Doce pelos rejeitos provenientes das barragens rompidas. A denúncia dos consumidores se referiam ao aumento da água mineral, cujo galão de 20 litros estava sendo vendido a R$20,00 (vinte reais), sendo que, na época, o preço médio de mercado do produto era de R$8,00 (oito reais). Em tal situação, era difícil crer que os comerciantes que estavam praticando tal preço tivessem sofrido algum ônus extra na aquisição da água mineral na origem, motivo pelo qual afigurava-se abusiva a prática de tal preço. Nesse contexto, cumpre lembrar que as relações de consumo devem ser baseadas na proteção dos interesses econômicos do consumidor, bem como no princípio da boa-fé, conforme estatuído pelo art. 4º, inciso III, do CDC.

◙ **Ágio cobrado pelas concessionárias na venda de veículos.** "O ágio cobrado por concessionárias na venda direta de veículos automotores ao consumidor. Com efeito, as concessionárias, valendo-se da posição dominante no mercado, impõem preços absurdos, procurando gerar um lucro extrema e absolutamente arbitrário, reduzindo praticamente a zero as opções do consumidor." (SANTOS, Fernando Gherardini. *Direito do marketing*, p. 194)

◙ **Diferenciação de preços. Pagamento com cartão de crédito. Abusividade.** "CONSUMIDOR E ADMINISTRATIVO. AUTUAÇÃO PELO PROCON. LOJISTAS. DESCONTO PARA PAGAMENTO EM DINHEIRO OU CHEQUE EM DETRIMENTO DO PAGAMENTO EM CARTÃO DE CRÉDITO. PRÁTICA ABUSIVA. CARTÃO DE CRÉDITO. MODALIDADE DE PAGAMENTO À VISTA. 'PRO SOLUTO'. DESCABIDA QUALQUER DIFERENCIAÇÃO. DIVERGÊNCIA INCOGNOSCÍVEL. (...) 3. O estabelecimento comercial credenciado tem a garantia do pagamento efetuado pelo consumidor por meio de cartão de credito, pois a administradora assume inteiramente a responsabilidade pelos riscos creditícios, incluindo possíveis fraudes. 4. O pagamento em cartão de crédito, uma vez autorizada a transação, libera o consumidor de qualquer obrigação perante o fornecedor, pois este dará ao consumidor total quitação. Assim, o pagamento por cartão de crédito é modalidade de pagamento à vista, pro soluto, implicando, automaticamente, extinção da obrigação do consumidor perante o fornecedor. 5. A diferenciação entre o pagamento em dinheiro, cheque ou cartão de crédito caracteriza prática abusiva no mercado de consumo, nociva ao equilíbrio contratual. Exegese do art. 39, V e X, do CDC: 'Art. 39. É vedado ao fornecedor de produtos ou serviços, dentre outras práticas abusivas: (...) V – exigir do consumidor vantagem manifestamente excessiva; (...) X – elevar sem justa causa o preço de produtos ou serviços'. 6. O art. 51 do CDC traz um rol meramente exemplificativo de cláusulas abusivas, num 'conceito aberto' que permite o enquadramento de outras abusividades que atentem contra o equilíbrio entre as partes no contrato de consumo, de modo a preservar a boa-fé e a proteção do consumidor. 7. A Lei n. 12.529/2011, que reformula o Sistema Brasileiro de Defesa da Concorrência, considera infração à ordem econômica, a despeito da existência de culpa ou de ocorrência de efeitos nocivos, a discriminação de adquirentes ou fornecedores de bens ou serviços mediante imposição diferenciada de preços, bem como a recusa à venda de bens ou à prestação de serviços em condições de pagamento corriqueiras na prática comercial (art. 36, X e XI). Recurso especial da Câmara de Dirigentes Lojistas de Belo Horizonte conhecido e improvido". (STJ, REsp 1479039/MG, Segunda Turma, Rel. Min. Humberto Martins, DJe 06/10/2015).

◙ **Plano de saúde. Qualquer mudança nos valores das prestações, além de serem previamente avisadas, devem ser feitas de forma amena e gradativa.** "DIREITO DO CONSUMIDOR. CONTRATO DE SEGURO DE VIDA, RENOVADO ININTERRUPTAMENTE POR DIVERSOS ANOS. CONSTATAÇÃO DE PREJUÍZOS PELA SEGURADORA, MEDIANTE A ELABORAÇÃO DE NOVO CÁLCULO ATUARIAL. NOTIFICAÇÃO, DIRIGIDA AO CONSUMIDOR, DA INTENÇÃO DA SEGURADORA DE NÃO RENOVAR O CONTRATO, OFERECENDO-SE A ELE DIVERSAS OPÇÕES DE NOVOS SEGU-ROS, TODAS MAIS ONEROSAS. CONTRATOS RELACIONAIS. DIREITOS E DEVERES ANEXOS. LEALDADE, COOPERAÇÃO, PROTEÇÃO DA SEGURANÇA E BOA FÉ OBJETIVA. MANUTENÇÃO DO CONTRATO DE SEGURO NOS TERMOS ORIGINALMENTE PREVISTOS. RESSALVA DA POSSIBILIDADE DE MODIFICAÇÃO DO CONTRATO, PELA SEGURADORA, MEDIANTE A APRESENTAÇÃO PRÉVIA DE EXTENSO CRONOGRAMA, NO QUAL OS AUMENTOS SÃO APRESENTADOS DE MANEIRA SUAVE E ESCALONADA. 1. No moderno direito contratual reconhece-se, para além da existência dos contratos descontínuos, a existência de contratos relacionais, nos quais as cláusulas estabelecidas no instrumento não esgotam a gama de direitos e deveres das partes. 2. Se o consumidor contratou, ainda jovem, o seguro de vida oferecido pela recorrida e se esse vínculo vem se renovando desde então, ano a ano, por mais de trinta anos, a pretensão da seguradora de modificar abruptamente as condições do seguro, não renovando o ajuste anterior, ofende os princípios da boa fé objetiva, da cooperação, da confiança e da lealdade que deve orientar a interpretação dos contratos que regulam relações de consumo. 3. Constatado prejuízos pela seguradora e identificada a necessidade de modificação da carteira de seguros em decorrência de novo cálculo atuarial, compete a ela ver o consumidor como um colaborador, um parceiro que a tem acompanhado ao longo dos anos. Assim, os aumentos necessários para o reequilíbrio da carteira têm de ser estabelecidos de maneira suave e gradual, mediante um cronograma extenso, do qual o segurado tem de ser cientificado previamente. Com isso, a seguradora colabora com o particular, dando-lhe a oportunidade de se preparar para os novos custos que onerarão, ao longo do tempo, o seu seguro de vida, e o particular também colabora com a seguradora, aumentando sua participação e mitigando os prejuízos constatados. 4. A intenção de modificar abruptamente a relação jurídica continuada, com simples notificação entregue com alguns meses de antecedência, ofende o sistema de proteção ao consumidor e não pode prevalecer. 5. Recurso especial conhecido e provido." (STJ, Resp 1073595/MG, Rel. Ministra Nancy Andrighi, Segunda Seção, DJe 29/04/2011)

◙ **Plano de saúde. É vedada a cobrança de valores diferenciados para empregados e ex-empregados demitidos sem justa causa.** "RECURSO ESPECIAL. AÇÃO DECLARATÓRIA DE ILEGALIDADE DE COBRANÇA DE MENSALIDADES RELATIVAS A PLANO DE SAÚDE C/C REPETIÇÃO DE INDÉBITO. CONTRIBUIÇÃO DE EMPREGADO DEMITIDO SEM JUSTA CAUSA. VALORES DIFERENCIADOS PARA EMPREGADOS E EX-EMPREGADOS. IMPOSSIBILIDADE. INTERPRETAÇÃO DO ART. 30 DA LEI N. 9.656/1998 QUE PRESCINDE DA APLICAÇÃO DA RESOLUÇÃO N. 279/2011. REPETIÇÃO EM DOBRO. ART. 42, PARÁGRAFO ÚNICO, DO CDC. NECESSIDADE DE MÁ-FÉ DO CREDOR. RECURSO PARCIALMENTE PROVIDO. (...). 2. Consoante dispõe o art. 30 da Lei n. 9.656/1998, 'ao consumidor que contribuir para produtos de que tratam o inciso I e o § 1º do art. 1º desta Lei, em decorrência de vínculo empregatício, no caso de rescisão ou exoneração do contrato de trabalho sem justa causa, é assegurado o direito de manter sua condição de beneficiário, nas mesmas condições de cobertura assistencial de que gozava quando da vigência do contrato de trabalho, desde que assuma o seu pagamento integral'. (...)".(STJ, REsp 1539815/DF, Terceira Turma, Rel. Ministro Marco Aurélio Bellizze, DJe 14/02/2017)

XI – Dispositivo incorporado pela MPV nº 1.890-67, de 22.10.1999, transformado em inciso XIII, quando da converão na Lei nº 9.870, de 23.11.1999

XII – deixar de estipular prazo para o cumprimento de sua obrigação ou deixar a fixação de seu termo inicial a seu exclusivo critério.

► **A estipulação de prazo é importante para possibilitar o consumidor exigir o cumprimento forçado da obrigação.** O código estipula a necessidade de todo contrato de consumo conter, necessariamente, o prazo definido para o cumprimento das obrigações. É comum a ausência de prazos para que os fornecedores entreguem produtos ou prestem os serviços enquanto, para os consumidores, o prazo para pagamento sempre é bem definido. Mais uma vez, o código visa equilibrar as relações. A estipulação de prazo também é importante para possibilitar o consumidor exigir o cumprimento forçado da obrigação, caso seja descumprido pelo fornecedor.

◙ **Falta de fixação de prazo para conserto do veículo. Demora excessiva que gera indenização.** "Apelações cíveis. Ação de indenização por danos materiais e morais. Relação de consumo. Autor, deficiente físico, que ajuizou ação de reparação de danos materiais e morais em face de concessionária e fabricante de veículos. Demora de 68 dias na execução do serviço de reparos de veículo adaptado para facilitar a locomoção do autor, pela concessionária. Fabricante e comerciante que respondem de forma solidária pelos vícios do produto e do serviço, na forma do par. ún. do art. 7º e 25 § 1º CDC. Serviço prestado com defeito. Falta de fixação de prazo para entrega do serviço. Interpretação teleológica dos arts. 24 c/c 39 XII, par. ún., do art. 50 e art. 20 § 2º, todos do CDC. Inteligência do art. 18 CDC. Legitimidade passiva do fabricante. Precedentes. Responsabilidade civil objetiva. Quebra da legítima expectativa do consumidor. Dano moral indenizável. Verba que deve refletir o duplo viés do instituto na seara consumerista coadunando-se com os parâmetros de razoabilidade e proporcionalidade que requer o caso concreto. Apelos desprovidos." (TJ-RJ – APL: 00165687620118190204 3 Vara Civel, Relator: Cristina Tereza Gaulia, Quinta Câmara Cível, Data de Publicação: 21/08/2013)

► **Construção de imóvel somente a partir do início ou término da fundação.** "Basta que se lembrem os casos dos contratos imobiliários em que se fixa um prazo certo para a conclusa das obras a partir do início ou termino as fundações. Só que para estes não há qualquer prazo. O dispositivo é claro; todo contrato de consumo deve trazer, necessária e claramente, o prazo de cumprimento das obrigações do fornecedor". (BENJAMIN, Antônio Herman de Vasconcelos. *Código Brasileiro de Defesa do Consumidor comentado pelos autores do anteprojeto*. 6. ed. São Paulo: Forense Universitária, 1999. p. 324.)

XIII – aplicar fórmula ou índice de reajuste diverso do legal ou contratualmente estabelecido.

► **Mensalidades escolares.** Dispositivo inserido por Medida Provisória sobre mensalidades escolares (porque esta área é a que mais se percebia o abuso) vedando, em toda e qualquer relação de consumo, aplicar índice ou fórmula de reajuste diverso do estabelecido em lei ou do que foi convencionado.

◙ **Mensalidades escolares. Pode o Estado, por via legislativa, regular a política de preços de bens e de serviços abusivos.** "Em face da atual Constituição, para conciliar o fundamento da livre iniciativa e o princípio da livre concorrência com os da defesa do consumidor e da redução das desigualdades sociais, em conformidade com os ditames da justiça social, pode o Estado, por via legislativa, regular a política de preços de bens e de serviços abusivos, que é o poder económico que visa ao aumento arbitrário dos lucros. Não é, pois, inconstitucional a Lei n" 8.039, de 30 de maio de 1990, pelo só fato de ela dispor sobre critérios de reajuste das mensalidades das escolas particulares. (STF, ADin 319, Rel. Min. Moreira Alves)

◙ **Extinção do indexador originalmente contratado nos contratos bancários e escolha de um novo unilateralmente. Abusividade. (sobre abusividade nos contratos bancários, ver art.51).** "É nula de pleno direito a cláusula que autoriza o banco, após a extinção do indexador originalmente contratado, escolher, a seu exclusivo critério, de forma unilateral, qual o índice que vai aplicar na correção dos saldos devedores do financiamento, sendo nítido o maltrato ao que dispõe o art. 51, X e XIII do CPC, ao qual o acórdão recorrido não negou vigência, ao contrário, garantiu plena aplicação. Permanece válida, contudo, a cláusula na parte em que determina a substituição do índice contratual, em caso de sua extinção, pelo índice oficial que vier a sucedê-lo". (STJ, REsp. 274.264/RJ, 4T, Rel. Min. César Asfor Rocha, DJU 20.5.2002)

XIV – permitir o ingresso em estabelecimentos comerciais ou de serviços de um número maior de consumidores que o fixado pela autoridade administrativa como máximo.

► Inciso acrescentado pela Lei 13.425 de 30 de março de 2017 que estabelece diretrizes gerais sobre medidas de prevenção e combate a incêndio e a desastres em estabelecimentos, edificações e áreas de reunião de público.

Parágrafo único. Os serviços prestados e os produtos remetidos ou entregues ao consumidor, na hipótese prevista no inciso III, equiparam-se às amostras grátis, inexistindo obrigação de pagamento.

► **Sobre às amostras grátis, ver inciso III do art. 39.**

► **O inciso III há de ser lido em conjunto com o parágrafo único do art. 39.** "O inciso III há de ser lido em conjunto com o parágrafo único do art. 39. A norma é taxativa em proibir o envio ou a entrega ao consumidor sem que este tenha previamente solicitado qualquer produto ou serviço. O parágrafo único sanciona a violação à proibição, dispondo que o produto e o serviço enviado ou entregue sem solicitação tomam-se gratuitos, equiparando-se às conhecidas "amostras grátis" que os fornecedores utilizam para promover seus produtos e serviços". (NUNES, Luiz António Rizzatto. *Comentários ao Código de Defesa do Consumidor*. São Paulo: Saraiva, 2000. p. 486)

► **Serviço prestado sem autorização do consumidor é considerado amostra grátis.** "Se o serviço, não obstante a ausência de aprovação expressa do consumidor, for realizado, aplica-se, por analogia, o disposto no parágrafo único do art. 39, ou seja, o serviço, por não ter sido solicitado, é considerado amostra grátis, uma liberalidade do fornecedor, sem qualquer contraprestação exigida do consumidor". (BENJAMIN, Antônio Herman V.; MARQUES, Cláudia Lima; BESSA, Leonardo Roscoe. *Manual de Direito do Consumidor.* 7ª edição. São Paulo, Revista dos Tribunais, 2016, p. 315).

Art. 40. O fornecedor de serviço será obrigado a entregar ao consumidor orçamento prévio discriminando o valor da mão-de-obra, dos materiais e equipamentos a serem empregados, as condições de pagamento, bem como as datas de início e término dos serviços.

► **Cobrança pelo orçamento.** "Considerando-se que no âmbito das relações privadas vige a máxima de que é lícito fazer o que a lei não proíbe e que, consoante disposto no art. 5º, inciso II, da Constituição Federal de 1988, 'ninguém será obrigado a fazer ou deixar de fazer alguma coisa senão em virtude de lei' (princípio da legalidade), num primeiro momento a cobrança pelo orçamento pode ser realizada pelo fornecedor, porém, sempre informando previamente ao consumidor sobre a cobrança, e que esta se dê dentro de parâmetros razoáveis, sem abusos, isto é, considerando-se a real complexidade do serviço. Perceba-se que, em alguns casos, para que o fornecedor apresente um orçamento ao consumidor, é necessário desmontar o produto (ex: eletroeletrônicos, eletrodomésticos, partes de veículos etc.) ou se deslocar até a residência do consumidor para avaliar o local de execução do serviço (ex: a pintura de um imóvel, a instalação de um portão eletrônico, o projeto de móveis planejados etc.). É de se convir que desmontar um produto, procurar pelo defeito e diagnosticá-lo já é, em si, um serviço. Deslocar-se até a residência do consumidor para avaliar o serviço a ser realizado demanda gasto com combustível, dispêndio de tempo, enfim, o emprego de recursos produtivos do fornecedor." (GUGLINSKI, Vitor Vilela. O fornecedor pode cobrar pelo orçamento de um serviço? Disponível em: http://www.atualizacaocdc.com/2017/05/o-fornecedor-pode-cobrar-pelo-orcamento.html. Acesso em 07/09/2017)

► **Informações do orçamento.** "O orçamento deve conter, necessariamente, informações sobre: a) o preço da mão de obra, dos materiais e equipamentos; b) as condições de pagamento; c) a data de início e término do serviço". (BENJAMIN, Antônio Herman V.; MARQUES, Cláudia Lima; BESSA, Leonardo Roscoe. *Manual de Direito do Consumidor.* 7ª edição. São Paulo, Revista dos Tribunais, 2016, p. 313).

► **O início do serviço depende da autorização expressa do consumidor.** "Para que o fornecedor possa dar início ao serviço, mister é que tenha a autorização expressa do consumidor. A esta equivale a aprovação que o consumidor dê ao orçamento (art. 40, § 2.º), desde que expressa". (BENJAMIN, Antônio Herman V.; MARQUES, Cláudia Lima; BESSA, Leonardo Roscoe. *Manual de Direito do Consumidor.* 7ª edição. São Paulo, Revista dos Tribunais, 2016, p. 315).

► **Dispensa de orçamento em caso de urgências e emergências médicas.** "O consumidor não é obrigado ao pagamento daquilo que não foi informado, sob pena de violação ao dever de informar do fornecedor. A necessidade de entrega de orçamento discriminado, portanto, é corolário do direito à informação, que gera o dever geral de informar do fornecedor. Há, todavia, exceção ao dever de entrega de orçamento em casos de urgências hospitalares, como reconhece a jurisprudência do Superior Tribunal de Justiça e também de tribunais estaduais". (KRETZMANN, Renata Pozzi. *Informação nas relações de consumo: o dever de informar do fornecedor e suas repercussões* *jurídicas*. Belo Horizonte: Casa do Direito, 2019, p. 136-137) ◙ **No mesmo sentido:** "CONSUMIDOR E PROCESSUAL CIVIL. RECURSO ESPECIAL. ATENDIMENTO MÉDICO EMERGENCIAL. RELAÇÃO DE CONSUMO. NECESSIDADE DE HARMONIZAÇÃO DOS INTERESSES RESGUARDANDO O EQUILÍBRIO E A BOA-FÉ. INVERSÃO DO ÔNUS DA PROVA. INCOMPATIBILIDADE COM O ENRIQUECIMENTO SEM CAUSA. PRINCÍPIOS CONTRATUAIS QUE SE EXTRAEM DO CDC. INSTRUMENTÁRIO HÁBIL A SOLUCIONAR A LIDE. (...) 3. Não há dúvida de que houve a prestação de serviço médico-hospitalar e que o caso guarda peculiaridades importantes, suficientes ao afastamento, para o próprio interesse do consumidor, da necessidade de prévia elaboração de instrumento contratual e apresentação de orçamento pelo fornecedor de serviço, prevista no artigo 40 do CDC, dado ser incompatível com a situação médica emergencial experimentada pela filha do réu (...)" (STJ, REsp 1256703/SP, Rel. Ministro Luis Felipe Salomão, Quarta Turma, DJe 27/09/2011). ◙ **No mesmo sentido:** "DIREITO DO CONSUMIDOR. TRATAMENTO MÉDICO DE EMERGÊNCIA. INEXIGIBILIDADE DE ORÇAMENTO PRÉVIO. USO DE REMÉDIO DE ALTO CUSTO. EXISTÊNCIA DE SIMILAR. REDUÇÃO CONFIRMADA. 1. EM SE TRATANDO DE ATENDIMENTO MÉDICO DE EMERGÊNCIA, NÃO SE EXIGE DO FORNECEDOR DO SERVIÇO A APRESENTAÇÃO AO PACIENTE DE ORÇAMENTO PRÉVIO" (TJDFT, Ap. Cív. 70857922006807001, Quarta Turma Cível, Rel. Des. Sandoval Oliveira, DJ 30/03/2009).

► **Se a autorização for parcial, o pagamento será restrito às partes aprovadas.** "Se a autorização for parcial – por exemplo, envolvendo só alguns itens do orçamento prévio -, o pagamento do consumidor fica restrito às partes, efetiva e comprovadamente, aprovadas". (BENJAMIN, Antônio Herman V.; MARQUES, Cláudia Lima; BESSA, Leonardo Roscoe. *Manual de Direito do Consumidor.* 7ª edição. São Paulo, Revista dos Tribunais, 2016, p. 315).

◙ **Serviços médicos e hospitalares. Em caso de urgência médica, não sendo possível a elaboração de orçamento prévio, devem os hospitais ao menos apresentar tabela contendo o preço dos serviços.** "AÇÃO CIVIL PÚBLICA – PRESTAÇÃO DE SERVIÇOS– PEDIDO COMINATÓRIO PARA COMPELIR HOSPITAL A INCLUIR CLÁUSULA CONTRATUAL ESTIPULANDO A OBRIGAÇÃO DE APRESENTAR ORÇAMENTO PRÉVIO SOBRE OS SERVIÇOS CONTRATADOS, BEM COMO SERVIÇOS PRESTADOS APENAS EM MOMENTO SUPERVENIENTE – INSERÇÃO DE OUTRA CLÁUSULA CONTRATUAL PARA QUE, NOS CASOS DE URGÊNCIA E INDEFINIÇÃO DO TRATAMENTO, SEJA APRESENTADA TABELA DOS PREÇOS DOS SERVIÇOS DISPONÍVEIS NO NOSOCÔMIO -DIREITO BÁSICO DO CONSUMIDOR À INFORMAÇÃO CLARA E ADEQUADA SOBRE OS SERVIÇOS QUE LHE SÃO PRESTADOS, INCLUSIVE NO QUE DIZ RESPEITO AO PREÇO – ART. 6º, III, DO CDC – DEVER DE INFORMAÇÃO DECORRENTE DO PRINCÍPIO DA BOA-FÉ OBJETIVA – ARTS. 40, E 39, VI, DO CDC – DEVER DOS FORNECEDORES EM GERAL DE ENTREGA DE ORÇAMENTO PRÉVIO DOS SERVIÇOS CONTRATADOS – RECUSA DO HOSPITAL QUE CONFIGURA PRÁTICA ABUSIVA -PRECEDENTES JURISPRUDENCIAIS QUE CORROBORAM A SUJEIÇÃO DOS HOSPITAIS AO DEVER LEGAL DE APRESENTAÇÃO DE ORÇAMENTO PRÉVIO

– CONFIRMAÇÃO DA SENTENÇA DE PROCEDÊNCIA DA AÇÃO" (TJSP, Ap. Cív. 992070216494, Trigésima Câmara de Direito Privado, Rel. Des. Edgard Rosa, DJ 28/10/2010).

◙ **Emergências médico veterinárias também não se sujeitam a orçamento prévio.** "DIREITO DO CONSUMIDOR. TRATAMENTO MÉDICO VETERINÁRIO. RISCO DE MORTE DOS ANIMAIS. ORÇAMENTO PRÉVIO. AUSÊNCIA. BOA-FÉ. DEVER DE COOPERAÇÃO. INFRINGÊNCIA. PERÍCIA. DESCABIMENTO. RECURSO ADESIVO. PRECLUSÃO CONSUMATIVA. 1. ANTE A NATUREZA DO SERVIÇO A SER PRESTADO, NÃO SE EXIGE A APRESENTAÇÃO DE ORÇAMENTO PRÉVIO EM CASO DE ATENDIMENTO MÉDICO VETERINÁRIO DE EMERGÊNCIA (...)" (TJDFT, Ap. Cív. 20070111311636, Quarta Turma Cível, Rel. Des. Antoninho Lopes, DJe 13/08/2013).

◙ **Serviços prestados por auxiliares do Poder Judiciário não se sujeitam ao CDC, dispensando orçamento prévio.** "DIREITO DO CONSUMIDOR. PERITO. AUXILIAR DO JUÍZO. ORÇAMENTO DE HONORÁRIOS. ART. 40, CDC. NÃO-APLICAÇÃO DO CÓDIGO DE DEFESA DO CONSUMIDOR. PRESTAÇÃO JURISDICIONAL. INEXISTÊNCIA DE RELAÇÃO DE CONSUMO. PODER DO ESTADO (...). I – A atividade do perito nos processos judiciais encontra disciplina específica, na qualidade de auxiliar do juízo, nos arts. 139, 145 a 147, 420 a 439, CPC, em cujas disposições se concentram os direitos e deveres do profissional nomeado pelo juiz e os procedimentos de realização da prova pericial. II – A figura do perito mostra-se inerente à prestação jurisdicional, no âmbito da qual não se travam relações de consumo. III – A jurisdição não se inclui no mercado de consumo, já que não integra a sucessão de etapas ligadas aos bens, desde sua produção até a utilização final. Pondo-se de outro lado, situa-se a jurisdição entre os serviços públicos próprios do Estado, vale dizer, indelegáveis, inerentes à supremacia do interesse comum e à soberania. IV – Diferentemente, o consumo faz parte das relações econômicas, é conceito da Economia protegido pelo Direito, que resguarda os interesses da coletividade ao assumir a acentuada presença da figura do consumidor, bem como sua posição hipossuficiente, na sociedade industrial" (STJ, REsp 213.799/SP, Rel. Ministro Sálvio De Figueiredo Teixeira, Quarta Turma, DJ 29/09/2003

◙ **Serviços mecânicos em veículos. Se o fornecedor não entrega orçamento prévio ao consumidor, este fica desobrigado do pagamento do valor cobrado pelo conserto.** "APELAÇÃO CÍVEL - AÇÃO DECLARATÓRIA NEGATIVA DE DÉBITO C/C ANULAÇÃO DE PROTESTO INDEVIDO C/C INDENIZAÇÃO POR DANOS MORAIS - DÍVIDA DECORRENTE DE SERVIÇOS REALIZADOS EM CAMINHÃO - FORNECEDORA QUE EFETUOU REPAROS E TROCA DE PEÇAS SEM A PRÉVIA ANUÊNCIA DA CONSUMIDORA - ENTREGA DE ORÇAMENTO NO DIA DA RETIRADA DO VEÍCULO - PRÁTICA ABUSIVA (...). I – Tendo a apelante realizado reparos e troca de peças no caminhão da apelada sem lhe fornecer orçamento prévio, impossibilitando que a mesma recusasse o serviço pelo preço cobrado, sendo informada dos elevados valores devidos apenas da data da retirada do veículo, caracterizada está a ocorrência de prática abusiva, que destoa da previsão expressa do CDC, motivo pelo qual não há se falar em cobrança da dívida, tampouco em protestos dela decorrentes (...)" (TJMS, Ap. Cív. 01031506920098120002, Quinta Câmara Cível, Rel. Des. Luiz Tadeu Barbosa Silva, DJ 10/12/2013). ◙ **No mesmo sentido:** "DIREITO DO

CONSUMIDOR. OFICINA MECÂNICA. REALIZAÇÃO DE SERVIÇO. FALTA DE ORÇAMENTO E AUTORIZAÇÃO DO CONSUMIDOR. ÔNUS DA PROVA. IMPROCEDÊNCIA DO PEDIDO. I. Ao fornecedor é vedado executar serviços sem prévia elaboração de orçamento e autorização expressa do consumidor, consoante os artigos 39, inciso VI, e 40 do Código de Defesa do Consumidor. II. Se o consumidor não foi previamente informado acerca dos serviços a serem executados e não deu ao fornecedor a respectiva autorização, não fica obrigado ao pagamento correspondente (...)" (TJDFT, Ap. Cív. 20070110443525, Quarta Turma Cível, Rel. Des. Antoninho Lopes, DJe 03/11/2014). ◙ **No mesmo sentido:** "AÇÃO DE INDENIZAÇÃO. Prestação de serviços. Revisão de veículo automotor. Relação de consumo. Existência. Ausência de orçamento escrito prévio e de anuência para a realização dos serviços inseridos na nota fiscal. Ônus da prova pertencente à ré. Compreensão do que prelecionam os arts. 39, VI, e 4 0 do Código de Defesa do Consumidor. Cobrança indevida. Configuração. Ofensa moral caracterizada. Desnecessidade de comprovação de repercussão lesiva. Indenização. Obrigatoriedade. Fixação que se mostra razoável para a espécie. Recursos desprovidos." (Tribunal de Justiça do SP, Apelação Cívil nº 990.09.254679-1, Vigésima Sétima Câmara de Direito Privado, , Relator: Dimas Rubens Fonseca, julgado em 13/04/2010)

◙ **Contrato verbal entre consumidor e fornecedor não dispensa este de apresentar orçamento prévio.** "APELAÇÃO AÇÃO INDENIZATÓRIA DANOS MORAIS PRESTAÇÃO DE SERVIÇOS CONTRATO VERBAL Caracterizada relação de consumo. Inversão do ônus da prova Autor que deixou veículo em oficina da ré para instalação de teto solar. Contrato verbal. Divergência quanto à forma de pagamento. Responsabilidade da ré de entregar ao consumidor orçamento prévio, discriminando o valor e as condições e formas de pagamento. Ré que agiu de forma informal e assumiu o risco dos problemas que poderiam advir de sua conduta em não fornecer prévio orçamento por escrito. Retenção do veículo. Falha na prestação de serviços. Responsabilidade objetiva da ré. Dano moral caracterizado. – Ainda que não haja prova do prejuízo, o dano moral puro é presumível. Indenização devida. Inteligência dos arts. 39 e 40 do CDC. Apelo improvido" (TJSP, Ap. Cív. 00028333520068260663, Vigésima Quarta Câmara de Direito Privado, Rel. Des. Salles Vieira, DJ 09/04/2013). ► **Nesse sentido:** "Nenhum serviço pode ser fornecido sem um orçamento prévio. E não cabe o mero "acerto" verbal, de vez que o dispositivo fala em "entrega" do orçamento ao consumidor." (BENJAMIM, Antonio Herman de Vasconcello. *Código Brasileiro de Defesa do Consumidor comentado pelos autoresdo anteprojeto.* 2ª ed. Rio de Janeiro: Forense Universitária. p. 235)

◙ **"Pré-ordem de serviço" não equivale a orçamento prévio.** "DIREITO DO CONSUMIDOR. SERVIÇO REALIZADO SEM APROVAÇÃO DO ORÇAMENTO. AUTORIZAÇÃO EM PRÉ-ORDEM DE SERVIÇO. EMISSÃO DE DUPLICATA E SEU PROTESTO. DANO MORAL. A teor do artigo 40 do CDC, 'o fornecedor de serviço será obrigado a entregar ao consumidor orçamento prévio discriminando o valor da mão-de-obra, dos materiais e equipamentos a serem empregados, as condições de pagamento, bem como as datas de início e término dos serviços.' A assinatura de 'pré-ordem de serviço' não autoriza o fornecedor a realizar os serviços sem a apresentação do orçamento e expressa autorização do consumidor. Protestada a duplicata lastreada em nota fiscal de produtos e serviços não pedidos pelo consumidor, devido é o dano moral. Apelação principal e adesiva não providas" (TJMG, Ap. Cív. 10027061003078001 1, Décima Câmara Cível, Rel. Des. Cabral da Silva, DJ 15/03/2008).

◙ **Mesmo inexistindo orçamento prévio, não há prática abusiva se o consumidor não impugna os valores cobrados pelos serviços prestados pelo fornecedor.** "RECURSO ESPECIAL. CÓDIGO DE DEFESA DO CONSUMIDOR. ART. 39, INCISO VI, E ART. 40. ORÇAMENTO PRÉVIO. INEXISTÊNCIA. VALORES NÃO IMPUGNADOS PELO RECORRENTE. PRÁTICA ABUSIVA. NÃO OCORRÊNCIA. (...) 3. Se o consumidor deixa de impugnar os valores cobrados pelos serviços prestados, não discordando, por conseguinte, do montante da dívida, não se há falar em prática abusiva pelo fornecedor, mesmo que ausente o orçamento prévio. (STJ, REsp 285.241, 4ª T., DJ 8.10.2007).

► **Se prestado o serviço sem autorização ou orçamento, não poderá ser cobrado (amostra grátis).** "Salienta-se, que se o serviço for prestado sem orçamento ou autorização do consumidor, ou tão-somente com orçamento e sem autorização, este equipara-se analogicamente a prática abusiva prevista no inc. III já analisada, valendo, para efeitos de liame obrigacional, como amostra grátis." (SAYEG, Ricardo Hasson. Práticas comerciais abusivas. *Revista de Direito do Consumidor*. São Paulo: RT, Vol.7, Ano 1992, p. 37 – 58)

§ 1º Salvo estipulação em contrário, o valor orçado terá validade pelo prazo de dez dias, contado de seu recebimento pelo consumidor.

► **O prazo de validade do orçamento poderá ser menor do que 10 dias.** Nada impede que o prazo de validade do orçamento seja menor do que 10 dias. O § 1º do art. 40 somente estipulou um prazo (10 dias) na ausência da fixação do prazo em que os termos do orçamento pode ser exigido pelo consumidor. Assim, poderá o fornecedor estipular um prazo de até um dia se acha r conveniente e necessário (se por exemplo a peça que será trocada no produto for importada e está cotada em moeda estrangeira).

► **Validade do orçamento de 10 dias. Regra pode ser afastada pela vontade das partes.** "O preço orçado – da mão de obra, dos materiais e dos equipamentos – tem validade de 10 dias, prazo este que é contado do seu recebimento pelo consumidor. Ressalte-se, recebimento, e não conhecimento. Essa regra, contudo, pode ser afastada pela vontade das partes". (BENJAMIN, Antônio Herman V.; MARQUES, Cláudia Lima; BESSA, Leonardo Roscoe. *Manual de Direito do Consumidor.* 7ª edição. São Paulo, Revista dos Tribunais, 2016, p. 313).

§ 2° Uma vez aprovado pelo consumidor, o orçamento obriga os contraentes e somente pode ser alterado mediante livre negociação das partes.

► **Orçamento aprovado equivale a um contrato.** "Uma vez que o orçamento tenha sido aprovado, equivale ele a um contrato firmado pelas partes". (BENJAMIN, Antônio

Herman V.; MARQUES, Cláudia Lima; BESSA, Leonardo Roscoe. *Manual de Direito do Consumidor.* 7ª edição. São Paulo, Revista dos Tribunais, 2016, p. 313).

◼ **Orçamento prévio aprovado implica em vinculação contratual.** "RESPONSABILIDADE CIVIL. CONSUMIDOR. PRESTAÇÃO DE SERVIÇO DEFEITUOSO. RESPONSABILIDADE OBJETIVA. NEGATIVA DE PRESTAR SERVIÇO CONTRATADO. ORÇAMENTO APROVADO IMPLICA EM VINCULAÇÃO CONTRATUAL ENTRE AS PARTES, À LUZ DAS REGRAS CONSUMERISTAS. INADIMPLEMENTO. PRÁTICA ABUSIVA. DANO MORAL CONFIGURADO. INDENIZAÇÃO. 1 ¿ Ação de indenização que visa o ressarcimento de danos morais e materiais, decorrentes dos transtornos da prestação defeituosa de serviço contratado. 2 – Uma vez aprovado pelo consumidor, o orçamento obriga os contraentes. Inadimplemento unilateral e injustificado. 3 Dano moral reconhecido pelos transtornos e dissabores causados pela empresa demandada, que superam a barreira do razoável. Montante indenizatório. Apelo parcialmente provido". (TJRS, Apelação Cível nº 70005605258, 10ª Câmara Cível, Rel. Paulo Antônio Kretzmann, J. 27.11.2003) ◼ **No mesmo sentido:** "Obrigação de fazer. Contrato de empreitada. Nulidade da sentença não reconhecida. Concordância com prova pericial. Projeto de arquitetura realizado em descompasso com complexidade da obra. Prova pericial. Preço e prazo estipulados em desconformidade com a realidade da construção. Inadimplemento contratual da arquiteta. Aplicação do princípio da obrigatoriedade do contrato (pacta sunt servanda). Incidência do Código de Defesa do Consumidor. Hipossuficiência técnica do autor. Orçamento que obriga os contraentes (CDC, arts. 39 e 40). Possibilidade de execução por terceiro ou conversão em perdas e danos (arts. 633 e 634 do CPC). Contrato que prevê cláusula compensatória. Condenação da ré que deu causa ao inadimplemento. Pedido de devolução de material de construção adquirido. Inovação recursal. Pedido não conhecido. Recurso adesivo conhecido. Sentença que julgou improcedentes os pedidos originário e reconvencional. Sucumbência recíproca em sentença. Sentença que deve ser considerada em seu conjunto. Sucumbência mínima do autor na demanda. Recurso adesivo da ré não provido. Recurso do autor provido na parte conhecida." (Tribunal de Justiça do SP, Apelação Cívil nº 0220961- 0459726-88.2010.8.26.0000, Trigésima Segunda Câmara de Direito Privado, Relator: Hamid Bdine, julgado em 03/10/2013)

§ 3° O consumidor não responde por quaisquer ônus ou acréscimos decorrentes da contratação de serviços de terceiros não previstos no orçamento prévio.

► **O gasto com o terceiro somente poderá ser cobrado do consumidor se constar do orçamento.** "O § 3º disciplina a participação de terceiro no serviço orçado e a ser executado. Não há impedimento para que o fornecedor, para executar seu serviço, utilize o de terceiro. Por exemplo, o mecânico que, após consertar o motor do carro, faz o serviço de troca do óleo no posto de serviços da esquina, ou a vendedora do carpete que utiliza o serviço de instalador que não pertence ao seu quadro de funcionários para fazer a colocação do carpete. Contudo, o gasto com o terceiro somente poderá ser cobrado do consumidor se constar do orçamento. Se, após aprovado o orçamento, o prestador do serviço tiver que recorrer a terceiro para executá-lo, o custo dessa contratação correrá por sua conta e risco" (RIZZATTO NUNES, Luiz Antônio. *Comentários ao Código de Defesa do Consumidor*. 8ª ed., São Paulo: Saraiva, 2015, p. 631).

► **Serviço prestado por terceiro previsto no orçamento.** "Se o auxílio externo está previsto no orçamento (com todas as especificações exigidas pelo caput), o consumidor é responsável pelo valor do serviço que venha a ser prestado". (BENJAMIN, Antônio Herman V.; MARQUES, Cláudia Lima; BESSA, Leonardo Roscoe. *Manual de Direito do Consumidor.* 7ª edição. São Paulo, Revista dos Tribunais, 2016, p. 314).

► **Serviço prestado por terceiro não previsto no orçamento.** "O consumidor, por isso mesmo, não assume qualquer ônus extra, cabendo ao fornecedor principal arcar com os encargos acrescidos". (BENJAMIN, Antônio Herman V.; MARQUES, Cláudia Lima; BESSA, Leonardo Roscoe. *Manual de Direito do Consumidor.* 7ª edição. São Paulo, Revista dos Tribunais, 2016, p. 314).

Art. 41. No caso de fornecimento de produtos ou de serviços sujeitos ao regime de controle ou de tabelamento de preços, os fornecedores deverão respeitar os limites oficiais sob pena de não o fazendo, responderem pela restituição da quantia recebida em excesso, monetariamente atualizada, podendo o consumidor exigir à sua escolha, o desfazimento do negócio, sem prejuízo de outras sanções cabíveis.

◙ **Possibilidade do Estado regular a política de preços de bens e serviços.** "Em face da atual Constituição, para conciliar o fundamento da livre iniciativa e do princípio da livre concorrência com os da defesa do consumidor e da redução das desigualdades sociais, em conformidade com os ditames da justiça social, pode o Estado, por via legislativa, regular a politica de preços de bens e de serviços abusivos, que é o poder econômico que visa ao aumento arbitrário dos lucros. – Não é, pois, inconstitucional a Lei 8.039, de 30 de maio de 1990, pelo só fato de ela dispor sobre critérios de reajuste das mensalidades das escolas particulares." (STF, Adin 319, Rel. Moreira Alves, Pleno, J. 3.3.1993, DJ. 30. 4.1993)

► **Mercadorias com pequenos defeitos podem fugir às regras do preço tabelado.** "A rigidez das normas de congelamento não pode impor a sua aplicação verticalizada sem exceção alguma. Mercadorias com pequenos defeitos poderiam fugir às regras do preço tabelado, para venda promocional. Recurso especial improvido." (STJ, REsp 353765/ES, Rel. Min. Eliana Calmon, DJU 31/03/2003, J. 18.2.2003)

◙ **Caderneta de poupança. Índices de remuneração sob controle.** "Caderneta de poupança. Idec: Legitimidade ativa para cobrar diferenças relativas ao mês de janeiro de 1989. Legitimidade passiva do banco depositário. IPC de 42, 72%. Seguindo orientação adotada pela 2ª Seção, no julgamento do REsp nº 106.888/PR, Relator o Senhor Ministro César Asfor Rocha, com ressalva do meu posicionamento, as entidades de proteção ao consumidor, ante a existência de relação de consumo, têm legitimidade ativa para propor ação civil pública contra instituições financeiras para que os poupadores recebam diferenças de remuneração de cadernetas de poupança eventualmente não depositadas nas respectivas contas. A instituição financeira depositante é parte passiva legítima para responder pelas diferenças de rendimentos nas cadernetas de poupança no período de janeiro de 1989. Os critérios de remuneração estabelecidos no artigo 17, inciso I, da Lei nº 7.730/89 não têm aplicação às cadernetas de poupança com período mensal iniciado até 15/01/89. Entretanto, o IPC de janeiro de 1989, conforme jurisprudência pacífica deste Tribunal, corresponde a 42, 72%, não a 70, 28%.4. Recurso especial conhecido e provido parcialmente" (STJ, REsp nº 170078/SP, 3ª T.; Rel. Min. Carlos Alberto Menezes Direito; J. 3.4.2001; DJU 1.10.2001)

◙ **Venda de chope acima do valor permitido (tabelado). Aplicação de multa administrativa.** "ADMINISTRATIVO. TABELAMENTO DE PREÇOS. AUTO DE INFRAÇÃO . SUNAB . VENDA DE CHOPE ACIMA DO VALOR PERMITIDO . HOTEL DE LUXO . CABIMENTO DA MULTA APLICADA. A Carta Magna, em seu Titulo VII, possibilita a intervenção estatal no domínio econômico, para resguardar a ordem econômica e financeira do País, freqüentemente ameaçada pelos abusos cometidos pelo Mercado. No caso dos autos, a atuação da SUNAB se deu com observância das normas contidas na Lei Maior, e nos estritos limites impostos pelas Leis Delegadas nºs. 04 e 05/62. A Lei Delegada nº 4, de 26/09/1962, foi criada para fins de intervenção no domínio econômico, de forma a assegurar a livre distribuição de produtos necessários ao consumo do povo, ou seja, visou proteger o consumidor em geral: de grande poder aquisitivo ou não. O art. 11 da Lei Delegada nº 04/62 se aplica a todo e qualquer estabelecimento comercial, sem qualquer distinção . A alegação de ser um hotel de luxo, com vista para o mar, além de outros privilégios, não é suficiente para justificar a não intervenção do Estado, vez que todas as qualidades elencadas pela Impetrante devem ser consideradas para a fixação do valor da diária do hotel, mas não para a comercialização da bebida em questão acima do preço permitido. Deveria a Impetrante respeitar o valor máximo estabelecido pela SUNAB para a comercialização de chope ao público. Cada nota fiscal corresponde a uma operação de compra e venda, distinta das demais, originando a sua emissão. Assim, se ela for contrária ao comando legal, justificável é a aplicação da multa prevista em lei. Sentença mantida." (TRF-2 – AMS: 13716 RJ 95.02.18121-2, Relator: Desembargador Federal Sergio Schwaitzer, Sétima Turma Especializada, DJU – Data::20/06/2006)

◙ **Majoração da tarifa de energia elétrica em desrespeito ao congelamento de preços.** "É ilegítima a majoração da tarifa de energia elétrica estabelecida pelas Portarias nos 38/86 e 45/86 do DNAEE, por desrespeitarem o congelamento de preços instituído pelo chamado 'Plano Cruzado', sendo devida a restituição de valores pagos a maior pelos consumidores, durante o período do congelamento."(STJ, AgRg no REsp. 698400/ RS, Rel. Min. Luiz Fux, DJ 28/11/2005).

SEÇÃO V
Da Cobrança de Dívidas

Art. 42. Na cobrança de débitos, o consumidor inadimplente não será exposto a ridículo, nem será submetido a qualquer tipo de constrangimento ou ameaça.

► **Sobre a inclusão do nome do consumidor nos órgãos de proteção ao crédito, verificar art. 43.**

► **A cobrança de débitos é um exercício regular de direito, mas deve ser feita de forma comedida e sem excessos.** A cobrança de débitos é um exercício regular de direito, mas deve ser feita de forma comedida e sem excessos, devendo, sempre, respeitar o princípio da dignidade da pessoa humana. O Código veda todas as formas de abusos praticados para se obter a quitação da dívida. Constitui prática criminosa contra as relações de consumo, de acordo com o art. 71 do CDC, a utilização na cobrança de dívidas de ameaça, coação, constrangimento físico ou moral, afirmações falsas, incorretas ou enganosas ou de qualquer outro procedimento que exponha o consumidor, injustificadamente, a ridículo ou interfira em seu trabalho, descanso ou lazer, sob pena de detenção de três meses a um ano e multa. ► **No mesmo sentido:** "Civilmente o exercício de um direito não constitui coação ou constragimento; logo, improcedem as afirmações radicais de que a norma do art. 42 impediria a cobrança de dívidas no Brasil, a partir da entrada em vigor do CDC. A norma do art. 42 institui um mínimo ético de conduta, qual seja não expor o consumidor a ridículo, não ameaçá-lo com meias-verdades - como aquelas comuns em cartas de cobrança, ameaçando-o de prisão, quando se sabe da estrita regulamentação legal sobre o assunto -, não impor um constrangimento ao consumidor, como impedi-lo de entrar no estabelecimento comercial etc. Mas repita-se que a cobrança, judicial e extrajudicial, da dívida é e continua sendo um direito do fornecedor, que, porém, deve se limitar a parâmetros de civilidade normal." (MARQUES, Cláudia Lima. *Contratos no Código de Defesa do Consumidor: O novo regime das relações contratuais.* 6º ed. São Paulo: Revistas dos Tribunais, 2011. p. 1.281).

► **Constitui infração penal.** Constitui prática criminosa contra as relações de consumo, de acordo com o art. 71 do CDC, a utili-zação na cobrança de dívidas de ameaça, coação, constrangimento físico ou moral, afirmações falsas, in-corretas ou enganosas ou de qualquer outro procedimento que exponha o consumidor, injustificadamente, a ridículo ou interfira em seu trabalho, descanso ou lazer, sob pena de detenção de três meses a um ano e multa.

◙ **Se o consumidor se sentir prejudicado pelas cobranças vexatórias ou abusivas, poderá pleitear indenização por dano moral.** ***(sobre dano moral, ver art.6°, VI)*** "Dano moral. Cobrança abusiva. Empresa de cobrança. A forma abusiva de efetuar a cobrança de dívida pode causar dano moral a ser indenizado na forma do art. 159 do CC (art. 186 do CC). Comete ato ilícito a empresa de cobrança que envia carta ameaçando de representação criminal por emissão de cheque sem fundos, quando esse documento não existe." (STJ, REsp. 343700/PR, Rel. Min. Ruy Rosado de Aguiar, DJ 03/06/2002).

◙ **Restringir frequencia às aulas por inadimplemento configura constrangimento.** "A restrição imposta às alunas para frequentarem o curso caracteriza-se como meio coercitivo e ilegal para se obrigar o pagamento de mensalidades, vedado pelo art. 42, caput, do Código de Defesa do Consumidor, bem como pelo art. 6°, da Lei 9-870/99, posto que possui o agravante meios legais de cobrança para haver seu crédito". (TJDF, AI 2001.00.2.006748-7, rel. Des. Vasquez Cruxên, DJU 26.6.2002)

◙ **Inscrição de devedor em cadastro. Não constrangimento.** ***(sobre os bancos de dados e cadastros de consumidores, ver art.43)*** "CADASTROS DE CONSUMIDORES. A inscrição do devedor em cadastros de consumidores não caracteriza o constrangimento a que alude o artigo 42 do Código de Defesa do Consumidor." (STJ, AGA 274018/ SP DJU 19/02/2001, Rel. Min. Ari Pargendler, J. 19.12.2000, 3ª T.)

◙ **Ligação de cobrança para trabalho do consumidor caracteriza constrangimento.** "O ato de gestão empresarial, consistente na cobrança de dívida é atividade que se mostra legítima e não encontra qualquer oposição por parte do Código de Defesa do Consumidor. 2. Infringe o artigo 42 da Lei 8.078, de 11.09.1990, e assume a obrigação de compor danos morais, a fornecedora que ao exercer legítimo direito de cobrar seus créditos, excede nos meios, enviando cartas de cobrança e, insatisfeita, liga para o ambiente de trabalho do consumidor, que assim é exposto ao ridículo e submetido a exagerado constrangimento.". (TJDF, ACJ 20050710021552 – 2ª T.R.J.E. – Rel. Des. João Batista Teixeira, DJU 25.8.2005) ◙ **No mesmo sentido:** "APELAÇÃO CÍVEL – AÇÃO DE INDENIZAÇÃO POR DANOS MORAIS – INADIMPLÊNCIA – COBRANÇAS VEXATÓRIAS – INSISTENTES TELEFONEMAS PARA LOCAL DE TRABALHO VIZINHO – VEDAÇÃO DO ART. 42 DO CDC – DANO MORAL CONFIGURADO – QUANTUM INDENIZATÓRIO – PRESERVAÇÃO DO FIXADO NA SENTENÇA – RECURSOS AO QUAIS SE NEGA PROVIMENTO. A instituição financeira tem o direito de cobrar a dívida através de ligações telefônicas, ato que, por si só, não configura meio abusivo. No caso dos autos, no entanto, restou evidenciado que a cobrança ultrapassou os limites do exercício regular de direito, já que as ligações telefônicas foram dirigidas para o local de trabalho da devedora, com atendimento por terceiros, além de usar de tons ameaçadores para obtenção de êxito na empreitada, expondo-a ao ridículo, caracterizando o constrangimento descrito no art. 42 do CDC, impondo-se o dever de indenizar a vítima." (TJ-MS – APL: 00577985720108120001 MS, Relator: Des. Luiz Tadeu Barbosa Silva, 5ª Câmara Cível, Data de Publicação: 18/05/2016) ◙ **No mesmo sentido, fazendo ligações insistentes para o local de trabalho do consumidor.** "APELAÇÃO CÍVEL. RESPONSABILIDADE CIVIL. CONTRATO DE ALIENAÇÃO FIDUCIÁRIA. COBRANÇAS EM LOCAL DE TRABALHO E AJUIZAMENTO DE AÇÃO DE BUSCA E APREENSÃO DE VEÍCULO APÓS A QUITAÇÃO. DEMORA NA RESTITUIÇÃO DO VEÍCULO. DANOS MORAIS OCORRENTES. – É abusiva a conduta da instituição financeira que efetua ligações insistentemente para o local de trabalho do consumidor e ainda ajuíza ação de busca e apreensão de veículo após o cumprimento de acordo judicial e pagamento de todas as prestações do contrato firmado entre as partes. – Caso concreto em que a apreensão do veículo em data próxima às festas de final de ano e demora na restituição do bem acarretaram cancelamento de viagem programada, potencializando os transtornos naturais da cobrança e apreensão indevidas. Danos morais evidenciados. – A indenização deve atender ao fim que se destina, compensando os incômodos sofridos e sendo capaz de causar ao agente pena grave o bastante para rever a forma como conduzir as suas operações. O valor de R$ 8.000,00 não comporta redução, dadas as conseqüências do caso concreto. – O montante indenitário deve ser corrigido monetariamente pelo IGP-M desde a data do arbitramento (Súmula 362, do STJ) e acrescido de juros de mora de 1% ao mês a contar da citação, porquanto se trata de responsabilidade civil contratual. Apelação Cível Parcialmente provida." (TJ-RS – AC: 70064837669 RS, Relator: Carlos Eduardo Richinitti, Nona Câmara Cível, Data de Publicação: 28/08/2015)

■ **Ligações para vizinhos do devedor e envio de e-mails para o seu endereço profissional. Cobrança vexatória.** "APELAÇÃO CÍVEL. AÇÃO DE COMPENSAÇÃO PECUNIÁRIA POR DANOS MORAIS. COBRANÇA VEXATÓRIA. LIGAÇÕES TELEFÔNICAS EFETUADAS PARA OS VIZINHOS DO AUTOR. ENVIO DE CORRESPONDÊNCIA ELETRÔNICA PARA O ENDEREÇO PROFISSIONAL. PROVA DOCUMENTAL HÁBIL A COMPROVAR O ABALO MORAL SOFRIDO. ILÍCITO CONFIGURADO. QUANTUM INDENIZATÓRIO. MINORAÇÃO. OBSERVÂNCIA AOS PRINCÍPIOS DA RAZOABILIDADE E DA PROPORCIONALIDADE. CORREÇÃO DE OFÍCIO QUANTO AO TERMO DE INCIDÊNCIA DOS JUROS DE MORA. DATA DO EVENTO DANOSO. EXEGESE DO ART. 398 DO CÓDIGO CIVIL E SÚMULA 54 DO SUPERIOR TRIBUNAL DE JUSTIÇA. RECURSO PARCIALMENTE PROVIDO. I – Consoante expressa disposição do artigo 42 do Código de Defesa do Consumidor, é vedado ao credor expor o devedor a qualquer tipo de constrangimento ou ameaça quando da cobrança de seus débitos. Assim, a cobrança de crédito, através de telefonemas aos vizinhos e amigos do devedor, bem como o envio de correspondência eletrônica ao endereço profissional, com cunho manifestamente coercitivo, configura dano imaterial passível de compensação pecuniária. " (TJSC, Ap. Cív. 00207884820108240064, Quarta Câmara de Direito Civil, Rel. Des. Joel Figueira Júnior, julgado em 29/09/2016).

■ **Cobrança feita por telefone informando o consumidor sobre as consequências do inadimplemento. Licitude.** " DIREITO DO CONSUMIDOR. AÇÃO DE RESPONSABILIDADE CIVIL POR DANO MORAL. COBRANÇA ABUSIVA DE DÍVIDA PAGA POR TELEFONE. DEGRAVAÇÃO DOS DIÁLOGOS. NÃO COMPROVAÇÃO DE CONDUTA OFENSIVA OU ABUSIVA DO CREDOR. CONTATO MERAMENTE INFORMATIVO SOBRE AS CONSEQUÊNCIAS DO DÉBITO. NEGATIVAÇÃO DO NOME DO CONSUMIDOR. INADIMPLÊNCIA CONFESSA. EXERCÍCIO REGULAR DE DIREITO. EXCLUSÃO DA CAUSALIDADE. PEDIDO IMPROCEDENTE. SENTENÇA REFORMADA. 1. Dispõe o artigo 42, caput, do CDC que: "Na cobrança de débitos, o consumidor inadimplente não será exposto a ridículo, nem será submetido a qualquer tipo de constrangimento ou ameaça." 2. Hipótese em que não se vislumbra em momento algum conduta ofensiva na cobrança feita por telefone, preocupando-se a preposta, a todo instante, apenas em alertar o consumidor quanto às conseqüências de sua inadimplência, mormente a possibilidade de busca e apreensão do veículo e de futuros problemas para recuperação do crédito e inclusão de seu nome perante os cadastros restritivos. Não foram utilizadas palavras ofensivas ou de baixo calão, como narrado na inicial, sendo o contato pautado por caráter informativo e, mais ainda, correto quanto ao procedimento que seria adotado dali em diante, caso persistisse a inadimplência, fato que não enseja compensação moral. 3. De outro lado, não há sequer prova suficiente da negativação do nome do consumidor, e menos ainda de que foi indevida. Melhor dizendo, se durante os diálogos telefônicos degravados a credora confessa ter feito o apontamento do nome, é igualmente verdade que o consumidor também confessa estar inadimplente, negando-se a restituir o veículo e mandando o credor procurar a justiça, o que torna possível apontamento, se concretizado, justificado pelo exercício regular de direito, excludente da responsabilidade civil. (TJMG – Apelação Cível 1.0261.10.004703-2/001, Relator(a): Des.(a) Otávio Portes , 16ª Câmara Cível, publicação da súmula em 01/09/2014)

◙ **Cobrança através de e-mail com conteúdo ofensivo e enviado a terceiros.** "Inadmissível a cobrança de dívida através de e-mail com conteúdo ofensivo, com remessa de cópia a terceiros, caracterizando a repercussão das ofensas no meio profissional do autor." (TJ-DF – AC: 20020110800793 DF, Relator: Humberto Adjuto Ulhôa, 4ª Turma Cível, Data de Publicação: DJU 08/03/2005)

◙ **Envio de correspondência de cobrança sem manifestação ofensiva ou desrespeitosa não causa constrangimento.** "APELAÇÃO CÍVEL. INDENIZAÇÃO POR DANOS MORAIS. COBRANÇA VEXATÓRIA DE DÍVIDA. ART. 42 DO CDC. SENTENÇA DE PROCEDÊNCIA DO PEDIDO. IRRESIGNAÇÃO DAS RÉS. NÃO DEMONSTRAÇÃO DE EXCESSO NA FORMA DE COBRANÇA EFETUADA PELA EMPRESA RESPONSÁVEL. ÔNUS DO AUTOR. ART. 333, I, DO CPC. SENTENÇA REFORMADA. RECURSOS PROVIDOS. "Nos termos do artigo 42 do Código de Defesa do Consumidor, é lícita a cobrança de débitos desde que o consumidor, quando interpelado, não seja exposto ao ridículo, ou submetido a qualquer constrangimento ou ameaça, o que não se verifica com o envio de simples correspondência donde não se extrai qualquer manifestação ofensiva ou desrespeitosa". (Ap. Cív. n. 2008.034219-1, rel. Des. Henry Petry Junior, j. 10.3.2009). (TJSC – AC: 20110524229 SC 2011.052422-9 (Acórdão), Relator: Sebastião César Evangelista, Data de Julgamento: 19/11/2014, Primeira Câmara de Direito Civil Julgado) ◙ **No mesmo sentido, carta enviada para endereço de trabalho fornecido pela consumidora:** "Afirmou a autora que recebeu correspondência cobrando débito, a qual foi remetida para o endereço onde não mais trabalhava, o que lhe causou constrangimento. Ora, o endereço foi evidentemente fornecido pela própria demandante que não comprovou ter dado ciência da sua saída do emprego. A par disso, a ora recorrente não negou a existência da dívida cobrada. Ainda, e não menos importante, a própria autora disse ter recebido a correspondência fechada, fl. 41, com o que o conteúdo não foi acessado por terceiros, não tendo causado o constrangimento alegado. Destarte, seja porque não houve constrangimento, seja porque não houve qualquer ilicitude no proceder das rés, não pode prosperar a pretensão indenizatória. Sentença mantida pelos próprios fundamentos. Recurso improvido. (TJRS, Recurso Cível Nº 71004620886, Segunda Turma Recursal Cível, Turmas Recursais, Relator: Roberto Behrensdorf Gomes da Silva, Julgado em 13/11/2013)

◙ **Correspondência convocando para participar de evento para inadimplentes cujos dizeres vieram estampados na parte externa. Cobrança abusiva.** "APELAÇÃO CÍVEL. AÇÃO DE OBRIGAÇÃO DE FAZER C/C INDENIZATÓRIA POR DANOS MORAIS. Narra a Autora ter recebido correspondência para participar de evento para inadimplentes cujos dizeres vieram estampados na parte externa. Afirma que o seu nome não estava negativado e que nunca manteve qualquer relação jurídica com a Ré, tendo sido constrangida com a correspondência. Fato que extrapola os limites expostos no artigo 42 do Código de Defesa do Consumidor e expõe o consumidor a ridículo. Dano moral configurado. Quantum debeatur de R$ 2.000,00 atende aos princípios da razoabilidade e da proporcionalidade. Recurso a que se dá parcial provimento." (TJ-RJ – APL: 02568372620138190004, Relator: Leila Maria Rodrigues Pinto de Carvalho e Albuquerque, Data de Julgamento: 06/02/2015, Vigésima Quinta Câmara Cível Consumidor, Data de Publicação: 09/02/2015)

► **Correspondência de cobrança que permite terceiros verificar o conteúdo. Cobrança abusiva.** "A exposição a ridículo também se dá quando o credor divulga lista dos devedores. É prática comum dos condomínios e escolas. Igual resultado vexatório consegue-se com o emprego de 'cartões de cobrança', sem qualquer invólucro, permitindo assim a leitura de seu conteúdo por terceiros (são os chamados, nos Estados Unidos, shame cards – cartões vergonha)." (BENJAMIN, Antonio Herman. *Código Brasileiro de Defesa do Consumidor comentado pelos autores do anteprojeto*, 8. ed., Forense Universitária, p. 391-392)".

► **Constitui cobrança abusiva a correspondência que os órgãos de proteção ao crédito envia ao consumidor com o papel transparente.** Embora lacrada a carta, basta você colocá-la sob a luz que facilmente identifica o montante que o consumidor está devendo, bem como que se trata de uma notificação para negativar o nome deste, caso não pague a dívida. Ou seja, fica clara a intenção dos arquivos de consumo, neste caso, de expor o consumidor a constrangimento perante seus familiares e vizinhos (quando enviada para a residência) ou perante os colegas de trabalho (quando enviada ao local de trabalho), configurando cobrança abusiva.

◙ **Cobrança da dívida através da coação de policiais e ex-policiais. Cobrança abusiva.** "INDENIZAÇÃO POR DANOS MORAIS - COBRANÇA DE DÍVIDA REALIZADA DE FORMA VEXATÓRIA - ALEGAÇÃO DE COAÇÃO DE POLICIAIS E EX-POLICIAIS - INFRINGÊNCIA AO ART. 42 DO CÓDIGO DO CONSUMIDOR - PROVA TESTEMUNHAL DA ILICITUDE - MAJORAÇÃO DO QUANTUM DA INDENIZAÇÃO. – Para justificar o deferimento de indenização por cobrança abusiva, deve o devedor comprovar o ato ofensivo do credor, de modo a expô-lo ao ridículo e ao constrangimento indevido e abusivo na cobrança, evidenciando a lesão em sua honra, em sua moral ou em sua imagem. Comprovada a exposição a cobrança vexatória de dívida deve o credor responder pelo abuso realizado por seu mandatário, autorizado a proceder à cobrança." (TJMG – Apelação Cível 1.0686.04.134358-9/002, Relator(a): Des.(a) Domingos Coelho , 12ª Câmara Cível, julgamento em 05/10/2011, publicação da súmula em 17/10/2011)

◙ **A simples cobrança indevida não caracteriza dano moral *in re ipsa*.** " (...) Quanto à possibilidade de configuração do dano moral presumido, saliente-se que a jurisprudência do STJ não reconhece a existência de dano moral in re ipsa pela mera cobrança indevida caracterizadora de falha na prestação de serviço público (AgRg no AREsp 698.641/RS, Rel. Ministro Og Fernandes, Segunda Turma, DJe 23/6/2015; AgRg no AREsp 673.768/RJ, Rel. Ministro Sérgio Kukina, Primeira Turma, DJe 23/4/2015; AgRg no REsp 1.516.647/RS, Rel. Ministro Herman Benjamin, Segunda Turma, DJe 22/5/2015). 4. Inexistindo qualquer ato restritivo de crédito, a mera cobrança de valores por serviços não contratados não gera danos morais indenizáveis. Para afastar tal conclusão, seria necessário o revolvimento do substrato fático-probatório dos autos, o que é vedado em Recurso Especial, conforme dispõe o enunciado da Súmula 7 desta Corte. (AgRg no REsp 1474101/RS, Rel. Ministro Og Fernandes, Segunda Turma, DJe 5/3/2015, grifei). 5. Recurso Especial parcialmente provido". (STJ, REsp 1660377/RS, Segunda Turma, Rel. Ministro Herman Benjamin DJe 19/06/2017)

◙ **A cobrança indevida só gera dano moral se houver inscrição do nome do consumidor em cadastros de inadimplentes.** "JUIZADO ESPECIAL CÍVEL. CONSUMIDOR. COBRANÇAS INDEVIDAS. CONTRATO INEXISTENTE. FRAUDE. PERÍCIA GRAFOTÉCNICA. DESNECESSIDADE. EVIDENTE DISTINÇÃO ENTRE A ASSINATURA LANÇADA NO CONTRATO E A PERTENCENTE À PARTE RECORRIDA. POSTERIOR PETICIONAMENTO DO BANCO EM QUE NOTICIA TRATAR-SE DE HOMÔNIMO. COBRANÇAS REITERADAS. ABORRECIMENTOS QUE NÃO CARACTERIZAM DANO MORAL. RECURSO CONHECIDO. PRELIMINAR REJEITADA. PROVIDO EM PARTE. (...) III. A falha na prestação do serviço não é bastante para a configuração da responsabilidade civil, pois esta não dispensa a existência do dano. IV. Conforme entendimento sedimentado das Turmas Recursais, a simples cobrança, ainda que insistente e incômoda, não rende ensejo ao dano moral se não houve inscrição do devedor em cadastro de inadimplentes. V. No caso em exame, em que pese comprovada a ocorrência de cobranças sem lastro contratual, o fato não se mostra apto a ocasionar dano moral, uma vez que não houve inscrição em cadastro restritivo de crédito. VI. Recurso conhecido. Preliminar rejeitada. Provido em parte para excluir a condenação por dano moral". (TJDFT, Recurso Inominado 07017447420158070007, Segunda Turma Recursal dos Juizados Especiais do Distrito Federal do Tribunal de Justiça do Distrito Federal e dos Territórios, Rel. João Luis Fisher Dias, julgado em 29/06/2017)

Parágrafo único. O consumidor cobrado em quantia indevida tem direito à repetição do indébito, por valor igual ao dobro do que pagou em excesso, acrescido de correção monetária e juros legais, salvo hipótese de engano justificável.

► **Requisitos para aplicação da repetição do indébito em dobro.** É importante destacar que a sanção prevista (repetição em dobro) somente é aplicada quando houver: 1) cobrança indevida, 2) pagamento em excesso e 3) inexistência de engano justificável. Isso é importante, uma vez que a repetição em dobro somente é aplicada quando houver cobrança indevida.

► **A análise do parágrafo único não exclui a indenizabilidade do dano moral por cobrança abusiva.** ***(sobre dano moral, ver art. 6°, VI)*** "Dispondo o parágrafo. único do citado art. 42 do CDC que "o consumidor cobrado em quantia indevida tem direito à repetição de indébito, por valor igual ao dobro do que pagou em excesso, acrescido de correção monetária e juros legais, salvo hipótese de engano justificável", não se exclui a indenizabilidade do dano moral em função da forma como a cobrança indevida do débito foi exigida ao consumidor pretensamente inadimplente". (CAHALI, Yussef Said. *Dano moral.* 2ª ed. São Paulo: Revista dos Tribunais. p. 523)

◙ **Para que haja a devolução em dobro, é necessária a comprovação de má-fé do fornecedor.** "PROCESSUAL CIVIL. TELEFONIA. REPETIÇÃO DE INDÉBITO. COBRANÇA INDEVIDA DE VALORES. DEVOLUÇÃO EM DOBRO. IMPOSSIBILIDADE. ERRO JUSTIFICÁVEL. (...) 1. Conforme redação do art. 42 do Código de Defesa do Consumidor, os valores cobrados indevidamente devem ser devolvidos em dobro ao usuário, salvo na hipótese de engano patentemente justificável. 2. A devolução em dobro pressupõe a existência de valores indevidamente cobrados e a demonstração de má-fé do credor (...)" (STJ, AgRg no AREsp 642.115/RS, Rel. Ministro Herman Benjamin, Segunda Turma, DJe 10/10/2016). ◙ **No mesmo sentido:** "A jurisprudência desta Corte firmou o entendimento de que, a teor do que dispõe o art. 42 do CDC, a devolução em dobro pressupõe a existência de valores indevidamente cobrados e a demonstração de má-fé do credor. Precedentes (...)" (STJ, AgRg no AREsp 664.888/RS, Rel. Min. Moura Ribeiro, 3ª T., DJe 7.3.2016). ◙ **No mesmo sentido, envolvendo contratos bancários:** "MÁ-FÉ NÃO COMPROVADA. IMPOSSIBILIDADE DE DEVOLUÇÃO EM DOBRO DOS VALORES COBRADOS INDEVIDAMENTE (...) a jurisprudência da Segunda Seção desta Corte Superior entende ser impossível a restituição em dobro do indébito sem a prova de que a instituição financeira tenha agido de má-fé (...)" (STJ, AgInt no AREsp 708.688/RS, Rel. Min. Marco Aurélio Bellize, 3ª T., DJe 31.5.2016). ◙ **Em sentido contrário, entendendo que prescide da má-fé na repetição de tarifa de água e esgoto:** "REPETIÇÃO DE INDÉBITO. TARIFA DE ÁGUA E ESGOTO. CONCESSIONÁRIA DE SERVIÇO PÚBLICO. CDC. REPETIÇÃO DE INDÉBITO. COBRANÇA INDEVIDA. DESNECESSIDADE DE COMPROVAÇÃO DE MÁ-FÉ (...) 3.O Superior Tribunal de Justiça possui firme jurisprudência no sentido de não configurar erro justificável a cobrança de tarifa de esgoto por serviço não prestado pela concessionária de serviço público (no caso dos autos, constatou-se que inexistia rede coletora de esgoto da Casan no local), razão pela qual os valores indevidamente cobrados do usuário devem ser restituídos em dobro, conforme determina o artigo 42, parágrafo único, do Código de Defesa do Consumidor (...)" (STJ, REsp 1571393/SC, Rel. Min. Herman Benjamin, 2ª T., DJe 30.5.2016) ◙ **No sentido também de que não depende da comprovação de má-fé para repetição da tarifa de energia elétrica:** "FORNECIMENTO DE ENERGIA. COBRANÇA ABUSIVA. RELAÇÃO DE CONSUMO. ARTIGO 42, PARÁGRAFO ÚNICO, DO CÓDIGO DE DEFESA DO CONSUMIDOR. INEXISTÊNCIA DE ERRO JUSTIFICÁVEL. 1. Não havendo a demonstração de engano justificável, a cobrança abusiva de tarifa por parte da concessionária de serviço público enseja a restituição em dobro dos valores indevidamente cobrados, independentemente da existência de dolo ou culpa (...)" (STJ, AgRg no REsp 1225039, 1ª T., DJ 15.3.2011).

◙ **Somente o engano justificável afasta o dever de restituição em dobro.** "Caberá a restituição em dobro do valor indevidamente cobrado, nos termos do art. 42, parágrafo único, da Lei n. 8.078/90, exceto no caso de engano justificável (...)" (STJ, AgRg no AREsp 773.830/SP, Rel. Min. João Otávio de Noronha, 3ª T., DJe 28.3.2016)

◙ **Se há pagamento sem a correspondente contraprestação, a repetição do indébito é simples.** "CONTRATO DE PRESTAÇÃO DE SERVIÇOS. UNIVERSIDADE. MENSALIDADE. PAGAMENTO SEM A DEVIDA CONTRAPRESTAÇÃO EM HORAS-AULA. RESTITUIÇÃO. ART. 976 DO CÓDIGO CIVIL. REPETIÇÃO SIMPLES. NÃO APLICAÇÃO DO ART. 42 DO CDC. (...) Celebrado contrato de prestação de serviços com instituição de ensino superior para a ministração de determinado número de aulas, a redução posterior da carga horária com a consequente redução dos créditos já quitados pelos alunos enseja o dever da instituição de devolver os valores excedentes, sob pena de enriquecimento ilícito. 3. Agravo regimental desprovido" (STJ, AgRg no REsp 1304601/SC, Rel. Min. João Otávio de Noronha, 3ª T., DJe 1.12.2015)

◙ **Não cabe repetição de indébito se a exigência do valor cobrado for legítima.** "Constitui fundamento fático do acórdão recorrido o de que não houve comprovação de que a tarifa bancária expressamente inserida, em letras maiúsculas, nos contratos de financiamento celebrados com as instituições financeiras rés, era indevida. 2. Tratando-se de valores legitimamente exigidos, não se há que cogitar de devolução em dobro, nos termos do art. 42 do CDC. o" (STJ, AgRg no REsp 1102339/MG, Rel. Min. Maria Isabel Gallotti, 4ª T., DJe 12.2.2015).

◙ **Valor irregularmente retirado da conta-corrente do consumidor. Não aplicação da repetição em dobro por não ser cobrança de dívidas.** "RESPONSABILIDADE CIVIL - ATIVIDADE BANCÁRIA - APLICAÇÃO DO CÓDIGO DE DEFESA DO CONSUMIDOR - RESPONSABILIDADE OBJETIVA - SAQUES INDEVIDOS EM CONTA - CORRENTE - INDENIZAÇÃO POR DANOS MATERIAIS E MORAIS - CABIMENTO (...) Impõe-se reconhecer a obrigação da instituição financeira de ressarcir o prejuízo sofrido pela autora, no montante de R$ 529,79 (quinhentos e vinte e nove reais e setenta e nove centavos), correspondente ao valor irregularmente retirado da sua conta-corrente, sendo incabível, ao caso sob exame, a aplicação do art. 42, parágrafo único, do CDC, vez que não se trata de cobrança de dívidas." (TRF 2ª R., AC 2001.51.02.003657-9 - 7ª T. - Rel. Des. Fed. Sergio Schwaitzer, DJU 20.10.2005)

◙ **Valor despendido para sustar protesto indevido deverá ser restituída em dobro.** "RESPONSABILIDADE CIVIL - DANOS MORAIS -PESSOA JURÍDICA - REPARAÇÃO - DANO EXTRAPATRIMONIAL OBJETIVO - CARACTERIZADO - DANO MATERIAL - RESTITUIÇÃO EM DOBRO - ART. 42 DO CDC - Embora o Código de Defesa do Consumidor disponha sobre a responsabilidade objetiva das instituições financeiras, já que arrola a atividade bancária com atividade de consumo, há provas nos autos de que houve o protesto indevido da duplicada que foi paga um dia antes do seu vencimento, devendo indenizar, assim, pelos prejuízos imateriais e materiais causados ao patrimônio da pessoa jurídica; – A honra alcança a reputação e o bom nome da pessoa jurídica junto a terceiros, podendo se falar em danos não-patrimoniais objetivos, o que torna plenamente admissível a reparação do dano moral quando a ofensa é dirigida contra pessoa jurídica, mesmo porque a Constituição da República prevê uma cláusula geral de reparação por danos morais; – O protesto de título já quitado acarreta prejuízo à reputação da pessoa jurídica, sendo presumível o dano extrapatrimonial resultante deste ato, cujo montante deverá, contudo, ser reduzido para R$ 5.000,00; – Quanto ao valor despendido pela pessoa jurídica para sustar o protesto, referida importância deverá ser restituída em dobro, de acordo com o art. 42 da Lei nº 8.078/90". (TRF 2ª R., AC 2002.51.02.002040-0 - (341296) - 5ª T.Esp - Rel. Des. Fed. Paulo Espirito Santo, DJU 4.10.2005)

◙ **Repetição de indébito em dobro. Necessidade de a dívida estar paga.** "(...) Inaplicabilidade, à espécie, dos arts. 1.531 do Código Civil e 42 do CDC, uma vez que não se cuida de cobrança de dívida já paga, mas de indenização por prejuízos morais ocasionados pelo lançamento indevido do nome do autor no SPC." (STJ, REsp 222228/SC, Rel. Min. Aldir Passarinho Júnior, DJU 04/02/2002) ◙ **No mesmo sentido, havendo transferência de numério de uma conta corrente para outra e não cobrança de dívidas.** "Não se tratando de cobrança de dívida, mas sim de transferência de numerário de uma conta corrente para outra, injustificável é a condenação em dobro do prejuízo efetivamente suportado pela vítima" (STJ, REsp. 257075/PE, Rel. Min. Barros Monteiro, DJ 22/04/2002).

◙ **A quantia paga em virtude de cláusulas contratuais declaradas nulas devem ser ressarcidas de maneira simples.** "MUDANÇA DO ENTENDIMENTO QUANDO DO JULGAMENTO DOS EMBARGOS DE DIVERGÊNCIA EM RECURSO ESPECIAL. "CIVIL. CLÁUSULA NULA. REPETIÇÃO DO INDÉBITO. O pagamento resultante de cláusula contratual mais tarde declarada nula em sede judicial deve ser devolvido de modo simples, e não em dobro; age no exercício regular de direito quem recebe a prestação prevista em contrato. Embargos de divergência conhecidos e providos." (STJ, EREsp 328338/MG; Rel. Min. Ari Pargendler, 2ª Seção, DJU. 1.2.2006)

◙ **Não aplicação da restituição em dobro quando houver controvérsia nos tribunais em relação ao objeto da cobrança indevida.** "O art. 42, parágrafo único, do Código de Defesa do Consumidor não se aplica quando o objeto da cobran-ça está sujeito à controvérsia na jurisprudência dos Tribunais." (STJ, REsp. 528186/RS, Rel. Min. Carlos Alberto Menezes Direito, DJ 22/03/2004).

◙ **Se a cobrança indevida se deu em virtude de má interpretação da legislação em vigor não haverá restituição em dobro.** "Na hipótese dos autos, a cobrança indevida se deu em razão de interpretação equivocada de legislação estadual (Decreto estadual nº 21.123/83), com o consequente enquadramento incorreto da entidade recorrente, o que, nos termos dos mais recentes precedentes desta Corte, afasta a atração do referido artigo. 3. Caracterizado engano justificável na espécie, notadamente porque o Tribunal de origem, apreciando o conjunto fático-probatório, não constatou a presença de culpa ou má-fé, é de se afastar a repetição em dobro." (STJ, EREsp 1155827/SP, Rel. Ministro Humberto Martins, Primeira Seção, DJe 30/06/2011)

◙ **Nos casos em que a concessionária não prestou o serviço e efetuou a cobrança indevida, não cabe alegação de erro justificável, devendo indenizar o consumidor pelo dobro do pagamento indevido.** "ADMINISTRATIVO. ESGOTO SANITÁRIO. AUSÊNCIA DE PRESTAÇÃO DO SERVIÇO. COBRANÇA ABUSI-VA. REPETIÇÃO DE INDÉBITO. DEVOLUÇÃO EM DOBRO. ART. 42, PARÁGRAFO ÚNICO, DO CDC. Não configura engano justificável a cobrança de tarifa referente a esgoto, se não foi prestado pela concessio-nária o serviço público, razão pela qual os valores indevidamente cobrados ao usuário devem ser restitu-ídos em dobro." (STJ, AgRg no AREsp 62.613/RJ, Rel. Ministro Humberto Martins, Segunda Turma, DJe 14/12/2011)

◙ **Possibilidade de aplicação do art. 42, parágrafo único (repetição em dobro) quando a companhia aérea retém o valor pago pelo consumidor que exerceu o direito de arrependimento.** "Consumidor. Ação de repetição de indébito c/c indenização por danos morais. Compra de passagem aérea pela Internet. Cancelamento logo após a compra. Possibilidade. Exercício de arrependimento previsto do art. 49 do CDC. Cobrança indevida. Restituição em dobro dos valores pagos. 1. Em se tratando de compra e venda realizada fora do estabelecimento comercial, assiste ao consumidor o direito de arrependimento, a ser exercido no prazo de 07 dias, conforme dispõe o art. 49 do CDC. 2. Não tendo a demandada atendido ao pedido de cancelamento e tendo lançado a cobrança relativa à compra cancelada na fatura do cartão de crédito da autora, evidenciada a ocorrência de cobrança indevida. Como não se trata de hipótese de engano justificável, faz jus a autora à restituição em dobro do valor cobrado indevidamente, na forma do art. 42, parágrafo único, do CDC. 3. Danos morais não caracterizados. Ausência de violação a atributo da personalidade. Recurso parcialmente provido" (TJRS – Recurso Cível 71004007704-RS, 3.ª T. Recursal Cível, j. 14.03.2013, Diário da Justiça do dia 18.03.2013). ◙ **No mesmo sentido:** "Apelação cível. Direito do consumidor. Ação de repetição de indébito c/c indenizatória por danos morais. Compras de passagens aéreas pela Internet. Cancelamento da compra. Direito de arrependimento. Cláusula penal. Retenção ilícita. Cobrança abusiva. Dever de restituir em dobro. Dano moral configurado. Dá-se parcial provimento ao recurso, na forma do art. 557, § 1.º-A, do CPC/1973" (TJRJ – Ap 00218073620128190007-RJ 0021807-36.2012.8.19.0007, j. 14.01.2014, 24.ª Câm. Civ./Consumidor, data de publicação: 14.04.2014).

Art. 42-A. Em todos os documentos de cobrança de débitos apresentados ao consumidor, deverão constar o nome, o endereço e o número de inscrição no Cadastro de Pessoas Físicas – CPF ou no Cadastro Nacional de Pessoa Jurídica – CNPJ do fornecedor do produto ou serviço correspondente.

► **Todas as formas possíveis de veicular a cobrança ficam sujeitas à norma.** O dispositivo em comento guarda relação direta com o direito básico do consumidor à informação, corolário do princípio da transparência, pois é bastante comum, principalmente nos dias atuais, ante a fragilidade da conferência dos dados pessoais de quem, de fato, está contratando com o fornecedor, que o consumidor receba documentos de cobrança de débito sem que tenha adquirido produtos ou contratado a prestação de serviços junto ao fornecedor. Consequentemente, a ausência de informações sobre o fornecedor (nome, CNPJ e endereço), impede o consumidor de obter maiores esclarecimentos acerca da cobrança, dificultando, assim, a tomada de providências no sentido de cancelar a cobrança, restando-lhe simplesmente deixar de pagar o valor cobrado. Porém, deixando de quitar a dívida cobrada, o nome do consumidor acaba sendo inscrito nos bancos de dados dos serviços de proteção ao crédito. Por outro lado, de posse dos dados do fornecedor, o consumidor saberá a quem direcionar eventual demanda, além de reunir condições de diligenciar junto aos serviços de proteção ao crédito para a correção de informações equivocadas a seu respeito. Finalmente, anote-se que o artigo abrange quaisquer documentos de cobrança endereçados ao consumidor. Assim, boletos, cartas, carnês, documentos eletrônicos (e-mail, sms, mensagens via aplicativos etc.), enfim, todas as formas possíveis de veicular a cobrança ficam sujeitas à norma.

SEÇÃO VI
Dos Bancos de Dados e Cadastros de Consumidores

Art. 43. O consumidor, sem prejuízo do disposto no art. 86, terá acesso às informações existentes em cadastros, fichas, registros e dados pessoais e de consumo arquivados sobre ele, bem como sobre as suas respectivas fontes.

► **O armazenamento de dados sobre consumidores é uma atividade lícita e permitida pelo CDC.** O armazenamento de dados sobre consumidores é uma atividade lícita e permitida pelo CDC, devendo somente respeitar os preceitos legais a fim de evitar abusos. Nesse sentido, os órgãos responsáveis pelo armazenamento dos dados e dos cadastros são obrigados a fornecer aos consumidores, quando solicitadas, todas as informações arquivadas, assim como a respectiva fonte. ► **No mesmo sentido:** "A regra é a permissão dos registros, sejam quais forem eles, desde que não vedados por lei. Tal conclusão decorre do preceito contido no art. 5º, inciso II, da Constituição Federal que proclama que ninguém será obrigado a fazer ou deixar de fazer alguma coisa senão em virtude de lei". (STURMER, Bertram Antônio. Bancos de dados e "hábeas data" no código do consumidor, p. 19, *Revista LEX – Jurisprudência do STJ e TRFs*, São Paulo, n. 49, 1993)

► **Infração penal.** A recusa ou imposição de dificuldades por parte do arquivista é considerada infração penal nos moldes do art. 72 do CDC: *"Impedir ou dificultar o acesso do consumidor às informações que sobre ele constem em cadastros, banco de dados, fichas e registros: Pena – Detenção de seis me-ses a um ano ou multa."*

◙ **Os arquivos de consumo são um dado inextirpável da economia fundada nas relações massificadas de crédito.** "A convivência entre a proteção da privacidade e os chamados arquivos de consumo, mantidos pelo próprio fornecedor de crédito ou integrados em bancos de dados, tornou-se um imperativo da economia da sociedade de massas: de viabilizá-la cuidou o CDC, segundo o molde das legislações mais avançadas: ao sistema instituído pelo Código de Defesa do Consumidor para prevenir ou reprimir abusos dos arquivos de consumo, hão de submeter-se as informações sobre os protestos lavrados, uma vez obtidas na forma prevista no edito impugnado e integradas aos bancos de dados das entidades credenciadas à certidão de que se cuida: é o bastante a tornar duvidosa a densidade jurídica do apelo da arguição à garantia da privacidade, que há de harmonizar-se à existência de bancos de dados pessoais, cuja realidade a própria Constituição reconhece (art. 52, LXXII, infine) e entre os quais os arquivos de consumo são um dado inextirpável da economia fundada nas relações massificadas de crédito". (STF, ADIn 1.790-5-medida cautelar, rel. Min. Sepúlveda Pertence, DJU 8.9.2000)

► **Proibição dos registros serem codificados.** "De nada adiantaria, se ao consumidor fosse assegurado o direito de acesso ao registro ou cadastro e, diante da leitura da informação, não fosse capaz de entender o seu conteúdo. Assim, se os registros fossem codificados, o direito de acesso não teria nenhum sentido." (SILVEIRA, Reynaldo Andrade da. *Práticas mercantis no direito do consumidor*, p. 225. Curitiba: Ed. Juruá. 2000)

► **Proibição dos registros serem em língua estrangeira:** "Finalmente, não só verazes, objetivos e claros, os dados arquivados devem ser de fácil entendimento. Vedada, portanto, a utilização de símbolos, códigos ou idioma estrangeiro." (BENJAMIN, Antônio Herman de Vasconcellos e. *Código Brasileiro de Defesa do Consumidor* Comentado pelos Autores do Anteprojeto, 6ª ed. 2ª reimpressão, p. 379, Rio de Janeiro: Ed. Forense Universitária. 2000) ► **No mesmo sentido:** "Não se admitem, portanto, informações codificadas, linguagem técnica, prolixa e utilização de idioma estrangeiro." (BESSA, Leonardo Roscoe. O Consumidor e os Limites dos Bancos de Dados de Proteção ao Crédito, p. 183/84. São Paulo: Editora RT. 2003) ► **No mesmo sentido:** "A fácil compreensão a que se remete o CDC representa a obrigação de que as informações arquivadas sejam expressas, além de objetivamente, claramente e verazmente, em linguagem que se faça compreender a todos os que necessitem utilizar os serviços dos arquivos de consumo e inclusive ao arquivado. Por este motivo, impera sejam as informações lançadas na língua pátria." (EFING, Antônio Carlos. *Bancos de Dados e Cadastro de Consumidores*, p. 131, São Paulo: Ed. RT, 2002)

◙ **Legalidade e a importância dos arquivos de consumo, inclusive aceitando a transferência de informações entre os bancos de dados.** "O SPC, instituído em diversas cidades pelas entidades de classe de comerciantes e lojistas, tem a finalidade de informar seus associados sobre a existência de débitos pendentes por compra dos que pretendam obter novo financiamento. É evidente o benefício que dele decorre em favor da agilidade e da segurança das operações comerciais, assim como não se pode negar ao vendedor o direito de informar-se sobre o crédito do seu cliente na praça, e de repartir com os demais os dados de que dele dispõe." (STJ, REsp. 22337/RS, Rel. Min. Ruy Rosado Aguiar, j. 13/02/1995).

◙ **O *habeas data* e não o mandado de segurança é o instrumento processual cabível para a proteção ao direito de informação do cidadão.** "Se a proteção pedida pelo impetrante se refere à busca de informações relativas a sua pessoa constantes de registro ou banco de dados de entidade governamental, o instrumento processual adequado é o ha-beas data, não cabendo o uso do mandado de segurança como seu sucedâneo (art. 5º, LXIX, da CF)" (STJ, MS 8196/DF, Rel. Min. Felix Fischer, DJ 28/04/2003).

◙ **O ônus de dar baixa no cadastros de inadimplentes é do fornecedor.** "DIREITO DO CONSUMIDOR. AGRAVO REGIMENTAL. MANUTENÇÃO INDEVIDA DE NOME DE CONSUMIDOR EM CADASTROS DE INADIMPLENTES. ÔNUS DA BAIXA DEPOIS DO PAGAMENTO. ARTS. 43, § 3º, E 73, DO CDC. 1. É do credor, e não do devedor, o ônus da baixa da indicação do nome do consumidor em cadastro de proteção ao crédito, em virtude do que dispõe o art. 43, § 3º, combinado com o art. 73, ambos do CDC. A propósito, este último, pertencente às disposições penais, tipifica como crime a não correção imediata de informações inexatas acerca de consumidores constantes em bancos de dados. 2. Agravo regimental não provido." (STJ, AgRg no Ag 1373920/SP, Rel. Ministro Luis Felipe Salomão, Quarta Turma, DJe 28/05/2012) ◙ **No mesmo sentido.** "CONSUMIDOR. INSCRIÇÃO EM CADASTRO DE INADIMPLENTES. QUITAÇÃO DA DÍVIDA. CANCELAMENTO DO REGISTRO. OBRIGAÇÃO DO CREDOR. PRAZO. NEGLIGÊNCIA. DANO MORAL. PRESUNÇÃO. 1. Cabe às entidades credoras que fazem uso dos serviços de cadastro de proteção ao crédito mantê-los atualizados, de sorte que uma vez recebido o pagamento da dívida, devem providenciar o cancelamento do registro negativo do devedor." (STJ, REsp 1.149.998-RS, Terceira Turma, Rel. Min. Nancy Andrighi, julgado em 7/8/2012).

◙ **Responsabilidade do Estado pelo cancelamento de inscrição do nome do consumidor em cadastros negativos quando há convênio entre tribunal de justiça e entidades mantenedoras de cadastro.** "RESPONSABILIDADE CIVIL DO ESTADO – Pretensão à indenização por danos morais, em virtude de suposta demora no cancelamento de inscrição nos cadastros de proteção ao crédito, mesmo após quitado o débito objeto de execução – Sentença de improcedência da demanda – Irresignação da autora – Não cabimento – Impossibilidade de responsabilização do Poder Público – Convênio firmado entre o Tribunal de Justiça e o Serasa, que apenas autoriza a utilização das informações que já possuem caráter público – "Faute du servisse' não demonstrada – Comunicação ao distribuidor da extinção da execução realizada dentro de tempo razoável – Ausência de pedido de urgência – Baixa no cadastro do Serasa que pode ser obtida mediante diligência da parte interessada – Ato ilícito não configurado – Pressupostos da responsabilidade civil que não foram demonstrados – Dever de indenizar ausente – Sentença mantida – Recurso não provido". (TJ-SP – APL: 00324634920118260506 SP 0032463-49.2011.8.26.0506, Relator: Manoel Ribeiro, 8ª Câmara de Direito Público, Data de Publicação: 09/11/2016) ◙ **No sentido da responsabilização do Estado**: "APELAÇÃO CÍVEL. AÇÃO DE REPARAÇÃO. DANO MORAL. APONTAMENTO AUTOMÁTICO DECORRENTE DE CONVÊNIO ENTRE A SERASA E O TRIBUNAL DE JUSTIÇA DE SÃO PAULO. BAIXA. INEXISTÊNCIA DE OBRIGAÇÃO DO CREDOR. ATO ILÍCITO NÃO CONFIGURADO. DEVER DE REPARAR INEXISTENTE. Ao credor não pode ser imputada responsabilidade pela baixa de anotação automática em serviço de proteção ao crédito, que decorre de convênio firmado entre a SERASA e o Tribunal de Justiça do Estado de São Paulo. – A baixa deve ser feita de forma automática, mediante informação da extinção do processo. – Para que seja feita antes, cabe ao devedor informar a quitação do débito exigido na ação que é objeto da informação anotada". (TJMG – Apelação Cível 1.0529.10.001474-3/001, Relator(a): Des.(a) Luiz Carlos Gomes da Mata , 13ª Câmara Cível, julgamento em 06/06/2013, publicação da súmula em 14/06/2013)

◙ **Prazo de 5 dias úteis do pagamento efetivo para a retirada do nome do consumidor, por analogia ao art. 43, § 3º, do CDC.** Este é o teor da **Súmula 548 do STJ**: *"Incumbe ao credor a exclusão do registro da dívida em nome do devedor no cadastro de inadimplentes no prazo de cinco dias úteis, a partir do integral e efetivo pagamento do débito."* ▶ **No sentido da não concordância com a Súmula 548 do STJ:** não concordamos neste ponto com o STJ. Embora a ideia seja de pacificar o entendimento sobre a questão, há situações em que o consumidor pode facilmente comprovar o pagamento do débito e, neste caso, deverá o fornecedor imediatamente proceder a retirada de seu nome dos arquivos de consumo. Atualmente, todos os registros são feitos de maneira informatizada, bastando o fornecedor entrar no sistema e retirar o nome do consumidor. Não justifica, nesse sentido, o prazo de 5 dias para a retirada do nome do consu-midor dos arquivos de consumo.

◙ **A existência de garantia do débito não obsta a inscrição do nome do consumidor em cadastro negativo.** "CIVIL E PROCESSUAL. RECURSO ESPECIAL. AÇÃO INDENIZATÓRIA POR DANOS MORAIS. TRIBUNAL QUE CONDENA A RÉ POR ENTENDER QUE A EXISTÊNCIA DE GARANTIA PARA A SATISFAÇÃO DO CRÉDITO OBSTA A INSCRIÇÃO DO NOME DO DEVEDOR. REFORMA. RESPONSABILIDADE PELA COMUNICAÇÃO PRÉVIA DO REGISTRO. ÓRGÃO CADASTRAL. PROVIMENTO DO RECURSO. I. A simples existência de garantia da dívida e a possibilidade de o credor satisfazer o crédito com medidas executórias não suspendem o vencimento, nem afastam a inadimplência. II. Encontrando-se o devedor em mora, ainda que haja garantia do débito, possível é sua inscrição nos órgãos cadastrais. III. A responsabilidade pela comunicação prévia da inscrição do devedor é do órgão mantenedor do registro (STJ, 2ª S., REsp 1061134, DJ 1.4.2009). IV. Recurso especial provido para julgar improcedente a ação" (REsp 1092765, 4ª T., DJ 24.3.2011).

◙ **Inscrição de devedor em cadastro de inadimplentes não configura constrangimento.** ***(sobre cobrança abusiva, ver art. 42).*** "CADASTROS DE CONSUMIDORES. A inscrição do devedor em cadastros de consumidores não caracteriza o constrangimento a que alude o artigo 42 do Código de Defesa do Consumidor." (STJ, AGA 274018/SP, Rel. Min. Ari Pargendler, DJU 19/02/2001)

◙ **A negativação só se torna possível se houver certeza da existência e valor da dívida.** "Na interpretação do art. 42 do CDC tornou-se assente, na doutrina, que a negativação só se torna possível se houver certeza da existência e valor da dívida (Rizzatto Nunes "Comentários ao Código de Defesa do Consumidor", p. 515), isto é, inquestionamento do débito (Renato Afonso Gonçalves, "Bancos de Dados na Relação de Consumo, p. 57), razão porque, havendo dúvida razoável, sobre o seu valor ou a própria existência, descabida a manutenção do nome do devedor no arquivo" (Vasconcellos e Benjamim, código Brasileiro de Defesa do Consumidor, p. 382). 4. "Existe entendimento exigindo a presença de vários requisitos para a suspensão de informações negativas do suposto devedor dos serviços de proteção ao crédito, entre os quais o depósito do valor tido por incontroverso. Todavia, quando o débito é refutado de forma integral, ou, mesmo, de modo a tornar impossível estabelecer um quantum que possa ser considerado incontroverso, exigir esse depósito é exigir o impossível, a inviabilizar, inclusive, a prestação jurisdicional adequada". (TJPR, AI 0173813-2 - (14536) - 6ª C.Cív. - Rel. Des. Airvaldo Stela Alves, DJPR 24.6.2005)

◙ **Ilícita a inscrição do devedor por quantia maior que a devida.** "Ilícita a inscrição do devedor por quantia maior que a devida, a justificar o ressarcimento de danos morais, porque o credor, só poderá efetuar a negativação quando a dívida existe, está vencida e pelo seu valor "verdadeiro" (art. 43, § 1º do CDC). ". (TJPR, AC 0162653-9 - (14669) - Londrina - 6ª C.Cív. - Rel. Des. Airvaldo Stela Alves, DJPR 8.7.2005) ◙ **No sentido de que o simples erro no valor da inscrição não gera danos morais.** "O simples erro no valor inscrito da dívida, em órgão de proteção ao crédito, não tem o condão de causar dano moral ao devedor, haja vista que não é o valor do débito que promove o dano moral ou o abalo de crédito, mas o registro indevido, que, no caso, não ocorreu, uma vez que a dívida existe, foi reconhecida pelo autor e comprovada, expressamente, pelo acórdão recorrido." (STJ, REsp. 831162 / ES, Rel. Min. Jor-ge Scartezzini, DJ 21/08/2006)

◙ **Conta conjunta bancária. Não negativação do consumidor que não emitiu o cheque, mesmo sendo titular da conta corrente.** "Destarte, a cotitularidade da conta-corrente limita-se ao exercício de direitos referentes aos créditos nela existentes e às respectivas movimentações. A responsabilidade pela emissão de cheque sem provisão de fundos é exclusiva daquele que apôs a sua assinatura no título. – A inscrição indevida em cadastros de proteção ao crédito ocasiona dano moral in re ipsa, sendo despicienda, pois, a prova da sua ocorrência. Precedentes." (STJ, REsp 981081 / RS, Rel. Min. Nancy Andrighi, DJe 09/04/2010)

◙ **Se o consumidor possui negativação anterior, não cabe dano moral por uma nova inscrição indevida. O consumidor somente terá direito ao cancelamento da inscrição indevida. Súmula nº 385 do STJ:** "*Da anotação irregular em cadastro de proteção ao crédito, não cabe indenização por dano moral, quando preexistente legítima inscrição, ressalvado o direito ao cancelamento.*" ◙ **Fundamento para este entendimento foi descrito pelo Min. Ari Pargendler no julgamento do REsp. 1.002.985/RS, DJe 27/08/2008:** "*quem já é registrado como mau pagador não pode se sentir moralmente ofendido pela inscrição do seu nome como inadimplente em cadastros de proteção ao crédito.*"

◙ **Aplicação da Súmula 385 do STJ também em relação aos credores**: "RECURSO ESPECIAL. OMISSÃO. NÃO OCORRÊNCIA. DANO MORAL. NÃO CARACTERIZADO. INSCRIÇÃO INDEVIDA COMANDADA PELO SUPOSTO CREDOR. ANOTAÇÕES ANTERIORES. SÚMULA 385/STJ. (...) 'Da anotação irregular em cadastro de proteção ao crédito, não cabe indenização por dano moral, quando preexistente legítima inscrição, ressalvado o direito ao cancelamento' (Súmula 385/STJ). 3. Embora os precedentes da referida súmula tenham sido acórdãos em que a indenização era buscada contra cadastros restritivos de crédito, o seu fundamento – 'quem já é registrado como mau pagador não pode se sentir moralmente ofendido por mais uma inscrição do nome como inadimplente em cadastros de proteção ao crédito', cf. REsp

1.002.985-RS, rel. Ministro Ari Pargendler – aplica-se também às ações voltadas contra o suposto credor que efetivou a inscrição irregular. 4. Hipótese em que a inscrição indevida coexistiu com quatorze outras anotações que as instâncias ordinárias verificaram constar em nome do autor em cadastro de inadimplentes." (STJ, REsp 1386424/MG, Rel. Ministro Paulo de Tarso Sanseverino, Rel. p/ Acórdão Ministra Maria Isabel Gallotti, Segunda Seção, DJe 16/05/2016)

◙ **Discussão da dívida em juízo. Requisitos para permitir o cancelamento ou a abstenção da inscrição do nome do devedor em cadastro de proteção ao crédito.** "Para evitar sua inscrição nos cadastros restritivos de crédito o devedor deve provar que: a) pende ação proposta contestando, integral ou parcialmente, a existência do débito; b) a negativa do débito em cobrança se funda em bom direito; c) depositou o valor correspondente à parte reconhecida do débito ou preste caução idônea" (STJ, AgRg no REsp. 931979 / PR, Rel. Min. Humberto Gomes de Barros, DJ 01/08/2007). ◙ **No mesmo sentido:** " Conforme orientação da Segunda Seção deste Tribunal, o deferimento do pedido de cancelamento ou de abstenção da inscrição do nome do contratante nos cadastros de proteção ao crédito depende da comprovação do direito com a presença concomitante de três elementos: a) ação proposta pelo contratante contestando a existência integral ou parcial do débito; b) demonstração efetiva da cobrança indevida, amparada em jurisprudência consolidada do Supremo Tribunal Federal ou do Superior Tribunal de Justiça; c) sendo parcial a contestação, que haja o depósito da parte incontroversa ou a prestação de caução idônea, a critério do magistrado." (STJ, AgRg no AREsp 557.313/MS, Rel. Ministro Paulo de Tarso Sanseverino, Terceira Turma, DJe 13/04/2015) ◙ **No mesmo sentido, Súmula nº 380 do STJ:** *"A simples propositura da ação de revisão do contrato não inibe a caracterização da mora do autor."*

► **O novo CPC possibilitou a inclusão do nome do devedor de qualquer dívida.** O novo CPC (Lei 13.105/2015) possibilitou a inclusão do nome do devedor de qualquer dívida (e não somente de consumo) nos órgãos de proteção ao crédito. Dispõe o art. 782, § 3º do CPC/15 que na execução judicial ou extrajudicial, a requerimento da parte, o juiz pode determinar a inclusão do nome do executado em cadastros de inadimplentes. O § 4º do art. 782 complementa que a inscrição será cancelada imediatamente se for efetuado o pagamento, se for garantida a execução ou se a execução for extinta por qualquer outro motivo.

◙ **Inscrição de devedor de alimentos em cadastros de inadimplentes.** "RECURSO ESPECIAL. DIREITO DE FAMÍLIA. PROCESSUAL CIVIL. ALIMENTOS. EXECUÇÃO. DEVEDOR. INSCRIÇÃO EM CADASTROS DE RESTRIÇÃO AO CRÉDITO. INSCRI-ÇÃO. POSSIBILIDADE. DIREITO À VIDA DIGNA. AUSÊNCIA DE IMPEDIMENTO LEGAL. COERÇÃO INDIRETA. MELHOR INTERESSE DO ALIMENTANDO. INOVAÇÃO LEGISLATIVA. ARTIGOS 528 E 782 DO NOVO CÓDIGO DE PROCESSO CIVIL. 1. É possível, à luz do melhor interesse do alimentando, na execução de alimentos de filho menor, o protesto e a inscrição do nome do devedor de alimentos nos cadastros de proteção ao crédito. 2. Não há impedimento legal para que se determine a negativação do nome de contumaz devedor de alimentos no ordenamento pátrio. 3. O mecanismo de proteção que visa salvaguardar interesses bancários e empresariais em geral (art. 43 da Lei nº 8.078/90) pode garantir direito ainda mais essencial relacionado ao risco de vida, que violenta a própria dignidade da pessoa humana e compromete valores superiores a mera higidez das atividades comerciais. 4. O legislador ordinário incluiu a previsão de tal mecanismo no Novo Código de Processo Civil, como se afere da literalidade dos artigos 528 e 782. 5. Recurso especial provido." (STJ, REsp 1469102/SP, Rel. Ministro Ricardo Villas Bôas Cueva, Terceira Turma, julgado em 08/03/2016, DJe 15/03/2016)

◙ **Negativação em decorrência de ação de execução indevidamente ajuizada. Só há dano moral se compravada má-fé.** *(sobre dano moral, ver art. 6°, VI)* "CIVIL E PROCESSUAL. EXECUÇÃO SEM LIQUIDEZ. REGISTRO EM BANCO DE DADOS POR ÓRGÃO MANTENEDOR. PLEITO DE INDENIZAÇÃO POR DANO MORAL CONTRA A PRETENSA EXEQUENTE. (...) Portanto, o cabimento da execução era um tanto duvidoso, mas não há sinais de má-fé, nem sequer tal ponto foi aventado pelas instâncias ordinárias. Por outro lado, também não se pode concluir que a execução em comento é ilegal ou temerária e, por conseguinte, não há falar em responsabilidade da exequente. 8. Outrossim, o acórdão recorrido asseverou que, no caso vertente, a recorrente não se desincumbiu de demonstrar "que a inclusão de seu nome foi determinada pela Norvape e não pelo próprio Serasa, que da publicidade às execuções existentes"." (STJ, REsp 1229528/PR, Rel. Ministro Luis Felipe Salomão, Quarta Turma, DJe 08/03/2016)

◙ **Negócio frustrado. Lucros cessantes. Cadastro de Inadimplentes.** "DIREITO CIVIL. INSCRIÇÃO INDEVIDA EM CADASTRO DE INADIMPLENTES QUE INVIABILIZA A CONCRETIZAÇÃO DE NEGÓCIOS JURÍDICOS PELA VÍTIMA. LUCROS CESSANTES. INOCORRÊNCIA. – O lucro cessante consiste na frustração do crescimento patrimonial alheio, ou seja, o ganho patrimonial que a vítima poderia auferir, mas não o fez graças à lesão sofrida. – A mera impossibilidade de efetuar gastos e contrair dívidas, com a aquisição de apartamento, carro e utilização de limites de crédito bancário, não equivale àquilo que a vítima "razoavelmente deixou de lucrar", segundo o conceito consagrado de lucros cessantes. Recurso Especial parcialmente provido."(STJ, REsp 979.118/MT, Rel. Ministra Nancy Andrighi, Terceira Turma, DJe 03/10/2008)

◙ **Fatura de serviço telefônica não enviada. Inclusão do nome do consumidor em cadastro de inadimplentes. Negligência da prestadora.** "(...) o protesto, e a conseqüente inclusão da assinante nos cadastros de inadimplentes, se originou da negligência da prestadora no envio correto da fatura, inclusive em não diligenciar na localização da devedora, cujo endereço poderia ser obtido até mesmo por telefone, atraindo a incidência do art. 14 do Código de Defesa do Consumidor." (STJ, REsp 327420/DF, Rel. Min. Sálvio de Figueiredo Teixeira, DJU 4.2.2002)

◙ **O Sistema de Informações do Banco Central – Sisbacen e o Sistema de Informações de Crédito do Banco Central – SCR possuem natureza de cadastro restritivo ao crédito.** "RESPONSABILIDADE CIVIL. RECURSO ESPECIAL. INDENIZAÇÃO POR DANOS MORAIS. INSCRIÇÃO INDEVIDA DO NOME DE PESSOA JURÍDICA NO CADASTRO DE INADIMPLENTES DO SISBACEN/SCR. DETERMINAÇÃO JUDICIAL PROFERIDA EM LIMINAR EM AÇÃO REVISIONAL DETERMINANDO QUE A RÉ SE ABSTIVESSE DE INCLUIR OU MANTER O NOME DA AUTORA

NO ROL DE "QUALQUER ÓRGÃO DE PROTEÇÃO AO CRÉDITO". ATO ILÍCITO CONFIGURADO. DANO MORAL. RAZOABILIDADE NA FIXAÇÃO DO QUANTUM. 1. O Sistema de Informações do Banco Central - Sisbacen, mais precisamente o Sistema de Informações de Crédito do Banco Central - SCR, é cadastro público que tem tanto um viés de proteção do interesse público (como regulador do sistema - supervisão bancária), como de satisfação dos interesses privados (seja instituições financeiras - gestão das carteiras de crédito -, seja mutuários - demonstração de seu cadastro positivo).2. Por óbvio que referido órgão deve ser tratado de forma diferente dos cadastros de inadimplentes como o Serviço de Proteção ao Crédito - SPC e o Serasa. Contudo, não se pode olvidar que ele também tem a natureza de cadastro restritivo de crédito, justamente pelo caráter de suas informações, tal qual os demais cadastros de proteção, pois visam a diminuir o risco assumido pelas instituições na decisão de tomada de crédito. 3. Observa-se, pois, que apesar da natureza de cadastro público, não tem como se desvincular de sua finalidade de legítimo arquivo de consumo para operações de crédito, voltado principalmente às instituições financeiras para que melhor avaliem os riscos na sua concessão à determinada pessoa, isto é, o crédito é justamente o objeto da relação jurídica posta. 4. A Lei n. 12.414/2011, chamada de lei do "cadastro positivo", apesar de disciplinar a formação e consulta a banco de dados com informações de adimplemento para histórico de crédito (art. 1°), estabelece que os bancos de dados de natureza pública terão regramento próprio (parágrafo único do art. 1°), o que, a contrario sensu, significa dizer que eles também são considerados bancos de dados de proteção ao crédito, os quais futuramente serão objeto de regulamentação própria. 5. Na hipótese, a informação do Sisbacen sobre o débito que ainda está em discussão judicial pode ter sido apta a restringir, de alguma forma, a obtenção de crédito pela recorrida, haja vista que as instituições financeiras, para a concessão de qualquer empréstimo, exigem (em regra, via contrato de adesão) a autorização do cliente para acessar o seu histórico nos arquivos do Bacen. 6. Recurso especial a que se nega provimento." (STJ, REsp 1365284/SC, Rel. Ministra Maria Isabel Gallotti, Rel. p/ Acórdão Ministro Luis Felipe Salomão, Quarta Turma, DJe 21/10/2014) ◙ **No mesmo sentido:** "AÇÃO DECLARATÓRIA DE INEXISTÊNCIA DE DÉBITO CUMULADA COM COMPENSAÇÃO POR DANOS MORAIS. SISBACEN. SISTEMA DE INFORMAÇÕES DE CRÉDITO DO BANCO CENTRAL DO BRASIL (SCR). NATUREZA DE CADASTRO RESTRITIVO DE CRÉDITO. INSCRIÇÃO INDEVIDA. DANOS MORAIS. DEVER DE INDENIZAR. (...) As informações fornecidas pelas instituições financeiras ao SISBACEN afiguram-se como restritivas de crédito, haja vista que esse sistema de informação avalia a capacidade de pagamento do consumidor de serviços bancários. O banco que efetuou a inclusão indevida do nome da autora nesse cadastro deve ser responsabilizado pelos danos morais causados." (STJ, REsp 1117319/SC, Rel. Ministra Nancy Andrighi, Terceira Turma, DJe 02/03/2011)

◙ **Não compete ao Banco Central fiscalizar a Serasa.** "DIREITO PROCESSUAL CIVIL. AÇÃO CIVIL PÚBLICA. CUMULAÇÃO DE AÇÕES. RESPONSABILIDADE DE SOCIEDADE MANTENEDORA DE CADASTROS RESTRITIVOS DE CRÉDITO POR ANOTAÇÕES INDEVIDAS DE DADOS DE SUPOSTOS INADIMPLENTES. PODER DE POLÍCIA DO BANCO CENTRAL SOBRE A ATIVIDADE RELATIVA A CADASTROS DE DEVEDORES. 1. A Serasa S.A. não é instituição financeira, pois não exerce coleta, intermediação nem aplicação de recursos financeiros, nem a custódia de valor de propriedade de terceiros, seja como atividade principal ou acessória. 2. Ao Banco Central impõe-se o dever de exercer o controle do crédito e fiscalizar a atividade das instituições financeiras, bem como de aplicar as penalidades pertinentes. Não é de sua atribuição a fiscalização das atividades do Serasa, entidade que não se qualifica como instituição financeira. 3. É possível a cumulação de ações desde que haja compatibilidade de ritos e que o mesmo Juízo seja competente para o julgamento de todas elas. A competência para o julgamento do pedido de condenação da Serasa ao pagamento de danos materiais e morais decorrentes de inscrição indevida de dados de supostos inadimplentes não é a mesma para o julgamento de pedido de condenação do Banco Central para que cumpra suas funções institucionais. 4. Recurso especial a que se nega provimento" (STJ, REsp 1178768/SP, Rel. Ministra Maria Isabel Gallotti, Quarta Turma, DJe 07/12/2016).

§ 1° Os cadastros e dados de consumidores devem ser objetivos, claros, verdadeiros e em linguagem de fácil compreensão, não podendo conter informações negativas referentes a período superior a cinco anos.

► **Sobre o prazo que o fornecedor possui para proceder a retirada do nome do consumidor, ver §3° do art. 43.**

► **A informação deve ser objetiva, sem envolver juízo de valor.** "A informação, além de clara e de fácil compreensão, deve ser objetiva, ou seja, não deve envolver juízos de valor ou análise subjetiva da situação financeira do consumidor. O atributo da objetividade evidencia a finalidade teórica dos bancos de dados de proteção ao crédito: auxiliar a decisão de um fornecedor sobre a concessão ou não de crédito a alguém. Portanto, a valoração das informações é tarefa a ser realizada pelo destinatário das informações, pelo consulente dos arquivos, e não pelas entidades de proteção ao crédito. Vedam-se, desse modo, informações do tipo cliente criador de caso, inconfiável ou mau pagador. Estão proibidas, também, avaliações de riscos realizadas pelas entidades de proteção ao crédito. As solicitações de registro que não observem o atributo da objetividade também devem ser indeferidas. O registro, eventualmente realizado sem atenção a esse pressuposto, configura ilicitude, possibilitando a incidência de sanções administrativas e civis." (BESSA, Leonardo Roscoe. *O Consumidor e os Limites dos Bancos de Dados de Proteção ao Crédito*. São Paulo: Ed. RT. 2003. p. 186.) ► **No mesmo sentido:** "È exatamente por isso que, os cadastros e dados de consumidores devem ser objetivos; entendendo-se por dados objetivos aqueles despidos de opiniões, pois estas envolvem subjetivismo e permitem que delas se façam juízos de valores com interpretações equivocadas, muitas vezes prejudiciais aos consumidores." (COVIZZI, Carlos Adroaldo Ramos. *Práticas Abusivas da SERASA e do SCP Doutrina - Legislação - Jurisprudência*, p. 68, São Paulo: Ed. Edipro, 2003)

► **O dado arquivado tem que ser claro.** "Além de objetivo, qualquer dado arquivado sobre o consumidor há que ser claro, isto é, não prolixo, contraditório ou dúbio."

(BENJAMIN, Antônio Herman de Vasconcellos e. Código Brasileiro de Defesa do Consumidor, p. 379, 6ª edição., Rio de Janeiro: Ed. Forense Universitária, 1997.) ▶ **No mesmo sentido:** "Exige-se que a informação arquivada nos bancos de dados de proteção ao crédito seja clara. Não se trata de repetição, com outros termos, do atributo concernente a linguagem de fácil compreensão. Pelo atributo da clareza, há de ser entendido que os dados devem revelar, ao máximo, a realidade da situação geradora do registro. Isso significa, especialmente se conjugado com o requisito da veracidade, que a informação deve ser precisa e completa, de modo a possibilitar que o destinatário dos dados possa efetivamente analisar o grau de solvência da pessoa interessada na obtenção do crédito. Assim não se permite registros de débitos que apenas informem o nome do credor, sem indicar o valor da dívida e a respectiva data do vencimento." (BESSA, Leonardo Roscoe Bessa. *O Consumidor e os Limites dos Bancos de Dados de Proteção ao Crédito*, p. 184/185. São Paulo: Ed. RT, 2003.)

▶ **Para configuração de dano moral, basta demonstrar que registro foi irregular.** "É incontroverso no Superior Tribunal de Justiça – especificamente na área de entidades de proteção ao crédito – que, para o deferimento de indenização por dano moral, basta ao interessado demonstrar que o registro foi irregular: não há necessidade de demonstrar que houve afetação ao bem-estar psicofísico da pessoa, ou seja, que a inscrição gerou vergonha, constrangimento, tristeza ou qualquer outro sentimento negativo". (BENJAMIN, Antônio Herman V.; MARQUES, Cláudia Lima; BESSA, Leonardo Roscoe. *Manual de Direito do Consumidor.* 7ª edição. São Paulo, Revista dos Tribunais, 2016, p. 353).

▶ **Dois momentos: prazo de 5 anos ou prescrição. O que acontecer primeiro.** ***(sobre a prescrição para retirada do nome do consumidor, ver §5° do art. 43)*** Em relação ao limite temporal do registro, destaca o CDC que as informações negativas não poderão ser mantidas: 1) por prazo superior a 5 anos (§ 1º do art. 43) ou 2) após a consumação da prescrição da ação de cobrança (§5º do art. 43). ◙ **Nesse sentido:** "Cadastro negativo. Art. 43, §§ 1° e 5°, do Código de Defesa do Consumidor. Precedentes da Corte. Dois são os momentos previstos na lei para impedir a persistência dos registros negativos: o prazo de cinco anos ou a prescrição, se menor. No caso, sem que haja identificação do título que deu origem ao registro, não pode prevalecer a manutenção deste, porque impossível verificar seja ocorreu a prescrição". (STJ, REsp. 469-859/RS, Rel. Min. Carlos Alberto Menezes Direito, DJU 1.9.2003) ◙ **Nesse sentido:** "O prazo para o cancelamento do registro do nome do consumidor inadimplente junto aos órgãos de restrição ao crédito é de cinco anos, nos termos da Súmula nº 13 do TJRS e do CDC, art. 43, § 1º. Se ocorreu a prescrição da ação de cobrança do débito que deu ensejo ao registro, incumbe à parte interessada comprová-la para obter o cancelamento antes de cinco anos." (TJRS, APC 70010844934 – 16ª C.Cív. – Relª Desª Ana Beatriz Iser, J. 9.3.2005)

◙ **Termo inicial do prazo para contagem dos 5 anos será o do dia seguinte ao do vencimento da dívida.** "RECURSO ESPECIAL. DIREITO DO CONSUMIDOR. REPARAÇÃO POR DANOS MORAIS. INSCRIÇÃO EM CADASTRO DE PROTEÇÃO AO CRÉDITO. PRAZO DE PERMANÊNCIA. ART. 43, §1º, DO CDC. CINCO ANOS. TERMO INICIAL. DATA DO FATO GERADOR DO REGISTRO. INTERPRETAÇÃO

LITERAL, LÓGICA, SISTEMÁTICA E TELEOLÓGICA DO ENUNCIADO NORMATIVO. 1. Pacificidade do entendimento, no âmbito deste Superior Tribunal de Justiça, de que podem permanecer por até 5 (cinco) anos em cadastros restritivos informações relativas a créditos cujos meios judiciais de cobrança ainda não tenham prescrito. 2. Controvérsia que remanesce quanto ao termo inicial desse prazo de permanência: (a) a partir da data da inscrição ou (b) do dia subsequente ao vencimento da obrigação, quando torna-se possível a efetivação do apontamento, respeitada, em ambas as hipóteses, a prescrição. 3. Interpretação literal, lógica, sistemática e teleológica do enunciado normativo do §1º, do art. 43, do CDC, conduzindo à conclusão de que o termo 'a quo' do quinquênio deve tomar por base a data do fato gerador da informação depreciadora. 4. Vencida e não paga a obrigação, inicia-se, no dia seguinte, a contagem do prazo, independentemente da efetivação da inscrição pelo credor." (STJ, REsp 1316117/SC, Rel. Ministro João Otávio de Noronha, Rel. p/ Acórdão Ministro Paulo de Tarso Sanseverino, Terceira Turma, DJe 19/08/2016) ► **No mesmo sentido:** "O termo inicial da contagem do prazo deve coincidir com o momento em que é possível efetuar a inscrição da informação nos bancos de dados de proteção ao crédito: o dia seguinte à data do vencimento da dívida". (BESSA, Leonardo Roscoe. *Manual de Direito do Consumidor*, 3ª ED., São Paulo: Revista dos Tribunais, 2011, p. 311) ► **No mesmo sentido:** "O termo inicial de contagem do prazo deve ser o da data do ato ou fato que está em registro e não a data do registro, eis que, se assim fosse, aí, sim, a lei estaria autorizando que as anotações fossem perpétuas. Basta-ria que elas passassem de um banco de dados para outro ou para um banco de dados novo." (STUMER, Bertram. Bancos de dados e habeas data no código de defesa do consumidor. *Revista de Direito do Consumidor*, RT, vol. I., p. 74) ► **No mesmo sentido:** "O termo inicial da contagem do prazo deve coincidir com o momento em que é possível efetuar a inscrição da informação nos bancos de dados de proteção ao crédito: um dia após o vencimento da dívida. O critério é objetivo, pois não deve ficar submetido à vontade de bancos de dados ou do fornecedor, sob pena de esvaziar, por completo, o propósito legal de impedir conseqüências negativas, como a denegação de crédito, em decorrência de dívidas consideradas – legalmente – antigas e irrelevantes. Assim, vencida a obrigação e não havendo pagamento, inicia-se a respectiva contagem do prazo de cinco anos, independentemente da efetiva inscrição nos arquivos de consumo." (BESSA, Leonardo Roscoe. *O consumidor e os Limites dos Bancos de Dados de Proteção ao Crédito*, p. 209/210, São Paulo: Edição RT, 2003) ◙ **Em sentido contrário, considerando o termo inicial de contagem a data do registro.** "O termo inicial da contagem do prazo de cinco anos a que alude o art. 43, § 1º, do Código de Defesa do Consumidor é a data de registro do nome do devedor e não a data de vencimento da dívida. Somente o serviço de cadastro tem condições de informar sobre a natureza do título ensejador de ação cambial ou outro relativo a prescrição de menor prazo. Não produzida tal prova, presume-se, em atenção ao art. 6º, inciso VIII, da Lei nº 8.078/90 e art. 333, inciso II, do CPC, possuir natureza cambial o débito, por mais favrável ao consumidor". (TJRS, Ap. Cível 597034677, rel. Des. João Pedro Pires Freire, J. 8.4.97). ◙ **No mesmo sentido considerando a data do registro.** "As informações restritivas de crédito devem ser canceladas após o quinto ano do registro (art. 43, § 1º, do CDC)."(STJ, REsp 701.452/RS, Rel. Ministro Jorge Scartezzini, Quarta Turma, DJ 28/03/2005)

◙ **Multiplas inscrições. Cada inscrição é autônoma, autorizando o consumidor a demandar o cancelamento de anotações que ultrapassam o prazo legal de manutenção no cadastro negativo.** "DIREITO CIVIL, PROCESSUAL CIVIL E DO CONSUMIDOR. RECURSO ESPECIAL. CADASTRO NEGATIVO DE PROTEÇÃO AO CRÉDITO. VIOLAÇÃO AO ART. 535 DO CPC. SÚMULA 284/STF. OFENSA AO ART. 474 DO CPC. SÚMULA 284/STF. EXISTÊNCIA DE MÚLTIPLAS INSCRIÇÕES. AUTONOMIA DAS ANOTAÇÕES. PRAZO MÁXIMO DE MANUTENÇÃO. POSSIBILIDADE DE POSTULAR O CANCELAMENTO INDIVIDUAL. EXISTÊNCIA DE INTERESSE DE AGIR. RECURSO PROVIDO. (...) 3. No âmbito do cadastro negativo de proteção ao crédito, é possível a existência de múltiplas anotações autônonas, uma vez que cada inscrição possui origem em diferentes obrigações vencidas e não pagas. 4. Há interesse de agir na ação em que o consumidor postula o cancelamento de diversas inscrições de seu nome em cadastro de inadimplente, mas somente uma ou algumas delas ultrapassaram os prazos de manutenção dos registros previstos no art. 43, §§ 1º e 5º, do Código de Defesa do Consumidor. 5. Segundo a jurisprudência desta Corte Superior, os prazos de manutenção do nome em cadastro de inadimplente obedece às seguintes regras: a) o prazo máximo de manutenção da inscrição no cadastro de inadimplente é de 5 (cinco) anos, contados a partir da efetiva anotação (§ 1º do art. 43 do CDC); (b) pode também ser limitado ao prazo prescricional da ação de cobrança, se menor ao lapso quinquenal (§ 5º do art. 43 do CDC); (c) neste último caso, não se aplica o prazo previsto para o ajuizamento da ação cambial. 6. Recurso especial provido." (STJ, REsp 1196699/RS, Rel. Min. Luis Felipe Salomão, 4ª T., DJe 20.10.2015)

§ 2º A abertura de cadastro, ficha, registro e dados pessoais e de consumo deverá ser comunicada por escrito ao consumidor, quando não solicitada por ele.

◙ **O consumidor é a primeira pessoa que deve tomar conhecimento das informações armazenadas ou repassadas a terceiros.** "O consumidor tem o direito de ser comunicado por escrito, quando alguém começar a estocar informações ao seu respeito, e estas informações só podem ser passadas a qualquer interessado após terem chegado primeiro ao conhecimento do consumidor ou seja, ele é a primeira pessoa que deve tomar conhecimento daquelas informações, se elas estiverem inexatas, ele poderá exigir, sob pena do arquivista responder pela norma do artigo 72 do CDC, no caso de recusa, ou ainda, ao mesmo tempo responder por danos morais e sanções administrativas". (PEREIRA, Valdenar Rodrigues. *Das responsabilidades civil, penal e administrativa face ao Código e a Defesa do Consumidor*. Bestbook, 2000. p. 79)

◙ **Conseqüência do não cumprimento do § 2º do art. 43: dano moral.** ***(sobre dano moral, ver art. 6°, VI)*** "A inobservância da norma inserta no art. 43, § 2º, do CDC por parte da entidade responsável pela manutenção de cadastro de inadimplentes enseja danos morais ao consumidor que tem o nome inscrito em tal circunstância." (STJ, REsp 773871 / RS, Rel. Min. César Asfor Rocha, DJ 13.3.2006).

◙ **A notificação deve ser prévia, de modo a oferecer ao consumidor oportunidade de contestar o registro, caso tenha algum equívoco a ser sanado, evitando, assim, lesões a seus direitos.** "A inscrição do nome do devedor no cadastro do Serasa deve ser precedida da comunicação exigida no art. 43, § 2º do Código de Defesa do Consumidor. O interstício de mais de dois anos entre a inscrição do nome no Serasa e a posterior notificação judicial ao devedor, além de não ser razoável, não afasta o cons-trangimento que advém da inscrição, notadamente se esta for indevida, tornando cabível a indenização por dano moral." (STJ, REsp. 373219/RJ, Rel. Min. Sálvio de Figueiredo Teixeira, DJ 12/08/ 2002).

► **A notificação deve ser no mínimo com 5 dias úteis de antecedência.** "Tal aviso deve ser remetido com antecedência de, no mínimo, 5 dias úteis. É que na falta de regra específica sobre o prazo, aplica-se a hipótese do § 3º por analogia, preenchendo-se a lacuna existente." (NUNES, Luiz Antônio Rizzatto. *Comentários ao Código de Defesa do Consumidor - Direito Material,* p. 524, São Paulo: Ed. Saraiva, 2000)

◙ **A notificação (prévia) é essencial para que o fornecedor possa inscrever o nome do consumidor nos órgãos de proteção ao crédito.** "A ausência da notificação prévia enseja o cancelamento da respectiva inscrição. Precedentes." (STJ, REsp 1538164/PR, Rel. Ministro Ricardo Villas Bôas Cueva, Terceira Turma, DJe 29/10/2015)

◙ **É do arquivista a responsabilidade pela comunicação prévia da inscrição do nome do consumidor em cadastro negativo.** "AGRAVO REGIMENTAL NO RECURSO ESPECIAL. INDENIZAÇÃO POR DANOS MORAIS. INSCRIÇÃO EM CADASTRO DE INADIMPLENTE. AUSÊNCIA DE NOTIFICAÇÃO PRÉVIA. RESPONSABILIDADE DO ARQUIVISTA (...). 1. Com efeito, a jurisprudência do STJ firmou-se no sentido de que a responsabilidade pela comunicação prévia da inscrição ao devedor, procedimento previsto no art. 43, § 2º, do CDC, é do arquivista. Portanto, razão não assiste à recorrente sobre a tese de ausência de responsabilidade (...)" (STJ, AgRg no REsp 1538316/SC, Rel. Min. Marco Aurélio Bellize, 3ª T., DJe 28.9.2015).

◙ **Não há dano se o arquivista deixa de comunicar ao consumidor o encaminhamento de seu nome ao cadastro negativo, mas a comunicação é enviada pelo próprio credor.** "CIVIL E PROCESSUAL. AGRAVO REGIMENTAL NO RECURSO ESPECIAL. DANOS MORAIS. AUSÊNCIA DE NOTIFICAÇÃO PRÉVIA PELO ARQUIVISTA. ART. 43, § 2º DO CDC. COMPROVADA NOTIFICAÇÃO PELO CREDOR. INEXISTÊNCIA DO DANO. 1. Havendo notificação prévia pelo próprio credor da existência do débito e do encaminhamento do nome do devedor para inscrição em cadastro de inadimplência, entendem-se cumpridos os objetivos do § 2º, do art. 43, do CDC, razão pela qual não há falar-se em direito à percepção de indenização por dano moral em face do arquivista. 2. Agravo regimental a que se nega provimento" (STJ, AgRg no REsp 1143648/RS, Rel. Min. Maria Isabel Gallotti, 4ª T., DJe 25.6.2015).

◙ **Quando o credor informa o endereço errado para o arquivo de consumo, há responsabilidade solidária na notificação enviada para outro endereço do consumidor.** "DANO MORAL. INSCRIÇÃO NOS SERVIÇOS DE PROTEÇÃO AO CRÉDITO. COMUNICAÇÃO PRÉVIA. ERRO NO ENDEREÇO DO DEVEDOR. CONDENAÇÃO DO CREDOR E DO ARQUIVISTA. NÃO IDENTIFICAÇÃO SE HOUVE ERRO NO

FORNECIMENTO DO ENDEREÇO PELO CREDOR OU NO ENDEREÇAMENTO PELO ARQUIVISTA..- "A notificação prévia de que trata o art. 43, § 2º, do CDC, considera-se cumprida pelo órgão de manutenção do cadastro com o simples envio da correspondência ao endereço fornecido pelo credor" (AgRg no AREsp 245.667/PR, Rel. Ministro Antonio Carlos Ferreira, DJe 23/04/2013). Assim, é responsabilidade do arquivista o simples envio da notificação, entretanto, corretamente para o endereço fornecido pelo credor." (STJ, AgRg no AREsp 199.909/SC, Rel. Ministro Sidnei Beneti, Terceira Turma, DJe 01/08/2013)

► **Responsabilidade solidária do fornecedor e do arquivo de consumo pelo não cumprimento da notificação ao consumidor.** Concordamos com a doutrina consumerista quando entende que a responsabilidade pela falta da notificação prévia é solidária entre o órgão responsável pelo banco de dados e o fornecedor. Importante esclarecer que o real responsável pelo pagamento da indenização pode ser responsabilizado em ação regressiva. ◙ **No mesmo sentido da responsabilidade solidária:** "A inobservância do dever de comunicação enseja reparação por danos patrimonial e moral, por parte do fornecedor e do arquivista, que devem responder solidariamente, conforme o parágrafo único do art. 7S do CDC, salvaguardada a ação de regresso de um em relação ao outro (art. 13, parágrafo único, do CDC)". (SILVA, Jorge Alberto Quadros De Carvalho. *Código de Defesa do Consumidor anotado*. São Paulo: Saraiva, 2001. p. 153) ◙ **Em sentido contrário, entendendo que a notificação é obrigação do órgão responsável pela manutenção do cadastro, e não do credor (fornecedor): Súmula nº 359 do STJ:** *"Cabe ao órgão mantenedor do Cadastro de Proteção ao Crédito a notificação do devedor antes de proceder à inscrição.*

◙ **Não cabe dano moral pela falta de notificação ao consumidor, quando a informação que possibilitou a negativação é acessível ao público (dados oriundos dos cartórios de protesto de títulos e de distribuição de processos judiciais).** ***(sobre dano moral, ver art. 6°, VI)*** "A falta de prévia comunicação acerca da inserção da recorrente no cadastro mantido pela Serasa não lhe acarretou efetivo dano moral, porquanto anotado dado verídico, qual seja, a existência de Execução Fiscal em desfavor da recorrente, perfazendo-se irrelevantes a declaração de inexistência da dívida e a extinção da ação após o cadastramento e o ajuizamento da Ação de Indenização, pelo que descabido cogitar-se de retificação da informação ainda que comunicada a negativação. [...] Em se cuidando de dado extraído do Diário Oficial e constante do Cartório Distribuidor da Justiça Federal, ainda que não passasse a constar de cadastro mantido por órgão de proteção ao crédito, já possuía acesso franqueado ao público, pelo que inviável cogitar-se de prejuízo moral originário da sistematização de dados públicos pela Serasa. À vista do somatório das peculiaridades do caso sub judice, quais sejam, inserção de dado verídico, público e previamente conhecido pela recorrente, em banco de dados mantido pela Serasa, não obstante a ausência de prévia comunicação acerca do cadastramento, afasta-se a ocorrência de dano moral imputável à recorrida." (STJ, REsp. 720493/SP, Rel. Min. Jorge Scartezzini, DJ 01/07/2005).

◙ **O arquivo de consumo não possui o ônus de provar que o consumidor foi efetivamente comunicado da inscrição, bastando apenas que demonstre que foi remetida a correspondência (carta simples) para a residência do mesmo. Súmula nº 404**

do STJ : *"É dispensável o Aviso de Recebimento (AR) na carta de comunicação ao consumidor sobre a negativação de seu nome em bancos de dados e cadastros."* ◙ **No sentido contrário, entendendo que cabe ao arquivo de consumo a prova da notificação:** "ANULATÓRIA DE REGISTRO - CADASTRO DE INADIMPLENTES - ANTECIPAÇÃO DE TUTELA - DANOS MORAIS - Inexistência de prova efetiva do recebimento da notificação prevista no art. 43 § 2º do CDC - Inversão do ônus da prova - Relação de consumo - Dano moral configurado - Indenização arbitrada conforme jurisprudência dominante. 1. Diante das alegações verossímeis do consumidor, cabe ao SERASA comprovar que a notificação foi enviada. 2. Se feita a comunicação pelo correio, a boa prática recomenda que seja com aviso de recebimento. Sem a devolução do AR ou outro comprovante de igual eficácia, não há como atestar o cumprimento do disposto no art. 43 do CDC. 3. A inexistência de regular comunicação prévia ao consumidor autoriza a reparação por dano moral, cuja indenização deve ser arbitrada consoante os critérios de razoabilidade e proporcionalidade. 4. Apelo provido". (TJDF, APC 20040110677928 - 6ª T.Cív. - Relª Desª Sandra de Santis, DJU 2.8.2005)

◙ **Scoring de crédito é legal.** "A Seção, por unanimidade, deu parcial provimento aos recursos especiais, nos termos do voto do Sr. Ministro Relator. Para os efeitos do artigo 543-C do Código de Processo Civil foram definidas as seguintes teses: "1) O sistema 'credit scoring' é um método desenvolvido para avaliação do risco de concessão de crédito, a partir de modelos estatísticos, considerando diversas variáveis, com atribuição de uma pontuação ao consumidor avaliado (nota do risco de crédito). 2) Essa prática comercial é lícita, estando autorizada pelo art. 5º, IV, e pelo art. 7º, I, da Lei n. 12.414/2011 (lei do cadastro positivo). 3) Na avaliação do risco de crédito, devem ser respeitados os limites estabelecidos pelo sistema de proteção do consumidor no sentido da tutela da privacidade e da máxima transparência nas relações negociais, conforme previsão do CDC e da Lei n. 12.414/2011. 4) Apesar de desnecessário o consentimento do con-sumidor consultado, devem ser a ele fornecidos esclarecimentos, caso solicitados, acerca das fontes dos dados consi-derados (histórico de crédito), bem como as informações pessoais valoradas. 5) O desrespeito aos limites legais na utilização do sistema "credit scoring", configurando abuso no exercício desse direito (art. 187 do CC), pode ensejar a responsabilidade objetiva e solidária do fornecedor do serviço, do responsável pelo banco de dados, da fonte e do consulente (art. 16 da Lei n. 12.414/2011) pela ocorrência de danos morais nas hipóteses de utilização de informações excessivas ou sensíveis (art. 3º, § 3º, I e II, da Lei n. 12.414/2011), bem como nos casos de comprovada recusa indevida de crédito pelo uso de dados incorretos ou desatualizados." (STJ, REsp 1457199/RS, Rel. Min. Paulo de Tarso Sanseverino, julgado em 12/11/2014) ◙ **Nesse sentido, Súmula 550 do STJ**: *"A utilização de escore de crédito, método estatístico de avaliação de risco que não constitui banco de dados, dispensa o consentimento do consumidor, que terá o direito de solicitar esclarecimentos sobre as informações pessoais valoradas e as fontes dos dados considerados no respectivo cálculo."*

◙ **Requisitos para a propositura da ação de exibição de documentos relacionados ao sistema scoring.** "RECURSO ESPECIAL. AÇÃO CAUTELAR DE EXIBIÇÃO DE DOCUMENTOS. CREDISCORE. INTERESSE DE AGIR. DEMONSTRAÇÃO DE QUE A RECUSA DE CRÉDITO SE DEU EM RAZÃO DA FERRAMENTA DE SCORING,

ALÉM DO REQUERIMENTO NA INSTITUIÇÃO RESPONSÁVEL POR ESTE E A SUA NEGATIVA OU OMISSÃO. (...) 4. Com relação ao Crediscore, o interesse de agir na cautelar de exibição de documentos exige, no mínimo, que o requerente comprove que a recusa do crédito almejado se deu em razão da pontuação que lhe foi atribuída pela dita ferramenta de scoring. Somado a isso, deverá, ainda, demonstrar que houve requerimento ou, ao menos, a tentativa de fazê-lo à instituição responsável pelo sistema de pontuação para permitir, inclusive, que o fornecedor exerça o seu dever de informação e, ao mesmo tempo, que o consumidor realize o controle dos dados considerados e as respectivas fontes para atribuição da nota (CDC, art. 43 e Lei n. 12.414/2011, art. 5°), podendo retificá-los ou restringi-los caso se tratem de informações sensíveis ou excessivas que venham a configurar abuso de direito." (STJ, REsp 1268478/RS, Rel. Ministro Luis Felipe Salomão, Quarta Turma, DJe 03/02/2015)

◙ **Não cabe ao Banco do Brasil avisar sobre inclusão em cadastro de cheques sem fundos.** "Para fins do art. 543-C do Código de Processo Civil: 'O Banco do Brasil, na condição de mero operador e gestor do Cadastro de Emitentes de Cheques sem Fundos – CCF, não detém legitimidade passiva para responder por danos resultantes da ausência de notificação prévia do correntista acerca de sua inscrição no referido cadastro, obrigação que incumbe ao banco sacado, junto ao qual o correntista mantém relação contratual'. 2. Mostra-se equivocada a comparação entre a função, de interesse predominantemente privado, de serviço de proteção ao crédito comercial, que opera com recursos privados de cada empresário ou sociedade empresária, sem risco sistêmico, e a função, de interesse público relevante, desempenhada pelo operador do CCF, de proteção de todo o sistema financeiro, o qual opera com recursos captados com a população (economia popular)." (STJ, REsp 1354590/RS, Rel. Ministro Raul Araújo, Segunda Seção, DJe 15/09/2015) ◙ **Nesse sentido, Súmula 572 do STJ** : *"O Banco do Brasil, na condição de gestor do Cadastro de Emitentes de Cheques sem Fundos (CCF), não tem a responsabilidade de notificar previamente o devedor acerca da sua inscrição no aludido cadastro, tampouco legitimidade passiva para as ações de reparação de danos fundadas na ausência de prévia comunicação."*

◙ **Responsabilidade solidária entre as diversas entidades que compõem o cadastro nacional de serviço de proteção ao crédito. Dever de notificação.** ***(sobre solidariedade, ver art. 7°, parágrafo único).*** "CIVIL. AÇÃO DE INDENIZAÇÃO. DANO MORAL. INSCRIÇÃO DE NOME EM BANCO DE DADOS. PREQUESTIONAMENTO AUSENTE DE PARTE DAS QUESTÕES LEGAIS ORDINÁRIAS. SÚMULAS N. 282 E 356-STF. AUSÊNCIA DE COMUNICAÇÃO. CDC, ART. 43, § 2º. RESPONSABILIDADE DA CDL (SPC). REGISTRO EMPRESTADO DE OUTRA ENTIDADE COMPONENTE DO MESMO SISTEMA NACIONAL. LEGITIMIDADE PASSIVA. EXISTÊNCIA. (...) É parte legítima para a causa a entidade que se utiliza de cadastro aberto por outro banco de dados, porque dele aufere vantagens na sua área de atuação, devendo a inscrição ser comunicada com antecedência do devedor, nos termos do art. 43, § 3º, do CPC." (STJ, REsp 793926/RS, Rel. Ministro Aldir Passarinho Junior, Quarta Turma, DJe 28/10/2008)

◙ **Mesmo que o consumidor não negue a existência da dívida, o fornecedor está obrigado a comunica-lo previamente a respeito da inscrição de seu nome em ca-**

dastros de proteção ao crédito. "RECURSO ESPECIAL. CADASTRO DE PROTEÇÃO AO CRÉDITO. SERASA. INSCRIÇÃO. NECESSIDADE DE NOTIFICAÇÃO PRÉVIA. ARTIGO 43, § 2º, DO CÓDIGO DE DEFESA DO CONSUMIDOR. CANCELAMENTO. 1. Cinge-se a controvérsia a saber se o fato de o devedor não negar a existência da dívida impede o cancelamento do registro no cadastro de inadimplente, realizado sem a observância do art. 43, § 2º, do CDC. 2. A inscrição do nome do consumidor em cadastro de proteção ao crédito, ainda que efetuada com base nas informações fornecidas pelo Cadastro de Emitentes de Cheques sem Fundos - CCF, depende de prévia notificação do consumidor. 3. A ausência da notificação prévia enseja o cancelamento da respectiva inscrição. Precedentes. 4. Recurso especial provido" (STJ, REsp 1538164/PR, Rel. Min. Ricardo Villas Bôas Cueva, 3ª T., DJe 29.10.2015).

◙ **Se a dívida já foi reconhecida como inexistente, o envio de carta ameaçando a inscrição gera danos morais.** ***(sobre dano moral, ver art. 6, VI)*** "CIVIL -RECONHECIMENTO DE INEXISTÊNCIA DO DÉBITO EM FEITO ANTERIOR - ENVIO DE MISSIVA PREVISTA NO ART. 43, PARÁGRAFO 2º DO CDC - AMEAÇA DE INSCRIÇÃO DO NOME DA CONSUMIDORA NOS ARQUIVOS DE INADIMPLENTES - DANO MORAL - 1 – Em ação anteriormente aviada pela consumidora foi declarada a inexistência de débito entre as partes, inclusive com sentença transitada em julgado. 2 – Referido débito originou-se da prestação de serviços de telefonia móvel, cujo aparelho foi habilitado em nome da recorrida, mediante fraude, vez que a apelada não fez nenhum requerimento nesse sentido. 3 – Todavia, a empresa de telefonia prosseguiu na cobrança da dívida, endereçando à consumidora a comunicação prevista no art. 43, parágrafo 2º da Lei nº 8.078/90, alertando-a para a futura inscrição do nome da apelada nos cadastros de inadimplentes, caso não quitasse o débito. 4 – O envio de tal correspondência, porque divorciado de respaldo material e legal, mostra-se irregular e, por isso, é bastante para caracterizar dano moral passível de reparação em pecúnia. 5 – Recurso conhecido e improvido. Sentença mantida". (TJDF, ACJ 20040710241770 - 1ª T.R.J.E. - Relª Desª Leila Cristina Garbin Arlanch, DJU 2.9.2005)

§ 3° O consumidor, sempre que encontrar inexatidão nos seus dados e cadastros, poderá exigir sua imediata correção, devendo o arquivista, no prazo de cinco dias úteis, comunicar a alteração aos eventuais destinatários das informações incorretas.

► **Análise conjunta com a Lei 9.507/1997 (Lei do *Habeas Data*).** A correção imediata a ser realizada pelo fornecedor deve ser interpretada conjuntamente com o § 1º do art. 4º da Lei 9507/1997 (Lei do *Habeas Data*), segundo o qual a entidade de proteção ao crédito deve concluir as investigações em relação ao direito de retificação em 10 dias. Faz sentido, uma vez que o fornecedor muitas vezes não terá condições, de forma imediata, de saber sobre a incorreção das informações. Claro que se o consumidor demonstrar a incorreção (por exemplo, que pagou o débito que gerou a inscrição), o fornecedor deverá imediatamente proceder à retificação, não podendo se valer do prazo de 10 dias. De qualquer modo, a fim de evitar prejuízo ao consumidor, enquanto o fornecedor estiver procedendo à verificação sobre a veracidade da informação, melhor será suspender a inscrição. ▶ **No mesmo sentido:** "É possível a utilização do habeas data para acesso às informações arquivadas nos bancos de dados de proteção ao crédito, bem como para exigir a correção ou cancelamento, se for o caso, de dados inexatos, posição que, inclusive, ficou reforçada com a edição da Lei 9.507/1997, disciplinadora do rito processual do habeas data". (BENJAMIN, Antônio Herman V.; MARQUES, Cláudia Lima; BESSA, Leonardo Roscoe. *Manual de Direito do Consumidor.* 7ª edição. São Paulo, Revista dos Tribunais, 2016, p. 358).

◙ **Prazo de 5 dias úteis do pagamento efetivo para a retirada do nome do consumidor, por analogia ao art. 43, § 3º, do CDC.** Este é o teor da **Súmula 548 do STJ**: *"Incumbe ao credor a exclusão do registro da dívida em nome do devedor no cadastro de inadimplentes no prazo de cinco dias úteis, a partir do integral e efetivo pagamento do débito."* ◙ **No mesmo sentido:** "Para fins do art. 543-C do Código de Processo Civil: "Diante das regras previstas no Código de Defesa do Consumidor, mesmo havendo regular inscrição do nome do devedor em cadastro de órgão de proteção ao crédito, após o integral pagamento da dívida, incumbe ao credor requerer a exclusão do registro desabonador, no prazo de 5 (cinco) dias úteis, a contar do primeiro dia útil subsequente à completa disponibilização do numerário necessário à quitação do débito vencido".2. Recurso especial não provido." (STJ, REsp 1424792/BA, Rel. Ministro Luis Felipe Salomão, Segunda Seção, DJe 24/09/2014) ◙ **No sentido de que a retificação deve ser feita imediatamente.** "A melhor interpretação do preceito contido no parágrafo 3º do artigo 43 do Código de Defesa do Consumidor constituí a de que, uma vez regularizada a situação de inadimplência do consumidor, deverão ser imediatamente corrigidos os dados constantes nos órgãos de proteção ao crédito, sob pena de ofensa à própria finalidade destas instituições, já que não se prestam a fornecer informações inverídicas a quem delas necessite". (STJ, REsp. 255.269/PR, 3ª T., rei. Min. Waldemar Zveiter, DJU 16.4.2001)

◙ **Cabe à instituição bancária envolvida, e não ao Banco Central, a retificação de informação nos casos em que há erros de débitos e encargos financeiros lançados em conta corrente.** "CONSTITUCIONAL. ADMINISTRATIVO. PROCESSUAL CIVIL. HABEAS DATA. INFORMAÇÕES BANCÁRIAS. SISTEMA DE INFORMAÇÕES DE CRÉDITO DO BANCO CENTRAL – SCR. ILEGITIMIDADE PASSIVA AD CAUSAM NO QUE TANGE À INCLUSÃO OU MODIFICAÇÃO DE DADOS NO SISTEMA. RESOLUÇÃO CMN 3.658/2008. FORNECIMENTO DE IN-FORMAÇÕES E DETALHES DAS ANOTAÇÕES. POSSIBILIDADE. PRECEDENTE DO STJ. 1. Cuida-se de habeas data impetrado contra o Presidente do Banco Central no qual se postulam o fornecimento de informações constantes no Sistema de Informações de Crédito (SCR) bem como a retificação de anotações negativas ou, ainda, a menção de que parte delas não seria verossímil em razão de decisão judicial favorável ao cliente bancário. 2. A autoridade coatora, Presidente do Banco Central, não possui legitimidade passiva ad causam em parte do pleito, uma vez que a inclusão ou a retificação de informações no SCR, nos termos do art. 9º da Resolução CMN n. 3.658/2008, é de exclusiva com-petência das instituições listadas no art. 4º da referida norma regulamentar. 3. Mesmo a retificação de informação negativa, cujo teor deva ser modificado em razão de decisão judicial transitada em julgada, deve ser feita no Sistema de Informações de Crédito pela entidade bancária envolvida e não pelo Presidente do Banco Central. (...)" (STJ, HD 265/DF, Rel. Ministro Humberto Martins, Primeira Seção, DJe 06/05/2014)

► **Gratuidade do acesso aos bancos de dados de proteção ao crédito.** "Não é lícita a cobrança de qualquer valor pelo exercício do direito de acesso aos bancos de dados de proteção ao crédito, ainda que se deseje documento escrito retratando a situação". (BENJAMIN, Antônio Herman V.; MARQUES, Cláudia Lima; BESSA, Leonardo Roscoe. *Manual de Direito do Consumidor.* 7ª edição. São Paulo, Revista dos Tribunais, 2016, p. 365).

► **A retificação deve ocorrer em qualquer informação inexata.**"O CDC não prescreve quais são os dados que se submetem ao exercício do direito de correção pelo consumidor, justamente porque este direito é amplo e abrange todas as informações incorretas constantes em arquivos de consumo. O único pressuposto para que o consumidor possa requerer a retificação dos dados é a existência de inexatidão em seu lançamento. Independentemente da natureza da informação, estando maculada pela incorreção deve ser retificada." (EFING, Antônio Carlos. *Bancos de Dados e Cadastros de Consumidores*, p. 154/155, São Paulo: Ed. RT, 2002)

§ 4° Os bancos de dados e cadastros relativos a consumidores, os serviços de proteção ao crédito e congêneres são considerados entidades de caráter público.

► **O caráter público não está no fato do banco de dados integrar ou não o aparato estatal.** Os bancos de dados e cadastros de consumidores, denominados genericamente de arquivos de consumo, conforme exposto, podem ser privados, quando instituídos e mantidos por entidades privadas, como os SPC´s e Serasa; ou podem ser públicos, quando instituídos e mantidos por entidades oficiais, como os PROCONS, BACEN, CADIN etc. Mas, todos, sejam privados ou públicos, são considerados, segundo o § 4o do art. 43, de caráter público, dada a importância e efeitos que provocam na sociedade. ► **No mesmo sentido:** "Em síntese, públicos ou privados, os arquivos de consumo são tidos pelo ordenamento, a partir do CDC, como de "caráter público" (o que é bem diferente de vislumbrá-los como sendo intrinsicamente de Direito Público). Com isso se quer siginificar que seu funcionamento e adminstração apresentam particular interesse para a sociedade como um todo (= interesse público), conferindo-se a esta certos direitos especiais, não necessariamente exercitáveis contra outras modalidades de atividade empresarial." (BENJAMIN, Antônio Herman de Vasconcellos e. *Código Brasileiro de Defesa do Consumidor – Comentado pelos Autores do Anteprojeto.* 6ª edição, p. 354, São Paulo: Ed. Forense Universitária, 1999) ■ **No mesmo sentido:** "O caráter público não está no fato do banco de dados integrar ou não o aparato estatal, mas na possibilidade de ser ele um depositário de informações generalizadas ou específicas sobre as pessoas físicas ou jurídicas, colhidas de terceiros e transmitidas também a terceiros, sem o conhecimento e/ou consentimento da pessoa cuja informação diga respeito. Os bancos de dados e cadastros relativos a consumidores, os serviços de proteção ao crédito e congéneres são considerados entidades de caráter público (art. 43, § 4a, Código de Defesa do Consumidor)". (TAMG, Ap. Cível 0310192-2, rela. Juíza Maria Elza, DJ 22.11.2000)

► ***Habeas data.*** O *habeas data* e não o mandado de segurança é o instrumento processual cabível para a proteção ao direito de informação do cidadão, seja para possibilitar o conhecimento dessas informações, seja para a retificação. Isso porque, se a lesão ao direito do cidadão pode ser reparada por *habeas data*, afasta-se a possibilidade de impetração de mandado de segurança, segundo o inciso LXIX do art. 5º da CF.

§ 5° Consumada a prescrição relativa à cobrança de débitos do consumidor, não serão fornecidas, pelos respectivos Sistemas de Proteção ao Crédito, quaisquer informações que possam impedir ou dificultar novo acesso ao crédito junto aos fornecedores.

◙ **O prazo prescricional de cinco anos não diz respeito somente à ação de execução, mas a qualquer outra forma de cobrança. Súmula 323 do STJ:** "*A inscrição do nome do devedor pode ser mantida nos serviços de proteção ao crédito até o prazo máximo de cinco anos, independentemente da prescrição da execução.*" ◙ **No mesmo sentido:** "A Seção, prosseguindo o julgamento, entendeu que a "prescrição relativa à cobrança de débito" estampada no art. 43, § 5º, do CDC é a da ação de cobrança e não a da ação executiva. Assim sendo, as informações de dados negativos em serviço de proteção ao crédito devem ser canceladas após o quinto ano do registro. (STJ, REsp 472.203-RS, Rel. Min. Humberto Gomes de Barros, J. 23.6.2004) ◙ **No mesmo sentido de que enquanto for possível ao credor utilizar-se das vias judiciais para obter a satisfação do crédito, respeitado o prazo máximo de cinco anos, é admissível a permanência ou a inscrição da informação nos cadastros de consumidores:** "Da conjugação desses preceitos normativos, conclui-se que, enquanto for possível ao credor utilizar-se das vias judiciais para obter a satisfação do crédito, respeitado o prazo máximo de cinco anos, é admissível a permanência ou a inscrição da informação nos cadastros de consumidores. Recurso especial provido." (STJ, Resp 533583/RS, Rel. Min. Castro Filho, 3ª T, DJU 14.11.2005)

► **Por questão de segurança, a informação que extropola o limite temporal deve ser definitivamente excluída dos arquivos de consumo.** "Há outra sutil distinção na redação dos dois dispositivos que merece observação. O § 1º determina que os bancos de dados não podem conter informações negativas referentes a período superior a cinco anos; o § 5º estabelece que, consumada a prescrição, não serão fornecidas informações. Interpretação meramente literal poderia levar a conclusão de que há dois regimes: no primeiro caso, a informação deve ser retirada; no segundo, a informação é mantida nos arquivos, mas com o óbice de ser transferida a terceiros. Não é o que deve ocorrer. Os bancos de dados de proteção ao crédito não coletam informação para uso próprio. Sua atividade está voltada para o fornecimento das informações armazenadas para terceiros. Manter o dado sem poder transferi-lo é o mesmo que não possuir a informação. Assim por questão de segurança, é melhor que toda informação que extrapole seu limite temporal, seja em decorrência do § 1º ou do 5º, seja definitivamente excluída dos arquivos dos bancos de dados." (BESSA, Leonardo Roscoe. *O consumidor e os Limites dos Bancos de Dados de Proteção ao Crédito*, p. 208, São Paulo: Edição RT, 2003)

► "Consequentemente, nenhum dado cadastral depreciativo pode superar o qüinqüênio. Essa é a vida útil máxima e genérica de qualquer informação incluída em banco de dados. É o lapso que o Código considera razoável para que uma conduta irregular do consumidor seja esquecida pelo mercado. Se até os crimes mais graves prescrevem, não há razão para que o consumidor fique com sua 'folha de antecedentes de consumo' maculada *ad eternum*."(BENJAMIN, Antônio Herman de Vasconcellos e. *Código Brasileiro de Defesa do Consumidor Comentado pelos autores do Anteprojeto*, 6ª ed. p. 382)

► **Sobre o prazo que o fornecedor possui para proceder a retirada do nome do consumidor, ver §3° do art. 43.**

§ 6° Todas as informações de que trata o caput deste artigo devem ser disponibilizadas em formatos acessíveis, inclusive para a pessoa com deficiência, mediante solicitação do consumidor.

► **Preocupação do legislador com a vulnerabilidade informacional das pessoas com deficiência.** "Por outro lado, o consumidor com deficiência ou sem deficiência pode solicitar as informações existentes em cadastros, fichas, registros e dados pessoais e de consumo arquivados sobre ele, bem como sobre as suas respectivas fontes em formato acessível. Portanto, houve preocupação do legislador com a vulnerabilidade informacional das pessoas com deficiência. A correta informação constante nos produtos e serviços e o acesso nos bancos de dados e cadastro de consumidores possibilitam a sua inclusão e proteção na sociedade de consumo." (ARAÚJO, Luiz Alberto David; NISHIYAMA, Adolfo Mamoru. O estatuto da pessoa com deficiência e a tutela do consumidor: novos direitos? *Revista de Direito do Consumidor.* São Paulo: RT, Vol.105, Ano 2016, p. 103 - 121)

Art. 44. Os órgãos públicos de defesa do consumidor manterão cadastros atualizados de reclamações fundamentadas contra fornecedores de produtos e serviços, devendo divulgá-lo pública e anualmente. A divulgação indicará se a reclamação foi atendida ou não pelo fornecedor.

► Os arts. 57 a 62 do Decreto 2.181, de 20.03.1997, regulamentam o funcionamento do cadastro instituído no art. 44 do CDC.

► **Obrigação para os órgãos públicos de defesa do consumidor.** O Código estabelece uma obrigação para os órgãos públicos de defesa do consumidor de manterem cadastros atualizados de reclamações feitas contra as empresas, comerciantes e lojas que desrespeitarem os consumidores, devendo publicar os dados anualmente, informando, inclusive, se as reclamações foram atendidas. ► **No sentido de que esta obrigação deve ser exercida ainda que o órgão não se dedique exclusivamente a defender o consumidor.** ""Os arquivos de consumo estatais estão sob controle de órgãos do aparelho do Estado. Pouco importa não se dedique o órgão, total ou exclusivamente, à defesa do consumidor. Desde que exerça parcela deste munus, tem que arquivar e divulgar as informações." (BENJAMIN, Antônio Herman. *Código Brasileiro de Defesa do Consumidor comentado pelos autores do anteprojeto.* 7. ed. Rio de Janeiro: Forense Universitária. 2001, p. 436.)

► **Finalidade.** "A finalidade do Cadastro é dar publicidade aos cidadãos a respeito do procedimento irregular dos fornecedores no mercado de consumo, isto é, da conduta ilegal e/ou abusiva dos fabricantes, comerciantes, prestadores de serviços e demais fornecedores, a evidenciar lesão aos direitos dos consumidores assegurados no Código Brasileiro de Proteção e Defesa do Consumidor (Lei 8.078, de 11.09.1990)." (AZEVEDO, Fernando Costa de. Cadastro de reclamações fundamentadas contra os fornecedores (art. 44 do CDC): sobre a admissibilidade de divulgação das reclamações sem o devido processo legal (processo administrativo) com decisão definitiva. *Revista de Direito do Consumidor.* São Paulo: RT, Vol. 63, Ano 2007, p. 165 – 172)

► **O Cadastro de reclamações fundamentadas não se confunde com o Sistema Nacional de Informações de Defesa do Consumidor – SINDEC.** "Na verdade, é bom que se esclareça, o Sindec não se constitui na 'lista de maus fornecedores' estabelecida pelo art. 44, do CDC, como se percebe pela apresentação inicial do Sistema. As informações são meros reflexos de demandas formuladas perante os órgãos de defesa do consumidor e não rol de fornecedores com reclamações fundamentadas (...) Na verdade, a lista de fornecedores aludida pelo art. 44 constitui-se em (1) dever dos órgãos públicos e (2) garantia mínima em favor dos consumidores. Dever porque se trata de determinação e não faculdade. O dispositivo é imperativo: os órgãos públicos manterão (e não 'poderão manter') cadastros atualizados de reclamações fundamentadas. Garantia mínima, pois há outros meios e possibilidades de realizar concretamente os ideais e diretrizes jurídicos de informação, educação e transparência no mercado" (BESSA, Leonardo Roscoe. Parecer do Brasilcon sobre a licitude das atividades inerentes ao Sistema Nacional de Informações de Defesa do Consumidor – SINDEC. Constitucionalidade e legalidade da implementação do SINDEC. *Revista de Direito do Consumidor,* n. 57. São Paulo: Revista dos Tribunais, jan.-mar. 2006, p. 241).

◙ **Ilegalidade de ameaça de inclusão de profissional liberal em lista pública.** "É ilegal a ameaça de inclusão do nome de profissional liberal na lista pública de prestadores de serviço que lesaram consumidor, porque a responsabilidade civil desses profissionais é informada pela culpa, não sendo atribuição do PROCON apurá-la." (TJGO, Duplo Grau de Jurisdição 3383.0.195, Rel. Des. Jalles Ferreira da Costa, DJ. 5.6.1995)

► **A decisão é definitiva quando não mais coUBER recurso, seja de ordem formal ou material.** "O cadastro de fornecedores - diz o art. 57 do decreto - nada mais é do que ' cadastro de reclamações fundamentais contra fornecedores', entendendo-se por cadastro ' o resultado dos registros feitos pelos órgãos públicos de defesa do consumidor de todas as reclamações fundamentadas contra fornecedores' e por reclamação fundamentada ' a notícia de lesão ou ameaça a direito de consumidor analisada por órgão público de defesa do consumidor, a requerimento ou de ofício, considerada procedente, por decisão definitiva (Dec. 2.181/97, art. 58, I e II). E a decisão é definitiva - é bom lembrar - quando não mais coUBER recurso, seja de ordem formal ou material (art. 53)". (ALMEIDA, João Batista de. *A proteção jurídica do consumidor*. 4. ed. São Paulo: Saraiva, p. 130.)

► **O Poder Público só poderá inserir no cadastro de reclamações fundamentadas as reclamações que tenham sido objeto do devido processo legal contra o fornecedor, no qual este tenha exercido o contraditório e a ampla defesa, e de cuja decisão procedente não caiba mais recurso.** "A defesa do consumidor, pelos órgãos públicos, deve levar em conta a necessidade de preservar os direitos garantidos aos fornecedores, seja na Constituição Federal, seja por meio da legislação infraconstitucional. Por essa razão, e levando-se em conta as considerações apresentadas, conclui-se no sentido de que o Poder Público só poderá inserir no Cadastro estatal (art. 44 do CDC) c/c os arts. 57 a 62 do Dec. 2.181/97) as reclamações que tenham sido objeto do devido processo legal (processo administrativo) contra o fornecedor, no qual este tenha exercido o contraditório e a ampla defesa, e de cuja decisão procedente não caiba mais recurso." (AZEVEDO, Fernando Costa de. Cadastro de reclamações fundamentadas contra os fornecedores (art. 44 do CDC): sobre a admissibilidade de divulgação das reclamações sem o devido processo legal (processo administrativo) com decisão definitiva. *Revista de Direito do Consumidor*. São Paulo: RT, Vol.63, Ano 2007, p. 165 - 172)

◙ **Fere direito líquido e certo a inscrição no cadastro de reclamação fundamentada antes de haver decisão definitiva em processo administrativo.** "AGRAVO DE INSTRUMENTO. MANDADO DE SEGURANÇA. DIREITO DO CONSUMIDOR. RECLAMAÇÃO FUNDAMENTADA. INSCRIÇÃO NO CADASTRO NACIONAL E ESTADUAL DE RECLAMAÇÕES FUNDAMENTADAS. LIMINAR. 1. O procedimento de reclamação fundamentada por infração ao CDC, tem duas fases: na primeira, verifica-se a consistência da reclamação, o seu fumus boni juris ou plausibilidade, com o que empresta-se-lhe seriedade, portanto, decisão provisória; na segunda, verifica-se a consistência da materialidade da infração, ou julga-se o mérito, portanto, decisão definitiva. 2. Para a inscrição do fornecedor no Cadastro Nacional e Estadual de Reclamações Fundamentadas, que integra o Sistema Nacional de Defesa do Consumidor - SINDEC, não basta a decisão provisória resultante da primeira fase, pois o art. 58, II, do Regulamento (Decreto 2.181/97), considera reclamação fundamentada "a notícia de lesão ou ameaça a direito de consumidor analisada por órgão público de defesa do consumidor, a requerimento ou de ofício, considerada procedente, por decisão definitiva." 3. Assim, em princípio, fere direito líquido e certo do fornecedor a inscrição naquele Cadastro antes de haver decisão definitiva, que vem a ser a da segunda fase. 4. Recurso provido. ((TJ-RS - AI: 70055873509 RS, Relator: Irineu Mariani, Primeira

Câmara Cível, Data de Publicação: 05/06/2014) ◙ **No mesmo sentido:** "APELAÇÃO CÍVEL. DIREITO PRIVADO NÃO ESPECIFICADO. MANDADO DE SEGURANÇA. DIREITO DO CONSUMIDOR. DECRETO N. 2.181/97. INSTAURAÇÃO DE PROCESSO ADMINISTRATIVO JUNTO AO PROCON. PRÁTICA DE PROPAGANDA ENGANOSA, INCLUSÃO DO NOME DE FORNECEDOR NO "CADASTRO DE RECLAMAÇÕES FUNDAMENTADAS". A inclusão do nome de fornecedor no "Cadastro de Reclamações Fundamentadas" pressupõe a existência de processo administrativo com decisão de procedência definitiva, conforme preceituam os artigos 57 e 58 do Decreto n. 2.181/97. Considerando que a impetrante teve seu nome incluído no Cadastro de Reclamações Fundamentadas quando sequer havia sido verificada a prática do ato abusivo que lhe fora imputado, sendo delegada a análise para momento posterior, é de ser acolhida a sua irresignação, para que seja determinada a não inclusão ou retirada do seu nome do Cadastro de Reclamações, até a decisão definitiva do processo administrativo, sendo que a inclusão, ou não, seguirá a sorte do julgamento. Ordem concedida. APELO PROVIDO. (TJ-RS – AC: 70054431994 RS, Relator: Ana Lúcia Carvalho Pinto Vieira Rebout, Décima Segunda Câmara Cível, Data de Publicação: 23/03/2015)

◙ **Em Minas Gerais, o MPMG pode organizar e processar o cadastro de reclamações fundamentadas.** "No Estado de Minas Gerais, a legislação estabeleceu competência do Ministério Público mineiro para atuar na proteção das relações de consumo, cabendo ao Parquet atender aos consumidores, processar as reclamações fundamentadas e, após regular processo administrativo, aplicar as sanções cabíveis. 2. As multas administrativas decorrentes da atuação do Ministério Público na defesa dos consumidores são executadas pelo Estado de Minas Gerais." (STJ, REsp 1512016/MG, Rel. Ministro Sérgio Kukina, Primeira Turma, DJe 06/04/2015)

◙ **Pedido de antecipação dos efeitos da tutela para que o nome da empresa reclamada não seja inscrito no cadastro nacional e estadual de reclamações fundamentadas.** "AGRAVO – AÇÃO ANULATÓRIA – PROCESSO ADMINISTRATIVO – RECLAMAÇÃO NO PROCON FEITA POR CONSUMIDOR – PEDIDO DE ANTECIPAÇÃO DOS EFEITOS DA TUTELA PARA QUE O NOME DA EMPRESA RECLAMADA NÃO SEJA INSCRITO NO CADASTRO NACIONAL E ESTADUAL DE RECLAMAÇÕES FUNDAMENTADAS – QUESTÃO OBJETO DE DISCUSSÃO EM JUÍZO – CONSTRAGIMENTO ILEGAL – PRESUNÇÃO DE INOCÊNCIA – DEVIDO PROCESSO LEGAL – RECURSO PROVIDO." (TJ-MS – AGV: 3513 MS 2009.003513-4, Relator: Des. Atapoã da Costa Feliz, 4ª Turma Cível, Data de Publicação: 11/05/2009)

◙ **Possibilidade de publicação de outros dados nos cadastros de reclamações fundamentadas. Conteúdo mínimo prescrito no art. 44 do CDC.** "APELACAO CIVEL – MANDADO DE SEGURANÇA – PROCON – CADASTRO ATUALIZADO DE RECLAMACOES FUNDAMENTADAS – DIVULGACAO – CONTEUDO MINIMO PRESCRITO PELO ARTIGO 44 DA LEI NO.8078/90 – POSSIBILIDAE DE PUBLICACAO DE DEMAIS DADOS – FINALIDADE PÚBLICA DA DIVULGACAO. MANUTENCAO DA SENTENCA. Desprovimento do recurso."(TJ-PR – AC: 421187 PR Apelação Cível – 0042118-7, Relator: Clotário Portugal Neto, Data de Julgamento: 26/06/1996, 6ª Câmara Cível)

◙ **Análise do cadastro de reclamações fundamentadas para aferição do *quantum* da multa administrativa. A empresa era a campeã de reclamações.** "ADMINISTRATIVO E CONSUMIDOR. AÇÃO ANULATÓRIA DE ATO ADMINISTRATIVO. DESCUMPRIMENTO CONTRATUAL. VELOCIDADE DA INTERNET FORNECIDA ABAIXO DA CONTRATADA. MULTA. PROCESSO ADMINISTRATIVO DO PROCON. OBSERVÂNCIA AO CONTRADITÓRIO E À AMPLA DEFESA. MOTIVAÇÃO ADEQUADA. AUSÊNCIA DE NULIDADE. EXAME DO MÉRITO ADMINISTRATIVO. IMPOSSIBILIDADE. 1. SENDO A PENALIDADE IMPOSTA À APELANTE REGULARMENTE APLICADA E SUFICIENTEMENTE MOTIVADA SOB O ARGUMENTO DE QUE ELA (CONTRATADA) REITERADAMENTE NÃO CUMPRIA SEUS DEVERES CONTRATUAIS (VELOCIDADE DA INTERNET FORNECIDA ABAIXO DA CONTRATADA), NÃO HÁ NULIDADE A SER DECLARADA, MÁXIME POR TEREM SIDO OBSERVADOS NO PROCESSO ADMINISTRATIVO EM QUESTÃO O CONTRADITÓRIO E A AMPLA DEFESA, BEM COMO O PRINCÍPIO DA PROPORCIONALIDADE NA APLICAÇÃO DAQUELA. 2. SENDO A PENALIZADA EMPRESA DE GRANDE PORTE, COM VULTOSO LUCRO ANUAL, ALIADO AO FATO DE SER "CAMPEÃ DE RECLAMAÇÕES NO ÚLTIMO CADASTRO DE RECLAMAÇÕES FUNDAMENTADAS", NÃO SE MOSTRA ABUSIVA A MULTA APLICADA (R$ 18.000,00). 3. NÃO CABE AO JUDICIÁRIO INCURSIONAR SOBRE O MÉRITO DO ATO ADMINISTRATIVO, FICANDO O SEU EXAME ADSTRITO AOS SEUS ASPECTOS LEGAIS. 4. RECURSO NÃO PROVIDO."(TJ-DF – APC: 20110111865566 DF 0004755-61.2011.8.07.0018, Relator: Cruz Macedo, Data de Julgamento: 20/11/2013, 4ª Turma Cível, Data de Publicação: Publicado no DJE : 06/12/2013)

◙ **Acordo entre o consumidor e a empresa reclamada entabulado após o encerramento do processo administrativo torna inadmissível a manutenção do cadastro como 'reclamação não atendida'.** "Apelação Cível e Recurso Adesivo. Ação Ordinária. Pretensão da autora de alterar os registros constantes do Cadastro de Reclamações Fundamentadas do PROCON referente aos anos de 2001 e 2002, mantida nos termos do art. 44, do CDC. Sentença de parcial procedência na origem, para determinar a retificação dos registros quanto ao ano de 2001. Recurso de apelação da ré, pugnando pela improcedência da ação. Inadmissibilidade. Acordo entre o consumidor e a empresa reclamada entabulado após o encerramento do processo administrativo que torna inadmissível a manutenção do cadastro como 'reclamação não atendida'. Inteligência do art. 44, do CDC c.c. art. 84, da Lei Estadual n.º 10.177/98. Dever de atualização do cadastro, de modo a espelhar a realidade fática. Recurso adesivo da empresa autora, pugnando a procedência integral da ação. Administrador que, por prestar serviços, encontra-se sujeito às regras atinentes a relação de consumo. Prova do deslinde da reclamação referente à inscrição do ano de 2002 que não restou evidenciada nos autos.Sentença mantida. Recursos não providos."(TJ-SP – APL: 9123842202007826 SP 9123842-20.2007.8.26.0000, Relator: Rui Stoco, Data de Julgamento: 09/05/2011, 4ª Câmara de Direito Público, Data de Publicação: 18/05/2011) ◙ **Nesse sentido, havendo acordo entre consumidor e fornecedor após a divulgação do cadastro, deve o mesmo ser retificado.** "Concurso. Exclusão de nome do cadastro. Acordo fora do prazo. Possibilidade. Concessão – "É possível excluir a empresa do cadastro de reclamações fundamentadas junto ao PROCON, mesmo com acordo celebrado após o prazo estabelecido, tudo em atendimento a atualização cadastral exigida pelo CDC. Recursos negados." (TJSP – I C. Dir. Público – Ap. 9218013-03.2006.8.26.0000 – Rei. Danilo Panizza – j. 16.10.2006).

§ 1° É facultado o acesso às informações lá constantes para orientação e consulta por qualquer interessado.

► **Qualquer interessado pode acessar as informações arquivadas.** Qualquer interessado pode acessar as informações arquivadas, possibilitando, principalmente aos consumidores, informações acerca dos fornecedores, de forma a melhor orientá-los na escolha dos produtos e serviços. A idéia é informar ao máximo o consumidor sobre quais são os fornecedores que mais sofrem reclamações de seus produtos e serviços e se estas reclamações são atendidas ou não, para que o consumidor possa participar de modo mais consciente da relação de consumo. Como lei de função social, o artigo também visa fazer com que o fornecedor possa melhorar a atuação no mercado, de modo a não aparecer nas listas, o que somente ocorrerá se o consumidor estiver satisfeito com o produto ou o serviço adquirido.

► **Dever do Estado de possibitar o acesso ao consumidor.** "Assim como é legítimo ao fornecedor especialmente no momento da concessão de crédito, ter acesso a alguns dados dos consumidores, também e com mais intensidade, é legítimo ao consumidor – e dever do Estado possibilitar – o acesso a informações relativas aos fornecedores" (BESSA, Leonardo Boscoe. A licitude das atividades inerentes ao Sistema Nacional de Informações de Defesa do Consumidor – Sindec. In: MIRAGEM, Bruno; MARQUES, Claudia Lima (orgs.). *Doutrinas Essenciais de Direito do Consumidor.* São Paulo: Ed. RT, 2011. vol. 3, p. 1076.)

§ 2° Aplicam-se a este artigo, no que coUBER, as mesmas regras enunciadas no artigo anterior e as do parágrafo único do art. 22 deste código.

► **Permite-se a busca de um provimento judicial que determine o cumprimento forçado, pelo Poder Público, do dever de divulgação do Cadastro de Reclamações Fundamentadas.** "Dispõe o art. 44, § 2.º do CDC que o não cumprimento, pelo Poder Público, dos deveres previstos nas citadas normas legais e regulamentares dá ensejo, pelos consumidores ou legitimados à sua substituição processual (art. 82 do CDC), ao ajuizamento de ação nos termos do parágrafo único do art. 22 do CDC, isto é, permite-se a busca de um provimento judicial que determine o cumprimento forçado, pelo Poder Público, do dever de divulgação do Cadastro de Reclamações Fundamentadas, nos termos do art. 44 do CDC e demais normas regulamentares previstas no Dec. 2.181/97. O art. 44, § 2.º do CDC prevê ainda a aplicação das normas estabelecidas no art. 43 do CDC para os cadastros privados dos fornecedores (SPC, SERASA e congêneres)." (AZEVEDO, Fernando Costa de. Cadastro de reclamações fundamentadas contra os fornecedores (art. 44 do CDC): sobre a admissibilidade de divulgação das reclamações sem o devido processo legal (processo administrativo) com decisão definitiva. *Revista de Direito do Consumidor.* São Paulo: RT, Vol.63, Ano 2007, p. 165 - 172)

► **Aplicação do art. 43 do CDC.** "A referência feita pelo § 2.° às normas do art. 43 diz respeito especialmente à objetividade, clareza e verdade das informações arquivadas e da comunicação da abertura do arquivo ao fornecedor". (RIZZATTO NUNES, Luiz Antônio. *Curso de direito do consumidor.* 2. ed. São Paulo: Saraiva, 2005, p. 564-565.)

► **Aplicação dos direitos previstos aos consumidores no art. 43 aos fornecedores nos cadastros de reclamações fundamentadas.** "Deve-se comunicar ao fornecedor o arquivo da reclamação fundamentada contra ele. Dá-se, assim, ao fornecedor oportunidade de defender-se na reclamação (...) Se incorreta, a reclamação tem de ser corrigida no prazo de 5 dias como determina o art. 43 e que se aplica à situação tendo como figura central o consumidor. Desatendida a solicitação do fornecedor é-lhe lícito impetrar habeas data a fim de que seu pedido seja deferido. Escusado dizer que, na hipótese, tem o interessado de provar que o registro não corresponde à verdade dos fatos (...) Ao cadastro de reclamações de que fala o artigo sob comentário [art. 44] aplicam-se, no que coUBER, as prescrições do art. 43, que protege o consumidor contra os erros e abusos dos cadastros e centros de dados. Dessarte, tem o fornecedor direito: a acesso aos registros dos órgãos públicos de 'reclamações fundamentadas'; a exigir a correção de informações sobre sua empresa; ao cancelamento de anotações que datem de mais de 5 anos". (SAAD, Eduardo Gabriel. *Comentários ao Código de Defesa do Consumidor.* 4. ed. São Paulo: LTr, 1999, p. 389.)

Art. 45. (Vetado).

CAPÍTULO VI
DA PROTEÇÃO CONTRATUAL

SEÇÃO I
Disposições Gerais

Art. 46. Os contratos que regulam as relações de consumo não obrigarão os consumidores, se não lhes for dada a oportunidade de tomar conhecimento prévio de seu conteúdo, ou se os respectivos instrumentos forem redigidos de modo a dificultar a compreensão de seu sentido e alcance.

► **Sobre a informação e destaque das cláusulas limitativas nos contratos de adesão, ver art. 54, §4°.**

► **Sobre cláusulas dúbias e interpretação mais favorável ao consumidor, ver art. 47.**

► **É preciso que o consumidor tenha oportunidade de tomar conhecimento efetivo de todos os direitos e deveres.** Para que os contratos que regulam as relações de consumo tenham validade e obriguem os consumidores, é preciso que os fornecedores lhes ofereçam a oportunidade de tomar conhecimento efetivo de todos os direitos e deveres, principalmente no que se refere às cláusulas restritivas, que, conforme o art. 54 § 4º, deverão ser redigidas com destaque, permitindo a imediata e fácil compreensão. ► **No mesmo sentido, impondo na esfera contratual um "dever de oportunizar" o conhecimento sobre o conteúdo do contrato.** " O art. 46 introduz no Brasil o dever de informar sobre o conteúdo do contrato a ser assinado. A melhor expressão é 'dever de oportunizar' o conhecimento sobre o conteúdo do contrato, mas, por uma questão sistemática, chamaremos aqui também de dever de informar, o que em última análise não deixa de ser o dever instituído pelo art. 46. O art.46 do CDC surpreende pelo alcance de sua disposição. Assim, se o fornecedor descumprir este seu novo dever de 'dar oportunidade' ao consumidor 'de tomar conhecimento' do conteúdo do contrato, sua sanção será ver desconsiderada a manifestação de vontade do consumidor, a aceitação, mesmo que o contrato já esteja assinado e o consenso formalizado. Em outras palavras, o contrato não tem seu efeito mínimo, seu efeito principal e nuclear que é obrigar, vincular as partes. Se não vincula, não há contrato, o contrato de consumo como que não existe, é mais do que ineficaz, é como que inexistente, por força do art. 46, enquanto a oferta, por força do art. 30, continua a obrigar o fornecedor!" (MARQUES, Cláudia Lima. *Contratos no código de defesa do consumidor.* 2ª ed. São Paulo : Revista dos Tribunais, 1995. p. 251).

► **Proteção da boa-fé e confiança.** "Boa-fé objetiva e confiança são conceitos que se aproximam. A confiança é, em regra, a base de comportamentos sociais ou jurídicos individuais e, considerando-se a perspectiva da comunidade, há nestes comportamentos a crença de uma conduta correta por parte dos demais, ou à falta desta, a realização de consequências (sanções) na hipótese de violação. Daí porque a proteção da confiança abrange essencialmente as expectativas de cumprimento de determinados deveres de comportamento". (MIRAGEM, Bruno. *Curso de Direito do Consumidor*, 7ª ed. São Paulo: RT, p. 264).

► **Direito do consumidor receber uma via do contrato.** Do direito de tomar conhecimento prévio do conteúdo do contrato decorre a obrigação simples e ób-via do fornecedor de entregar uma via do contrato ao consumidor. Não raras vezes, o fornecedor compro-mete-se a enviar pelos correios uma via do contrato, após o consumidor ter assinado, e não cumpre o prometido. Nessa hipótese, como o consumidor não teve acesso ao contrato, não ficará obrigado pelos seus termos. ◙ **Nesse sentido, considerando ineficaz o contrato que não foi enviado ao consumidor.** "É ineficaz, no contrato de adesão, cláusula inserida em documento que – embora registrado em cartório – não foi exibido ao consumidor, no momento da adesão (CDC, arts. 46 e segs.). (STJ, REsp 897148/MT, Rel. Min. Humberto Gomes de Barros, DJ 08/10/2007) ◙ **No mesmo sentido envolvendo contrato de seguro.** "Deve ser remetida cópia da apólice contratada ao segurado, ainda que a celebração do contrato tenha se dado por via telefônica. Conforme determina o art. 6º, III, do CDC, o fornecedor ou prestador de serviços tem o dever de informar devidamente o consumidor sobre os termos do contrato oferecido, prestando os esclarecimentos necessários para a perfeita compreensão quanto aos direitos e obrigações deles oriundas, especialmente quando a contratação é feita por telefone. (STJ, Resp 1176628/RS, Rel. Min. Nancy Andrighi, DJe 04/10/2010) ◙ **No mesmo sentido, permitindo o direito de rescisão do negócio com a devolução da quantia paga.** "Direito do Consumidor – Ação Indenizatória – Oferta Enganosa – Falta de Transparência de Publicidade Veiculada na TV – Contrato não enviado em seu inteiro teor, para que a consumidora pudesse realizar de forma consciente a escolha – sentença que acolheu com acerto o pedido de rescisão do negócio, com devolução da quantia paga – Danos Morais que devem ser adequados ao princípio da Razoabilidade – Recurso Conhecido e parcialmente acolhido."(TJ-RJ – APL: 00043664920038190042, Relator: Flavia de Almeida Viveiros de Castro, Décima Quarta Câmara Cível, Data de Publicação: 13/11/2006)

► **Interpretação mais favorável ao consumidor.** "A regra da interpretação mais favorável ao consumidor incide em qualquer espécie de contrato firmado com o consumidor, inclusive nos acordos verbais". (BENJAMIN, Antônio Herman V.; MARQUES, Cláudia Lima; BESSA, Leonardo Roscoe. *Manual de Direito do Consumidor.* 7ª edição. São Paulo, Revista dos Tribunais, 2016, p. 399).

◙ **Se não teve ciência antecipada das cláusulas do contrato, o consumidor não se obriga.** "AGRAVO REGIMENTAL. SEGURO. AÇÃO DE COBRANÇA DE DIFERENÇA DE INDENIZAÇÃO. CLÁUSULA LIMITADORA DE DIREITO. AUSÊNCIA DE DESTAQUE. NULIDADE. CÓDIGO DE DEFESA DO CONSUMIDOR. FUNDAMENTO INATACADO. SÚMULA STF/283. I – Examinando as circunstâncias fáticas da causa, concluiu o Colegiado estadual que o segurado não teve ciência antecipada das cláusulas do contrato, não estando, por isso, obrigado ao seu cumprimento, nos termos do artigo 46 do CDC, as quais devem ser interpretadas a seu favor, conforme preconiza o artigo 47 do referido diploma consumerista." (STJ, AgRg no Ag 736.617/MT, Rel. Ministro Sidnei Beneti, Terceira Turma, DJe 23/09/2008)

◙ **Cartão de crédito. Necessidade de prévia ciência das cláusulas.** "Segundo o disposto no par. 3º do art. 54, do Cód. de Def. do Consumidor, "os contratos de adesão escritos serão redigidos em termos claros e com caracteres ostensivos e legíveis, de modo a facilitar sua compreensão pelo consumidor". Caso em que o titular não teve prévia ciência de cláusulas estabelecidas pela administradora, não lhe podendo, portanto, ser exigido o seu cumprimento." (STJ, REsp 71578/RS, DJU 3.2.1997, Rel. Min. Nilson Naves, J. 5.11.1996, 3ª T)

► **Mesmo consumidores bem informados falta-lhes o conhecimento jurídico básico.** "Mesmo consumidores bem informados, por exemplo, só raramente se dão conta de que sua assinatura num contrato não significa que precisem, obrigatoriamente, sujeitar-se a seus termos, em quaisquer circunstâncias. Falta-lhes o conhecimento jurídico básico não apenas para fazer objeção a esses contratos, mas até mesmo para perceber que sejam passíveis de objeção". (CAPPELLETTI, Mauro; e GARTH, Bryant. *Acesso à Justiça.* Tradução e revisão: Ellen Gracie Northfleet. Porto Alegre: Sergio Antonio Fabris Editor, 1988. p. 23)

■ **Não obrigará o consumidor cláusulas inseridas ou alteradas unilateralmente pelo fornecedor, sem que o consumidor tenha conhecimento prévio e efetivo das mesmas.** "No caso, a empresa de saúde realizou a alteração contratual sem a participação do consumidor, por isso é nula a modificação que determinou que a assistência médico hospitalar fosse prestada apenas por estabelecimento credenciado ou, caso o consumidor escolhesse hospital não credenciado, que o ressarcimento das despesas estaria limitado à determinada tabela. Violação dos arts. 46 e 51, IV e § 1º, do CDC." (STJ, REsp. 418572/SP, Min. Luis Felipe Salomão, DJe 30/03/2009)

■ **Descredenciamento de clínica médica sem prévia comunicação ao consumidor.** ***(sobre dano moral, ver art. 6°, VI)*** "RECURSO ESPECIAL. CIVIL. PLANO DE SAÚDE. RESPONSABILIDADE CIVIL. DESCREDENCIAMENTO DE CLÍNICA MÉDICA. COMUNICAÇÃO PRÉVIA AO CONSUMIDOR. AUSÊNCIA. VIOLAÇÃO DO DEVER DE INFORMAÇÃO. PREJUÍZO AO USUÁRIO. SUSPENSÃO REPENTINA DE TRATAMENTO QUIMIOTERÁPICO. SITUAÇÃO TRAUMÁTICA E AFLITIVA. DANO MORAL. CONFIGURAÇÃO. 1. Ação ordinária que busca a condenação da operadora de plano de saúde por danos morais, visto que deixou de comunicar previamente a consumidora acerca do descredenciamento da clínica médica de oncologia onde recebia tratamento, o que ocasionou a suspensão repentina da quimioterapia. 2. Apesar de os planos e seguros privados de assistência à saúde serem regidos pela Lei nº 9.656/1998, as operadoras da área que prestam serviços remunerados à população enquadram-se no conceito de fornecedor, existindo, pois, relação de consumo, devendo ser aplicadas também, nesses tipos contratuais, as regras do Código de Defesa do Consumidor (CDC). Ambos instrumentos normativos incidem conjuntamente, sobretudo porque esses contratos, de longa duração, lidam com bens sensíveis, como a manutenção da vida. São essenciais, portanto, tanto na formação quanto na execução da avença, a boa-fé entre as partes e o cumprimento dos deveres de informação, de cooperação e de lealdade (arts. 6º, III, e 46 do CDC). 3. O legislador, atento às inter-relações que existem entre as fontes do direito, incluiu, dentre os dispositivos da Lei de Planos de Saúde, norma específica sobre o dever da operadora de informar o consumidor quanto ao descredenciamento de entidades hospitalares (art. 17, § 1º, da Lei nº 9.656/1998). 4. É facultada à operadora de plano de saúde substituir qualquer entidade hospitalar cujos serviços e produtos foram contratados, referenciados ou credenciados desde que o faça por outro equivalente e comunique, com trinta dias de antecedência, os consumidores e a Agência Nacional de Saúde Suplementar (ANS). 5. O termo "entidade hospitalar" inscrito no art. 17, § 1º, da Lei nº 9.656/1998, à luz dos princípios consumeristas, deve ser entendido como gênero, a englobar também clínicas médicas, laboratórios, médicos e demais serviços conveniados. De fato, o usuário de plano de saúde tem o direito de ser informado acerca da modificação da rede conveniada (rol de credenciados), pois somente com a transparência poderá buscar o atendimento e o tratamento que melhor lhe satisfaz, segundo as possibilidades oferecidas. 6. O descumprimento do dever de informação (descredenciamento da clínica médica de oncologia sem prévia comunicação) somado à situação traumática e aflitiva suportada pelo consumidor (interrupção repentina do tratamento quimioterápico com reflexos no estado de saúde), capaz de comprometer a sua integridade psíquica, ultrapassa o mero dissabor, sendo evidente o dano moral, que deverá ser compensado pela operadora de plano de saúde. 7. Recurso especial não provido. (STJ, REsp 1349385/PR, Rel. Min. Ricardo Villas Bôas Cueva, 3ª T., DJe 2.2.2015)

◘ **Seguro de vida. Cláusula limitativa de cobertura cujo conhecimento do conteúdo não foi dado ao consumidor.** "RECURSO ESPECIAL. INDENIZAÇÃO DECORRENTE DE SEGURO DE VIDA. ACIDENTE AUTOMOBILÍSTICO. EMBRIAGUEZ. CLÁUSULA LIMITATIVA DE COBERTURA DA QUAL NÃO FOI DADO O PERFEITO CONHECIMENTO AO SEGURADO. ABUSIVIDADE. INFRINGÊNCIA AO ARTIGO 54, § 4º DO CÓDIGO DE DEFESA DO CONSUMIDOR. RECURSO ESPECIAL PROVIDO. 1. Por se tratar de relação de consumo, a eventual limitação de direito do segurado deve constar, de forma clara e com destaque, nos moldes do art. 54, § 4º do CODECON e, obviamente, ser entregue ao consumidor no ato da contratação, não sendo admitida a entrega posterior. 2. No caso concreto, surge incontroverso que o documento que integra o contrato de seguro de vida não foi apresentado por ocasião da contratação, além do que a cláusula restritiva constou tão somente do "manual do segurado", enviado após a assinatura da proposta. Portanto, configurada a violação ao artigo 54, § 4º do CDC. 3. Nos termos do artigo 46 do CDC: "Os contratos que regulam as relações de consumo não obrigarão os consumidores, se não lhes for dada a oportunidade de tomar conhecimento prévio de seu conteúdo, ou se os respectivos instrumentos forem redigidos de modo a dificultar a compreensão de seu sentido e alcance". 4. Deve ser afastada a multa aplicada com apoio no artigo 538, parágrafo único do CPC, pois não são protelatórios os embargos de declaração opostos com fins de prequestionamento. 5. Recurso especial provido" (STJ, REsp 1219406, Rel. Luis Felipe Salomão, 4ª T., DJ 18.2.2011).

◘ **Limitação do risco no seguro de veículo não estava claro ao consumidor.** "Não constando na apólice de modo claro a limitação do risco no seguro de veículo, não pode invocá-la a seguradora para negar a cobertura. Incidência do CDC ainda que a segurada seja pessoa jurídica. Apelo desprovido." (TJRS, 6ª Câm., Apel. Cível 70004388252, Rel. Des. Antônio Guilherme Tanger Jardim, J. 4.9.2002.)

◘ **Título de capitalização: clareza nas informações.** "Os contratos que regulam as relações de consumo não obrigarão os consumidores se não lhes for dada a oportunidade de tomar conhecimento prévio de seu conteúdo, ou se as respectivas cláusulas forem redigidos de modo a dificultar a compreensão de seu sentido e alcance (CDC Art. 46), cumprindo ao fornecedor de serviços o ônus da prova. 2. Ao oferecer um título de capitalização ao seu cliente, deve o banco explicitar do modo mais claro possível, certificando-se de que tenha entendido, qual a fórmula utilizada para cálculo dos valores a serem restituídos em caso de resgate antecipado, resguardando-se, assim, contra eventual reclamação do adquirente, como no caso dos autos. Deixando de desempenhar satisfatoriamente tal mister, deve ser mantida, em sua integralidade, a sentença que determinou a devolução integral dos valores aplicados". (TJDF, ACJ 20021110023794 – DF – 1ª T.R.J.E. – Rel. Des. José de Aquino Perpétuo, DJU 3.12.2003)

◘ **Divergência nos valores do contrato de seguro. Prevalece o enviado quando da contratação e não o posteriormente enviado.** "DIREITO DO CONSUMIDOR. CONTRATO DE SEGURO. INVALIDEZ PERMANENTE. VALOR DA INDENIZA-

ÇÃO. DIVERGÊNCIA ENTRE OS DOCUMENTOS ENTREGUES AO SEGURADO. PREVALÊNCIA DO ENTREGUE QUANDO DA CONTRATAÇÃO. CLÁUSULA LIMITATIVA DA COBERTURA. NÃO-INCIDÊNCIA. ARTS. 46 E 47 DA LEI N. 8.078/90. DOUTRINA. PRECEDENTE. RECURSO PROVIDO. I. Havendo divergência no valor indenizatório a ser pago entre os documentos emitidos pela seguradora, deve prevalecer aquele entregue ao consumidor quando da contratação ("certificado individual"), e não o enviado posteriormente, em que consta cláusula restritiva (condições gerais). II. Nas relações de consumo, o consumidor só se vincula às disposições contratuais em que, previamente, lhe é dada a oportunidade de prévio conhecimento, nos termos do artigo 46 do CDC. III. As informações prestadas ao consumidor devem ser claras e precisas, de modo a possibilitar a liberdade de escolha na contratação de produtos e serviços. Ademais, na linha do art. 54, §4º da Lei n. 8.078/90, devem ser redigidas em destaque as cláusulas que importem em exclusão ou restrição de direitos." (STJ, REsp 485.760/RJ, Rel. Ministro Sálvio de Figueiredo Teixeira, Quarta Turma, DJ 01/03/2004)

■ **Vício de consentimento em contrato de previdência.** "DIREITO CIVIL E CONSUMIDOR. VÍCIO DE CONSENTIMENTO EM REALIZAÇÃO DE CONTRATO DE PREVIDÊNCIA. COMPROVADA INEXISTÊNCIA DE CONHECIMENTO DA NATUREZA DA RELAÇÃO DE CONSUMO, A QUAL NÃO OBRIGA O CONSUMIDOR. BOA-FÉ DA CONTRATANTE. IMPROVIMENTO. – O Código de Defesa do Consumidor determina que os contratos que regulam as relações de consumo não obrigarão os consumidores, se não lhes for dada a oportunidade de tomar conhecimento prévio de seu conteúdo, ou se os respectivos instrumentos forem redigidos de modo a dificultar a compreensão de seu sentido e alcance. – Comprovada a existência de vício de consentimento da autora, no momento em que solicitou empréstimo bancário, ao realizar contrato de previdência privada, sendo ela idosa e funcionária pública federal aposentada. – Boa-fé da demandante comprovada nos autos, em particular pela sua postulação limitada apenas à devolução daquilo que foi pago em função do contrato. – Apelação improvida."(TRF-5 – AC: 390276 PE 2004.83.00.006033-6, Relator: Desembargador Federal Ivan Lira de Carvalho (Substituto), Data de Julgamento: 30/01/2007, Quarta Turma)

■ **Seguro de cartão de crédito oferecendo proteção em caso de perda de emprego involuntária. Cláusula limitativa de carência não informada ao consumidor.** "CONSUMIDOR. Cartão de crédito. Seguro. Recusa de cobertura. Carência. Informação. 1. O Código de Defesa do Consumidor é aplicável às instituições financeiras (STJ, Súmula 297). 2. Os contratos, que regulam as relações de consumo, não obrigarão os consumidores, se não lhes for dada a oportunidade de tomar conhecimento prévio de seu conteúdo, ou se os respectivos instrumentos forem redigidos de modo a dificultar a compreensão de seu sentido e alcance. 3. As cláusulas que implicarem limitação de direito do consumidor deverão ser redigidas com destaque, permitindo sua imediata e fácil compreensão. Recurso não provido." (TJ-SP – APL: 00071106220138260077 SP, Relator: William Marinho, 18ª Câmara de Direito Privado, Data de Publicação: 17/04/2015)

Art. 47. As cláusulas contratuais serão interpretadas de maneira mais favorável ao consumidor.

► **Verificação do princípio constitucional da isonomia.** O legislador do CDC, ao reconhecer o consumidor como a parte mais fraca (vulnerável) na relação de consumo, estabeleceu que as cláusulas contratuais devem sempre ser interpretadas de modo mais favorável a ele, aplicando na espécie o princípio constitucional da isonomia, na qual os desiguais devem ser tratados desigualmente na medida de suas desigualdades.

► **A interpretação mais favorável ao consumidor se dará no contrato de consumo como um todo.** "O CDC avançou no particular, determinando que em todo e qualquer contrato de consumo e não apenas nos de adesão incida essa regra interpretativa, e, mais ainda, que essa interpretação mais favorável ao consumidor se dê relativamente ao contrato como um todo e não apenas quanto às cláusulas obscuras ou ambíguas." (JÚNIOR, Nelson Nery. Os princípios gerais do Código Brasileiro de Defesa do Consumidor. *Revista de Direito do Consumidor*. São Paulo: RT, Vol.3, Ano 1992, p. 44 - 77)

► **A interpretação mais favorável ao consumidor provém da Constituição Federal.** "Neste sentido, devemos estar atentos ao fato de que a prestação de serviços públicos enquanto objeto do direito do consumidor - isto é, enquanto relação de consumo - submete-se a uma ordem constitucional que impõe ao Estado o dever de aplicar o sistema jurídico de modo mais favorável aos interesses e necessidades concretas da parte mais fraca dessa relação (o chamado "princípio favor debilis"). E é importante frisar esse detalhe: a interpretação mais favorável ao consumidor provém da própria Constituição Federal, cuja eficácia depende, fundamentalmente, da efetividade das normas do CDC, já que este é, digamos assim, uma extensão da Carta Magna, nos termos do conhecido art. 5.º, XXXII." (AZEVEDO, Fernando Costa de. A proteção dos consumidores-usuários de serviços públicos no direito brasileiro: uma abordagem a partir do diálogo das fontes. *Revista de Direito do Consumidor*. São Paulo: RT, Vol.102, Ano 2015, p. 123 - 137)

◙ **Existindo duas cláusulas contratuais divergentes, deve incidir a mais benéfica ao consumidor.** "Existindo duas cláusulas contratuais divergentes e em sendo aplicável o Código de Defesa do Consumidor, deve incidir a mais benéfica ao consumidor (art. 47, CDC)." (TJPR, Ap. Civ 0157260-1 - (3378) - Curitiba - 7ª C.Cív. - Rel. Juiz Conv. Espedito Reis do Amaral, DJPR 8.11.2004)

CONTRATOS ENVOLVENDO SEGUROS

► **Sobre cláusulas abusivas nos contratos seguro, ver art. 51.**

► **Havendo divergência entre a proposta e a apólice, deve prevalecer a mais favorável ao consumidor.** "Em caso de divergência entre a proposta e a apólice, a partir do diálogo de coordenação e aplicação sistemática entre o art. 759 do CC/2002 e os arts. 30 e 47 da Lei 8.078/1990, prevalecerá a interpretação mais favorável ao consumidor, embora ilustrada doutrina já tenha se pronunciado em sentido contrário." (MARTINS, Guilherme Magalhães. Responsabilidade civil do segurador diálogos entre o Código Civil e o Código do Consumidor. *Revista de Direito do Consumidor*. São Paulo: RT, Vol.79, Ano 2011, p. 123 - 161) ► **No sentido de que deve prevalecer a apólice**: "Embora a proposta seja preenchida em geral pelo corretor em impresso do segurador com as condições gerais do contrato, seu teor coincide sempre com o da apólice. Se houver alguma divergência entre os dois documentos, deverá prevalecer a apólice para vincular a responsabilidade do segurador. Não poderá sua obrigação ir além da vontade manifestada neste instrumento". (ALVIM, Pedro. *O contrato de seguro*. 3. ed. Rio de Janeiro: Forense, 1999. p. 148).

► **Os critérios de interpretação do contrato de seguro orientam-se pela proteção do segurado.** "No contrato de seguro, a importância da interpretação contratual faz-se notar especialmente em relação à determinação do conteúdo e extensão da garantia, bem como às hipóteses de limitação e exclusão da mesma. Os critérios de interpretação do contrato de seguro, neste caso, orientam-se pela proteção do segurado, que na espécie contratual assume a posição de aderente de um contrato de adesão, e neste sentido faz incidir as normas do art. 423 do CC/2002, no caso da interpretação de cláusulas ambíguas ou contraditórias, ou quando se trate de contrato de consumo, da interpretação mais favorável ao consumidor, a teor do art. 47 do CDC." (MIRAGEM, Bruno. O contrato de seguro e os direitos do consumidor. *Revista de Direito do Consumidor*. São Paulo: RT, Vol.76, Ano 2010, p. 239 - 276)

◙ **Súmula 402 do STJ**: *"O contrato de seguro por danos pessoais compreende os danos morais, salvo cláusula expressa de exclusão."*

◙ **Súmula 609 do STJ**: *"A recusa de cobertura securitária sob alegação de doença pré-existente é ilícita se não houve a exigência de exames prévios à contratação ou a demonstração de má-fé do segurado.*

◙ **Súmula 610 do STJ**: *" O suicídio não é coberto nos dois primeiros anos de vigência do contrato de seguro de vida, ressalvado o direito do beneficiário à devolução do montante da reserva técnica formada".*

◙ **Doença preexistente. A seguradora deve provar a má-fé do segurado.** "Seguro saúde. Pagamento de indenização. Doença preexistente. Prova pela seguradora. Seguro em gru-po. Precedentes da Corte. A orientação da Corte está firmada no sentido de que a seguradora deve provar a má-fé do segurado, sendo certo que quando não realizado o prévio exame, não pode escusar-se do pagamento ao argumento de que haveria doença preexistente." (STJ, REsp. 651713/PR, Rel. Min. Carlos Alberto Menezes Direito, DJ 23/05/2005).

◙ **Contrato de seguro de vida. Existência de cláusulas dúbias. Interpretação mais favorável ao consumidor.** "SEGURO DE VIDA. COBERTURA. CLÁUSULAS DÚBIAS. INTERPRETAÇÃO MAIS FAVORÁVEL AO HIPOSSUFICIENTE. ANÁLISE CONTRATUAL. REEXAME DO CONJUNTO FÁTICO-PROBATÓRIO DOS AUTOS. SÚMULAS NºS 5 E 7/STJ. 1. A falta de clareza e dubiedade das cláusulas impõem ao julgador uma interpretação favorável ao consumidor (art. 47 do CDC), parte hipossuficiente por presunção legal" (STJ, AgRg no AREsp 539.402/SP, Rel. Min. Ricardo Villas Bôas Cueva, 3ª T., DJe 5.8.2015).

◙ **Seguro habitacional. Ação de cobrança promovida por mutuários contra seguradora por vícios na construção.** "EMBARGOS INFRINGENTES - SEGURO HABITACIONAL - DANOS NOS IMÓVEIS - INDENIZAÇÃO PLEITEADA - ALEGAÇÃO DE QUE OS VÍCIOS CONSTRUTIVOS NÃO ESTÃO COBERTOS PELA APÓLICE DE SEGURO HABITACIONAL - INOCORRÊNCIA - INTERPRETAÇÃO DAS CLÁUSULAS CONTRATUAIS DE ACORDO COM O CÓDIGO DE DEFESA DO CONSUMIDOR - PREVISÃO EXPRESSA NA APÓLICE DE COBERTURA DOS VÍCIOS DE CONSTRUÇÃO - DEVER DE INDENIZAR CARACTERIZADO - RECURSO CONHECIDO E IMPROVIDO (MAIORIA) - As cláusulas contratuais devem ser interpretadas de acordo com o disposto no Código de Defesa do Consumidor. (art, 47, do CDC) Tratando-se de ação referente a contrato de seguro habitacional, a seguradora deve ser responsabilizada, por expressa previsão contratual, pelos vícios e irregularidades apurados na construção das casas em evidência, facultando-lhe o direito de perseguir ressarcimento contra aquele (s) que for (em) responsável (eis) em ação própria". (TAPR, EI 0252772-8/01 - (234999) - Londrina - 19ª Câm.Int - Rel. Des. Luiz Mateus de Lima, DJPR 8.4.2005)

◙ **Contrato de seguro. Dúvida interpretativa. Interpretação mais favorável ao consumidor.** "APELAÇÃO CÍVEL - AÇÃO MONITÓRIA - CONTRATO DE SEGURO - INVALIDEZ TOTAL POR DOENÇA - PROCEDÊNCIA PARCIAL - SENTENÇA MANTIDA - RECURSO DESPROVIDO - Havendo dúvida de interpretação no contrato de seguro, as cláusulas contratuais deverão ser interpretadas da maneira mais favorável ao consumidor nos termos do art. 47 do CDC e, foi o que ocorreu no caso em análise, onde apesar da seguradora insistir que a invalidez não é total, pois poderia o segurado exercer alguma outra atividade remunerada, o mesmo já foi inclusive aposentado por invalidez permanente, tendo parte do pé amputado e sofre várias outras doenças, de forma que o seguro contratado é devido, porém, dentro do valor da apólice e não de acordo com o valor mencionado pelo segurado e não provado". (TJPR, AC 0158492-7 - (4983) - Goioerê - 8ª C.Cív. - Rel. Juiz Conv. Tito Campos de Paula, DJPR 10.6.2005)

◙ **Contrato de seguro de vida. Complicações pós-cirúrgicas não caracterizam morte acidental para fins de cobertura securitária.** "RECURSO ESPECIAL. CIVIL E PROCESSUAL CIVIL. AÇÃO DE COBRANÇA. SEGURO DE VIDA. COBERTURA POR MORTE ACIDENTAL. TROMBOEMBOLISMO PULMONAR PÓS-CIRÚRGICO. AUSÊNCIA DE ELEMENTO EXTERNO. MORTE NATURAL. AUSÊNCIA DE COBERTURA. HONORÁRIOS ADVOCATÍCIOS. REVISÃO. RAZOABILIDADE DO VALOR FIXADO. IMPOSSIBILIDADE. RECURSOS IMPROVIDOS. 1. Para fins securitários, nos termos da Circular nº 029/SUSEP, vigente à época do contrato e do sinistro, a morte acidental seria aquela decorrente de acidente pessoal, definido este como 'o evento com data caracterizada, exclusiva e diretamente externo, súbito, involuntário e violento, causador de lesão física que, por si só, e independentemente de toda e qualquer outra causa, tenha como conseqüência direta a morte segurado', não se incluindo, neste conceito, 'as intercorrências ou complicações conseqüentes da realização exames, tratamentos clínicos ou cirúrgicos, quando não decorrentes de acidente coberto'. A definição de morte natural, por sua vez, obtém-se por exclusão. 2. Definida a causa da morte como decorrente de tromboembolismo pulmonar pós-operatório, e depreendendo-se dos fatos incontroversos nos autos que a cirurgia a que foi submetida a segurada, histerectomia total, ocorreu dentro do esperado, sem nenhuma intercorrência ou incidente que possa ter contribuído para a morte da paciente, não se tem por caracterizada, nos termos da legislação securitária, a morte acidental. (...)". (STJ, REsp 1284847/PR, Quarta Turma, Rel. Ministro Raul Araújo, DJe 03/04/2017)

■ **Contrato de seguro de vida. Risco previsto em contrato.** "Verificada a ocorrência de risco previsto em contrato de seguro de vida em grupo, está a seguradora obrigada a indenizar o segurado. Ao interpretar o contrato, o eg. Tribunal de origem deve fazê-lo de forma favorável ao consumidor, que é considerado parte hipossuficiente." (STJ, Resp 492944, Rel. Min. Nancy Andrighi, 3ª T, J. 1.4.2003, DJ. 5.5.2003)

■ **Microtraumas sofridos por operário. Cobertura securitária. Interpretação a favor do consumidor.** "Os microtraumas que o operário sofre quando exposto a ruído excessivo inclui-se no conceito de acidente, para o fim de cobertura securitária estabelecida em contrato de seguro em grupo estipulado pela sua empregadora." (STJ, REsp 196302/SP, DJU 29/03/1999, Rel. Min. Ruy Rosado de Aguiar, J. 18.2.1999, 4ª T)

CONTRATOS ENVOLVENDO PLANOS DE SAÚDE

► **Sobre cláusulas abusivas nos contratos de plano de saúde, ver art. 51.**

■ **Negativa de cobertura de procedimentos médicos essenciais para a saúde do segurado.** "PLANO DE SAÚDE. NEGATIVA DE COBERTURA DE PROCEDIMENTO CIRÚRGICO. 1. AUSÊNCIA DE PREQUESTIONAMENTO. SÚMULA 211/STJ. 2. SENTENÇA QUE CONDENOU AO REEMBOLSO DAS DESPESAS NO LIMITE DO CONTRATO. INCIDÊNCIA DO CÓDIGO DE DEFESA DO CONSUMIDOR. ENTENDIMENTO DO ACÓRDÃO RECORRIDO EM HARMONIA COM A JURISPRUDÊNCIA DESTA CORTE. 3. INDENIZAÇÃO POR DANOS MORAIS. CONFIGURAÇÃO. PRECEDENTES. SÚMULA N. 83/STJ. 4. AGRAVO IMPROVIDO. (...) 2. Em se tratando de contrato de adesão submetido às regras do Código de Defesa do Consumidor, a interpretação das cláusulas deve ser realizada da maneira mais favorável ao consumidor, considerando-se abusivas aquelas que visam a restringir procedimentos médicos essenciais para a saúde do segurado. (...)" (STJ, AgInt nos EDcl no AREsp 945.288/SP, Rel. Ministro Marco Aurélio Bellizze, Terceira Turma, DJe 02/02/2017).

■ **Tratamento domiciliar (home care) como desdobramento de tratamento hospitalar. Interpretação mais favorável ao consumidor.** "RECURSO ESPECIAL. PLANO DE SAÚDE. SERVIÇO DE HOME CARE. COBERTURA PELO PLANO DE SAÚDE. DANO MORAL. 1 – Polêmica em torna da cobertura por plano de saúde do serviço de 'home care' para paciente portador de doença pulmonar obstrutiva crônica. 2 – O serviço de 'home care' (tratamento domiciliar) constitui desdobramento do tratamento hospitalar contratualmente previsto que não pode ser limitado pela operadora do plano de saúde. 3– Na dúvida, a interpretação das cláusulas dos contratos de adesão deve ser feita da forma mais favorável ao consumidor . Inteligência do enunciado normativo do art. 47 do CDC. Doutrina e jurisprudência do STJ acerca do tema. 4– Ressalva no sentido de que, nos contratos de plano de saúde sem contratação específica, o serviço de internação domiciliar (home care) pode ser utilizado em substituição à internação hospitalar, desde que observados certos requisitos como a indicação do médico assistente, a concordância do paciente e a não afetação do equilíbrio contratual nas hipóteses em que o custo do atendimento domiciliar por dia supera o custo diário em hospital. 5 – Dano moral reconhecido pelas instâncias de origem. Súmula 07/STJ. 6 – Recurso Especial a que se nega provimento" (STJ, REsp 1378707/RJ, Rel. Min. Paulo de Tarso Sanseverino, 3ª T., DJe 15.6.2015).

◙ **Plano de saúde. Exclusão de cobertura. Interpretação mais favorável ao consumidor.** "AGRAVO REGIMENTAL NO AGRAVO EM RECURSO ESPECIAL. PLANO DE SAÚDE. AUTORIZAÇÃO PARA TRATAMENTO. CLÁUSULA ABUSIVA. APLICAÇÃO DO CÓDIGO DE DEFESA DO CONSUMIDOR. RECURSO NÃO PROVIDO. 1. A jurisprudência desta Corte é no sentido de considerar que 'a exclusão de cobertura de determinado procedimento médico/hospitalar, quando essencial para garantir a saúde e, em algumas vezes, a vida do segurado, vulnera a finalidade básica do contrato' (REsp 183.719/SP, Rel. Min. Luis Felipe Salomão, DJe de 13.10.2008). 2. Tratando-se de contrato de adesão submetido às regras do CDC, a interpretação de suas cláusulas deve ser feita da maneira mais favorável ao consumidor, bem como devem ser consideradas abusivas as cláusulas que visam a restringir procedimentos médicos. 3. O Tribunal a quo decidiu conforme o entendimento desta Corte Superior de que, havendo expressa indicação médica para realização do tratamento, mostra-se desarrazoada sua negativa de cobertura, devendo ser considerada abusiva a cláusula de sua exclusão. 4. Agravo regimental não provido" (STJ, AgRg no AREsp 655.341/MG, Rel. Min. Raul Araújo, 4ª T., DJe 25.5.2015). ◙ **No mesmo sentido:** " Entende-se por abusiva a cláusula contratual que exclui tratamento prescrito para garantir a saúde ou a vida do segurado, porque o plano de saúde pode estabelecer as doenças que terão cobertura, mas não o tipo de terapêutica indicada por profissional habilitado na busca da cura. Precedentes." (STJ, AgInt no AREsp 934.017/DF, Rel. Ministro Raul Araújo, Quarta Turma, DJe 19/10/2016)

◙ **Cirurgia de obesidade mórbida. Ausência de cobertura não expressamente prevista no contrato. Interpretação favorável ao consumidor.** "Se a cirurgia de obesidade mórbida não está expressamente relacionada entre os serviços médicos não cobertos no plano, entende-se que se inclui no rol das prestações devidas, pois, nas relações de consumo, as dúvidas e o ajuste como um todo interpretam-se de modo mais favorável ao consumidor - art. 47 do Código de Defesa do Consumidor." (TAMG, 2ª Câm. Cível, Apel. Cível 370278-5, Rel. Juiz Edgard Penna Amorim, J. 27.5.2003.) ◙ **No mesmo sentido:** "DIREITO CIVIL - CONTRATO DE SEGURO SAÚDE - EXCLUSÃO DE COBERTURA - CIRURGIA BARIÁTRICA OU DE OBESIDADE MÓRBIDA - CLÁUSULA RESTRITIVA DE DIREITO - REDAÇÃO IMPRECISA - INTERPRETAÇÃO EM FAVOR DO CONSUMIDOR (ART. 47 DO CDC) - CONTRATO DE EXECUÇÃO CONTINUADA - 1. Se a cirurgia bariátrica ou de obesidade mórbida não estava expressamente relacionada entre os serviços médicos não cobertos pelo plano de saúde, mesmo porque nem mesmo se encontrava catalogada na listagem da Associação Médica Brasileira à época do contrato, tratando-se de cláusula restritiva do direito do consumidor a interpretação lhe deve ser favorável (art. 47 do CDC). 2. Tratando-se de contrato de execução continuada a Lei nova atinge os efeitos dos atos anteriores produzidos, "porque o ato jurídico perfeito é somente aquele que já se consumou, segundo a Lei vigente, ao tempo em que se efetuou", de acordo com a precisa lição de Clovis Bevilaqua no art. 3º, § 2º da LICC/1916. Recurso desprovido". (TJPR, AC 0171458-3 – (876) – Foz do Iguaçu – 9ª C.Cív. – Rel. Des. Ruy Cunha Sobrinho, DJPR 1.7.2005)

◙ **Cirurgia bariátrica. Negativa de cobertura pelo plano de saúde.** "CIRURGIA BARIÁTRICA. TRATAMENTO DE OBESIDADE MÓRBIDA. NECESSIDADE PARA A PRESERVAÇÃO DA VIDA DA PACIENTE. 1. A gastroplastia, indicada para o tratamento da obesidade mórbida, bem como de outras doenças dela derivadas, constitui cirurgia essencial à preservação da vida e da saúde do paciente segurado, não se confundindo com simples tratamento para emagrecimento. 2. Abusividade da negativa do plano de saúde em cobrir as despesas da intervenção cirúrgica necessária à garantia da própria sobrevivência do segurado. 3. Interpretação das cláusulas dos contratos de adesão da forma mais favorável ao consumidor . 4. Inteligência do enunciado normativo do art. 47 do CDC." (STJ, REsp 1249701/SC, Rel. Ministro Paulo de Tarso Sanseverino, Terceira Turma, DJe 10/12/2012)

◙ **Cláusula que exclui a cobertura de inseminação artificial.** "RECURSO ESPECIAL. DIREITO DO CONSUMIDOR. AÇÃO DE OBRIGAÇÃO DE FAZER. PLANO DE SAÚDE. INFERTILIDADE. PLANEJAMENTO FAMILIAR. INSEMINAÇÃO ARTIFICIAL. EXCLUSÃO DE COBERTURA. ABUSIVIDADE. NÃO CONFIGURADA. AGÊNCIA NACIONAL DE SAÚDE SUPLEMENTAR. RESOLUÇÕES NORMATIVAS. FUNDAMENTO NA LEI 9.656/98. HONORÁRIOS ADVOCATÍCIOS RECURSAIS. MAJORAÇÃO. SUSPENSÃO DA EXIGIBILIDADE PELO DEFERIMENTO DA GRATUIDADE DA JUSTIÇA. 1. Ação ajuizada em 29/02/16. Recurso especial interposto em 11/04/17 e concluso ao gabinete em 18/12/17. Julgamento: CPC/15. 2. O propósito recursal é definir se a inseminação artificial por meio da técnica de fertilização in vitro deve ser custeada por plano de saúde. 3. A Lei 9.656/98 (LPS) dispõe sobre os planos e seguros privados de assistência à saúde e estabelece as exigências mínimas de oferta aos consumidores (art. 12), as exceções (art. 10) e as hipóteses obrigatórias de cobertura do atendimento (art. 35-C). 4. A Agência Nacional de Saúde Suplementar (ANS), com a autorização prevista no art. 10, §4º, da LPS, é o órgão responsável por definir a amplitude das coberturas do plano-referência de assistência à saúde. 5. A Resolução Normativa 387/2015 da ANS, aplicável à hipótese concreta, define planejamento familiar como o "conjunto de ações de regulação da fecundidade que garanta direitos de constituição, limitação ou aumento da prole pela mulher, pelo homem ou pelo casal" (art. 8º, I). 6. Aos consumidores estão assegurados, quanto à atenção em planejamento familiar, o acesso aos métodos e técnicas para a concepção e a contracepção, o acompanhamento de profissional habilitado (v.g. ginecologistas, obstetras, urologistas), a realização de exames clínicos e laboratoriais, os atendimentos de urgência e de emergência, inclusive a utilização de recursos comportamentais, medicamentosos ou cirúrgicos, reversíveis e irreversíveis em matéria reprodutiva. 7. A limitação da lei quanto à inseminação artificial (art. 10, III, LPS) apenas representa uma exceção à regra geral de atendimento obrigatório em casos que envolvem o planejamento familiar (art. 35-C, III, LPS). Não há, portanto, abusividade na cláusula contratual de exclusão de cobertura de inseminação artificial, o que tem respaldo na LPS e na RN 387/2015. 8. Recurso especial conhecido e não provido, com majoração de honorários advocatícios recursais. (STJ, REsp 1713429/SP, Rel. Ministra Nancy Andrighi, Terceira Turma, DJe 24/08/2018)

◙ **Plano de saúde. Cobertura de lesões congênitas de filhos das seguradas.** "EXCLUSÃO DE COBERTURA DE LESÕES DECORRENTES DE MÁ-FORMAÇÃO CONGÊNITA. EXCEÇÃO. FILHO DE SEGURADA NASCIDO NA VIGÊNCIA DO SEGURO. INTERPRETAÇÃO MAIS FAVORÁVEL AO CONSUMIDOR ADERENTE. ABUSIVIDADE DA NEGATIVA DE COBERTURA DE SITUAÇÃO DE URGÊNCIA. 1. A análise de suposta violação de dispositivo constitucional é vedada nesta instância especial, sob pena de usurpação da competência atribuída ao Supremo Tribunal Federal. 2. Inaplicabilidade da regra do § 5º do art. 35 da Lei n. 9.656/98 quando ao consumidor não foi dada a oportunidade de optar pela adaptação de seu contrato de seguro de saúde ao novo sistema. 3. Afastada a restrição legal à inclusão de dependentes, permanece em plena vigência a cláusula contratual que prevê a possibilidade de inclusão de qualquer pessoa como dependente em seguro de saúde. 4. Obrigação contratual da seguradora de oferecer cobertura às lesões decorrentes de má-formação congênita aos filhos das seguradas nascidos na vigência do contrato. 5. Cláusulas contratuais devem ser interpretadas de maneira mais favorável ao consumidor, mormente quando se trata de contrato de adesão. Inteligência do art. 47 do CDC. 6. Cobertura que não poderia, de qualquer forma, ser negada pela seguradora, por se tratar de situação de urgência, essencial à manutenção da vida do segurado, sob pena de se configurar abusividade contratual." (STJ, REsp 1133338/SP, Rel. Ministro Paulo de Tarso Sanseverino, Terceira Turma, DJe 09/04/2013)

◙ **Plano de saúde. Angioplastia com colocação de *stent*.** "(...) à luz do art. 47 do CDC, o "stent", por não se constituir em instrumento que substitua parte perdida ou retirada do corpo humano, haja vista se tratar apenas de material colocado no interior da artéria com vistas a sua desobstrução, não pode ser considerado, prima facie, como espécie de prótese excluída da cobertura do plano de saúde.". (TJMA, AI 021037/2004 – (51.621/2004) – São Luís – 3ª C.Cív. – Rel. Des. Cleones Carvalho Cunha, J. 14.10.2004)

CONTRATOS ENVOLVENDO IMÓVEIS

► **Sobre cláusulas abusivas nos contratos de imóveis, ver art. 51.**

◙ **O inadimplemento do promitente-vendedor na entrega do imóvel é causa de rescisão contratual da promessa de compra e venda.** "O Código de Defesa do Consumidor é aplicável aos contratos de promessa de compra e venda de imóvel. 3. Existindo duas cláusulas contratuais divergentes e em sendo aplicável o Código de Defesa do Consumidor, deve incidir a mais benéfica ao consumidor (art. 47, CDC). 4. O inadimplemento do promitente-vendedor na entrega do imóvel é causa de rescisão contratual da promessa de compra e venda. 5. Culpada pelo inadimplemento e por isso dando causa à rescisão do contrato, não tem a construtora e incorporadora do bem direito de retenção de parte das parcelas. 6. Em virtude da alteração do édito singular, deverá a apelada suportar integralmente a sucumbência". (TJPR, Ap. Civ 0157260-1 - (3378) - Curitiba - 7ª C.Cív. - Rel. Juiz Conv. Espedito Reis do Amaral, DJPR 8.11.2004)

◙ **Contrato imobiliário. Possibilidade de cumulação de cláusula penal e indenização por lucros cessantes em caso de atraso na entrega de imóvel.** "CONSUMIDOR E PROCESSUAL CIVIL. RECURSO ESPECIAL. INDENIZAÇÃO POR DANOS MORAIS E MATERIAIS. ATRASO NA ENTREGA DE UNIDADE IMOBILIÁRIA. CLÁUSULA PENAL MORATÓRIA. POSSIBILIDADE DE CUMULAÇÃO COM LUCROS CESSANTES. JURISPRUDÊNCIA CONSOLIDADA NO STJ. DANOS MORAIS. SIMPLES ATRASO. AUSÊNCIA. (...) 2. É possível cumular a cláusula penal decorrente da mora com indenização por lucros cessantes quando há atraso na entrega do imóvel pela construtora. (...)". (STJ, REsp 1642314/SE, Terceira Turma, Rel. Ministra Nancy Andrighi, DJe 22/03/2017)

CONTRATOS ENVOLVENDO INSTITUIÇÕES FINANCEIRAS

► **Sobre cláusulas abusivas nos contratos bancários, ver art. 51.**

◙ **Incerteza no contrato quanto a natureza da multa: moratória ou compensatória.** "Não havendo elementos concretos que informem se a multa estabelecida no contrato é de natureza moratória ou compensatória, aplica-se o disposto no art. 47 do CDC, interpretando-se o contrato da forma mais favorável ao consumidor". (TJPR, ApCiv 0159581-3 - (12741) - Curitiba - 5ª C.Cív. - Relª Juíza Conv. Lilian Romero, DJPR 18.10.2004)

Art. 48. As declarações de vontade constantes de escritos particulares, recibos e pré-contratos relativos às relações de consumo vinculam o fornecedor, ensejando inclusive execução específica, nos termos do art. 84 e parágrafos.

► **Sobre o princípio da vinculação contratual da oferta, verificar art. 30.**

► **Decorrência do princípio da vinculação contratual do art. 30.** Toda proposta ou declaração constante de escritos particulares, recibos ou pré-contratos, em decorrência do princípio da vinculação imprimida pelo art. 30, faz com que o fornecedor seja compelido ao dever de prestá-los, já que essas estipulações integrarão o contrato, podendo, por isso, sofrer execução específica nos termos do art. 84 do CDC (obtenção da tutela específica da obrigação de fazer e não fazer, garantindo assim o resultado prático assegurado pelo direito). ► **No mesmo sentido:** "O art. 48 do CODECON (Código de Defesa do Consumidor) reforça a nova noção de conteúdo do contrato disposta no art. 30. Afirma o art. 48 que as declarações de vontade constantes de escritos particulares, recibos e pré-contratos relativos à relação de consumo vinculam o fornecedor, fazendo parte da oferta, logo do contrato, ensejando inclusive a execução específica" (MARQUES, Cláudia Lima. Novas regras sobre a proteção do consumidor nas relações contratuais, em AJURIS – *Revista da Associação dos Juízes do Rio Grande do Sul*, n. 52, p. 51)".

► **Possibilidade de aplicação do art. 48 do CDC para outras relações que não de consumo.** "Essa significativa evolução incorporada à sistemática consumerista não pode, por sua importância e pela mudança de paradigma que representa, ser restrita a essa seara. Com efeito, não se pode associar tal comando legislativo à premissa que define e orienta a aplicação das normas do Código de Defesa do Consumidor, qual seja, a hipossuficiência do consumidor. Na realidade, o art. 48 do CDC, representa o reconhecimento, pelo legislador, de que as fases negociais e pré-contratuais podem gerar expectativas legítimas entre as partes que, pelo grau de certeza que atingem, podem dar azo à fixação da obrigação específica de celebração do contrato." (SOARES, Maria Fernanda Campos Lopes. Responsabilidade civil pré-contratual em caso de rompimento injustificado das tratativas. Possibilidade de tutela específica à luz do contrato de locação não residencial. *Revista dos Tribunais Rio de Janeiro.* RT, Vol.4, Ano 2014, p. 57 – 81)

Art. 49. O consumidor pode desistir do contrato, no prazo de 7 dias a contar de sua assinatura ou do ato de recebimento do produto ou serviço, sempre que a contratação de fornecimento de produtos e serviços ocorrer fora do estabelecimento comercial, especialmente por telefone ou a domicílio.

► **Prazo de reflexão obrigatório de sete dias.** Quando o contrato de consumo for concluído fora do estabelecimento comercial, o consumidor tem o direito de desistir do negócio em sete dias, a contar do recebimento do produto ou do serviço ou, então, da assinatura do contrato. Trata-se de um *"prazo de reflexão obrigatório"* instituído pela lei, de modo a assegurar que o consumidor possa realizar uma compra consciente, equilibrando as relações de consumo. Assim, as vendas por telefone, reembolso postal, fax, os executados porta a porta, telemarketing ou até mesmo pela *internet* se enquadram nesse contexto.

► **Nulidade de cláusula que preveja a não aplicação do direito de arrependimento.** O art. 51, II, do CDC estabelece que é nula de pleno direito a cláusula que subtraia do consumidor a opção de reembolso da quantia já paga. Então, mesmo que o contrato contenha cláusula no sentido de não aplicar o direito de arrependimento, deve ser considerada como não escrita.

► **O direito de arrependimento no contrato de cartão de crédito não significa que o consumidor poderá se arrepender das compras utilizadas no cartão.** "Independente da concretização do contrato de cartão de crédito se dar com ou sem solicitação, dispõe o consumidor do direito de arrependimento consagrado no art. 49 da Lei 8.078/90, no entanto, mais uma vez no caso do contrato que tratamos, o utente não pode ter iniciado atos de concretização como o uso do instrumento junto aos fornecedores e a posteriori alegar arrependimento pela compra e venda efetivada. Pode sim se arrepender, no prazo estipulado pela lei (sete dias) ou pelo contrato (se mais favorável) da contratação do cartão, estando desobrigado do pagamento das conhecidas semestralidades ou anualidades cobradas pelas administradoras. Mas não poderá alegar tal direito para eximir-se do pagamento de compras e venda já efetuada com terceiro no prazo do arrependimento. Esta obrigação é inegavelmente sua, terá que pagar a fatura a ser cobrada no prazo usual determinado pela administradora. O arrependimento previsto pela lei não pode alcançar esta hipótese sob pena de enriquecimento sem causa do utente e de um vasto campo aberto à fraude". (FILHO, Francisco Billac M. Pinto. Cartão de crédito - negócio complexo. Contrato de adesão. Remessa ilegal. Responsabilidade. *Revista de Direito do Consumidor*. São Paulo: RT, Vol.31, Ano 1999, p. 36 - 49)

► **O direito de arrependimento não está vinculado a qualquer vício do produto ou serviço ou ainda a qualquer justificativa por parte do consumidor.** O direito de arrependimento não está vinculado a qualquer vício do produto ou serviço ou ainda a qualquer justificativa por parte do consumidor. Ou seja, o direito de desistir do negócio celebrado é imotivado. Qualquer explicação que o consumidor der a respeito dos motivos da desistência, além de ser volun-tário, servirá apenas para que o fornecedor saiba, a título de coleta de dados e para sua pesquisa, o porquê do consumidor estar desistindo do produto e serviço.◙ **No mesmo sentido de que não é necessário que o consumidor decline o motivo pelo qual se arrepende da compra.** "Quando o contrato de consumo for concluído fora do estabelecimento comercial, o consumidor tem o direito de desistir do negócio em 7 dias, sem nenhuma motivação, nos termos do art. 49 do CDC." (STJ, AgRg no AREsp 533.990/MG, Rel. Min. Moura Ribeiro, 3ª T., DJe 27.8.2015). ◙ **No mesmo sentido:** "Conforme o disposto no art. 49 do Código de Defesa do Consumidor, quando o contrato de consumo for concluído fora do estabelecimento comercial, o consumidor tem o direito de desistir do negócio em 7 (sete) dias, sem nenhuma motivação." (STJ, AgRg no Ag 1388017/RS, Rel. Min. Ricardo Villas Bôas Cueva, 3ª T., DJe 14.10.2013).

► **Direito de arrependimento nas contratações via internet.** "Na medida em que o consumidor, nessas condições, possui menor possibilidade de avaliar o que estava contratando, deve lhe ser assegurado o prazo de arrependimento, não só nos contratos em distância em geral - tais quais a venda de porta-a-porta, por telefone, reembolso postal, por *fax*, vídeo-texto, por prospectos etc. - , como também nos contratos via internet, até mesmo pela disseminação de tais práticas, à margem de uma regulação, a partir dessas novas técnicas, que permitem que o consumidor contrate sem sair de sua casa, muitas vezes com empresas e fornecedores de outros países". (MARTINS, Guilherme Magalhães. Contratos Eletrônicos de Consumo. 3ª ed., rev. atual., e ampl. São Paulo: Atlas, 2016, p. 212)

► **O Decreto 7.692/13 e as contratações via internet**. O Decreto 7.962/13 dispõe sobre as contratações e o direito de arrependimento no âmbito do comércio eletrônico. Em seu art. 5º estipula o dever do fornecedor de informar a respeito desse direito, o modo como deve exercê-lo, os respectivos efeitos e deveres acessórios do fornecedor quando exercido o direito de arrependimento pelo consumidor.

► **Direito de arrependimento e produtos customizados/personalizados.** Em relação aos produtos personalizados/customizados, isto é, aqueles cujas características já tenham sido previamente definidas pelo consumidor e, portanto, encomendados ao fornecedor, entendemos que não se aplica o disposto no art. 49, caput, do CDC. Perceba-se que, nessas situações, o consumidor já conhece as características do produto que pretende adquirir e, portanto, já refletiu a respeito da compra, não havendo que se falar em compra por impulso. Além disso, considerando-se que, conforme a doutrina e a jurisprudência majoritárias, um dos pressupostos para o arrependimento é que o produto adquirido seja restituído ao fornecedor em condições de ser novamente comercializado a outro consumidor, no caso de produtos customizados, o fornecedor, a princípio, não terá condições de recolocá-los no mercado, uma vez que foram concebidos para consumidores específicos.

◙ **Direito de arrependimento na contratação via sistema de televendas.** "AGRAVO REGIMENTAL. AÇÃO DE INDENIZAÇÃO. COMPRA. SISTEMA TELEVENDAS. DIREITO DE ARREPENDIMENTO. PRAZO LEGAL DE SETE DIAS. ART. 49 DO CDC. DECISÃO AGRAVADA. MANUTENÇÃO. I- É facultado ao consumidor desistir do contrato de compra, no prazo de 7 (sete) dias, a contar da sua assinatura, quando a contratação ocorrer fora do estabelecimento comercial, nos termos do art. 49 do CDC. II- Agravo Regimental improvido" (STJ, AgRg no REsp 1189740/RS, Rel. Min. Sidnei Beneti, 3ª T., DJe 1.7.2010).

◙ **Contrato de financiamento de automóvel celebrado fora do estabelecimento da instituição financeira.** "Consumidor. Recurso Especial. Ação de busca e apreensão. Aplicação do CDC às instituições financeiras. Súmula 297/STJ. Contrato celebrado fora do estabelecimento comercial. Direito de arrependimento manifestado no sexto dia após a assinatura do contrato. Prazo legal de sete dias. Art. 49 do CDC. Ação de busca e apreensão baseada em contrato resolvido por cláusula de arrependimento. Improcedência do pedido. – O CDC é aplicável às instituições financeiras. Súmula 297/STJ. – Em ação de busca e apreensão, é possível discutir a resolução do contrato de financiamento, garantido por alienação fiduciária, quando incide a cláusula tácita do direito de arrependimento, prevista no art. 49 do CDC, porque esta objetiva restabelecer os contraentes ao estado anterior à celebração do contrato. – É facultado ao consumidor desistir do contrato de financiamento, no prazo de 7 (sete) dias, a contar da sua assinatura, quando a contratação ocorrer fora do estabelecimento comercial, nos termos do art. 49 do CDC. – Após a notificação da instituição financeira, a cláusula de arrependimento, implícita no contrato de financiamento, deve ser interpretada como causa de resolução tácita do contrato, com a consequência de restabelecer as partes ao estado anterior. – O pedido da ação de busca e apreensão deve ser julgado improcedente, quando se basear em contrato de financiamento resolvido por cláusula de arrependimento" (STJ, REsp 930.351, Min. Nancy Andrighi, 3ª T., DJ 16.11.2009).

◙ **Ausência de prova de que o exercício do direito ao arrependimento foi exercido dentro do prazo estabelecido pelo art. 49.** "INDENIZAÇÃO - NEGÓCIO JURÍDICO - AUSÊNCIA DE PROVA DE QUE O EXERCÍCIO DO DIREITO AO ARREPENDIMENTO FOI EXERCIDO DENTRO DO PRAZO ESTABELECIDO PELO ART. 49 DO CODECON - EXIGIBILIDADE DAS OBRIGAÇÕES CONTRATUAIS AVEN-

ÇADAS. Diante da ausência de prova de que o direito ao arrependimento acerca do negócio jurídico entabulado entre as partes foi exercido dentro do prazo estabelecido pelo art. 49 do CODECON, deve-se ter como exigíveis as obrigações contratuais avençadas". (TJMG, nº 2.0000.00.443263-9/000 Rel. Osmando Almeida, Data do acordão: 8.3.2005, Data da publicação: 18.3.2005.)

◙ **Direito de arrependimento no contrato de cessão do direito de uso da unidade habitacional em sistema de tempo compartilhado.** "RESCISÃO DO CONTRATO - DESISTÊNCIA DO AJUSTE - CÓDIGO DE DEFESA DO CONSUMIDOR. - O consumidor pode livremente desistir do contrato de cessão do direito de uso da unidade habitacional em sistema de tempo compartilhado, desde que o faça no prazo de sete dias, a contar da assinatura do compromisso ou do ato de recebimento do produto". (TJMG, nº 2.0000.00.386981-4/000(1) Rel. Valdez Leite Machado, Data do acordão: 24.4.2003, Data da publicação: 14.5.2003)

◙ **Direito de arrependimento mesmo se o contatro for celebrado no estabelecimento comercial ser houver prática comercial agressiva.** "O direito de arrependimento previsto no art. 49 do CDC tem por escopo proteger o consumidor da prática comercial agressiva que o impede de refletir e manifestar livremente sua vontade. Conquanto celebrado na sede do fornecedor, é de se assegurar ao consumidor o direito de arrependimento também aos contratos cuja formulação foi antecedida de prática comercial agressiva que o coloca em situação de desequilíbrio que não lhe permite refletir. Hipótese em que a oferta é feita em ambiente que mais aparenta uma reunião social, durante a qual o consumidor é submetido a forte pressão psicológica que enfraquece seu poder de avaliação das condições e conveniência do negócio." (TAGRS, Apel. Cível 196233506, Rel. Juíza Maria Isabel de Azevedo, J. 17.12.1996, 9ª Câm.) ◙ **No mesmo sentido, envolvendo contratos de time-sharing.** "Contrato de promessa de compra e venda. Time-sharing. O direito de arrependimento – art. 49 do CDC – tem por objetivo proteger o consumidor da prática comercial agressiva. Hipótese em que o negócio e feito em ambiente que inibe a manifestação de vontade do consumidor, carregada de apelo emocional. O prazo de arrependimento, no caso, deve ser aquele que mais favorece a parte hipossuficiente, ou seja, a contar da efetiva data em que o serviço estaria a disposição do consumidor. Ação de revisão de contrato procedente. Deferimento da devolução das parcelas pagas". (TJRS, Apelação cível nº 70000195578, 20ª Câmara Cível, Rel. José Aquino Flores de Camargo, J. 26.10.1999)

◙ **Direito de arrependimento de participação em curso de atualização promovido pela OAB.** " É devida a restituição do montante das prestações pagas para a participação em curso de "Atualização Profissional" promovido pela Escola Superior de Advocacia, quando o contratante manifesta o seu desinteresse dentro do prazo de sete dias a contar da data do início das aulas (CDC, art. 49 e parágrafo único).". (TRF 1ª R., AC 200134000145293 - DF - 5ª T. - Rel. Des. Fed. Fagundes de Deus, DJU 25.10.2004)

► **Direito de arrependimento no comércio eletrônico.** O Decreto 7.962, de 15 de março de 2013, regulamentou as contratações e o direito de arrependimento no comércio eletrônico. Especificamente sobre o direito de arrependimento, prevê o art. 5º: "Art. 5º O fornecedor deve informar, de forma clara e ostensiva, os meios adequados e eficazes para o exercício do direito de arrependimento pelo consumidor. § 1º O consumidor poderá exercer seu direito de arrependimento pela mesma ferramenta utilizada para a contratação, sem prejuízo de outros meios disponibilizados. § 2º O exercício do direito de arrependimento implica a rescisão dos contratos acessórios, sem qualquer ônus para o consumidor. § 3º O exercício do direito de arrependimento será comunicado imediatamente pelo fornecedor à institui-ção financeira ou à administradora do cartão de crédito ou similar, para que: I – a transação não seja lançada na fatura do consumidor; ou II – seja efetivado o estorno do valor, caso o lançamento na fatura já tenha sido realizado. § 4º O fornecedor deve enviar ao consumidor confirmação imediata do recebimento da manifestação de arrependimento."

► **Início do prazo de sete dias. Da assinatura do contrato ou do recebimento do produto ou serviço.** O prazo de sete dias inicia-se da assinatura do contrato ou do recebimento do produto ou serviço. Parece que a norma elegeu um momento (a assinatura do contrato) ou outro (recebimento do produto ou serviço) como início da contagem. Dessa forma, o prazo começaria a contar a partir do que ocorrer primeiro. ► **Nesse sentido:** "Se o produto ou serviço for entregue ou prestado no dia da assinatura do contrato, a partir daí é que se conta o prazo para o exercício do direito de arrependimento. Caso o contrato seja assinado num dia e o produto ou serviço entregue ou prestado em época posterior, o prazo de reflexão tem início a partir da efetiva entrega do produto ou prestação do serviço. Isso porque, na maior parte das vezes, as compras por catálogo ou por telefone são realizadas sem que o consumidor esteja preparado para tanto, e, ainda, sem que tenha podido ter acesso físico ao produto. Quando recebe o produto encomendado, verifica que está aquém de suas expectativas, pois, se o tivesse visto e examinado, não o teria comprado. Não teria sentido, portanto, contar-se o curto prazo de reflexão a partir da assinatura do contrato ou da postagem do pedido nos correios, sendo que a surpresa do consumidor somente ocorrerá quando efetivamente receber o produto em suas mãos. A proteção que a lei lhe confere restaria inócua". (JÚNIOR, Nelson Nery. *Código Brasileiro de Defesa do Consumidor Comentado pelos Autores do Anteprojeto*. Ed. Forense, 6a ed., 1999, p. 481.)

◙ **Direito de arrependimento de contrato de ensino. Devolução do valor da matrícula.** "Ensino. Faculdade. Desistência do curso. Devolução do valor referente a matrícula. Admissibilidade. Inteligência do artigo 49 c/c 47 do Código de Defesa do Consumidor. Prazo de sete dias. Contagem a partir do início das aulas, ou seja, da prestação do serviço. Retenção que caracterizaria enriquecimento ilícito". (TJSP, El 198-603-1, rel. Des. Felipe Ferreira, J. 20.3.95)

► **Direito de arrependimento nas passagens aéreas. Prevalência do CDC sobre a Resolução 400/2016 da ANAC.** "A natureza de norma de sobreposição do Código de Defesa do Consumidor, aliada ao critério hierárquico, nos autoriza concluir que as compras de passagens aéreas pela internet continuam sendo alcançadas pelo artigo 49 do Código de Defesa do Consumidor. Noutras palavras, o consumidor continua tendo o prazo de 7 (sete) dias para desistir, sem custos, da passagem, contado do ato da compra. Quanto ao artigo 11 da Resolução 400/2016 da ANAC, só alcançará as compras de passagens aéreas efetuadas no estabelecimento comercial físico da empresa aérea, já que a norma em exame, diferentemente do artigo 49 do CDC, não condiciona o exercício do direito à compra fora do estabelecimento comercial" (ANDRADE, Landolfo. *O direito de arrependimento na compra de passagens aéreas pela internet*. Disponível em: <http://genjuridico.com.br/2018/03/14/o-direito-de-arrependimento-na-compra--de-passagens-aereas-pela-internet/>. Acesso em 02/07/2019).

◙ **Direito de arrependimento nas passagens aéreas compradas pela internet. Possibilidade.** "CIVIL E PROCESSO CIVIL. APELAÇÃO CÍVEL. AÇÃO DE INDENIZAÇÃO. RELAÇÃO DE CONSUMO. PASSAGEM AÉREA. CANCELAMENTO. DIREITO DE ARREPENDIMENTO. PRAZO DE 07 DIAS. 1. A responsabilidade civil no transporte aéreo em face do defeito do serviço regula-se pela Lei nº 8.078/90, não sendo aplicável o disposto na Convenção de Varsóvia e suas posteriores alterações, nem o Código Brasileiro de Aeronáutica. Precedentes. 2. O consumidor possui o direito de arrependimento no prazo de 07 dias, em caso de compra de passagem aérea pela internet, haja vista ser efetuada fora do estabelecimento comercial."(TJ-DF – APC: 20140910292168, Relator: Mario-Zam Belmiro, Data de Julgamento: 24/02/2016, 2ª Turma Cível) ◙ **No mesmo sentido:** "A faculdade de desistir das compras realizadas fora do estabelecimento do fornecedor, prevista no art. 49 do CDC, aplica-se aos contratos de transporte aéreo de passageiros, formalizados através da internet."(TJ-DF – APC: 20100112169790 DF 0069333-21.2010.8.07.0001, Relator: Sandoval Oliveira, Data de Julgamento: 08/10/2014, 5ª Turma Cível) ◙ **No mesmo sentido, envolvendo o site *Decolar.com*:** "PRESTAÇÃO DE SERVIÇOS – Compra e venda de passagens aéreas – Preliminar de ilegitimidade passiva afastada – Contratação via internet – Exercício do direito de arrependimento pelo consumidor – Art. 49 do Código de Defesa do Consumidor – Permanência de cobranças indevidas – Falha na prestação do serviço – Danos morais caracterizados – Indenização mantida. Apelação não provida." (TJ-SP – APL: 00852551620128260224 SP 0085255-16.2012.8.26.0224, Relator: Sá Moreira de Oliveira, Data de Julgamento: 13/02/2017, 33ª Câmara de Direito Privado) ◙ **No sentido da não cobrança de multa para o exercício do direito de arrependimento nas passagens aéreas.** "APELAÇÃO CÍVEL. AÇÃO DE RESCISÃO CONTRATUAL C/C INDENIZATÓRIA. COMPRA DE PASSAGENS AÉREAS PELA INTERNET. EXERCÍCIO DE DIREITO DE ARREPENDIMENTO. COBRANÇA DE MULTA. SENTENÇA DE PROCEDÊNCIA PARCIAL. 1. No caso vertente, não houve recusa ao cancelamento da compra efetuada pela internet, mas houve indevida cobrança de multa no valor de R$322,03, pois não obstante as tentativas do autor de exercitar sem restrições o seu direito de arrependimento, a tese sustentada pela ré em sede de contestação deixa claro que a ré nega a aplicação pura e simples do direito de arrependimento, condicionando-a a determinadas circunstâncias não estabelecidas pela Lei 8.078/90 e art. 740 do CC. 2. Dessa forma, tenho que não pode ser considerado como um mero aborrecimento a situação na qual o fornecedor não soluciona a reclamação, levando o consumidor a contratar advogado ou servir-se da assistência judiciária do Estado para demandar pela solução judicial de algo que administrativamente poderia ser facilmente solucionado. Sentença que se reforma para condenar o réu a indenizar o autor por danos morais, moderadamente arbitrados em R$3.000,00. Recurso a que se dá provimento."(TJ-RJ – APL: 00010249320158190079 RJ 0001024-93.2015.8.19.0079, Relator: JDS. Des. João Batista Damasceno, Data de Julgamento: 27/11/2015, Vigésima Sétima Camara Civel/ Consumidor, Data de Publicação: 30/11/2015) ◙ **No sentido da não aplicação do direito de arrependimento nas pas-**

sagens aéreas. "Compra de passagem aérea pela internet. Direito de arrependimento. Informação sobre a política de preços. 1 – Assiste ao consumidor o direito de arrependimento, no prazo de sete dias, a contar da assinatura do contrato ou do recebimento do produto ou serviço sempre que a contratação ocorrer fora do estabelecimento comercial (art. 49, CDC). 2 Essa proteção não ampara a compra de passagem aérea pela internet, por se tratar de contrato de transporte, regulamentado por normas especiais, sobretudo porque todas as informações referentes ao serviço são disponibilizadas ao consumidor, em especial, a política de preços relativa à passagem que será adquirida, que prevê regras para cancelamento e reembolso de valores pagos em caso de desistência. 3 Embargos infringentes não providos."(TJ-DF – EIC: 20120110360896, Relator: Jair Soares, Data de Julgamento: 03/11/2014, 2ª Câmara Cível)

▣ **Possibilidade de aplicação do art. 42, parágrafo único (repetição em dobro) quando a companhia aérea retém o valor pago pelo consumidor que exerceu o direito de arrependimento.** "Consumidor. Ação de repetição de indébito c/c indenização por danos morais. Compra de passagem aérea pela Internet. Cancelamento logo após a compra. Possibilidade. Exercício de arrependimento previsto do art. 49 do CDC. Cobrança indevida. Restituição em dobro dos valores pagos. 1. Em se tratando de compra e venda realizada fora do estabelecimento comercial, assiste ao consumidor o direito de arrependimento, a ser exercido no prazo de 07 dias, conforme dispõe o art. 49 do CDC. 2. Não tendo a demandada atendido ao pedido de cancelamento e tendo lançado a cobrança relativa à compra cancelada na fatura do cartão de crédito da autora, evidenciada a ocorrência de cobrança indevida. Como não se trata de hipótese de engano justificável, faz jus a autora à restituição em dobro do valor cobrado indevidamente, na forma do art. 42, parágrafo único, do CDC. 3. Danos morais não caracterizados. Ausência de violação a atributo da personalidade. Recurso parcialmente provido" (TJRS – Recurso Cível 71004007704-RS, 3.ª T. Recursal Cível, j. 14.03.2013, Diário da Justiça do dia 18.03.2013). ▣ **No mesmo sentido:** "Apelação cível. Direito do consumidor. Ação de repetição de indébito c/c indenizatória por danos morais. Compras de passagens aéreas pela Internet. Cancelamento da compra. Direito de arrependimento. Cláusula penal. Retenção ilícita. Cobrança abusiva. Dever de restituir em dobro. Dano moral configurado. Dá-se parcial provimento ao recurso, na forma do art. 557, § 1.º-A, do CPC/1973" (TJRJ – Ap 00218073620128190007-RJ 0021807-36.2012.8.19.0007, j. 14.01.2014, 24.ª Câm. Civ./Consumidor, data de publicação: 14.04.2014).

▣ **Não aplicação do direito de arrependimento quando o serviço se exaure.** "DIREITO DO CONSUMIDOR. PRESTAÇÃO DE SERVIÇOS DE FOTOGRAFIA. VENDA FORA DO ESTABELECIMENTO COMERCIAL. ARREPENDIMENTO NO PRAZO LEGAL. RESCISÃO CONTRATUAL. 1 – Na forma do art. 46 da Lei 9.099/1995, a ementa serve de acórdão. Recurso próprio, regular e tempestivo. 2 – Direito de arrependimento. Prazo de reflexão. Prestação que se exaure. Conquanto seja assegurado ao consumidor o direito de resolver os contratos firmados fora do estabelecimento do fornecedor, no prazo de sete dias (art. 49 do CDC), tal direito não pode ser reconhecido nas hipóteses em que a prestação se exaure. Tal assertiva decorre da regra hermenêutica segundo a qual, na aplicação da lei o juiz deve atender aos fins sociais a que ela se destina (art. 5º, da LICC). 3 – Compra de álbum e serviços de fotografia em meio digital. A entrega de arquivo com fotografias digitais, no ato da compra (fl.06), exaure a prestação de serviços e inútil a devolução pela facilidade com que pode ser reproduzido e utilizado. Assim, resta inviabilizado o exercício do direito de arrependimento, pelo que não cabe a resolução do contrato com repetição do preço. Sentença que se mantém pelos próprios fundamentos."(TJ-DF 20160910046308 0004630-47.2016.8.07.0009, Relator: Marilia de Avila e Silva Sampaio, Data de Julgamento: 27/10/2016, 1ª Turma Recursal, Data de Publicação: Publicado no DJE : 06/03/2017)

◙ **Não se enquadrando em uma relação de consumo, não se aplica o direito de arrependimento.** "Prestação de serviços. Ação de devolução de quantia paga julgada improcedente. Compra pela internet. Exercício do direito de arrependimento previsto no artigo 49 do CDC. Ausência de outra justificativa para a pretensão de devolução dos produtos adquiridos. Aquisição de peças de informática. Contrato social da adquirente que estabelece como objetivo social, dentre outras prestações de serviços, a de manutenção em equipamentos de informática em geral e a representação comercial de produtos de informática através de terceiros. Produtos de informática que guardam relação direta com a atividade da autora, de modo que a aquisição de placas de computadores não a qualifica como destinatária final dos produtos. Autora que não se enquadra na qualidade de consumidora. Inaplicabilidade do Código de Defesa do Consumidor à hipótese. Sentença mantida por outro fundamento. Apelo desprovido."(TJ-SP – APL: 00018048020128260584 SP 0001804-80.2012.8.26.0584, Relator: Carlos Dias Motta, Data de Julgamento: 03/03/2017, 29ª Câmara de Direito Privado)

◙ **Se o consumidor adquiriu o produto dentro do estabelecimento comercial, não cabe o direito de arrependimento.** "APELAÇÃO. AÇÃO DECLARATÓRIA DE INEXISTÊNCIA DE DÉBITO CUMULADA COM INDENIZAÇÃO POR DANOS MORAIS. ENCOMENDA DE SOFÁ. DIREITO DE ARREPENDIMENTO DE COMPRA EM LOJA FÍSICA. CANCELAMENTO DO CONTRATO. SOFÁ QUE AINDA NÃO HAVIA SIDO FABRICADO. ENRIQUECIMENTO SEM CAUSA. 1 Nos termos do art. 49 do CDC, o consumidor pode desistir do contrato, no prazo de 7 dias, a contar de sua assinatura ou do ato de recebimento do produto ou serviço, sempre que a contratação de fornecimento de produtos e serviços ocorrer fora do estabelecimento comercial, especialmente por telefone ou em domicílio. Não se estende tal possibilidade ao consumidor que comparece pessoalmente ao estabelecimento e livremente escolhe o bem que pretende adquirir."(TJ-SP – APL: 00173127220138260506 SP, Relator: Jonize Sacchi de Oliveira, Data de Julgamento: 16/02/2017, 24ª Câmara de Direito Privado)

◙ **Direito de arrependimento de contrato de turismo adquirido fora do estabelecimento comercial.** "APELAÇÃO RÉS MEGATUR E LOSANGO – AÇÃO DE INEXIGIBILIDADE DE DÉBITO C.C. DANOS MORAIS – DIREITO DE ARREPENDIMENTO – INDEVIDA INCLUSÃO DOS DADOS DA AUTORA PERANTE O SCPC – DANOS MORAIS CONFIGURADOS – MANUTENÇÃO DO VALOR FIXADO. É incontroverso que a autora firmou contrato de compra e venda de pacote de viagem com as corrés a Megatur, na condição de intermediadora, a CVC, na condição de fornecedora do pacote e a Losango, na condição de financeira. E, ainda que se divirja sobre os motivos que levaram à rescisão do contrato, o fato é que esta rescisão ocorreu 5 dias depois da celebração do negócio. A relação entre as partes é de consumo: a autora adquiriu, e as rés venderam prestação de serviços de hotelaria e transporte, o intitulado 'pacote de viagem'. Segundo a corré Megatur, esteve presente em sua sede o marido da autora, ausente esta, para contratação da viagem. O contato com a autora foi feito pelo marido (a quem a corré entregou o contrato para análise), para que com ela conversasse na residência do casal. No dia seguinte, contudo, foram pedidas alterações no pacote, negadas estas pela corré CVC. Este teria sido o motivo do cancelamento da compra. Da narrativa da ré, extrai-se que a autora, em nome de quem a negativação ocorreu, nunca esteve no estabelecimento da corré Megatur. Aplicável, pois, à espécie, o disposto no artigo 49, caput, do Código de Defesa do Consumidor. Assim sendo, se a autora que nunca esteve nas dependências da loja das corrés e se arrependeu do negócio dentro de cinco dias (o que é incontroverso), fazendo ela jus à devolução de todos os valores eventualmente pagos, monetariamente atualizados, é incoerente que dela se cobre multa pela rescisão contratual. Portanto, inadmissível a cobrança de multa contratual do consumidor que, utilizando o prazo de reflexão, exerça o direito de arrependimento dentro do prazo legalmente estabelecido. A responsabilização das corrés, também deve ocorrer de forma solidária. A contratação ocorreu com as três, e se houve entre as empresas algum problema de comunicação, este nunca poderia ser imputado à autora. A autora, por sua vez, foi atingida porque as três empresas, que resolveram colocar produtos no mercado consumidor sob condições previamente estabelecidas, não foram suficientemente diligentes entre si para resolver assunto de rasa indagação. Devem, pois, as três responder perante a autora. Eventual direito de regresso entre elas deve ser discutido em ação própria, que não esta."(TJ-SP – APL: 10094102520158260007 SP, Relator: Eduardo Siqueira, Data de Julgamento: 21/02/2017, 38ª Câmara de Direito Privado)

Parágrafo único. Se o consumidor exercitar o direito de arrependimento previsto neste artigo, os valores eventualmente pagos, a qualquer título, durante o prazo de reflexão, serão devolvidos, de imediato, monetariamente atualizados.

► **Exercido o direito de arrependimento, o consumidor deverá receber de forma imediata a quantia paga**. Exercido o direito de arrependimento, o consumidor deverá receber de forma imediata a quantia paga, monetariamente atualizada, voltando ao status quo ante. Assim, todo e qualquer custo despendido pelo consumidor deverá ser ressarcido, como o valor das parcelas pagas, além de outros custos, como os de transporte, por exemplo. Além disso, a norma autoriza que a restituição seja feita de forma imediata, ou seja, o fornecedor não poderá impor prazo ao consumidor para que restitua os valores. ► **No mesmo sentido:** "Em caso de arrependimento, todos os gastos e despesas do consumidor, inclusive de transporte do bem, devem ser imediatamente devolvidos". (BENJAMIN, Antônio Herman V.; MARQUES, Cláudia Lima; BESSA, Leonardo Roscoe. *Manual de Direito do Consumidor.* 7ª edição. São Paulo, Revista dos Tribunais, 2016, p. 402). ◙ **No mesmo sentido:** "Exercido o direito de arrependimento, o parágrafo único do art. 49 do CDC especifica que o consumidor terá de volta, imediatamente e monetariamente atualizados, todos os valores eventualmente pagos, a qualquer título, durante o prazo de reflexão, entendendo-se incluídos nestes valores todas as despesas com o serviço postal para a devolução do produto, quantia esta que não pode ser repassada ao consumi-dor. Eventuais prejuízos enfrentados pelo fornecedor neste tipo de contratação são inerentes à modali-dade de venda agressiva fora do estabelecimento comercial (internet, telefone, domicílio). Aceitar o contrário é criar limitação ao direito de arrependimento legalmente não previsto, além de desestimular tal tipo de comércio tão comum nos dias atuais." (STJ, REsp 1340604/RJ, Rel. Ministro Mauro Campbell Marques, Segunda Turma, DJe 22/08/2013) ◙ **No mesmo sentido de que a devolução dos valores deverá ser imediata.** "O consumidor tem direito de desistir do contrato no prazo de sete dias (prazo de reflexão) da assinatura da avença, quando ele foi firmado fora do estabelecimento comercial. (Art. 49, caput, CODECON) Os valores pagos durante o prazo de reflexão deverão ser devolvidos ao consumidor imediatamente quando do exercício do direito de arrependimento. (art. 49, parágrafo único, CODECON). (TJMG, nº 2.0000.00.518437-2/000 Rel. Antônio de Pádua, Data do acordão: 18.10.2005 Data da publicação 29.10.2005)

► **Contagem do prazo na desistência de compra pela internet ou telefone.** "No caso de compra pelo telefone e internet, a contagem inicia-se a partir do ato de recebimento do produto e não do dia da solicitação (contratação) ". (BENJAMIN, Antônio Herman V.; MARQUES, Cláudia Lima; BESSA, Leonardo Roscoe. *Manual de Direito do Consumidor.* 7ª edição. São Paulo, Revista dos Tribunais, 2016, p. 402).

◙ **Restituição de valor despendido com serviço postal.** "CONSUMIDOR. DIREITO DE ARREPENDIMENTO. RESPONSABILIDADE PELO VALOR DO SERVIÇO POSTAL DECORRENTE DA DEVOLUÇÃO DO PRODUTO. CONDUTA ABUSIVA. (...) 3. Exercido o direito de arrependimento, o parágrafo único do art. 49 do CDC especifica que o consumidor terá de volta, imediatamente e monetariamente atualizados, todos os valores eventualmente pagos, a qualquer título, durante o prazo de reflexão, entendendo-se incluídos nestes valores todas as despesas com o serviço postal para a devolução do produto, quantia esta que não pode ser repassada ao consumidor. 4. Eventuais prejuízos enfrentados pelo fornecedor neste tipo de contratação são inerentes à modalidade de venda agressiva fora do estabelecimento comercial (internet, telefone, domicílio). Aceitar o contrário é criar limitação ao direito de arrependimento legalmente não previsto, além de desestimular tal tipo de comércio tão comum nos dias atuais. (STJ, REsp 1340604/RJ, Rel. Ministro Mauro Campbell Marques, Segunda Turma, DJe 22/08/2013).

◙ **Direito de arrependimento. Restituição de taxa de adesão.** "Restituição de Taxa de Adesão. Incontroverso que a suplicante exerceu, no prazo legal, direito de arrependimento, impõe-se a devolução integral da quantia despendida a título de taxa de adesão. Art. 49, § único do CDC." (Tribunal de Justiça do RS, Apelação Cível Nº 70008951337, Nona Câmara Cível, , Relator: Fabianne Breton Baisch, Julgado em 25/05/2005)

◙ **Multa administrativa por falha na informação sobre o direito de arrependimento no comércio eletrônico.** "MULTA ADMINISTRATIVA. Procon. Vendas feitas pelo site. CDC, arts. 18, § 1º, II e III, 31 e 49. Imprecisão das informações do site relativas ao direito de arrependimento e/ou vício no produto e/ou serviço com a devolução dos valores pagos; garantia do preço final do produto colocado no carrinho de compra. – 1. Infração. Direito de arrependimento. Em momento algum se extrai da leitura dos itens constantes da "Política de Trocas e Devoluções" a possibilidade de reaver o valor pago na mercadoria, mediante a devolução desta pelo exercício do direito de arrependimento, previsto no art. 49 do CDC. Leitura que de fato pode induzir o consumidor a erro. Falha na informação que justifica a autuação." (TJ-SP – APL: 10244827420168260053 SP 1024482-74.2016.8.26.0053, Relator: Torres de Carvalho, Data de Julgamento: 13/02/2017, 10ª Câmara de Direito Público)

Art. 50. A garantia contratual é complementar à legal e será conferida mediante termo escrito.

► **Sobre a garantia legal (de adequação), ver art. 24.**

► **O prazo da garantia contratual começa somente quando da aquisição do produto pelo consumidor.** A garantia contratual, fornecida espontaneamente pelo fornecedor, somente tem o seu prazo iniciado quando o produto é entregue ao consumidor e não quando da data de fabricação do mesmo.

► **Obrigatoriedade do fornecedor esclarecer a extensão da garantia.** "A obrigatoriedade da forma escrita e do caráter complementar da garantia contratual, estabelecida pelo artigo 50 do CDC, guardam relação direta com o princípio da transparência. Se o fornecedor, em sua estratégia competitiva, oferece aos consumidores garantia suplementar, deve faze-lo obrigatoriamente por escrito, adotando instrumento padronizado que esclareça a extensão da garantia e a forma, prazo e lugar de exercício do correspondente. Deverá também, esclarecer se há ônus a cargo do consumidor, especificando-os". (COELHO, Fábio Ulhoa. *Curso de Direito Comercial.* v. 3. São Paulo: Saraiva, 2000. p. 180).

► **A garantia contratual deve ser informada ao consumidor.** "A garantia referida na apresentação ou oferta do produto ou serviço deve ser compreendida como a garantia contratual, isto é, aquela que ultrapassa os termos da garantia legal. É comum a utilização pelos fornecedores de garantia contratual, até mesmo como forma de diferenciação do produto ou serviço em relação aos da concorrência. A garantia contratual deve ser informada ao consumidor, de acordo com as exigência da lei." (MALFATTI, Alexandre David, *O direito de informação no Código de Defesa do Consumidor*, São Paulo: Alfabeto Jurídico, 2003, p. 287)

► **Fornecimento da garantia estendida de modo abusivo.** "O fornecimento da garantia estendida, ocorre, invariavelmente, de modo abusivo (art. 39 do CDC), sem informações adequadas e claras ao consumidor, como deixa clara a Recomendação formulada, em 28.11.2012, pela Associação Nacional do Ministério Público de Defesa do Consumidor (MPCON): "Recomendação MPCON 01/2012". (BENJAMIN, Antônio Herman V.; MARQUES, Cláudia Lima; BESSA, Leonardo Roscoe. *Manual de Direito do Consumidor.* 7ª edição. São Paulo, Revista dos Tribunais, 2016, p. 249).

► **Garantia estendida.** "Ao lado das garantias legal e contratual, existe também a garantia estendida. Trata-se, na verdade, de mais uma modalidade de garantia contratual – já que seus termos e condições decorrem de contratos celebrados entre o consumidor e fornecedor. No momento de aquisição de bens duráveis, principalmente eletrodomésticos e eletroeletrônicos, o consumidor recebe proposta da garantia estendida. Pagando-se determinado valor, o estabelecimento comercial, por meio de seguradora, estende o prazo da garantia de fábrica, normalmente de um ano, para dois ou três anos."(BESSA, Leonardo Roscoe. *Vícios dos produtos e as três garantias do consumidor: um cenário de desinformação. Revista de Direito do Consumidor*, São Paulo: RT, Vol. 100, Ano 2015, p. 113).

► **Desnecessidade de pagamento de valor adicional para garantia estendida.** "Em razão do critério da vida útil, a garantia legal, ou seja, aquela que decorre diretamente do CDC, pode chegar a dois ou três anos após a data de aquisição do bem, sem necessidade de pagamento de qualquer valor adicional". (BENJAMIN, Antônio Herman V.; MARQUES, Cláudia Lima; BESSA, Leonardo Roscoe. *Manual de Direito do Consumidor.* 7ª edição. São Paulo, Revista dos Tribunais, 2016, p. 248).

► **Garantia estendida e direito de arrependimento.** Caso o consumidor contrate a garantia estendida, mas se arrependa, o art. 14 da Resolução nº 296/2013, do Conselho Nacional de Seguros Privados (CNSP) confere ao consumidor o prazo de 7 (sete) dias corridos para desistir da contratação, a contar da assinatura da proposta, no caso de contratação por apólice individual, ou da emissão do bilhete, no caso de contratação por bilhete.

◙ **Prazos de reclamação do art. 26 utilizados na garantia contratual.** "A garantia legal é obrigatória, dela não podendo se esquivar o fornecedor. Paralelamente a ela, porém, pode o fornecedor oferecer uma garantia contratual, alargando o prazo ou o alcance da garantia legal. – A lei não fixa expressamente um prazo de garantia legal. O que há é prazo para reclamar contra o descumprimento dessa garantia, o qual, em se tratando de vício de adequação, está previsto no art. 26 do CDC, sendo de 90 (noventa) ou 30 (trinta) dias, conforme seja produto ou serviço durável ou não. – Diferentemente do que ocorre com a garantia legal contra vícios de adequação, cujos prazos de reclamação estão contidos no art. 26 do CDC, a lei não estabelece prazo de reclamação para a garantia contratual. Nessas condições, uma interpretação teleológica e sistemática do CDC permite integrar analogicamente a regra relativa à garantia contratual, estendendo-lhe os prazos de reclamação atinentes à garantia legal, ou seja, a partir do término da garantia contratual, o consumidor terá 30 (bens não duráveis) ou 90 (bens duráveis) dias para reclamar por vícios de adequação surgidos no decorrer do período desta garantia. Recurso especial conhecido e provido" (STJ, REsp 967623/RJ, Rel. Min. Nancy Andrighi, 3ª T., DJe 29.6.2009).

◙ **O prazo de decadência para a reclamação de vícios do produto (art. 26 do CDC) não corre durante o período de garantia contratual.** "O prazo de decadência para a reclamação de vícios do produto (art. 26 do CDC) não corre durante o período de garantia contratual, em cujo curso o veículo foi, desde o primeiro mês da compra, reiteradamente apresentado à concessionária com defeitos. Precedentes.3. Recurso especial provido para anular o acórdão recorrido" (STJ, REsp 547794/PR, Rel. Ministra Maria Isabel Gallotti, Quarta Turma, DJe 22/02/2011).

◙ **Cumulação das garantias (legal e contratual).** "CONSUMIDOR. APELAÇÃO CÍVEL. AÇÃO DECLARATÓRIA CUMULADA COM INDENIZAÇÃO POR DANOS MORAIS. CONSUMIDOR. DEFINIÇÃO. ARTIGOS 2º, PARÁGRAFO ÚNICO, 17 E 19 DO CDC. TEORIA FINALISTA. DESTINATÁRIO FINAL. AQUISIÇÃO DE VEÍCULO PARA USO EM ATIVIDADE PROFISSIONAL. VULNERABILIDADE DEMONSTRADA. MITIGAÇÃO DO FINALISMO. INCIDÊNCIA DAS NORMAS CONSUMERISTAS. RESPONSABILIDADE OBJETIVA. VEÍCULO VENDIDO COM VÍCIO DE QUALIDADE. DECADÊNCIA. CONTAGEM DO PRAZO SOMENTE APÓS ENCERRADA A GARANTIA CONTRATUAL. APLICAÇÃO DO ART. 50 DO CÓDIGO DE DEFESA DO CONSUMIDOR. PRECEDENTES. DANO MORAL CONFIGURADO. REDUÇÃO DO VALOR ARBITRADO PELO JULGADOR A QUO . PROVIMENTO PARCIAL DO RECURSO. (...) 5. Ao consumidor, nos termos do art. 26 do CDC, é assegurada a garantia legal, a qual não vem a se confundir com a contratual, qual seja, aquela conferida pelo próprio fornecedor quando da efetivação do negócio. Ambas são cumuláveis e não se excluem. A garantia contratual, nos termos do art. 50 do CDC, é complementar à legal (...) (TJRN, Ap. Cív. 117711 RN 2009.011771-1, Primeira Câmara Cível, Rel. Des. Dilermando Mota, julgado em 22/03/2011). ◙ **No mesmo sentido:** "DECLARATÓRIA. Inexistência de débitos. Duplicatas mercantis. Acolhimento. CDC. Art. 50 c/c art. 26, II. Incidência. Veículo. Defeitos da fabricação. Garantia contratual e garantia legal. Sentença confirmada. Irresignação recursal desatendida. I. Incidentes, no negócio jurídico de aquisição de veículos automotores, os preceitos do CDC, a garantia contratual emprestada pelo fornecedor na medida de suas próprias conveniências, é complementar à garantia legal, conforme interpretação consentânea do art. 50 da mesma Codificação. II. Constatados os defeitos quando ainda não expirado o somatório desses prazos, subsiste a responsabilidade da vendedora por repor as peças e efetuar os correspondentes serviços gratuitamente, excetuadas as peças expressamente excluídas da garantia" (TJSC, Ap. Cív 20040271807, Segunda Câmara de Direito Comercial, Rel. Des. Trindade dos Santos, julgado em 27/04/2006).

◙ **Se o produto se encontra na assistência técnica para sanar vícios durante o prazo de garantia contratual, este é suspenso e, consequentemente, prorrogado.** Consumidor. Rescisão de contrato de compra e venda. Vícios aparentes. Termo a quo do prazo decadencial. – Trata-se, na hipótese, da fixação do termo inicial para a contagem do prazo decadencial de garantia, determinado no CDC, quando, durante o período de garantia ofertado pela concessionária, veículo novo que apresenta defeito é encaminhado, recorrentemente, à rede autorizada, voltando sempre com o mesmo defeito. – Se ao término do prazo de garantia contratado, o veículo se achava retido pela oficina mecânica para conserto, impõe-se reconhecer o comprovado período que o automóvel passou nas dependências da oficina mecânica autorizada, sem solução para o defeito, como de suspensão do curso do prazo de garantia. – Prorroga-se, nessa circunstância, o prazo de garantia inicialmente ofertado, até a efetiva devolução do veículo ao consumidor, sendo este momento fixado como dies a quo do prazo decadencial para se reclamar vícios aparentes em produtos duráveis. Recurso não conhecido" (STJ, REsp

579.941/RJ, Rel. Min. Carlos Alberto Menezes Direito, Rel. p/ Acórdão Min. Nancy Andrighi, 3ª T., DJe 10.12.2008).

◙ **Os prazos de reclamação do art. 26 somente se iniciam após o término do prazo da garantia estendida.** "APELAÇÃO CÍVEL - AÇÃO DE RESCISÃO DE CONTRATO C/C RESTITUIÇÃO DO VALOR PAGO C/C DANOS MORAIS - DECADÊNCIA - NÃO OCORRÊNCIA - PRODUTO EM GARANTIA - SENTENÇA DESCONSTITUÍDA - RECURSO PROVIDO. - Uma vez oferecidas garantia contratual e garantia estendida, à qual anuiu a consumidora, pagando por ela, apenas depois do esgotamento desta é que se inicia a contagem dos prazos decadenciais, mencionados no art. 26 do Código de Defesa do Consumidor" (TJMG, Ap. Cív. 10223110036439001, Décima Quinta Câmara Cível, Rel. Des. Edison Feital Leite, DJ 15/09/2014). ◙ **No mesmo sentido apontando de que os prazos devem ser somados:** "DIREITO DO CONSUMIDOR - DEFEITO EM "PLACA MÃE" DE COMPUTADOR. GARANTIAS LEGAL E CONTRATUAL. DECADÊNCIA. PRAZO. A garantia contratual, sabe-se, é determinada pelo próprio fornecedor, que o estipula de acordo com a sua conveniência, representando, na verdade, um plus em favor do consumidor, em complemento à garantia legal, consoante a exegese do art. 50 do CDC, o que equivale a dizer que os prazos respectivos se somam, sem prejuízo do fornecedor que tem condições de conhecê-los previamente. Caso em que o defeito apareceu quando ainda não expirado esse somatório. E mesmo que assim não fosse, poder-se-ia cogitar da existência de vício oculto, a prejudicar a vida útil do produto, capaz de desencadear, apenas a partir de sua descoberta, a marcha decadencial. Danos materiais e morais devidos. APELO PROVIDO". (TJRS, Apelação Cível Nº 70007694078, 10ª Câmara Cível, Rel. Luiz Ary Vessini de Lima, J. 7.10.2004)

◙ **Exoneração do comerciante para responder por vício dentro do prazo de garantia estendida.** "RECURSO INOMINADO. CONSUMIDOR. VÍCIO DO PRODUTO. RESPONSABILIDADE DO COMERCIANTE QUE É LIMITADA A GARANTIA DE UM ANO. ILEGITIMIDADE PASSIVA DO COMERCIANTE RECONHECIDA NO CASO CONCRETO. A garantia de dez anos para o motor da maquina de lavar é oferecida exclusivamente pela fabricante. Solidariedade do comerciante que se limita ao período de garantia normal que, para os eletrodomésticos, é de doze meses. Defeito que se apresentou depois de expirado este prazo. Ilegitimidade passiva do comerciante reconhecida no caso concreto. RECURSO PROVIDO. UNÂNIME". (TJRS, Recurso Cível 1005037791, Primeira Turma Recursal Cível, Turmas Recursais, Rel. Pedro Luiz Pozza, DJ 18/09/2014).

◙ **Se a garantia estendida não foi contratada pelo consumidor, mas foi incluída no preço final do produto, cabe repetição de indébito em dobro do respectivo valor.** "APELAÇAO CÍVEL. DIREITO PRIVADO NÃO ESPECIFICADO. MAGAZINE LUIZA. COBRANÇA DE SERVIÇOS NÃO CONTRATADOS. SEGURO GARANTIA ESTENDIDA. REPETIÇÃO EM DOBRO. DANO MORAL CONFIGURADO. Repetição de indébito. Devida a repetição do indébito em dobro do valor incluído no preço do produto adquirido, referente a garantia estendida, sem o consentimento da parte autora. Dano Moral: O atraso injustificado na entrega de mercadoria adquirida e o lançamento de seguro de garantia estendida não contratado configuram abuso de direito indenizável e não mero transtorno ou dissabor. Dano in re ipsa. Dano vinculado à própria existência do fato ilícito, cujos resultados causadores de ofensa moral à pessoa são presumidos, independendo, portanto, de prova. Quantum indenizatório. Quantum indenizatório mantido, pois fixado de acordo com os parâmetros adotados pela Câmara para casos similares. RECURSO ADESIVO PROVIDO. APELAÇÃO DESPROVIDA. (TJRS, Ap. Cív. 70063260160, Décima Segunda Câmara Cível, Rel. Des. Guinther Spode, DJ 17/08/2015).

► **A estipulação da garantia contratual não pode impedir o consumidor de recorrer às disposições mais favoráveis previstas pela garantia legal.** "A estipulação da garantia contratual não pode impedir o consumidor de recorrer às disposições eventualmente mais favoráveis previstas pela garantia legal. A propósito, o artigo 24 do Código de Defesa do Consumidor veda a estipulação de cláusulas que restrinjam ou impeçam o exercício da garantia legal. Do mesmo modo, o consumidor poderá invocar a garantia legal quando as condições para o exercício da garantia contratual não se encontrem satisfeitas. O mesmo ocorre quando o vício ou defeito surgirem após o término do período estipulado pela garantia contratual. Questão fundamental diz respeito à possibilidade do subadquirente poder exigir do vendedor originário ou fabricante o cumprimento das obrigações assumidas no termo de garantia. Ao contrário do que acontece com a garantia legal, o conteúdo e as condições da garantia contratual são estabelecidos pelo contrato. Por isso, nada impede que se confira caráter intuitu personae e ao crédito resultante da garantia contratual". (AMARAL, Júnior Alberto. *Proteção do consumidor no contrato de compra e venda*. Revista dos Tribunais, Biblioteca de Direito do Consumidor, v. 2, p. 291)

Parágrafo único. O termo de garantia ou equivalente deve ser padronizado e esclarecer, de maneira adequada em que consiste a mesma garantia, bem como a forma, o prazo e o lugar em que pode ser exercitada e os ônus a cargo do consumidor, devendo ser-lhe entregue, devidamente preenchido pelo fornecedor, no ato do fornecimento, acompanhado de manual de instrução, de instalação e uso do produto em linguagem didática, com ilustrações.

◙ **Preenchimento do termo de garantia. Direito do consumidor.** "TELEFONIA MÓVEL. ESSENCIALIDADE DO SERVIÇO. DIREITOS INDIVIDUAIS HOMOGÊNEOS. LEGITIMIDADE DA ASSOCIAÇÃO DE CONSUMIDORES. 3. PREENCHIMENTO DO TERMO DE GARANTIA. DEVER DE INFORMAÇÃO. DIREITO BÁSICO DO CONSUMIDOR. 4. AGRAVO DESPROVIDO. (...) O preenchimento do termo de garantia apenas concretiza a determinação legal imposta ao fornecedor, no art. 6º, III, do CDC, mormente em razão de não haver nenhum prejuízo à companhia telefônica. 4. Agravo interno desprovido." (STJ, AgInt no AREsp 368510/PE, Rel. Ministro Marco Aurélio Bellizze, Terceira Turma, DJe 07/03/2017)

SEÇÃO II
Das Cláusulas Abusivas

Art. 51. São nulas de pleno direito, entre outras, as cláusulas contratuais relativas ao fornecimento de produtos e serviços que:

► **Enumeração de cláusulas abusivas é exemplificativa.** O artigo enumera de forma exemplificativa (*numerus apertus*) as cláusulas consideradas abusivas que, quando presentes nos contratos, serão nulas de pleno direito, mesmo com o consumidor concordando com o conteúdo. A doutrina consumerista interpreta a expressão "nulas de pleno direito" como sinônima de nulidade absoluta, não só em razão do art. 166, inciso VII do Código Civil (aplicação do diálogo de fontes entre o CDC e o Código Civil), mas principalmente em consideração do caráter da tutela instituída no art. 1ºdo CDC: "de ordem pública e interesse social". ◙ **No mesmo sentido:** "O Código de Defesa do Consumidor elenca as cláusulas abusivas de modo não taxativo (art. 51), o que admite o enquadramento de outras abusividades que atentem contra o equilíbrio entre as partes (...)" (STJ, REsp 1539165/MG, Rel. Ministro Humberto Martins, Segunda Turma, DJe 16/11/2016).

► **Sentença de nulidade é desconstitutiva e produz efeitos *ex tunc*.** A sentença que decreta a nulidade é desconstitutiva (ou constitutiva negativa) e produz efeitos ex tunc, retroagindo à data da celebração do contrato. Conforme estudamos no art. 26, nas ações constitutivas será decadencial quando expresso em lei o prazo para o seu exercício ou será perpétua (imprescritível) para o caso de não haver prazo previsto para o exercício. Assim, como no CDC não há estipulação de prazo para que exerça o direito potestativo de desconstituir os contratos cujas cláusulas são abusivas, concluímos que é perpétua ou imprescritível, podendo ser proposta a qualquer tempo. Por se tratar de norma de ordem pública, o Poder Judiciário declarará a nulidade absoluta das cláusulas abusivas de ofício, ou a pedido dos consumidores, das entidades que os representem ou do Ministério Público.

► **A nulidade das cláusulas abusivas poderá ocorrer nos contratos de adesão e nos contratos de comum acordo.** A nulidade das cláusulas abusivas tanto poderá ocorrer nos contratos de adesão, como nos contratos de comum acordo (*contrat de gré à gré),* uma vez que a norma abrange toda e qualquer relação de consumo.

► **Reconhecimento de ofício não afasta o contraditório.** "A possibilidade de reconhecimento de ofício de eventual abusividade não afasta a realização de contraditório quanto ao tema, nos termos do art. 10 do novo Código de Processo Civil. (...) Significa dizer que, ao se vislumbrar a possiblidade de reconhecimento de nulidade de cláusula contratual, deve o magistrado, antes de proferir decisão, oferecer oportunidade às partes para se manifestarem a respeito". (BENJAMIN, Antônio Herman V.; MARQUES, Cláudia Lima; BESSA, Leonardo Roscoe. *Manual de Direito do Consumidor.* 7ª edição. São Paulo, Revista dos Tribunais, 2016, p. 405).

■ **Cláusula abusiva aprovada por órgão estatal não impede a apreciação judicial.** "O fato de ter sido aprovada a cláusula abusiva pelo órgão estatal instituído para fiscalizar a atividade da seguradora não impede a apreciação judicial de sua invalidade." (STJ, REsp 229078/SP, Rel. Min. Ruy Rosado de Aguiar, J. 9.11.1999, 4ª T.)

■ **Proibição de declaração de ofício de nulidade de cláusula abusiva antes da vigência do CDC.** "Antes da vigência do Código de defesa do consumidor, que veio definir como nulas de pleno direito as cláusulas contratuais abusivas (art. 51), era vedado ao juiz declarar de ofício a nulidade não requerida pela parte (art. 128 do CPC)." (STJ, REsp 90162/RS, DJU 24.6.1996, Rel. Min. Ruy Rosado de Aguiar, J. 28.5.1996, 4ª T.)

■ **A abusividade da cláusula contratual deve ficar cabalmente demonstrada no caso concreto.** "É admitida a revisão das taxas de juros remuneratórios em situações excepcionais, desde que caracterizada a relação de consumo e que a abusividade (capaz de colocar o consumidor em desvantagem exagerada – art. 51, §1º, do CDC) fique cabalmente demonstrada, ante às peculiaridades do julgamento em concreto. (STJ, REsp 1061530, 2ª S., DJ 10.3.2009).

■ **Impossibilidade do STJ rever de ofício o contrato, para anular cláusulas consideradas abusivas.** "EMBARGOS DE DIVERGÊNCIA. RELAÇÃO DE CONSUMO. REVISÃO DE OFÍCIO DO CONTRATO, PARA ANULAR AS CLÁUSULAS ABUSIVAS. IMPOSSIBILIDADE. ORIENTAÇÃO DA 2ª SEÇÃO. – Não é lícito ao STJ rever de ofício o contrato, para anular cláusulas consideradas abusivas com base no Art. 51, IV, do CDC." (STJ, EREsp 702.524/RS, Rel. Ministra Nancy Andrighi, Rel. p/ Acórdão Ministro Humberto Gomes de Barros, Segunda Seção, DJ 09/10/2006)

■ **Necessidade de demonstração das nulidades e das práticas abusivas.** "O fato do Código de Defesa do Consumidor proteger a parte frágil da relação contratual não significa que todos os contratos assinados por consumidor com instituição financeira ou outra qualquer de maior porte seja nulo de pleno direito. É preciso que se demonstrem as nulidades e as práticas abusivas cometidas, mormente no caso de alienação fiduciária quando as determinações estão contidas em comando legal que não foi revogado." (STJ, REsp 239504/SP, Rel. Min. Waldemar Zveiter, DJU 06.11.2000)

CLÁUSULAS ABUSIVAS NOS CONTRATOS BANCÁRIOS

► **Nos contratos envolvendo sistema financeiro da habitação (SFH), ver tópico *"Cláusulas abusivas nos contratos de SFH"*.**

► **Sobre dano moral envolvendo contratos bancários, ver tópico *"Dano moral envolvendo Bancos"* no art. 6°, VI.**

■ **Súmula 93 do STJ:** *"A legislação sobre cédulas de crédito rural, comercial e industrial admite o pacto de capitalização de juros."*

■ **Súmula 285 do STJ:** *"Nos contratos bancários posteriores ao Código de Defesa do Consumidor incide a multa moratória nele prevista."*

◙ **Súmula 286 do STJ:** *"A renegociação de contrato bancário ou a confissão da dívida não impede a possibilidade de discussão sobre eventuais ilegalidades dos contratos anteriores."*

◙ **Súmula 287 do STJ:** *"A Taxa Básica Financeira (TBF) não pode ser utilizada como indexador de correção monetária nos contratos bancários."*

◙ **Súmula 288 do STJ:** *"A Taxa de Juros de Longo Prazo (TJLP) pode ser utilizada como indexador de correção monetária nos contratos bancários."*

◙ **Súmula 294 do STJ:** "Não é potestativa a cláusula contratual que prevê a comissão de permanência, calculada pela taxa média de mercado apurada pelo Banco Central do Brasil, limitada à taxa do contrato."

◙ **Súmula 296 do STJ:** *"Os juros remuneratórios, não cumuláveis com a comissão de permanência, são devidos no período de inadimplência, à taxa média de mercado estipulada pelo Banco Central do Brasil, limitada ao percentual contratado."*

◙ **Súmula 297 do STJ:** *"O Código de Defesa do Consumidor é aplicável às instituições financeiras".*

◙ **Súmula 379 do STJ**: *"Nos contratos bancários não regidos por legislação específica, os juros moratórios poderão ser convencionados até o limite de 1% ao mês."* ◙ **Aplicando o CC quando não pactuado pelas partes:** "RECURSO ESPECIAL. PROCESSUAL CIVIL E CIVIL. CONTRATOS BANCÁRIOS. AÇÃO REVISIONAL. JUNTADA DO CONTRATO. AUSÊNCIA. ART. 359/CPC/1973. EFEITOS. PRESUNÇÃO DE VERACIDADE. JUROS DE MORA. COBRANÇA. POSSIBILIDADE. MULTA MORATÓRIA. PACTUAÇÃO. NECESSIDADE. 1. Controvérsia limitada a definir se a falta de exibição do contrato pela instituição financeira impede ou não a cobrança dos encargos decorrentes da mora (multa moratória e juros de mora), à luz do disposto no art. 359 do CPC/1973. 2. Necessidade de aferir se a incidência dos consectários da mora depende de expressa pactuação entre as partes ou se decorre da própria lei e/ou da natureza do contrato. 3. Independentemente de pactuação entre as partes contratantes, os juros moratórios, por expressa imposição legal, são devidos em caso de retardamento na restituição do capital emprestado, decorrendo sua exigibilidade, atualmente, da norma prevista no art. 406 do Código Civil. 4. Ausente a cópia do contrato por omissão imputável à instituição financeira, de modo a impedir a aferição do percentual ajustado e da própria existência de pactuação, impõe-se observar o critério legalmente estabelecido. 5. No período anterior à vigência do novo Código Civil, os juros de mora são devidos à taxa de 0,5% ao mês (art. 1.062 do CC/1916); após 10/1/2003, devem incidir segundo os ditames do art. 406 do Código Civil de 2002, observado o limite de 1% imposto pela Súmula nº 379/STJ, salvo se a taxa cobrada for mais vantajosa para o devedor. 6. A multa moratória, espécie de cláusula penal (ou pena convencional), é estipulada contra aquele que retarda o cumprimento do ato ou fato a que se obrigou, dependendo sua exigibilidade, portanto, de prévia convenção contratual. 7. Somente a juntada do contrato permitiria inferir se houve ou não ajuste quanto à cobrança da multa moratória, de modo que, se a instituição financeira não se desincumbiu desse mister, presumem-se verídicos os fatos alegados pela parte. 8. Recurso especial provido." (STJ, REsp 1431572/SC, Rel. Ministro Ricardo Villas Bôas Cueva, Terceira Turma, DJe 20/06/2016)

◘ **Súmula 380 do STJ:** *"A simples propositura da ação de revisão de contrato não inibe a caracterização da mora do autor."*

◘ **Súmula 381 do STJ:** *"Nos contratos bancários, é vedado ao julgador conhecer, de ofício, da abusividade das cláusulas."*

◘ **Súmula 382 do STJ:** *"A estipulação de juros remuneratórios superiores a 12% ao ano, por si só, não indica abusividade."*

◘ **Súmula 472 do STJ:** *"A cobrança de comissão de permanência – cujo valor não pode ultrapassar a soma dos encargos remuneratórios e moratórios previstos no contrato – exclui a exigibilidade dos juros remuneratórios, moratórios e da multa contratual."*

◘ **Súmula 477 do STJ:** *"A decadência do art. 26 do CDC não é aplicável à prestação de contas para obter esclarecimentos sobre cobrança de taxas, tarifas e encargos bancários."*
► ***Sobre a aplicação da Súmula 477, ver art. 26.***

◘ **Súmula 530 do STJ**: *"Nos contratos bancários, na impossibilidade de comprovar a taxa de juros efetivamente contratada – por ausência de pactuação ou pela falta de juntada do instrumento aos autos -, aplica-se a taxa média de mercado, divulgada pelo Bacen, praticada nas operações da mesma espécie, salvo se a taxa cobrada for mais vantajosa para o devedor".* ◘ **No mesmo sentido:** "BANCÁRIO. RECURSO ESPECIAL. AÇÃO REVISIONAL DE CLÁUSULAS DE CONTRATO BANCÁRIO. INCIDENTE DE PROCESSO REPETITIVO. JUROS REMUNERATÓRIOS. CONTRATO QUE NÃO PREVÊ O PERCENTUAL DE JUROS REMUNERATÓRIOS A SER OBSERVADO. I – JULGAMENTO DAS QUESTÕES IDÊNTICAS QUE CARACTERIZAM A MULTIPLICIDADE. ORIENTAÇÃO – JUROS REMUNERATÓRIOS 1 – Nos contratos de mútuo em que a disponibilização do capital é imediata, o montante dos juros remuneratórios praticados deve ser consignado no respectivo instrumento. Ausente a fixação da taxa no contrato, o juiz deve limitar os juros à média de mercado nas operações da espécie, divulgada pelo Bacen, salvo se a taxa cobrada for mais vantajosa para o cliente. 2 – Em qualquer hipótese, é possível a correção para a taxa média se for verificada abusividade nos juros remuneratórios praticados." (STJ, REsp 1112879 / PR, Rel. Min. Nancy Andrighi, DJe 19/05/2010)

◘ **Súmula 539 do STJ:** *"É permitida a capitalização de juros com periodicidade inferior à anual em contratos celebrados com instituições integrantes do Sistema Financeiro Nacional a partir de 31/3/2000 (MP 1.963-17/00, reeditada como MP 2.170-36/01), desde que expressamente pactuada."*

◘ **Súmula 541 do STJ:** *"A previsão no contrato bancário de taxa de juros anual superior ao duodécuplo da mensal é suficiente para permitir a cobrança da taxa efetiva anual contratada."*

◘ **Súmula 565 do STJ:** *"A pactuação das tarifas de abertura de crédito (TAC) e de emissão de carnê (TEC), ou outra denominação para o mesmo fato gerador, é válida* *apenas nos contratos bancários anteriores ao início da vigência da Resolução-CMN n. 3.518/2007, em 30/4/2008".*

◙ **Súmula 566 do STJ:** *"Nos contratos bancários posteriores ao início da vigência da Resolução-CMN n. 3.518/2007, em 30/4/2008, pode ser cobrada a tarifa de cadastro no início do relacionamento entre o consumidor e a instituição financeira"*

◙ **Súmula 725 do STF:** *"É constitucional o § 2º do art. 6º da Lei nº 8.024/1990, resultante da conversão da Medida Provisória nº 168/1990, que fixou o BTN fiscal como índice de correção monetária aplicável aos depósitos bloqueados pelo Plano Collor I"*

◙ **Revisão das taxas de juros remuneratórios quando colocar o consumidor em desvantagem exagerada.** "É admitida a revisão das taxas de juros remuneratórios em situações excepcionais, desde que caracterizada a relação de consumo e que a abusividade (capaz de colocar o consumidor em desvantagem exagerada - art. 1, § 1º, do CDC) fique cabalmente demonstrada, ante às peculiaridades do julgamento em concreto, o que não foi comprovado nestes autos." (STJ, AgRg no AREsp 649.935/MS, Rel. Ministro Marco Buzzi, Quarta Turma, DJe 16/08/2016) ◙ **No sentido de permitir a revisão dos juros, quando extrapolarem a taxa média do mercado.** "Nos contratos bancários, a limitação da taxa de juros remuneratórios só se justifica nos casos em que aferida a exorbitância da taxa em relação à média de mercado, o que não ocorreu na hipótese." (STJ, AgRg no REsp 1403056/RS, Rel. Ministra Maria Isabel Gallotti, Quarta Turma, DJe 07/03/2016) ◙ **No mesmo sentido:** "A alteração da taxa de juros remuneratórios pactuada em mútuo bancário depende da demonstração cabal de sua abusividade em relação à taxa média do mercado (Recurso Especial repetitivo n.1.112.879/PR)." (STJ, AgRg no REsp 1460154/RS, Rel. Ministro João Otávio de Noronha, Terceira Turma, DJe 18/02/2016)

◙ **Para a análise da taxa média de juros, é preciso verificar a mesma modalidade de contrato.** " O exame do caráter abusivo da taxa aplicada deve ser feito com base na média observada para a mesma espécie de contrato, levando-se em conta as especificidades do mercado para aquela modalidade de contratação em discussão na causa." (STJ, REsp 1487562/RS, Rel. Ministra Maria Isabel Gallotti, Quarta Turma, DJe 03/06/2015)

◙ **A verificação de abusividade não se baseia no simples fato de ultrapassar a taxa média de mercado.** "A verificação de abusividade do percentual não se baseia no simples fato de ultrapassar a taxa média de mercado, devendo-se observar uma razoabilidade a partir desse patamar, de modo que a vantagem exagerada, justificadora da limitação judicial, deve ficar cabalmente demonstrada em cada situação. No caso é inexistente, pois a taxa pactuada nem sequer é superior à taxa média da época da contratação." (STJ, AgRg no AREsp 548.825/MS, Rel. Ministro Marco Aurélio Bellizze, Terceira Turma, DJe 05/03/2015)

◙ **Capitalização diária de juros. Se não informada expressamente ao consumidor é abusiva.** ***(sobre o direito de informação do consumidor, ver art. 6°, III)*** "RECURSO ESPECIAL. CIVIL E PROCESSUAL CIVIL. CÉDULA DE CRÉDITO BANCÁRIO. CAPITALIZAÇÃO DIÁRIA. TAXA NÃO INFORMADA. DESCABIMENTO. VIOLAÇÃO A DISPOSITIVOS CONSTITUCIONAIS. DESCABIMENTO. 1. Controvérsia acerca da capitalização diária em contrato bancário. 2. Comparação entre os efeitos da capitalização anual, mensal e diária de uma dívida, havendo viabilidade matemática de se calcular taxas de juros equivalentes para a capitalização em qualquer periodicidade (cf. REsp 973.827/RS). 3. Discutível a legalidade de cláusula de capitalização diária de juros, em que pese a norma permissiva do art. 5º da Medida Provisória 2.170-36/2001. Precedentes do STJ. 4. Necessidade, de todo modo, de fornecimento pela instituição financeira de informações claras ao consumidor acerca da forma de capitalização dos juros adotada. 5. Insuficiência da informação a respeito das taxas equivalentes sem a efetiva ciência do devedor acerca da taxa efetiva aplicada decorrente da periodicidade de capitalização pactuada. 6. Necessidade de se garantir ao consumidor a possibilidade de controle 'a priori' do contrato, mediante o cotejo das taxas previstas, não bastando a possibilidade de controle 'a posteriori'. 7. Violação do direito do consumidor à informação adequada. 8. Aplicação do disposto no art. 6º, inciso III, combinado com os artigos 46 e 52, do Código de Defesa do Consumidor(CDC). 9. Reconhecimento da abusividade da cláusula contratual no caso concreto em que houve previsão de taxas efetivas anual e mensal, mas não da taxa diária. 10. Recurso especial desprovido."(STJ, REsp 1568290/RS, Rel. Ministro Paulo de Tarso Sanseverino, Terceira Turma, DJe 02/02/2016)

◙ **Capitalização mensal de juros.** "É permitida a capitalização de juros com periodicidade inferior a um ano em contratos celebrados após 31/3/2000, data da publicação da Medida Provisória n. 1.963-17/2000 (em vigor como MP 2.170-36/2001), desde que expressamente pactuada. A capitalização dos juros em periodicidade inferior à anual deve vir pactuada de forma expressa e clara. A previsão no contrato bancário de taxa de juros anual superior ao duodécuplo da mensal é suficiente para permitir a cobrança da taxa efetiva anual contratada." (REsp n. 973.827/RS, Rel. Ministro Luis Felipe Salomão, Rel. p/ acórdão Ministra Maria Isabel Gallotti, Segunda Seção, julgado em 8/8/2012, DJe de 24/9/2012). ◙ **No mesmo sentido:** (STJ, AgInt no AgRg no AREsp 739.064/MS, Rel. Ministro Marco Aurélio Bellizze, Terceira Turma, DJe 07/03/2017)

◙ **Capitalização anual dos juros. Possibilidade desde que previamente pactuados.** "CAPITALIZAÇÃO ANUAL DOS JUROS - AUSÊNCIA DE PACTUAÇÃO - INCIDÊNCIA - INADMISSIBILIDA-DE - RECURSO IMPROVIDO. I - Não prospera a argumentação aduzida no presente recurso, pois, ainda que exista previsão legal acerca da capitalização anual dos juros, o que não se nega, é certo que sua incidência depende de estipulação contratual clara e precisa, porquanto, por gerar ônus à parte, não é auto-aplicável." (STJ, AgRg nos EDcl no REsp. 1057172 / RS, Rel. Min. Massami Uyeda, DJe 30/09/2008).

◙ **Capitalização de juros deve ser clara, precisa e ostensiva.** "REVISÃO CONTRATUAL. CAPITALIZAÇÃO DE JUROS. CONTRATAÇÃO EXPRESSA. NECESSIDADE DE PREVISÃO. A Turma entendeu que a contratação expressa da capitalização de juros deve ser clara, precisa e ostensiva, ou seja, as cláusulas devem ser compreensíveis plenamente, não podendo ser deduzida da mera divergência entre a taxa de juros anual e o duodécuplo da taxa de juros mensal. Assim, reconhecida a abusividade dos encargos exigidos no período de normalidade contratual, descaracteriza-se a mora". (STJ, 3ª Turma, REsp 1.302.738-SC, Rel. Min. Nancy Andrighi, DJ 0/05/2012).

◙ **Juros bancários não estão limitados à 12% ao ano.** AGRAVO INTERNO NO AGRAVO INTERNO NO AGRAVO EM RECURSO ESPECIAL. AÇÃO REVISIONAL DE CONTRATO BANCÁRIO. 1. CAPITALIZAÇÃO MENSAL PACTUADA. 2. JUROS REMUNERATÓRIOS. LIMITAÇÃO EM 12% A.A. IMPOSSIBILIDADE. 3. ABUSIVIDADE. NÃO OCORRÊNCIA. SÚMULAS 5 E 7/STJ. 4. AGRAVO IMPROVIDO. 1. As instituições financeiras não se sujeitam à limitação dos juros remuneratórios estipulada na Lei de Usura (Decreto 22.626/1933), razão pela qual a estipulação de juros remuneratórios superiores a 12% ao ano, por si só, não indica abusividade, devendo ser realizada uma aferição do desvio em relação à taxa média praticada no mercado." (STJ, AgInt no AgInt no AREsp 929.720/MS, Rel. Ministro Marco Aurélio Bellizze, Terceira Turma, DJe 01/03/2017) ◙ **No mesmo sentido: Súmula 382 do STJ:** *"A estipulação de juros remuneratórios superiores a 12% ao ano, por si só, não indica abusividade."*

◙ **É permitida a cobrança de tarifa TAC e TEC nos contratos de financiamento de veículo automotor.** "RECURSO ESPECIAL. DIREITO DO CONSUMIDOR. NEGÓCIO JURÍDICO BANCÁRIO. RECURSO DESAFETADO DA SEGUNDA SEÇÃO. 1. Ação revisional de negócio jurídico bancário (contrato de financiamento de veículo automotor), postulando a nulidade de cláusulas abusivas relativas a encargos financeiros. 2. Parcial provimento do recurso especial para permitir a cobrança da comissão de permanência e das tarifas administrativas (TAC e TEC), bem como para decotar da condenação a determinação de restituição imediata do valor residual garantido (VRG) ao arrendatário (Súmula n.º 381/STJ). 3. Ponderação do relator no sentido da revisão por esta Corte da orientação jurisprudencial firmada em sede de recurso repetitivo (REsp 1.031.530/RS, DJe 10/03/2009) e transformada na Súmula n.º 381/STJ ("Nos contratos bancários, é vedado ao julgador conhecer, de ofício, da abusividade das cláusulas"), em face do disposto no art. 10 do CPC/2015. 4. RECURSO ESPECIAL PARCIALMENTE PROVIDO". (STJ, REsp 1465832/RS, Terceira Turma, Rel. Ministro Paulo de Tarso Sanseverino, DJe 27/06/2017)

◙ **Tarifa de cadastro é válida, mas só pode ser cobrada uma única vez.** "É válida a tarifa de cadastro expressamente tipificada em ato normativo padronizador da autoridade monetária, podendo ser cobrada somente no início do relacionamento entre o consumidor e a instituição financeira (REsp n. 1.251.331/RS e 1.255.573/RS, Relatora Ministra Maria Isabel Gallotti, julgados em 28/8/2013, pelo rito do art. 543-C do CPC/1973, DJe 24/10/2013). (...). (STJ, AgRg no AREsp 783.809/RS, Rel. Ministro Antonio Carlos Ferreira, Quarta Turma, DJe 19/12/2016). ◙ **Nesse sentido: Súmula 566 do STJ:** *"Nos contratos bancários posteriores ao início da vigência da Resolução-CMN n. 3.518/2007, em 30/4/2008, pode ser cobrada a tarifa de cadastro no início do relacionamento entre o consumidor e a instituição financeira"*

◙ **A cobrança de tarifa de abertura de crédito (TAC) e tarifa de emissão de carnê (TEC) é permitida se baseada em contratos celebrados até 30 de abril de 2008, desde que prevista expressamente. Após esta data não há respaldo legal para a pactuação destas tarifas.** "CIVIL E PROCESSUAL CIVIL. RECURSO ESPECIAL. CONTRATO DE FINANCIAMENTO COM GARANTIA DE ALIENAÇÃO FIDUCIÁRIA. DIVERGÊNCIA. CAPITALIZAÇÃO DE JUROS. JUROS COMPOSTOS. MEDIDA PROVISÓRIA 2.170-36/2001. RECURSOS REPETITIVOS. CPC, ART. 543-C. TARI-

FAS ADMINISTRATIVAS PARA ABERTURA DE CRÉDITO (TAC), E EMISSÃO DE CARNÊ (TEC). EXPRESSA PREVISÃO CONTRATUAL. COBRANÇA. LEGITIMIDADE. PRECEDENTES. MÚTUO ACESSÓRIO PARA PAGAMENTO PARCELADO DO IMPOSTO SOBRE OPERAÇÕES FINANCEIRAS (IOF). POSSIBILIDADE. (...) 3. Ao tempo da Resolução CMN 2.303/1996, a orientação estatal quanto à cobrança de tarifas pelas instituições financeiras era essencialmente não intervencionista, vale dizer, "a regulamentação facultava às instituições financeiras a cobrança pela prestação de quaisquer tipos de serviços, com exceção daqueles que a norma definia como básicos, desde que fossem efetivamente contratados e prestados ao cliente, assim como respeitassem os procedimentos voltados a assegurar a transparência da política de preços adotada pela instituição." 4. Com o início da vigência da Resolução CMN 3.518/2007, em 30.4.2008, a cobrança por serviços bancários prioritários para pessoas físicas ficou limitada às hipóteses taxativamente previstas em norma padronizadora expedida pelo Banco Central do Brasil. 5. A Tarifa de Abertura de Crédito (TAC) e a Tarifa de Emissão de Carnê (TEC) não foram previstas na Tabela anexa à Circular BACEN 3.371/2007 e atos normativos que a sucederam, de forma que não mais é válida sua pactuação em contratos posteriores a 30.4.2008. 6. A cobrança de tais tarifas (TAC e TEC) é permitida, portanto, se baseada em contratos celebrados até 30.4.2008, ressalvado abuso devidamente comprovado caso a caso, por meio da invocação de parâmetros objetivos de mercado e circunstâncias do caso concreto, não bastando a mera remissão a conceitos jurídicos abstratos ou à convicção subjetiva do magistrado. 7. Permanece legítima a estipulação da Tarifa de Cadastro, a qual remunera o serviço de "realização de pesquisa em serviços de proteção ao crédito, base de dados e informações cadastrais, e tratamento de dados e informações necessários ao inicio de relacionamento decorrente da abertura de conta de depósito à vista ou de poupança ou contratação de operação de crédito ou de arrendamento mercantil, não podendo ser cobrada cumulativamente" (Tabela anexa à vigente Resolução CMN 3.919/2010, com a redação dada pela Resolução 4.021/2011). 8. É lícito aos contratantes convencionar o pagamento do Imposto sobre Operações Financeiras e de Crédito (IOF) por meio financiamento acessório ao mútuo principal, sujeitando-o aos mesmos encargos contratuais. 9. Teses para os efeitos do art. 543-C do CPC: – 1ª Tese: Nos contratos bancários celebrados até 30.4.2008 (fim da vigência da Resolução CMN 2.303/96) era válida a pactuação das tarifas de abertura de crédito (TAC) e de emissão de carnê (TEC), ou outra denominação para o mesmo fato gerador, ressalvado o exame de abusividade em cada caso concreto. – 2ª Tese: Com a vigência da Resolução CMN 3.518/2007, em 30.4.2008, a cobrança por serviços bancários prioritários para pessoas físicas ficou limitada às hipóteses taxativamente previstas em norma padronizadora expedida pela autoridade monetária. Desde então, não mais tem respaldo legal a contratação da Tarifa de Emissão de Carnê (TEC) e da Tarifa de Abertura de Crédito (TAC), ou outra denominação para o mesmo fato gerador. Permanece válida a Tarifa de Cadastro expressamente tipificada em ato normativo padronizador da autoridade monetária, a qual somente pode ser cobrada no início do relacionamento entre o consumidor e a instituição financeira. – 3ª Tese: Podem as partes convencionar o pagamento do Imposto sobre Operações Financeiras e de Crédito (IOF) por meio de financiamento acessório ao mútuo principal, sujeitando-o aos mesmos encargos contratuais. 10. Recurso especial parcialmente provido." (STJ,

REsp 1251331/RS, Rel. Ministra Maria Isabel Gallotti, Segunda Seção, DJe 24/10/2013) ◙ **Nesse sentido: Súmula 565 do STJ:** "*A pactuação das tarifas de abertura de crédito (TAC) e de emissão de carnê (TEC), ou outra denominação para o mesmo fato gerador, é válida apenas nos contratos bancários anteriores ao início da vigência da Resolução-CMN n. 3.518/2007, em 30/4/2008*".

◙ **Tarifa de renovação de cadastro.** "TARIFA DE RENOVAÇÃO DE CADASTRO. COBRANÇA. LEGALIDADE DA CLÁUSULA CONTRATUAL. (...) 7. É válida a cláusula contratual que prevê a cobrança da tarifa de renovação de cadastro (TRC) nos contratos bancários celebrados no período de vigência da Circular n. 3.371/2007 do Banco Central do Brasil." (STJ, REsp 1303646/RJ, Rel. Ministro João Otávio de Noronha, Terceira Turma, DJe 23/05/2016)

◙ **Legitimidade do Ministério Público para discutir abusividades de tarifas nos contratos bancários.** "A jurisprudência maciça desta Corte reconhece a legitimidade do Ministério Público para propor ação civil pública com o intuito de discutir a cobrança de tarifas/taxas supostamente abusivas, estipuladas em contratos bancários, por se cuidar de tutela de interesses individuais homogêneos do consumidores/usuários do serviço bancário (art. 81, III, da Lei nº 8.078/90). Precedentes." (STJ, AgRg no AREsp 78.949/SP, Rel. Ministro Paulo de Tarso Sanseverino, Terceira Turma, DJe 09/10/2013)

◙ **Descaracterização da mora somente na abusividade dos encargos da normalidade** "A descaracterização da mora somente é possível caso configurada abusividade na cobrança de encargos, no período da normalidade contratual." (STJ, AgInt no AgRg no AREsp 686.429/RS, Rel. Ministro Ricardo Villas Bôas Cueva, Terceira Turma, DJe 10/11/2016) ◙ **No mesmo sentido:** "A mora restou configurada, pois não houve o reconhecimento da abusividade nos encargos exigidos no período da normalidade contratual (juros remuneratórios e capitalização)." (STJ, AgRg no REsp 1398568/RS, Rel. Ministro Ricardo Villas Bôas Cueva, Terceira Turma, DJe 03/10/2016)

◙ **A fiança também é prorrogada, mesmo sem autorização expressa do fiador, desde que previsto em cláusula contratual.** "FIANÇA. RECURSO ESPECIAL. PRORROGAÇÃO DE FIANÇA EM CONTRATO BANCÁRIO. JULGAMENTO AFETADO À SEGUNDA SEÇÃO PARA PACIFICAÇÃO DA MATÉRIA NO ÂMBITO DO STJ. CONTRATO BANCÁRIO. CARACTERIZA-SE POR SER, EM REGRA, CATIVO E DE LONGA DURAÇÃO, PRORROGANDO-SE SUCESSIVAMENTE. FIANÇA PREVENDO CLARAMENTE SUA PRORROGAÇÃO, CASO OCORRA A DA AVENÇA PRINCIPAL. INTERPRETAÇÃO EXTENSIVA. INEXISTÊNCIA. APLICAÇÃO DA MESMA EXEGESE PACIFICADA NO ÂMBITO DO STJ – ANTES MESMO DA NOVA REDAÇÃO CONFERIDA AO ART. 39 DA LEI DO INQUILINATO PELA LEI N. 12.112/2009 – NO TOCANTE À ADMISSÃO DA PRORROGAÇÃO DA FIANÇA EM CONTRATO DE LOCAÇÃO, QUANDO EXPRESSAMENTE PREVISTA NA PACTUAÇÃO ACESSÓRIA. FIADORES QUE, DURANTE O PRAZO DE PRORROGAÇÃO CONTRATUAL, NÃO PROMOVERAM NOTIFICAÇÃO RESILITÓRIA, NOS MOLDES DO DISPOSTO NO ART. 835 DO CC. PRETENSÃO DE EXONERAÇÃO DA FIANÇA. INVIABILIDADE. 1. A fiança foi pactuada para garantia fidejussória de dívida de sociedade empresária da qual eram sócios os recorrentes, previamente definido o montante e a possibilidade de prorrogação da avença principal e da acessória, constando da sentença que a presente ação de exoneração da fiança somente foi proposta após o ajuizamento anterior, pelo Banco, da ação de execução em face da devedora principal e dos fiadores. 2. A prorrogação do contrato principal, a par de ser circunstância prevista em cláusula contratual – previsível no panorama contratual -, comporta ser solucionada adotando-se a mesma diretriz conferida para fiança em contrato de locação – antes mesmo da nova redação do art. 39 da Lei do Inquilinato pela Lei n. 12.112/2009 -, pois é a mesma matéria disciplinada pelo Código Civil. 3. A interpretação extensiva da fiança constitui em utilizar analogia para ampliar as obrigações do fiador ou a duração do contrato acessório, não o sendo a observância àquilo que foi expressamente pactuado, sendo certo que as causas específicas legais de extinção da fiança são taxativas. 4. Com efeito, não há falar em nulidade da disposição contratual que prevê prorrogação da fiança, pois não admitir interpretação extensiva significa tão somente que o fiador responde, precisamente, por aquilo que declarou no instrumento da fiança. 5. Porém, independentemente das disposições contratuais, é reconhecida a faculdade do fiador de, no período de prorrogação contratual, promover notificação resilitória, nos moldes do disposto no art. 835 do Código Civil. 6. Recurso especial não provido." (STJ, REsp 1253411/CE, Rel. Ministro Luis Felipe Salomão, Segunda Seção, julgado em 24/06/2015, DJe 04/08/2015) ◙ **No mesmo sentido:** "FIANÇA EM CONTRATO BANCÁRIO. RECURSO ESPECIAL. OMISSÃO.mINEXISTÊNCIA. CONTRATO BANCÁRIO. CARACTERIZA-SE POR SER, EM REGRA, CATIVO E DE LONGA DURAÇÃO, PRORROGANDO-SE SUCESSIVAMENTE. FIANÇA PREVENDO, CLARA E EXPRESSAMENTE, SUA PRORROGAÇÃO, CASO OCORRA A DA AVENÇA PRINCIPAL. NULIDADE DA CLÁUSULA. INEXISTÊNCIA. FIADORES QUE, DURANTE O PRAZO DE PRORROGAÇÃO CONTRATUAL, NÃO PROMOVERAM NOTIFICAÇÃO RESILITÓRIA, NOS MOLDES DO DISPOSTO NO ART. 835 DO CC.PRETENSÃO DE EXONERAÇÃO DA FIANÇA. INVIABILIDADE. 1. A avença principal – garantida pela fiança – constitui contrato bancário que tem por característica ser, em regra, de longa duração, mantendo a paridade entre as partes contratantes, vigendo e renovando-se periodicamente por longo período – constituindo o tempo elemento nuclear dessa modalidade de negócio. 2. Não há falar em nulidade da disposição contratual que prevê prorrogação da fiança, pois não admitir interpretação extensiva significa tão somente que o fiador responde, precisamente, por aquilo que declarou no instrumento da fiança – no caso, como incontroverso, se obrigou a manter-se como garante em caso de prorrogação da avença principal. 3. A simples e clara previsão de que em caso de prorrogação do contrato principal há a prorrogação automática da fiança não implica violação ao art. 51 do Código de Defesa do Consumidor, cabendo, apenas, ser reconhecido o direito do fiador de, no período de prorrogação contratual, promover a notificação resilitória, nos moldes do disposto no art. 835 do Código Civil. 4. Recurso especial provido." (STJ, REsp 1374836/MG, Rel. Ministro Luis Felipe Salomão, Quarta Turma, DJe 28/02/2014)

◙ **A cobrança de comissão de permanência deve ser limitada ao percentual previsto em contrato; só pode ser aplicada no período de inadimplemento e também não pode ser cobrado com nenhum outro encargo.** "AGRAVO REGIMENTAL NO AGRAVO EM RECURSO ESPECIAL. AÇÃO REVISIONAL DE CONTRATO DE FINANCIA-

MENTO. COMISSÃO DE PERMANÊNCIA. COBRANÇA CUMULADA. ENCARGOS. IMPOSSIBILIDADE. PRECEDENTES. 1 É possível a cobrança de comissão de permanência durante o período de inadimplemento contratual, à taxa média dos juros de mercado, limitada ao percentual fixado no contrato (Súmula 294/STJ), desde que não cumulada com a correção monetária (Súmula 30/STJ), com os juros remuneratórios (Súmula 296/STJ) e moratórios e multa contratual (REsp n. 1.058.114/RS, recurso representativo de controvérsia, Relator p/ Acórdão Ministro João Otávio de Noronha, Segunda Seção, DJe 16.11.2010). 2. Agravo regimental não provido" (STJ, AgRg no AREsp 722.857/PR, Rel. Min. Moura Ribeiro, 3ª T., DJe 24.9.2015).◙ **No mesmo sentido:** "É admissível a cobrança de comissão de permanência– tão-somente no período de inadimplência – calculada pela taxa média de mercado apurada pelo Banco Central do Brasil, limitada, contudo, à taxa do contrato, sendo vedada, entretanto, a sua cumulação com juros remuneratórios, correção monetária, juros moratórios ou multa contratual. Constatada, no caso, a cobrança de juros moratórios e multa moratória, afasta-se a incidência da comissão de permanência." (STJ, AgRg no REsp 1299742/RS, Rel. Ministro Luis Felipe Salomão, Quarta Turma, DJe 24/04/2012)

◙ **Comissão de permanência. Não poderá ultrapassar a soma dos encargos remuneratórios e moratórios previstos no contrato**: "A importância cobrada a título de comissão de permanência não poderá ultrapassar a soma dos encargos remuneratórios e moratórios previstos no contrato, ou seja: a) juros remuneratórios à taxa média de mercado, não podendo ultrapassar o percentual contratado para o período de normalidade da operação; b) juros moratórios até o limite de 12% ao ano; e c) multa contratual limitada a 2% do valor da prestação, nos termos do art. 52, § 1º, do CDC." (STJ, AgRg no REsp 1441087/RS, Rel. Ministro Luis Felipe Salomão, Quarta Turma, DJe 25/04/2014)

◙ **Abusividade da cobrança pelos boletos bancários.** "CIVIL E PROCESSUAL CIVIL. AÇÃO CIVIL PÚBLICA. MINISTÉRIO PÚBLICO DO ESTADO DO MARANHÃO. LEGITIMIDADE. ILEGALIDADE DA COBRANÇA DE TARIFA SOB EMISSÃO DE BOLETO BANCÁRIO. (...) Sendo os serviços prestados pelo Banco remunerados pela tarifa interbancária, conforme referido pelo Tribunal de origem, a cobrança de tarifa dos consumidores pelo pagamento mediante boleto/ficha de compensação constitui enriquecimento sem causa por parte das instituições financeira, pois há "dupla remuneração" pelo mesmo serviço, importando em vantagem exagerada dos Bancos em detrimento dos consumidores, razão pela qual abusiva a cobrança da tarifa, nos termos do art. 39, V, do CDC c/c art. 51, § 1º, I e III, do CDC." (STJ, REsp 794.752/MA, Rel. Ministro Luis Felipe Salomão, Quarta Turma, DJe 12/04/2010) ◙ **Em sentido contrário, possibilitando a cobrança de boleto bancário, quando o fornecedor oferece outras formas de pagamento não onerosas ao consumidor:** "RECURSO ESPECIAL. DIREITO DO CONSUMIDOR. AÇÃO COLETIVA. CUSTOS DE COBRANÇA. INFORMAÇÃO. LIBERDADE CONTRATUAL. LEGALIDADE. ART. 51, XII, DO CDC. RECIPROCIDADE. LIVRE PACTUAÇÃO. BOA-FÉ OBJETIVA. PROPORCIONALIDADE. 1. Cuida-se de ação coletiva proposta pela ANADEC contra a Editora Abril S.A., na qual aponta a ilegalidade da cobrança de R$ 1,13 (um real e treze centavos) por boletos bancários emitidos em virtude da assinatura de revistas, custo que alega pertencer exclusivamente à empresa. 2. O Código de Defesa do Consumidor assegura a possibilidade de ressarcimento dos custos de cobrança de determinada obrigação tanto ao fornecedor quanto ao consumidor (art. 51, XII, do CDC). 3. No caso, o consumidor, antes de formalizar o negócio jurídico com a Editora Abril (fornecedora), na fase pré-contratual, foi informado da faculdade de optar por uma das três formas de pagamento oferecidas pela empresa: boleto bancário, débito em conta e débito no cartão de crédito. 4. Inexiste vantagem exagerada em decorrência da cobrança por carnê, em especial porque o boleto bancário não é imposto pelo fornecedor, mas, ao contrário, propicia ao consumidor uma comodidade, realizando a liberdade contratual e o dever de informação. 5. Ausente a onerosidade excessiva, porquanto mantidos o equilíbrio contratual, a proporcionalidade do acréscimo cobrado do consumidor e a boa-fé objetiva do fornecedor. 6. Recurso especial não provido." (STJ, REsp 1339097/SP, Rel. Ministro Ricardo Villas Bôas Cueva, Terceira Turma, DJe 09/02/2015)

◙ **Banco não pode exigir assinatura de devedor em contrato em branco.** "No que diz respeito à validade das notas promissórias emitidas em branco, a orientação desta Corte é no sentido de que a cláusula contratual que permite a emissão da nota promissória em favor do banco, caracteriza-se como abusiva, porque violadora do princípio da boa-fé, consagrado no art. 51, inciso IV do Código de Defesa do Consumidor." (STJ, AgRg no REsp 817.530/RS, Rel. Ministro Jorge Scartezzini, Quarta Turma, DJ 08/05/2006)

◙ **Cláusula de renovação automática do contrato de abertura de crédito.** "A cláusula de renovação automática do contrato de abertura de crédito não é abusiva." (STJ, REsp 697.379/RS, Rel. Ministro Carlos Alberto Menezes Direito, Terceira Turma, DJ 21/05/2007)

◙ **Cláusula contratual que autoriza a instituição financeira a resgatar de aplicação valor suficiente para quitar o débito do correntista.** "DIREITO DO CONSUMIDOR. APLICAÇÃO DO CÓDIGO DE DEFESA DO CONSUMIDOR. CLÁUSULA ABUSIVA. ART. 51, IV, CDC. NÃO-CARACTERIZAÇÃO. RECURSO DESACOLHIDO. I. Na linha da jurisprudência desta Corte, aplicam-se às instituições financeiras as disposições do CDC. II. Não é abusiva a cláusula inserida no contrato de empréstimo bancário que versa autorização para o banco debitar da conta-corrente ou resgatar de aplicação em nome do contratante ou coobrigado valor suficiente para quitar o saldo devedor, seja por não ofender o princípio da autonomia da vontade, que norteia a liberdade de contratar, seja por não atingir o equilíbrio contratual ou a boa-fé, uma vez que a cláusula se traduz em mero expediente para facilitar a satisfação do crédito, seja, ainda, por não revelar ônus para o consumidor." (STJ, REsp 258.103, Rel. Sálvio de Figueiredo Teixeira, 4ª T., DJ 7.4.2003).

◙ **Contrato de penhor. Cláusula contratual que restringe a responsabilidade da instituição financeira.** "Tendo ocorrido o roubo das joias empenhadas, a Caixa Econômica Federal deve indenizar a recorrente por danos materiais. 3. A cláusula contratual que restringiu a responsabilidade da CEF a 1,5 (um inteiro e cinco décimos) vez o valor de avaliação das joias empenhadas deve ser considerada abusiva, por força do artigo 51, I, da Lei nº 8.078/1990". (STJ, REsp 1227909/PR, Terceira Turma, Rel. Min. Ricardo Villas Bôas Cueva, DJe 23/09/2015)

◙ **Empréstimo consignado. Limitação do desconto da parcela a 30% da renda líquida do devedor.** "RECURSO ESPECIAL. NEGÓCIOS JURÍDICOS BANCÁRIOS. RENEGOCIAÇÃO DE DÍVIDA. DESCONTO EM CONTA-CORRENTE. POSSIBILIDADE. LIMITAÇÃO A 30% DA REMUNERAÇÃO DO DEVEDOR. SUPERENDIVIDAMENTO. PRESERVAÇÃO DO MÍNIMO EXISTENCIAL. ASTREINTES. AUSÊNCIA DE INDICAÇÃO DO DISPOSITIVO DE LEI FEDERAL VIOLADO. ÓBICE DA SÚMULA 284/STF. 1. Validade da cláusula autorizadora de desconto em conta-corrente para pagamento das prestações do contrato de empréstimo, ainda que se trate de conta utilizada para recebimento de salário. 2. Os descontos, todavia, não podem ultrapassar 30% (trinta por cento) da remuneração líquida percebida pelo devedor, após deduzidos os descontos obrigatórios (Previdência e Imposto de Renda). 3. Preservação do mínimo existencial, em consonância com o princípio da dignidade humana. Doutrina sobre o tema. 4. Precedentes específicos da Terceira e da Quarta Turma do STJ. 5. RECURSO ESPECIAL DESPROVIDO" (STJ, REsp 1584501/SP, Terceira Turma, Rel. Min. Paulo de Tarso Sanseverino, DJe 13/10/2016). ◙ **No mesmo sentido:** "AGRAVO INTERNO. RECURSO ESPECIAL. INDENIZAÇÃO POR DANOS MORAIS. EMPRÉSTIMO BANCÁRIO. DESCONTO EM CONTA CORRENTE ONDE É DEPOSITADO SALÁRIO. LIMITAÇÃO. 30% DOS VENCIMENTOS. AUSÊNCIA DE ATO ILÍCITO E DE PROVA DE DANO. REEXAME DE PROVAS. 1. É legítimo o desconto, em conta corrente, de parcelas de empréstimo, limitando-se tal desconto a 30% da remuneração, tendo em vista o caráter alimentar dos vencimentos (súmula 83 do STJ). Precedentes" (STJ, AgInt no REsp 1565533/PR, Rel. Ministra Maria Isabel Gallotti, Quarta Turma, DJe 31/08/2016). ◙ **No mesmo sentido:** "Quando previsto, o débito em conta-corrente em que é creditado o salário é modalidade de garantia de mútuo obtido em condições mais vantajosas, não constituindo abusividade, razão pela qual não pode ser suprimido por vontade do devedor. Referido débito deve ser limitado a 30% (trinta por cento) dos vencimentos do servidor (...)" (STJ, AgRg no AREsp 513.270/GO, Rel. Ministro João Otávio de Noronha, Terceira Turma, DJe25/11/2014).

◙ **Cláusula mandato que autoriza a instituição financeira a sacar nota promissória para a quitação de débito do consumidor em atraso.** "É nula a cláusula contratual em que o devedor autoriza o credor a sacar, para cobrança, título de crédito representativo de qualquer quantia em atraso. Isto porque tal cláusula não se coaduna com o contrato de mandato, que pressupõe a inexistência de conflitos entre mandante e mandatário. Precedentes (REsp 504.036/RS e AgRg Ag 562.705/RS). 2 – Ademais, a orientação desta Corte é no sentido de que a cláusula contratual que permite a emissão da nota promissória em favor do banco/embargado, caracteriza-se como abusiva, porque violadora do princípio da boa-fé, consagrado no art. 51, inciso IV do CDC. Precedente (REsp 511.450/RS). 3 – Agravo regimental desprovido. (STJ, AgRg no REsp 808.603, 4ª T., DJ 29.5.2006).

◙ **Abusividade caracterizada pela emissão de nota promissória em branco.** "(...) NOTA PROMISSÓRIA – EMISSÃO EM BRANCO – SÚMULA 60/STJ – NULIDADE – DESPROVIMENTO. (...) 7 – No que diz respeito à validade das notas promissórias emitidas em branco, a orientação desta Corte é no sentido de que a cláusula contratual que permite a emissão da nota promissória em favor do banco, caracteriza-se como abusiva, porque violadora do princípio da boa-fé, consagrado no art. 51, inciso IV do CDC. Precedentes (AgRg Ag 511.675, REsp 511.450/RS). 8 – Agravo regimental desprovido" (STJ, AgRg no REsp 817.530, 4ª T., DJ 8.5.2006). ◙ **No mesmo sentido:** "PROCESSO CIVIL – AGRAVO DE INSTRUMENTO – NEGATIVA DE PROVIMENTO – AGRAVO REGIMENTAL – CONTRATO BANCÁRIO – NOTA PROMISSÓRIA – EMISSÃO EM BRANCO – VIOLAÇÃO AO ART. 51, IV, CDC – SÚMULA 60/STJ – LETRA DE CÂMBIO – SAQUE – NULIDADE – DESPROVIMENTO. 1 – No que diz respeito à validade da nota promissória emitida em branco, a orientação desta Corte é no sentido de que a cláusula contratual que permite a emissão da nota promissória em favor do banco/embargado, caracteriza-se como abusiva, porque violadora do princípio da boa-fé, consagrado no art. 51, inciso IV do CDC. Precedente (REsp 511.450/RS). 2 – Igualmente, é nula a cláusula contratual em que o devedor autoriza o credor a sacar, para cobrança, título de crédito representativo de qualquer quantia em atraso. Isto porque tal cláusula não se coaduna com o contrato de mandato, que pressupõe a inexistência de conflitos entre mandante e mandatário. Precedentes (REsp 504.036/RS e AgRg Ag 562.705/RS). 3 – Agravo regimental desprovido" (STJ, AgRg no Ag 511.675, 4ª T., DJ 17.10.2005).

◙ **Os contratos de outorga de crédito rural, ainda que a obtenção do crédito seja destinado à atividade produtiva, sujeitam-se à disciplina do CDC, sendo vedada a cobrança de comissão de permanência.** "DIREITO COLETIVO E DIREITO DO CONSUMIDOR. ASSOCIAÇÃO. AÇÃO CIVIL PÚBLICA. RENEGOCIAÇÃO DE DÉBITOS ORIUNDOS DE CONTRATO DE CÉDULA DE CRÉDITO RURAL. DIREITOS INDIVIDUAIS HOMOGÊNEOS. INCIDÊNCIA DO CÓDIGO DE DEFESA DO CONSUMIDOR. (...) 6. É torrencial a jurisprudência do STJ reconhecendo a incidência do Código do Consumidor nos contratos de cédula de crédito rural. 7. O próprio CDC estabelece (art. 52) que a outorga de crédito ou concessão de financiamento caracteriza típica relação de consumo entre quem concede e quem o recebe, pois o produto fornecido é o dinheiro ou crédito, bem juridicamente consumível. 7. A norma que institucionaliza o crédito rural (Lei n. 4.829/1965) estabelece como um dos objetivos específicos do crédito rural (art. 3°) é o de 'possibilitar o fortalecimento econômico dos produtores rurais, notadamente pequenos e médios' (inciso III) e o de 'incentivar a introdução de métodos racionais de produção, visando ao aumento da produtividade e à melhoria do padrão de vida das populações rurais, e à adequada defesa do solo' (inciso IV). 8. Dessarte, mesmo que o financiamento por meio de cédula de crédito rural se destine ao desenvolvimento da atividade rural, há, em regra, presunção de vulnerabilidade do contratante produtor, equiparando-o ao consumidor stricto sensu, dando-se prevalência à destinação fática para fins de qualificação do consumidor. Precedentes. 9. Conforme jurisprudência consolidada no STJ, 'nas cédulas de crédito rural, comercial e industrial, não se admite a cobrança de comissão de permanência. Precedentes' (AgRg no AREsp 129.689/RS, Rel. Min. Antonio Carlos Ferreira, 4ª T., DJe 11.4.2014). 10. Recurso especial não provido" (STJ, REsp 1166054/RN, Rel. Min. Luis Felipe Salomão, 4ª T., DJe 18.6.2015).

◙ **Tarifa de liquidação antecipada do crédito.** "A análise acerca da legalidade da cobrança de tarifas bancárias deve ser analisada à luz da Lei nº 4.595/1964, que regula o sistema financeiro nacional e determina que compete ao Conselho Monetário Nacional limitar, sempre que necessário, as taxas de juros, descontos, comissões e qualquer outra forma de remuneração de operações e serviços bancários ou financeiros e ao Banco Central do Brasil cumprir e fazer cumprir as disposições que lhe são atribuídas pela legislação em vigor e as normas expedidas pelo Conselho Monetário Nacional (artigos 4, IX, e 9º). 5. Durante a vigência da Resolução CMN nº 2.303/1996 era lícita a cobrança pela prestação de quaisquer tipos de serviços pelas instituições financeiras, entre eles o de liquidação antecipada de operação de crédito, desde que efetivamente contratados e prestados, salvo àqueles considerados básicos. Em 8 de setembro de 2006 entrou em vigor a Resolução CMN nº 3.401/2006, que dispôs especificamente a respeito da possibilidade de cobrança de tarifas sobre a quitação antecipada de operações de crédito e arrendamento mercantil, matéria que até então vinha sendo disciplinada de maneira genérica pela Resolução CMN nº 2.303/1996. Somente com o advento da Resolução CMN nº 3.516, de 10 de dezembro de 2007, é que foi expressamente vedada a cobrança de tarifa em decorrência de liquidação antecipada de contratos de concessão de crédito e de arrendamento mercantil financeiro. 6. Para as operações de crédito e arrendamento mercantil contratadas antes de 10/12/2007 podem ser cobradas tarifas pela liquidação antecipada no momento em que for efetivada a liquidação, desde que a cobrança dessa tarifa esteja claramente identificada no extrato de conferência. 7. Recurso especial parcialmente provido." (STJ, REsp 1370144/SP, Rel. Ministro Ricardo Villas Bôas Cueva, Terceira Turma, DJe 14/02/2017) ◙ **No mesmo sentido:** "“DIREITO PROCESSUAL CIVIL E BANCÁRIO. AÇÃO DE REPETIÇÃO DE INDÉBITO. TARIFA DE LIQUIDAÇÃO ANTECIPADA DE OPERAÇÕES DE CRÉDITO. COBRANÇA. LEGALIDADE, LIMITADA AO PERÍODO DE 06.09.2006 A 06.12.2007. ANALISADOS: ARTS. 424 DO CC/02; 52, § 2º, DO CDC; 4º E 9º DA LEI Nº 4.595/64; E 28 DA LEI Nº 10.931/04. 1. Ação de repetição de indébito ajuizada em 12.07.2010. Recurso especial concluso ao gabinete da Relatora em 27.09.2013. 2. Recurso especial em que se discute a legalidade da cobrança de tarifa para a liquidação antecipada de operações de crédito. 3. Nos termos dos arts. 4º e 9º da Lei nº 4.595/64, recebida pela CF/88 como lei complementar, compete ao Conselho Monetário Nacional dispor sobre taxa de juros e sobre a remuneração dos serviços bancários. 4. Constatada a existência de lacuna legislativa por parte do CMN, nada impede a aplicação subsidiária do CC e do CDC. 5. As instituições financeiras somente estiveram autorizadas a cobrar tarifa para liquidação antecipada de débitos no período compreendido entre 06.09.2006 (entrada em vigor da Resolução nº 3.401/06 do CMN) e 06.12.2007 (entrada em vigor da Resolução nº 3.516/07 do CMN). 6. Embora as Resoluções nºs 2.303/96 e 3.518/07 do CMN disciplinem genericamente a 'cobrança de tarifas pela prestação de serviços por parte das instituições financeiras', nota-se de seu conteúdo que se destinam precipuamente à normatização de serviços relativos a conta corrente de depósitos à vista e conta de depósitos de poupança, não abrangendo, pois, operações de crédito. Tanto é assim que o próprio CMN editou a Resolução nº 3.401/06, tratando especificamente da quitação antecipada de operações de crédito. 7. A autorização para livre contratação de garantias e encargos, prevista no art. 28 da Lei nº 10.931/04, não tem o condão de impedir o controle finalístico das cláusulas inseridas em contratos de adesão, que deverão manter a razoabilidade em função do justo interesse visado. 8. Contrato sub judice firmado após a edição da Resolução CMN nº 3.516/07, em que foi expressamente vedada a contratação da tarifa de liquidação antecipada. 9. Recurso especial não provido" (STJ, REsp 1.409.792/DF, Rel. Ministra Nancy Andrighi, Terceira Turma, DJe 7/4/2014).

◙ **Banco deve apresentar lista de consumidores lesados por cobrança indevida de tarifa de liquidação antecipada.** "RECURSO ESPECIAL. PROCESSUAL CIVIL. AÇÃO CIVIL PÚBLICA. AGRAVO DE INSTRUMENTO. TARIFA DE LIQUIDAÇÃO ANTECIPADA DE OPERAÇÕES DE CRÉDITO. COBRANÇA. IDENTIFICAÇÃO DOS CONSUMIDORES ATINGIDOS. OBTENÇÃO PELO MINISTÉRIO PÚBLICO. POSSIBILIDADE. LIQUIDAÇÃO/EXECUÇÃO COLETIVA. NÃO CONFIGURAÇÃO. 1. Agravo de instrumento interposto contra decisão que, em ação civil pública proposta com a finalidade de ver reconhecida a ilegalidade da cobrança de tarifa pela liquidação antecipada de mútuo ou financiamento, deferiu requerimento apresentado pelo parquet para determinar que a instituição financeira demandada identificasse e listasse os consumidores lesados pela referida cobrança. 2. A legitimação concorrente conferida ao Ministério Público para a liquidação/execução da sentença coletiva é subsidiária, podendo ser exercida somente após o escoamento do prazo de 1 (um) ano sem habilitação de interessados em número compatível com a gravidade do dano, nos moldes do art. 100 do Código de Defesa do Consumidor (fluid recovery). Precedente. 3. Hipótese na qual se pleiteou a simples identificação dos consumidores potencialmente lesados pela cobrança da tarifa questionada na ação coletiva com vistas a assegurar o resultado útil do processo, tendo em vista que o decurso do tempo poderia comprometer a efetivação do direito nele reconhecido, sobretudo em razão da existência de norma que autoriza as instituições financeiras a eliminar documentos depois de determinado prazo. 4. O fornecimento dos dados requeridos, por si só, não configura ato de liquidação, tampouco de execução da sentença proferida na ação coletiva, sobretudo por se tratar de ato unilateral, sem contraditório pleno e sem cognição exauriente, mesmo porque incumbe prioritariamente a cada liquidante, e não ao Ministério Público, comprovar a existência do dano pessoal e o nexo etiológico com o dano globalmente causado. 5. A simples identificação dos possíveis lesados não se mostra suficiente para a quantificação do dano individualmente suportado, elemento sem o qual não é admitida a propositura da execução, que exige liquidez e certeza, tampouco implica habilitação capaz de transformar a condenação pelos prejuízos globalmente causados em indenização pelos danos individualmente sofridos, haja vista a ausência de manifestação pessoal acerca da intenção de promover a execução do julgado. 6. Na mera identificação de correntistas, não se pode falar em habilitação de interessados, tampouco em prova inequívoca do dano pessoal em favor de qualquer dos integrantes da lista. 7. Para que não haja implicações quanto ao dever imputado às instituições financeiras, de guardar sigilo em suas operações ativas e passivas e serviços prestados (art. 1º da Lei Complementar nº 105/2001), fica vedada a divulgação nominal desses dados, devendo sua utilização servir eminentemente aos fins institucionais do parquet, ressalvada a quebra de sigilo nas hipóteses legalmente admitidas. 8. Recurso especial não provido". (STJ, REsp 1610932/RJ, Terceira Turma, Rel. Ministro Ricardo Villas Bôas Cueva, DJe 22/06/2017)

◙ **Cobrança de juros antes da entrega das chaves.** "A Segunda Seção, por ocasião do julgamento do EREsp nº 670.117/PB, concluiu que "não se considera abusiva cláusula contratual que preveja a cobrança de juros antes da entrega das chaves, que, ademais, confere maior transparência ao contrato e vem ao encontro do direito à informação do consumidor (art. 6º, III, do CDC), abrindo a possibilidade de correção de eventuais abusos" (EREsp 670.117/PB, Rel. Min. Sidnei Beneti, Rel. p/ Acórdão Min. Antonio Carlos Ferreira, 2ª Seção, DJe de 26/11/2012)." (STJ, AgRg no AgRg no REsp 1032613/SP, Rel. Ministra Maria Isabel Gallotti, Quarta Turma, DJe 10/08/2015)

◙ **Roubo ou furto de jóias dadas em penhor. Cláusula que exclui ou limita a responsabilidade da instituição financeira..** "DIREITO CIVIL. PENHOR. DANOS MORAIS E MATERIAIS. ROUBO/FURTO DE JÓIAS EMPENHADAS. CONTRATO DE SEGURO. DIREITO DO CONSUMIDOR. LIMITAÇÃO DA RESPONSABILIDADE DO FORNECEDOR. CLÁUSULA ABUSIVA. AUSÊNCIA DE INDÍCIO DE FRAUDE POR PARTE DA DEPOSITANTE. I. O contrato de penhor traz embutido o de depósito do bem e, por conseguinte, a obrigação acessória do credor pignoratício de devolver esse bem após o pagamento do mútuo. II. Nos termos do artigo 51, I, da Lei 8.078/90, são abusivas e, portanto, nulas, as cláusulas que de alguma forma exonerem ou atenuem a responsabilidade do fornecedor por vícios no fornecimento do produto ou do serviço, mesmo que o consumidor as tenha pactuado livre e conscientemente. III. Inexistente o menor indício de alegação de fraude ou abusividade de valores por parte da depositante, reconhece-se o dever de ressarcimento integral pelos prejuízos morais e materiais experimentados pela falha na prestação do serviço. IV. Na hipótese dos autos, em que o credor pignoratício é um banco e o bem ficou depositado em cofre desse mesmo banco, não é possível admitir o furto ou o roubo como causas excludentes do dever de indenizar. Há de se levar em conta a natureza específica da empresa explorada pela instituição financeira, de modo a considerar esse tipo de evento, como um fortuito interno, inerente à própria atividade, incapaz de afastar, portanto, a responsabilidade do depositário. Recurso Especial provido" (STJ, REsp 1133111, 3ª T., DJ 5.11.2009). ◙ **No mesmo sentido:** "CIVIL – RESPONSABILIDADE CIVIL – PENHOR DE JÓIAS – ROUBO DO BEM EMPENHADO – APLICAÇÃO DO CÓDIGO DE DEFESA DO CONSUMIDOR – ANULAÇÃO DE CLÁUSULA CONTRATUAL – INDENIZAÇÃO PELO VALOR DE MERCADO DAS JÓIAS – I – Ocorrendo o roubo de bem empenhado, por ocasião da celebração de contrato de mútuo junto a Caixa Econômica Federal, deve a prestadora de serviços bancários responder pela reparação dos danos causados ao consumidor, na forma prevista na Lei nº 8.078/90, que regula o nosso Código de Defesa do Consumidor. II – A cláusula contratual que limita a indenização, no caso de extravio das jóias empenhadas, a 1,5 (um inteiro e cinco décimos) vezes o valor da avaliação feita pelo credor pignoratício, afigura-se nula, nos termos do art. 51, I e IV, do CDC, devendo o mutuário ser ressarcido, no caso, pelo real valor de mercado dos referidos bens. III – Apelação desprovida". (TRF 1ª R., AC 200036000091524 – MT – 6ª T. – Rel. Des. Fed. Souza Prudente, DJU 12.9.2005)

CLÁUSULAS ABUSIVAS NOS CONTRATOS DE PLANOS DE SAÚDE E SEGURO SAÚDE

► **Sobre a interpretação mais favorável ao consumidor nos contratos de planos de saúde, ver art. 47.**

► **Sobre doenças preexistentes, ver art. 4°, III (boa-fé objetiva) e art. 47.**

► **Sobre dano moral envolvendo planos de saúde, ver tópico "*Dano moral envolvendo o direito à saúde*" no art. 6°, VI.**

◙ **Prazo de carência é ineficaz em caso de tratamento de urgência decorrente de doença grave.** "CIVIL E PROCESSUAL. ACÓRDÃO ESTADUAL. NULIDADE NÃO CONFIGURADA. PLANO DE SAÚDE. CARÊNCIA. TRATAMENTO DE URGÊNCIA. RECUSA. ABUSIVIDADE. CDC, ART. 51, I. (...) III. Lídima a cláusula de carência estabelecida em contrato voluntariamente aceito por aquele que ingressa em plano de saúde, merecendo temperamento, todavia, a sua aplicação quando se revela circunstância excepcional, constituída por necessidade de tratamento de urgência decorrente de doença grave que, se não combatida a tempo, tornará inócuo o fim maior do pacto celebrado, qual seja, o de assegurar eficiente amparo à saúde e à vida. IV. Recurso especial conhecido em parte e provido" (STJ, REsp 466.667/SP, Rel. Ministro Aldir Passarinho Junior, Quarta Turma, DJ 17/12/2007) ◙ **No mesmo sentido:** "Portanto, não é possível a Seguradora invocar prazo de carência contratual para restringir o custeio dos procedimentos de emergência, relativos a tratamento de tumor cerebral que acomete o beneficiário do seguro. 6. Como se trata de situação-limite em que há nítida possibilidade de violação ao direito fundamental à vida, "se o juiz não reconhece, no caso concreto, a influência dos direitos fundamentais sobre as relações privadas, então ele não apenas lesa o direito constitucional objetivo, como também afronta direito fundamental considerado como pretensão em face do Estado, ao qual, enquanto órgão estatal, está obrigado a observar".(RE 201819, Relator(a): Min. Ellen Gracie, Relator(a) p/ Acórdão: Min. Gilmar Mendes, Segunda Turma, julgado em 11/10/2005, DJ 27-10-2006)" (STJ, REsp 962980/SP, Rel. Min.Luis Felipe Salomão, Quarta Turma, DJe 15/05/2012)

◙ **Cláusula que prevê novo período de carência equivalente ao prazo de inadimplemento.** "É ilegal, também, a estipulação que prevê a submissão do segurado a novo período de carência, de duração equivalente ao prazo pelo qual perdurou a mora, após o adimplemento do débito em atraso." (STJ, REsp 259.263/SP, Rel. Ministro Castro Filho, Terceira Turma, DJ 20/02/2006)

◙ **Cláusula de reajuste de mensalidade por faixa etária.** "O reajuste de mensalidade de plano de saúde individual ou familiar fundado na mudança de faixa etária do beneficiário é válido desde que (i) haja previsão contratual, (ii) sejam observadas as normas expedidas pelos órgãos governamentais reguladores e (iii) não sejam aplicados percentuais desarrazoados ou aleatórios que, concretamente e sem base atuarial idônea, onerem excessivamente o consumidor ou discriminem o idoso (REsp 1568244/RJ, Rel. Min. Ricardo Villas Bôas Cueva, Segunda Seção, julgado em 14/12/2016, DJe 19/12/2016). 2. No caso concreto, o Tribunal de origem, soberano na apreciação de fatos e provas, entendeu pela ausência de abusividade na contratação." (STJ, AgInt no REsp 1582321/SP, Terceira Turma, Rel. Ministro Marco Aurélio Bellizze, DJe 17/04/2017)

◙ **Cláusula que limita o tratamento necessário para assegurar a vida da criança.** "AGRAVO INTERNO NO AGRAVO EM RECURSO ESPECIAL. PLANO DE SAÚDE. RECUSA INDEVIDA DE COBERTURA DE TRATAMENTO INDICADO POR MÉDICO. TRATAMENTO NECESSÁRIO AO RESGUARDO DA VIDA DO INFANTE. SÚMULAS 5 E 7 DO STJ. ENTENDIMENTO DO TRIBUNAL DE ORIGEM EM CONSONÂNCIA COM A JURISPRUDÊNCIA DESTA CORTE. APLICAÇÃO DO TEXTO DO VERBETE SUMULAR N. 83/STJ. AGRAVO INTERNO IMPROVIDO. 1. A jurisprudência do STJ firmou o entendimento de que, ainda que admitida a possibilidade de o contrato de plano de saúde conter cláusulas limitativas dos direitos do consumidor, revela-se abusiva a que exclui o custeio dos meios e materiais necessários ao melhor desempenho do tratamento da doença coberta pelo plano. Precedentes. 2. No caso, o Tribunal de origem assentou a indispensabilidade de atendimento do menor pelo profissional médico que atendia em São Paulo, pois este era quem estava indicado a manter a vida do paciente. Conclusão firmada com base em fatos e provas, o que faz incidir o texto da Súmula 7/STJ. 3. Agravo interno desprovido". (STJ, AgInt no AREsp 1018057/CE, Terceira Turma. Rel. Ministro Marco Aurélio Bellizze, , DJe 18/04/2017)

◙ **Custeio de prótese em procedimento cirúrgico coberto pelo plano e necessária ao pleno restabelecimento da saúde do segurado.** "[...]a interpretação de suas cláusulas deve ser feita da maneira mais favorável ao consumidor, bem como devem ser consideradas abusivas as cláusulas que visam a restringir procedimentos médicos. [...] Notadamente diante da jurisprudência deste Tribunal, que já se consolidou no sentido de que é "abusiva a cláusula restritiva de direito que exclui do plano de saúde o custeio de prótese em procedimento cirúrgico coberto pelo plano e necessária ao pleno restabelecimento da saúde do segurado, sendo indiferente, para tanto, se referido material é ou não importado" (AgRg no Ag 1.139.871/SC, Relator o Ministro João Otávio de Noronha, DJe de 10.5.2010)" (STJ, AgRg no AREsp 273.368/SC, Rel. Ministro Raul Araújo, Quarta Turma, DJe 22/03/2013). ◙ **No mesmo sentido, envolvendo prótese de joelho.** "PROIBIÇÃO DO FORNECIMENTO DE PRÓTESE PARA CIRURGIA DE JOELHO. CLÁUSULA ABUSIVA. CARACTERIZAÇÃO. Analisando o contrato firmado entre as partes, concluiu o Tribunal de origem pela abusividade da cláusula que excluía de cobertura o uso de prótese, considerada essencial ao procedimento clínico realizado, por violação do artigo 51, IV,do Código de Defesa do Consumidor. [...] Ademais, segundo o entendimento deste Tribunal, "se a colocação de próteses é necessária para o tratamento cirúrgico autorizado pela seguradora, é abusiva a cláusula que prevê sua exclusão da cobertura." (REsp 811.867/SP, Rel. Min. Sidnei beneti, terceira turma, DJe 22.4.10). (STJ, AgRg no AREsp 259.570/MG, Rel. Ministro Sidnei Beneti, Terceira Turma, DJe 04/02/2013)

◙ **Cláusula que induz o consumidor a renunciar a orientação médica no preenchimento de declaração de doença preexistente.** "A inserção de cláusula de renúncia em declaração de saúde é abusiva por induzir o segurado a abrir mão do direito ao exercício livre da opção de ser orientado por um médico por ocasião do preenchimento daquela declaração, notadamente porque se trata de documento que tem o condão de viabilizar futura negativa de cobertura de procedimento ou tratamento" (REsp 1554448/PE, Rel. Ministro João Otávio de Noronha, Terceira Turma, DJe 26/02/2016)

▣ **Cláusula de reajuste de mensalidade com base na faixa etária do usuário. Abusividade não configurada.** "RECURSO ESPECIAL REPETITIVO. NEGATIVA DE PRESTAÇÃO JURISDICIONAL. NÃO OCORRÊNCIA. CIVIL. PLANO DE SAÚDE. MODALIDADE INDIVIDUAL OU FAMILIAR. CLÁUSULA DE REAJUSTE DE MENSALIDADE POR MUDANÇA DE FAIXA ETÁRIA. LEGALIDADE. ÚLTIMO GRUPO DE RISCO. PERCENTUAL DE REAJUSTE. DEFINIÇÃO DE PARÂMETROS. ABUSIVIDADE. NÃO CARACTERIZAÇÃO. EQUILÍBRIO FINANCEIRO-ATUARIAL DO CONTRATO. 1. A variação das contraprestações pecuniárias dos planos privados de assistência à saúde em razão da idade do usuário deverá estar prevista no contrato, de forma clara, bem como todos os grupos etários e os percentuais de reajuste correspondentes, sob pena de não ser aplicada (arts. 15, caput, e 16, IV, da Lei nº 9.656/1998). 2. A cláusula de aumento de mensalidade de plano de saúde conforme a mudança de faixa etária do beneficiário encontra fundamento no mutualismo (regime de repartição simples) e na solidariedade intergeracional, além de ser regra atuarial e asseguradora de riscos. 3. Os gastos de tratamento médico-hospitalar de pessoas idosas são geralmente mais altos do que os de pessoas mais jovens, isto é, o risco assistencial varia consideravelmente em função da idade. Com vistas a obter maior equilíbrio financeiro ao plano de saúde, foram estabelecidos preços fracionados em grupos etários a fim de que tanto os jovens quanto os de idade mais avançada paguem um valor compatível com os seus perfis de utilização dos serviços de atenção à saúde. 4. Para que as contraprestações financeiras dos idosos não ficassem extremamente dispendiosas, o ordenamento jurídico pátrio acolheu o princípio da solidariedade intergeracional, a forçar que os de mais tenra idade suportassem parte dos custos gerados pelos mais velhos, originando, assim, subsídios cruzados (mecanismo do community rating modificado). 5. As mensalidades dos mais jovens, apesar de proporcionalmente mais caras, não podem ser majoradas demasiadamente, sob pena de o negócio perder a atratividade para eles, o que colocaria em colapso todo o sistema de saúde suplementar em virtude do fenômeno da seleção adversa (ou antisseleção). 6. A norma do art. 15, § 3º, da Lei nº 10.741/2003, que veda "a discriminação do idoso nos planos de saúde pela cobrança de valores diferenciados em razão da idade", apenas inibe o reajuste que consubstanciar discriminação desproporcional ao idoso, ou seja, aquele sem pertinência alguma com o incremento do risco assistencial acobertado pelo contrato. 7. Para evitar abusividades (Súmula nº 469/STJ) nos reajustes das contraprestações pecuniárias dos planos de saúde, alguns parâmetros devem ser observados, tais como (i) a expressa previsão contratual; (ii) não serem aplicados índices de reajuste desarrazoados ou aleatórios, que onerem em demasia o consumidor, em manifesto confronto com a equidade e as cláusulas gerais da boa-fé objetiva e da especial proteção ao idoso, dado que aumentos excessivamente elevados, sobretudo para esta última categoria, poderão, de forma discriminatória, impossibilitar a sua permanência no plano; e (iii) respeito às normas expedidas pelos órgãos governamentais: a) No tocante aos contratos antigos e não adaptados, isto é, aos seguros e planos de saúde firmados antes da entrada em vigor da Lei nº 9.656/1998, deve-se seguir o que consta no contrato, respeitadas, quanto à abusividade dos percentuais de aumento, as normas da legislação consumerista e, quanto à validade formal da cláusula, as diretrizes da Súmula Normativa nº 3/2001 da ANS. b) Em se tratando de contrato (novo) firmado ou adaptado entre 2/1/1999 e 31/12/2003, deverão ser cumpridas as regras constantes na Resolução CONSU nº 6/1998, a qual determina a observância de 7 (sete) faixas etárias e do limite de variação entre a primeira e a última (o reajuste dos maiores de 70 anos não poderá ser superior a 6 (seis) vezes o previsto para os usuários entre 0 e 17 anos), não podendo também a variação de valor na contraprestação atingir o usuário idoso vinculado ao plano ou seguro saúde há mais de 10 (dez) anos. c) Para os contratos (novos) firmados a partir de 1º/1/2004, incidem as regras da RN nº 63/2003 da ANS, que prescreve a observância (i) de 10 (dez) faixas etárias, a última aos 59 anos; (ii) do valor fixado para a última faixa etária não poder ser superior a 6 (seis) vezes o previsto para a primeira; e (iii) da variação acumulada entre a sétima e décima faixas não poder ser superior à variação cumulada entre a primeira e sétima faixas. 8. A abusividade dos aumentos das mensalidades de plano de saúde por inserção do usuário em nova faixa de risco, sobretudo de participantes idosos, deverá ser aferida em cada caso concreto. Tal reajuste será adequado e razoável sempre que o percentual de majoração for justificado atuarialmente, a permitir a continuidade contratual tanto de jovens quanto de idosos, bem como a sobrevivência do próprio fundo mútuo e da operadora, que visa comumente o lucro, o qual não pode ser predatório, haja vista a natureza da atividade econômica explorada: serviço público impróprio ou atividade privada regulamentada, complementar, no caso, ao Serviço Único de Saúde (SUS), de responsabilidade do Estado. 9. Se for reconhecida a abusividade do aumento praticado pela operadora de plano de saúde em virtude da alteração de faixa etária do usuário, para não haver desequilíbrio contratual, faz-se necessária, nos termos do art. 51, § 2º, do CDC, a apuração de percentual adequado e razoável de majoração da mensalidade em virtude da inserção do consumidor na nova faixa de risco, o que deverá ser feito por meio de cálculos atuariais na fase de cumprimento de sentença. 10. TESE para os fins do art. 1.040 do CPC/2015: O reajuste de mensalidade de plano de saúde individual ou familiar fundado na mudança de faixa etária do beneficiário é válido desde que (i) haja previsão contratual, (ii) sejam observadas as normas expedidas pelos órgãos governamentais reguladores e (iii) não sejam aplicados percentuais desarrazoados ou aleatórios que, concretamente e sem base atuarial idônea, onerem excessivamente o consumidor ou discriminem o idoso. 11. CASO CONCRETO: Não restou configurada nenhuma política de preços desmedidos ou tentativa de formação, pela operadora, de 'cláusula de barreira' com o intuito de afastar a usuária quase idosa da relação contratual ou do plano de saúde por impossibilidade financeira. Longe disso, não ficou patente a onerosidade excessiva ou discriminatória, sendo, portanto, idôneos o percentual de reajuste e o aumento da mensalidade fundados na mudança de faixa etária da autora. 12. Recurso especial não provido" (STJ, REsp 1568244/RJ, Rel. Ministro Ricardo Villas Bôas Cueva, Segunda Seção, DJe 19/12/2016).

■ **Cláusula que exclui o custeio de cobertura de materiais necessários à realização de cirurgia.** "AGRAVO REGIMENTAL NO RECURSO ESPECIAL – AÇÃO DE OBRIGAÇÃO DE FAZER CUMULADA COM PEDIDO DE INDENIZAÇÃO POR DANO MORAL DECORRENTE DA RECUSA INDEVIDA DE COBERTURA FINANCEIRA DE MATERIAL NECESSÁRIO À REALIZAÇÃO DE 'CIRURGIA DA COLUNA VERTEBRAL TORÁCICA' (INCLUSIVE IMPLANTE) – (...) Ainda que admitida a possibilidade de previsão de cláusulas limitativas dos direitos do consumidor (desde que escritas com destaque, permitindo imediata e fácil compreensão), revela-se abusivo o preceito do contrato de plano de saúde excludente do custeio dos meios e materiais necessários ao melhor desempenho do tratamento clinico ou do procedimento cirúrgico coberto ou de internação hospitalar. Precedentes. (...)" (STJ, AgRg no REsp 1533684/SP, Quarta Turma, Rel. Min. Marco Buzzi, DJe 21/02/2017).

◙ **Cláusula que exclui o custeio de medicamento a ser ministrado em ambiente domiciliar.** "AGRAVO INTERNO NO AGRAVO EM RECURSO ESPECIAL. PLANO DE SAÚDE. RECUSA NO FORNECIMENTO DE MEDICAÇÃO PARA USO DOMICILIAR PARA CONTROLE E TENTATIVA DE EVITAR A PROGRESSÃO DE DOENÇA HEPÁTICA EM CIRROSE OU NEOPLASIA DO FÍGADO. NÃO CUMPRIMENTO DO DEVER DE INFORMAÇÃO. ABUSIVIDADE DE CLÁUSULA QUE LIMITA A FORMA DE TRATAMENTO. DANO MORAL. CABIMENTO. (...) 2. 'Ainda que admitida a possibilidade de o contrato de plano de saúde conter cláusulas limitativas dos direitos do consumidor (desde que escritas com destaque, permitindo imediata e fácil compreensão, nos termos do § 4º do artigo 54 do Código Consumerista), revela-se abusivo o preceito excludente do custeio do medicamento prescrito pelo médico responsável pelo tratamento do beneficiário, ainda que ministrado em ambiente domiciliar' (AgRg no AREsp n. 624.402/RJ, Relator o Ministro Marco Buzzi, Quarta Turma, julgado em 19/3/2015, DJe 26/3/2015). (...)" (STJ, AgInt no AREsp 918.635/SP, Terceira Turma, Rel. Min. Marco Aurélio Bellizze, DJe 22/02/2017).

◙ **Cláusula que limita o valor do tratamento e internação.** "CIVIL. CONSUMIDOR. SEGURO. APÓLICE DE PLANO DE SAÚDE. CLÁUSULA ABUSIVA. LIMITAÇÃO DO VALOR DE COBERTURA DO TRATAMENTO. NULIDADE DECRETADA. DANOS MATERIAL E MORAL CONFIGURADOS. RECURSO ESPECIAL PROVIDO. 1. É abusiva a cláusula contratual de seguro de saúde que estabelece limitação de valor para o custeio de despesas com tratamento clínico, cirúrgico e de internação hospitalar.2. O sistema normativo vigente permite às seguradoras fazer constar da apólice de plano de saúde privado cláusulas limitativas de riscos adicionais relacionados com o objeto da contratação, de modo a responder pelos riscos somente na extensão contratada. Essas cláusulas meramente limitativas de riscos extensivos ou adicionais relacionados com o objeto do contrato não se confundem, porém, com cláusulas que visam afastar a responsabilidade da seguradora pelo próprio objeto nuclear da contratação, as quais são abusivas. 3. Na espécie, a seguradora assumiu o risco de cobrir o tratamento da moléstia que acometeu a segurada. Todavia, por meio de cláusula limitativa e abusiva, reduziu os efeitos jurídicos dessa cobertura, ao estabelecer um valor máximo para as despesas hospitalares, tornando, assim, inócuo o próprio objeto do contrato. 4. A cláusula em discussão não é meramente limitativa de extensão de risco, mas abusiva, porque excludente da própria essência do risco assumido, devendo ser decretada sua nulidade. (...)" (STJ, REsp 735.750/SP, Rel. Ministro Raul Araújo, Quarta Turma, DJe 16/02/2012)

◙ **Cláusula que limita a quantidade de sessões de rádio e quimioterapia.** "DIREITO CIVIL. PLANOS DE SAÚDE. COBERTURA. LIMITAÇÃO CONTRATUAL/ESTATUTÁRIA AO NÚMERO DE SESSÕES DE QUIMIOTERAPIA. IRRETROATIVIDADE

DA LEI Nº 9.656/98. RELAÇÃO DE CONSUMO. NATUREZA JURÍDICA DA ENTIDADE. DESINFLUÊNCIA. ABUSIVIDADE DA RESTRIÇÃO. (...) Reconhecida a incidência do Código de Defesa do Consumidor, impende reconhecer, também, a abusividade da cláusula contratual/estatutária que limita a quantidade de sessões anuais de rádio e de quimioterapia cobertas pelo plano. Aplicação, por analogia, da Súmula 302/STJ." (STJ, REsp 1115588/SP, Rel. Ministro Sidnei Beneti, Terceira Turma, DJe 16/09/2009) ◙ **No mesmo sentido:** "AGRAVO REGIMENTAL NO AGRAVO EM RECURSO ESPECIAL. DIREITO DO CONSUMIDOR. PLANO DE SAÚDE. SESSÕES DE QUIMIOTERAPIA. CLÁUSULA ABUSIVA. ANULAÇÃO. SÚMULA 83/STJ. IMPROVIMENTO.1.- Se o contrato de plano de saúde prevê a cobertura de determinado tratamento, não podem ser excluídos os procedimentos imprescindíveis para o seu êxito. Incidência da Súmula 83/STJ." (STJ, AgRg no AREsp 35.266/PE, Rel. Ministro Sidnei Beneti, Terceira Turma, DJe 07/11/2011)

◙ **Tratamento domiciliar (home care) como desdobramento do tratamento hospitalar.** "RECURSO ESPECIAL. PLANO DE SAÚDE. SERVIÇO DE HOME CARE. COBERTURA PELO PLANO DE SAÚDE. DANO MORAL. 1 - Polêmica em torna da cobertura por plano de saúde do serviço de 'home care' para paciente portador de doença pulmonar obstrutiva crônica. 2 - O serviço de 'home care' (tratamento domiciliar) constitui desdobramento do tratamento hospitalar contratualmente previsto que não pode ser limitado pela operadora do plano de saúde. 3- Na dúvida, a interpretação das cláusulas dos contratos de adesão deve ser feita da forma mais favorável ao consumidor . Inteligência do enunciado normativo do art. 47 do CDC. Doutrina e jurisprudência do STJ acerca do tema. 4- Ressalva no sentido de que, nos contratos de plano de saúde sem contratação específica, o serviço de internação domiciliar (home care) pode ser utilizado em substituição à internação hospitalar, desde que observados certos requisitos como a indicação do médico assistente, a concordância do paciente e a não afetação do equilíbrio contratual nas hipóteses em que o custo do atendimento domiciliar por dia supera o custo diário em hospital. 5 - Dano moral reconhecido pelas instâncias de origem. Súmula 07/STJ. 6 - Recurso Especial a que se nega provimento" (STJ, REsp 1378707/RJ, Rel. Min. Paulo de Tarso Sanseverino, 3ª T., DJe 15.6.2015).

◙ "RECURSO ESPECIAL. DIREITO CIVIL E PROCESSUAL CIVIL. PLANO DE SAÚDE. 'HOME CARE'. ALTA GRADATIVA. REDUÇÃO DO REGIME DE 24H/DIA PARA 3H/DIA. DISTINÇÃO ENTRE INTERNAÇÃO DOMICILIAR E ASSISTÊNCIA DOMICILIAR. CONSIDERAÇÕES SOBRE O EQUILÍBRIO DO CONTRATO. CASO CONCRETO. LAUDO DO MÉDICO ASSISTENTE RECOMENDANDO A MANUTENÇÃO DO REGIME DE 24 H/DIA. INVERSÃO DO JULGADO. ÓBICE DA SÚMULA 7/STJ. 1. Controvérsia acerca da alta gradativa (ou "desmame") do serviço de "home care" oferecido pela operadora de plano de saúde, não obstante a ausência de previsão contratual. 2. Distinção entre internação domiciliar e assistência domiciliar, como modalidades do serviço de "home care". 3. Caso concreto em que o acórdão recorrido encontra-se fundamentado, dentre outras provas, no laudo do médico assistente, recomendando a manutenção da assistência em regime de 24 horas diárias.". (STJ, REsp 1599436/RJ, Rel. Ministro Paulo De Tarso Sanseverino, Terceira Turma, DJe 29/10/2018)

◙ **Tratamento de obesidade mórbida (gastroplastia)** "A gastroplastia, indicada para o tratamento da obesidade mórbida, bem como de outras doenças dela derivadas, constitui cirurgia essencial à preservação da vida e da saúde do paciente segurado, não se confundindo com simples tratamento para emagrecimento. 2. Abusividade da negativa do plano de saúde em cobrir as despesas da intervenção cirúrgica necessária à garantia da própria sobrevivência do segurado." (STJ, REsp 1249701/SC, Rel. Ministro Paulo de Tarso Sanseverino, Terceira Turma, DJe 10/12/2012)

◙ **Cláusula de coparticipação é válida, mas deve constar expressamente no contrato.** "DIREITO CIVIL E DIREITO DO CONSUMIDOR. AÇÃO DE OBRIGAÇÃO DE FAZER. PLANO DE SAÚDE. CLÁUSULA DE COPARTICIPAÇÃO. LEI 9.656/98. POSSIBILIDADE. PREVISÃO CONTRATUAL EXPRESSA. 1. Ação de obrigação de fazer ajuizada em 22.01.2014. Recurso especial concluso ao gabinete em 02.09.2016. Julgamento: CPC/1973. 2. Cinge-se a controvérsia a definir a legalidade de cláusula, em contrato de assistência médica, que impõe coparticipação do contratante à razão de 50% (cinquenta por cento) do valor das despesas, após o período de 30 (trinta) dias de internação para tratamento psiquiátrico. 3. A lei especial que regulamenta a prestação dos serviços de saúde autoriza, expressamente, a possibilidade de coparticipação do contratante em despesas médicas específicas, desde que figure de forma clara e expressa a obrigação para o consumidor no contrato. 4. Na hipótese, a coparticipação foi utilizada para redimensionar, contratualmente, 'a franquia, os limites financeiros ou o percentual de coparticipação do consumidor ou beneficiário', previstos para as despesas com tratamento psiquiátrico na apólice de seguro saúde escolhida pelo recorrente. 5. O acórdão recorrido acompanha o entendimento deste órgão julgador, no sentido de que 'não é abusiva a cláusula de coparticipação expressamente contratada e informada ao consumidor, para a hipótese de internação superior a 30 (trinta) dias decorrentes de transtornos psiquiátricos, pois destinada à manutenção do equilíbrio entre as prestações e contraprestações que envolvem a gestão dos custos dos contratos de planos de saúde'. Precedentes. 6. Recurso especial conhecido e não provido" (STJ, REsp 1587271/DF, Rel. Ministra Nancy Andrighi, Terceira Turma, DJe 19/12/2016). ◙ **No mesmo sentido:** "DIREITO CIVIL E DIREITO DO CONSUMIDOR. AÇÃO DE OBRIGAÇÃO DE FAZER C/C REPARAÇÃO DE DANOS MATERIAIS E COMPENSAÇÃO DE DANOS MORAIS. PLANO DE SAÚDE. CLÁUSULA DE COPARTICIPAÇÃO. LEI 9.656/98. POSSIBILIDADE. PREVISÃO CONTRATUAL EXPRESSA. DANO MORAL NÃO CARACTERIZADO. (...) 2. Cinge-se a controvérsia a definir a legalidade de cláusula, em contrato de assistência médica, que impõe coparticipação do contratante à razão de 50% (cinquenta por cento) do valor das despesas, após o período de 30 (trinta) dias de internação para tratamento psiquiátrico. (...) 4. A lei especial que regulamenta a prestação dos serviços de saúde autoriza, expressamente, a possibilidade de coparticipação do contratante em despesas médicas específicas, desde que figure de forma clara e expressa a obrigação para o consumidor no contrato. (...)" (STJ, REsp 1635626/RJ, Terceira Turma, Rel. Min. Nancy Andrighi, DJe 16/02/2017). ◙ **No mesmo sentido:** "EMBARGOS DE DIVERGÊNCIA NO AGRAVO EM RECURSO ESPECIAL. AÇÃO DECLARATÓRIA C/C COMINATÓRIA. PLANOS DE SAÚDE. INTERNAÇÃO PSIQUIÁTRICA. COPARTICIPAÇÃO. VALIDADE. JURISPRUDÊNCIA DOMINANTE DAS TURMAS DE DIREITO PRIVADO. (...) 2. Não é abusiva a cláusula de coparticipação expressamente contratada e informada ao consumidor, para a hipótese de internação superior a 30 (trinta) dias decorrentes de transtornos psiquiátricos, pois destinada à manutenção do equilíbrio entre as prestações e contraprestações que envolvem a gestão dos custos dos contratos de planos de saúde. 3. Embargos de divergência conhecidos e providos". (STJ, EAREsp 793.323/RJ, Rel. Ministra Nancy Andrighi, Segunda Seção, DJe 15/10/2018)

◙ **Coparticipação não se confunde com contribuição.** "RECURSO ESPECIAL. CIVIL. PLANO DE SAÚDE COLETIVO EMPRESARIAL. EX-EMPREGADO APOSENTADO. MANUTENÇÃO DA ASSISTÊNCIA MÉDICA. ART. 31 DA LEI Nº 9.656/1998. REQUISITOS NÃO PREENCHIDOS. VIGÊNCIA DO CONTRATO DE TRABALHO. CONTRIBUIÇÃO EXCLUSIVA DO EMPREGADOR. COPARTICIPAÇÃO DO USUÁRIO. IRRELEVÂNCIA. FATOR DE MODERAÇÃO. SALÁRIO INDIRETO. DESCARACTERIZAÇÃO. (...) 3. Nos termos dos arts. 30, § 6º, e 31, § 2º, da Lei nº 9.656/1998, não é considerada contribuição a coparticipação do consumidor, única e exclusivamente, em procedimentos, como fator de moderação, na utilização dos serviços de assistência médica ou hospitalar. 4. Contribuir para o plano de saúde significa, nos termos da lei, pagar uma mensalidade, independentemente de se estar usufruindo dos serviços de assistência médica. A coparticipação, por sua vez, é um fator de moderação, previsto em alguns contratos, que consiste no valor cobrado do consumidor apenas quando utilizar o plano de saúde, possuindo, por isso mesmo, valor variável, a depender do evento sucedido. Sua função, portanto, é a de desestimular o uso desenfreado dos serviços da saúde suplementar. (...)" (STJ, REsp 1594346/SP, Terceira Turma, Rel. Min. Ricardo Villas Bôas Cueva, DJe 16/08/2016).

◙ **Coparticipação em internação que excede 30 dias não é abusiva.** "RECURSO ESPECIAL. PLANO DE SAÚDE. INTERNAÇÃO PSIQUIÁTRICA QUE EXCEDE A 30 (TRINTA) DIAS. COPARTICIPAÇÃO. LEGALIDADE. RECURSO ESPECIAL PROVIDO". (STJ, REsp 1801334, Terceira turma, Rel. Min. Marco Aurélio Bellizze, DJ 25/04/2019)

◙ **Plano de saúde coletivo empresarial. Funcionário aposentado. Se não há contribuição direta por parte do segurado, não cabe sua manutenção como beneficiário.** "DIREITO CIVIL E DO CONSUMIDOR. RECURSO ESPECIAL. AÇÃO DE OBRIGAÇÃO DE FAZER. PLANO DE SAÚDE COLETIVO EMPRESARIAL. EMPREGADO APOSENTADO. DEMITIDO SEM JUSTA CAUSA. PREQUESTIONAMENTO. AUSÊNCIA. SÚMULA 282/STF. PARTICIPAÇÃO FINANCEIRA DO CONSUMIDOR. CONTRIBUIÇÃO. NECESSIDADE. (...) 4. A Lei 9.656/98, regulamentada pela Resolução Normativa nº 279/2011, impôs a participação financeira do consumidor para o custeio da contraprestação do plano de saúde coletivo empresarial, para assegurar o direito de manutenção como beneficiários de plano coletivo empresarial aos ex-empregados, demitidos sem justa causa ou aposentados, nas mesmas condições de cobertura assistencial quando da vigência do contrato de trabalho. 5. Na hipótese, a ausência de contribuição direta por parte do aposentado, não atende aos requisitos legais para a sua manutenção como beneficiário do plano de saúde coletivo disponibilizado aos funcionários do Banco Bradesco S/A. Precedentes. 6. Recurso especial parcialmente conhecido e, nessa parte, provido". (STJ, REsp 1661252/SP, Terceira Turma, Rel. Ministra Nancy Andrighi, DJe 22/06/2017)

◙ **Cláusula restritiva de transplante de órgãos. Abusividade.** "Além de ferir o fim primordial do contrato de seguro-saúde, a cláusula restritiva de cobertura de transplante de órgãos acarreta desvantagem exagerada ao segurado, que celebra o pacto justamente ante a imprevisibilidade da doença que poderá acometê-lo e, por recear não ter acesso ao procedimento médico necessário para curar-se, assegura-se contra tais riscos. – Cercear o limite da evolução de uma doença é o mesmo que afrontar a natureza e ferir, de morte, a pessoa que imaginou estar segura com seu contrato de "seguro-saúde"; se a ninguém é dado prever se um dia será acometido de grave enfermidade, muito menos é permitido saber se a doença, já instalada e galopante, deixará de avançar para o momento em que se tornar necessário procedimento médico ou cirúrgico que não é coberto pelo seguro médico-hospitalar contratado. – A negativa de cobertura de transplante – apontado pelos médicos como essencial para salvar a vida do paciente –, sob alegação de estar previamente excluído do contrato, deixa o segurado à mercê da onerosidade excessiva perpetrada pela seguradora, por meio de abusividade em cláusula contratual. (...) Com vistas à necessidade de se conferir maior efetividade ao direito integral à cobertura de proteção à saúde – por meio do acesso ao tratamento médico-hospitalar necessário –, deve ser invalidada a cláusula de exclusão de transplante do contrato de seguro-saúde, notadamente ante a peculiaridade de ter sido, o segurado, submetido a tratamento complexo, que incluía a probabilidade – e não a certeza – da necessidade do transplante, procedimento que, ademais, foi utilizado para salvar-lhe a vida, bem mais elevado no plano não só jurídico, como também metajurídico. Recurso especial conhecido, mas, não provido" (STJ, REsp 1053810, Rel. Ministra Nancy Andrighi, 3ª T, DJ 15.3.2010). ◙ **Em sentido contrário, admitindo a cláusula que exclui o transplante de órgãos.** "PLANO DE SAÚDE. TRANSPLANTE DE ÓRGÃOS. LIMITAÇÃO DA COBERTURA. POSSIBILIDADE. I – Em sendo clara e de entendimento imediato, não é abusiva a cláusula que exclui da cobertura contratual o transplante de órgãos. II – A clareza dos termos contratuais não está necessariamente vinculada ao modo como foram grafados." (STJ, AgRg no REsp 378.863/SP, Rel. Ministro Humberto Gomes de Barros, Terceira Turma, DJ 08/05/2006)

◙ **Transplante. Obrigatoriedade de cobrir as despesas com o doador vivo.** "PROCESSUAL CIVIL E LEI CONSUMERISTA – CONTRATO DE SEGURO SAÚDE – TRANSPLANTE RENAL – PROIBIÇÃO DE COBERTURA DE DESPESAS MÉDICAS COM O DOADOR VIVO – CLÁUSULA ABUSIVA – NULIDADE, FACE A ABUSIVIDADE – TUTELA ANTECIPADA DEFERIDA E RATIFICADA NA SENTENÇA – APELO – IMPROVIMENTO – DECISÃO UNÂNIME – É abusiva a cláusula que coloca o consumidor em desvantagem exagerada e é incompatível com a boa-fé e com a eqüidade, nos termos do art. 51, IV, do CDC. Ademais, autorizar o transplante e não cobrir as despesas com o doador vivo é tornar inviável o único procedimento médico capaz de preservar o bem maior que é a vida da paciente segurada. É esse entendimento que justifica a decretação da nulidade da cláusula que exclui da cobertura do seguro as despesas com doadores de qualquer natureza, independente de ter havido ou não alegação do apelado". (TJPE, AC 116606-1 – Rel. Des. Jovaldo Nunes Gomes, DJPE 11. 6.2005)

◙ **Cláusula que exclui a cobertura do tratamento da AIDS.** "DIREITO CIVIL E PROCESSUAL CIVIL. ART. 535 DO CPC. OMISSÃO INEXISTENTE. CONTRATO DE SEGURO-SAÚDE. AIDS. CLÁUSULA EXCLUDENTE DE COBERTURA. ABUSIVIDADE RECONHECIDA. CONTRATO DE ADESÃO. CÓDIGO DE DEFESA DO CONSUMIDOR. RECURSO ESPECIAL PROVIDO. (...) 2. A cláusula arguida, que exclui, dentre outros casos, a cobertura securitária de doenças infecto-contagiosas de notificação compulsória, tal como a AIDS, sonega ao leigo, decerto, o conhecimento suficiente, a propósito do alcance da exclusão, máxime quando o beneficiário não contratou diretamente com a prestadora do serviço, não tendo qualquer condição de intervir na estipulação do ajuste. 3. Recurso especial conhecido em parte e, na extensão, provido" (STJ, REsp 550.501, 4ª T., DJ 21.5.2007). ◙ **No mesmo sentido:** "Plano de Saúde. Cláusula de exclusão. AIDS. I. A cláusula de contrato de seguro-saúde excludente de tratamento de doenças infecto-contagiosas, caso da AIDS, é nula porque abusiva. II. Nos contratos de trato sucessivo aplicam-se as disposições do CDC, ainda mais quando a adesão da consumidora ocorreu já em sua vigência. III. Recurso especial conhecido e provido" (STJ, REsp 244.847, 3ª T., DJ 20.6.2005).

◙ **Cláusula que restringe exame pedido por médico conveniado.** "A realização de exames, internações e demais procedimentos hospitalares não pode ser obstada aos usuários cooperados, exclusivamente pelo fato de terem sido solicitados por médico diverso daqueles que compõem o quadro da operadora, pois isso configura não apenas discriminação do galeno, mas também tolhe tanto o direito de usufruir do plano contratado como a liberdade de escolha do profissional que lhe aprouver. Assim, a cláusula contratual que prevê o indeferimento de quaisquer procedimentos médico-hospitalares, se estes forem solicitados por médicos não cooperados, deve ser reconhecida como cláusula abusiva, nos termos do art. 51, IV, do CDC." (STJ, REsp 1330919/MT, Rel. Ministro Luis Felipe Salomão, Quarta Turma, DJe 18/08/2016)

◙ **Plano de saúde não pode impor restrição não prevista no credenciamento de entidade conveniada.** "Se a prestação do serviço (hospitalar, ambulatorial, médico-hospitalar, obstétrico e de urgência 24h) não for integral, deve ser indicada a restrição e quais especialidades oferecidas pela entidade não estão cobertas, sob pena de se considerar todas incluídas no credenciamento, principalmente em se tratando de hospitais, já que são estabelecimentos de saúde vocacionados a prestar assistência sanitária em regime de internação e de não internação, nas mais diversas especialidades médicas." (STJ, REsp 1613644/SP, Rel. Ministro Ricardo Villas Bôas Cueva, Terceira Turma, DJe 30/09/2016)

◙ **Cláusula contratual que prevê a suspensão de atendimento em caso de atraso no pagamento de uma única parcela.** "PLANO DE SAÚDE. ABUSIVIDADE DE CLÁUSULA. SUSPENSÃO DE ATENDIMENTO. ATRASO DE ÚNICA PARCELA. DANO MORAL. CARACTERIZAÇÃO. I. É abusiva a cláusula prevista em contrato de plano-de-saúde que suspende o atendimento em razão do atraso de pagamento de uma única parcela. Precedente da Terceira Turma. Na hipótese, a própria empresa seguradora contribuiu para a mora pois, em razão de problemas internos, não enviou ao segurado o boleto para pagamento." (STJ, REsp 259.263, 3ª T., DJ 20.2.2006).

■ **Cláusula que prevê a rescisão unilateral do plano de saúde.**"CONSUMIDOR. PLANO DE SAÚDE. CLÁUSULA ABUSIVA. NULIDADE. RESCISÃO UNILATERAL DO CONTRATO PELA SEGURADORA. LEI Nº 9.656/1998. É nula, por expressa previsão legal, e em razão de sua abusividade, a cláusula inserida em contrato de plano de saúde que permite a sua rescisão unilateral pela seguradora, sob simples alegação de inviabilidade de manutenção da avença." (STJ, REsp. 602397/RS, Rel. Min. Castro Filho, DJ 01/08/2005) ■ **No sentido de considerar possível a rescisão, sem necessidade de ação judicial, dos contratos de consumidores que estejam com mensalidades em atraso há mais de dois meses, desde que notificados previamente.** "PLANO DE SAÚDE. INADIMPLÊNCIA DO SEGURADO SUPERIOR A 60 (SESSENTA) DIAS. NOTIFICAÇÃO PRÉVIA. RESCISÃO UNILATERAL. POSSIBILIDADE. 1. A rescisão unilateral do contrato de plano de saúde individual, nos termos do art. 13, parágrafo único, II, da Lei nº 9.656/1998 independe da propositura de ação judicial. (STJ, Resp 957900/SP, Rel. Ministro Antonio Carlos Ferreira, Quarta Turma, DJe 25/11/2011)

■ **Rescisão unilateral nos contratos de plano de saúde coletivo.** "Os contratos de planos privados de assistência à saúde coletivos podem ser rescindidos imotivadamente após a vigência do período de 12 (doze) meses e mediante prévia notificação da outra parte com antecedência mínima de 60 (sessenta) dias (art. 17, parágrafo único, da RN nº 195/2009 da ANS). A vedação de suspensão e de rescisão unilateral prevista no art. 13, parágrafo único, II, da Lei nº 9.656/1998 aplica-se somente aos contratos individuais ou familiares." (REsp 1471569/RJ, Rel. Ministro Ricardo Villas Bôas Cueva, Terceira Turma, DJe 07/03/2016)

■ **Cláusula que limita o tempo de internação.** "AGRAVO REGIMENTAL. RECURSO ESPECIAL. PLANO DE SAÚDE. LIMITE DE INTERNAÇÃO. ABUSIVIDADE DA CLÁUSULA. NULIDADE DE PLENO DIREITO. ART. 51, INC. IV, DO CDC. DECISÃO AGRAVADA MANTIDA POR SEUS PRÓPRIOS FUNDAMENTOS. 1. É nula de pleno direito a cláusula, inserida em contratos de plano ou de seguro-saúde, que limita o tempo de cobertura para internação. Matéria pacificada na Corte. 2. Da leitura das razões expendidas na petição de agravo regimental não se extrai argumentação relevante apta a afastar os fundamentos do julgado ora recorrido. Destarte, deve a decisão ser mantida por seus próprios e jurídicos fundamentos. 3. Agravo regimental desprovido" (STJ, AgRg no REsp 535.447, 4ª T., DJ 1.3.2010). ■ **No mesmo sentido:** "Direito Civil. Agravo no recurso especial. Plano de saúde. Limite de internação. Abusividade da cláusula. Nulidade de pleno direito. Art. 51, inc. IV, do CDC. – É nula de pleno direito a cláusula, inserida em contratos de plano ou de seguro-saúde, que limita o tempo de cobertura para internação em UTI. – Matéria pacificada na Corte. Agravo não provido" (STJ, AgRg no REsp 609.372, 3ª T., DJ 1.2.2006). ■ **No mesmo sentido: Súmula 302 do STJ:** *É abusiva a cláusula contratual de plano de saúde que limita no tempo a internação hospitalar do segurado.*

■ **Cláusula que limita o tratamento da doença.** "Seguro saúde. Cobertura. Câncer de pulmão. Tratamento com quimioterapia. Cláusula abusiva. 1. O plano de saúde pode estabelecer quais doenças estão sendo cobertas, mas não que tipo de tratamento está alcançado para a respectiva cura. Se a patologia está coberta, no caso, o câncer, é inviável vedar a quimioterapia pelo simples fato de ser esta uma das alternativas possíveis para a cura da doença. A abusividade da cláusula reside exatamente nesse preciso aspecto, qual seja, não pode o paciente, em razão de cláusula limitativa, ser impedido de receber tratamento com o método mais moderno disponível no momento em que instalada a doença coberta. 2. Recurso especial conhecido e provido." (STJ, REsp 668.216/SP, Rel. Ministro Carlos Alberto Menezes Direito, Terceira Turma, DJ 02/04/2007) ◙ **No mesmo sentido:** "Se o contrato de seguro de saúde prevê a cobertura do tratamento da doença crônica que acomete a recorrida, são abusivas as cláusulas contratuais que limitam seu direito ao tratamento contratado." (STJ, REsp 1641135/SP, Rel. Ministra Nancy Andrighi, Terceira Turma, DJe 10/02/2017) ◙ **No mesmo sentido:** "A jurisprudência desta Corte reconhece a possibilidade do plano de saúde estabelecer as doenças que terão cobertura, mas não o tipo de tratamento utilizado para a cura de cada uma delas. 2. É abusiva a negativa de cobertura pelo plano de saúde de procedimento, tratamento, medicamento ou material considerado essencial para preservar a saúde e a vida do paciente." (STJ, AgRg no REsp 1325733/DF, Rel. Ministro Ricardo Villas Bôas Cueva, Terceira Turma, DJe 03/02/2016)

◙ **Cobrança de valores adicionais por atendimentos realizados fora do horário comercial.** "Cuida-se de iníqua cobrança, em prevalecimento sobre a fragilidade do consumidor, de custo que está ou deveria estar coberto pelo preço cobrado da operadora de saúde – negócio jurídico mercantil do qual não faz parte o consumidor usuário do plano de saúde –, caracterizando-se como conduta manifestamente abusiva, em violação à boa-fé objetiva e ao dever de probidade do fornecedor, vedada pelos arts. 39, IV, X e 51, III, IV, X, XIII, XV, do CDC e 422 do CC/2002." (STJ, REsp 1324712/MG, Rel. Ministro Luis Felipe Salomão, Quarta Turma, DJe 13/11/2013)

◙ **Cláusula que prevê cobrança de honorários médicos complementares caso o consumidor solicite o internamento em acomodação superior àquela prevista no contrato.** "RECURSO ESPECIAL. AÇÃO CIVIL PÚBLICA. PLANO DE SAÚDE. HONORÁRIOS MÉDICOS COMPLEMENTARES. RESPONSABILIDADE DO USUÁRIO. OPÇÃO POR ACOMODAÇÃO SUPERIOR À CONTRATADA. CLÁUSULA CONTRATUAL. LEGALIDADE. AUSÊNCIA DE ABUSIVIDADE. VALORIZAÇÃO DO TRABALHO MÉDICO. INEXISTÊNCIA DE DUPLO PAGAMENTO. 1. Ação civil pública que visa a declaração de nulidade de cláusula contratual de plano de saúde que prevê o pagamento pelo usuário da complementação de honorários médicos caso solicite o internamento em acomodação superior àquela prevista no contrato. 2. O consumidor, ao contratar um plano de saúde hospitalar, pode optar por cobertura em acomodação coletiva (enfermaria ou quarto com dois ou mais leitos) ou em acomodação individual (quarto privativo ou apartamento). 3. Caso o usuário opte, no ato da internação, por uma acomodação superior à oferecida pelo seu plano, deverá pagar diretamente ao hospital as diferenças de estada. 4. Apesar de a cobertura de despesas referentes a honorários médicos estar incluída no plano de saúde hospitalar, os custos decorrentes da escolha por uma acomodação superior à contratada não se restringem aos de hospedagem, pois é permitido também aos médicos cobrarem honorários complementares. 5. É lícita a cobrança de honorários médicos complementares no setor privado, desde que seja acordado pelas partes e haja previsão contratual, sendo proibida apenas a cobrança em duplicidade pelo mesmo serviço (ato médico) realizado. Essa complementação da verba honorária, além de ir ao encontro do princípio da valorização do trabalho humano, deverá ser feita com moderação, a evitar exigências abusivas, sobretudo diante do quadro de vulnerabilidade do paciente, que, muitas vezes, padece de dor e desespero ante a precariedade de sua saúde física e mental. 6. Os planos de saúde possuem tabela crescente de honorários médicos, a depender do nível de cobertura de cada plano. Planos superiores, em que há internação de pacientes em apartamento ou quarto privativo, a valorização do trabalho médico é em dobro se comparada com os planos que oferecem acomodações hospitalares coletivas. 7. Não há ilegalidade ou abusividade na cláusula contratual de plano de saúde que prevê o pagamento pelo usuário da complementação de honorários médicos caso solicite o internamento em acomodação de padrão superior àquela prevista no contrato. Ao contrário, essa cláusula apenas informa ao consumidor as despesas que deverá arcar caso proceda, segundo os princípios da autonomia da vontade e da liberdade de contratar, à escolha de hospedagem não coberta pelo plano de saúde. 8. O pagamento dos honorários médicos complementares é feito diretamente ao profissional da saúde, não havendo duplicidade de pagamento, limitação de direito do consumidor ou a sua colocação em situação de desvantagem exagerada. 9. Recurso especial não provido." (STJ, REsp 1178555/PR, Rel. Ministro Ricardo Villas Bôas Cueva, Terceira Turma, DJe 15/12/2014)

◙ **Internação psiquiátrica não pode ser recusada sob a alegação de doença preexistente sem que seja comprovada má-fé do consumidor.** "PROCESSUAL CIVIL. AGRAVO INTERNO NO AGRAVO EM RECURSO ESPECIAL. DIREITO DO CONSUMIDOR. AÇÃO DE OBRIGAÇÃO DE FAZER. PLANO DE SAÚDE. COBERTURA. INTERNAÇÃO PSIQUIÁTRICA. DOENÇA PRÉEXISTENTE. MÁ-FÉ NÃO COMPROVADA. LIMITAÇÃO DE PRAZO. ABUSIVIDADE. (...) 1. Não se justifica a recusa à cobertura de tratamento necessária à sobrevida do segurado, ao argumento de se tratar de doença pré-existente, quando a administradora do plano de saúde não se precaveu mediante realização de exames de admissão no plano ou prova inequívoca de má-fé a qual não ocorreu. Precedentes. (...)" (STJ, AgInt no AREsp 998163/DF, Quarta Turma, Rel. Min. Luis Felipe Salomão, DJe 01/03/2017).

◙ **Reembolso de despesas de tratamento de urgência realizado em rede não credenciada.** "CONSUMIDOR – PLANO DE SAÚDE – INEXISTÊNCIA DE SERVIÇO E EQUIPAMENTOS NO HOSPITAL CREDENCIADO – I – O reembolso das despesas efetuadas pela internação em hospital não conveniado é admitido em casos especiais – inexistência de estabelecimento credenciado no local, recusa do hospital conveniado de receber o paciente, urgência da internação, etc. II – Cláusulas contratuais que limitam o atendimento à rede exclusiva da apelante, mostram-se abusivas, pois colocam o consumidor em desvantagem exagerada na medida em que restringem direitos fundamentais inerentes à natureza do contrato, ameaçando o seu equilíbrio e a efetivação do seu objeto, qual seja, a manutenção da saúde da contratante. (CDC, art. 51, IV, c/c § 1º, II). III – A Lei 9.656/98, que dispõe sobre os planos e seguros privados de assistência à saúde, estabelece que os planos privados de assistência à saúde são obrigados ao reembolso das despesas de tratamento realizado fora da rede credenciada, tanto quando urgente como, também, quando o hospital credenciado não oferece os serviços e equipamentos adequados (art. 1º c/c art. 12, VI, da Lei 9.656/98). IV – Recurso não provido". (TJMA, AC 23217-2002 – (52.740/2004) – São Luís – 2ª C.Cív. – Rel. Des. Antonio Guerreiro Júnior , J. 14.12.2004)

◙ . **Reembolso de despesas de tratamento realizado em hospital não credenciado, ainda que não haja urgência ou emergência.** "RECURSO ESPECIAL. PLANOS DE SAÚDE. AÇÃO DE OBRIGAÇÃO DE FAZER. (...) RESSARCIMENTO DO BENEFICIÁRIO POR UTILIZAÇÃO DE HOSPITAL PRIVADO NÃO CREDENCIADO. LIMITES DA TABELA DO PLANO DE SAÚDE CONTRATADO. EQUILÍBRIO ATUARIAL E INTERESSE DO CONSUMIDOR. MANUTENÇÃO. (...) 5. A operadora de plano de saúde está obrigada a ressarcir o Sistema Único de Saúde quando seus beneficiários se utilizarem do serviço público de atenção à saúde, conforme procedimento próprio estabelecido na Resolução Normativa 358/2014, da ANS. Constitucionalidade do art. 32 da LPS – Tema 345 da repercussão geral do STF. 6. Se a operadora de plano de saúde é obrigada a ressarcir o SUS na hipótese de tratamento em hospital público, não há razão para deixar de reembolsar o próprio beneficiário que se utiliza dos serviços do hospital privado que não faz parte da sua rede credenciada. 7. O reembolso das despesas efetuadas pelo beneficiário com assistência à saúde deve ser permitido quando não for possível a utilização dos serviços próprios, contratados, credenciados ou referenciados pelas operadoras, sendo as hipóteses de urgência e emergência apenas exemplos (e não requisitos) dessa segurança contratual dada aos consumidores. 8. Recurso especial conhecido e parcialmente provido." (STJ, REsp 1575764/SP, Rel. Ministra Nancy Andrighi, Terceira Turma, DJe 30/05/2019)

◙ **Cobertura de tratamento fisioterápico.** "PLANO DE SAÚDE. Cobertura – Tratamento fisioterápico. Recusa da administradora escudada em cláusula de conteúdo genérico, contrário ao dever de informar e ao princípio da transparência. Abusividade caracterizada. Hipótese, ademais, em que a ré, em outra ocasião, havia autorizado o tratamento. Presunção do reconhecimento da cobertura. Ação cominatória procedente. Recurso improvido".(TJSP, 1ª Câm. de Direito Privado; AC nº 119.528-4/7-00-Santo André; Rel. Des. Elliot Akel; J. 15.5.2001)

◙ **Reembolso de quantia despendida com atendimento médico-hospitalar.** "PLANO DE SAÚDE. Negativa de cobertura sob a alegação de tratar-se de doença preexistente – Não submissão a qualquer exame prévio – Abusividade da cláusula – Aplicação do art. 51 do Código de Defesa do Consumidor – Ação procedente – Recurso não provido. Ementa oficial: Ação de cobrança. Pretensão da autora objetivando o reembolso da quantia despendida com atendimento médico-hospitalar, haja vista a negativa de cobertura manifestada pela ré, com a qual celebrou contrato de assistência. Procedência da demanda decretada corretamente em primeiro grau. Promovente que firmou o contrato em tela quando contava com 66 anos de idade, não sendo submetida a qualquer exame prévio. Negativa de cobertura, sob a alegação de se tratar de moléstia preexistente, que se deu 4 anos após a contratação. Abusividade da cláusula limitativa evidenciada na espécie. Incidência do disposto no art. 51 do CDC. Exclusão impugnada que efetivamente coloca o consumidor em desvantagem exagerada, se afigurando incompatível com a eqüidade, máxime porque compromete a finalidade da avença e rompe o almejado equilíbrio contratual. Apelo não provido".(TJSP, 10ª Câm. de Direito Privado de Férias Janeiro/2003; AC nº 133.240-4/5-00-SP; Rel. Des. Paulo Dimas Mascaretti; J. 28.1.2003)

◙ **Cláusula de exclusão para tratamento de doenças crônicas.** "PLANO DE SAÚDE. Prestação de serviços médico-hospitalares – Contratante de 73 anos de idade – Previsão no ajuste de exclusão de tratamento de doenças crônicas, terminais ou geriátricas – Fato que atrofia a função social do pacto – Abuso caracterizado – Inadmissibilidade de inserção de cláusula de tal natureza. Ementa oficial: Quando um hospital celebra contrato de prestação de serviços médico-hospitalares com pessoa de 73 anos de idade, não poderá inserir, para exonerar-se da obrigação, cláusula que exclui tratamento de doenças crônicas, terminais ou geriátricas, porque esse tipo de regulamento atrofia a função social do contrato, prejudicando a expectativa do aderente de optar por outros contratos alternativos transparentes. repetição do indébito – Hospital. Atendimento de paciente com risco de vida. Cobrança de valor para realização de tratamento. Inexigibilidade da soma. Pagamento das contas por terceiros. Enriquecimento sem causa caracterizado. Hipótese em que aqueles que quitaram a dívida adquirem o direito de reaver o montante despendido.Ementa oficial: Se os terceiros pagam as contas exigidas pelo hospital para atender paciente com risco de vida, adquirem eles, pelo princípio jurídico que veda o enriquecimento sem causa, o direito de repetição do indébito, diante da inexigibilidade da dívida". (TJSP, 3ª Câm. de Férias Janeiro/2003; AC nº 134.439-4/0-SP; Rel. Des. Ênio Santarelli Zuliani; J. 28.1.2003)

◙ **Custeio de tratamento quimioterápico com medicamento importado e sem registro na ANVISA.** "DIREITO CIVIL E DO CONSUMIDOR. RECURSO ESPECIAL. AÇÃO DE OBRIGAÇÃO DE FAZER. PREQUESTIONAMENTO. AUSÊNCIA. SÚMULA 282/STF. PLANO DE SAÚDE. RECUSA À COBERTURA DE TRATAMENTO QUIMIOTERÁPICO. MEDICAMENTO IMPORTADO SEM REGISTRO NA ANVISA. FORNECIMENTO. IMPOSSIBILIDADE. 1. Ação ajuizada em 11/07/2013. Recurso especial concluso ao gabinete em 04/04/2017. Julgamento: CPC/2015. 2. O propósito recursal é definir se a recorrente, operadora de plano de saúde, está obrigada a fornecer/custear a droga Revlimid (lenalidomida) – medicamento importado e sem registro na ANVISA – para tratamento oncológico da recorrida. 3. A ausência de decisão acerca dos argumentos invocados pela recorrente em suas razões recursais impede o conhecimento do recurso especial. 4. Além do contrato firmado entre as partes, a própria Lei 9.656/98, que regulamenta a prestação dos serviços de saúde, autoriza, expressamente, em seu art. 10, V, a possibilidade de exclusão do 'fornecimento de medicamentos importados não nacionalizados'. 5. A manutenção da higidez do setor de suplementação privada de assistência à saúde, do qual a recorrente faz parte, depende do equilíbrio econômico financeiro decorrente da flexibilização das coberturas assistenciais oferecidas que envolvem a gestão dos custos dos contratos de planos de saúde. 6. Determinar judicialmente o fornecimento de fármacos importados, sem o devido registro no órgão fiscalizador competente, implica em negar vigência ao art. 12 da Lei 6.360/76. 7. Recurso especial parcialmente conhecido e, nessa parte, provido." (STJ, REsp 1663141/SP, Rel. Ministra Nancy Andrighi, Terceira Turma, DJe 08/08/2017)

CLÁUSULAS ABUSIVAS NOS CONTRATOS DE SEGUROS

■ **Cláusula de não renovação de seguro de vida em grupo não é abusiva se houver prévia notificação ao consumidor.** "CIVIL. CONTRATO DE SEGURO DE VIDA. INCIDÊNCIA DO CDC NÃO AFASTA A APLICAÇÃO DE NORMAS ESPECÍFICAS. CÓDIGO CIVIL E REGULAMENTAÇÃO PELA SUSEP. CONTRATO DE SEGURO DE VIDA EM GRUPO. CARÁTER TEMPORÁRIO. AUSÊNCIA DE FORMAÇÃO DE RESERVA MATEMÁTICA. SISTEMA FINANCEIRO DE REPARTIÇÃO SIMPLES. CLÁUSULA DE NÃO RENOVAÇÃO. AUSÊNCIA DE ABUSIVIDADE. RECURSO ESPECIAL PROVIDO. (...) 3 - A cláusula de não renovação do seguro de vida, quando faculdade conferida a ambas as partes do contrato, mediante prévia notificação, independe de comprovação do desequilíbrio atuarial-financeiro, constituindo verdadeiro direito potestativo. 4 - Recurso especial a que se dá provimento". (STJ, REsp 1569627/RS, Rel. Ministra Maria Isabel Gallotti, Segunda Seção, julgado em 22/02/2018, DJe 02/04/2018) ■ **No mesmo sentido:** "PROCESSUAL CIVIL. RECURSO ESPECIAL. RECURSO MANEJADO SOB A ÉGIDE DO CPC/73. AÇÃO DECLARATÓRIA CUMULADA COM PEDIDO DE RESTITUIÇÃO DE INDÉBITO. ALEGAÇÃO DE OFENSA AO ART. 535 DO CPC/73. OMISSÃO OU CONTRADIÇÃO INEXISTENTES. ACÓRDÃO DEVIDAMENTE FUNDAMENTADO. CONTRATO DE SEGURO DE VIDA EM GRUPO. PRAZO DETERMINADO. NÃO RENOVAÇÃO DO CONTRATO ANTIGO. RESCISÃO UNILATERAL. PRÉVIA NOTIFICAÇÃO DO SEGURADO. LEGALIDADE. PRESCRIÇÃO ÂNUA. OCORRÊNCIA. SÚMULA Nº 83 DO STJ. REAJUSTE POR FAIXA ETÁRIA. FALTA DE PREQUESTIONAMENTO. INCIDÊNCIA DA SÚMULA Nº 211 DO STJ. (...) 4. A Segunda Seção desta Corte de Justiça, no julgamento do REsp nº 880.605/RN, firmou o entendimento de não ser abusiva a cláusula contratual que prevê a possibilidade de não renovação automática do seguro de vida em grupo por qualquer dos contratantes, desde que haja prévia notificação em prazo razoável (...). (STJ, REsp 1566259/RS, Rel. Ministro Moura Ribeiro, Terceira Turma, julgado em 23/05/2017, DJe 01/06/2017)

■ **Claúsula que assegura somente o furto qualificado sem esclarecer o alcance da expressão "qualificado".** "A cláusula securitária a qual garante a proteção do patrimônio do segurado apenas contra o furto qualificado, sem esclarecer o significado e o alcance do termo "qualificado", bem como a situação concernente ao furto simples, está eivada de abusividade por falha no dever geral de informação da seguradora e por sonegar ao consumidor o conhecimento suficiente acerca do objeto contratado. Não pode ser exigido do consumidor o conhecimento de termos técnico-jurídicos específicos, ainda mais a diferença entre tipos penais de mesmo gênero. 5. Recurso especial provido."(STJ, REsp 1352419/SP, Rel. Ministro Ricardo Villas Bôas Cueva, Terceira Turma, DJe 08/09/2014)

■ **Cláusula que limita a cobertura securitária a ponto de descaracterizar o próprio contrato.** "Abusiva a cláusula que ao limitar a cobertura por defeitos verificados no veículo, termina, em essência, por desfigurar a própria natureza do contrato de seguro, ameaçando o seu objeto ou equilíbrio (art. 53, parágrafo 1º, II, do CDC)." (STJ, REsp 442.382, 4ª T., DJ 15.10.2007).

◙ **Cláusula excluindo dever de indenizar nas operações de carga e descarga.** "Írrita é a cláusula que, em contrato de seguro de veículo de transporte, exclui da cobertura os acidentes ocorridos em situações de carga e descarga, porquanto incompatíveis com a própria natureza da avença, já que tais operações são inerentes à atividade do bem sinistrado" (STJ, REsp. 247203/GO, Rel. Min. Aldir Passarinho Júnior, j. 19/10/2000, 4ª T.). ◙ **No mesmo sentido:** "SEGURO. VEÍCULO DE CARGA. EXCLUSÃO DOS RISCOS DECORRENTES DE OPERAÇÃO DE CARGA E DESCARGA. IMPOSSIBILIDADE. – É nula a cláusula do contrato de seguro que – cobrindo o transporte de cargas – exclui da cobertura as operações de carga e descarga (CDC – Art. 51, IV e § 1º)" (STJ, REsp 613.397, 3ª T., DJ 9.10.2006).

◙ **Previsão contratual de não renovação automática de seguro de vida em grupo:** "RECURSO ESPECIAL. CIVIL. SEGURO DE VIDA EM GRUPO (OURO VIDA – APÓLICE 40). NÃO RENOVAÇÃO PELA SEGURADORA. AUSÊNCIA DE ABUSIVIDADE. NATUREZA DO CONTRATO (MUTUALISMO E TEMPORARIEDADE). EXISTÊNCIA DE CLÁUSULA CONTRATUAL. NOTIFICAÇÃO DO SEGURADO EM PRAZO RAZOÁVEL. 1. A Segunda Seção deste Tribunal Superior, quando do julgamento do REsp nº 880.605/RN (DJe 17/9/2012), firmou o entendimento de não ser abusiva a cláusula contratual que prevê a possibilidade de não renovação automática do seguro de vida em grupo por qualquer dos contratantes, desde que haja prévia notificação em prazo razoável. Essa hipótese difere da do seguro de vida individual que foi renovado ininterruptamente por longo período, situação em que se aplica o entendimento firmado no REsp nº 1.073.595/MG (DJe 29/4/2011). 2. O exercício do direito de não renovação do seguro de vida em grupo pela seguradora, na hipótese de ocorrência de desequilíbrio atuarial, com o oferecimento de proposta de adesão a novo produto, não fere o princípio da boa-fé objetiva, mesmo porque o mutualismo e a temporariedade são ínsitos a essa espécie de contrato. 3. Recurso especial da FENABB não conhecido; recurso especial da Companhia de Seguros Aliança do Brasil S.A. provido e recurso especial da ABRASCONSEG prejudicado. (STJ, REsp 1356725/RS, Rel. Ministra Nancy Andrighi, Rel. p/ Acórdão Ministro Ricardo Villas Bôas Cueva, Terceira Turma, DJe 12/06/2014). ◙ **No mesmo sentido:** "O exercício do direito de não renovação do seguro de vida em grupo pela seguradora, na hipótese de ocorrência de desequilíbrio atuarial, não fere o princípio da boa-fé objetiva, mesmo porque o mutualismo e a temporariedade são ínsitos a essa espécie de contrato. 3. Agravo interno não provido." (STJ, AgInt no REsp 1608929/PR, Rel. Ministro Ricardo Villas Bôas Cueva, Terceira Turma, DJe 13/02/2017)

◙ **O simples atraso não implica suspensão ou cancelamento automático do contrato de seguro.** "A Segunda Seção, quando do julgamento do Resp 316.449/SP, decidiu que o simples atraso não implica suspensão ou cancelamento automático do contrato de seguro, sendo necessário, ao menos, a interpelação do segurado, comunicando-o da suspensão dos efeitos da avença enquanto durar a mora." (STJ, REsp 737.061/RS, Rel. Ministro Castro Filho, Terceira Turma, DJ 01/07/2005) ◙ **No mesmo sentido, envolvendo cláusula de cancelamento automático por atraso no pagamento.** "Não subsiste a cláusula de cancelamento automático da apólice, seja porque a resolução da avença é de ser requerida previamente em Juízo, seja porque reputada nula em face do Código de Defesa do Consumidor (art. 51, incisos IV e XI)" (STJ, REsp. 323186/SP, Rel. Min. Barros Monteiro, 4a T, DJU 04/02/2002). ◙ **No mesmo sentido:** "SEGURO. CLÁUSULA DE CANCELAMENTO AUTOMÁTICO DO CONTRATO EM CASO DE ATRASO NO PAGAMENTO DO PRÊMIO. INSUBSISTÊNCIA EM FACE DO CÓDIGO DE DEFESA DO CONSUMIDOR. AUSÊNCIA DE INTERPELAÇÃO. PAGAMENTO FEITO NO DIA SEGUINTE AO DO VENCIMENTO. – É nula a cláusula de cancelamento automático da apólice (art. 51, inc. IV e XI, do CDC). Pagamento do prêmio efetuado no dia seguinte ao do vencimento; antes, pois, de interpelação do segurado (REsp 316.449-S)" (STJ, REsp 278.064, 4ª T., DJ 14.4.2003).

◙ **Em caso de perda total do veículo, o valor pago por seguradora deve ser o da data do acidente e não do efetivo pagamento** ."RECURSO ESPECIAL. CIVIL. DIREITO SECURITÁRIO. NEGATIVA DE PRESTAÇÃO JURISDICIONAL. NÃO OCORRÊNCIA. SEGURO DE AUTOMÓVEL. PERDA TOTAL DO VEÍCULO. INDENIZAÇÃO. APURAÇÃO. VALOR MÉDIO DE MERCADO DO BEM. TABELA FIPE. DATA DA LIQUIDAÇÃO DO SINISTRO. ABUSIVIDADE. ADEQUAÇÃO. DIA DO SINISTRO. PRINCÍPIO INDENITÁRIO. (...) É abusiva a cláusula contratual do seguro de automóvel que impõe o cálculo da indenização securitária com base no valor médio de mercado do bem vigente na data de liquidação do sinistro, pois onera desproporcionalmente o segurado, colocando-o em situação de desvantagem exagerada, indo de encontro ao princípio indenitário. Como cediço, os veículos automotores sofrem, com o passar do tempo, depreciação econômica, e quanto maior o lapso entre o sinistro e o dia do efetivo pagamento, menor será a recomposição do patrimônio garantido. 5. A cláusula do contrato de seguro de automóvel a qual adota, na ocorrência de perda total, o valor médio de mercado do veículo como parâmetro para a apuração da indenização securitária deve observar a tabela vigente na data do sinistro e não a data do efetivo pagamento (liquidação do sinistro). 6. Recurso especial provido." (STJ, REsp 1546163/GO, Rel. Ministro Ricardo Villas Bôas Cueva, Terceira Turma, DJe 16/05/2016)

◙ **Cláusula prevendo reajuste de seguro de vida por faixa etária.** "A cláusula que estabelece o aumento do prêmio do seguro de acordo com a faixa etária, se mostra abusiva somente após o segurado complementar 60 anos de idade e ter mais de 10 anos de vínculo contratual. Precedente." (STJ, REsp 1376550/RS, Rel. Ministro Moura Ribeiro, Terceira Turma, DJe 12/05/2015)

◙ **A aposentadoria por invalidez concedida pelo INSS é suficiente para comprovar a invalidez permanente e total por doença.** "CONTRATO DE SEGURO DE VIDA EM GRUPO – TRANSFERÊNCIA DE SEGURADOS – APOSENTADORIA POR INVALIDEZ PELO INSS – INVALIDEZ PERMANENTE E TOTAL – DOENÇA PREEXISTENTE – APLICAÇÃO DO CDC – NULIDADE – Cláusula abusiva. 1. Se houve transferência do grupo de segurados de uma seguradora para outra, sem que se tenha feito qualquer distinção, inclusive quanto a doença preexistente, não há alegar ilegitimidade para suportar o pagamento do seguro. 2. A aposentadoria por invalidez concedida pelo INSS é suficiente para comprovar a invalidez permanente e total por doença. 3. Não se encontrando apto ao trabalho que exercia, nem mesmo sujeito à readaptação para exercer outra função, a invalidez do segurado é permanente e total por motivo de doença, o que lhe dá o direito ao seguro contratado. 4. A cláusula contratual que nega o pagamento à indenização em face de doença preexistente é nula, nos termos do art. 51, inciso IV, do Código de Defesa do Consumidor. 5. Apelo improvido". (TJDF, APC 20040110289183 - 6ª T.Cív. - Relª Desª Sandra de Santis, DJU 18.8.2005)

◙ **Pagamento da quantia deve ser a estipulada na apólice.** "SEGURO DE AUTOMÓVEL - PERDA TOTAL DO BEM - INDENIZAÇÃO - VALOR DE MERCADO (IMPOSSIBILIDADE) - PAGAMENTO DA QUANTIA ESTIPULADA NA APÓLICE - ARTS. 1462 E 1438 DO CÓDIGO CIVIL C/C CÓDIGO DE DEFESA DO CONSUMIDOR -.I - No seguro de automóvel, em caso de perda total, a indenização a ser paga pela seguradora deve tomar como base a quantia ajustada na apólice (art. 1462 do Código Civil), sobre a qual é cobrado o prêmio. II - É abusiva a prática de incluir na apólice um valor, sobre o qual o segurado paga o prêmio, e pretender indenizá-lo por valor menor, correspondente ao preço de mercado, estipulado pela própria seguradora." (STJ, EREsp 176890/MG, DJU 19.2.2001, Rel. Min. Waldemar Zveiter, J. 22.9.1999) ◙ **No mesmo sentido:** "SEGURO. AUTOMÓVEL. PERDA TOTAL DO BEM. RECIBO DE QUITAÇÃO. INDENIZAÇÃO. VALOR AJUSTADO NO CONTRATO. - Tratando-se de perda total do veículo, é devida na integralidade a quantia ajustada na apólice (art. 1.462 do Código Civil), independentemente de seu valor médio vigente no mercado. Precedente da Segunda Seção. Recurso especial conhecido e provido." (STJ, REsp 293.139/RS, Rel. Ministro Barros Monteiro, Quarta Turma, julgado em 18/02/2003)

◙ **Cláusula estipulando o dever de indenizar pelo preço de mercado.** "Seguro de automóvel. Valor da indenização. Na linha de precedentes da Corte, o "valor pelo qual o bem foi segurado é apenas o limite máximo a ser pago, podendo o contrato estipular o dever de indenizar pelo preço de mercado do bem à época do furto ou da perda total"." (STJ, REsp 161907/MG, Rel. Min. Carlos Alberto Menezes Direito, DJU 10.5.1999) ◙ **No mesmo sentido:** "As seguradoras disponibilizam mais de uma espécie de contrato de seguro de automóvel ao consumidor, cada qual com diferentes preços. Há contratos que estabelecem que a indenização do sinistro deve ser feita pelo valor do veículo determinado na apólice e há contratos que determinam que essa indenização securitária seja realizada pelo valor de mercado referenciado. Cabe ao consumidor optar pela modalidade que lhe pareça mais favorável. 7. Não é abusiva, por si só, a cláusula dos contratos de seguro que preveja que a seguradora de veículos, nos casos de perda total ou de furto do bem, indenize o segurado pelo valor de mercado na data do sinistro. 8. Recurso especial parcialmente conhecido e, nessa parte, provido." (STJ, REsp 1189213/GO, Rel. Ministro Luis Felipe Salomão, Rel. p/ Acórdão Ministro Raul Araújo, Quarta Turma, DJe 27/06/2011)

► **Se o valor indenizatório pago for menor que o previsto, o valor do prêmio também deverá ser menor.** " "Mas é preciso ainda admitir e ponderar que, vindo o valor da indenização a ser menor do que aquele mensurado ao tempo do ajuste e fixado na apólice, o prêmio pago será superior ao aqui estabelecido pelo valor do interesse assegurado no momento do sinistro, caso em que terá de ser reduzido, com a diferença acrescida ao pagamento indenizatório. Essa conciliação de interesses afigura-se corolário do princípio da eticidade que timbra o NCC, pois nenhuma das partes deve obter vantagem indevida em detrimento do patrimônio da outra." (ALVES, Jones Figueiredo. *Novo Código Comentado*, 5ª Ed., Saraiva, 2006, p. 639)

■ **Vedado ao fornecedor alterar unilateralmente as cláusulas contratadas na assinatura da apólice.** "APELAÇÃO CÍVEL - COBRANÇA - ROUBO DE CARGA SEGURADA - CLÁUSULA DE ESCOLTA DE CARGA - ALTERAÇÃO UNILATERAL SECURITÁRIA - CIÊNCIA DO SEGURADO - NÃO-COMPROVAÇÃO - ÔNUS DA PROVA - RECURSO IMPROVIDO - Sendo o contrato de seguro uma relação de consumo, é vedado ao fornecedor alterar unilateralmente as cláusulas contratadas na assinatura da apólice (art. 51, XIII, do CDC). Se o réu não se desincumbiu de comprovar os fatos impeditivos, modificativos ou extintivos do direito do autor (art. 333, II, do CPC), deve ser mantido o julgamento que acolheu o pedido". (TJMS, AC-O 2001.008849-5/0000-00 - Nova Andradina - 1ª T.Cív. - Rel. Des. Hildebrando Coelho Neto, J. 14.12.2004)

■ **Cláusula que obrigue o consumidor arrendatário a contratar seguro total do bem arrendado, deixando como beneficiária a arrendadora.** "Ante a natureza do contrato de arrendamento mercantil ou leasing, em que pese a empresa arrendante figurar como proprietária do bem, o arrendatário possui o dever de conservar o bem arrendado, para que ao final da avença, exercendo o seu direito, prorrogue o contrato, compre ou devolva o bem. A cláusula que obriga o arrendatário a contratar seguro em nome da arrendante não é abusiva, pois aquele possui dever de conservação do bem, usufruindo da coisa como se dono fosse, suportando, em razão disso, riscos e encargos inerentes a sua obrigação. O seguro, nessas circunstâncias, é garantia para o cumprimento da avença, protegendo o patrimônio do arrendante, bem como o indivíduo de infortúnios." (STJ, REsp 1060515/DF, Rel. Ministro Honildo Amaral de Mello Castro (Desembargador convocado do TJ/AP), Quarta Turma, DJe 24/05/2010)

CLÁUSULAS ABUSIVAS NOS CONTRATOS DE TÍTULO DE CAPITALIZAÇÃO

■ **Títulos de capitalização. Carência para devolução de valor investido não é abusiva.** "PROCESSUAL CIVIL E BANCÁRIO. AÇÃO CIVIL PÚBLICA. TÍTULOS DE CAPITALIZAÇÃO. CLÁUSULA INSTITUIDORA DE PRAZO DE CARÊNCIA PARA DEVOLUÇÃO DE VALORES APLICADOS. ABUSIVIDADE. NÃO OCORRÊNCIA. (...) 2. Não pode ser considerada abusiva cláusula contratual que apenas repercute norma legal em vigor, sem fugir aos parâmetros estabelecidos para sua incidência. 3. Nos contratos de capitalização, é válida a convenção que prevê, para o caso de resgate antecipado, o prazo de carência de até 24 (vinte e quatro) meses para a devolução do montante da provisão matemática." (STJ, REsp 1216673/SP, Rel. Ministro João Otávio de Noronha, Quarta Turma, DJe 09/06/2011) ■ **Em sentido contrário, entendendo como abusiva:** "DIREITO DO CONSUMIDOR. RECURSO ESPECIAL. AÇÃO CIVIL PÚBLICA. TÍTULOS DE CAPITALIZAÇÃO. RESGATE ANTECIPADO. CLÁUSULA INSTITUIDORA DE PRAZO DE CARÊNCIA. ABUSIVIDADE. OCORRÊNCIA. 1. Os títulos de capitalização não se confundem com investimentos ou contratos de consórcio. 2. O desenho legal dos títulos de capitalização tem em sua essência o desestímulo à desistência e o incentivo à pontualidade das aplicações, afastando-se qualquer fundamento teleológico para a instituição de prazo de carência para devolução da cota capitalizada ao consumidor. 3. A previsão de faculdade, em favor da sociedade de capitalização, para instituição do prazo de carência, prevista no 23, § 1º, da Circular SUSEP nº 365/08, ofende a finalidade da atuação estatal que, segundo o art. 2º do Decreto-Lei nº 261/67, deve ser exercido "no interesse dos portadores de títulos de capitalização". 4. Por contrariar as finalidades legalmente previstas, bem como por ofender os critérios de razoabilidade, a previsão contratual de prazo de carência para devolução de valores relativos à cota de capitalização é abusiva. 5. Negado provimento ao recurso especial." (STJ, REsp 1354963/SP, Rel. Ministro Sidnei Beneti, Rel. p/ Acórdão Ministra Nancy Andrighi, Terceira Turma, DJe 08/03/2013)

◙ **Cláusula surpresa em contrato de título de capitalização.** "RECURSO ESPECIAL. DIREITO DO CONSUMIDOR. NEGATIVA DE PRESTAÇÃO JURISDICIONAL. ART. 535 DO CPC. NÃO OCORRÊNCIA. PRINCÍPIO DA CONGRUÊNCIA. APLICAÇÃO. "TELE SENA DIA DAS MÃES". DIREITO DE INFORMAÇÃO CLARA E OBJETIVA. REGRAS DO SORTEIO. OMISSÃO. PROPAGANDA ENGANOSA. INTERPRETAÇÃO MAIS FAVORÁVEL AO CONSUMIDOR. ABUSIVIDADE. CLÁUSULA SURPRESA. DIREITO DE INFORMAÇÃO. FASE PRÉ-CONTRATUAL. INCIDÊNCIA. 1. Cuida-se de ação de cobrança proposta por consumidora contra empresa sob alegação de ter sido vítima de propaganda enganosa em relação a sorteio de título de capitalização denominado "Tele Sena Dia das Mães 1999". 2. Enganosa é a mensagem falsa ou que tenha aptidão a induzir a erro o consumidor, que não conseguiria distinguir natureza, características, quantidade, qualidade, preço, origem e dados do produto ou serviço contratado. 3. No caso concreto, extrai-se dos autos que dados essenciais do produto ou serviço adquirido foram omitidos, gerando confusão para qualquer consumidor médio, facilmente induzido a erro. 4. As regras contratuais devem ser postas de modo a evitar falsas expectativas, tais como aquelas dissociadas da realidade, em especial quanto ao consumidor desprovido de conhecimentos técnicos. 5. O CDC, norma principiológica por natureza, proíbe e limita os contratos impressos com letras minúsculas que dificultem, desestimulem ou impeçam a leitura e compreensão pelo consumidor, visando permitir o controle de cláusulas contratuais gerais e a realização da liberdade contratual. 6. À luz do princípio da vulnerabilidade (art. 4º, I, do CDC), princípio norteador das relações de consumo, as cláusulas contratuais são interpretadas de maneira mais favorável ao consumidor (art. 47 do CDC). 7. A transparência e a boa-fé permeiam a contratação na fase pré-contratual. 8. É vedada a cláusula surpresa como garantia do equilíbrio contratual e do direito de informação ao consumidor. 9. Recurso especial não provido." (STJ, REsp 1344967/SP, Rel. Ministro Ricardo Villas Bôas Cueva, Terceira Turma, DJe 15/09/2014)

CLÁUSULAS ABUSIVAS NOS CONTRATOS IMOBILIÁRIOS

◙ **Súmula 543 do STJ:** *"Na hipótese de resolução de contrato de promessa de compra e venda de imóvel submetido ao Código de Defesa do Consumidor, deve ocorrer a imediata restituição das parcelas pagas pelo promitente comprador – integralmente, em caso de culpa exclusiva do promitente vendedor/construtor, ou parcialmente, caso tenha sido o comprador quem deu causa ao desfazimento."*

► **Sobre o distrato de imóveis e a cláusula de decaimento, ver art. 53.**

◙ **Cláusula que informa sobre taxa de corretagem no mesmo dia da compra do imóvel pelo consumidor.** "RECURSOS ESPECIAIS. DIREITO CIVIL. INCORPORAÇÃO IMOBILIÁRIA. COMISSÃO DE CORRETAGEM. DEVER DE INFORMAÇÃO. TEMA 938/STJ. ACEITAÇÃO DA PROPOSTA E FORMALIZAÇÃO DO CONTRATO NO MESMO DIA. POSSIBILIDADE, EM TESE. DISTINÇÃO COM O TEMA 938/STJ. DESCABIMENTO. CASO CONCRETO. PREVISÃO EXPRESSA DO PREÇO TOTAL. DESTAQUE DO VALOR DA COMISSÃO DE CORRETAGEM. CUMPRIMENTO DO DEVER DE INFORMAÇÃO. 1. Controvérsia acerca do cumprimento do dever de informação no que tange à transferência para o consumidor da obrigação de pagar a comissão de corretagem, na hipótese em que a aceitação da proposta e a formalização do contrato se efetivam no mesmo dia. 2. 'Validade da cláusula contratual que transfere ao promitente-comprador a obrigação de pagar a comissão de corretagem nos contratos de promessa de compra e venda de unidade autônoma em regime de incorporação imobiliária, desde que previamente informado o preço total da aquisição da unidade autônoma, com o destaque do valor da comissão de corretagem' (Tema 938/STJ). 3. Inexistência de vedação à celebração do contrato no mesmo dia em que aceita a proposta. 4. Caso concreto em que o Tribunal de origem, fazendo uma distinção com o Tema 938/STJ, entendeu que o dever de informação não é cumprido quando o consumidor celebra o contrato no mesmo dia em que aceita a proposta. Descabimento dessa distinção. 5. Cumprimento do dever de informação no caso dos autos, em que a proposta informa o preço total da unidade imobiliária, com o destaque do valor da comissão de corretagem. 6. RECURSOS ESPECIAIS PROVIDOS". (STJ, REsp 1747307/SP, Rel. Ministro Paulo de Tarso Sanseverino, Terceira Turma, DJe 06/09/2018). ◙ **No mesmo sentido:** "RECURSO ESPECIAL. DIREITO CIVIL E DO CONSUMIDOR. INCORPORAÇÃO IMOBILIÁRIA. COMISSÃO DE CORRETAGEM. CLÁUSULA DE TRANSFERÊNCIA DA OBRIGAÇÃO AO CONSUMIDOR. VALIDADE. ACEITAÇÃO DA PROPOSTA E FORMALIZAÇÃO DO CONTRATO NO MESMO DIA. VALIDADE. DEVER DE INFORMAÇÃO OBSERVADO. RECURSO REPETITIVO N° 1.599.511/SP. 1 – Nos termos do entendimento consolidado no Recurso Especial n° 1.599.511/SP, sob o rito dos recursos repetitivos, não é abusiva a 'cláusula contratual que transfere ao promitente-comprador a obrigação de pagar a comissão de corretagem nos contratos de promessa de compra e venda de unidade autônoma em regime de incorporação imobiliária, desde que previamente informado o preço total da aquisição da unidade autônoma, com o destaque do valor da comissão de corretagem'. 2 – Irrelevância, para o efeito de atender ao dever de informação, que a data da aceitação proposta seja a mesma da celebração do contrato. 3 – Recurso especial provido". (STJ, REsp 1793665/SP, Rel. Ministra Maria Isabel Gallotti, Quarta Turma, DJe 15/03/2019)

◙ **Aquisição de imóvel. Cláusula contratual que prevê a devolução de valores ao consumidor por meio de cartas de crédito para a aquisição de outra unidade imobiliária da mesma construtora.** "RECURSO ESPECIAL. CÓDIGO DE DEFESA DO CONSUMIDOR. COMPRA E VENDA DE IMÓVEL. DISTRATO. DEVOLUÇÃO DOS VALORES NA FORMA DE CARTA DE CRÉDITO. UTILIZAÇÃO PARA A AQUISIÇÃO DE OUTRO IMÓVEL NA MESMA CONSTRUTORA. ART. 53, CAPUT, C/C

ART. 51, II, DO CDC. 1. A análise da abusividade da cláusula de decaimento 'é feita tanto frente ao direito tradicional e suas noções de abuso de direito e enriquecimento ilícito, quanto frente ao direito atual, posterior à entrada em vigor do CDC, tendo em vista a natureza especial dos contratos perante os consumidores e a imposição de um novo paradigma de boa-fé objetiva, equidade contratual e proibição da vantagem excessiva nos contratos de consumo (art. 51, IV) e a expressa proibição de tal tipo de cláusula no art. 53 do CDC'. 2. Ao dispor o contrato que a devolução dos referidos valores ao adquirente se daria por meio de duas cartas de crédito, vinculadas à aquisição de um outro imóvel da mesma construtora, isso significa, efetivamente, que não haverá devolução alguma, permanecendo o consumidor-adquirente submetido à construtora, visto que, o único caminho para não perder as prestações já pagas, será o de adquirir uma outra unidade imobiliária da recorrente" (STJ, REsp 437.607, 4ª T., DJ 4.6.2007). ◙ **No mesmo sentido:** "APELAÇÃO CÍVEL. DISTRATO. CÓDIGO DE DEFESA DO CONSUMIDOR. REEMBOLSO DAS PARCELAS PAGAS. DIREITO DE RETENÇÃO. PERCENTUAL. Embora válido um acordo de vontades a fim de se ajustar um distrato, podem ser revistas as condições que representam ofensa ao ordenamento jurídico em vigor. O art. 51 do Código de Defesa do Consumidor arrola como hipótese de cláusula abusiva nula de pleno direito, dentre outras, aquela que subtrai ao consumidor a opção de reembolso da quantia já paga, situação em que se enquadra a cláusula que impôs ao consumidor o recebimento de uma carta de crédito a ser utilizada exclusivamente para a compra de outro imóvel pertencente à construtora. Como penalidade pelo descumprimento parcial da obrigação assumida e compensação das despesas com a administração do negócio deve-se reconhecer o direito de retenção, pela construtora, de parte da quantia a ser restituída ao promissário comprador". (TJMJ, Ap. Cível 2.0000.00.447188-7/000, rel. Albergaria Costa, J. 17.11.2004

◙ **Cláusula mandato para constituir hipoteca.** "Compra e venda de bem imóvel assinada e paga antes do contrato de financiamento entre a construtora e o banco, mediante garantia hipotecária. Ausência de consentimento dos promitentes compradores. Cláusula que institui mandato para esse fim considerada abusiva, a teor do art. 51, VIII, do CDC. 1. Considerando o Acórdão recorrido que o bem foi comprado e integralmente pago antes do contrato de financiamento com garantia hipotecária, que os adquirentes não autorizaram a constituição de tal gravame, que sequer o mandato foi exercido e, ainda, que é abusiva a cláusula que institui o mandato, a teor do art. 51, VIII, do CDC, não existe afronta a nenhum dispositivo sobre a higidez da hipoteca, presente a peculiaridade do cenário descrito" (STJ, REsp 296.453, 3ª T., DJ 3.9.2001).

◙ **Não sendo concluída a compra e venda do imóvel, por desistência das partes, é indevido o pagamento da comissão de corretagem.** "Não sendo concluída a compra e venda do imóvel, por desistência das partes, é indevido o pagamento da comissão de corretagem." (STJ, AgRg no AgRg no REsp 1066792/MS, Rel. Ministra Maria Isabel Gallotti, Quarta Turma, DJe 10/08/2015) ◙ **No sentido de que se já tinha sido assinado o contrato de promessa de compra e venda, com o pagamento do sinal, a comissão é devida.** "CIVIL. RECURSO ESPECIAL. CORRETAGEM. COMISSÃO. COMPRA E VENDA DE IMÓVEL. DESISTÊNCIA DO COMPRADOR APÓS ASSINATURA DE PROMESSA DE COMPRA E VENDA E PAGAMENTO DE SINAL. COMISSÃO DE-

VIDA. 1. Discute-se se é devida a comissão de corretagem quando, após a assinatura da promessa de compra e venda e o pagamento de sinal, o negócio não se concretiza em razão do inadimplemento do comprador. 2. No regime anterior ao do CC/02, a jurisprudência do STJ se consolidou em reputar de resultado a obrigação assumida pelos corretores, de modo que a não concretização do negócio jurídico iniciado com sua participação não lhe dá direito a remuneração. 3. Após o CC/02, a disposição contida em seu art. 725, segunda parte, dá novos contornos à discussão, visto que, nas hipóteses de arrependimento das partes, a comissão por corretagem permanece devida. 4. Pelo novo regime, deve-se refletir sobre o que pode ser considerado resultado útil, a partir do trabalho de mediação do corretor. 5. A assinatura da promessa de compra e venda e o pagamento do sinal demonstram que o resultado útil foi alcançado e, por conseguinte, apesar de ter o comprador desistido do negócio posteriormente, é devida a comissão por corretagem. 6. Recurso especial não provido." (STJ, REsp 1339642/RJ, Rel. Ministra Nancy Andrighi, Terceira Turma, , DJe 18/03/2013) ◼ **No sentido de admitir a validade da comissão de corretagem e da invalidade da cláusula SATI.** "RECURSO ESPECIAL REPETITIVO. DIREITO CIVIL E DO CONSUMIDOR. INCORPORAÇÃO IMOBILIÁRIA. VENDA DE UNIDADES AUTÔNOMAS EM ESTANDE DE VENDAS. CORRETAGEM. CLÁUSULA DE TRANSFERÊNCIA DA OBRIGAÇÃO AO CONSUMIDOR. VALIDADE. PREÇO TOTAL. DEVER DE INFORMAÇÃO. SERVIÇO DE ASSESSORIA TÉCNICO-IMOBILIÁRIA (SATI). ABUSIVIDADE DA COBRANÇA. I – TESE PARA OS FINS DO ART. 1.040 DO CPC/2015: 1.1. Validade da cláusula contratual que transfere ao promitente-comprador a obrigação de pagar a comissão de corretagem nos contratos de promessa de compra e venda de unidade autônoma em regime de incorporação imobiliária, desde que previamente informado o preço total da aquisição da unidade autônoma, com o destaque do valor da comissão de corretagem. 1.2. Abusividade da cobrança pelo promitente-vendedor do serviço de assessoria técnico-imobiliária (SATI), ou atividade congênere, vinculado à celebração de promessa de compra e venda de imóvel. II – CASO CONCRETO: 2.1. Improcedência do pedido de restituição da comissão de corretagem, tendo em vista a validade da cláusula prevista no contrato acerca da transferência desse encargo ao consumidor. Aplicação da tese 1.1. 2.2. Abusividade da cobrança por serviço de assessoria imobiliária, mantendo-se a procedência do pedido de restituição. Aplicação da tese. 1.2. III – Recurso especial parcialmente provido." (STJ, REsp 1599511/SP, Rel. Ministro Paulo de Tarso Sanseverino, Segunda Seção, DJe 06/09/2016)

◼ **Incorporação imobiliária. Troca de terreno por área construída.** "INCORPORAÇÃO IMOBILIÁRIA. TROCA DE TERRENO POR ÁREA CONSTRUÍDA. METRAGEM DA COTA-PARTE DO IMÓVEL CORRESPONDENTE À EDIFICAÇÃO. Na troca do terreno por área construída, a cota-parte do terreno correspondente à edificação deve constar em todos os documentos do ajuste (Lei nº 4.591/64, art. 39, II). Hipótese em que o contrato de promessa de compra e venda fez referência à cota-parte pela técnica da remissão, aludindo aos termos em que a incorporação foi registrada no Ofício Imobiliário. Defeito que poderia autorizar a rescisão do contrato, não a devolução do que foi pago pela fração ideal do terreno (único objeto do pedido), porque isto alteraria as bases econômicas do negócio, induzindo o enriquecimento injustificado dos adquirentes das unidades imobiliárias, que pagariam apenas o preço da edificação." (STJ, REsp 120349/MG, DJU 23/10/2000, Rel. Min. Ari Pargendler, J. 13.6.2000, 3ª T.)

◙ **Cláusula contratual que isenta a construtora de qualquer ressarcimento ao adquirente em caso de atraso expressivo na entrega do imóvel.** "CIVIL E PROCESSUAL. ACÓRDÃO A QUO. NULIDADE NÃO CONFIGURADA. AÇÃO DE INDENIZAÇÃO. ATRASO NA ENTREGA DO IMÓVEL. NOTIFICAÇÃO PRÉVIA DO ADQUIRENTE PARA RESSALVA QUANTO ÀS CONDIÇÕES DO TERMO DE ENTREGA. TERMO QUE CONTÉM CLÁUSULA DISPENSANDO A CONSTRUTORA DE QUALQUER RESSARCIMENTO. NÃO PREVALÊNCIA DA CLÁUSULA. CDC, ART. 51, I. I. (...) II. Não prevalência de cláusula imposta em Termo de Entrega de unidade imobiliária isentando a construtora de qualquer ressarcimento pelo expressivo atraso na conclusão da unidade, quando o adquirente, desde antes, insurgindo-se contra tal condicionante para a sua imissão na posse, já notificara a ré para ressalvar seu direito à indenização pelo fato. III. Pedido indenizatório acolhido, cujo montante será apurado em liquidação por arbitramento. IV. Recurso especial conhecido em parte e parcialmente provido" (STJ, REsp 197.622, 4ª T., DJ 2.5.2006).

◙ **Legalidade da cobrança de juros compensatórios (juros "no pé") nos contratos de incorporação imobiliária.** "PROCESSUAL CIVIL. AGRAVO REGIMENTAL NO AGRAVO EM RECURSO ESPECIAL. JUÍZO DE ADMISSIBILIDADE PELA INSTÂNCIA A QUO. CARÁTER VINCULANTE. INEXISTÊNCIA. CONTRATO DE INCORPORAÇÃO IMOBILIÁRIA. IMÓVEL ADQUIRIDO NA PLANTA. COBRANÇA DE JUROS COMPENSATÓRIOS, ANTES DA ENTREGA DAS CHAVES. LEGALIDADE. DECISÃO MANTIDA. (...). A Segunda Seção do STJ pacificou o entendimento de que "não se considera abusiva cláusula contratual que preveja a cobrança de juros antes da entrega das chaves, que, ademais, confere maior transparência ao contrato e vem ao encontro do direito à informação do consumidor (art. 6º, III, do CDC), abrindo a possibilidade de correção de eventuais abusos" (EREsp n. 670.117/PB, Relator Ministro SIDNEI BENETI, Relator para o Acórdão Ministro ANTONIO CARLOS FERREIRA, SEGUNDA SEÇÃO, julgado em 13/6/2012, DJe 26/11/2012). 3. Agravo regimental improvido (STJ, AgRg no AREsp 369649 / PE, Quarta Turma, Rel. Min. Antônio Carlos Ferreira, DJE 14/10/2015). ◙ **Em sentido contrário:** "DIREITO CIVIL E DO CONSUMIDOR. PROMESSA DE COMPRA E VENDA DE IMÓVEL. COBRANÇA DE JUROS COMPENSATÓRIOS DURANTE A OBRA. "JUROS NO PÉ". ABUSIVIDADE. INEXISTÊNCIA DE EMPRÉSTIMO, FINANCIAMENTO OU QUALQUER USO DE CAPITAL ALHEIO. 1. Em contratos de promessa de compra e venda de imóvel em construção, descabe a cobrança de juros compensatórios antes da entrega das chaves do imóvel – "juros no pé" -, porquanto, nesse período, não há capital da construtora/incorporadora mutuado ao promitente comprador, tampouco utilização do imóvel prometido. 2. Em realidade, o que há é uma verdadeira antecipação de pagamento, parcial e gradual, pelo comprador, para um imóvel cuja entrega foi contratualmente diferida no tempo. Vale dizer, se há aporte de capital, tal se verifica por parte do comprador para com o vendedor, de sorte a beirar situação aberrante a cobrança reversa de juros compensatórios, de quem entrega o capital por aquele que o toma de empréstimo. 3.

Recurso especial improvido." (STJ, REsp 670.117/PB, Rel. Ministro Luis Felipe Salomão, Quarta Turma, DJe 23/09/2010)

▣ **Cláusula contratual que prevê a devolução de parcelas ao consumidor somente após o término da obra, em caso de rescisão contratual por culpa exclusiva da construtora/incorporadora.** "CONSUMIDOR. PROMESSA DE COMPRA E VENDA DE IMÓVEL. RESCISÃO CONTRATUAL. CULPA DA CONSTRUTORA. CLÁUSULA A PREVER A RESTITUIÇÃO DAS PARCELAS PAGAS SOMENTE AO TÉRMINO DA OBRA. ABUSIVIDADE. ARRAS. OMISSÃO DO ACÓRDÃO ACERCA DA SUA NATUREZA. DEVOLUÇÃO EM DOBRO. SÚMULA 356/STF. 1. É abusiva, por ofensa ao art. 51, incisos II e IV, do CDC, a cláusula contratual que determina, em caso de rescisão de promessa de compra e venda de imóvel, por culpa exclusiva da construtora/incorporadora, a restituição das parcelas pagas somente ao término da obra, haja vista que poderá o promitente vendedor, uma vez mais, revender o imóvel a terceiros e, a um só tempo, auferir vantagem com os valores retidos, além do que a conclusão da obra atrasada, por óbvio, pode não ocorrer. 2. O acórdão recorrido, muito embora faça alusão ao contrato, não deixa explicitado se as arras têm natureza confirmatória ou penitencial, tampouco o recorrente opôs embargos de declaração para aclarar tal ponto. Com efeito, não sanada a omissão do acórdão acerca da natureza das arras, se confirmatórias ou penitenciais, o recurso especial esbarra na Súmula 356/STF. 3. Recurso especial improvido" (STJ, REsp 877.980, 4ª T., DJ 12.8.2010). ▣ **No mesmo sentido:** "1. Revela-se abusiva, por ofensa ao art. 51, incisos II e IV, do Código de Defesa do Consumidor, a cláusula contratual que determina, em caso de rescisão de promessa de compra e venda de imóvel, a restituição das parcelas pagas somente ao término da obra, haja vista que poderá o promitente vendedor, uma vez mais, revender o imóvel a terceiros e, a um só tempo, auferir vantagem com os valores retidos, além do que a conclusão da obra atrasada, por óbvio, pode não ocorrer. Precedentes. 2. As arras confirmatórias constituem um pacto anexo cuja finalidade é a entrega de algum bem, para assegurar ou confirmar a obrigação principal assumida. Por ocasião da rescisão contratual, o valor dado a título de sinal (arras) deve ser restituído ao reus debendi, sob pena de enriquecimento sem causa." (STJ, AgRg no REsp 997.956/SC, Rel. Ministro Luis Felipe Salomão, Quarta Turma, DJe 02/08/2012) ▣ **No mesmo sentido:** **<u>Súmula 543 do STJ:</u>** "*Na hipótese de resolução de contrato de promessa de compra e venda de imóvel submetido ao Código de Defesa do Consumidor, deve ocorrer a imediata restituição das parcelas pagas pelo promitente comprador – integralmente, em caso de culpa exclusiva do promitente vendedor/construtor, ou parcialmente, caso tenha sido o comprador quem deu causa ao desfazimento.*"

▣ **Invalidade da cláusula SATI (serviço de assessoria técnico imobiliária).** "Abusividade da cobrança pelo promitente-vendedor do serviço de assessoria técnico-imobiliária (SATI), ou atividade congênere, vinculado à celebração de promessa de compra e venda de imóvel." (STJ, REsp 1599511/SP, Rel. Ministro Paulo de Tarso Sanseverino, Segunda Seção, DJe 06/09/2016)

▣ **Cláusula estipulando penalidade exclusivamente ao consumidor. Situação análoga deve ser aplicada ao fornecedor.** "Seja por princípios gerais do direito, seja pela principiologia adotada no Código de Defesa do Consumidor, seja, ainda, por comezinho imperativo de equidade, mostra-se abusiva a prática de se estipular penalidade exclusivamente ao consumidor, para a hipótese de mora ou inadimplemento contratual, ficando isento de tal reprimenda o fornecedor – em situações de análogo descumprimento da avença. Assim, prevendo o contrato a incidência de multa moratória para o caso de descumprimento contratual por parte do consumidor, a mesma multa deverá incidir, em reprimenda do fornecedor, caso seja deste a mora ou o inadimplemento. Assim, mantém-se a condenação do fornecedor – construtor de imóveis – em restituir integralmente as parcelas pagas pelo consumidor, acrescidas de multa de 2% (art. 52, § 1º, CDC), abatidos os aluguéis devidos, em vista de ter sido aquele, o fornecedor, quem deu causa à rescisão do contrato de compra e venda de imóvel." (STJ, REsp 955134/SC, Rel. Ministro Luis Felipe Salomão, Quarta Turma, DJe 29/08/2012)

◙ **Cláusula de exoneração da obrigação de contribuir para o condomínio.** "CONDOMINIO. DESPESAS. EXONERAÇÃO DA CONSTRUTORA. INVALIDADE DA CLAUSULA. CODIGO DE DEFESA DO CONSUMIDOR. É inválida a cláusula que estabelece, em favor da construtora e incorporadora, o privilégio da exoneração da obrigação de contribuir para as despesas do condomínio, imposta na escritura de convenção por ela outorgada. Possibilidade do exame da validade de cláusula contratual a luz dos critérios objetivos fixados pelo "Codecon"." (STJ, REsp 151758/MG, Rel. Min. Ruy Rosado de Aguiar, DJU 29.6.1998)

◙ **Cláusula de eleição de foro só é abusiva se demonstrada a hipossuficiência ou dificuldade de acesso ao Judiciário pelo consumidor.** "PROCESSO CIVIL E DIREITO DO CONSUMIDOR. AÇÃO DE RESCISÃO DE CONTRATO DE COMPROMISSO DE COMPRA E VENDA DE IMÓVEL E INDENIZAÇÃO POR DANOS MATERIAIS E COMPENSAÇÃO POR DANOS MORAIS. EXCEÇÃO DE INCOMPETÊNCIA. CLÁUSULA DE ELEIÇÃO DE FORO. COMPETÊNCIA TERRITORIAL. RELATIVA. ALTERAÇÃO POR CONVENÇÃO DAS PARTES. ABUSIVIDADE NÃO CONFIGURADA. POSSIBILIDADE. (...) 5. O STJ possui entendimento no sentido de que a cláusula que estipula a eleição de foro em contrato de adesão, só poderá ser considerada inválida quando demonstrada a hipossuficiência ou a dificuldade de acesso da parte ao Poder Judiciário. 6. Nesta perspectiva, a situação de hipossuficiência de uma das partes, por sua manifesta excepcionalidade, deve ser demonstrada com dados concretos em que se verifique o prejuízo processual para alguma delas. 7. A condição de consumidor, considerada isoladamente, não gera presunção de hipossuficiência a fim de repelir a aplicação da cláusula de derrogação da competência territorial quando convencionada, ainda que em contrato de adesão. 8. Recurso especial conhecido e provido, para determinar que a ação seja processada e julgada no foro estipulado contratualmente." (STJ, REsp 1675012/SP, Rel. Ministra Nancy Andrighi, Terceira Turma, DJe 14/08/2017)

◙ **Possibilidade de inversão de cláusula penal em favor do consumidor.** "AGRAVO INTERNO NO RECURSO ESPECIAL. AÇÃO ORDINÁRIA. DIREITO DO CONSUMIDOR. CONTRATO DE COMPRA E VENDA. ATRASO NA ENTREGA DO IMÓVEL. REVALORAÇÃO DE PROVAS. POSSIBILIDADE. NÃO INCIDÊNCIA DO ENUNCIADO N.º 7/STJ. INVERSÃO DA CLÁUSULA PENAL. CABIMENTO. (...) 2. Possibilidade, segundo o entendimento do Superior Tribunal de Justiça, de inversão da cláusula penal moratória em favor do consumidor, em caso de inadimplemento do promitente vendedor, consubstanciado no atraso da entrega do imóvel no prazo estipulado pelas partes. (...)" (STJ, AgInt no REsp 1507737/DF, Rel. Ministro Paulo de Tarso Sanseverino, Terceira Turma, DJe 27/03/2018)

◙ **Legalidade da cláusula que prevê a cobrança de comissão de corretagem nos imóveis que integram o programa "Minha Casa, Minha Vida".** "RECURSO ESPECIAL REPETITIVO. DIREITO CIVIL E DO CONSUMIDOR. PROMESSA DE COMPRA E VENDA DE IMÓVEL. PROGRAMA MINHA CASA, MINHA VIDA. COMISSÃO DE CORRETAGEM. TRANSFERÊNCIA DA OBRIGAÇÃO AO CONSUMIDOR. POSSIBILIDADE. DEVER DE INFORMAÇÃO. OBSERVÂNCIA. NECESSIDADE. 1. Para os fins do art. 1.040 do CPC/2015, fixa-se a seguinte tese: Ressalvada a denominada Faixa 1, em que não há intermediação imobiliária, é válida a cláusula contratual que transfere ao promitente-comprador a obrigação de pagar a comissão de corretagem nos contratos de promessa de compra e venda do Programa Minha Casa, Minha Vida, desde que previamente informado o preço total da aquisição da unidade autônoma, com o destaque do valor da comissão de corretagem. 2. Solução do caso concreto: Considerando que as partes convencionaram que o valor correspondente à comissão de corretagem seria pago diretamente pelo proponente ao corretor, impõe-se julgar improcedente o pedido de repetição dos valores pagos a esse título. 3. Recurso especial provido". (STJ, REsp 1601149/RS, Rel. Ministro Paulo de Tarso Sanseverino, Rel. p/ Acórdão Ministro Ricardo Villas Bôas Cueva, Segunda Seção, DJe 15/08/2018)

CLÁUSULAS ABUSIVAS NOS CONTRATOS EDUCACIONAIS

◙ **Cláusula contratual que prevê a extinção de curso superior.** "RECURSO ESPECIAL – AÇÃO ANULATÓRIA DE CLÁUSULA CONTRATUAL C/C INDENIZAÇÃO POR DANOS MORAIS E MATERIAIS – NÃO FORMAÇÃO DE NOVAS TURMAS DE CURSO SUPERIOR (EXTINÇÃO DE CURSO UNIVERSITÁRIO) – TRANSFERÊNCIA DE ALUNA PARA OUTRA INSTITUIÇÃO DE ENSINO – RESPONSABILIDADE CIVIL DA UNIVERSIDADE RECONHECIDA PELAS INSTÂNCIAS ORDINÁRIAS, AO ENTENDEREM CONFIGURADOS E COMPROVADOS OS DANOS ALEGADOS, NÃO OBSTANTE O AFASTAMENTO DA ARGUIDA ABUSIVIDADE DA CLÁUSULA CONTRATUAL QUE FACULTA À UNIVERSIDADE A EXTINÇÃO DO CURSO POR AUSÊNCIA DE VIABILIDADE ECONÔMICO-FINANCEIRA – AUTONOMIA UNIVERSITÁRIA (ART. 207 DA CF/88) – POSSIBILIDADE DE EXTINÇÃO DE CURSO SUPERIOR, NOS TERMOS DO ARTIGO 53, INCISO I, DA LEI N. 9.394/96 – RECURSO ESPECIAL PROVIDO, A FIM DE JULGAR IMPROCEDENTE O PEDIDO CONDENATÓRIO. INSURGÊNCIA DA INSTITUIÇÃO EDUCACIONAL (...) 3. A instituição educacional privada de ensino superior goza de autonomia universitária, nos termos do art. 207 da Constituição Federal, motivo pelo qual possível, ante a inviabilidade de determinado curso, proceder à sua extinção, conforme preceito constante do art. 53, I, da Lei nº 9.394/1996 – Lei de Diretrizes e Bases da Educação Nacional (...). No caso, não se verifica o alegado defeito na prestação de serviços, haja vista que a extinção de cursos é procedimento legalmente previsto e admitido, não sendo dado atribuir-se a responsabilização à universidade por evento sobre o qual não há qualquer participação ou influência da desta (ausência de alunos e não obtenção, pela aluna, de aprovação), mormente quando cumpre todos os deveres ínsitos à boa-fé objetiva. Na relação jurídica estabelecida com seu corpo discente, consoante atestado pelas instâncias ordinárias, a instituição de ensino forneceu adequada informação e, no momento em que verificada a impossibilidade de manutenção do curso superior, ofereceu alternativas à aluna, providenciando e viabilizando, conforme solicitado por esta, a transferência para outra faculdade. 6. Recurso especial provido para julgar improcedente os pedidos da inicial" (STJ, REsp 1094769/SP, Rel. Ministro Marco Buzzi, Quarta Turma, DJe 15/08/2014). ◘ **No sentido da abusividade se não há outras instituições na mesma região para a transferência.** "RECURSO ESPECIAL. INSTITUIÇÃO DE ENSINO SUPERIOR. VIOLAÇÃO AO ART. 535 DO CPC. NÃO OCORRÊNCIA. INÉPCIA DA PETIÇÃO INICIAL. INEXISTÊNCIA. AÇÃO DE INDENIZAÇÃO POR DANOS MATERIAIS E MORAIS. EXTINÇÃO DE CURSO SEQUENCIAL. POSSIBILIDADE. AUTONOMIA UNIVERSITÁRIA. PECULIARIDADES DO CASO QUE REVELAM A CONDUTA ABUSIVA E ILEGAL DA INSTITUIÇÃO EDUCACIONAL. DANO MORAL RECONHECIDO. RECURSO NÃO PROVIDO. (...) 4. A instituição educacional privada de ensino superior goza de autonomia universitária, nos termos do art. 207 da Constituição Federal, razão pela qual é possível proceder à extinção de curso superior, conforme preceito constante do art. 53, I, da Lei n. 9.394/1996 – Lei de Diretrizes e Bases da Educação Nacional. 5. Apesar da autonomia universitária quanto à possibilidade de extinção de curso superior, o caso revela que a conduta da instituição de ensino se mostrou abusiva. 6. Não se verifica que a instituição de ensino tentou realizar convênio com outras faculdades ou universidades que oferecessem curso idêntico ou similar, com o intuito de atender aos interesses dos alunos que pretendiam a formação em tempo mais curto. 7. Inexiste comprovação da existência de outras instituições que oferecessem curso equivalente na mesma região, de modo que os alunos pudessem realizar a transferência sem grandes transtornos operacionais e/ou financeiros. 8. A conduta da instituição de ensino afrontou o § 1º do art. 4º da Resolução n. 1/1999, do Conselho Nacional de Educação, segundo o qual os cursos sequenciais de formação específica podem ser encerrados a qualquer tempo, desde que seja assegurada a conclusão dos estudos, no próprio curso, dos alunos nele matriculados. 9. Recurso especial não provido." (STJ, REsp 1453852/GO, Rel. Ministro Luis Felipe Salomão, Quarta Turma, DJe 20/11/2015)

◘ **Cláusula que condiciona o trancamento de matrícula ao pagamento adiantado do período semestral em que aquele é requerido.** "ADMINISTRATIVO. RECURSO ESPECIAL. MANDADO DE SEGURANÇA. NEGATIVA DE PRESTAÇÃO JURISDICIONAL. NÃO-OCORRÊNCIA. ENSINO SUPERIOR. INADIMPLÊNCIA. NEGATIVA DE TRANCAMENTO DE MATRÍCULA. EXIGÊNCIA DE PAGAMENTO DAS PRESTAÇÕES VENCIDAS, COMO TAMBÉM DO VALOR CORRESPONDENTE A 6 (SEIS) MENSALIDADES VINCENDAS, CORRESPONDENTE AO SEMESTRE QUE SE PRETENDE TRANCAR. APLICAÇÃO DE PENALIDADE PEDAGÓGICA PARA COMPELIR A QUITAÇÃO DOS DÉBITOS. VEDAÇÃO PELO ARTIGO 6º, DA LEI 9.870/99. COBRANÇA DE VALORES INDEVIDOS. CLÁUSULA ABUSIVA. INCIDÊNCIA DO ARTIGO 51, §1º, III, DO CDC. RECURSO ESPECIAL NÃO PROVIDO. 1. O acórdão embargado não possui vício a ser sanado por meio de embargos de declaração, uma vez que o Tribunal se manifestou acerca de todas as questões relevantes para a solução da controvérsia, tal como lhe fora posta e submetida. 2. É nula a cláusula contratual que condiciona o trancamento de matrícula de instituição de ensino superior ao pagamento do correspondente período semestral em que requerido o trancamento, bem como à quitação das parcelas em atraso. 3. Isso porque, a cobrança das mensalidades vencidas e não quitadas como condição para que se viabilize o trancamento da matrícula constitui penalidade pedagógica vedada pelo nosso ordenamento jurídico, nos termos do disposto no artigo 6º da Lei n. 9.870/99. 4. Do mesmo modo, tem-se por nula de pleno direito, nos ditames do artigo 51, §1º, III, do CDC, a cláusula contratual que prevê a cobrança das mensalidades correspondentes ao período semestral em que solicitado o trancamento da matrícula. Ao trancar a matrícula, o aluno fica fora da faculdade, não frequenta aulas e não participa de nenhuma atividade relacionada com o curso, de modo que não pode ficar refém da instituição e ver-se compelido a pagar por serviços que não viria receber, para poder se afastar temporariamente da universidade. 5. Ademais, embora o estabelecimento educacional tenha o direito de receber os valores que lhe são devidos, não pode ele lançar mãos de meios proibidos por lei para tanto, devendo se valer dos procedimentos legais de cobranças judiciais. 6. Recurso especial não provido" (STJ, REsp 1081936, Rel. Ministro Benedito Gonçalves, 1ª T., DJ 26.11.2008).

◙ **Cobrança da mensalidade independentemente da frequência nas aulas.** "É devida a cobrança por serviços educacionais contratados e disponibilizados ao educando mesmo que ele não frequente as aulas." (STJ, REsp 726.417/RJ, Rel. Ministro João Otávio de Noronha, Quarta Turma, DJe 16/11/2009)

◙ **Abusividade da cláusula que condiciona a manutenção de bolsa de estudos à pontualidade no pagamento das mensalidades.** "PRESTAÇÃO DE SERVIÇOS EDUCACIONAIS - MANTENÇA DA BOLSA DE ESTUDOS CONDICIONADA À PONTUALIDADE DO PAGAMENTO DA MENSALIDADE INADMISSIBILIDADE. A exclusão da bolsa de estudos e a aplicação de multa moratória, conjuntamente, em razão da inadimplência, importa violação ao disposto no artigo 51, inciso IV, do Código de Defesa do Consumidor". (TJSP, Ap. Cív. 992080260720 SP, Vigésima Sexta Câmara Cível, Rel. Des. Renato Sartorelli, DJ 12/02/2010) ◙ **No mesmo sentido:** "PRESTAÇÃO DE SERVIÇOS EDUCACIONAIS - AÇÃO DE COBRANÇA - BOLSA DE ESTUDO ATRELADA À PONTUALIDADE DO ALUNO - INADMISSIBILIDADE - APLICAÇÃO DO ARTIGO 51, § 1o, III, DO CDC - ABUSIVIDADE DE CLÁUSULA CONTRATUAL RECONHECIDA OFENSA AO PRINCÍPIO DA EQUIVALÊNCIA CONTRATUAL .PROCEDÊNCIA PARCIAL DA AÇÃO". (TJSP, SR 1079962001, Vigésima Nona Câmara de Direito Privado, Rel. Des. Francisco Thomaz, DJ 07/10/2008)

CLÁUSULAS ABUSIVAS NOS CONTRATOS DE CARTÃO DE CRÉDITO

◙ **Súmula 283 do STJ:** *"As empresas administradoras de cartão de crédito são instituições financeiras e, por isso, os juros remuneratórios por elas cobrados não sofrem as limitações da Lei de Usura."*

◙ **Cláusula de taxa de juros. Verificação da taxa média do mercado.** "CIVIL E PROCESSUAL. RECURSO ESPECIAL. CONTRATOS BANCÁRIOS. CARTÃO DE CRÉDITO. JUROS REMUNERATÓRIOS. LIMITAÇÃO. NECESSIDADE DE VERIFICAÇÃO DO ABUSO EM RELAÇÃO À TAXA MÉDIA DE MERCADO. ESPECIFICIDADE EM RELAÇÃO AO CONTRATO DE CHEQUE ESPECIAL.1. A cláusula referente à taxa de juros só pode ser alterada se reconhecida sua abusividade em cada caso concreto, mediante dilação probatória específica, não tendo influência para tal propósito a estabilidade econômica do período nem o percentual de 12% ao ano, já que taxa compatível com a média de mercado não é considerada excessiva para efeitos de validade do contrato (Súmula 382/STJ). 2. O exame do caráter abusivo da taxa aplicada deve ser feito com base na média observada para a mesma espécie de contrato, levando-se em conta as especificidades do mercado para aquela modalidade de contratação em discussão na causa. 3. Recurso especial a que se dá provimento." (STJ, REsp 1487562/RS, Rel. Ministra Maria Isabel Gallotti, Quarta Turma, julgado em 25/11/2014, DJe 03/06/2015) ◙ **No mesmo sentido da não aplicação da taxa de 12% ao ano**: "Não se aplica a limitação de juros de 12% ao ano prevista na Lei de Usura aos contratos de cartão de crédito." (STJ, REsp 471.752/RS, Rel. Ministro Cesar Asfor Rocha, Rel. p/ Acórdão Ministro Aldir Passarinho Junior, Quarta Turma, DJ 13/08/2007)

◙ **Quando a taxa de juros não é informada, aplica-se a taxa média.** "RECURSO ESPECIAL. AGRAVO REGIMENTAL. AÇÃO CIVIL PÚBLICA. CONTRATO DE CARTÃO DE CRÉDITO. JUROS REMUNERATÓRIOS. TAXA NÃO INFORMADA. LIMITAÇÃO À TAXA MÉDIA DE MERCADO. INDIVIDUALIZAÇÃO DO CONTRATO. DEFICIÊNCIA DE FUNDAMENTAÇÃO DO RECURSO ESPECIAL. 1.– É assente o entendimento segundo o qual os juros remuneratórios devem ser fixados na taxa média do mercado para operações da espécie, quando não for possível aferir a taxa de juros acordada, pela falta de pactuação expressa ou pela não juntada do contrato aos autos, inclusive em se tratando de contratos de cartão de crédito 2.– Não se conhece do recurso especial deficientemente fundamentado. 3.– Agravo Regimental improvido." (STJ, AgRg nos EDcl nos EDcl no REsp 1100346/RS, Rel. Ministro Sidnei Beneti, Terceira Turma, DJe 22/06/2012) ◙ **No mesmo sentido:** "AGRAVO REGIMENTAL NO AG. CONTRATO DE CARTÃO DE CRÉDITO. JUROS REMUNERATÓRIOS. AUSÊNCIA DE PACTUAÇÃO EXPRESSA. INCIDÊNCIA TAXA MÉDIA DE MERCADO. JURISPRUDÊNCIA ITERATIVA DESTE STJ. AGRAVO REGIMENTAL NÃO-PROVIDO. APLICAÇÃO DE MULTA." (STJ, AgRg no Ag 891.040/RS, Rel. Ministro Luis Felipe Salomão, Quarta Turma, DJe 10/05/2010)

◙ **Cláusula contratual que prevê o bloqueio de cartão de crédito por falta de pagamento da fatura.** DIREITO CIVIL E DO CONSUMIDOR. AÇÃO DE INDENIZAÇÃO. DANOS MORAIS. CLÁUSULA QUE PERMITE O BLOQUEIO TEMPORÁRIO DE CARTÃO DE CRÉDITO POR FALTA DE PAGAMENTO. ABUSIVIDADE E POTESTATIVIDADE. INEXISTÊNCIA. OBSERVAÇÃO, PELA ADMINISTRADORA, DO TEMPO RAZOÁVEL PARA DESBLOQUEIO APÓS A QUITAÇÃO DO DÉBITO. 1. É válida a cláusula contratual que permite o bloqueio temporário do cartão de crédito após a verificação de descumprimento contratual pelo consumidor, pois não o coloca em situação de sujeição ao puro arbítrio da administradora (art. 122 do CC), porquanto o bloqueio decorre do fato de o consumidor não cumprir com suas obrigações contratuais, sendo que, "nos contratos bilaterais, nenhum dos contratantes, antes de cumprida a sua obrigação, pode exigir o implemento da do outro" (art. 476 do CC/2002). 2. A liberação do uso do cartão no terceiro dia útil após o pagamento do débito, observa prazo razoável para compensação bancária do pagamento e repasse à Recorrente e dentro da previsão contratual, que é de 5 dias no caso (cláusula 16.4), de modo que não configurada abusividade por parte da administradora. Recurso Especial conhecido e provido, julgado improcedente a ação" (STJ, REsp 770053, Rel. Sidnei Beneti, 3ª T., DJ 13.11.2009).

◙ **Cartão de crédito furtado ou roubado. Abusividade de cláusula que impõe ao consumidor o pagamento das compras efetuadas.** "CIVIL E CONSUMIDOR. RESPONSABILIDADE CIVIL. CARTÃO DE CRÉDITO. EXTRAVIO. (...) 3. São nulas as cláusulas contratuais que impõem exclusivamente ao consumidor a responsabilidade por compras realizadas com cartão de crédito furtado ou roubado, até o momento da comunicação do furto à administradora. Precedentes. Cabe às administradoras, em parceria com o restante da cadeia de fornecedores do serviço (proprietárias das bandeiras, adquirentes e estabelecimentos comerciais), a verificação da idoneidade das compras realizadas com cartões magnéticos, utilizando-se de meios que dificultem ou impossibilitem fraudes e transações realizadas por estranhos em nome de seus clientes, independentemente de qualquer ato do consumidor, tenha ou não ocorrido roubo ou furto. Precedentes. 5. Recurso especial provido." (STJ, REsp 1058221/PR, Rel. Ministra Nancy Andrighi, Terceira Turma, DJe 14/10/2011). ◙ **No mesmo sentido:** "CONSUMIDOR – CARTÃO DE CRÉDITO – FURTO – RESPONSABILIDADE PELO USO – CLÁUSULA QUE IMPÕE A COMUNICAÇÃO – NULIDADE – CDC/ART. 51, IV. – São nulas as cláusulas contratuais que impõem ao consumidor a responsabilidade absoluta por compras realizadas com cartão de crédito furtado até o momento (data e hora) da comunicação do furto. Tais avenças de adesão colocam o consumidor em desvantagem exagerada e militam contra a boa-fé e a equidade, pois as administradoras e os vendedores têm o dever de apurar a regularidade no uso dos cartões" (STJ, REsp 348.343, 3ª T., DJ 26.6.2006).

◙ **Liberação do uso do cartão no terceiro dia útil após o pagamento do débito.** "A liberação do uso do cartão no terceiro dia útil após o pagamento do débito, observa prazo razoável para compensação bancária do pagamento e repasse à Recorrente e dentro da previsão contratual, que é de 5 dias no caso (cláusula 16.4), de modo que não configurada abusividade por parte da administradora. Recurso Especial conhecido e provido, julgado improcedente a ação" (STJ, REsp 770053, Rel. Sidnei Beneti, 3ª T., DJ 13.11.2009).

◙ **Cláusula-mandato que permite à operadora de cartão de crédito emitir título cambial contra o usuário do cartão.** "RECURSO ESPECIAL – AÇÃO CIVIL PÚBLICA AJUIZADA POR ASSOCIAÇÃO DE DEFESA DO CONSUMIDOR, PLEITEANDO A NULIDADE DE DISPOSIÇÃO CONTRATUAL EXISTENTE EM CONTRATO DE CARTÃO DE CRÉDITO – INSTÂNCIAS ORDINÁRIAS QUE RECONHECERAM A FALTA DE HIGIDEZ DA CLÁUSULA-MANDATO VOLTADA À EMISSÃO DE CAMBIAL EM FACE DO TITULAR DO CARTÃO, PRESERVANDO-A LÍDIMA

QUANTO À PERMISSÃO CONCEDIDA À MANDATÁRIA PARA OBTENÇÃO DE RECURSOS NO MERCADO FINANCEIRO COM VISTAS A SALDAR DÍVIDAS EM FAVOR DE SEUS CLIENTES - INSURGÊNCIA DAS RÉS - RECURSO ESPECIAL DESPROVIDO. Hipótese: A controvérsia subsume-se à averiguação da ilegalidade/abusividade de cláusula-mandato que permite à operadora de cartão de crédito emitir título cambial contra o usuário do cartão. 1. Carência de ação não evidenciada. O Superior Tribunal de Justiça tem entendimento firmado acerca da legitimidade das associações civis de defesa do consumidor, para ajuizarem ação civil pública, com o intuito de declarar a nulidade de cláusula contratual inserida em contratos de adesão. Precedentes. 2. A cláusula-mandato inserida nos contratos de cartão de crédito possui três acepções distintas, que embora decorram da relação de representação existente entre os interessados, ensejam efeitos jurídicos e materiais totalmente diversos. A primeira é inerente a todos os contratos de cartão de crédito, tenham eles sido estabelecidos com instituições financeiras ou administradoras de cartão private label, sendo o real objeto contratado, na qual a operadora se compromete a honrar o compromisso assumido por seu mandante/cliente/consumidor perante o comerciante/prestador de serviço, até o limite estabelecido mediante eventual remuneração (comumente denominada anuidade). A segunda, considerada válida e inerente aos contratos de cartão de crédito mantidos por operadoras de cartões private label refere-se à autorização dada pelo mandante (cliente/consumidor) ao mandatário (administradora de cartão de crédito), para que este obtenha recursos no mercado financeiro para saldar eventuais dívidas e financiamentos daquele. A terceira, reputada abusiva pelo ordenamento jurídico pátrio, é no sentido de admitir que o mandatário emita título de crédito em nome do devedor principal mandante/cliente/consumidor. Na presente hipótese, não se está a discutir as duas primeiras acepções que a cláusula-mandato possui, haja vista que somente fora reputada abusiva pelas instâncias precedentes a parte da cláusula do contrato padrão no que permite à administradora de cartão de crédito sacar título cambial em nome do mandante. 3. Compreende-se por abusiva a cláusula-mandato que prevê a emissão de título de crédito, por parte do mandatário contra o mandante, haja vista que tal procedimento expõe o outorgante à posição de extrema vulnerabilidade, a ponto de converter-se em prática ilegítima, eis que dela resulta um instrumento cambial apto a possibilitar a pronta invasão de seu patrimônio por meio da compensação bancária direta ou pela via executiva, reduzindo, inegavelmente, a sua capacidade defensiva, porquanto a expropriação estará lastrada em cártula que, em regra, por mera autorização contratual firmada em contrato de adesão, será sacada independentemente da intervenção do devedor/mandante. Há muito foi sedimentado o entendimento no âmbito desta Corte Superior acerca da ilegalidade da cláusula-mandato destinada ao saque de títulos, consoante se extrai do enunciado da súmula 60/STJ, assim redigida: "É nula a obrigação cambial assumida por procurador do mutuário vinculado ao mutuante, no exclusivo interesse deste". Isso porque, é característica marcante dos títulos de crédito a executoriedade, ou seja, a sua auto-suficiência jurídica é assegurada tendo em vista os princípios da cartularidade, da literalidade e da autonomia. Assim, o valor nele contido é certo e a transmissão de sua titularidade encontra amparo na imunidade dos vícios que não sejam incidentes sobre a própria cártula. Esses atributos facilitam, sobremaneira, a obtenção do valor inserido no título, por meio de procedimento executivo, que terá limitado campo de defesa, em razão das características intrínsecas ao documento executado. Ademais, o saque de título contra usuário de cartão de crédito por parte de sua operadora, mediante mandato, não evidencia benefício ao outorgante - ao contrário - pois resulta daí obrigação cambial a ser saldada, limitando-se o campo de defesa do titular do cartão quanto à existência da dívida ou do quantum devido, uma vez que, lançada a cártula, o questionamento do débito no processo executivo é extremamente restrito, face aos atributos e características intrínsecas ao título de crédito. Certamente, a supressão da fase cognitiva para a formação dos elementos obrigacionais cambiais assumidos em nome do cliente só interessa à operadora de cartão de crédito, porquanto possibilita a obtenção de seu crédito de forma mais célere, em detrimento dos princípios da ampla defesa e do contraditório. 4. Recurso especial desprovido." (STJ, REsp 1084640/SP, Rel. Ministro Marco Buzzi, Segunda Seção, DJe 29/09/2015)

◙ **Cláusula contratual que prevê o pagamento das despesas decorrentes da cobrança extrajudicial.** "É válida, com base no art. 956 do CC/1916 (art. 395 do CC/2002), a cláusula contratual que prevê, como uma das consequências da mora do consumidor, o pagamento das despesas decorrentes da cobrança extrajudicial, suportadas pela credora. No caso concreto, é válido o percentual limitador de tal cobrança, impondo-se conferir, em cláusula contratual, igual direito ao consumidor." (STJ, REsp 748.242/RJ, Rel. Ministro Antonio Carlos Ferreira, Quarta Turma, DJe 18/12/2015)

◙ **Impossibilidade de revisão de cláusulas contratuais em sede de ação de prestação de contas.** "É cabível ação de prestação de contas relativa a contrato de cartão de crédito, desde que alegadas ocorrências duvidosas em relação aos lançamentos de operações lançadas a débito ou crédito do consumidor. A jurisprudência de ambas as Turmas que compõem a Segunda Seção do STJ reconhece a impossibilidade de revisão de cláusulas contratuais em sede de ação de prestação de contas, em razão da diversidade e incompatibilidade de ritos. 5. Hipótese em que não se alega o pagamento indevido ou não identificado, pela instituição financeira, a fornecedores de produtos ou serviços adquiridos pela usuária. A pretensão deduzida na inicial volta-se a aferir a legalidade dos encargos cobrados (taxas de juros remuneratórios, seguros, tarifas, custo efetivo total etc.), de forma que deveria ter sido veiculada por meio de ação ordinária de revisão de contrato, cumulada com repetição de eventual indébito. 6. Agravo regimental a que se dá provimento, para não prover o recurso especial." (STJ, AgRg no REsp 1256866/RS, Rel. Ministro Marco Buzzi, Rel. p/ Acórdão Ministra Maria Isabel Gallotti, Quarta Turma, DJe 24/04/2015)

CLÁUSULAS ABUSIVAS NOS CONTRATOS DE TURISMO

◙ **Pacote turístico. Abusisivade de cláusula contratual que prevê a perda total do valor antecipadamente pago pelo consumidor.** "RECURSO ESPECIAL. DIREITO CIVIL E CONSUMIDOR. RESCISÃO CONTRATUAL. PACOTE TURÍSTICO. PAGAMENTO ANTECIPADO. PERDA INTEGRAL DOS VALORES. CLÁUSULA PENAL. ABUSIVIDADE. CDC. (...) 3. Previsão contratual de perda total do valor antecipadamente pago na hipótese de desistência em período inferior a vinte e um dias da data do início da viagem. 4. Reconhecimento da abusividade da cláusula penal seja com fundamento no art. 413 do Código Civil de 2002, seja com fundamento no art. 51, II e IV, do CDC. 5. Doutrina e jurisprudência acerca do tema. 6. Recurso especial provido." (STJ, REsp 1321655/MG, Rel. Ministro Paulo de Tarso Sanseverino, Terceira Turma, DJe 28/10/2013).

◙ **Turismo. Limitação da multa máxima para cancelamento de pacote turístico a menos de 29 dias da viagem.** "É equitativo reduzir o valor da multa aos patamares previstos na Deliberação Normativa nº 161 de 09/08/1985 da EMBRATUR, que fixa o limite de 20% do valor do contrato às desistências, condicionando a cobrança de valores superiores à efetiva prova de gastos irrecuperáveis pela agência de turismo. 12. Na hipótese em tela, o contrato estabelece o início da cobrança da multa penitencial no 29º dia anterior ao início da viagem, devendo, assim, ser reduzido a 20% o percentual máximo de referida multa pelo exercício da desistência a partir do referido marco temporal, com o condicionamento da cobrança de valores superiores à prova de efetivos gastos irrecuperáveis. 13. Recurso especial parcialmente provido". (STJ, REsp 1580278/SP, Rel. Ministra Nancy Andrighi, Terceira Turma, DJe 03/09/2018)

◙ **Turismo. Possibilidade de retenção de valores em caso de cancelamento do pacote turístico pelo consumidor.** "CIVIL E CONSUMIDOR. CANCELAMENTO DE PACOTE TURÍSTICO PELO CONSUMIDOR. RETENÇÃO DE 25% (10% CLÁUSULA PENAL E 15% TAXA REMUNERATÓRIA) DO VALOR DO CONTRATO – ABUSIVIDADE. RECURSO CONHECIDO E IMPROVIDO. 1. Aplica-se o Código de Defesa do Consumidor ao presente conflito, uma vez que se trata de relação de consumo, conforme arts. 2º e 3º do referido dispositivo legal. 2. O Código de Defesa do Consumidor (art. 51), assim como o CC, preveem a possibilidade de revisão judicial de cláusula contratual quando abusiva ou excessivamente onerosa. 3. No caso dos autos, a consumidora cancelou o pacote turístico imediatamente após a contratação e com mais de 03 meses de antecedência da viagem. A empresa recorrente não comprovou nenhum prejuízo suplementar de forma a permitir a incidência concomitante de cláusula penal de 10% sobre o valor do contrato, com taxa de serviço/remuneração de outros 15%, perfazendo uma pretensão de retenção de 25%, em afronta à legislação consumerista e ao Código Civil (art. 410 e art. 416, § único) 4. RECURSO CONHECIDO E IMPROVIDO." (TJDFT, Acórdão n.1034787, 07017464620178070016, Rel. Asiel Henrique de Sousa, 3ª Turma Recursal dos Juizados Especiais do Distrito Federal, DJe 04/08/2017).

◙ **Se o consumidor cancela o pacote turístico na data do embarque, não é abusiva a retenção de 100% do respectivo valor**. "AÇÃO DE INDENIZAÇÃO POR DANOS MATERIAIS E MORAIS - PRESTAÇÃO DE SERVIÇOS - PACOTE DE VIAGEM TURÍSTICA - CRUZEIRO MARÍTIMO - CANCELAMENTO DA VIAGEM PELO CONSUMIDOR NO DIA DO EMBARQUE EM RAZÃO DE TER SIDO VÍTIMA DE ROUBO NA MESMA DATA, COM A SUBTRAÇÃO DE TODOS OS SEUS DOCUMENTOS - CLÁUSULA QUE PREVÊ RETENÇÃO DE 100% DO VALOR DO PACOTE - ABUSIVIDADE - INEXISTÊNCIA - CLÁUSULA PENAL QUE RESPEITA OS LIMITES DO ART. 412 DO CC E ATENDE ADEQUADAMENTE ÀS PECULIARIDADES DO CONTRATO EM QUESTÃO - RECONHECIMENTO - AUTOR QUE,

ADEMAIS, ADMITE TER SIDO RESSARCIDO DE QUANTIA CORRESPONDENTE A QUASE 25% DO VALOR TOTAL DO PACOTE - SENTENÇA DE IMPROCEDÊNCIA MANTIDA - MAJORAÇÃO DOS HONORÁRIOS ADVOCATÍCIOS NA FASE RECURSAL, COM FULCRO NO ART. 85, § 11 DO NCPC APELAÇÃO DESPROVIDA (TJSP; Apelação 1005121-04.2016.8.26.0625; Trigésima Câmara de Direito Privado, Rel. Des. Andrade Neto; DJe 12/03/2018)

CLÁUSULAS ABUSIVAS NOS CONTRATOS DE PASSAGENS AÉREAS

► **Sobre o direito de arrependimento nos contratos de passagens aéreas, ver art. 49.**

◙ **Cláusula que estipula valor de retenção abusivo em caso de cancelamento da passagem (40% do valor da passagem).** "AGRAVO INTERNO. DECISÃO MONOCRÁTICA. INDENIZATÓRIA. AQUISIÇÃO DE PASSAGENS AÉREAS. CANCELAMENTO DA VIAGEM. RESSARCIMENTO DE VALORES. RETENÇÃO DE VALORES EM PERCENTUAL ABUSIVO. VANTAGEM EXCESSIVA. DANO MORAL CONFIGURADO. PRECEDENTES DESTA CÂMARA. 1. O autor, ao se ver impedido de viajar com sua família por compromissos escolares de seu enteado, informa a empresa com mais de 1 mês de antecedência o impedimento à viagem e solicita o reembolso do valor pago, sendo surpreendido com a cobrança de taxa no equivalente a 40% desse valor (R$ 2.580,46). 2. Inegável a vantagem excessiva que pretende a empresa em prejuízo do passageiro que cancela o vôo, o que viola o art. 51 e incisos I, II e IV do C.D.C. sendo assim nulas de pleno direito quaisquer cláusulas neste sentido ainda que com elas concorde o consumidor. 3. Dessa forma, a previsão de clausula contratual estipulando percentual diverso se apresenta, in casu, como abusiva, pelo que deve ser acolhido o pedido ressarcitório, na forma dobrada, visto que não se trata de erro escusável. Tratando-se de relação contratual, devem os juros incidir desde a citação e correção monetária a contar do efetivo prejuízo, consoante entendimento sumulado no enunciado 43 do STJ, como acertadamente laborou a sentença. 4. Dano moral configurado. 5. NEGADO PROVIMENTO AO RECURSO. (TJRJ, 0434092-77.2013.8.19.0001 – Apelacao -Des. Tereza C. S. Bittencourt Sampaio – Julgamento: 19/05/2015 – Vigesima Setima Câmara Civel Consumidor) ◙ **No mesmo sentido, prevendo a retenção de 80% do preço pago pela passagem.** "CIVIL – CDC – CONTRATO DE TRANSPORTE AÉREO – VÔO CHARTER – EMBARQUE NÃO EFETIVADO, POR CULPA DO PASSAGEIRO - CASO DE CANCELAMENTO E REEMBOLSO - SENTENÇA QUE MANDA A EMPRESA DEVOLVER O VALOR TOTAL DA PASSAGEM, ALÉM DE OUTRAS DESPESAS - IMPOSSIBILIDADE - DEVOLUÇÃO PARCIAL QUE SE IMPÕE, EM FACE DAS CARACTERÍSTICAS ESPECIAIS DO VÔO - ABUSIVA, NO ENTANTO, A CLÁUSULA DE RETENÇÃO DE 80% DO PREÇO PAGO PELO BILHETE, A TÍTULO DE DESPESAS - RECURSO PROVIDO EM PARTE - (...) Demonstrado que não ocorreu o embarque, em vôo charter, por culpa exclusiva da passageira, não pode a empresa aérea ser compelida a devolver integralmente o valor da passagem, nem arcar com o pagamento de quaisquer outras despesas feitas pela passageira, impondo-se a devolução parcial, em face das cláusulas e condições especiais que regem esse tipo de vôo, inclusive no que se refere ao preço, bem inferior ao dos vôos regulares. 3. Comparece abusiva, no entanto, afrontando o disposto no art. 51, IV, do CDC, a aplicação de cláusula que prevê a retenção, pela empresa aérea, de 80% do preço pago pela passagem, no caso de cancelamento do contrato por parte do passageiro, impondo-se a sua redução. Prover parcialmente o recurso, para determinar a devolução parcial do valor da passagem, no percentual de 50% (cinqüenta por cento)". (TJDF, ACJ 20041110039404 - 2ª T.R.J.E. – Rel. Des. Jesuíno Aparecido Rissato, DJU 25.8.2005)

◙ **Cláusula que cancela a passagem de volta se o consumidor não utiliza a de ida.** "APELAÇÃO CÍVEL. REPARAÇÃO DE DANOS. TRANSPORTE AÉREO. AQUISIÇÃO DE PASSAGENS AÉREAS. NÃO COMPARECIMENTO EM UM DOS EMBARQUES PREVISTOS. CANCELAMENTO DO RESTANTE DO CONTRATO. IMPOSSIBILIDADE DE EMBARQUE NO RETORNO. CONDUTA ABUSIVA DO FORNECEDOR DE SERVIÇO EVIDENCIADO. DANO MATERIAL QUE DEVE SER REEMBOLSADO. DANO MORAL CONFIGURADO. REDUZIDO. – A cláusula prevista no contrato de transporte aéreo que permite o cancelamento automático de passagem de retorno por inocorrência de embarque na ida ("no show"), é abusiva, à luz do disposto no art. 51, II, IV e IX do CDC, capaz de gerar danos morais e materiais ao consumidor." (TJMG – Apelação Cível 1.0024.12.105154-4/001, Relator(a): Des.(a) Aparecida Grossi , 16ª Câmara Cível, julgamento em 28/04/2016) ◙ **No mesmo sentido:** APELAÇÃO CÍVEL - AÇÃO DE INDENIZAÇÃO - TRANSPORTE AÉREO - CANCELAMENTO VOO - VOLTA - NO SHOW NA IDA - DANOS MORAIS E MATERIAIS - CONFIGURADOS - VALOR RAZOÁVEL - TERMO INICIAL DE INCIDÊNCIA DOS JUROS DE MORA - CITAÇÃO. 1. Considera-se abusivo o cancelamento unilateral da passagem aérea da volta em razão da não utilização integral o bilhete de ida. 2. Comprovado o defeito na prestação de serviço oferecido pela requerida, esta deve ser responsabilizada. 3. Com base na teoria do risco da atividade, é responsabilidade objetiva das empresas responderem pelos prejuízos causados ao consumidor na prestação dos seus serviços." (TJMG – Apelação Cível 1.0145.14.021275-7/001, Relator(a): Des.(a) Mariza Porto , 11ª Câmara Cível, julgamento em 17/02/2016) ◙ **No mesmo sentido:** "Por ser uma conduta abusiva, configura ato ilícito causador de danos morais o cancelamento unilateral da passagem de volta, em razão do não comparecimento para embarque no trecho de ida (no-show), porquanto essa prática é rechaçada pelo Código de Defesa do Consumidor. Precedente." (STJ, AgInt no AREsp 1447599/RJ, Rel. Ministro Marco Aurélio Bellizze, Terceira Turma, DJe 27/06/2019)

CLÁUSULAS ABUSIVAS NOS CONTRATOS DE LEASING E ALIENAÇÃO FIDUCIÁRIA

◙ **Súmula 293 do STJ:** "*A cobrança antecipada do valor residual garantido (VRG) não descaracteriza o contrato de arrendamento mercantil*"

◙ **Súmula 369 do STJ:** "*No contrato de arrendamento mercantil (leasing), ainda que haja cláusula resolutiva expressa, é necessária a notificação prévia do arrendatário para constituí-lo em mora.*"

◙ **Súmula 564 do STJ:** *"No caso de reintegração de posse em arrendamento mercantil financeiro, quando a soma da importância antecipada a título de valor residual garantido (VRG) com o valor da venda do bem ultrapassar o total do VRG previsto contratualmente, o arrendatário terá direito de receber a respectiva diferença, cabendo, porém, se estipulado no contrato, o prévio desconto de outras despesas ou encargos pactuados."*

◙ ***Leasing*. Não é abusiva cláusula contratual que obrigue o consumidor arrendatário a contratar seguro total do bem arrendado, deixando como beneficiária a arrendadora.** "Ante a natureza do contrato de arrendamento mercantil ou leasing, em que pese a empresa arrendante figurar como proprietária do bem, o arrendatário possui o dever de conservar o bem arrendado, para que ao final da avença, exercendo o seu direito, prorrogue o contrato, compre ou devolva o bem. A cláusula que obriga o arrendatário a contratar seguro em nome da arrendante não é abusiva, pois aquele possui dever de conservação do bem, usufruindo da coisa como se dono fosse, suportando, em razão disso, riscos e encargos inerentes a sua obrigação. O seguro, nessas circunstâncias, é garantia para o cumprimento da avença, protegendo o patrimônio do arrendante, bem como o indivíduo de infortúnios." (STJ, REsp 1060515/DF, Rel. Ministro Honildo Amaral de Mello Castro (Desembargador convocado do TJ/AP), Quarta Turma, DJe 24/05/2010)

◙ **Possibilidade de discutir a legalidade ou abusividade das cláusulas nos autos da ação de busca e apreensão.** "[...] o entendimento das Turmas componentes desta Seção tem-se inclinado no sentido de abrandar as disposições previstas no referido art. 3.°, a fim de permitir ao devedor que discuta, nos próprios autos da ação de busca e apreensão, a legalidade ou abusividade das cláusulas contratuais. [...] A despeito das restrições previstas no Decreto-lei, entendo que, após o advento do CDC, princípios fundamentais tais como o reconhecimento da vulnerabilidade do consumidor e a necessidade de equalização desta relação (art. 4.°, I e III), ou o direito à modificação das cláusulas excessivamente onerosas (art. 6.°, V), passaram a permear todas as relações econômicas abrangidas por tal sistema, de modo a temperar as interpretações referentes ao tema." (STJ, REsp 267758 MG, Rel. Ministro Ari Pargendler, Rel. p/ Acórdão Ministro Aldir Passarinho Junior, Segunda Seção, DJ 22/06/2005)

◙ **Foro de eleição em contrato de *leasing*. Dificuldade de defesa.** "A Corte já decidiu que o Código de Defesa do Consumidor aplica-se aos contratos de arrendamento mercantil e que é 'abusiva a cláusula de eleição de foro incluída em contrato de adesão sobre *leasing*, que dificulta a defesa da arrendatária aderente'" (STJ, REsp. 299378/SP, *DJU* 08/10/2001, Rel. Min. Carlos Alberto Menezes Direito, j. 04/09/2001, 3ª T.).

◙ **Possibilidade de cobrança de tarifa pela liquidação antecipada para os contratos anteriores a 10/12/2007.** "Para as operações de crédito e arrendamento mercantil contratadas antes de 10/12/2007 podem ser cobradas tarifas pela liquidação antecipada no momento em que for efetivada a liquidação, desde que a cobrança dessa tarifa esteja claramente identificada no extrato de conferência. 7. Recurso especial parcialmente provido." (STJ, REsp 1370144/SP, Rel. Ministro Ricardo Villas Bôas Cueva, Terceira Turma, DJe 14/02/2017)

CLÁUSULAS ABUSIVAS NOS CONTRATOS DE CONSÓRCIOS

■ **Súmula 35 do STJ:** "*Incide correção monetaria sobre as prestações pagas, quando de sua restituição, em virtude da retirada ou exclusão do participante de plano de consórcio.*"

■ **Súmula 538 do STJ:** "*As administradoras de consórcio têm liberdade para estabelecer a respectiva taxa de administração, ainda que fixada em percentual superior a dez por cento.*"

■ **Cláusula prevendo a restituição das parcelas pagas somente ao término da obra.** "CONSUMIDOR. CONSÓRCIO. RESCISÃO DE CONTRATO DE PROMESSA DE COMPRA E VENDA DE BEM IMÓVEL. CLÁUSULA A PREVER A RESTITUIÇÃO DAS PARCELAS PAGAS SOMENTE AO TÉRMINO DA OBRA. ABUSIVIDADE. AGRAVO REGIMENTAL A QUE SE NEGA PROVIMENTO. 1. Revela-se abusiva, por ofensa ao art. 51, incisos II e IV, do Código de Defesa do Consumidor, a cláusula contratual que determina, em caso de rescisão de promessa de compra e venda de imóvel, a restituição das parcelas pagas somente ao término da obra, haja vista que poderá o promitente vendedor, uma vez mais, revender o imóvel a terceiros e, a um só tempo, auferir vantagem com os valores retidos, além do que a conclusão da obra atrasada, por óbvio, pode não ocorrer. 2. Agravo regimental a que se nega provimento." (STJ, AgRg no REsp 1238007/SC, Rel. Ministro Luis Felipe Salomão, Quarta Turma, DJe 01/02/2012)

■ **Cláusula que exige a prestação de garantia complementar após a contemplação do consorciado.** "Em contrato de consórcio, é abusiva a exigência de garantia complementar para liberação de carta de crédito ao consorciado contemplado em sorteio. (...)" (TJMG - Apelação Cível 1.0145.13.055106-5/001, Relator(a): Des.(a) Ramom Tácio , 16ª Câmara Cível, DJ 23/03/2018). ■ **No sentido da inexistência de abusividade**: "A cláusula 13 do contrato estabelece que o bem adquirido será objeto de alienação fiduciária ou hipoteca em 1º grau, cujo valor seja pelo menos igual ao valor do saldo devedor, podendo a administradora exigir garantias complementares às prestações vincendas. Não vislumbrada qualquer ilicitude na garantia complementar estabelecida, razão pela qual não há falar em dano material ou dano moral. (...)" (TJRS, Apelação Cível Nº 70075203802, Décima Nona Câmara Cível, Tribunal de Justiça do RS, Relator: Eduardo João Lima Costa, Julgado em 07/06/2018)■ **No mesmo sentido:** "Uma vez que a exigência de avalista para concessão da carta de crédito encontrava amparo em cláusula contratual vigente, não se configurou ilícito contratual efetivado pela administradora de consórcio, restando, pois, improcedente o pedido de danos morais". (TJMG - Apelação Cível 1.0388.12.000026-9/001, Relator(a): Des.(a) Mota e Silva , 18ª Câmara Cível, DJ 17/05/2013)

CLÁUSULAS ABUSIVAS NOS CONTRATOS DE SFH

■ **Súmula 422 do STJ:** "*Os juros remuneratórios não estão limitados nos contratos vinculados ao Sistema Financeiro da Habitação.*"

■ **Súmula nº 454 do STJ:** "*Pactuada a correção monetária nos contratos do SFH pelo mesmo índice aplicável à caderneta de poupança, incide a taxa referencial (TR) a partir da vigência da Lei nº 8.177/1991.*"

◙ **Súmula 586 do STJ:** *"A exigência de acordo entre o credor e o devedor na escolha do agente fiduciário aplica-se, exclusivamente, aos contratos não vinculados ao Sistema Financeiro da Habitação"*

► **Capitalização de juros nos contratos de SFH.** Os contratos celebrados para aquisição da casa própria, no âmbito do Sistema Financeiro da Habitação, são regidos por leis próprias, notadamente a Lei nº 4.380/1964, a qual, somente em recente alteração legislativa (Lei nº 11.977 de 7 de julho de 2009), previu o cômputo capitalizado de juros em periodicidade mensal. (Lei nº 4.380/1964 - *Art. 15*-A. É permitida a pactuação de capitalização de juros com periodicidade mensal nas operações realizadas pelas entidades integrantes do Sistema Financeiro da Habitação - SFH.) Assim, até a edição dessa lei, o STJ entende que é indevida a capitalização de juros, em qualquer periodicidade, nos contratos de mútuo bancário vinculados ao Sistema Financeiro Habitacional, mesmo que haja previsão contratual expressa, em face da inexistência de previsão legal. ◙ **Nesse sentido:** "RECURSO ESPECIAL REPETITIVO. SISTEMA FINANCEIRO DA HABITAÇÃO.CAPITALIZAÇÃO DE JUROS VEDADA EM QUALQUER PERIODICIDADE. TABELA PRICE. ANATOCISMO. INCIDÊNCIA DAS SÚMULAS 5 E 7. ART. 6º, ALÍNEA "E", DA LEI Nº 4.380/64. JUROS REMUNERATÓRIOS. AUSÊNCIA DE LIMITAÇÃO. 1. Para efeito do art. 543-C: 1.1. Nos contratos celebrados no âmbito do Sistema Financeiro da Habitação, é vedada a capitalização de juros em qualquer periodicidade. Não cabe ao STJ, todavia, aferir se há capitalização de juros com a utilização da Tabela Price, por força das Súmulas 5 e 7. 1.2. O art. 6º, alínea "e", da Lei nº 4.380/64, não estabelece limitação dos juros remuneratórios." (STJ, REsp 1070297/PR, Rel. Ministro Luis Felipe Salomão, Segunda Seção, DJe 18/09/2009)

◙ **Não cabe ao STJ aferir se há capitalização de juros com a utilização da Tabela *Price*, por força das Súmulas nºs 5 e 7 do STJ.** "SFH. CONTRATO. REVISÃO. TABELA *PRICE*. INCIDÊNCIA DE JUROS CAPITALIZADOS. REEXAME DE PROVA. SÚMULAS 5 E 7/STJ. - A existência, ou não, de capitalização de juros no sistema de amortização conhecido como Tabela *Price*, constitui questão de fato, a ser solucionada a partir da interpretação das cláusulas contratuais e/ou provas documentais e periciais, procedimento que encontra óbice nas Súmulas nºs 5 e 7/STJ. - Do ponto de vista estritamente econômico-financeiro, a taxa efetiva de juros pressupõe capitalização. Isto é, temos a taxa nominal, em que o período de formação e incorporação dos juros ao capital não coincide com aquele a que a taxa está referida (ex: 12% ao ano, com capitalização mensal), e a taxa efetiva, em que tais períodos coincidem (ex: 1% ao mês, com capitalização mensal). Em outras palavras, na taxa efetiva de juros a unidade de tempo de referência é igual à unidade de tempo dos períodos de capitalização. A despeito disso, em contratos bancários é comum o uso de metodologias próprias de cálculo de juros, inclusive com a utilização equivocada de termos econômico-financeiros, sem rigorismo técnico. Diante disso, somente por intermédio de cálculos matemáticos é possível certificar-se quanto à existência ou não de capitalização nas taxas de juros aplicadas ao negócio. Recurso especial a que se nega provimento." (STJ, REsp. 894682 / RS, Relª. Minª. Nancy Andrighi, *DJe* 29/10/2009).

◙ **Possibilidade de discutir contratos extintos pela novação através da ação revisional.** "RECURSO ESPECIAL. SISTEMA FINANCEIRO DA HABITAÇÃO. AÇÃO RE-

VISIONAL. INTERESSE DE AGIR. ADJUDICAÇÃO DO IMÓVEL EM EXECUÇÃO EXTRAJUDICIAL. MANUTENÇÃO DO INTERESSE JURÍDICO DO MUTUÁRIO NA REVISÃO DO CONTRATO. 1. Inocorre a ausência de interesse de agir do mutuário ou a perda superveniente do objeto da ação revisional em decorrência da adjudicação do imóvel ocorrida em sede de execução extrajudicial. 2. A jurisprudência firme desta Corte reconhece que, mesmo nos contratos extintos, em que ocorre a figura da quitação concedida pelo credor ao devedor, mantém-se a viabilidade da ação revisional, razão, aliás, da edição da Súmula nº 286/STJ. 3. O mutuário de contrato de empréstimo comum, consoante o enunciado sumular nº 286/STJ, poderá discutir todos os contratos eventualmente extintos pela novação, sem que, atualmente, sequer cogite-se reconhecer a ausência do seu interesse de agir, inclusive quando, em tais relações negociais, há expressa quitação das dívidas que serão, ao final, revisadas. 4. Igualdade de tratamento que deve ser assegurada ao mutuário do Sistema Financeiro Habitacional." (STJ, REsp 1119859/PR, Rel. Ministro Paulo de Tarso Sanseverino, Terceira Turma, DJe 31/08/2012)

◙ **Assegurada ao mutuário que sofreu redução de seus rendimentos a renegociação das condições de amortização** "É assegurada ao mutuário que sofreu redução de seus rendimentos a renegociação das condições de amortização, mediante a dilatação do prazo de liquidação do financiamento, visando à manutenção da relação prestação/renda pactuada quando da assinatura do contrato". (TRF 4ª R., AC 2005.04.01.009068-8 – 3ª T. – Rel. Des. Fed. Luiz Carlos de Castro Lugon, DJU 8.9.2005)

OUTRAS CLÁUSULAS ABUSIVAS

◙ **Legalidade da cláusula que prevê a conservação do contrato de telefonia móvel, mesmo em caso de furto ou roubo do aparelho celular do consumidor.** "RECURSO ESPECIAL. DIREITO DO CONSUMIDOR. AÇÃO CIVIL PÚBLICA. CONTRATO DE PRESTAÇÃO DE SERVIÇO DE TELEFONIA MÓVEL. FURTO OU ROUBO DO APARELHO. PREVISÃO CONTRATUAL DE PAGAMENTO DE MULTA, MAS NÃO DOS MINUTOS CONTRATADOS, ALÉM DA ASSINATURA BÁSICA PELO PRAZO DE CARÊNCIA FALTANTE. INEXISTÊNCIA DE ABUSIVIDADE. 1. Ação civil pública proposta pelo Ministério Público contra a Tim Celular S/A com o objetivo de ser declarada a abusividade de cláusulas (9.04 e 10.04) do contrato padrão formulado pela operadora de celular com seus usuários, cominando multa (R$ 210,00) ao consumidor que cancelar culposamente o contrato no curso do prazo de carência. 2. O acórdão recorrido, após rejeitar as preliminares de litisconsórcio passivo com a Anatel, de ilegitimidade ativa do Ministério Público e de nulidade da sentença por prolação fora do pedido ("extra petita"), reformou parcialmente a sentença de procedência dos pedidos para reconhecer que a multa constante na cláusula 9.04 não seria abusiva, pois aplicada quando a resolução do contrato se der por culpa do usuário, mantendo, no mais, o provimento fixado pelo juízo de primeiro grau. 3. O reconhecimento da afronta ao art. 535 do CPC/72 exige a demonstração pela parte em relação a quais questões incidiria o vício constante do referido dispositivo e, ainda, a sua relevância para o desate da controvérsia. 4. No caso, as únicas questões em relação as quais houve a devida alegação de omissão no apelo excepcional, não se mostraram efetivamente omissas. Negativa de prestação jurisdicional rejeitada. 5. O Ministério Público é parte legítima para defender em juízo direitos difusos e individuais homogêneos relativos a consumidores. Reiterados precedentes. 6. Nenhuma das pretensões formuladas na demanda é voltada contra a ANATEL, mas contra cláusulas contratuais estabelecidas pela própria demandada (Tim Celular) nos contratos celebrados com os seus usuários e consideradas pelo Ministério Público como abusivas. 7. Inexistência de litisconsórcio necessário entre as concessionárias com a ANATEL, quando a relação jurídica controvertida é alheia àquela mantida entre as concessionárias e o ente regulador. 8. O furto ou roubo do aparelho de celular do usuário dos serviços de telefonia não configura justa causa para a resolução do contrato com a operadora, podendo o usuário habilitar outro aparelho e dar continuidade à relação negocial. 9. Redução da multa constante no item 9.04 pela metade que, todavia, não ressarce devidamente a operadora de telefonia nas hipóteses em que o usuária denuncia o contrato a que se fidelizou mediante a compra de aparelho de celular com valor descontado. 10. Multa limitada ao valor proporcional do desconto concedido considerando-se o período faltante de fidelidade. 11. RECURSO ESPECIAL PROVIDO". (STJ, REsp 1488284/PE, Rel. Ministro Paulo de Tarso Sanseverino, Terceira Turma, DJe 24/08/2018)

◙ **Legalidade da cláusula de fidelização em contratos de telefonia.** "A jurisprudência firmada no âmbito deste STJ orienta no sentido de que a cláusula de fidelização em contrato de telefonia é legítima, na medida em que o assinante recebe benefícios e em face da necessidade garantir um retorno mínimo em relação aos gastos realizados. Precedentes: AgRg no REsp 1.204.952/DF, Rel. Min. Paulo de Tarso Sanseverino, Terceira Turma, julgado em 14.8.2012, DJe de 20.8.2012; e, REsp 1.087.783/RJ, Rel. Min. Nancy Andrighi, Terceira Turma, DJe 10/12/2009." (STJ, AgRg no AREsp 253.609/RS, Rel. Ministro Mauro Campbell Marques, Segunda Turma, DJe 05/02/2013)

◙ **Cláusula de foro de eleição :**

> ◙ **A invalidade do foro de eleição é exceção, não a regra.** "Em, nosso sistema, a invalidade do foro de eleição é exceção, não a regra. Somente deve ser anulado nos casos em que haja base legal para inferência de prejuízo para o consumidor, porque lhe frustra a defesa (CDC, arts. 6º, VIII, e 47 do Cód. de Defesa do Consumidor (Lei 8078, de 11.9.1990), ou em algumas poucas situações assemelhadas, em que se frustre o mesmo direito de defender-se em Juízo, sobretudo quando patentes o forçamento à escrita da cláusula e a hipossuficiência geradora de frustração de defesa." (STJ, voto do Ministro Sidnei Beneti no REsp 1192736/SP, Terceira Turma, DJe 18/11/2010)
>
> ◙ **Foro de eleição mantida. Compra de equipamento sofisticado para exames médicos.** "Na compra e venda de sofisticadíssimo equipamento destinado à realização de exames médicos – levada a efeito por pessoa jurídica nacional e pessoa jurídica estrangeira – prevalece o foro de eleição, seja ou não uma relação de consumo" (STJ, CC 32270/SP, Rel. Min. Ari Pargendler, *DJU* 11/03/2002, 2ª Seção). ◙ **No mesmo sentido:** "Tratando-se de aquisição de sofisticado equipa-

mento médico-hospitalar para uso em hospital, não se aplica o CDC, de modo que válida a eleição de foro" (STJ-3ª T., RESp 777188,

Rel. Min. Sidnei Beneti, DJ 18.12.09)."

◙ **Foro de eleição. Prevalência se o réu alega que não terá dificuldades na defesa.** "CLÁUSULA ELETIVA DE FORO LANÇADA EM CONTRATO DE ADESÃO. VALIDADE, EM PRINCÍPIO. CERCEAMENTO DE DEFESA INOCORRENTE. ALEGAÇÃO DO PRÓPRIO DEVEDOR. PREVALÊNCIA DA CLÁUSULA DE ELEIÇÃO. A cláusula de eleição de foro inserida em contrato de adesão é, em princípio, válida e eficaz, salvo: a) se, no momento da celebração, a parte aderente não dispunha de intelecção suficiente para compreender o sentido e as conseqüências da estipulação contratual; b) se da prevalência de tal estipulação resultar inviabilidade ou especial dificuldade de acesso ao Judiciário; c) se se tratar de contrato de obrigatória adesão, assim entendido o que tenha por objeto produto ou serviço fornecido com exclusividade por determinada empresa. No caso, no entanto, de o próprio réu-devedor postular pela validade da cláusula de eleição do foro, alegando que não terá dificuldades em sua defesa, deve a mesma prevalecer." (STJ, REsp 225866/MS, DJU 14/02/2000, Rel. Min. Sálvio de Figueiredo Teixeira, J. 9.11.1999, 4ª T.)

◙ **A cláusula abusiva de eleição de foro é nula de pleno direito, devendo ser declarada de ofício pelo magistrado.** "Segundo a jurisprudência desta Corte, a cláusula abusiva de eleição de foro é nula de pleno direito, devendo ser declarada de ofício pelo magistrado, independentemente de requerimento da parte." (STJ, AgRg no AREsp 732.679/SC, Rel. Ministro Antonio Carlos Ferreira, Quarta Turma, DJe 26/11/2015) ◙ **No mesmo sentido:** "O legislador pátrio conferiu ao magistrado o poder-dever de anular, de ofício, a cláusula contratual de eleição de foro, inserida em contrato de adesão, quando esta revelar-se abusiva, vale dizer, dificulte a parte aderente em empreender sua defesa em juízo, seja a relação jurídica subjacente de consumo, ou não; II – Levando-se em conta o caráter impositivo das leis de ordem pública, preponderante, inclusive, no âmbito das relações privadas, tem-se que, na hipótese de relação jurídica regida pela Lei consumerista, o magistrado, ao se deparar com a abusividade da cláusula contratual de eleição de foro, esta subentendida como aquela que efetivamente inviabilize ou dificulte a defesa judicial da parte hipossuficiente, deve necessariamente declará-la nula, por se tratar, nessa hipótese, de competência absoluta do Juízo em que reside o consumidor." (STJ, REsp 1089993/SP, Rel. Ministro Massami Uyeda, Terceira Turma, DJe 08/03/2010) ► **No mesmo sentido:** "O fato de o artigo 1° do CDC dispor que as normas de direito do consumidor são de ordem pública e o interesse social deve ter conseqüências práticas, já que a lei não contém palavras inúteis. A mais importante conseqüência decorrente dessa norma, em nosso entender, é a caracterização da competência para as ações oriundas da relação de consumo, caso verificada a abusividade da cláusula de eleição de foro, como sendo competência absoluta e não relativa. Isso somente ocorre, repetimos, quando o Juiz verificar que a cláusula de eleição de foro é realmente abusiva, pois em casos de contratação de 'gré à gré' (não de adesão), em igualdade de condições entre as partes contratantes, a cláusula é válida e eficaz. [...] Por conseguinte, é preciso que empreendamos eficácia à questão da nulidade da cláusula de eleição de foro, como questão de ordem pública, não apenas em seu sentido material, como tem pregado a correção a doutrina, mas também, e principalmente em seu sentido processual. Considerando essa matéria como sendo também processual, teremos que, forçosamente, reconhecer que o critério determinativo da competência nas ações derivadas de relações de consumo foi o de ordem pública, razão por que estamos diante de hipótese processual que, ontologicamente, se caracteriza como de Competência Absoluta. A conseqüência a extrair-se da caracterização da competência das ações de consumo como sendo absoluta, é a de que o Juiz pode dela conhecer 'ex officio', podendo de ofício igualmente proclamá-la (NERY, Rosa Maria Barreto Borriello de Andrade. *Competência relativa de foro e a ordem pública: art. 51 do CDC e o Verbete n. 33 da Súmula do STJ*. Justitia, São Paulo, v. 56, n. 167, p. 46-50, jul./-set. 1994. Disponível em:<http://www.justitia.com.br/links/edicao.php?ID=167>. Acesso em: 09 jun. 2009)

◙ **O fato de ser uma relação de consumo não significa que a claúsula de eleição de foro é nula.** "O fato isoladamente considerado de que a relação entabulada entre as partes é de consumo não conduz à imediata conclusão de que a cláusula de eleição de foro inserida em contrato de adesão é abusiva, sendo necessário para tanto, nos termos propostos, perscrutar, no caso concreto, se o foro eleito pelas partes inviabiliza ou mesmo dificulta, de alguma forma, o acesso ao Poder Judiciário." (STJ, REsp 1089993/SP, Rel. Ministro Massami Uyeda, Terceira Turma, DJe 08/03/2010)

◙ **Foro de eleição mantida em contrato de adesão. Empresa de porte.** "FORO DE ELEIÇÃO. Empresa de porte. Contrato de adesão. É válida a cláusula de eleição de foro constante de contrato de valor aproximado de R$ 1.000.000,00, celebrado por empresa de porte, que se presume tenha condições de exercer a defesa no foro escolhido, embora se trate de contrato de adesão." (STJ, REsp 304678/SP, DJU 19.11.2001, Rel. Min. Ruy Rosado de Aguiar, J. 28.8.2001, 4ª T.)

I – impossibilitem, exonerem ou atenuem a responsabilidade do fornecedor por vícios de qualquer natureza dos produtos e serviços ou impliquem renúncia ou disposição de direitos. Nas relações de consumo entre o fornecedor e o consumidor pessoa jurídica, a indenização poderá ser limitada, em situações justificáveis;

► **As cláusulas de irresponsabilidade são vedadas.** O fornecedor não poderá inserir em contrato cláusula que o isente do dever de indenizar ou mesmo que atenue a responsabilidade. São as chamadas cláusulas de irresponsabilidade que, quando inseridas em contratos, são consideradas nulas de pleno direito, como se não existissem, ou seja, não terão nenhuma eficácia perante o consumidor. De outra sorte, estaria quebrado o equilíbrio contratual, pois bastaria o fornecedor inserir cláusulas que eximissem e/ou atenuassem sua responsabilidade (já que a maioria dos contratos são de adesão), para que o consumidor ficasse desprotegido. A única exceção é no tocante às relações de consumo entre o fornecedor e o consumidor–pessoa jurídica, em que a indenização poderá ser limitada em situações justificáveis.

► **Será abusiva cláusula em que o consumidor renunciar as disposições do CDC.** "Não será possível, destarte, a renúncia à disposição de direitos assegurados ao consumidor ou a exclusão de indenizações provenientes de danos por fato do produto ou serviço (arts. 12 e ss. do CDC) e também por vício do produto ou serviço (arts. 18 e ss. do CDC). Serão consideradas abusivas, por exemplo, as disposições em que o consumidor renunciar às normas do CDC em prol da aplicação exclusiva do Código Civil ou ainda cláusula que deixe a eleição de foro a critério do fornecedor, sendo certo que a escolha ensejará dificuldades para a defesa do consumidor (art. 6.º, VII do CDC)." (TARTUCE, Fernanda; ZANETTI, Andrea Cristina. A interpretação das cláusulas do contrato de adesão pelos princípios da boa-fé e equilíbrio nas relações de consumo. *Revista de Direito do Consumidor*. São Paulo: RT, Vol.106, Ano 2016, p. 395/396) ► **No mesmo sentido:** "O consumidor não pode, pelo contrato, ter limitado ou suprimido direito que a lei lhe assegura. Ainda que o contrato represente a clara e consciente vontade do consumidor, ao tempo da realização do ato de consumo, de renunciar a direito assegurado em lei, ele contínua a titularizá-lo e pode exercê-lo independentemente do constante no contrato". (COELHO, FÁBIO ULHOA. *Curso de direito comercial*. São Paulo: Saraiva, 2000. p. 185)

► **Limitação de responsabilidade. Deve-se observar se não foi rompido o equilíbrio contratual.** Para que se possa aceitar a limitação na responsabilidade, deverá o consumidor pessoa jurídica participar da negociação prévia da cláusula limitadora (geralmente uma pessoa jurídica de porte que tenha um corpo jurídico que possa analisar os riscos), já que ninguém aceita uma limitação se não receber algo em troca (preço melhor, maior garantia, maior prazo para pagamento etc.). Assim, deverá o juiz ter muita cautela no momento de analisar o que sejam "situações justificáveis", devendo, sobretudo, observar se não foi rompido o equilíbrio contratual.

◙ **Súmula 130 do STJ.** *"A empresa responde, perante o cliente, pela reparação de dano ou furto de veiculo ocorridos em seu estacionamento".*

II – subtraiam ao consumidor a opção de reembolso da quantia já paga, nos casos previstos neste código;

► **A cláusula contratual que subtrair o direito ao reembolso será considerada nula.** Em vários momentos, o CDC previu a possibilidade de o consumidor ser reembolsado. Como exemplo, temos o inciso II do § 1º do art. 18; no caso do inciso IV do art. 19 e também do inciso II do art. 20. Mas, talvez o artigo mais lembrado no que se refere ao direito de reembolso é o art. 49 que prevê o direito de arrependimento. Exercido tal direito, o consumidor terá direito de ser reembolsado dos valores eventualmente pagos monetariamente atualizados. Assim, a cláusula contratual que subtrair o direito ao reembolso será considerada nula.

◙ **Cláusula em distrato prevendo importância menor de reembolso do que a estipulada inicialmente.** "Não há nulidade na cláusula do distrato de que resulte haver a parte transigido, recebendo como reembolso importância menor do que a que lhe seria devida. Hipótese que não se confunde com a disposição contratual em que se estabeleça não ter a parte direito ao reembolso integral, em caso de desfazimento do contrato". (STJ, REsp. 158036/DF, 3ª T., rel. Min. Eduardo Ribeiro, DJU 22.3.99)

III – transfiram responsabilidades a terceiros;

► **Nulidade de cláusula que transfere responsabilidade à terceiros.** "As cláusulas que permitem aos fornecedores de produtos ou serviços, visando à exoneração de sua responsabilidade, na relação jurídica de consumo, transferi-la a terceiras pessoas, são nulas de pleno direito. Não são válidas, por exemplo, as cláusulas que propiciam às agências de turismo, fornecedores diretos de pacotes turísticos, transferirem a responsabilidade às operadoras, às transportadoras e aos hotéis, bem como são inválidas aquelas que possibilitam aos vendedores transferirem a responsabilidade pelo vício do produto ao fabricante". (SILVA, Jorge Alberto Quadros de Carvalho. *Código de Defesa do Consumidor anotado.* São Paulo: Saraiva, 2001. p. 176)

◙ **Recusa de pagamento de indenização de seguro médico-hospitalar pelo estipulante.** "COBRANÇA. SEGURO MÉDICO-HOSPITALAR. RECUSA DE PAGAMENTO DE INDENIZAÇÃO PELA ESTIPULANTE SOB ALEGAÇÃO DE SER RESPONSABILIDADE DE TERCEIRO. DENUNCIAÇÃO À LIDE NÃO ACOLHIDA. CLÁUSULA CONTRATUAL QUE EXONERA A ESTIPULANTE DE RESPONSABILIDADE INSUBSISTENTE EM FACE DO CÓDIGO DE DEFESA DO CONSUMIDOR. PEDIDO DE INDENIZAÇÃO PROCEDENTE. APELAÇÃO IMPROVIDA. Em face do art. 51, inciso III, Código de Defesa do Consumidor, são nulas as cláusulas contratuais relativas ao fornecimento de produtos e serviços que transfiram responsabilidades para terceiros." (TJ-PR – AC: 2211972 PR Apelação Cível – 0221197-2, Relator: Hayton Lee Swain Filho, Primeira Câmara Cível (extinto TA), Data de Publicação: 17/04/2003)

◙ **Cláusula que estipula a prorrogação da entrega do imóvel em razão da inadimplência dos demais promissários compradores.** "Direito do consumidor – promessa de compra e venda – mora da Construtora – nulidade de cláusula contratual reconhecida – abusividade – direito dos promissários compradores a resolverem o contrato e serem restituídos dos valores pagos – pedido de retenção da taxa de corretagem – impossibilidade. 1. São nulas as cláusulas contratuais que transfiram responsabilidades a terceiros porque abusivas. Inteligência do art. 51, inciso III, do CDC. 2. Descumprida a avença pela Construtora, sem motivo plausível e justificável, são de rigor a resolução contratual e a devolução das importâncias pagas pelos consumidores, atualizadas monetariamente e mediante incidência de juros. 3. Não prospera o pedido de dedução da comissão de corretagem, dos tributos e da taxa de administração formulado pela construtora, pois não devem os consumidores arcar com despesas de um bem não recebido, cuja recisão contratual não deram causa. 4. Recurso de apelação conhecido e não provido. Decisão Unânime." (TJ-PE – APL: 2770236 PE, Relator: Francisco Eduardo Goncalves Sertorio Canto, 3ª Câmara Cível, Data de Publicação: 13/03/2014)

IV – estabeleçam obrigações consideradas iníquas, abusivas, que coloquem o consumidor em desvantagem exagerada, ou sejam incompatíveis com a boa-fé ou a eqüidade;

► **Sobre cláusulas abusivas envolvendo a boa-fé objetiva, ver art. 4°, III.**

► **Sobre foro de eleição, verificar art. 51, *caput*, no tópico "*Outras cláusulas abusivas*".**

► **Percebe-se a preocupação do legislador em manter sempre o equilíbrio contratual.** Assim, são vedadas obrigações iníquas (injustas, contrário à equidade), abusivas (que desrespeitam valores da sociedade) ou que ofendem o princípio da boa-fé objetiva (como a falta de cooperação, de lealdade, quando frustra a legítima confiança criada no consumidor) e a equidade (justiça do caso concreto). Note-se que a boa-fé objetiva e a equidade são verdadeiras cláusulas gerais a ser observadas em todo e qualquer contrato de consumo. Exigirá do intérprete, então, diante de um caso concreto, buscar o verdadeiro equilíbrio entre as partes contratantes, de modo a alcançar a justiça contratual.

► **Para a correta interpretação do termo "desvantagem exagerada" será fundamental a análise do § 1º do art. 51.** Isso porque o legislador elencou algumas hipóteses em que a vantagem do fornecedor será presu-midamente exagerada. "§ 1º Presume-se exagerada, entre outros casos, a vantagem que: I – ofende os princípios fundamentais do sistema jurídico a que pertence; II – restringe direitos ou obrigações fundamentais inerentes à natureza do contrato, de tal modo a amea-çar seu objeto ou equilíbrio contratual; III – se mostra excessivamente onerosa para o consumidor, considerando-se a natureza e conteúdo do contrato, o interesse das partes e outras circunstâncias peculiares ao caso.

V – (Vetado);

VI – estabeleçam inversão do ônus da prova em prejuízo do consumidor;

► **Evitar grave desequilíbrio.** Se fosse possível a inversão do ônus da prova em prejuízo do consumidor, certamente haveria um grave desequilíbrio, o que justamente o código visa evitar, pois, na maioria das vezes, é o fornecedor que possui os meios de prova, em decorrência do conhecimento do produto ou serviço.

VII – determinem a utilização compulsória de arbitragem;

► **É possível, nos contratos de consumo, a instituição de cláusula de arbitragem, desde que obedecida, efetivamente, a bilateralidade na contratação e a forma da manifestação da vontade.** "O juízo arbitral é importante fator de composição dos litígios de consumo, razão por que o Código não quis proibir sua constituição pelas partes do contrato de consumo. A interpretação a *contrario sensu* da norma sob comentário indica que, não sendo determinada compulsoriamente, é possível instituir-se a arbitragem. Existem vários dispositivos no Código dos quais exsurge clara a regra sistêmica de que as deliberações referentes à relação jurídica de consumo não podem ser tomadas unilateralmente por qualquer das partes. Portanto, no sistema do Código, configura-se como abusiva, por também ofender o escopo deste inc. VII, a cláusula que deixar a critério exclusivo e unilateral do fornecedor não somente a escolha entre jurisdição estatal e jurisdição arbitral, como também a escolha do árbitro. A opção pela solução do litígio no juízo arbitral, bem como a escolha do árbitro, é questão que deve ser deliberada equitativa e equilibradamente pelas partes, sem que haja preeminência de uma sobre a outra. A LArb estipula regra específica quanto à cláusula compromissória nos contratos de adesão [...] Esse dispositivo da Larb não é incompatível com o CDC, art. 51, VII, razão pela qual ambos os dispositivos legais permanecem vigorando plenamente. Com isso queremos dizer que é possível, nos contratos de consumo, a instituição de cláusula de arbitragem, desde que obedecida, efetivamente, a bilateralidade na contratação e a forma da manifestação da vontade, ou seja, de comum acordo (gré à gré)." (JUNIOR, Nelson Nery. *Código de defesa do consumidor comentado pelos autores do anteprojeto.* Rio de Janeiro: Forense, 2011, p. 586-591)

► **Quando já configurado o conflito e havendo consenso entre as partes, é possível que seja instaurado o procedimento arbitral.** O legislador consumerista, em respeito ao princípio de proteção ao hipossuficiente, vedou a estipulação compulsória de convenção de arbitragem, por entender que seria prejudicial ao consumidor. Com efeito, normalmente, no momento da contratação, faltam informações suficientes ao consumidor para que possa optar, de forma livre e consciente, pela adoção da arbitragem como meio de solucionar futuro conflito de consumo. Vedou-se, assim, a adoção prévia e compulsória da arbitragem no momento da celebração do contrato. Porém, quando já configurado o conflito, é possível que seja instaurado o procedimento arbitral, caso haja consenso entre fornecedor e consumidor. ◙ **No mesmo sentido:** "DIREITO PROCESSUAL CIVIL E CONSUMIDOR. CONTRATO DE ADESÃO. CONVENÇÃO DE ARBITRAGEM. LIMITES E EXCEÇÕES. ARBITRAGEM EM CONTRATOS DE FINANCIAMENTO IMOBILIÁRIO. CABIMENTO. LIMITES. 1. Com a promulgação da Lei de Arbitragem, passaram a conviver, em harmonia, três regramentos de diferentes graus de especificidade: (i) a regra geral, que obriga a observância da arbitragem quando pactuada pelas partes, com derrogação da jurisdição estatal; (ii) a regra específica, contida no art. 4º, § 2º, da Lei nº 9.307/96 e aplicável a contratos de adesão genéricos, que restringe a eficácia da cláusula compromissória; e (iii) a regra ainda mais específica, contida no art. 51, VII, do CDC, incidente sobre contratos derivados de relação de consumo, sejam eles de adesão ou não, impondo a nulidade de cláusula que determine a utilização compulsória da arbitragem, ainda que satisfeitos os requisitos do art. 4º, § 2º, da Lei nº 9.307/96. 2. O art. 51, VII, do CDC se limita a vedar a adoção prévia e compulsória da arbitragem, no momento da celebração do contrato, mas não impede que, posteriormente, diante de eventual litígio, havendo consenso entre as partes (em especial a aquiescência do consumidor), seja instaurado o procedimento arbitral. 3. As regras dos arts. 51, VIII, do CDC e 34 da Lei nº 9.514/97 não são incompatíveis. Primeiro porque o art. 34 não se refere exclusivamente a financiamentos imobiliários sujeitos ao CDC e segundo porque, havendo relação de consumo, o dispositivo legal não fixa o momento em que deverá ser definida a efetiva utilização da arbitragem." (STJ, REsp 1169841/RJ, Rel. Ministra Nancy Andrighi, Terceira Turma, DJe 14/11/2012)

◙ **Nulidade da cláusula de convenção de arbitragem.** "É nula a clausula de convenção de arbitragem inserta em contrato de adesão, celebrado na vigência do Código de Defesa do Consumidor." (STJ, REsp 819.519/PE, Rel. Ministro Humberto Gomes de Barros, Terceira Turma, DJ 05/11/2007) ◙ **No mesmo sentido:** "Vedada a imposição compulsória de cláusula arbitral em contratos de adesão firmados sob a vigência do código de defesa do consumidor." (STJ, AgRg nos EDcl no Ag 1101015/RJ, Rel. Ministro Aldir Passarinho Junior, Quarta Turma, DJe 23/03/2011)

◙ **Eventual cláusula que preveja a utilização de arbitragem somente é eficaz se a iniciativa de sua previsão partir do consumidor aderente.** "DIREITO PROCESSUAL CIVIL E CONSUMIDOR. CONTRATO DE FINANCIAMENTO IMOBILIÁRIO. CONTRATO DE ADESÃO. CONVENÇÃO DE ARBITRAGEM. POSSIBILIDADE, RESPEITADOS DETERMINADAS EXCEÇÕES. 1. Um dos nortes a guiar a Política Nacional das Relações de Consumo é exatamente o incentivo à criação de mecanismos alternativos de solução de conflitos de consumo (CDC, art. 4°, § 2°), inserido no contexto de facilitação do acesso à Justiça, dando concretude às denominadas "ondas renovatórias do direito" de Mauro Cappelletti. 2. Por outro lado, o art. 51 do CDC assevera serem nulas de pleno direito "as cláusulas contratuais relativas ao fornecimento de produtos e serviços que: VII – determinem a utilização compulsória de arbitragem". A mens legis é justamente proteger aquele consumidor, parte vulnerável da relação jurídica, a não se ver compelido a consentir com qualquer cláusula arbitral. 3. Portanto, ao que se percebe, em verdade, o CDC não se opõe a utilização da arbitragem na resolução de conflitos de consumo, ao revés, incentiva a criação de meios alternativos de solução dos litígios; ressalva, no entanto, apenas, a forma de imposição da cláusula compromissória, que não poderá ocorrer de forma impositiva. 4. Com a mesma ratio, a Lei n. 9.307/1996 estabeleceu, como regra geral, o respeito à convenção arbitral, tendo criado, no que toca ao contrato de adesão, mecanismos para proteger o aderente vulnerável, nos termos do art. 4°, § 2°, justamente porque nesses contratos prevalece a desigualdade entre as partes contratantes. 5. Não há incompatibilidade entre os arts. 51, VII, do CDC e 4º, § 2º, da Lei n. 9.307/96. Visando conciliar os normativos e garantir a maior proteção ao consumidor é que entende-se que a cláusula compromissória só virá a ter eficácia caso este aderente venha a tomar a iniciativa de instituir a arbitragem, ou concorde, expressamente, com a sua instituição, não havendo, por conseguinte, falar em compulsoriedade. Ademais, há situações em que, apesar de se tratar de consumidor, não há vulnerabilidade da parte a justificar sua proteção. 6. Dessarte, a instauração da arbitragem pelo consumidor vincula o fornecedor, mas a recíproca não se mostra verdadeira, haja vista que a propositura da arbitragem pelo policitante depende da ratificação expressa do oblato vulnerável, não sendo suficiente a aceitação da cláusula realizada no momento da assinatura do contrato de adesão. Com isso, evita-se qualquer forma de abuso, na medida em o consumidor detém, caso desejar, o poder de libertar-se da via arbitral para solucionar eventual lide com o prestador de serviços ou fornecedor. É que a recusa do consumidor não exige qualquer motivação. Propondo ele ação no Judiciário, haverá negativa (ou renúncia) tácita da cláusula compromissória. 7. Assim, é possível a cláusula arbitral em contrato de adesão de consumo quando não se verificar presente a sua imposição pelo fornecedor ou a vulnerabilidade do consumidor, bem como quando a iniciativa da instauração ocorrer pelo consumidor ou, no caso de iniciativa do fornecedor, venha a concordar ou ratificar expressamente com a instituição, afastada qualquer possibilidade de abuso. 8. Na hipótese, os autos revelam contrato de adesão de consumo em que fora estipulada cláusula compromissória. Apesar de sua manifestação inicial, a mera propositura da presente ação pelo consumidor é apta a demonstrar o seu desinteresse na adoção da arbitragem – não haveria a exigível ratificação posterior da cláusula -, sendo que o recorrido/fornecedor não aventou em sua defesa qualquer das exceções que afastariam a jurisdição estatal, isto é: que o recorrente/consumidor detinha, no momento da pactuação, condições de equilíbrio com o fornecedor – não haveria vulnerabilidade da parte a justificar sua proteção; ou ainda, que haveria iniciativa da instauração de arbitragem pelo consumidor ou, em sendo a iniciativa do fornecedor, que o consumidor teria concordado com ela. Portanto, é de se reconhecer a ineficácia da cláusula arbitral. 9. Recurso especial provido" (STJ, REsp 1189050/SP, Rel. Min. Luis Felipe Salomão, 4ª T., DJe 14.3.2016).

VIII – imponham representante para concluir ou realizar outro negócio jurídico pelo consumidor;

► **Nulidade da cláusula mandato**. Não poderá o fornecedor, valendo da fragilidade e vulnerabilidade do consumidor, impor representante para celebrar negócio jurídico em seu nome. Muito comum, em contratos bancários, a conhecida "cláusula mandato" para, caso o consumidor fique inadimplente, o banco possa ser constituído como procurador do consumidor, assinando nota promissória ou emitindo letra de câmbio.

► **Cláusula mandato em contrato de cartão de crédito**. "Em resumo, por haver exagerado favorecimento da sociedade administradora em prejuízo do usuário, obrigando o consumidor a contratar empréstimos bancários sem qualquer informação ou limitação sobre as taxas práticas e possibilitando a unilateral estipulação da remuneração da sociedade administradora, entendo que a cláusula mandato inserida no contrato de utilização de cartão de crédito é ilegal". (MALFATTI, Alexandre David. *Cartão de crédito: abusividade da cláusula mandato,* Tribuna da Magistratura, Caderno de Doutrina, nov./dez. 97, p. 248) ◙ **No sentido da possibilidade da cláusula mandato nos contratos de cartão de crédito**. "Salvo nos contratos relacionados a cartão de crédito, é nula a cláusula contratual que prevê a outorga de mandato para criação de título cambial." (STJ, AgRg no REsp 770.506/RS, Rel. Ministro Massami Uyeda, Quarta Turma, DJ 03/12/2007) ▶ **No mesmo sentido:** "As abusividades existentes na cláusula mandato que permite a emissão de cártula por parte do próprio credor, em nome do devedor, e que motivaram a previsão legal contida no Código de Defesa do Consumidor, não se encontram obviamente, na cláusula mandato para a Administradora de cartões de crédito contrair empréstimo no mercado financeiro em favor do consumidor. No contrato de cartão de crédito, o negócio celebrado por meio do mandato traz vantagens para o consumidor que efetivamente quis beneficiar-se do financiamento que a Administradora mediou." (THEODORO JÚNIOR, Humberto. A vedação da cláusula mandato pelo código de defesa do consumidor: reflexos sobre o contrato de cartão de crédito. In: *Revista do advogado*, v. 26, n. 89, p. 43-57, dez. 2006)

◙ **Cláusula que permite à administradora de cartão de crédito sacar título cambial em nome do mandante.** "Hipótese: A controvérsia subsume-se à averiguação da ilegalidade/abusividade de cláusula-mandato que permite à operadora de cartão de crédito emitir título cambial contra o usuário do cartão. (...) 2. A cláusula-mandato inserida nos contratos de cartão de crédito possui três acepções distintas, que embora decorram da relação de representação existente entre os interessados, ensejam efeitos jurídicos e materiais totalmente diversos. A primeira é inerente a todos os contratos de cartão de crédito, tenham eles sido estabelecidos com instituições financeiras ou administradoras de cartão private label, sendo o real objeto contratado, na qual a operadora se compromete a honrar o compromisso assumido por seu mandante/cliente/consumidor perante o comerciante/prestador de serviço, até o limite estabelecido mediante eventual remuneração (comumente denominada anuidade). A segunda, considerada válida e inerente aos contratos de cartão de crédito mantidos por operadoras de cartões private label refere-se à autorização dada pelo mandante (cliente/consumidor) ao mandatário (administradora de cartão de crédito), para que este obtenha recursos no mercado financeiro para saldar eventuais dívidas e financiamentos daquele. A terceira, reputada abusiva pelo ordenamento jurídico pátrio, é no sentido de admitir que o mandatário emita título de crédito em nome do devedor principal mandante/cliente/consumidor. Na presente hipótese, não se está a discutir as duas primeiras acepções que a cláusula-mandato possui, haja vista que somente fora reputada abusiva pelas instâncias precedentes a parte da cláusula do contrato padrão no que permite à administradora de cartão de crédito sacar título cambial em nome do mandante. 3. Compreende-se por abusiva a cláusula-mandato que prevê a emissão de título de crédito, por parte do mandatário contra o mandante, haja vista que tal procedimento expõe o outorgante à posição de extrema vulnerabilidade, a ponto de converter-se em prática ilegítima, eis que dela resulta um instrumento cambial apto a possibilitar a pronta invasão de seu patrimônio por meio da compensação bancária direta ou pela via executiva, reduzindo, inegavelmente, a sua capacidade defensiva, porquanto a expropriação estará lastrada em cártula que, em regra, por mera autorização contratual firmada em contrato de adesão, será sacada independentemente da intervenção do devedor/mandante. Há muito foi sedimentado o entendimento no âmbito desta Corte Superior acerca da ilegalidade da cláusula-mandato destinada ao saque de títulos, consoante se extrai do enunciado da súmula 60/STJ, assim redigida: "É nula a obrigação cambial assumida por procurador do mutuário vinculado ao mutuante, no exclusivo interesse deste". Isso porque, é característica marcante dos títulos de crédito a executoriedade, ou seja, a sua auto-suficiência jurídica é assegurada tendo em vista os princípios da cartularidade, da literalidade e da autonomia. Assim, o valor nele contido é certo e a transmissão de sua titularidade encontra amparo na imunidade dos vícios que não sejam incidentes sobre a própria cártula. Esses atributos facilitam, sobremaneira, a obtenção do valor inserido no título, por meio de procedimento executivo, que terá limitado campo de defesa, em razão das características intrínsecas ao documento executado. Ademais, o saque de título contra usuário de cartão de crédito por parte de sua operadora, mediante mandato, não evidencia benefício ao outorgante – ao contrário – pois resulta daí obrigação cambial a ser saldada, limitando-se o campo de defesa do titular do cartão quanto à existência da dívida ou do quantum devido, uma vez que, lançada a cártula, o questionamento do débito no processo executivo é extremamente restrito, face aos atributos e características intrínsecas ao título de crédito. Certamente, a supressão da fase cognitiva para a formação dos elementos obrigacionais cambiais assumidos em nome do cliente só interessa à operadora de cartão de crédito, porquanto possibilita a obtenção de seu crédito de forma mais célere, em detrimento dos princípios da ampla defesa e do contraditório. 4. Recurso especial desprovido." (STJ, REsp 1084640/SP, Rel. Ministro Marco Buzzi, Segunda Seção, DJe 29/09/2015)

▣ **Cláusula mandato para constituir hipoteca.** "Compra e venda de bem imóvel assinada e paga antes do contrato de financiamento entre a construtora e o banco, mediante garantia hipotecária. Ausência de consentimento dos promitentes compradores. Cláusula que institui mandato para esse fim considerada abusiva, a teor do art. 51, VIII, do CDC. 1. Considerando o Acórdão recorrido que o bem foi comprado e integralmente pago antes do contrato de financiamento com garantia hipotecária, que os adquirentes não autorizaram a constituição de tal gravame, que sequer o mandato foi exercido e, ainda, que é abusiva a cláusula que institui o mandato, a teor do art. 51, VIII, do CDC, não existe afronta a nenhum dispositivo sobre a higidez da hipoteca, presente a peculiaridade do cenário descrito" (STJ, REsp 296.453, 3ª T., DJ 3.9.2001).

▣ **Cláusula mandato que autoriza a instituição financeira a sacar nota promissória para a quitação de débito do consumidor em atraso.** "É nula a cláusula contratual em que o devedor autoriza o credor a sacar, para cobrança, título de crédito representativo de qualquer quantia em atraso. Isto porque tal cláusula não se coaduna com o contrato de mandato, que pressupõe a inexistência de conflitos entre mandante e mandatário. Precedentes (REsp 504.036/RS e AgRg Ag 562.705/RS). 2 – Ademais, a orientação desta Corte é no sentido de que a cláusula contratual que permite a emissão da nota promissória em favor do banco/embargado, caracteriza-se como abusiva, porque violadora do princípio da boa-fé, consagrado no art. 51, inciso IV do CDC. Precedente (REsp 511.450/RS). 3 – Agravo regimental desprovido. (STJ, AgRg no REsp 808.603, 4ª T., DJ 29.5.2006).

▣ **Súmula 60 do STJ:** *"É nula a obrigação cambial assumida por procurador do mutuário vinculado ao mutuante, no exclusivo interesse deste".*

IX – deixem ao fornecedor a opção de concluir ou não o contrato, embora obrigando o consumidor;

► **O fornecedor não poderá inserir cláusula desobrigando-o de cumprir o contrato, porém obrigando somente o consumidor.** O fornecedor não poderá inserir cláusula desobrigando-o de cumprir o contrato, porém obrigando somente o consumidor, pois, feriria o equilíbrio contratual. Vale lembrar que se o fornecedor se obrigou, seja por qualquer informação prestada, seja por publicidade, terá que cumpri-la nos moldes do art. 30. Caso seja necessário, o consumidor ainda poderá se valer do art. 35, obrigando o fornecedor a cumprir com o informado ou anunciado.

X – permitam ao fornecedor, direta ou indiretamente, variação do preço de maneira unilateral;

► **Qualquer alteração superveniente à formação contratual deverá ser convencionada pelas partes.** Cláusula que permita o fornecedor alterar, ao seu livre arbítrio, o preço no contrato de consumo é inválida, pois acarretaria um desequilíbrio na relação jurídica, privilegiando o fornecedor em detrimento do consumidor. Qualquer alteração superveniente à formação contratual deverá ser convencionada pelas partes em igualdade de condições. Assim, são inválidas cláusulas que deixam para o fornecedor, de forma livre, a escolha dos índices do reajuste do contrato (pois é claro que sempre escolherá a maior), bem como as que possibilitam a alteração unilateral da taxa de juros do cheque especial ou do cartão de crédito.

XI – autorizem o fornecedor a cancelar o contrato unilateralmente, sem que igual direito seja conferido ao consumidor;

► **Após a celebração do contrato, os contratantes têm o dever de cumprir com suas obrigações.** Possibilitar somente a uma das partes, no caso o fornecedor, a opção de cancelar o contrato (resilição), causaria um grave desequilíbrio na relação, uma vez que geraria sensação de insegurança e incerteza ao consumidor. Assim, tal direito deve também ser concedido ao consumidor, colocando as partes em posição contratual de igualdade e equilíbrio.

◙ **Cláusula que prevê a rescisão unilateral do plano de saúde.**"CONSUMIDOR. PLANO DE SAÚDE. CLÁUSULA ABUSIVA. NULIDADE. RESCISÃO UNILATERAL DO CONTRATO PELA SEGURADORA. LEI Nº 9.656/1998. É nula, por expressa previsão legal, e em razão de sua abusividade, a cláusula inserida em contrato de plano de saúde que permite a sua rescisão unilateral pela seguradora, sob simples alegação de inviabilidade de manutenção da avença." (STJ, REsp. 602397/RS, Rel. Min. Castro Filho, DJ 01/08/2005)

■ **Rescisão unilateral nos contratos de plano de saúde coletivo.** "Os contratos de planos privados de assistência à saúde coletivos podem ser rescindidos imotivadamente após a vigência do período de 12 (doze) meses e mediante prévia notificação da outra parte com antecedência mínima de 60 (sessenta) dias (art. 17, parágrafo único, da RN nº 195/2009 da ANS). A vedação de suspensão e de rescisão unilateral prevista no art. 13, parágrafo único, II, da Lei nº 9.656/1998 aplica-se somente aos contratos individuais ou familiares." (REsp 1471569/RJ, Rel. Ministro Ricardo Villas Bôas Cueva, Terceira Turma, DJe 07/03/2016)

■ **Rescisão unilateral do contrato de seguro de vida em grupo.** "Rescisão unilateral do contrato de seguro de vida em grupo. O exercício, pela seguradora, da faculdade (igualmente conferida ao consumidor) de não renovação do seguro coletivo, consoante estipulado em cláusula contratual, não encerra conduta abusiva sob a égide do Diploma Consumerista ou inobservância da boa-fé objetiva, notadamente na hipótese em que previamente notificado o segurado de sua intenção de rescisão unilateral (fundada na ocorrência de desequilíbrio atuarial) e não aceita a proposta alternativa apresentada. Precedente da Segunda Seção: REsp 880.605/RN, Rel.Ministro Luis Felipe Salomão, Rel. p/ Acórdão Ministro Massami Uyeda, julgado em 13.06.2012, DJe 17.09.2012." (STJ, AgRg no AREsp 702.906/RS, Rel. Ministro Marco Buzzi, Quarta Turma, DJe 16/06/2015)

XII – obriguem o consumidor a ressarcir os custos de cobrança de sua obrigação, sem que igual direito lhe seja conferido contra o fornecedor;

■ **Cláusula de pagamento de honorários advocatícios:**

■ **Somente nos casos em que realmente houver a necessidade (imprescindibilidade) da intervenção de um advogado.** "Em contratos de consumo, além da existência de cláusula expressa para a responsabilização do consumidor, deve haver reciprocidade, garantindo-se igual direito ao consumidor na hipótese de inadimplemento do fornecedor. A liberdade contratual integrada pela boa-fé objetiva acrescenta ao contrato deveres anexos, entre os quais, o ônus do credor de minorar seu prejuízo buscando soluções amigáveis antes da contratação de serviço especializado. O exercício regular do direito de ressarcimento aos honorários advocatícios, portanto, depende da demonstração de sua imprescindibilidade para solução extrajudicial de impasse entre as partes contratantes ou para adoção de medidas preparatórias ao processo judicial, bem como da prestação efetiva de serviços privativos de advogado e da razoabilidade do valor dos honorários convencionados." (STJ, REsp 1274629/AP, Rel. Ministra Nancy Andrighi, Terceira Turma, DJe 20/06/2013)

■ **Cláusula que prevê o pagamento de honorários advocatícios quando não ajuizada nenhuma demanda judicial.** "É abusiva a cláusula que impõe a obrigação de pagar honorários advocatícios independentemente do ajuizamento de ação." (STJ, REsp. 364140/MG, Rel. Min. Ruy Rosado de Aguiar, *DJ* 12/08/2002).

◼ **Admitindo a cobrança dos honorários extrajudiciais, desde que previsto contratualmente e assegurado ao consumidor o mesmo direito.** "RECURSOS ESPECIAIS. CIVIL, PROCESSUAL CIVIL E CONSUMIDOR. AÇÃO CIVIL PÚBLICA. I - RECURSO DO BANCO PROMOVIDO: CONTRATO BANCÁRIO. LEASING. INCIDÊNCIA DE HONORÁRIOS ADVOCATÍCIOS EM CASO DE COBRANÇA EXTRAJUDICIAL. ÔNUS DECORRENTE DA MORA. RESPONSABILIDADE DO DEVEDOR. LEGALIDADE (CC/2002, ARTS. 389, 395 E 404). CONTRATO DE ADESÃO (CDC, ART. 51, XII). EXISTÊNCIA DE CLÁUSULA CONTRATUAL EXPRESSA. (...) Nas relações de consumo, havendo expressa previsão contratual, ainda que em contrato de adesão, não se tem por abusiva a cobrança de honorários advocatícios extrajudiciais em caso de mora ou inadimplemento do consumidor. Igual direito é assegurado ao consumidor, em decorrência de imposição legal, nos termos do art. 51, XII, do CDC, independentemente de previsão contratual." (STJ, REsp 1002445/DF, Rel. Ministro Marco Buzzi, Rel. p/ Acórdão Ministro Raul Araújo, Quarta Turma, DJe 14/12/2015)

◼ **Cláusula contratual em cartão de crédito que prevê o pagamento das despesas decorrentes da cobrança extrajudicial.** "É válida, com base no art. 956 do CC/1916 (art. 395 do CC/2002), a cláusula contratual que prevê, como uma das consequências da mora do consumidor, o pagamento das despesas decorrentes da cobrança extrajudicial, suportadas pela credora. No caso concreto, é válido o percentual limitador de tal cobrança, impondo-se conferir, em cláusula contratual, igual direito ao consumidor." (STJ, REsp 748.242/RJ, Rel. Ministro Antonio Carlos Ferreira, Quarta Turma, DJe 18/12/2015)

XIII – autorizem o fornecedor a modificar unilateralmente o conteúdo ou a qualidade do contrato, após sua celebração;

► **Vedação de quaisquer alterações feitas de forma unilateral pelo fornecedor.** Embora desnecessária tal previsão, uma vez que contrária à boa-fé e ao equilíbrio entre as partes, mais uma vez a intenção do legislador é repelir qualquer privilégio concedido ao fornecedor frente ao consumidor. Assim, ficam vedadas quaisquer alterações feitas de forma unilateral pelo fornecedor, sem o consentimento do consumidor. São exemplos dessa proibição cláusulas que permitem o fornecedor alterar as taxas de juros ou alterar os materiais que serão empregados em determinado serviço.

► **Nulidade de claúsula de alteração unilateral do percentual de juros.** "Sendo os juros o "preço" pago pelo consumidor, nula cláusula que preveja alteração unilateral do percentual prévia e expressamente ajustado pelos figurantes do negócio". (MARQUES, Cláudia Lima. *Contratos no Código de Defesa do Consumidor*. 3ª ed. São Paulo: Revista dos Tribunais, 1999. p. 202)

XIV – infrinjam ou possibilitem a violação de normas ambientais;

► **Não se admite que cláusulas contratuais possam causar danos ao meio ambiente, ainda que sejam benéficas ao consumidor.** O direito ao meio ambiente ecologicamente equilibrado é garantia constitucional prevista no art. 225 da CF: "Todos têm direito ao meio ambiente ecologicamente equilibrado, bem de uso comum do povo e essencial à sadia qualidade de vida, impondo-se ao Poder Público e a coletividade o dever de defendê-lo e preservá-lo para as presentes e futuras gerações". Não se admite que cláusulas contratuais possam causar danos ao meio ambiente, ainda que sejam benéficas ao consumidor. Aqui, a proibição vale para as duas partes da relação. Em nenhuma hipótese, podem as partes celebrar um contrato que venha, ainda que indiretamente, trazer malefícios ao meio ambiente.

► **Interpretação conjunta do direito do consumidor com o direito ambiental.** " Trata-se de elemento que conecta o direito do consumidor com o direito ambiental, não sendo possível o estudo e a interpretação de um sem levar em consideração a existência do outro" (CARVALHO, Jorge Alberto Quadros. *Código de Defesa do Consumidor anotado.* São Paulo: Saraiva, 2001. p. 183). ◙ **No mesmo sentido:** "Que tem o consumidor a ver com o ambiente? Muito, afinal, como se verifica. A matriz dos problemas é comum, radica, em último termo, numa sociedade pautada por um crescimento vertiginoso e pela automatização, produção em série e distribuição massificada de bens e serviços. Uma sociedade em que a concorrência desenfreada leva a uma procura incessante de redução de custos em ordem a tornar as empresas mais competitivas, quantas vezes, afinal, à custa do sacrifício de bens e valores ambientais imprescindíveis. Uma sociedade que acaba por pôr em causa, paradoxalmente, o bem estar e a qualidade de vida que pretende alcançar. Ambos, consumidor e ambiente, são, assim, vítimas da mesma sociedade de consumo e de risco e ambos reclamam, para sua defesa, como já disse, a definição de uma política adequada e que actue eficazmente." (MONTEIRO, Antônio Pinto. O papel dos consumidores na política ambiental. *Revista de Direito Ambiental*, São Paulo: RT, vol. 11. p. 69-74, jul.-set., 1998, p. 69)

◙ **Cláusula que incentive um consumo insustenvável é considerada abusiva.** "O contrato de consumo, então, não poderá conter cláusulas que incentivem ou promovam um consumo insustentável, uma vez que estará violando, entre outros princípios, o da sustentabilidade. Constatada tal violação, tal cláusula deve ser considerada nula de pleno direito, nos moldes do *caput* do art. 51 do CDC. Como exemplo, podemos citar um contrato que imponha ao consumidor, para que haja a contratação, a compra de determinada quantidade de produtos, principalmente quando supérfluos no cotidiano do consumidor e/ou potencialmente poluentes ao meio ambiente. O próprio artigo 39, inciso I, do CDC, já considera como prática abusiva o condicionamento de fornecimento de produto ou serviços a limites quantitativos, *sem justa causa.* Com o viés do consumo sustentável, a análise da *justa causa* ganha contornos mais amplos, uma vez que uma cláusula que estimule ou imponha a aquisição desnecessária de produtos e/ou serviços, estará sendo contrária à proteção do planeta." (GARCIA, Leonardo de

Medeiros. *Consumo sustentável. A proteção do meio ambiente no Código de Defesa do Consumidor.* Ed. Juspodivm. 2016, p. 140,141)

◙ **A atividade econômica está subordinada ao princípio da "defesa do meio ambiente" (art. 170, VI da CF).** " (...) a atividade econômica, considerada a disciplina constitucional que a rege, está subordinada, dentre outros princípios gerais, àquele que privilegia a "defesa do meio ambiente" (CF, art. 170, VI), que traduz conceito amplo e abrangente das noções de meio ambiente natural, de meio ambiente cultural, de meio ambiente artificial (espaço urbano) e de meio ambiente laboral. Os instrumentos jurídicos de caráter legal e de natureza constitucional objetivam viabilizar a tutela efetiva do meio ambiente, para que não se alterem as propriedades e os atributos que lhe são inerentes, o que provocaria inaceitável comprometimento da saúde, segurança, cultura, trabalho e bem-estar da população, além de causar graves danos ecológicos ao patrimônio ambiental, considerado este em seu aspecto físico ou natural." (STF, ADI 3.540-MC, Rel. Min. Celso de Mello, DJ 3.2.2006).

XV – estejam em desacordo com o sistema de proteção ao consumidor;

► **Sistema de proteção ao consumidor não contempla somente o CDC.** Interessante norma de abertura em que a doutrina e a jurisprudência desempenham importante papel na apreciação das cláusulas que estejam em desacordo com o sistema de proteção ao consumidor. Esse sistema não está contemplado apenas pelo CDC, mas também por qualquer norma que tutele, ainda que indiretamente, o consumidor. Assim vale destacar a Lei de Economia Popular (Lei 1521/51), Lei dos Crimes contra a Ordem Econômica (Lei 8137/90), Lei de Plano de Saúde (Lei 9656/98), etc.

◙ **Verdadeira cláusula geral que sintetiza a lógica presente no CDC.** "Por fim há destaque às cláusulas que estejam em desacordo com o sistema de proteção do consumidor no inc. XV do art. 51 do CDC. Tal disposição se apresenta como verdadeira cláusula geral que sintetiza a lógica presente no CDC. Como lembra Judith Martins-Costa ao tratar da boa-fé nas relações de consumo, a relação qualificada como de consumo é assimétrica entre os polos fornecedor e consumidor,34 razão pela qual a lei reconhece, dentre outros elementos, a vulnerabilidade do consumidor e a busca de harmonização de interesses, com a coibição de todas as formas de abuso (art. 4.º, I, III, e IV). Cláusulas contratuais que afrontem a política de proteção do consumidor estão fadadas à nulidade." (TARTUCE, Fernanda; ZANETTI, Andrea Cristina. A interpretação das cláusulas do contrato de adesão pelos princípios da boa-fé e equilíbrio nas relações de consumo. *Revista de Direito do Consumidor.* São Paulo: RT, Vol.106, Ano 2016, p. 381 – 409)

◙ **Aumento de mais de 700% no período de 10 anos nos contratos de plano de saúde coletivo.** "APELAÇÃO CÍVEL. PLANO DE SAÚDE COLETIVO. INCIDÊNCIA DO CDC, DA LEI 9.656/98 E DO ESTATUTO DO IDOSO. REAJUSTES ABUSIVOS. APLICAÇÃO DOS ÍNDICES DA ANS. POSSIBILIDADE. RESTITUIÇÃO DOS VALORES PAGOS A MAIOR. PRESCRIÇÃO ÂNUA. I – A luz do art. 51, IV e XV Código de Defesa do Consumidor, são consideradas abusivas as cláusulas contratuais que coloquem o consumidor em desvantagem exagerada, ou que sejam incompatíveis com a boa-fé ou a equidade ou que estejam em desacordo com o sistema de proteção ao consumidor. II – A variação de preço baseada na mudança de faixa etária é medida que encontra guarida no art. 15 da Lei nº 9.656/98 e, quando claramente informado ao segurado os valores e/ou percentuais de reajuste, em estrita observância ao art. 6º do CDC e ao princípio da transparência, e sem que haja onerosidade excessiva, não se revela ilegal ou abusiva. III – Ausente nos autos o contrato objeto do litígio e limitando-se a ré a defender a legalidade dos reajustes praticados, que ensejaram a majoração de mais de 700% do valor dos prêmios mensais pagos pelos autores no período de 10 anos, sem qualquer comprovação da necessidade desse aumento para manutenção do equilíbrio do pacto, há que se reconhecer a abusividade da conduta e determinar a aplicação dos índices da ANS, ainda que se trate de contrato coletivo de plano de saúde. De consequência os valores pagos a maior devem ser restituídos aos autores, observada da prescrição ânua." (TJ-MG – AC: 10024112157375001 MG, Relator: João Cancio, 18ª Câmara Cível, Data de Publicação: 07/02/2014)

XVI – possibilitem a renúncia do direito de indenização por benfeitorias necessárias.

► **Sobre a aplicação do CDC às relações locatícias, ver art. 3°.**

► **Lei 8.245/91, art. 35 (Lei de Locações):** "Salvo expressa disposição contratual em contrário, as benfeitorias necessárias introduzidas pelo locatário, ainda que não autorizadas pelo locador, bem como as úteis, desde que autorizadas, serão indenizáveis e permitem o exercício do direito de retenção."

◙ **Súmula 335 do STJ:** *"Nos contratos de locação, é válida a cláusula de renúncia à indenização das benfeitorias e ao direito de retenção."*

§ 1º Presume-se exagerada, entre outros casos, a vontade que:

I – ofende os princípios fundamentais do sistema jurídico a que pertence;

II – restringe direitos ou obrigações fundamentais inerentes à natureza do contrato, de tal modo a ameaçar seu objeto ou equilíbrio contratual;

III – se mostra excessivamente onerosa para o consumidor, considerando-se a natureza e conteúdo do contrato, o interesse das partes e outras circunstâncias peculiares ao caso.

► **Confere ao juiz uma extraordinária prerrogativa que lhe permite, à luz de cada caso concreto, imprimir a equidade contratual.** "O § 1º do art. 51 estabelece normas de cunho geral inspiradas nos princípios da boa-fé, do equilíbrio, da confiança e da lealdade contratual. Confere ao juiz uma extraordinária prerrogativa que lhe permite, à luz de cada caso concreto, imprimir a equidade contratual por meio da nulificação ou adaptação de estipulações descomprometidas com o ideal de justiça que constitui a essência do CDC. Encerra essa norma repositário legal apto a expungir dos contratos, mediante manejo sensato, os abusos e os desequilíbrios que atormentam os consumidores". (OLIVEIRA, James Eduardo. *Código de Defesa do Consumidor: Anotado e Comentado, Doutrina e Jurisprudência.* São Paulo: Atlas, 2004. p. 315)

§ 2° A nulidade de uma cláusula contratual abusiva não invalida o contrato, exceto quando de sua ausência, apesar dos esforços de integração, decorrer ônus excessivo a qualquer das partes.

► **Princípio da conservação dos contratos.** O § 2° contempla o princípio da conservação dos contratos, pelo qual a nulidade de uma cláusula abusiva não contamina todo o contrato, devendo ser interpretado de modo a dar-lhe operatividade, excetuando quando, apesar dos esforços de integração, ocorrer ônus excessivo a qualquer das partes. ◙ **No mesmo sentido:** "Pela sistemática do Código de Defesa do Consumidor busca-se garantir a conservação do contrato, de tal sorte que, expurgado das cláusulas abusivas, tenha condições de sobreviver e ser cumprido pelas partes, já que restabelecido o equilíbrio contratual. Caso não seja possível restabelecer esse equilíbrio, apesar dos esforços de integração, pois que o ônus excessivo terá que ser suportado por uma das partes, nessa hipótese permite o Código de Defesa do Consumidor a resolução do contrato (art. 51, § 2°)". (ALMEIDA, João Batista. A revisão dos contratos no Código do Consumidor, *Revista de Direito do Consumidor*, vol. 33, pg.148) ◙ **No mesmo sentido:** "A partir da revisão do instrumento, diante da possibilidade de contestação de desequilíbrio sofrido pelo consumidor, pode atingir as chamadas cláusulas abusivas. Em relação a esses instrumentos negociais, divorciados da boa-fé negocial, o regime geral imposto pelo diploma consumerista pátrio revela que a sanção cabível é a nulidade. Outrossim, com foco na concreção da função social do contrato, o Código de Defesa do Consumidor revela a eficiente alternativa de manutenção do pactuado (princípio da conservação do contrato), com extirpação da cláusula reconhecida como abusiva, preservando-se o ajuste." (SCHMITT, Cristiano Heineck. Cláusulas abusivas em contratos de planos e de seguros de assistência privada à saúde. *Revista de Direito do Consumidor,* vol. 75, p. 214 - 246)

► **A conservação do contrato deve se dar em favor do interesse do consumidor.** "No microssistema do direito do consumidor, todavia, é de recordar-se que se assegura a manutenção do contrato de consumo em favor do interesse do consumidor, especialmente mediante os esforços de integração do juiz, frente à nulidade de cláusula contratual, para manutenção do restante do negócio válido. Assim, o art. 51, § 2.°, do CDC que dispõe: "A nulidade de uma cláusula contratual abusiva não invalida o contrato, exceto quando de sua ausência, apesar dos esforços de integração, decorrer ônus excessivo a qualquer das partes". (MIRAGEM, Bruno. Comissão de permanência e contrato bancário. *Revista de Direito do Consumidor*, vol. 83/2012, p. 311 - 326)

► **Interpretação integradora da parte saudável do contrato.** "Quando estiver frente a uma condição abusiva, a atuação do juiz deve seguir o disposto no art. 51, § 2°, do CDC, ou seja, ele deverá procurar utilizar-se de uma interpretação integradora da parte saudável do contrato. É a ação do princípio da boa-fé, como norma de conduta objetiva, que faz com que a cláusula abusiva seja eliminada, e é à luz desta que se deverá buscar a interpretação que vai preencher a lacuna por ela mesma aberta. Aqui não existe uma vinculação, ou uma busca, da vontade das partes, e, sim, objetivamente, procura-se aquilo que se pode esperar como ideaL dentro de um ajuste similar". (CASADO, Márcio Mello. *Proteção do consumidor de crédito bancário e financeiro*. v. 15. São Paulo: Revista dos Tribunais, Biblioteca de Direito do Consumidor. p. 158)

◙ **Impossibilidade de conservação do contrato, sendo impositiva sua anulação, com o retorno das partes ao estado anterior. A conservação do contrato torna-se imprestável para o consumidor.** "Apelação cível. Plano de pecúlio. Autor que contribuiu durante 34 anos para plano de seguro de vida, acreditando estar contribuindo para plano de previdência privada. Pretensão de reconhecimento da abusividade de cláusulas contratuais e a anulação de contrato firmado em 1991, quando já vigente o Código de Defesa do Consumidor. Possibilidade. Abusividade manifesta. Impossibilidade de conservação do contrato, sendo impositiva sua anulação, com o retorno das partes ao estado anterior. Obrigação de devolução dos valores pagos pelo autor-segurado. Caracterização de dano moral indenizável. Reforma da sentença. 1. Depreende-se dos autos que o autor, pessoa leiga, acreditava realizar contribuições para um plano de previdência privada (contratado originariamente em 1976), e não para um plano de seguro de vida, sendo conveniente ressaltar que a ré não se desincumbiu do ônus de provar ter informado de maneira prévia e eficaz as consequências das mudanças promovidas no produto contratado pelo autor. 2. À época da adesão ao termo de saldamento (setembro/1991), já vigorava o Código de Defesa do Consumidor, sendo certo que as normas protetivas nele previstas aplicar-se-iam à hipótese dos autos, tendo em vista que a relação havida entre as partes encerra relação de consumo. Ora, o art. 51 da Lei 8.078/90 prevê expressamente a nulidade, de pleno direito, das cláusulas que impliquem renúncia ou disposição de direitos (inciso I); que subtraiam ao consumidor a opção de reembolso da quantia já paga (inciso II); que estabeleçam obrigações consideradas iníquas, abusivas, que coloquem o consumidor em desvantagem exagerada, ou sejam incompatíveis com a boa-fé ou a equidade (inciso IV); e que estejam em desacordo com o sistema de proteção ao consumidor (inciso XV). 3 É cediço que ao magistrado, é permitido declarar, de ofício, a abusividade das cláusulas contratuais no âmbito de uma relação de consumo (Súmula n° 381/STJ), bem como que a decretação de nulidade de uma cláusula contratual abusiva não invalida o contrato, exceto quando de sua ausência, apesar dos esforços de integração, decorrer ônus excessivo a qualquer das partes (vide art. 51, § 2°, do CDC). 4. No caso concreto, entretanto, revela-se impossível a conservação do negócio jurídico entabulado entre as partes, posto que se tornou totalmente imprestável para o autor, na medida em que este pretende aproveitar um conforto financeiro, para o qual contribuiu de maneira equivocada durante 34 anos, enquanto a ré pretende absorver as referidas contribuições, sem prestar nenhuma comodidade material ao autor. 5. O prazo prescricional aplicável à hipótese é o vintenário, previsto no Código Civil de 1916, cuja aplicação persiste, mesmo após a entrada em vigor do Código Civil de 2002, posto que decorrido mais da metade do prazo anterior, tudo nos termos da norma de transição prevista no art. 2.028 do CC02. 6. Com a anulação do negócio jurídico, as partes devem retornar ao estado anterior, isto é, ao autor devem ser devolvidos os valores despendidos a partir de setembro de 1991, devidamente corrigidos a partir da data de cada pagamento. Com relação ao pecúlio saldado, considerando a nulidade da cláusula que previa a renúncia daquelas contribuições, entendo que a ré deve pagar ao autor o valor correspondente ao mesmo (pecúlio saldado), nos mesmos moldes a que faria jus o beneficiário na eventualidade de falecimento do segurado. 7. Caracterização de dano moral, considerando que, depois de mais de trinta e quatro anos de contribuição pecuniária, o autor, já com 80 anos de idade, acreditava que aproveitaria um merecido conforto financeiro, em fase difícil de sua vida, onde são presumidos elevados gastos, principalmente com despesas envolvendo a saúde de uma pessoa idosa. Nesta parte, diante das circunstâncias do caso concreto, entendo que o valor de R$ 20.000,00 revela-se justo e adequado. 8. Provimento do recurso." (TJ-RJ – APL: 00147666820108190207 RJ 0014766-68.2010.8.19.0207, Relator: Des. Marcos Alcino de Azevedo Torres, Décima Nona Camara Civel, Data de Publicação: 29/11/2013)

§ 3° (Vetado).

§ 4° É facultado a qualquer consumidor ou entidade que o represente requerer ao Ministério Público que ajuíze a competente ação para ser declarada a nulidade de cláusula contratual que contrarie o disposto neste código ou de qualquer forma não assegure o justo equilíbrio entre direitos e obrigações das partes.

► **Controle judicial abstrato das cláusulas contratuais abusivas.** Através do § 4º do art. 51, verificamos a possibilidade de se efetuar o controle judicial abstrato das cláusulas contratuais abusivas. Embora o § 4º somente cite o Ministério Público, a doutrina é uniforme no sentido de admitir que qualquer dos legitimados do art. 82 do CDC pode ingressar com ação coletiva para o controle judicial da cláusula abusiva.

► **O dispositivo não encerra hipótese de legitimidade exclusiva para agir ao Ministério Público.** "Ao contrário do que poderia parecer a primeira vista, o dispositivo não encerra hipótese de legitimidade exclusiva para agir ao Ministério Público, porque qualquer legitimado pelo artigo 82 do Código pode mover todo e qualquer tipo de ação judicial necessária para a efetiva tutela dos direitos protegidos pelo Código, conforme deflui do art. 83 do CDC. O texto legal permite que o Ministério Público ajuíze ação judicial para o controle concreto de cláusula contratual, a pedido do consumidor ou de entidade que o represente. Defenderá o *Parquet* direito que, em tese, se poderia classificar de individual, mas que, no sistema do Código, é considerado pela lei como sendo de interesse social (art. 1°, CDC). A legitimidade do Ministério Público para a defesa, em juizo, desse direito do consumidor está assegurada pelo art. 129, nº IX, CF. Em suma, o parquet pode propor ação visando ao controle concreto de cláusula abusiva, mas não pode mover ação para obter indenização individual em favor de um determinado consumidor. Somente estará legitimidade, para obeter indenização, a mover a *class action* de que tratam os arts. 81, parágrafo único, e 91 do CDC, isto é, ação coletiva para a defesa de direitos e interesses individuais homogêneos, não podem ser defendidos judicialmente por ação direta do Ministério Público". (NERY JUNIOR, Nelson. *Código Brasileiro de Defesa do Consumidor comentado pelo autores do anteprojeto*. 2ª ed. Rio de Janeiro: Forense Universitária. p. 370).

Art. 52. No fornecimento de produtos ou serviços que envolva outorga de crédito ou concessão de financiamento ao consumidor, o fornecedor deverá, entre outros requisitos, informá-lo prévia e adequadamente sobre:

I – preço do produto ou serviço em moeda corrente nacional;

II – montante dos juros de mora e da taxa efetiva anual de juros;

III – acréscimos legalmente previstos;

IV – número e periodicidade das prestações;

V – soma total a pagar, com e sem financiamento.

► **Sobre cláusulas abusivas nos contratos bancários, de leasing, de alienação fiduciária e de cartões de crédito, ver art.51.**

► **Sobre o direito à informação, ver art. 6°, III.**

► **Sobre juros nos contratos bancários, ver tópico no art. 51: *"Cláusulas abusivas nos contratos bancários"*.**

► **Sobre juros nos contratos de leasing e alienação fiduciária, ver tópico no art. 51: *"Cláusulas abusivas nos contratos de leasing e alienação fiduciária"*.**

► **Sobre juros nos contratos de cartão de crédito, ver tópico no art. 51: *"Cláusulas abusivas nos contratos de cartão de crédito"*.**

► **Sobre juros nos contratos de SFH, ver tópico no art. 51: *"Cláusulas abusivas nos contratos de SFH"*.**

► **Ampla informação para se evitar o endividamento (superendividamento) do consumidor.** Pelo princípio da informação e da transparência que permeia todo o Código, o dispositivo obriga o fornecedor a conceder ao consumidor informações prévias e adequadas sobre o preço em moeda nacional, montante de juros de mora e a taxa efetiva aplicada, acréscimos legais (como impostos e outros), número e o período das prestações, total a pagar à vista e com financiamento. Note-se uma preocupação especial do legislador referente a este tipo de contrato, uma vez que o mesmo poderá levar o consumidor a uma situa-ção de endividamento, vinculando-o permanentemente ao fornecedor. Ademais, estabelecer uma relação transparente é importante para que o consumidor verifique quanto de seu orçamento familiar ficará comprometido com o financiamento ou com o crédito, podendo avaliar de forma mais prudente e concreta se terá reais condições de arcar com a dívida, evitando assim a inadim-plência e o chamado superendividamento.

► **Conceito de superendividamento.** "o superendividamento pode ser definido como impossibilidade global do devedor pessoa física, consumidor, leigo e de boa-fé, de pagar todas as suas dívidas atuais e futuras de consumo (excluídas as dívidas com o Fisco, oriundo de delitos e de alimentos). Este estado é um fenômeno social e jurídico, a necessitar algum tipo de saída ou solução pelo Direito do Consumidor, a exemplo do que aconteceu com a falência e concordata no Direito da Empresa, seja o parcelamento, os prazos de graça, a redução dos montantes, dos juros, das taxas, e todas as demais soluções possíveis para que possa pagar ou adimplir todas ou quase todas as suas dívidas, frente a todos os credores, fortes e fracos, com garantias ou não. Estas soluções, que vão desde a informação e controle da publicidade, direito de arrependimento, para prevenir o superendividamento, assim como para tratá-lo, são fruto dos deveres de informação, cuidado e principalmente de cooperação e lealdade oriundas da boa-fé para evitar a ruína do parceiro (exceção da ruína), que seria esta sua 'morte civil', exclusão do mercado de consumo ou sua 'falência' civil com o superendividamento." (MARQUES, Cláudia Lima. Sugestões para uma lei sobre o tratamento do superendividamento de pessoas físicas em contratos de consumo: proposições com base em pesquisa empírica de 100 casos no Rio Grande do Sul. *Revista de Direito do Consumidor* 55/11-52, p. 12, São Paulo, RT, jul-set. 2005.)

► **Informação da cláusula de capitalização.** "As cláusulas de capitalização, por serem de importância crucial ao desenvolvimento do contrato, devem ser redigidas de maneira a demonstrar exatamente ao contratante do que se trata e quais reflexos gerarão no plano material". (CASADO, Márcio Mello. *Proteção do consumidor de crédito bancário e financeiro*. v. 15. São Paulo: Revista dos Tribunais, Biblioteca de Direito do Consumidor. p. 143)

► **Informação adequada para que o consumidor possa fazer contratação consciente e optar pela melhor opção.** "Igualmente deve o profissional bancário, financeiro ou de crédito informar, obrigatoriamente, 'o preço' e 'a soma total a pagar, com e sem financiamento', para que o consumidor possa verificar se vale a pena pagar à vista ou em prestações, igualmente, o 'número e periodicidade das prestações', assim como o valor verdadeiro destas prestações, informando o 'montante dos juros de mora e da taxa efetiva anual de juros' e os 'acréscimos legalmente previstos', isto é, calcular as prestações, para que o consumidor possa verificar quanto de seu orçamento ficará comprometido com aquele crédito e se terá realmente condições de arcar com esse crédito mesmo se um acidente da vida (desemprego, divórcio, doença, morte, nascimento de filhos etc.) ocorrer no futuro, evitando assim a inadimplência e o superendividamento." (MARQUES, Cláudia Lima Marques, et alli. *Comentários ao Código de Defesa do Consumidor*, p. 1.047.)

◙ **Falha no dever de informação no empréstimo consignado por meio do cartão de crédito.** "APELAÇÃO CÍVEL. DIREITO DO CONSUMIDOR. EMPRÉSTIMO CONSIGNADO POR MEIO DO CARTÃO DE CRÉDITO. DESVANTAGEM DA CONTRATAÇÃO. DEFEITO NA PRESTAÇÃO DE SERVIÇO. FALHA NO DEVER DE INFORMAÇÃO. REPETIÇÃO DE INDÉBITO SIMPLES. OBRIGAÇÃO DE INDENIZAR. DANO MORAL. 1. Segundo o art. 52 do CDC, no fornecimento de produtos ou serviços que envolva outorga de crédito ao consumidor, o fornecedor deverá, entre outros requisitos, informá-lo prévia e adequadamente sobre o preço do produto ou serviço em moeda corrente nacional, o montante dos juros de mora e da taxa efetiva anual de juros, acréscimos legalmente previstos, número e periodicidade das prestações e soma total a pagar, com e sem financiamento. 2. Hipótese dos autos em o apelante não se desincumbiu do ônus de comprovar efetivamente a prévia ciência do consumidor sobre as condições do empréstimo consignado através do cartão de crédito fornecido ao apelado, sobretudo quanto à natureza rotativa do crédito ofertado, e não por prazo determinado como pensara ter contratado o consumidor. 3. Ao revés, é possível presumir a quebra do dever de informação, capaz de induzir o consumidor a erro, em decorrência da ausência da entrega do contrato no momento da celebração do negócio jurídico, sendo clara a violação a boa-fé contratual e ao dever de informação determinados pelo Código de Defesa do Consumidor." (TJ-MA – APL: 0157082015 MA 0000241-87.2013.8.10.0058, Relator: Kleber Costa Carvalho, Primeira Câmara Cível, Data de Publicação: 02/07/2015)

◙ **Falha na informação sobre os juros e taxas aplicadas no cartão de crédito consignado.** "Ficou demonstrado nos autos processuais que o cartão de crédito consignado vincula cláusulas abusivas, podendo gerar um endividamento eterno, haja vista que não foi demonstrado no contrato colacionado (fls. 80-82) o prazo de vigência da obrigação do contratante, ora 2 apelante, bem como os juros e taxas aplicadas em tal transação bancária." (TJ/MA, AC nº 038420/2014, Rel. Des. Raimundo Barros, j. em 22/09/2014)

◙ **O fato de o consumidor não ter conhecimento do processo matemático de formação da taxa de juros, por referir-se a um aspecto intrínseco do contrato, não o torna nulo.** "CÉDULA DE CRÉDITO BANCÁRIO GARANTIDA POR ALIENAÇÃO FIDUCIÁRIA. FINANCIAMENTO DE VEÍCULO.TARIFAS E ENCARGOS DE MORA. INOVAÇÃO EVIDENCIADA.NÃO CONHECIMENTO. CAPITALIZAÇÃO DE JUROS EXPRESSAMENTE CONTRATADA. VALIDADE. AUTORIZAÇÃO LEGAL (ART. 28, § 1º, DA LEI Nº 10.931/04). NÃO VIOLAÇÃO DO DIREITO À INFORMAÇÃO PREVISTO NO ART. 52 DO CDC. RECURSO CONHECIDO EM PARTE E, NESSA PARTE, DESPROVIDO. I – Em se tratando de cédula de crédito bancário, é válida a capitalização, desde que contratada, a teor do que dispõe o art. 28, § 1º, da Lei n.º 10.931/04. II – Compreendido o direito à informação, previsto no art. 6º III c/c o art. 52, ambos do CDC, como a oportunidade de se tomar conhecimento prévio do conteúdo do contrato ou dos seus termos, resta claro que o fato de o consumidor não ter conhecimento do processo matemático de formação da taxa de juros, por referir-se a um aspecto intrínseco do contrato, não tem evidentemente o condão de influir e, por conseguinte, viciar a sua vontade na tomada de decisão sobre a contratação ou não do financiamento, ao menos a ponto de violar esse direito. Com efeito, já que o art. 52 do que afinal devem ser informados ao consumidor nos negócios jurídicos que envolvam concessão de financiamento ou outorga de crédito, a saber: (i) - preço do produto ou serviço em moeda corrente nacional; (ii) - montante dos juros de mora e da taxa efetiva anual de juros; (iii) - acréscimos legalmente previstos; (iv) - número e periodicidade das prestações; e (v) - soma total a pagar, com e sem financiamento. Assim, dito de outro modo, é possível concluir que esse direito à informação só restará violado se a lesão ocorrer sobre a falta de informação de alguns desses termos; do contrário, não." (TJ-PR - APL: 12162324 PR 1216232-4 (Acórdão), Relator: Fernando Paulino da Silva Wolff Filho, 17ª Câmara Cível, Data de Publicação: DJ: 01/06/2015)

◙ **Preço ajustado em moeda estrangeira.** "CIVIL. PROMESSA DE COMPRA E VENDA. PREÇO AJUSTADO EM MOEDA ESTRANGEIRA. Ajustado o preço em dólares, o negócio é nulo de pleno direito". (STJ, REsp. 259733/BA, 3a T., Rel. Min. Ari Pargendler, DJU 5.8.2002)

◙ **Crédito habitacional. Acréscimos implícitos do contrato. Afronta ao CDC.** "A incidência da taxa de rentabilidade pré-fixada em até 10% ao mês, é abusiva, afrontando o art. 52, do CDC. Isso porque, de acordo com o art. 52, incisos I e II, do CDC, o consumidor não pode ser surpreendido com taxas e demais acréscimos mencionados genericamente no contrato. Assim, impõe-se o seu afastamento, por ir de encontro ao que preleciona o art. 52, do Código de Defesa do Consumidor. IV - Apelação" improvida. (TRF 2ª R., AC 337630/RJ - 5ª T.Esp. - Rel. Des. Fed. Antônio Cruz Netto, DJU 1.9.2005)

► **Os juros remuneratórios somente podem ser cobrados pelo período do empréstimo.** "O inciso V colabora para reforçar nossa opinião de que as instituições financeiras somente podem cobrar juros remuneratórios pelo período do empréstimo, isto é, somente até a data do vencimento. Se assim não fosse, como é que o fornecedor iria informar previamente o montante total a ser pago pelo consumidor, com e sem financiamento". (NUNES, Luiz Antônio Rizzatto. *Comentários ao Código de Defesa do Consumidor*. São Paulo: Saraiva, 2000. p. 602)

§ 1° As multas de mora decorrentes do inadimplemento de obrigações no seu termo não poderão ser superiores a dois por cento do valor da prestação.

◙ **Incabível a redução da multa para o percentual máximo de 2% do CDC se a relação não é de consumo.** "PROCESSUAL CIVIL E TRIBUTÁRIO. AGRAVO REGIMENTAL. EXECUÇÃO FISCAL. PRESCRIÇÃO. NÃO OCORRÊNCIA. REQUISITOS DA CDA. SÚMULA 7/STJ. TRIBUTO SUJEITO A LANÇAMENTO POR HOMOLOGAÇÃO. DECLARAÇÃO DO CONTRIBUINTE. DESNECESSIDADE DE PROCEDIMENTO FORMAL. CONSTITUIÇÃO DO CRÉDITO TRIBUTÁRIO. CITAÇÃO POSTAL. ENTREGA NO ENDEREÇO DO CONTRIBUINTE. VALIDADE. ART. 52, § 1º, DO CDC. NÃO APLICAÇÃO ÀS RELAÇÕES TRIBUTÁRIAS PARA FINS DE REDUÇÃO DA MULTA. ART. 535 DO CPC. ALEGAÇÕES GENÉRICAS. SÚMULA

284/STF. (...) 7. O art. 52, § 1º, do CDC somente se aplica às relações de direito privado, não alcançando as relações tributárias, pelo que incabível a redução da multa para o percentual máximo de 2% (dois por cento) (...)" (STJ, AgRg no Ag 1318384, 2ª T., DJ 10.11.2010). ◙ **No mesmo sentido:** "A redução da multa moratória para o percentual máximo de 2% (dois por cento), nos termos do que dispõe o art. 52, § 1º, do CDC, nesta parte alterado pela Lei 9.298/96, aplica-se às relações de consumo, de natureza contratual, atinentes ao direito privado, não incidindo sobre as sanções tributárias, que estão sujeitas à legislação própria de direito público." (REsp 963.528, DJ 4/2/2010) (...)" (STJ, AgRg no REsp 1120361, 1ª T., DJ 16.4.2010). ◙ **No mesmo sentido:** "MÚTUO. REDUÇÃO DA MULTA CONTRATUAL DE 10% PARA 2%. INEXISTÊNCIA NO CASO DE RELAÇÃO DE CONSUMO. Tratando-se de financiamento obtido por empresário, destinado precipuamente a incrementar a sua atividade negocial, não se podendo qualificá-lo, portanto, como destinatário final, inexistente é apretendida relação de consumo. Inaplicação no caso do Código de Defesa do Consumidor." (STJ, REsp 218505/MG, Rel. Min. Barros Monteiro, DJU 14/02/2000, 4ª T.). ◙ **No mesmo sentido:** "O Código de Defesa do Consumidor não se aplica às relações locatícias, descabendo na espécie, com apoio nesta norma, vindicar a redução da multa – contratualmente pactuada entre as partes -, de 10% para 2%." (STJ, REsp 302603/SP, Rel. Min. Gilson Dipp, DJU 4.6.2001)

◙ **Compra e venda de imóvel. Não aplicação do percentual de 2% se a previsão da multa é a favor do consumidor.** "CIVIL E PROCESSUAL. COMPRA E VENDA DE IMÓVEL. ESCRITURA PÚBLICA NÃO OUTORGADA. AÇÃO COMINATÓRIA. MINISTÉRIO PÚBLICO. INTERVENÇÃO. MENORES QUE LOGRARAM ÊXITO NA DEMANDA. NULIDADE AFASTADA. INADIMPLEMENTO CONTRATUAL. MATÉRIA DE FATO. OBRIGAÇÃO TIDA COMO POSSÍVEL. SÚMULAS N. 5, 7 E 308-STJ. MULTA CORRETAMENTE APLICADA. (...) V. Inaplicabilidade do art. 52, parágrafo 1°, do CDC, pois refere-se a atraso de pagamento pelo consumidor e não do construtor, ainda cuidando-se de hipótese distinta da obrigação contratual de outorga de escritura. Multa cominatória devida (...) (STJ, REsp 521616, Rel. Aldir Passarinho Júnior, 4ª T., DJ 7.12.2009).

◙ **Rescisão de compra e venda de veículo por culpa do consumidor. Cláusula penal de retenção que não fica sujeita obrigatoriamente aos 2% previsto no art. 52.** "CIVIL E PROCESSUAL. PROMESSA DE COMPRA E VENDA DE VEÍCULO AUTOMOTOR PARA ENTREGA FUTURA. AÇÃO MOVIDA PELO ADQUIRENTE. RESCISÃO ATRIBUÍDA À INADIMPLÊNCIA DO AUTOR. AUSÊNCIA DE RESPONSABILIDADE DA EMPRESA VENDEDORA. RESTITUIÇÃO DE PARCELAS PAGAS. MULTA CONTRATUAL (20%). ACÓRDÃO ESTADUAL QUE A REDUZ AO LIMITE DE 2%. HIPÓTESE DIVERSA DO ART. 52, § 1º, DO CDC. INCIDÊNCIA DOS ARTS. 916 E SEGUINTES DO CÓDIGO CIVIL. ELEVAÇÃO DA PENALIDADE A PERCENTUAL MAIOR, PORÉM EM PATAMAR INFERIOR AO CONTRATADO, POR EXCESSIVAMENTE ONEROSO. I. Reconhecido pelas instâncias ordinárias que embora intentada a ação de rescisão pelo comprador, foi ele, na verdade, quem deu causa à rescisão do contrato de compra e venda de veículo para entrega futura, o desfazimento da avença, com a restituição das parcelas já pagas, implica na retenção de parte delas, em face da cláusula penal amparada nos arts. 916 e seguintes do Código Civil anterior, cujo percentual não fica sujeito, obrigatoriamente, aos 2% previstos no art. 52, parágrafo 1º, do CDC, por ser outra a espécie, podendo, todavia, sofrer redução, para afastar a abusividade, segundo diretriz contida na mesma Lei n. 8.078/90. II. Recurso especial conhecido em parte e, nessa parte, parcialmente provido, para elevar a retenção a 8% (oito por cento)." (STJ, REsp 505629/MG, Rel. Ministro Aldir Passarinho Junior, Quarta Turma, DJ 29/03/2004)

◙ **Redução da multa moratória para 2% do valor da prestação somente após a vigência da Lei 9.298/96.** "PROCESSUAL CIVIL. CONSUMIDOR. PAGAMENTO DE MENSALIDADE ESCOLAR EM ATRASO. MULTA CONTRATUAL. CONTRATO CELEBRADO ANTES DA VIGÊNCIA DA LEI 9.298/1996. 1. Cinge-se a controvérsia à aplicabilidade do limite da multa moratória previsto no art. 52, §1°, do CDC e aos contratos celebrados anteriormente à vigência da Lei 9.298/1996. 2. O STJ tem entendimento pacífico no sentido de que a limitação da multa contratual de 10% para 2%, estabelecida no art. 52, §1°, do CDC, somente se aplica aos contratos celebrados em data posterior à vigência da Lei 9.298, em 1°.8.1996. (STJ, AgRg no AREsp 363.023/DF, Rel. Ministro Herman Benjamin, Segunda Turma, julgado em 19/09/2013, DJe 26/09/2013). ◙ **No mesmo sentido:** "Este Tribunal já proclamou o entendimento de ser cabível, em cédula de crédito rural, a redução da multa para 2% (dois por cento), nos contratos celebrados após a vigência da Lei 9.298/96, que modificou o art. 52, do Código de Direito do Consumidor. Precedentes (AgRg REsp 527.230, REsps 469.814/RS e 440.672/SC)." (STJ, AgRg no Ag 541.154, 4ª T., DJ 22.11.2004). ◙ **No mesmo sentido:** "PROCESSUAL CIVIL E BANCÁRIO. AGRAVO REGIMENTAL MULTA DE MORA. ART. 52, § 1º, DO CDC. APLICAÇÃO RESTRITA AOS CONTRATOS CELEBRADOS APÓS SUA VIGÊNCIA. AFERIÇÃO DE GRAU DE SUCUMBÊNCIA PARA FINS DE FIXAÇÃO DE HONORÁRIOS. INVIABILIDADE. 1. No que se refere à aplicação do Código de Defesa do Consumidor, embora seja norma de ordem pública, não incide nos contratos celebrados antes de sua vigência, de modo que não há falar, no caso dos autos, na redução da multa moratória para 2% (dois por cento), a teor do que prescreve o art. 52, § 1º, do Código de Defesa do Consumidor (...)" (STJ, AgRg no REsp 908.943/TO, Rel. Min. Raul Araújo, 4ª T., DJe 28.6.2013).

◙ **A multa é calculada sobre o valor das prestações vencidas**. "CÓDIGO DE DEFESA DO CONSUMIDOR. Financiamento para aquisição de automóvel. Aplicação do CDC. O CDC incide sobre contrato de financiamento celebrado entre a CEF e o taxista para aquisição de veículo. A multa é calculada sobre o valor das prestações vencidas, não sobre o total do financiamento (art. 52, § 1º, do CDC)" (STJ, REsp 231208/PE, Rel. Min. Ruy Rosado de Aguiar, DJU 19/03/2001)

◙ **A previsão da multa moratória de 2% não se aplica somente para contratos de outorga de crédito ou concessão de financiamento. Se é relação de consumo, há aplicação do percentual de 2%. Serviços de telefonia.** "ADMINISTRATIVO. CONSUMIDOR. PRESTAÇÃO DE SERVIÇOS DE TELEFONIA. ATRASO NO PAGAMENTO. MULTA MORATÓRIA. REDUÇÃO DE 10% PARA 2%. ART. 52, § 1º, DO CDC. 1. Os contratos de prestação de serviços de telefonia, por envolver relação de consumo, estão sujeitos à regra prevista no § 1º do art. 52 do CDC, segundo a qual é de até 2%

do valor da prestação (e não de 10%) a multa de mora decorrente do inadimplemento de obrigação no seu termo. 2. Recurso especial improvido. (STJ, REsp 436224, Rel. Min. Teori Zavascki, 1ª T., DJ 11.2.2008). ◙ **No mesmo sentido envolvendo contratos de serviços educacionais.** "AGRAVO REGIMENTAL. MENSALIDADES ESCOLARES. REDUÇÃO DA MULTA MORATÓRIA. ART. 52, § 1º, DO CDC. POSSIBILIDADE. – É aplicável aos contratos de prestações de serviços educacionais o limite de 2% para a multa moratória. – Não merece provimento recurso carente de argumentos capazes de desconstituir a decisão agravada" (STJ, AgRg no Ag 572088, 3ª T., DJ 29.5.2006). ◙ **No mesmo sentido:** "Consumidor. Contrato de prestações de serviços educacionais. Mensalidades escolares. Multa moratória de 10% limitada em 2%. Art. 52, § 1º, do CDC. Aplicabilidade. Interpretação sistemática e teleológica. Equidade. Função social do contrato. – É aplicável aos contratos de prestações de serviços educacionais o limite de 2% para a multa moratória, em harmonia com o disposto no § 1º do art. 52, § 1º, do CDC. (STJ, REsp 476649, 3ª T., DJ 25.2.2004). ◙ **No mesmo sentido envolvendo serviços de fornecimento de água.** "A jurisprudência deste Tribunal Superior já consolidou o entendimento de que a redução da multa moratória para 2% prevista no art. 52, § 1º, do Código de Defessa do Consumidor - CDC aplica-se às relações de consumo de natureza contratual. Assim, os contratos de prestação de serviços de fornecimento de água, por envolver relação de consumo, estão sujeitos à regra do § 1º do citado artigo." (STJ, AgRg no REsp 1433498/RS, Rel. Ministro Mauro Campbell Marques, Segunda Turma, DJe 07/04/2014) ► **No mesmo sentido, aplicando o art. 51, §1° para todos os contratos de consumo:** "Ao primeiro exame pode parecer que o Código tenha admitido somente a cláusula penal moratória, para a ocorrência da mora nos contratos de crédito ou financiamento do consumidor. (...) Em sua redação originária, o dispositivo comentado fixava o valor de 10% do total de prestação como teto para as penas decorrentes da mora. A Lei nº 9.298/96, publicada no DOU de 2.8.96, p. 14.457, modificou a redação do parágrafo, reduzindo a multa de 10% para 2%. O novo percentual aplica-se a todos os contratos de consumo." (JÚNIOR, Nelson Nery. *Código Brasileiro de Defesa do Consumidor: comentado pelos autores do anteprojeto*. 9ª ed. Rio de Janeiro: Forense Universitária, 2007. p. 626).

§ 2º É assegurado ao consumidor a liquidação antecipada do débito, total ou parcialmente, mediante redução proporcional dos juros e demais acréscimos.

§ 3º (Vetado).

► **Sobre a devolução de valores em contrato de consórcios, ver art. 52, §2°.**

► **Direito à redução proporcional dos juros e demais acréscimos.** Quando o consumidor quiser quitar o débito, total ou parcialmente, terá direito à redução proporcional dos juros e demais acréscimos, não podendo o fornecedor se opor a essa faculdade, sob pena de responder por perdas e danos. Qualquer cláusula que preveja tal restrição será, de acordo com o art. 51 do CDC, nula de pleno direito.

■ **Para as operações de crédito e arrendamento mercantil contratadas antes de 10/12/2007 podem ser cobradas tarifas pela liquidação antecipada no momento em que for efetivada a liquidação, desde que a cobrança dessa tarifa esteja claramente identificada no extrato de conferência.** "A análise acerca da legalidade da cobrança de tarifas bancárias deve ser analisada à luz da Lei nº 4.595/1964, que regula o sistema financeiro nacional e determina que compete ao Conselho Monetário Nacional limitar, sempre que necessário, as taxas de juros, descontos, comissões e qualquer outra forma de remuneração de operações e serviços bancários ou financeiros e ao Banco Central do Brasil cumprir e fazer cumprir as disposições que lhe são atribuídas pela legislação em vigor e as normas expedidas pelo Conselho Monetário Nacional (artigos 4, IX, e 9º). 5. Durante a vigência da Resolução CMN nº 2.303/1996 era lícita a cobrança pela prestação de quaisquer tipos de serviços pelas instituições financeiras, entre eles o de liquidação antecipada de operação de crédito, desde que efetivamente contratados e prestados, salvo àqueles considerados básicos. Em 8 de setembro de 2006 entrou em vigor a Resolução CMN nº 3.401/2006, que dispôs especificamente a respeito da possibilidade de cobrança de tarifas sobre a quitação antecipada de operações de crédito e arrendamento mercantil, matéria que até então vinha sendo disciplinada de maneira genérica pela Resolução CMN nº 2.303/1996. Somente com o advento da Resolução CMN nº 3.516, de 10 de dezembro de 2007, é que foi expressamente vedada a cobrança de tarifa em decorrência de liquidação antecipada de contratos de concessão de crédito e de arrendamento mercantil financeiro. 6. Para as operações de crédito e arrendamento mercantil contratadas antes de 10/12/2007 podem ser cobradas tarifas pela liquidação antecipada no momento em que for efetivada a liquidação, desde que a cobrança dessa tarifa esteja claramente identificada no extrato de conferência. 7. Recurso especial parcialmente provido." (STJ, REsp 1370144/SP, Rel. Ministro Ricardo Villas Bôas Cueva, Terceira Turma, DJe 14/02/2017)

■ **As instituições financeiras somente estiveram autorizadas a cobrar a tarifa para liquidação antecipada de débitos compreendidos entre 06/09/2006 (entrada em vigor da Resolução nº 3.401/06 do CMN) e 06/12/2007 (entrada em vigor da Resolução nº 3.516/07 do CMN).** "DIREITO PROCESSUAL CIVIL E BANCÁRIO. AÇÃO DE REPETIÇÃO DE INDÉBITO. TARIFA DE LIQUIDAÇÃO ANTECIPADA DE OPERAÇÕES DE CRÉDITO. COBRANÇA. LEGALIDADE, LIMITADA AO PERÍODO DE 06.09.2006 A 06.12.2007. ANALISADOS: ARTS. 424 DO CC/02; 52, § 2º, DO CDC; 4º E 9º DA LEI Nº 4.595/64; E 28 DA LEI Nº 10.931/04. (...) 5. As instituições financeiras somente estiveram autorizadas a cobrar tarifa para liquidação antecipada de débitos no período compreendido entre 06.09.2006 (entrada em vigor da Resolução nº 3.401/06 do CMN) e 06.12.2007 (entrada em vigor da Resolução nº 3.516/07 do CMN). 6. Embora as Resoluções nºs 2.303/96 e 3.518/07 do CMN disciplinem genericamente a 'cobrança de tarifas pela prestação de serviços por parte das instituições financeiras', nota-se de seu conteúdo que se destinam precipuamente à normatização de serviços relativos a conta corrente de depósitos à vista e conta de depósitos de poupança, não abrangendo, pois, operações de crédito. Tanto é assim que o próprio CMN editou a Resolução nº 3.401/06, tratando especificamente da quitação antecipada de operações de crédito. 7. A autorização para livre contratação de garantias e encargos, prevista no art. 28 da Lei nº 10.931/04, não tem o condão de impedir o controle finalístico das cláusulas inseridas em contratos de adesão, que deverão manter a razoabilidade em função do justo interesse visado. 8. Contrato sub judice firmado após a edição da Resolução CMN nº 3.516/07, em que foi expressamente vedada a contratação da tarifa de liquidação antecipada. 9. Recurso especial não provido" (STJ, REsp 1409792/DF, Rel. Ministra Nancy Andrighi, Terceira Turma, DJe 7/4/2014). ◙ **No mesmo sentido:** "A Terceira Turma desta Casa, no julgamento dos Recursos Especiais n. 1.375.906/DF e 1.409.792/DF, Relatora a Ministra Nancy Andrighi, abordou o tema referente à cobrança de tarifa para a liquidação antecipada de operações de crédito, concluindo que a legalidade da cobrança se restringe ao período compreendido entre 6/9/2006 e 6/12/2007, sendo, por conseguinte, ilegal a cobrança nos demais períodos. 2. Agravo regimental a que se nega provimento." (STJ, AgRg no REsp 1283095/DF, Rel. Ministro Marco Aurélio Bellizze, Terceira Turma, DJe 06/06/2016)

◙ **Restituição em dobro no caso de não redução dos juros e eventual pagamento indevido pelo consumidor.** ***(sobre a restituição em dobro, verificar art. 42, parágrafo único)*** "O pagamento antecipado do débito impõe a redução proporcional dos juros, devendo restituir em dobro quem, indevidamente, sem reduzi-los, cobrou-os". (TJPR, Ap. Cível, Ac. Nº 17106, rel. Des. Vidal Coelho, J. 8.11.99) ◙ **No sentido de exigir a má-fé da instituição financeira para a restituição em dobro.** "TARIFA DE LIQUIDAÇÃO ANTECIPADA DE OPERAÇÕES DE CRÉDITO. COBRANÇA. LEGALIDADE, LIMITADA AO PERÍODO DE 06.09.2006 A 06.12.2007. INDÉBITO. REPETIÇÃO EM DOBRO. MÁ-FÉ. DEMONSTRAÇÃO. NECESSIDADE. DISPOSITIVOS LEGAIS ANALISADOS: ARTS. 42, PARÁGRAFO ÚNICO, E 52, § 2º, DO CDC; 4º E 9º DA LEI Nº 4.595/64; E 21 DA LEI Nº 4.717/65. (...) 9. Consoante entendimento consolidado do STJ, a aplicação da regra contida no art. 42, parágrafo único, do CPC, exige prova de má-fé do credor." (STJ, REsp 1375906/DF, Rel. Ministra Nancy Andrighi, Terceira Turma, DJe 30/05/2014)

Art. 53. Nos contratos de compra e venda de móveis ou imóveis mediante pagamento em prestações, bem como nas alienações fiduciárias em garantia, consideram-se nulas de pleno direito as cláusulas que estabeleçam a perda total das prestações pagas em benefício do credor que, em razão do inadimplemento, pleitear a resolução do contrato e a retomada do produto alienado.

§ 1° (Vetado).

◙ **Súmula 543 do STJ:** *"Na hipótese de resolução de contrato de promessa de compra e venda de imóvel submetido ao Código de Defesa do Consumidor, deve ocorrer a imediata restituição das parcelas pagas pelo promitente comprador – integralmente, em caso de culpa exclusiva do promitente vendedor/construtor, ou parcialmente, caso tenha sido o comprador quem deu causa ao desfazimento."*

► **Cláusula de decaimento.** Nos contratos de compra e venda de móveis ou imóveis em que o pagamento é efetuado em prestações e nas alienações fiduciárias em garantia, serão nulas de pleno direito as cláusulas que prevêem a perda total das prestações pagas quando houver inadimplência por parte do consumidor. É a chamada "cláusula de decaimento" pela doutrina.

► **Necessidade do consumidor reembolsar o fornecedor pelo uso do bem.** "Não é equitativo, mas, ao contrário, atenta contra o princípio da justiça comutativa, que o contratante que retenha o bem, fruindo a sua utilização, devolva-o (na resolução do contrato) sem embolsar ao co-contratante o valor da utilidade que lhe prestou enquanto sem seu poder. O contrário seria assegurar-lhe um aproveitamento com a jactura alheia, o que atenta contra o direito e a moral". (PEREIRA, Caio Mário da Silva. *Código de Defesa do Consumidor e as incorporações imobiliárias*, RT 712/105)
◙ **No mesmo sentido da obrigação de pagamento de aluguéis pelo consumidor pelo uso do imóvel em caso de distrato.** "Apesar de a rescisão contratual ter ocorrido por culpa da construtora (fornecedor), é devido o pagamento de aluguéis, pelo adquirente (consumidor), em razão do tempo em que este ocupou o imóvel. O pagamento da verba consubstancia simples retribuição pelo usufruto do imóvel durante determinado interregno temporal, rubrica que não se relaciona diretamente com danos decorrentes do rompimento da avença, mas com a utilização de bem alheio. Daí por que se mostra desimportante indagar quem deu causa à rescisão do contrato, se o suporte jurídico da condenação é a vedação do enriquecimento sem causa. Precedentes." (STJ, REsp 955134/SC, Rel. Ministro Luis Felipe Salomão, Quarta Turma, julgado em 16/08/2012, DJe 29/08/2012)

► **Possibilidade de estabelecimento de pena para o descumprimento da obrigação pelo consumidor.** "O que está vedado pelo dispositivo é estabelecer-se contratualmente a perda total das prestações pagas, o que configuraria vantagem exagerada atribuída ao fornecedor em detrimento do consumidor. E permitido, contudo, o estabelecimento de pena para o descumprimento da obrigação pelo consumidor. A cláusula que estipular pena para o inadimplemento da obrigação do consumidor deverá ser equitativa e estabelecer vantagem razoável para o fornecedor, proporcional à sua posição e participação no contrato, pois do contrário seria abusiva e ofenderia o postulado do equilíbrio contratual e a cláusula geral de boa-fé". (arts. 4, na III, e 51, na IV, CDC)." (NERY JÚNIOR, Nelson. *Código Brasileiro de Defesa do Consumidor comentado pelos autores do anteprojeto.* 2ª ed. Rio de Janeiro: Forense Universitária. p. 379)

◙ **Perda do sinal em caso de distrato.** "DIREITO DO CONSUMIDOR. CONTRATO DE PROMESSA DE COMPRA E VENDA. DEVOLUÇÃO DAS PARCELAS PAGAS. CLÁUSULA ABUSIVA. ART. 51, CDC. RETENÇÃO DO SINAL PAGO PELO PROMISSÁRIO COMPRADOR. RAZOABILIDADE NA ESPÉCIE. RECURSO DESACOLHIDO. I. A resolução do contrato de promessa de compra e venda implica a restituição das partes ao estado anterior, com a devolução das parcelas recebidas pelo promitente vendedor, a quem se reconhece o direito de reter parte das prestações para ressarcir-se das despesas com o negócio e do eventual benefício auferido pelo promissário comprador. II. A perda do sinal em favor da promitente vendedora, no caso, já se mostra suficiente para satisfazer o direito de retenção" (STJ, REsp 369803, Rel. Sálvio de Figueiredo Teixeira, 4ª T., DJ 12.8.2002).

◙ **Invalidade de cláusula para excluir a correção monetária na devolução das parcelas.** "É inaceitável transação que contrarie os princípios básicos do direito e as disposições legais vigentes. Não se admite como válido o distrato de promessa de compra e venda segundo o qual o promissário comprador recebe a devolução das parcelas pagas sem correção monetária. A correção monetária é um mero fator de atualização do valor aquisitivo da moeda. Não confere um *plus* ao valor da dívida, razão pela qual, não pode fazer às vezes da multa compensatória, não estipulada" (STJ, REsp. 331346/MG, Relª. Minª. Nancy Andrighi, DJU 19/11/2001).

◙ **É possível a revisão de contratos findos para se afastar cláusula abusiva de decaimento.** "RECURSO ESPECIAL. COMPROMISSO DE COMPRA E VENDA DE IMÓVEL. PARQUE RESIDENCIAL UMBU. REVISÃO DE CONTRATOS FINDOS. POSSIBILIDADE. DISTRATO À LUZ DO CÓDIGO DE DEFESA DO CONSUMIDOR. RESOLUÇÃO EXTRAJUDICIAL DO NEGÓCIO COM ESTIPULAÇÃO DE CLÁUSULA DE DECAIMENTO. IMPOSSIBILIDADE. NULIDADE DAS CLÁUSULAS ABUSIVAS. (...) 2. É firme o entendimento do STJ quanto à possibilidade de revisão dos contratos findos, ainda que em decorrência de quitação, para o afastamento de eventuais ilegalidades. Precedentes. Súm 286 do STJ. 3. As normas previstas no Código de Defesa do Consumidor são de ordem pública e interesse social, cogentes e inderrogáveis pela vontade das partes. 4. É cabível a revisão de distrato de contrato de compra e venda de imóvel, ainda que consensual, em que, apesar de ter havido a quitação ampla, geral e irrevogável, se tenha constatado a existência de cláusula de decaimento (abusiva), prevendo a perda total ou substancial das prestações pagas pelo consumidor, em nítida afronta aos ditames do CDC e aos princípios da boa-fé objetiva e do equilíbrio contratual. 5. Na hipótese, verifica-se que a Construtora recebeu dupla vantagem advinda da referida cláusula, pois, além de retomar a propriedade do imóvel, dando-o em pagamento de dívidas ao Município, acabou por se apoderar do dinheiro pago pelo consumidor no financiamento do bem, configurando vantagem abusiva em seu favor. 6. Recurso especial não provido" (STJ, REsp 1412662/RS, Rel. Ministro Luis Felipe Salomão, Quarta Turma, DJe 28/09/2016).

◙ **A cláusula de decaimento não se confunde com eventual indenização devida ao fornecedor.** "RECURSO ESPECIAL. CIVIL E PROCESSUAL CIVIL. NEGATIVA DE PRESTAÇÃO JURISDICIONAL. PROMESSA DE COMPRA E VENDA DE IMÓVEL. RESOLUÇÃO POR INADIMPLEMENTO DO PROMITENTE-COMPRADOR. INDENIZAÇÃO PELA FRUIÇÃO DO IMÓVEL. CABIMENTO. INAPLICABILIDADE DA LIMITAÇÃO PREVISTA NO ART. 53 DO CDC. PRINCÍPIO DA REPARAÇÃO INTEGRAL. 1. Controvérsia acerca da possibilidade de se limitar a indenização devida ao promitente-vendedor em razão da fruição do imóvel pelo promitente-comprador que se tornou inadimplente, dando causa à resolução do contrato. 2. 'Não cumprida a obrigação, responde o devedor por perdas e danos, mais juros e atualização monetária segundo índices oficiais regularmente estabelecidos, e honorários de advogado' (art. 389 do CC/2002). 3. Possibilidade de estimativa prévia da indenização por perdas e danos, na forma de cláusula penal, ou de apuração posterior, como nos presentes autos. 4. Indenização que deve abranger todo o dano, mas não mais do que o dano, em face do princípio da reparação integral, positivado no art. 944 do CC/2002. 5. Descabimento de limitação 'a priori' da indenização para não estimular a resistência indevida do promitente-comprador na desocupação do imóvel em face da resolução provocada por seu inadimplemento contratual. 6. Inaplicabilidade do art. 53, caput, do CDC à indenização por perdas e danos apuradas posteriormente à resolução do contrato. 7. Revisão da jurisprudência desta Turma. 8. Recurso especial desprovido" (STJ, REsp 1258998/MG, Rel. Min. Paulo de Tarso Sanseverino, Terceira Turma, DJe 06/03/2014).

◙ **É admitida a retenção de valores pelo fornecedor, desde que seja em patamar razoável.** "DIREITO CIVIL. RECURSO ESPECIAL. CONTRATO DE COMPRA E VENDA DE IMÓVEL. DISTRATO. DEVOLUÇÃO ÍNFIMA DO VALOR ADIMPLIDO. ABUSIVIDADE. RETENÇÃO DE PERCENTUAL SOBRE O VALOR PAGO. SÚMULA 7 DO STJ. (...) 2. A lei consumerista coíbe a cláusula de decaimento que determine a retenção do valor integral ou substancial das prestações pagas por consubstanciar vantagem exagerada do incorporador. 3. Não obstante, é justo e razoável admitir-se a retenção, pelo vendedor, de parte das prestações pagas como forma de indenizá-lo pelos prejuízos suportados, notadamente as despesas administrativas realizadas com a divulgação, comercialização e corretagem, além do pagamento de tributos e taxas incidentes sobre o imóvel, e a eventual utilização do bem pelo comprador (...)" (STJ, REsp 1132943/PE, Rel. Ministro Luis Felipe Salomão, Quarta Turma, DJe 27/09/2013).

◙ **Retenção integral das parcelas pagas pelo consumidor. Abusividade reconhecida.** "AGRAVO REGIMENTAL NO RECURSO ESPECIAL. CONTRATO DE PROMESSA DE COMPRA E VENDA DE IMÓVEL. DISTRATO. RETENÇÃO INTEGRAL DAS PARCELAS PAGAS PELO PROMITENTE-COMPRADOR. CLÁUSULA ABUSIVA. OFENSA AOS ARTIGOS 51, INCISO IV, E 53 DO CÓDIGO DE DEFESA DO CONSUMIDOR. DECISÃO AGRAVADA MANTIDA. 1. É ilegal e abusiva a cláusula do distrato de promessa de compra e venda que estipula a retenção integral das parcelas pagas pelo promitente-comprador. Ofensa aos artigos 51, IV, e 53 do Código de Defesa do Consumidor (...)" (STJ, AgRg no REsp 434.945/MG, Rel. Ministro Ricardo Villas Bôas Cueva, Terceira Turma, DJe 07/12/2011).

◙ **Cláusula que prevê a devolução das parcelas pagas somente ao final da obra.** "CONSUMIDOR. PROMESSA DE COMPRA E VENDA DE IMÓVEL. RESCISÃO CONTRATUAL. CULPA DA CONSTRUTORA. CLÁUSULA A PREVER A RESTITUIÇÃO DAS PARCELAS PAGAS SOMENTE AO TÉRMINO DA OBRA. ABUSIVIDADE. ARRAS. OMISSÃO DO ACÓRDÃO ACERCA DA SUA NATUREZA. DEVOLUÇÃO EM DOBRO. SÚMULA 356/STF. 1. É abusiva, por ofensa ao art. 51, incisos II e IV, do Código de Defesa do Consumidor, a cláusula contratual que determina, em caso de rescisão de promessa de compra e venda de imóvel, por culpa exclusiva da construtora/incorporadora, a restituição das parcelas pagas somente ao término da obra, haja vista que poderá o promitente vendedor, uma vez mais, revender o imóvel a terceiros e, a um só tempo, auferir vantagem com os valores retidos, além do que a conclusão da obra atrasada, por óbvio, pode não ocorrer (...)" (STJ, REsp 877.980/SC, Rel. Ministro Luis Felipe Salomão, Quarta Turma, DJe 12/08/2010). ◙ **Nesse sentido, ver Súmula 543 do STJ.**

◙ **O percentual a ser retido pelo alienante a título de indenização varia conforme o tempo de uso do imóvel pelo promitente-comprador.** "AGRAVO REGIMENTAL. AGRAVO DE INSTRUMENTO. COMPROMISSO DE COMPRA E VENDA. INADIMPLEMENTO DO PROMITENTE-COMPRADOR. INDENIZAÇÃO PELO USO PROLONGADO DO IMÓVEL. RESTITUIÇÃO DAS PARCELAS PAGAS. PERCENTUAL. 1. A desistência do negócio, por parte do promitente-comprador, deu-se após a entrega e uso prolongado do imóvel, circunstância apta a ensejar ressarcimento ao vendedor, em face do que poderia auferir a título de aluguéis durante o período de ocupação do imóvel pela parte inadimplente. 2. Nos termos da reiterada jurisprudência desta Corte, o promitente-comprador tem direito à devolução dos valores pagos, com a retenção de 25% em favor da empresa alienante. 3. Agravo regimental desprovido" (STJ, AgRg no Ag 1010279/MG, Rel. Min. Fernando Gonçalves, 4ª T., DJe 25.5.2009). ◙ **No mesmo sentido:** "Direito civil. Compromisso de compra e venda, com transferência da posse ao compromissário comprador. Permanência, por este, na posse do imóvel por seis anos. Inadimplemento e conseqüente rescisão do contrato. Devolução dos valores pagos. Retenção, pelo compromissário comprador, da multa, para ressarcimento de suas despesas administrativas. Rejeição, na origem, de retenção de valor devido pela utilização do imóvel no prazo em que o o compromissário comprador nele permaneceu. Pedido de autorização para que se desconte também o valor devido pela fruição do imóvel. (...) Em precedente semelhante ao 'sub judice', de minha relatoria, esta Terceira Turma autorizou, para além da multa para ressarcimento de despesas administrativas, que o credor em compromisso de compra e venda retivesse também valor equivalente ao aluguel mensal do imóvel em que permaneceu o compromissário comprador, limitando, porém, o valor total das retenções autorizadas, ao montante de 50% sobre o valor pago, de modo a evitar ofensa ao art. 53 do CDC. A mesma solução pode ser estendida à hipótese dos autos. Recurso parcialmente conhecido e, nessa parte, provido. (STJ, REsp 1067141/SP, Rel. Ministra Nancy Andrighi, Terceira Turma, DJe 07/05/2009).

◙ **Possibilidade de retenção de 10% do valor total do contrato em caso de desistência do negócio pelo promitente-comprador.** "AGRAVO REGIMENTAL NO AGRAVO DE INSTRUMENTO. CONTRATO DE PROMESSA DE COMPRA E VENDA. RESCISÃO CONTRATUAL. INADIMPLÊNCIA. CLÁUSULA PENAL. ART. 53, DO CDC. AGRAVO REGIMENTAL IMPROVIDO. I – A estipulação de multa contratual de 10% sobre o valor total do contrato, em caso de desfazimento do acordo, não ofende o disposto no art. 53 do CDC, porquanto apenas parte do valor total já pago será retido pelo fornecedor (...)" (STJ, AgRg no Ag 748.559/MG, Rel. Ministro Sidnei Beneti, Terceira Turma, DJe 08/10/2008).

◙ **Retenção das arras. A base de cálculo para o valor a ser retido deve considerar todo o montante vertido pelo promitente-comprador, sendo vedada a retenção total.** "RECURSO ESPECIAL – CONTRATO DE PROMESSA DE COMPRA E VENDA – RESILIÇÃO PELO PROMITENTE-COMPRADOR – RETENÇÃO DAS ARRAS – IMPOSSIBILIDADE – DEVOLUÇÃO DOS VALORES PAGOS – PERCENTUAL QUE DEVE INCIDIR SOBRE TODOS OS VALORES VERTIDOS E QUE, NA HIPÓTESE, SE COADUNA COM A REALIDADE DOS AUTOS – MAJORAÇÃO – IMPOSSIBI-

LIDADE, NA ESPÉCIE - RECURSO ESPECIAL IMPROVIDO. 1. A Colenda Segunda Seção deste Superior Tribunal de Justiça já decidiu que o promitente-comprador, por motivo de dificuldade financeira, pode ajuizar ação de rescisão contratual e, objetivando, também reaver o reembolso dos valores vertidos (EREsp nº 59870/SP, 2º Seção, Rel. Min. Barros, DJ 9.12.2002, pág. 281). 2. As arras confirmatórias constituem um pacto anexo cuja finalidade é a entrega de algum bem, em geral determinada soma em dinheiro, para assegurar ou confirmar a obrigação principal assumida e, de igual modo, para garantir o exercício do direito de desistência. 3. Por ocasião da rescisão contratual o valor dado a título de sinal (arras) deve ser restituído ao reus debendi, sob pena de enriquecimento ilícito. 4. O artigo 53 do Código de Defesa do Consumidor não revogou o disposto no artigo 418 do Código Civil, ao contrário, apenas positivou na ordem jurídica o princípio consubstanciado na vedação do enriquecimento ilícito, portanto, não é de se admitir a retenção total do sinal dado ao promitente-vendedor. 5. O percentual a ser devolvido tem como base de cálculo todo o montante vertido pelo promitente-comprador, nele se incluindo as parcelas propriamente ditas e as arras. 6. É inviável alterar o percentual da retenção quando, das peculiaridades do caso concreto, tal montante se afigura razoavelmente fixado. 7. Recurso especial improvido" (STJ, REsp 1056704/MA, Rel. Min. Massami Uyeda, 3ª T., DJe 4.8.2009).

◘ **Impossibilidade de retenção das arras.** "AGRAVO REGIMENTAL EM RECURSO ESPECIAL - CONTRATO DE PROMESSA DE COMPRA E VENDA - RESILIÇÃO PELO PROMITENTE-COMPRADOR - INSUPORTABILIDADE FINANCEIRA - RETENÇÃO DAS ARRAS - IMPOSSIBILIDADE - PRECEDENTES - RECURSO IMPROVIDO" (STJ, AgRg no REsp 1222139/MA, Rel. Ministro Massami Uyeda, Terceira Turma, DJe 15/03/2011).

◘ **Se a obra sequer foi iniciada, a restituição dos valores pagos pelo promitente--comprador deve ser integral.** "Firmado pelo Tribunal a quo que houve inadimplência da construtora na entrega da obra, que sequer se iniciara quando do ajuizamento da ação, é devida ao adquirente a restituição integral dos valores pagos, sem qualquer retenção (...)" (STJ, REsp 476.481/MG, Rel. Ministro Aldir Passarinho Junior, Quarta Turma, DJe 14/04/2008).

◘ **A restituição de parcelas pagas não se aplica ao contrato de financiamento para aquisição de imóvel.** "AUSÊNCIA DE OFENSA AO ARTIGO 535 DO CPC. CONTRATO DE FINANCIAMENTO. AQUISIÇÃO DE IMÓVEL. PEDIDO DE RESCISÃO CONTRATUAL. DEVOLUÇÃO DE PARCELAS. IMPROCEDÊNCIA. (...) - Não se confundem as posições do comprador, ou promitente-comprador, no contrato de compra e venda de imóvel, com a do mutuário no contrato de financiamento para aquisição do imóvel. - Mutuário inadimplente não tem direito à rescisão do contrato de financiamento e à restituição de parcelas pagas." (STJ, REsp 906.570/SP, Rel. Ministro Humberto Gomes de Barros, Terceira Turma, DJ 06/12/2007). ◘ **No mesmo sentido:** "Ao agente financeiro não é exigível a devolução das prestações pagas a título de amortização da dívida hipotecária. Devolução do preço a cargo da empresa vendedora que não foi citada para responder aos termos da ação. - Inaplicação ao caso dos arts. 53 do CDC e 924 do Código Civil de 1916. Recurso Especial conhecido e provido". (STJ, RESP 302221/RJ, 4ª T., Rel. Min. Barros Monteiro, DJU 13.12.2004)

■ **Desistência do contrato de alienação fiduciária.** "ALIENAÇÃO FIDUCIÁRIA. Restituição das prestações pagas. No contrato de alienação fiduciária, o credor tem o direito de receber o valor do financiamento, o que pode obter mediante a venda extrajudicial do bem apreendido, tendo o devedor o direito de receber o saldo apurado, mas não a restituição integral do que pagou durante a execução do contrato. DL 911/69. Art. 53 do CDC." (STJ, REsp 250072/RJ, Rel. Min. Ruy Rosado de Aguiar, DJU 7.8.2000)

■ **Abusividade da cláusula que prevê a devolução de valores ao adquirente em forma de carta de crédito a ser utilizada para a aquisição de outro imóvel junto à mesma construtora.** "RECURSO ESPECIAL. CÓDIGO DE DEFESA DO CONSUMIDOR. COMPRA E VENDA DE IMÓVEL. DISTRATO. DEVOLUÇÃO DOS VALORES NA FORMA DE CARTA DE CRÉDITO. UTILIZAÇÃO PARA A AQUISIÇÃO DE OUTRO IMÓVEL NA MESMA CONSTRUTORA. ART. 53, CAPUT, C/C ART. 51, II, DO CDC. RECURSO NÃO CONHECIDO. 1. A análise da abusividade da cláusula de decaimento 'é feita tanto frente ao direito tradicional e suas noções de abuso de direito e enriquecimento ilícito, quanto frente ao direito atual, posterior à entrada em vigor do CDC, tendo em vista a natureza especial dos contratos perante os consumidores e a imposição de um novo paradigma de boa-fé objetiva, eqüidade contratual e proibição da vantagem excessiva nos contratos de consumo (art. 51, IV) e a expressa proibição de tal tipo de cláusula no art. 53 do CDC'. 2. Ao dispor o contrato que a devolução dos referidos valores ao adquirente se daria por meio de duas cartas de crédito, vinculadas à aquisição de um outro imóvel da mesma construtora, isso significa, efetivamente, que não haverá devolução alguma, permanecendo o consumidor-adquirente submetido à construtora, visto que, o único caminho para não perder as prestações já pagas, será o de adquirir uma outra unidade imobiliária da recorrente. 3. Recurso especial não conhecido" (STJ, REsp 437.607/PR, Rel. Ministro Hélio Quaglia Barbosa, Quarta Turma, DJ 04/06/2007).

■ **Inadimplência não impede que o adquirente de imóvel pleiteie judicialmente a rescisão do contrato.** "Ainda que inadimplente, o adquirente do imóvel possui legitimidade para pleitear judicialmente a rescisão do contrato e a devolução das parcelas pagas." (STJ, AgRg no Ag 580.988/RS, Rel. Ministro Massami Uyeda, Quarta Turma, DJ 02/04/2007).

■ **Arrematação pela construtora de unidade de condômino inadimplente.** "CIVIL E PROCESSUAL. CONSTRUÇÃO POR ADMINISTRAÇÃO. CONDÔMINO INADIMPLENTE. LEILÃO DO IMÓVEL. SALDO DEVEDOR REMANESCENTE. COBRANÇA DA DIFERENÇA PELO CONDOMÍNIO. UNIDADE ADQUIRIDA PELA CONSTRUTORA E PROMITENTE VENDEDORA, MEDIANTE ADJUDICAÇÃO, POR PREÇO AVILTADO. RESPONSABILIDADE DA MESMA PELO SALDO QUE EQUIVALE AO REAL CUSTO DO APARTAMENTO. ENRIQUECIMENTO SEM CAUSA. DÍVIDA CESSADA EM RELAÇÃO AOS RÉUS, COM A PERDA DA TOTALIDADE DO IMÓVEL. ILEGITIMIDADE PASSIVA. I. Reconhecido pelo Tribunal estadual, soberano na interpretação da prova e do contrato, que a construção, embora nominada "por administração", representava espécie de promessa de compra e venda, tendo havido inadimplência de condômino, com o subseqüente leilão da unidade habitacional, arrematada pela própria empresa construtora, que o adquiriu a preço aviltado, o saldo devedor remanescente é da responsabilidade daquela, sob pena de enriquecimento sem causa. II. Ilegitimidade dos antigos titulares, que perderam o imóvel no leilão, pelo saldo subjacente, que deve ser exigido da construtora adjudicante, que é, em essência, a própria credora da dívida. III. Recurso especial não conhecido." (STJ, REsp 66.699/RJ, Rel. Ministro Aldir Passarinho Junior, Quarta Turma, DJ 08/09/2003)

◙ **Contrato de locação de máquina de xerox com opção de compra. Inadimplemento do devedor. Não devolução das parcelas pagas.** "Contrato de locação, com opção de compra, de equipamento Xerox. Devolução de importâncias pagas. Código de Defesa do Consumidor. Devolução dos equipamentos porque não teve o réu condições de honrar seus compromissos de pagamento. O contrato de locação de equipamento com opção de compra, não acarreta, quando interrompida a locação pelo inadimplemento do locatário, a devolução das importâncias pagas durante o período da locação, não se tratando, no caso, da hipótese contemplada no art. 53 do Código de Defesa do Consumidor." (STJ, REsp 274642/SP, DJU 01/10/2001, p. 208, Rel. Min. Carlos Alberto Menezes Direito, J. 20.8.2001, 3ª T.)

◙ **Percentual de retenção das prestaçãos pagas em caso de desistência:**

◙ **Retenção de 50% das prestações pagas.** "PROMESSA DE VENDA E COMPRA. CLAUSULA DE DECAIMENTO. PERDA DA QUASE TOTALIDADE DAS IMPORTANCIAS PAGAS PELO COMPROMISSARIO-COMPRADOR. REDUÇÃO DE PERCENTUAL A 50%. Não é nulo acordão que contém motivação sucinta, mas suficiente. Decisão que, afastando a devolução ao compromissario-comprador do percentual de 10% dos valores pagos, determina a incidência de uma nova percentagem (50%)." (STJ, REsp 72780/SP, DJU 22.4.1996, Rel. Min. Barros Monteiro, J. 12.3.1996, 4ª T.)

◙ **Retenção de 30% das prestações pagas**. "CIVIL. COMPROMISSO DE COMPRA E VENDA DE IMÓVEL. PERDA DE PARTE DAS PRESTAÇÕES PAGAS. CÓDIGO DE DEFESA DO CONSUMIDOR. A regra prevista no art. 53 do Código de Defesa do Consumidor impede a aplicação de cláusula contida em contrato de promessa de compra e venda de imóvel que resulte na perda total das prestações pagas. Recurso conhecido e parcialmente provido para determinar às rés a devolução, em face das peculiaridades da espécie, de 70% (setenta por cento) das quantias pagas pela autora/recorrente." (STJ, REsp 124146/MG, DJU 18.10.1999, Rel. Min. César Asfor Rocha, J. 22.6.1999, 4ª T.)

◙ **Retenção de 25% das prestações pagas.** "CIVIL. PROMESSA DE COMPRA E VENDA DE IMÓVEL. INADIMPLEMENTO. PERDA PARCIAL DAS QUANTIAS PAGAS. Mesmo se o contrato de promessa de compra e venda de imóvel em construção estabelecer, para a hipótese de inadimplemento do promitente-comprador, a perda total das quantias pagas, e ainda que tenha sido celebrado antes da vigência do Código de Defesa do Consumidor, pode o juiz, autorizado pelo disposto no art. 924, CC, reduzí-la a patamar justo, com o fito de evitar enriquecimento sem causa que de sua imposição integral adviria a promitente-vendedora que, pelas peculiaridades da espécie, fica decretada a perda de 25% (vinte e cinco por cento) do que foi pago pela compradora." (STJ, REsp 47998/

SP, DJU 27.4.1998, Rel. Min. César Asfor Rocha, J. 18.12.1997, 4ª T.) ◙ **No mesmo sentido**: "CIVIL E PROCESSUAL. AGRAVO REGIMENTAL. AGRAVO DE INSTRUMENTO. COMPRA E VENDA. CONTRATO. PROMESSA. RESCISÃO UNILATERAL. PROMITENTE COMPRADOR. CDC. INCIDÊNCIA. RETENÇÃO. ADMISSIBILIDADE. PERCENTUAL. 25% (VINTE E CINCO POR CENTO). RAZOABILIDADE. DESPROVIMENTO" (STJ, AgRg no Ag 1118816/RJ, Rel. Ministro Aldir Passarinho Junior, Quarta Turma, DJe 05/10/2009).

◙ **Retenção de 20% das prestações pagas.** "A jurisprudência desta 4a. Turma permite a retenção, pela promitente vendedora, de parte do preço pago, aplicando a regra do artigo 924 do Código Civil.Rrecurso conhecido, em parte, pela divergência, e nessa parte provido para permitir a retenção de 20% das prestações pagas, considerando o seu pequeno valor, em relação ao negócio total." (STJ, REsp 73370/AM, DJU 12.2.1996, Rel. Min. Ruy Rosado de Aguiar, J. 21.11.1995, 4ª T.) ◙ **No mesmo sentido:** "PROMESSA DE COMPRA E VENDA DE IMÓVEL. INADIMPLEMENTO. PERDA PARCIAL DAS QUANTIAS PAGAS. Mesmo se contrato de promessa de compra e venda de imóvel em construção estabelecer, para a hipótese de inadimplemento do promitente-comprador, a perda total das quantias pagas, e ainda que tenha sido celebrado antes da vigência do Código de Defesa do Consumidor, pode o juiz, autorizado pelo disposto no art. 924, CC, reduzí-la a patamar justo, com o fito de evitar enriquecimento sem causa que de sua imposição integral adviria a promitente-vendedora que, pelas peculiaridades da espécie, decretasse a perda de 20% (vinte por cento) do que foi pago pela compradora." (STJ, REsp 3981/SP, DJU 4.8.1997, Rel. Min. César Asfor Rocha, J. 20.5.1997, 4ª T.)

◙ **Retenção de 10% das prestações pagas.** "AGRAVO REGIMENTAL NO AGRAVO DE INSTRUMENTO. CONTRATO DE PROMESSA DE COMPRA E VENDA. RESCISÃO CONTRATUAL. INADIMPLÊNCIA. CLÁUSULA PENAL. ART. 53, DO CDC. AGRAVO REGIMENTAL IMPROVIDO. I – A estipulação de multa contratual de 10% sobre o valor total do contrato, em caso de desfazimento do acordo, não ofende o disposto no art. 53 do CDC, porquanto apenas parte do valor total já pago será retido pelo fornecedor (...)" (STJ, AgRg no Ag 748.559/MG, Rel. Ministro Sidnei Beneti, Terceira Turma, julgado em 18/09/2008, DJe 08/10/2008). ◙ **No mesmo sentido:** "A jurisprudência da Quarta Turma tem considerado razoável, em princípio, a retenção pelo promitente vendedor de 10% do total das parcelas quitadas pelo comprador, levando-se em conta que o vendedor fica com a propriedade do imóvel, podendo renegociá-lo." (STJ, REsp 85936/SP, DJU 21/09/1998, Rel. Min. Sálvio de Figueiredo Teixeira, J. 18.6.1998, 4ª T.)

◙ **Retenção de 5% das prestações pagas.** "PROMESSA DE COMPRA E VENDA DE IMOVEL. INADIMPLEMENTO. PERDA PARCIAL DAS QUANTIAS PAGAS. Mesmo se o contrato de promessa de compra e venda de imóvel em construção estabelecer, para a hipótese de inadimplemento do promitente-comprador, a perda total das quantias pagas, e ainda que tenha sido celebrado antes da vigência do Código de Defesa do Consumidor, pode o juiz, autorizado pelo disposto no art.924, CC, reduzí-la a patamar justo, com o fito de evitar enriquecimento sem causa que de sua imposição integral adviria a promitente-vendedora. Devolução que, pelas peculiaridades da espécie, fica estipulada em 95% (noventa e cinco por cento) do que foi pago pelo comprador." (STJ, REsp 54209/MG, DJU 27.4.1998, Rel. Min. César Asfor Rocha, J. 2.12.1997, 4ª T.)

◙ **Possibilidade de rescisão do contrato tanto pelo devedor como pelo comprador.** "A abusividade da cláusula de decaimento, com previsão de perda das parcelas pagas em favor do vendedor, pode ser reconhecida tanto na ação proposta pelo vendedor (art. 53 do Codecon) como na de iniciativa do comprador, porque a restituição é inerente a resolução do contrato e meio de evitar o enriquecimento injustificado." (STJ, REsp 80036/SP, DJU 25.3.1996, Rel. Min. Ruy Rosado de Aguiar, J. 12.2.1996, 4ª T.)

◙ **Impossibilidade de retenção de parcelas quando o inadimplemento é da incorporadora.** "É indevida a retenção de percentual das parcelas pagas, ainda que a título de compensação pelas despesas cartorárias, e de publicidade, quando há reconhecimento de inadimplemento da incorporadora, para o qual não contribuiu o consumidor." (STJ, EDREsp 225136/AM, DJU 23.4.2001, Rel. Min. Nancy Andrighi, J. 18.12.2000, 3ª T.)

◙ **Perda integral das parcelas. Contrato celebrado antes do CDC.** "De acordo com a jurisprudência pacífica do Tribunal, não se aplica o Código de Defesa do Consumidor aos contratos celebrados antes de sua vigência, permanecendo válida a cláusula que institui a perda total das prestações pagas em caso de inadimplemento, principalmente quando não prequestionada a possibilidade de redução da pena, prevista no artigo 924 do Código de Processo Civil." (STJ, REsp 135550/SP, DJU 05.3.2001, Rel. Min. Eduardo Ribeiro, J. 27.3.2000, 3ª T.)

◙ **Aplicando o Código Civil para reduzir a cláusula penal compensatória - aplicação do art. 924 do Código Civil (art. 413 do Novo Código Civil) - nos contratos anteriores ao CDC.** "Promessa de compra e venda. Cláusula penal compensatória. Art. 924 do Código Civil. É indiscrepante a jurisprudência da Corte sobre a aplicação do art. 924 do Código Civil aos contratos anteriores ao Código de Defesa do Consumidor, devendo ser aplicada redução de acordo com a realidade concreta dos autos. Por outro lado, não há violação ao citado artigo quando o Acórdão recorrido determina a redução a patamar justo, cujo conceito, efetivamente, não conflita com a literalidade do texto legal que menciona redução proporcional, que não significa, portanto, a pura aplicação de um critério matemático." (STJ, REsp 156783/DF, Rel. Min. Carlos Alberto Menezes Direito, DJU 8.3/1999) ◙ **No mesmo sentido:** "COMPROMISSO DE COMPRA E VENDA DE IMÓVEL. ANTERIOR À VIGÊNCIA DO CÓDIGO DE DEFESA DO CONSUMIDOR(LEI 8.078/90). RESOLUÇÃO. PENA CONVENCIONAL DE PERDA PELOS PROMISSÁRIOS COMPRADORES DAS QUANTIAS JÁ PAGAS. VALIDADE DA CLÁUSULA. POSSIBILIDADE DE REDUÇÃO (ART. 924-CC). Em se tratando de compromisso de compra e venda firmado em data anterior à vigência do Código de Defesa do Consumidor, é de ser havida como válida a previsão contratual de perda das quantias pagas pelo promissário adquirente, instituída a título de cláusula penal compensatória, para o caso de resolução a que haja dado causa. Todavia, assim estipulada a pena convencional, pode o juiz, autorizado pelo disposto no artigo 924, CC, reduzi-la a patamar justo, com o fito de evitar enriquecimento sem causa de uma das partes em detrimento da outra." (STJ, REsp 97344/DF, DJU 1.2.1999, Rel. Min. Sálvio de Figueiredo Teixeira, J. 15.10.1998, 4ª T.)

§ 2º Nos contratos do sistema de consórcio de produtos duráveis, a compensação ou a restituição das parcelas quitadas, na forma deste artigo, terá descontada, além da vantagem econômica auferida com a fruição, os prejuízos que o desistente ou inadimplente causar ao grupo.

◙ **Súmula 35 do STJ:** *"Incide correção monetária sobre as prestações pagas, quando de sua restituição, em virtude da retirada ou exclusão do participante de plano de consórcio."*

◙ **Súmula 538 do STJ:** *"As administradoras de consórcio têm liberdade para estabelecer a respectiva taxa de administração, ainda que fixada em percentual superior a dez por cento."*

◙ **O marco inicial para a incidência da correção monetária é a data de desembolso de cada prestação.** "O marco inicial para a incidência da correção monetária é a data de desembolso de cada prestação. (TJ-DF – APC: 20150110530685, Relator: Mario-Zam Belmiro, 2ª Turma Cível, Data de Publicação 14/12/2015) ◙ **No mesmo sentido:** "CONSÓRCIO - DESISTÊNCIA - DEVOLUÇÃO DAS PARCELAS PAGAS - CORREÇÃO MONETÁRIA - TERMO INICIAL - DEDUÇÃO DA TAXA DE ADMINISTRAÇÃO - Pacífica a jurisprudência da Corte, no sentido de que a correção monetária dos valores correspondentes às parcelas pagas pelo consorciado, a serem restituídas em virtude de sua retirada ou exclusão do plano de consórcio, há de ser aplicada a partir da data do efetivo pagamento." (STJ, REsp 149644/RJ, Rel. Min. Waldemar Zveiter, DJU 15.3.1999)

◙ **A saída de um dos participantes não justifica a devolução das parcelas que são contratadas no interesse de todo o grupo** "Consórcio de bem imóvel. Antecipação. Art. 52, § 2º, do CDC. Taxa de administração e seguro. 1. O disposto no art. 52, § 2º, do CDC refere-se a encargos de ordem financeira. O caso do consórcio tem outra natureza jurídica, exercendo a administradora função de gerenciamento que alcança todo o grupo consorciado. A saída de um dos participantes não justifica a devolução ou a redução daquelas parcelas que são contratadas no interesse de todo o grupo, sob pena de lesão à própria estrutura do sistema" (STJ, REsp 688794, Rel. Carlos Alberto Menezes Direito, 3ª T., DJ 25.6.2007).

◙ **Restituição das parcelas pagas por consorciado desistente deve ocorrer em até 30 dias do encerramento do grupo.** "A restituição das parcelas pagas por desistente de consórcio deve ocorrer em até 30 dias do prazo previsto em contrato para o encerramento do grupo a que estiver vinculado o participante (...)" (STJ, AgRg no AREsp 348227/PB, Rel. Ministra Maria Isabel Gallotti, Quarta Turma, DJe 10/02/2015). ◙ **No mesmo sentido:** "RECURSO ESPECIAL REPETITIVO. JULGAMENTO NOS MOLDES DO ART. 543-C DO CÓDIGO DE PROCESSO CIVIL. CONSÓRCIO. DESISTÊNCIA. DEVOLUÇÃO DAS PARCELAS PAGAS PELO CONSORCIADO. PRAZO. TRINTA DIAS APÓS O ENCERRAMENTO DO GRUPO. 1. Para efeitos do art. 543-

C do Código de Processo Civil: é devida a restituição de valores vertidos por consorciado desistente ao grupo de consórcio, mas não de imediato, e sim em até trinta dias a contar do prazo previsto contratualmente para o encerramento do plano. 2. Recurso especial conhecido e parcialmente provido" (STJ, REsp 1119300/RS, Rel. Ministro Luis Felipe Salomão, Segunda Seção, DJe 27/08/2010). ◙ **No sentido de que deve ser restituída quando da retirada do consumidor do grupo:** "Verificada a desistência do consorciado antes do encerramento do grupo ao qual havia aderido, devem-lhe ser, imediatamente, restituídas as parcelas pagas, restando iníqua, abusiva e extremamente onerosa, por isso mesmo nula, a condição ajustada quanto à possibilidade de restituição somente por ocasião do encerramento do correspondente grupo, até porque, o desistente não pode ser compelido a continuar a contribuir para uma atividade que não lhe trará qualquer benefício." (TJDF, ACJ 20040111252263 – 2ª T.R.J.E. – Rel. Des. João Batista Teixeira, DJU 10.8.2005) ◙ **No mesmo sentido:** "APELAÇÃO CÍVEL. CONSUMIDOR. CONSÓRCIO IMOBILIÁRIO. DESISTÊNCIA. DEVOLUÇÃO DOS VALORES PAGOS APÓS ENCERRAMENTO DO GRUPO. CLÁUSULA ABUSIVA. DEVOLUÇÃO IMEDIATA. A administração do consórcio, ao condicionar a restituição dos valores pagos pelo desistente à finalização do grupo consorcial, estabeleceu, a toda evidência, obrigação de esperar que coloca o consumidor em posição de excessiva desvantagem, atentando contra os princípios que regem as relações de consumo. A devolução das parcelas pagas pelo consorciado deve ocorrer imediatamente após sua retirada do grupo, com a incidência de correção monetária desde o desembolso (Súmula Nº 35 do STJ) e juros de mora de 1% ao mês a partir da citação, sendo desnecessário aguardar a finalização ou a entrega do último crédito, restando claramente abusiva a cláusula que prevê o encerramento como condição para devolução." (TJ-DF – APL: 24128662010807000 1, Relator: Sérgio Rocha, 2ª Turma Cível, Data de Publicação: 14/02/2012)

◙ **Os juros de mora são devidos a partir do trigésimo dia após o término do consórcio.** "Os juros de mora são devidos a partir do trigésimo dia após o término do consórcio, porquanto somente incorre em atraso caso ultrapassado o termo final de pagamento." (TJ-DF – APC: 20150110530685, Relator: Mario-Zam Belmiro, 2ª Turma Cível, Data de Publicação: 14/12/2015)

◙ **É da administradora do consórcio o ônus da prova de eventuais prejuízos causados ao grupo em decorrência da desistência do consorciado.** "CONSÓRCIO. AÇÃO DE RESTITUIÇÃO DE PARCELAS PAGAS. REDUTOR. ART. 53, § 2º, DO CDC. PROVA DO PREJUÍZO. ÔNUS DA ADMINISTRADORA. CORREÇÃO MONETÁRIA. ÍNDICE APLICÁVEL. I – A possibilidade de se descontar dos valores devidos percentual a título de reparação pelos prejuízos causados ao grupo (art. 53, § 2º, do CDC) depende da efetiva prova do prejuízo sofrido, ônus que incumbe à administradora do consórcio. (...)" (STJ, REsp 871.421/SC, Rel. Ministro Sidnei Beneti, Terceira Turma, DJe 01/04/2008) ◙ **No mesmo sentido:** "Nos termos da jurisprudência do STJ, 'a possibilidade de se descontar dos valores devidos percentual a título de reparação pelos prejuízos causados ao grupo (art. 53, § 2º, do CDC) depende da efetiva prova do prejuízo sofrido, ônus que incumbe à administradora do consórcio'" (STJ, AgRg no AREsp 56.425/RS, Rel. Ministro Raul Araújo, Quarta Turma, DJe 17/02/2012). ► **No**

mesmo sentido: "É ônus da administradora do consórcio provar a vantagem aferida pelo consumidor ou os prejuízos que o grupo teria com a devolução das parcelas. [...] Quando há desistência ou inadimplência, a vaga, normalmente, é preenchida por outro consorciado, de modo que anula eventual prejuízo." (RIZZATTO NUNES, Luís Antônio. *Curso de Direito do Consumidor*. São Paulo: Saraiva, 2005, p. 678) ◙ **Em sentido contrário, sendo do consumidor o ônus:** "A desistência voluntária do consorciado cria, automaticamente, um desfalque no grupo respectivo, presunção que milita em favor da administradora de consórcio, à qual não pode ser, por isso mesmo, ainda imposto o ônus de provar que não houve a substituição do desistente por outro, como condicionante ao diferimento da restituição ao cabo do aludido término do plano." (STJ, REsp. 486210/RS, Rel. Min. Aldir Passarinho Júnior, *DJ* 10/10/2005).

◙ **Se houve fruição do bem e posterior inadimplemento, aplicam-se as regras do Decreto-lei nº 911/69** "Civil. Recurso especial. Ação de cobrança movida por consórcio para obtenção da diferença não coberta pela venda de automóvel alienado fiduciariamente. Bem que se encontrava na posse direta do consumidor à época do inadimplemento. Reconvenção. Alegação de cobrança indevida, pois o art. 53 do CDC garante ao consorciado a devolução dos valores pagos em caso de desistência do negócio. Análise do alcance de tal artigo em consonância com o regramento específico do Decreto-lei nº 911/69. Peculiaridades da espécie. – É por demais conhecida a jurisprudência do STJ no sentido de que o art. 53 do CDC fundamenta, em certas relações jurídicas – como as relativas a compromisso de compra e venda de imóvel e, em alguns casos, o próprio consórcio – a devolução das parcelas pagas pelo consumidor, apenas com uma retenção relativa a custos de administração e eventuais indenizações. – Ocorre que, no âmbito dos consórcios, essa discussão tem sido posta quando a desistência do consumidor se dá antes de que este passe a ter a posse do bem. Na presente hipótese, ao contrário, é fato incontroverso que o consorciado foi contemplado logo no início do plano, tendo feito uso do automóvel alienado fiduciariamente durante quase três anos. – Tal fato provoca, necessariamente, uma mudança de perspectiva na discussão. O tema da alienação fiduciária se sobrepõe, no estado em que a lide se encontra, ao tema do consórcio. Com efeito, se é admitida aquela operação de crédito no âmbito deste plano e o consumidor já usufrui do bem, as regras predominantes em caso de posterior inadimplemento devem ser as relativas ao Decreto-lei nº 911/69. Haveria indisfarçável desequilíbrio se fosse dado ao consumidor o direito à restituição integral do quanto pago após quase três anos de uso de um bem que, particularmente, sofre forte depreciação com o tempo. Recurso especial ao qual se nega provimento" (STJ, REsp 997.287/SC, Rel. Min. Nancy Andrighi, 3ª T., DJe 2.2.2010).

◙ **Restituição proporcional do fundo de reserva na desistência do contrato de consórcio.** "CIVIL. CONSÓRCIO. DESISTÊNCIA. DEVOLUÇÃO DE VALORES PAGOS. CABIMENTO, NO ENCERRAMENTO DO GRUPO. CORREÇÃO MONETÁRIA. CABIMENTO. RESTITUIÇÃO DO FUNDO DE RESERVA. CABIMENTO. DISPOSITIVOS LEGAIS ANALISADOS: ARTS. 25, 27, § 2º, 30 E 32 DA LEI Nº 11.795/08; E 14 E 26, I, DA CIRCULAR Nº 3.432/09. (...) 4. Conforme decidido pela 2ª Seção do STJ no julgamento de recurso afetado como representativo de controvérsia repetitiva nos termos do art. 543-C do CPC, é devida a restituição de valores vertidos por consorciado desistente ao grupo de consórcio, mas não de imediato, e sim em até trinta dias a contar do prazo previsto contratualmente para o encerramento do plano. 5. Nos termos do enunciado nº 35 da Súmula/STJ, incide correção monetária sobre as prestações pagas em virtude da retirada ou exclusão do participante de plano de consórcio. 6. O fundo de reserva visa a conferir maior segurança ao grupo de consórcio, assegurando o seu perfeito equilíbrio e regular funcionamento, resguardando o fundo comum contra imprevistos como a inadimplência. 7. Por se tratar de uma verba com destinação específica, uma vez encerrado o grupo, eventual saldo positivo da conta deverá ser rateado entre todos os consorciados, inclusive os desistentes, na proporção de sua contribuição. 8. Considerando que o consorciado desistente somente ira receber seus haveres ao final, após o encerramento contábil do grupo – quando todos os participantes já terão sido contemplados e todas as despesas e encargos do grupo, inclusive os decorrentes de inadimplência e retirada antecipada, já estarão pagos – não há motivo para excluí-lo da devolução de eventual saldo do fundo de reserva." (STJ, REsp 1363781/SP, Rel. Ministra Nancy Andrighi, Terceira Turma, DJe 26/03/2014) ◙ **No mesmo sentido em relação à restituição do fundo de reserva:** "Consórcio. Desistência. Devolução importâncias pagas. A importância a ser devolvida não compreenderá a parcela correspondente a taxa de administração e prêmio de seguro. Incluirá, entretanto, a destinada ao fundo de reserva." (STJ, REsp 171.294/SP, Rel. Ministro Carlos Alberto Menezes Direito, Terceira Turma, DJ 25/09/2000)

◙ **Taxa de adesão como adiantamento da taxa de administração.** "Se, por expressa previsão contratual, a denominada "taxa de adesão" possui natureza de adiantamento da taxa de administração, somente poderão ser retidos, a título de taxa de administração, os valores proporcionalmente correspondentes aos meses em que o consorciado permaneceu no grupo a que aderira. 4.1. Se o valor adiantado pelo consorciado desistente for superior ao devido a título de "taxa de administração", a diferença lhe deverá ser restituída, juntamente com os demais valores a que tem direito. 6. Recurso conhecido e improvido, sentença mantida". (TJDF, ACJ 20040111252263 – 2ª T.R.J.E. – Rel. Des. João Batista Teixeira, DJU 10.8.2005)

◙ **Devolução de lance dado pelo consumidor.** "CONSUMIDOR. CONSÓRCIO DE BEM DURÁVEL. LANCE. PAGAMENTO INDEVIDO. RETIRADA DE ASSOCIADO. DEVOLUÇÃO DAS PARCELAS PAGAS. Ação indenizatória cumulada com desfazimento do contrato de adesão a grupo de consórcio.A consumidora depositou quantia a título de lance, que afinal não vingou, em conta bancária da empresa citada no contrato como filial do consórcio. Caracterizado o pagamento indevido, tendo em vista o não aproveitamento do lance, cumpre ao consórcio devolver a quantia recebida." (TJ-RJ – APL: 00031728720068190210 Rio de Janeiro, 1 Vara Civel, Relator: Henrique Carlos de Andrade Figueira, Décima Sétima Câmara Cível, Data de Publicação: 21/02/2008)

◙ **Consórcio. Teoria da aparência** "CONSÓRCIO. TEORIA DA APARÊNCIA. LETIGIMIDADE PASSIVA RECONHECIDA. A empresa que, segundo se alegou na inicial, permite a utilização da sua logomarca, de seu endereço, instalações e telefones, fazendo crer, através da publicidade e da prática comercial, que era responsável pelo empreendimento consorcial, é parte passiva legítima para responder pela ação indenizatória proposta pelo consorciado fundamentada nesses fatos." (STJ, REsp 139400/MG, DJU 25.9.2000, Rel. Min. César Asfor Rocha, J. 3.8.2000, 4ª T.)

◙ **Cláusula de eleição de foro nos contratos de adesão a grupos de consórcios.** "PROCESSUAL CIVIL. CONTRATO DE CONSÓRCIO. CLÁUSULA DE ELEIÇÃO DE FORO. NULIDADE. DOMICÍLIO DO CONSUMIDOR. PARTE HIPOSSUFICIENTE DA RELAÇÃO. FORO ELEITO. 1. A jurisprudência do STJ firmou-se, seguindo os ditames do Código de Defesa do Consumidor, no sentido de que a cláusula de eleição de foro estipulada em contrato de consórcio há que ser tida como nula, devendo ser eleito o foro do domicílio do consumidor a fim de facilitar a defesa da parte hipossuficiente da relação." (STJ, AgRg no Ag 1070671 / SC, Rel. Min. João Otávio de Noronha, DJe 10/05/2010)

§ 3° Os contratos de que trata o caput deste artigo serão expressos em moeda corrente nacional.

◙ **Nulidade do preço ajustado em moeda estrangeira.** "PROMESSA DE COMPRA E VENDA. PREÇO AJUSTADO EM MOEDA ESTRANGEIRA. Ajustado o preço em dólares, o negócio é nulo de pleno direito." (STJ, REsp. 259733/BA, Rel. Min. Ari Pargendler, *DJ* 05/08/ 2002).

◙ **Compra e venda mercantil com assunção de dívida em moeda estrangeira.** "BENS MÓVEIS - COMPRA E VENDA MERCANTIL COM ASSUNÇÃO DE DÍVIDA EM MOEDA ESTRANGEIRA CELEBRADA COM EMPRESA DE "FACTORING" REVISÃO CONTRATUAL ILEGALIDADE DE PRESTAÇÕES VINCULADAS À VARIAÇÃO CAMBIAL DA MOEDA AMERICANA VEDAÇÃO LEGAL (ART. 1º DO DL 857/69, ART. 6º DA LEI 8.880/94 E ART. 53, § 3º DO CDC) NULIDADE PARCIAL DA AVENÇA APLICABILIDADE DO CÓDIGO DE DEFESA DO CONSUMIDOR ALTERAÇÃO DA POLÍTICA CAMBIAL DO GOVERNO ABRUPTA DESVALORIZAÇÃO DO REAL ONEROSIDADE EXCESSIVA CONFIGURADA RECURSO IMPROVIDO."(TJ-SP - APL: 9097682652001826 SP 9097682-65.2001.8.26.0000, Relator: Francisco Casconi, 31ª Câmara de Direito Privado, Data de Publicação: 08/09/2011)

◙ **Consórcio para aquisição de veículo importado. Prestações em moeda estrangeira que não ofende o CDC.** "APELAÇÕES CÍVEIS. CONSÓRCIO COM GARANTIA FIDUCIÁRIA. AÇÃO REVISIONAL JULGADA PARCIALMENTE PROCEDENTE. RECURSO DE AMBAS AS PARTES. APELAÇÃO 1 - DA RÉ: 1) VEÍCULO IMPORTADO - REAJUSTE DAS PRESTAÇÕES - VARIAÇÃO CAMBIAL: No caso, não há se falar em contrato cujo reajuste das parcelas está vinculado à variação cambial, mas sim de consórcio cujas parcelas estão atreladas ao preço do bem, que, por ser um veículo importado, tem seu preço necessariamente atrelado à moeda estrangeira, o que não ofende as normas legais invocadas (DL 857, Lei 8.880/94, art. 53 § 3º do CDC). A cada aumento do preço do bem, automaticamente haverá elevação do valor da prestação, porquanto cada consorciado comprometeu-se em contribuir mensalmente para o fundo consorcial com 2% do valor do bem desejado , de sorte que todos possam ser contemplados com (automóvel Mercedes Benz) o crédito visado." (TJ-PR – AC: 2281285 PR 0228128-5, Relator: Valter Ressel, Quarta Câmara Cível (extinto TA), Data de Julgamento: 03/11/2004)

SEÇÃO III
Dos Contratos de Adesão

Art. 54. Contrato de adesão é aquele cujas cláusulas tenham sido aprovadas pela autoridade competente ou estabelecidas unilateralmente pelo fornecedor de produtos ou serviços, sem que o consumidor possa discutir ou modificar substancialmente seu conteúdo.

► **Sobre a cláusula de foro de eleição nos contratos de adesão, ver tópico *"Outras cláusulas abusivas"* no art. 51, caput.**

► **Definição de contrato de adesão pelo CDC.** Ao contrário do contrato de comum acordo (contrat de gré à gré) em que as partes negociam cláusula a cláusula, contrato de adesão é aquele cujas cláusulas são aprovadas por autoridade competente (cláusulas gerais para o fornecimento de água, energia elétrica etc...), não podendo o consumidor recusá-las; ou estabelecidas pelo fornecedor de modo que o consumidor não possa discuti-las ou modificá-las substancialmente, cabendo-lhe somente o poder de aderir ou não ao contrato como um todo.

► **Diversos nomes utilizados para os contratos de adesão.** "As expressões para esses contratos podem variar consideravelmente, sendo comum encontrar títulos como Termos de uso, Regulamento, Licença de uso, Formulário, Proposta ou Manual de uso." (TARTUCE, Fernanda; ZANETTI, Andrea Cristina. A interpretação das cláusulas do contrato de adesão pelos princípios da boa-fé e equilíbrio nas relações de consumo. *Revista de Direito do Consumidor*. São Paulo: RT, Vol.106, Ano 2016, p. 385)

► **No direito brasileiro, o único tratamento legislativo dado ao contrato de adesão está no Código de Defesa do Consumidor.** "Vale ressaltar que, no direito brasileiro, o único tratamento legislativo dado ao contrato de adesão está no Código de Defesa do Consumidor. Entretanto, os contratos de adesão utilizados nas relações de consumo constituem apenas um dos aspectos deste método de contratação. O que o caracteriza não é o fato de uma das partes ser consumidora, mas sim o fato de ser ela hipossuficiente, sendo consumidora ou não, pelo simples fato da adesão ao instrumento pré-elaborado pela outra, sem possibilidade de discussão do conteúdo". (NOVAIS, Alinne Arquette Leite. *A teoria contratual e o código de defesa do consumidor*. São Paulo: Revista dos Tribunais, 2001. p. 103)

◙ **O simples fato de o contrato ser de adesão não o torna nulo.** "O simples fato de o contrato em questão ser do tipo de adesão, com previsão no art. 54 do CDC, não o torna nulo, devendo ser demonstrada a ilegalidade de cada uma das cláusulas que o recorrente busca extrair da avença." (STJ, AgRg no AREsp 340.662/RJ, Rel. Min. Raul Araújo, 4ª T., DJe 5.3.2015). ◙ **No mesmo sentido:** "Não se podem tomar por inexistentes as cláusulas de determinado contrato apenas por se tratar de um contrato de adesão." (STJ, AgRg no REsp 1380973/PE, Rel. Ministro Sidnei Beneti, Terceira Turma, DJe 14/11/2013)

◙ **Contrato de compra e venda de apartamento como contrato de adesão.** "COMPRA E VENDA DE IMÓVEL RESILIDA PELA VONTADE UNILATERAL DO ADQUIRENTE. CÓDIGO DO CONSUMIDOR. CONTRATO DE ADESÃO. Contrato de adesão é aquele cujo conteúdo não pode ser substancialmente modificado pelo consumidor (Lei nº 8.078/90, art. 54, caput), em cujo rol se inclui o contrato de compra e venda de apartamento, salvo se, v.g., comprovada ou a modificação da planta padrão ou a redução significativa do preço ou o respectivo parcelamento em condições não oferecidas aos demais adquirentes de unidades no empreendimento." (STJ, REsp 59870/SP, DJU .7.2.2000, Rel. Min. Ari Pargendler, J. 16.11.1999, 3ª T.)

◙ **Legitimidade do Ministério Público para questionar em Ação Civil Pública cláusulas de contratos de adesão.** "O Ministério Público possui legimitidade para promover ação civil pública tendo por objeto cláusulas de contratos bancários de adesão." (STJ, REsp 175645/RS, DJU 30.4.2001, Rel. Min. Ruy Rosado de Aguiar, J. 7.12.2000, 4ª T.)

§ 1° A inserção de cláusula no formulário não desfigura a natureza de adesão do contrato.

◙ **Não é contrato de adesão aquele em que as cláusulas são modificáveis por acordo das partes.** "Não é contrato de adesão aquele em que as cláusulas são modificáveis por acordo das partes. O Código de Proteção e Defesa do Consumidor, conforme dispõe seu artigo 2º, aplica-se somente a "pessoa física ou jurídica que adquire ou utiliza produto ou serviço como destinatário final" (STF, Sentença Estrangeira Contestada 5847, Rel. Min. Maurício Corrêa, DJ. 17.12.1999)

§ 2° Nos contratos de adesão admite-se cláusula resolutória, desde que a alternativa, cabendo a escolha ao consumidor, ressalvando-se o disposto no § 2° do artigo anterior.

► **A cláusula resolutória é valida desde que a escolha caiba ao consumidor.** É possível cláusula que preveja a resolução do contrato, desde que a critério do consumidor. Se optar pela resolução, deverá ser aplicado o § 2º do art. 53, devolvendo-lhe, assim, os valores pagos, monetariamente atualizados, descontadas as vantagens auferidas. Cláusula contratual que estipule de forma diferente será nula de pleno direito.

► **A boa-fé objetiva limita a admissibilidade e o exercício dos direitos advindos da cláusula resolutória.** "No direito brasileiro, parece fora de dúvida que o conteúdo e a forma de exercício dos direitos advindos da cláusula resolutória estabelecida em contrato estão sujeitos a controle judicial. Inobstante o art. 474 do CC referir que 'a cláusula resolutiva expressa opera de pleno direito', se houver resistência da contraparte, quer quanto ao desfazimento do contrato, quer quanto a seus efeitos, necessária será a demanda judicial. A diferença é que a carga (preponderante) da sentença será declaratória (e não constitutiva negativa, como ocorre na resolução judicial). Mas o modelo da boa-fé objetiva, cuja concreção o juiz fará, determinará a admissibilidade da cláusula e os efeitos dela decorrentes (não se admitirá a previsão de cláusula em caso, por exemplo, de adimplemento substancial do contrato). O controle do juiz, presente nos casos de resolução judicial, também deve ser feito sobre o contrato que prevê a cláusula resolutória, e aí até com mais razão, pois ordinariamente existe para benefício exclusivo do estipulante'. (...) No direito brasileiro, em seu atual estágio, como dissemos, não cabem tais dúvidas. A boa-fé objetiva, que os contratantes são obrigados a guardar na conclusão e na execução dos contratos, limita a admissibilidade e o exercício dos direitos advindos da cláusula resolutória" (DIFINI, Luiz Felipe Silveira. Resolução das Obrigações e a Cláusula Resolutória no Código Civil de 2002, *Revista Direito do Consumidor* 53, Ed. RT, ano 14, janeiro-março de 2005, p. 102-103).

◙ **A utilização da cláusula resolutiva deve observar os princípios do CDC.** "AÇÃO DECLARATÓRIA – MANUTENÇÃO DE CONTRATO DE SEGURO – ANULAÇÃO DE CLÁUSULAS CONTRATUAIS – CONTRATO DE ADESÃO – INTERPRETAÇÃO MAIS FAVORÁVEL AO CONSUMIDOR – PRINCÍPIOS DA BOA-FÉ E DA TRANSPARÊNCIA DAS RELAÇÃO NEGOCIAIS – RESCISÃO UNILATERAL – LIMITAÇÃO – CLÁUSULAS ABUSIVAS – NULIDADE. Na estipulação da possibilidade de resolução alternativa, deverão ser observados os princípios fundamentais do CDC, entre os quais ressaltam o da boa-fé, o do equilíbrio nas relações de consumo e o da proporcionalidade, que indica proibição do fornecedor auferir vantagem excessiva em detrimento do consumidor. (...)." (TJMG – Apelação Cível nº, Relator Des. Unias Silva, j. 24.04.2007, DJ de 14.05.2007)

◙ **A resolução do contrato não pode ficar inteiramente ao alvedrio do fornecedor.** "DIREITO CIVIL – DIREITO DO CONSUMIDOR – PRESTAÇÃO DE SERVIÇOS – CONVÊNIO MÉDICO – CLÁUSULA RESOLUTÓRIA – INADIMPLÊNCIA DO CONSUMIDOR – AMBIGUIDADE – DESVANTANGEM EXCESSIVA – RESOLUÇÃO AO ALVEDRIO DO FORNECEDOR DE SERVIÇOS – NULIDADE DE PLENO DIREITO. A clausula resolutória inserida em contrato de adesão é válida, desde que redigida com clareza, de modo a facilitar o entendimento de qualquer um, principalmente o consumidor leigo, devendo entretanto ser alternativa, ficando a escolha a cargo deste último – inteligência do art. 54, § 2º do CDC. Abusiva a conduta do fornecedor de serviços que admite a impontualidade nos pagamentos por parte do consumidor, inclusive cobrando os encargos decorrentes da mora, incutindo-lhe a expectativa da continuidade do contrato, vindo a resolvê-lo quando lhe parece mais conveniente. Recurso improvido." (TJMG – Apelação Cível 1.0525.04.058725-1/004, Relator(a): Des.(a) Sebastião Pereira de Souza , 16ª Câmara Cível, publicação da súmula em 14/08/2009)

◙ **O Código somente considera lícita a cláusula resolutória se a escolha entre a resolução ou manutenção do contrato for assegurada ao consumidor aderente.** "A resolução do contrato de consumo, prevista por cláusula constante do formulário de adesão, não poderá ficar na esfera de decisão de fornecedor. O Código somente considera lícita a cláusula resolutória se a escolha entre a Resolução ou manutenção do contrato, ou, ainda, qualquer outra solução preconizada na estipulação, for assegurada ao consumidor aderente. (...) É abusiva a cláusula que implique renúncia, direta ou indireta, do consumidor ao direito previsto neste dispositivo, por ferir o art. 51, nº I, do Código. " (GRINOVER, Ada Pellegrini, et. al. Código Brasileiro de Defesa do Consumidor comentado pelos autores do Anteprojeto. 6ed. Rio de Janeiro: Forense Universitária, 2000, p. 552) – Sendo nula a cláusula resolutória como disposto contratualmente, não se verifica a rescisão contratual." (TJSC, AC 2000.008931-1 – Tubarão – 2ª CDCom. – Rel. Des. Sérgio Roberto Baasch Luz, J. 24.02.2005)

◙ **A ação de reintegração de posse, quando há ausência de pagamento e devida notificação, não viola o §2° do art. 54 do CDC.** "Arrendamento mercantil. Ação de reintegração de posse. Código de Defesa do Consumidor. O Código de Defesa do Consumidor aplica-se aos contratos de arrendamento mercantil. Todavia, o ajuizamento da ação de reintegração de posse, configurada a ausência de pagamento das prestações e a devida notificação, não viola os artigos 51, XI, e 54, § 2°, do Código de Defesa do Consumidor." (STJ, REsp 213565/ES, Rel. Min. Carlos Alberto Menezes Direito, DJU .1.8.2000, 3ª T.)

◙ **Mesmo havendo cláusula resolutiva expressa no contrato de adesão de construção e financiamento de imóvel, não se pode pleitear a imissão na posse sem a prévia declaração judicial de rescisão contratual.** "RESCISÃO DE CONTRATO - CONTRATO DE ADESÃO DE CONSTRUÇÃO E FINANCIAMENTO DE IMÓVEL - INADIMPLEMENTO DO COMPRADOR - CLÁUSULA RESOLUTIVA EXPRESSA - IMISSÃO NA POSSE - IMPOSSIBILIDADE - NECESSIDADE DE PRÉVIA DECLARAÇÃO JUDICIAL DA RESCISÃO CONTRATUAL. Mesmo havendo cláusula resolutiva expressa no contrato de adesão de construção e financiamento de imóvel, não se pode pleitear a imissão na posse sem a prévia declaração judicial de rescisão contratual. Em caso de rescisão do contrato firmado pelas partes, por inadimplemento do adquirente, as benfeitorias necessárias e úteis levadas a efeito no imóvel deverão ser indenizadas, nos termos do art. 1.219 Código Civil. (TJMG – Agravo de Instrumento 2.0000.00.499934-2/000, Relator(a): Des.(a) D. Viçoso Rodrigues, publicação da súmula em 30/11/2005)

◙ **No mesmo sentido:** "DIREITO CIVIL E PROCESSUAL CIVIL. COMPROMISSO DE COMPRA E VENDA. AÇÃO DE 'RESCISÃO' CONTRATUAL CUMULADA COM REINTEGRAÇÃO NA POSSE LIMINAR. DESCABIMENTO. CLÁUSULA RESOLUTÓRIA EXPRESSA. IRRELEVÂNCIA. CASO CONCRETO. NECESSIDADE DE DECLARAÇÃO JUDICIAL. PRECEDENTE. RECURSO DESACOLHIDO. I – A cláusula de resolução expressa, por inadimplemento, não afasta a necessidade da manifestação judicial para verificação dos pressupostos que justificam a resolução do contrato de promessa de compra e venda de imóvel. II – A ação possessória não se presta à recuperação da posse, sem que antes tenha havido a 'rescisão' (rectius, resolução) do contrato. Destarte, inadmissível a concessão de liminar reintegratória em ação de 'rescisão' de contrato de compra e venda de imóvel." (STJ – REsp n.º 204246/MG – Quarta Turma – Rel. Min. Sálvio Figueiredo Teixeira – Data do Julgamento: 10/12/2002).

§ 3° Os contratos de adesão escritos serão redigidos em termos claros e com caracteres ostensivos e legíveis, de modo a facilitar sua compreensão pelo consumidor.

◙ **Contrato redigido com letras minúsculas.** "Ação cominatória. Contrato de seguro saúde. Cláusula que exclui a cobertura de cirurgia cardiovascular. Impossibilidade. Contradição. Interpretação em benefício do consumidor. Se o contrato, de forma ambígua prevê a cobertura de cirurgia vascular e em seguida a exclui da cobertura, referida dúvida deve ser resolvida em benefício do consumidor, parte considerada mais fraca na relação contratual, mormente quando se trata de contrato nitidamente de adesão e redigido com letras minúsculas. Se a cirurgia cardiovascular é essencial para o tratamento do segurado, deve a Administradora de Plano de Saúde arcar com a sua realização (TJMG; AC 1.0024.04.461109-3/001; Relª Desª Heloisa Combat; DJMG 10/11/2006).

§ 4° As cláusulas que implicarem limitação de direito do consumidor deverão ser redigidas com destaque, permitindo sua imediata e fácil compreensão.

§ 5° (Vetado).

► **Sobre cláusulas abusivas em diversos contratos, ver art. 51, caput.**

► **A cláusula de limitação de direitos não pode infringir normas e princípios do CDC.** "A cláusula de limitação de direitos do consumidor é de aplicação extremamente restrita, já que ela não pode prejudicar a finalidade e a natureza da prestação contratual nem infringir qualquer das normas e princípios do CDC (que são cogentes, de ordem pública) nem interferir na obrigação de indenizar." (TARTUCE, Fernanda; ZANETTI, Andrea Cristina. A interpretação das cláusulas do contrato de adesão pelos princípios da boa-fé e equilíbrio nas relações de consumo. *Revista de Direito do Consumidor*. São Paulo: RT, Vol.106, Ano 2016, p. 385)

◙ **Seguro de cartão de crédito oferecendo proteção em caso de perda de emprego involuntária. Cláusula limitativa de carência não informada ao consumidor.** "CONSUMIDOR. Cartão de crédito. Seguro. Recusa de cobertura. Carência. Informação. 1. O Código de Defesa do Consumidor é aplicável às instituições financeiras (STJ, Súmula 297). 2. Os contratos, que regulam as relações de consumo, não obrigarão os consumidores, se não lhes for dada a oportunidade de tomar conhecimento prévio de seu conteúdo, ou se os respectivos instrumentos forem redigidos de modo a dificultar a compreensão de seu sentido e alcance. 3. As cláusulas que implicarem limitação de direito do consumidor deverão ser redigidas com destaque, permitindo sua imediata e fácil compreensão. Recurso não provido." (TJ-SP – APL: 00071106220138260077 SP, Relator: William Marinho, 18ª Câmara de Direito Privado, Data de Publicação: 17/04/2015)

◙ **O fato de a cláusula restritiva estar no meio de outras, em negrito, não é suficiente para se atender à exigência do Art. 54, § 4º, do CDC.** "O fato de a cláusula restritiva estar no meio de outras, em negrito, não é suficiente para se atender à exigência do Art. 54, § 4º, do CDC. – A lei não prevê – e nem o deveria – o modo como tais cláusulas deverão ser redigidas. Assim, a interpretação do Art. 54 deve ser feita com o espírito protecionista, buscando sua máxima efetividade" (STJ, REsp 774035, , Rel. Humberto Gomes de Barros, 3ª T., DJ 5.2.2007).

◙ **Planos de saúde. Cláusula limitativa de direito não admitida.** "O acórdão recorrido encontra-se em harmonia com a orientação firmada pelo Superior Tribunal de Justiça no sentido de que, ainda que se admita a possibilidade de o contrato de plano de saúde conter cláusulas limitativas dos direitos do consumidor (desde que escritas com destaque, permitindo imediata e fácil compreensão, nos termos do § 4º do art. 54 do Código de Defesa do Consumidor), revela-se abusivo o preceito excludente do custeio dos meios e materiais necessários ao melhor desempenho do tratamento clínico ou do procedimento cirúrgico coberto ou de internação hospitalar. 3. A recusa pela operadora de plano de saúde em autorizar tratamento a que esteja legal ou contratualmente obrigada agrava a situação de aflição psicológica e de angústia daquele que necessita de cuidados médicos e enseja reparação a título de dano moral. Precedentes. 4. Agravo regimental a que se nega provimento" (STJ, AgRg no AREsp 831660/CE, Rel. Ministro Marco Aurélio Bellizze, Terceira Turma, DJe 25/11/2016). ◙ **No mesmo sentido:** "AGRAVO REGIMENTAL NO AGRAVO (ART. 544 DO CPC) – AÇÃO DE OBRIGAÇÃO DE FAZER C/C PEDIDO DE ANTECIPAÇÃO DE TUTELA – TRATAMENTO MÉDICO DOMICILIAR (HOME CARE) – DECISÃO MONOCRÁTICA NEGANDO PROVIMENTO AO RECLAMO. INSURGÊNCIA DA RÉ. 1. A jurisprudência do STJ tem entendimento firmado no sentido de ser abusiva a cláusula contratual que exclui tratamento prescrito para garantir a saúde ou a vida do segurado, porque o plano de saúde pode estabelecer as doenças que terão cobertura, mas não o tipo de terapêutica indicada por profissional habilitado na busca da cura (...)" (STJ, AgRg no AREsp 734.111/DF, Rel. Min. Marco Buzzi, 4ª T., DJe 3.2.2016). ◙ **No mesmo sentido:** "AGRAVO REGIMENTAL NO AGRAVO (ARTIGO 544 DO CPC) – DEMANDA POSTULANDO O CUSTEIO DE MATERIAL NECESSÁRIO À REALIZAÇÃO DE CIRURGIA CORRETIVA DE ROTURA PARCIAL DO TENDÃO SUPRA-ESPINHAL DO OMBRO ESQUERDO – DECISÃO MONOCRÁTICA CONHECENDO DO AGRAVO PARA, DE PLANO, NEGAR SEGUIMENTO AO RECURSO ESPECIAL. INSURGÊNCIA DA OPERADORA DE PLANO DE SAÚDE. (...) Recusa indevida, pela operadora de plano de saúde, da cobertura financeira do material necessário ao procedimento cirúrgico indicado ao usuário. Ainda que admitida a possibilidade de o contrato de plano de saúde conter cláusulas limitativas dos direitos do consumidor (desde que escritas com destaque, permitindo imediata e fácil compreensão, nos termos do § 4º do artigo 54 do código consumerista), revela-se abusivo o preceito excludente do custeio dos meios e materiais necessários ao melhor desempenho do tratamento clinico ou do procedimento cirúrgico ou de internação hospitalar relativos a doença coberta. Precedentes. 3. Agravo regimental desprovido" (STJ, AgRg no AREsp 605.163/PB, Rel. Min. Marco Buzzi, 4ª T., DJe 30.11.2015).◙ **No mesmo sentido:** "AGRAVO REGIMENTAL. RECURSO ESPECIAL. CIVIL. DIREITO DO CONSUMIDOR. PLANO DE SAÚDE. LIMITA-

ÇÃO DE COBERTURA. RESTRIÇÃO DE DIREITOS. AUSÊNCIA DE DESTAQUE. CLÁUSULA INEFICAZ. 1. A jurisprudência deste Tribunal Superior prega que nos contratos de adesão, consoante o art. 54, § 4º, do CDC, a cláusula restritiva a direito do consumidor, para ser exigível, deverá ser redigida com destaque, a fim de permitir sua imediata e fácil compreensão (...)" (STJ, AgRg no REsp 714138, 3ª T., DJ 1.9.2010).

■ **Cláusula limitativa em contrato de seguro que restringe a cobertura a furto qualificado**. "CONSUMIDOR. SEGURO EMPRESARIAL CONTRA ROUBO E FURTO CONTRATADO POR PESSOA JURÍDICA. MICROEMPRESA QUE SE ENQUADRA NO CONCEITO DE CONSUMIDOR. CLÁUSULA LIMITATIVA QUE RESTRINGE A COBERTURA A FURTO QUALIFICADO. REPRODUÇÃO DA LETRA DA LEI. INFORMAÇÃO PRECÁRIA. INCIDÊNCIA DO ART. 54, § 4º, DO CDC. (...) 3. Os arts. 6º, inciso III, e 54, § 4º, do CDC, estabelecem que é direito do consumidor a informação plena do objeto do contrato, garantindo-lhe, ademais, não somente uma clareza física das cláusulas limitativas – o que é atingido pelo simples destaque destas -, mas, sobretudo, clareza semântica, um significado unívoco dessas cláusulas, que deverão estar infensas a duplo sentido. 4. O esclarecimento contido no contrato acerca da abrangência da cobertura securitária que reproduz, em essência, a letra do art. 155 do Código Penal, à evidência, não satisfaz o comando normativo segundo o qual as cláusulas limitadoras devem ser claras, por óbvio, aos olhos dos seus destinatários, os consumidores, cuja hipossuficiência informacional é pressuposto do seu enquadramento como tal. 5. Mostra-se inoperante a cláusula contratual que, a pretexto de informar o consumidor sobre as limitações da cobertura securitária, somente o remete para a letra da Lei acerca da tipicidade do furto qualificado, cuja interpretação, ademais, é por vezes controvertida até mesmo no âmbito dos Tribunais e da doutrina criminalista. 6. Recurso especial não conhecido." (STJ, REsp 814.060/RJ, Rel. Ministro Luis Felipe Salomão, Quarta Turma, DJe 13/04/2010)

■ **Contrato de seguro. Validade da cláusula que exclui a cobertura em caso de embriaguez.** ""CIVIL E PROCESSUAL CIVIL. RECURSO ESPECIAL. AÇÃO DE COMPENSAÇÃO POR DANOS MORAIS. EMBRIAGUEZ AO VOLANTE. DENUNCIAÇÃO DA LIDE À SEGURADORA. LITISCONSÓRCIO PASSIVO. AUSÊNCIA. NEGATIVA DE PRESTAÇÃO JURISDICIONAL. AUSÊNCIA. MAJORAÇÃO DO QUANTUM INDENIZATÓRIO. IMPOSSIBILIDADE. SÚMULA 7/STJ. JUROS DE MORA. MARCO INICIAL. SÚMULA 54/STJ. SEGURADORA. RESPONSABILIDADE. CLÁUSULA DE EXCLUSÃO. 1.O propósito recursal é julgar acerca da eficácia da cláusula de exclusão da cobertura securitária na hipótese de o acidente de transito ser causado pelo segurado em estado de embriaguez e, ainda, da possibilidade de condenar a seguradora direta e solidariamente ao pagamento da indenização. (...) 4.É legítima a cláusula que exclui cobertura securitária na hipótese de dano causado por segurado dirigir em estado de embriaguez. A ingestão de álcool conjugada à direção viola a moralidade do contrato de seguro, por ser manifesta ofensa à boa-fé contratual, necessária para devida administração do mutualismo, manutenção do equilíbrio econômico do contrato e, ainda, para que o seguro atinja sua finalidade precípua de minimizar os riscos aos quais estão sujeitos todos os segurados do fundo mutual. A nocividade da conduta do segurado se intensifica quando há também violação da própria literalidade do contrato, em manifesto descumprimento à pacta sunt servanda. imprescindível para a sustentabilidade do sistema securitário. Contratos de seguro tem impactos amplos em face da sociedade e acabam influenciando o comportamento humano. Por isso mesmo, o objeto de um seguro não pode ser incompatível com a lei. Não é possível que um seguro proteja uma prática socialmente nociva, porque esse fato pode servir de estímulo para a assunção de riscos imoderados, o que contraria o princípio do absenteísmo, também basilar ao direito securitário. 5.A revisão da compensação por danos morais só é viável em recurso especial quando o valor fixado for exorbitante ou ínfimo. Há incidência da Súmula 7/STJ, impedindo o acolhimento do pedido. 6.Parcial provimento." (STJ, REsp 1441620/ES, Terceira Turma, Rel. Min. Paulo de Tarso Sanseverino, julgado em 27/06/2017)

◙ **Contrato de seguro. A limitação de cobertura em caso de embriaguez deve ser redigida com destaque.** RECURSO ESPECIAL. INDENIZAÇÃO DECORRENTE DE SEGURO DE VIDA. ACIDENTE AUTOMOBILÍSTICO. EMBRIAGUEZ. CLÁUSULA LIMITATIVA DE COBERTURA DA QUAL NÃO FOI DADO O PERFEITO CONHECIMENTO AO SEGURADO. ABUSIVIDADE. INFRINGÊNCIA AO ARTIGO 54, § 4º DO CÓDIGO DE DEFESA DO CONSUMIDOR. RECURSO ESPECIAL PROVIDO. 1. Por se tratar de relação de consumo, a eventual limitação de direito do segurado deve constar, de forma clara e com destaque, nos moldes do art. 54, § 4º do CODECON e, obviamente, ser entregue ao consumidor no ato da contratação, não sendo admitida a entrega posterior. 2. No caso concreto, surge incontroverso que o documento que integra o contrato de seguro de vida não foi apresentado por ocasião da contratação, além do que a cláusula restritiva constou tão somente do "manual do segurado", enviado após a assinatura da proposta. Portanto, configurada a violação ao artigo 54, § 4º do CDC." (STJ, REsp 1219406, Rel. Luis Felipe Salomão, 4ª T., DJ 18.2.2011). ◙ **No mesmo sentido:** "SEGURO. ACIDENTE DE TRÂNSITO. EMBRIAGUEZ. NEXO DE CAUSALIDADE. COMPROVAÇÃO. CLÁUSULA LIMITATIVA DO DIREITO DO CONSUMIDOR. DESTAQUE EM NEGRITO. – A embriaguez do segurado, por si só, não exclui direito à indenização securitária. – Cláusula restritiva, contida em contrato de adesão, deve ser redigida com destaque a fim de se permitir, ao consumidor, sua imediata e fácil compreensão. O fato de a cláusula restritiva estar no meio de outras, em negrito, não é suficiente para se atender à exigência do Art. 54, § 4º, do CDC. – A lei não prevê – e nem o deveria – o modo como tais cláusulas deverão ser redigidas. Assim, a interpretação do Art. 54 deve ser feita com o espírito protecionista, buscando sua máxima efetividade" (STJ, REsp 774035, Rel. Humberto Gomes de Barros, 3ª T., DJ 5.2.2007).

◙ **Seguro habitacional. Limitação de cobertura em razão de doença preexistente deve ser destacada no contrato.** "CONSUMIDOR. SEGURO HABITACIONAL INVALIDEZ PERMANENTE. DOENÇA PREEXISTENTE À CONTRATAÇÃO. EXCLUSÃO DA COBERTURA. CLÁUSULA RESTRITIVA. NÃO-INCIDÊNCIA. ARTS. 46 E 54, § 4º, DA LEI N. 8.078/90. I. A teor da regra inserta no art. 54, § 4º, do CDC, a claúsula restritiva, contida em contrato de adesão, deve ser redigida com destaque a fim de se permitir, ao consumidor, sua imediata e fácil compreensão. II. Na hipótese, a cláusula de seguro relativo a contrato habitacional vinculado ao SFH, que exclui de sua cobertura a invalidez decorrente de doença anterior à contratação, não atende aos requisitos legais. III. Recurso especial conhecido e provido" (STJ, REsp 669525, 3ª T., DJ 20.6.2005).

◙ **Seguro por invalidez permanente. Dever de destacar a cláusula restritiva de direito.** "DIREITO DO CONSUMIDOR. CONTRATO DE SEGURO. INVALIDEZ PERMANENTE. VALOR DA INDENIZAÇÃO. DIVERGÊNCIA ENTRE OS DOCUMENTOS ENTREGUES AO SEGURADO. PREVALÊNCIA DO ENTREGUE QUANDO DA CONTRATAÇÃO. CLÁUSULA LIMITATIVA DA COBERTURA. NÃO-INCIDÊNCIA. ARTS. 46 E 47 DA LEI N. 8.078/90. DOUTRINA. PRECEDENTE. RECURSO PROVIDO. I. Havendo divergência no valor indenizatório a ser pago entre os documentos emitidos pela seguradora, deve prevalecer aquele entregue ao consumidor quando da contratação ('certificado individual'), e não o enviado posteriormente, em que consta cláusula restritiva (condições gerais). II. Nas relações de consumo, o consumidor só se vincula às disposições contratuais em que, previamente, lhe é dada a oportunidade de prévio conhecimento, nos termos do artigo 46 do CDC. III. As informações prestadas ao consumidor devem ser claras e precisas, de modo a possibilitar a liberdade de escolha na contratação de produtos e serviços. Ademais, na linha do art. 54, §4º da Lei n. 8.078/90, devem ser redigidas em destaque as cláusulas que importem em exclusão ou restrição de direitos" (STJ, REsp 485760, 4ª T., DJ 1.3.2004).

◙ **Falha na informação sobre a limitação do serviço de monitoramento de veículo.** "Eventual ambiguidade de conceitos – que, no caso, atinge o próprio objeto do contrato, deve ser solucionada em benefício do aderente (Código Civil, art. 423). Por outro lado, em se tratando de relação de consumo, os arts. 6º, inciso III, e 54, § 4º, do CDC estabelecem ser direito do consumidor a informação plena do objeto do contrato. Garante-se-lhe não somente uma clareza física das cláusulas limitativas – o que é atingido pelo simples destaque -, mas, sobretudo, uma clareza semântica, um significado unívoco dessas cláusulas, que deverão estar infensas a duplo sentido, haja vista que a hipossuficiência informacional do consumidor é característica, de regra, pressuposta. 7. Se o serviço de "monitoramento" oferecido pela recorrida limitar-se à manutenção do sistema – notadamente se inexistir a devida informação acerca do que consiste exatamente tal serviço ou da existência de outros mais abrangentes -, em boa verdade, tal situação tangencia a prática de publicidade enganosa, porque, a toda evidência, é informação "capaz de induzir em erro o consumidor a respeito da natureza, características, qualidade, quantidade, propriedades" do serviço (CDC, art. 37, § 1º). 8. No caso em exame, era absolutamente razoável que o consumidor esperasse que a contratação de serviço de monitoramento lhe desse alguma forma de rastreamento do veículo caso fosse roubado ou furtado. Porém, como ficou fartamente demonstrado nos autos – na verdade, a própria empresa recorrida assim reconhece -, somente o serviço de bloqueio foi oferecido pela contratante, não tendo sido acionado o monitoramento do veículo roubado – pelo menos não com o significado contido nas legítimas expectativas nutridas pelo consumidor. Responsabilidade civil do fornecedor reconhecida, pois configurado o ato ilícito, consistente na prestação de serviço defeituoso, e os danos experimentados pelo consumidor (art. 14 do CDC). 9. Recurso especial provido." (STJ, REsp 1262132/SP, Rel. Ministro Luis Felipe Salomão, Quarta Turma, DJe 03/02/2015)

◙ **Cláusula que prevê ciência do consumidor acerca do contrato não é suficiente para atender o disposto no art. 54, §4º.** "O fato de constar do contrato de telefonia móvel que o cliente leu e aceitou todos os termos do regulamento da promoção, disponível nas lojas e na internet, não é suficiente para atender o que dispõe o artigo 31 e 54, §4º, do Código de Defesa do Consumidor. A restrição imposta ao consumidor deve constar claramente do contrato em destaque. 2. O ideal de transparência é condição para que o consumidor possa manifestar sem medo e livremente sua vontade e realizar as expectativas legítimas sobre o produto que está adquirindo." (TJDF, APC 20030110414549 - 6ª T.Cív. - Relª Desª Sandra de Santis, DJU 25.8.2005)

◙ **A interpretação do art. 54 deve ser feita com o espírito protecionista.** "A lei não prevê – e nem o deveria – o modo como tais cláusulas deverão ser redigidas. Assim, a interpretação do Art. 54 deve ser feita com o espírito protecionista, buscando sua máxima efetividade" (STJ, REsp 774035, Rel. Humberto Gomes de Barros, 3ª T., DJ 5.2.2007).

CAPÍTULO VII
Das Sanções Administrativas

Art. 55. A União, os Estados e o Distrito Federal, em caráter concorrente e nas suas respectivas áreas de atuação administrativa, baixarão normas relativas à produção, industrialização, distribuição e consumo de produtos e serviços.

► **Estado. Atuação administrativa (executiva) autorizada pela Constituição.** "Ao estabelecer o direito fundamental de defesa do consumidor em seu artigo 5º, XXXII, a Constituição da República determinou ao Estado o dever de realizá-lo, sob suas diferentes projeções, como o Estado-legislador (que promulgou o CDC, nos termos do artigo 48 do ADCT), o Estado-juiz, que por intermédio das regras de processo, exerce seu poder jurisdicional em acordo com a Constituição e as leis, de modo a promover a efetividade dos direitos do consumidor, assim como estabeleceu o dever do Estado de agir diretamente, pelo exercício de sua função executiva, promovendo as providências de caráter administrativo, visando à promoção da defesa do consumidor". (MIRAGEM, Bruno. *Curso de Direito do Consumidor*, 7ª ed. São Paulo: RT, p. 844)

► **Competência para legislar sobre normas de consumo.** "O artigo 55, caput, do CDC estabelece a competência da União, Estados e Distrito Federal para legislar sobre normas de consumo, reiterando a competência concorrente prevista na Constituição da República (artigo 24, I e VIII). De outra parte, o § 1º da mesma disposição reconhece a todos os entes federados a competência para fiscalização e controle do fornecimento de bens e serviços, para o que poderão editar normas para o melhor cumprimento destas atribuições. Segundo observa Zelmo Denari, neste aspecto a lei está a referir, tanto normas ordinárias de consumo, quanto normas regulamentares de fiscalização e controle". (MIRAGEM, Bruno. *Curso de Direito do Consumidor*, 7ª ed. São Paulo: RT, p. 855).

◙ **Os estados têm competência concorrente para legislar sobre o tempo de atendimento em agências bancárias.** "PROCESSUAL CIVIL. AGRAVO REGIMENTAL NO RECURSO ESPECIAL. ADMINISTRATIVO. TEMPO DE ATENDIMENTO EM AGÊNCIA BANCÁRIA. AUSÊNCIA DE PREQUESTIONAMENTO. SÚMULA 282/STF. LEGISLAÇÃO ESTADUAL E MUNICIPAL QUE NÃO CONFLITA COM LEI INFRACONSTITUCIONAL. PRECEDENTES. (...) É lícito afirmar a existência de interesse regional apto a autorizar a iniciativa do Estado do Maranhão em legislar sobre a questão relacionada ao tempo de atendimento em instituições financeiras. 3. Agravo regimental não provido". (STJ, AgRg no REsp 984043/MA, Segunda Turma, Rel. Min. Mauro Campbell Marques, DJe 16/09/2009)

◙ **A criação de órgãos de defesa do consumidor pode se dar através de outras espécies normativas além da lei em sentido estrito.** "PROCESSUAL CIVIL E ADMINISTRATIVO. PROCON. ALAGOAS. REGULARIDADE. CDA. HIGIDEZ. REGULARIDADE. SÚMULA 7/STJ. 1. O Decreto Federal 2.181/97 veio a regulamentar a forma de aplicação das sanções administrativas previstas no Código de Defesa do Consumidor 2. O artigo 4º desse diploma legal determina que o órgão de defesa de consumidor seja criado na forma lei - artigo 55 da Lei 8.078/90 - não havendo vedação que seja substituído por decreto estadual ou municipal, mormente quando já existente no momento da edição do Codecon ou do decreto federal." (STJ, REsp 960875/AL, Segunda Turma, Rel. Min. Castro Meira, DJe 01/12/2008)

◙ **A edição de Portarias ministeriais para o exercício do Poder de Polícia administrativa encontra amparo no CDC.** "CONSTITUCIONAL E ADMINISTRATIVO. COMERCIALIZAÇÃO DE COMBUSTIVEL. CONTROLE E FISCALIZAÇÃO PELO ESTADO. 1 - A INTERVENÇÃO DO ESTADO NA ATIVIDADE ECONOMICA ENCONTRA AUTORIZAÇÃO CONSTITUCIONAL QUANDO TEM POR FINALIDADE PROTEGER O CONSUMIDOR. 2 - A EDIÇÃO DE REGRAS DE POLICIA OSTENTADOS PELOS ARTS. 11 E 18, RESPECTIVAMENTE, DAS PORTARIAS MINISTERIAIS 61/1995 E 63/1995, ESTÃO AUTORIZADOS PELOS PRINCIPIOS INSCULPIDOS NOS ARTS. 5, XXIX, XXXII E 170, II E V, DA CF/1988. 3 - O CODIGO DE PROTEÇÃO AO CONSUMIDOR (ARTS 4., I, III E IV, 6., IV E 55) DA SUSTENTAÇÃO JURIDICA PARA A EDIÇÃO DAS PORTARIAS REFERIDAS, ALEM DO DEL N. 395, DE 27/04/1938, DA LEI N. 2004, DE 03/10/1953 E LEGISLAÇÃO POSTERIOR QUE REESTRUTUROU O MINISTERIO DAS MINAS E ENERGIA E FIXOU AS SUAS ATRIBUIÇÕES. 4 - A LIBERDADE DE 'BANDEIRA' PARA A COMERCIALIZAÇÃO DE COMBUSTIVEL, RELAÇÃO CONSIDERADO DE UTILIDADE PUBLICA, NÃO ATENDE AOS INTERESSES DE SE PROTEGER O BEM COMUM E AS RELAÇÕES DE CONSUMO. 5 - SEGURANÇA DENEGADA, LIMINAR CASSADA. (STJ, MS 4138/DF, Primeira Seção, Rel. Min. José Delgado, DJ 21/10/1996)

§ 1° A União, os Estados, o Distrito Federal e os Municípios fiscalizarão e controlarão a produção, industrialização, distribuição, a publicidade de produtos e serviços e o mercado de consumo, no interesse da preservação da vida, da saúde, da segurança, da informação e do bem-estar do consumidor, baixando as normas que se fizerem necessárias.

§ 2° (Vetado).

► **Interesses que devem presidir a atuação administrativa.** Os órgãos administrativos de defesa do consumidor têm sua sede legal nos artigos 55 e 106 do CDC, que especificamente lhes indicam atribuições e o exato conteúdo do poder que deverão exercer na ordenação do mercado, sob o viés da proteção do consumidor. Estabelecem, de um lado o poder normativo (preventivo) da Administração Pública da União, dos Estados e do Distrito Federal para regular a produção, industrialização, distribuição e consumo de produtos e serviços (artigo 55, caput). De outro, concede a todos os entes federados – incluindo os municípios – o poder de fiscalização e controle (fiscalizador e repressivo) da produção, industrialização, distribuição e publicidade de produtos ou serviços e o mercado de consumo. Para tanto, detalha os interesses que devem presidir a atuação administrativa (o interesse público promovido), qual seja, a preservação da vida, da saúde, da segurança, da informação e do bem estar dos consumidores (artigo 55, § 1º)". (MIRAGEM, Bruno. *Curso de Direito do Consumidor*, 7ª ed. São Paulo: RT, p. 855).

◙ **A competência para fiscalizar o cumprimento das normas de defesa do consumidor e impor as respectivas sanções administrativas é comum entre as administrações públicas da União, dos Estados, do Distrito Federal e dos Municípios.** "PROCESSO CIVIL. CONSUMIDOR. EMBARGOS À EXECUÇÃO FISCAL. MULTA APLICADA PELO PROCON. DIVERGÊNCIA JURISPRUDENCIAL. AUSÊNCIA DE SIMILITUDE FÁTICA. NÃO CONHECIMENTO. OMISSÃO. INEXISTÊNCIA. DOSIMETRIA DA SANÇÃO. VALIDADE DA CDA. REEXAME DE MATÉRIA FÁTICA. SÚMULA 07/STJ. COMPETÊNCIA DO PROCON. ATUAÇÃO DA ANATEL. COMPATIBILIDADE. (...) 5. Sempre que condutas praticadas no mercado de consumo atingirem diretamente o interesse de consumidores, é legítima a atuação do Procon para aplicar as sanções administrativas previstas em lei, no regular exercício do poder de polícia que lhe foi conferido no âmbito do Sistema Nacional de Defesa do Consumidor. Tal atuação, no entanto, não exclui nem se confunde com o exercício da atividade regulatória setorial realizada pelas agências criadas por lei, cuja preocupação não se restringe à tutela particular do consumidor, mas abrange a execução do serviço público em seus vários aspectos, a exemplo, da continuidade e universalização do serviço, da preservação do equilíbrio econômico-financeiro do contrato de concessão e da modicidade tarifária. 6. No caso, a sanção da conduta não se referiu ao descumprimento do Plano Geral de Metas traçado pela ANATEL, mas guarda relação com a qualidade dos serviços prestados pela empresa de telefonia que, mesmo após firmar compromisso, deixou de resolver a situação do consumidor prejudicado pela não instalação da linha telefônica. 7. Recurso conhecido em parte e não provido." (STJ, REsp 1138591/RJ, Rel. Ministro Castro Meira, Segunda Turma, DJe 05/10/2009)

◙ **A regulação do atendimento em agência bancária não se confunde com as operações financeiras do banco em si.** "CONSTITUCIONAL. ADMINISTRATIVO. RECURSO ORDINÁRIO EM MANDADO DE SEGURANÇA. LEI ESTADUAL QUE DISPÕE SOBRE ATENDIMENTO EM TEMPO RAZOÁVEL NAS AGÊNCIAS BANCÁRIAS. CÓDIGO DE DEFESA DO CONSUMIDOR. POSSIBILIDADE. RELAÇÃO DE CONSUMO. COMPETÊNCIA CONCORRENTE. RECURSO ORDINÁRIO DESPROVIDO. 1. A Constituição Federal atribui competência à União, aos Estados e ao Distrito Federal para legislar (art. 24) sobre produção e consumo (inciso V) e sobre responsabilidade por dano ao consumidor (inciso VIII), estabelecendo em seu parágrafo 2º que "a competência da União para legislar sobre normas gerais não exclui a competência suplementar dos Estados", observando mais no parágrafo 4º que 'a superveniência de lei federal sobre normas gerais suspende a eficácia da lei estadual, no que lhe for contrário'. 2. A Lei Estadual 7.872/2002, do Estado de Mato Grosso, que dispõe sobre o atendimento ao consumidor em caixas das agências bancárias, não conflita com as normas constitucionais apontadas no recurso (arts. 21, 22, 48 e 192 da Constituição Federal), tampouco com a legislação infraconstitucional indicada pelo recorrente (Lei 4.595/64). A norma estadual não dispõe sobre o sistema financeiro nacional, operações de natureza financeira, cambial e monetária das instituições financeiras ou sistema monetário nacional. Igualmente não regula o funcionamento das atividades bancárias, mas tão-somente questões relacionadas à relação de consumo estabelecida entre as instituições financeiras e consumidores, em cumprimento ao art. 55, § 1º. da Lei 8.078/90 (Código de Defesa do Consumidor). Aliás, esta Corte editou a Súmula 297 ('O Código de Defesa do Consumidor é aplicável às instituições financeiras'). 3. Efetivamente, afirmar que o objeto da lei impugnada somente teria interesse local (ou seja, de âmbito apenas municipal) não reflete a importância da regulação do atendimento prestado por instituições financeiras aos consumidores no âmbito estadual. Assim, na hipótese examinada, ainda que analisando a repartição de competência entre os entes da federação com o enfoque do princípio da "predominância do interesse", é lícito afirmar a existência de interesse regional apto a autorizar a iniciativa do Estado de Mato Grosso em legislar sobre a questão relacionada ao tempo de atendimento em instituições financeiras. 4. Desprovimento do recurso ordinário." (STJ, RMS 20277/MT, Primeira Turma, Rel. Min. Denise Arruda, DJ 18/10/2007).

§ 3° Os órgãos federais, estaduais, do Distrito Federal e municipais com atribuições para fiscalizar e controlar o mercado de consumo manterão comissões permanentes para elaboração, revisão e atualização das normas referidas no § 1°, sendo obrigatória a participação dos consumidores e fornecedores.

§ 4° Os órgãos oficiais poderão expedir notificações aos fornecedores para que, sob pena de desobediência, prestem informações sobre questões de interesse do consumidor, resguardado o segredo industrial.

◙ **A recusa do fornecedor em prestar informações ao Procon, além de ensejar a aplicação de sanções administrativas, pode caracterizar crime de desobediência.** "DIREITO DO CONSUMIDOR. DESCUMPRIMENTO DO DEVER DE PRESTAR INFORMAÇÕES. APLICAÇÃO DE MULTA PELO PROCON. DECRETO 2.181/1997. 1. Dispõe o art. 55, § 4º, do Código de Defesa do Consumidor (CDC), que 'Os órgãos oficiais poderão expedir notificações aos fornecedores para que, sob pena de desobediência, prestem informações sobre questões de interesse do consumidor, resguardado o segredo industrial'. 2. Assim, a recusa do fornecedor em prestar informações pode ensejar o crime de desobediência, além de sujeitá-lo às demais sanções administrativas previstas no próprio art. 55, sistemática seguida pelo art. 33, § 2º, do Decreto 2.181/1997. 3. Recurso Especial provido. (STJ, REsp 1120310/RN, Segunda turma, Rel. Min. Herman Benjamin, DJe 14/09/2010)

◙ **É ilegítima a recusa em prestar informações aos órgãos oficiais de defesa do consumidor.** "PROCESSUAL CIVIL. EMBARGOS DE DECLARAÇÃO. RECURSO ORDINÁRIO. MANDADO DE SEGURANÇA. ÓRGÃO OFICIAL DE DEFESA DO CONSUMIDOR. REQUISIÇÃO DE INFORMAÇÕES CADASTRAIS. ART. 55, § 4º, DO CDC. POSSIBILIDADE. OMISSÃO. INEXISTÊNCIA. 1. Ainda que se reconhecesse a inconstitucionalidade da Lei Estadual fluminense n.º 3.762/02, que impede os concessionários de serviços públicos de informar aos serviços cadastrais de consumidores a situação de inadimplência dos seus usuários, não haveria como conceder-se a segurança, pois revela-se ilegítima a recusa da impetrante em prestar informações aos órgãos oficiais de defesa do consumidor. O ato de verificar os dados mantidos em serviço cadastral de consumidores configura etapa de uma apuração que, nos termos do art. 55, § 4º, do CDC, inclui-se no rol de atribuições legais dos órgãos oficiais de defesa do consumidor. 2. A recorrente não é concessionária de serviços públicos, e sim entidade cadastral que mantém dados relativos à inadimplência. Caso tais informações sejam utilizadas de forma indevida pelo ente estatal, caberá à parte prejudicada – incluindo-se aí as concessionárias de serviços públicos – postular a responsabilização por eventuais danos morais ou materiais. (...)". (STJ, EDcl no RMS 16897/RJ, Segunda Turma, Rel. Min. Castro Meira, DJ 14/02/2005)

Art. 56. As infrações das normas de defesa do consumidor ficam sujeitas, conforme o caso, às seguintes sanções administrativas, sem prejuízo das de natureza civil, penal e das definidas em normas específicas:

► **Finalidade das sanções administrativas.** "As sanções decorrentes do processo administrativo de defesa do consumidor têm seu elenco estabelecido no artigo 56 do Código de Defesa do Consumidor e tem a finalidade precípua assegurar a efetividade do direito do consumidor.1 São elas: a) pecuniárias; b) objetivas e c) subjetivas. Distingue-se por se constituírem da imposição de multa (pecuniárias), serem relativas a produtos ou serviços (objetivas), ou ainda relativas à atividade do fornecedor (subjetivas). Sua aplicação deve observar, naturalmente, prévio processo administrativo, em que se oportunize o contraditório e a ampla defesa do acusado da infração contra os direitos do consumidor. Note-se que, na esteira da noção de devido processo administrativo, não se há de considerar, na ausência de resposta do fornecedor, a produção de eficácia qualquer, nem analogicamente, à eficácia como a da revelia, própria do processo judicial". (MIRAGEM, Bruno. *Curso de Direito do Consumidor*, 7ª ed. São Paulo: RT, p. 895).

► **Sanções administrativas. Expressões do poder de polícia: preventivo, fiscalização e repressivo.** "A defesa administrativa do consumidor comporta as três modalidades de expressão do poder de polícia. Desde seu caráter preventivo, como por exemplo, na celebração de compromissos de ajustamento (artigo 6º do Dec. 2.181/97) ou mesmo nas iniciativas de educação do consumidor (artigo 55, caput, do CDC e artigo 3º, IV do Dec. 2.181/97, e.g.), a fiscalização do cumprimento das disposições do Código de Defesa do Consumidor e legislação correlata (artigo 9º a 11 do Dec. 2.181/97), e a repressão às infrações às normas de proteção ao consumidor (artigo 18 e ss. do Dec. 2.181/97)". (MIRAGEM, Bruno. *Curso de Direito do Consumidor*, 7ª ed. São Paulo: RT, p. 854)

◙ **São atribuições do Procon a análise de cláusulas contratuais e a aplicação de multas.** "PROCESSUAL CIVIL E ADMINISTRATIVO. PROCON. CLÁUSULAS CONTRATUAIS. ABUSIVIDADE. CONTROLE DE LEGALIDADE E INTERPRETAÇÃO. APLICAÇÃO DE MULTA. POSSIBILIDADE. INTELIGÊNCIA DOS ARTS. 56 E 57 DO CDC. PRECEDENTES. 1. Com efeito, o Superior Tribunal de Justiça consolidou o entendimento no sentido de que constitui atribuição do Procon a análise de contratos e a aplicação de multas e outras penalidades, nos termos dos arts. 56 e 57 do CDC e 18 e 22 do Decreto 2.181/97. 2. É de se reconhecer, portanto, que o acórdão recorrido deve ser reformado, visto que se manifestou em sentido contrário à jurisprudência do STJ, reconhecendo como legítima a multa aplicada pelo órgão administrativo. 3. Recurso Especial provido". (STJ, REsp 1652614/GO, Segunda Turma, Rel. Min. Herman Benjamin, DJe 27/04/2017)

◙ **Não cabe sanção contra conduta que não está expressamente prevista como infração às normas consumeristas.** "DIREITO ADMINISTRATIVO. RECURSO ORDINÁRIO EM MANDADO DE SEGURANÇA. PROCON. APLICAÇÃO DE MULTA NO EXERCÍCIO DO PODER DE POLÍCIA. PRINCÍPIO DA LEGALIDADE. AUSÊNCIA DE TIPICIDADE DA INFRAÇÃO. 1. O procedimento administrativo pelo qual se impõe multa, no exercício do Poder de Polícia, em decorrência da infringência a norma de defesa do consumidor deve obediência ao princípio da legalidade. É descabida, assim, a aplicação de sanção administrativa à conduta que não está prevista como infração. 2. Recurso ordinário provido. (STJ, RMS 19510/GO, Primeira Turma, Rel. Min. Teori Albino Zavascki, DJ 03/08/2006)

◙ **Celebração de acordo com consumidor não anula multa fixada pelo Procon** "PROCESSO PROCON – Auto de infração – Atendimento ao consumidor – Infração de mera conduta – Penalidade – Possibilidade: – O atendimento do consumidor ou a celebração de acordo após a veiculação da reclamação, por si só, não afasta o ilícito administrativo, especialmente quando se tratar de infração de mera conduta, sob pena de torna a lei letra morta". (TJSP; Apelação Cível 1000135-40.2017.8.26.0053; Relator (a): Teresa Ramos Marques; Órgão Julgador: 10ª Câmara de Direito Público; Data do Julgamento: 18/02/2019; Data de Registro: 21/02/2019)

◙ **Auto de infração lavrado pelo Procon – infração de cobrança da taxa de conveniência.** "Ação anulatória. Auto de Infração lavrado pelo PROCON. Cobrança de taxa de conveniência, concomitante com obrigação de retirar ingressos em local específico se o consumidor não optar pelo pagamento de taxa de entrega. Negativa, ainda, de ressarcimento da taxa em caso de eventual cancelamento do espetáculo. Infrações caracterizadas. Violação ao art. 39, inciso V do Código de Defesa do Consumidor. Entendimento no E. Superior Tribunal de Justiça. Recurso desprovido." (TJSP, AC: 10400003620188260053 SP, Relator: Borelli Thomaz, 13ª Câmara de Direito Público, DP 10/04/2019)

◙ **Auto de infração lavrado pelo Procon – Defeito em aparelho celular.** "ADMINISTRATIVO E PROCESSUAL CIVIL. PROCON. AUTO DE INFRAÇÃO. DEFEITO EM APARELHO CELULAR. MULTA. DIVERGÊNCIA JURISPRUDENCIAL NÃO DEMONSTRADA. 1. Mecanismo de autotutela da própria Administração e dos bens a que lhe cabe proteger, as sanções administrativas carreiam, no essencial, escopo de prevenção e repressão de infranções à lei. Entre os requisitos que devem observar estão a razoabilidade e a proporcionalidade. Desarrazoada e desproporcional é tanto a multa que, de tão elevada na dosimetria, assume natureza confiscatória, como a que, de tão irrisória, por desconsiderar a situação ou potência econômica do infrator, acaba internalizada como custo do negócio e perde a sua força persuassiva e intimidatória, assim enfraquecendo a autoridade do Estado. (...) O Tribunal local consignou: "Por conseguinte, considero que o arbitramento da multa atendeu aos princípios da proporcionalidade e da razoabilidade, assim como os critérios do artigo 57, caput, do CDC, uma vez que não vulnera o caráter pedagógico da sanção e nem importa em enriquecimento sem causa, razão pela qual deve ser mantida."A reforma dessa conclusão pressupõe o revolvimento do conjunto fático-probatório produzido nos autos, o que é vedado pela Súmula 7/STJ. 4. Recurso Especial parcialmente conhecido e, nesta parte, não provido." (STJ – REsp: 1793305 ES 2018/0344229-0, Rel: Ministro Herman Benjamin, Segunda Turma, Data de Publicação: DJe 11/03/2019)

I – multa;

◙ **A multa não pode ser nem confiscatória nem irrisória.** "ADMINISTRATIVO E PROCESSUAL CIVIL. PROCON. AUTO DE INFRAÇÃO. DEFEITO EM APARELHO CELULAR. MULTA. DIVERGÊNCIA JURISPRUDENCIAL NÃO DEMONSTRADA. 1. Mecanismo de autotutela da própria Administração e dos bens a que lhe cabe proteger, as sanções administrativas carreiam, no essencial, escopo de prevenção e repressão de infranções à lei. Entre os requisitos que devem observar estão a razoabilidade e a proporcionalidade. Desarrazoada e desproporcional é tanto a multa que, de tão elevada na dosimetria, assume natureza confiscatória, como a que, de tão irrisória, por desconsiderar a situação ou potência econômica do infrator, acaba internalizada como custo do negócio e perde a sua força persuassiva e intimidatória, assim enfraquecendo a autoridade do Estado." (STJ – REsp: 1793305 ES 2018/0344229-0, Rel: Ministro Herman Benjamin, Segunda Turma, Data de Publicação: DJe 11/03/2019)

◙ **Multa administrativa deve ter caráter intimidativo e desmotivador.** "No que tange à proporcionalidade da multa aplicada, o Tribunal a quo, à luz das provas dos autos, concluiu que "o critério para a aplicação das multas estipulado pela Portaria nº 06/2000, do PROCON, está de acordo com o principio da proporcionalidade. A forma de apuração das multas obedece ao subprincípio da adequação, por obedecerem aos critérios e graduações estabelecidos pelo legislador consumerista, ou seja, a gravidade da infração, vantagem auferida e condição econômica do fornecedor". Acrescentou que "a pena se mostra apta a atingir a sua função, qual seja, a de proteger os direitos básicos do consumidor, sendo imprescindível que ela efetivamente tenha um caráter intimidativo e desmotivador, a fim de coibir praticas abusivas e ilegais e competir o fornecedor a gerenciar melhor o seu estabelecimento, estabelecendo-se uma regular. relação de consumo"." (STJ, AgInt no REsp 1211793/SP, Rel. Ministra Assusete Magalhães, Segunda Turma, DJe 10/04/2018)

◙ **Dupla finalidade da multa administrativa.** "(...) 6. Nesse particular, destacam-se duas funções da multa administrativa no âmbito da tutela dos interesses difusos e coletivos: a punição do infrator in concreto e a dissuasão in abstracto de infratores potenciais. 7. Dúplice deve ser a cautela do administrador ao impô-la e do juiz ao onfirma-la, pois incumbe-lhes evitar, de um lado, efeito confiscatório inconstitucional e, do outro, leniência condescendente que possa ser vista pelo transgressor como estímulo indireto a novas violações da lei, efeito de certa "normalização" da sanção monetária como se fora um custo a mais do negócio, sobretudo diante de grandes grupos econômicos, incentivo inequívoco à reincidência e ao enfraquecimento, pela desmoralização, do comando legislativo." (STJ, AgInt nos Edcl no Resp 1707029/SP, Rel. Ministro Herman Benjamin, Segunda Turma, Dje 29/05/2019)

◙ **Possibilidade do STJ redefinir o valor da multa administrativa.** "Não se ignora a possibilidade de o STJ, em casos excepcionais, redefinir o valor de multa administrativa em hipóteses de desproporcionalidade flagrante, como nas penalizações ínfimas ou exorbitantes (AgInt no REsp 1.573.264/PB, Rel. Ministro Gurgel de Faria, Primeira Turma, julgado em 16/2/2017, DJe 10/3/2017; AgRg no AREsp 173.860/MS, Rel. Ministro Herman Benjamin, Segunda Turma, julgado em 4/2/2016, DJe 18/5/2016)." (STJ, AgInt nos Edcl no Resp 1707029/SP, Rel. Ministro Herman Benjamin, Segunda Turma, Dje 29/05/2019)

◙ **Possibilidade do judiciário redefinir o valor da multa administrativa.** "APELAÇÃO CÍVEL. ANULATÓRIA DE ATO ADMINISTRATIVO. MULTA PELO PROCON. LEGALIDADE. REDUÇÃO DO VALOR ARBITRADO A TÍTULO DE MULTA AFASTADA. (...) Embora serja possível ao Judiciário a análise do valor fixado a título de multa pelo PROCON, afigura-se escorreito o valor aplicado, eis que observada a gravidade da infração, a vantagem auferida e a condição econômica do fornecedor, como disposto no art. 57, do Código de Defesa do Consumidor."(TJ-GO – Apelação (CPC): 03770173520158090051, Relator: Norival Santomé, , 6ª Câmara Cível, Data de

Publicação: DJ de 16/04/2019) ◙ **No mesmo sentido:** "Se mostrando exacerbada a multa consumerista aplicada pelo Procon estadual, em razão de cobrança indevida de encargos bancários, ao Poder Judiciário cabe, no exercício do controle de legalidade do art. 57 do Código do Consumidor, reduzir o quantum para montante razoável e proporcional, frente ao caso apresentado, sem que configure violação ao princípio da separação dos poderes. 3. Deixo de majorar os honorários recursais em razão da sucumbência recíproca." (TJGO. 1ª Câmara Cível. AC nº 0046642.27.2015.8.09.0051. Dr. Roberto Horácio de Rezende. DJ 07/03/2019).

◙ **Aplicação da multa atendendo a critérios objetivos constantes de ato regulamentar.** "O valor econômico das sanções aplicadas no Auto de Infração não foi resultado de cálculo aleatório ou subjetivo. Obedeceu a critérios objetivos, aritméticos e previamente definidos, com dosimetria estabelecida em fórmula matemática constante de ato regulamentar (Portaria Normativa Procon 26/2006), cuja interpretação escapa à competência do STJ por força da Súmula 280/STF." (STJ, AgInt nos Edcl no Resp 1707029/SP, Rel. Ministro Herman Benjamin, Segunda Turma, Dje 29/05/2019) ◙ **No mesmo sentido, inclusive considerando o correto faturamento da empresa.** "APELAÇÃO CÍVEL. AÇÃO ANULATÓRIA DE MULTA ADMINISTRATIVA. PROCON. LEGALIDADE. RAZOABILIDADE. DESPROVIMENTO. 1. Improcedente o pleito anulatório que visa desconstituir multa aplicada à empresa fornecedora de produtos e serviços, decorrente de infração às normas de proteção ao consumidor, sendo legítima a sua atuação, na aplicação das sanções administrativas previstas na legislação (Lei nº 8.078/1990). 2. Tendo a decisão de julgamento do Procon atendido aos preceitos da Portaria nº 032/09 da Superintendência do Procon-GO, conforme critérios citados na lei e jurisprudência retrotranscritos, a sanção imposta se encontra dentro dos patamares de razoabilidade, conforme faturamento da empresa condenada/apelante." (TJ-GO – Apel.: 03372806620178090051, Relator: Jeova Sardinha De Moraes, 6ª Câmara Cível, Data de Publicação: DJ de 20/02/2019)

◙ **Aplicação de multa pelo PROCON. Poder de polícia.** "É pacífico o entendimento no Superior Tribunal de Justiça segundo o qual a sanção administrativa prevista no artigo 57 do Código de Defesa do Consumidor funda-se no Poder de Polícia que o PROCON detém para aplicar multas relacionadas à transgressão dos preceitos da Lei n. 8.078/1990, independentemente da reclamação ser realizada por um único consumidor, por dez, cem ou milhares de consumidores" (STJ, AgInt no REsp 1.594.667/MG, Rel. Ministra Regina Helena Costa, Primeira Turma, DJe 17/8/2016).

◙ **PROCON tem competência para multar instituição financeira quando violado o CDC.** "A jurisprudência do Superior Tribunal de Justiça é no sentido de que o PROCON tem competência para multar instituição financeira quando violado o CDC. Precedentes: AgRg no AREsp 384.274/SC, Rel. Ministro Raul Araújo, Quarta Turma, julgado em 26/11/2013, DJe 4/2/2014; AgRg no Ag 1.404.888/SC, Rel. Ministra Maria Isabel Gallotti, Quarta Turma, julgado em 4/11/2014, Dje 10/11/2014." (STJ, AgInt no AREsp 839.919/SP, Rel. Ministro Humberto Martins, Segunda Turma, Dje 19/04/2016)

◙ **Revisão da multa aplicada pelo PROCON demanda reexame dos fatos. Aplicação da Súmula 7 do STJ.** "Revisão da multa aplicada pelo PROCON com base no art.

57 do CDC demandaria reexame do acervo fático-probatório dos autos, inviável em sede de recurso especial, sob pena de violação da Súmula 7 do STJ. Agravo interno improvido". (STJ, AgInt no AREsp 838.346/SP, Rel. Ministro Humberto Martins, Segunda Turma, DJe 19/04/2016) ◙ **No mesmo sentido:** "O Tribunal de origem, à luz das provas dos autos, concluiu pela observância dos requisitos previstos no art. 57, caput, do CDC – gravidade da infração, vantagem auferida e condição econômica do fornecedor -, quando da fixação do valor da multa imposta, pelo PROCON, ao agravante, concluindo pela sua proporcionalidade. Concluir de forma contrária demandaria o reexame do conteúdo fático-probatório dos autos, o que é vedado, em Recurso Especial, nos termos da Súmula 7/STJ. No mesmo sentido, em casos análogos: STJ, AgRg no REsp 1.466.104/PE, Rel. Ministro Humberto Martins, Segunda Turma, DJe de 17/08/2015; AgRg no AREsp 438.657/ES, Rel. Ministro Benedito Gonçalves, Primeira Turma, DJe de 13/03/2014; AgRg no REsp 1.385.625/PE, Rel. Ministro Sérgio Kukina, Primeira Turma, DJe de 11/09/2013; STJ, AgRg no REsp 1.081.366/RJ, Rel. Ministro Benedito Gonçalves, Primeira Turma, DJe de 12/06/2012. IV. Agravo interno improvido." (STJ, AgInt no REsp 1421269/PB, Rel. Ministra Assusete Magalhães, Segunda Turma, DJe 11/11/2016).

◙ **Multa aplicada pelo PROCON após TAC celebrado com o MP. Ato administrativo que padece de finalidade e que fere a segurança jurídica.** "(...) COBRANÇA DE TARIFA DE SERVIÇO DE ASSISTÊNCIA DE VIAGEM NA AQUISIÇÃO DE PASSAGENS AÉREAS PELO SITE DA EMPRESA. VIOLAÇÃO DO DIREITO DO CONSUMIDOR CARACTERIZADA. TERMO DE AJUSTAMENTO DE CONDUTA CELEBRADO ENTRE A AUTORA E O MINISTÉRIO PÚBLICO DE SÃO PAULO. APLICAÇÃO DE MULTA PELO PROCON/SP. ATO ADMINISTRATIVO QUE PADECE DE FINALIDADE E QUE FERE A SEGURANÇA JURÍDICA. AGRAVO INTERNO DO PROCON/SP DESPROVIDO. 1. Hipótese dos autos em que a parte autora foi autuada por violação do art. 39, III da Lei 8.078/1990, em razão de disponibilizar em seu site opção de compra de passagem aérea com a inserção automática de Taxa de Assistência de Viagem, posteriormente convertida a autuação em Termo de Ajustamento de Conduta-TAC. Após, sobreveio a imposição de multa pelo PROCON/SP, decorrente de fato albergado no referido ajustamento proposto pelo Parquet. 2. A finalidade é um dos elementos do ato administrativo, refletindo o fim a ser buscado pelo Agente com sua prática. Numa abordagem abstrata, deve sempre refletir o bem comum a ser alcançado. No caso dos autos, o PROCON lavrou auto de infração contra a parte autora em 31.3.2009, data esta posterior à celebração do TAC entre a VRG LINHAS AÉREAS S/A e o Ministério Público do Estado de São Paulo, em 29.12.2008. *Não há nos autos notícia de descumprimento do ajuste. 3. Carece, portanto, de finalidade a multa aplicada pelo PROCON/SP, uma vez que a pretensão buscada pela Administração Pública foi alcançada por meio do Termo de Ajustamento de Conduta celebrado.* 4. Da mesma forma, a necessidade de garantia da segurança jurídica reclama a anulação da sanção imposta pelo PROCON/SP. 5. Em que pese a autonomia conferida pela Lei ao Órgão de Controle estadual, certo é que a Instituição compõe a Administração do Estado de São Paulo da mesma forma que a Entidade Ministerial, quando no exercício da função fiscalizatória que culminou na pactuação do TAC. Independentemente do compromisso ter sido assumido na execução de conduta de transação ou de poder de polícia, a Empresa firmou o ajuste visando a regularização da sua atividade como um todo, com o Estado de São Paulo, no caso. 6. *A posterior imposição de multa pelo PROCON/SP enfraquece a autoridade do ajustamento de conduta oferecido pelo Ministério Público, esvaziando o interesse na celebração de novos acordos dessa natureza, já que, por outras vias, poderia o Estado infligir sanção derivada do mesmo fato.*7. Ante o exposto, nega-se provimento ao Agravo Interno do PROCON/SP." (STJ, AgInt no AREsp 419.369/SP, Rel. Ministro Napoleão Nunes Maia Filho, Primeira Turma, DJe 02/04/2019)

◙ **Multa administrativa. Impossibilidade de nova redução.** "Mostra-se indevida nova redução da multa fixada pelo PROCON-PE, porquanto já diminuída à metade pelo Tribunal de origem, com fundamento na proporcionalidade." (STJ, AgInt no REsp 1503470/PE, Rel. Ministro Napoleão Nunes Maia Filho, Primeira Turma, DJe 25/11/2016)

◙ **Legalidade de multa aplicada pelo PROCON. Ausência de produtos expostos em vitrine.** "ADMINISTRATIVO. PODER DE POLÍCIA. MANDADO DE SEGURANÇA. MULTA LAVRADA PELO PROCON. MANUTENÇÃO. AUSÊNCIA DE INDICAÇÃO DO PREÇO DOS PRODUTOS EXPOSTOS EM VITRINE. CONCLUSÃO DO TRIBUNAL DE ORIGEM. REVISÃO. SÚMULA 7/STJ. 1. O Tribunal de origem entendeu pela validade do auto de infração lavrado pela recorrida, visto que a autuada não comprovou que os produtos expostos na vitrine seriam decorativos, sendo correta a conduta fiscalizatória, considerando a ausência de indicação do preço dos produtos expostos. Assim, para alterar tal conclusão, necessário o revolvimento de matéria fático-probatória, o que é vedado em recurso especial, ante o óbice da Súmula 7/STJ." (STJ, AgRg no AREsp 776.554/SP, Rel. Ministro Mauro Campbell Marques, Segunda Turma, DJe 06/11/2015)

◙ **A atividade fiscalizadora e normativa das agências reguladoras não exclui a atuação do PROCON.** "A atividade fiscalizadora e normativa das agências reguladoras não exclui a atuação de outros órgãos federais, municipais, estaduais ou do Distrito Federal, como é o caso dos Procon's ou da própria Secretaria de Direito Econômico do Ministério da Justiça, por meio de seu Departamento de Proteção e Defesa do Consumidor, que podem fiscalizar, apenas, qualquer pessoa física ou jurídica que se enquadre como fornecedora na relação de consumo, nos termos do art. 3º e parágrafos do Código de Defesa do Consumidor. Precedentes: RMS 24.921/BA, Rel. Ministra Denise Arruda, Primeira Turma, DJe 12.11.2008; REsp 26.397/BA, Rel. Ministro Humberto Martins, Segunda Turma, DJ 11.4.2008; REsp 25.065/BA, Rel. Min. Francisco Falcão, Primeira Turma, DJ 5.5.2008." (STJ, AgRg no REsp 1081366/RJ, Rel. Ministro Benedito Gonçalves, Primeira Turma, DJe 12/06/2012)

◙ **Legalidade da competência do PROCON para aplicar multas administrativas referentes à observância do direitos dos consumidores.** "É pacífica a jurisprudência do Superior Tribunal de Justiça em reconhecer a legalidade da competência do PROCON para aplicar multas administrativas referentes à observância do direitos dos consumidores." (STJ, AgRg no REsp 1135832/RJ, Rel. Ministro Humberto Martins, Segunda Turma, DJe 08/09/2010)

◙ **Aplicação de multa pelo PROCON através de processo administrativo regular.** "Consoante a documentação acostada aos autos pela própria impetrante, denota-se que o procedimento administrativo ensejador da cominação de multa, em decorrência da interrupção do fornecimento de energia elétrica aos seus consumidores, foi ultimado com estrita observância do devido processo legal e da ampla defesa, mormente porque a recorrente foi previamente notificada da realização da audiência de conciliação no Órgão Estadual de Defesa do Consumidor, que se deu antes mesmo da lavratura do auto de infração, tendo sido utilizados, inclusive, todos os recursos cabíveis na esfera administrativa." (STJ, RMS 29.948/RN, Rel. Ministro Benedito Gonçalves, Primeira Turma, DJe 14/09/2009)

◙ **Aplicação de multa pelo PROCON em razão de publicidade enganosa.** "Revela cabível a aplicação de multa pelo PROCON-GO em detrimento de empresa que divulga seu produto de forma enganosa, com o intuito de atrair clientes, à míngua de transparência em seu dever de informar, em flagrante ofensa ao disposto do artigo 31 da Lei nº 8.078/1990 - CDC." (TJ-GO - Apel. 00019166520158090051, Relator: Jeova Sardinha De Moraes, 6ª Câmara Cível, Data de Publicação: DJ de 20/02/2019)

◙ **Aplicação de multa pelo PROCON à Cia de Seguros.** "ADMINISTRATIVO. RECURSO ORDINÁRIO EM MANDADO DE SEGURANÇA. MULTA APLICADA PELO PROCON À COMPANHIA DE SEGUROS. POSSIBILIDADE. PRECEDENTES DO STJ. DESPROVIMENTO DO RECURSO ORDINÁRIO. 1. Na hipótese examinada, a ora recorrente impetrou mandado de segurança contra ato do Secretário de Justiça e Direitos Humanos do Estado da Bahia, em face da aplicação de multa administrativa em decorrência de processo que tramitou no PROCON, a qual violaria direito líquido e certo por incompetência do órgão de proteção ao consumidor, pois as companhias de seguro somente podem ser supervisionadas pela SUSEP. 2. O tema já foi analisado por esta Corte Superior, sendo consolidado o entendimento de que o PROCON possui legitimidade para aplicar multas administrativas às companhias de seguro em face de infração praticada em relação de consumo de comercialização de título de capitalização e de que não há falar em bis in idem em virtude da inexistência da cumulação de competência para a aplicação da referida multa entre o órgão de proteção ao consumidor e a SUSEP." (STJ, RMS 24.921/BA, Rel. Ministra Denise Arruda, Primeira Turma, DJe 12/11/2008)

◙ **Multa administrativa arbitrada sobre o valor da receita mensal ante a ausência da declaração de faturamento bruto. Legalidade.** "APELAÇÃO CÍVEL. DIREITO PÚBLICO NÃO ESPECIFICADO. PRESUNÇÃO DE LEGITIMIDADE DO ATO IMPUGNADO. REGULARIDADE DO PROCEDIMENTO ADOTADO PELO PROCON PARA IMPOR PENALIDADE ADMINISTRATIVA EM FACE DA PRÁTICA ABUSIVA DISPOSTA NOS ARTIGOS 39, III E 42, PARÁGRAFO ÚNICO, DO CÓDIGO DE DEFESA DO CONSUMIDOR. DECRETO N. 2.181/97. MULTA ARBITRADA SOBRE O VALOR DA RECEITA MENSAL MÉDIA ANTE A AUSÊNCIA DE ATENDIMENTO PELA EMPRESA RECORRENTE DA NOTIFICAÇÃO QUE DETERMINOU A ELA QUE APRESENTASSE O ÚLTIMO BALANÇO CONTÁBIL OU DECLARAÇÃO ANUAL DE SEU FATURAMENTO BRUTO. QUANTIA ARBITRADA COM RELAÇÃO À MULTA NÃO FERE O PRINCÍPIO DA PROPORCIONALIDADE E DA RAZOABILIDADE APELAÇÃO DESPROVIDA." (TJ-RS - AC: 70057336513 RS, Relator: Luiz Felipe Silveira Difini, Primeira Câmara Cível, Data de Publicação: 30/01/2014)

◙ **Coisa julgada administrativa sobre a base da cálculo da multa não invialibiza o reexame pelo poder judiciário.** "ADMINISTRATIVO – MULTA APLICADA PELO PROCON – Auto de Infração nº 03765 D7 – Pretensão inicial voltada para o recálculo da multa, considerando-se o real faturamento trimestral da autora – Estimativa feita pelo PROCON de faturamento bruto médio mensal da empresa autuada no valor de R$ 150.000.000,00, nos meses de dezembro de 2009, janeiro e fevereiro de 2010, para fins de quantificação da multa – Descabimento – Coisa julgada administrativa que não inviabiliza o exame do caso pela via Judiciária, por força da regra do art. 5º, XXXV, da CF – Prova pericial nos autos que comprova que a receita média quanto ao mesmo período de referência foi de R$ 646.823,07, sendo de rigor a sua aplicação de acordo com os mesmos critérios de cálculo dos arts. 33 e 34, da Portaria Normativa PROCON 33/2009 – Alegações da recorrente que não satisfazem a regra do art. 373, II, do CPC. R. sentença de procedência mantida. Recurso improvido." (TJ-SP – AC: 00104724720138260053, Relator: Carlos Eduardo Pachi, 9ª Câmara de Direito Público, Data de Publicação: 14/05/2019)

► **Multa aplicada pelo mesmo fato por PROCONs diferentes. *Bis in idem*.** "Evidentemente que uma multa imposta, com base em um mesmo fato, por Procons de entes da federação diversos, constituirá bis in idem.' (AZEVEDO, Diego Ghiringhelli. A efetividade das medidas administrativas do programa de proteção e defesa do consumidor do estado do Rio Grande do Sul. *Revista de Direito do Consumidor*. São Paulo: RT, Vol.96, Ano 2014, p. 325/362)

◙ **Não há *bis in idem* quando a multa é aplicada por órgãos diferentes sobre o mesmo fato.** "Apelação Cível – Multa lavrada por infração ao dever de informação ao consumidor, nos termos do artigo 31, do Código de Defesa do Consumidor – Alegação de 'bis in idem' – Não ocorrência – Sistema Nacional de Defesa do Consumidor (SNDC) – Possibilidade de aplicação de multa em concorrência por qualquer órgão de defesa do consumidor público federal, estadual, municipal ou distrital – Resolução ANVISA RDC 211/2005, que dispõe sobre os requisitos técnicos para a regularização de produtos de higiene pessoal, cosméticos e perfumes – O Procon entendeu que as informações constantes do rótulo foram impressas com tamanho de letra e espaçamento inadequados a ponto de dificultar a sua compreensão pelo consumidor, configurando falta de ostensividade. Sentença mantida. Recurso não provido". (TJSP, Apelação 1000464-86.2016.8.26.0053, Terceira Câmara de Direito Público, Rel. Des. Marrey Uint, DJ 19/03/2018)

II – apreensão do produto;

III – inutilização do produto;

IV – cassação do registro do produto junto ao órgão competente;

V – proibição de fabricação do produto;

VI – suspensão de fornecimento de produtos ou serviço;

VII – suspensão temporária de atividade;

VIII – revogação de concessão ou permissão de uso;

IX – cassação de licença do estabelecimento ou de atividade;

X – interdição, total ou parcial, de estabelecimento, de obra ou de atividade;

XI – intervenção administrativa;

XII – imposição de contrapropaganda.

► "No que se refere à publicidade enganosa, sua identificação e sanção através de processo administrativo de defesa do consumidor não oferece maiores problemas, uma vez que a atuação administrativa se restringe em verificar a presença da informação falsa ou a indução a esta (enganosa comissiva), ou ainda a ausência de dado essencial da peça publicitária que induza o consumidor a erro (enganosa por omissão). Neste sentido, a atuação da autoridade administrativa é restrita à observação de elementos objetivos. Ainda que, em alguns casos o critério da essencialidade de uma determinada informação submeta-se ao juízo discricionário da autoridade, a fundamentação da decisão faz com que seja perfeitamente possível verificar sua regularidade". (MIRAGEM, Bruno. *Curso de Direito do Consumidor*, 7ª ed. São Paulo: RT, p. 899).

◙ **A contrapropaganda como sanção administrativa é prevista para os casos envolvendo publicidade enganosa.** "RECURSO ESPECIAL - AÇÃO CIVIL PÚBLICA - DANO MORAL COLETIVO - DIVULGAÇÃO DE PUBLICIDADE ILÍCITA - INDENIZAÇÃO - SENTENÇA QUE ACOLHEU O PEDIDO INICIAL DO MPDFT FIXANDO A REPARAÇÃO EM R$14.000.000,00 (QUATORZE MILHÕES DE REAIS) E DETERMINOU A ELABORAÇÃO DE CONTRAPROPAGANDA, SOB PENA DE MULTA DIÁRIA - INCONFORMISMOS DAS RÉS - APELAÇÃO PARCIALMENTE PROVIDA PARA REDUZIR O QUANTUM INDENIZATÓRIO E EXCLUIR DA CONDENAÇÃO OBRIGAÇÃO DE FAZER CONTRAPROPAGANDA, BEM COMO A MULTA MONITÓRIA PARA A HIPÓTESE DE DESCUMPRIMENTO. IRRESIGNAÇÃO DAS RÉS - OGILVY BRASIL COMUNICAÇÃO LTDA. E DA SOUZA CRUZ S/A - E DO MINISTÉRIO PÚBLICO DO DISTRITO FEDERAL E TERRITÓRIOS. (...) 3.1. A contrapropaganda constitui-se sanção prevista nos arts. 56, inciso XII e 60 do CDC e aplicável quando caracterizada a prática de publicidade enganosa ou abusiva, e o seu objetivo é desfazer os malefícios sociais por ela causados ao mercado consumidor. (...)". (STJ, REsp 1101949/DF, Quarta Turma, Rel. Mini. Marco Buzzi, DJe 30/05/2016)

Parágrafo único. As sanções previstas neste artigo serão aplicadas pela autoridade administrativa, no âmbito de sua atribuição, podendo ser aplicadas cumulativamente, inclusive por medida cautelar, antecedente ou incidente de procedimento administrativo.

► **Possibilidade de imposição das sanções administrativas por meio de medida cautelar pela Administração Pública.** "Importante inovação foi trazida pelo Código no que toca às sanções administrativas. Trata-se da possibilidade, expressamente autorizada, de conceder-se liminar cautelar em processo administrativo, impondo-se desde logo a sanções, em caráter provisório, até o julgamento final do processo administrativo (art. 56, parágrafo único, CDC). O poder público pode impor sanção, liminarmente, sem que seja necessário aguardar-se o desfecho do processo administrativo. Como existe previsão legal para a concessão da liminar cautelar administrativa, não há que falar-se em ofensa ao contraditório, mas em limitação imanente do princípio do contraditório, para utilizarmos expressão da autorizada doutrina". (NERY JÚNIOR, Nelson. O regime da publicidade enganosa no código brasileiro de defesa do consumidor. *Revista de Direito do Consumidor*. São Paulo: RT, Vol.15, Ano 1995, p. 210)

Art. 57. A pena de multa, graduada de acordo com a gravidade da infração, a vantagem auferida e a condição econômica do fornecedor, será aplicada mediante procedimento administrativo, revertendo para o Fundo de que trata a Lei nº 7.347, de 24 de julho de 1985, os valores cabíveis à União, ou para os Fundos estaduais ou municipais de proteção ao consumidor nos demais casos. (Redação dada pela Lei nº 8.656, de 21.5.1993)

Parágrafo único. A multa será em montante não inferior a duzentas e não superior a três milhões de vezes o valor da Unidade Fiscal de Referência (Ufir), ou índice equivalente que venha a substituí-lo. (Parágrafo acrescentado pela Lei nº 8.703, de 6.9.1993)

◙ **A ausência de vantagem de fornecedor em infração não justifica a redução da multa.** "PROCESSO PROCON – Auto de infração – Art. 33 da Lei 10.177/98 – Prazo para lavratura – Impossibilidade: – O prazo de 120 dias do art. 33 da Lei 10.177/98 não se aplica à lavratura de autos de infração, pois voltado ao administrado que peticiona perante a Administração. – Na dosimetria da pena aplicada com base no art. 57 do CDC, a eventual ausência de vantagem auferida pelo infrator não é justificativa para a sua redução". (TJSP; Apelação Cível 1010326-86.2013.8.26.0053; Relator (a): Teresa Ramos Marques; Órgão Julgador: 10ª Câmara de Direito Público; Foro Central – Fazenda Pública/Acidentes – 5ª Vara de Fazenda Pública; Data do Julgamento: 04/02/2019; Data de Registro: 05/02/2019)

Art. 58. As penas de apreensão, de inutilização de produtos, de proibição de fabricação de produtos, de suspensão do fornecimento de produto ou serviço, de cassação do registro do produto e revogação da concessão ou permissão de uso serão aplicadas pela administração, mediante procedimento administrativo, assegurada ampla defesa, quando forem constatados vícios de quantidade ou de qualidade por inadequação ou insegurança do produto ou serviço.

Art. 59. As penas de cassação de alvará de licença, de interdição e de suspensão temporária da atividade, bem como a de intervenção administrativa, serão aplicadas mediante procedimento administrativo, assegurada ampla defesa, quando o fornecedor reincidir na prática das infrações de maior gravidade previstas neste código e na legislação de consumo.

§ 1° A pena de cassação da concessão será aplicada à concessionária de serviço público, quando violar obrigação legal ou contratual.

► "No que refere à pena de cassação da concessão, o artigo 59, § 1º, do CDC indica que a sanção será aplicada à concessionária de serviço público, nas hipóteses de violação de obrigação legal ou contratual. Em relação às obrigações legais, observe-se que o próprio Código, em seu artigo 22, estabelece tais serviços como relações de consumo. Inclusive indica aos fornecedores dos mesmos, além da observação genérica dos direitos dos consumidores previstos na lei, que em relação aos serviços públicos, estes sejam adequados, eficientes e seguros e, quanto aos essenciais, contínuos. O parágrafo único do artigo 22, de sua vez, remete ao regime de responsabilidade do Código eventuais infrações aos direitos por ele garantidos". (MIRAGEM, Bruno. *Curso de Direito do Consumidor*, 7ª ed. São Paulo: RT, p. 902).

§ 2° A pena de intervenção administrativa será aplicada sempre que as circunstâncias de fato desaconselharem a cassação de licença, a interdição ou suspensão da atividade.

§ 3° Pendendo ação judicial na qual se discuta a imposição de penalidade administrativa, não haverá reincidência até o trânsito em julgado da sentença.

Art. 60. A imposição de contrapropaganda será cominada quando o fornecedor incorrer na prática de publicidade enganosa ou abusiva, nos termos do art. 36 e seus parágrafos, sempre às expensas do infrator.

◙ **Publicidade enganosa de cigarro. Imposição de contrapropaganda.** "RECURSO ESPECIAL – AÇÃO CIVIL PÚBLICA – DANO MORAL COLETIVO – DIVULGAÇÃO DE PUBLICIDADE ILÍCITA – INDENIZAÇÃO – SENTENÇA QUE ACOLHEU O PEDIDO INICIAL DO MPDFT FIXANDO A REPARAÇÃO EM R$14.000.000,00 (QUATORZE MILHÕES DE REAIS) E DETERMINOU A ELABORAÇÃO DE CONTRAPROPAGANDA, SOB PENA DE MULTA DIÁRIA – INCONFORMISMOS DAS RÉS – APELAÇÃO PARCIALMENTE PROVIDA PARA REDUZIR O QUANTUM INDENIZATÓRIO E EXCLUIR DA CONDENAÇÃO OBRIGAÇÃO DE FAZER CONTRAPROPAGANDA, BEM COMO A MULTA MONITÓRIA PARA A HIPÓTESE DE DESCUMPRIMENTO. IRRESIGNAÇÃO DAS RÉS – OGILVY BRASIL COMUNICAÇÃO LTDA. E DA SOUZA CRUZ S/A – E DO MINISTÉRIO PÚBLICO DO DISTRITO FEDERAL E TERRITÓRIOS. (...) 3.1. A contrapropaganda constitui-se sanção prevista nos arts. 56, inciso XII e 60 do CDC e aplicável quando caracterizada a prática de publicidade enganosa ou abusiva, e o seu objetivo é desfazer os malefícios sociais por ela causados ao mercado consumidor. (...)". (STJ, REsp 1101949/DF, Quarta Turma, Rel. Mini. Marco Buzzi, DJe 30/05/2016)

◙ **Contrapropaganda – Nome e logomarca do INSS utilizados indevidamente por escritório de advocacia.** "AÇÃO CIVIL PÚBLICA OCASIONADA PELO USO INDEVIDO DO NOME E LOGOMARCA DO INSS: o Instituto Nacional do Seguro Social (INSS) constatou no ano de 2015 que o seu nome e logomarca eram indevidamente utilizados pela sociedade de advogados ré em correspondências apócrifas, enviadas a segurados, convocando-os a comparecerem ao seu escritório para tratarem de assuntos relativos à aprovação/concessão/revisão de benefícios. Agindo dessa forma a sociedade de advogados induzia a erro os destinatários das correspondências, pois os levava a crer que deveriam comparecer urgentemente ao endereço indicado para tratarem de seus benefícios previdenciários, sob a chancela do INSS. (...) PUBLICIDADE ENGANOSA/ABUSIVA CONFIGURADA: considerando que a relação advogado/cliente ainda não estava estabelecida no momento do envio das correspondências, não merece reparo o enquadramento da conduta da sociedade de advogados ré no artigo 37, §1º, da Lei nº 8.078/90, que compila o Código de Defesa do Consumidor (TRF3 – AC 1665418, Terceira Turma e-DJF3 26/04/2013). IMPOSIÇÃO DE CONTRAPROPAGANDA: mantida a sanção de imposição de contrapropaganda prevista nos artigos 56, XII, e 60 da Lei nº 8.078/90, tal como posta na sentença." (TRF-3, Apelação Cível 0010220-46.2015.4.03.6100/SP, Sexta turma, Rel. Des. Johonsom Di Salvo, DJ 29/06/2018) ◙ **No mesmo sentido:** "Apelação. Ação civil pública. Propaganda enganosa. Aplicação do Código de Defesa do Consumidor. Preliminar de ausência de ratificação do recurso de apelação após a publicação da decisão recorrida por embargos de declaração. Súmula 481 do STJ. Instrumentalidade do processo. Dano moral coletivo. Sitio eletrônico, logotipo e marca da empresa ré muito semelhantes ao do Ministério da Assistência e Previdência Social. Indução a erro do consumidor vulnerável. Imposição de contrapropaganda em jornais de grande circulação. Sentença mantida. Recurso parcialmente conhecido, e na parte conhecido, desprovido". (TJSP; Apelação Cível 0107383-14.2012.8.26.0100; Relator (a): J.B. Paula Lima; Órgão Julgador: 10ª Câmara de Direito Privado; Foro Central Cível – 31ª Vara Cível; Data do Julgamento: 05/04/2016; Data de Registro: 07/04/2016)

◙ **Contrapropaganda – Desnecessidade quando a sentença judicial é publicada em jornais de grande circulação** "RECURSO DE APELAÇÃO CÍVEL E RECURSO ADESIVO – AÇÃO CIVIL PÚBLICA – REVISÃO DE CONTRATO DE PLANO DE SAÚDE – E AJUSTE DA PRESTAÇÃO POR IMPLEMENTO DE IDADE SUPERIOR A 60 ANOS PRELIMINARES DE CARÊNCIA DA AÇÃO POR FALTA DE INTERESSE PROCESSUAL E CERCEAMENTO DE DEFESA – REJEIÇÃO – PUBLICAÇÃO DA DECISÃO EM JORNAIS DE GRANDE CIRCULAÇÃO – POSSIBILIDADE -INCIDÊNCIA DO CDC – PRECEDENTES DO STF – DEVOLUÇÃO DOS VALORES COBRADOS INDEVIDAMENTE – ABUSIVIDADE CONFIGURADA – RECURSO ADESIVO – PRESCRIÇÃO QUINQUENAL – IMPOSSIBILIDADE – CONTRAPROPAGANDA – DESNECESSIDADE -RECURSOS DESPROVIDOS – SENTENÇA MANTIDA". (TJMT, Apelação 130140/2014, Quarta Câmara Cível, Rel. Des. José Zuquim Nogueira, DJ 28/07/2015)

§ 1° A contrapropaganda será divulgada pelo responsável da mesma forma, freqüência e dimensão e, preferencialmente no mesmo veículo, local, espaço e horário, de forma capaz de desfazer o malefício da publicidade enganosa ou abusiva.

§ 2° (Vetado)

§ 3° (Vetado).

► **Contrapropaganda. Conteúdo da sanção.** "O conteúdo da sanção é determinado pelo artigo 60, § 1°, do CDC, e caracteriza-se pelo dever imposto ao fornecedor infrator de divulgar na 'mesma forma, frequência e dimensão e, preferencialmente no mesmo veículo, local, espaço e horário, de forma capaz de desfazer o malefício de publicidade enganosa e abusiva'. As disposições dos §§ 2° e 3° do mesmo artigo, que determinavam à Administração Pública a execução da medida, foram vetadas pelo Presidente da República, sob o argumento de que a imposição de contrapropaganda, sem que se estabelecessem parâmetros legais precisos, poderia dar ensejo a abusos que poderia, inclusive, redundar na paralisação da atividade empresarial". (MIRAGEM, Bruno. *Curso de Direito do Consumidor*, 7ª ed. São Paulo: RT, p. 899).

ÍNDICE REMISSIVO

A

B

C

D

E

F

G

H

I

P

R

S

T

U

V

EDITORA
JusPODIVM
www.editorajuspodivm.com.br

Pré-impressão, impressão e acabamento
GRÁFICA
SANTUÁRIO

grafica@editorasantuario.com.br
www.graficasantuario.com.br
Aparecida-SP